↑平和記念公園での献花後，記念撮影に臨むＧ７各国首脳ら
（2023年5月，広島県広島市）　左からミシェルＥＵ大統領，イタリアのメローニ首相，カナダのトルドー首相，フランスのマクロン大統領，岸田首相，アメリカのバイデン大統領，ドイツのショルツ首相，イギリスのスナク首相，ＥＵのフォンデアライエン欧州委員長。左奥には原爆ドームが見える。

↑Ｇ７サミット拡大会合に参加するウクライナのゼレンスキー大統領（2023年5月，広島県広島市）　ゼレンスキー大統領が急遽来日し，Ｇ７首脳とのロシアのウクライナ侵攻に関する協議のほか，サミット招待国も含めた拡大会合にも参加した。

　Ｇ７サミットが2023年5月に被爆地・広島で開催された。Ｇ７諸国に加えて，ブラジルやインドなど「グローバル・サウス」とよばれる新興国やウクライナのゼレンスキー大統領も招待されて会議に参加した。各国の首脳は，平和記念資料館を訪問し，被爆者とも面談した。将来的な核廃絶にむけた共同声明「広島ビジョン」がとりまとめられた一方で，ロシアや中国を念頭におき，二国間協議では核の抑止力を確認し，軍事力を強化する議論も交わされた。デジタル分野では生成ＡＩについて，ルールづくりに向けた検討などをはじめる方針を示した。ジェンダー平等については，首脳宣言で女性や性的少数者ら「すべての人々が性自認や性表現，性的指向に関係なく暴力や差別のない社会を実現する」と表明した。

ニュース Ｇ７広島サミット首脳宣言のポイント

- 法の支配に基づく国際秩序を守るため，新興国・発展途上国と連携強化
- 「核兵器のない世界」という目標に向け，現実的で責任あるアプローチをとる
- ウクライナ侵攻を続けるロシアを批難。ウクライナへの支持を再確認
- 中国に対して，東シナ海・南シナ海情勢への深刻な懸念を表明。台湾海峡の平和と安定の重要性を再確認

？ Ｇ７サミットでは，Ｇ７やＥＵ（欧州連合）の首脳が出席する全体会合以外にも，新興国をまねき拡大会合が開かれた。一方で，ロシアや中国はこの会議に参加していない。サミットのはじまりや，現在の国際情勢をふまえて考えよう。

⇒ 日本のＳＤＧｓ達成状況は？ (⇒p.2，177)

日本のＳＤＧｓ目標達成度（2023年）

評価：達成にほど遠い ■■■ □□□ 達成できている
傾向：↓悪化　→現状維持　↗改善　↑達成・達成予定　●不明

持続可能な開発ソリューション・ネットワーク（SDSN）資料

ＳＤＧｓ目標達成度（2023年）

	国名	点数
1	フィンランド	86.8
2	スウェーデン	86.0
3	デンマーク	85.7
4	ドイツ	83.4
5	オーストリア	82.3
6	フランス	82.0
7	ノルウェー	82.0
8	チェコ	81.9
21	日本	79.4

　国連で採択された2030年までに達成すべき17の目標を掲げたＳＤＧｓ（持続可能な開発目標）の2023年現在の各国の達成度あいを，国際的な研究組織が公表した。日本の順位は166か国中21位で，5つの目標について「達成にはほど遠い」と評価された。「働きがいと経済成長」（目標8）は，強制労働と関係する輸入品が多いことなどから前年から評価を下げた。「平和と公正」（目標16）も，報道の自由に課題があるとして評価を下げた。

？ p.2をもとにＳＤＧｓの各目標を確認し，目標達成に向けて日本に求められている取り組みを考えよう。

ＳＤＧｓとは？ （→p.177）

「持続可能な開発」とMDGs

「持続可能な開発（Sustainable Development）」ということばは、国連に設けられた「環境と開発に関する世界委員会（ブルントラント委員会）」が1987年に発表した報告書ではじめて使われ、1992年の国連環境開発会議（地球サミット、→p.328）で基本理念となった。そして、2000年に開かれた国連ミレニアム・サミットで、ＭＤＧｓ（ミレニアム開発目標，Millennium Development Goals）が採択された。

ＭＤＧｓは、発展途上国向けの開発目標として、極度の

ＭＤＧｓ（ミレニアム開発目標）

目標1	極度の貧困と飢餓の撲滅
目標2	普遍的な初等教育の達成
目標3	ジェンダーの平等の推進と女性の地位向上
目標4	幼児死亡率の引き下げ
目標5	妊産婦の健康状態の改善
目標6	ＨＩＶ/エイズ，マラリア，その他の疾病の蔓延防止
目標7	環境の持続可能性の確保
目標8	開発のためのグローバル・パートナーシップの構築

貧困と飢餓の撲滅など、2015年までに達成すべき8つの目標を掲げた。これらの目標のうち、目標1の1日1.25ドル以下で生活する極度の貧困の半減（1999年：17億5,000万人→2015年：836万人）、目標6のＨＩＶ・マラリア対策などを達成し、多くの項目で成果をあげた。しかし、目標4の乳幼児死亡率などの項目では目標を達成できず、また、サハラ以南のアフリカでは改善度あいが低いなど、地域に差も見られた。

ＳＤＧｓの採択

2015年の国連総会で、「持続可能な開発のための2030年アジェンダ」が全会一致で採択された。このなかで示された17の目標と169のターゲットがＳＤＧｓ（持続可能な開発目標，Sustainable Development Goals）である。ＭＤＧｓをふり返り、いまだに8億人の人が極度の貧困のなかで生活していることなどをふまえ、「人間の安全保障」（→p.176）の理念を反映した「誰一人取り残さない」を基本理念としている。そのほか、図1のような理念を示している。とりわけ、内容面においても資金面においても企業の参加なしに達成できないとしていることは重要である。

目標1 貧困をなくそう あらゆる場所のあらゆる形態の貧困を終わらせる	**目標2** 飢餓をゼロに 飢餓を終わらせ、食料安全保障及び栄養改善を実現し、持続可能な農業を促進する	**目標3** すべての人に健康と福祉を あらゆる年齢のすべての人々の健康的な生活を確保し、福祉を促進する
目標4 質の高い教育をみんなに すべての人に包摂的かつ公正な質の高い教育を確保し、生涯学習の機会を促進する	**目標5** ジェンダー平等を実現しよう ジェンダー平等を達成し、すべての女性及び女児のエンパワーメントをおこなう	**目標6** 安全な水とトイレを世界中に すべての人々の水と衛生の利用可能性と持続可能な管理を確保する
目標7 エネルギーをみんなにそしてクリーンに すべての人々の、安価かつ信頼できる持続可能な近代的エネルギーへのアクセスを確保する	**目標8** 働きがいも経済成長も 包摂的かつ持続可能な経済成長及びすべての人々の完全かつ生産的な雇用と働きがいのある人間らしい雇用（ディーセント・ワーク）を促進する	**目標9** 産業と技術革新の基盤をつくろう 強靱（レジリエント）なインフラ構築、包摂的かつ持続可能な産業化の促進及びイノベーションの推進をはかる
目標10 人や国の不平等をなくそう 各国内及び各国間の不平等を是正する	**目標11** 住み続けられるまちづくりを 包摂的で安全かつ強靱（レジリエント）で持続可能な都市及び人間居住を実現する	**目標12** つくる責任つかう責任 持続可能な生産消費形態を確保する
目標13 気候変動に具体的な対策を 気候変動及びその影響を軽減するための緊急対策を講じる	**目標14** 海の豊かさを守ろう 持続可能な開発のために海洋・海洋資源を保全し、持続可能な形で利用する	**目標15** 陸の豊かさも守ろう 陸域生態系の保護、回復、持続可能な利用の推進、持続可能な森林の経営、砂漠化への対処ならびに土地の劣化の阻止・回復及び生物多様性の損失を阻止する
目標16 平和と公正をすべての人に 持続可能な開発のための平和で包摂的な社会を促進し、すべての人々に司法へのアクセスを提供し、あらゆるレベルにおいて効果的で説明責任のある包摂的な制度を構築する	**目標17** パートナーシップで目標を達成しよう 持続可能な開発のための実施手段を強化し、グローバル・パートナーシップを活性化する	 ←1 ＳＤＧｓの17の目標 （国連広報センター資料）

ＳＤＧｓということばを聞く機会が増えている。さまざまな個人や企業がＳＤＧｓへの取り組みを進めている。そもそもＳＤＧｓとは何なのだろうか。また，私たちはＳＤＧｓについて，具体的に何をすればよいのだろうか。

ＳＤＧｓはどのようなものか

🗞 ＳＤＧｓ（持続可能な開発目標）の基本理念

- MDGsをこえた幅広い経済・社会・環境の目標を提示し，より平和かつ包摂的な社会を約束する
- このアジェンダは，先進国，発展途上国も同様に含む，世界全体の普遍的な目標とターゲットである
- 政府や民間セクター，市民社会，国連機関など，動員可能なあらゆる資源を動員する

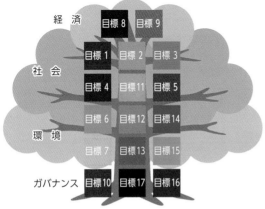

⬆2 ＳＤＧｓについて，環境，経済，社会を三層構造で示した木の図（環境省資料）

　「持続可能な開発」ということばから，ＳＤＧｓは環境問題や発展途上国の問題と捉えていないだろうか。図1にある17の目標の全文を読もう。たとえば，目標1は，ロゴでは「貧困をなくそう」となっているが，目標全文は「あらゆる場所のあらゆる形態の貧困を終わらせる」である。日本にも，「子どもの貧困」や「ワーキング・プア」といった問題があり，ＳＤＧｓが発展途上国だけの問題ではないことがわかる。目標2の「飢餓」も，「食料安全保障」や「持続可能な農業」というと日本にも関係のある問題になる。

　さらに，それぞれの目標に付随している169のターゲットも見てみよう。そこには，ＳＤＧｓの一つひとつの「ゴー

2.1	2030年までに飢餓を撲滅し，すべての人々，特に貧困層及び幼児を含む脆弱な立場にある人々が一年中安全かつ栄養のある食料を十分得られるようにする
2.5	2020年までに，国，地域及び国際レベルで適正に管理及び多様化された種子・植物バンクなどを通じて，……遺伝的多様性を維持し，国際的合意に基づき，遺伝資源及びこれに関連する伝統的な知識へのアクセス及びその利用から生じる利益の公正かつ衡平な配分を促進する
2.b	ドーハ開発ラウンドの決議に従い，すべての形態の農産物輸出補助金及び同等の効果を持つすべての輸出措置の並行的撤廃などを通じて，世界の農産物市場における貿易制限や歪みを是正及び防止する

⬆3 ＳＤＧｓ・目標2のターゲットの一部

ル」がよりくわしく書かれている。

　たとえば，目標2については8つのターゲットが示されている。図3にあるように，ターゲットは，「2.1」のように数字で終わるものと，「2.a」のようにアルファベットで終わるものがある。前者はゴールの中身に関するもの，後者は実現方法に関するものである。そしてそれらは，「2.5」は生物多様性条約（→p.327）に関連するもの，「2.b」はＷＴＯ（世界貿易機関，→p.300）に関連するもの，といったように，他の条約や国際機関とも強くかかわっている。

　それでは，ＳＤＧｓは経済面ばかりなのだろうか。たとえば，目標16とターゲットについて，「ターゲット16.7」には「あらゆるレベルにおいて，対応的，包摂的，参加型および代表的な意思決定を確保する」とある。このように，国民主権（→p.68）や民主主義（→p.66〜69）と深くかかわるものもある。また，図2のように，経済，社会，環境の三層それぞれに，関連の深いＳＤＧｓの目標をあてはめると，目標が相互に関連していることが理解しやすくなる。つまり，ＳＤＧｓとは，社会のあらゆる面で，未来に向かって，私たちが「どのような社会をつくっていくべきか」を記した人類の共通目標なのである。

📷 ＳＤＧｓの視点で考えよう

　私たちは，ＳＤＧｓをどのように活用すればよいのだろうか。たとえば，日本が発展途上国の電力供給を増やすために風力発電の建設を援助することを考えてみよう。ＳＤＧｓでは，目標7や目標17を達成することにつながる。

❓ 風車で電力発電。本当に問題は生じないのだろうか？

　しかし，風車が渡り鳥の飛行ルートに建てられれば，目標15に反することになる。風車の騒音が地域住民に不快や健康被害をもたらせば，目標3や目標11に反する。風車の建設を地元住民の同意なく強行すれば，目標16に反するだろう。風車の建設や部品の生産が劣悪な労働環境下でおこなわれれば目標8に反するし，原材料が紛争地で産み出され，武装勢力の資金源になっていれば目標16に反する。このように，一見よさそうに見える行為が，他の問題を引き起こしたり，助長していないかを考える上で，さまざまな視点をＳＤＧｓは与えてくれるのである。

　これから「公共」で学習することすべてがＳＤＧｓとかかわるものである。一つひとつの内容が，どの目標やターゲットとかかわるのかを考えながら学習を進めていこう。

目次 CONTENTS

本書で使用した国名	正式国名
中国	中華人民共和国
韓国	大韓民国
北朝鮮	朝鮮民主主義人民共和国
南ア共和国	南アフリカ共和国
アメリカ	アメリカ合衆国
ドイツ	ドイツ連邦共和国
イギリス	グレートブリテンおよび北アイルランド連合王国
ロシア	ロシア連邦
（ソ連）	（ソビエト社会主義共和国連邦）

本書の学習の構成

「要点の整理」	資料，コラム「TOPIC」など	「Let's Think」，特集ページ「ゼミナール」
（学習事項の整理）	（資料には解説付）	（ふり返りの問いをもとに学習を深める）

順を追って「知識」を獲得し，その知識をいかして実社会の諸課題を考える構成

諸課題を考えるための「知識」を得る

● 各節冒頭「**要点の整理**」で，教科書の学習事項のおさらいをしよう。

● 各節の資料は，「要点の整理」の配列に準じて展開。資料の「**解説**」を読みこんで，教科書の学習事項への理解を深めよう。

● 学習事項の理解の手助けとなったり，深めたりするために，以下の3種類の**問い**を考えよう。

 ハテナの問い

比較・分析の問い

見方・考え方 「公共」の見方・考え方からの問い

本文ページの特色

要点の整理

● 各節の冒頭で，教科書の重要事項を整理。「現代社会」の共通テストやセンター試験頻出の用語を，**共通テスト重要用語**として示しているので，試験直前のまとめにも最適！

● 各資料との関連を示した資料番号がついているので，「要点の整理」と各資料を対応させながら学習しよう。

「要点の整理」内の項タイトルの下，各資料を配列。各資料を通して，項の問いを考えよう。

共通テスト「出題」「頻出」マーク

● 各資料やコラム，特集ページには，「現代社会」の共通テスト・センター試験での出題頻度に応じて，以下のマークをつけて示しました。

出題 過去5年間の「現代社会」の共通テスト・センター試験で1回以上出題された項目

頻出 過去5年間の「現代社会」の共通テスト・センター試験で2回以上出題された項目

各資料には，必ず「解説」をつけ，読んでわかるようにしました。また，「解説」には，資料の内容を端的に示した見出しをつけて，ポイントがつかみやすくなるようにしました。

3種類の問い

本書を通して，資料読みとりのための問いを，積極的に取り上げました。問いの内容に応じて，3種類を設けています。学習事項の理解の手がかりや学習をさらに深めるために活用しよう。

 ハテナの問い：1つの資料から読みとり考えさせる問い。資料の近くや特集ページ「ゼミナール」の最後に掲載。

実社会の諸課題を考え，「思考力」を育成

● 特集ページ「**ゼミナール**」では，実社会の難解な事象を丁寧に解説。**ふり返りの問い**をもとに，学んだことをおさらいし，学習をさらに深めよう。

● 節末「**Let's Think**」では，学習事項に関連のある実社会の諸課題を掲載。**ふり返りの問い**をもとに，学んだことから実社会の課題を考えよう。なお，「Let's Think」は，本文内コーナーもしくは特集ページの2パターン。

社会参画を見据え，学んだことをいかして実社会の身近な課題を考える練習をしよう。

 優太 結衣 先生

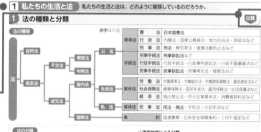

比較・分析の問い：複数の資料を読みとったり，学んだことをもとに実社会の課題を考えさせたりする問い。左ページのページ欄外と「Let's Think」の最後に掲載。

見方・考え方 「公共」の見方・考え方からの問い：「幸福，正義，公正」や公共的な空間における基本的原理から考えさせる問い。これら「公共」の見方・考え方については，「「公共」で学ぶ「見方・考え方」」（➡p.8）を確認しよう。

プラスウェブ

紙面にある二次元コードを読みとることで，関連リンクやオリジナルコンテンツを掲載したウェブサイト「**プラスウェブ**」にアクセスすることができます。

- 「要点の整理」の穴埋め問題
- 共通テスト○×
  共通テストやセンター試験の過去問を，選択肢単位の○×問題にして掲載。解答解説付。
- 用語解説
- 外部リンク
  学習内容に関連した官公庁のウェブサイト，動画。

https://dg-w.jp/b/6ee0061

＊利用にあたっては，一般に通信料が発生します。

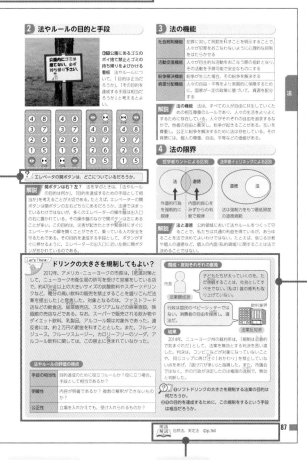

87

ミニコーナー

TOPIC 学習事項に関連した読みものを掲載。

 学習事項に関連した時事的な内容を掲載。

用語解説

大学入試でも出題されやすい重要用語は，巻末「重要用語解説」（p.358〜366）でも取り上げました。ここには，参照ページを示しています。

特集ページ

学習を深めるための特集ページを3種類設けました。

● Focus

 法の存在意義や選挙に行く意義，経済を学ぶ意義など，政治・経済を学ぶ上での目的を解説しました。また，戦後の歴代内閣の変遷や戦後の日本経済のあゆみをビジュアルにまとめたり，ＳＤＧｓについて解説するなど，「公共」の学習で押さえておきたい事項を取り上げました。

- →「ＳＤＧｓとは？」(p.2〜3)
- →「法とともに生きる」(p.84〜85)
- →「選挙に行こう」(p.122〜123)
- →「経済を学ぶ目的は？」(p.216〜217)
- →「第二次世界大戦後の日本経済のあゆみ」(p.230〜231)

など

● ゼミナール

 実社会の難解な事象を解説しました。題材に応じて，本文形式と会話形式を使い分け，わかりやすい工夫をしました。最後には，ふり返りの問いを設け，さらに学習を深めることができるようにしました。

- →「西洋の科学的思考」(p.51)
- →「立憲主義とは？」(p.72)
- →「公共の福祉とは？」(p.106〜107)
- →「18歳成年と契約」(p.112〜113)
- →「選挙権を得たら」(p.140〜141)
- →「パレスチナ問題とは？」(p.212〜213)
- →「大胆な金融政策」(p.277)
- →「比較生産費説とは？」(p.299)
- →「円高，円安とは？」(p.306)

など

● Let's Think

 学習事項に関連のある実社会の課題を，学んだことをいかして考える節末のコーナー。題材に応じて，左のように本文内コーナーの場合と特集ページの場合の2種類があります。また，本文形式と会話形式を使い分け，考えやすくなる工夫をしました。最後には，ふり返りの問いを設け，さらに学習を深めることができるようにしました。

- →「「鬼」から見る日本の思想」(p.37)
- →「ジェンダー平等を考える」(p.59)
- →「思考実験に挑戦！」(p.74〜75)
- →「よりよい選挙制度とは？」(p.129)
- →「ネットニュースの信頼性」(p.139)
- →「持続可能な地方公共団体の運営をめざして」(p.158〜159)
- →「ゲーム理論で読み解くＡＩ兵器の活用」(p.194)
- →「ロシアのウクライナ侵攻の背景」(p.206)
- →「住まい選びを経済学から考える」(p.219)
- →「ＡＩとともに働く」(p.240)
- →「ビジネスプランを見極めよう」(p.248)
- →「メガＦＴＡ・ＥＰＡのゆくえ」(p.317)

など

「公共」で学ぶ「見方・考え方」

「幸福，正義，公正」の切り口

❶「幸福，正義，公正」とは？

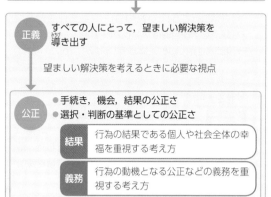

現代社会の諸課題を捉える枠組みとして「**幸福**」，「**正義**」，「**公正**」がある。

私たちは，みずからの「幸福」の実現を望んでいる。そして，「幸福」は人によって異なることが多い。このように，さまざまな価値観をもつ人がともに生きるなかでは，紛争が起こりがちである。このような紛争において，利害を調整し，なんとか共生するためには，社会にとって望ましい「正義」を考えることが重要である。そして「正義」を実現するためには，「公正」が不可欠である。「公正」には，**手続きの公正さ**（参加できていない人をなくすなど），**機会の公正さ**（不当に不利益を被っている人をなくすなど），**結果の公正さ**（みんなが同じになるようにするなど）などがある。また，「公正」に選択・判断する際には，それぞれの「幸福」からの主張の背景を考える必要がある。それぞれの主張は，上の「**結果**」と「**義務**」の考え方を基にしていることがある。「結果」と「義務」の2つの考え方を，選択・判断の手がかりとして，「公正」に選択・判断をおこなうことが求められる。

❷ 選択・判断の手がかりとなる2つの考え方

ある致死率の高い新型ウイルスについて，パンデミック（世界的大流行）が起きたとする。その国の政府は，感染者を減らすために感染の疑いがある人の情報を開示したいと考えた。こうすることで，休校措置なども少なくなり，他者の健康も守ることにつながる。これは社会を感染症から守るという公共の利益のための対策である。しかし，感染の疑いのある人の情報開示は，個人のプライバシーを侵害する恐れがある。このような場合，感染の疑いのある人の情報を公開すべきだろうか。

公共の利益のために「情報を公開すべき」と考えた人は，「**結果**（**行為の結果である個人や社会全体の幸福を重視する考え方**）」を重視しているといえるだろう。

公共の利益のために「個人のプライバシーを侵害することは避けなければならい」と考えた人は「**義務（行為の動機となる公正などの義務を重視する考え方**）」を重視しているといえるだろう。

このように，選択・判断の手がかりとなる2つの考え方を用いると，それぞれの主張の背景がわかりやすくなる。選択・判断の手がかりとなる2つの考え方を用いて，現実社会の事象を考察してみよう。

新型ウイルスが流行。感染の疑いのある人が出ている

情報の開示に賛成	情報の開示に反対
他者の健康を守ることにもつながるため	個人のプライバシーを侵害することになるため
個人や社会全体の幸福を重視することが大切	何があろうと個人の尊厳を守ることは私たちの責務
結果 行為の結果である個人や社会全体の幸福を重視する考え方	**義務** 行為の動機となる公正などの義務を重視する考え方

これからの学習において，「幸福，正義，公正」という切り口で，次に示す第2編の13の主題にかかわる現実社会の諸課題を考察してみよう。その際，選択・判断の手がかりとなる考え方を用いて，それぞれの主張を整理しよう。

主題1 法や規範の意義と役割	主題10 市場経済の機能と限界
主題2 契約と消費者の権利・責任	主題11 金融のはたらき
主題3 司法参加の意義	主題12 財政の役割と社会保障
主題4 政治参加と公正な世論の形成	主題13 経済のグローバル化
主題5 国際社会と国家主権	
主題6 日本の安全保障と防衛	
主題7 国際社会の変化と日本の役割	
主題8 雇用と労働問題	
主題9 社会の変化と職業観	

さまざまな価値観をもつ人がともに生きる社会で，私たちは暮らしている。それぞれが大切にする価値観が異なる以上，ある人の幸福の追求が，別の人の幸福の追求と対立することもある。このような場合，対立を調整し，よりよい社会を築くために必要になってくるのが，「公共」で学ぶ「見方・考え方」である。

「公共的な空間」における基本的原理

❶「公共的な空間」における基本的原理とは？

公共的な空間における
個人のあり方　　　　自由・権利と責任・義務

公共的な空間を
実現する
社会のしくみ

民主主義
法の支配

公共的な空間の基礎　　人間の尊厳と平等，個人の尊重

「公共的な空間」とは，どのようなものだろうか。ここでいう「公共的な空間」とは，地理的な空間の広がりではない。ここでの「公共的な空間」とは，①地域社会や国家・社会などにおける人と人とのつながりやかかわり，②それによって形成される社会のしくみそのもの，という2つをあわせもったものをさす。

「公共的な空間」の基礎には，**人間の尊厳と平等，個人の尊重の原理**がある。人間の尊厳と平等が実現し，個人が尊重される社会をつくるためには，さまざまな人が互いの多様性を認めあうことが必要である。そして，よりよい「公共的な空間」を実現するためには，**民主主義**や**法の支配**が不可欠である。よい「公共的な空間」が維持され，多くの人に利益が共有されるためには，いろいろな人が**自由・権利と責任・義務**に関する自覚をもつことが大切である。

これらを図にすると，上の図のようになる。「公共的な空間」の基礎に人間の尊厳と平等，個人の尊重があり，「公共的な空間」を実現する社会のしくみとして民主主義，法の支配がある。その上で，「公共的な空間」における個人のあり方として，自由・権利と責任・義務がある。

「公共的な空間」における基本的原理は，第1編第3章で学ぶ以下の内容である。第1編第3章で学んだ「公共的な空間」における基本的原理を基に，第2編の13の主題にかかわる現実社会の諸課題を考察してみよう。
❶人間の尊厳と平等（➡p.56〜61）
❷個人の尊重と基本的人権の保障（➡p.62〜65）
❸民主政治の基本的原理（➡p.66〜69）
❹法の支配（➡p.70〜72）
❺自由・権利と責任・義務
　（➡p.73〜75）

❷事例から考える「公共的な空間」における基本的原理

公共的な空間における個人のあり方　　自由・権利と責任・義務

❓ 自分の土地に銭湯を建てようとしている人がいる。しかし，200mほど先に別の銭湯があり，新しく建てることができない。条例によって「既設の公衆浴場と300m以上の距離を保たなければならない」と定められているためである。これは営業の自由を侵害した規定だろうか。それとも，公衆浴場業者の経営の安定のために，必要な規制だろうか。

自由・権利と責任・義務は，国と個人との関係や個人と個人との関係を法によって規定するときの基本的な考え方である。みずからの自由や権利を主張することは，他者に対しても同様の自由や権利を認めることが前提である。そして，自由・権利に基づいておこなった行為には責任がともなうことにも注意が必要である。

公共的な空間を実現するしくみ　　民主主義，法の支配

❓ ある独裁国家で，長期間にわたって政権を担い続けている権力者が，自分の都合のよいように裁判をしたり，政党の指導の下に議会を動かすということがある。これに対して，どのような問題があるのだろうか。

法の支配（➡p.70）とは，「法が大切」というだけの意味ではなく，政治権力といえども法に従い，法の枠内で政治権力は行使されなければならないということである。法の支配には，国民の代表である議会が制定した法に基づいて統治行為をおこなうこと，議会で制定した法に国王や政府は従うこと，法は自然法（➡p.70）に基づくものでなければならないことが求められる。具体的には，個人の自由と平等が保障されること，法の内容・手続きが適正であること，権力の行使をコントロールする裁判所の役割が尊重されることである。これは，イギリスで生まれた概念であるが，英米の憲法の中核をなす原理とされてきた。

公共的な空間の基礎　　人間の尊厳と平等，個人の尊重

❓ ある大学の入学試験で女性枠を設けているとする。その理由は，「優秀な女性の人材を育成しなければ，社会にとっても損失が大きい」，「女性ならではの視点と感性で教育，研究に多様性をもたせたい」，「女性研究者を増やす」といったものであった。一方，「逆差別だ」という批判もある。この制度について，どのように考えるだろうか。

このような取り組みは，ポジティブ・アクション（➡p.59，90）とよばれる。それぞれの人は，尊厳をもつかけがえのない人格として，平等に配慮されなければならない。どのように平等を実現すればよいのだろうか。

公共の学び方

課題探究学習のしかた

✎ 課題探究活動の展開例

① 課題の設定

持続可能な地域，国家，社会および国際社会づくりの役割を担う主体となるために，ともに生きる社会を築くという観点から，自分で課題を設定する。

手順▶

身近な問題から思いつくままに，問いを考えてみよう。
● テーマは，ＳＤＧｓ（持続可能な開発目標，➡p.2）の17の目標を参考にすると考えやすい。

目標1 貧困をなくそう
● 貧困による教育格差 ➡p.98
● 南北問題 ➡p.320

ＳＤＧｓの目標をもとに，資料集の関連ページをあげていくと，テーマが見つかりそうだね。

目標2 飢餓をゼロに
● 食料問題 ➡p.339

●「いつ」，「どこで」，「誰が」，「何を」，「なぜ」，「どのように」を使って，課題の問いとなる疑問文を考えよう。

テーマの例 少子高齢化にともなう人口減少問題
課題の例 私たちは，人口減少社会を見通した持続可能な社会のしくみづくりに，どのようにかかわることができるのだろうか。

② 情報の収集と読みとり・分析

課題の探究に必要な情報を複数の資料から適切に選択し，社会的な「見方・考え方」を総合的にはたらかせて読みとりや分析をする。

手順▶

インターネットなどの情報通信ツールを活用しよう。図書館を利用し，政府発行の統計や白書などを調べてみよう。
● 情報の信頼性に注意しよう。
● 情報は箇条書き，図式化するなどして，まとめよう。

具体的な方法は，以下を確認しよう。
「情報収集とメディア・リテラシー」
（➡p.12～13）
「情報を発表しよう」 （➡p.14）
「情報をまとめよう」 （➡p.15）

「ふり返り」で考えたことをもとに，新しい課題を設定して考えを深めていこう。

✎ 広く，深く考えるための手法

よりよい課題探究活動をおこなうためには，自分の頭のなかで考えていてばかりでは，すぐに行き詰まってしまう。より広く，深く考えるために，自分の考えや調べたことをアウトプットして，情報を整理したり，他の人と共有したりすることが必要となる。ここでは，そのいくつかの方法を紹介しよう。

情報・考えの幅を広げる ブレインストーミング

1つのテーマを設定し，そのテーマに関して頭に浮かんだことがらをすべて列挙していく。付箋などを利用して，なるべく短いことばで，できるだけ多く書き出してみよう。

なお，ブレインストーミングも，最初は難しいので，簡単な課題で日頃から練習しておくとよい。

課題の例

30秒で，野菜を思いつくまま，書き出してみよう。

● 課題探究活動でのブレインストーミングの応用場面
　①課題の設定
　②情報の収集など

➡① ブレインストーミングのようす

TOPIC グループワークのすすめ

現代社会の諸課題は，個人では解決できない問題ばかりである。解決過程において，自分の意見を主張し，多くの意見を聞いて議論し，よりよい解決策を導いていくことが重要である。授業においても，グループワークをおこない，実際の解決過程を体験することは重要である。

グループワークの注意点
● 間違いを恐れず，積極的に意見を述べる。
● 意見を批判し，人格は否定しない。
● 与えられた役割を十分にこなす。

おもなグループワークの手法
● ディベート
ある主張に対して，肯定側，否定側にわかれて，それぞれ証拠をもとに，立論・発表をしていく。それを審判役が点数をつけ，勝敗を決める。
● ジグソー法
グループごとに，調べるテーマを決め，グループ学習を経た後に，各グループのメンバーが最低1人は入る新たなグループを作成し，情報を共有する学習方法。

今日の複雑で変化の激しい社会では，さまざまな課題がある。それらの課題は，立場や世代，文化の違いから，解決困難なものが多い。私たちは，「ともに生きる社会を築く」という観点から，これらの課題の解決の糸口を探っていくことが必要である。ここでは，現代の諸課題を探究する活動の取り組み方を見てみよう。

③ 課題の探究

情報の読みとり・分析結果を基に，課題の解決に向けて事実を基に他の人と協働して考察，構想する。その際，「「公共」で学ぶ「見方・考え方」」（→p.8〜9）で見た第1編で身につける「幸福，正義，公正」などの見方・考え方や「公共的な空間」における基本的原理などを利用して，多面的・多角的に考察，構想する。

手順

- 学習した社会の「見方・考え方」を軸に，問いに対する自分の主張を考えよう。
- 1人で考えるのには，限界がある。グループを通して，お互いが考えたことを共有し，議論しよう。

④ 自分の考えの説明，論述

構想したことの妥当性や効果，実現可能性などを指標にして，論拠を基に自分の考えを説明，論述する。

手順

- 探究した過程や成果をわかりやすくレポートにまとめたり，プレゼンテーション資料を作成しよう。
- 発表会やディベートなどを通して，自分の主張と他の人の主張の違いを理解しよう。

ふり返り　①〜④の活動をふり返ってみよう

ポイント

① 何がわかったのかをまとめる。
② さらに何を学びたいのかを考える。
③ ①・②から，新たな課題を設定し，再び①〜④の手順で，自分の主張を深めていく。

- 探究活動のPDCAサイクル
① Plan（計画）
→②・③ Do（実行）
→④ Check（評価）
→⑤ Action（ふり返り，改善）

情報・考えをまとめる
シンキングツール（思考ツール）の活用

情報を収集したり，考え方を列挙したりしただけでは，それらから新たな主張は生まれにくい。そこで，集めた情報や考え方の関係性を見極めるために活用できるのが，シンキングツール（思考ツール）である。ここでは，X/Y/Wチャートとキャンディーチャートを紹介しよう。

● X/Y/Wチャート

考え方や主張を，Xなら4つの視点，Yなら3つの視点，Wなら5つの視点を設定して整理できる。どのような課題もさまざまな見方ができる。たとえば，少子高齢化の問題を考える場合，子どもの視点，働いている世代の視点，高齢者の視点で，かかえる課題や解決の優先順位が変わってくるはずである。それを目に見える形に整理することで，主張を整理したり，焦点化したりすることが可能になる。

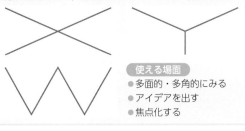

使える場面
- 多面的・多角的にみる
- アイデアを出す
- 焦点化する

● キャンディチャート

ある事象に対して，それを成り立たせている条件（もし〜なら）と根拠を明示できる。たとえば，未知の感染症の対策として，「もし，都市封鎖ができたならば」と条件を設定した場合，チャートの○の部分に予想の結果を書き入れる。ここでは，たとえば「短時間で感染拡大が終息できた」などと書き込むことができる。そして，予想の根拠を右に書く。ここでは，「人同士の接触を強制的に減らすことができるため」と書ける。これをもとに，予想について吟味し，よりよい結論を導いていけるのである。

もし〜なら | 短時間で感染拡大が終息できた | なぜなら
もし，都市封鎖ができたならば　|　人同士の接触を強制的に減らすことができるため

もし〜なら　　　　　　　　　　　　なぜなら

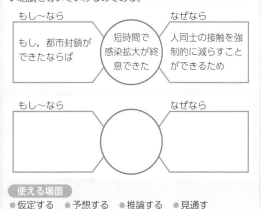

使える場面
- 仮定する
- 予想する
- 推論する
- 見通す

情報収集とメディア・リテラシー

情報収集のしかた

❶インターネットの活用

ウェブサイトやＳＮＳからの情報収集

　現在では，ほとんどの公的機関，民間企業などが自分たちのもつ情報を，ウェブサイトやＳＮＳに掲載している。また，個人もブログ，ＳＮＳなどによって情報を発信することができるようになっている。これらの情報の多くは，調べたいことについて，大まかに内容を知るという意味では有益である。しかし，すべての情報を完全に鵜呑みにしてはいけない。たとえば，個人のブログやＳＮＳに掲載されている情報の場合，信頼性という点では気をつけなければならない。情報の発信者が意図的に嘘の内容を発信している場合もあれば，発信者自身も誤った情報であることを知らずに発信している可能性もある。情報の信頼性を判断する方法として次のようなものがある。

> ● 信頼度の高いウェブサイトのおもな見分け方
> ・発信元が社会的に信頼できる機関であるかどうか。政府や大学などの公的機関のウェブサイトであれば信頼度は高い。
> ・営利企業などのサイトでも，更新日が新しいことや発信者の経歴などが明記されていること，引用の出所を明らかにしていることなどの条件を満たしていれば，信頼できる場合が多い。
> ・発信元が情報を発信している目的は何かを見る。
> ・できるだけ複数のサイトの情報を比べるようにする。など

❷物的情報源

書籍の利用

　図書館にある用語辞典，百科事典，専門辞典，年鑑，『日本国勢図会』『世界国勢図会』などを利用すれば，疑問に感じていることがらについて調べることができる。しかし，それらに掲載されている情報は入門者向けであったり，他の文献から情報をまとめたものに過ぎない場合が多い。さらに専門的に調べようと思ったら，図書館の検索サービスを利用し，関連する専門書や論文を見つけ出すとよい。それらの書籍には参考文献や引用元が記されているはずなので，「いもづる」式に関連図書を見つけ出すことが可能となる。また，図書館のレファレンスサービスを利用すれば，司書や職員の方に調査に必要な資料探しを手伝ってもらうこともできる。

新聞の利用

　新聞には信頼性の高い情報が多く掲載されている。多くの図書館には過去の新聞が縮尺版の形で保存されている。それらを調べることで当時のようすや事件などを調べることが可能である。ただし，新聞社も営利企業であり，報道姿勢にも違いがある。そのため，調べたいことがらについて，特定の新聞社の記事だけでなく，複数の新聞社の記事を比べてみるとよい。

新聞の基本的な構成

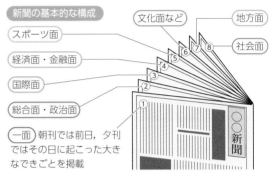

文化面など　地方面
スポーツ面　社会面
経済面・金融面
国際面
総合面・政治面

一面　朝刊では前日，夕刊ではその日に起こった大きなできごとを掲載

❸人的情報源

　インターネットや図書館の書籍の情報では，期待した情報を得ることができない場合がある。さらに，具体的に調査をしたい場合には，専門家や関係者などにインタビューすることで「生の情報」を得ることができる。その際には，事前にメールや電話で，インタビューの目的や内容，直接会う場合には約束の時間などを伝えておくようにしよう。インタビューの際には，相手の了解をとった上で音声を記録しておくと後で調査結果をまとめやすい。インタビュー終了後には，研究成果物やお礼の手紙を送るなどの礼儀を忘れないようにしたい。

→❶オンラインでの取材　直接会いに行けない場合は，オンラインによる取材を申し込むのもよいだろう。

❹現地訪問

　「百聞は一見に如かず」ということばがある。現地に行って，直接自分の目で確かめることは，情報収集のしかたとして大変有効である。ただし，費用や時間的な制約を考えると，誰もが何度も現地を訪問することができるわけではない。そのため，現地訪問する機会に恵まれた場合には，事前に多くの予備知識を得ておき，調査を有益なものにするように心がけるべきである。また，現地を訪れる際には，デジタルカメラなどをもっていくとよい。

これからの時代に求められるのは，みずから問題を設定し，その問題を解決する能力である。それでは，問題を発見したり，解決したりするためには，どのようにして情報を得ればよいのだろうか。高度情報社会においては，膨大な情報のなかから，それぞれの情報の質を評価し，取捨選択することが重要になってくる。

統計資料の読み方・活用のしかた

　収集した統計などのデータを適切に読みとるには，どのようなことに注意すべきだろうか。また，読みとったデータを効果的に活用するためには，どのような工夫が必要だろうか。情報を適切に使いこなす力を身につけよう。

❶統計データを利用するときの注意点

　統計データを利用する際には，以下の点に注意したい。基本的なルールを知ることで，調査研究を有意義なものとしたい。

> **①統計の出所を見る**
> 出所の記されていない統計データは信用に値しない。一般的に，公的機関のデータが最も信頼度が高い。公的機関のデータが見つけられない場合には，できるだけ信頼のおける民間企業などの提供しているデータを用いるようにしよう。
>
> **②調査対象を見る**
> 「調査の対象となる人数は十分か」，「調査対象の属性に偏りはないか」などに注意を払うようにしよう。たとえば，インターネットによる調査の場合には，「高齢者のサンプルが少ない」といったことが考えられる。調査対象の偏りは，研究の信頼を損ねるので注意しよう。

❷統計資料の読み方

　統計データを読みとる上では，**因果関係**と**相関関係**の違いに着目する必要がある。因果関係とは，一方が原因で他方が結果となっている関係をさす。相関関係とは，「一方が増加すると他方が増加または減少する」などのように，双方が関連しあう関係をさす。たとえば，「朝ご飯をきちんと食べる児童は，そうでない児童よりも成績がよい」というデータを得た場合には，「朝ご飯」と「児童の成績」には相関関係があるということはできる。一方で，「朝ご飯を食べるほど，児童の成績が上昇する」といった因果関係を簡単に指摘してはいけない。「朝ご飯を用意する家庭は教育熱心であるため」といった別の要因が存在する可能性があるからである。データから簡単に因果関係を主張しないようにしよう。

小学6年生の朝食摂取と学力調査の平均正答率との関係

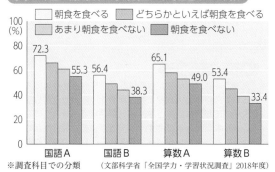

※調査科目での分類　（文部科学省「全国学力・学習状況調査」2018年度）

❸得られた情報の整理・示し方

図や表の活用

　情報を整理する際，図や表を用いる方法がある。たとえば，ロジックツリーのように，情報を原因と結果の関係に並べるといった方法がある。この際，情報はできる限り漏れなく，網羅的に並べるとよい。このようにして，因果関係を整理することができれば，問題はどのようなことで，その原因は何かといった流れを論理的に説明することができるようになる。

ロジックツリー

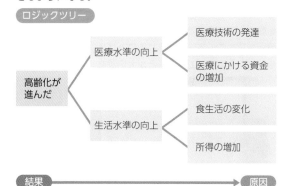

統計グラフの活用

　統計グラフは，割合などの数値を視覚的にわかりやすく表現することができる。それぞれの特徴を把握し，適切にグラフを用いることが必要である。

棒グラフ	各項目の数量の大小を比較する。
折れ線グラフ	経過時間ごとの変化を示す。
円グラフ帯グラフ	全体のなかでの割合を示す。
レーダーチャート	複数の項目の大きさや量を比較する。
散布図	2つの量の関係を示す。

❶ 統計グラフの活用 であげたグラフは，資料集でどのような統計に用いられているだろうか。確認してみよう。
❷インターネットの活用方法について，「Let's Think　ネットニュースの信頼性」（→p.139）も参考に，考えよう。

公共の学び方

情報を発表しよう

課題探究活動では，自分が得た考えやアイデアを，人前で発表する機会が設けられることが多い。活動の最後だけでなく，中間発表として，進行状況の報告がおこなわれることもあるだろう。効果的な資料の見せ方，話し方を考えよう。

発表の準備

発表には，おもにプレゼンテーションやポスターセッションがある。プレゼンテーションとは，スライドやレジュメ（要約資料）などを用いておこなう発表である。会社の会議などでも，企画や新商品の説明としておこなわれることが多い。ポスターセッションとは，模造紙程度の大きさのポスターを作製し，その前で参加者に説明するもので，比較的大きな会場で複数のグループが一斉に発表をおこなうときに，この方法がとられることが多い。いずれにせよ，しっかりと準備して臨むことが大切である。

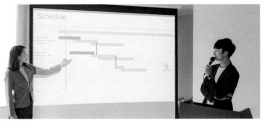

↑**1**企業でのプレゼンテーションのようす

❶条件を確認しよう

発表は，聞く人に理解してもらうためにおこなうものである。事前に，以下のような点を確認しておこう。

- 参加者は何人で，テーマについて知識はあるか？
- 発表時間はどれくらいか？
- スライドやプロジェクタなどの機器は使えるのか？

❷発表内容を考え，準備する

まずは，発表の構成を考えよう。時間や紙面の制約のなかで，テーマと結論，論拠を知ってもらうために，特にどこを伝えるべきか，ポイントを絞る必要がある。「あれも，これも」にならないように気をつけよう。レポートを書くときと同様，序論→本論→結論の展開が基本構成である。

プレゼンテーション用ソフト（スライド）を用いる場合，スライド1枚に1つの情報が基本である。また，スライドの切り替えが早すぎると，説明を聞いてもらえなくなるので，スライド1枚に1分を目安に作製するとよい。すべての内容を1枚のスライドに入れるのではなく，あくまでも説明がメインと考えて，伝えたいポイントが一目でわかるように，大きく，見やすく，シンプルにつくろう。

また，ポスターセッションでも基本は同じである。離れていても見えやすいように，レイアウトや文字の大きさを考えよう。事前に本番用よりも小さめのB6やA5サイズの紙に下書きして，構成を考えるとよいだろう。

発表本番に向けて

スライド，レジュメ，ポスター，配付資料とは別に，発表用の原稿を準備しよう。1分間で300字を目安に作成するとよい。発表をよく理解してもらうためには，原稿を読み上げるのではなく，聞き手のようすを観察しながら発表することが大切である。聞き手の顔を見て，背筋を伸ばし，身振り手振りを使い，大きな声でゆっくり話しかけるように発表すれば，よく伝わるだろう。自分が知ったこと，考えていることを聞き手にわかってほしい，という情熱があれば難しいことではない。時間を計ったり，当日使用する機器を使用したりしてリハーサルをおこなうことも大事である。準備が万全であれば，緊張もしにくくなるだろう。

評価とふり返り

課題探究活動は，発表して終わりではない。発表は，聞き手からの質問や意見をつうじて，別の視点を得たり，自分の考えの不十分なところを発見し，課題探究活動をより深めていくきっかけとなる。ルーブリック評価などを用いた客観的な評価も，今後の発表をよりよいものにするのに役立つだろう。せっかく調べて他の人の前で発表するのである。「その場限り」にするのはもったいないことではないだろうか。

発表に対するルーブリック評価の例

評価項目	評価		
声の大きさ・明確さ	聞きとりやすく，重要なところを強調するなど工夫があった	聞きとりやすかった	聞きとりにくかった
発表の態度	身振り手振りを交えるなど，聴衆を巻き込んでいた	聞いている人の方を見ていた	読み上げ原稿や下ばかりを見ていた
発表時間	予定時間とほぼ同じであった	予定時間に対し，やや誤差があった	予定時間に対し，大幅な誤差があった

大切な聞き手の役割

発表の場は，発表者だけではなく，聞き手も一緒につくるものである。しっかりと発表を聞き，内容を理解して，発表の内容が深まるような，よい質問ができるようにしよう。よい質問は，発表者や他の聞き手の知的探究を深める助けとなる。また，他の人の発表から，自分の探究や発表方法のヒントが見つかることもある。

情報をまとめよう

情報収集を終え，発表会で先生やクラスメイトなどから意見をもらい，理解を深めれば，最後にレポート（報告書）にまとめよう。基本的なレポートの書き方を確認しよう。

レポートと作文の違い

レポートは，日本語では「報告書」である。与えられたテーマ（問い）があり，賛成か反対か，どのように課題を解決するか，自分の回答（主張）を書くものである。その際，客観的な証拠（根拠となるデータや調査結果）を示して，自分の主張を証拠で裏づけ（論証）しなければならない。この点で，感想や個人的な思いが書かれる感想文や作文とは異なる。また，引用やデータを必要としない小論文（➡p.342）とも異なる。なお，与えられたテーマがあるものをレポート，自分でテーマを選ぶものを論文というが，高校の課題探究活動では，両者をともにレポートとよぶ場合が多い。

構成を考え，情報を分類

必要な情報収集が終われば，レポートの大まかな構成を考えよう。基本は，序論・本論・結論の三部構成である。

レポートの基本的な構成

序論	「問い」を提示する ──➡ なぜ，その問いを扱うのか？ 　　　その問いに対して，どう考えるか？ ● 分量は全体の2割程度
本論	自分の主張とその根拠を示す ● 分量は全体の6割程度
結論	まとめ ──➡ 主張とその根拠を簡潔にまとめる 　　　課題探究活動を通して学んだこと，今後の目標を示す ● 分量は全体の2割程度

レポートの基本的な構成をふまえて，レポートの「流れ」をつくってみよう。具体的には，章立てを考える。

レポートの流れの例

第1章	はじめに～ローカルバスの存続を考える
第2章	路線バスのおかれている状況
第3章	政府による財政支援
1節	日本の事例
2節	外国の事例
第4章	交通弱者の「足」を維持するために

上の例では，第1章が序論，第2・3章が本論，第4章が結論ということになる。本論は長くなるので，内容ごとに複数の章を設けた方が読み手にもわかりやすいし，書き手にとっても整理しやすい。また，1つの章が長くなる場合には，章のなかに「節」を設けて区切ってもよい。この「章立て」に従って，集めた資料を分類しよう。この段階で資料が不足していることに気がつくこともよくある。そのようなときは，再び資料収集に戻ろう。

レポートを書く際のルール

レポートは，感想文やエッセーとは異なるものなので，読み手に正確に伝わるような書き方をしなければならない。以下の点に注意して，書きはじめよう。

レポートを書く際の注意点

❶ 文末は「だ・である」で統一する。
❷ 長い文章を避け，読みやすさを考慮して短い文章をつなぐ。
❸ 主語と述語，目的語を明確にする。
❹ 自分の意見と他人の意見を明確に区別する。
❺ 他人の意見や図表を用いるときには，引用のルールを守る。
❻ 図表には，図1，図2，表1……のように通し番号をつける。
❼ 参考文献はレポートの最後に，すべて正確に書く。

引用のルールとは，短い文章を直接引用するときは，カギカッコ（「　」）に入れて，引用元（著作名，ページ数）を明記すること，図表は出典を明記することなどである。自分ががんばって書いたレポートは大切にしてほしいだろう。他の人も同じ思いである。引用のルールを守ることは，自分がその著者に対して敬意を示すことになるのである。

参考文献の書き方

● 図書：編著者名，『書名』，出版社，出版年
● 雑誌：著者名，「見出し（記事名）」，『雑誌名』巻号，ページ番号
● ウェブサイト：著者名，「ページのタイトル」，『トップページタイトル』，ＵＲＬ，参照日

ウェブページからの引用には，参照日が必要なんだね。

ただし，参考文献の書き方は，さまざまな形があるので，先生から指示された書き方を守るようにしよう。先輩のつくったレポートの過去の優秀作が学校に保管してあれば，書き方は真似ればよい。

最後に，みんなで読み直して誤字・脱字をなくし，タイトルと制作者を記した表紙をつけて完成である。期限を守って提出しよう。

第
1
章

公共的な空間をつくる私たち

Ⅰ ● 公共的な空間と人間とのかかわり

社会に生きる私たち

要点 の整理　　　＊⬚⬚⬚⬚は共通テスト重要用語，⬚は資料番号を示す。この節の「共通テスト○×」などに挑戦しよう 👆

1 青年期の意義

❶青年期の位置づけ
　第二次性徴 ……身体に男性の特徴（声変わり・ひげなど）・女性の特徴（胸のふくらみなど）があらわれる
　「**第二の誕生**」（フランスの思想家**ルソー**のことば）……自我の目覚め・精神的誕生を表現
　第二反抗期 ……自我が目覚め，自己主張が強くなり，親や既成の価値観への反抗的主張がめだつようになる
　マージナルマン（**境界人**，周辺人。**レヴィン**の用語）……子どもとおとなの両面の心理的属性をもつ
❷**青年期**……近代以降に成立━→ライフサイクル ② のうち，児童期と成人期との過渡期
　　　　　　　近代以前━→**通過儀礼（イニシエーション）** ③ で一気におとなへ
　モラトリアム ③ （**エリクソン**の用語）……おとなへの準備，義務や役割を猶予
❸青年期の延長 ③ ……現代では，青年期のはじまりが低年齢化（**発達加速現象**）
　青年期の終わりは30歳前後までのびる（社会の複雑化・習得技能の増大）
❹**多元的な自己** ⑤ ……複数の自己をもち，自由に使いわけること
　　━→背景には，確固たる1つの自己を形成する必要はないという考え方がある
❺青年期の発達課題 ④〜⑦
　心理的離乳（アメリカの心理学者ホリングワースのことば）……親からの精神的自立
　アイデンティティ（自我同一性）の確立……社会化と個性化の達成

2 欲求と自己形成

❶欲求の発達……生理的欲求などから自尊の欲求など，より高次なものへ（**マズローの欲求階層説** ①）
　━→欲求不満（**フラストレーション**）や**葛藤** ②（**コンフリクト**）に直面━→**防衛機制** ②（心を守る無意識のはたらき）
❷心の構造 ③ ……意識にあらわれない**無意識**の部分の存在━→**フロイト**（エスなど），**ユング**（集合的無意識など）が重視
❸**劣等感（コンプレックス）**……「理想の自分」と「現実の自分」との隔たり。自己意識と他者意識の高まりがもたらす
　━→**アドラー**は，努力と成長の原動力と捉える
❹**個性（パーソナリティ）** ④ ……能力（知能的側面）・気質（感情的側面）・性格（意志的側面）からなる全体的人間像
　━→クレッチマー，ユング，シュプランガーなどが類型化

↑❶**ヤマアラシのジレンマ**　お互いの適当な距離感を見つけ出すようす。私たちが，試行錯誤をくり返して，精神的に自立していくようすをたとえる。

---

1 青年期の意義　青年期とは，人生のなかで，どのような意味をもつのだろうか。

① 青年期の位置づけ　〔頻出〕

マージナルマン

解説　**境界にいる不安定な青年**　フランスの哲学者ルソー（→p.68）が著した『エミール』の一節には，青年期の特徴がよくあらわれている。青年期には，自我の目覚め，身近なおとなから自立しようとすること（**心理的離乳**），第二次性徴などの特徴がある。ドイツの心理学者**レヴィン**は，青年期にいる人間を**マージナルマン（境界人，周辺人）**と位置づけた。マージナルマンは，2つの社会集団の境界に位置する，精神的に不安定な存在である。青年期は，子ども集団とおとな集団の境界に位置し，おとなのように義務や責任を果たそうとして緊張する。一方で子どものままでいたいという葛藤をいだくなど，精神的に追い込まれて不安定になりやすい時期とされる。

📖**資料**　**第二の誕生**
（ルソー『エミール』　岩波文庫）

　わたしたちは，いわば，2回この世に生まれる。1回目は存在するために，2回目は生きるために。……まえには素直に従っていた人の声も子どもには聞こえなくなる。……子どもは指導者をみとめず，指導されることを欲しなくなる。
　気分の変化を示す精神的なしるしとともに，顔かたちにもいちじるしい変化があらわれる。容貌が整ってきて，ある特徴をおびてくる。頬の下のほうにはえてくるまばらな柔らかい毛はしだいに濃く密になる。声が変わる。というより声を失ってしまう。かれは，子どもでも大人でも，そのどちらの声も出すことができない。……燃えはじめた情熱が目に生気をあたえ，いきいきとしてきたそのまなざしにはまだ清らかな純真さが感じられるが，そこにはもう昔のようにぼんやりしたところがない。……
　これがわたしのいう**第二の誕生**である。ここで人間はほんとうに人生に生まれてきて，人間的ななにものもかれにとって無縁のものではなくなる。

❓ 「おとな」として認められるには，どのような条件があるだろうか。p.17「②エリクソンのライフサイクル論」「③イニシエーション」も参考に考えよう。

2 エリクソンのライフサイクル論

人生周期 (発達段階)	発達課題	失敗の状態
乳児期	●基本的信頼感　母親など、身近な人を通して信頼感を得る	不信感
幼児期	●自律性　しつけなどの枠組みを受け入れ、内在化する	恥・疑惑
児童期	●自発性　バランスを保ち、自分なりの行動をする	罪悪感
学童期	●勤勉性　欲求に従い、自分なりに学ぶ喜びを得る	劣等感
青年期	●アイデンティティの確立　自分は何者か、何になりたいのかをつかむ	アイデンティティの拡散
成人期	●親密性　家族をつくる親密さを他者との間でつくる	孤立
壮年期	●世代性　子を育て、次の世代への関心をもつ	停滞性
老年期	●統合性　生涯を受け入れ、人類への関心をもつ	絶望

解説 ライフサイクル　アメリカの精神分析学者**エリクソン**（●p.18）は、**アイデンティティの確立**が青年期の課題であるとした。アイデンティティとは、いわゆる自分らしさだと捉えればよい。エリクソンは、人間は生涯にわたって他者や社会との関係のなかで段階的に発達するという**ライフサイクル論**を提唱した。また、エリクソンは、人間は世代ごとに特有の発達課題をもち、失敗を経験しつつ他者とかかわりながら心の成長を続けていく存在であると説いた。

3 通過儀礼（イニシエーション）

資料
通過儀礼
（21世紀研究会『常識の世界地図』 文春新書）

　どこの社会でも、誕生、成年、結婚、死といった人生の節目には「通過儀礼」とよばれる何らかの儀礼的習慣が行なわれる。なかでも、成年式や宗教集団への加入式などでは、とくに、死と再生を象徴する儀式が行なわれたり、新しい服や名前が与えられるなど、多くの社会にかなりの共通性がみられるという。
　割礼や抜歯、入れ墨など、肉体的苦痛や精神的緊張をともなうこの種の儀式は、世界中にある。たとえば、バンジージャンプというスリル満点のレジャーがあるが、その起源はメラネシアのバヌアツ北部のある島の、豊饒祈願と成年式をかねたような伝統的儀礼にある。この村の男子は、小さい頃から飛び降りる訓練を重ねる。そして高さ20メートルから30メートルもあるやぐらの頂上から、足首につるを巻きつけて宙に身を躍らせるという試練を達成したときに、大人の仲間入りをするのだ。

●2バンジージャンプ（バヌアツ）

解説 成人式を過ぎればおとな？　本来、成人式では「死」と「再生」を象徴する儀式がおこなわれることが多い。「死」は子ども集団からの分離を、「再生」は社会の成員として生まれかわることを意味している。過酷な試練は、成員の資格があることを証明するためにある。現代の成人式では、この**イニシエーション**としての意義はほとんど失われている。

4 アイデンティティ

①自己の斉一性
この自分はまぎれもなく独自で固有の自分であって、いかなる状況においても同じその人であると他者からも認められ、自分でも認めること。

> 自分は自分だし、それこそ、ほかならない自分。自分が好きだし、自分らしさでもある！

> この自分でいいって自己肯定感があるし、これからもこの自分でやっていけるという自信もある！

②時間的な連続性と一貫性
以前の自分も今の自分も、一貫して同じ自分であると自覚すること。

③帰属性
自分は何らかの社会集団に所属し、そこに一体感をもつとともに、他の成員からも認められていること。

> 自分は周りから受け入れられているし、社会にとって意味がある人間だ！

（氏原寛ほか編『心理臨床大事典』培風館より作成）

解説 自分に納得すること　エリクソンは、①自己の斉一性、②連続性と一貫性、③帰属性の3つが満たされると、アイデンティティが確立するという。青年期は、社会的な義務を猶予されている**モラトリアム**の時期である。青年は試行錯誤しつつ、自分の生き方を探り（役割実験）、自分自身が自分を認め、周囲からの承認を得て、アイデンティティを確立していく時期なのである。

5 多元的な自己

> 友だちと遊ぶのも楽しい！

> 1人で本を読むのも楽しい！

? 自分らしさは1つに定まるものなのだろうか。

解説 自分を見失う　アイデンティティの確立の過程で、自分が嫌いになったり、どれが本当の自分なのかわからないという感覚に陥ったりする。そして他者とかかわることが難しくなり、学校が怖くなったり、無気力になったりする**スチューデント・アパシー**（学生無力症）が発生することがある。さらに、あえて社会的に否定される価値観を取り入れて非行に走る否定的アイデンティティを形成する場合もある。最近では、場面ごとに自己を使いわける、相手によって自己を演じわけるというのは自然なことで、確固たる1つの自己を確立する必要は必ずしもないという考え方が広まっている。複数の自己をもち、自由に使いわける「多元的な自己」であっても、複数の自己を確立する難しさからは逃れられない。

6 青年期の発達課題

●ハヴィガーストの青年期の発達課題
①同年齢の男女との洗練された新しい交際を学ぶこと。
②男性として，また，女性としての社会的役割を学ぶこと。
③自分の身体の構造を理解し，身体を有効に使うこと。
④両親や他のおとなから情緒的に独立すること。
⑤経済的な独立について自信をもつこと。
⑥職業を選択し，準備すること。
⑦結婚と家庭生活の準備をすること。
⑧市民として必要な知識と態度を発達させること。
⑨社会的に責任のある行動を求め，そしてそれを成し遂げること。
⑩行動の指針としての価値や倫理の体系を学ぶこと。

解説 **発達課題** アメリカの教育学者**ハヴィガースト**(1900〜91)は，人生には発達段階に応じて達成すべき課題があるとし，発達課題の概念を提唱した。青年期の発達課題は，良好な人間関係の構築，精神的・経済的自立，社会への適応と価値観の確立から成り立っている。友人と良好な関係を構築し，学校で何らかの役割を担い，社会的な課題を自分のものとして考え探求するといった日常は，青年期の発達課題の達成につながっている。

←3 地域のボランティア活動に参加する高校生

7 周囲のおとなからの自立

●心理的離乳 〜ホリングワース
家族の監督から離れて，自立した一人の人間となろうとする青年期に生じる衝動である。児童期までは，躾を通じて親の価値観を身につけ，それを疑うことはない。青年期は，それまでに身についた習慣を捨て，自分の意思で新しい価値観を選び，それを身につけようとする。このため，親にまだ依存していたいという欲求と，自立したいという欲求との間に葛藤が生じることも多い。

●第二反抗期 〜ビューラー
青年が親などの権威に反発し，それまでの他律的な態度から，自分の価値観や判断に従おうとする自律的な態度を示すこと。大人の無理解や抑圧的態度に反抗的となることが多い。2〜4歳頃の第一反抗期に対し，内面的・精神的であることが異なるとされる。

↑4 ケーキ屋でアルバイトをする大学生

解説 **自立と反抗** 心理的離乳や第二反抗期は，親やおとなからの自立をめざす青年期の特徴を捉えている。しかし，現在では青年期の延長とともに，若者の反抗も，かつてほど激しく，劇的なものではなくなったともいわれる。

8 モラトリアム人間 出題

資料 **青年期における「モラトリアム」**
(深堀元文『図解でわかる 心理学のすべて』 日本実業出版社)

↑エリクソン (1902〜94)

青年期は，少年少女から大人になるための準備期間といえます。これをエリクソンは「モラトリアム」と名づけました。もともとモラトリアムとは，支払い猶予期間を意味する経済用語です。

エリクソンは，青年期はアイデンティティ形成のために社会への義務と責任を猶予する期間であるとして，このように呼んだのです。

ところが，現代ではアイデンティティを形成できない，つまりモラトリアムを卒業できない人が増えています。

この現代青年の，いわば「モラトリアムの延長」ともいえる現象を，青年がそのまま大人になってしまうのだとみなしたのが精神分析学者の小此木啓吾です。

彼は，このような現象は現代青年に特有のものではなく，現代社会の大人の一般的な特徴でもあると指摘しました。そして，このような人間を「モラトリアム人間」と呼んでいます。……

かつてのアイデンティティ人間は社会と深くかかわる自我を理想としましたが，モラトリアム人間はただひたすら自己を愛し，肥大化した自己をどこまでも追求するのです。この自己愛人間には，自己本位の思い込み，失敗を認めない，周囲の批判に対して極端に傷つく，他人と深くかかわらない，自己中心的などの特徴が挙げられます。

増加するモラトリアム人間

身体的な早熟	価値観の多様化	高学歴化

↓

モラトリアム(青年期)を卒業できない人が増える(モラトリアムの延長)
※これまでは青年期は20歳まで，現代では30歳?

‖

実は，モラトリアムを卒業しないまま，おとなになった人が増えている
※青年期と成人期の境界があいまいに

↓

モラトリアム人間，自己愛人間の増加
(自己本位の思い込みが激しく，他人と深くかかわらず，傷つきやすい)

? モラトリアムとは，どのような意味をもつのだろうか。

解説 **おとなになろうとしない若者** 現在では，青年期の終了は30歳前後ともされる。**青年期の延長**は，青年期の位置づけに変化をもたらし，新しいモラトリアム心理を生み出しているとされる。早い時期の指摘は，精神分析学者の小此木啓吾(1930〜2003)による，モラトリアムに安住し，おとなになろうとしない若者をさした「**モラトリアム人間**」である。アメリカの心理学者ダン=カイリーの「**ピーターパン・シンドローム**」，日本の社会学者山田昌弘(1957〜)の「**パラサイトシングル**」なども，同じような状況にある若者をさす。また，俗に「五月病」ともいわれる，学生特有の無気力な状態を**スチューデント・アパシー**とよぶ。これは，自分が何をしたいのか，何になりたいのか，というアイデンティティの問いをくり返している状態で，**アイデンティティの拡散**に陥っているのである。

? 青年期の心理には，どのような特徴があるのだろうか。

欲求と自己形成 欲求のメカニズムは，どのようなものだろうか。

1 マズローの欲求階層説

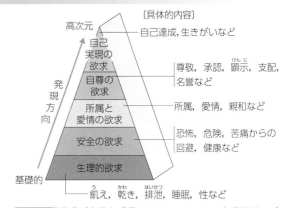

資料 マズローの欲求階層説
（山野晃『よくわかる青年心理学』 ミネルヴァ書房）

　何かに目標を持って，情熱を注ぎ，一生懸命生きている青年も少なくありません。ボランティアしかり，仕事しかり，情熱をもって生き生きと生活している青年の姿はすがすがしいものです。彼らが働くのは，理屈ではなく，ただ金を儲けるためだけでもなく，また，自分のためだけではなく，他の人のためにも役に立ち，社会的に責任を果たし，人間として生きるために活動しているのです。それが「働く」ことであり，それが自信となり，またその人を成長させ，生きがいとなっているのです。そして，最近よく言われる「自己実現」（self-actualization）にもつながっていくのです。それは「その人のもっている潜在的な可能性を発揮し，機能を十分に発揮している姿」といっていいでしょう。このことを言い出したマズロー（Maslow, A.H.）は，彼の欲求論を展開し，人間としての基礎の欲求である生理的欲求・安全欲求がある程度満たされると，……さらに成長欲求である自己実現の欲求が発揮されるようになるというのです。

解説 欲求が自分を成長させる アメリカの心理学者マズロー（1908～70）は，人間を自己実現に向かって成長する生き物であると考えた。低次の欲求が実現されると，つねに高次の欲求があらわれる。このように人は，つねに高い目標に向かう存在なのである。周りからは恵まれた境遇に見える人も，つねに何らかの満たされない欲求をかかえているのである。欲求は人間の行動の原動力であり，同時に欲求不満（フラストレーション）の源でもある。マズローの欲求の段階は，自己実現の完成をめざす人生のあゆみとも重ねあわされるのである。

2 葛藤と防衛機制

(1)葛藤

　青年心理学者の**レヴィン**が示した葛藤の３パターンを，食べ物の例で考えてみよう。

① **接近－接近葛藤** このケーキも食べたいが，あのケーキも食べたい。１つに決めなくてはならないが，どちらもあきらめきれない。

② **接近－回避葛藤** 大人気のケーキなのだが，太るのを気にして食べられない。でも，一度食べたらやめられないおいしさ。

③ **回避－回避葛藤** 合宿の朝食のおかずが，大の苦手の納豆と生卵のみ。食べないと昼までもたない。万事休す！

解説 心理的葛藤（コンフリクト） ある欲求が満たされない欲求不満（フラストレーション）だけでなく，２つ以上の両立しない欲求の間で態度を決められず，心が不安定な状態になることもある。これらの状態を回避するために，心が無意識にはたらくしくみを**フロイト**（➡p.20）は**防衛機制**とよんだ。

(2)防衛機制

欲求不満 ── 合理的解決（社会的に認められた方法で解決，適応）
　　　　── 近道反応（衝動的に反社会的方法で欲求を満たす）
　　　　── 失敗反応
　　　　　　│
　　　　　[防衛機制]

抑　圧：自分に都合の悪いことや耐え難いことを，意識の世界から無意識の世界へ抑え込む。「試合で大敗したあと，好きな野球中継をぴたっと見なくなってしまった」

逃　避：不安を打ち消すために空想の世界や病気に逃げこむ。「試験が迫ってくると，よく将来のことをあれこれ，夢見る」

退　行：発達段階の初期に戻ってしまう。「弟が生まれて親の愛情が希薄になった兄が，急におねしょをするようになる」

投影（投射）：受け入れがたい自分の特質を，他人に転嫁する。「自分がケチなのに，相手がケチだとなじる」

置きかえ
- **代償（補償）**：満たされない欲求の代わりに，別の欲求の満足に置きかえる。「旅行に行きたいが，行くお金がないのでインターネットで動画を見て満足する」
- **昇　華**：置き換えられた欲求が最初の欲求の満足より高い価値を生み出す。「失恋の結果，すばらしい芸術作品を生み出す」

合理化：負け惜しみ的に自分を納得させる理屈をつける。イソップの「きつねとすっぱいぶどう」。「みずからが取れない高いところになっているぶどうはすっぱいと考える」

あのブドウはすっぱい

同一視：社会的に評価されている人に自分を重ねあわせ，自分の価値が上がったように思い込み満足する。「人気アイドルと同じ服装をする」

反動形成：劣等感の強い者が逆に優越感を露骨に表したり，嫌いな人にそれと悟られないために好意的に接する。「好きな人のことを，わざと無視する」

3 フロイトが考えた「心の構造」

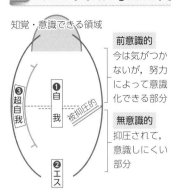

知覚・意識できる領域

前意識的
今は気がつかないが，努力によって意識化できる部分

無意識的
抑圧されて，意識しにくい部分

❶自我
❶自我
❸超自我
被抑圧的
❷エス

❶自我
エスを満たしつつ，現実社会に適応できるように調整する心

❷エス
社会規範や論理性を無視して快感原則にしたがい，満足を求めようとする心

❸超自我
自我を監視する道徳的な良心・罪悪感・自己観察の役割

フロイトの精神分析療法

フロイトは，患者をカウチに寝かせ，思い浮かぶことを何でも話させた。

（前田重治『図説 臨床精神分析学』誠信書房）

解説 **無意識の発見** オーストリアの精神科医**フロイト**（1856〜1939）は，神経症患者を治療するなかで，人間の心の奥底にある無意識の領域を発見した。無意識のうちに抑圧されたものを意識化することで患者の病状が改善されるとする，精神分析学を創始し，独自の心の構造を唱えた。

TOPIC フロイトとユング

　1909年，ユングは，ニュルンベルグの国際精神分析学会において設立が決定された精神分析協会の初代会長となった。ユングは，フロイトの一番弟子とされ，フロイト自身も，みずからの精神分析学の将来を，ユングに託そうとした。フロイトは，ユングを精神分析の「プリンス」とよび，みずからの後継者であると公言していた。ユダヤ人であったフロイトとは異なり，ユングは快活で社交的，キリスト教徒であり，さらに神秘主義者でもあった。フロイトは，ユングを通じて，精神分析学を非ユダヤ的なものにしていこうと考えていたのである。

　しかし，個人とその深層心理を解明しようとしたフロイトに対し，ユングは「集合的無意識」という個人をこえたより大きな無意識に関心を移していた。フロイトの思いとは別に，ユングは，フロイトを権威的で自説を押しつけてくると感じており，1913年，私的な関係を絶ってしまった。二人の間には，学問的関心や人柄の違い以上に，大きな亀裂があったのかもしれない。そして，ユングは，1914年に精神分析協会の会長職を退き，精神分析協会そのものからも脱退した。

←フロイト（1856〜1939）　オーストリアの精神科医。主著『夢判断』

→ユング（1875〜1961）　スイスの精神科医。精神分析学の発展に尽力。

4 パーソナリティをとらえる方法

類型論
パーソナリティをいくつかのタイプ（類型）にわけ，「○○型」と判定する方法

内向型

外向型

情緒型

情緒不安定型

特性論
いくつかの要素をあげて，それぞれの量で総合的にパーソナリティを把握する方法

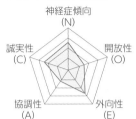

神経症傾向（N）

誠実性（C）

開放性（O）

協調性（A）

外向性（E）

解説 **パーソナリティ** パーソナリティ（個性）とは，その人物の行動の傾向，「その人らしさ」を示すもので，単に「根気強い」「頑張り屋である」といった性格にとどまるものではない。生まれもった性質だけではなく，生活環境や人間関係などさまざまな要因によってパーソナリティは形成される。パーソナリティをとらえることは，心の病を治すことや仕事の適性を見極めることに有用だとされ，昔からさまざまな分析がなされてきた。かつては類型論が多かったが，現在では特性論が一般的である。

TOPIC 劣等感の克服

　誰もがもつ劣等感が，人間の努力と成長の原動力であると考えたのは，オーストリアの心理学者**アドラー**である。劣等感は自己意識と他者意識の高まりがもたらすものである。現実を直視し，今，何をなすべきかを考えて行動することが劣等感の克服の基本である。アドラーのことばから，今の自分を考えるヒントを得よう。

↑アドラー（1870〜1937）

- ●私たちが努力するのは，劣っていると感じるからである。
- ●遺伝もトラウマもあなたを支配してはいない。どんな過去であれ，未来は「今ここにいるあなた」がつくるのだ。
- ●意識と無意識，理性と感情が葛藤する，というのは嘘である。「わかっているけどできません」とは，単に「やりたくない」だけなのだ。
- ●不安だから，外出できないのではない。外出したくないから，不安をつくり出しているのだ。「外出しない」という目的が先にあるのだ。

　フロイトが過去の経験の分析を中心に据えたのに対して，アドラーは過去もまた各人の生き方によって再構成されるとした。みずからの主体的な目的に向かって人生を切り拓くという人間観がアドラーの特徴である。

　劣等感の克服を重視するアドラーは，他者に対する優位を説いているように思われがちであるが，共同体への寄与や一体感が生み出す「勇気づけ」という「横」のつながりに理想の対人関係を求めている。このあたりにも，アドラーが今日求められている理由があるのかもしれない。

「公共的な空間」において，みずからを成長させ，社会に参画する自立した主体となるために必要なことは何だろうか。

Let's Think! ビッグファイブ理論による自己評定をしてみよう

❶ 表1 の12項目について，あてはまる度あいにチェックを入れ，以下の基準をもとに数値化しよう。

	きわめてあてはまる	ややあてはまる	どちらでもない	ややあてはまらない	きわめてあてはまらない
質問7・9以外	5	4	3	2	1
質問7・9	1	2	3	4	5

❷ 表1 の数値をもとに， 表2 をもとに計算をし，パーソナリティ分析をしよう。

表1 質問1〜12に答えよう

	質問	きわめてあてはまる	ややあてはまる	どちらでもない	ややあてはまらない	きわめてあてはまらない	数値
1	知らない人とすぐに話ができる						
2	人が快適で幸せかどうか気にかかる						
3	絵画などの制作，著述，音楽をつくる						
4	かなり前から準備する						
5	落ちこんだり憂鬱になったりする						
6	パーティや社交イベントを企画する						
7	人を侮辱する						
8	哲学的，精神的な問題を考える						
9	ものごとの整理ができない						
10	ストレスを感じたり不安になったりする						
11	難しいことばを使う						
12	他の人の気持ちを思いやる						

表2 質問1〜12の数値を分析しよう

計算方法	計算結果	次元	解説
質問1＋6		外向性	2〜4：低い
質問5＋10		神経質傾向	5，6：中間・低め　　7，8：中間・高め
質問4＋9		誠実性	9，10：高い
質問2＋7＋12		調和性	[全体] 10以下：低い　11，12：中間・低め　13：中間・高め　　14，15：高い [男性] 9以下：低い　10，11：中間・低め　12，13：中間・高め　14，15：高い [女性] 11以下：低い　12，13：中間・低め　14：中間・高め　　15：比較的高い ＊女性の16％，男性の約4％が最大の15をとる
質問3＋8＋11		（経験への）開放性	8以下：低い　　9，10：中間・低め　　11，12：中間・高め　　13〜15：高い

（ダニエル＝ネトル著，竹内和世訳『パーソナリティを科学する』白揚社）

自分を知る手がかりに

　パーソナリティ分析には**類型論**と**特性論**がある。類型論は多様なパーソナリティを数種類の典型的な類型にわけて特徴を捉えようとする考え方であり，特性論は人間の行動に見られる性格特性に注目して数種類の要素の組みあわせでパーソナリティを把握する考え方である。現在は特性論が主流で，なかでも**ビッグファイブ理論**がよく用いられている。これは，①外向性（興味関心が自分の外に向かう傾向）・②神経質傾向（感情面で不安定な傾向）・③誠実性（責任感や勤勉さなど真面目な傾向）・④調和性（他者と協調的な行動をとる傾向）・⑤経験への開放性（知的，美的，文化的に新しい経験を求める傾向）の5因子の組みあわせでパーソナリティを把握するものである。自分のことを知る手がかりとして，活用してみよう。

用語解説　パーソナリティ　→p.358

2 多様性と共通性

要点 の整理
＊□□□は共通テスト重要用語，■は資料番号を示す。この節の「共通テスト○×」などに挑戦しよう☞

1 人間の多様性と共通性

❶価値観の多様性──若者文化（ユース・カルチャー），対抗文化（カウンター・カルチャー）■……青年の多くが共有している価値意識や風俗・ライフスタイル──既存の文化を揺るがし，活性化させる可能性をもつ

❷多様性（ダイバーシティ）■……性・年齢・障害・人種・国籍・宗教・性的指向や性自認（ＬＧＢＴやＳＯＧＩ）・ライフスタイルなどにかかわりなく，個人として相互に尊重され，活躍できるように配慮すること

❸ソーシャルインクルージョン（社会的包摂）■……すべての人々が健康で文化的な生活を実現できるように，社会の構成員としてつつみ支えあう姿勢

2 社会の共通性から異文化共生へ

❶文化相対主義，多文化主義に向けて■…… 自民族中心主義（エスノセントリズム），オリエンタリズム，ステレオタイプ などの克服

1 人間の多様性と共通性 多様な価値観や考え方に，社会としてどのように対応すべきだろうか。

1 祭りと社会 〜ハロウィーン

青年の多くが共有する価値意識やライフスタイルを**若者文化（ユース・カルチャー）**といい，これがときには主流の文化的慣習に反する**対抗文化（カウンター・カルチャー）**となる場合がある。新しい文化潮流は，新しい主流になる可能性と既存のものをかえって活性化させる可能性をもつ。

仮装をして熱狂する若者の姿が報道されるなど，数年前から若者の間でのハロウィーン熱が話題となっている。もともと，ハロウィーンは，古代ケルトに源をもち，悪魔払いという意味ももつ秋の収穫祭であった。特に，アメリカで年中行事として定着し，毎年10月31日になると，カボチャのランタンをかかげ，仮装した子どもたちがお菓子をねだって練り歩く風景が見られる。

日本では，ハロウィーンといえば，若者がコスプレ（仮装）を楽しむイベントへと変貌をとげている。1983年，東京・原宿の雑貨店「キデイランド」がはじめた仮装パレードがその最初ともされ，1997年には，東京ディズニーランドの「ディズニー・ハロウィーン」がはじまり，全国的に認知されるようになった。

解説 ハロウィーンが日本で大ブレイクのなぜ？ 行事の狭間であった「10〜11月にイベントを」という企業営業サイドからのはたらきかけも指摘されるが，スマートフォンやＳＮＳの普及により，自撮りした写真を投稿し，「リア充（日常生活の充実ぶり）」をアピールする機会にもハロウィーンはなっている。今では若者にとどまらず，広い世代へと広がり，バレンタインをこえる経済効果を生んでいるともいわれる。しかし，参加者の一部が暴徒化するなど，モラルとマナーの遵守が問われている。東京都渋谷区では，2019年にハロウィーン対策として，場所・期間限定で路上での飲酒を禁止する条例を制定した。

2 ダイバーシティ 出題

ダイバーシティ（diversity）とは**多様性**のことであり，おもにビジネス業界で注目されている概念である。

表層的ダイバーシティ	自分の意思で変更できない，あるいは変更することが困難である属性。年齢，性別，人種・民族，出身地，国籍，身体的特徴など
深層的ダイバーシティ	表面的には識別しにくい差異。宗教・信条，ライフスタイル，職務経験，働き方，趣味など

アメリカでは，大手コンピュータ関連企業のＩＢＭが，1910年代の創業当初から女性や黒人，障害者を採用し，1940年代には初の女性役員などを誕生させた。1995年には，ダイバーシティを実践する宣言をおこなっている。

多様な人々が働きやすい職場にすることが，企業（組織）を活性化させ，社会からよせられるさまざまなニーズにも応え，信頼を高めていくことにつながる。このような認識がダイバーシティの広がりを支えている。

企業価値を実現するダイバーシティ2.0

経済産業省は，「多様な属性の違いを活かし，個々の人材の能力を最大限引き出すことにより，付加価値を生み出し続ける企業をめざし，全社的かつ継続的に進めて行く経営上の取り組み」である「ダイバーシティ2.0」を推進している。経済産業省は，ダイバーシティ推進を積極的に進め，成果をあげている企業を表彰し，「新・ダイバーシティ経営企業100選」として紹介している。

解説 多様性という強み 「ダイバーシティ」ということばは，アメリカにおいて差別をなくし，雇用の均等化を義務づける公民権法がつくられた頃に誕生した。1980年代には，さまざまな特性をもつ人々を雇用することが企業の社会的責任（ＣＳＲ，⊃p.245）として認識されるようになった。経済のグローバル化が進むにつれ，多様な価値観や個性が重視され，「ダイバーシティ経営」ということばが注目されるようになっている。

❓ ソーシャルインクルージョンの具体的な事例を調べよう。社会にとって，ソーシャルインクルージョンに取り組むメリットとして，どのようなことがあるのだろうか。

3 インクルーシブ教育

📕資料 サラマンカ声明 （ユネスコ「特別なニーズ教育の原理・政策・実践に関するサラマンカ声明」1994年）

学校というところは，子どもたちの身体的・知的・社会的・情緒的・言語的もしくは他の状態と関係なく，「すべての子どもたち」を対象とすべきであるということである。これは当然ながら，障害児や英才児，ストリート・チルドレンや労働している子どもたち，人里離れた地域の子どもたちや遊牧民の子どもたち，言語的・民族的・文化的マイノリティーの子どもたち，他の恵まれていないもしくは辺境で生活している子どもたちも含まれることになる。これらの状態は，学校システムに多様な挑戦をもたらすことになる。この枠組みの文脈において，「特別な教育的ニーズ（Special educational needs）」という用語は，そのニーズが障害もしくは学習上の困難からもたらされるすべてのこうした児童・青年に関連している。

解説 万人のための教育 特別なニーズ教育における原則，政策，実践に関するサラマンカ声明は，世界人権宣言（➡p.64）や子どもの権利条約（➡p.64）に規定されている「教育を受けることへの子どもの権利」を具現化し，1990年にタイで開催された「万人のための世界教育会議」で採択された「万人のための教育」という目的を実現するために出されたものである。人種，性別，言語，経済状況，宗教，障害などにかかわらず，すべての子どもがともに学びあう教育を意味するインクルーシブ教育の考え方は，サマランカ声明によって世界に広められた。すべての人間の知恵が発揮される社会をつくるためには，さまざまな困難に目を向け，ニーズをくみとり，困難を解消していくことが重要である。

TOPIC LGBTとSOGI

LGBT（Lesbian：女性同性愛者，Gay：男性同性愛者，Bisexual：両性愛者，Transgender：性自認が出生時に割りあてられた性別とは異なる人）などの人々への眼差しが変わりつつある（➡p.101）。「LGB」は「恋愛の対象が，どの性か」という性的指向の区分で，「T」は「みずからの性別が何か」という性自認をさすが，両者は混同されがちである。そこで，すべての人がもつ性的指向や性別に対するアイデンティティを意味する**SOGI**（Sexual Orientation and Gender Identity：性的指向と性自認）という概念が提唱されている。この背景には，性的な少数派・多数派という区分を乗りこえ，すべての人の人権尊重に根ざした課題として捉えるべきとの考え方がある。2023年には**LGBT理解増進法**（性的指向・ジェンダーアイデンティティ理解増進法）が制定された。また，この区分は人生のなかで変化することがあることも忘れてはならない。

←**1**性の多様性を訴える「東京レインボープライド」のパレード

4 ソーシャルインクルージョン

ソーシャルインクルージョン（social inclusion，社会的包摂）とは，社会的弱者やマイノリティに関する排除や摩擦，孤独や孤立をとりのぞく考え方である。ソーシャルインクルージョンの考え方をよく表しているとして，写真の公共広告機構のCM「寛容ラップ」が話題となった。コンビニの会計に手間どる高齢者に対して「自分のペースでいいんだ」と理解を示し，「たたくより，たたえ合おう。」と締めくくるこのCMは大きな話題となった。さまざまな特性をもった人々が，ともに生きるためには何が必要なのか，さまざまなところで問題提起がなされている。

たたくより、たたえ合おう。

協力：(公社) ACジャパン

ノーマライゼーション（normalization）

あらゆる人が，障害の有無，年齢の違いなどにかかわらず，ともに生活できる社会を築くこと

バリアフリー（barrier free）	ユニバーサル・デザイン（universal design）
身体が不自由な人が生活する上で障害（バリア）となるものをなくすこと	多様な選択肢を用意するなど，すべての人が使いやすいように，モノや施設をはじめから計画してつくること

解説 進む理解 貧困問題や障害者対策など，社会保障や福祉に関する議論が進み，障害者と健常者が同様の生活をできるように支援する**ノーマライゼーション**の考え方とともに，ソーシャルインクルージョンの考え方も，広く受け入れられるようになってきた。

TOPIC ジェンダーレス制服

学生服にジェンダーレスの動きが広まっている。学生服を製造・販売するトンボ（岡山県岡山市）は，ジェンダーレス制服を提言し，特に女子用スラックスの採用が増えた。男女で異なるボタンの掛けあわせのないブルゾン風ジャケットなども開発されている。また，福岡県福岡市では，市内すべての市立中学で，男女関係なくスカートかスラックスかが選べるようになっている。さらに，選択肢があっても選べない空気を変え，実際に選べるよう人々の意識を変えることについても盛んに議論されている。

↑**2**自由な組み合わせで選べるジェンダーレス制服の例

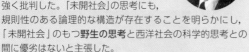

2 社会の共通性から異文化共生へ
異文化共生には，どのようなことが必要とされるのだろうか。

1 野生の思考

レヴィ - ストロース
- 生没年：1908～2009年
- 出身：ベルギー
- 主著：『悲しき熱帯』
  『構造人類学』『野生の思考』

> 私にとって「野生の思考」とは，野蛮人の思考でもなければ未開人類もしくは原始人類の思考でもない。

思想概略

レヴィ - ストロースは，西洋社会で「未開社会」とされた地域でなされる思考は，原始的で劣っているという一般の見解を強く批判した。「未開社会」の思考にも，規則性のある論理的な構造が存在することを明らかにし，「未開社会」のもつ**野生の思考**と西洋社会の科学的思考との間に優劣はないと主張した。

完全な設計図をめざすような西洋社会の合理的・科学的思考は，効率化のために野生の思考を飼い慣らしたものである。つまり，野生の思考と合理的・科学的思考は本質的に同じものである。野生の思考，すなわち人間の本源的思考は，ありあわせの素材を用いたり，既存のものを流用したりする「ブリコラージュ（器用仕事，日曜大工）」のようなものである。身の回りにあるものを利用して何かを説明することは，豊かな思考につながるものである。

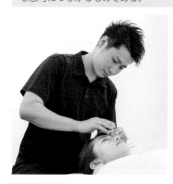

←**3 鍼灸のようす** 東洋医学の一部は，西洋医学から見れば「非科学的」とされるが，西洋医学とは異なる考え方の下，精密な論理体系をなしている。最近では，美容鍼灸施術を利用する人も多くいる。

TOPIC 文化相対主義

文化相対主義(cultural relativism)とは，すべての文化は固有の価値をもっており，優劣をつけるべきではないとする考え方である。これは，他者を自分とは異なる存在であることを容認し，自分たちの価値観やものの見方において意識されないことを問い直し，他者に対する理解と対話をめざす態度につながるものとされている。これは，多文化の共生を実現するために必要な考え方だとされ，重視されている。

ただし，文化相対主義という考え方には，注意が必要である。すべての文化は固有の価値をもつという部分だけを取り上げると，みずからの文化に対する外部からの批判や影響は排除すべきであるという独善的で閉鎖的な考え方につながりかねない。また，異文化をみずからの文化と同じように理解し，受け入れることなどできないとし，異文化と共生するのではなく，融合させる必要があるとの指摘もある。しかし，これらの考え方は，文化相対主義の極端なもの，逸脱とされる。文化相対主義は，単にいろいろな文化を守るというものではなく，文化間の対話を進めるための考え方であるという点に注意が必要である。

2 異文化との摩擦と共生

(1)オリエンタリズムと自民族中心主義

資料 オリエンタリズム
(杉田英明『『オリエンタリズム』と私たち』 平凡社ライブラリー)

オリエンタリズムの思考様式，言語空間の下では，つねに西洋と東洋の厳格な二項対立が機能し，西洋と対比的に，東洋には後進性，奇嬌性，官能性，不変性，受動性，被浸透性などの性質が割り当てられた。また逆に，西洋は東洋に対し，みずからと反対のもの（カウンター・イメージ）を執拗に割り当てることによってのみ，自分自身のアイデンティティーを形成していった。

かくて東洋は，西洋人によって表象され，解釈され，教化され，その嘆かわしい地位から救済され，現代に甦らせられねばならぬものとして立ち現われるに至る。オリエントに関わるヨーロッパ人にとって，「東洋とは生涯を賭けるべき仕事」（ディズレイリ）となったわけである。オリエント救済プロジェクトとしてのオリエンタリズムは，西洋の地理的拡張や植民地主義，人種差別主義（反セム主義），自民族中心主義と結び付き，支配の様式としての側面をあらわにしてゆく。そして，これこそ，今世紀の英仏の植民地支配から現代アメリカの中東政策，パレスチナ問題に至るすべてに一貫した関わりをもつオリエンタリズムの機能として，サイードが強く批判する点なのである。

←**4 アルジェの女たち**（ドラクロワ筆，ルーブル美術館蔵） フランスの画家ドラクロワが，イスラームの女性を描いた作品。

解説 **異文化に対する偏見** パレスチナ出身の学者**サイード**（1935～2003）は，近代における西欧の中東地域に対する思考のあり方（**オリエンタリズム**）を分析し，そのあり方が**自民族中心主義（エスノセントリズム）**に基づいていることを明らかにした。

(2)多文化主義

？ 次のうち，多文化主義をとっている国はどこだろうか？
❶カナダ ❷トルコ ❸日本

解説 **多文化主義** 多文化主義（マルチカルチュラリズム）は，1970年代のカナダなどで採用されはじめた，「1つの国家や社会のなかで，複数の民族・人種が互いの文化を認めあって共存していこう」という政策や考え方である。文化相対主義も似た概念として使用されるが，こちらは，おもに文化人類学上の主張・考え方などに用いられる。

？の解答であるが，❶のカナダは，「○」である。❷のトルコには，クルド民族独立運動（→p.209）が存在し，彼らの文化を尊重しているとはいいがたいので「×」。それでは，❸の日本はどうだろうか。アイヌの人々（→p.91），在日外国人，中南米からの日系人などの現状や政策を調べて考えよう。

異文化に違和感をいだいた経験はないだろうか。そのとき，なぜ，そのような思いをもったのか，また，異文化に対する違和感を克服するためにはどうすればよいか，p.24「1野生の思考」「2異文化との摩擦と共生」を参考に考えよう。

Let's Think!

捕鯨は文化か？

日本の捕鯨文化が逆風に立たされて久しい。2009年に記録映画『ザ・コーヴ』が日本のイルカ猟を取り上げて激しく問題提起し，2014年には国際司法裁判所（ＩＣＪ，➡p.161）が日本の南極海での調査捕鯨に禁止の判決を下した。種の保存・動物の権利などの主張に対して，イルカ猟や捕鯨は尊重すべき文化であるとの主張がある。世界的には，イルカとクジラは区別されないことが多く（種としては同じ鯨類），イルカは小さいクジラとされることが多い。現在でも国際的な問題となっている捕鯨を通して，文化をめぐる問題を考えよう。

標的とされた日本のイルカ猟

イルカ猟は，ソロモン諸島やフェロー諸島などでもなされている。捕鯨に関する研究や調査の勧告をおこなうＩＷＣ（国際捕鯨委員会）は，イルカ類などの小型鯨類は管理対象としていない。また，ＩＷＣはアラスカ・グリーンランドなどの先住民による捕鯨を認めている。映画『ザ・コーヴ』で和歌山県太地町が標的とされたのは，残酷とされる追いこみ漁を現在日本で唯一おこなうとともに，「日本捕鯨発祥の地」として日本の捕鯨を象徴しているためとされる。2015年には，イルカの追いこみ漁での入手を水族館に禁じる世界動物園水族館協会の通告を，日本動物園水族館協会は受け入れた。

● ＩＷＣ（国際捕鯨委員会）
・1948年発足
・全加盟国88か国（2019年9月現在）
・加盟国中のおもな捕鯨推進国（食用捕鯨国）：ロシア，ノルウェー，アイスランドなど。日本，カナダはＩＷＣ脱退
・加盟国中のおもな捕鯨反対国：アメリカ，オーストラリア，フランス，インドなど

捕鯨の歴史

太古から，クジラは沿岸の住民たちの重要なタンパク源であった。しかし，19世紀末から，食料としてではなく，クジラからとれる油だけを目的とした遠洋の捕鯨が活発化した。捕鯨技術の進歩も相まって，乱獲が危惧されるようになったのは，このためである。その後，石油が鯨油にとって代わるとともに，かつての捕鯨国は反捕鯨の立場に変わっていった。そのなかで，食料として捕鯨をおこなう国が，捕鯨の継続を主張する国として残ったのである。

日本の捕鯨をめぐる国際環境

1970年代以降，大型クジラを管理するＩＷＣでは，クジラを資源と考える捕鯨国と，守るべき野生生物とする反捕鯨国の対立が激化し，1982年には商業捕鯨モラトリアム（一時停止）が採択された。日本も1988年に商業捕鯨（商業目的の捕鯨）を中止したが，そこではじめたのが調査捕鯨であった。商業捕鯨モラトリアムには，クジラの資源状況や管理方法を見直すことで，モラトリアムを見直すとの条件がつけられており，日本はクジラの科学的調査を目的とした調査捕鯨を通して，商業捕鯨再開への道を探ったのである。

しかし，反捕鯨国は日本の商業捕鯨再開の提案を否決し続け，2014年には国際司法裁判所が，日本の南極海での調査捕鯨は「科学的調査に該当しない」として，中止を命じた。日本は，2019年にＩＷＣを脱退し，日本の領海と排他的経済水域（➡p.163）で商業捕鯨を再開した。これにより，これまで実施していた調査捕鯨は終了することとなった。

日本が捕鯨にこだわる理由

実際，クジラを食べなくても，他に食べ物はある。日本が捕鯨にこだわる理由は，どこにあるのだろうか。

捕鯨をめぐるおもな動き

19世紀末	遠洋の鯨油捕鯨
1930年頃	シロナガスクジラ捕獲のピーク
1931年	ジュネーブ捕鯨条約
1937年	国際捕鯨取締協定
1946年	国際捕鯨取締条約
1948年	ＩＷＣ（国際捕鯨委員会）設置
1951年	日本，ＩＷＣ加入
1960年代	イギリス，オランダ，オーストラリアなど，捕鯨撤退
1982年	ＩＷＣで，商業捕鯨モラトリアム採択
1988年	日本，商業捕鯨撤退
1993年	ノルウェー，商業捕鯨再開
2007年	アイスランド，商業捕鯨操業（1期のみ）
2010年	ワシントン条約締約国会議で，大西洋クロマグロの国際取引禁止の提案が否決
2014年	国際司法裁判所（ＩＣＪ）が，日本の南極海での調査捕鯨の中止を命ずる判決
2019年	日本，ＩＷＣ脱退。商業捕鯨再開

日本はこれまで，水産資源は重要な食料資源であり，他の生物資源と同様の持続的利用と，食文化の相互理解とを捕鯨を通して訴えてきた。何を食材として用いるかは，その国の歴史・文化と密接に結びついていることも多い。捕獲によって，生物種が絶滅の危機に瀕するならば，問題であろう。しかし，食材をめぐる文化摩擦が背景にあるのなら，互いの理解を深める努力も必要ではないだろうか。

❶クジラは資源として，どのように利用されてきたのだろうか。
❷外国の捕鯨と日本の捕鯨の歴史との関係を調べよう。
❸捕鯨を文化として尊重すべきだろうか。自分の考えをまとめよう。

用語解説 文化相対主義，エスノセントリズム ➡p.358

3 キャリア形成と自己実現

* ▢▢▢ は共通テスト重要用語，❶は資料番号を示す。この節の「共通テスト○×」などに挑戦しよう 👆

要点 の整理

1 職業生活の意義
❶職業をもつことの意義……経済的自立と自己実現──→就職後も経済的に自立しないパラサイトシングルも増加
❷社会問題化する フリーター と ニート ❶ ──→ キャリア開発 の重要性（➡p.27）
　　……職場体験活動（インターンシップ）などの機会を利用して，生涯にわたるキャリア・デザイン（経歴計画）を描く
❸ボランティア……社会への貢献や参加者自身の生きがい，自己実現

1 職業生活の意義　人生において，職業はどのような意味をもつのだろうか。

1 フリーターとニート

フリーターとニートの推移　（総務省資料）

（万人）
- 2003: フリーター 217, ニート 64
- 06: フリーター 187, ニート 62
- 09: フリーター 178, ニート 63
- 12: フリーター 180, ニート 63
- 15: フリーター 167, ニート 56
- 18: フリーター 143, ニート 53
- 21(年): フリーター 137, ニート 58

- **フリーター**：フリーアルバイターの略。年齢15〜34歳（女性については未婚）で，家事も通学もしておらず，定職に就かず，アルバイトやパートで働く若者をさす。
- **ニート（ＮＥＥＴ）**：Not in Education, Employment or Trainingの略。無職で教育や職業訓練も受けず，働く意志がない人のこと。

解説 離職率の高い若者　近年，新卒採用者の早期離職が多く，フリーターやニートが減らない要因の１つとなっている。早期離職のおもな原因には，「労働時間や休暇の条件がよくない」，「肉体的・精神的に健康を害した」といった労働条件や労働環境の問題があげられる。さらに，「自分がやりたい仕事と異なる」や「人間関係がうまく構築できない」，「仕事がうまくいかず自信を失った」といったことも原因に含まれる。早期離職は，労働者にとっても雇用者にとっても，将来設計に大きなダメージを与える可能性がある。

そこで，最近注目されているのが「キャリアデザイン」である。これは，経験やスキル，性格，自分が望むライフスタイルなどを考慮して，仕事を通して実現したい将来像やそれにいたるまでの過程をイメージし，人生を主体的に設計していくことである。「公共」における学びは，この「キャリアデザイン」に深く関係するものである。キャリアデザインを充実させるための方法には，職場体験活動（インターンシップ）やボランティア活動があげられる。職場体験活動とは，「学生が在学中にみずからの専攻，将来のキャリアに関連した就業体験をおこなうこと」であり，高校や大学と受け入れ事業所とが密接に連携して実施されている。

TOPIC　仕事の意味的広がり

資料 「作業」としての仕事から「使命」としての仕事まで
（村山昇『働き方の哲学 360度の視点で仕事を考える』 ディスカヴァー・トゥエンティワン）

●幅広い意味で使われる「仕事」という概念
日ごろの職場で，「仕事」という言葉は実に幅広い意味で使われています。例えば──
- この伝票処理の仕事を明日までに片付けておいてほしい
- そんな仕事じゃ，一人前とは言えないよ
- これが営業という仕事の醍醐味だ
- 課長の仕事はストレスがたまって大変だ
- 彼が生涯にわたって成し遂げた仕事の数々は人びとの心を打つ
- この仕事ができるのは，日本に５人といないだろう

こうした意味的な広がりを持つ仕事について，ヨコ軸に仕事がなされる時間の長さ，タテ軸に仕事をやる動機の質の違いを置き，平面的に並べてみたのが右の図です。

明日までにやっておいてくれと言われた伝票処理の単発的な仕事は，言ってみれば「業務」であり，業務の中でも「作業」と呼んでいいものです。たいていの場合，伝票処理の作業には特別の動機はないので，図の中では左下に置かれることになります。

●しょうがなくやる仕事　やりがいをもってやる仕事
また，一般的に中長期にわたってやり続け，生計を立てるためから可能性や夢を実現するためまでの幅広い目的を持つ仕事を「職業」と呼びます。

また，営業の仕事とか，広告制作の仕事，課長の仕事といった場合の仕事は，職業をより具体的に特定するもので，「職種」「職務」「職位」です。「生業・稼業」や「商売」は，その仕事に愛着や哀愁を漂わせた表現で，どちらかというと生活のためにという色合いが濃いものです。

さらに仕事の中でも，内面から湧き上がる情熱と中長期の努力によってなされるものは，「夢／志」や「ライフワーク」「使命」あるいは「道」と呼ばれるものになります。そして，そこから形づくられてくるものを「作品」とか「功績」と呼びます。

「仕事」ということばがもつ広がり

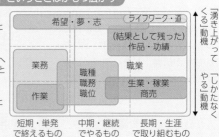

自分にとっての仕事とは，どのようなものだろうか。あこがれる仕事観はあるだろうか。また，あこがれの仕事観に到達するためには，どうすればよいのだろうか。

自分にあった職業の見つけ方

新卒者の職場への定着率が低いことが話題となっている。やっと見つかった就職先を簡単に辞めてしまうのはなぜなのだろうか。受け入れ企業側の努力も必要とされるが，自分にあった仕事は，どうしたら見つかるのだろうか。

若者の職場への定着率の低さ

結衣：「離職七五三」ということばを聞いたんですが，どういう意味ですか？

先生：新卒者の3年以内の離職率が，中学卒・高校卒・大学卒で，それぞれ7割・5割・3割であることを，「離職七五三」などとよんでいるんだ。

結衣：せっかく見つけた仕事なのに，もったいないような気がするな。

優太：でも，自分にあわない仕事を一生続けるなんて，嫌だよ。どうしたら，自分にぴったりの仕事って見つかるんですか？

世間にはさまざまな仕事が存在する

先生：優太さんの悩みもよくわかるけど，世のなかには，どのような仕事があるか知っているかな？

優太：う〜ん。そもそも，知っている仕事が少ないんです。

結衣：私もそうです。身近な人だけでなく，先輩の話や本や雑誌，いろいろな人の実体験が一番参考になるような気がします。

先生：紆余曲折があって結局は家業を継いだ人，給与や休暇などの待遇面にひかれて仕事を続けているうちに天職と感じはじめた人など，人それぞれで，多くの仕事があるね。

自分の求めることや適性を知る

優太：どんな仕事があるのかを知ることも大切だけど，自分が何をしたいかを知ることも重要だと思います。

結衣：職場体験活動（インターンシップ）がいい経験になったという先輩もいました。

先生：自分が人生において何をめざしているのか，自分が大切にしている価値とは何か，これだけは譲れないというキャリア・アンカーといわれるものを考えるといいと思うよ。

優太：自分のキャリアを目標に向かって，どう開発していくのか，しっかり考えないと。

先生：地道に自分に向きあうことがキャリア開発の決め手かもね。「こうでないといけない」とか，枠にはめて考えるのではなく，偶然の出会いや仕事を続けていることで，そのおもしろさがわかることも多いんだよ。

人生において何をめざしますか？

START
はっきりと説明できないものにひかれる

目標は高めに設定する方だ

元気のなさそうな友達がいると気になる

リーダー志向型
仕事や生活の場で，人々を指導していく立場に立つことが大きな目標

熟練プロフェッショナル型
専門的な知識や技術を習得し，その分野における「権威者」になることが大きな目標

宿題は早めに済ませる方だ

早く結果が出ないと不安になる

信用第一型
多くの人から信頼される立派な人間になることが成功と考えるタイプ

社会奉仕型
ボランティア活動などを通し，地域や社会と積極的にかかわっていくことを大切にするタイプ

みんなと同じことをするのは嫌だ

一人でいるのは苦手だ

学校の成績が上がってもそれほど嬉しくない

リッチ志向型
事業や商売に精を出し，富と財産を手に入れたいと願うタイプ

人間関係重視型
人との出会いや交流を大切にし，豊かな人間関係を築くことを大切にするタイプ

短所を補うより長所を伸ばすべきだ

どちらかというと飽きっぽい

快楽追求型
豊かな衣食住，そして十分な余暇を楽しむことが第一の目標

真理探究型
学問や研究などといった仕事に，全身で打ち込むタイプ

賭けごとには興味がない

セレブ志向型
ある分野で成功を収め，社会的地位や知名度を高めることを第一の目標とするタイプ

自己表現型
自分の潜在能力を発掘し，可能性を開かせることを第一の目標とするタイプ

→ YES
→ NO

（梅澤正・脇坂敦史『「働く」を考える』ぺりかん社）

❶この世のなかには，どのような仕事があるのだろうか。そして，昔と比べてどのような仕事に注目が集まっているのだろうか。その原因も含めて調べよう。
❷自分の適性を探りながら，自分のやりたいことを明確にしていこう。

1 日本の伝統や文化とのかかわり

要点 の整理

* ▢は共通テスト重要用語，❶は資料番号を示す。この節の「共通テスト○×」などに挑戦しよう

1 日本の伝統文化

❶**民間（民俗）信仰**……家や地域によって担われる祭りや年中行事・通過儀礼・呪術などを中核とし，生業や日常の人間関係などと密接に結びついている──宗教と意識されず，生活慣習としておこなわれていることが多い

❷**年中行事** ❶……正月，節句，七夕など，毎年同じ暦時になるとおこなわれる伝承的行事

❸**通過儀礼** ❷……誕生，成人，結婚，死など，人生の節目におこなわれる儀礼

1 日本の伝統文化 日本の伝統や文化には，どのようなものがあるのだろうか。

1 日本の年中行事

	行事・風習	行事の性格など
正月	門松・年玉	正月様（歳神様）を家々へ迎える行事。正月様の来臨のよりどころとして門松を立てる
	左義長（トンド）	小正月におこなわれる火祭り
節分	追儺	今では立春の前日（2月3日もしくは4日）をさすことが多い。追儺は，災厄をもたらす鬼を追い払う行事のこと
節句	上巳（桃の）節句	桃の節句には，雛人形を飾るほかに，厄災を祓う人形を流す「流し雛」の風習もある
	端午の節句 七夕	端午の節句や七夕は，中国起源の行事と日本の農耕儀礼，さらに七夕には盆行事なども加わって発展してきたものである
夏祭	祇園祭・七夕	健康や収穫を脅かす厄災を祓う行事が多い
盆	送り火・盆踊り	盆は，祖霊信仰と仏教が結びついたもの。京都の大文字の送り火も，そうした行事の1つである
秋祭	十日夜・亥子節句	田の神に収穫を感謝する祭りが多い

❓ 年中行事のうち，外国由来のものには，どのような行事があるだろうか。表以外の行事からもあげてみよう。

2 日本人の一生

成育階梯	誕生祝	命名式，宮参り，初節句など
	七五三	3，5，7歳のときに成長を祈り，宮参り
成人階梯	成人式	元服，成年式。烏帽子祝，髪上祝など，成人のしるしとして，服装や髪形を改めた時代もあった。現在は，20歳で祝うのが通例
	結婚式	一般に神仏などの前で，親族とともに結婚を確認する
	厄年	災難や病気などに気をつけるべき年齢 男性：数えの25，42，61歳 女性：数えの19，33，61歳
	年祝 ※すべて数え年	還暦：61歳（十干・十二支が一巡） 古希：70歳 喜寿：77歳 傘寿：80歳 米寿：88歳 卒寿：90歳 白寿：99歳
死霊階梯	葬送儀礼	葬儀，初七日，四十九日など
	年忌	一周忌，三回忌，七回忌など
祖霊階梯	弔い上げ	三十三回忌で，死霊は祖霊となる

↑❶なまはげ（上），流し雛（右上），大文字焼き（右下）

解説 **年中行事と信仰** 年中行事は，年間の折り目ごとに伝統的にくり返しおこなわれる宗教的行事，あるいは公的儀礼である。日本では，年中行事などがおこなわれる日を，日常の「ケの日」と区別して「ハレの日」とよんでいる。日本の年中行事は，中国に起源をもつものや仏教と関連したものも少なくないが，稲作を中心とした農耕儀礼に祖霊信仰が絡みあったものが骨格をなしている。

↑❷お宮参り ↑❸神前結婚式

解説 **位置や役割が変化** 通過儀礼（◎p.17）を境に，社会での位置や役割は変化する。たとえば，子どもが家族の一員になるには，生まれただけでは不十分で，宮参りで氏神に紹介された後である。また，「七つ前は神のうち」ということばがあるが，これは7歳のお参りを契機にようやく社会的人格として認められるということを意味している。成人式や結婚式は，正式な成員としての共同体への加入儀式でもある。死についても誕生と同様，「生物学的死＝社会的死」ではない。死者の霊（死霊）は，死後もしばらくは家やその周辺にとどまり，四十九日の法要を経て，近くの山などに行くといわれる。さらに，年忌（命日）の法要を続け，三十三回忌が終わると，死霊は個性を失い，先祖の霊と合体して祖霊となり，社会的にも完全な死を迎えることになるのである。

❓ 私たちの生活と伝統や文化は，どのようにかかわっているのだろうか。

③ さまざまな日本文化論 　出題

日本文化・日本人の特徴として，集団主義，和の精神，島国根性，非論理的，情緒的などが指摘されており，これまでさまざまに論じられてきた。

和辻哲郎 『風土』(1931年)	モンスーン型の風土の国のうち，日本はとりわけあきらめが早いなどの特徴をもつ
柳田国男 (◯p.37) 『先祖の話』 (1946年)	死霊が祀られることで，祖霊と合体し，子孫と節々に交流するという日本人の「あの世」観を示した。『遠野物語』(1910年) も有名
ルース＝ベネディクト 『菊と刀』(1946年)	西洋の「罪の文化」に対し，日本は「恥の文化」をその特徴とする
中根千枝 『タテ社会の人間関係』 (1967年)	ヨコの平等な市民的つながりではなく，上下というタテの関係で構成されているのが日本社会の特徴である
土居健郎 『「甘え」の構造』 (1971年)	日本人は，お互いに情緒的に依存しあう関係に居心地の良さを感じる

＊中根千枝の『タテ社会の人間関係』が英語で翻訳・出版されたように，内村鑑三 (◯p.35) の『代表的日本人』(1894年)，新渡戸稲造 (◯p.35) の『武士道』(1900年)，岡倉天心の『茶の本』(1906年) など，海外に発信された日本文化論もある。

解説 日本文化とは　「自文化を論じることが好きなのが，日本文化の特徴だ」と皮肉られるように，さまざまな日本文化論が内外で出版されてきた。外国からどのように見られているかを気にし，自分たちの文化の特殊性を強調するのは，どの文化にも見られることである。みずからの文化論が，偏狭なナショナリズムに陥らないようにすることも大切である。

④ 日本の風土

	モンスーン型	沙(砂)漠型	牧場型
地域	南アジア 東南アジア 東アジア	北アフリカ 西アジア	ヨーロッパ
自然	豊かな望みをもたらす一方，猛威を振るい脅威	厳しい自然条件	規則的で従順
人の性格	受容的・忍従的態度	強力な指導者の下，一致団結して自然に対抗	積極的に自然にはたらきかけて支配 →合理的・科学的精神
産業	農耕	遊牧	農耕・牧畜
宗教	ヒンドゥー教 仏教	ユダヤ教 イスラーム	キリスト教

解説 モンスーン型風土　和辻哲郎 (◯p.36) は『風土』において，人間の価値観や生活・文化は風土的特性，すなわち自然・地理的な条件によって規定されるとし，世界を3つの風土に大別した。日本が属するモンスーン型風土では，自然を豊かな恵みと災害をもたらす両面性があるものと捉え，自然と融和し受容的・忍従的な態度が育まれるとした。

↑和辻哲郎
(1889～1960)

また，自然のいたるところに神が存在するという多神教的な世界観が形成されるとした。

⑤ 仏壇は何を祀る？

本来，仏像や仏画が納められている厨子である仏壇に，先祖の名前を書いた位牌が一緒に祀られている家が多いのはなぜだろうか。

↑④神籬　臨時に祭場に設けられ，神霊が憑依する常緑樹による祭祀施設。現在でも地鎮祭などで見られる。

日本の神は，一時的にどこかに宿るものであるが，その拠代に神籬というものがある。これと鎌倉時代に入ってきた祖先の霊を憑依させる儒教の木主（神主）が結びついたものが，位牌といわれている。その後，江戸時代に檀家制度がはじまり，仏教と祖先崇拝の結びつきが強くなると，位牌のある仏壇が庶民に広がったのである。そういう意味では，位牌のある仏壇は，日本古来の神の信仰や祖先崇拝，儒教，仏教が重層的に融合した見本のようなものである。

解説 「アンパン」は中国・日本・西洋のコラボ？　饅頭が中国から日本にもたらされた当時は，今でいう肉まん風で中身は細かく刻んだ肉が中心だった。それが，室町時代に小豆餡のものに変化し，お菓子としての地位を確立していった。さらに，明治時代に西洋からパンが入ってくると，今度は餡の方が従来のまま残り，アンパンが誕生したのである。そういう意味では，アンパンもまた，重層的文化の代表といえるのではないだろうか。

Let's Think! 儀式のルーツ

外国人も多く活躍し，国際化したスポーツにみえる相撲は，本来，神事としておこなわれてきたものである。そのため，場所前に土俵を築く際に，地霊を鎮めるため御幣(神前に供える布)を立てて儀式をおこなうなど，現在でも神事の名残がある。横綱の土俵入りは，露払いと太刀もちを従え，地霊を威嚇し，鎮める所作である。また，大相撲の土俵に女性を入れないのも，神事だからであるとされている。

↑⑤横綱白鵬関の土俵入り(東京都)　2021年に引退。

日常生活で，さまざまな儀式がおこなわれているが，そのルーツはどこにあるのかを調べてみよう。

公共の扉

要点 の整理　＊□□□は共通テスト重要用語，■は資料番号を示す。この節の「共通テスト○×」などに挑戦しよう👆

1 日本古来の精神

❶**八百万の神** ■■ ……人知をこえた自然現象や存在

❷**「ハレ」と「ケ」** ■ ……特別な非日常と日常

❸**ケガレ（穢れ）** ■ ……日常である「ケ」が乱れている状態。祓い（祓え）や禊で浄化する

❹**清き明き心（清明心）** ■ ……他者のためを思う「清き心」と嘘・偽りのない「明き心」。日本人の基本的な精神性

2 仏教の受容と展開

❶**仏教の受容と定着** ■ ……飛鳥時代に伝来した仏教は，日本の伝統的精神性の基礎となる
 ●**聖徳太子（厩戸皇子）**……**憲法十七条**の制定──【第１条】和の精神，【第２条】三宝を敬う，【第10条】凡夫の自覚
 「**世間虚仮，唯仏是真**」……仏教とともに「和の精神」も日本の精神性の基礎に

❷**鎮護国家** ■ ……仏教の力で天下の安寧秩序を実現する。除災・招福を目的とした，政府による仏教の保護

❸**神仏習合**……諸仏と日本の神との融合，「諸仏が本体で神は諸仏が仮の姿として現れたもの」とする**本地垂迹説**が流行

❹**日本仏教の展開** ■ ■

天台宗	最澄	すべてのものが成仏する可能性をもつ（**一切衆生悉有仏性**）という思想をもとに**一乗思想**を説く
真言宗	空海	密教を大成。現世での成仏を説く**即身成仏**を広める
浄土宗	法然	極楽往生のためには念仏だけを称えればよいとする**専修念仏**を説く
浄土真宗	親鸞	念仏を称えることさえ阿弥陀仏のはからいであるとする**絶対他力**を説き，報恩感謝の念仏を広める
臨済宗	栄西	禅の教えを広める。戒律を遵守し，禅の修行によって心身を磨くことを重視
曹洞宗	道元	修行と悟りは一体である（**修証一等**）とし，ひたすら坐禅に打ちこむ**只管打坐**を説く
日蓮宗	日蓮	法華経の教えを徹底し，現世を理想の世界に変えることによる現世での救済を説く

↑■注連縄が張られたご神木（愛知県）

3 儒学の受容と展開

❶**儒学の受容と定着**……おもに政治体制を支える思想として受容され，憲法十七条や律令制に影響を与える

❷**朱子学の展開** ■ ……**林羅山**らを起点とし，江戸時代の秩序形成の基礎となる理論が展開。**中江藤樹**らによって陽明学も広まる

❸**儒学の展開** ■ ……**伊藤仁斎**の古義学，**荻生徂徠**の古文辞学など，『論語』などの原典に回帰して実証的に儒学の真意に迫る学問が広まる

❹**国学の誕生** ■ ……儒学の展開に影響を受け，江戸時代に日本古来の精神性を探究する国学が登場。**本居宣長**が明らかにした「もののあわれ」や「真心」など，日本人らしさの探求が進んだ

4 西洋思想の受容

❶**和魂洋才**……東洋の道徳を本体として，西洋の知識・科学技術を受け入れる考え方

❷**啓蒙思想** ■ ■ ……**福沢諭吉，中江兆民**らが近代化の根幹にある思想を紹介。自由民権運動に影響

❸**個人主義** ■ ……**夏目漱石**が，西洋の模倣でもエゴイズムでもない **自己本位** に根ざす個人主義を提唱

❹**日本の精神性とキリスト教の融合** ■ ……**内村鑑三，新渡戸稲造**らが武士道とキリスト教を結合させる

5 西洋思想に挑む

❶**西田幾多郎** ■ ……主体と客体が未分化の状態である **純粋経験** こそが，真実である

❷**和辻哲郎** ■ ……人間は社会性と個人という両面をもつ**間柄的存在**，間柄に基づく新たな倫理を提唱

❸**柳宗悦**……日用雑器にも美が宿り，そこに民族固有の美が存在すると考える民芸運動を展開

❹**柳田国男** ■ ……歴史書などに記録されない無名の常民の日常に根ざした文化こそが日本の基層文化である

❺**丸山真男** ■ ……「無責任の体系」（＝主体性の欠如），タコツボ型の思考から脱するため，制度を監視・批判し，ある人が何を「する」かを評価の基準とする「する」論理を重視

↑■哲学の道（京都市）

❓ 古来の日本人の考え方は，私たちの生活に，どのような影響をおよぼしているのだろうか。

1 日本古来の精神　日本人の伝統意識とは，どのようなものだろうか。

1 外来思想の受容と変容　頻出

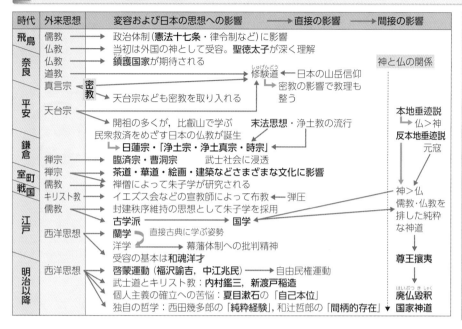

時代	外来思想	変容および日本の思想への影響　→直接の影響　→間接の影響
飛鳥	儒教	政治体制（憲法十七条・律令制など）に影響
	仏教	当初は外国の神として受容。聖徳太子が深く理解
奈良	仏教	鎮護国家が期待される
	道教	修験道 ← 日本の山岳信仰
	真言宗（密教	密教の影響で教理も整う
平安	天台宗	天台宗なども密教を取り入れる
		開祖の多くが，比叡山で学ぶ　末法思想・浄土教の流行
		民衆救済をめざす日本の仏教が誕生
鎌倉		日蓮宗・「浄土宗・浄土真宗・時宗」
	禅宗	臨済宗・曹洞宗　武士社会に浸透
室町	禅宗	茶道・華道・絵画・建築などさまざまな文化に影響
戦国	儒教	禅僧によって朱子学が研究される
	キリスト教	イエズス会などの宣教師によって布教 ← 弾圧
江戸	儒教	封建秩序維持の思想として朱子学を採用
		古学派　国学
	西洋思想	蘭学　直接古典に学ぶ姿勢
		洋学　幕藩体制への批判精神
		受容の基本は和魂洋才
明治以降	西洋思想	啓蒙運動（福沢諭吉，中江兆民）→ 自由民権運動
		武士道とキリスト教：内村鑑三，新渡戸稲造
		個人主義の確立への苦悩：夏目漱石の「自己本位」
		独自の哲学：西田幾多郎の「純粋経験」，和辻哲郎の「間柄的存在」

神と仏の関係

本地垂迹説
→ 仏＞神
反本地垂迹説
元寇
↓
神＞仏
儒教・仏教を排した純粋な神道
↓
尊王攘夷
↓
廃仏毀釈
国家神道

解説　日本文化の重層性　日本では，古来，山や河，木々や岩にまで神が宿るというアニミズム（祖霊崇拝）的な信仰形態が一般的であった。このような八百万の神々への信仰は，多様な価値観を認める文化を生み，アジア・西洋からさまざまな文化要素が移入された。しかし，それは，たんなる模倣や以前の文化の廃棄ではなく，旧来の信仰・思想・嗜好・技術などによって加工された摂取であった。こうして，基層文化を残したまま，次々に新しい文化を受容していく「日本文化の重層性（→p.36）」が生まれた。

2 日本人の自然観

　モンスーン（季節風）の影響を受ける日本は，四季の変化に富み，温暖湿潤な気候である。自然は人間に豊かな恩恵をもたらすと同時に，台風などの脅威をもたらすものであった。そこで日本では，自然に対抗するのではなく，自然と調和し自然のうちに生かされるという観念とともに，荒ぶる自然には耐えるという態度が形成された。和辻哲郎（→p.36）は，こうした風土に生きる日本人の特性として，自然に対して受容的・忍従的な態度が形成されてきたと述べている。

　人知をこえたあらゆる自然現象や存在物はカミ（神）とよばれた。森羅万象に神を見いだす古代日本の神概念を八百万の神という。人間の居住地の周囲にある山や海などは，八百万の神が住む他界と捉えられ，死者の霊が行き交う世界だと捉えられた。そして，柳田国男（→p.37）によると，先祖の霊は他界にいて，定期的に生きている人と交流し，人々に豊穣と安寧をもたらす存在であると考えられるようになったという。このように定期的に生きている人のもとに訪れる神・霊を折口信夫はまれびと（客人）とよんだ。

←3 鎮守の森（宮城県）

解説　産土神・氏神　八百万の神への信仰が定着すると，土地の守り神である産土神，一族の守護神である氏神などの信仰が派生し，古代国家が形成される過程で，神々の系譜が神話としてまとめられるようになった。8世紀はじめにつくられた『古事記』や『日本書紀』には，神々の系譜が天皇につながるものとして叙述されている。

3 日本古来の精神

　日常のことを「ケ」といい，この「ケ」が枯れる，すなわち日常が破壊されていく状態を「ケガレ」（穢れ）という。そして，「ケガレ」を発生させることが「ツミ」（罪）である。古代人にとって，農耕生活に必要な公共性・社会性を脅かす行為，そして病気や自然災害はすべて日常を破壊する「ケガレ」につながるものであった。「ケガレ」を取り除く行為を祓い（祓え）といい，特に水で洗い清める行為を禊とよんだ。祓いは，おもに非日常の特別な日・場所でおこなわれた。この非日常を「ハレ」という。「ハレ」の日や「ハレ」の儀式は，年中行事（→p.28）というかたちで今でも私たちの生活に残っている。

　人間の心のありようとして求められたのが，清き明き心（清明心）であった。これは，隠しごとや嘘，偽りのない心である。自然がおのずからなるものであるように，人間も同様におのずから発生する作為のない心のありようが正しいとされ，日常を破壊する欲にまみれた心を否定し，自然と融合する素直な心をもつべきだとされた。

↑4 禊（洒水滝祭，神奈川県）

解説　清明心　清き明き心は清明心ともよばれ，自己の利害を優先する「汚き心」を克服した，他者のためを思う「清き心」と嘘・偽りのない「明き心」からなるものと考えられた。このような精神性は，正直の心あるいは誠の心というかたちで後世に伝えられ，日本人の倫理観の根底をなすものとなった。

公共の扉

用語解説　アニミズム　→p.358

31

2 仏教の受容と展開　日本仏教の特徴や，仏教諸宗派の教えとはどのようなものだろうか。

1 聖徳太子と和の精神

資料
憲法十七条
（『十七条憲法』中央公論社「日本の名著2」）

【第1条】　和をもって貴しとし，忤うことなきを宗とせよ。……

【第2条】　篤く三宝を敬え。三宝とは，仏と法と僧なり。……

【第4条】　……それ民を治むる本は，かならず礼にあり。……

【第10条】　……われかならずしも聖にあらず，かれかならずしも愚にあらず。ともにこれ凡夫のみ。……

世間虚仮，唯仏是真

↑聖徳太子（厩戸皇子）
（574〜622）

? 憲法十七条にこめられた意図は何だろうか。

解説　**憲法十七条から見えること**　聖徳太子（厩戸皇子）は渡来人から仏教を深く学び，儒教や法家の思想にも造詣が深く，政治にかかわる者が守るべき心構えとして**憲法十七条**をつくった。第1条でまず和の精神（人と争うことを避ける考え方）を説いたのは，第10条にあるように，人間はみな「**凡夫**（煩悩にまみれた無知で愚かな存在）」であるため，各人が互いに助けあって争うことのない国づくりをすることが理想であるという仏教的な観点に基づいている。和の精神は，日本の伝統的な精神性とされ，『論語』学而篇に「礼の用は和を貴しと為す」とあるように，儒教の影響も受けている。また，聖徳太子は，仏教の世界観に基づいて，この世を無常と捉え，「**世間虚仮，唯仏是真**（この世は虚しくかりそめのものであり，仏こそが真実である）」ということばを残したとされている。

2 鎮護国家思想と神仏習合

資料
大仏建立の詔
（『続日本紀』）

↑5 東大寺の大仏（奈良県）

三宝（仏，法，僧）の力により，天下が安泰になり，命あるものすべてが栄えることを望む。
さて天平15（743）年10月15日，この世に存在するすべての生あるもの（一切衆生）と万物を救おうという大願を立て，盧舎那仏の金銅像一体をお造りする。

? 仏教が果たした役割は，どのようなものだろうか。

解説　**奈良仏教の世界**　奈良時代になると仏教は国家による保護と支配を受け，戒律などの教義研究が進展した。そのなかで，仏が普遍的な存在であるなら，なぜ仏教伝来前に日本には仏が現れなかったのかという問いが生まれ，それに対する答えとして**本地垂迹説**が説かれた。これは，仏が本来の姿であり，八百万の神は人の前に現れる仮の姿（**権現**）であるという思想で，この思想に基づき神仏習合が進んだ。
　一般には病気や災いをなくし，現世の幸福をもたらすものとして仏教は信仰されていたが，国家の基礎が固まってくると，仏教の力によって天下の安寧をはかる**鎮護国家思想**が強まった。聖武天皇の治世には，国分寺や国分尼寺，東大寺の大仏（盧舎那仏）などが建立され，国家の許可を得た官僧が育成された。

3 平安仏教の特徴

(1) 最澄の教え　天台宗

資料
●道を求める心をもつ人を，名づけて国宝*という。だから古人（斉の威王）はいっている。直径一寸の玉10個が国宝ではなく，世の一隅を照らす人が国宝である，と。
　*資料中の「国宝」とは法華一乗思想を担う菩薩（天台宗の僧）のこと。
（『山家学生式』中央公論社「日本の名著3」）

一隅を照らす

↑最澄
（767〜822）

●伏して願わくは，解脱の味を自分一人で飲み味わうことなく，また安楽の結果を自分だけで悟ることなく，この宇宙のあらゆる生き物が同じく立派な悟りの立場に登り，この宇宙のあらゆる生き物が，同じくすばらしい悟りの味を飲むことにしたい。（『願文』中央公論社「日本の名著3」）

(2) 空海の教え　真言宗

資料
●真理はもとより言葉を離れたものですが，言葉がなくてはその真理をあらわすことができません。絶対真理（真如）は現象界の物を越えたものですが，現象界の物を通じてはじめて絶対真理を悟ることができます。月をさし示す指（絶対真理をさし示す方便の文字）に迷うことがあっても，その迷いを救う教えは量り知れません。それは何も目を見はるような奇異な教えが貴いというわけではありません。国を鎮め，人を幸せにするものこそ価値ある宝なのであります。
　そのなかでも，真言密教はとくに奥深く，文筆で表わし尽くすことはむずかしいのです。ですから図画*をかりて悟らない者に開き示すのです。　*ここでいう「図画」とは，曼荼羅のことである。
（空海『請来目録』宮坂宥勝監修「空海コレクション2」ちくま学芸文庫）

現世のうちに成仏は可能だ

↑空海
（774〜835）

●生まれ生まれ生まれ生まれて生の始めに暗く死に死に死に死んで死の終わりに冥し（『秘蔵宝鑰』）

解説　**天台宗と真言宗**　最澄は，法華一乗思想の立場から「一切衆生悉有仏性」を説く**天台宗**を，一方の空海は，呪術的な加持祈禱を特徴とする**真言宗**を，それぞれ奈良仏教に代わる新仏教として，日本に根づかせた。天台宗は**比叡山延暦寺**を拠点として，真言宗は**高野山金剛峯寺**（および東寺）を拠点として，鎮護国家の役割と貴族たちの現世利益の要求に応える役割を果たした。なお，比叡山延暦寺は，平安時代を通じて総合仏教センターとして，後に鎌倉仏教の祖師たちを輩出した。また，平安時代後期には，**末法思想**が流行し，貴族たちの不安をかき立てた。天台宗の**源信**による『**往生要集**』などをきっかけとして，貴族だけでなく民衆にも浄土信仰が浸透した。

↑6 比叡山延暦寺（滋賀県大津市）

? 日本の仏教の展開は，私たちの生活にどのような影響をもたらしたのだろうか。

4 鎌倉仏教

(1) 法然の教え 浄土宗

念仏は容易だからこそ正しい

> もろもろの仏は大いなる慈悲をもって、阿弥陀仏の浄土に帰命せよと勧められたのである。たとい一生の間、悪事をなしたとしても、ただよく浄土に心をかけて、つねに専一に念仏すれば、一切の罪障は自然に消えて必ず往生することができるのである。
>
> 『選択本願念仏集』中央公論社「日本の名著 5」

↑法然
(1133〜1212)

解説 専修念仏 法然は、末法の時代にあって、人々が救われるためには、従来の修行や学問は必要ではなく、ただひたすら念仏（南無阿弥陀仏）を称えるだけでよいという、革命的な教えを説いたため、旧仏教諸派から弾圧された。しかし、平易なその教えは貴族、武士、民衆の間に瞬く間に広がった。

(2) 親鸞の教え 浄土真宗

雑行を棄てて、本願に帰す

> 善人でさえ浄土に生まれることができる、まして悪人が浄土に生まれないわけはない。ところが世間の人はつねに、悪人でさえ浄土に生まれるのだから、まして善人が生まれるのはいうまでもない、と言っている。この考え方はいちおう理由があるように見えるけれども、阿弥陀仏の本願を救いとたのむ他力の趣旨にそむいている。
>
> （唯円『歎異抄』中央公論社「日本の名著 6」）

↑親鸞
(1173〜1262)

解説 悪人正機と絶対他力 親鸞の思想といえば、悪人正機である。ここでいう悪人とは、煩悩をみずからの力で断ちきることができず、他力に身を委ねるほかない人をさす。悪人であるがために、阿弥陀仏の本願によって救済されるという考え方を悪人正機という。悪人は、ひたすら念仏を称えることさえできない。そのため、阿弥陀仏にすべてを委ね、念仏よりも信心を重視せざるをえない。そして、何もできない愚かな悪人を阿弥陀仏は無条件に救うのだという考え方を絶対他力という。そして念仏はもはや救いを求めることばではなく、無条件の救いに対する感謝（報恩感謝の念仏）となるのである。

(3) 栄西の教え 臨済宗

> この禅宗は文字によって教えを立てず、教外つまり心をもって心に伝えるというのであり、教義や文字にとらわれず、ただ仏心印を伝えることをいうのである。文字を離れ言語を亡じて、ただちに心の本源をさしてもって成仏せしめるのである。
>
> ※仏心印…悟りの真実という意味。
>
> （古田紹欽『栄西 興禅護国論・喫茶養生記』講談社）

禅宗は言語世界をこえている

解説 興禅護国 二度の入宋を経て臨済禅を修得した栄西は、帰国後、臨済宗を興して、戒律を厳しく守り、禅を実践することが鎮護国家に役立つと説いた。臨済宗は、当初、旧仏教の迫害にあったが、鎌倉幕府の武士層に受け入れられ、鎌倉五山、京都五山を拠点として日本文化の形成に大きな影響を与えた。また、朝廷や幕府の上層部に禅の信仰を広めた。

↑栄西
(1141〜1215)

(4) 道元の教え 曹洞宗

> 仏道を習うということは、自己を習うことである。自己を習うということは、自己を忘れることである。自己を忘れるということは、環境世界に実証されることである。環境世界に実証されるということは、自己の身心も他己の身心も、脱落し果てることである。
>
> （『正法眼蔵』中央公論社「日本の名著 7」）

修行と悟りは一体である

> 臨済宗に対して曹洞の禅を伝えたのは、はじめ栄西の門に学んだ道元であった。道元は宋に留学して良師を求め、天童山の如浄という理想の師を得た。如浄は……只管打坐（ただひたすら坐禅）を教えた。道元は他の留学僧と異なり、ただ身につけた体験だけを土産として1227年帰国し、1244年に永平寺を開いた。（渡辺照宏『日本の仏教』岩波新書）

↑道元
(1200〜1253)

解説 只管打坐 道元は、鎌倉仏教のほかの祖師たちとは違って、末法という時代の悪さを認めず、あくまでも各人の内に蔵された仏性を信じて、釈迦が悟りを開いたときにしていた坐禅を、ただひたすらおこなうことを重視した。坐禅は悟りの境地（身心脱落）をもあらわす（修証一等）ものであり、ひたすら坐禅すること（只管打坐）を修行の根幹に据えた。

(5) 日蓮の教え 日蓮宗

> 愚かなるかな、おのおのが悪教の網にかかり、とこしえに正教を謗る網にまとわられ、心の迷いがその身を地獄の炎の底に沈める。愁えずにいられようか。苦しまずにいられようか。あなたは、はやく信仰の心を改めて、すみやかに実大乗たる法華の一善に帰依しなさい。そうすれば三界は皆仏国となる。
>
> （『立正安国論』角川学芸出版「仏教の思想12」）

法華経を信じよ、そうすれば救われる

解説 法華経の行者 日蓮も、ほかの祖師たちと同じように、延暦寺で学んだが、彼は天台宗の本義に帰って、あくまでも『法華経（妙法蓮華経）』を持つこと（『法華経』の行者）を強調した。そして、この経への帰依をあらわす「南無妙法蓮華経」（題目）を唱えることが、仏となる道であり、国家に安寧をもたらすと説いて、他宗派を激しく非難した。

↑日蓮
(1222〜1282)

TOPIC 現代に生きる仏教用語

- **他力本願** 一般には、他人任せの無責任な態度をさす。しかし、本来は浄土教でいう「阿弥陀仏が苦しむ衆生を救うために立ててくれた誓願（本願）を信じて、自力の営みを捨てる」ことである。

- **分別** 一般には、世間の常識をふまえた大人の判断といった意味で使われるが、仏教では逆に「世間的な価値に捉われた迷妄」として否定的に用いる。したがって、仏教的には「無分別智」こそが煩悩（迷い、苦しみ）を遠ざける正しい知恵ということになる。

- **内証** 一般には、秘密の意味で用いられる「ないしょ（内緒は当て字）」であるが、本来は密教で他者からは見えない内面の悟りという意味である。仏教で「証」は悟りのことをさす。

3 儒学の受容と展開 江戸時代に深まった思想・学問の世界とは，どのようなものだろうか。

1 江戸時代の儒学

(1)朱子学～林羅山

> 資料
>
> 天が上にあり地が下にあるように，人間世界にも君主が上にあり家臣が下にあるのは天理（自然界を貫く法則）である。
>
> （『春鑑抄』より）

> 人と云うものは，とかく私なる欲心によりて，災が出でくるぞ

↑林羅山
（1583〜1657）

解説 **上下定分の理** 中国の宋の時代に確立された**朱子学**は，儒学に欠けていた世界観や理論体系をもたらした新儒学であった。**林羅山**が，幕府において講じた朱子学は，封建的な身分秩序を正当化し，人々に敬（つつしみ）をもって道徳的，禁欲的に生きること（存心持敬）を求めるものであった。

(2)古義学～伊藤仁斎

> 資料
>
> ●仁は，徳のうちでも偉大なものである。しかしこれを一語によっていいつくそうとすれば，愛そのものだ。
> ●窮理を第一とするときは，……徳行はどうしても後まわしになってしまう……理という一つの概念によって，この世界のことをすべて割り切ることはできない。
>
> （『童子問』中央公論社「日本の名著13」）

> 誠は道の全体。故に聖人の学は必ず誠をもって宗とす

↑伊藤仁斎
（1627〜1705）

解説 **古義学** 朱子学を学んでのち，『論語』が「最上至極宇宙第一の書」であることに目覚めた**伊藤仁斎**は，『論語』や『孟子』の原典に基づいた儒学（**古義学**）を提唱した。彼によれば，孔子（➡p.49）の教えの根本は，「仁」，「愛」，「誠（忠信）」であり，朱子学が説く壮大な理論や抽象的な思考，禁欲的な修養とは相容れない，日常の人間関係にあらわれる自然な感情であった。彼の思想には，古代日本人の清明心にも通じるものがある。

(3)古文辞学～荻生徂徠

> 資料
>
> 孔子が説いた「道」は，「先王の道」である。「先王の道」は，天下を安泰にする「道」である。……「先王の道」は，先王が創造したものである。天地自然のままの「道」ではないのである。……知恵の限りを尽くして，この「道」を作りあげ，天下後世の人々をこれによって行動するようにさせたのだ。天地自然のままに「道」があったわけでは、決してない。（『弁道』中央公論社「日本の名著16」）

> 人の長所を初めより知らんと求むべからず，人を用いて初めて長所の現わるるものなり

↑荻生徂徠
（1666〜1728）

解説 **安天下の道** 幕府の要職にあった**荻生徂徠**は，伊藤仁斎の古義学に共鳴して，さらに発展させた。彼は，儒学の本質を先王が定めた政治制度，すなわち「民を安んずる＝経世済民」にあるとして，従来の道徳に傾きがちな儒学を批判した。彼は，実証的に儒学の文献を研究する**古文辞学**を提唱して，その学問方法論は本居宣長にも影響を与えた。

2 国学の誕生

> 資料
>
> ●物のあわれを知るとは何か。「あはれ」というのはもと，見るもの聞くもの触れることに心の感じて出る嘆息の声で，……たとえば月や花を見て，ああ見事な花だ，はれよい月かなといって感心する。
>
> （『源氏物語玉の小櫛』中央公論社「日本の名著21」）

> 敷島の大和心を人問はば 朝日に匂ふ山桜花

> ●そもそも道は，もと学問をして知ることにはあらず，生れながらの真心なるぞ，……真心とは，よくもあしくも，うまれつきたるまゝの心をいふ。
>
> （『玉勝間』岩波書店「日本思想大系40」）

↑本居宣長
（1730〜1801）

解説 **漢意を捨てよ** 江戸時代の中頃には，伊藤仁斎の古義学などの影響を受け，古くから伝わる『古事記』『日本書紀』『万葉集』などを原典とした古典研究を通して，日本人らしさや生き方を探求する**国学**が登場した。国学は，契沖（1640〜1701）によって古典研究の基礎が確立され，賀茂真淵（1697〜1769）によって古典理解の方法が確立された。契沖以来の「歌論」の研究に従事していた**本居宣長**は，歌集や物語などのなかに，外来思想に染まっていない日本的な感性を見いだした。それが，『古今集』や『新古今集』にみられる繊細で女性的な感性「手弱女ぶり」であり，『源氏物語』にみられる素朴な感情の動き「もののあわれ」であった。こうした日本人固有の心である「真心」は，外来思想としての儒教や仏教（漢意）とは相容れない大和心であり，漢意を捨てなければ，日本の古典は理解できないと説いた。古代日本人の清明心に通じる，純粋で偽りのない精神を重んじる姿勢が見られる。

TOPIC MOTTAINAI 精神の源

ノーベル平和賞受賞者で元ケニア副環境相ワンガリ＝マータイさん（1940〜2011）によって国際語になった「ＭＯＴＴＡＩＮＡＩ」精神は，江戸時代の庶民感覚でもあった。江戸時代の庶民の思想を支えた**石田梅岩**の「倹約」や，農民の思想家**二宮尊徳**（1787〜1856）の「分度」の思想に，その精神は流れている。「もったいない」は，漢字では「勿体ない」と書く。「勿体」とは，そのものの本体，値打ちという意味である。身分秩序の厳しい江戸時代にあって，石田梅岩は身分秩序を肯定しながら，神道，儒教，仏教を折衷した**心学**（石門心学）を唱え，商人の道，道徳を説いた。二宮尊徳も身分秩序を肯定しつつ，農民の合理的な生活設計や報徳思想（今ある自分を＜おかげさま＞で捉える考え方）を説いた。

> 商人の売利は士の禄に同じ

↑石田梅岩
（1685〜1744）

一方，同じ農民の立場に立った**安藤昌益**（1703〜62）は，封建制度を根底から覆す過激な**万人直耕**（農業中心の平等社会）の思想を展開した。彼の思想は生前に公表されることはなく，没後100年を経た1890年代（明治20〜30年代）に学者に発見され，広まった。

4 西洋思想の受容　幕末から急速に広まった西洋思想に，どのように向きあったのだろうか。

1 啓蒙思想　【頻出】

資料　学問のすすめ
（福沢諭吉『学問のすすめ』岩波文庫）

> 一身独立して一国独立す

　天は人の上に人を造らず人の下に人を造らずと言えり。……人は生れながらにして貴賤貧富の別なし。ただ学問を勤めて物事をよく知る者は貴人となり富人となり，……学問とは，……世上に実のなき文学を言うにあらず。……専ら勤むべきは人間普通日用に近き実学なり。……
　人の一身も一国も，天の道理に基づきて不羈自由なるものなれば，もしこの一国の自由を妨げんとする者あらば世界万国を敵とするも恐るるに足らず，この一身の自由を妨げんとする者あらば政府の官吏も憚るに足らず。

↑福沢諭吉
（1835〜1901）

？ 学問をする意味を，福沢諭吉はどのように考えているのだろうか。

解説　一身独立して一国独立す 幕末期に佐久間象山らを中心に，東洋の道徳を本体として西洋の知識・科学技術を受容すべきとする**和魂洋才**の考え方が提唱され，近代西洋文明を受け入れる基本的な姿勢として広まった。明治時代に入ると，東洋の道徳・考え方を堅持していては西洋は理解できないとして，日本が独自に西洋に匹敵する知識・科学技術を生み出すために西洋思想を積極的に学び，受容すべきであるという考え方が**福沢諭吉**らを中心に展開された。人間生来の自由と平等の権利を説いた**天賦人権論**など，**啓蒙思想**を日本に紹介した福沢諭吉であるが，決して安易な欧化主義者ではない。彼は，人間の貴賤が「学問（地理学・物理学・経済学などの実学）のあるなし」で決まるのと同様，国家間の貧富・強弱の差は学問・文明程度の違いにあると考えた。日本人が実学を学び，日本の独立を守れるようになることが，彼の最大の関心事であった。

2 西洋的自我の確立　【出題】

資料

> 西洋の開化（すなわち一般の開化）は内発的であって，日本の現代の開化は外発的である

　此時私は始めて文学とは何んなものであるか，その概念を根本的に自力で作り上げるより外に，私を救ふ途はないのだと悟ったのです。今迄は全く他人本位で，根のない萍のやうに，其所いらをでたらめに漂よってゐたから，駄目であったといふ事に漸く気が付いたのです。……私は**自己本位**といふ言葉を自分の手に握ってから大変強くなりました。

↑夏目漱石
（1867〜1916）

（夏目漱石『私の個人主義』筑摩書房「近代日本文学12」）

解説　自己本位に根ざす個人主義 夏目漱石は**自己本位**（自己の内面的欲求に基づいて生きること）に根ざす個人主義を主張した。ここでいう個人主義はエゴイズムのことではなく，自己を尊重すると同時に他者を尊重し自己と他者双方の自己本位を認める考え方である。しかし，エゴイズムの克服は容易ではなく，晩年には，自己にとらわれず自然の道理に従って生きる**則天去私**という境地にいたり，そこに救いを見いだした。

3 民権思想の普及　【出題】

資料

> 民権これ至理なり

　ふつう民権とよばれているものにも，二種類あります。イギリスやフランスの民権は，回復の民権です。下からすすんで取ったものです。ところがまた，別に恩賜の民権とでも言うべきものがあります。上から恵み与えられるものです。……たとえ恩賜の民権の分量がどんなに少なくとも……時勢がますます進歩し，歴史がますます展開してゆくにしたがって，……かの回復の民権と肩を並べるようになる，それはまさに進化の理法です。

↑中江兆民
（1847〜1901）

（中江兆民『三酔人経綸問答』岩波文庫）

解説　自由平等これ大義なり「東洋のルソー」と称された中江兆民は，1871年に政府留学生としてフランスに留学し，ルソー（●p.68）流の民権思想を学んだ。帰国後，ルソーの『社会契約論』を漢訳した『民約訳解』を著して民権運動に大きな影響を与えた。1889年，大日本帝国憲法が発布された際には，「先生（兆民），通読一遍ただ苦笑するのみ」（兆民に師事した幸徳秋水の話）であったが，翌年，衆議院議員に立候補，当選するも3か月で辞職した。彼にとって，フランスで学んだ自由，民権（**恢（回）復的民権**）と，大日本帝国憲法に示された臣民の権利（**恩賜的民権**）は，あまりに乖離したものであり，それを議会活動によって本来の民権に育てようとしての政界進出であったが，議会に失望しての辞職であった。

4 キリスト教と武士道

資料

> 武士道の台木に基督教を接いだ物，其物は世界最善の産物

　人類の理想はキリストである，日本人の理想は武士である。しかして武士がその魂を失わずして直ちにキリストを信ぜし者が余輩の理想である。キリストを信ぜざる武士は野蛮人である。町人根性を去らずしてキリストを信ぜし者は偽りの信者である。しかも得難きはこの武士的のキリスト信者である。

↑内村鑑三
（1861〜1930）

（鈴木俊郎編『内村鑑三所感集』岩波書店）

資料

　武士道の影響は今なお深く根づき，かつ強力である。……信仰の道から遠ざかっていくキリスト教徒がいた。そのとき牧師の説教は彼の堕落を救うことができなかった。しかしかつて彼が主に対して誓った**忠誠**，すなわち忠義に訴えられると，彼は信仰の道に復帰せざるを得なかったのである。

（新渡戸稲造『武士道』三笠書房）

解説　武士道に根ざすキリスト教 内村鑑三は，利益のみを追求する成功重視，金銭尊重の風潮を批判した。そして，清廉潔白で金銭にとらわれない自己犠牲の精神に満ちる日本の武士道精神こそが，キリスト教につながる精神性だとし，「**武士道の上に接ぎ木されたキリスト教**」の重要性を説いた。国際連盟の事務局次長となって世界平和に貢献した**新渡戸稲造**も，キリスト教を根付かせる素地として，道徳としての武士道を重視し，英文で『武士道』を著した。これは日本を知るための格好の入門書として，欧米でベストセラーとなった。

用語解説　朱子学，古義学，古文辞学　●p.358

公共の扉

1 独創的な日本の哲学をめざして

資料 純粋経験
（西田幾多郎『善の研究』岩波文庫）

純粋経験においては未だ知情意の分離なく，唯一の活動であるように，また未だ主観客観の対立もない。主観客観の対立は我々の思惟の要求より出でくるので，直接経験の事実ではない。直接経験の上においてはただ独立自全の一事実あるのみである，見る主観もなければ見らるる客観もない。恰も我々が美妙なる音楽に心を奪われ，物我相忘れ，天地ただ嚠喨たる一楽声のみなるが如く，この利那いわゆる真実在が現前している。

> 道徳のことは自己の外にある者を求めるのではない，ただ自己にある者を見いだすのである

⬆西田幾多郎
（1870〜1945）

解説 純粋経験
西田幾多郎は，留学体験はないものの，西洋哲学を正確に理解した上で，それを批判的に検討し，「西田哲学」といわれる独創的な哲学を展開した。彼は，デカルト（➡p.51）以来の主観と客観を対立させた二元論的な世界把握を改めて，「純粋経験」という主客未分の経験にこそ，真実があるとした。彼のこうした発想の背景には，長らく親しんできた「禅」を通じて身につけた東洋的直観があり，その意味で，彼の哲学には西洋哲学の受け売りに終わらない，東洋哲学と融合させた独創性が見られるのである。

2 西洋の個人主義に挑む

資料 間柄的存在
（和辻哲郎『倫理学』岩波書店）

人間とは「世の中」であるとともにその世の中における「人」である。だからそれは単なる「人」ではないとともにまた単なる「社会」でもない。ここに人間の二重性格の弁証法的統一が見られる。人間が人である限りそれは個別人としてあくまでも社会と異なる。

> 倫理そのものは倫理学書の中にではなくして人間の存在自身のうちにある

⬆和辻哲郎
（1889〜1960）

⬅7ハイデルベルグの街並み

解説 間柄的存在
ドイツ留学中に実存哲学者ハイデガー（➡p.57）に学んだ和辻哲郎は，独自の「間柄的存在」という考え方を示した。彼によれば，西洋近代哲学が人間を考察する際，社会から断絶した個人を語っているにすぎず，また，社会を考察する際にも，個人との関係が欠落しているという。そこで，彼は「人の間」としての人間に「間柄」という考え方を導入した。そして，「間柄なしには個人は存在せず，個人なしには間柄は存在しない」として，西洋の孤立した個人の倫理でない，「間柄」を基とした弁証法（➡p.52）的な関係において，新たな倫理を構築しようとした。「間柄」は，仏教でいう「縁起」に通じる考え方で，仏教的な思考を西洋思想に適合させた独創性が見られる。

3 日本文化・思想の重層性

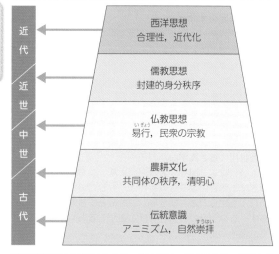

近代	西洋思想　合理性，近代化
近世	儒教思想　封建的身分秩序
中世	仏教思想　易行，民衆の宗教
古代	農耕文化　共同体の秩序，清明心
	伝統意識　アニミズム，自然崇拝

解説 何でも受け入れる
日本では，外来の文化・思想を受容し，それをみずからのものとして独自の文化がつくられてきた。和辻哲郎は，新しく入ってくる文化・思想は，古くからあるものを否定せず，古くからあるものの上に積み重なって共存させるかたちで受容されたとし，これを**日本文化の重層性**とよんだ。

TOPIC 柳宗悦と民芸運動

柳宗悦は，朝鮮陶磁器の美しさに魅了され，それまで美の対象として認識されることのなかった日用品に豊かな美が宿ることを発見し，さらに日用工芸品のなかに民族固有の美を見いだした。朝鮮総督府による光化門（旧朝鮮王宮の正門）の取り壊しに反対し，移築を実現させるなど，民族の固有性を破壊する日本の植民地政策を批判し続けた。従来，素朴で大衆的な雑器は下手物とよばれていたが，柳宗悦は，これを改め「民芸」という新語をつくり，普及させるべく民芸運動を展開していった。1936年には日本民藝館を開設して初代館長に就任し，晩年には仏教の他力思想に基づく独創的な仏教美学のすばらしさを国内外に伝える活動を展開した。

> 倫朴な器にこそ驚くべき美が宿る

⬆柳宗悦
（1889〜1961）

⬅8朝鮮半島の陶磁器「染付鉄砂葡萄栗鼠文壺」（日本民藝館蔵）

➡9日本の木工「地蔵菩薩像（江戸時代）」（木喰明満作，日本民藝館蔵）

和辻哲郎のいう「間柄」には，どのようなものがあるのだろうか。そして，「間柄」を切り離して人間を考えることはできるのだろうか。

4 民俗学と常民

日本の家の数は1,500万、家々の昔は3,000年もあって、まだその片端のほんの少しだけが、歴史にひらかれているのであります。それ故に春は野に行き、藪にはいって、木の芽や草の花の名を問うような心持ちをもって、散らばっている伝説を比べて見るようにしなければなりません。

（柳田国男『日本の伝説』角川ソフィア文庫）

> うずもれて一生終わるであろう人に関する知識を残すのが民俗学

↑柳田国男（1875〜1962）

解説　無名の人々を見よ　柳田国男は、日本において民俗学を確立した人物である。民俗学とは、文献史料に記録されることのない無名の人々の生活や信仰の実態を調査し、現代社会に残存する伝統的な思考様式を明らかにする学問である。柳田国男は、村人の大多数を占める「ごく普通の百姓」こそが真に日本の歴史を支えてきたと考え、これを**常民**と名づけ、常民の日常生活に根ざした文化こそ、日本の基層文化であると主張した。

5 日本の思想構造

民主主義というものは、人民が本来制度の自己目的化——物神化——を不断に警戒し、制度の現実の働き方を絶えず監視し批判する姿勢によって、はじめて生きたものとなり得るのです。

（丸山真男『日本の思想』岩波新書）

> 自己を歴史的に位置づけるような中核あるいは座標軸にあたる思想的伝統は、日本には形成されなかった

→丸山真男（1914〜96）

解説　無責任の体系　戦後日本の思想を代表する丸山真男は、戦争を主導した人々に主体性の欠如を見いだし、「無責任の体系」と評した。また、日本は新しい思想をただ次々と受容するだけで、確固たる基盤をもたず、さまざまな思想がただ雑居する状況を生み出してしまったとし、「タコツボ型」と名づけてこのタコツボ状態から脱却することを求めた。丸山は、身分や家柄によって相手を評価する封建的・閉鎖的な「である」論理ではなく、ある人物が何を「する」かを評価の基準とする近代的・開放的な「する」論理の重要性を説いた。制度を固定的に「である」と捉えるのではなく、そのはたらきを監視し、批判「する」必要性を訴えたのである。

TOPIC　柳田国男とタピオカ

「私の家の朝飯には、折としてタピオカを食ふことがある」——これは柳田国男の発表した内容を口述筆記した『民間伝承論』（1934年）にある一節である。戦前の日本にタピオカがあったことに驚くかもしれないが、明治時代からタピオカは高級食材として楽しまれていた。タピオカの朝食から、柳田国男が言いたかったことは何だろうか。『民間伝承論』では、朝食にタピオカを食べているときに偶然いあわせた学者が「日本人の朝食」として報告したらどうなるだろうか？と続く。ここから、柳田は一度の見聞で物知り顔をすることへの警鐘を鳴らしているのである。『民間伝承論』では、実地に観察し、採集した資料こそ最も尊ぶべきものとしている。柳田国男の民俗学への姿勢がわかるエピソードである。

↑10 タピオカティーを撮影するようす

> ？　柳田国男の考えをふまえると、この後、ＳＮＳに投稿する際、どのような説明をつければよいのだろうか。

Let's Think!　「鬼」から見る日本の思想

日本人は長く鬼と向きあってきた。鬼のルーツは中国にあり、中国において鬼は死者の魂をあらわし、姿形をもたないものとされていた。日本でも伝来当初は目に見えないものとされていたが、死を「穢れ」「恐怖」と捉える考え方が影響し、次第に鬼を「悪しきもの」と考えるようになったとされる。ただし、鬼は必ずしも「悪しきもの」とは限らず、神として祀られている地域もある。

鬼といえば節分だが、これも中国がルーツで、平安時代に追儺・鬼遣という宮中行事が盛んにおこなわれ、定着した。室町時代になると豆をまくようになったが、これは「魔滅」ということばに由来する。豆は五穀の１つで、米などとともに聖なる力が宿るものとされ、神事に用いられてきた。

また、深い愛情や悲しみが極まり、それが原因で人は鬼になるという考え方があり、これは能楽における般若に見てとることができる。能楽の般若は、愛情から転化した嫉妬と恨み・悲しみが極まった女性の顔を表現している。また、江戸時代につくられた上田秋成の『雨月物語』には、美少年の稚児を病気で失った僧侶が、溺愛していたがために鬼となり、遺骸を食べ尽くすという話が出てくる。こういった鬼の姿は、人間の悲哀をよくあらわしたものとして広く受け入れられた。最近では『鬼滅の刃』に出てくる鬼にも、深い愛情や悲しみを読みとることができる。鬼に代表されるように、日本人はものごとを完全な善と完全な悪に切り離して考えるような価値判断・区別をせず、場合によっては両義性を見いだして受け入れてきたところがある。

↑11 映画『鬼滅の刃』を観に来た親子　鬼に家族を殺された主人公が、鬼となった妹を人間に戻すために、敵と死闘をくり広げる物語。

> ？　善あるいは悪と明確に区別することができない事例を探してみよう。

3 私たちの生活と宗教

要点の整理

＊□□□は共通テスト重要用語，**1**は資料番号を示す。この節の「共通テスト○×」などに挑戦しよう 👆

1 さまざまな宗教

❶**三大世界宗教 1**……**キリスト教**，**イスラーム（イスラム教）**，**仏教**。民族の違いをこえて，世界に広まる

❷**民族宗教 1 2**……特定の民族に広まる宗教。**ユダヤ教**，**ヒンドゥー教**，**神道**などが代表例

	ユダヤ教	キリスト教	イスラーム（イスラム教）
神	ヤハウェ 正義と熱情の神（怒り裁く神）	父なる神，子なるイエス，聖霊 ──→三位一体の神	アッラー，唯一・絶対の神 ──→三位一体は否定
聖典	聖書（『旧約聖書』） 旧約＝神とイスラエルの民との契約 （契約は信頼や友情も意味する）	『旧約聖書』と『新約聖書』 新約＝イエスの死と復活によって結ばれた，新しい救いの約束	コーランのほか，『旧約聖書』の「モーセ五書」と「詩篇」，『新約聖書』の「福音書」を敬うべき聖典とする
聖地	エルサレム	エルサレム	メッカ，メディナ，エルサレム

2 キリスト教

❶開祖ナザレの**イエス 1**，ユダヤ教から派生

❷**神の愛**（**アガペー**，無差別・無償の愛），**隣人愛**の実践を説く

3 イスラーム（イスラム教）

❶開祖**ムハンマド 1**，ユダヤ教・キリスト教から派生──→唯一神**アッラー**への絶対的帰依を説く

❷聖典『**クルアーン（コーラン）**』に基づく**シャリーア**（イスラーム法）を遵守する生活を求める。**六信・五行 2**

4 仏教

❶開祖**ゴータマ＝シッダッタ**（ゴータマ＝ブッダ）**1**

❷真理（法，**ダルマ**）を悟ることによる苦からの解放を説く。苦・集・滅・道の**四諦**の体得と**八正道**の実践を説く

---

1 さまざまな宗教　宗教には，どのような分類があるのだろうか。

1 世界の宗教

	宗教	特徴
世界宗教	仏教 キリスト教 イスラーム	民族をこえ，世界中に広まる。創始者があり，教団組織や教典・教義が確立
民族宗教	ユダヤ教 ヒンドゥー教 神道など	特定の民族だけに広まる。その民族の文化・伝統との結びつきが強く，多くは創始者がいない
原始信仰	アニミズム シャーマニズム トーテミズムなど	自然や精霊を崇拝し，憑依や呪術などをともなうことが多く，一般に創始者や教典はない

世界の宗教人口の割合

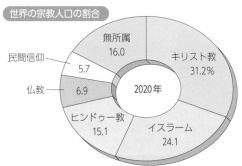

- 無所属 16.0
- キリスト教 31.2%
- 2020年
- イスラーム 24.1
- ヒンドゥー教 15.1
- 仏教 6.9
- 民間信仰 5.7

（『世界国勢図会』2020/21年版）

解説 **宗教の典型**　宗教の分類としては，上のように，**世界宗教**，**民族宗教**，**原始信仰**など，その分布に注目する分類もあるが，以下の4点の分類方法もある。①**無神教**か，**有神教**か。有神教であれば，さらに，②**一神教**か，**多神教**か。また，③特定の開祖，経典の有無。④政教一致をめざすか，政教分離を原則とするかなど，世界の宗教は，さまざまな分類が可能である。

2 ユダヤ教

資料 十戒（じっかい）
（『出エジプト記』日本聖書協会「聖書　新共同訳」）

1　あなたには，わたしをおいてほかに神があってはならない。
2　あなたはいかなる像も造ってはならない。
3　主の名をみだりに唱えてはならない。
4　安息日を心に留め，これを聖別せよ。……七日目は，あなたの神，主の安息日であるからいかなる仕事もしてはならない。

＊5～10は略

←**1**映画「十戒」
（1956年制作・アメリカ）

解説 **ユダヤ教とユダヤ人**　ユダヤ教では，唯一神ヤハウェが人類からイスラエルの民を選んで契約を結び（**選民思想**），その契約（**律法**，**トーラー**）を遵守すれば恵みや救いが約束されると信じられている。代表的な律法は，**モーセ**による出エジプトの際に授けられた**十戒**で，この律法を遵守する契約を結んだからこそ，イスラエルの民はエジプトの迫害から逃れることができたと考えられている。イスラエルの民は数々の苦難にさらされたが，それは選ばれた民が克服すべき試練だとされ，神を中心とする強固な宗教共同体を形成した。この共同体に属するのがユダヤ人で，ローマ帝国からの独立を求める戦いに敗北して祖国を喪失した後，全世界に散らばり，各地で迫害を受けた。

❓ユダヤ教・キリスト教・イスラーム（イスラム教）に共通するのは，どのようなことだろうか。

2 キリスト教

キリスト教の教義は，どのようなものだろうか。

1 キリスト教とは

1 イエス

> 人にしてもらいたいことを人にしなさい

●生没年：前4頃～後30頃

洗礼者ヨハネから洗礼を受け，神の教えを説き始めた。イエスの教えはユダヤ教の枠組みにおさまらず，**神の愛（アガペー）**は無償の愛であり，すべての人に注がれると説いた。ユダヤ教が遵守する律法は本来，愛の教えであるとし，律法に記されている「心を尽くし，精神を尽くし，思いを尽くして，あなたの神である主を愛しなさい」という神の愛の掟と，「隣人を自分のように愛しなさい」という隣人愛の掟が重要であるとした。

●**パウロ**（?～62/65頃）

> 人が義とされるのは信仰による

もとは熱心なユダヤ教徒であったが，死後のイエスに会うという奇跡をきっかけに回心。イエスの十字架上の死の意味を贖罪だとし，私たちの罪はイエスの死によって贖われたとした。

●**アウグスティヌス**（354～430）

さまざまな宗教を渡り歩いた後，キリスト教に転じる。神の恩寵によってのみ，人間は救われるとし，人類の歴史は神の国と地の国の闘争だとした。最大の**教父**とされる。

↑パウロ
（?～62/65頃）

●**トマス＝アクィナス**（1225頃～74）

スコラ哲学の大成者。アリストテレス哲学（➡p.48）を受容するなかで，信仰による真理と理性による真理は互いに調和するとした。

解説 **キリスト教の教義確立** イエスは，隣人愛の実践について，「人にしてもらいたいことを人にしなさい」と説いた。これは**黄金律**とよばれ，その後の倫理思想の中心テーマとなった。キリスト教の教義は，まず，**パウロ**による**贖罪思想**で基礎づけられ，ユダヤ人以外への布教が進んだ。さらに，他の宗教や宗派との対決のなか，アウグスティヌスが三位一体という教義をプラトン哲学（➡p.48）を使って擁護した。十字軍以降に，イスラーム世界からもたらされたアリストテレス哲学を，キリスト教と調停したのが，**トマス＝アクィナス**である。

TOPIC イスラームのスンナ派とシーア派

ムハンマドの死後，イスラーム共同体の分裂を回避するために指導者が求められ，「神の使徒の後継者」（カリフ，ハリーファ）が選ばれた。カリフの指導のもとイスラームは勢力を拡大し，ウマイヤ朝時代には，イベリア半島からインダス川沿岸までを勢力下に置くにいたった。勢力を拡大する過程で，ムハンマドが生前に実践していた慣行であるスンナや，共同体の合意を重視し，ムハンマドの後継者として歴代のカリフを受け入れる**スンナ派**と，預言者の家系を重視する**シーア派**などとが対立するようになった。現在，ムスリムの大半はスンナ派でサウジアラビアや北アフリカを中心に存在する。第二勢力がシーア派でイラン・イラクを中心に信者が存在する。

3 イスラーム（イスラム教）

イスラームの特徴とはどのようなものだろうか。

1 イスラームとは

1 ムハンマド

> アッラーのほかに神はなし

●生没年：570頃～632

40歳頃から宗教的体験が現れ，ヒラー山の洞窟で神の啓示を受けて最後にして最大の**預言者**となったとされる。メッカで神のことばを広めようとしたが迫害を受け，メディナに移住した（**ヒジュラ，聖遷**）。その後，勢力を拡大し，メッカに帰還したムハンマドは，偶像を打ち壊し，その終わりを宣言した（**偶像崇拝の禁止**）。まもなくムハンマドは亡くなったが，カリフとよばれる後継者の指示で聖典『**クルアーン（コーラン）**』の編纂が進められた。

預言者ムハンマドの偶像化と偶像崇拝は禁止されている

解説 **ムスリムの義務** イスラームの信仰の中心は，『**クルアーン（コーラン）**』であるが，『**クルアーン**』には信仰の実践についての具体的事例までは記されていない。そこで，細かい部分は**ムハンマド**の言行の伝承である『**ハディース**』に従うことになっている。この2つを法源としてまとめあげられたのが**シャリーア**（イスラーム法）である。シャリーアのなかの宗教的な教義にあたる部分で最も重視されるのが，**六信・五行**である。

2 イスラームの六信・五行

●**六信**……ムスリム（イスラームの信徒）が信ずべき6つのこと

神	唯一絶対の神：**アッラー**（アラビア語で神）偶像崇拝をかたく禁止
天使	神のことばを伝える。ムハンマドに神の啓示を伝えたのが最高位のジブリール（ガブリエル）
聖典	ユダヤ教・キリスト教の教典を含むが，『**クルアーン（コーラン）**』が，最も完全な教えとされる
預言者	神の啓示を受ける者。人類の祖アダムにはじまり，ノアやアブラハム，モーセ，さらにはイエスも預言者とされる。そのうち，最大で最終の預言者が**ムハンマド**である
来世	最後の審判の後にある世。神による最後の審判によって，現世のおこないをもとに天国や地獄に分けられる
天命	神アッラーの意志であり，この世の一切を決定する

●**五行**……ムスリムがなすべき5つのこと

信仰告白（シャハーダ）	「アッラーのほかに神はなく，ムハンマドは神の使徒である」と証言する
礼拝（サラート）	毎日5回，決められた時間に聖地メッカの方向に向かって祈る
喜捨（ザカート）	恵まれない人を助けるための一種の税・寄付
断食（サウム）	ラマダーン月（断食月）に，日中に飲食をせず，神に感謝する。妊婦や病人は例外
巡礼（ハッジ）	生涯に一度は聖地メッカに参ること

解説 **イスラームの実践性** 信仰項目である**六信**は，ユダヤ教・キリスト教とほぼ共通する。イスラームも，アダムやイブの神による創造や，ノアの方舟の物語を継承している。ただ，**五行**の厳格な実践が，イスラームの独自性ともいえ，信仰と日常生活の一致こそ，イスラーム最大の特徴である。

用語解説 世界宗教，民族宗教，ヒンドゥー教，ユダヤ教，聖書，キリスト教，アガペー，イスラーム，アッラー，クルアーン，六信・五行 ➡p.358～359

4 仏教　仏教は，どのような生き方を求めているのだろうか。

1 ゴータマの教え

資料

私どもの人生には思いどおりにならないことがたくさんあります。もちろんいいこと，楽しいこともあるのですが，釈尊*は何事であれ，思いどおりにしようとする自我と，思いどおりになどなるわけがない現実とのギャップに悩みました。その「苦」を契機として自己の真のありようを求め，釈尊は修行しました。そして苦をのり超えて悟りをひらいたのですが，それだけに仏教は人生「苦」の問題から出発します。……釈尊はまず説かれるわけです。この「人生は苦である」という事実を，仏教ではまず人間の真理として認めます。それが四聖諦の第一の苦諦です。……すべては無常*なのですから，物事は絶えざる変化の過程にあります。しかし，私たちは変化が嫌いです。特に自分の好んでいるもの，もち続けたいもの，誇りにしているもの（たとえば若さ，健康，生命，財産，家族，名誉など）が姿を変え，なくなっていくことに耐えられません。それに固執するのですが，無常の現実の前には如何ともしがたく，思いどおりにはなりません。そこに欲求不満が起こって「苦」が生じます。こうして私たちの「苦」は欲望から生じるというのが「苦の起こる原因は欲望である」という真理で，これを集諦といいます。すると，この欲望を抑制して，無常なるものを正しく無常と見るようになれば，ないものをねだり，限りなくねだることにチェックがかかります。つまり，欲求不満を起こす悪い欲望がはたらき出なくなれば苦は滅する道理で，これが滅諦，「苦の原因である欲望（のはたらき）を滅ぼせば苦も滅する」という真理です。　　　　＊釈尊は，ゴータマの尊称。

*無常は，「諸行（すべてのもの）は，とどまることなく変化していく」という仏教の世界観をあらわすことばである。

（奈良康明『原始仏典の世界』日本放送出版協会）

人生は苦に満ちている

↑ゴータマ＝シッダッタ
（ゴータマ＝ブッダ）
（前463頃～前383頃）

ゴータマの思想の全体像

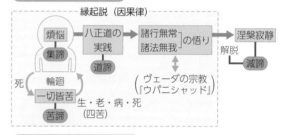

上座仏教と大乗仏教の違い

	上座仏教	大乗仏教
名前の由来	上位の席に座る高僧たち	多くの人々を救済する大きな乗り物（方法）
分布	スリランカから東南アジアへ（南伝仏教）	ガンダーラからシルクロードを経て，中国・朝鮮・日本・ベトナムへ（北伝仏教）
教義	出家者の修行・悟りを重視	在家者の信仰・慈悲を重視
理想像	阿羅漢	菩薩

解説　ゴータマの思想

インドでは古くからバラモン教（ヴェーダの宗教）が信仰を集めていた。聖典『ヴェーダ』の真意を探求・体系化する過程で哲学的思索が進み，**ウパニシャッド哲学**が構築された。そして，永遠不滅の自己の本質である**アートマン**（我）が輪廻をくり返すという理論が提唱された。輪廻する限り，苦しみから逃れられないため，輪廻からの解放である**解脱**（悟り）の探求が進められた。ゴータマは，インド思想の根幹となった考え方を批判的に継承し，現実はすべて究極的には苦しみであるという**一切皆苦**という真理をみつめ，永遠不変なものを否定して執着から離れるべきだとする**諸行無常・諸法無我**の思想を説き，**煩悩**（欲望）の火が消え，安穏の境地である**涅槃寂静**を求め解脱せよと説いた。

Let's Think! 諸宗教との共生ために

宗教のなかには，厳しい戒律の遵守を求め，決まった生活習慣を義務づけるものがある。その例を紹介した以下の表を手がかりに，日本に在留する外国人の増加に対して，どのような対応が必要なのか考えよう。

→2 ハラルメニューを提供する大学の食堂（大分県）

ユダヤ教
●「ひづめが2つに割れている」「反芻する」の2つの条件を満たさない動物は清くないと考えられている。そのため，豚は食べない。このほか，「乳製品と肉が同時に胃のなかにあってはならない」という決まりや，血液を口に入れてはならないという決まりなどがある
●安息日（土曜日）には，一切の労働が禁じられている

ヒンドゥー教
●牛は神聖な動物であり，食べることは禁忌とされる。また，豚は不浄な動物とされ，基本的には食べない。このほか，肉全般，魚介類全般，卵や生ものは一般的に避けられる
●右手は神聖な手，左手は不浄な手とされるため，左手を使うことは避ける

ムスリム
●豚やアルコール（料理酒，みりんなども含む），宗教上の適切な処理が施されていない肉を食べてはならない。食材だけでなく，料理をする場所や工程などにも細心の注意を払う
●1日5回の礼拝をおこなう
●イスラム暦9月に1か月間の断食期間があり，期間中は夜明けから夜まで一切の飲食が禁じられる
●女性は，家族以外の男性に対して髪を隠すことが礼儀正しいとされる
●偶像崇拝が禁じられている
●金曜日は集団礼拝の日として休日とすることが多い

？ さまざまな信仰をもつ人との共存をめぐって，どのような取り組みがなされているのだろうか。

3つの宗教の聖地 エルサレム

パレスチナ問題（→p.212）は，なかなか出口が見えない。その背景にある複雑な宗教対立を象徴しているのがエルサレムである。イスラエルはエルサレムを首都としているが，国際連合や多くの国家がこれを認めていない。世界遺産の町でもあるエルサレムとは，どのような都市なのだろうか。

●聖墳墓教会

イエスが最後の布教をおこない，十字架の上で死刑となったエルサレムは，キリスト教最大の聖地である。イエスが十字架にかけられたゴルゴタの丘に建てられたのが「聖墳墓教会」であり，その敷地内に，十字架の場所，イエスの遺体が安置された墓などが残されている。

●岩のドーム

「聖なる岩」をつつむようにつくられたドームは，692年に完成した。「聖なる岩」は，ユダヤ教徒にとっては，父祖アブラハムが息子イサクを犠牲に捧げようとした祭壇であり，ユダヤ教の神殿はこの岩を中心に建てられたとされる。一方，イスラームでは，ムハンマドが大天使ジブリール（ガブリエル）の導きで翼をもつ天馬に乗ってエルサレムに旅し，この岩の上に立ったという。そして，この岩から光の階梯をたどり，天界に昇ってアッラーの前にひれ伏したと伝えられる。イスラームでは，エルサレムは，メッカ・メディナに次ぐ第3の聖地とされる。

●嘆きの壁

エルサレムは，古代イスラエル王国の首都であり，ユダヤ教の神殿がかつて存在した。ユダヤ教の神殿は，紀元70年にローマ軍によって破壊されたが，その西壁だけが残された。ユダヤ教徒には，この壁での礼拝が許され，壁に向かって祈りを捧げる姿は現在でも続き，ユダヤ教の聖地となっている。岩のドームの地下にユダヤ神殿が埋まっていると信じ，祈る姿は故国の喪失を嘆くとされており，この壁は「嘆きの壁」とよばれる。

中東の要としてのエルサレム

メソポタミアとエジプトをつなぐ地中海東岸では，さまざまな民族の興亡が見られた。紀元前10世紀のダヴィデ，ソロモン王時代に全盛を迎えたのがイスラエル王国であり，その都エルサレムは特別な地位を得た。その後，ユダヤ教やキリスト教，イスラームが成立するなか，エルサレムは3つの宗教の聖地として，諸民族・諸宗教の交差点となった。これは，現在でも変わらないエルサレムの姿である。

エルサレムの旧市街

城壁に囲まれた旧市街は，北から時計回りに，アルメニア人地区・キリスト教徒地区・ムスリム地区・ユダヤ教徒地区の4つに分けられている。そのなかに，「岩のドーム」や「嘆きの壁」はもちろん，イエスが十字架を背負って歩いたという「悲しみの道（十字架の道）」など，さまざまな宗教上の重要な場所が混在している。エルサレムは，聖地を巡礼する信徒たちばかりでなく，世界遺産として世界中から多くの観光

客を集めている。

↑エルサレムの旧市街地　約1km四方の旧市街地は，宗教ごとに居住区が分けられている。旧市街地の四方は城壁（高さ約12m・厚さ約2.5m・全長約4km）に囲まれている。

宗教を原因とした対立は，どうすれば解消できるのだろうか。

1 公共的な空間を形成するための考え方

要点 の整理

＊　　　は共通テスト重要用語，1 は資料番号を示す。この節の「共通テスト○×」などに挑戦しよう👆

1 「結果」と「義務」の考え方
- ●**結果を重視する考え方** 1 ……行為の結果である個人や社会全体の幸福を重視する考え方
- ●**義務を重視する考え方** 1 ……行為の動機となる公正などの義務を重視する考え方

2 功利主義の思想家
❶ ベンサム 1
- ●**功利性**……快楽をもたらし，苦痛を妨げる，あらゆるものごとに備わっている性質
- ●**量的功利主義**……人間は快楽や苦痛の量(持続性や強さなど)を計算して最も快楽量が大きい行動をとるという考え方
- ●**最大多数の最大幸福**……できるだけ多くの人の快楽を，できる限り増大させることが善であるという考え方

❷ ミル 2
- ●**質的功利主義**……人間は，獣のような質の低い快楽を満たすことよりも，容易には満たせなくても高い質の精神的快楽を求めるという考え方
- ●**他者危害の原則**……個人の意見や行動が他者に悪影響をおよぼさない限り，社会は個人の意見や行動に干渉してはならないということ

3 義務論の思想家
❶ カント 1
- ●**道徳法則**……時代や地域にかかわらず，従うべきこと➡**定言命法**(〜せよ)，**仮言命法**(もし〜ならば〜せよ)
- ●**人格**……道徳法則に自律的に従って行動する自由な人間
- ●**目的の国**……他者を手段として(自分のために)扱わず，目的として(他者のために)扱い，互いに尊重しあい，互いのために行為しあえる理想の共同体

4 社会問題との向きあい方
❶ ロールズの「公正としての正義」 1 ……平等な自由原理，公正な機会均等原理，格差原理が全構成員の合意によって承認され，契約されることによって成り立つ
❷ センの「人間の安全保障」 1 ……**潜在能力**(生き方の幅の広さ)を失わせる脅威から，福祉政策などを通して人々を守ること
❸ アーレントの「人間の条件」 2 ……言論などによって多数の人間とかかわる行為すなわち活動(action)が最も重要
❹ ハーバーマスの「コミュニケーション的合理性」 2 ……人間は暴力や強制ではなく，コミュニケーション行為によって合意形成をし，公共性を形成する

1 「結果」と「義務」の考え方
「結果」と「義務」の考え方は，どのような視点なのだろうか。

❶ トロッコ問題 〜思考実験

　線路を疾走する電車が制御不能になった。このままでは前方で線路点検中の5人が犠牲になる。偶然，Aさんが線路の分岐器のすぐそばにいた。Aさんが電車の進行方向を切り替えれば，5人は助かる。しかし，切り替えてしまうと別の場所で線路点検中の1人を犠牲にしてしまう。5人を助ける方法はAさんによる分岐器の操作のみである。

　簡単にいえば，「5人を助けるために，他の1人を犠牲にしてもよいか」について，それが許されるかどうかを考えるという問題である。

　「**結果**」(**行為の結果である個人や社会全体の幸福を重視する考え方**)に基づくと，1人を犠牲にしてでも5人を助けるべきという答えになり，「**義務**」(**行為の動機となる公正などの義務を重視する考え方**)に基づくと，誰かの命を利用して目的を達成するというのは許されないので，Aさんは何もしないという答えになる。

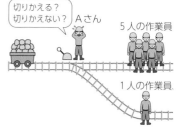

切りかえる？
切りかえない？ Aさん

5人の作業員

1人の作業員

❓ この思考実験(➡p.74)は，倫理的にどちらにも決めかねる状態に陥る場面を意図的につくり出し，選択・判断を迫る「トロッコ問題」とよばれる。
- ❶このような状況において，あなたは，どのような選択・判断をおこなうだろうか。その判断基準は，どのような考え方に基づくものだろうか。
- ❷❶について，「状況や立場によって答えが違う」というなら，答えを左右する基準は何だろうか。

解説 **「正しさ」や「善」を考える2つの視点** 「正しさや善とは何か」を考える際の視点として，「結果」と「義務」の考え方がある。「結果」を重視する代表的な立場は**功利主義**(➡p.43)で，「ある行為が善であるといえるのは，その行為の結果，できるだけ多くのものをできるだけ幸福にしているからである」という考え方である。一方，「義務」の動機を重視する代表的な立場は**義務論**(➡p.44)で，「ある行為が善であるといえるのは，その行為をすることは規範として共有されるべきものだからである」という考え方である。功利主義の代表的思想家には**ベンサム**と**ミル**，義務論の代表的思想家には**カント**がいる。

❓「善」とは何だろうか。「よりよい」ということばがあるが，「善」の大きさを測定できるのだろうか。

2 功利主義の思想家　功利主義的なものの見方・考え方とは，どのようなものだろうか。

●功利主義的な考え方のポイント
①客観的な善悪の基準を明らかにしよう。
②快楽（幸福）がより大きくなり，苦痛が小さくなるものを善，その逆を悪としよう。
③できるだけ多くの人の快楽を可能な限り大きくすること（最大多数の最大幸福）を求めよう。

1 ベンサムの功利性の原理

ベンサム
- 生没年：1748〜1832年
- 出身：イギリス
- おもな職歴：弁護士
- 主著：『道徳および立法の諸原理序説』
- エピソード
　誰もが一人として等しく扱われるべきであるという考えに基づき，当時差別を受けていた高利貸しや同性愛者を擁護した。特に，イギリスの議会制度改革に関心をもち，ミルの父とともに，普通選挙制（→p.124）や秘密投票制（→p.124）の実現をめざして，社会制度改革運動をおこなった。

> 動機や共感など，目に見えず主観に左右されることを善悪の判断基準にしてよいのか？

資料 功利性の原理
（『道徳および立法の諸原理序説』中央公論社「世界の名著38」）

　功利性の原理とは，その利益が問題になっている人々の幸福を，増大させるように見えるか，それとも減少させるように見えるかの傾向によって，または同じことを別のことばで言いかえただけであるが，その幸福を促進するようにみえるか，それともその幸福に対立するようにみえるかによって，すべての行為を是認し，または否認する原理を意味する。私はすべての行為と言った。したがって，それは一個人のすべての行為だけではなく，政府のすべての政策をも含むのである。

解説　功利性とは？　功利性とは，あらゆるものごとに備わっている性質で，快楽をもたらしたり，苦痛を妨げたりするものである。原典資料から，ベンサムは快楽の量を重視したことがわかる。そのため，ベンサムの功利主義を一般的に量的功利主義とよぶ。また，ベンサムは，苦痛と快楽を気にしつつ生きるという点で人はみな共通であり，特別な人間などはおらず，みな平等であるという主張を展開した。ベンサムの功利主義理論は，立法，社会政策に主眼がおかれており，より多くの人がより多くの幸福（最大多数の最大幸福）を実現する社会をめざすものであった。

2 ミルの他者危害の原則　

J.S.ミル
- 生没年：1806〜73年
- 出身：イギリス
- おもな職歴：東インド会社社員，国会議員，大学学長
- 主著：『自由論』『功利主義論』
- エピソード　当時のイギリスでは，女性の政治参加は認められておらず，男性から女性への家庭内暴力が容認されているほど差別は深刻であった。これに対し，ミルはイギリスの国会議員として史上はじめて，女性参政権の要求を下院に提出した。これは否決されたものの，国会議員として女性や労働者の参政権運動を支援し続けた。

> 他者に危害をおよぼさない限り，自由であるべきではないか？

資料 他者危害の原則
（『自由論』日経BP社）

　個人の行動が本人以外の人の利益に影響を与えない場合，あるいは他人がそれを望まないかぎり，他人の利益に影響を与えない場合には，この問題を議論の対象とする理由はない（各人がみな成年に達していて，通常の判断力をもつことが条件になる）。この場合，各人はその行動をとり，その結果に対して責任を負う自由を，法的にも社会的にも完全に認められていなければならない。

解説　個人の自由とは？　ミルの有名なことばに，「満足した豚であるよりも不満をかかえた人間の方がよく，満足した愚か者よりも不満をかかえたソクラテス（→p.47）の方がよい」というものがある。これはミルが，快楽の量ではなく質を重視したことを示している。そのため，ミルの功利主義は一般的に質的功利主義とよばれる。そして，質の高低は人々の了解に基づいて決まるとミルはいう。人は等しく幸福を追求すべき存在であるため，他者の行動をむやみに抑制することは許されない。自分だけでなく，他者もともに個性を発揮して生きるために，ミルは他者危害の原則の必要性を説いたのである。

Let's Think! 快楽を求めるという生き方

　個人の快楽追求が行きすぎると「やり放題」という状況を生み出してしまうことがある。個人の行動について，ベンサムとミルは，以下の考えを示している。個人の快楽追求について考えよう。

ベンサムの場合
　人間の身勝手な行動を抑制するためには，制裁（サンクション）が必要である。制裁とは，外部からの強制（外的制裁）によって苦痛を与えることであり，快楽計算によって，やろうと思った行為が割にあわない（快楽が苦痛に変わってしまう）と思わせるようにすれば，身勝手な行動を抑制できる。特に，政治的制裁，すなわち法に基づいて主権者が与える刑罰を重視すべきである。

ミルの場合
　人間の身勝手な行動を抑制するためには，「人にしてもらいたいことを人にしなさい」という西洋伝統の黄金律を理想として，教育の力で良心を育てることが必要である。良心とは，義務（人としてなすべきこと）に反したときに感じる苦痛のことで，良心のとがめが発生し，心が痛むようにすれば，身勝手な行動を抑制できる。

?　快楽追求を肯定する場合，どのようにすれば「やりたい放題」を抑制することができるのだろうか。ベンサムとミルの考え方をもとに考えよう。

3 義務論の思想家　　義務について，カントはどのように考えたのだろうか。

●義務論的な考え方のポイント
①自分で考え，自分で行動し，自律を保つことで，自由でいられる。
②自分の考え・ルールが他者の考え・ルールとなり，他者がそれに従って行動してもよいと思えるような考え・ルールに基づいて行動しよう。
③自分に対しても他者に対しても，「○○のために」という考えに基づいて接しよう。人間を目的達成のための道具としてだけ利用するようなことはやめよう。

1 カントの義務論　

カント

●生没年：1724～1804年
●出身：ドイツ
●おもな職歴：大学教授
●主著：『純粋理性批判』『実践理性批判』『判断力批判』『永遠平和のために』

> 他者を目的達成の手段として利用してよいのだろうか？

●エピソード
規則正しい生活を徹底したことで知られる。朝5時に起き，午前中は大学での講義，午後1時に昼食をとり，その後は決まった時間に散歩へ出かけた。毎日きっちりと同じ時間に決まったことをやり続けたため，近所の人々はカントの散歩を見て時計をあわせたという。

解説 **人はどう行動すべきか**　善悪の判断をおこなう理性を**実践理性**といい，これがはたらけば**道徳法則**が導き出される。道徳法則は，誰にでもあてはまり，「～すべきである」「～せよ」と人々の心に命じるものである。つまり，人間は無条件に正しいと思える行動基準を導き出すことができ，それに従ってなすべきこと，すなわち**義務**が明白となる。そして，誰に命令されることもなく，自律的に善意思に基づいて義務を実行できるのである。カントにとって，この状態が自由そのもので，他者から命じられたことに従う他律は，自由を阻害するものとして排除されなければならないとされた。

TOPIC 国連にいきるカントの思想

カントは国家を人格として捉え，国家を手段として用いたり，国家の尊厳を損なったりする戦争や侵略を否定したりした。そして，平和こそが国家という人格が保つべき道徳法則であると考えた。『永遠平和のために』には，平和のための理念だけでなく，常備軍の廃止など，平和を実現するための具体的な条件がまとめられている。また，カントは，国家同士が互いを尊重しあい，対話する場としての国家連合を提唱した。このカントの理想は，国際連盟設立につながり，さらに国際連合（●p.168）へと受け継がれている。

資料 **永遠平和のために**
（『永遠平和のために』集英社）

●常備軍はいずれ，いっさい廃止されるべきである。
●殺したり，殺されたりするための用に人をあてるのは，人間を単なる機械あるいは道具として他人（国家）の手にゆだねることであって，人格にもとづく人間性の権利と一致しない。
●戦争を起こさないための国家連合こそ，国家の自由とも一致する唯一の法的状態である。

↑1国連本部ビル

自律の自由・不自由と定言命法・仮言命法

	自律の自由
善意志 → 遅刻してはいけない（定言命法＝道徳法則）	＝自律の自分の命令に自分が従っている←自律
遅刻するけどもっと寝たい	
選択意思 → 先生に叱られたくないなら，遅刻してはいけない（仮言命法）	自由ではない ＝他人の遅刻するなという命令に従っている←他律
（現実の条件）	
選択意思 → 遅刻しても寝たい	自由ではない ＝判断を欲望に縛られ，欲望のままに行動している

資料 **目的の国**
（『人倫の形而上学の基礎づけ』中央公論社「世界の名著32」）

最高の実践的原理が存在し，したがって人間の意志に対しては定言的命法が存在すべきであるならば，その原理は，目的自体たるゆえに必然的に万人にとっての目的であるところのものの表象を，意志の客観的原理たらしめるものであり……そしてこれを最高の実践的根拠として，そこから当然意志のすべての法則が導き出されうるはずである。そこで実践的命法は次のようになるであろう，「汝の人格の中にも他のすべての人の人格の中にもある人間性を，汝がいつも同時に目的として用い，決して単に手段としてのみ用いない，というようなふうに行為せよ。」……

そこでこのことによって，共通の客観的法則による理性的存在者のひとつの体系的結合すなわち国が生ずる。ところでこれらの法則は，これらの存在者の，目的ならびに手段としての，相互関係に向けられているゆえにこの国は**目的の国**と呼ばれることができる。……

理性的存在者は……目的自体であり，まさにそのゆえに目的の国において立法者であり，……みずから与える法則，しかも彼の格率を普遍的立法……に属しうるものたらしめる法則にのみ服従するのである。

解説 **カントの「目的の国」とは？**　カントは，道徳法則に自律的に従って行動する自由な人間を「**人格**」とよぶ。他者を尊重することは，人格を尊重することと同じで，それは他者の自律を，自由を阻害しないことと言いかえられる。「人格のなかにある人間性を，目的として扱い，手段としてのみ用いない」というのは，他者を目的として，すなわち他者のために行為すべきであり，自分の目的のために他者を用いてはならないということである。互いに尊重しあい，互いのために行為しあえる理想の共同体をカントは理想とし，それを**目的の国**とした。

日常生活で，自分のなかから発生する「～しなければ」「～しよう」という意思をふり返り，カントの視点で分析しよう。

4 社会問題との向きあい方　現代社会の諸問題を考える際に欠かせない視点は，どのようなものだろうか。

1 公正な社会とは？

ロールズ

- ●生没年：1921～2002年
- ●出身：アメリカ
- ●主著：『正義論』『万民の法』

> 自分が不遇な状況でも許容できるルールを考えるべきではないだろうか？

思想概略

　自分についての情報が遮断され，自分の境遇や能力などがまったくわからない状況，すなわち無知のヴェールを想定したとき，人々はどのような状態を公正と考えるのだろうか。それは，以下のような正義の2つの原理がすべての人に承認され，契約されることである。

- ●第一原理 [平等な自由原理]　すべての人々が，他者の自由と両立できる限り，できるだけ広い範囲の基本的自由を平等にもつ。
- ●第二原理 [不平等が許される条件]　社会的・経済的不平等は，次の2つの条件を満たすものでなければならない。
  - ①公正な機会均等原理：公正な機会の均等を確保した上で生じる不平等であること。
  - ②格差原理：不平等がないときよりあったときの方が，最も不遇な人々の立場がよりましになる場合にのみ不平等を認めること。

セン

- ●生没年：1933年～
- ●出身：インド
- ●主著：『不平等の経済学』『貧困と飢饉』『福祉の経済学』

> 財の分配を考えるだけでは，貧困などの問題は解決できないのではないだろうか？

思想概略

　「生活のよさ」に着目する潜在能力アプローチという考え方をもつべきである。まず，人々の生活を，さまざまな機能の集合と捉える必要がある。機能とは，その人が実際に何を選択できるか，という可能性・選択しうる生き方一つひとつのことである。これら機能の全体を潜在能力（ケイパビリティ）といい，潜在能力を高めていくことが重要である。たとえば，いくらお金を援助したとしても，援助を受けた人が読み書きをする能力をもたず，その能力を獲得する機会ももたないならば，援助金は生活が成り立つ日数を少し増やすだけで，その人の可能性・選択肢を増やすことにはならない。また，潜在能力を高めることにもつながらない。潜在能力の高さが自由の大きさであり，それを失わせる脅威から人々を守る人間の安全保障（→p.176）を，福祉政策を通して実現すべきである。

2 他者とのかかわり　[出題]

アーレント

- ●生没年：1906～75年
- ●出身：ドイツ
- ●主著：『人間の条件』『全体主義の起源』

> 言論などによって多数の人間とかかわる活動 (action) が失われていないだろうか？

思想概略

　全体主義やナチズムがなぜ発生し，人々はなぜそれを支持したのだろうか。これを解明するためには，まず人間の生活を分析する必要がある。人間の生活は「観照的生活」(vita contemplativa) と「活動的生活」(vita activa) に大別できる。観照的生活とは，永遠の真理を探究するような哲学者の生活のことである。一方，活動的生活は次の3つに分類できる。

- ●労働 (labor)：自分の生命を維持するためにやらざるをえない行為
- ●仕事 (work)：人工的で耐久的なモノを生産する行為
- ●活動 (action)：言論などによって多数の人間とかかわる行為

　この3つのうち，活動 (action) が最も重要な「人間の条件」である。古代ギリシャと現代を比較すると，現代社会は労働 (labor) が優位となっており，政治的な言論「活動」が失われているのではないだろうか。そして，全体主義運動は，政治的に無関心と思われていた大衆をかき集め，その支持の下に政治上の敵対者の議論を黙殺し，ときには敵対者を殺害し，非支持者を説得するのではなく，暴力的に脅すことで封じ込めたのである。他者を一人の人格として認め，対等な立場でかかわる公的な領域において，自由な「活動」を実現していくことが必要である。

↑2 ナチスの党大会

ハーバーマス

- ●生没年：1929年～
- ●出身：ドイツ
- ●主著：『公共性の構造転換』『コミュニケーション的行為の理論』

> 権力や貨幣による支配が，自由な対話を失わせているのではないだろうか？

思想概略

　現代社会は，権力による支配（政治システム）と貨幣による支配（経済システム）がもたらすシステム合理性が個人の生活を脅かし，支配・管理しようとしている。これは，生活世界の植民地化にほかならない。本来，人間は，暴力や強制ではなくコミュニケーション行為によって合意形成をし，公共性を形成するコミュニケーション的合理性をもつ存在である。この力を用いて暴力や強制のない状態でルールを定め，合意と公共性を形成することが必要であり，このことが民主主義社会の基盤となる。

↑3 18世紀イギリスのコーヒーハウス　コーヒーハウスは，討論による合意形成をはかる舞台として，市民的公共圏の役割を果たした。ほかに，ドイツでは読書サークル，フランスでは社交界のサロンなども同様の役割をもっていた。

Let's Think!

自動車の自動運転プログラム（→p.240）

日本では，国土交通省が2018年に策定した「自動運転車の安全技術ガイドライン」に基づき，2025年を目途に自動運転化レベル4（限定エリア内で運転手が不要となる自動車）を，高速道路で走行できるようにする目標を定めている。自動運転技術については世界各国間で激しい競争が続けられており，実用化に向けた取り組みが急速に進んでいる。自動運転車については，「トロッコ問題（→p.42）」が大きくかかわっている。

アメリカのマサチューセッツ工科大学の研究チームは，自動運転車のプログラムについて考える「モラル・マシーン(Moral Machine)」という質問形式の実験をおこなった。これは「Aを犠牲にしなければ，Bを救えない」というような誰かの犠牲を避けられない状況で，自動運転車にどのような選択をさせるべきかを考える質問で，「人間か？動物か？」，「若者か？高齢者か？」，「貧しい人か？金持ちか？」など，さまざまな要素を提示しつつ考えさせるものである。調査の結果，「動物よりも，人間を保護すべきである」ということについては世界共通の認識が得られた。しかし，「若者を優先して助けるべきである」という傾向の強い地域，「社会的地位の高い人を優先して助けるべきである」という傾向の強い地域など，要素によっては地域差が顕著であった。

この問題は，自動運転プログラムの内容をどうするかにかかわる。世界共通にすべきか，地域によって書きかえるべきか，運転者によって書きかえるべきか，さまざまな考え方ができるだろう。技術開発者のなかには，「トロッコ問題」が発生する前に車を制御でき，事故を防げるので問題はないと主張する人もいる。そうであればよいが，本当に事故が発生しないのかは，まったくわからない。事故の発生を想定せざるを得ず，自動運転化レベルを上げて自動車に状況判断させるようになった場合，「トロッコ問題」は避けて通れない問題となる。

	レベル	概要
システムによる監視	レベル5	●完全自動運転 つねにシステムがすべての運転を実施
	レベル4	●特定条件下における完全自動運転 特定条件下において，システムがすべての運転を実施
	レベル3	●条件つき自動運転 システムがすべての運転を実施するが，緊急時のみ運転者が適切に対応することが必要
ドライバーによる監視	レベル2	●特定条件下での自動運転機能 [低機能] 車線を維持しながら，前の車について走る [高機能] 高速道路での自動運転モード機能 ●遅い車を自動で追いこす ●高速道路の分合流を自動で実施
	レベル1	●運転支援 自動で止まる，前の車について走る，車線からはみ出さない

↑4 自動運転のレベル分け

↑5 自動運転車の運転席のイメージ

見方・考え方 （幸福，正義，公正） 3人が乗っている自動運転車のブレーキが故障した。このまま走行すると横断歩道を歩行中の2人に激突する。しかし，横断歩道手前にある障害物に自動車をぶつけて止めれば歩行者は助かる。この場合，車内の3人は助かる見込みが薄い。このとき，自動運転プログラムをどう設定しておくべきだろうか。功利主義の立場ならどういう結論になるか，義務論の立場ならどういう結論になるか，それぞれ考えよう。

Let's Think!

トリアージ

トリアージは，フランス語の「選別」が語源である。大規模災害など多くの負傷者が発生した際に，病院への搬送や治療の優先順位をつけるために使用される手法である。限られた医療スタッフや医療資源のなかで，より多くの患者の救命を目的としたものであり，功利主義の「最大多数の最大幸福」の考え方に通ずるものである。START法とよばれる定められたマニュアルで実施される。ときにはその場では助けられない患者に対して，救命活動をしないことを意味する「黒」のタグをつけることもある。トリアージをおこなうのは医師，看護師，救急隊員などの医療従事者であるが，「黒」をつけることへの精神的負担は大きいといわれている。日本では，1995年の阪神・淡路大震災で注目されるようになり，2005年の福知山線脱線事故の際にも実施された。

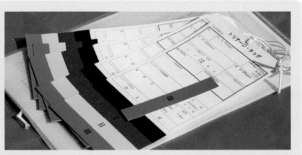

順位	識別色	分類	おもな具体事例
1	赤色	最優先治療群	気道閉塞，呼吸困難
2	黄色	待機的治療群	脊髄損傷，四肢長管骨骨折
3	緑色	保留群	四肢骨折，脱臼，打撲，捻挫
4	黒色		無呼吸群，死亡群

↑6 トリアージタッグとトリアージの実施基準

見方・考え方 （幸福，正義，公正） トリアージの是非について，功利主義と義務論の2つの立場から，どのように判定できるかを考えよう。また，人命救助の場において，私たちはどのような対応をすべきなのだろうか。

? 人命にかかわる緊急事態についての判断をプログラムに任せてよいのだろうか。「プログラム任せにしてもよい」とするならその理由を，「プログラム任せにしてはならない」とするなら，人間の判断に任せる方がよい理由を，考えよう。

2 よりよく生きる行為者として活動するために

要点 の整理

＊□□□は共通テスト重要用語，■は資料番号を示す。この節の「共通テスト○×」などに挑戦しよう

1 古代ギリシャの思想家たち

❶ソクラテス ■
- **無知の知**……自分が無知であることを自覚することが，知の探究に不可欠
- **魂への配慮**……対話を通して心理を探究することは，自分の魂をよりよいものにし，よく生きるために不可欠

❷プラトン ■
- **イデア**……永遠不変で完全な存在，現実にある事物の原型
- **エロース**……イデアへのあこがれ，哲学・アナムネーシス（想起）の原動力

❸アリストテレス ■
- **観想（テオーリア）**……真理を思い描き，探究すること。観想的生活が最高の幸福
- **知性的徳**……善悪や適切さを見いだし，判断する能力
- **倫理的徳**……適切さを習慣づけることで身につく**中庸（メソテース）**を維持する能力
- **正義**……**全体的正義**（ポリスの法を守る）と**部分的正義**（場面ごとの公平さの実現）

2 中国思想

❶孔子 ■ ■
- **仁**……家族的な親愛の情を基本とする愛。忠恕（思いやり）・孝悌（親・祖先，兄弟に対する情愛）
- **克己復礼**……感情や欲望を抑えて，仁が外面に現れ出た礼（社会規範）に従うこと

❷孟子の性善説 ■ ■……人は**四端**という善の素質を生まれながらにもち，それを育てると徳が完成━**王道政治**

❸荀子の性悪説 ■ ■……人間の本性は利己的で嫉妬心をもつという考え方。礼（社会規範）を教育することで，悪である本性を矯正すべき━**礼治主義**

❹老子 ■ **無為自然**……人為を廃し，自然の道に素直に従うこと

❺荘子 **万物斉同**……すべては善悪の対立や美醜のような区別をこえた，本来１つで等しいものであるという考え方

❻朱子 ■
- **性即理**……人間のもって生まれた本性が理━道徳規範の根拠・原理
- **居敬窮理**……情や欲を抑え慎み（居敬），物事の理を学問によって究める（窮理）こと━天の理を体得

❼王陽明 ■ ■
- **心即理**……理は事物にはなく，心にこそ存在するという考え方。心と実践は切り離せない（**知行合一**）

↑■「アテネの学堂」（ラファエロ筆，バチカン宮殿「署名の間」の壁画部分）　古代の哲学者が一堂に会した想像の場面。

1 古代ギリシャの思想家たち

西洋思想の基礎となった古代ギリシャ哲学の思想は，どのようなものだろうか。

1 ソクラテス 出題

ソクラテス
- 生没年：前469頃〜前399
- 出身：ギリシャ（アテネ）
- おもな職歴：無職（父は石工，母は助産師）
- 趣味・特技：アテネの若者との対話
- エピソード
ソクラテスは，相対主義に陥ったソフィストたちに対し，「よく生きること」を追い求めた。街頭に出ては青年たちに議論を吹きかけ，「無知の知」の自覚を迫ったが，青年を惑わすとして訴えられ，みずから毒杯をあおぎ，刑死した。

> 大切にしなければならないのは，ただ生きるということではなく，善く生きるということだ

アレテー（徳）とは何か？

徳：知れば身につく

幸福：知れば幸せ　　知　　行為：知れば必ずよいおこない

→ 徳・福・行のすべてが一致する究極の知
→ アレテーとは何かという知→よく生きるために知るべきこと
→ 「無知の知」……君は本当に大切なことを知らない！→「ソクラテスに勝る賢者なし」の神託の真意

? 対話は，何のために必要なのだろうか。

資料 ソクラテスの弁明
（『ソクラテスの弁明』中央公論社「世界の名著6」）

世にもすぐれた人よ，君は，アテナイという，知力においても武力においても最も評判の高い偉大な国都の人でありながら，ただ金銭をできるだけ多く自分のものにしたいというようなことにばかり気をつかっていて，恥ずかしくはないのか。評判や地位のことは気にしても思慮や真実のことは気にかけず，魂（いのち）をできるだけすぐれたものにするということに気もつかわず心配もしていないとは。

→■ソクラテスの死（ダビデ筆）

解説 **「よく生きる」とは？**　ソクラテスは，「よく生きる」ことを求めた。「よく（善く）」は，「正しく」あるいは「美しく」と言いかえられる。それでは，善い，正しい，美しいといえるものは何だろうか。それは，「○○は善いことである」と表現できるような普遍的な定義（真理）を，対話を通して問い続けることで導き出すべきものである。それが魂をよりよいものにすること，すなわち「**魂への配慮**」であり，人間が求めるべき生き方であるとソクラテスは主張した。

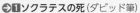

用語解説 ソクラテス，無知の知 →p.359

② プラトン

プラトン

> 美そのものを観るにいたってこそ，人生は生甲斐があるのだ

- ●生没年：前427～前347
- ●出身：ギリシャ（アテネ）
- ●おもな職歴：アカデメイア経営，教師，政治活動
- ●趣味・特技：対話編の執筆。師ソクラテスを主人公とした対話編を書きながら死す
- ●エピソード　師ソクラテスへの精神的愛こそが，「プラトニック・ラブ」の出発点である。

(1)イデア論

イデア界
イデア→花束そのもの，美そのもの
↑エロース
↓アナムネーシス
感覚界
個物：個々の花束，個々の美しいもの

解説 **イデアを求めて**　プラトンはソクラテスの弟子である。師ソクラテスのいう究極の知，すなわち**徳（アレテー）**は，永遠不変で完全な真理の世界（**イデア界**）に存在する**イデア**（理想）であると主張した。人間はもともと魂だけの存在でイデア界の住民だったが，魂の牢獄ともいわれる肉体をまとい，現実の世界に落ちてしまった。そんな人間は，イデアに近づきたいと思い活動する。この衝動を**エロース**という。理想を追い求めるということは，まだ見ぬ理想を求めるのではなく，イデア界のイデアを思い出し，それに近づこうとすることに他ならない。このように，イデア界を思い出すことを**アナムネーシス（想起）**という。人間は，エロースに基づいてアナムネーシスしつつ，よりよいものを求めて生きているのである。

(2)理想の国家

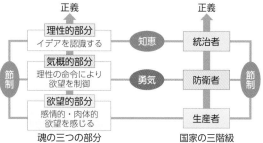

正義
理性的部分
イデアを認識する ─ 知恵 ─ 統治者
気概的部分
理性の命令により欲望を制御 ─ 勇気 ─ 防衛者
欲望的部分
感情的・肉体的欲望を感じる ─ 生産者
節制　節制
魂の三つの部分　　国家の三階級

解説 **西洋倫理思想の基礎**　プラトンは，人間の魂のはたらきを，**理性・気概・欲望**という３つの部分にわけた。そして，理性的部分が**知恵**を，気概的部分が**勇気**を，欲望的部分を含む３つの部分が**節制**を身につけ，理性が気概と欲望をコントロールすることによって魂は調和した状態となり，魂の全体に**正義**の徳が備わると説いた。この知恵・勇気・節制に正義を加えた４つの徳を**四元徳**といい，西洋倫理思想の基礎となった。
プラトンは国家を大きな魂であると捉え，個人の魂における３つの部分とその徳は，国家と国家を構成する階級にあてはまると考えた。統治者階級が知恵の徳を，防衛者階級が勇気の徳を，そして生産者階級を含む３つの階級が節制の徳をそれぞれ備え，理性を担当する統治者が防衛者と生産者をコントロールすることで，国家全体に正義の徳が備わると説いた。また，統治者は理性を担当するため，知恵の徳を備えた哲学者でなければならないという**哲人政治**を主張した。

③ アリストテレス

アリストテレス

> 人間は自然本性的にポリス的動物である

- ●生没年：前384～前322
- ●出身：ギリシャ（北部のマケドニア）
- ●おもな職歴：リュケイオン（学校）経営，教師，研究職
- ●趣味・特技：生物の観察，標本作成
- ●エピソード　マケドニアの王家の侍医の家に生まれる。経験・観察を重視するその姿勢は，ここから生まれている。アテネを追放され，失意のうちに亡くなった。

? 人はどのようにして適切な行動を身につけるのだろうか。

(1)観想的生活と中庸

アリストテレスは，すべての人間のあらゆる行動は，何らかの「よきもの」を目的としていると考えた。人間にとって最高の目的を最高善といい，これこそが幸福である。最高善をどう考えるかによって，幸福は以下の３つにわけられるという。**アリストテレス**は，この３つのなかで**観想（テオーリア）的生活**こそが最高の幸福であるとした。それは，真理を求め，徳を身につけることと等しいからである。

①最高善は快楽
→享楽的生活が幸福
②最高善は名誉
→政治的生活が幸福
③最高善は真理の追究
→観想的生活が幸福

解説 **中庸**　アリストテレスは，人間の徳として**知性的徳**と**倫理的徳**（性格的徳）を考えた。知性的徳は学習によって身につくもので，そのなかに**思慮（フロネーシス）**がある。これは善悪や適切さを判断する力で，「適切さ」を考え導き出す。一方，倫理的徳は思慮と深く結びついた徳で，自分が考えた「適切さ」に基づいて行動し，現実にあわせて修正を加えつつ「適切さ」を習慣づけていくことで備わる。「適切さ」は，過度や不足という両極端を避け，適切に行動するための判断基準のことで，アリストテレスはこれを**中庸（メソテース）**といい，重視した。

(2)友愛（フィリア）と正義

アリストテレスによる正義の分類

全体的正義	ポリスの法を守る	
部分的正義	特定の場面で公平という倫理的徳を実現する	
	配分的正義	地位や能力に応じて名誉や利益を公平に配分する（同じ地位・能力なら配分も同じ）
	調整的正義	不当に与えた損害はそれによって得た利益で償い，利害損失を調整し均等にする

解説 **社会を成立させる観点**　アリストテレスは，社会を成り立たせるために必要不可欠な性格的徳として，**友愛（フィリア）**と**正義**をあげ，深く考察した。友愛は情意の面で，正義は理性の面で人々を結びつけ，社会を成立させる。アリストテレスの正義論は，現代でも取り上げられ，正義とは何かを考える際に重要な観点がある。

? 秩序を維持するためには，どのようなことが必要だろうか。プラトンとアリストテレスの考え方を手がかりに考えよう。

2 中国思想 中国思想は，日本の文化・風習にどのような影響を与えたのだろうか。

1 中国思想の見取り図

❓ 中国思想は，おもにどのようなことに注目したのだろうか。

儒家

 孔子 (前551頃〜前479)

●仁：親愛の情，最高の徳目
忠恕：他者に対して誠実であることをさす忠
他者を心から思いやることをさす恕
孝悌：祖先崇拝，生命論につながる孝
兄弟間の自然な情愛である悌

→顕在化→

●礼：人間関係を律する規範
学問，自己修養によって身につける
克己復礼：欲望を抑えて，礼に従うことが道徳の基本

↓継承

 **孟子** (前372頃〜前289頃)

●性善説：人間は先天的に善に向かう性質をもつ

四端			四徳
惻隠の心	学問	仁	
羞悪の心	修行	義	
辞譲の心	徳の萌芽	礼	
是非の心		智	

浩然の気にみちた，大丈夫

●五倫：基本的な人間関係を規定 →父子の親，君臣の義，夫婦の別，長幼の序，朋友の信
●王道政治：「仁者敵なし」←→覇道政治：力による抑圧
●易姓革命，禅譲と放伐，君子が民を感化させる

 荀子 (前298頃〜前235頃)

●性悪説：人間は，果てなき欲望に翻弄される
●礼治主義：欲をおさえ，秩序を回復するために，礼を学び，礼と教育の力で後天的に悪を矯正すべき

↓継承

←対立→

法家
韓非子 (？〜前233)，**商鞅** (？〜前338)，**李斯** (？〜前208)
人間は仁義などで動く存在ではなく，「利」という原理に動かされる
→法治主義，信賞必罰

↕対立

↕対立

墨家
墨子 (前480頃〜前390頃)
兼愛(自分と同様に他者を愛する)
交利(相手を尊重し，利害調整する)
非攻(侵略戦争の否定)

[その他]
兵家	孫子，呉子
名家	公孫龍，恵施
陰陽家	鄒衍
農家	許行
縦横家	蘇秦，張儀

道家

 老子 (生没年不詳)

●道(タオ)：万物の根源，無→善悪の規準は人為的
→無為自然：人為を排し，自然の道に素直に従う
柔弱謙下：自然に，なすに任せる生き方。上善如水
→小国寡民：自然に秩序が生まれる規模の社会が理想

荘子 (前4世紀頃)

●万物斉同：すべては人為的対立・区別なく等しい
→真人：万物斉同を体得し，逍遥遊という自由の境地に生きる人

↓継承

儒家

 朱子 (1130〜1200)

●理気二元論
理：法則，秩序，規範の根拠
気：事物の素材・要素
●性即理：心の本性は理そのもの
→居敬窮理：精神統一(居敬)と，窮理によって本来の善性を発揮すべし

知を致すは物に格(至)るにあり

格物致知

知を致すは物に格(正)すにあり

 **王陽明** (1472〜1528)

●心即理：情や欲を含む人間の心は，理そのものである
●致良知：生まれながらに正しい判断能力(良知)をもつから，これを発揮すれば善を実現できる
●知行合一：心作用は実践と切り離せない

解説 **日本における人間関係論の基礎** 春秋・戦国時代に諸子百家とよばれるさまざまな思想流派が生まれた。当時の思想家がおもに目的としたのは，乱世にあって人々をどう治めるかであり，この目的は必然的に人間理解と人間関係の探求につながっていった。漢の時代以降，儒家思想が中国思想の主流となったが，独創的な思想を求めるのではなく，『論語』などの文献を解釈することが関心の中心であった。この状況に対し，『論語』などが説く思想の原点に返り，人間をどう理解し，どのような人間関係を築き，安寧秩序をどう形成するべきかを探求する革新運動のなかで生まれたのが，朱子学と陽明学である。

2 孔子の教え，性善説・性悪説

●孔子（前551頃〜前479）の教え

己の欲せざる所は，人に施すことなかれ

孔子の教えといえば「仁」である。仁とは人間関係の基本で，自然に発生する親愛の情という意味である。孔子は仁を「忠恕（偽りない誠実な心と思いやり）」「孝悌（生命の連続に対する畏敬の念と兄弟間の自然な情愛）」と説き，このような血縁を背景とする内なる愛情を外の人間関係に広げることで，世のなかの乱れを正そうと考えた。仁という内面のあり方が外面にあらわれ出たものを礼（規範）という。孔子は，為政者みずからが徳を身につけ，周囲の模範となって人々を道徳的に感化させ，仁や礼といった人間関係の根本を回復させて，その力で秩序を維持しようとする政治思想を提唱した。

●性善説と性悪説

荀子
人間は生まれつき四端をもっているぞ！
いや，それは教育の成果なのだ！
孟子

孟子（前372頃〜前289頃）の思想の核は性善説で，人間には生まれながらに善の素質が備わっているという考え方である。善の素質を四端という。四端を育てて四徳が完成すれば，人生のどの局面でも動じない心，すなわち浩然の気が生まれ，大丈夫という理想の人間になれると説いた。孟子は，人々の意志や福利を最優先に考えれば，人心をつかんで天下をとることができるという王道政治を理想とした。一方，武力で天下を治めようとする覇道政治は，道理にあわない部分があり，破綻するとした。

荀子（前298頃〜前235頃）は，人間の本能や欲望といった悪の性質を無視せず，それを人間の本質と考える性悪説を唱えた。荀子は，礼を学び，教育の力によって，悪である人間の本性を後天的に矯正していくことで，欲望を抑えてよりよい人間関係や社会正義を実現することができるという礼治主義を提唱した。

3 朱子と王陽明

●朱子学〜朱子（1130〜1200）の思想

小人閑居して不善を為す

朱子は，万物は理と気の2つの原理によって構成されるとした。理は万物の根拠・原理であり，気は物事の素材や要素のことである。理が気に秩序をあたえ，万物が成り立っているという理気二元論を朱子は主張した。人間の心には生まれながらに理が備わっており，それが仁や義という徳となって具体化する。しかし，情や欲が発生すると，心は本来の力を発揮できなくなる。そこで，常に心を本来の状態に戻す努力が必要であり，その努力のあり方を格物致知という。理をつきつめて到達すれば（格物），知を完成すること（致知）ができる。そのためには，情や欲を抑え慎み（居敬），理を学問によって究め（窮理）る居敬窮理が必要であるとした。そして，みずから心を正すことが，家を整えて円満を維持することにつながり，それが国の安定秩序，そして世界の平和につながるという修身・斉家・治国・平天下の道を説いた。

●陽明学〜王陽明（1472〜1528）の思想

君子は行を以て言い，小人は舌を以て言う

王陽明は，人間はみな，先天的に正しさを判断する能力（良知）をもち，この良知にこそ理が存在するという心即理という考え方を提唱した。この良知は孟子の性善説の根幹であり，万人に良知は備わっているとした。そして知恵と行動は切り離せず，なすべきことの理解は，それを実践することと表裏一体であるという知行合一を説いた。さらに王陽明は「満街の人皆是れ聖人」と説き，学問のない庶民でもすべて聖人たり得るという思想を展開した。

解説 **日本への影響** 江戸時代の日本では，朱子学と陽明学が盛んに研究され，両者の枠にとどまらず孔子の教えの原典に返る思想も展開された。儒家思想を中心に，中国思想は日本の精神性に大きな影響を与えている。

Let's Think!

正しい行為とは？

正しいこととは何かについて，中国の古典を参考に考えよう。

資料

侵官之害
（西川靖二『ビギナーズ・クラシックス中国の古典 韓非子』角川ソフィア文庫）

むかし，韓の昭侯は，酒に酔って眠った。典冠（君主の冠を管理する役目）の者は，主君が寒そうなのを見たので，それで衣を主君の体の上に着せ掛けた。昭侯は眠りから覚めて悦び，近習に尋ねて言った，「衣を着せ掛けてくれた者は誰か」。近習は答えて言った，「典冠です」。君主はそれで典衣（君主の衣服を管理する役目）と典冠の両方を処罰した。昭侯が典衣を処罰したのは，その仕事を遺れて果たさなかったと考えたのである。昭侯が典冠を処罰したのは，その職域を越えたと考えたのである。昭侯は寒さを厭わなかったわけではないのである。職域を越えることをこのまま放置しておけば，いずれ他の官職を侵害することになって，そのことから生ずるところの弊害は，寒いことの弊害よりも甚だしいと考えたのである。

だから英明な君主が臣下を養う場合，臣下は官職の職域を越えて業績を得ることが許されず，言葉（意見）を陳べて業績がその言葉に合致しないことも許されない。官職を越えれば死罪になり，業績が言葉に合致していなければ処罰される。官職の職分を守り，言ったことが業績と合致していて正しければ，君主を欺く余地がないので臣下たちは徒党を組んで互いに相手の利益のために働くことが出来なくなる。

❶昭侯の行動は統治者として正しいという立場で，なぜ典冠と典衣を処罰すべきなのかを説明しよう。同様に，昭侯の行動は統治者として間違っているという立場で，なぜ典衣と典冠を処罰するべきではないのかを説明しよう。

❷典冠の行動は正しい善なる行動なのだろうか。

❸統治者がもつべき倫理観・判断基準と，臣下がもつべき倫理観・判断基準は違うのだろうか。同じなのだろうか。

私たちの生活で儒教の影響がみられる風習には，どのようなものがあるだろうか。

ゼミナール

西洋の科学的思考 出題

イギリス経験論の祖とされたベーコンと大陸合理論の祖とされたデカルト。自然の法則を見いだすための方法として，ベーコンは帰納法を，デカルトは演繹法をそれぞれ提唱した。科学的思考の原点となったベーコンとデカルトの思想から，適切な思考のあり方を学ぼう。

ベーコンの帰納法

帰納法は，古代ギリシャ時代から存在するもので，個別的な事例を集めて一般化し，法則や定義を導き出す方法である。帰納法的にものごとを探究する場合，まず観察からはじめるが，観察そのものが不確かであると正しい結論は導けない。そこで重要なのが「4つのイドラ」に関する指摘である。ベーコンは，人間が正しく自然を認識

●イドラ（偶像＝偏見）の除去
種族のイドラ：人間という種に固有の偏見。人間の感覚や知性は事物の姿をゆがめて捉えやすい
洞窟のイドラ：各人が個人的にいだいてしまう偏見。個人は自分の狭い視野から全体を判断しがちである
市場のイドラ：ことばの不適切な使用に由来する偏見。ことばには多義性があり，人々に誤解をもたらしやすい
劇場のイドラ：権威や伝統への盲従から生まれる偏見。歴史の舞台に登場する学説には各々特有の先入観がある

することを妨げる偏見や錯覚をイドラとよび，人間の精神に深く根ざしてしまったイドラを排除するために，正しい論理に基づく新たな学問（科学）を確立すべきであると説いた。

新たな学問によって得た正しい法則・知恵は，自然を征服し管理することができる力となる。このことを「知は力なり」とベーコンは宣言し，人間の幸福を増大させるための新たな学問を提唱した。

デカルトの演繹法

デカルトは，精神をすべての偏見から解放し，学問の基礎を打ち立てるために，まずすべてを疑う「懐疑」という方法を採用した（方法的懐疑）。その結果，どんな懐疑によっても疑うことのできない「自己」の存在は確実であるという結論に達し，それを「われ思うゆえにわれあり」と表現した。

デカルトは，人間には平等に真偽を判断する能力としての良識（ボン・サ

ンス）が与えられているという。これは理性・精神ともよばれるもので，これを正しく用いることでどんな人でも真理に到達できるとした。良識を正しく用いる方法が「4つの規則」である。

演繹法は，最初に確実な真理を示し，そこから個別的な事例を判断していく認識方法である。デカルトは，確実に存在する「考えるわれ」という真理から出発して，「4つの規則」に基づいて推論をすすめ，さまざまな事物を証明しようとした。

明証の規則	明晰判明なもの以外は真理として受け入れないこと
分析の規則	問題をできる限り細分化すること
総合の規則	単純なものから複雑なものへと思考を総合すること
枚挙の規則	見落としがないか，すべて確認すること

↑❸デカルトの4つの規則

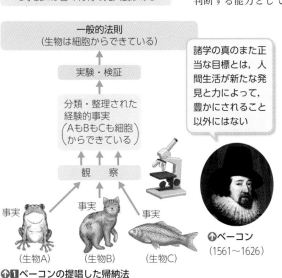

一般的法則
（生物は細胞からできている）

↑ 実験・検証

↑ 分類・整理された経験的事実
（AもBもCも細胞からできている）

↑ 観察

事実（生物A）　事実（生物B）　事実（生物C）

諸学の真のまた正当な目標とは，人間生活が新たな発見と力によって，豊かにされること以外にはない

↑ベーコン（1561〜1626）

↑❶ベーコンの提唱した帰納法

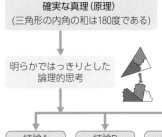

確実な真理（原理）
（三角形の内角の和は180度である）

↓ 明らかではっきりとした論理的思考

結論A	結論B	結論C
四角形の内角の和は360度である	五角形の内角の和は540度である	六角形の内角の和は720度である

一生に一度は，すべてを根こそぎくつがえし，最初の土台から新たに始めなければならない

↑デカルト（1596〜1650）

↑❷デカルトの提唱した演繹法

? ❶ベーコンの考えをもとにすると，観察を適切におこなう際に必要なことは何だろうか。
❷デカルトの考えをもとにすると，正しく推論するために必要なことは何だろうか。

用語解説 朱子学，仁，帰納法と演繹法 ●p.358，359

ゼミナール

社会変革の考え方 出題

社会はどのように変化するのか，変化の要因は何かについて探求した代表的な哲学者が，ここで紹介するヘーゲルとマルクスである。両者は，歴史の変化に何らかの法則があると考え，歴史や社会を動かす原理を探求していった。マルクスとヘーゲルが説く思想から，社会変革の考え方を学ぼう。

哲学対話と哲学カフェ

2010年以降，哲学カフェをはじめとする哲学的対話が「哲学対話」ということばで語られるようになり，広まっていった。哲学対話の厳密な定義はないが，人間が生きていくなかで出会うさまざまな問いについて，他者とことばを交わしつつ，じっくりと考え，自己と世界の見方を深め，人生をより豊かなものにしていくことを目的としている。

哲学対話を成功させるポイントは，テーマや問いを設定することにある。あたり前だと思われていることをあえて考え直す問い，そして簡単に答えの出ないテーマを中心に哲学対話は広くおこなわれている。

↑①哲学カフェでの哲学対話のようす

ヘーゲルの弁証法

ヘーゲルが，認識や存在，歴史の発展の法則を定式化したものが弁証法である。弁証法はギリシャ語に由来し，他者との議論の技術，あるいはものごととの対立という意味であった。古くから，対話を通して真理に近づくための方法として注目されてきた。

私たちが正しいと思っていることがあり，これをテーゼ（正）という。しかし，新たな認識を得ることで，自分を否定しさえもするアンチテーゼ（反）に直面することがある。そして，アンチテーゼと向きあうことでジンテーゼ（合），すなわち新しい認識が生まれる。この現象をアウフヘーベン（止揚）という。この新しい認識によって自己は，今までよりもより広い視野をもち，積極的に世のなかにかかわろうとし，新しい可能性を獲得してより自由になる。

ヘーゲルは，このような変化・発展を現実社会にもあてはめ，社会の変化を説明しようとした。古い制度（正）のなかに革命勢力（反）が生まれ，新しい政治体制（合）が生まれるように，歴史は単なる偶然の積み重ねではなく，絶対精神が弁証法的に自由を展開・実現していくようにつくられているとヘーゲルは考えたのである。

マルクスの社会主義革命

18世紀の産業革命以来，資本主義は急速に発展したが，さまざまな社会問題も引き起こした。資本主義の矛盾ともいえる問題を根本的に解消しようと，社会主義思想が登場した。なかでもマルクス，エンゲルスらの共産主義運動は，当時の労働運動に大きな影響を与えた。彼らの思想は，唯物史観といわれ，人類の歴史を唯物論的に解釈して，労働者による社会主義革命を歴史の必然と捉え，労働者の団結をよびかけるものであった。なお，マルクスらの考え方は，1917年のロシア革命の際に，レーニンらによって世界初の社会主義国家「ソビエト社会主義共和国連邦」の成立に寄与した。革命家レーニンは，マルクス主義の理論に基づき，『帝国主義論』を著して，資本主義発展の最終段階における列強間の植民地争奪戦争の不可避を指摘した。

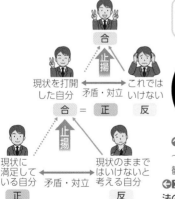

世界史は自由の意識の進歩

現状を打開した自分 ← 矛盾・対立 → これではいけない

現状に満足している自分 正 ← 矛盾・対立 → 現状のままではいけないと考える自分 反

↑②ヘーゲルの弁証法の考え方

↑ヘーゲル（1770〜1831）ドイツ観念論の完成者。

①家族＝正	家族それぞれの愛に基づく自然な人倫。一体であるが独立性に欠け，子どもが独立すれば一体性も失われる
②市民社会＝反	家族から独立した個人が各自の判断において利益を追求する「欲望の体系」。個人は商品経済の体系に組みこまれており，自立（独立）は見かけにすぎない。人倫は失われる
③国家＝合	人倫の最終段階。家族の愛に基づく共同性と，市民社会の個人の自律性がともに実現された共同体。人倫は国家において回復される

↑③ヘーゲルの人倫の3段階

万国の労働者よ，団結せよ

↑マルクス（1818〜83）ドイツ出身の社会主義者。エンゲルスと『共産党宣言』を共同執筆。

? ①ヘーゲルは，議論の意味をどのように捉えたのだろうか。
　②マルクスは，歴史をどのように捉えたのだろうか。

52 　見方・考え方　幸福，正義，公正　「臓器移植を待つ一人でも多くの命を救いたい」という臓器移植法改正推進派と，「脳死判定や臓器提供の手続きは慎重を期すべき」という臓器移植法改正反対派のそれぞれの背景にある考え方は，どのようなものだろうか。

3 生命倫理と新しい死生観

要点 の整理
*   ＊　　　　は共通テスト重要用語，■ は資料番号を示す。この節の「共通テスト○×」などに挑戦しよう☝

1 脳死と臓器移植

❶臓器移植（ドナー──→レシピエント）■
- **臓器移植法**（1997年制定，2009年改正）……2009年の改正で，**15歳未満の臓器移植や親族優先提供が可能に**
- **脳死**……脳幹を含むすべての脳機能が不可逆的に停止しているものの，心臓は動いている状態

2 生命工学と生命倫理

❶再生医療■……ＥＳ細胞（胚性幹細胞）やｉＰＳ細胞（人工多能性幹細胞）の研究が注目

❷遺伝子組換えとゲノム編集■ ──→クローン技術，オーダーメイド治療，遺伝子組換え食品

3 生命の神秘と人工的介入

❶出生前診断と着床前診断■……人工妊娠中絶における生命の選別

❷代理出産■……生まれてくる子どもの親権と代理母との権利対立

---

1 脳死と臓器移植　日本における臓器移植の現状は，どのようになっているのだろうか。

1 臓器移植　出題

臓器移植とは，機能不全に陥った臓器の代わりに他者から臓器を提供してもらい，移植をおこなうことである。臓器提供する側を**ドナー**，臓器を提供してもらう側を**レシピエント**という。臓器移植は生体移植，心臓死移植，脳死移植の大きく３つに分類されるが，提供できる臓器の種類は脳死移植が最も多く，同じ臓器の移植であれば，心臓死移植よりも脳死移植の方が成功率は高くなる。

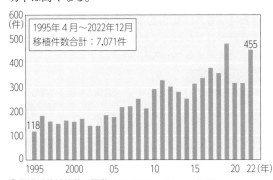

↑1臓器移植件数の推移（臓器移植ネットワーク資料）

? 2010年代に臓器移植数が増加したのはなぜだろうか。

●脳死とは？
日本では，呼吸中枢をつかさどる脳幹を含む脳全体の不可逆的機能停止の状態をさす。脳幹が機能している，いわゆる植物状態（遷延性意識障害）とは異なる。脳死は心臓が動いているものの自発呼吸はなく，人工呼吸器なしでは延命できない。これに対し，植物状態は心拍も自力呼吸もある状態である。

解説 臓器移植法の改正　1997年の**臓器移植法**の制定で脳死移植が可能となり，心臓などの臓器提供をおこなうことができるようになった。しかし，臓器提供意思表示カードを所持する人は少なく，臓器移植をおこなえる医療機関も少ないなど，臓器移植件数は伸び悩んだ。このようななか，2008年には，国際移植学会が移植ツーリズムの禁止と臓器移植の自国内推進などの国際宣言を採択した。日本でも，臓器移植法改正の機運が高まり，2009年に臓器移植法が改正された。

1997年制定時		2009年改正法
本人の生前の意思表示＋家族の同意	臓器提供の条件	本人の生前の拒否の意思表示がない限り，家族の同意のみ（推定同意）
認めない	親族優先提供	認める
15歳未満の臓器提供の禁止	年齢要件	15歳未満は，家族の同意のみで臓器提供可

2009年の臓器移植法改正にともない，ドナー本人の生前の意思が不明の場合でも，本人の拒否の意思表示がない限り，家族の同意のみで脳死での臓器提供が可能となった。これを**推定同意**という。推定同意とは，「拒否をしていないということは同意をするだろう」と解釈するものである。これに加え，本人の意思は「近親者である家族がよく知っているだろう」という前提の下で，本人の意思が不明な場合でも家族の同意のみで臓器提供がおこなえるようになった。また，**親族優先提供規定**が設けられ，親族に優先的に臓器提供をおこなう意思表示が可能となった。ただし，医学的観点から親族への臓器提供が難しい場合は，他のレシピエントに提供される。さらに，1997年の制定時には認められなかった15歳未満への臓器提供も家族の同意のみで可能となり，年齢制限も撤廃された。

? 15歳未満の子どもの自己決定権は，どのように確保されるのだろうか。

解説 家族に託される子どもの思い　民法上，遺言書を書けるのは15歳以上であり，15歳未満の子どもの臓器提供の意思表示はできないものとされている。一方で，年齢にかかわらず臓器提供の拒否の意思表示はできるとされている。15歳未満の子どもの場合，家族の意向のみで臓器提供が決定されるため，どのような方法で子どもの自己決定権（○p.104）を担保するのかが課題となる。なお，2011年には，はじめて15歳未満の子どもの脳死者からの臓器移植がおこなわれた。しかし，子どもの場合，保護者の同意を得ることの難しさや子どもに対する虐待の有無などを確認する難しさなどの課題もあり，15歳未満の子どもの臓器移植件数はあまり増加していない。

2 生命工学と生命倫理

科学技術は医療にどのような影響を与えているのだろうか。

1 再生医療

再生医療とは，病気やけがにより機能障害や機能不全に陥った臓器や組織に対して，**クローン技術やＥＳ細胞**，**ｉＰＳ細胞**などを利用しながら，損なわれた身体の機能の再生をはかることである。これまで治療法のなかった病気に対して新たな医療をもたらす可能性があるほか，再生医療の技術を用いて難病の原因解明や新薬の開発が進められている。

ＥＳ細胞（胚性幹細胞）	受精卵から細胞をとり出し，それを培養することによって作成される多機能性幹細胞の１つ。あらゆる組織に分化することができる一方で，受精卵を利用するため倫理的な課題が指摘されている
ｉＰＳ細胞（人工多能性幹細胞）	ヒトの皮膚などの体細胞にいくつか遺伝子を導入して培養したもので，さまざまな細胞に分化する能力をもつ

解説 **各国で研究開発競争** ｉＰＳ細胞は京都大学の山中伸弥教授らのグループによって作製され，山中教授は2012年にノーベル生理学・医学賞を受賞した。ＥＳ細胞と比べて倫理的な課題が少ないため，世界各国で研究開発が進んでいる。しかし，安全性など克服すべき問題も多く，日本では再生医療の分野で厚生労働省の承認を得られ，健康保険が適用される再生医療関連の製品は22種類に限られる（2023年3月現在）。

2 遺伝子組換えとゲノム編集

遺伝子組換え技術は医療分野や食料生産の分野で大きな変化をもたらした。2003年には，人の遺伝子情報である**ヒトゲノム**の解析が完了した。こうした遺伝子操作の技術は，生命に対する人の関与を可能にしている。

- **クローン技術**：ある個体とまったく同じ遺伝子をもつ個体をつくる技術。ある個体の体細胞を卵子に入れて作製すれば，体細胞の提供者と同じ遺伝子をもつクローンができる。日本では，**クローン技術規制法**により，クローン人間の作製が禁止されている。
- **オーダーメイド治療**：個人の遺伝子の違いから，同じ薬でも効果が異なる。そこで，患者の遺伝子を調べることにより，薬の副作用や治療効果の有無を調べ，その人の体質や病状にあった薬や治療法を選ぶ治療方法。
- **デザイナー・ベビー**：ゲノム編集技術を用いて受精卵に操作を加え，特定の性質をもつ子どもを誕生させる。2018年に中国の研究者がゲノム編集技術を用いてエイズウイルスに感染しにくい双子を誕生させたことを発表し，世界に衝撃を与えた。ドイツやフランスでは受精卵のゲノム編集について法的規制をかけている。
- **遺伝子診断**：特定の遺伝子に異常が見つかれば，将来的に特定の病気を発症しやすいということがわかる。将来の可能性を知ることができる一方で，知りたくなかった結果が知らされる懸念もある。遺伝子診断の普及が進めば，就職や保険加入などの際に不利な扱いを受ける危険性もある。
- **遺伝子組換え食品**：遺伝子組換え作物は，食品衛生法で安全性審査が義務づけられ，販売商品には**遺伝子組換え食品の表示**が一部義務づけられている。

3 生命の神秘と人工的介入

科学技術は生命の誕生にどのような影響を与えているのだろうか。

1 出生前診断と着床前診断

出生前診断	着床前診断
胎児に染色体異常や先天性の病気がないかどうかを調べる方法。羊水検査や絨毛検査などがある	体外受精した受精卵を子宮に着床させる前に，受精卵の遺伝子や染色体に異常がないかを調べる方法

解説 **新たな診断方法の開発も** 2013年からは**出生前診断**に，妊婦の血液を採取するだけの侵襲性の少ない検査方法が導入された。従来の方法（母体血清マーカー）よりも精度が高くなったものの，それでも遺伝子異常の可能性までしかわからず，確定診断を下すためには羊水検査や絨毛検査のように侵襲性の高い検査方法を実施しなければならない。一方の**着床前診断**は，日本産婦人科学会により，重篤な遺伝子性疾患を保有している場合，もしくは習慣的に流産をくり返している場合などに限定されている。これらの診断により，妊婦が安心して出産できるというメリットがある一方，遺伝子異常が見つかった場合には人工妊娠中絶をおこなうケースが多いなど，命の選別につながるのではないか，という懸念もある。

2 代理出産

代理出産とは，何らかの事情で妊娠できない女性が別の女性に出産してもらうことである。どうしても子どもをもちたいと思う夫婦にとっての最後の道ともいわれるが，親子関係をめぐる問題など多くの課題が指摘されている。日本では，日本産婦人科学会によって自主規制がおこなわれており，海外で日本人夫婦が代理出産を依頼するケースもみられる。

代理出産のしくみ

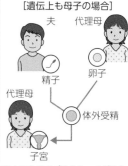

＊それぞれ一例であり，このほかにもさまざまなケースがある。

- **代理出産の問題点**
①金銭の問題：謝礼などに高い費用がかかる。また，妊娠・出産が賃金労働と同様に扱われてしまう危険性がある。
②愛情の問題：依頼した女性は愛情がもてない可能性があり，代理母は愛情が生まれてしまう可能性がある。
③親子関係の問題：卵子・精子ともに第三者から提供されると，子どもに対して遺伝上の両親，依頼した育ての両親，産みの母親という5人の親が存在するなど，複雑な親子関係となる。親権や養育権をめぐる争いが生じる懸念や，出自を知りたい子どもにどう対応するのかという問題がある。
④契約中の諸問題：妊娠中，依頼者側が離婚，死亡するなどした場合，生まれた子どもが誰の子どもとなるか。

クローン技術やゲノム編集などが発達するなかで，科学技術は生命や医療にどこまでふみこんでよいのだろうか。

尊厳死・安楽死を考える 出題

医療技術の進歩により平均寿命は延び，延命治療も可能となった。しかし，人間は死から逃れることはできない。人生の最期をどのような形で迎えるのか，終末期医療（ターミナル・ケア）のあり方が問われている。ここでは死のあり方として，尊厳死と安楽死について考えよう。

パラリンピックメダリストの安楽死選択

2019年，ベルギーの車いす陸上女子選手でパラリンピックメダリストのマリーケ＝フェルフールトさんが40歳で安楽死によって死去した。フェルフールトさんは，2012年のロンドン・パラリンピックで金メダルと銀メダルを獲得し，2016年のリオデジャネイロ・パラリンピックでも銀メダルと銅メダルを獲得した。フェルフールトさんは，筋力が衰える進行性の脊髄の病をかかえ，下半身不随の状態で，絶え間ない痛みと発作に苦しめられていた。治療は不可能であり，鎮痛剤や精神安定剤などの服用による闘病生活を送りながら，競技生活を送っていた。ベルギーでは2002年から安楽死が法的に認められており，フェルフールトさんは2008年に安楽死に関する書類にサインをしていた。そして，2019年，みずから選択した道を選び，最期を迎えた。

尊厳死と安楽死

医療の伝統的な立場は，「命は神聖なるものであり，できる限り患者の命を救うべき」とする「ヒポクラテスの誓い」に則ったものである。命を神聖なものとして「いかなる場合であっても延命をする」という考え方をSOL（Sanctity Of Life，生命の尊厳）という。しかし，現実には末期がんのように強い肉体的苦痛，精神的苦痛を感じる患者に対して延命を続けることがかえって，患者を残酷な状況に追いこむこともある。そこで提唱されたのが，「いかに生きるか」という点を重視するQOL（Quality Of Life，人生の質）である。たとえば，さまざまな医療器具につながれ，会話もできないような状況を「人間の尊厳が保たれているといえるのだろうか」という疑問から，延命治療を中断し，人間の尊厳を保ちつつ，死を迎えるあり方があってもいいのではないだろうか。そこで出てきた

のが尊厳死と安楽死である。

尊厳死とは，死期が迫った患者が，生前の意思（リビング・ウィル）に基づき，生命維持装置を外して，苦痛を和らげる緩和ケアを受けながら寿命をまっとうする死のあり方である。一方，安楽死とは筋弛緩剤などの薬物を投与することで患者を死にいたらしめる方法であり，死期を早めるものである。安楽死は，ベルギーやオランダ，アメリカの一部の州（オレゴン州など）で法的に認められているものの，日本では認められていない。また，日本では尊厳死も法的に認められてはおらず，患者本人の意思，家族の意思などをふまえ，医師が延命治療の中断の決定をおこなっている。安楽死を法的には認めていないフランス，ドイツなどはリビング・ウィルに基づく延命措置の中止を認める法律が制定されているなか，日本では法制化の機運は高まってはいない。

尊厳死や安楽死といった最期のあり方がある一方，QOLの立場から必ず

尊厳死や安楽死の考えが導き出されるわけではない。病気と向きあい，闘病することも，その人が考える生き方の1つであり，尊重されるべきである。その人がどのように生きたいのか，医師と十分な話しあいを重ねながら説明を受けて納得した（インフォームド・コンセント，右写真）上で，治療を受けられる環境がすべての病院で整えられることが重要である。

日本の安楽死の要件

日本では，医師や看護師が故意に患者の死期を早める措置を講ずれば，医師や看護師に殺人罪が，患者本人の同意があっても嘱託殺人罪や自殺幇助罪に問われる。日本では安楽死の4要件を示した東海大学事件の判例がある。この事件は，家族からの強い要望で昏睡状態にある患者に医師が塩化カリウムを投薬し，患者を死にいたらしめた。患者本人の明確な意思表示がなかったため，医師は殺人罪で起訴された。横浜地裁は，1995年に安楽死が認められる要件として，次の4つを示した。

①患者の耐えがたい肉体的苦痛
②生命の短縮を承諾する患者の明確な意思表示
③死が避けられず死期が迫っている
④苦痛の除去などのため方法を尽くし，ほかに代替手段がない

日本では，尊厳死や安楽死が法制化されていないなか，患者自身やその家族，医師などの医療従事者が人生の最期とどう向きあうか，今もなお難題として突きつけられている。

見方・考え方　人間の尊厳と平等

尊厳死や安楽死は法制化すべきなのだろうか。また，終末期医療はどうあるべきだろうか。「人間の尊厳と平等」の観点から考えよう。

1 人間の尊厳と平等

要点 の整理

*＊□□□は共通テスト重要用語，**1**は資料番号を示す。この節の「共通テスト○×」などに挑戦しよう👆*

1 実存主義の思想

❶**キルケゴール** **1**……「私にとって真理であるような真理（**主体的真理**）」を見いだすことの重要性を主張

❷**ニーチェ** **2**……みずからのうちに創造的な意志（**力への意志**）を見いだし，無意味な人生を創造的に生きる**超人**の思想

❸**ヤスパース**……乗りこえることのできない**限界状況**→自己の有限性を自覚

❹**ハイデガー** **3**……人間は「**死への存在**」→自己の存在を自覚する人間のあり方を「**現存在（ダーザイン）**」とよぶ

❺**サルトル** **4**……「**実存は本質に先立つ**」「**人間は自由の刑に処せられている**」→人類に対する責任（**アンガージュマン**）

2 20世紀のヒューマニズム

❶**シュヴァイツァー** **1**……人間のみならず，すべての生命の尊重→「**生命への畏敬**」

❷**ガンディー** **2**……インドの独立を指導→**不殺生（アヒンサー）**，**真理の把握（サティヤーグラハ）**

❸**キング牧師** **3**……アメリカでの黒人公民権運動を指導

❹**マザー＝テレサ** **4**……カトリック修道女として，インドで活躍→「**死を待つ人の家**」「**孤児の家**」

3 男女共同参画

❶**ボーヴォワール** **1**……女性は，社会や文化によってつくられたものであると主張→**ジェンダー**，**フェミニズム**

❷**平塚らいてう** **2**……日本での明治〜昭和期の女性運動家→「**原始，女性は実に太陽であった**」，**青鞜社**

❸**男女共同参画社会をめざした法整備** **3**……男女雇用機会均等法（1985年）にはじまり，男女共同参画社会基本法（1999年）で方向性が示される

---

1 実存主義の思想 主体的に生きる人間のあり方とは，どのようなものだろうか。

1 主体的真理

資料 『ギーレライエの手記』
（中央公論社「世界の名著40」）

> 実存とは，今ここに生きる私だ

　私にとって真理であるような真理を発見し，私がそのために生き，そして死にたいと思うような**イデー（理念）**を発見することが必要なのだ。いわゆる客観的真理などをさがし出してみたところで，それが私に何の役に立つのだろう。

↑**キルケゴール**
（1813〜55）

●**キルケゴールの実存の三段階**

①**美的実存**……「あれかこれか」と享楽的な生を追求するが，満たされることなく絶望する段階

②**倫理的実存**……良心に基づいて倫理的に生きようとするが，そのようには生きられない自己に絶望する段階

③**宗教的実存**……「死にいたる病」としての絶望の果てに，「**単独者**」として神の前に一人立つことで「**真の自己**」に目覚める段階

解説 **実存主義の先駆者**　資料文は，実存主義の先駆者とされるデンマークの憂愁の哲学者**キルケゴール**の22歳のときの日記の一節である。彼は，42歳で行き倒れのような形で亡くなるまで，時代に違和感を感じながらも，必死に「生きること」の意味を問い続けた。多くの著作をペンネームで発表した彼に対して，当時成立しつつあった大衆社会（→p.60）のメディアは，彼を非難するキャンペーンを張ってバッシングを続けたという。なお，社会を変革することによって人間疎外の問題を解決しようとした社会主義（→p.52）に対し，今，ここに存在する実存のなかに，本来の主体的な自己を追究しようとしたのが実存主義である。

2 超人として生きよ

資料 『ツァラトゥストラはこう語った』
（中央公論社「世界の名著46」）

> 神は死んだ

　わたしはあなたがたに超人を教える。人間とは乗り超えられるべきものである。あなたがたは，人間を乗り超えるために，何をしたか。およそ生あるものはこれまで，おのれを乗り超えて，より高い何ものかを創ってきた。ところがあなたがたは，この大きい潮の引き潮になろうとするのか。

↑**ニーチェ**
（1844〜1900）

解説 **運命愛**　キルケゴールとならぶ実存主義の先駆者ニーチェが，20世紀の思想界に与えた影響は大きい。ヨーロッパが継承してきた慈愛，平等などのキリスト教的な価値や，ソクラテスやプラトン（→p.47，48）以来の理性偏重の終焉を告げ，来たるべき時代を生きる**超人**の思想を説いた。超人とは，自己以外に価値的なものを求めず，みずからのうちに創造的な意志（**力への意志**）を見いだして，無意味な人生を創造的に生きる人である。無意味な人生が未来永劫にわたって永遠にくり返されるという「**永劫回帰**」の思想は，ニヒリズム（虚無主義）の極致としての「**能動的ニヒリズム**」を生きる思想である。

TOPIC 実存的交わり

　実存主義の哲学者ヤスパースは，死・苦悩・争い・罪責という人間が直面する，自分の力では逃れられない**限界状況**に直面するとき，人間は実存に目覚めると説いた。実存に目覚めた人は，他者を弁護したり，攻撃しあったりしながら，互いのあり方を厳しく検証する関係，すなわち，実存的交わりにいたる。この関係を，ヤスパースは「愛しながらの戦い」と表現した。

↑**ヤスパース**
（1883〜1969）

❓ 自由は責任をともなうとは，どういうことだろうか。今までの人生をふり返って，自分のことばで説明してみよう。

3 死への存在

資料 死への先駆
（『存在と時間』中央公論社「世界の名著62」）

存在者が存在する

死は現存在の最も固有な可能性なのである。……そのような存在しうることにおいて**現存在**にあらわになりうるのは，現存在が，おのれ自身のこの際立った可能性においては世人からあくまで引き離されているということ，言いかえれば，先駆しつつおのれをそのつどすでに世人から引き離しうるということ，このことである。……

⬆ハイデガー
（1889～1976）

おのれに固有な死に向かって先駆しつつ自由になることが，偶然的に押しよせてくる諸可能性のなかへの喪失から解放してくれるのであり，……追い越しえない可能性の手前にひろがっている現事実的な諸可能性をまずもって本来的に了解させ選択させるのである。

解説 現存在 ドイツの哲学者**ハイデガー**は，人間とは何かを深く分析した。人間だけが，自分が存在することを了解し，存在を問うことができる存在であるとし，それを**現存在（ダーザイン）**とよんだ。現存在は世界のなかに投げ出され，物や他者とかかわって生きている「**世界－内－存在**」である。一方，他者とともに生きる人間は世間一般の価値観をそのまま受容し，自分自身を見失ったりする。この状態から脱出するには，自分がいつか死ぬという事実，すなわち自分が死への存在であることを自覚する死への先駆が必要である。死への先駆によって，人間は自分らしい生き方を取り戻すのである。

4 自由と責任

資料 自由の刑
（伊吹武彦訳『実存主義とは何か』人文書院）

人間は自由の刑に処せられている

人間は自由である。人間は自由そのものである。もし一方において神が存在しないとすれば，われわれは自分の行いを正当化する価値や命令を眼前に見出すことは出来ない。こうしてわれわれは，われわれの背後にもまた前方にも，明白な価値の領域に，正当化のための理由も逃口上も持ってはいないのである。われわれは逃口上もなく孤独である。そのことを私は，**人間は自由の刑に処せられている**と表現したい。刑に処せられているというのは，人間は自分自身を作ったのではないからであり，しかも一面において自由であるのは，ひとたび世界のなかに投げ出されたからには，人間は自分のなすこと一切について責任があるからである。

⬆サルトル（1905～80）フランスの実存主義哲学者，作家。主著『実存主義とは何か』。

解説 社会に参加する アンガジェ（アンガージュマン）とは，もともと「拘束する」「参加させる」という意味である。自分が何かを選択し行動するということは，社会全体の問題にアンガジェ，すなわち参加し拘束されるということになる。**サルトル**は，人間はみずからの意思で生き方や社会とのかかわり方を選択して決断し，一切の責任をとらなければならないという。そして，人間を定義し創造する神は存在せず，人間は，無からの創造者としての責任を問われる存在であるとした。

2 20世紀のヒューマニズム

人間尊重の精神に基づく行動とは，どのようなものだろうか。

1 生命への畏敬

資料 生命への畏敬
（『文化と倫理』白水社「シュヴァイツァー全集・第7巻」）

それゆえ倫理は，私が，すべての生きんとする意志に，自己の生に対すると同様な生への畏敬をもたらそうとする内的要求を体験することにある。これによって，道徳の根本原理は与えられたのである。すなわち生を維持し促進するのは善であり，生を破壊し生を阻害するのは悪である。
……人間は，助けうるすべての生命を助けたいという内的要求に従い，なんらか生命あるものならば害を加えることをおそれるというときにのみ，真に倫理的である。

生きようとする意志

⬆シュヴァイツァー（1875～1965）
牧師の子として生まれ，神学者の道をあゆみながら，バッハ研究家，オルガン奏者としても名をなした。「30歳以降は人類に直接奉仕する」と決意して，医学を学び，アフリカでの医療活動に身を投じた。主著『文化と倫理』。

解説 生命への畏敬 シュヴァイツァーは，人間だけでなくすべての生命を，ともに神によってつくられたものとして尊重すべきと考える「**生命への畏敬**」の思想を提唱した。この思想の原点は，あるとき，川を下る船上でカバの群れに遭遇し，転覆しそうになった際に「私は生きんとする生命に囲まれた生きんとする生命である」とひらめいたことにある。彼の思想は，生涯を通じておこなわれたアフリカでの医療活動とともに広く人々に知られ，1952年度のノーベル平和賞を受賞した。

2 非暴力・不殺生

資料 非暴力・不殺生
（蠟山芳郎訳『ガンジー自伝』中公文庫）

非暴力の抵抗

だれも私たちの運動をどう名づけていいかわからなかった。わたしは，それを説明するために「受動的抵抗」という言葉を使った。しかし，その名称を使いながら，わたしは「受動的抵抗」の意味を十分に理解しはしなかった。ただある新しい原理が誕生していることを悟っただけであった。……したがってわたしは，それを「サッティヤーグラハ*」と訂正した。真実〈サッティヤ〉は愛を包含する。そして堅持〈アグラハ〉は力を生む。したがって，力の同義語として役立つ。こうしてわたしは，インド人の運動を「サッティヤーグラハ」，すなわち，真実と愛，あるいは非暴力から生まれる力，と呼び始めた。
*サッティヤーグラハ＝サティヤーグラハ（真理の把握）

⬆ガンディー
（1869～1948）

解説 非暴力の現代的意義 暗殺されたガンディーの非暴力抵抗運動の思想は，戦争やテロの脅威にさらされている現代にこそ，蘇らせるべき思想であろう。真理を堅持する者の非暴力的な訴え，抵抗のみが，真の意味で相手を動かし，同じ真理を共有できるとする彼の思想は，**不殺生（アヒンサー）**や不断の**自己浄化（ブラフマチャリヤー）**，**真理の把握（サティヤーグラハ）**などに裏づけられたものであった。

用語解説 アンガージュマン ➡p.359

3 I have a dream 出題

資料 I have a dream
（辻内鏡人・中條献『キング牧師』岩波ジュニア新書）

私には夢がある。それは，いつの日か，この国が立ち上がり〈われわれは，すべての人びとは平等につくられていることを，自明の真理と信ずる〉という信条を，真の意味で実現させることだ。

私には夢がある。それは，いつの日か，ジョージアの赤土の丘の上で，かつての奴隷の息子と，かつての奴隷所有者の息子が，兄弟として同じテーブルに腰をおろすことだ。

I have a dream

↑M.L.キング
（1929〜68）

解説 黒人公民権運動の闘士
ガンディーの影響を受けたキング牧師は，アメリカにおける黒人差別に敢然と立ち向かい，平和的な方法（非暴力の抵抗）によって1964年の公民権法の成立に寄与した。同年，ノーベル平和賞を受賞している。しかし，黒人に法的権利が認められても貧困はなかなか解決されず，黒人労働者の社会的地位の向上のための運動を展開し続けた。また，ベトナム戦争（→p.200）に反対する活動もおこなったが，そのさなかの1968年に凶弾に倒れた。

4 愛の実践家

資料 愛されない人々
（沖守弘『マザー・テレサ　あふれる愛』講談社現代新書）

「今日の最大の病気は，らいでも結核でもなく，自分はいてもいなくてもいい，だれもかまってくれない，みんなから見捨てられていると感じることである。最大の悪は，愛の足りないこと，神からくるような愛の足りないこと，すぐ近くに住んでいる近所の人が，搾取や，権力の腐敗や，貧しさや，病気におびやかされていても無関心でいること。……」

最大の罪は無関心です

←マザー＝テレサ（1910〜97）
旧ユーゴで生まれ，インドに修道女としておもむき，キリストの愛を実践した。1979年，ノーベル平和賞受賞。2016年，カトリックで最高の崇敬の対象である「聖人」に認定された。

解説 人間の尊厳と愛
インドで，「死を待つ人の家」，「平和の村（ハンセン病患者の施設）」，「孤児の家」を運営したマザー＝テレサは，日本での講演で，人で溢れる東京を例に「心の貧しさ，不幸」を語った。現代人は，隣人を見失い，「愛」と対極の「無関心」という病に侵されているとした。

Let's Think! 過去に対する責任

次の資料は，1985年，西ドイツ大統領バイツゼッカーによっておこなわれた，ドイツの敗戦40周年にあたっての演説の一部分である。この演説は，ナチス・ドイツが犯した罪に対して，現在を生きる者がどのように考え，どのように受け止めなければならないかを語ったものである。現在を生きる者は誰でも，過去に目を閉ざすことなく，過去の歴史的事実に対する責任を負っているというメッセージは，世界各国に深い感動を与えた。

資料 バイツゼッカー大統領ドイツ終戦40周年記念演説
（永井清彦訳『新版　荒れ野の40年』岩波ブックレット）

↑バイツゼッカー
（1920〜2015）

良心を麻痺させ，それは自分の権限外だとし，目を背け，沈黙するには多くの形がありました。

戦いが終り，筆舌に尽しがたい大虐殺の全貌が明らかになったとき，一切何も知らなかった，気配も感じなかった，と言い張った人は余りにも多かったのであります。

一民族全体に罪がある，もしくは無実である，というようなことはありません。罪といい無実といい，集団的ではなく個人的なものであります。

人間の罪には，露見したのもあれば隠しおおせたのもあります。告白した罪もあれば否認し通した罪もあります。充分に自覚してあの時代を生きてきた方がた，その人たちは今日，一人びとり自分がどう関わり合っていたかを静かに自問していただきたいのであります。

今日の人口の大部分はあの当時子どもだったか，まだ生まれてもいませんでした。この人たちは自分が手を下してはいない行為について自らの罪を告白することはできません。

ドイツ人であるというだけの理由で，粗布の質素な服を身にまとって悔い改めるのを期待することは，感情をもった人間にできることではありません。しかしながら先人は彼らに容易ならざる遺産を残したのであります。

罪の有無，老幼いずれを問わず，われわれ全員が過去を引き受けねばなりません。だれもが過去からの帰結に関わり合っており，過去に対する責任を負わされております。

心に刻みつづけることがなぜかくも重要なのかを理解するため，老幼たがいに助け合わねばなりません。また助け合えるのであります。

問題は過去を克服することではありません。さようなことができるわけはありません。後になって過去を変えたり，起こらなかったことにするわけにはまいりません。しかし過去に目を閉ざす者は結局のところ現在にも盲目となります。非人間的な行為を心に刻もうとしない者は，またそうした危険に陥りやすいのです。

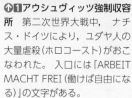

↑❶アウシュヴィッツ強制収容所
第二次世界大戦中，ナチス・ドイツにより，ユダヤ人の大量虐殺（ホロコースト）がおこなわれた。入口には「ARBEIT MACHT FREI（働けば自由になる）」の文字がある。

見方・考え方 人間の尊厳と平等
戦争や貧困など深刻な問題がなくならない現代社会において，人間にそして世界に，どのように向きあえばよいのだろうか。「人間の尊厳と平等」の観点から考えよう。

女性の社会的地位を高めることは多様な生き方を認めることにつながり，性別にかかわらずすべての人が生きやすい社会の実現につながる。そのために日本でおこなわれている取り組みをあげてみよう。

3 男女共同参画 男女共同参画社会に欠かせない視点とは，どのようなものだろうか。

1 女らしさとは

資料 第二の性

（『第二の性』を原文で読み直す会訳『決定版　第二の性』新潮文庫）

　人類に雌がいるのは誰もが一致して認めているし，雌は今も昔も人類のほぼ半分を占めている。それなのに私たちは，「女らしさが危機に瀕している」と言われたり，「女でありなさい，女でいなさい，女になりなさい」と説教されたりする。つまり，雌の人間すべてが必ずしも女ではないことになる。……男の場合はけっして自分がある特定の性に属する個人であると認めることから始めたりはしない。男であることは，わざわざ言う必要のないことなのだ。……フランス語では「男（homme）」と言えば，人間を意味するほどである。

女はつくられる。

◆ボーヴォワール（1908〜86）　フランスの作家。サルトル（●p.57）と契約結婚し，終生のパートナーとして行動をともにした。

解説　つくられた女らしさ　「人は女に生まれない。女になるのだ」ということばで知られた**ボーヴォワール**の『第二の性』は，**フェミニズム（女性解放運動）**の古典として，不朽の輝きを放っている。この書は，彼女のよきパートナーであったサルトルの「人間はみずからがつくったところのものになる」「人間の本性は存在しない」という実存主義の基本概念を〈女性〉にあてはめたもので，まさに女性の本性は存在せず，つくられたものであることを多角的に論証している。

2 近代日本の女性解放運動

資料 元始，女性は太陽であった

（雑誌『青鞜』創刊号より）

　元始，女性は実に太陽であった。真正の人であった。今，女性は月である。他に依って生き，他の光によって輝く，病人のように蒼白く輝く月である。……私の希う真の自由解放とは何だろう。云う迄もなく潜める天才を，偉大なる潜在能力を十二分に発揮させることに外ならぬ。

元始，女性は太陽であった

➡**平塚らいてう**（1886〜1971）　明治〜昭和期の女性運動家。青鞜社を結成し，女性の自立を促した。

解説　青鞜社　女性解放運動は，近代日本の抑圧された女性たちにも，大きな影響を与えた。儒教などを通じて，男尊女卑的な文化が定着し，さらに明治以降の近代化の過程で強化された家制度の下であえいでいた日本の女性が自己主張をはじめたのは，大正デモクラシーの頃からである。その先駆けとなったのが，1911（明治44）年に創刊された雑誌『青鞜』であった。平塚らいてうは，『青鞜』の創刊で当時の女性が抑圧からの解放を訴える場をつくり，日本の女性解放運動を主導した。そもそも，「青鞜」という耳慣れないことばは，18世紀半ばのイギリスに存在した女性の文学愛好会のメンバーが時代に抗って身につけていた「blue」の「stocking」を意味しており，青鞜社を主宰した平塚らいてうの気概がうかがえる。雑誌『青鞜』創刊号は，高村智恵子の表紙絵と，与謝野晶子の巻頭の詩とともに，資料本文の平塚らいてうの有名な論文が掲載されており，自立を望む女性たちの息遣いが伝わってくる。

3 男女共同参画社会をめざして

●**ジェンダー不平等指数**（Gender Inequality Index）
　UNDP（国連開発計画）が発表する指数。①性と生殖に関する健康分野（妊産婦死亡率，若年出生率），②エンパワーメント分野（国会議員の女性割合，中等教育以上の男女履修率），③労働市場分野（男女別労働力率）の3分野5指数により，男女間の社会的格差の現状を示すことを目的としている。なお，**ジェンダー**とは，社会的・文化的につくられた性差のことであり，生物学的な性差であるセックスと区別される。

●**ポジティブ・アクション，アファーマティブ・アクション**
　ポジティブ・アクションは，少数民族や女性など，歴史的に不利な状況におかれている人々に対して，実質的な優遇策を講じることで，差別的状況の改善をはかるものである。**積極的改善措置**と訳される。アメリカなどでは，アファーマティブ・アクションと表現される。

解説　ポジティブ・アクション　ポジティブ・アクションの代表例とされる**クオータ制**（割当制。人種や性別を基準に一定の人数や比率を割り当てる制度）に対しては，アメリカでも，違憲・合憲の議論があったように（1978年以降，違憲判決が続くが，2003年には制度自体は合憲と判断），日本でも憲法第14条での「法の下の平等」（●p.90）との関係が問題となった。**男女共同参画社会基本法**の制定時も，ポジティブ・アクションの導入をめぐり，さまざまな手法が議論された。

Let's Think!

ジェンダー平等を考える

　SDGs（持続可能な開発目標，●p.2）の5番目にあげられているのは，「ジェンダー平等」である。女性差別は世界的に深刻な問題で，女性の活躍・女性の社会進出を阻害することは，飢餓にさえつながっているとされる。発展途上国の男女格差を根絶すると，農業生産高が上昇し，1億人以上の飢餓を解消できるという試算があるほどである。

　日本では，「イクメン」（子育てを楽しみ，自分自身も成長する男性）ということばが広まるなど，ジェンダー平等につながる考え方が浸透しつつあるが，問題が完全に解消したわけではない。しかし，「男性らしさ」，「女性らしさ」とそれにつながる行動規範を見直すきっかけはたくさんあり，テレビドラマや映画でもよく取り上げられるようになった。

↑**2** テレビドラマ『逃げるは恥だが役に立つ』（©海野つなみ／講談社，写真提供TBS）　男女の役割分担について考える材料がある。

 「男らしく」「女らしく」など，イメージの固定化はなぜ起きるのだろうか。原因を探ってみよう。

ゼミナール

現代社会の諸課題を考えるヒント 出題

「公共」では，さまざまな思想家の考えをもとに，実際に起こっている問題を考えることが求められている。そして，これは現実の社会でも求められる力である。現代社会の諸課題を考える際に，どのような思想家の考えをもとにすればよいのだろうか。ここでは，おもだったものを見てみよう。

 資料 **所有権の擁護**

（加藤節訳『統治二論』岩波書店）

たとえ，大地と，すべての下級の被造物とが万人の共有物であるとしても，人は誰でも，自分自身の身体に対する固有権をもつ。これについては，本人以外の誰もいかなる権利をももたない。彼の身体の労働と手の働きとは，彼に固有のものであると言ってよい。従って，自然が供給し，自然が残しておいたものから彼が取りだすものは何であれ，彼はそれに自分の労働を混合し，それに彼自身のものである何ものかを加えたのであって，そのことにより，それを彼自身の所有物とするのである。

 ↑ロック（1632〜1704）

リースマンの「人間の性格類型」

性格類型	特徴
伝統指向型（前近代）	「過去の伝統と同じように行動する」という行為規範に支えられており，伝統や権威に服従し，血縁集団への帰属意識が強いなどの特徴をもつ
内部指向型（近代）	富や名誉，成功など，社会の中心的な価値観を内面化して行動するという特徴をもつ。揺らぎにくいアイデンティティを形成しやすい
他人指向型（20世紀）	「他者の期待（欲求）」に従って行動する同調性の高い性格類型である。自己の主体性がほとんどなく，「他人と同じように感じ，生活すること」が人生の目的になる。その心理はレーダーにたとえられる。20世紀の大衆社会に支配的な性格類型である

所有権を擁護したロック

ロック（●p.68）は，人間が理性によって理解できる**自然法**に従って生きることを神から命じられているとした。その自然法の内容とは，「互いに**自然権**を尊重せよ」というものである。ロックのいう自然権は，人が身体や財産などに対してもっている固有の権利（所有権，プロパティ）のことである。自分自身の身体はほかの誰のものでもなく，自分だけのものである。そのため，労働とは，その身体を使って新しいものを生み出すことである。ロックは，自分自身の身体や，それと不可分な生命や自由だけでなく，身体を用いて労働した結果として得られたものも，自己に固有の所有物（財産）であるとした。そして，これは自然法に定められているとしたのである。そのため，国家であっても財産を合意なしに奪うことはできないのである。このようなロックの思想は，現代にも大きな影響を与えている。

フェア・プレイの実現〜アダム＝スミス

アダム＝スミス（●p.255）は，経済に関して**自由放任**（レッセ・フェール）を主張したといわれる。人々がそれぞれ利益を追求していけば，やがて「見え

ざる手」によって自然と調整がなされ，すべての人々の幸福が満たされる状況になる。なぜ，自由放任でうまくいくのかというと，人間は「公平な観察者」として自己を客観的に見ることができ，他者に対して「**共感**」する力をもっているからである。私たちは，反省したり，何かの行動を思いとどまったりすることがある。その際，自分を冷静に見つめ，他者を思い，自己を規制している。スミスは，このような「フェア・プレイ」の実現が欠かせないとした。スミスは単に「放任」を強調したのではなく，冷静に自分をみつめ，他者を共感の力で思いやることで，「正義の法を犯さない限り」という条件の下，「フェア・プレイ」を成立させるべきであると説いた。これが自由な活動の条件なのである。

↑❶全国高校野球選手権大会で試合終了後，挨拶を交わす両校の選手たち（兵庫県，甲子園球場）

大衆社会を分析したリースマン

アメリカの社会学者リースマンは，社会において広く見られる性格が，上の表のように社会のあり方に応じて異なることを，著書『孤独な群衆』のなかで提唱した。

 ↑リースマン（1909〜2002）

社会が高度化し，モノと情報があふれる現代では，人々の関心は社会の動向となった。流行に敏感で，みんなと同じであることに安心感をもつ。そのためには，時代と社会と人々の動きをいち早く捉え，それに同調しなければならないのである。個性的であることを競いあうことが流行するというような奇妙な現象が起こるのも，こうしたことから生まれるのである。

プラグマティズム的発想

「やってみないとわからない」とよくいう。これはプラグマティズム的な発想だといえる。私たちは「こうやったらよいのではないか？」「こう考えたら説明できるのではないか？」と考え，いわば仮説をたて，仮説を観察や実験で検証していく。仮説は安易につくられるものではない。ある事象を説明で

● **ジェームズ**（1842〜1910）

　もし私が森のなかで道を見失って餓死しようとしているとき，牝牛の通った小路らしいものを発見したとすれば，その道を辿って行けばそのはずれに人間の住み家があるに違いないと考えるのは，きわめて重大なことである。なぜならば，私がそう考えてその道に従って行けば私はわが身を救うことになるからである。このばあい真の思考が有用であるのは，その思考の対象である家が有用だからである。このようにして真の観念の実際的価値は，第一義的には，その対象がわれわれにたいして有する実際的な重要さから由来する。

（ジェームズ著，桝田啓三郎訳『プラグマティズム』岩波文庫）

● **デューイ**（1859〜1952）

　概念，理論，思想体系は，道具である。すべての道具の場合と同じように，その価値は，それ自身のうちにあるのでなく，その使用の結果に現われる作業能力のうちにある。（デューイ著，清水幾太郎・清水禮子訳『哲学の改造』岩波文庫）

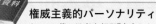 **権威主義的パーソナリティ**

（フロム著，日高六郎訳『自由からの逃走』東京創元社）

　近代人は，個人に安定をあたえると同時にかれを束縛していた前個人的社会の絆からは自由になったが，個人的自我の実現，すなわち個人の知的な，感情的な，また感覚的な諸能力の表現という積極的な意味における自由は，まだ獲得していないということである。自由は近代人に独立と合理性とをあたえたが，一方個人を孤独におとしいれ，そのため個人を不安な無力なものにした。この孤独はたえがたいものである。かれは自由の重荷からのがれて新しい依存と従属を求めるか，あるいは人間の独自性と個性とにもとづいた積極的な自由の完全な実現に進むかの二者択一に迫られる。

⬆フロム
（1900〜1980）

⬅**ハーバーマス**（1929〜）　フランクフルト学派の第二世代。ドイツのフランクフルト大学の社会研究所には，ホルクハイマーやアドルノ，フロムらが集まり，理性やファシズムなどに対し，批判的な研究をおこなった。

きる合理的な根拠に基づいて仮説はつくられる。このことを**アブダクション**（仮説推論）とよんで世に広めたのが，**プラグマティズム**の創始者でアメリカの哲学者**パース**である。パースにはじまるプラグマティズムの思想は，仮説を立て，仮説を実際に用いて効果を検証し，よりすぐれた仮説をさらに導き出すという現実での問題解決や行動につながりやすい実践的な思想である。

　ジェームズは，ある考えが正しいかどうかを判定する規準は，「その考えが有用（役に立つ）かどうか」であるとした。これを**真理の有用性**という。科学は世界を大きく発展させたが，科学のような有用性をもつ真理はほかにもある。非科学的とされうる宗教的な観念であっても，それが人を幸せにし，秩序を生み出す源になっているならば，それは有用であり真理としてよいと**ジェームズ**はいう。

　デューイは，人間が問題を把握し，それを解決するために役立つ道具となるものが知性（**創造的知性**）であり，知性によって仮説を導き，仮説を道具として用いて現実の問題を解決していくことが重要であるとした。

理性の批判的精神

　人間は理性的な存在であると考えられてきた。理性の力ですべての人が幸せになれるはずであった。しかし，戦争がはびこり，ファシズムが生まれ，管理社会が発生してしまった。この問題を明らかにすることが，20世紀の哲学において重要なテーマとなった。

　上の資料のうち，**フロム**のことばを見てみよう。自由の重荷に耐えかねた人々のなかに，「硬直化した思考によって権威や強者を無批判に受容し，少数派を憎む社会的性格」，すなわ

ち**権威主義的パーソナリティ**が生まれ，これが理性の無秩序状態を発生させたと**フロム**はいう。このような状態から脱却するには，消極的自由を積極的自由に転換する必要がある。

　積極的自由の実現に貢献するものは**対話**である。対話に注目したのが**ハーバーマス**であった。対話が成り立つためには，全構成員に平等に発言の機会を与える必要がある。個人的な領域を**私圏・私領域**といい，一方で制度的な空間が存在する。その間に存在するのが**公共圏**であると**ハーバーマス**はいう。暴力や支配のない状態で，他者とのつながり，かかわりあいが形成される空間が公共圏である。人々は公共圏において合意と公共性を発生させようとする。十分に自由な議論がなされた上ではじめて合意が形成される。人々の合意に基づいて社会規範は形成されるべきで，合意に基づくものだからこそ社会規範は合理的だといえる。このことを**ハーバーマス**は**コミュニケーション的合理性**とよんだ。民主社会の基盤，そして理想的な社会の実現には公共圏とコミュニケーション的合理性が欠かせないと，**ハーバーマス**は説いた。

▼**驚くべき事実**
地面がぬれている

↓

▼**知識や経験をもとにした合理的な根拠**
雨が降ると地面がぬれる

↓

▼**新たな仮説**
雨が降ったに違いない

⬆**②アブダクション**（仮説推論）の例

?
❶ロックは私有財産を合意なしに奪うことはできないとしているが，これと関係のある事例をあげてみよう。
❷自由が「やりたい放題」にならないようにするための条件には，どのようなものがあるのだろうか。
❸権威主義的パーソナリティに陥った事例といえるものをあげてみよう。そして，その状態から，どう克服すればよいか（または克服したか）を考えよう。

用語解説　プラグマティズム，フランクフルト学派　➡p.359

2 個人の尊重と基本的人権の保障

公共の扉

要点 の整理

* ＊ ■ は共通テスト重要用語，■ は資料番号を示す。この節の「共通テスト○×」などに挑戦しよう

1 基本的人権の保障

❶**自然法思想** ■〜■ ……人間の理性に基づく普遍的な法──→人間は固有・普遍・不可侵な権利をもつという考え方
● **アメリカ独立宣言** (1776)……生命・自由・幸福追求を**天賦の人権**とする
● **フランス人権宣言** (1789)……自由・所有権・安全・圧制への抵抗を**自然権**として宣言した
❷**自由権** (自由権的基本権) ■〜■ ＝18〜19世紀の権利……「**国家からの自由**」，形式的平等を保障
● 資本主義の発展──→貧富の差の拡大，社会問題(労働問題や都市問題など)の発生(実質的な不自由・不平等の拡大)
❸**社会権** (社会権的基本権) ■ ＝20世紀の権利……「**国家による自由**」，実質的平等を保障
● **ワイマール憲法** (1919)……人間たるに値する生活の保障(**生存権**)(社会権を明記した最初の憲法)

2 人権の国際的保障

❶**世界人権宣言** ■ (1948)……幅広い人権の擁護を規定
❷ **国際人権規約** ■ (1966)……人権の国際的保障の条約化
❸**女子差別撤廃条約** ■ (1979)──→日本では本条約批准のための国内法として男女雇用機会均等法(1985)を整備
❹**子どもの権利条約** ■ (1989)……18歳未満のすべての人の保護と人権尊重が目的
❺**障害者権利条約** ■ (2006)……障害者の権利を実現するための条約

1 基本的人権の保障 人権保障の考え方は，どのような法や制度として確立したのだろうか。

1 人権保障のあゆみ

13世紀頃 封建社会の揺らぎ
教会の権威失墜・封建貴族の没落→国王の権力の拡大

13〜17世紀 王権制限 (英)	16〜17世紀 絶対王政の確立
● **マグナ・カルタ** (英, 1215年) 封建貴族の特権の保護 ● **権利請願** (英, 1628年) 議会による王の課税権の審査	● **王権神授説** ● 立法権・行政権・司法権の独占＝**人の支配**

17〜18世紀 王権打倒と人権保障の確立
民主政治の理論的確立 ● **法の支配** (➡p.70) ● **社会契約説** (➡p.68) ● **権力分立論** (➡p.71) **市民革命による王権の打倒** ● **名誉革命** (英, 1688〜89年) ● **アメリカ独立革命** (米, 1775〜83年) ● **フランス革命** (仏, 1789〜99年) **国家からの自由(自由権)，民主政治の発達** ● **権利章典** (英, 1689年)：立憲君主制の確立 ● **バージニア権利章典** (米, 1776年) ● **アメリカ独立宣言** (米, 1776年)：自然権(自由権)の保障，抵抗権の確立 ● **フランス人権宣言** (仏, 1789年)：国民主権，基本的人権の尊重，権力分立など，民主政治の基本原理を盛りこむ

↓ 人権保障の広がりと国家の役割の拡大

19世紀 労働者階級の不満増大
● 産業革命(18世紀)の進展による貧富の差の拡大 ──→**労働運動**，チャーチスト運動

20世紀初頭 国家による自由(社会権)を求めて
● **ロシア革命** (露, 1917年)：世界初の社会主義革命 ● **ワイマール憲法** (独, 1919年)：社会権の保障，男女普通選挙の実現→福祉国家の出現

第二次世界大戦時のファシズムによる自由と人権抑圧への反省

20世紀中頃 国際的な人権保障をめざして	
1941年	**F.ローズベルトの4つの自由**：言論と表現の自由，信仰の自由，欠乏からの自由，恐怖からの自由
1945年	**国際連合発足**→さまざまな条約や宣言を採択
1948年	**世界人権宣言**：人権の世界共通の基準
1951年	**難民の地位に関する条約**：難民の地位や福祉，難民を生命や自由の危険のある国へ送還してはならないという「ノン・ルフールマンの原則」を規定
1965年	**人種差別撤廃条約**：締約国に人種差別撤廃を義務化
1966年	**国際人権規約**：世界人権宣言を条約化し，その実施を締約国に義務化
1979年	**女子差別撤廃条約**：男女平等の実現のために，締約国に差別撤廃を義務化
1980年	**ハーグ条約** (国際的な子の奪取の民事上の側面に関する条約)：国際離婚をした場合などに，原則として元の居住地に子を迅速に返還するための国際協力のしくみや国境をこえた親子の面会交流の実現のための協力を規定
1989年	**子どもの権利条約**：18歳未満を「児童」と定義し，児童の人権の尊重について規定
2006年	**障害者権利条約**：障害者の尊重を目的とし，障害のある人が参加しやすい社会づくりを促している
2019年	**ハラスメント禁止条約** (仕事の世界における暴力とハラスメントの撤廃に関する条約)

解説 **人権保障の広がり** 17〜18世紀の市民革命を経て，「**国家からの自由**」がめざされ，契約自由や過失責任などの近代社会の原則が確立した。19〜20世紀には，産業革命後の貧富の差の拡大が問題となり，「**国家による自由**」がめざされた。第二次世界大戦後は，植民地支配やファシズムの教訓から，基本的人権の保障が国際平和の維持には不可欠と認識された。国際連合は，国際平和の維持とともに国際協力による人権保障を目的として掲げ，個別的な人権の国際的な保障にも取り組んでいる。21世紀になると障害者権利条約のように，ソーシャルインクルージョン(社会的包摂)の実現がめざされている。

62

見方・考え方 **個人の尊重** 個人の尊重の考え方は，どのように保障されているのだろうか。p.62「■ 人権保障のあゆみ」をもとに考えよう。

2 イギリスにおける民主政治の発達 出題

マグナ・カルタ (1215年)	国王ジョンの失政に対し，封建貴族らが不当な逮捕をしないことや強制的に課税しないことなどを認めさせた
権利請願 (1628年)	エドワード＝コークを起草者として作成され，専制政治をおこなうチャールズ1世に対して，議会の同意なしに課税しないことなどを認めさせた
権利章典 (1689年)	名誉革命後にウィリアム3世とメアリ2世によって公布され，国王の恣意的な権力の制限や請願権，議会内での言論の自由などを規定した

解説 イギリスの三大憲法文書 イギリスは体系的な成文憲法のない不文憲法の国であるが，マグナ・カルタ，権利請願，権利章典は三大憲法文書といわれている。名誉革命（1688〜89）後に公布された権利章典により，「国王は君臨すれども統治せず」という議会主権に基づく立憲王政が確立した。

3 バージニア権利章典 (1776年)

1 すべて人は生来ひとしく自由かつ独立しており，一定の生来の権利を有するものである。……かかる権利とは，すなわち財産を取得所有し，幸福と安寧とを追求獲得する手段を伴って，生命と自由とを享受する権利である。
2 すべて権力は人民に存し，したがって人民に由来するものである。……
3 ……いかなる政府でも，……目的に反するか，不じゅうぶんである……場合には，**社会の多数のものは，その政府を改良し，……廃止する権利を有する。**

解説 人権宣言の先駆 バージニア権利章典は，アメリカ独立戦争中の1776年に採択された。ジョージ＝メイソンらによって起草された。自然権，天賦人権を定め，抵抗権，三権分立，言論・出版の自由，信仰の自由などを明記し，自由権が明確に位置づけられている。自然権を世界ではじめて明記したものであり，人権宣言の先駆といわれる。

4 アメリカ独立宣言 (1776年)

われわれは，自明の真理として，すべての人は平等に造られ，造物主によって，一定の奪いがたい天賦の権利を付与され，そのなかに生命，自由および幸福の追求の含まれることを信ずる。 ➡【自然権】
また，これらの権利を確保するために人類のあいだに政府が組織されたこと，そしてその正当な権力は被治者の同意に由来するものであることを信ずる。 ➡【社会契約】
そしていかなる政治の形体といえども，もしこれらの目的を毀損するものとなった場合には，人民はそれを改廃し，彼らの安全と幸福とをもたらすべしとみとめられる主義を基盤とし，また権限の機構をもつ，新たな政府を組織する権利を有することを信ずる。 ➡【抵抗権（革命権）】

解説 ロックの影響 アメリカ独立宣言は，バージニア権利章典と同じ年に出され，13州の植民地がイギリスからの独立を宣言した文書。自由・生命・幸福追求の自然権，被治者の同意に基づく政府という社会契約，人権を侵害する政府に対する抵抗権（革命権）など，ロックの思想の影響が見られる。アメリカ独立革命には，ロックとともにトマス＝ペイン（1737〜1809）が「政府は最低でも必要悪であり，最悪の場合，耐え難い悪となる」と書き表した『コモン・センス』も影響を与えた。

5 フランス人権宣言 (1789年) 出題

第1条 人は，自由かつ権利において平等なものとして出生し，かつ生存する。社会的差別は，共同の利益の上にのみ設けることができる。
第2条 あらゆる政治的団結の目的は，人の消滅することのない自然権を保全することである。これらの権利は，自由・所有権・安全および圧制への抵抗である。
第3条 あらゆる主権の原理は，本質的に国民に存する。……
第4条 自由は，他人を害しないすべてをなし得ることに存する。……
第16条 権利の保障が確保されず，権力の分立が規定されないすべての社会は，憲法をもつものでない。

⬆1フランス人権宣言の扉絵 左には自由を象徴する女神，右には法を象徴する女神，その杖の先には理性をあらわす目が描かれている。
（山本桂一訳『人権宣言集』岩波文庫）

解説 『人および市民の権利宣言』 フランス人権宣言は，フランス革命初期の1789年，ラファイエットらが起草した17か条からなる宣言。『人および市民の権利宣言』ともいう。人民主権，自由，平等，三権分立，所有権の不可侵など，封建的制度の廃止や新興ブルジョアジー（教養と財産をもつ富裕市民階級）の権利が盛りこまれ，革命の指導原理となっていった。

6 ワイマール憲法 (1919年) 出題

第151条 1 経済生活の秩序は，すべての者に人間たるに値する生活を保障する目的をもつ正義の原則に適合しなければならない。この限界内で，個人の経済的自由は，確保されなければならない。
第153条 1 所有権は，憲法によって保障される。その内容およびその限界は，法律によって明らかにされる。
3 所有権は義務を伴う。その行使は，同時に公共の福祉に役立つべきである。
第159条 1 労働条件および経済条件を維持し，かつ，改善するための団結の自由は，各人およびすべての職業について，保障される。この自由を制限し，または妨害しようとするすべての合意および措置は，違法である。 ➡【団結権の保障】
第163条 2 各ドイツ人に，経済的労働によってその生計〔の途〕をうる可能性が与えられるべきである。かれに適当な労働の機会があたえられないかぎり，その必要な生計について配慮される。……
（山田晟訳『人権宣言集』岩波文庫）

解説 生存権の確立 ワイマール憲法は，第一次世界大戦後のドイツ共和国憲法で1919年に制定された。資本主義の下で生じた弊害を修正するため，経済生活の秩序，生存権や団結権の保障などが規定されている。自由権が「国家からの自由」というのに対して，社会権は「国家による自由」と表現される。この点で20世紀的憲法の典型とされる。ワイマール憲法は，全権委任法の成立（1933年）により，ほぼ機能が停止した。

公共の扉

用語解説 権利章典, バージニア権利章典, アメリカ独立宣言, フランス人権宣言, ワイマール憲法 ➡p.359〜360

2 人権の国際的保障 人権保障について，国際社会では，どのような取り組みがおこなわれてきたのだろうか。

1 世界人権宣言

●1948年12月10日採択
【前文】

　人類社会のすべての構成員の固有の尊厳と平等で譲ることのできない権利とを承認することは，世界における自由，正義及び平和の基礎であるので，

　人権の無視及び軽侮が，人類の良心を踏みにじった野蛮行為をもたらし，言論及び信仰の自由が受けられ，恐怖及び欠乏のない世界の到来が，一般の人々の最高の願望として宣言されたので，

　人間が専制と圧迫とに対する最後の手段として反逆に訴えることがないようにするためには，法の支配によって人権保護することが肝要であるので，……すべての人民とすべての国とが達成すべき共通の基準として，この世界人権宣言を公布する。

解説 人権保障の共通の基準　1948年に国連総会で，幅広い人権の擁護を規定した**世界人権宣言**が採択された。世界人権宣言は，法的拘束力をもたないが，すべての人民と国家が達成すべき共通の基準を示している。前文と全30条からなり，自由権だけでなく，社会権にも言及した。なお，世界人権宣言が採択された12月10日は世界人権デーとなっている。

2 国際人権規約 **出題**

●1966年採択，1976年発効。1979年日本批准
1　経済的，社会的及び文化的権利に関する国際規約（Ａ規約）
第1条【人民の自決の権利】　①　すべての人民は，自決の権利を有する。この権利に基づき，すべての人民は，その政治的地位を自由に決定し並びにその経済的，社会的及び文化的発展を自由に追求する。
第2条【人権実現の義務】　②　この規約の締約国は，この規約に規定する権利が人種，皮膚の色，性，言語，宗教，政治的意見その他の意見，国民的若しくは社会的出身，財産，出生又は他の地位によるいかなる差別もなしに行使されることを保障することを約束する。

国際人権規約の構造と日本の批准状況

解説 世界人権宣言の具体化と義務化のために　世界人権宣言は法的拘束力をもつものではなかったため，1966年に世界人権宣言の実施を各国に義務づけることを目的に，国連総会で**国際人権規約**が採択された。国際人権規約はＡ規約（社会権的規約），Ｂ規約（自由権的規約），Ｂ規約の選択議定書の３条約がまず採択された。その後，1989年にＢ規約の第二選択議定書（死刑廃止条約），2008年にＡ規約の選択議定書が採択された。日本は，1979年に官公労働者（公務員）のスト権，祝祭日の給与保障，中高等教育の無償の３点を留保して，Ａ規約とＢ規約を批准した（2012年，中高等教育の無償の留保を撤回）。なお，日本は３つの選択議定書については批准していない。

3 女子差別撤廃条約

●1979年採択，1981年発効。1985年日本批准
第2条【締約国の差別撤廃義務】　締約国は，女子に対するあらゆる形態の差別を非難し，女子に対する差別を撤廃する政策をすべての適当な手段により，かつ，遅滞なく追求することに合意し，及びこのため次のことを約束する。……
第11条【雇用における差別撤廃】　①　締約国は，男女の平等を基礎として同一の権利，特に次の権利を確保することを目的として，雇用の分野における女子に対する差別を撤廃するためのすべての適当な措置をとる。

解説 男女平等の実現に向けて　1979年，**女子差別撤廃条約**が国連総会で採択され，日本は1985年に批准した。条約批准に関連する国内法整備の一環として日本は，**男女雇用機会均等法**（●p.227）の制定や父系主義から父母両系主義への国籍法の改正，家庭科の男女共修などの法整備をおこなった。女子差別撤廃条約は，女性に対する政治的，経済的，社会的分野での差別の撤廃に必要な措置を締約国に義務づけている。また，性別役割分業を否定し，家庭と子どもの養育に対する男女の共同責任を定めている。

4 子ども（児童）の権利条約

●1989年採択，1990年発効。1994年日本批准
第1条【児童の定義】　この条約の適用上，児童とは，18歳未満のすべての者をいう。……
第4条【締約国の義務】　締約国は，この条約において認められる権利の実現のため，すべての適当な立法措置，行政措置その他の措置を講ずる。……
第6条【生命に対する固有の権利】　①　締約国は，すべての児童が生命に対する固有の権利を有することを認める。
　②　締約国は，児童の生存及び発達を可能な最大限の範囲において確保する。
第12条【意見を表明する権利】　①　締約国は，自己の意見を形成する能力のある児童がその児童に影響を及ぼすすべての事項について自由に自己の意見を表明する権利を確保する。……
第22条【難民の児童等に対する保護及び援助】　①　締約国は，難民の地位を求めている児童又は……難民と認められている児童が，父母又は他の者に付き添われているかいないかを問わず，……適当な保護及び人道的援助を受けることを確保するための適当な措置をとる。

解説 権利主体としての子ども　子どもの権利条約は，18歳未満のすべての人の保護と基本的人権の尊重を促進することを目的として，1989年に国連総会で採択された。日本は，1990年に署名し，1994年に批准した。武器の発達や子どもを取りまく食料・住居などの貧困問題を背景に，18歳未満の子ども兵士（チャイルド・ソルジャー）の存在が国際的に問題視されるようになり，2000年には武力紛争に子どもを関与させないため，「武力紛争における児童の関与に関する児童の権利に関する条約の選択議定書」が国連総会で採択された。これには，18歳未満の自国の軍隊の構成員が敵対行為に直接参加しないこと，自国の軍隊に志願する者の採用についての最低年齢を引き上げることなどが定められている。

なぜ，子どもを保護したり，子どもの基本的人権を守るための子どもの権利条約が採択されたのだろうか。条約の社会的背景を考えよう。

5 障害者権利条約

● 2006年採択，2008年発効。2014年日本批准 資料

第1条【目的】 この条約は，すべての障害者によるあらゆる人権及び基本的自由の完全かつ平等な享有を促進し，保護し，及び確保すること並びに障害者の固有の尊厳の尊重を促進することを目的とする。

第9条【施設及びサービスの利用可能性】 ① 締約国は，障害者が自立して生活し，及び生活のあらゆる側面に完全に参加することを可能にすることを目的として，障害者が，他の者と平等に，……自然環境，輸送機関，情報通信……並びに公衆に開放され，又は提供される他の施設及びサービスを利用することができることを確保するための適当な措置をとる。……

第19条【自立した生活及び地域社会に受け入れられること】 この条約の締約国は，すべての障害者が他の者と平等の選択の機会をもって地域社会で生活する平等の権利を認めるものとし，障害者が，この権利を完全に享受し，並びに地域社会に完全に受け入れられ，及び参加することを容易にするための効果的かつ適当な措置をとる。……

解説 **21世紀初の人権条約** 2006年，**障害者権利条約**が国連総会で採択された。障害者権利条約は，障害者のために新たに権利を定めたものではなく，基本的な人権や自由を障害者がもつことを改めて保障したものである。また，障害者に対する社会全体の意識向上も促しており，ソーシャルインクルージョン（社会的包摂，➡p.23）をめざす特徴もある。なお，条約の内容を検討する会合は政府間でおこなわれるのが通例であるが，「Nothing about us, without us（私たちのことを，私たち抜きに決めないで）」という障害当事者間で使われるスローガンの下，障害者権利条約では障害者団体も同席して検討がおこなわれた。日本は，2007年に同条約に署名し，**障害者差別解消法**を2013年に制定するなどの法整備を経て，2014年に同条約を批准した。

TOPIC　お札から見えるアメリカ

● 2ドル紙幣

2ドル紙幣の肖像画は，トマス＝ジェファーソン（第3代大統領）である。1776年にジェファーソンによって起草されたアメリカ独立宣言（➡p.63）が採択された。裏には，ジェファーソンらが草稿を大陸会議に提出している場面が描かれている。

● 5ドル紙幣

5ドル紙幣の肖像画は，リンカーン（第16代大統領）である。リンカーンは，南北戦争（1861～65年）で北部を率い，戦局を有利に進めて南部の分裂をはかるため，奴隷解放宣言（1863年）をおこなった人物として知られる。1863年11月，南北戦争の激戦地であるゲティスバーグで戦死者を祀る墓地の設立式典に出席した際におこなわれたのが，「ゲティスバーグ演説」である。ゲティスバーグ演説では，民主主義の理念を的確・簡潔に表現した「人民の，人民

6 日本が批准していないおもな人権条約

⑴ジェノサイド条約

正式名称は，「集団殺害罪の防止及び処罰に関する条約」。1948年，第3回国連総会で採択された。ナチスによるユダヤ人迫害のような集団自体の絶滅を目的とする迫害を，ジェノサイド（genos〈種族〉＋ cide〈殺害〉）という。戦後，このような集団殺人行為が再びおこなわれないように，集団殺人は国際法上の犯罪であることが宣言され，条約化された。

⑵拷問等禁止条約選択議定書

正式名称は，「拷問及び他の残虐な，非人道的な又は品位を傷つける取扱い又は刑罰に関する選択議定書」。2002年，国連総会で採択された。拘禁場所への定期的な訪問・調査を通じて，拷問や残虐で非人道的な行為を防止する。また，国連に拷問防止小委員会の設置が義務づけられた。

⑶死刑廃止条約（国際人権規約B規約第二選択議定書）

正式名称は，「死刑廃止のための市民的及び政治的権利に関する国際規約についての第二選択議定書」。1989年，国連総会において，賛成59（イギリス，フランス，西ドイツなど），反対26（日本，アメリカなど），棄権48で採択された。全文11条。第1条で，死刑廃止を定めている。戦時に犯された重い軍事犯罪に対して，戦時に死刑を適用する場合以外，留保は認められない。

解説 **国際人権条約と日本** 国連を中心として，人権の保障や差別の撤廃が条約化されている。2023年11月現在，日本は上記の3つの条約・議定書について批准していない。ジェノサイド条約に関しては，集団殺害の防止と処罰に対応する際，憲法第9条に抵触する可能性があることや，国内法の未整備を理由に批准していない。また，拷問等禁止条約選択議定書は，批准すれば国内の拘禁施設の訪問や改善を求められるため，批准していない。死刑廃止条約は，死刑制度を存置する日本の立場と異なるため批准していない。

による，人民のための政治」ということばが有名である。国民主権，代議政治，国民受益をさし，日本国憲法前文にも，その原理が反映されている。

……ここで戦った人々が，これまでかくも立派にすすめて来た未完の事業に，ここで身を捧げるべきは，むしろ生きているわれわれ自身であります。……それは，これらの名誉の戦死者が最後の全力を尽くして身命を捧げた，偉大な主義に対して，彼らの後をうけ継いで，われわれが一層の献身を決意するため，これら戦死者の死をむだに終わらしめないように，われらがここに堅く決心するため，またこの国家をして，神のもとに，新しく自由の誕生をなさしめるため，そして**人民の，人民による，人民のための，政治**（government of the people, by the people, for the people）を地上から絶滅させないため，であります。 資料

（高木八尺・斉藤光訳『リンカーン演説集』岩波文庫）

↑リンカーン
（1809～65）

3 民主政治の基本的原理

要点 の整理

＊□□□□□は共通テスト重要用語，**1**は資料番号を示す。この節の「共通テスト○×」などに挑戦しよう👆

1 政治と国家

❶**政治とは 1**……一般には，国家や地方公共団体のはたらきのことをいう

【社会生活】意見の対立や紛争の発生 ⟶ 話しあいや交渉などで解決すること（＝政治）

❷**国家 2 ～ 4**……国家の三要素：一定の領域（領土・領空・領海）・国民・主権

主権の概念……立法権・行政権・司法権を総称する統治権，国家権力の最高独立性，国政における最高決定権

❸**国家権力**……国家がその機能をはたすために，国民を従わせる強制力

❹**国家の役割** ●**夜警国家**……国家のはたらきをできるだけ小さくし，国防と治安の維持を中心とする国家（消極国家）

●**福祉国家**……国民の生活の安定や福祉の増進をはかる国家。国家の機能と権限は大きく拡大（積極国家）

2 国家成立の思想

絶対主義国家（**王権神授説**による正当化）⟶ **市民革命** ⟶ 近代的民主国家の形成

批判 ┗━━━━━━━ **社会契約説** ━━━━━━━┛ 影響

❶**王権神授説 1**……専制君主が絶対主義国家を正当化するため，国王の権力は神から与えられたものとする思想

❷**社会契約説 1**⟶いかに人権を確保するかということが，国民主権へと結びついていく

●**ホッブズ**（英）：主著『リバイアサン』

自然状態では「**万人の万人に対する闘争**」⟶そこで社会契約を結んで国家をつくる。生命の安全を確保するために主権者（国王）に絶対的な権力を与える

●**ロック**（英）：主著『市民政府二論（市民政治二論）』

人は生命・自由・財産を守る権利をもっている──この自然権を保障するために統治権を国家に信託する。その国家では，国民の代表者の集まりである**議会**が国政の最高機関となる。国民は**抵抗権（革命権）**をもつ

●**ルソー**（仏）：主著『社会契約論』

人は本来自由で平等だが土地の私有によって崩れる⟶元に戻すために個人の意思による社会契約で市民社会を形成する。この社会では主権は人民にあり，人民の**一般意思**に基づいて政治がおこなわれるとして，**直接民主制**を主張

3 国民主権と議会

❶**直接民主制 1**……民主政治のうち，国民が直接参加して政治をおこなうしくみ

❷**間接民主制 1**……国民が選んだ代表が政治をおこなうしくみ

❸**議会制民主主義の原理 1**

●**国民代表の原理**⟶「代表」とは，国民全体の代表

●**審議の原理**⟶少数意見の尊重，ポピュリズムに陥らないように留意

●**監督の原理**⟶議会が行政を監督

---

1 政治と国家 政治や国家は，どのようなはたらきをもつのだろうか。

1 政治とは何か 出題

政治の機能
（橋爪大三郎『橋爪大三郎の社会学講義』夏目書房）

〔定義〕 政治とは，関係する人びとすべてを拘束することがらを決定することである。

……大勢の人間が社会生活を営んでいれば，利害の相剋や対立が生じるのは当然だろう。実際に紛争が起こってしまったら，それを個々のケースごとに解決するしかないのであって，それが裁判だ。法律は，そのための規準となる。いっぽう，なるべく紛争が起こらないよう，大事なことがらは事前に決定しておいたほうがよい。これが政治だ。法も政治も，どちらも紛争を防ぐための技術なのである。

これを決めることが政治
＝
全員を拘束するルール

秩序 安定

●政治の機能

ルールによって，秩序が生まれるため，衝突を回避できる

↑**1 学級会のようす** 学級会での文化祭の出しものを決める場合なども，広い意味での政治といえる。

解説 **政治とは？** 一般に，政治とは対立する考えや利益を調整して，集団としての意思を決定し，それを実現することであるといわれている。「人間は社会的（ポリス的）動物である」というアリストテレス（→p.48）のことばは，政治を必要とする人間社会の本質を的確に示している。

❓ 私たちの生活は，政治とどのような関係にあるのだろうか。

2 主権の３つの概念

概念	内容	具体例
国家権力そのもの	統治権と同義。司法権・立法権・行政権の総称	〈ポツダム宣言第８項〉「日本国の**主権**は本州・北海道・九州及四国……に局限せらるべし。」
国の政治を最終的に決定する最高の力	政治のあり方を決定する最高の権力のこと	〈日本国憲法前文第１節〉「ここに**主権**が国民に存することを宣言し……」〈日本国憲法第１条〉「**主権**の存する日本国民の総意に基く」
国家権力の最高独立性	国家がどこにも隷属せず対外的に独立していること	〈日本国憲法前文第３節〉「自国の**主権**を維持し，他国と対等関係に立たうとする各国の責務である……」〈国連憲章第２条〉「この機構は，そのすべての加盟国の**主権**平等の原則に基礎をおいている。」

解説 **主権とは何か？** はじめて主権という概念を用いたのは，16世紀のフランスの政治思想家**ボーダン**である。ボーダンは，主著『国家論』(1576年)で，主権が最高の国家権力であることや絶対恒久的な権力であることを明らかにし，絶対王政を正当化した。ボーダンの主権論は自然法思想による社会契約説 (→p.68) に継承され，近代国家を形容する概念となった。グローバル化が進む現代では，地球環境問題のように主権国家の枠組みをこえた協力体制が必要とされる事例もある。

↑ボーダン (1530〜96)

3 国家の構成要件

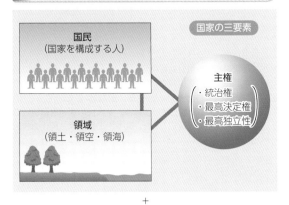

国民（国家を構成する人）

領域（領土・領空・領海）

国家の三要素

主権
・統治権
・最高決定権
・最高独立性

＋

外交能力（他国と関係を結ぶ能力）

解説 **国家とは何か？** 18世紀のヨーロッパで，領域の統治を互いに認めあう**主権国家体制** (→p.160) が定着した。これにともない，国家が備えるべき要件の理解が進み，ドイツの法学者**イェリネック** (1851〜1911) は，**国民**，**領域** (領土・領空・領海)，**主権**を国家の三要素とよんだ。また，1934年に発効したモンテビデオ条約 (国家の権利および義務に関する条約，→p.203) では，国家の要件として，①恒久的住民の存在，②固有の領土を有すること，③統治組織 (政府) が存在すること，④他国との外交能力を保有することが規定されている。

4 政治権力の正当性

伝統的支配	昔から続いてきた秩序の神聖性やその伝統によって権威づけられた正当性に基づく支配	君主制，天皇制
カリスマ的支配	支配者のもつ天与の資質 (カリスマ) に対する心酔などに基づいた支配	ナポレオン，ヒトラーなど
合法的支配	合理的な手続きに従って制定された法律を根拠としておこなわれる支配	近代民主政治

? 官僚制は，表の三類型のうち，どれに該当するだろうか。

解説 **ウェーバーの支配の三類型** 古今東西，政治の機能は共通するが，その決定 (権力) を人々に納得させる手続きは，さまざまである。その手続きによって生み出されるのが，正当性である。ドイツの社会学者・経済学者**マックス＝ウェーバー**は，著書『経済と社会』のなかで支配者の命令の正当性の根拠が何であるかによって，支配は３つの類型に分けられるとした。伝統的支配，カリスマ的支配，合法的支配のうち，合法的支配が最も正当性をもつとした。

↑ウェーバー (1864〜1920)

TOPIC ロシア周辺の「未承認国家」

2022年にロシアがウクライナに軍事侵攻 (→p.206) したことで，改めてウクライナ (→p.205) とその周囲の国々が注目された。ウクライナに近いコーカサス地方 (→p.210) にあるアゼルバイジャンの領土内に，ナゴルノカラバフという地域がある。ナゴルノカラバフはアルメニア人が多く住む地域で，ソ連崩壊後 (→p.201)，アルメニアとアゼルバイジャンが独立するときにナゴルノカラバフの帰属をめぐって紛争になった。1991年，ナゴルノカラバフは「アルツァフ共和国」(別名「ナゴルノカラバフ共和国」) としてアゼルバイジャンからの独立を宣言したが，アゼルバイジャンはこれを認めず，度々，紛争が起きてきた。アルメニア側がナゴルノカラバフの実効支配を続けてきたが，近年はアゼルバイジャン側が優勢となっていた。2023年の武力衝突の結果，アルメニア側が敗北し，ナゴルノカラバフを支配してきたアルメニア人組織も崩壊した。

このように，旧ソ連の国々には，ソ連崩壊によって生まれた国際法上認められていない「未承認国家」が複数ある。その背景を探ると現代史が見えてくる。

ロシア
ジョージア
アルメニア
トルコ
イラン
アゼルバイジャン
ナゴルノカラバフ
カスピ海

ナゴルノカラバフの周辺地図

ロシア
トルコ
イラン

? 国際社会には，国家の三要素を満たしていても，多数の国から承認を得られていない国家があるのは，なぜだろうか。

用語解説 主権，国家 →p.360

2 国家成立の思想　民主的な国家は，どのような考え方を背景につくられたのだろうか。

1 社会契約説

	トマス＝ホッブズ（イギリス）（1588～1679）主著『リバイアサン』（1651年）	ジョン＝ロック（イギリス）（1632～1704）主著『市民政府二論（市民政治二論）』（1690年）	ジャン＝ジャック＝ルソー（→p.16）（フランス）（1712～78）主著『社会契約論』（1762年）
思想家			
時代背景	清教徒革命の混乱から，いかに秩序をとり戻すか	1688年の名誉革命を，いかに擁護するか	アンシャン・レジーム（旧制度）という不平等社会から，いかに平等で平和な社会を実現するか
自然状態（国家形成以前の状態）	万人の万人に対する闘争。資源は，有限であるので，自然状態では，人は必ず対立しあう	自然法が支配する自由・平等・独立の平和な状態。人は，生命・自由・財産の権利をもつ	人は，自由・平等な状態が理想的である。しかし，文明社会が私有財産制を認めたことによって，不平等が拡大
国家	個人が生命を維持する権利（安全）を保障する	生命・自由・財産の権利（自然権）を保障する	一般意思（社会共通の幸福を求める人民の意思）によって，政治がおこなわれるので，各人は自由・平等を享受
結論および影響	社会秩序を維持するために，各人は，自然権（自己保存の権利）を全権放棄し，社会契約を結んで国家に譲渡する。譲渡された主権者（国王）は，絶対権力をもつとして，絶対王政を擁護する結果となった	各人が，自然権の一部を国家に信託する社会契約を結んで，国家が成立。国民の信託ということで代議制を説く。また，国民は，自然権を侵害する政府に対し，抵抗権（革命権）をもつとした。アメリカ独立宣言（→p.63）に影響	自由・平等の権利（自然権）を全面譲渡する社会契約で，国家が成立。人民の一般意思によって政治がおこなわれる人民主権のもとで，個人が政治に直接参加する権利をもつべきだ（直接民主制）と主張。フランス革命（→p.63）に影響

【ホッブズ図】統治者（国王）　・自然権を譲渡（放棄）　・絶対服従　・保護（平和の絶対的保障）　各個人（市民）

【ロック図】統治者（議会）　・自然権を一部信託　・抵抗権（革命権）　・自然権（生命・自由・財産の権利）の保障　各個人（市民）

【ルソー図】一般意思　共同体（人民）　・自然権を譲渡　・特殊意思を放棄　・一般意思に服従（人民主権）　・自由・平等を享受　・直接民主制　各個人（市民）

解説 **民主政治の原点**　人間社会には，普遍的な法則があると考えられている。この法則が**自然法**である。この自然法に基づいて，**自然権**（人間が生まれながらにしてもつ権利）が主張される。その自然権をどのように保障するかが，**社会契約説**の基盤になる。ホッブズは，王権神授説ではなく，社会契約によって統治者が誕生すると主張した。これは画期的であったが，ホッブズの主張の限界は，自然権を信託ではなく，全面譲渡すると説いた点にある。全面譲渡された統治者は，絶対的な権力をもつため，結果的に絶対王政を擁護することになった。一方，**ロック**は，政府の権力は，財産権を中心とする自然権を守るために，国民から信託されたものであり，その信託を政府が裏切った場合には，国民には**抵抗権（革命権）**が認められると主張した。日本国憲法においても，前文の「信託」などの文言にロックの思想の影響が垣間見られる。また，**ルソー**は，社会契約によって成立する国家は，全人民の意思を重視して，社会共通の幸福を求める**一般意思**を実現する国家でなくてはならないと考え，直接民主制を理想とした。ルソーの思想は，現代の政治制度でも，間接民主制を補完するための直接請求権（→p.154）などに，その影響が見られる。

3 国民主権と議会　議会制民主主義の原理とは何だろうか。

1 国民主権と議会制民主主義

直接民主制	国民が直接参加して政治をおこなうしくみ	
間接民主制	国民が選んだ代表によって政治をおこなうしくみ	
	国民代表の原理	全国民を代表する議会がおこなう
	審議の原理	審議を重ねて少数意見を取り入れた上で決定する
	監督の原理	行政の執行を議会が監督する

解説 **直接民主制と間接民主制**　国民主権とは，国の政治のあり方を最終的に決める権力は国民にあるという考え方である。現代の民主政治は，国民主権の考え方に基づき，国民の意思でおこなわれるものとなっている。民主政治のうち，国民が直接参加して政治をおこなうしくみを**直接民主制**という。一方，国民が選んだ代表によって政治をおこなうしくみを**間接民主制**という。間接民主制は議会が中心であるため，**議会制民主主義（代議制民主主義）**といわれる。議会制民主主義は，特定の選挙区民の意思ではなく，全国民を代表する議会がおこなうという**国民代表の原理**，審議を重ねて少数意見を取り入れた上で決定する**審議の原理**，行政の執行を議会が監督する**監督の原理**などの特徴がある。民主主義においてはポピュリズム（→p.205）に陥らないように留意する必要がある。

見方・考え方　**民主主義**　ポピュリズムの事例について調べ，民主主義の基本的原理がいかされた社会を形成するには，どうすればよいか考えよう。

多数決のあり方

民主主義というと，多数決のことを思い浮かべる人も多いだろう。多様な価値観をもつ人々がものごとを決めるときに，全会一致は難しい。そこで，ものごとを決めるときには多数決がとられることが多い。しかし，場合によっては，よりよい決め方があるのではないだろうか。

選び方で結果が変わる!?

有権者21人が政策A，B，Cのいずれかに順位をつけて投票したとする。その結果が図**1**で，政策A：8票，政策B：7票，政策C：6票であった。一番多くの有権者から好まれる選択肢が選ばれる単純な多数決なら，政策Aが集団を代表する意見になる。しかし，1位の政策には3点，2位の政策には2点，3位の政策には1点が獲得される点数方式だった場合，政策Bの点数が最も多く，政策Aの点数は最下位となる。

	政策A	政策B	政策C
1位	8票	7票	6票
2位	0票	10票	11票
3位	13票	4票	4票
点数	37点	45点	44点

↑**1**政策A・B・Cの投票結果

また，単純な多数決で選ばれた政策の正当性に対しても疑問の余地がある。たとえば，政策Aを1位にあげなかった全員が「政策Aだけは嫌だ」と考えていたとする。図**1**からも，政策Aの否定派は13人と過半数を占める。しかし，単純な多数決であれば，政策Aが選ばれる。全員から2番目に支持される政策は，1票にもならないのである。そのため，単純な多数決で勝つためには，多くの人に配慮するのではなく，対立軸をつくって「是か非か」を問う方法が有効になる。このように，民主主義的といわれる多数決には，課題もあるのである。

多数決の課題

多数決の課題として，以下の4点があげられる。第一の課題は，**多数者の専制**である。多数決によってものごとが決まっていくと，多数者によって少数者の権利や利益が奪われてしまう可能性がある。多数者の専制に陥らないように少数者の意見も尊重することを忘れてはならない。

第二の課題は，3択以上のときの多数決は，多数意見を反映するとは限らない点である。これは「票の割れ」といわれ，同じような政治志向をもつ候補者間で票が分配され，違う政治志向をもつ候補者が勝利することである。たとえば，図**1**で政策B・Cは「大きな政府（→p.256）」を志向するが，政策Aは「小さな政府（→p.256）」を志向したとしよう。政策B・Cの得票数をあわせると政策Aを上回るが，個別になると政策Aが一番多くの票を得た，というのが典型的な例である。

第三の課題は，「決まらない」ということである。たとえば，アイドルの人気投票で有権者が3人いたとする。各有権者が図**2**のような好みをもっているとしたら，誰が一番人気になるだろうか。また，任意の2つの選択肢を比べて，有権者たちの過半数から好まれる方を勝ち残りとし，勝ち残った選択肢と新しい選択肢を比べて，再び過半数から好まれる方を勝ち残りとする場合（コンドルセ法）は，どうだろうか。図**2**の場合，生駒と白石を比べると生駒が勝利し，生駒と西野を比べると西野が勝利，西野と白石を比べると白石が勝利する。

第四の課題は，1位以外の好みが反

	有権者		
	A	B	C
1位	生駒	白石	西野
2位	白石	西野	生駒
3位	西野	生駒	白石

↑**2**アイドルの
人気投票
（有権者3人）

映されにくいことである。アイドルの人気投票の事例で，有権者の人数を増やしてみよう。有権者が7人の図**3**の場合はどうだろうか。有権者の過半数から好まれる選択肢が選ばれる絶対多数決では，決まらない。過半数に達しているかは問わず，一番多くの有権者から好まれる選択肢が選ばれる相対多数決では生駒が選ばれるが，生駒は残りの4人にとっては最下位の順位である。コンドルセ法では，白石が選ばれる。いずれにしても，1位以外の好みは反映されていない。

	有権者						
	A	B	C	D	E	F	G
1位	生駒	生駒	生駒	白石	白石	西野	西野
2位	白石	白石	白石	西野	西野	白石	白石
3位	西野	西野	西野	生駒	生駒	生駒	生駒

↑**3**アイドルの人気投票（有権者7人）

多数決の改善策

多数決の課題を克服するために，さまざまな方法が考えられている。第一に，図**1**で見た順位ごとに点数を与え，点数の合計が一番大きい選択肢が選ばれるボルダルールがある。第二に，過半数の選択肢がなかったら，上位2つで再度多数決をする決選投票つき多数決がある。これは，初回の多数決で割れた票を一本化できるメリットがあり，フランス大統領選挙などで取り入れられている。

このように，民意を反映するために必要なことは，実は「どのように決めるか」を決めることであろう。

❶ボルダルール，決選投票つき多数決で決めるのに適しているものは何だろうか。
❷少数者の意見を尊重する決め方とは，どのようなものだろうか。

用語解説 社会契約説，万人の万人に対する闘争，抵抗権，一般意思，多数者の専制 →p.360

4 法の支配

要点 の整理

* ████ は共通テスト重要用語，**1** は資料番号を示す。この節の「共通テスト○×」などに挑戦しよう 👆

1 法の支配

❶「人の支配」から「法の支配」へ **1**

ブラクトン (1216～68)：「王は何人の下にもあるべきではない。しかし，神と法の下にあるべきである」

──→ イギリスの裁判官エドワード゠コーク (クック) (1552～1634) が，このことばを引用し，法の支配を強調

❷ 法治主義……ドイツの伝統的な考え方。「法に基づく行政」

2 国民主権と権力分立

● 三権分立論 **1** ・ **2**

● モンテスキュー (仏)：主著『法の精神』

国家権力を立法権・執行権・裁判権に分類し，**権力の抑制と均衡** (チェック・アンド・バランス) をはかる

---

1 法の支配 人の支配と法の支配の違いは，何だろうか。

1 人の支配から法の支配へ

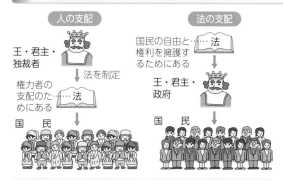

- **自然法**……神が秩序づけた法則，または人間の理性によって秩序づけられた普遍的な法
- **自然権**……人間が生まれながらにもっている自然法に基づく権利
- **自然状態**……国家が成立する以前の状態

解説 法の支配 「法の支配」は，王権神授説に基づく絶対王政 (➡p.68) のような「人の支配」ではなく，①国民の代表である議会が制定した法に基づいて統治行為をおこなうこと，②国王や政府は議会で制定した法に従うこと，③法は自然法に基づくものでなければならないこと，これら 3 つを内容とする原理である。これは，イギリスで生まれた概念であるが，英米の憲法の中核をなす原理とされてきた。

「法の支配」を示すものとして有名なことばに，「王は何人の下にもあるべきではない。しかし，神と法の下にあるべきである」がある。これは，13世紀のイギリスの裁判官ブラクトンのことばを，17世紀のイギリスの裁判官エドワード゠コークが引用したものである。この考え方は，為政者が勝手気ままに支配する「人の支配」を排除し，為政者といえども法には服さなければならないとするものである。また，「法の支配」の法とは，国民の自由と権利を守るものであり，為政者の独裁や専制を防ぐものという考え方が底流にある。一方，19世紀のドイツでは，行政権が法律に基づいて行使されているかどうかという形式を重視する**法治主義**が発達した。法治主義は，手続きが正当なら，「悪法も法なり」という思想につながり，ナチズムを生み出す温床となった。

TOPIC 「法の支配」と法治主義の原語は？

「法の支配」の原語は，rule of lawである。一方，「法治主義」はそれに相当するドイツ語の原語がない。「法治国家」という語であれば，その原語はドイツ語のrechtsstaat (英語ではrights state) である。法治国家から派生して，法治主義という考え方が広まっていったといわれる。

長い間，rechtsstaatという語は，王の統治権の絶対性を否定して，法による統治を意味してきた。しかし，19世紀末に，この語は「国家が法律を尊重すること」と解釈されるようになっていき，第二次世界大戦前には「国民の自由についても法律の根拠さえあれば制限できる」という形式主義的な運用がなされるようになった。第二次世界大戦後には，こうした反省をふまえ，法の内容の妥当性も加味する実質的法治主義が説かれるようになり，rule of law (法の支配) とほぼ同じ意味でrechtsstaat (法治主義) が使われるようになっている。

ただし，「法治」ということばは，もともと『韓非子』に登場することばである。そのため，中国の法家思想 (➡p.49) を説明するときに「法治主義」ということばが使われてきた。韓非子 (➡p.49) の「法治」は「徳治」に対することばであって，rechtsstaatとは無関係である。無関係なことばに同じ訳語があてられてしまっているが，その原語を考えれば，整理して理解できるだろう。

⬆**1エドワード゠コーク** (1552～1634) イギリスの法律家・政治家。庶民院議長，民訴裁判所，王座裁判所の首席裁判官を歴任した。主著『イギリス法提要』

見方・考え方 法の支配 法の支配は，どのような社会を求めるものだろうか。

2 国民主権と権力分立
国民主権と権力分立は，どのような目的と内容をもつのだろうか。

1 権力分立論

(1)モンテスキューの権力分立論～三権分立

 法の精神
（井上堯裕訳『世界の名著28』中央公論社）

権力をもつ者はすべて，それを濫用する傾向があることは，永遠の体験である。……人が権力を濫用しえないためには，事物の配列によって，権力が権力を阻止するのでなければならぬ。……

↑モンテスキュー
（1689～1755）

同一人，または同一の執政官団体の掌中に立法権と執行権が統合されているときには，自由はない。……裁判権が立法権と執行権から分離されていないときにもまた，自由はない。もしそれが，立法権に結合されていれば，市民の生命と自由を支配する権力は恣意的であろう。……もし同一の人間，または貴族か人民のうちの主だった者の同一団体がこれらの三つの権力，すなわち法律を定める権力，公共の決定を実行する権力，罪や私人間の係争を裁く権力を行使するならば，すべては失われるであろう。

(2)ロックとモンテスキューの権力分立論の違い

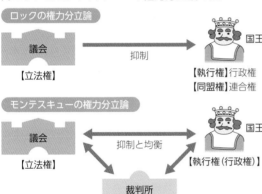

ロックの権力分立論

議会
【立法権】 —抑制→ 国王
【執行権】行政権
【同盟権】連合権

モンテスキューの権力分立論

議会
【立法権】 ←抑制と均衡→ 国王
【執行権（行政権）】
裁判所
【裁判権（司法権）】

解説 **権力分立のあり方** 権力分立は，国王に権力が集中していた絶対王政の反省にたち，権力を異なる国家機関に委ねるという考え方である。権力の分立をはじめて唱えたのはジェームズ＝ハリントン（1611～77）で，著書『オセアナ』においてである。ハリントンは，執政官と議員を無記名投票・任期制で選ぶように主張した。ハリントンの議論を発展させたのがロック（◯p.68）である。ロックは，権力を立法権，執行権，同盟権に分割することを主張した。ロックは，立法権を議会に所属させ，最高の権力と規定し，ほかはこれに従属するとした。ロックの権力分立論は，王のもつ統治権を分割することを意味しているのである。モンテスキューは，権力を執行権，立法権，司法権に分け，抑制と均衡の原理を示した。モンテスキューの権力分立論は**三権分立論**とよばれ，現在のアメリカの大統領制（◯p.77）に強い影響を与えている。近年，国家の役割が増大した結果，行政権が肥大化し，行政機関が国の基本政策の決定権に中心的な役割をもつという行政国家化（◯p.151）が指摘されている。権力分立のあり方を再検討すべきとの意見があり，権力分立が国民の権利確保のためという根本思想を維持しつつ，国家権力の濫用を防ぐ方策を考える必要がある。

2 国民主権，法の支配，権力分立の関係

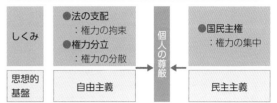

| しくみ | ●法の支配：権力の拘束 ●権力分立：権力の分散 | 個人の尊厳 | ●国民主権：権力の集中 |
| 思想的基盤 | 自由主義 | | 民主主義 |

解説 **それぞれに共通することは？** 法の支配と権力分立の思想的基盤が自由主義にあるのに対して，国民主権の原理は民主主義にある。権力の作用に注目すると，国民主権は国民に権力が集中していくという作用がある一方，法の支配・権力分立は権力の拘束や分散を求める方向にはたらく。国民主権，法の支配，権力分立はこのような関係にあるが，いずれも究極的には「個人の尊厳」に奉仕するものである。また，憲法制定者である国民の自己制限として法の支配を捉えることで，3つの考え方を整合的に理解することができる。

TOPIC 『法の精神』と日本

シャルル＝ルイ＝ド＝スゴンダ（後のモンテスキュー）は，1689年，フランスのボルドーで貴族の息子として生まれた。ボルドー大学で法律学を学び，卒業後は法律家として活躍する。27歳のときに伯父の死によって，フランス南部のモンテスキュー村の領有権を相続してモンテスキュー男爵となり，シャルル＝ルイ＝ド＝モンテスキューとなった。32歳でフランスの専制政治を批判する『ペルシア人の手紙』を匿名で発表。その後，ヨーロッパ諸国を3年間遍歴して見聞を広げ，1748年に『法の精神』を発表した。『法の精神』では「権力をもつ者が，すべてそれを濫用しがちだということは，永遠の経験の示すところである」と述べ，執行権は王に，立法権は下院に，司法権は上院に帰属するという権力分立論を唱えた。これによって，『法の精神』は，法王庁からキリスト教の権威を軽視するものとして禁書目録に入れられた。

また，『法の精神』には，日本の江戸時代の刑罰がとり上げられていたり（「日本の法律の無力さ」と題して，「日本では，ほとんどすべての罪が死をもって罰せられる」，「日本人は最も残虐な刑をおこなう民族」などの指摘をしている），世界各地の自然環境と法の関連性についても言及されたりしていて地理的にも興味深い内容となっている。実際に『法の精神』を読んでみるとおもしろい発見があるので，読んでみるとよいだろう。

➡2 『法の精神』とともに描かれる肖像画 ルイ15世の公妾ポンパドゥール夫人の肖像画の机上には『法の精神』第3巻がある。フランス絶対王政期に広く読まれていたことがわかる。

立憲主義とは？

ゼミナール

立憲主義ということばが盛んに使われるようになった。そもそも憲法は何のためにあるのだろうか。また，憲法を守らなければならないのは誰なのだろうか。立憲主義について，考えよう。

憲法は誰がつくり，誰が守るものか？

先生：日本国憲法前文の最初の一文の主語と述語は何だろうか。憲法前文を見てみよう。

● 日本国憲法前文・冒頭の一文

日本国民は，正当に選挙された国会における代表者を通じて行動し，われらとわれらの子孫のために，諸国民との協和による成果と，わが国全土にわたつて自由のもたらす恵沢を確保し，政府の行為によつて再び戦争の惨禍が起ることのないやうにすることを決意し，ここに主権が国民に存することを宣言し，この憲法を確定する。

優太：主語は「日本国民は」ですね。

結衣：述語は「確定する」です。

先生：そうだね。では，何を「確定する」んだろう？

優太：「この憲法を」ですか？

先生：そう，憲法前文では，「日本国民」が「この憲法を確定する」と書かれている。では，憲法を守ると書かれているのは誰だろう？

結衣：第99条に「天皇又は摂政及び国務大臣，国会議員，裁判官その他の公務員は，この憲法を尊重し擁護する義務を負ふ」とあります。

優太：あれ⁉国民が含まれていないぞ。

先生：その通り。憲法は，国家権力が守るべき法なんだ。つまり，国家権力は憲法によって縛られている。立憲主義は，国のあり方を決める憲法をつくり，国民の自由や権利を守るため，権力者に憲法に従って国を治めさせるという考え方だ。

立憲主義の歴史

先生：立憲主義の考え方は，17～18世紀の市民革命の頃，本格的に登場する。市民革命に影響を与えた思想は何かな？

優太：社会契約説（◯ p.68）ですね。

先生：その通り。ロックやルソーらが，自然法思想に基づく自然権を主張し，その自然権をどのように保障するかを考えたのが社会契約説だ。当時，彼らの影響を受けた文書にどのようなものがあるかな？

結衣：アメリカ独立宣言（◯ p.63）やフランス人権宣言（◯ p.63）などです。

先生：そうだね。アメリカ独立宣言には基本的人権の保障や抵抗権，フランス人権宣言には人民主権や基本的人権の保障，権力分立などの考え方が盛りこまれた。そして，これを守るために政府ができたんだ。こうして，現在の立憲主義につながる憲法ができあがっていったんだ。

立憲主義を守るために

先生：日本は議会制民主主義（◯ p.68）の国だから，「立憲主義は守られている」と思われている。でも，たとえば，国会が多数意見を背景に，特定の宗教を国民に強制したら，どうなるだろうか？

結衣：信教の自由（◯ p.93）が奪われてしまいます。

先生：その通り。多数決を原則にものごとを決める民主主義だけでは，人権は守れないというのが立憲主義の立場なんだ。だから，裁判所に違憲審査権（◯ p.118）が認められている。また，憲法を最高法規（◯ p.83）として，普通の法律よりも憲法の改正手続きを厳しくしているのも，立憲主義の特徴の1つだ。

優太：そうしたら，立憲主義を守るために，自分たちにできることって何だろう？

結衣：選挙権年齢が18歳以上に引き下げられたし，選挙の際に投票することが大切なんじゃないかな？

先生：そうだね，選挙で投票することは大切だ。でも，ルソーは「イギリス人は選挙のときは自由だが，選挙が終われば奴隷に帰してしまう」と述べているよ。

結衣：「選挙が終われば奴隷」とならないように，普段から政治や憲法の問題について見守る必要があるということですね。

先生：その通り。選挙のときだけでなく，政治に関心をもつようにしよう。

結衣：デモや集会などを通して政治に参加する方法もありますね。

① 憲法で国家権力を縛る	② 権力分立，人権を守る	③ 多数決の横暴を防ぐ
権力者が思うままに政治	国家権力が集中すると，人権を抑圧	多数決だけでは人権を守れない恐れ
	国家権力	 多数派　　少数派　　国家権力
権力者も憲法に従い，統治	憲法で権力を分ける（三権分立）。人権保障	違反があれば，裁判所が止める

❶ 立憲主義の目的とは何だろうか。
❷ 立憲主義に基づく憲法には，どのような規定があるのだろうか。
❸ 立憲主義には，どのような形で「法の支配」が取り入れられているのだろうか。

人々は協働によって，どのようなことをめざしているのだろうか。

5 自由・権利と責任・義務

要点 の整理
＊ □□□ は共通テスト重要用語，❶ は資料番号を示す。この節の「共通テスト○×」などに挑戦しよう

1 自由・権利と責任・義務
- ❶自由・権利と責任・義務 ❶・❷ ……国家と個人との関係や個人と個人との関係を，法で規律する際の基本的な枠組み
- ●自分の自由や権利──他者に対しても自由や権利を認める
- ●自由・権利に基づいておこなった行為──責任がともなう

1 自由・権利と責任・義務 民主的な社会を樹立するためには，どのような考え方が必要だろうか。

1 自由・権利と責任・義務

自由 公正に調整 自由

私法（民法を例に）
権利義務関係
私人 私人

公法（憲法を例に）
国家・政府
権力

憲法（守られるべき個人の権利を規定）
私人

解説 **自由と法** 個人の自由と他者の自由が衝突したり，矛盾したりするとき，公正に調整する必要がある。そのとき，ともに生きる他者の自由や幸福を考慮することが民主社会において重要である。私人間の関係は，契約（➡p.108）に代表される権利義務関係でとらえることができる。私人間の関係を法的に規定したものが私法（➡p.86）である。国家と個人の関係は憲法に代表されるように公法（➡p.86）によって規定されている。憲法には守られるべき個人の権利が規定されている。

Let's Think!
自分の自由と他者の自由

J．S．ミル（➡p.43）は，多数の人々が少数の個人を抑圧することに対して，他者に危害をおよぼさない限り，個人の自由は最大限尊重されるべきであるという他者危害の原則を主張した。以下の事例で，どのように自分の自由と他者の自由を調整すればよいのか考えよう。

ある地域で地震が起こり，その影響で空き家が一部倒壊して，少しだけ公道にはみ出した。地域住民は，この空き家を撤去させて，公道を安全に通れるようにしたいと考えた。しかし，空き家の持ち主は，遠くに住んでおり，撤去には経済的にも多くの負担がかかるため，現状のままにしておきたいと考えている。これをどのように解決すればよいのだろうか。

見方・考え方 自由・権利と責任・義務
公道にはみ出した空き家の管理について，どのように解決すればよいのだろうか。「自由・権利と責任・義務」ということに着目して考えてみよう。

2 私はどこまで自由か？

↑❶感染症対策で手指消毒に誘導するテープ

●ことばによるナッジ
ワクチンは，日本の人口の1割に対して，まったく効果がない。
↓
ワクチンは，日本の人口の9割も救うことができる。

解説 **ナッジ** ナッジ（nudge）とは，「そっと後押しする」という意味である。人々が自分自身にとって，よりよい選択を自発的にとれるように誘導する政策手法といわれる。たとえば，新型コロナウイルス感染症対策におけるナッジの活用例として，手指消毒をしてもらうためのイエローテープがある。写真のようにイエローテープで誘導することで，設置前と比較して手指消毒の利用者が約1割増加したという。ナッジは，**リバタリアン・パターナリズム**という考え方に基づいている。リバタリアン・パターナリズムは，個人の行動や選択の自由を阻害せず，社会的によりよい結果にいざなう思想である。ただし，ナッジは施政者の都合のよい方向へ恣意的に誘導できたり，悪用（スラッジとよばれる）したりすることもできるため，注意が必要である。

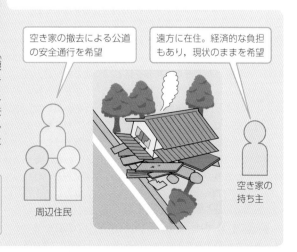
空き家の撤去による公道の安全通行を希望
遠方に在住。経済的な負担もあり，現状のままを希望

周辺住民　　空き家の持ち主

思考実験に挑戦!

私たちが生きている社会には,さまざまな課題がある。複雑な社会問題を考えるためには,社会問題をそのまま考えるだけでなく,いろいろな要素をいったん棚上げして課題の本質をシンプルにした形にして考えることも有効である。いわゆる「思考実験」を通して現実の社会事象を考えよう。

思考実験❶ 「いくらお金を出すか?」ゲーム

このゲームには,4人の参加者と1人の主催者がいる。参加者はそれぞれ200円をもっており,200円のうち好きな金額を主催者に渡すことができる。主催者に渡されたお金は,主催者によって2倍に増やされて4人に等しく分けられる。自分はお金を主催者に渡さずに,他の3人が主催者に渡したお金の配分を受けとるという戦略をとることもできる。なお,参加者同士で話しあったり,情報を共有したりすることはできない。

あなたがこのゲームの参加者なら,いくら出すだろうか。

↑**1**電車の遅れを告げる電光掲示板

オフピーク通勤とは

交通機関の混雑する時間帯(ピーク)を避けた通勤方法。時差出勤制度ともいう。鉄道会社によっては,この制度をとった場合,ポイント還元などの制度を設けている。

オフピーク通勤によるポイント還元事例

早起き時間帯 ピーク時間帯の 1時間前	○ ポイント還元 あり 15ポイント
ピーク時間帯 (1時間半)	× ポイント還元 なし
ゆったり時間帯 ピーク時間帯の 1時間後	○ ポイント還元 あり 20ポイント

思考実験の意義

思考実験は,さまざまな要因が複雑に絡みあう社会問題を,本質だけを残してあとの要因をそぎ落として考えることで,本質のみに特化して考えることができる。思考実験では,「もし～だったら,どうだろうか」と仮定して考えることになる。そして,示されていること以外は一切考慮せずに,与えられたことだけで考えることが重要である。与えられているもの以外を考慮しはじめると,せっかくそぎ落とした要因が復活してしまう。そのため,「そんなことは現実にはあり得ない」というのではなく,示された仮定の上で考えてみてほしい。そうすることで,問題の本質が見えてくるのである。

このように,思考実験をやることで,問題の本質をつかんだり,社会を見るための考え方を習得したりすることができる。すると,思考実験で習得した考え方を使って,現実の問題を考えることができるようになる。思考実験は,複雑な現実の社会問題を考えるトレーニングになるのである。

思考実験❶ 協働の利益と協働を妨げるもの

思考実験❶ では,どのようにすれば,あなたが得することになるだろう

か。もし,参加者の4人全員が200円すべてを主催者に渡したら,主催者はそれぞれの参加者に400円を返すことになり,参加者のお金は2倍になる。また,参加者全員が100円を主催者に渡せば,200円が返ってきて,参加者のお金は300円になる。参加者全員が10円を主催者に渡せば,20円返ってきて,手元のお金は210円になる。つまり,参加者全員がほんの少しでも主催者にお金を渡せば,誰も渡さない場合よりも確実に儲けがでる。協力しあえば,4人全員を豊かにすることができるのである。

しかし,参加者からすれば,必ずしも他の参加者がお金を主催者に渡すとは限らない。また,他の参加者が主催者に渡したお金は4人全員に分け与えられるので,自分はお金を渡さないで他の参加者が渡すのを待っている方がよさそうに思える。つまり,自分はお金を負担しないで,他者が負担したお金で利益を得ることが合理的と思うのである。こうした行動は,「ただ乗り」といわれ,ただ乗りする人は**フリーライダー**といわれる。

協力しあうことによって,確実に利益が得られるとわかっているのに,自分の利益を増やすことのみを考えると,とたんに協力ができなくなるのである。

思考実験❶ からは,個人の利益と社会の利益が一致しないことでフリーライダーがあらわれ,結果として利益が得られないということがわかる。

思考実験❶ から考える社会問題

個人の利益と社会の利益が一致しないという構造は,さまざまな社会問題にみられる。たとえば,通勤ラッシュを考えよう。みんなが同じ時間に通勤することで,満員の電車になってしまう。満員電車は,乗っている人にとって精神的にも肉体的にもつらい。また,多くの人が乗ることで,感染症にもかかりやすくなったり,遅延も発生しやすくなる。つまり,社会全体の不利益につながるのである。しかし,こうなることは多くの人がわかっているが,

思考実験❷ 誰に笛を渡す？

3人の男の子A，B，Cと女の子Dが，1本しかない竹製の笛をめぐって争っている。

C：男の子，6歳
道に落ちていた誰のものでもなかった竹を，4人で拾ってきた。その竹を材料にして，自力で笛をつくった

A：男の子，7歳
他の人よりも笛を吹くのが上手

D：女の子，6歳
「私も笛が欲しいけど，女の子だし，男の子の話に首を突っこむのはおかしいかな」と思って立ちすくんでいた

B：男の子，6歳
4人のなかで一番貧しく，おもちゃはほとんどもっていない

4人の住んでいる村では，年上の言うことを聞くことが大切だという文化がある。あなたが間に入って，誰に笛を渡すか決めるとしたら，誰に渡すだろうか。

早起きなどの個人的な負担も増えるため，避けがたい。こうしたジレンマを解決するため，鉄道会社は「ラッシュの時間帯を避けて乗車するとポイントを付与」などのキャンペーンを展開している。このように，個人の利益と社会の利益が一致しない問題を解決する方法として，経済的な利益を与える手法がある。

なお，**思考実験❶**によって，社会契約説（➡ p.68）も理解しやすくなる。個人の利益と社会の利益が一致しないために，協力が妨げられることは，ホッブズのいう自然状態と同じ構造であり，そこからいかにして平和な暮らしを実現するかという秩序についての問いが生まれる。ホッブズは，人々が契約を結び，国家に自然権を譲渡して秩序を維持するという考えを提起した。このように，社会契約や法によって協力を妨げる原因をとり除く方法もある。

思考実験❷ 5つの考え方

思考実験❷からは，5つの考え方を学ぶことができる。

第一に，「年上の言うことを聞くべきだから，Aに笛をあげる」と考えた人がいるだろう。これは，その地域やグループが大切に育んできたよさ（共通善）を重視する考え方である。私たちは家族や地域で大切にされている価値観を知らず知らずのうちに身につけていて，その価値観を重視してものごとを考えていることを，この考え方は前提にしている。このような考え方は一般に，**共同体主義（コミュニタリアニズム）**とよばれる。

第二に，「Bが4人のなかで一番貧しく，おもちゃもほとんどもっていない。最も恵まれない人の状態をよりよくすることが大事だから，Bに笛を渡す」と考えた人がいるだろう。これは，最も境遇が悪い人の暮らし向きがよくなることを重視する考え方である。最も境遇が悪い人を助ける理由は，助けることで社会がよくなるはずと考えるからである。このような考え方は一般に，**「公正としての正義」**とよばれる。

第三に，「Cは誰のものでもなかった竹を材料にして，がんばって笛をつくり上げたのだから，笛はCのものだ」と考えた人もいるだろう。これは，自分の身体や才能によって手に入れたものは，自分のもので誰も侵すことができないということを重視する考え方である。「公正としての正義」のように境遇が悪い人の状況をよくするために自分のものを取り上げられるのは許されないと考える。これは，個人の自由をとても尊重することを前提としている。このような考え方は一般に，**リバタリアニズム**とよばれる。

第四に，「笛を吹くのがうまい人が吹けば，よい気持ちになる人が増えるからAにあげる」と考えた人もいるだろう。これは，人々の幸せの合計が大きくなることを重視する考え方である。一人ひとりの幸せの合計が大きくなることが正しいことで，苦しさの合計が幸せの合計よりも大きくなるのは正しくないことだということを前提としている。このような考え方は一般に，**功利主義**とよばれる。

第五に，「女の子のDを入れて話しあえばよい」と考えた人もいるだろう。性別に着目して，そもそも，なぜ男子を中心として笛をめぐる争いを考えるのか，彼らが属している社会がこれまで女性をどのように扱ってきたのかといった問い直しをする立場である。これは一般に，**フェミニズム**とよばれる。フェミニズムの立場に立てば，少なくとも女子を含めて4人で，どのように笛を配分するのか協議することが大切と考えるだろう。

思考実験❷ から考える社会問題

5つの考え方を用いると，現実の社会問題である大学入試の制度を考えることができる。たとえば，かつてある国立大学の理学部入試で，数学科の後期日程定員9人のうち5人を女性枠と発表した。その理由として，「優秀な女性の人材を育成しないのは社会にとっても損失」，「女性ならではの視点と感性で教育，研究に多様性をもたせたい」，「女性研究者を増やす」といったことがあげられていた。これについて，「女子よりも点数をとった男子が，女性枠によって落ちるのは納得できないから絶対反対」というのはリバタリアニズム的な意見であるし，「数学科に女子は少ない。それは社会をそのようにつくってきたためだ」というのはフェミニズム的な意見である。また，「この制度は過去の過ちを是正するものだから賛成」というのは公正としての正義的な意見となる。

このように，**思考実験❷**で示された5つの考え方は，現代社会の問題を考えるツールとなるのである。

1 世界のおもな政治体制

公共の扉

要点 の整理

＊[   ]は共通テスト重要用語，■は資料番号を示す。この節の「共通テスト○×」などに挑戦しよう 👆

1 西欧型民主主義の政治体制 ——→権力分立，複数政党制

❶議院内閣制 ■■……行政府の長は議会の信任に基づく首相。君主または大統領は首相を任命するが象徴的な存在

❷大統領制 ■■……行政府の長は大統領。行政府と議会は対等で抑制と均衡の関係。厳格な権力分立

❸半大統領制 ■……行政府の長は首相。大統領が首相を任命しかつ行政権をもつ。権力の均衡関係は国によって異なる

2 その他の政治体制

❶社会主義体制……権力集中制。共産党の一党制。議会の形は国によって異なる

● 中国 ■……共産党が指導する一党独裁体制。全国人民代表大会

● 北朝鮮……朝鮮労働党の一党支配

● キューバ……キューバ共産党が唯一の政党。人民権力全国議会——→アメリカと国交回復（2015年）

❷ファシズム……極端な国家主義的な全体主義，議会政治・民主主義を否定——→ナチズムなど

❸開発独裁体制 ■……経済開発を名目にした軍事政権や一党支配の強権的独裁政治

——→経済開発には力を入れるが，言論の制限や不公正な選挙方法で独裁を維持する体制

❹権威主義体制 ■……被支配者が，強制されるのではなく自発的に支配者に従う非民主的な政治体制

---

1 西欧型民主主義の政治体制 　議院内閣制と大統領制の違いは何だろうか。

1 おもな国の政治体制

国名	行政府の長	選出方法	議会と行政府の関係
アメリカ	大統領	公選・間接選挙	議会と大統領とは抑制と均衡の関係
イギリス	首相	議会多数派の党首を国王が任命	首相は議会の信任に基づく。議院内閣制*1
ドイツ	首相	議会多数派の党首を大統領が任命	首相は議会の信任に基づく。議院内閣制。大統領は連邦議会で選出
フランス	大統領	公選。大統領は首相を議会の多数派から任命	大統領が任命する首相とともに行政を執行する。半大統領制。首相は議会の信任に基づくので，大統領は反対党の代表を首相に任命することもある*2
カナダ	首相	カナダ総督（イギリス国王の名代）が任命*3	首相は議会の信任に基づく。議院内閣制
日本	首相	国会で指名，天皇が任命	首相は議会の信任に基づく。議院内閣制
イタリア	首相	大統領が任命，議会の信任が必要	首相は議会の信任に基づく。議院内閣制
ロシア	大統領	公選。大統領が首相を任命	大統領が任命する首相とともに行政を執行する。半大統領制
中国	国家主席	全国人民代表大会で国家主席を選出	中国共産党の一党制で党の指導による政治
北朝鮮	国防委員会第一委員長	1998年の憲法改正で国家主席を廃止。最高人民会議で就任。事実上の世襲による独裁体制	朝鮮労働党の指導の下，すべての活動をおこなう。国家の最高指導者は国防委員会第一委員長
イラン	大統領	イスラーム法学者から最高指導者を選出し，大統領はその指導の下にある	公選の大統領と国会が存在するイスラーム共和制。ただし，イスラーム法学者である最高指導者が統治権をもつ

共和国（大統領がいる国）の政治体制

		ドイツ	フランス	ロシア
大統領	任期	5年（3選禁止）	5年（3選禁止）	6年（通常2期まで）
	選出方法	連邦会議*で選出	国民の直接選挙	国民の直接選挙
	権限	象徴的な存在で国家元首。行政府の長は首相。議院内閣制	国家元首として，強大な権限をもつ。一部，議院内閣制を採用	国家元首として，強大な権限をもつ。一部，議院内閣制を採用
議会		二院制 上院（連邦参議院）は各州の代表からなる	二院制 上院（元老院）は選挙人団による間接選挙	二院制 上院（連邦院）は各地の代表からなる
裁判所		連邦憲法裁判所	憲法院	最高裁判所，憲法裁判所

＊下院（連邦議会）議員や各州の議会が選出した議員で構成。

＊1 議院内閣制では，議会の多数党の党首か，多数派から首相が任命される。首相は議会の信任（多数派の支持）が必要であり，その信任を失うと首相は解任される。

＊2 大統領と首相が対立する政党の場合をコアビタシオンとよぶ。

＊3 カナダはイギリス連邦の一員で国家元首はイギリス国王。

解説　政治体制と歴史 かつては君主と君主に仕える大臣（内閣）が政治権力を行使していた。しかし，議会が君主から立法権を奪い，君主は権力を徐々に失った。やがて，君主が議会多数党の党首を首相に任命し，首相が内閣を組閣するようになり，君主は象徴的な存在となった。君主制を廃止し，大統領を選んで国の代表とする共和国もあらわれた。共和国のなかには，大統領が行政権を行使する国もあれば，大統領は首相を任命して，首相が政権を担当する国もある。大統領が行政権を行使する国を**大統領制**（アメリカなど），象徴的な君主または大統領が首相を任命して首相が政権を担当する国を**議院内閣制**（イギリス，ドイツなど），大統領と大統領に任命された首相がともに政権を担当する国を**半大統領制**（フランス，ロシアなど）と分類される。これらは，各国の歴史を反映したものとなっている。

❓ 君主が存在しないのが共和制で，現在，多くの共和制の国で公選の大統領が国家元首である。フランスとドイツはどちらも共和国であるが，大統領の権限は大きく違う。どのように違うのだろうか。

2 議院内閣制と大統領制 頻出

？ イギリスが不文憲法を，アメリカが厳格な三権分立をとるのは，それぞれなぜだろうか。

公共の扉

	議院内閣制(イギリス)	大統領制(アメリカ)
特徴	●元首……国王(世襲)「君臨すれども統治せず」 ●**不文憲法**……憲法は判例・慣習・一部制定法などで構成され，法典化されていない →スナク首相	●元首……大統領(任期4年，公選) ●連邦制……大幅な自治権をもつ50州で構成。連邦政府は，軍事・外交などの権限をもつ →バイデン大統領
立法機関	●上院と下院の二院制。下院の優越 ●上院(貴族院)……一代貴族，一部の世襲貴族，聖職貴族など。政党・首相・上院議員任命委員会などの推薦で国王が任命 ●下院(庶民院)……1選挙区1名の小選挙区より選出。定数650名。任期5年	●上院と下院の二院制……両院は対等 ●上院……州から2名ずつ選出。任期6年。2年ごとに，3分の1ずつ改選。大統領指名人事，条約批准への同意権をもつ点で，下院に優越 ●下院……各州の人口に比例して，小選挙区で選出。定数435名。任期2年。予算の先議権をもつ点で，上院に優越
行政機関	●首相(内閣総理大臣)……原則として，下院の多数党の党首が選出。国王が任命 ●内閣……首相と国務大臣によって構成。各省大臣は，原則として議員のなかから，首相によって選出される ●内閣と議会の関係……内閣は，議会に対して，連帯して責任を負う。内閣は，議会の信任を失ったときは，総辞職か議会の解散により国民の信を問う ●行政官……職業公務員	●大統領……一般国民が選出した**大統領選挙人**によって，選ばれる(間接選挙)。任期4年。3選禁止，最大8年まで ●大統領の権限……行政府の長官および官吏の任免。外交権。軍事権。恩赦権など ●大統領と議会の関係……大統領は，議会に対して責任を負わない。大統領は，教書を送付して，議会に立法措置を要請・勧告。議会の可決した法案に対する拒否権をもつ ●大統領側近……10人程度の大統領補佐官。ホワイトハウスオフィスが行政府の中枢
司法機関	●独立した裁判所の存在 ●最高裁判所裁判官は法曹のなかから選ばれ，国王が任命 ●最高裁判所は違憲審査をおこなわない	●連邦裁判所と州裁判所が存在 ●連邦最高裁判所裁判官を大統領が上院の同意を得て任命(終身制で欠員ができたときのみ任命)
おもな政党	●保守党と労働党の二大政党制 ●地域自治をめざす小政党が存在	●民主党と共和党の二大政党制 ●小政党が存在感を示す場合もある

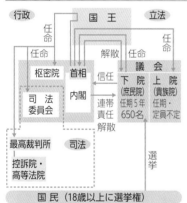

↑イギリスの政治機構

※上院が最高司法機関であったが，2009年10月，上院の司法機能が廃止され，新たに最高裁判所が設置された。

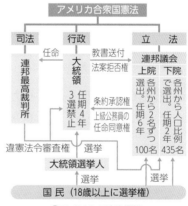

↑アメリカの政治機構

※大統領は，アメリカ生まれで，市民権をとって14年以上住んでいる35歳以上の者でなければならない。
※上院は2年ごとに3分の1ずつ改選される。上院と下院は，それぞれに優越事項があり，両院対等である。

←①イギリスの下院ソードライン(剣線)は，昔，騎士たちが討論中に剣を抜いて争いにならないように，剣(ソード)の届かない距離に線(ライン)を引いたことに由来している。

←②大統領の一般教書演説(上下両院合同本会議) 教書は国の現状報告や政策提案を示すもので，一般教書，予算教書，経済報告は三大教書とよばれる。

解説 **不文憲法の国** イギリス議会の歴史は古く，今なお開会式や法律の形式などが伝統に基づいている。一方，憲法は不文憲法であり，軟性憲法といわれることもある。しかし，長い歴史のなかで息づき，市民のなかに深く根を下ろした憲法規範を改正することはむしろ容易ではない。1911年の議会法により，上院に対する下院優位が確立されている。

解説 **厳格な三権分立** アメリカ建国の際に，主権を失いたくなかった各州は「弱い」大統領を望んだ。そのため，アメリカ大統領の権限は意外に狭い。大統領，議会，裁判所の厳格な三権分立だけでなく，州と連邦政府の間にも権力を分散させ，選挙の際も選出方法に工夫が凝らされた。アメリカ大統領選挙(→p.79)の間接選挙もその1つである。

用語解説 議院内閣制，大統領制，大統領選挙人 →p.360

2 その他の政治体制 　西欧型民主主義の政治体制以外に，どのような政治体制があるのだろうか。

1 中国の政治制度

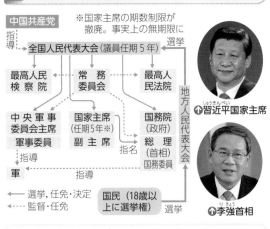

中国共産党 → 指導 → 全国人民代表大会（議員任期5年）

※国家主席の期数制限が撤廃。事実上の無期限に

最高人民検察院／常務委員会／最高人民法院
中央軍事委員会主席・軍事委員／国家主席（任期5年※）・副主席／国務院（政府）・総理（首相）・国務委員
軍

地方人民代表大会

国民（18歳以上に選挙権）

←── 選挙，任免・決定
←‐‐‐ 監督・任免

↑習近平国家主席
↑李強首相

●一国二制度……中国国内に社会主義と資本主義が混在していること。1997年にイギリスから返還された香港，1999年にポルトガルから返還されたマカオは，特別行政区に指定された。しかし，2020年に中国は香港の一部議員の議席を剥奪し，香港に認められていた民主主義は失われつつある。

解説　**権力集中制（民主集中制）**　中国では，国家の最高権力機関である**全国人民代表大会（全人代）**にすべての権力が集中する**権力集中制（民主集中制）**が採用されている。全人代は，一院制で，解散はない。全人代の常設機関である全人代常務委員会は，大会の招集，憲法・法律の解釈，法律の制定，条約の批准などの権限をもつ。元首である国家主席は，全人代により選出され，2018年の憲法改正で任期が撤廃された。また，内閣に相当するのが国務院で，国務院総理（首相）は，国家主席の指名に基づいて全人代が決定する。司法機関としては，人民法院がおかれており，最高・各級・軍事の人民法院がある。

2 さまざまな政治体制 ～イラン

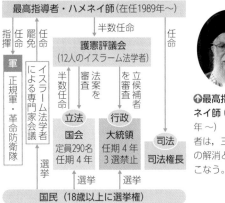

最高指導者・ハメネイ師（在任1989年～）
護憲評議会（12人のイスラーム法学者）
軍（正規軍・革命防衛隊）／イスラーム法学者による専門家会議
立法 国会 定員290名 任期4年／行政 大統領 任期4年 3選禁止／司法 司法権長

国民（18歳以上に選挙権）

↑最高指導者ハメネイ師（在任1989年～）　最高指導者は，三権の対立の解消と調整をおこなう。

●イラン・イスラーム共和国の政治体制……イランは大統領制の共和国であるが，大統領は最高指導者ハメネイ師の指導の下にある。イスラーム（イスラム教）の理念，イスラーム法に基づいて政治がおこなわれるイスラーム共和制である。

解説　**さまざまな政治体制**　共和国制をとりながらも，大統領が独裁的な政治をおこなう国もある。かつて発展途上国では，**開発独裁**といわれる政治体制がしばしば見られた。経済発展によって国民の支持を集める一方で，言論の自由を制限し，利権を独占した。やがて，インドネシアのように国民の運動で民主化されていった国もある。現代では，これに似た**権威主義体制**が生まれている。**ポピュリズム**（→p.205）ともいえる政策で国民の支持を集め，反対する言論を封じこめ，メディアに介入し，裁判所の権限を縮小するなど，法の支配・権力分立に反する政権運営をおこない，批判をよんでいる。トルコ，ポーランド，ハンガリーなどで見られる。

Let's Think! 「法の支配」の人気者 ～アメリカ大統領と連邦最高裁判所裁判官

　2020年9月，大統領選挙を控えたアメリカで，連邦最高裁判所の革新派（リベラル派，→p.135）として知られた裁判官ギンズバーグ判事が死去した。そして，翌日には，死去を悼んだ市民から革新派の民主党への献金が過去最高の7,000万ドルをこえた。アメリカ人にとって一人の最高裁裁判官の死は，それほど大きな政治的関心事なのである。

　同年10月，トランプ大統領は自身の考えに近い保守派（→p.135）の裁判官を後任として任命し，上院は僅差で承認した。異例のスピード人事で，連邦最高裁判所は6人の保守派，3人の革新派という構成となった。これにより，トランプ大統領の支持基盤である共和党の保守色が強まった。もし，裁判官の死が半年遅ければ，上院でも多数派となった民主党のバイデン大統領が革新派の裁判官を指名し，状況は異なっただろう。

　連邦最高裁判所の裁判官の任命は，アメリカ建国時から最重要政治課題であった。議論の末に「大統領が，上院の同意を得て任命する」「裁判官は弾劾裁判以外に罷免されない」「俸給も減額されない」と憲法で定められた。任期については定めがないので，終身制である。これにより，司法の独立を確保しようとしたのである。

　2022年6月，連邦最高裁判所は，アメリカ政治の最大の論点の1つ，人工妊娠中絶を「憲法上の権利である」とした1973年の判決を覆し，人工妊娠中絶を禁止する法律を認めた。保守派の考えが強く出た判断に，アメリカ社会は揺れている。アメリカでは，9人の連邦最高裁判所の裁判官の名前と考え方がよく知られている。保守派が多数のときの最高裁では，ギンズバーグ判事が激しい反対意見を述べ，世論は判決以上にギンズバーグ判事の反対意見に注目したという。「法の支配」の国とは，このような国，このような国民の国のことをいうのだろう。

↑**3**ルース＝ベイダー＝ギンズバーグ判事（1933～2020，最高裁判事在任1993～2020）　性差別の撤廃などを訴え，革新派の裁判官の代表的存在として注目された。ギンズバーグ判事のグッズが販売されたり，その人生を追った映画がヒットするなど，アメリカ国民の人気を集めた。

最高裁判所の裁判官の考え方を知ることには，どのような長所があるのだろうか。また，アメリカ大統領が自分の考えに近い裁判官を任命することに問題はないのだろうか。

見方・考え方　**民主主義**　政治が民主的であるために，私たちはどのようにすべきだろうか。政治体制が民主的でなくなってしまうと，どのような問題があるのだろうか。「民主主義」の観点から考えよう。

アメリカ大統領選挙 しくみと課題

　新型コロナウイルス感染症の感染拡大が続くなかでおこなわれた2020年のアメリカ大統領選挙は，民主党のバイデンが共和党のトランプ大統領を破り，第46代大統領に当選した。トランプ大統領が提唱した「アメリカ第一主義」を転換し，アメリカ社会の融和と国際協調路線を再建できるのか，世界各国が注視している。

2020年のアメリカ大統領選挙と2022年のアメリカ中間選挙

　2020年のアメリカ大統領選挙で，現職のトランプは敗北を認めなかった。バイデンが新大統領に決定する日，トランプ支持者が議会に乱入，死者を出すアメリカ建国以来の危機となった。この事件にもかかわらず，トランプは影響力を維持し，2022年の中間選挙では，「選挙否定」派の候補を多数擁立した。インフレによる厳しい経済状況のなか，与党・民主党の大敗が予想されていた。しかし，下院で共和党が多数となったものの，大差とならず，上院では民主党が過半数をとった。

　民主党の善戦には，2022年の人工妊娠中絶にかかわる最高裁判決（●p.78）に人権保障の後退をおそれた民主党支持者の投票率が上がったこと，選挙結果を認めないトランプに「民主主義の危機」を感じた一部の共和党支持者が反発したこと，若者が民主党に投票したことの影響などが報じられている。

↑■アメリカ連邦議会議事堂に乱入するトランプ大統領の支持者たち（2020年1月，ワシントン）

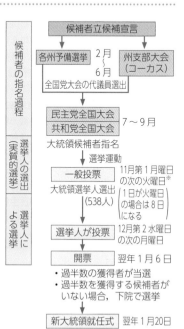

候補者の指名過程	候補者立候補宣言		
	各州予備選挙	2月〜6月	州支部大会（コーカス）
	全国党大会の代議員選出		

選挙人の選出（実質的選挙）

	民主党全国大会 共和党全国大会	7〜9月
	大統領候補者指名	
	選挙運動	

選挙人による選挙	一般投票	11月第1月曜日の次の火曜日※1日が火曜日の場合は8日になる
	大統領選挙人選出（538人）	
	選挙人が投票	12月第2水曜日の次の月曜日
	開票	翌年1月6日

・過半数の獲得者が当選
・過半数を獲得する候補者がいない場合，下院で選挙

新大統領就任式	翌年1月20日

※下院議員，上院議員（1/3）の選挙も同時におこなわれる。
※大統領選挙人の大半は各党の幹部や有力支持者であり，どの候補を支持するか事前に明らかにしている。

大統領予備選挙・州支部大会

　大統領になるためには，まず各政党の公認を得なければならない。共和・民主それぞれの政党での立候補者は，全国党大会で公認を得るために党大会に出席する代議員を獲得する。その代議員を選ぶ選挙が予備選挙である。方式は州や党で違うが，2月はじめにアイオワ州で最初に党員集会が両党同時におこなわれるため，大統領候補者の顔ぶれがわかり，注目を集める。また，予備選や党員集会が集中している火曜日を「スーパーチューズデー」という。

　大統領選挙に向け，テレビ討論やテレビCMの影響は大きく，資金力は重要である。近年は，SNSやインターネットでの情報も大きな影響力をもつ。地道な戸別訪問も熱心におこなわれ，有権者は投票先を11月までに考える。

本選挙

　アメリカ大統領選挙は，有権者が大統領選挙人を選出し，この選挙人が大統領を選挙する間接選挙である。

　アメリカ大統領選挙は，閏年の「11月の第一月曜日の次の火曜日」に投票がおこなわれる。有権者は，マークシート式や穴開け式で各党の大統領候補者に投票し，多数を得た候補者が，その州の大統領選挙人をすべて獲得する。たとえば，フロリダ州では，事前に共和党の選挙人29人と民主党の選挙人29人の名簿がつくられており，フロリダ州の選挙人は勝った方の党の29人に決まることになる。現在，大統領選挙人の数は，その州の上院・下院議員の数を合計したものにコロンビア特別区の3名を足して，538名になる。大統領に当選するには，その過半数の270名以上を獲得しなければならない。

　「12月の第二水曜日の次の月曜日」に大統領選挙人による選挙がおこなわれ，1月6日に上下両院合同会議での開票，1月20日が大統領就任式となる。

選挙制度の課題と背景

　アメリカ大統領選挙がこのような複雑なしくみなのは，アメリカの「建国の父」たちが直接選挙では「安易に大統領が選ばれるかもしれない」「大統領にふさわしくない人物が選ばれるかもしれない」と考えたためである。間接選挙といっても現在の制度では，各党に投票するため，直接選挙と変わらず，当初の意義は失われている。また，2016年のアメリカ大統領選挙で300万票も多く得票したクリントンがトランプに敗れたような逆転現象が起きることもあり，見直しを求める声もある。しかし，ポピュリズム（●p.205）の傾向がある現在，間接選挙制だけではなく，予備選挙からはじまる長い選挙期間に政策や候補者を吟味するアメリカの大統領選挙の方法は，私たちに何かを問いかけていないだろうか。

❶アメリカの「建国の父」たちが，直接選挙では安易に大統領が選ばれると考えたのはなぜだろうか。
❷アメリカでは大統領を間接選挙にする以外に，上院，下院でも選挙方法が異なる。これはなぜだろうか。

用語解説　大統領選挙人，権力集中制，全国人民代表大会，開発独裁　●p.360

2 日本国憲法に生きる基本的原理

要点 の整理

＊___は共通テスト重要用語，■は資料番号を示す。この節の「共通テスト○×」などに挑戦しよう 👆

1 日本国憲法の制定

❶大日本帝国憲法 ■ (明治憲法)下の政治機構……天皇主権，形式的な権利保障と権力分立
- ●天皇……神聖不可侵。主権者で統治権の総攬者。広範な天皇大権をもつ
- ●権利……天皇から与えられる形で「臣民の権利」を保障，「法律の留保」(法律による権利制限)
- ●三権 　立法：帝国議会 (天皇の協賛機関)
　　　　　行政：内閣 (天皇の輔弼機関)
　　　　　司法：裁判所 (「天皇ノ名ニ於イテ」おこなう裁判)
- ●軍隊……天皇直属の機関。統帥権の独立

❷ポツダム宣言の受諾 ■ (1945年8月14日)……軍国主義の除去，民主主義の確立，基本的人権の尊重など
❸政府の憲法改正作業 ■ (1945年8月〜1946年2月)……政府の改正案 (松本案)は明治憲法と大差なし
❹ＧＨＱ案に基づく憲法改正案作成 ■ (1946年2〜3月)……マッカーサー三原則に基づく改正案
❺帝国議会での審議 ■ (1946年4〜11月)━━→憲法公布 (1946年11月3日)，憲法施行 (1947年5月3日)

2 日本国憲法の基本原理 (➡p.82〜83)

❶象徴天皇制……天皇は国の象徴，日本国民の象徴◀━━地位は国民の総意に基づく (第1条)
━━→国政に関して天皇の権限はない (第4条)
　　天皇は内閣の助言と承認により，形式的・儀礼的な国事行為をおこなう (第3条)
　　具体例：内閣総理大臣の任命，最高裁判所長官の任命 (第6条)
　　　　　　法律・政令・条約の公布，国会の召集，衆議院の解散など (第7条)

❷日本国憲法の基本原理……国民主権，平和主義，基本的人権の尊重
━━→前文にも明記し，憲法を国の最高法規とし，天皇・国務大臣・国会議員・裁判官その他の公務員の憲法尊重擁護義務を定める (第98〜99条)

---

1 日本国憲法の制定 　日本国憲法は，どのように制定されたのだろうか。

1 大日本帝国憲法と日本国憲法の比較

❓ 日本国憲法と大日本帝国憲法の国民の権利の規定の違いとは何だろうか。

解説 　民主的な憲法に衣替え 　日本国憲法は，前文と本文から構成され，本文は11章103条からできている。前文には，「国民主権」，「平和主義」，「基本的人権の尊重」が，日本国憲法の三大原理として示されている。左の表を見れば，日本国憲法は，大日本帝国憲法と比べ，三大原理を柱として，より民主的なものとなっていることがわかる。

大日本帝国憲法		日本国憲法
二元的憲法 (皇室典範とともに最高法規) 欽定憲法・硬性憲法・成文憲法	憲法の特質	一元的憲法 (最高法規) 民定憲法・硬性憲法・成文憲法
天皇主権	主権	国民主権
神聖不可侵，国家元首	天皇の地位	象徴天皇制
統治権の総攬者	天皇の権限	国事行為のみ
天皇大権による軍統帥権，兵役義務	戦争・軍隊	恒久平和主義 (戦争放棄，戦力不保持，交戦権否認)
「臣民」としての権利 自由権的基本権のみ，法律の留保	国民の権利	永久不可侵の権利 社会権的基本権まで保障
天皇の協賛機関，二院制，貴族院は非民選，両院対等	国会	国の最高機関，唯一の立法機関，二院制，衆議院の優越
天皇の輔弼機関 官僚内閣制 天皇に対してのみ責任を負う	内閣	行政の執行機関 議院内閣制 国会に対して連帯責任を負う
天皇の名による裁判 違憲審査権なし 特別裁判所あり	裁判所	司法権の独立 違憲審査権あり 特別裁判所は禁止
条文なし	地方自治	地方自治の本旨に基づく
天皇が発議し，帝国議会が議決	憲法改正	国会が発議し，国民投票を実施 (天皇が国民の名で公布)

TOPIC 大正デモクラシー

　大日本帝国憲法下の民主主義として，**大正デモクラシー**がある。大正デモクラシーとは，大正期の政治・社会・文化面での民主主義的思潮の高まり，運動をさす。理論的な柱となるのは，吉野作造の民本主義である。民本主義とは，主権が誰にあるのかは問題にせず，国家は国民を幸福にしなければならないという考え方である。この考え方とともに，美濃部達吉の天皇機関説によって議論が活発化し，国民の権利に法律による留保があった大日本帝国憲法下でも，民主主義が花開いた。

➡■議事堂を取り囲む民衆 (1913年) 民衆が衆議院に押しかけ，議事堂周辺は騒然となった。この騒動により，桂太郎首相は内閣総辞職を決意した。

見方・考え方 　法の支配 　大日本帝国憲法と日本国憲法では，「法の支配」の観点から，どのような違いがあるのだろうか。

2 日本国憲法の制定過程

年月	事項
1945. 8.14	ポツダム宣言受諾❶
8.15	終戦
10. 4	マッカーサー，近衛国務相に改憲を示唆
10.25	憲法問題調査委員会(松本烝治委員長)設置
1946. 1. 1	天皇の「人間宣言」
2. 1	毎日新聞，政府の憲法改正案をスクープ
2. 3	マッカーサー，GHQ民生局にマッカーサー三原則に基づく憲法案の作成を指示❷
2. 8	政府が憲法改正要綱(松本案)をGHQに提出❸
2.13	GHQは松本案を拒否。憲法草案(マッカーサー草案)を日本政府に交付
2.22	閣議でGHQ案の受け入れを決定
3. 2	政府，GHQに基づく憲法改正草案を作成
3. 6	政府，「憲法改正草案要綱」を発表
4.10	衆議院議員総選挙(男女平等選挙)
4.17	政府，「日本国憲法草案」発表❹
6.20	政府，第90回帝国議会に憲法改正案提出
10. 7	帝国議会で成立 (衆議院・貴族院で修正可決)
11. 3	日本国憲法公布
1947. 5. 3	日本国憲法施行

❸ 政府の憲法改正案(松本案)と明治憲法の比較

	明治憲法	松本案
天皇	第3条　天皇ハ神聖ニシテ侵スヘカラス	第3条　天皇ハ至尊ニシテ侵スヘカラス
軍	第11条　天皇ハ陸海軍ヲ統帥ス	第11条　天皇ハ軍ヲ統帥ス
義務	第20条　日本臣民ハ法律ノ定ムル所ニ従ヒ兵役ノ義務ヲ有ス	第20条　日本臣民ハ法律ノ定ムル所ニ従ヒ公益ノ為必要ナル役務ニ服スル義務ヲ有ス
国会	第5条　天皇ハ帝国議会ノ協賛ヲ以テ立法権ヲ行フ	第5条　天皇ハ帝国議会ノ協賛ヲ以テ立法権ヲ行フ

❹ 新憲法に対する国民の評価

●象徴天皇制について

| 支持 85% | 反対 13 | 不明 2 |

●戦争放棄の条項について

| 必要 70% | 必要なし 28 | その他 2 |

| 草案修正の必要性なし 56 | 14 | 必要(自衛権留保など) |

●国民の権利・自由・義務について

| 草案支持 65% | 修正必要 33 | その他 2 |

●国会の二院制について

| 賛成 79% | 反対 17 | その他 4 |

(「毎日新聞」1946年5月27日)

解説 押しつけ憲法!? 1945年10月，GHQ(連合国軍総司令部)は，日本政府に対して憲法改正を迫った。これを受け，設置された憲法問題調査委員会(松本案)を作成したが，明治憲法とほとんど変わらないものであった。GHQ総司令官マッカーサーは，この内容を事前に知り，**マッカーサー三原則**を基本とするGHQ案の作成を急がせた。この後，松本案はGHQに提出されたが拒否され，GHQ案が提示された。日本政府は，GHQ案をもとに憲法改正案を作成し，第90回帝国議会に提出した。議会では，修正が加えられ，大日本帝国憲法を改正する形で，日本国憲法が公布・施行された。

? 日本国憲法は，GHQに押しつけられたのだろうか。

❶ ポツダム宣言

資料 ポツダム宣言
(1945年7月26日)

10【戦争犯罪人の処罰・民主主義の復活強化】 われらは，……戦争犯罪人に対しては厳重な処罰を加える。日本国政府は，日本国国民の間における民主主義的傾向の復活強化に対する一切の障害を除去しなければならない。言論，宗教及び思想の自由並びに基本的人権の尊重は，確立されなければならない。

12【占領軍の撤収】 前記の諸目的が達成され，かつ日本国国民が自由に表明する意思に従って平和的傾向を有し，かつ責任ある政府が樹立されたときには，連合国の占領軍は，直ちに日本国より撤収する。

13【即時無条件降伏の要求】……全日本軍隊の無条件降伏を……同政府に対し要求する。これ以外の日本国の選択には，迅速かつ完全な壊滅があるだけである。

解説 日本に民主主義の復活を 日本の敗色が濃厚となった1945年7月26日，連合国は日本に降伏を促すポツダム宣言を発表した。それは，軍国主義指導者の権力と勢力の除去，平和的秩序の確立，戦争能力の破壊確認までの占領，軍隊の武装解除と兵士の復員，戦争犯罪人の処罰，民主主義的傾向の復活強化に対する障害の除去，言論・宗教・思想の自由，その他の基本的人権の確立など13項目を明記し，日本にその受諾を要求した文書である。同年8月14日，日本はこれを受諾し，連合国の支配下で，民主主義国家としてあゆみはじめた。

❷ マッカーサー三原則

資料 マッカーサー三原則
(1946年)

①天皇は，国家の元首(Head of State)の地位にある。皇位の継承は世襲である。……

②国家の主権的権利としての戦争を廃棄する。日本は，紛争解決のための手段としての戦争，および自己の安全を保持するための手段としてのそれをも放棄する。……いかなる日本陸海空軍も決して許されないし，いかなる交戦者の権利も日本軍には決して与えられない。

③日本の封建制度は，廃止される。皇族を除き華族の権利は，現在生存する者一代以上に及ばない。華族の授与は，爾後どのような国民的または公民的な政治権力を含むものではない。……

←❷マッカーサー(左)と昭和天皇(右)(1945年9月)

憲法に生かされる「公共的な空間」の基本的原理

これまで学習してきた「公共的な空間」における基本的原理は，日本国憲法にどのように具体化され，定められているのだろうか。条文を確認しながら見ていこう。

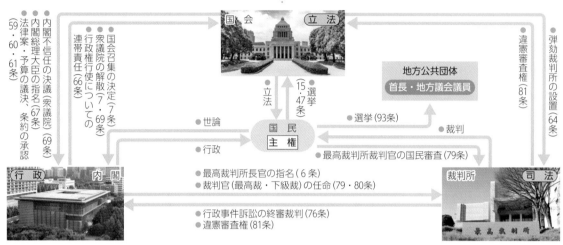

↑❶日本国憲法下の政治機構

図中のラベル：

国会 立法
行政 内閣
裁判所 司法
地方公共団体 首長・地方議会議員
国民 主権

●法律案・予算の議決、条約の承認（59・60・61条）
●内閣総理大臣の指名（67条）
●内閣不信任の決議（衆議院）（69条）
●行政権行使についての連帯責任（66条）
●衆議院の解散（7・69条）
●国会召集の決定（7条）
立法
〈15・47条〉選挙
世論
行政
●選挙（93条）
●違憲審査権（81条）
●弾劾裁判所の設置（64条）
●最高裁判所裁判官の国民審査（79条）
●最高裁判所長官の指名（6条）
●裁判官（最高裁・下級裁）の任命（79・80条）
裁判
●行政事件訴訟の終審裁判（76条）
●違憲審査権（81条）

人間の尊厳と平等，個人の尊重

優太：これまで，「公共的な空間」における基本的原理を学んできたけど，日本国憲法にはどのように反映されてるんだろう？

結衣：早速，調べてみよう！まずは「人間の尊厳と平等」，「個人の尊重」からだね。

優太：前文にいきなりあるよ。前文には，次の箇所から，すべての人間が戦争や貧困，不当な支配から解放され，人間としての尊厳が確保されるべきことがみてとれるね。

●日本国憲法前文
われらは平和を維持し，専制と隷従，圧迫と偏狭を地上から永遠に除去しようと努めてゐる国際社会において，名誉ある地位を占めたいと思ふ。われらは全世界の国民が，ひとしく恐怖と欠乏から免かれ，平和のうちに生存する権利を有することを確認する。

結衣：このほか，条文のなかにもあるよ。憲法第13条には，すべての人間が，人格をもった自立した個人として尊重されることが示されているよ。平等については，第11条にはっき

りと規定してあり，どんな人間でも，お互いに法の下に平等であると定められているね。

●第11条【基本的人権の享有】
国民は，すべての基本的人権の享有を妨げられない。この憲法が国民に保障する基本的人権は，侵すことのできない永久の権利として，現在及び将来の国民に与へられる。

●第13条【個人の尊重と公共の福祉】
すべて国民は，個人として尊重される。生命，自由及び幸福追求に対する国民の権利については，公共の福祉に反しない限り，立法その他の国政の上で，最大の尊重を必要とする。

民主主義の基本的原理

優太：「民主主義の基本的原理」については，どうだろう？

結衣：図❶にまとめてみたよ。憲法では，第4章から第6章で，国会，内閣，裁判所について定められているね。国家権力を，立法権，行政権，司法権に分立させて，それぞれを国会，内閣，裁判所に与える三権分立がみてとれるね。

優太：それぞれの権力の関係の規定も多くあるね。それぞれが，権力を相

互に抑制できるものとなっているね。

結衣：私たちと政府の関係も示されているよ。有権者が，国会議員を選挙で選び，国会は内閣総理大臣を指名して，内閣が組織されることになる。そして，内閣は行政権の行使について，国会に対して連帯して責任を負うことになっている。これは，議院内閣制（→p.77）とよばれる政治のしくみだね。

優太：有権者は，裁判所に対しても国民審査（→p.115）という形でかかわれるし，憲法改正では国民投票（→p.142）という形でかかわれる。憲法には，国家権力の権限や責任を定め，公務員，議員，有権者の役割を定めて，「公共的な空間」の問題を解決するための民主的な手続きが示されているんだね。

法の支配

結衣：「法の支配」については，かなり厳格に定められているね。第98条には，憲法は国の最高法規であり，これに反する法律などは無効になると定められているよ。また，国際社会で定められた法については，遵守し

憲法に反する法律は無効

日本国憲法の第10章「最高法規」には，基本的人権の本質（第97条），**憲法の最高法規性**，条約・国際法規の遵守（第98条），憲法尊重擁護の義務（第99条）が定められている。特に，第98条１項では，憲法が最も強い効力を有することを，「この憲法は，国の最高法規である」ということばで表現している。つまり，憲法に反する一切の国内法は，その法形式の如何を問わず，効力を有しないのである。また，日本国憲法は，改正が難しい憲法（**硬性憲法**）といわれる。実際，施行されて以来１か条も改正されていない。

また，憲法改正（●p.142）をめぐる議論も，さまざまになされているが，憲法改正権も日本国憲法の下にある。このため，日本国憲法の基本原理である基本的人権の尊重，国民主権，平和主義は，憲法改正によって，基本的内容の変更ができないとされている。

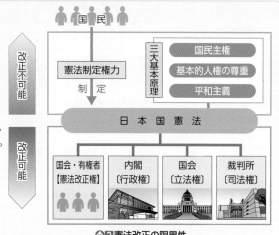

↑2 憲法改正の限界性

ていくという法治国家としての姿勢も明確にされているね。

● **第98条【最高法規，条約及び国際法規の遵守】**
① この憲法は，国の最高法規であつて，その条規に反する法律，命令，詔勅及び国務に関するその他の行為の全部又は一部は，その効力を有しない。
② 日本国が締結した条約及び確立された国際法規は，これを誠実に遵守することを必要とする。

優太：第99条には，天皇，国会議員，公務員など，国家権力に携わる人々が憲法を遵守するようにも定めてあるね。国家権力を憲法で縛り，制限していくという**立憲主義**（●p.72）のあらわれでもあるね。

● **第99条【憲法尊重擁護の義務】** 天皇又は摂政及び国務大臣，国会議員，裁判官その他の公務員は，この憲法を尊重し擁護する義務を負ふ。

結衣：ただ，憲法に示されている「法の支配」の原理は，条文だけでなく，法を適用する手続きも重要になってくるね。そのためには，裁判所や法律の専門家の役割だけでなく，私たちが法のあり方に関心をもっていかなくてはいけないね。

自由・権利と責任・義務

優太：「自由・権利」については，憲法のなかでかなりの分量を占めている

よ。自由権のほかにも，社会権についても定めていて，政府が社会的弱者を保護するために，積極的に活動することも求めているね。

● **第12条【自由・権利の保持の責任とその濫用の禁止】** この憲法が国民に保障する自由及び権利は，国民の不断の努力によつて，これを保持しなければならない。又，国民は，これを濫用してはならないのであつて，常に公共の福祉のためにこれを利用する責任を負ふ。

結衣：ただ，権利を行使する人間については，勝手気ままにふるまう個人ではなく，自立しつつ，他者とかかわり，公正な社会を担う個人を前提としてるね。これは第12条で，基本的人権は保持しているが，濫用してはならず，**公共の福祉**（●p.106）のために利用する「責任」を定めていることにあらわれているね。

優太：こうやって調べてみると，「公共的な空間」における基本的原理は，憲法にちゃんと定められているんだね。

結衣：そうだね。でも，私たちには憲法を基に，これらの原理を実現させていく「不断の努力」が求められていることも忘れてはならないね。

資料 あたらしい憲法のはなし

（1947年8月2日発行 文部省社会科教科書）

憲法は，国の最高法規ですから，この憲法できめられてあることにあわないものは，法律でも，命令でも，なんでも，いっさい規則としての力がありません。これも憲法がはっきりきめています。

このように大事な憲法は，天皇陛下もこれをお守りになりますし，国務大臣も，国会の議員も，裁判官も，みなこれを守ってゆく義務があるのです。

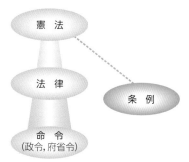

↑3 **憲法と法律，条例の関係** 法は，上下関係から，国の最高法規である憲法と，国家と国民，国民相互の関係を規律する法律，法律の下で細かい事項を定めた命令に分類される。条例は，地方公共団体が制定する法であるが，法律の委任を要しない，法律に準ずるものである。ただし，法律と条例が抵触する場合，その条例は無効となる（憲法第94条）。

 ❶「公共的な空間」における基本的原理が，憲法に規定されていない場合，どのような問題が起こるのだろうか。
❷「公共的な空間」における基本的原理を実現するために，私たちにできることはどのようなことだろうか。

Focus 第2編 ● 自立した主体としてよりよい社会の形成に参画する私たち

法とともに生きる

民事法と私たち（⊙p.117，121）

Case① 子どもの運転する自転車が高齢者に衝突

自転車に乗った小学5年生の少年Aが，時速20〜30kmで坂道を下っていた。そのとき，友人と散歩中だった62歳の女性と正面衝突した。女性ははね飛ばされて意識不明の重体となり，その後，寝たきりになってしまった。女性側は，少年Aの母親に対して，約1億590万円の支払いを求める裁判を起こした。

 Case① ・ Case② の小学生の起こした事故で，1億590万円と5,000万円の支払いを求める裁判!? 確かに不運な事故だけど……。

 どちらも，小学生には防ぎようのなかった事故のように，私は思うけど……。裁判では，どのような判断がなされたのですか？

Case② 子どもの蹴ったボールで高齢者が転倒

小学5年生の少年Bの蹴り損なったサッカーボールが道路に飛び出し，バイクに乗っていた80代の男性がボールをよけようとして転んだ。転んだ男性は寝たきりとなって約1年4か月後，誤嚥性肺炎で亡くなった。この事件で亡くなった男性の家族は，少年Bとその両親に5,000万円の支払いを求めて裁判を起こした。

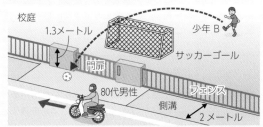

裁判でどのような判断がなされたのか，その過程を見ていこう。なお，Case① ・ Case② は，実際の裁判事例だ。実際の裁判での判断のプロセスを見ることで，法的な思考のしかたを知ろう。

民法第709条【不法行為による損害賠償】 故意又は過失によって他人の権利又は法律上保護される利益を侵害した者は，これによって生じた損害を賠償する責任を負う。

不法行為とは？

故意や過失によって，他人にケガを負わせるなどの損害を発生させること。不法行為をおこなった場合，損害賠償の責任を負う。また，反対に不法行為を受けた場合，相手に対して損害賠償請求をすることができる。

不法行為の成立のポイント

違法行為の発生

①加害者に**故意**や**過失**があるか？
②**権利侵害**があるか？
③違法行為と損害発生との間に**因果関係**があるか？
④違法行為によって**損害**が発生しているか？

過失とは，損害が起こると予想できたにもかかわらず，損害が起こることを避けなかったことをいう。Case① の場合，少年Aが自転車で坂道を時速20〜30kmで下ったら，「人をはねてケガをさせるということを予想できたか」，「避けることができたにもかかわらず，必要な行動をとらなかったといえるか」が問題となる。過失があれば，責任をとらなければならない。これが**過失責任の原則**である。次に，少年Aは女性にケガをさせてしまった。これは，女性の身体に害を与えたということになる。これを**権利侵害**という。また，ケガをさせた原因は，少年Aが女性をよけ損なったことである。女性をよけ損なったことと，女性がケ

ガをしたことは，原因と結果の関係になる。これを**因果関係**という。最後に，女性がケガをして寝たきりになったことで，治療代がかかったり，今後の収入が少なくなったりするといった被害が出た。これを**損害**という。つまり，少年Aがお金を払うとしたら，その理由は，①少年が予見可能だったのに回避しなかった（過失），②女性の身体を害した（権利侵害），③女性がケガをしたのは少年がぶつかったため（因果関係），④女性が損をした（損害），の4つになる。このような行為を**不法行為**という。

Case① では，2013年に神戸地方裁判所が少年Aの過失を認定し，母親に監督義務を果たさなかったとして約9,520万円の支払いを命じた。この判決は，被害を受けた人や家族を救い，侵害された利益の回復を考えたものである。つまり，**公正さ**を重視したものであった。

一方，Case② では，2015年に最高裁判所が，損害賠償の必要はないと判断した。少年Bはフリーキックの練習をしていただけであり，具体的な事故（サッカーボールが道路に出ること，ボールをよけようとしてバイクに乗っていた男性が転んだこと，その男性が寝たきりになること，1年4か月後に誤嚥性肺炎で亡くなること）は予想できないし，少年Bの親にも一般的なしつけ以上の責任はとれないとしたのである。Case② で裁判所は，予想できないことにまで責任を負わせるのは公正ではないと考えたのである。Case① と結論は違うが，Case② の判決も公正さという法の価値を実現しようとしたといえる。

私たちは一人では生きていけない。生活のなかでほかの人とかかわる。そのときに法が必要になる。私たちが生活している社会には、どのような法があり、私たちとどのようにかかわっているのだろうか。そして、その法はなぜあるのだろうか。こうしたことについて考えよう。

刑事法と私たち（→p.117，121）

❶刑罰を科すということ

判例

　2015年、男性Cは、小学生の女児2人を含む6人を相次いで殺害したなどとして、強盗殺人罪などに問われた。地方裁判所は、裁判員裁判で死刑判決を下した。高等裁判所は、一審の死刑判決を破棄し、無期懲役の判決を言い渡した。裁判長は「重度の精神障害の影響が非常に大きい」として、刑を軽くしなければならない心神耗弱状態だったとした。2020年、最高裁は上告を棄却して、無期懲役が確定した。

❶	さいたま地裁（2018年3月、裁判員裁判）：死刑判決
	被告は重度の精神障害と認めた上で、「残された正常な精神機能に基づき、金品入手という目的にそって行動」したと責任能力を認定。6人殺害は極めて重大と死刑判決
❷	東京高裁（2019年12月）：無期懲役
	重度の精神障害の悪化で、心神耗弱状態にあったと判断。無期懲役に減刑
❸	最高裁小法廷（2020年9月）
	一審の裁判員裁判の死刑判決を破棄。二審の無期懲役が確定

? 自分が裁判員だったら、死刑にするべきと考えるだろうか。

刑法第39条【心神喪失及び心神耗弱】
① 心神喪失者の行為は、罰しない。
② 心神耗弱者の行為は、その刑を減軽する。

　この事件は大きな反響をよんだ。「犯行が残虐で、6人も殺害されているのだから、死刑にすべき」、「重度の精神障害で、責任はとれないのだから、減刑は妥当」など、さまざまな意見が出た。刑法第39条は、行為の善悪や是非についての判断がまったくできなかったり、著しく困難な場合は、その人の行為を罰しなかったり、減じたりすることを認めている。 判例 のような悲惨な事件を引き起こした男性Cには、「減刑などせずに厳しい罰を与えるべきである」と考える人が多いかもしれない。それではなぜ、刑法第39条のような条文があるのだろうか。

　それは、「刑罰は非難である」という考え方に基づいているためである。つまり、刑法は、非難されていることがわからない者に責任を負わせても意味がないと考える。たとえば、赤ちゃんがナイフをふり回して、他人にケガを負わせてしまった場合、赤ちゃんを非難してもしかたないだろう。また、犬にかまれたといって、犬を非難してもしかたないだろう。行為者を非難できるのは、違法な行為を選ばない自由があったのに、あえて（または不注意で）それを選択したためなのである。

❷思考実験から考える 〜刑罰に関する考え方 — 出題

Case❸ 思考実験 〜刑罰を科す意義を考える

　ある犯罪が起きたとする。事件の被疑者は逮捕され、起訴された。その後、被告人は裁判によって有罪判決を受けた。ここで、明日、世界が終わることが明らかになったとする。もはや、その社会における犯罪の予防を考える必要はない。

? Case❸ の犯罪者に、刑罰を科す必要はあるのだろうか。

「①刑罰を科すということ」をもとにすると、「刑罰は非難」だから、 Case❸ の場合でも、刑罰を科すべきじゃないかな？

でも、「明日、世界が終わる」ことが判明しているんだよ。犯罪の予防を考える必要もないし、刑罰を科す必要はないんじゃないかな？

応報刑論の思想家

→カント
（1724〜1804）
（→p.44）

→ヘーゲル
（1770〜1831）
（→p.52）

　 Case❸ の思考実験で、「犯罪者に刑罰を科す必要がある」と考えた人は、なぜ、そのように考えたのだろうか。「刑罰は、犯罪という悪い行為をしたことを根拠に、犯罪者に与えられる非難だから、犯罪の予防を考えなくてよい場合でも刑罰を科すべきだ」と考えたのだろうか。このような考えを**応報刑論**という。犯罪者は犯罪をしないこともできたはずなのに、あえて罪を犯したのだから、苦痛という非難を与えるのは当然であるという考え方である。応報刑論の論者にカント（→p.44）がいる。カントは「（社会が）解散するときでさえも、監獄にいる最後の殺人犯人は、それ以前に処刑されなければならない」として、報いのために刑罰を科さなければならないと考えたのである。

　一方、「犯罪者に刑を科す必要はない」と考えた人は、なぜ、そう考えたのだろうか。「刑罰は、犯罪の防止という社会的に有益な目的のための手段だから、 Case❸ の場合では刑罰を科す必要はない」と考えたのだろうか。このような考えを**目的刑論**という。

　今日では、刑罰について応報刑論と目的刑論を統合した考えが主流である。つまり、応報のために刑罰を科すのではなく、将来の犯罪の予防によって法益（法によって保護された生活利益）を守るために刑罰は科せられるというものである。このような考えを**相対的応報刑論**という。

1 私たちの生活と法

要点 の整理

＊ は共通テスト重要用語，■は資料番号を示す。この節の「共通テスト○×」などに挑戦しよう🖐

1 私たちの生活と法

❶法の分類 ■……自然法と実定法，成文法と不文法，国内法と国際法，**公法** と **私法**，実体法と手続法，一般法と特別法

❷法やルールの目的と手段 ■
- ●法やルールを検討する視点……**目的の正当性，手段の相当性**

❸法の機能 ■
- ●**社会統制機能**……犯罪に対して刑罰を科すことを明示することで，人々が犯罪をおこなわないように心理的な抑制をはたらかせる
- ●**活動促進機能**……人々が自主的な活動をおこなう際の指針となり，その活動を予測可能で安全なものにする
- ●**紛争解決機能**……紛争が生じた場合，その紛争を解決する
- ●**資源分配機能**……人々の自由・平等をより実質的に保障するために，国家が一定の政策に基づいて，資源を配分する

❹法の限界 ■
- ●法で決めるべきこと：公的領域　　●法で決めてはいけないこと：私的領域

1 私たちの生活と法　私たちの生活と法は，どのように関係しているのだろうか。

1 法の種類と分類

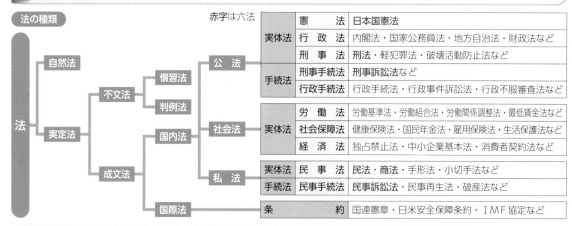

法の種類　　　　　　　　　　　　赤字は六法

	実体法	憲　法	日本国憲法
公 法	実体法	行　政　法	内閣法・国家公務員法・地方自治法・財政法など
	実体法	刑　事　法	刑法・軽犯罪法・破壊活動防止法など
	手続法	刑事手続法	刑事訴訟法など
	手続法	行政手続法	行政手続法・行政事件訴訟法・行政不服審査法など
社会法	実体法	労　働　法	労働基準法・労働組合法・労働関係調整法・最低賃金法など
	実体法	社会保障法	健康保険法・国民年金法・雇用保険法・生活保護法など
	実体法	経　済　法	独占禁止法・中小企業基本法・消費者契約法など
私 法	実体法	民　事　法	民法・商法・手形法・小切手法など
	手続法	民事手続法	民事訴訟法・民事再生法・破産法など
国際法		条　　約	国連憲章・日米安全保障条約・IMF協定など

法：自然法，実定法（不文法〈慣習法・判例法〉，成文法〈国内法，国際法〉）

法の分類

①起源による分類

自然法……人間の理性に基づく普遍的な性質をもつ法であり，時間・空間をこえて適用される
　※自然法の発見は社会契約説が発展した要因

実定法……人為的につくられた法

②形式による実定法の分類

成文法(制定法)……文章の形式をとって定められた法
　成文憲法……国家の基本法であり，最高法規
　法律……議会が制定する法
　命令……内閣が制定する政令や，各省が制定する省令
　条例……地方公共団体が制定する法

不文法……文章の形式をとらない法
　慣習法……伝統や習慣がルールとなった法
　判例法……裁判所の判断の積み重ねにより形成された法

③適用地域による分類

国内法……おもに法律による形式で，国内で通用する法
国際法……おもに条約による形式で，締約国で適用する法

④適用対象による分類

公法……政府(国・地方)の内部関係および，政府と私人との関係を規律する法
私法……私人相互の関係について定めた法
社会法……社会権の実現のために定めた法

⑤規定内容による分類

実体法……権利・義務や刑罰の内容について定めた法
手続法……実体法の内容を実現するための手続きについて定めた法

⑥適用範囲による分類

一般法……法の効力が一般的(全体的)におよぼされる法
特別法……適用対象が特定されている法。特別法は一般法に優越する

- ●私人……個人(自然人)や法人のこと。法律上の権利・義務の主体となる資格(権利能力)をもつことができる。たとえば，民法上，私人は売買契約の締結や金銭の支払い・請求などができる。
- ●法人……会社や社団法人・財団法人などがある。団体が法人と認められるには，行政機関の認証が必要となる。

解説　法とは　法は社会生活の規範であり，一般的に国家権力によって強制される。また，法には，ある行為を禁止または命令し，これに違反した行為を処罰するものや，国家機関などの組織の構成や権限を規定するものがある。そして，法はいくつかの基準によって分類される。たとえば，自然法と実定法という分類がある。自然法は，人間の自然の本性や理性に基づいてあらゆる時代を通じて普遍的に守られるべき法といわれる。実定法は，法律など人間の行為によってつくり出された法である。

❓ 身近にあるきまりやルールをさがして，その目的と手段を考えよう。

2 法やルールの目的と手段

←❶公園にあるゴミのポイ捨て禁止とゴミの持ち帰りをよびかける看板 法やルールについて,「目的は正当だろうか」,「その目的を達成する手段は相当だろうか」と考えるとよい。

❓ エレベータの開ボタンは,どこについているだろうか。

解説 **開ボタンは右？左？** 法を学ぶときは,「法やルールの目的は何か」,「目的を達成するための手段として相当か」を考えることが大切である。たとえば,エレベーターの開ボタンは閉ボタンの左右どちらにあるだろうか。法律で決まっているわけではないが,多くのエレベーターの操作盤は出入口の右に置かれている。その操作盤のなかで開ボタンは左にあることが多い。この目的は,災害が起きたときや緊急時にすぐにエレベーターの扉を開くことができて,乗っている人の安全を守るためである。その目的を達成する手段として,ボタンがすぐに押せるように,エレベーターの出入口に近い左側に開ボタンがおかれているのである。

---

3 法の機能

社会統制機能	犯罪に対して刑罰を科すことを明示することで,人々が犯罪をおこなわないように心理的な抑制をはたらかせる
活動促進機能	人々が自主的な活動をおこなう際の指針となり,その活動を予測可能で安全なものにする
紛争解決機能	紛争が生じた場合,その紛争を解決する
資源分配機能	人々の自由・平等をより実質的に保障するために,国家が一定の政策に基づいて,資源を配分する

解説 **法の機能** 法は,すべての人が自由に共生していくための相互尊重のルールであり,人々の生活をよりよくするために存在している。人々がそれぞれの自由を追求するなかで,他者の自由と衝突し,紛争が起きることがある。互いを尊重し,公正に紛争を解決するために法は存在している。その背景には,個人の尊重,自由,平等などの価値がある。

4 法の限界

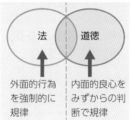

哲学者カントによる区別

法　道徳

外面的行為を強制的に規律　内面的良心をみずからの判断で規律

法学者イェリネックによる区別

道徳　法

法は強制力をもつ最低限度の道徳規範

解説 **法と道徳** 公的領域において法やルールをつくって守ることで,私たちは共通の利益を得ているが,あらゆることを法で決めてよいわけではない。たとえば,信じる宗教や個人の道徳など,個人の内面(私的領域)に関することは法で決めることではない。

Let's Think! **ドリンクの大きさを規制してもよい？**

2012年,アメリカ・ニューヨークの市長は,「肥満対策として,ニューヨーク市衛生局の許可を受けて営業をしている店で,約470㎖以上の大きいサイズの炭酸飲料やスポーツドリンクなど,糖分の高い飲料の販売を禁止することを盛りこんだ法案を提出した」と発表した。対象となるのは,ファストフード店などの飲食店,総菜販売店,スタジアムなどの娯楽施設,映画館の売店などである。なお,スーパーで販売される飲み物やダイエット飲料,乳製品,アルコール類は対象外であった。違反者には,約2万円の罰金を科すこととした。また,フルーツジュース,フルーツスムージー,カロリーフリーのソーダ,アルコール飲料に関しては,この禁止に含まれていなかった。

法やルールの評価の視点

手段の相当性	目的達成のために役立つルールか？役に立つ場合,手段として相当であるか？
明確性	内容が明確であるか？複数の解釈ができないものか？
公正性	立場を入れかえても,受け入れられるものか？

賛成・反対それぞれの意見

市長
法案賛成派
子どもたちが太っていくのを,ただ傍観することは,社会としてすべきでない。(私は)誰の権利も取り上げていない。

行政は国民のベビーシッターではない。消費者の自由を侵害し,違法だ。
飲料業界
法案反対派

結果

2014年,ニューヨーク州の裁判所は,「規制は恣意的で気まぐれだ」として,法案を無効とする判決を言い渡した。判決は,コンビニなどが対象になっていないことや,同じコップに再び注ぐ「おかわり」を禁止していない点をあげ,「抜け穴が多い」と指摘した。また,市議会ではなく,市の行政が決定したのは権限の逸脱で,無効と判断した。

🔍 ❶ソフトドリンクの大きさを規制する法案の目的は何だろうか。
❷❶の目的を達成するために,この規制をするという手段は相当だろうか。

法

用語解説 自然法 →p.360

2 基本的人権の保障と新しい人権

要点 の整理

＊［　　］は共通テスト重要用語，**1**〜**4** は資料番号を示す。この節の「共通テスト○×」などに挑戦しよう👆

1 日本国憲法における人権保障の体系

❶基本的人権の一般原理 **1**……基本的人権の享有，自由・権利の保持の責任とその濫用の禁止，個人の尊重と公共の福祉，基本的人権の本質

❷基本的人権の体系 **2**……平等権，自由権 (精神的自由，人身の自由，経済的自由)，社会権，参政権，請求権，義務

2 平等権

❶平等権 (法の下の平等) **1**……「差別をしない，させない，許さない社会」の実現

　──→部落，アイヌ民族，在日韓国・朝鮮人，女性，障害者などへの差別が問題となっている

3 自由権

国家が個人の領域に権力的介入をしないこと (「国家からの自由」)

❶精神的自由 **1**〜**4**……思想・良心，信教，学問の自由また外部に表現する自由として，集会・結社・言論・出版などの自由

❷人身の自由 **5**……奴隷的拘束及び苦役からの自由，法定手続きの保障，令状主義，拷問の禁止，黙秘権など

❸経済的自由 **6**……居住．移転及び職業選択の自由，財産権の保障など

4 社会権

国家による積極的施策 (「国家による自由」)

❶生存権 **1**……「すべて国民は，健康で文化的な最低限度の生活を営む権利を有する」(第25条 1 項)，「社会福祉，社会保障及び公衆衛生の向上及び増進」(第25条 2 項)

　　──→生活保護法，国民健康保険法，老人福祉法など

❷教育を受ける権利 **2**(第26条)……**教育基本法**

❸労働基本権 **3**(勤労の権利，第27条)──→労働三権……団結権，団体交渉権，団体行動権 (第28条)──→労働三法

5 基本的人権を確保するための権利

❶参政権 **1**……選挙権，最高裁判所裁判官の**国民審査**，地方特別法に対する**住民投票**，憲法改正に対する**国民投票**

❷請求権 **2**……請願権，国家賠償請求権，裁判を受ける権利，刑事補償請求権

6 新しい人権

❶ 環境権 **1 2**……幸福追求の権利 (第13条)，生存権 (第25条)を根拠

　　──→四大公害訴訟，環境の汚染や破壊の防止を求める**差し止め請求**，**環境アセスメント** (環境影響評価)制度，**環境基本法**

❷ 知る権利 **1 3**……表現の自由 (第21条)を根拠，情報公開制度確立の必要性──→ **情報公開法** の成立 (1999年)

❸ プライバシーの権利 **1 5**……個人の尊重 (第13条)を根拠──→ **個人情報保護法** 制定 (2003年)

「私生活をみだりに公開されない権利」──→「自分に関する情報をみずからコントロールする権利」へ

7 基本的人権と公共の福祉 (→p.106〜107)

❶公共の福祉……自分の権利を主張するあまり，他人の人権を侵害することのないよう調整するための原理

　　──→憲法は，人権の濫用を禁止し，「常に公共の福祉のために利用する責任を負ふ」(第12条)と規定

等しく生きるための権利／個人の尊重と平等権

- 自由権 (自由に生きるための権利)
- 社会権 (人間として生きるための権利)
- 基本的人権を守るための権利

1 日本国憲法における人権保障の体系　日本国憲法には,どのような人権が規定されているのだろうか。

1 日本国憲法と基本的人権

📖資料　私たちには，人間らしく生きていく権利 (人権)があります。この権利は，だれからもらったものでしょうか？

　国からもらったもの？いいえ，国からもらったものなら，国の都合で制限されかねません。

　そこで，次のように考えることにしましょう。

　「私たちが人間らしく生きていく権利は，人間として生まれた以上，生まれながらにして自然に備わっている (自然権)。生まれながらにして，天から与えられている (天賦人権)。『国家』より前に，私たちの『人権』がある。」
……

　日本国憲法も，この考え方に基づいています。

　11条　国民はすべての基本的人権の享有を妨げられ

ない。この憲法が国民に保障する基本的人権は，侵すことのできない永久の権利として，現在及び将来の国民に与へられる。

　「基本的人権は……与へられる」とあります。これは人権が「生まれながらにして自然に与えられている」「天から与えられた」という意味です。

(楾大樹『檻の中のライオン』かもがわ出版)

解説　侵すことのできない永久の権利　人権には，固有性，普遍性，不可侵性の性質があり，憲法第11条で明確に示されている。人権の固有性と普遍性については，生まれながらにして一人ひとりに与えられたものであるという意味で，自然権思想そのものである。また，人権の不可侵性についても，「侵すことのできない永久の権利」として，基本的人権が規定されている。日本国憲法においても，ロックやルソーの時代から受け継がれてきた人権思想が生きていることがわかる。

❓他国の人権保障規定と日本国憲法の規定の違いは何だろうか。アメリカ合衆国憲法を事例に考えよう。

② 日本国憲法における基本的人権の体系

● 基本的人権の一般原理

第11条【基本的人権の享有】 国民は，すべての基本的人権の享有を妨げられない。この憲法が国民に保障する基本的人権は，侵すことのできない永久の権利として，現在及び将来の国民に与へられる。

第12条【自由・権利の保持の責任とその濫用の禁止】 この憲法が国民に保障する自由及び権利は，国民の不断の努力によつて，これを保持しなければならない。又，国民は，これを濫用してはならないのであつて，常に公共の福祉のためにこれを利用する責任を負ふ。

第13条【個人の尊重と公共の福祉】 すべて国民は，個人として尊重される。生命，自由及び幸福追求に対する国民の権利については，公共の福祉に反しない限り，立法その他の国政の上で，最大の尊重を必要とする。

第97条【基本的人権の本質】 この憲法が日本国民に保障する基本的人権は，人類の多年にわたる自由獲得の努力の成果であつて，これらの権利は，過去幾多の試錬に堪へ，現在及び将来の国民に対し，侵すことのできない永久の権利として信託されたものである。

分類		内容	条文	条項
一般原理		基本的人権の本質と，基本的人権の重要な要素となる「個人の尊重」が示されている	11，97条	基本的人権の永久不可侵性
			12条	基本的人権の保持責任，人権の濫用禁止
			13条	個人の尊重，生命・自由・幸福追求の権利
平等権		すべての人は法の下に平等という基本的人権の前提を示す	14条	法の下の平等
			24条	男女の本質的平等
自由権		「国家権力からの自由」を意味し，18～19世紀の市民革命期に確立した権利		
	精神的自由	個人の内心まで国家権力や他人にふみこまれない権利。個人の自由意思に基づいて行動したり，意見を表明したりできることを保障する権利	19条	思想・良心の自由
			20条	信教の自由・政教分離の原理
			21条	集会・結社・言論・出版・表現の自由
			21条	検閲の禁止・通信の秘密
			23条	学問の自由
	人身の自由	生命・身体に対する拘束や圧迫を受けない権利のこと。大日本帝国憲法下で，治安維持法などで侵害されてきた歴史から，詳細な規定が設けられている	18条	奴隷的拘束・苦役からの自由
			27条	児童酷使の禁止
			31条	人身拘束における法定手続の保障
			33条	不法逮捕の禁止
			34条	不法な抑留・拘禁の禁止
			35条	不法に住居侵入・捜索・押収されない権利
			36条	拷問・残虐な刑罰の禁止
			37条	刑事被告人の権利(公開裁判・弁護士の依頼)
			38条	自白強要の禁止(黙秘権)
			39条	遡及処罰の禁止
			40条	無実の罪に対する刑事補償
	経済的自由	資本主義経済の基本となる権利。精神的自由と比べて，公共の福祉による制約が強い	22条	職業選択の自由
			22条	居住・移転・移住・国籍離脱の自由
			29条	財産権の不可侵と公共の福祉
社会権		「国家による自由」とよばれ，人間らしい生活を国家に求める権利を示す。労働運動のなかから20世紀に入り，確立した	25条	生存権・国の社会保障義務
			26条	教育を受ける権利(親の義務と国の保障)
			27条	勤労の権利・雇用待遇の最低基準
			28条	労働三権(団結権・団体交渉権・団体行動権[争議権])
参政権		「国家への自由」とよばれ，国民が政治に参加する権利を示す。選挙などを通して，自分の意思を政治に反映させる権利である	15条	選挙権，公務員を選定し罷免する権利
			79条	最高裁判所裁判官の国民審査
			93条	地方公共団体の長・議員の選挙権
			95条	地方特別法に対する住民投票の権利
			96条	憲法改正に対する国民投票
請求権		みずからの権利を守るため，国家に対して，積極的な行動をとることを請求する権利である	16条	請願権(公務員罷免・法律制定改廃など)
			17条	損害賠償請求権(国家賠償請求)
			32，37条	裁判を受ける権利
			40条	刑事補償請求権
義務		国家の一員として国民が果たすべき義務(**国民の三大義務**)	26条	子どもに教育を受けさせる親の義務
			27条	勤労の義務
			30条	納税の義務

おもな判例

尊属殺人重罰規定違憲訴訟 (➡p.90)

婚外子法定相続分差別訴訟 (➡p.90)

部落差別 (➡p.91)
二風谷ダム訴訟 (➡p.91)

女性差別に関する判例 (➡p.91)

強制不妊手術訴訟 (➡p.92)
ハンセン病訴訟 (➡p.92)
国籍に関する訴訟 (➡p.100)

三菱樹脂訴訟 (➡p.92)
津地鎮祭訴訟 (➡p.93)
愛媛玉ぐし料訴訟 (➡p.93)
北海道砂川政教分離訴訟 (➡p.93)

沖縄孔子廟訴訟 (➡p.93)
チャタレイ事件 (➡p.94)
家永教科書裁判 (➡p.94)
東大ポポロ事件 (➡p.95)

死刑と残虐な刑罰 (➡p.95)
冤罪事件 (➡p.96)

薬事法訴訟 (➡p.96)
森林法訴訟 (➡p.96)

朝日訴訟 (➡p.97)
堀木訴訟 (➡p.97)
旭川学力テスト事件 (➡p.98)
全農林警職法事件 (➡p.98)

在外日本人選挙権訴訟 (➡p.99)
衆議院議員定数不均衡問題 (➡p.118，128)

薬害肝炎訴訟 (➡p.99)
再審請求 (➡p.116)

? 表の人権が保障されるために，私たちには何ができるのだろうか。

＊請願権を参政権の１つとして捉える考え方もある。

解説 **多岐にわたる人権保障** 国民は「生命，自由，幸福追求」の権利を最大限に尊重してもらうために，国家に対して多くの分野にわたって，人権を保障するように憲法を通じて命じている(**立憲主義**，➡p.72)。ここに示された人権は，人類が18～19世紀の市民革命期から多年の努力によって獲得したものであり，私たちも不断の努力によって，これらを守っていかなければならない。

用語解説 自由権，社会権，参政権，請求権，新しい人権，公共の福祉 ➡p.361

法

89

法の下の平等とは？

平等権は，市民革命以降，世界で広く認められてきた権利である。その保障には，法を等しく適用するばかりなく，法の中身についても平等性が求められる。人々を形式的に平等に取り扱いながら（機会の平等），経済的・社会的な不平等を国家が介入して是正すること（実質的平等）が求められている。

法適用の平等	法内容の平等
どのような人でも区別することなく，等しく同じ法を適用する	法の作成に際し，国民を差別するような法律はつくってはならない

形式的平等	実質的平等
不合理な差別を禁止して，すべての人々を一律公平に扱うこと	人々の間にある格差などに着目して，その是正をはかること

1 法の下の平等に関する判例

第14条【法の下の平等】 すべて国民は，法の下に平等であって，人種，信条，性別，社会的身分又は門地により，政治的，経済的又は社会的関係において，差別されない。

(1) 判例 尊属殺人重罰規定違憲訴訟 【出題】

栃木県に住んでいたA子は，中学2年のときから実父に夫婦同様の関係を強いられ，数人の子まで産んだ。その後，職場の男性と結婚の機会に恵まれ，父親に結婚したいことを話した。すると父親は怒って10日間もA子を軟禁状態におくなどしたため，A子は思い余って泥酔中の父親を絞殺して自首した。

? 刑法第200条の尊属殺人が，刑法第199条の一般殺人に比べて刑が重いのは法の下の平等に反しないのだろうか。

❖判決の主旨　最高裁（1973年4月4日）・違憲
　刑法第200条は，尊属殺の法定刑を死刑または無期懲役に限っている点が，尊属*の尊重という普遍的倫理を保護する立法の目的達成に必要な限度をはるかにこえ，普通殺に関する刑法第199条と比べて著しく不合理な差別的取り扱いであると認められ，憲法第14条1項に違反して無効であるとした。A子には，普通殺人罪（刑法第199条）が適用，懲役2年6か月，執行猶予3年の判決が言い渡された。
*尊属：祖父母，父母，おじおばなど，血縁関係が上の代にある者。

刑法第199条【殺人】 人ヲ殺シタル者ハ死刑又ハ無期若クハ3年以上ノ懲役ニ処ス　※事件当時の刑法規定
刑法第200条【尊属殺人】 自己又ハ配偶者ノ直系尊属ヲ殺シタル者ハ死刑又ハ無期懲役ニ処ス（→1995年，削除）

解説 家族のなかでも身分の差はなし　民法では，自分より先に生まれた血族を尊属と定めている。刑法第200条では，一般殺人より尊属殺人に重い罪を規定していた。最高裁判所は，史上はじめて違憲審査権を行使し，刑法第200条を憲法第14条の法の下の平等に反するとして無効とした。

(2) 判例 婚外子法定相続分差別訴訟

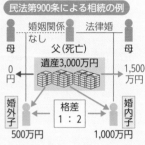
民法第900条による相続の例

妻子をもつ父と未婚の母との間に生まれた子どもが，父の死亡後の相続問題に関し，「婚外子（法律上の結婚をしていない男女間に生まれた子ども）の法定相続分を婚内子（結婚している夫婦の間に生まれた子ども）の半分とする民法第900条第4号の規定は，法の下の平等を定めた憲法14条1項に違反する」として，均等相続を求めて訴えた。

? 婚外子の相続分を，婚内子の2分の1とする民法第900条4号但書の規定は，法の下の平等に反しないだろうか。

❖判決の主旨　最高裁大法廷（2013年9月4日）・違憲
　遺産相続の際，婚外子の取り分を婚内子の半分とする民法第900条4号の規定は，「法の下の平等を定めた憲法に反する」として，違憲判決を下した。

民法第900条【法定相続分】 ④ 子，直系尊属又は兄弟姉妹が数人あるときは，各自の相続分は，相等しいものとする。ただし，嫡出でない子の相続分は，嫡出である子の相続分の2分の1とし，父母の一方のみを同じくする兄弟姉妹の相続分は，父母の双方を同じくする兄弟姉妹の相続分の2分の1とする。
　　　　　　　　　　　　　　　　　　（2013年，法改正）

解説 親子関係にも差別はNO　かつて民法では，婚内子と婚外子の相続分について差をつけた規定を設けていた。この民法第900条をめぐる1995年の最高裁の判決では，法律婚の尊重を鑑み，著しい差別とはいえないと位置づけた。しかし，家族形態の多様化と国民意識の変化，海外での相続差別の禁止などの社会的風潮の変化から，最高裁は，民法第900条に対して2013年に違憲判決を下した。

TOPIC 実質的平等のための法整備

　日本では，固定的な男女の役割分担論から，企業における女性管理職の少なさなどが問題となっている。男女ともに社会で活躍できる男女共同参画社会（→p.59）の形成の観点から，ポジティブ・アクション（→p.59）が議論される場合が多い。ポジティブ・アクションとは，社会的，構造的に不利益を被っている人々のために，一定の範囲で特別の機会を提供することなどにより，国家が実質的平等を実現するためにおこなう措置のことである。具体的には以下があげられる。

●女性活躍推進法（2015年制定，2026年3月末まで）
　大企業を中心に，女性の採用比率や管理職比率などの数値目標の設定と公表が義務づけられた。しかし，数値目標が未達成の場合の罰則はなく，努力目標にすぎない。
●候補者男女均等法（2018年制定）
　「政治分野における男女共同参画推進法」。選挙において男女同数の候補者をめざすことを政党に求める。クオータ制（→p.59）の導入は逆差別になるとの批判から見送られた。

(3)部落差別

部落解放運動のあゆみ

年代	事　項
1871	太政官布告（えた・ひにんなどの称を廃止）
1922	全国水平社設立
1946	部落解放全国委員会結成（1955年に部落解放同盟に改組）
1960	同和対策審議会設置法成立
1965	同和対策審議会答申
1969	同和対策事業特別措置法制定（10か年の時限立法）
1982	地域改善対策特別措置法制定
1987	地域改善特定事業に係る国の財政上の特別措置に関する法律（地域改善財特法）施行
1997	地域改善財特法改正（2002年失効）
2016	部落差別解消推進法

資料　全国水平社創立大会「宣言」
（1922年3月3日）

　長い間虐められて来た兄弟よ、過去半世紀間に種々なる方法と、多くの人々とによつてなされた吾等の為めの運動が、何等の有難い効果を齎らさなかつた事実は、夫等のすべてが吾々によつて、又他の人々によつて毎に人間を冒瀆されてゐた罰であつたのだ。そしてこれ等の人間を勦るかの如き運動は、かへつて多くの兄弟を堕落させた事を想へば、此際吾等の中より人間を尊敬する事によつて自ら解放せんとする者の集団運動を起せるは、寧ろ必然である。……

　吾々は、かならず卑屈なる言葉と怯懦なる行為によつて、祖先を辱しめ、人間を冒瀆してはならぬ。そうして人の世の冷たさが、何んなに冷たいか、人間を勦る事が何んなによくを知つてゐる吾々は、心から人生の熱と光を願求礼讃するものである。

　水平社は、かくして生れた。

　人の世に熱あれ、人間に光あれ。

解説　部落差別の解消をめざして　全国水平社は、1922年に結成され、その際、出されたのが「宣言」である。江戸時代の前近代的な身分制度を明治以降も背負わされてきた被差別部落の人々の、自主的な運動で解放を勝ちとるという強い意志が示されている。国は、戦後、同和対策審議会答申（1965年）において、部落差別の解消を国の責務として認めた。2016年には、部落差別のない社会の実現を目的として、**部落差別解消推進法**が制定・施行された。

(4)民族差別に関する判例 ～ 判例 二風谷ダム訴訟

土地収用ダム建設　地権者〈原告〉← 道収用委員会〈被告〉

　1971年、北海道開発庁が「沙流川総合開発計画」を策定。そのなかで、苫小牧東部大規模工業基地への工業用水の供給をおもな目的として二風谷ダムが計画された。1987年夏、工事着工。

　しかし、このダム予定地はアイヌ文化を伝える神聖な土地で、伝統的な儀式がおこなわれる場であった。また、水没地の多くが「北海道旧土人保護法」に基づくアイヌ給与地であった。このため、用地補償交渉がうまくいかず、北海道開発庁が北海道収用委員会に強制収用裁決の申請をおこなった。北海道収用委員会は、1989年、強制収用を裁決。地権者が、1993年、憲法第13条の幸福追求権と、

国際人権規約B規約の少数民族の権利保障を根拠にして、北海道収用委員会を相手どり、収用裁決取り消しを求めて行政訴訟を起こした。しかし、その間も工事は進み、1996年、ダムは完成し、当該地は水没した。

？ 土地の強制収用は違法なのだろうか。「先住民族」とは、どのような人々をさすのだろうか。

❖判決の主旨　札幌地裁（1997年3月27日）

　本事業計画の達成により、得られる利益と失われる利益の比較によって判断すべきである。前者としては、治水、灌漑、水道用水、工業用水など公共性は高い。後者としては、アイヌ民族としての文化享有権があげられる。アイヌ民族は先住民族に該当し、ダムができると文化を後世に残すことが困難になる。それにもかかわらず、安易に前者の利益を優先させたことは、裁量権を逸脱し違法である。しかし、すでにダムは完成し、不十分ではあるがアイヌ文化への配慮もなされているので、原告の請求を棄却し、本件収用裁決が違法であることを宣言する。

解説　アイヌは先住民族　裁判で、はじめてアイヌ民族を先住民族と認めた画期的な面もあったが、すでにダムは完成しているとして原告の請求を退けた事情判決であった。裁判後、人種差別撤廃条約（→p.62）の批准を受け、**アイヌ文化振興法**が1997年に成立したが、アイヌ民族が先住民族であることは明記されなかった。2019年、**アイヌ施策推進法**が制定され、アイヌ民族は先住民族であることが明記された。しかし、「先住権」が明記されないなど、問題も指摘されている。

(5)女性差別に関する判例　

	訴訟	判決
定年差別	**男女別定年差別訴訟** [争点]　男女別定年制	●最高裁（1981.3.24） 女性の定年年齢を男性より低く定めた部分は、性別のみによる不合理な差別を定めたものとして民法第90条の規定により無効
採用・昇進差別	**コース別人事による男女賃金差別訴訟** [争点]　男性は総合職、女性は一般職というコース別人事を理由とした賃金格差	●最高裁（2009.10.20） コース別人事は、労働基準法（→p.221）の男女同一賃金の規定に違反。男女差別を認定し、原告に損害賠償の支払いを命じる
ハラスメント	**マタニティ・ハラスメント訴訟** [争点]　妊娠を理由とした管理職からの降格	●最高裁（2014.10.23） 妊娠・出産を理由にした降格は、本人の意思に基づく合意か、特段の事情がない限り、違法で無効。高裁に差し戻し、原告勝訴
結婚差別	**女性再婚禁止期間規定違憲判決** [争点]　女性のみに再婚禁止期間を設けている民法の規定	●最高裁（2015.12.16） 女性の再婚禁止期間について100日をこえる部分は、合理性を欠いた過剰な制約で違憲→2022年、再婚禁止期間を廃止する民法の改正法が成立

解説　男女差別の解消進む　1985年の女子差別撤廃条約（→p.64）の批准後、日本では、女性差別に対して厳しい目が向けられ、法整備・法改正がなされてきた。少子高齢化が進む今日、女性の社会進出の促進は欠かせない。制度とともに社会的性差（ジェンダー）意識の刷新も求められている。

(6)差別・偏見に関する判例 〜 判例 強制不妊手術訴訟

旧優生保護法の下で，知的障害をかかえていた女性A は，15歳のときに不妊手術を強制された。2018年に，16 歳で手術を強いられた別の女性とともに，憲法第13条の 幸福追求権と憲法第14条の法の下の平等に違反していた として，国に損害賠償請求訴訟を起こした。

※旧優生保護法　国民優生法を前身とし，1948年に「不良な子孫の出生 防止」を明記して制定され，1996年まで施行されていた。国際的な批 判を背景に，障害者への差別的条項を削除して，1996年に母体保護 法へと名称も変更された。旧優生保護法の下，約2.5万人が手術された。

? 障害者への強制不妊手術は認められるのだろうか。被害 回復の措置をとらないのは立法不作為ではないだろうか。

❖判決の主旨　仙台地裁（2019年5月28日）

旧優生保護法は違憲。1996年に障害者差別として母 体保護法に改正されながらも，被害回復のための措置 をとらなかったのは，違法であり，手術も違法。また， 旧優生保護法は，憲法第13条で保障されるリプロダク ティブ権を侵害するものであり，違憲無効である。し かし，少なくとも現時点では，上記の立法措置をとる ことが必要不可欠であったことが，国会にとって明白 であったとはいえないとし，原告側の請求を棄却。

解説　明白な人権侵害　裁判所は，判決で旧優生保護法も， その適用も，憲法に反していると指摘した。そのなか で，「子を産み，育てるかを決める権利（リプロダクティブ権）」 が，憲法第13条に基づいて認められるべきであると裁判所は はじめて判断した。一方で，国民の間に優生思想が根強く残り， 法的な議論が深まらなかったことを理由に，国会の不作為を認 めなかった。この判決後，旧優生保護法で手術を受けさせられ た人に一時金を支払う法律が成立した。

(7)差別・偏見に関する判例 〜 判例 ハンセン病訴訟

ハンセン病は，1943年の治療薬開発で治る気気になり， 隔離政策の廃止，早期発見・早期治療が国際的な方向で あったが，日本の隔離政策は続いた。猛烈な反対運動の 末，1996年，らい予防法が廃止された。

1998年，熊本・鹿児島の療養所入所者13人が熊本地裁 に提訴し，隔離の必要性，国の賠償責任や人権侵害の有 無が争われ，2001年，熊本地裁において立法の不作為， 国の国家賠償法上の違法性が認められる判決が出た。元 患者ら原告が勝訴，政府は控訴を断念した。

また，療養所に入所していない元患者や元患者の遺族 が国に賠償を求めた訴訟では，熊本地裁の和解勧告案に 対し，国が2001年末に和解を受け入れ，2002年，基本合 意書が調印され，ようやく全訴訟が決着した。

? 患者の隔離政策は，違法行為ではないのだろうか。法律 を改廃しなかったのは，立法不作為ではないのだろうか。

解説　名誉回復は国の責務　ハンセン病患者に対して，療養 所への強制入所や外出制限，断種・中絶手術の強制なな ど，人権が無視され続けてきた。2001年，熊本地裁は，国の 強制隔離政策は違憲であるとして，原告全面勝訴の判決を出し た。ハンセン病回復者を補償する法律もできたが，差別も根強 く残っており，国や地方公共団体には，ハンセン病回復者たち に対する差別・偏見をなくすための取り組みも求められている。

私たちの自由が保障されている範囲と限界は， どのようになっているのだろうか。

⚖ 精神的自由とは？

自由にものごとを考えたり（内面的精神的自由），それを 表現したり，活動したりできる（外面的精神的自由）権利のこと である。自由権のなかでは，権力者を批判したり，世論を形成 したり，行動をするために中核をなす権利であり，民主制の基 礎を形づくるものでもある。そのため，他人に危害を与えない 限り，どのような考え方をしていても，国家が介入して，それ を罰することはできない。

1　思想・良心の自由

第19条【思想及び良心の自由】　思想及び良心の自由は，これを 侵してはならない。

民法第90条【公序良俗】　公の秩序又は善良の風俗に反する事項 を目的とする法律行為は，無効とする。（2004年12月，口語体 に改正された）

判例 三菱樹脂訴訟

Tさんは，大学卒業後， 三菱樹脂株式会社に3か 月の試用期間を設けて採 用された。入社試験の際， Tさんが生協の理事とし ての活動や学生運動をしていたことを隠していたとして， 会社は3か月の試用期間終了直前，本採用拒否を通知し た。このため，Tさん（原告）が会社（被告）に対して，地 位保全と賃金支払いを求めて提訴した。

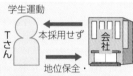

? 労働者の特定の思想，信条を理由に企業が雇用を拒否す ることは許されるのだろうか。私人が，私人である企業に対 して憲法上の権利を主張できるだろうか。

❖判決の主旨　最高裁大法廷（1973年12月12日）・差し 戻し，原告敗訴

憲法は，思想・信条の自由と同時に経済活動の自由 も保障している。会社は経済活動の一環として契約締 結の自由をもち，自社の営業のため，どのような労働 者を，どのような条件で雇うか，原則として自由に決 めることができる。会社が，特定の思想・信条をもつ ことを理由に雇い入れを拒否しても，それを当然に違 法としたり，民法上の違法行為としたりすることはで きない。よって，会社が労働者の採用にあたり，労働 者の思想・信条を調査し，また，その者にこれらの事 項について申告を求めることも違法とはいえない。

解説　憲法は私人間には適用しない　三菱樹脂訴訟では，思 想・良心の自由の保障が，私人間で適用されるかどう かが争点となった。最高裁は，憲法は，直接私人間で適用され ないとの立場を明らかにした。私人間の人権侵害は，立法措置 や民法によって間接的に憲法は効力をもつとした間接適用説が 採用された。労働問題などで人権が制約される問題が多数存在 する今日でも，間接適用説が通説である。なお，後に原告と会 社は和解し，原告は職場復帰をして子会社の社長まで昇進した。

諸外国の政教分離の考え方と日本の政教分離の考え方の違いは何だろうか。アメリカ，トルコを例に考えよう。

2 信教の自由

第20条【信教の自由】① 信教の自由は、何人に対してもこれを保障する。いかなる宗教団体も、国から特権を受け、又は政治上の権力を行使してはならない。
② 何人も、宗教上の行為、祝典、儀式又は行事に参加することを強制されない。
③ 国及びその機関は、宗教教育その他いかなる宗教的活動もしてはならない。

(1) 判例 津地鎮祭訴訟

　三重県津市の市立体育館の起工式が地鎮祭としておこなわれ、その費用が市から支出されたため、同市の市議会議員Sは市長に対し、その行為が憲法第20条3項、第89条の政教分離原則に反するとして、市への損害賠償を求めた。

津市 → 地鎮祭への公費支出 → 神主
地鎮祭は一般的におこなわれている世俗的慣習であり、憲法には違反しない。

? 地鎮祭への公金支出は、地方公共団体による宗教的活動にあたるのだろうか。

❖判決の主旨
　津地裁・合憲・原告敗訴：市の起工式は習俗的行事。
　名古屋高裁・違憲・原告勝訴：宗教的活動にあたる。
　最高裁大法廷（1977年7月13日）・合憲：本件行為は世俗的慣習である。また、神道を援助、助長、促進または、他の宗教に圧力を加えるものではない。憲法第20条3項で禁止する宗教的活動にはあたらない。

(2) 判例 愛媛玉ぐし料訴訟

　愛媛県は、靖国神社の例大祭に、玉ぐし料7万6,000円、県護国神社の慰霊大祭に奉納する供物料9万円を、県の公金から支出した。このため、松山市の住民が県知事と県職員に対し、損害賠償を求めた。

愛媛県 → 玉ぐし料として公費支出
例大祭は慣習化しているとはいえない宗教的儀式であり、政教分離を定めた憲法に違反する。

? 例大祭などへの公金の支出は、政教分離の原則に反するのだろうか。

➡❶玉ぐし

❖判決の主旨
　松山地裁・違憲、高松高裁・合憲
　最高裁大法廷（1997年4月2日）・違憲：例大祭や慰霊大祭について、各神社は宗教的意義をもつと考えている。県がその儀式に公金を支出することは、特定の宗教団体の宗教的儀式とかかわることになる。また、その宗教的儀式は慣習化した社会的儀礼とまではいえない。よって、県の奉納行為は憲法第20条3項で禁止する宗教活動にあたり、憲法に違反する。

(3) 判例 北海道砂川政教分離訴訟（空知太神社訴訟）

　北海道砂川市の市有地を管理していた町内会が、市の補助で「空知太会館」を新築した。その一角に設置された祠の外壁には「神社」と表示され、敷地内に鳥居も建てられた。住民の原告は、市有地を無償で神社の敷地として利用するのは、政教分離に違反するとして提訴した。

空知太神社
砂川市 → 土地を無償提供 → 市有地

? 市が神社に敷地を無償提供していることは、政教分離の原則に反するのだろうか。

❖判決の主旨　最高裁大法廷（2010年1月20日）・違憲
　神社は、神道の施設であり、そこでおこなわれる行事は宗教的活動である。その土地を市が無償で提供していることは、一般市民に市が特定の宗教に便益を与えていると評価されてもやむを得ない。

(4) 判例 沖縄孔子廟訴訟

　沖縄県那覇市内の公園にある孔子廟は、琉球王国時代に中国から渡来した人らの子孫でつくる一般社団法人の久米崇聖会が2013年に建設した。体験学習施設として申請を受けた市が、公共性を認めて土地使用料を全額免除した。住民はこれを違法として市を訴えた。

➡❷孔子廟（那覇市）

? 市が、孔子廟の土地使用料を全額免除することは、政教分離の原則に反するのだろうか。

❖判決の主旨　最高裁大法廷（2021年2月24日）・違憲
　孔子廟は、公園内にあるものの、参拝を受け入れるなど、神寺と類似した施設である。施設でおこなわれる祭礼は、霊を崇めるという宗教的活動であり、施設の宗教性は肯定でき、程度も軽微ではない。使用料免除は、施設を利用した宗教的活動を容易にし、その効果が間接的、付随的なものにとどまるとはいえない。免除は一般人の目から見て、市が特定の宗教に対して特別の便益を提供し、これを援助していると評価されてもやむを得ないものといえる。

解説 **政教分離**　国家と宗教を完全に分離することは困難である。そこで、**津地鎮祭訴訟**では、「行為の目的が宗教的意義をもつか」、「効果が宗教を援助・助長・促進または圧迫・干渉するかどうか」という基準（**目的効果基準**）が示された。**愛媛玉ぐし料訴訟**は、玉ぐし料の奉納が目的効果基準によって宗教的活動とされ、違憲と判断された。**北海道砂川政教分離訴訟**では、施設の性格、無償提供の経緯、一般人の評価などを考慮し、社会通念に照らして総合的に判断するとの基準も示された。**沖縄孔子廟訴訟**では、北海道砂川政教分離訴訟の判例を踏襲し、最高裁は使用料の免除が国や地方公共団体による宗教的活動を禁じた憲法第20条3項に反すると判断した。

用語解説　自由権、目的効果基準　➡p.361

法

(5) 靖国神社参拝問題

訴訟名	内容	判決
大阪靖国 （1次）	小泉首相の 靖国参拝	大阪地裁・判断せず（2004.2.27） 大阪高裁・判断せず（2005.7.26） 最高裁・判断せず（2006.6.23）
大阪靖国 （2次）	小泉首相の 靖国参拝	大阪地裁・判断せず（2004.5.13） 大阪高裁・違憲（2005.9.30）

解説 **靖国神社の位置づけ** 靖国神社は、1869（明治2）年、戊辰戦争での官軍の戦死者を祀った東京・九段の招魂社が前身で、その10年後に靖国神社と改称された。日清戦争以降、国民が動員された戦争の戦死者が祀られることになり、国家神道のシンボルとなっていった。太平洋戦争までで祀られた戦死者は246万人となっている。戦後、靖国神社は宗教法人となったが、1978年に極東軍事裁判で戦争責任を問われて「A級戦犯」となった14人がひそかに合祀された。1985年の中曽根首相の靖国神社公式参拝以降、戦前の国家と神道の関係、アジア近隣諸国への影響などから議論が絶えない。

3 表現の自由

第21条【集会・結社・表現の自由，通信の秘密】 ① 集会，結社及び言論，出版その他一切の表現の自由は，これを保障する。② 検閲は，これをしてはならない。通信の秘密は，これを侵してはならない。

(1) 判例 チャタレイ事件

英文学者が，D.H.ロレンスの小説『チャタレイ夫人の恋人』を翻訳し，それを出版社社長が出版した。内容に過激な性的描写があることを知りながら，上下巻あわせて約15万冊を販売したことが，刑法第175条のわいせつ文書頒布罪に問われ，起訴された。

わいせつ文書頒布罪

? 表現の自由は，どの程度まで認められるのだろうか。

刑法第175条【わいせつ文書頒布等】 猥褻ノ文書，図画其他ノ物ヲ頒布若クハ販売シ又ハ公然之ヲ陳列シタル者ハ2年以下ノ懲役又ハ250万円以下ノ罰金若クハ科料ニ処ス販売ノ目的ヲ以テ之ヲ所持シタル者亦同シ（1995年，口語体に改正）

❖**判決の主旨**

東京地裁：社長有罪・英文学者無罪

東京高裁：社長有罪・英文学者有罪

最高裁大法廷（1957年3月13日）：出版その他の表現の自由はきわめて重要であるが，絶対無制限のものではなく，公共の福祉により制限される。性的秩序を守り，最小限の性道徳を維持することが公共の福祉にあたり，本件訳書をわいせつ文書と認め，その販売を刑法違反とした原判決は正当である。

解説 **表現の自由はどこまで認められるか** 芸術活動が，出版その他の表現の自由の認められる範囲か，わいせつなもので出版が制限されるのか。この判断は，一律な基準で決められるものではない。社会通念というのは，常に移り変わるものであり，公共の福祉（ ◯p.106）の観点から，わいせつ文書の違法性と表現の自由の価値とを比較検討し，禁止すべきものを慎重に考える必要がある。

(2) 判例 家永教科書裁判

家永三郎東京教育大学教授（当時）が執筆した高校用教科書『新日本史』が，1963年4月に文部大臣から検定不合格処分を受け，翌年には300項目の修正意見がついて条件つきで合格とされた。家永教授は，この検定が違憲・違法であり，この精神的苦痛に対して，

↑家永三郎さん（1913〜2002）

1965年6月，国家賠償を求める訴えを起こした（第一次家永訴訟）。さらに1967年3月，同教科書が6か所につき不合格処分を受けたため，不合格処分の取り消し請求訴訟を起こした（第二次家永訴訟）。

? 教科書検定の制度は，国家による検閲にあたり，表現の自由を侵す行為ではないだろうか。

❖**判決の主旨**

【第二次訴訟】 東京地裁（1970年7月7日）

国家は教育条件を整備する責任を負うが，教育内容に介入することは基本的に許されない。検定自体は，違憲ではないが，本件の処分に関しては，執筆者の思想内容を事前に審査するものであるから，憲法第21条2項で禁止する検閲にあたり憲法に違反する。

➡家永氏勝訴

【第一次訴訟】 最高裁小法廷（1993年3月16日）

憲法第21条2項にいう検閲とは，行政が出版物などに対して，事前に思想などを審査して発表禁止にするもので，本件検定は一般図書としての発行を妨げるものではなく検閲にはあたらない。また，本件検定による表現の自由の制限は，その限度内にあり，違憲とはいえない。

➡家永氏敗訴

解説 **教育内容の決定権は誰の手に** 「教育内容を決める主体は誰か」という問題で，国民に教育内容を決める権利があるとする「国民の教育権説」と，国家が教育内容や方法を決定するという「国家の教育権説」がある。本件は，教科書の検定制度が国家の検閲にあたるかどうかが争点になった。三度の裁判で，普通教育は，中立・公平である必要があり，一定基準を満たすために，合理的でやむをえない範囲であれば，教科書検定は許されるとし，制度の合憲性が確立することになった。

Let's Think! ## インターネットと表現の自由

インターネットの普及でさまざまな情報の発信が可能になった一方で，他者の権利を侵害する事例が後を絶たない。2022年には刑法が改正され，侮辱罪が厳罰化された。また，通信の秘密など国家が保障すべき権利を侵害する事例も見られる。以下の事例は，人権保障に関して，どのような問題があるのだろうか。

❶漫画の画像データが違法アップロードされているサイトへのアクセスを遮断するように，政府が国内のインターネット通信業者（プロバイダ）に要請した。

❷特定の人物に対する誹謗・中傷を，自身のサイトや相手のSNSのコメント欄に書きこみ，騒ぎがマスコミに報道される事態となった。

? 学問の自由や独立性を守ることは，私たちの基本的人権を守ることと，どのように関係しているのだろうか。戦前の日本の状況を調べて，考えよう。

4 学問の自由

⚖判例 東大ポポロ事件

大学
学問の自由
警察官
無断で立ち入り
学生集会

1952年2月，東京大学の学内の教室で，同学公認の学生団体ポポロ劇団が，同学の許可を受けて松川事件を素材とした演劇を発表した。学生Xは，会場に潜入していた私服警官4人の身柄を拘束し，メモを取り上げ，謝罪文を書かせた。その際，学生Xは，ひもを引きちぎるなど暴行したため，起訴された。

？ 警官の大学への無断立ち入りは，学問の自由と大学の自治を侵害しているのではないか。

❖判決の主旨

最高裁大法廷（1963年5月22日）：大学における学問の自由を保障するために，伝統的に大学の自治が認められている。本件の集会は，真に学問的な研究と発表のためではなく，実社会の政治的社会的活動であり，かつ公開の集会であって，大学の学問の自由と自治を享有しない。警察官が集会に立ち入ったことは大学の学問の自由と自治を侵すものではない。 **➡学生有罪**

解説 　**大学の自治**　大学の自治は，大学でおこなわれる研究活動，その結果の教授の自由を守るために，大学内部の人間で運営することをさす。これは，学問の自由を制度的に保障するためのものである。本件は，安保体制について，学生の反対運動が全国各地で起きていた時期に起こったものである。判決では，学生集会は「実社会の政治的社会的活動」で，大学の自治の範囲外の活動であり，大学への警察の介入は認められるとした。しかし，警察に政治的活動かどうかの判断を委ねており，政府の大学運営への介入を許す恐れもある。

TOPIC　学問の独立性を守るために

2020年，日本学術会議の会員任命をめぐり，学問の自由や法の解釈が問題となった。日本学術会議とは，行政，産業および国民生活に，科学を反映・浸透させることを目的として存在する内閣府の機関である。210人の会員と約2,000人の連携会員からなり，政治への提言や科学の役割についての世論啓発などをおこなう。

世界各国に同じような機関があり，その多くは政府から独立性を保ち，運営されている。欧米の学術機関では，民間団体が運営をおこなっている。また，資金については，すべての機関で政府からの助成金や寄付が財源に組み込まれている。一方で，会員の選定は，会員の投票などで決定されている。中国は，国家がすべて掌握する形で運営している点が特徴的である。

日本学術会議の場合，政府機関として設置され，全額国費で財源が賄われる。一方，設置の根拠となる法律で，独立して職務をおこなうことが定められている。法律では，内閣総理大臣の所轄の政府機関になっているため，欧米と比べて政治家が専門家の意見を聞く体制にはなっていない。学問の独立性の担保を含め，運営方法は，日本の制度にあった形で議論されることが望まれている。

5 人身の自由

⚖ 人身の自由とは？

人身の自由とは，国家権力によって不当に身体的自由を奪われない権利のことである。権力者が不当に逮捕したり，刑罰を与えたりすることは，歴史的に見られた。古くはマグナ・カルタ（➡p.63）に規定されており，人権保障の基本事項である。

第18条【奴隷的拘束及び苦役からの自由】 何人も，いかなる奴隷的拘束も受けない。又，犯罪に因る処罰の場合を除いては，その意に反する苦役に服させられない。

第31条【法定の手続の保障】 何人も，法律の定める手続によらなければ，その生命若しくは自由を奪はれ，又はその他の刑罰を科せられない。

⑴ 刑事手続きの流れと人権保障 出題

身柄の拘束と刑事手続きの流れ ＊特別な場合は5日延長できる

立場	手続き	機関	憲法の条項	拘禁場所
被疑者	逮捕／勾留	警察 48時間	●罪刑法定主義（第31条） ●令状主義（第33，35条） ●黙秘権（第38条）	警察の留置場
被疑者	＊10〜20日	検察 24時間	●抑留・拘禁に対する保障（第34条） ●自白の証拠能力（第38条）	代用刑事施設／法務省の拘置所
被告人	起訴／裁判	裁判所	●裁判を受ける権利（第32条） ●刑事被告人の権利（第37条） ●遡及処罰の禁止・一事不再理（第39条）	
受刑者	服役	刑務所	●残虐な刑の禁止（第36条） ●刑事補償（第40条）	刑務所

解説 　**疑わしきは被告人の利益に**　人身の自由では，刑事事件をめぐり，国家に拘束され，訴追，裁判，収監された場合に，人権が制限・侵害される恐れが多いことから，さまざまな権利が保障されている。この根本には，強大な国家権力から個人を守るという考え方があり，無罪推定，「疑わしきは被告人の利益に」などの諸原則が導かれている。なお，2022年の刑法の改正で，懲役刑と禁錮刑が一本化され，拘禁刑が新設された（拘禁刑は2025年導入予定）。

おもな国の政府に提言する学術機関 （NHK資料）

	日本	アメリカ	イギリス	中国
名称	日本学術会議（1949年設立）	アメリカ科学アカデミー（1863年設立）	王立協会（1660年設立）	中国科学院（1949年設立）
人数	210人	7,000人以上	約1,600人	－
形態	政府機関	政府から独立した民間の団体	政府から独立した民間の団体	国務院の直属機関
年間予算	約10億円	約277億円	約134億円	1兆円規模（多くが研究費）
財源	国費	助言に対する対価・政府からの助成金・寄付	政府からの助成金・寄付など	国
会員任命	推薦に基づき，首相が任命	会員の投票	会員の投票	政府が選任

(2) 冤罪事件

●免田事件
1948年，熊本県で夫婦殺害事件が発生し，翌月，免田栄さんが逮捕された。子供のほかに確かな証拠がないまま，強盗殺人で起訴。その自供も拷問によるものとし，犯行当日のアリバイも主張したが，1951年，上告は棄却され，免田さんの死刑が確定した。その後，第6次再審請求で福岡高裁がようやく再審を決定し，1983年，逮捕から約34年6か月かかって再審無罪判決を勝ちとった。

免田事件以外の死刑確定後，無罪となったおもな裁判

事件名	内容	逮捕から再審無罪まで
財田川事件	1950年，香川県財田村で強盗殺人事件	約33年11か月
島田事件	1954年，静岡県島田市で幼稚園から園児が連れ出され絞殺	約34年8か月
松山事件	1955年，宮城県松山町の火事あとで一家4人の惨殺体発見	約28年7か月

解説 **重大な人権侵害** 無実の人を有罪にする冤罪事件はあってはならないことであるが，後を絶たない。冤罪事件からの被告人の地位と名誉の回復のために，再審制度（➡p.116）が整備されている。最高裁は「再審決定のためには確定判決における事実認定につき合理的な疑いを生じさせれば足りる。……疑わしきは被告人の利益に解すべきである（白鳥決定）」と判断しており，再審にも刑事裁判での大原則が適用される。冤罪事件の事例には，過去のDNA鑑定の精度の低さに由来するものがある。刑事裁判において，科学技術の過信や誤用が重大な人権侵害につながることを忘れてはならない。

(3) 刑事司法制度改革

- **被疑者国選弁護人**（2006年）：刑事被告人だけでなく，身柄を拘束された被疑者についても国選弁護人がつく制度。2018年に対象事件が被疑者の勾留をともなう全事件に拡大された。
- **取り調べの可視化**（2019年義務化）：被疑者を取り調べる際に，その内容を録音・録画し，自白の強要など，不適切な取り調べがあったかどうか，第三者が検証できるようにすること。ただし，裁判員が加わる事件と検察が独自に捜査する事件に限られている。

◆3 取り調べの可視化のようす

（補助者／取り調べ警察官／被疑者／録画・録音装置）

- **司法取引制度**（2018年）：被疑者や被告人が共犯者など他人の犯罪への捜査に協力する見返りに，検察官がその人の刑罰を軽くしたり，不起訴にしたりする制度。司法取引の対象は，薬物や銃器に関する犯罪，詐欺，汚職などで，組織犯罪の摘発が期待されている。「合意制度」ともいう。

解説 **適正な手続きを進めるために** 刑事手続における証拠集めの適正化，公判・審理の充実化をはかるために，2016年，刑事司法関連改革法（➡p.119）が成立した。これにより，**取り調べの可視化**，**司法取引制度**が導入されることになった。取り調べの可視化については，裁判員が加わる事件や検察が取り調べる事件に限られるため，不十分との意見もある。

---

6 経済的自由

経済的自由とは？
労働などの経済活動にかかわる自由は，個人の幸福追求にとって重要であり，ロック（➡p.60）の自然権にもあげられている。しかし，貧富の差や環境悪化などの問題解決のため，精神的自由と比べて，公共の福祉による制約がかけられやすい。

(1) 判例 薬事法訴訟

第22条【居住・移転・職業選択の自由】 ① 何人も，公共の福祉に反しない限り，居住，移転及び職業選択の自由を有する。

薬局開設の営業許可を申請したが，既存の薬局と一定の距離内では営業を許可しないとする配置基準（距離制限）に反するとして不許可処分とされた。薬局開設の距離制限は，憲法第22条の職業選択の自由に反するとして，処分取り消しを求めて提訴した。

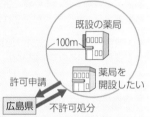

（既設の薬局／100m／薬局を開設したい／許可申請／不許可処分／広島県）

？ 薬局の開設に距離制限規定があることは，職業選択の自由を侵害していないだろうか。

❖判決の主旨 最高裁大法廷（1975年4月30日）・違憲
薬局配置の偏りが，不良医薬品の供給や医薬品濫用の弊害をまねくことは，距離制限を設けるための必要かつ合理的な理由とまではいえない。よって距離制限は憲法第22条1項に反し，処分は無効であるとした。

解説 **必要かつ合理的な制限にあらず** 過当競争が，国民の健康や安全を脅かす場合，法によって人権が制限される場合がある。かつて薬事法に定められていた薬局開設に対する距離制限規定も，不良医薬品の供給の危険などを防止するためにつくられていた。最高裁は，これを「必要かつ合理的な制限ではない」ため，職業選択の自由に反するとして違憲判決を出した。薬事法は，判決後に改正され，本規定は撤廃された。

(2) 判例 森林法訴訟

兄弟2名が父から山林を生前贈与され，共有していた。弟（原告）は山林の分割を求め，森林法が財産権を侵害するとして，兄（被告）を提訴した。

？ 森林法の分割制限規定は，財産権の侵害にあたらないだろうか。

❖判決の主旨 最高裁大法廷（1987年4月22日）・違憲
森林法の分割請求権の制限によって，共有者間の紛争をまねきかねず，かえって森林荒廃をまねく恐れがある。よって，この制限は，財産権を制約する合理的な理由があるといえず，無効である。

解説 **財産権の不当な制限** 財産権は，私有財産を「正当な補償の下」で公共のために用いることができると定める。森林法の分割制限規定は，森林の細分化による荒廃を防ぐ目的があった。最高裁は，この規定の目的は財産権を制約する合理性がないとして，違憲判決を出した。同規定は削除された。

？ 日本の刑事事件において，近年の制度改革を調べて，被疑者や被告人の人権保障にどのように影響しているか，考えよう。

4 社会権　人間らしい生活を送るために，どのような権利が保障されているのだろうか。

⚖ 社会権とは？

社会権とは，生存権，教育を受ける権利，労働基本権，勤労権の総称である。資本主義経済の成立以降，貧富の差が拡大し，長時間労働などが社会問題化した。次第に，この問題について，国家によって解決する必要性がある（**国家による自由**）との認識が広がり，人間らしい生活を送ることができる権利である社会権の保障という考え方が広まっていった。

1 生存権

第25条【生存権】　①　すべて国民は，健康で文化的な最低限度の生活を営む権利を有する。

(1) ⚖判例 朝日訴訟

1955年，原告の朝日茂さんは，結核で岡山県の病院に入院しており，生活保護法に基づく医療扶助・生活扶助を受けていた。医療費を国が全額負担し，また，日用品費として月額

600円の支給日用品の中身の一部			当時の物価	
費目	年間数量	月額	費目	1955年
		円銭		円
肌着	2年1着	16.66	かけそば	30
パンツ	1枚	10.00	カレー	100
手拭	2本	11.66	駅弁（幕の内）	100
下駄	1足	5.83		
理髪料	12回	60.00	コーヒー	70
石けん	洗顔12コ		ワイシャツ	596
	洗濯24コ	70.00	公務員初任給（上級職）（月額）	8,700
歯ブラシ	6コ	7.50		
チリ紙	12束	20.00		

600円が支給されていた。1956年，実兄が九州にいることがわかり，社会福祉事務所はこの兄から月1,500円を朝日さんに送るよう命じた。送られてきた1,500円のうち900円を医療費の自己負担分として徴収し，残り600円を日用品費として渡し，生活扶助を打ち切った。朝日さんは，日用品費を1,000円にしてほしいとして行政訴訟を起こした。

実兄 → 1,500円仕送り → 福祉事務所 900円徴収 行政訴訟 → 日用品費600円 → 朝日さん
「日用品費としてせめて1,000円ほしい」

❓ 憲法第25条の「健康で文化的な最低限度の生活」とは，どの程度だろうか。この条文は，具体性をもつ国民の権利なのだろうか。

❖判決の主旨

東京地裁・原告勝訴：社会福祉事務所の処分は違法。

東京高裁・原告敗訴：本件の日用品費600円は大変低額ではあるが，生活保護の基準の決定は厚生大臣の裁量の範囲であり，違法とはいえない。

最高裁大法廷（1967年5月24日）：本件は，朝日さんの死亡と同時に終了し，相続人が継承することはできない。また，第25条1項は，具体的な権利を国民に保障したものではない。具体的な権利は，生活保護法によって，はじめて与えられるものである。そして，何が健康で文化的な生活かは，厚生大臣の裁量の範囲内であって，政治的責任を問われることはあっても，すぐに違法かどうかは問題にならない。

● プログラム規定説

プログラム規定説とは，憲法第25条は国の政策目標ないし道徳的な責務を定めたものであって，個々の国民に具体的な請求権を保障したものではないという考え方のことである。現在の通説では，憲法第25条のみを根拠として国家の不作為・違憲性を争うことはできないが，具体的な法律があれば，それをもとに憲法第25条をめぐって裁判で争うことができるとされている。

解説 **最低限度の生活とは**　憲法第25条は，国民に「健康で文化的な最低限度の生活」を営む権利を認めている。朝日訴訟では，原告の朝日茂さんが，生活保護による扶助が低額であるとし，生存権が保障されていないのではないか，ということが争点になった。最高裁は，憲法第25条は，国の努力目標，政策方針を定めたものであり，直接，個々の国民に対して具体的な権利を付与したものではないとする**プログラム規定説**を一部取り入れた解釈を示した。朝日さんの死去により，本件訴訟は終了したが，生存権の意味を問い直す契機となった。

(2) ⚖判例 堀木訴訟　出題

第14条【法の下の平等】　すべて国民は，法の下に平等であって，人種，信条，性別，社会的身分又は門地により，政治的，経済的又は社会的関係において，差別されない。

堀木文子さんは視力障害者で，障害福祉年金を受給しながら，内縁の夫と生活していたが，離別後，内縁の夫との間にできた子どもを養うため，兵庫県知事に対し，児童扶養手当を請求した。しかし，児童扶養手当法は，障害福祉年金と児童扶養手当の併給を禁止していたため，申請を却下された。そこで，堀木さんは，児童扶養手当法の併給禁止規定は，憲法第25条の生存権の保障および第14条の平等原則などに違反しているとして，申請却下の取り消しを求め提訴した。

堀木さん　児童扶養手当請求 → 県　障害福祉年金との併給禁止 ←

❓ 障害者福祉年金と児童扶養手当の併給禁止は，生存権の保障と法の下の平等を侵害していないだろうか。

❖判決の主旨

神戸地裁・違憲：原告勝訴

大阪高裁・合憲：原告敗訴

最高裁大法廷（1982年7月7日）：憲法第25条の規定の趣旨にこたえて，具体的にどのような立法措置を講ずるかは，立法府の裁量に委ねられているので，憲法第14条1項の差別にはあたらないとして，原告の上告を棄却。

解説 **社会保障の制度設計は立法府の裁量次第**　生存権の保障は，プログラム規定説を採用しており，行政の裁量次第で政策が変わる。この範囲を広く認めたのが，本件の最高裁の判決である。最高裁は，福祉政策は立法府の広い裁量に委ねられており，その裁量の範囲を明らかに逸脱した場合を除いては，司法審査の対象にならないとし，本件の上告を棄却した。これにより，一時は，障害福祉年金と児童扶養手当の併給が認められるようになっていたものの，最高裁判決の後，再び併給禁止となった（2021年より所得制限つきで併給容認）。

2 教育を受ける権利

判例 旭川学力テスト事件

第26条【教育を受ける権利，教育を受けさせる義務】
① すべて国民は，法律の定めるところにより，その能力に応じて，ひとしく教育を受ける権利を有する。
② すべて国民は，法律の定めるところにより，その保護する子女に普通教育を受けさせる義務を負ふ。義務教育は，これを無償とする。

被告人は，1961年から文部省が実施した全国一斉学力テストを阻止しようとして旭川市の中学校に乗り込み，建造物侵入罪・公務執行妨害罪・暴行罪などで起訴された。

？ 子どもの教育権は，誰にあるのだろうか。子どもにも，決める権利はあるのだろうか。

❖判決の主旨
旭川地裁：この学力テストは，行政による教育への不当介入であり，教育基本法第10条に違反するとして，暴行罪以外の成立を否定。

札幌高裁：第一審判決支持

最高裁大法廷（1976年 5 月21日）：教育権が国にあるか，国民にあるかは，対極にあり，いずれかの全面的採用はできないが，国は適切な教育政策の樹立・実施において，必要かつ相当と認められる範囲で，教育内容を決定する権能を有する。学力テストは適法。

解説 子どもの学習権 教育内容は誰が決めるのかという問題に，学習主体である子どもの視点を入れ，教育権を捉え直そうとしたのが，本件である。最高裁は，教育内容を決めるのは，「国か，教師・親か」という論争は，極端で一方的であるとし，子どもにも「学習欲求を充足するための教育を自己に施すことを大人一般に対して要求する」学習権があるとした。本件の一審判決後，全国中学校学力テストは中止されたが，2007年から全国の小中学校の最終学年を対象とした全国一斉学力テストが実施されている。

3 労働基本権（●p.220）

判例 全農林警職法事件

1958年に全農林労働組合の幹部が，労働者の団体運動を抑圧する危険のある警察官職務執行法（警職法）の改正に反対する抗議行動に参加するように，職員に執拗に勧めた。このことが，公務員には認められていない争議行為のあおり行為にあたるとして，国家公務員法第98条違反で起訴された。

組合幹部 → 警職法改正反対抗議行動への参加を勧誘 組合職員

？ 公務員にも労働基本権は保障されるのだろうか。労働基本権の制約は，憲法第28条に違反するのではないだろうか。

❖判決の主旨
東京地裁：被告人は無罪。抗議行動に参加を促す行為は，通常の行動であり，違法性はない。

東京高裁：被告人は有罪。本件の争議行為のあおりは，政治思想が絡んだ「政治スト」であり，争議の実行行為よりも違法性が強い。

最高裁大法廷（1973年 4 月25日）：上告を棄却。被告人の有罪は確定。公務員の労働基本権は保障されている。しかし，必要やむを得ない限度の制約は，憲法に違反せず，認められる。公務員には，争議行為の制約の代償措置として，身分保障や人事院の制度が設けられており，公務員の争議行為は容認できない。よって，あおり行為を禁じた国家公務員法も憲法違反ではない。

解説 公務員の労働基本権の制約 労働基本権は，労働運動激化のなか，社会的に立場の弱い労働者を守るために保障されるようになった権利である。しかし，日本の公務員は，他国に比べて，労働基本権の適用に大きな制約がある（●p.220）。全逓東京中郵裁判では，最高裁は1966年に，公務員に対しても労働基本権は認められるべきであり，争議権の制約は必要最小限度にとどめるべきとしていた。しかし，全農林警職法事件で，人事院制度を背景に，公務員の争議権は認められないと厳しい制約を容認した。

Let's Think! 教育のICT化と教育を受ける権利

2020年の春，新型コロナウイルス感染症の拡大で，小中高校が全国一斉休校となった。そこで，注目されたのが，オンライン授業である。「学びを止めない」のスローガンの下，全国の学校で教育のICT化が急ピッチで進められた。しかし，「生徒が学校でパソコンを使用する頻度がOECD加盟国中で最下位」という2018年の調査結果が示すように，日本の教育現場ではICTが活用される機会は限定的であった。教育へのICT活用に対する教員の意識やスキルにも格差があるなかでのオンライン授業の推進に，教育現場は混乱し，オンライン授業を積極的に進めることができる学校，スキルや資金がなく進められない学校が生まれた。この結果，子どもたちへの教育機会の格差が生じた。

また，貧困による教育格差の拡大も問題となった。オンライン教育を自宅で受ける場合，端末だけでなく，情報を受けとるネットワークの充実も不可欠である。しかし，ネットワークの充実となると資金が必要となり，低所得者層では授業を受けることを諦めるという選択をせざるを得ない人も多数いる。教育の機会均等の観点から見れば，教育のICT化が不平等を助長することになりかねないとの指摘がある。

？ 教育を受ける権利を守るために，教育のICT化はおこなうべきなのだろうか。おこなう場合，どのようなことに配慮すべきだろうか。

？ 公務員の労働基本権の保障は認められるべきなのだろうか。国際人権規約（●p.64），ＩＬＯ（国際労働機関）の勧告，諸外国の状況を考慮に入れて，考えよう。

et's Think!

家族について考える 出題

人権思想の広がりのなかで，親と子どもからなる近代的な家族像は薄れ，多様な家族のあり方が現れてきた。社会的に基礎的な集団となる家族は，これからどのような機能を担い，どのような形をとっていくのだろうか。近年の家族に関する議論のなかから，考えよう。

▶▶▶ 夫婦は同姓であるべき？

選択的夫婦別姓についての議論が盛り上がっている。2021年，最高裁は夫婦別姓を認めない民法の規定について，2015年に続き2度目の憲法判断をおこない，前回同様，憲法に違反しないと判断した。夫婦同姓の民法上の規定は，明治時代に近代化を掲げるなかで，家制度の創設と戸籍管理の必要性からつくられた。この国家的・社会的要請が，日本社会における「女性は家を守り，家父長たる男性を支えていく」という家族観・女性観を育んだ。この見方は，戦後，日本国憲法第24条に「両性の本質的平等」が掲げられた後も，大きく変化しなかった。

潮目が変わりはじめたのは，1985年の男女雇用機会均等法（➡p.227）の制定からである。この法律によって，女性は社会に出て，キャリアを積み重ねるようになった。これにともない，結婚後の改姓について，仕事の上で問題視するケースが増えてきた。2015年に最高裁は，民法の夫婦同姓規定は日本社会で定着しており，憲法に違反しないとするはじめての憲法判断を示した。一方で，「選択的夫婦別姓制度に合理性がないと断ずるものではない」とし，

● 夫婦の氏

民法第750条
夫婦は，婚姻の際に定めるところに従い，夫又は妻の氏を称する。

戸籍法第74条
婚姻をしようとする者は，左の事項を届書に記載して，その旨を届け出なければならない。
① 夫婦が称する氏
② その他法務省令で定める事項

国会での議論を促した。

夫婦同姓の規定がつくられて1世紀以上が経過し，家族や女性に対する見方は大きく変わった。一方で，夫婦別姓をめぐってはさまざまな意見がある。意識の変化を受けて，夫婦に関する新たな制度設計をおこなう必要がある。

▶▶▶ ＬＧＢＴＱと権利（➡p.23）

2015年に東京都の渋谷区と世田谷区が同性カップルを地方公共団体が認めるパートナーシップ制度を導入した。これにより，同性のカップルが，家族として地方公共団体に扱われる道が拓けた。現在，パートナーシップ制度は，多くの地方公共団体で導入されており，ＬＧＢＴＱについての理解が進んでいる。生物学的な性だけではなく，心の性（性自認）や恋愛・性愛の対象となる性（性的指向）といった考え方をもとに性が捉えられており，性のあり方は多様であるという理解が広がっている。日本では，性的少数者への理解を広めるために，2023年にＬＧＢＴ理解増進法（性的指向・ジェンダーアイデ

● ＬＧＢＴＱとは？
L：Lesbian（レズビアン，女性同性愛者）
G：Gay（ゲイ，男性同性愛者）
B：Bisexual（バイセクシュアル，両性愛者）
T：Transgender（トランスジェンダー，性自認が出生時に割り当てられた性別とは異なる人）
Q：Questioning（クエスチョニング，みずからの性のあり方について，特定の枠に属さない人，わからない人など）
＊Qについては，規範的な性のあり方以外を包括する「Queer（クイア）」もある。

ンティティ理解増進法）が制定された。しかし，同性婚が認められていないなど，課題は残ったままである。

▶▶▶ 子どもをめぐる問題

子どもに対する虐待が増加している。2000年に児童虐待防止法が施行され，改正のたびに厳しい対応が盛りこまれているが，その数は減らない。背景には，保護者の問題，子どもがかかえる問題など複雑な要因が絡むが，その根本は社会がもつ家族観や女性観が変わっていないことにある。たとえば，女性が1人で子育てを担う状況をさす「ワンオペ育児」ということばがある。これにより，女性が孤立し，虐待につながる事例も考えられる。シングルマザーの増加や女性が育児をおこなうべきとの価値観から，パートナーが育児をおこなわないという家族観の問題として背景を捉えることができる。

また，貧困を背景とした「ヤングケアラー」の問題もある。家庭の経済状況から，学業の傍ら，おとなに代わって家事，育児，介護などを担う18歳未満の若者が数多くいるが，実態把握や支援が十分でない状況がある。

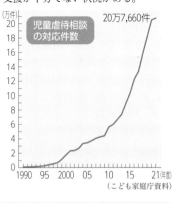

児童虐待相談の対応件数　20万7,660件
（こども家庭庁資料）

❶ 家族のあり方は，明治時代以降，どのように変わっていったのだろうか。
❷ 家族のあり方と，女性差別，子どもの虐待，ＬＧＢＴＱの問題は，どのようにかかわっているのだろうか。
❸ 私たちは，家族のあり方を，どのように考えていけばよいのだろうか。

1 新しい人権とは？

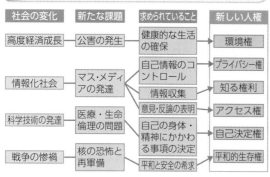

社会の変化	新たな課題	求められていること	新しい人権
高度経済成長	公害の発生	健康的な生活の確保	環境権
情報化社会	マス・メディアの発達	自己情報のコントロール	プライバシー権
		情報収集	知る権利
		意見・反論の表明	アクセス権
科学技術の発達	医療・生命倫理の問題	自己の身体・精神にかかわる事項の決定	自己決定権
戦争の惨禍	核の恐怖と再軍備	平和と安全の希求	平和的生存権

解説 時代にあった人権保障を 日本国憲法の制定から，75年以上が経った。時代は移り変わり，社会の常識も変化した。社会情勢の変化のなかで，解釈を通じて，**新しい人権**が提起できると考えられている。その根拠となるのが，第13条の**幸福追求権**である。今後，ＡＩ（人工知能，●p.239）などの発達により，これまでにない人権が主張される可能性もある。

2 環境権

判例 大阪国際空港公害訴訟

大阪国際空港周辺は住宅が密集しているが，ジェット機就航・滑走路増設などで大型機が頻繁に離発着するようになり，航空機の騒音公害が深刻になった。

損害賠償，夜間離発着の差し止めを請求 → 国

住民　環境権・人格権

そこで，航空機離発着コースの真下の住民らが国を相手どり，①人格権※と環境権に基づく21時から翌7時までの夜間飛行による空港の使用差し止め，②過去の損害賠償，③将来の損害賠償を求めて民事訴訟を起こした。
※生命，身体，健康，精神，名誉などの各人の人格そのものがもつ権利

? 人格権と環境権に基づく夜間飛行の差し止めと，将来の損害賠償は認められるのだろうか。

❖**判決の主旨**

大阪地裁：22時から翌7時までの飛行差し止め，過去の損害賠償を認め，将来の損害賠償を認めず。

大阪高裁：住民側の主張を全面的に認め，国が上告。

最高裁大法廷（1981年12月16日）：本件差し止め請求は，航空行政権の行使などを求めるものを含むことになり，民事訴訟にはなじまないとして却下され，将来の損害賠償は認められなかった。

解説 裁判所では認められていない環境権 本件は，環境権，人格権を根拠に損害賠償請求を住民が国に対して訴えた。第二審では，人格権に基づいて，原告の訴えを全面的に認めた。最高裁では，飛行差し止めは不可とする一方，過去の損害賠償は認めた。しかし，裁判所は，現在でも環境権を認めておらず，法律にも「環境権」は明記されていない。一方で，環境基本法や環境影響評価法（環境アセスメント法）が制定され，環境破壊などを防止する法整備は進んでいる（●p.267）。

環境権	生命・健康に影響を与える自然環境の保護を国家に求める権利。日照権，静穏権なども含む。最高裁は認めていない
知る権利	国家のもつ情報を国民が知ることのできる権利。これにより，国民が国政を監視することができる。実現には，報道の自由も必須となる
プライバシー権	私生活をみだりに公開されない権利のこと。情報化の進展で，自己の情報をコントロールする権利として捉え直されている
アクセス権（反論権）	マスメディアに対して，自己の意見を表明する場の提供を求める権利。反論権もその一種
自己決定権	個人のことがらについて，公権力から干渉されることなく，自分で決定する権利。インフォームド・コンセントなど，医療の場で自己の生命に関する決定の場で用いられることが多い
平和的生存権	平和のうちに生活する権利。日本国憲法前文を根拠に主張される

3 知る権利

(1) 判例 外務省公電漏洩事件

1971年に沖縄返還協定が調印された。その交渉過程で，アメリカが負担すべき費用を，日本が負担するという秘密の取り決めが結ばれたのではないかという疑惑がもちあがった。1972年，社会党の議員が密約の存在を裏づける外務省極秘電文を暴露して政府を追及した。政府は「秘密漏洩事件」として警視庁に告発した。捜査当局は，外務省の女性事務官を国家公務員法第100条１項の守秘義務違反で，議員に情報を流した毎日新聞記者を同事務官から電文を入手したことによる同法第111条の秘密漏示そそのかし罪容疑で逮捕した。

記者　事務官　外務省　情報

? 国家の秘密とは何だろうか。報道のための取材の自由は認められるのだろうか。

❖**判決の主旨**

東京地裁・事務官有罪（確定），記者無罪

東京高裁・記者有罪

最高裁小法廷（1978年5月31日）・上告棄却：記者の入手した文書は，国家秘密に該当するが，秘密を漏らすことへの「そそのかし」については，直ちに違法となるものではない。しかし，記者は事務官と情を通じて秘密文書を入手するなど，取材の手段・方法は社会観念上，是認することができないとし，違法，有罪。

解説 報道の自由と取材の正当性 本件では，沖縄返還協定をめぐる密約の有無に対し，情報開示を求めた元記者が訴えられた。最高裁は，報道・取材の自由を認めたものの，取材のやり方が対象者の人格をふみにじるもので許容できないとして，記者を有罪とした。その後，2010年に密約の存在を国が認めた。同年，元記者らが知る権利の侵害として，国家賠償請求訴訟を起こし，裁判所は国に損害賠償を命じた。

? 日本では認められていないが，海外で認められている（認められつつある）人権について調べよう。そして，その人権は，日本でも認められるべきか，考えよう。

(2)知る権利と情報公開法

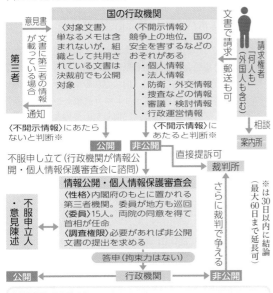

〈不開示情報〉にあたらないと判断※ → **公開**
〈不開示情報〉にあたると判断※ → **非公開** → 直接提訴可 → 裁判所

不服申し立て(行政機関が情報公開・個人情報保護審査会に諮問)

情報公開・個人情報保護審査会
〈性格〉内閣府のもとに置かれる第三者機関。委員が地方も巡回
〈委員〉15人。両院の同意を得て首相が任命
〈調査権限〉必要があれば非公開文書の提出を求める

・不服申立人
・意見陳述

さらに裁判で争える
（最大60日まで延長可）
※は30日以内に結論

答申(拘束力はない)

公開 ← 行政機関 → **非公開**

●情報公開法のポイント
①国の行政機関の文書，内部資料など，原則としてすべての情報が公開の対象。ただし，個人情報，法人情報，外交・防衛などは非公開
②文書ファイル名を，省庁ごとにつくられる「行政文書ファイル管理簿」などで，検索・特定して請求する
③日本人でも，外国人でも，国内外どこからでも可能
④国民の知る権利については明記されず

解説 何人もできる情報公開請求 日本での情報公開のしくみは，情報公開条例として地方公共団体が先行して整備を進めてきた。1999年に**情報公開法**が制定され，国の行政機関がもつ情報の公開請求がおこなえるようになった。請求は，未成年や外国人でも，「何人」であっても可能である。ただし，個人情報や国の安全にかかわる情報などは開示請求ができない。なお，情報公開法には，「知る権利」は明記されていない。

(3)知る権利と特定秘密保護法

秘密指定機関
(外務省，防衛省など)
↓「特定秘密」に指定
安全保障に関する機密情報 ← 監視
①防衛，②外交，③スパイ活動防止，④テロ防止　など，55項目
【特定期間】原則5年で解除。内閣が承認すれば，30年をこえ，60年まで延長可能

特定秘密保護法の流れ
独立公文書管理監
↓
特定秘密を扱う公務員・民間業者
→10年以下の懲役
記者など
→そそのかしても5年以下の懲役

（「朝日新聞」2014年10月15日参照）

解説 知る権利は明記したが…… 2013年に制定された**特定秘密保護法**は，外交・安全保障に関する国会機密の漏洩の防止を目的につくられた。知る権利の保障の考え方と相反する性質をもつため，条文に「国民の知る権利に資する報道又は取材の自由に十分に配慮」すべきことが明記された。施行日から5年経った2019年，特定秘密を取り扱える機関の見直しがおこなわれ，70機関から28機関に削減された。しかし，監視機能がうまく働いておらず，恣意的な運用がおこなわれているとの指摘があり，国民の知る権利を侵すような運用にならないことが求められている。

---

4 アクセス権

判例 サンケイ新聞意見広告事件

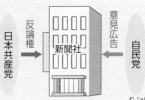

　1973年，サンケイ新聞は，自由民主党が日本共産党を名ざしした意見広告を掲載した。この内容は，日本共産党の党綱領(こうりょう)と日本共産党が提案する民主連合政府綱領との間に矛盾(むじゅん)があると批判したものだった。そこで，日本共産党は反論意見広告の無料掲載を求める仮処分申請をしたが却下されたため，言論の自由(憲法第21条)，人格権と条理，名誉毀損(めいよきそん)に対する原状回復などを根拠として，訴訟を提起した。

? 反論文の掲載請求権は認められるのだろうか。

●サンケイ新聞に掲載された自民党の広告(1973年12月2日)

❖判決の主旨
　東京地裁・原告(日本共産党)の請求棄却
　東京高裁・原告の請求棄却
　最高裁小法廷(1987年4月24日)・上告棄却：憲法第21条などの自由権的基本権は，私人相互の関係について適用または類推適用されるものではない。憲法第21条の規定から，直接に反論文掲載の請求権が生じるものではない。

解説 反論する権利 アクセス権とは，マスメディアに対して自己の意見の発表の場を提供することを求める権利のことである。反論権もその一種であるが，裁判所は，今までこの権利を認めたことはない。

TOPIC 肖像権とパブリシティ権

　肖像権(しょうぞうけん)は，プライバシー権の一種として，みだりに承諾(しょうだく)もなく，その容貌(ようぼう)や姿態(したい)を撮影されない権利とされており，最高裁も認めている。近年では，多額の損害賠償を請求される事例も見られる。

　パブリシティ権は，財産権の1つと考えられており，著名人が自分の名前や肖像権を営利目的で使用する権利のことをいう。最高裁は，2012年に「著名人の場合，その価値を商業的に独占利用できる」とこの権利を認めた。一方で，「著名人は，…その肖像を時事報道，論説などの正当な表現行為に使用されることもある」とし，無断使用できる場面も示した。

法

5 プライバシー権 頻出

判例 『宴のあと』事件

三島由紀夫の小説『宴のあと』は，東京都知事選挙を描いたもので，登場人物は特定の人物をモデルにしたことがわかるものであった。そのため，モデルとされた原告が，小説で私生活が公開されプライバシーを侵害されたとして，三島と出版社（被告）に対して，損害賠償と謝罪広告の掲載を求める訴訟を提起した。

損害賠償と謝罪広告を請求
作家
小説のモデル〈原告〉
出版社〈被告〉

? プライバシーの権利は認められるのだろうか。損害賠償と謝罪広告の掲載は認められるのだろうか。

❖判決の主旨

東京地裁（1964年9月28日）：原告勝訴：判決は，プライバシーの権利を「私生活をみだりに公開されないという法的保障ないし権利」とした上で，プライバシーの権利と表現の自由は，どちらが優越するというものではなく，表現の自由は無差別・無制限に私生活を公開することは許されないとした。そして，被告に損害賠償80万円の支払いを命じた。謝罪広告については棄却した。

解説 私生活をみだりに公開されない 小説『宴のあと』は，特定可能な個人をモデルに描いたものであり，プライバシーの侵害にあたるとして裁判で争われた。『宴のあと』事件で東京地裁は，裁判所として，はじめてプライバシー権を権利として認め，損害賠償を命じた。しかし，謝罪広告については，公開された情報は回復しえないとして，認めなかった。同様のケースで，柳美里の小説『石に泳ぐ魚』について，プライバシーを侵害されたとして，裁判が提訴された。『石に泳ぐ魚』事件では，2002年に最高裁が，公的立場にない者の名誉が毀損され，プライバシーおよび名誉感情が侵害されたと認定し，原告に対する計130万円の損害賠償の支払いと出版差し止めを認めた。

6 自己決定権

判例 「エホバの証人」輸血拒否事件

「エホバの証人」の信者である患者は，宗教上の信念から，いかなる場合にも輸血を拒む固い意思をもっていた。しかし，医師が患者に対し，「他に救命の手段がない事態にいたった場合には輸血する」との方針をとっていることを説明しないまま手術し，輸血した。そのため，患者が不法行為を理由として損害賠償請求訴訟を起こした。

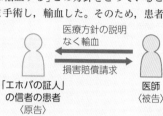

医療方針の説明なく輸血
損害賠償請求
「エホバの証人」の信者の患者〈原告〉
医師〈被告〉

? 患者の信条に反して，治療方針の説明がないまま，医師が治療をおこなうことは許されるのだろうか。

❖判決の主旨

東京地裁：原告敗訴
東京高裁：原告勝訴

最高裁（2000年2月29日）・上告棄却，原告勝訴：意思決定をする権利は，人格権の一内容として尊重すべきである。また，輸血の説明を怠ったことは，「輸血をともなう可能性のあった本件手術を受けるか否かについての意思決定をする権利を奪った」といわざるをえないとし，医師の不法行為を認めて損害賠償を命じた。

解説 自分のことは自分で決める 本件では，宗教上の信念から輸血を拒む患者に，医師が自分の判断で医療行為をおこなえるかが争われた。最高裁は，自己決定権ということばは使用しなかったが，人格権の一部として意思決定をする権利を認め，輸血の説明を怠ったことは，患者の意思決定をする権利を奪ったことになるとして，損害賠償を認めた。医療における患者の自己決定権，インフォームド・コンセント（➡p.55），患者の人生の質（QOL，➡p.55）が注目されるなかでの最高裁の判決となった。

TOPIC 忘れられる権利

現代社会において，自分の行動履歴を完全に消し去ることは難しい。しかし，過去に犯した犯罪などの情報が，社会的な制裁や刑事罰を受けた後にも残り続けるとなると，人権侵害につながる恐れがある。このようななか，自己の情報をコントロールする権利の保障の文脈から，「忘れられる権利」が提唱されはじめた。

日本では，過去の犯罪歴に関するインターネット検索結果の削除を検索事業者に求めた裁判で，2017年に最高裁が判断を示した。地裁段階で認められた「忘れられる権利」には触れなかったが，プライバシーの権利の保護が，検索結果の表示よりも「明らかに優越する」場合のみ，削除が要請できるという基準を示した。本件の判決では，これに該当しないとして，訴えを退けた。一方，2022年の判決で最高裁は，twitter（現在のX）に掲載された逮捕歴のツイートの削除命令を下した。twitterについてはサービス内容と実態から，プライバシーの権利の保護が，単に「優越する場合」は削除可能と判断した。

なお，EU（欧州連合，➡p.314）では，欧州裁判所が2014年に「忘れられる権利」を認め，EUの個人情報保護ルールにも，「忘れられる権利」が明記されている。

検索結果をめぐる最高裁判決（2017年）のポイント

最高裁小法廷（2017年）：プライバシーの権利の保護による利益が，検索サイトの表現の自由と比べて明らかに優越するときに削除が認められる。本件は，原告の未成年者に対する性犯罪についての前科の情報で，公共の利害に関する事実であり，削除は認めない。

プライバシーの権利の保護による個人の利益
検索サイト事業者の表現の自由

●プライバシーの権利か表現の自由か，考慮すべき要素
① 書かれた事実の性質や内容
② 公表されることによる被害の程度
③ その人の社会的地位や影響力
④ 記事などの目的や意義
⑤ 掲載時の社会的状況とその後の変化
⑥ 記事などでその事実を書く必要性

個人情報は，なぜ守られる必要があるのだろうか。最近起きた個人情報漏洩事件などを参考にして，その理由を考えよう。

個人情報を守るために 頻出

情報化の進展により，私たちの個人情報は，見えないところで，収集・利用されるようになってきた。本来，私たちに帰属し，管理できるはずの個人情報が，知らないところで売買されたり，宣伝広告活動に利用されたりしている。私たちは，個人情報を守るために，どのようなことを知り，行動をしていくべきなのだろうか。

ニュース ビッグデータ活用の光と影〜個人情報の有効利用に向けて

スマートフォンが普及し，子どもから大人まで，みずからが情報を収集したり，発信したりできるようになった。IoT化の進展で，電化製品などの使用状況や自動車の移動情報などが，自動で収集されるようになった。また，新型コロナウイルス感染症の影響で，2020年以降，ゲーム市場が拡大し，映像配信サービスも盛況となった。こうした流れを受け，世界の人々が，SNSやGPSなどで発信するデジタルデータの総量は，2020年現在，59ゼタバイト（59兆ギガバイト）となり，10年間で約60倍に膨れ上がった。これらのデータは，ビッグデータ（⇒p.239）として収集され，渋滞予測や個人向け広告に活用されて，経済の利便性の向上に役立っている。一方で，ネットワーク化の進展や情報通信技術の発達により，個人情報の収集がブラックボックス化され，自分で自分の情報がコントロールししにくくなっている面もある。

情報社会の発展のなかで，私たちの生活の利便性を保ちつつ，個人情報をコントロールするにはどのようにしたらよいのだろうか。

小売り	レコメンド，行動ターゲティング広告，顧客離反分析
交通	渋滞予測，テレマティクスサービス
農業	農業のICT化（気候，収穫時期予測など）
製造業	故障予測，異常検出
金融	不正検出，株式市場の予測
健康・医療	最適治療（電子カルテ活用など），感染症の流行予測
セキュリティ	不審者監視サービス

↑❶ビッグデータの活用例（総務省資料などを参照）

個人情報とその保護

個人情報は，守られるべき対象として個人情報保護法に定義されている。2005年に施行された個人情報保護法では，個人のプライバシーの保護のために，国や地方公共団体，また，個人情報を取り扱う事業者の遵守すべき義務が定められた。

個人情報保護法は，2017年に改正がおこなわれ，対象が個人情報を取り扱う全事業者に拡大された。また，個人情報の不正提供罪が新設され，厳罰化が進んだ。一方で，匿名で加工された情報については，サービスの向上や新ビジネスの創出に活かせるようビッグデータ活用の方向性が打ち出された。個人情報の安全かつ円滑な流通のために，第三者へ個人情報を提供する「オプトアウト」の手続きも定められた。このように，私たちの個人情報は，守られるべき対象としてばかりでなく，社会ではビジネス拡大の新たな一手として考えられている。

行政における個人情報の電子化・活用

行政の面においても，効率的な運営を進めるために，個人情報のデジタル化が進められている。2015年に施行されたマイナンバー法（社会保障・税番号制度法，⇒p.283）において，住民票をもつ個人は，外国人も含めて12桁の番号（マイナンバー）が割り振られた。マイナンバーを，税や社会保障にかかわる個人情報と結びつけ，社会保障給付や徴税を公平にすることを目的にしている。また，ICチップを内蔵したマイナンバーカードを普及させ，給付金の申請や確定申告などへの活用，保険証としての利用など，行政サービスの迅速化・効率化に役立てようとしている。

一方で，さまざまな情報が1つの番号に統合されることにより，国家による国民監視に利用される恐れも危惧されている。このように，個人情報の保護と活用は，人権保護と効率化のバランスを考えながら進める必要がある。

個人情報にあたるおもな「情報」

個人属性情報	氏名，性別，DNA，生年月日，年収，職業，家族構成，住所，電話番号，音声（声紋），マイナンバー，クレジットカード番号，パスポート番号，指紋データ，メールアドレス
履歴情報	購入履歴，位置情報，乗車履歴，ウェブサイトの閲覧履歴
要配慮個人情報	人種，信条（宗教など），病歴，社会的身分，犯罪歴

＊要配慮個人情報は，本人の同意なしに取得したり，第三者に提供したりできない。

個人情報の加工例

●匿名加工情報：特定の個人を識別することができず，元の情報に戻せないように加工された情報。一定の条件下で，本人の同意なしに第三者に提供可能

	加工前	加工後
名前	第一太郎	全部削除
出生	1985年6月7日生	1985年
住所	東京都○○市	東京都
年収	年収543万円	500万円以上

匿名化した上で統計処理し，サービスの向上や新ビジネスの創出に生かす。

❶個人情報とは，どのような情報をさすのだろうか。
❷個人情報は，行政，経済，社会的活動の効率化に，どのように役立っているのだろうか。
❸個人情報の保護と個人情報の活用を，どのようなバランスでおこなっていけばよいのだろうか。

公共の福祉とは？

基本的人権の尊重は，日本国憲法の三大基本原理のなかでも重要な原理といえる。しかし，誰にでも認められることから，個人間で人権が衝突し，争いに発展することも多い。これを調整するために，「公共の福祉」という考え方がある。「公共の福祉」とは，どのような考え方で，どのように適用されているのだろうか。

「表現の自由」の制限は妥当だろうか？

2016年，ヘイトスピーチ解消法が施行された。ヘイトスピーチとは，特定の国の出身者であること，またはその子孫であることのみを理由に，日本社会から追い出そうとしたり，危害を加えようとしたりするなどの一方的な内容の言動のことをいう。近年，日本社会で特定の国籍や人種の人々に攻撃的，差別的な言動をする人が増えている。2014年，国連人種差別撤廃委員会は，日本に対して，ヘイトスピーチに対処するよう勧告を出した。これを受け，罰則規定はないものの，ヘイトスピーチを規制・解消するために，ヘイトスピーチ解消法が制定・施行されたのである。

一方で，日本国憲法第21条１項には以下の条文がある。

第21条【集会・結社・表現の自由，通信の秘密】　①　集会，結社及び言論，出版その他一切の表現の自由は，これを保障する。

↑**1**ヘイトスピーチに焦点をあてた法務省作成の啓発動画のワンシーン（法務省資料）

憲法第21条１項から，ヘイトスピーチ解消法は「表現の自由」の制限にあたるといえる。ヘイトスピーチ解消法は「表現の自由」の制限にあたるにもかかわらず，なぜ，制定されることになったのだろうか。「公共の福祉」の観点から考えよう。

公共の福祉とは？

日本国憲法において，「公共の福祉」は，図**2**にあるように第12，13，22，29条の４か所で出てくる。「公共の福祉」について，用語から「公共のために，個人の人権を制限する」と連想するかもしれない。しかし，この解釈は，憲法第13条の「個人の尊重」という基本的人権の根本に反する。社会の利益のために，個人の権利を制限することは許されないのである。

それでは，どのような場合に公共の福祉によって，個人の権利は制限されるのだろうか。これは，自分以外の個人の人権保障を考える場合に起こりうる。たとえば，憲法に表現の自由が保障されているが，他人のプライバシーを侵すような行為は許されない。どのような人権であっても，他人の権利にふみ込むような状況では，制約を受けることになる（人権の内在的制約）。

「公共の福祉」とは，全体の利益のために個人を犠牲にするという考え方ではなく，基本的人権が，すべての人に納得される形で保障されるように，人権と人権の衝突を調整するための考え方なのである。

経済的自由と公共の福祉

公共の福祉は，個人の人権調整の原理であるが，政策的に制約を受ける場合もある。たとえば，財産権などの経済的自由は格差を生み出す。社会的弱者の生存権を保障するためには，強者の経済的自由に，政策的に一定の制約を設ける必要がある。この事例として，生活や経済活動に必要な道路建設のために，土地の所有者が国家から土地の提供を求められることがある。ただ，この事例は，土地を奪われた所有者の財産権を侵すことになる。そこで，憲法第29条３項で「私有財産は，正当な補償の下に，これを公共のために用ひることができる」と規定されており，国家による補償が義務づけられている。

公共の福祉による人権の制約は，社会権の実現を保障し，社会的に必要な措置をとるための政策的な制約を意味する場合もある（人権の政策的制約）。

二重の基準

公共の福祉による人権の制約の基準として，二重の基準論という考え方が用いられる。経済的自由の規制は，制約の目的と内容の合理性の基準で判断するが，精神的自由の規制は，厳格な基準で審査し，判断されなければならないという考え方である。仮に，経済的自由が不合理に制約されたとしても，精神的自由が保障されていれば，政治で是正することは可能である。しかし，精神的自由の著しい制限は，民主政治の根幹を揺るがしかねない。そのため，精神的自由は，経済的自由よりも厳格な審査基準で審査しなければならないのである。ただし，公共の福祉による個人の権利の制約は例外である。人権の必要以上の制約はあってはならない。

?
1公共の福祉とは，どのような考え方なのだろうか。
2公共の福祉は，どのような基準で適用されているのだろうか。
3ヘイトスピーチ解消法は，公共の福祉の観点から，その機能を十分に果たせているといえるだろうか。

「公共の福祉」の用語を含む条文	制約に対する考え方	制約の程度	基準
第12条【自由・権利の保持の責任とその濫用の禁止】 この憲法が国民に保障する自由及び権利は、国民の不断の努力によつて、これを保持しなければならない。又、国民は、これを濫用してはならないのであつて、常に公共の福祉のためにこれを利用する責任を負ふ。	**内在的制約** 人権には、その考え方自体に含まれている限界がある 【例】 他人の生命・財産を損なう行為、他人の名誉や尊厳を傷つける行為	すべての人に保障される基本的人権において、個人の人権と人権の衝突を調整するための制約。規制は最小限度に留める	違憲かどうか、厳格に審査
第13条【個人の尊重と公共の福祉】 すべて国民は、個人として尊重される。生命、自由及び幸福追求に対する国民の権利については、公共の福祉に反しない限り、立法その他の国政の上で、最大の尊重を必要とする。			
第22条【居住・移転及び職業選択の自由】 ① 何人も、公共の福祉に反しない限り、居住、移転及び職業選択の自由を有する。	**政策的制約** 社会権の実現を保障し、社会政策上必要な措置をとる、経済の自由に関する制約 【例】 道路や空港建設のための土地収用	社会的・経済的弱者を救済するために、より広い範囲で、積極的な制約を求める	目的と内容の合理性
第29条【財産権】 ② 財産権の内容は、公共の福祉に適合するやうに、法律でこれを定める。			

↑2 日本国憲法での公共の福祉の規定

Let's Think! ## 公共の福祉から考える ～旅券返納命令

　2015年2月、新潟市に住む日本人フリーカメラマンのもとに、外務省旅券課の職員2人が訪れた。カメラマンは、シリア北部にある難民キャンプなどを取材するために、シリアに入国する計画を立てていた。これに対し、外務省は、同年、シリアに渡航した日本人が「イスラーム国 (→p.203)」に殺害されたこともあり、カメラマンに何度かシリア行きを自粛するように強く説得していた。「渡航をやめてもらいたい」という外務省職員とカメラマンとの間で押し問答が20分ほど続いた後、職員は旅券 (パスポート) 返納命令を読み上げた。カメラマンはしかたなくパスポートを職員に渡した。その後、カメラマンはこれを不服として訴訟を起こした。

🔍 戦後、旅券法の規定に基づいて返納命令が出された例はなく、海外の取材制限は表現の自由や報道の自由に抵触する可能性が指摘されている。公共の福祉の観点から、カメラマンに対する旅券返納命令は妥当かどうか考えよう。

●旅券法第19条【返納】

① 外務大臣又は領事官は、次に掲げる場合において、旅券を返納させる必要があると認めるときは、旅券の名義人に対して、期限を付けて、旅券の返納を命ずることができる。

　4 旅券の名義人の生命、身体又は財産の保護のために渡航を中止させる必要があると認められる場合

◆3 日本の旅券 (パスポート) 紺の表紙は有効期限が5年のもので、赤の表紙は有効期限が10年のものである。18歳未満は有効期限5年のものしか取得できない。

Let's Think! ## 公共の福祉から考える ～未知のウイルスによる感染拡大を防ぐ

　2020年、新型コロナウイルス感染症の世界的な拡大により、世界各国で、さまざまな対策がとられた。イギリス、フランス、アメリカなどの欧米諸国では、感染爆発が起こった地域に対して、都市封鎖 (ロックダウン) をおこない、外出に対する罰則を設けるなどして人々の行動に制約を設け、ウイルスの拡大を封じこめようとした。

　新型コロナウイルス感染症の人への感染がはじめて確認された中国では、都市封鎖で感染拡大を封じこめ、さらに、スマートフォンのアプリなどを利用して、人々の行動を監視することで、感染爆発の再発防止をおこなった。

　日本では、憲法の制約上、人権の制限をおこなえないとの考えから、都市封鎖はおこなわれなかった。その代わりに、感染拡大が起こると、緊急事態宣言を発出し、企業へのテレワークの推奨や県外への移動の自粛という「政府からのお願い」で感染拡大を抑えこもうとした。

↑4 外出制限で人の外出や移動が制限され、都市封鎖 (ロックダウン) した都市 (2020年4月、アメリカ・ニューヨーク)

🔍 今後、人命に大きくかかわる未知なるウイルスが発生し、感染拡大を防ぐためには、どのような対策をとるのが妥当なのだろうか。公共の福祉の観点から、考えよう。

用語解説 公共の福祉、二重の基準 →p.361

1 消費者の権利と責任

要点 の整理

＊ は共通テスト重要用語，■ は資料番号を示す。この節の「共通テスト○×」などに挑戦しよう

1 さまざまな契約と法

❶契約とは ■ ……申し込みと承諾で成立──→権利義務関係

❷私法の基本原則 ■ ……権利能力平等の原則，所有権絶対の原則，契約自由の原則，過失責任の原則

❸契約の無効，取消し ■
- 無効……公序良俗に反する契約，心裡留保の但書，虚偽表示
- 取消し……制限行為能力者の契約，詐欺，強迫，錯誤

2 消費者の権利と責任

❶消費者主権……どのような財・サービスを生産するかを最終的に決定するのは消費者であるという考え方

❷消費者基本法 ■ ……消費者の権利の尊重と自立の支援

❸消費者契約法 ■ ……情報の質・量，交渉力の格差を埋める──→自由で対等な私人間の契約を保障

❹特定商取引法……クーリング・オフを規定 ■

❺消費者の権利と消費者行政 ■
- 消費者の権利──┬消費者の4つの権利(1962年)：ケネディ米大統領
　　　　　　　　 └消費者の8つの権利(1982年)：国際消費者機構

❻製造物責任法のしくみ ■
- 製造物責任法……無過失責任

❼消費者市民社会 ■ ……消費者市民として社会に参加

---

1 さまざまな契約と法　契約とは何だろうか。

1 契約とは

　契約とは，法的拘束力をもつ両者の意思表示の合致である。申込みと承諾で契約が成立する。契約が成立すると，双方に**権利と義務**が生まれる(権利義務関係)。売買契約のほか，贈与契約，賃貸借契約，雇用契約(➡p.223)など，さまざまな契約がある。これらはいずれも意思表示が合致したといえれば，口約束であっても，また契約書を作成しなくても，契約が成立する。

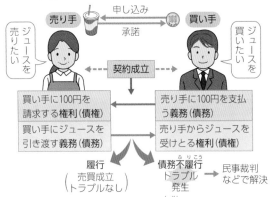

解説 **権利と義務**　自由で対等な私人(➡p.86)間で契約を結び，成立した契約はお互いに守ることで，自由な社会活動が可能となる。たとえば，売買契約が成立したら，お互いに権利と義務を果たすことで，多くの人は経済活動を安心しておこなうことができる。また，自分が事業を起こそうとするとき，金融機関(➡p.272)からお金を借りる契約を結ぶことがある。これにより，自分の思うような経済活動をすることができる。このように，契約は活動促進機能(➡p.87)をもち，社会全体の経済活動を促進しているのである。契約は，私たちが自由に生きていく上で必要不可欠なものであり，私たちの社会を豊かにするためにある。

2 私法の基本原則

原則	内容
権利能力平等の原則	すべての人は，生まれながら平等に権利をもち，義務を負う資格を有する
所有権絶対の原則	モノに対する全面的な支配権は，国家権力を含む他者から制限を受けることがない
契約自由の原則(私的自治の原則)	個人と個人の間で結ばれる契約については，国家が干渉せず，それぞれの個人の意思を尊重する。 ●契約の相手を決める：誰から購入するか？ ●契約の内容を決める：何を購入するのか？ ●契約を結ぶか決める：購入？購入しない？ ●契約の方法を決める：口約束？書面？
過失責任の原則	自己の行為が他人に損害を生じさせた場合であっても，故意または過失がない限り，賠償の責任を負う必要はない

⬆■私法の基本原則　権利能力平等の原則，所有権絶対の原則，契約自由の原則，過失責任の原則は**近代民法の原則**といわれる。

解説 **契約自由の原則**　近代社会は，私人間でなされた法律行為には国家が干渉せず，個人の意思を尊重することが原則である。これは**私的自治の原則**とよばれ，代表例として**契約自由の原則**がある。契約を結ぶとき，契約内容，契約相手，契約形式，契約締結といったことは，すべて自由である。このような契約自由の原則は，市民革命以降の近代市民社会で確立した。近代市民社会には，「自分がもっているものや自分で手に入れたものは，自分のものである。そして，自分のものはたとえ国王であろうと不当に取り上げることは許されない」という考え方がある。この考え方を**所有権**(➡p.60)という。所有権をもつ自由で対等な市民がものを売ったり，買ったりすることで社会は発展してきた。このような過程で，私人間でなされた法律行為には国家が干渉せず，それぞれの個人の意思を尊重する私的自治の原則が確立してきたのである。

自動販売機にお金を入れてジュースを買うとき，どれが申し込みにあたるのだろうか。
❶自動販売機を設置したとき　❷お金を入れ終わったとき　❸ボタンを押したとき　❹ジュースが出てきたとき

3 契約の無効，取り消し

無効	●**公序良俗違反**：社会一般の人々が守るべき秩序や，社会の一般的道徳観念に反するような契約 ●**心裡留保**（但し書）：相手が意思表示をしているが，その意思表示を本当に実行しようとする気がないことを知りながらした契約 ●**虚偽表示**：相手方と通じて真意ではない意思表示をした契約
取消し	●**錯誤**：勘違いなどで本当に思っていることと意思表示が同じでない場合にした契約 ●**詐欺**：相手にだまされてした契約 ●**強迫**：相手に脅されてした契約 ●**制限行為能力者（未成年）**がした契約

解説 **無効や取消しになる契約** 契約は，一度結んだら原則として守らなければならない。しかし，成立しても**無効**となる契約もある。たとえば，裏口入学の契約や身体の一部を売買するような契約は公序良俗に反するとして無効となる。また，借金のある人が自分の家を差し押さえられることを逃れるために，友だちに家を売ったことにして，差し押さえられないようにした契約などは虚偽表示にあたり，無効となる。ただし，簡単に契約を無効にすると相手は困ってしまうので，民法では一定の範囲に限っており，実際の裁判では裁判官の判断に委ねられる。契約の**取消し**についても，民法で定められている。未成年が小遣い程度以上の契約を結ぶ場合は，保護者（法定代理人）の同意がなければ契約することができない。契約したとしても本人や保護者の申し出によって取消すことができる（**未成年者取消権**）。

TOPIC 契約成立はいつ？

契約成立の有無が争点になった裁判がある。2002年，ある男性が場外馬券売り場で，競馬の投票カードと1万5,000円を自動券売機に入れた。しかし，紙幣が詰まって発券されず，職員をよんで自動券売機を点検しているうちに，レースの出走時刻となった。レースは男性の予想が的中し，購入できていれば17万1,500円（171.5倍）の高配当だった。

男性側は，「現金とカードを入れた時点で契約は成立した」と主張して損害賠償を求め，日本中央競馬会側は「投票券が発券されるまでは，契約は成立しない」と反論した。2003年に大阪地方裁判所は，「現金・投票カードの投入が契約の申し込みにあたる。自動券売機が投票券の発券に向けて作動を開始し，その後は購入者において購入を撤回できなくなる時点が，承諾にあたる。そのため，この事例の売買契約は成立していない」とした。

なお，競馬などの公営ギャンブルの投票券の購入は20歳以上である点に注意しよう。

2 消費者の権利と責任

消費者に関する法は，なぜ，あるのだろうか。

1 消費者基本法

1968年 消費者保護基本法制定……事業者を規制することで消費者を保護しようとした

↓ 規制緩和や企業の不祥事の続出，消費者トラブルの急増と内容の多様化・複雑化

2004年 消費者基本法公布・施行（消費者保護基本法を改正）……この法律は，「消費者と事業者との間の情報の質及び量並びに交渉力等の格差」をふまえ，「消費者の権利の尊重及びその自立の支援その他の基本理念」を定め，「国民の消費生活の安定及び向上を確保すること」を目的としている

●**行政（国・地方公共団体），事業者，消費者の責務**
①行政は，消費者政策を推進する
②事業者は，商品や役務について，消費者の安全と取り引きの公正の確保，消費者への情報提供，消費者の知識などへの配慮，適切な苦情処理，行政の消費者政策へ協力をする
③消費者は，みずから消費生活に関する必要な知識を修得し，情報収集など，自主的かつ合理的に行動するように努め，環境の保全・知的財産権などの保護に配慮するよう努める

解説 **消費者の自立の支援** 消費者基本法は，消費者の権利の尊重と自立の支援を消費者政策の柱にしている。また，消費者の権利として，安全が確保される権利，選択の機会が確保される権利，必要な情報が提供される権利，教育の機会が提供される権利などが規定されている（第2条）。

2 消費者契約法

消費者契約法のおもな効果と限界

名称	効果と限界
原野商法	「必ず値上がりします」といわれて買った場合，契約を取り消すことができる
事故車の購入	事故車ではないと偽って説明を受け，購入した場合，契約を取り消すことができる
訪問販売	「帰ってください」といったにもかかわらず，勧誘を続けられて根負けし，教材などを買わされた場合，契約を取り消すことができる
SF（催眠）商法 **デート商法** SF：新製品普及会という業者がはじめた方法	「帰りたい」といったにもかかわらず，その場に閉じこめられて契約をした場合は，その契約を取り消すことができる。しかし，SF商法やデート商法のように，近くの事務所や喫茶店にまでついて行って高価な商品を買わされた場合，この法律では対処できない
インターネットオークション	この法律の対象は事業者対消費者であり，インターネットオークションのような消費者間の契約は対象外である

解説 **1年以内は有効** 消費者契約法による契約の取り消しは，クーリング・オフ（●p.110）と違って，1年以内は有効である。しかし，契約を取り消したとしても，もし，事業者が裁判で争った場合，立証責任は消費者の側にあることも忘れてはならない。そのため，「必ず値上がりします」といわれたとしても，録音や書面などの証拠がなければ，裁判で勝てない。2006年の消費者契約法の改正では，一定の消費者団体に事業者への差し止め請求を認める（消費者団体訴訟制度）など，消費者被害の発生や拡大を防止するための制度が加えられた（2007年施行）。

3 特定商取引法とクーリング・オフ

(1)クーリング・オフができる取り引き

訪問販売などの強引なセールスによって，消費者が十分に考える余裕も時間もないまま，申し込みや契約をしてしまったときは，**クーリング・オフ**(Cooling Off)ができる。「頭を冷やして，よく考える制度」で，損害賠償・違約金を支払う必要はない。なお，店に出向いて購入した場合や通信販売で購入した場合などは，クーリング・オフできない。

訪問販売	店舗外での，原則すべての商品・役務の契約	8日間
電話勧誘販売	業者からの電話での，原則すべての商品・役務の契約	8日間
連鎖販売取引	マルチ商法による取引。店舗契約を含む	20日間
特定継続的役務提供	エステ・外国語会話教室・学習塾・家庭教師・パソコン教室・結婚相手紹介サービスの継続的契約。店舗契約を含む	8日間
クレジット契約	店舗外での原則すべての商品・役務のクレジット契約	8日間

(2)クーリング・オフのしかた(会社に通知文を送付)

はがきの場合は，簡易書留で送る。その際，両面のコピーをとっておく。コピー，送付したときの受領証，契約書は必ず保管しておく。**内容証明郵便**は，通知文の内容や送付した日付を郵便局が証明するもの。この場合も自分用の控えなどを必ず保管しておくこと。

```
          通知書

私は，貴社と次の契約をしま
したが，解除します。

契約年月日  ○○年○月○日
商品名    ○○○○

私が支払った代金は返金して
ください。
受け取った商品はお引き取り
ください。
      ○年○月○日
     東京都×区×町×丁目×番×号
     株式会社××××  御中

東京都○区○町○丁目○番○号
           (氏名)○○○○
```

クーリング・オフの方法

本来，商品の購入意思を示すことで契約は成立するが，訪問販売などの不意打ち的な取り引きに際して，消費者に熟慮する機会を与えるため，契約締結後も一定期間，内容証明郵便などの書面で契約の解除を伝えることにより，一方的に契約を解除することができる。

解説 **自立した消費者になろう**　特定商取引法は，訪問販売や通信販売などにおいて，企業が守るべきルールとクーリング・オフなどの消費者を守るルールを定めている。クーリング・オフは，消費者が購入契約をした後，一定の期間内であれば，理由なしに解約ができる制度である。クーリング・オフは，特定商取引法のほか，分割払いによる商品の購入について定めた割賦販売法などに規定がある。

このような制度がある背景には，突然来訪したセールスマンや街角でよびかけられて勧誘された場合，冷静に判断する余裕もなく契約するなど，情報力や知識のない消費者にとっては不利な場合が多く見られるためである。そのため，特定の取り引きに限って，契約後でも一定の期間，消費者に考える期間を与えている。こうした制度は，自由で公正な契約を実現するために，契約自由の原則を一部修正したもので，あくまで例外である。一度結んだ契約は，互いに守るのが契約自由の原則である。契約はよく考えて責任をもって締結する必要がある。

4 消費者の権利と消費者行政

(1)消費者の8つの権利

①生活の基本的ニーズが満たされる権利
②安全である権利
③知らされる権利
④選ぶ権利
⑤意見を反映される権利
⑥救済を受ける権利
⑦消費者教育を受ける権利
⑧健全な環境のなかで働き生活する権利

↑ケネディ
(1917～63)

解説 **消費者の権利と責任**　消費者の権利については，1962年にケネディ米大統領が提唱した**消費者の4つの権利**(安全であることの権利，知らされる権利，選ぶ権利，意見が反映される権利)が有名である。この考え方を背景に消費者運動が展開され，1982年に国際消費者機構(CI)は，消費者が負うべき責任についても明示した消費者の8つの権利を提唱した。

(2)日本の消費者行政

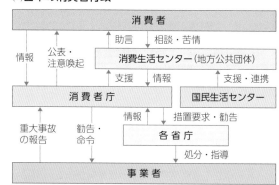

解説 **消費者支援のために**　消費者の権利の尊重，消費者の自立の支援を目的として，消費者が安心して安全で豊かな消費生活を営むことができる社会の実現をめざす国の機関が，**消費者庁**(2009年発足)である。消費者庁が所管するものとして国民生活に関する情報の提供をおこなう**国民生活センター**(1970年発足)がある。また，地方公共団体では**消費生活センター**(2009年発足)が消費者の相談窓口となっている。

TOPIC　多いSNSでの消費者トラブル

近年の消費者トラブルはSNSをきっかけとしたものが多い。消費生活センターなどによると，「SNSで広告のあったオーディションに合格したが，高額な講座を契約させられた」，「SNSで知りあった女性とやりとりして多くのお金をだまし取られた」，「チケットを譲るとの書きこみを見て支払いをしたが，チケットが届かない」などのSNSでのトラブルがみられる。

このようなトラブルに巻きこまれたときは，消費者ホットラインに相談しよう。

消費者ホットライン　188番
(全国共通の電話番号。土日・祝日もつながる)

消費者ホットラインに電話すると，消費生活センターなどの最寄りの相談窓口を案内してくれる。また，日本司法支援センター(法テラス，→p.119)や，各都道府県の弁護士会のウェブサイトを見て相談することもできる。

5 製造物責任（ＰＬ）法のしくみ

ＰＬ法

商品の欠陥で被害を受けた

消費者は「商品の欠陥」だけを立証すればよい

原因究明外紛争処理機関 ← 裁判

欠陥の有無だけ審理

裁判は短期

メーカーが欠陥を認めて損害賠償を支払い

欠陥あり（損害賠償支払い）　　欠陥なし（損害賠償なし）

ＰＬ法導入後の責任要件の違い

民法709条
①損害＋加害者の故意または過失
②損害と故意または過失の因果関係

ＰＬ法
①損害＋製品の欠陥
②損害と欠陥の因果関係

欠陥の事例

製造上の欠陥	大量生産品のうち設計図面通りでない不具合品（いわゆる不良品）
設計上の欠陥	他社が採用している安くて使いやすい安全装置を採用し損ねたもの
指示・警告上の欠陥	一見して気がつかない危険が製品にある場合，その危険性を利用者に気づかせたり，危険を回避する策を伝える警告やマニュアルがなかったりするもの

解説　**無過失責任**　近代民法の原則（●p.108）には，**過失責任の原則**がある。そのため，本来は故意または過失がなければ，責任をとる必要はない。**製造物責任法（ＰＬ法）**の施行以前は，企業に故意または過失があったことを証明しないと，損害賠償の請求ができなかった。しかし，1995年に製造物責任法が施行され，製品の欠陥によって生命や身体，財産に損害を被った場合，企業は故意や過失がなくても損害賠償責任が問われることとなった。これを**無過失責任**という。

なお，「欠陥」には，「製造上の欠陥」「設計上の欠陥」「指示・警告上の欠陥」がある。こうした欠陥によって消費者に損害が発生した場合は，製造者の責任が問われる。

6 消費者市民社会

消費者市民社会の構築

消費者がもつ影響力の理解	持続可能な消費の実現	消費者の参画・協働
消費者行動をとおして市場に影響をおよぼす	公正な価値観に基づいて，環境や平和，人権を守る	意見を表明したり，他者と連携して地域や社会の問題を解決する
●商品の購入のしかた ●商品使用後の廃棄や再利用のしかた	●環境や社会にやさしい生き方・生活習慣	●協働・助けあい・見守り ●意見・要望の表明による問題の解決
経済的市民	倫理的市民	政治的市民

消費者市民として批判的に思考する・社会参加する

●自分のことだけでなく，地域や社会のことを考えて行動する
●自分のための行動が，地域や社会のためにもなる

?　ファストフード，格安コーヒー，ファストファッションはどこで，誰が生産しているのだろうか。生産・流通の過程を調べよう。

解説　**持続可能な社会の形成に向けて**　消費者市民社会は，消費者みずからが，現在および将来の世代にわたって社会経済情勢や地球環境に影響をおよぼし得ることを自覚して消費行動をする社会を意味する。また，消費者の行動により，公正で持続可能な社会の形成に進んで参画する社会をさす。消費者市民社会の形成を明確に位置づけたものが**消費者教育推進法**で，消費者教育の理念を示す。主体的な消費者として社会参加を促し，悪質な事業者を市場から駆逐したり，環境配慮型の商品やフェアトレード商品（●p.324）を選択したりするなど，消費者の社会的影響力によって持続可能な社会の実現をめざそうとするものである。欧米の消費者教育の考え方を源流とする。消費者市民社会の形成については，消費者が各自の社会的課題の解決を考慮したり，そうした課題に取り組む事業者を応援しながら消費活動をおこなう**エシカル消費**も注目されている。

Let's Think!　**NHKとの契約は承諾がなくても成立する？**

　NHK（日本放送協会）が，受信契約を結ばない男性に受信料の支払いを求めた裁判があった。2006年に自宅にテレビを設置した男性は，2011年にNHKから受信契約を申し込まれたが，受信契約と受信料の支払いを拒み続けていた。NHKは，「協会の放送を受信することのできる受信設備を設置した者は，協会とその放送の受信についての契約をしなければならない」と定める放送法をもとに，NHKからの申し込みだけで契約が成立するとして，男性の支払いを求めて裁判を起こした。

　2017年に最高裁判所は，「NHKからの一方的な申し込みだけで支払い義務は生じず，NHKが契約への合意を求める裁判を起こし，その勝訴判決が確定したときに契約成立となる」と判断した。さらに，「テレビ設置時からの受信料を支払う必要がある」という判決を下した。なお，「受信料制度は特定の個人や団体，国家機関の影響がNHKにおよばないよう，放送を受信できる人に公平な負担を求めるものである」，「テレビがあれば受信契約を義務づける放送法の規定は，国民の知る権利（●p.102）を守るために契約を強制するもので，憲法に違反しない」ということもあわせて示している。

　契約当事者の申し込みと承諾という意思表示の合致がなくても契約が成立するというこの判決は，大きな反響をよんだ。

NHK受信未払い訴訟をめぐる双方の主張

NHK〔原告〕　NHKからの申し込みで契約成立。受信料支払いを請求

テレビ設置後，NHK受信未契約，受信料未払い〔被告〕

	受信料の支払い	放送法の規定	受信料契約の成立
NHK	義務	合憲	契約しない人にNHKが申し込めば契約成立。NHKが裁判を起こす必要はない
男性	義務ではない	憲法違反	契約しない人にNHKが申し込んでも契約は成立しない
最高裁判決	義務	合憲	NHKが裁判を起こし，勝訴が確定すれば，契約成立

?　最高裁判所は，受信契約の成立時期と受信料支払義務の始点を，どの時点と判断したのだろうか。最高裁の判決について，問題はないのだろうか。

18歳成年と契約 頻出

ゼミナール

　2022年4月から成年（成人）年齢が18歳以上に引き下げられた。高校生のなかには，法的に「おとな」とみなされる人も出てくる。成年になればできることや，18歳成年と契約の関係について考えよう。

世界の成年（成人）年齢

18歳	イギリス，ドイツ，フランス，ロシア，中国，インド，アメリカ（カリフォルニアなど47州と首都ワシントン），日本（2022年4月より）
19歳	韓国，アメリカ（アラバマ州，ネブラスカ州）
20歳	タイ，ニュージーランド
21歳	シンガポール，アメリカ（ミシシッピ州）

18歳で「成人」にふさわしい「おとな」になったか

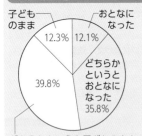

子どものまま　12.3%
おとなになった　12.1%
どちらかというとおとなになった　35.8%
どちらかというと子どものまま　39.8%

（日本財団「18歳意識調査～18歳成人・18歳の価値観」，2022年1月調査）

　成年になれば，右の表のことができる。18歳を「おとな」と考えるだろうか。17～19歳の男女を対象とした左の調査によると，50%以上が18歳の自分はまだ「子ども」と認識していた。しかし，18歳以上は法的には「おとな」として扱われる。なぜ，18歳で成年になることになったのだろうか。

？　「18歳ではできないこと」について，なぜ，できないのだろうか。理由を考えよう。

18歳になったらできること

結婚	男女とも18歳で可能
契約	18歳であれば，親の同意がなくても，以下のような契約が可能 ●ローンを組む　●クレジットカードをつくる ●携帯電話を契約する　●雇用関係の契約を結ぶ
パスポート	5年有効パスポートだけでなく，18歳以上であれば，10年有効パスポートも取得可能
国家資格	18歳以上であれば，公認会計士や司法書士，医師，薬剤師などの資格取得が可能
性別変更の申し立て	18歳以上であれば，性同一性障害のある人が，性別取り扱いの変更審判を受けることが可能
選挙権	18歳以上であれば，投票可能
普通自動車免許	18歳以上であれば，取得可能

18歳ではできないこと

×飲酒，喫煙の禁止（20歳以上）
×公営ギャンブル（競馬，競輪，競艇など）の投票券の購入（20歳以上）
×養子を迎える
×大型・中型自動運転免許の取得
×国や地方での選挙の立候補

18歳で成年に

　日本では，1896（明治29）年の民法制定以来，20歳で成年とされてきた。明治時代以前は，家社会の名残りで15歳前後が子どもからおとなへの境目だったといわれる。しかし，明治政府は欧米諸国が21～25歳を成年としていたこと，奈良時代の大宝律令の頃は数え年21歳を成年としていたことなどを勘案して，20歳を成年としたのである。

　近年，憲法改正のための国民投票（→p.142）の投票権年齢や公職選挙法（→p.125）の選挙権年齢などが18歳と定められ，18歳以上の人が政治参加する制度が整備されてきた。民法においても，18歳以上をおとなとして取り扱うのが適当ではないかという議論がされるようになった。海外でも，成年年齢を18歳とするのが主流となっている。これらの要因から，2022年4月に成年年齢が18歳に引き下げられた。成

年年齢を18歳に引き下げることは，18歳と19歳の自己決定権（→p.104）を尊重するものであり，その積極的な社会参加を促すことになると期待されている。

18歳成年の意味

　18歳成年にともなって，①契約における未成年者取消権がなくなること，②親権の対象でなくなること，という大きな変化がある。これは，民法が定める能力をすべて備えているということを意味する。つまり，契約などの法律行為を自分でできて，その責任をとれる能力があるとみなされるのである。

成年年齢に達すると

●未成年者取消権がない
　未成年者は保護者の同意を得ずにおこなった契約を取り消すことができる

●親権の対象とならない
　保護者の保護がなくなる

民法の定める能力

　民法の定める能力には，権利能力，意思能力，行為能力がある。

　権利能力とは，権利をもちうる資格のことである。民法3条1項には，「私権の享有は，出生に始まる」とあり，人は生まれたときから死ぬまで，権利義務の主体になるとされている。つまり，権利をもつ資格が認められるのは，生まれたときからである。生物的なヒトである以上，「すべての人が権利義務の主体である」，いいかえれば，「奴隷

行為能力（民法第4条など）
契約などの法律行為をするに足る能力
未成年者，成年被後見人などは制限

意思能力（民法第3条の2）
法律上の判断ができる能力
幼児（6，7歳未満）や著しい精神障害者にはないとされる

権利能力（民法第3条）
権利をもちうる資格
人（出生～死亡）は，誰でももつ

資格商法（行政書士や旅行業務取扱管理者等の資格を取得するための講座） 電話で「受講すれば資格が取れる」などと執拗な勧誘をし，講座や教材の契約をさせる。以前の契約者に「資格が取得できるまで契約は続いている」，逆に「契約を終わらせるための契約を」といって再度別の契約をさせる二次被害が増えている	**ネズミ講**（金銭，有価証券などの配当） 後から組織に加入した者が支出した金銭を，先に加入した者が受け取る配当組織。「無限連鎖の防止に関する法律」によって，金銭に限らず有価証券なども禁止されている。インターネットやメールを利用して勧誘するケースが増え，「マネーゲーム」と称する場合もある
アポイントメントセールス（アクセサリー，複合サービス会員，絵画） 「抽選に当たったので景品を取りに来て」「特別モニターに選ばれた」などと有利な条件を強調して電話でよび出し，商品やサービスを契約させる 「イタリア8日間の旅」に当選されました。〇月〇日に△△までお越しください……	**アンケート商法**（化粧品，美顔器，エステ） 「アンケート調査」を口実に近づき，「このままではシミ・シワになる」などと不安をあおって化粧品を売りつけたり，商品・サービスを売りつける アンケートに答えてくれたらプレゼントがあるよ。
キャッチセールス（化粧品，美顔器，エステ，絵画，映画鑑賞券） 駅や繁華街の路上で，無料エステや絵画展などの名目でよび止め，喫茶店や営業所に連れて行き，契約に応じない限り帰れない雰囲気にして商品やサービスを買わせる	**ネガティブ・オプション**（雑誌，ビデオソフト，新聞，単行本） 商品を一方的に送りつけ，消費者が受け取った以上，購入しなければならないと勘違いして支払うことをねらった商法。代金引換郵便を悪用したものもある。福祉目的をうたい，寄付と勘違いさせて商品を買わせることもある 世の中には立派な人がいるわ。障害者施設に車いすをプレゼントするため，このマフラーを2,000円で買ってほしいだなんて！
無料商法（電話情報サービス，エステ，化粧品） 「無料招待」「無料サービス」「無料体験」など「無料」を宣伝文句にして，人を集め，高額な商品やサービスを売りつける	
マルチ商法（健康食品，美顔器，浄水器，化粧品） 販売組織に加入し，購入した商品などを知人などに売ることによって組織に勧誘し，加入者を増やすことによってマージンが入るとうたう商法。勧誘時のもうけ話と違って思うように売れず，多額の借金と商品の在庫をかかえることになる	**催眠（SF）商法**（布団類，電気治療器，健康食品） 「くじに当たった」「新商品を紹介する」といって人を集め，閉め切った会場で台所用品などを無料で配り，得した気分にさせ，異様な雰囲気のなかで，最後に高額な商品を売りつける
点検商法（床下換気扇，布団，浄水器，耐震工事） 点検するといって家に上がり込み，「床下の土台が腐っている」「布団にダニがいる」「白アリの被害がある」などと不安をあおって新品や別の商品・サービスを契約させる	**デート商法**（アクセサリー，絵画） 出会い系サイトや電話，メールを使って近づいてきて，巧みに「デート」を装い，異性間の感情を利用して商品を購入させる商法。契約後，デートの相手とは連絡がとれなくなることが多い
架空請求（有料サイト，出会い系サイト，コンテンツ料金） 利用した覚えがないのに，「有料サイトの利用料」など架空のサービス利用料金を請求して，金銭をだましとろうとする。メールや郵便物などで請求する。公的機関の名称を騙る場合もある	

↑**1** おもな問題商法（悪質商法）一覧（国民生活センター資料ほか）

など権利の客体となるヒトを認めない」ということを宣言しているのである。

意思能力とは，法律上の判断ができる能力のことである。つまり，自分の行為の結果を認識するに足るだけの精神能力をもっているかどうかで，意思能力があるかどうか判断される。6，7歳までの幼児や著しい精神障害者にはないとされる。民法には，意思無能力者のおこなった行為は無効であると定められている。

行為能力とは，契約など法律行為をするに足る能力のことである。未成年者や成年被後見人などは制限され，法定代理人の同意を得ないと行為することができない。そのため，行為能力がないとされる18歳未満には，未成年者取消権があるのである。

労働契約をよく読もう

労働基準法（→p.221）では，年少者の保護規定がおかれている。たとえば，正社員やアルバイトにかかわらず，労働契約が未成年者に不利と認められる場合，親権者が労働契約を解除できる（労働基準法第58条2項）。しかし，18歳や19歳の人はこの対象外になる。そのため，「大学の試験期間中も休ませてくれない」といった学業に悪影響をおよぼす「ブラックバイト」などの被害を受けないように，大学生になってアルバイトを決めるときは，事前のリサーチが重要となる。

消費者，労働者，生活者，有権者としての18歳

18歳になると，消費者としては自由に契約ができるようになる一方，未成年者取消権がなくなる。そのため，18歳で成年になりたての若者が消費者被害にあう事例が多い。たとえば，どんなにお世話になった先輩であっても，図1のマルチ商法に誘われたときなどは，断ることが必要である。

このほか，労働者としては，18歳になると保護者の同意なく雇用契約を結ぶことができるようになる一方，労働基準法の保護規定から外れる。生活者としては，18歳になると親権に服さなくなる。結婚や民事裁判の提訴，パスポート変更などが自由にできる。そして，有権者としては，18歳になると国や地方の選挙に投票することができる。

このように，18歳になると社会に生きる「おとな」として自覚ある行動が求められる。

？
①民法が定める成年年齢には，どのような意味があるのだろうか。
②18歳成年で，どのようなことが変わり，どのようなことが社会として期待されているのだろうか。
③成年になることで，自分にとって，よいこと・注意しなければならないことは何かを，考えよう。

用語解説 契約 →p.361

1 裁判所と人権保障

要点 の整理

＊□□□は共通テスト重要用語，■ は資料番号を示す。この節の「共通テスト○×」などに挑戦しよう☝

1 司法権の独立

❶司法のはたらき……社会における具体的な紛争を法に基づいて解決する

❷裁判所の独立 ■……司法権は裁判所（最高裁判所と下級裁判所）のみに属する（憲法第76条1項）
　　　　　　特別裁判所の禁止（例：戦前の軍法会議）。行政機関による終審裁判の禁止（憲法第76条2項）

❸裁判官の独立 ■〜■……良心に従い独立して職権行使，憲法および法律にのみ拘束される（憲法第76条3項）
　　　　　　裁判官の身分保障（憲法第78条）

❹司法権の独立が問題となった事例 ■
　●大津事件……政府がロシアとの外交問題に配慮して裁判に干渉（行政府の干渉）
　●浦和事件……参議院法務委員会が国政調査権で裁判の量刑について干渉（立法府の干渉）
　●平賀書簡事件……担当裁判官の上司が書簡で訴訟判断に干渉（司法府内部からの干渉）

2 裁判制度

❶裁判の種類 ■〜■……民事裁判，刑事裁判，行政裁判

❷裁判所の構成 ■……三審制　┌家庭裁判所
　最高裁判所──高等裁判所─┼地方裁判所──簡易裁判所

❸裁判公開の原則……対審および判決は公開の法廷でおこなう
　　　　　　政治犯罪，出版に関する犯罪，国民の権利（憲法第3章）が問題となった事件の対審は必ず公開
　対審の非公開……裁判官が全員一致で公序良俗を害する恐れありと判断した場合

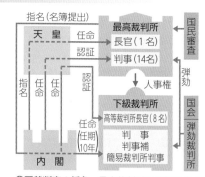

➡■最高裁判所大法廷
最高裁判所長官1名
と最高裁判所裁判官
14名で構成される。

3 憲法の番人

❶違憲審査権 ■……明治憲法には規定なし。アメリカの司法制度導入
　●対象……一切の法律，命令，規則または処分
　●行使……具体的事件に付随して行使（付随的違憲審査制または具体的審査制）
　●限界……統治行為論，司法消極主義

4 司法制度改革 ……国民の司法参加，法曹人口の増加と法曹養成制度

❶国民の司法参加 ■■…… 裁判員制度（日本），陪審制（アメリカ，イギリスなど），参審制（ドイツ，フランス，イタリアなど）

❷日本司法支援センター（法テラス）■……民事法律扶助（無料法律相談，弁護士費用の立て替えなど），刑事事件における
国選弁護人・少年事件における国選付添人の派遣に関わる事務，犯罪被害者支援などを実施
　＊日本弁護士連合会は，被疑者の求めに応じて弁護士を派遣する当番弁護士制度を設けている（1回のみ無料）

❸裁判外紛争解決手続法（ADR法）■……和解，斡旋，仲裁，調停など，裁判によらない紛争解決を推進

---

1 司法権の独立 司法権の独立を守るしくみには，どのようなものがあるのだろうか。

1 司法権の独立

司法権の独立

裁判所の独立（国会・内閣からの独立）

すべて司法権は最高裁判所及び下級裁判所に属する（憲法第76条1項）

特別裁判所の設置の禁止（憲法第76条2項）

行政機関による終審裁判の禁止（憲法第76条2項）

最高裁判所の規則制定権（憲法第77条）

違憲法令審査権（憲法第81条）

裁判官の独立

裁判官の職権の独立（憲法第76条3項）

裁判官の身分保障（憲法第78条）

裁判官の経済的保障→相当額の報酬と減額の禁止（憲法第79条6項，第80条2項）

指名（名簿提出）
天皇　任命　認証
　指名　任命　任命
内閣
任命（任期10年）

国民審査
最高裁判所
長官（1名）
判事（14名）
人事権
下級裁判所
高等裁判所長官（8名）
判事
判事補
簡易裁判所判事
弾劾
国会 弾劾裁判所

➡■裁判官の任免　最高裁判所の裁判官（長官以外）は，内閣が任命する。下級裁判所の裁判官は，最高裁判所が指名（名簿提出）し，内閣が任命する。

解説 司法権の独立が問題となった事例〜大津事件　1891（明治24）年，訪日中のロシア皇太子が滋賀県大津市で，巡査津田三蔵に襲撃され，負傷する事件が発生した。これに対し，当時の政府は，担当裁判官に皇族に対する罪として，死刑判決を出すように圧力をかけた。しかし，当時の大審院長（現在の最高裁判所長官にあたる）児島惟謙は，当該裁判官に法律どおりに通常の謀殺未遂罪を適用するよう説得し，津田巡査は通常の手続きにより，謀殺未遂で無期徒刑（無期懲役）に処せられた。これ以降，明治政府による裁判への介入はなくなり，児島惟謙は司法権の独立を守り，政治の介入を退けた「護憲の父」として評価された。ただし，現在では，個々の裁判官が独立して裁判をするという観点からは，大審院長が裁判官に影響を与えたということで，裁判官の独立に関して問題が指摘されている。

❓ 司法権の独立が脅かされるのは，どのようなときだろうか。

2 裁判官の身分保障 出題

- **●基本的な身分保障**
- (1)裁判官は，定期に相当額の報酬を受ける。在任中はこれを減額することができない。
- (2)裁判官の懲戒は裁判によっておこなわれる。
- **●裁判官が辞めなければならない場合**
- (1)定年（最高裁・簡易裁判所は70歳，このほかは65歳）。
- (2)裁判により，心身の故障のため，職務をとることができないと決定された場合。
- (3)弾劾裁判所で罷免の宣告を受けた場合。
- (4)最高裁判所の裁判官は，国民審査で投票者の多数が罷免を可とした場合。
- (5)任期終了後，再任を拒否された場合。

弾劾裁判（→p.147）によるおもな罷免判決

帯広簡裁判事（1956）	白紙令状への署名押印，書記官に令状を発行させた
京都地裁判事補（1977）	三木首相への謀略電話の録音テープを記者に聞かせた
東京地裁判事補（1981）	破産管財人などから収賄
大阪地裁判事補（2013）	電車内での女性への盗撮行為

解説　裁判官の独立のために　日本国憲法では，裁判官は法とみずからの良心にのみ基づいて裁判をすると定められ，それを担保するために裁判官の身分保障が定められている。そのため，裁判官を罷免するためには，**弾劾裁判，国民審査**などによらなければならない。裁判官が弾劾裁判で罷免されたのは7件で，国民審査での罷免例はない（2023年11月現在）。一方で，裁判官の任期は10年で，10年ごとの再任が憲法で認められている。再任拒否された裁判官は事実上罷免となるが，再任の可否は最高裁判所の裁量とされている。そのため，裁判官が最高裁判所の意向を忖度するようになり，個々の裁判官の独立が守られないのではないかという懸念もある。

3 国民審査

最近の国民審査の結果　第25回（2021.10.31）

	罷免を可とするもの（×印をつけた票）	不信任投票率
深山 卓也	4,473,315票	7.8%
岡 正晶	3,544,361票	6.2%
宇賀 克也	3,911,314票	6.8%
堺 徹	3,539,058票	6.2%
林 道晴	4,397,748票	7.7%
岡村 和美	4,149,807票	7.3%
三浦 守	3,813,025票	6.7%
草野 耕一	3,821,616票	6.7%
渡邉 惠理子	3,468,613票	6.1%
安浪 亮介	3,384,687票	5.9%
長嶺 安政	4,138,543票	7.2%

国民審査の投票用紙には，辞めさせたい裁判官に「×」をつける。

解説　裁判と民主主義　最高裁判所の裁判官は，任命後はじめておこなわれる衆議院議員総選挙の際に，**国民審査**に付される。その後も10年ごとに国民審査に付され，投票者の過半数が罷免を可とするとき，裁判官は罷免される。しかし，国民審査で罷免された裁判官はいない（2023年11月現在）。国民審査は，弾劾裁判（→p.147）とは異なり，罷免の理由が明らかにならず，政治的キャンペーンに使われる恐れもある。制度の趣旨と本質を国民がよく理解することが求められる。

4 弁護士の役割

　日本の法律実務家は裁判官・検察官・弁護士で，この三者を**法曹**という。法曹になるためには，司法試験に合格しなければならない。法曹は「国民の社会生活上の医師」とよばれることもあり，なかでも弁護士には，市民の一番近くで相談を受ける「頼もしい権利の護り手」であることが期待されている。

裁判	民事事件（→p.117）	当事者の代理人として，交渉・示談・調停・裁判などをおこなう
	刑事事件（→p.117）	被疑者・被告人の弁護人となる。国の選任で**国選弁護人**（弁護士費用のない被疑者・被告人に国費でつける弁護人）となることもある
	少年審判	付添人として少年の弁護をおこなう
裁判以外		●裁判所の選任で破産管財人などの仕事をする。企業・官庁に雇われて，法律担当者としてはたらく
		●最近では，外国の弁護士資格をとり，渉外事件を扱う弁護士や外国人の弁護士も増えている

解説　社会正義のために　「弁護士は，基本的人権を擁護し，社会正義を実現することを使命とする」（弁護士法第1条）と定められている。そのため，弁護士は，社会正義を実現するために，さまざまな人権侵害の救済・予防のために活動している。被疑者段階で弁護人をつけるための**被疑者国選弁護人**（→p.96）や各種の人権侵害110番などの取り組み，立法の提言などの活動は社会的弱者を救済する大きな役割を果たしている。

TOPIC 裁判傍聴をしよう

　裁判は原則公開であるので，いつでも傍聴ができる。身近な地方裁判所の支部などに行ってみよう。ただし，話題になっている事件や大事件の場合は傍聴券がなければ入れないことがある。

　入口近くにその日の裁判の予定が記された開廷表があるので，それを見て傍聴する法廷を決めることもできる。原則として，①写真撮影・録音・録画は禁止，②携帯電話が鳴らないようにしておくこと，③裁判所内では私語は慎み静粛にすること，などが求められている。このほかの注意事項は，裁判所のウェブサイトに書かれているのでチェックしよう。裁判所によっては，裁判所見学などとセットになった児童・生徒向け見学会が用意されていることもある。

　公開の裁判を受ける権利は，冤罪を防止するための重要な人権であるので，裁判が公開されている。しかし，一般には，裁かれている当事者にとっては無関係の傍聴人に見られることは苦痛であるということを忘れないようにしよう。

↑2裁判所の法廷のようす　法廷の後方が傍聴人席となっている。なお，家庭裁判所や簡易裁判所などで扱う非公開の事件（調停，審判など）は，傍聴することができない。

法

1 裁判制度と三審制

出題

裁判所の構成

最高裁判所
東京。長官と14人の判事
大法廷15人(定足数 9 人)
小法廷 5 人(定足数 3 人)

高等裁判所
8 か所(札幌・仙台・東京・名古屋・大阪・広島・高松・福岡)原則 3 人，重要 5 人の合議制

地方裁判所
50か所(北海道 4 ，各都府県 1)，支部203か所
1 人または 3 人の合議制

簡易裁判所
438か所，1 人制

家庭裁判所
地裁と同じ所に253か所
1 人または 3 人の合議制

裁判制度と三審制

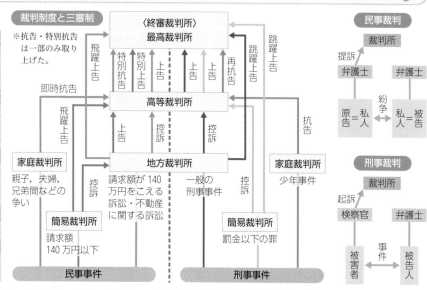

※抗告・特別抗告は一部のみ取り上げた。

民事裁判

刑事裁判

◆**控訴**：第一審裁判所の判決に不服で上級審に訴えること。
◆**上告**：第二審裁判所(控訴審)の判決に不服で上級審に訴えること。
◆**跳躍上告**(刑事訴訟)・**飛躍上告**(民事訴訟)：第一審の憲法判断に不服や憲法違反の可能性がある場合，控訴審を飛びこして上告すること。
◆**抗告**：裁判所の決定・命令に対して不服で上級の裁判所に訴えること。
◆**特別上告**(民事訴訟のみ)：民事訴訟で高等裁判所が上告審になるとき，最高裁判所に訴えること。

●**行政裁判**
　市民は，国や地方公共団体，行政機関を相手に，裁判に訴えることができる。特に，公権力による国民の権利侵害を救済するための裁判を行政訴訟といい，行政事件訴訟法による裁判となる。裁判所が行政裁判をおこなうことで，行政に対する違憲審査ができ，「法の支配(➡p.70)」が実現される。2004年には，行政事件訴訟法が権利救済を進める方向に改正された。朝日訴訟(➡p.97)，衆議院議員定数訴訟(➡p.118)などは行政訴訟である。

解説 **公正な裁判のために**　下級審の判決に不服があれば，上級の裁判所に控訴，上告ができ，これを**三審制**という。なお，刑が確定した後でも新たな証拠が発見された場合，**再審**の制度がある。最高裁判所への上告が認められるのは，下級審に憲法違反，憲法解釈の誤り，重大な事実誤認がある場合などである。最高裁判所には，全裁判官15人の合議による大法廷と 5 人の裁判官の合議体である小法廷がある。最高裁判例の変更や，法令などの憲法審査は大法廷でおこなわれる。

2 検察制度

検察と裁判

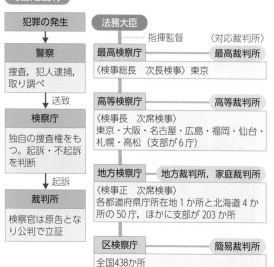

犯罪の発生 → 警察(捜査，犯人逮捕，取り調べ) → 送致 → 検察庁(独自の捜査権をもつ。起訴・不起訴を判断) → 起訴 → 裁判所(検察官は原告となり公判で立証)

法務大臣 ‥‥‥‥指揮監督〈対応裁判所〉
最高検察庁〈検事総長　次長検事〉東京 — **最高裁判所**
高等検察庁〈検事長　次席検事〉東京・大阪・名古屋・広島・福岡・仙台・札幌・高松(支部が 6 庁) — **高等裁判所**
地方検察庁〈検事正　次席検事〉各都道府県庁所在地 1 か所と北海道 4 か所の 50庁，ほかに支部が 203 か所 — **地方裁判所，家庭裁判所**
区検察庁 全国438か所 — **簡易裁判所**

検察審査会

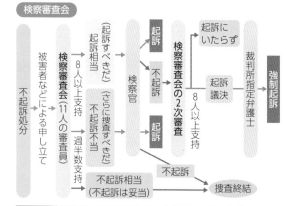

解説 **検察官**　刑事裁判を起こす(起訴する)ことができるのは**検察官**だけである。検察官は，検察庁に所属する公務員として職務をおこなう。そのため，上級検察官の指揮監督を受け，この点で裁判官と異なるが，その任命資格，欠格事由，身分保障は裁判官に準ずる。検察官の不起訴の判断に不服があれば，**検察審査会**(検察審査員は18歳以上の有権者から抽選で選出)に申し立てることができる。検察審査会が 2 度，起訴議決をした場合は強制起訴となる。

3 民事裁判の流れ

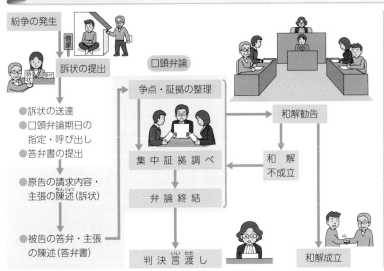

◆**和解**……裁判で判決を待つことなく，原告と被告が和解することにより，裁判が終了する場合もある。和解は判決と同一の効力をもつ

◆**強制執行手続き**……被告が判決や和解した内容を履行しない場合には，裁判所が判決や和解の内容を強制的に実現させる。たとえば，被告である債務者の不動産や預貯金の差し押さえなどがこれにあたる

◆**訴額と提訴裁判所**……訴額（請求額）が140万円をこえる場合は地方裁判所に，140万円以下は簡易裁判所に提訴する。60万円以下は少額訴訟手続きが可能で，1回の審理で判決が出る

◆**訴訟費用**……法律で定められている訴訟費用は，基本的には裁判に負けた側が負担する

解説　私人間のトラブルを解決　「アルバイト代が支払われない」，「不要な英会話教材をうっかり買ってしまったので返品したいが，相手が返品に応じない」など，私人（公的機関ではない，会社や一般人）間の法律紛争が**民事事件**である。この紛争が当事者間で解決できない場合，第三者の力を借りて解決することになる。各種の相談機関（消費者センター，市役者の担当課など）に相談したり，弁護士に相談したりするなどの方法がある。そのなかで最も強力な方法が，**民事裁判**である。裁判所に書面で訴えを起こし（訴状），相手方が書面で答え（答弁書），その内容について双方が提出した証拠を裁判所が調べる（証拠調べ）。途中で，裁判所が和解勧告をすることもあり，実際の裁判は和解で終結することが多い。和解が不調であれば，裁判所が判決で結論を出す。判決に不服があれば，控訴でき，控訴審の判決で不服があれば，上告できる。訴額（訴えの目的となる金額。請求額）によって，地方裁判所，簡易裁判所と，裁判所が異なる。一般に，裁判を自分でする場合は時間と労力が，弁護士を代理人とする場合は弁護士費用がかかる。また，判決までに時間もかかる。被害が少額の場合，誰でも簡単に裁判ができるように手続きを簡単にした少額訴訟が創設されている。

4 刑事裁判の流れ

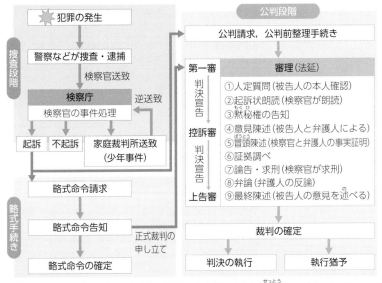

◆**公判請求**……裁判所に起訴状を提出し，法廷での審理を求めること

◆**略式命令手続き**……被疑者の同意を得て，公判を開かずに，簡易裁判所での簡略化した書面審理を請求する。比較的軽微な刑事事件に限られる

◆**即決裁判手続き**……被疑者の同意を得て，簡略な方法で証拠調べがおこなわれ，1日で判決が言い渡される。比較的軽微な刑事事件に限られ，懲役・禁錮を科す場合は，執行猶予がつく

◆**公判前整理手続き**……公判の前に，裁判官・検察官・弁護人が争点を明確にした上で証拠を絞りこみ，短期間で審理できるようにするための手続き。裁判員裁判対象事件ではすべて公判前整理手続きがなされる。しかし，重大な証拠調べが，非公開の手続きでおこなわれているという批判もある

解説　犯罪を裁く　「家に空き巣が入り，お金が盗まれた（窃盗の被害）」，「万引きで友達が捕まった（窃盗の加害）」などの事例の際は，警察や検察官といった公権力が捜査をおこなう。これが**刑事事件**である。被害者が，自分で犯人を罰することは禁止されている（自力救済の禁止）。犯人と思われる人（**被疑者**）が見つかると，刑事訴訟法が定める刑事手続きに則って，取り調べがおこなわれ，容疑が固まれば，検察官が刑事裁判を起こす（**起訴**）。刑事裁判では，検察官が起訴状を朗読し，被告人が認否をし（意見陳述），検察官が証明しようとする事実を説明し（冒頭陳述），証拠を示し，証人の話を聞き（証拠調べ），裁判官が証拠に基づいて判決を下す。刑事裁判では，検察官に証明する責任（立証責任）があり，検察官が有罪を立証できなければ，被告人は無罪であり，被告人が無罪を立証する必要はない。これは捜査権をもたない一般市民が無罪を立証することは不可能に近いためである。**裁判員制度**は，刑事裁判に市民の感覚を取り入れるためにはじまったものであるが，市民が無実の罪で有罪となることを防ぐことも，裁判員制度の役割の1つである。また，一部で取り調べの可視化（→p.96）がおこなわれ，司法取引制度（→p.96）も導入されている。

用語解説　再審，検察審査会　→p.361

5 裁判員制度

裁判員の選任

裁判員候補者名簿（本人に通知）

18歳以上の選挙権をもつ人のなかから，翌年の裁判員候補者を選ぶ
・調査票に記入
　「70歳以上や学生で辞退を希望するか？」
　「忙しい日は？」など

事件ごとに裁判員候補者を選ぶ
・公判6週間前までに呼び出し状を送付
　裁判所に来てもらう日時を連絡
・質問票に記入
　「重要な仕事や用事は？」
　「育児や介護は？」
　「裁判員に選ばれたことがあるか？」など

質問手続き（非公開）（裁判所でおこなわれる）
・一定の理由があれば断ることができる
　病気，育児，仕事など
・選ばれない候補者
　事件関係者。不公平な裁判をする恐れのある人など

除外されなかった候補者から抽選，選任

捜査・逮捕
↓
起訴
↓
公判前整理手続き
↓
公判・審理
証人や被告人に質問。証拠書類の取り調べ
↓
評議（非公開）
裁判官（3人）と裁判員（6人）
事実認定（有罪か無罪か）
量刑判断（有罪の場合の刑罰の判断）
↓
判決言い渡し

解説　市民の司法参加　司法制度改革の柱である**裁判員制度**が2009年にはじまった。裁判員制度は，殺人などの重大事件の刑事裁判の第一審でおこなわれ，18歳以上の有権者から抽選で選ばれた人が裁判員となる。裁判員と裁判官の合議で，事実認定（有罪か無罪か）と量刑（有罪の場合の刑罰）が判断され，原則として多数決で判決を決める（有罪とする場合は，裁判官，裁判員の各1人以上を含む過半数の賛成が必要）。裁判員制度には，司法を国民の身近なものとし，また，裁判をわかりやすく，迅速におこなうことで司法への信頼を高める目的がある。

6 少年法

少年事件手続きの流れ

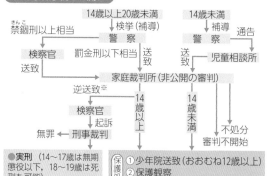

※14〜15歳は，家庭裁判所の判断で逆送致，16〜19歳は，故意の殺害事件は原則，逆送致。

解説　社会復帰を促すために　少年（20歳未満）が犯罪を犯した場合，刑法の対象者とはならず，**少年法**で取り扱う。少年は，成人犯罪者と比べて立ち直る可能性が高く，社会復帰を促すために成人とは異なる手続きがとられている。少年法では，非行事実のあった少年だけでなく，非行の恐れのある少年も保護の対象となる。少年審判は非公開であるが，少年法の改正で被害者が一定程度の審判に参加できるようになった（2001年）。2022年4月からの民法の成年（成人）年齢の18歳への引き下げにともない，18，19歳は「特定少年」とされ，厳罰化された。また，起訴後の実名報道禁止も解除された。

3 憲法の番人

憲法の番人とは，どのような意味だろうか。

1 最高裁判所の違憲判決の例

事例	憲法	内容	結果
尊属殺人重罰規定　1973.4.4	14条	尊属殺人の法定刑（死刑または無期懲役）は普通殺人に比べ著しく不合理である	刑法200条を削除
薬事法訴訟　1975.4.30	22条	薬局の距離制限は公共の利益のための必要かつ合理的な制限ではない	国会は薬事法6条を廃止
衆議院定数訴訟　1976.4.14　1985.7.17	14条44条	議員1人あたり有権者数が5倍近くになり合理的期間内に是正されなかったので違憲（事情判決）	1986年定数配分改正
森林法訴訟　1987.4.22	29条1項	共有持分分割請求権を否定している森林法186条は不合理で不必要な規制である	森林法を改正し同条を廃止
愛媛玉ぐし料訴訟　1997.4.2	20条3項89条	宗教的活動・公金支出を禁止した憲法に違反	県知事に返還を命じた
書留郵便免責規定　2002.9.11	17条	書留郵便の賠償免責規定には合理性がない	郵便法を改正
在外日本人選挙権制限規定　2005.9.14	15条1・3項43条44条但書	海外に住む日本人の選挙権を比例代表に限定するのは選挙権を保障する憲法に違反	公職選挙法を改正
国籍取得制限規定　2008.6.4	14条	婚外子に対する国籍法の国籍取得要件は違憲	国籍法を改正
北海道砂川政教分離訴訟　2010.1.20	20条1項89条	神社の敷地としての市有地の無償提供は違憲	市有地の有償貸与で違憲状態解消
婚外子法定相続分差別訴訟　2013.9.4	14条	婚外子の遺産相続分を婚内子の半分とする民法は「法の下の平等」に違反	民法を改正
女性再婚禁止期間規定　2015.12.16	14条	100日をこえる再婚禁止期間は合理性がなく違憲	民法を改正
沖縄孔子廟訴訟　2021.2.24	20条3項89条	沖縄県那覇市が，孔子を祀る施設に市有地を無償で使用させたことは違憲	条例に基づき使用料が請求
在外日本人国民審査訴訟 2022.5.25	79条2項，3項	海外に住む日本人が国民審査に投票できないことは違憲	国民審査法を改正
性別変更要件規定　2023.10.25	13条	性同一性障害者に性別の変更を諦めるか，手術を受けるかの二者択一を迫ることは違憲	

※**法令違憲**（法令の規定そのものの違憲）を中心に取り上げた。**適用違憲**（法令の規定が当該事件に適用される限りにおいて違憲）としては，第三者所有物没収事件（1962年11月28日）がある。愛媛玉ぐし料訴訟，北海道砂川政教分離訴訟については議論がある。

解説　違憲審査権　国会の制定する法律，行政府の発する命令，処分が憲法に反していれば，無効であるとするのが裁判所の責務である。そのなかでも，最高裁判所は「**憲法の番人**」である。歴史上，「民主的に」，「多数決で」制定された法律によって，少数者の人権が侵害されたことは少なくない。国会で制定した法律であっても，国会の信任を受けた内閣の命令であっても，憲法が守ろうとする基本的人権を損なうことはできない。これが，「人の支配」に対する「法の支配（➡p.70）」の考え方であり，**違憲審査権**の意味である。

見方・考え方　**法の支配**　日本の司法制度において，「法の支配」は違憲審査権のほか，どのような点にあらわれているのだろうか。

4 司法制度改革　日本では，国民はどのように司法参加するのだろうか。

1 司法制度改革 出題

①国民の期待に応える司法
- ●**日本司法支援センター（法テラス）の設置**：法的トラブルの解決に必要なサービスを提供するために，民事事件・刑事事件を問わず，法律に関する情報の提供・無料法律相談・犯罪被害者の支援・過疎地域での司法サービスなどをおこなう
- ●**裁判の迅速化**：第一審の裁判を2年以内に終わらせることを目標とする「裁判の迅速化に関する法律」を制定
- ●**簡易裁判所の機能拡大**：訴額の引き上げ（→p.117）
- ●**知的財産高等裁判所の設置**
- ●**労働審判制度の導入**（→p.228）
- ●**刑事司法制度改革**：取り調べの可視化（→p.96），公判前整理手続きの導入（→p.117），検察審査会の機能強化（→p.116）

②法曹のあり方を改革
- ●**法科大学院の創設**と**司法試験改革**で実践力のある法曹人口の増加をめざした

③国民の司法参加
- ●**裁判員制度の導入**
- ●**裁判外紛争解決手続き（ADR）の拡充**

●**裁判外紛争解決手続き（ADR）**
　裁判所以外の紛争処理にあたる機関。行政型，民間型など，さまざまな紛争処理機関がある。ADRの質については，さまざまな評価があるが，司法制度改革で法務省の認証制度を設け，今後，ADRの可能性と魅力を高めることがめざされている。

行政型	労働委員会など準司法機関，国民生活センター，原子力損害賠償解決センターなど
民間型	交通事故紛争処理センター，各種製品別のPLセンターなど

●**おもな刑事司法改革**（→p.96）
①**取り調べの可視化**：冤罪防止のため，一部事件の被疑者の取り調べを録画・録音することとなった。
②**司法取引制度**：特定の犯罪について，被疑者が自身の減刑と引き換えに，共犯者の証拠を提供する取り引きをすること。

解説 **身近な司法をめざして**　日本では欧米に比べ，司法制度の利用が圧倒的に少ない。法曹人口を増やし，法的手続きを身近にすることで，市民生活に法が浸透し，法の支配と適切なサービスが行き渡ることをめざしている。

2 司法制度改革の光と影

　司法試験合格者は，1年間の司法修習期間に法曹三者の実習を含む修習を受け，試験に合格して法曹となる。司法試験の合格者は少なく，法曹人口の少なさは，法曹を市民から遠ざけ，裁判の長期化を招いているとも指摘された。そのため，**司法制度改革**では，法曹人口の増加が1つの目標とされた。しかし，当初3,000人をめざした合格者数は1,500人程度であり，今後は合格者数が減らされる見込みである。

日本の法曹人口の推移

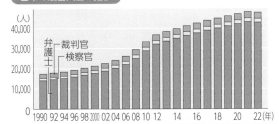

	アメリカ（2017〜19年）	イギリス（2017〜18年）	日本（2022年）
法曹人口（対人口10万人比）	132.3万人（404.5人）	15.9万人（271.0人）	4.7万人（38.1人）

（『裁判所データブック』2022年版ほか）

? 日本の法曹人口は増加しているが，法曹三者のうち，どの法律家が増えているのだろうか。また，これはなぜだろうか。

解説 **弁護士は増加**　司法制度改革でめざされた法曹人口の増加は，法科大学院を設立して，法科大学院で学んだ豊かな素養と多様な経験をもつ法曹を増やすことも目的としていた。また，地方大学に法科大学院を設立することで，都市への弁護士の偏在も緩和されると期待された。しかし，実際には，弁護士人口の急激な増加は，都市での新人弁護士の就職難をもたらした。一方で，各地に多数できた法科大学院を卒業しても，司法試験に合格できない学生が大量に出て，法科大学院はその存在意義が問われた。閉鎖に追いこまれた法科大学院も多数あり，当初の目的が達成できたとはいえない状況である。しかし，弁護士がいなかった地域に若い弁護士が着任するなどの成果も見られる。適正な法曹人口，法曹養成のしくみについて，今後の検討が求められている。

TOPIC　犯罪被害者と被告人の人権

　犯罪被害者やその遺族は，深刻な被害を受けながらも，加害者に経済力がないために，賠償を受けられないことがある。また，加害者から納得のいく反省や謝罪が受けられないような場合は，心情的にも傷が残る。ときには，マスコミの過剰報道などによって，プライバシーの侵害などの被害を受けることもある。このような問題に対して，犯罪被害者のための方策が考えられてきた。

　第一に，被害者支援がある。**犯罪被害者等給付金支給法**により，被害者の遺族や重い障害が残った者が給付金を受ける制度ができた。検察庁は，被害者支援員を置いて，被害者のサポートをおこなっている。また，重大事件の被害者が，損害賠償請求を刑事裁判中にできる**損害賠償命令制度**も設けられた。

　第二に，被害者の意向を裁判に反映するための**犯罪被害者参加制度**がある。2000年に公判の優先傍聴，反対尋問のない意見陳述などを導入した。2007年には被害者が死亡した場合などの重大事件において，被害者遺族が「被害者参加人」として法廷に入り，情状事項についての証人尋問や，被告人質問，弁論をすることを認める法改正がおこなわれた。これにより，被害者がその悲しみや怒りを加害者に伝えることができるようになった。一方で，被害者の訴訟参加については，「私的な復讐から理性による裁判へ」という歴史に逆行するのではないかという懸念もある。憲法が刑事被告人の権利をこと細かくに規定しているのは，冤罪を防ぐためだけではない。「人を裁くのではなく，事件を裁くのだ」というある裁判官のことばをかみしめたい。

裁判員制度を検証する

2004年，裁判員法（裁判員の参加する刑事裁判に関する法律）が成立し，2009年5月から裁判員制度がはじまった。裁判員制度はさまざまな不安が懸念されたが，国民はこの制度に真摯に向きあったといえる。しかし，裁判員のなかにはPTSD（心的外傷後ストレス障害）に悩まされる人など，新たな問題も出ている。

陪審制と参審制の違い

外国での裁判への参加制度として，陪審制と参審制がある。陪審制は，陪審員が全員一致で事実認定（有罪か無罪か）を決め，量刑（有罪の場合の刑罰）は裁判官が決める制度である。陪審制はアメリカやイギリスで導入されているが，ヨーロッパでは参審制の国が多い。参審制は，市民から参審員を選ぶが，裁判官と一緒に評議をする点で日本の裁判員制度と似た制度である。日本の裁判員と異なる点は，ドイツやイタリアでは参審員は任期制で一定の期間，参審員として勤めることである。フランスの参審員は，日本と同じく事件ごとに選ばれる。

陪審制	事件ごとに市民から陪審員を選出。陪審員だけで事実認定（有罪か無罪か）を全員一致で評決。量刑判断（有罪の場合の刑罰の判断）は裁判官がおこなう 【該当国】 アメリカ，イギリス
参審制	参審員は任期制で，市民から選出。裁判官と参審員が合議し，事実認定と量刑判断をおこなう 【該当国】 フランス（事件ごとに選出），ドイツ，イタリア

裁判員経験者の話を聞いて

優太：僕の母がこの間，裁判員をしたんだ。

結衣：すごい！ どうだったの？

優太：最初は不安がっていたけど，途中からはやる気がある感じだったな。

結衣：仕事はどうしたの？ 休んだの？

優太：それも心配していたけど，上司が協力的で応援してくれたらしい。

結衣：よかったね。お母さん，やる気があったって，どんな感じだったの？

優太：何だか真剣に考えごとをしてるみたいだったよ。

先生：裁判員は守秘義務があるので，家族にも事件の内容は話せないんだ。優太くんのお母さんは前向きに捉えられているようだけど，負担に思う人もいるようだね。

優太：母は被告人がこっちをじっと見ていて少し怖かったけど，その人の人生にかかわることだから，しっかりやらなければと思ったらしいです。

結衣：裁判官は親切だったのかな？

優太：うん，丁寧に説明してくれて，意見を言いやすい雰囲気だったらしい。看護師の人が被害者の負傷の程度について意見を言ったり，加害者と同年代の人が同年代としての意見を言ったりしていたそうだよ。

結衣：残酷な写真もあるのかな……？

優太：いや，写真じゃなくてイラストとか，傷についてのCT画像だったと言っていたよ。

先生：殺人事件では遺体の写真が示されることもあって，写真を見てPTSD（心的外傷後ストレス障害）になったと訴えた人も出たことがあった。裁判所も写真を白黒にするなど気を使っているようだね。

裁判員制度のこれから

結衣：裁判員制度は，今後も続くのでしょうか？

先生：裁判員裁判後の裁判員経験者へのアンケートでは，多くの人が「よい経験だった」と答えているので，今後も続くのではないかな。

結衣：「廃止してほしい」という声も根強いようですね。私は，殺人事件で死刑判決を申し渡すのは嫌だなぁ。

先生：そうだね，辞退率が上がっている。でも，社会は仕事と私生活だけではなくて，公的な活動によって成り立っているんだ。

優太：母も「安心して暮らせる社会はあたり前ではなくて，さまざまな人がかかわってできていることを実感できた」，裁判員をして以来，「事件のニュースを見ても，当事者の気持ちやその背景に関心が高まった」と言っています。

結衣：私たちも，もうすぐ18歳。裁判員に選ばれる可能性もあるね。成年になる第一歩として，社会のできごとに関心をもつようにしたいね。

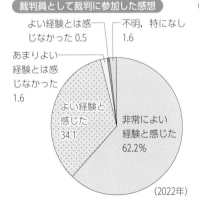

裁判員として裁判に参加した感想

よい経験とは感じなかった 0.5
不明，特になし 1.6
あまりよい経験とは感じなかった 1.6
よい経験と感じた 34.1
非常によい経験と感じた 62.2%
（2022年）

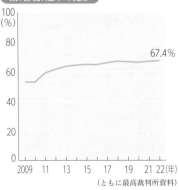

裁判員辞退率の推移

67.4%

2009 11 13 15 17 19 21 22（年）
（ともに最高裁判所資料）

見方・考え方　民主主義

民主政治の下で裁判に国民が参加することには，どのような意義があるのだろうか。

Let's Think!

裁判の意義とは？

　教科書や資料集に掲載されている多くの判例。その多くは，当事者が固唾をのんで判決を待っていた，「最後までどうなるかわからなかった」判決である。裁判とは「どうなるかわからない」，つまり「正解のない」問題について，裁判官が「法」に基づき，当事者や関心をもつ市民・法律家が納得する答えを導く営みである。ここでは，裁判の意義を考え，法的な思考の一端に触れよう。

裁判を起こすということ

> 仕事をしたのに給料がもらえないので，仕事を辞めた。でも1か月働いた分の給料はほしい。どうしよう？残業代もいれたら20万円はあるだろう……。

　裁判を起こすということは，大変なことである。弁護士費用や裁判費用，仕事を休んだり，裁判所や弁護士事務所に足を運ぶ費用など……。20万円くらいなら裁判に勝っても，むしろ赤字になる可能性が高い。負ければ傷を広げるだけである。しかも，裁判は判決が出るまで，結果はわからない。

　それでも，勇気をもって裁判を起こ

す人たちがいる。たとえば，三菱樹脂訴訟の原告（→p.92），朝日訴訟の原告（→p.97），いずれも勝利判決はとれなかった。しかし，三菱樹脂訴訟の原告は会社に復帰し，朝日訴訟は生活保護基準の引き上げという結果をもたらした。

　刑事事件でも，砂川事件（→p.181）の被告人はどうだろう。砂川事件も被告人の言い分は認められず，被告人は有罪判決を受けて，罰金2,000円を支払った。しかし，裁判の後，立川基地の拡張工事はなくなった。また，立川基地は返還されている。

　裁判とは，当事者が何かを求めて起こすものである。しかし，ときにそれ

は当事者の意図にかかわらず，世のなかを変えることがある。池に投げた石がつくる波紋のように広がっていくときがあるのである。判例をつくり，社会で議論をまきおこし，ときには行政や大企業の姿勢を変え，社会を変えていく。そこには，法律家，ジャーナリスト，市民がかかわっている。

　判決だけでなく，当事者の記者会見などがあれば，見てほしい。当事者が，大変なコストをかけても訴えようとしていることがあるはずである。そして，勝訴・敗訴という結果だけでなく，「裁判の真の勝利者が誰なのか」を見極めてほしい。

❓ 法的な思考に挑戦！～一般的・抽象的に考える

　人を殺した者は，死刑又は無期もしくは5年以上の懲役に処する。——これは刑法第199条の条文である。しかし，「「人を殺した」とは，どのようなことかが一般的・抽象的に示されなければならない」とするのが，法的な思考である。法的な思考で，刑法第199条の「人を殺した」とは何をさすのかを考えよう。

　右の【事件】「XがYを撃ち，撃たれたYが死亡した」の場合，右の①～③が認定された後，④Xの殺意，⑤Xの行為の違法性（たとえばXが警察官で必要な発砲だった場合，違法ではない），⑥Xの責任能力，これら④～⑥が認定されてはじめて，刑法上の「人を殺した」に該当し，有罪となる。

【事件】XがYを撃ち，撃たれたYが死亡した
①XがYを撃つ実行行為
②Yが死亡
③Xの実行行為とYの死亡の因果関係

　ここでは，さらに因果関係について考えよう。「原因ⓐがなければ結果ⓑがなかった」場合，ⓐとⓑには条件関係があるといい，これが因果関係の前提となる。

●因果関係を見極めよう

　Aは，Bを日ごろから疎ましく思い，殺そうと思っている。また，Cも同じくBを殺そうと思っている。ここに1つのグラスがある。このグラスには，Bのための飲み物が入っている。それを知ったAはBを殺すチャンスと考えた。

【例題1】 Aがグラスに致死量の毒を入れた。Bがそれを飲み死亡した。因果関係は成立するだろうか？

解説 Aの行為によって，Bが死亡したという結果が認められ，因果関係がある。そのため，Aの行為は「人を殺した」に該当し，殺人罪となる。

【例題2】 Aがグラスに致死量の毒を入れた。Bはそれを飲んだが，死亡する前に救急車で病院に運ばれた。しかし，救急車が事故にあい，Bはその事故で即死した。因果関係は成立するだろうか？

解説 Bが死亡したのは交通事故であるため，Aの行為とBの死亡に因果関係はない。しかし，Aの行為は殺人未遂となる。

【問題1】 Aがグラスに致死量の毒を入れた後，Cも同じグラスに致死量の毒を入れた。Bは，それを飲み，死亡した。因果関係は成立するだろうか？

【問題2】 Aがグラスに致死量の毒を入れた後，Cも同じグラスに致死量の毒を入れた。しかし，A・Cともに致死量を間違えていて，それぞれ致死量の半分しか入れていなかった。たまたま両者の毒をあわせたら致死量となったため，Bはそれを飲み，死亡した。因果関係は成立するだろうか？

致死量の半分の毒　致死量の半分の毒

Focus

選挙に行こう

投票所に行く前に

❶投票に必要なもの

　私たちは，投票に行くだけではなく，立候補もできる。ただし，被選挙権は衆議院議員は25歳，参議院議員は30歳，その他の役職もそれぞれ被選挙権年齢があって，今すぐ立候補はできない。18歳になれば，選挙の際には投票所入場整理券が送られてくる。市区町村によって形式は違うが，投票期日と投票所の場所が書いてある。その日にそこへ行くだけでよい。まずは，投票からしてみよう。

↑❶投票所入場整理券（参議院通常選挙時）　選挙の際，住民票に登録されている住所に送られてくる。自分の行く投票所や投票時間などが記載されている。選挙期日（投票日）当日，もし，投票所に送られてきた入場整理券を持参するのを忘れても，身分を証明するものを持参していれば投票ができる。

❷投票の参考になるもの

　「投票に行こう」といわれても，「誰に投票したらよいのかわからない」という人もいるだろう。問題は，誰に投票するかである。

　投票日が近づくと**選挙公報**が配達されるが，投票日直前のことであり，また，写真や大きな文字のキャッチフレーズが多く，どの政党も同じように魅力的に見える。それでは，他に投票の参考になるものはないのだろうか。簡単なところでは，街頭で配られるチラシを受けとって読んでみよう。街頭演説を立ち止まって聞くのもよい。少し興味がわけば，各政党の**選挙公約**（マニフェスト）を読み比べると一番よい。選挙公約はウェブサイトで見ることもできる。NHKの政見放送も退屈と思わずに，見てみよう。

　そして，最も大切なことは選挙後である。自分が投票した人が当選したら，当選後，「公約を守ったか」，「どのような活動をしているのか」をよく見ておこう。また，落選しても，その人が次の選挙に出ようと思っているなら，発信は続けるだろう。そして，自分が投票した人ではない人が当選した場合でも，その行動をよく見ておきたい。政治家の普段の活動を見ていれば，次の選挙では困らないはずである。

　民主主義の国に生まれたことを幸運と思うならば，その大変さも受け入れなければならないのではないだろうか。そうでなければ，ルソー（➡p.68）がいうように「**選挙のときだけ自由**」ということになってしまうのではないだろうか。

投票の流れ

❶投票所のようす

　投票は，原則として日曜日の午前7時〜午後8時までにおこなわれる。朝一番に行くと，投票箱のなかが空であることを確認できる。日本の選挙は信頼度が高く，選挙管理委員会はさまざまな工夫をしている。開票作業も立ちあい人のもとでおこなわれる。

❷投票の流れ

　投票用紙には選挙によって，候補者の名前，もしくは政党名を書く。記載台には候補者や政党の名前が示されているので，正確に覚えていなくても，確認しながら書ける。ひらがなで名前を書いてもよい。

↑❷衆議院議員総選挙の投票用紙（比例代表）

↓❸一般的な投票の流れ

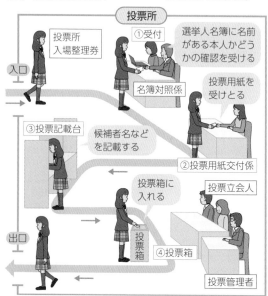

投票所

①受付
選挙人名簿に名前がある本人かどうかの確認を受ける

名簿対照係

投票用紙を受けとる

③投票記載台
候補者名などを記載する

②投票用紙交付係

投票箱に入れる

投票立会人

④投票箱

投票管理者

入口

出口

民主主義は，国民が国のあり方を決めるということである。今の日本がそれでよいと思うなら支持をする，ダメだと思うならダメだという意思表示をする。デモや集会への参加はハードルが高くても，選挙は最も簡単に意思表示ができる方法である。投票で意思表示をしよう。まずはそこからである。

◎ 投票日の決定から開票までの流れ

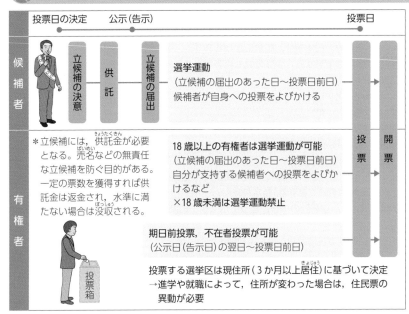

* 立候補には，供託金が必要となる。売名などの無責任な立候補を防ぐ目的がある。一定の票数を獲得すれば供託金は返金され，水準に満たない場合は没収される。

18歳以上の有権者は選挙運動が可能（立候補の届出のあった日〜投票日前日）自分が支持する候補者への投票をよびかけるなど
×18歳未満は選挙運動禁止

期日前投票，不在者投票が可能（公示日（告示日）の翌日〜投票日前日）

投票する選挙区は現住所（3か月以上居住）に基づいて決定
→進学や就職によって，住所が変わった場合は，住民票の異動が必要

●選挙のおもな種類
[国政選挙]
総選挙（衆議院），通常選挙（参議院）
[地方選挙]
一般選挙（地方の議会議員）・地方公共団体の首長選挙（知事・市町村長）
・統一地方選挙……地方公共団体の首長と議員の選挙を，全国的に期日を統一しておこなう選挙
・補欠選挙……選挙の当選人が議員となった後に死亡や退職し，議員の定数が不足する場合におこなわれる選挙

←④投票日の決定から開票までの流れ　公示とは，国会議員の選挙の実施を，天皇の国事行為として国民に知らせることである。告示は，地方議会や地方公共団体の首長選挙の実施を，該当の住民に知らせることである。

◎ 投票日に投票所に行けないときの投票方法

選挙は，投票日に投票所において投票するという「投票日当日投票所投票主義」が原則である。しかし，投票日当日，投票所に行けない場合にも，投票する方法はある。

❶期日前投票制度

選挙の当日に，部活や模試，仕事や旅行で当日投票できない場合。投票日前日まで可能

期日前投票所で投票用紙に記載

選挙人本人が投票用紙を直接投票箱へ

投票期間	公示日または告示日の翌日〜選挙期日（投票日）前日
投票場所	各市区町村に1か所以上設けられる期日前投票所
投票時間	平日・土日ともに午前8時30分〜午後8時

*期日前投票所が複数設けられる場合，それぞれで投票期間や投票時間が異なる場合がある

↑⑤期日前投票のしくみ　市区町村の期日前投票所（各市区町村で1か所以上設けられる）で，投票日の投票所における手続きと同じ手続きで投票できる。投票日前日まで可能。

●このほかの投票制度①
郵便等投票制度……身体に一定の重度の障害を有する人が，自宅などで投票用紙に記載し，これを郵便などによって名簿登録地の市区町村選挙管理委員会に送付する制度。

❷不在者投票制度

現在住んでいる（滞在している）ところに住民票がない場合。早めの手続きが必要

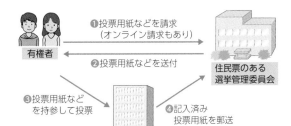

❶投票用紙などを請求（オンライン請求もあり）
有権者
❷投票用紙などを送付
住民票のある選挙管理委員会
❸投票用紙などを持参して投票
❹記入済み投票用紙を郵送
投票を希望する地区の選挙管理委員会

高校卒業後，進学などで引っ越しをして，住民票を異動していない場合や，住民票を異動して3か月未満の場合など，住民票のある市区町村での不在者投票ができる。また，出張・旅行などで住民票のある市区町村以外に滞在している場合，都道府県の選挙管理委員会が指定した施設に入院・入所中の場合も，不在者投票ができる。

●このほかの投票制度②
在外投票制度……仕事や留学などで海外に住んでいる人が，外国で日本の国政選挙に投票できる制度。有権者のうち，在外選挙人名簿に登録され，在外選挙人証をもつ人が対象。

さまざまなケースに対応する投票制度が設けられているんだね。

1 選挙の意義と課題

QRコード

要点 の整理

＊□□□は共通テスト重要用語，■は資料番号を示す。この節の「共通テスト○×」などに挑戦しよう

1 選挙の役割

❶選挙の役割……主権者である国民が意思を表明する重要な機会

❷選挙の重要性 ■……選挙で投票するだけでなく，選ばれた議員の行動に関心をもつことが重要

❸選挙の基本原則 ■……**普通選挙，平等選挙，直接選挙，秘密選挙**

2 さまざまな選挙制度

❶小選挙区 ■■……1選挙区から1名を選出。大政党に有利な傾向

❷大選挙区 ■■……1選挙区から2名以上を選出。日本では，定数にかかわらず，1名を選ぶ。海外の投票方法は多様

❸比例代表 ■■……政党の得票率に応じて議席を配分する。少数政党も代表を送ることができる

3 日本の選挙制度の現状と課題

❶公職選挙法 ■……憲法の規定を受けて詳細な選挙規定

● 選挙権 ■……**日本国民で満18歳以上の者**（➡p.140）

● 被選挙権┬満25歳以上……衆議院議員，都道府県議会議員，市町村議会議員，市町村長
　　　　　└満30歳以上……参議院議員，都道府県知事

● 選挙区制┬衆議院 ■■……**小選挙区比例代表並立制**━→小選挙区289＋拘束名簿式比例代表176（全国11ブロック）
　　　　　└参議院 ■■……選挙区制148＋原則として**非拘束名簿式比例代表制** 100（全国1区）
　　　　　※参議院の比例区の一部に拘束名簿式とする「特定枠」が導入

● 選挙運動 ■（➡p.140）……**戸別訪問の禁止**，事前運動の禁止，ビラ・ポスターの制限，**連座制**など厳しい制限

❷日本の選挙の問題点

● **一票の格差** の問題 ■■……各選挙区における有権者数と議員定数の不均衡，最高裁で2度違憲判決

● 金権・腐敗選挙

● 低い投票率……投票時間の延長，期日前投票制度の導入，**在外投票制度** の導入など公職選挙法を改正（➡p.122）

● **定住外国人の地方参政権** 問題

1 選挙の役割 投票には，どのような役割があるのだろうか。

1 選挙の意義

	制限選挙		男子普通選挙	普通選挙	
制定年	1889年（明治22）	1919年（大正8）	1925年（大正14）	1945年（昭和20）	2015年（平成27）
実施年	1890年（第1回）	1920年（第14回）	1928年（第16回）	1946年（第22回）	2017年（第48回）
選挙の資格	直接国税15円以上を納める25歳以上の男子	直接国税3円以上を納める25歳以上の男子	25歳以上の男子（普通選挙制実施）	20歳以上の男子と女子（女性の参政権獲得）	18歳以上の男子と女子
有権者数（全人口に対する比率）	45万人（1.1%）	307万人（5.5%）	1,241万人（19.8%）	3,688万人（48.7%）	10,609万人（83.7%）

解説 **民主主義と選挙** 民主主義とは，国民が政治的な決定をおこなう力（政治権力）をもつということである。選挙で議会の議員を選ぶことで，国民の意思を政治的な決定に反映させるというしくみを**議会制民主主義**という。議会は近代民主主義成立以前から国王の権力を抑制するはたらきをしていたが，そこには国民の意思を反映させるという考え方はなかった。そのため，市民革命後の議会は制限選挙となり，一部の選ばれた人々が政府の権力を抑制することとなった。しかし，その後，労働者などによる普通選挙運動（**チャーチスト運動**など）が盛り上がり，第一次世界大戦ですべての国民が戦争に動員されたことが後押しとなり，選挙権は国民のものとなった。日本でも，20世紀初頭に普通選挙獲得運動が盛り上がり，1925年に普通選挙権が獲得されたが，男性のみで女性の選挙権は1945年の第二次世界大戦後まで待たなければならなかった。

2 選挙の原則

種類	特徴
普通選挙	狭義には，納税額，財産で制限されないこと。広義には，人種・信条・性別・教育などで，制限されないことまで含まれる←→制限選挙
平等選挙	有権者の投票は，平等に扱う。財産・身分などで，投票価値を増減しない←→不平等選挙
直接選挙	有権者が，みずから議員や首長を選挙する←→間接選挙 有権者が選挙人を選挙する。大統領制の国では，大統領選挙は間接選挙の場合がある
秘密選挙（秘密投票）	誰に投票したかが，わからないようにする←→公開投票（投票内容を公開する）
任意投票（自由選挙）	有権者の自由な意思で投票する←→強制投票制（棄権すると制裁がある）

解説 **投票が公正であるために** 投票によって，政治家を選ぶことが選挙である。しかし，投票が公正なものであるためには，さまざまな条件がある。**普通選挙**とは，狭義では財産で差別されない選挙である。現在では，普通選挙は財産だけでなく，性別，思想，教育すべての差別がない選挙をさす。**平等選挙**は，一票の価値を平等に扱うことをさす。日本では，都市と地方の一票の価値に差があることが問題（➡p.128）となっている。アメリカ大統領選挙（➡p.79）などに見られる**間接選挙**とは選挙人を選挙する方法である。かつてはアメリカ大統領選挙人は自由に投票したが，現在は選挙人は事前に投票先を明らかにしており，直接選挙と変わらないものとなっている。

日本のある投票所で，投票する自分のようすを写真撮影した有権者が注意を受けた。投票所内での写真撮影は禁止されている投票所がある。これは何を意味しているのだろうか。投票の秘密と関連して考えよう。

2 さまざまな選挙制度

選挙制度には，どのようなものがあるのだろうか。

1 おもな国の選挙制度 〔出題〕

国名	議会	任期	定数	選挙権	被選挙権	選出方法
日本	参議院	6年	248	18歳以上	30歳以上	選挙区選挙と比例代表選挙（3年ごとに半数ずつ改選）（→p.126）
	衆議院	4年	465		25歳以上	289の小選挙区と11の比例代表（→p.126）
イギリス	上院（貴族院）	不定	不定			王族・聖職者・貴族・法律家などから首相が推薦し，国王が任命
	下院（庶民院）	5年	650	18歳以上	18歳以上	1区1名選出の小選挙区制（650の選挙区）
アメリカ	上院（元老院）	6年	100	18歳以上	30歳以上	各州2名選出，2年ごとに3分の1ずつ改選，州単位の小選挙区（最低9年間，米国民であること）
	下院（代議院）	2年	435		25歳以上	10年ごとに人口に比例して選挙区割をおこない，1区1名の小選挙区
フランス	上院（元老院）	6年	348	18歳以上	24歳以上	3年ごとに半数ずつ改選
	下院（国民議会）	5年	577		18歳以上	選挙区内で選挙人総数の4分の1以上，有効投票の過半数の票を得た者が1人だけ当選
中国	全国人民代表大会	5年	約3,000	18歳以上	18歳以上	地方人民代表大会の間接選挙で選出された代表と軍隊・華僑の選んだ代表で構成

解説 **議員定数** 日本では，財政支出削減のため，議員定数が減らされてきた。ただし，連邦制のアメリカを別として，ヨーロッパ諸国と比較すると，日本の議員定数は非常に少ない。イギリス，フランスの人口は，日本の約半分程度である。

2 選挙制度の特色

	選出と投票	特徴
小選挙区	1選挙区で1名を選出。個人名で1票	●有権者が候補者をよく知ることができる ●死票が多く，大政党に有利な傾向
大選挙区	1選挙区で2名以上を選出。個人名で1票	●少数意見を代表する候補者も当選 ●小党が乱立しやすく，政局が不安定になりやすい傾向
比例代表	各政党の得票数に応じて議席を配分。政党名または個人名で1票	●死票が少ない ●小党が乱立しやすい

解説 **ゲリマンダー** 選挙制度には，さまざまな長所と短所がある。小選挙区の短所にあげられる**ゲリマンダー**（右写真）とは，19世紀はじめにマサチューセッツ州知事のゲリーが自派に有利な選挙区をつくったところ，その形がギリシャ神話のサラマンダー（火トカゲ）に似ていたことから，こうよばれるようになった。

3 日本の選挙制度の現状と課題

日本の選挙制度には，どのような課題があるのだろうか。

1 公職選挙法 〔出題〕

公職選挙法の概要

項目・条数		内容
選挙運動	期間〔129条〕	公示（告示）日に立候補の届け出があったときから当該選挙の期日の前日まででなければ，選挙運動をすることができない。当日や事前の運動は一切禁止されている
	選挙運動ができない者〔135～137条〕	選挙事務関係者，特定公務員（裁判官・検察官・警察官など），満18年未満の者，選挙犯罪により選挙権・被選挙権を有しない者など
	戸別訪問の禁止〔138条〕	戸別訪問は，買収や利害誘導などの自由公正を害する犯罪にとって格好の温床となるという理由から，禁止されている
	文書図画の頒布〔142条〕	衆議院小選挙区選挙で候補者1人あたり，通常はがき3万5,000枚。選挙管理委員会に届け出た2種類以内のビラ7万枚など。インターネットのウェブサイトやメールも文書図画であり，一定の措置が講じられている
連座制	当選無効および立候補の禁止〔251条の2～3〕	選挙の総括主宰者，地域主宰者，出納責任者が，罰金刑以上の有罪判決を受けた場合，または，親族，秘書，組織的選挙運動管理者が選挙違反で禁錮以上の有罪判決を受けた場合，当選人の当選は無効とし，5年間同一選挙区での立候補ができない

公職選挙法の改正の流れ

1950年	公職選挙法制定
1982年	参議院の全国区に代えて比例代表選挙導入
1994年	衆議院に**小選挙区比例代表並立制**導入 拡大連座制，政党助成法制定
1997年	不在者投票の要件緩和，投票時間の延長
1998年	**在外投票制度**導入（比例区のみ）
2000年	衆議院比例代表ブロック定数20削減（480議席）
2001年	参議院定数10削減 参議院比例代表制に**非拘束名簿式**導入
2002年	地方選挙で電子投票（専用投票機を用いた投票）の容認
2003年	**マニフェスト**（政権公約）配布を原則解禁
2006年	在外投票制度を選挙区にも導入
2013年	**インターネットを活用した選挙運動**解禁 衆議院定数5削減
2015年	**選挙権年齢を18歳以上に引き下げ**（2016年6月施行）

解説 **厳正で参加しやすい選挙とは** **公職選挙法**は，選挙の公正・適正な実施を目的とし，国政選挙や地方選挙の基本的なルールを定めている。選挙違反に対しては，**連座制**が定められている。選挙の候補者と一定の関係をもつ者（秘書や親族など）が買収などの選挙違反の罪に処された場合，候補者がかかわっていなくても，当選が無効となる。このように，厳正な選挙の実施は重要であるが，国民が選挙に参加しやすくすることも大切である。たとえば，候補者が有権者宅を訪問して投票をお願いする**戸別訪問**について，日本では買収の温床になるとして禁止されている。しかし，欧米では，戸別訪問は候補者の政策を丁寧に伝える重要な運動として認められている。戸別訪問の禁止については，「表現の自由」を定める憲法第21条に違反するとの声もあるが，最高裁は合憲としている。

用語解説 公職選挙法，連座制 →p.361～362

② 衆議院の選挙制度〜小選挙区比例代表並立制

実際の投票の流れを追いながら、衆議院の選挙制度を見てみよう！

投票の流れ

まずは、小選挙区への投票だ。小選挙区では、候補者の個人名で投票する。

小選挙区：289選挙区
●各都道府県に1議席配分されている選挙区が47選挙区と、人口比例で配分される議席が242選挙区ある。

次に、比例代表への投票だ。比例代表では、候補者を立てている政党名で投票する。

比例代表：11ブロック
●比例代表では、小選挙区の立候補者を、所属政党の比例代表の名簿に搭載することもできる（重複立候補）。また、重複立候補者の名簿順位を同じにする（同一順位）こともできる。

最後に、衆議院議員総選挙では、最高裁判所の裁判官の罷免（ひめん）を問う国民審査（➡p.115）もおこなわれる。

Bさん当選！でも、復活当選って、本当にいいのかな？

選挙結果

◆A選挙区

		得票数	惜敗率
当選	A ○党	9,000	－
落選	B ×党	8,000	89%
落選	C △党	4,500	50%

◆B選挙区

		得票数	惜敗率
当選	D △党	11,000	－
落選	E ×党	9,000	82%
落選	F ○党	7,500	68%

※惜敗率：小選挙区における、落選者の投票数÷当選者の投票数×100

小選挙区での総当選者289人
1選挙区につき、当選できるのは、得票数1位の候補者1名

あぁ〜、Bさんは落選かぁ〜。

AさんとDさんが当選！

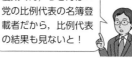
優太くん、Bさんは×党の比例代表の名簿登載者だから、比例代表の結果も見ないと！

比例代表の総当選者176人　　拘束名簿式

比例代表では、政党の総得票数に基づいて、**ドント方式**で各政党の当選人数が決まる。ドント方式とは、ベルギーの法学者ベクトル＝ドントが考案した計算方式で、政党の総得票数を整数で割っていき、商の大きい順に各政党に議席を配分するものである。

◆A・B選挙区の比例代表のブロック：定員5名

政党	○党	×党	△党
得票数	100,000	80,000	50,000
÷1	100,000	80,000	50,000
÷2	50,000	40,000	25,000
÷3	33,333	26,666	16,666

ドント方式から、商の多い順に議席を配分すると、○党：2議席、×党：2議席、△党：1議席となる。

○党　A氏 ※1
×党　B氏 ※2　E氏
△党

※1　重複立候補していたAさんは、小選挙区で当選のため、○党はAさん以外の2人が当選。
※2　BさんとEさんは、×党の同順位に登録していたが、Bさんの方が惜敗率が高く、Bさんが当選。

復活当選には、批判もある。ただし、小選挙区で有効投票数の10％未満で落選した重複立候補者は、復活当選が認められないんだ。

③ 参議院の選挙制度 **頻出**

具体例をもとに理解しよう！

選挙区（全国45区）：定数148人
（3年ごとに半数74人改選）

候補者に投票
定数2の場合

当	第一花子（○党）	120,000票
当	第二太郎（×党）	100,000票
	第三美子（△党）	80,000票
	第四次郎（☆党）	60,000票

得票数の多い順に当選！じゃあ、比例代表を見てみよう。

比例代表（全国を1単位）：定数100人
（3年ごとに半数50人改選）

非拘束名簿式（一部「特定枠」あり）
政党・候補者のどちらに投票しても可

投票用紙
投票箱　第五三郎　○党

両方の合計を政党の総得票にする。

○党　600万票	×党　900万票
政党名400万票＋候補者名200万票	政党名600万票＋候補者名300万票

ドント方式で議席をふりわけ（定数5）

政党	○党	×党
得票数	600万	900万
÷1	当600万	当900万
÷2	当300万	当450万
÷3	200万	当300万
÷4	150万	225万

でも、どうやって当選者を決めるのですか？

比例代表は、政党・候補者どちらに投票してもよい。ここで候補者への投票が生かされる。特定枠の候補者以外は、政党内で得票数の多い順に当選だ！

※ 特定枠：優先的に当選する候補者

解説　**世界一複雑？ 日本の選挙制度**　衆議院議員選挙は、**小選挙区と拘束名簿式比例代表の混合型**である。これは、候補者に対する政党党首の力が強くなる傾向にある。1人しか当選しない小選挙区では政党の公認を得るかどうかは勝敗に大きく影響する。特に与党の場合はその傾向が強い。また、拘束名簿式では名簿順位を政党が決めるため、順位を上げてほしい候補者は政党の方針に反対の意見は出しにくくなる。一方、参議院議員選挙では、選挙区によっては大選挙区であり、そこでは政党の応援がなくても自力で当選する可能性が高い。また、**非拘束名簿式**では候補者が自力で当選することができる。この結果、衆議院議員は党首の意向に沿って行動し、参議院議員は有権者の意向に沿って行動できるといえる。どの選挙制度で選ばれた政治家かに注意すると発見があるかもしれない。

あなたが立候補者だったら、衆議院と参議院のどちらに立候補するだろうか。両院の選挙制度を比較し、当選しやすいと思う方を選んでみよう。

4 全国の選挙区と比例代表ブロック

(1)衆議院選挙区

※2022年の公職選挙法の改正後の定数

定数465（小選挙区289・比例代表176）
上段：小選挙区，下段：比例代表

鳥取	2
島根	2
岡山	4
広島	6
山口	3
中国	10

滋賀	3
京都	6
大阪	19
兵庫	12
奈良	3
和歌山	3
近畿	28

新潟	5
富山	3
石川	3
福井	3
長野	5
北陸信越	10

北海道 12
北海道 8

青森	3
岩手	3
宮城	5
秋田	3
山形	3
福島	4
東北	12

福岡	11
佐賀	2
長崎	3
熊本	4
大分	3
宮崎	3
鹿児島	4
沖縄	4
九州	20

徳島	2
香川	3
愛媛	3
高知	2
四国	6

岐阜	5
静岡	8
愛知	16
三重	4
東海	21

千葉	14
神奈川	20
山梨	2
南関東	23

茨城	7
栃木	5
群馬	5
埼玉	16
北関東	19

| 東京 | 30 |
| 東京 | 19 |

解説 小選挙区比例代表並立制 衆議院は長らく，中選挙区であったが，1994年の政治改革関連法により定数1人の**小選挙区**と全国11ブロックの**比例代表**の2つの制度の並立制となった。小選挙区は47都道府県に1人ずつ割り当て，残る議席を人口比で割りふる1人別枠方式をとってきた。しかし，人口の移動により，一票の格差（●p.128）が生じたため，訴訟で違憲判決が出て，問題となった。議席の削減と区割り変更で対応してきたが，2022年の公職選挙法の改正で，人口比で定数を増減する**アダムズ方式**（●p.128）を適用した区割りが採用された。

(2)参議院選挙区

※鳥取・島根と徳島・高知は合区
図は選挙区の議席配分を示す。

定数248（選挙区148・比例代表100）

鳥取	} 2
島根	
岡山	2
広島	4
山口	2

滋賀	2
京都	4
大阪	8
兵庫	6
奈良	2
和歌山	2

新潟	2
富山	2
石川	2
福井	2
山梨	2
長野	2

北海道 6

青森	2
岩手	2
宮城	2
秋田	2
山形	2
福島	2

福岡	6
佐賀	2
長崎	2
熊本	2
大分	2
宮崎	2
鹿児島	2
沖縄	2

香川	2
愛媛	2
徳島	} 2
高知	

岐阜	2
静岡	4
愛知	8
三重	2

茨城	4
栃木	2
群馬	2
埼玉	8
千葉	6
東京	12
神奈川	8

解説 非拘束名簿と特定枠 参議院は戦後，地方区と全国区の2種類の大選挙区であったが，1983年に148議席の選挙区と全国1区の拘束名簿式比例代表制に変わり，2001年に全国区が**非拘束名簿式比例代表制**となった。参議院選挙は，3年ごとの半数改選のため，各県に2人を最低割り当ててきた。しかし，参議院の一票の格差（●p.128）に違憲判決が出たため，2016年に人口の少ない徳島と高知，島根と鳥取をそれぞれ2県で2人を選出する**合区**をおこない，選挙区を全国45区とした。その後，非拘束名簿式はそのまま，2019年に**特定枠**をつくり，各党が特定の候補者を当選させることができることとなった。

5 日本の投票率の推移

国政選挙の投票率

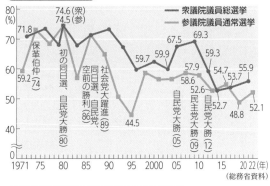

（総務省資料）

衆議院議員総選挙の年代別投票率の推移

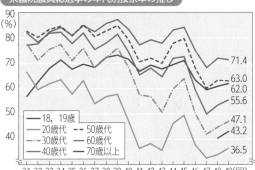

（総務省資料）

解説 投票率はなぜ低下するのか？ 衆議院の投票率は，1990年までは70％程度であったのが，1995年以降は60％程度と下がっている。人々はこの間に政治への関心を失ったように見える。世論調査によると，1994年を境に「支持政党なし」派が急増している。1993年の衆議院総選挙は自民党が過半数割れをし，55年体制（●p.130）が崩壊した選挙である。しかし，その結果できた非自民の細川内閣は1994年に総辞職している。旧政党の支持者は離合集散に戸惑い，新党に期待した人は失望したためと考えられる。また，投票率は社会との関係が強いほど高くなるため，若者の投票率は一般に低いとされる。そのため，投票率の低さは，若者が年を重ねても社会とのつながりをもてなくなっていることを示しているという見方もある。

TOPIC インターネット投票

デジタル先進国のエストニアでは，国政選挙でインターネット投票がおこなわれている。紙による投票だけでなく，2005年には地方議会選挙で，2007年には国政選挙でインターネット投票が導入された。インターネット投票の課題は，①本人確認，②投票の匿名性を確保した秘密投票の維持，③他者による投票の強要の防止である。これらを解決するため，高度な技術を使い，選挙期間内に再投票できる制度を導入した。懸念はまだ残るが，エストニアでは受け入れられている。エストニアは，高福祉国家で社会保障サービスを受けるために国民は高い税を支払い，国民全員がIDカードを所持している。信頼される政府，国民の政治への高い関心が，民主的な投票制度を可能にしているといえよう。

6 一票の格差

一票の格差の推移と最高裁判所の判決

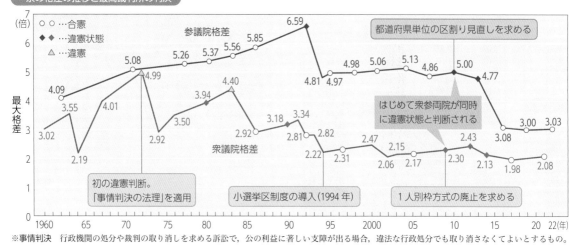

※事情判決　行政機関の処分や裁判の取り消しを求める訴訟で，公の利益に著しい支障が出る場合，違法な行政処分でも取り消さなくてよいとするもの。

一票の格差

衆議院小選挙区

	（議員1人あたり有権者数）				
議員1人あたり 229,371（人） 鳥取1区を 1.00 とした場合	456,331 **1.989 倍** 福岡 5区	456,564 1.991 宮城 2区	459,643 2.004 京都 6区	460,101 2.006 北海道 3区	461,188 2.011 北海道 2区

参議院選挙区

	（議員1人あたり有権者数）				
議員1人あたり 317,281（人） 福井を 1.00 とした場合	915,275 **2.885 倍** 大阪	931,601 2.936 新潟	961,643 3.031 東京	961,928 3.032 宮城	966,659 3.047 神奈川

（2022年9月1日現在．総務省資料）

7 一票の格差是正に向けて

アダムズ方式とは？

アメリカの第6代大統領アダムズが考案した議席配分方式。衆議院における一票の格差を解消するために，小選挙区の都道府県別と比例代表のブロック別の議席配分で，2020年の国勢調査を基にアダムズ方式が導入されることとなった。

アダムズ方式では，第一に，各県の人口を，基準値Xで割る。第二に，その答えの小数点以下を切り上げる。こうして出た数が各県の議席数となる。なお，基準値Xとは，各県の議席数の合計が，議員総定数となるように調整した数値である。

[例]　表の人口の異なるA～Cの3県について，議員総定数が10の場合，基準値Xは70万となり，以下の議席配分となる。

	基準値X＝70万の場合		定数
A県	人口250万人÷70万＝3.571…	小数点	4
B県	人口200万人÷70万＝2.857…	↓ 切り上げ	3
C県	人口150万人÷70万＝2.142…		3
	総人口600万人		計10

基準値Xが65万の場合，A：4，B：4，C：3＝計11，基準値Xが75万の場合，A：4，B：3，C：2＝計9，となり，いずれも議員総定数が10にならない

衆議院の総定数は2017年に295━289へと削減されたが，議席数はさらに5県で10議席増，10県で10議席減となる。

解説 衆院選での格差2倍程度は「違憲状態」　公職選挙法は，国勢調査の結果に基づき，議員定数を定めるとしている。しかし，国会は人口の変動に対応してこなかったため，人口の減少した地域と，人口の増加した地域で一票の価値に大きな格差が出ている。最高裁は，立法府の裁量を認めながらも，一票の格差が著しい場合を「違憲状態」とし，格差の是正を求める判断を示してきた。最高裁は，2009年の衆院選の小選挙区での格差2.3倍を違憲状態とした。しかし，2012年の衆院選は，一票の格差が違憲状態のまま実施されたため，全国各地で裁判が起こされた。その判決では，はじめて違憲・選挙無効を含むものがあった（広島高裁，広島高裁岡山支部）。

Let's Think! 一票の価値を考える **出題**

　一票の格差について，平等選挙の要請から「一票の価値は平等でなければならない」という考え方と，「過疎地への配慮が必要ではないか」という考え方がある。最高裁判所は，原則として一票の価値は平等でなければならないとし，近年は厳しく平等を求める判決を出している。2015年の公職選挙法の改正では，参議院の選挙区について，鳥取と島根，徳島と高知の4県がそれぞれ合区となり，4選挙区が2選挙区となった。4県のうち2県は代表を国会に送ることができなくなったが，一票の価値の格差は改善された。最高裁はこの努力を認め，2019年の参議院選挙での一票の格差3.002倍を合憲とした。しかし，4県からは，不満の声が続き，参議院の比例区に特定枠ができる原因となった。

? 一票の格差に対し，あなたが裁判官なら，どのような判決を出すだろうか。

解説 選挙区の区割り　選挙区の区割りは，選挙結果を左右する重要な問題である。一票の格差是正を求める裁判所の判決が出ても，区割りが変わらなかった要因として，①人口の少ない地域の代表が少なくなり，地方の切り捨てにつながる恐れがある，②国会議員の議席にかかわる問題のため，与野党の調整がつかなかった，などがあげられる。しかし，2022年には，2020年の国勢調査に基づき，衆議院の議席配分がアダムズ方式で決められた。今後は，地方の切り捨てになることのないよう国会が方策をとること，区割りの際にはゲリマンダー（→p.125）とならないように注視することが必要とされている。

? 世界には，有権者数の数倍の投票数があったり，選挙が公正ではないという理由でボイコットをする人が大量にいたりするなど，選挙への信頼が低い国がある。これらの国では公正な選挙の実施が切望されているが，日本の選挙への信頼度はどうだろうか。

よりよい選挙制度とは？

日本では選挙の際，「投票に行こう」「若者の投票率が低い」「国民の義務だから選挙に行かなくてはならない」「選挙には全然関心がない」など，さまざまな声が聞かれる。選挙を大切に思う人もいれば，自分とは関係がないと思う人もいる。世界の若者にとって選挙とは何だろうか。どのような選挙がよい選挙なのだろうか。

世界の選挙

●北欧の選挙は屋台がいっぱい

北欧では選挙期間中，各政党が駅や公園など人の集まるところに屋台を出す。写真❶のような屋台ではコーヒーやスイーツが無料で提供され，それをつまみながら，候補者と有権者が政策について意見交換をするのである。もちろん，選挙違反ではない。現職閣僚が屋台に登場して市民と話す光景もめずらしくない。選挙権のない子どもも歓迎される。

←❶選挙運動の一環として出される屋台（ノルウェー）

●オーストラリアの選挙は義務制

オーストラリアでは，投票は国民の義務とされ，正当な理由がなく投票しなかった場合，20オーストラリアドル（約1,600円）の罰金が科せられる。オーストラリアで，選挙の義務投票制度が導入されたのは1924年である。50％程度だった投票率は，それ以降，90％を下回ったことはない。「義務制の選挙」といえば厳しいイメージがあるが，写真❷のようにオーストラリアの投票所は屋台でソーセージサンドやスイーツの屋台が出て，お祭りのようである。

←❷軽食を用意するオーストラリアの投票所（シドニー）

▶民主主義と選挙制度

優太：外国の選挙は楽しそうだな。でも，選挙が「義務制」ってことは，行かない人も多かったのかな？50％の投票率は，現在の日本とそれほど変わらないね。

結衣：国によっては，若者が選挙を求めて運動しているよ。命がけで。

先生：そうだね。たとえば，香港では立候補の自由を求めて，ミャンマーでは公正な選挙そのものを求めて運動している。

結衣：民主化運動とよばれていますね。国民が政治のあり方を決めることが民主主義だから，そのためには政治家を選挙で国民が選ばないといけないということじゃないかな。

優太：なるほど。民主主義は公正な選挙が確保されてこそなんだね。

▶公正な選挙制度とは？

先生：公正な選挙については，「小選挙区制がよいのか？」「比例代表制がよいのか？」といった議論がある。J.S.ミル（➡p.43）は，比例代表制がすぐれているという議論を展開した。ミルは**功利主義者**の一人だね。

優太：功利主義者ということは，社会の最大幸福を目的とみなすから，単純な多数決方式に近い小選挙区制の支持ではないのですか？

先生：いい質問だね。ミルは**質的功利主義者**で，幸福の量だけでなく，質を問題にしました。自分だけではなく，他者も幸福になってはじめて本当の幸福と考えたんだ。

結衣：なるほど，それなら少数者の意見を切り捨てることには反対になりますね。哲学的になってきますね。

先生：そうだね。選挙制度の議論は，議席配分の技術的な問題だけではないんだ。

優太：小選挙区制の短所は死票が多い，比例代表の短所は政権が安定しない，こんな暗記だけではダメなんだな。

先生：小選挙区制のイギリスでも最近は連立政権もあるし，連立政権の多いドイツは一貫して政権が安定している。このように，前提となる事実も単純化はできないんだ。

優太：公正な選挙について，「結果」と「義務」の考え方は使えるかな？

見方・考え方　幸福，正義，公正

●**結果**：行為の結果である個人や社会全体の幸福を重視する考え方
●**義務**：行為の動機となる公正などの義務を重視する考え方

結衣：「結果」から考えると，小選挙区制は，やがて二大政党となり，政権は安定し，失敗すれば責任の所在がわかりやすくて政権交代しやすい。比例代表は，多様な意見を取り上げることができて広範な合意を得ることができる。

優太：なるほど。「義務」で捉えるのは難しいけれど，小選挙区制は，大政党に有利なポジションを与える代わりに，失敗したときは責任をとらせる。比例代表制は，中小政党も代表者を出してしっかり議会で議論する，ということになるのかな。

見方・考え方　幸福，正義，公正

優太と結衣の議論をもとに，小選挙区制と比例代表制のどちらがよいか，また，公正な選挙制度とはどのようなものか，「幸福，正義，公正」から考えよう。

用語解説　一票の価値の不平等等　➡p.362

129

第二次世界大戦後の歴代内閣・政党政治のあゆみ

占領下の日本

非政党内閣

43 東久邇宮稔彦 1945.8〜45.10（在任54日）
- ■史上初の皇族内閣
- 1945. 9　降伏文書調印
- → 10　GHQが戦前の国体の全面否定を指令。内閣は終戦処理の一段落を理由に総辞職

反骨の宮様

44 幣原喜重郎 1945.10〜46.5（在任226日）
- 1945.11　財閥解体指令
- 　　12　第1次農地改革指令
- 1946. 4　新選挙法による普通選挙の実施（初の女性参政権行使）
- 　　 5　極東国際軍事裁判開廷
- → 5　食料危機の混乱や退陣要求により、総辞職

日本自由党・日本進歩党

45 吉田茂① 1946.5〜47.5（在任368日）
- 1946. 9　労働関係調整法公布
- 　　11　日本国憲法公布（1947.5施行）
- 　　12　傾斜生産方式閣議決定
- 1947. 1　マッカーサー、2・1ゼネストを中止
- 　　 4　独占禁止法公布、労働基準法公布
- → 5　4月の総選挙の結果、社会党が第一党になり、総辞職

ワンマン宰相

日本社会党など

46 片山哲 1947.5〜48.3（在任296日）
- ■与党：日本社会党・民主党・国民協同党
- 1947.12　新民法公布
- → 48. 2　炭鉱国家管理問題で閣内が対立、総辞職

民主党など

47 芦田均 1948.3〜48.10（在任220日）
- ■与党：民主党・日本社会党・国民協同党
- 1948. 7　政令201号により、公務員のスト権剥奪
- → 10　昭和電工事件により、総辞職

民主自由党→自由党

48〜51 吉田茂②〜⑤ 1948.10〜54.12（在任2,248日）
- ■与党：②・③民主自由党　④・⑤自由党
- 1948.11　極東国際軍事裁判判決
- 　　12　GHQ、経済安定九原則を指令
- 1949. 3　ドッジ・ライン発表
- 　　 4　NATO（北大西洋条約機構）成立　単一為替レート設定（1ドル＝360円）
- 1950. 6　朝鮮戦争勃発　　8　警察予備隊発足
- 1951. 9　サンフランシスコ平和条約、日米安全保障条約調印
- 1952. 8　日本、IMF・世界銀行に加盟
- 　　10　警察予備隊を保安隊に改組
- 1954. 7　自衛隊発足
- → 12　反吉田勢力の内閣不信任案議決を前に総辞職

②1948.10〜49.2
③1949.2〜52.10
④1952.10〜53.5
⑤1953.5〜54.12
特需景気（1950）

←1 戦後初の衆議院議員総選挙（1946年）日本国憲法の公布に先立っておこなわれた総選挙では、20歳以上の男女に選挙権が付与された。

55年体制の誕生から安保闘争へ

日本民主党→自民党

52〜54 鳩山一郎①〜③ 1954.12〜56.12（在任745日）
- ■与党：①・②日本民主党　③自由民主党
- 1955. 4　アジア・アフリカ会議
- 　　 9　日本、GATT加盟。砂川事件
- 　　10　社会党再統一
- 　　11　日本民主党と自由党が合同し、自由民主党結成→55年体制成立
- 1956. 7　「もはや戦後ではない」（『経済白書』）
- 　　10　日ソ共同宣言調印、日ソ国交回復
- 　　12　日本、国連加盟
- → 首相、引退表明。総辞職

神武景気
（1954.12〜57.6）

自民党

55 石橋湛山 1956.12〜57.2（在任65日）
- → 57. 2　首相病気のため、総辞職

自民党

56・57 岸信介①・② 1957.2〜60.7（在任1,241日）
- 1958.10　日米安保条約改正交渉開始
- 　　12　国民健康保険法改正
- 1959. 4　最低賃金法公布、国民年金法公布
- 1960. 1　日米新安保条約調印
- → 7　新安保批准書交換（6月）後、新安保をめぐる混乱の責任をとって総辞職

昭和の妖怪

①1957.2〜58.6　②1958.6〜60.7
なべ底不況（1957）、岩戸景気（1959）

❶戦後政党政治のはじまり

戦後、さまざまな政党の結成や復活が相次いだ。革新系（→p.135）では、戦前の労働農民運動で活躍した人々が**日本社会党**を設立し、**日本共産党**も復活した。保守系（→p.135）では、日本自由党、日本進歩党、日本協同党が結成された。1946年には戦後初の総選挙がおこなわれ、保守系の日本自由党が第1党となり、一応の政党政治が復活した。1947年4月には、日本国憲法の施行を前に新しい体制をつくるための選挙がおこなわれ、革新系の日本社会党が第1党となり、史上初の社会党中心の政権が誕生した（片山内閣）。

1950年には朝鮮戦争（→p.199）が勃発し、日本を取りまく状況も変化した。1951年にはサンフランシスコ平和条約と日米安全保障条約（→p.184）が調印され、これらの条約をめぐる論争で、革新系の社会党は、右派（単独講和を主張）と左派（全面講和を主張）に分裂した。保守系政党でも、吉田茂と鳩山一郎の対立が深まり、1954年には吉田茂の自由党に対抗する形で、鳩山一郎が日本民主党を結党した。

❷55年体制

1955年に左右社会党が統一した。これに保守勢力は危機感をもち、自由党と日本民主党も合同し、**自由民主党**が結党された（保守合同）。ここに、東西冷戦（→p.198）を背景として、保守・親米の自民党と革新・護憲の社会党の対立による二大政党制が生まれたかに見えた。しかし、実際には、社会党は自民党の半数あまりの議席数しかなく、「1と2分の1政党制」と揶揄された。これ以後、1993年まで、第1党が自民党、第2党が社会党という55年体制が続いた。

↑2 日米新安保条約の締結に反対し、国会議事堂を取りまく市民や学生のデモ隊（1960年）

高度経済成長と自民党長期政権

58〜60	池田勇人 ①〜③	1960.7〜64.11 (在任1,575日)

	1960.12	国民所得倍増計画決定
	1961. 6	農業基本法公布・施行
	8	「ベルリンの壁」構築
	1962.10	キューバ危機。中印国境紛争激化
	1963. 7	中小企業基本法公布
	1964. 4	日本，OECD加盟
	10	東海道新幹線開通。東京五輪開催
オリンピック景気 (1962.11〜64.10)	➡ 11	首相病気により，総辞職

①1960.7〜60.12
②1960.12〜63.12
③1963.12〜64.11

61〜63	佐藤栄作 ①〜③	1964.11〜72.7 (在任2,798日)

	1965. 6	日韓基本条約調印
	1966. 1	戦後初の赤字国債発行
	1967. 8	公害対策基本法公布
	1968. ※	日本，GNP資本主義国で第2位に
	1970. 3	大阪万博開催　6 日米安保自動延長
	1971. 6	沖縄返還協定調印　7 環境庁設置
	8	ニクソン・ショック（金とドルの交換停止）
	➡ 72. 7	首相，引退表明。総辞職

政界の団十郎
①1964.11〜67.2
②1967.2〜70.1
③1970.1〜72.7

64・65	田中角栄 ①・②	1972.7〜74.12 (在任886日)

	1972. 9	日中共同声明（日中国交正常化）
	※	土地ブーム
	1973. 2	円，変動相場制に移行
	10	第4次中東戦争 ➡ 第1次石油危機
	1974. 5	新国際経済秩序（NIEO）樹立宣言
	➡ 12	田中金脈問題により，総辞職

今太閤
①1972.7〜72.12
②1972.12〜74.12

66	三木武夫	1974.12〜76.12 (在任747日)

	1975. 4	ベトナム戦争終結
	11	第1回先進国首脳会議（サミット）開催
	1976. 2	ロッキード事件発覚
	➡ 12	任期満了にともなう総選挙での自民党敗北により，総辞職

クリーン三木

67	福田赳夫	1976.12〜78.12 (在任714日)

	1978. 5	第1回国連軍縮特別総会
	8	日中平和友好条約調印
	➡ 12	自民党総裁予備選挙での敗北により，総辞職

68・69	大平正芳 ①・②	1978.12〜80.6 (在任554日)

	1979. 6	東京サミット開催
	10	衆院選挙で自民党が単独過半数割る
	※	第2次石油危機
	1980. 1	エジプト，イスラエル国交樹立
	➡ 6	初の衆参同日選挙中，大平首相の急死により，総辞職

①1978.12〜79.11
②1979.11〜80.6

70	鈴木善幸	1980.7〜82.11 (在任864日)

	1981. 5	日米，対米輸出自主規制で合意
		ライシャワー発言（核もちこみ疑惑）
	➡ 11	自民党総裁選に出馬せず，総辞職

71〜73	中曽根康弘 ①〜③	1982.11〜87.11 (在任1,806日)

■与党：①・③自由民主党
　　　　②自由民主党・新自由クラブ

	1983. 1	中曽根首相訪米，「不沈空母」発言
	6	旧全国区に比例代表制導入
		国債発行残高100兆円突破
	1985. 4	電電公社，専売公社が民営化
	5	男女雇用機会均等法成立
	9	プラザ合意
	1987. 2	ルーブル合意　4 国鉄分割民営化
	➡ 11	後継者に竹下登を指名後，総辞職

①1982.11〜83.12
②1983.12〜86.7
③1986.7〜87.11
円高不況 (1985.7〜86.11)
バブル景気 (1986.12〜91.2)

（左欄：自民党／自民党（・新自由クラブ））

●自民党長期政権

自民党政権は，1960年に新安保条約（➡p.184）の承認をめぐる安保闘争で揺れたが，その後は国民所得倍増計画（➡p.234）を発表して経済優先政策をとった。生産関連社会資本（➡p.281）を整備し，農業保護政策をとり，社会福祉にも予算を投入して国民の支持を取り戻した。日本は，1968年にGNPが資本主義国で第2位となり，経済大国への道をたどった。電気製品が家庭に浸透するなど，国民生活は豊かになり，社会保障も整っていった。

このように，自民党長期政権の時代は高度経済成長期（➡p.233）でもあったが，1960年代には四大公害訴訟（➡p.265）など，経済成長の負の面も表面化した。国政では政権交代にまで発展しなかったが，地方政治では革新系の社会党や共産党が推薦する知事を首長とする地方公共団体が現れ（革新自治体），これらの首長は公害問題などに取り組んだ。

自民党は1972年に沖縄返還を実現し，国民の支持を維持したが，1973年の第1次石油危機（➡p.234）で高度経済成長期は終わりを迎えた。全野党（当時野党の公明党も含む）の衆参両院での獲得議席数の合計が，自民党に迫り，保革伯仲となった。1980年代には，1985年のプラザ合意（➡p.235）の後，円高不況，バブル経済と日本経済は新たな時代へと入っていった。

↓3 東京五輪開会式（1964年）

↑4 日本万国博覧会（大阪万博）（1970年）

総理大臣　「今太閤」とよばれた首相〜田中角栄

田中角栄は54歳の若さで首相になった。最終学歴は小学校卒であったが，演説の名手で「庶民派宰相」「今太閤」ともてはやされた。就任直後には中国との国交正常化を成し遂げ，実力も見せた。新潟県出身の田中は，著書『日本列島改造論』で，地方都市と大都市を高速道路や新幹線で結び，地方都市を工業化するという夢を語った。官僚の使い方が上手く，『日本列島改造論』も官僚とともに書き上げたといわれる。しかし，『日本列島改造論』は土地投機をよび，インフレが庶民の生活を直撃した。やがて，『日本列島改造論』の陰で田中が土地の値上がりで巨利を得ていると批判され，首相辞任に追い込まれた。1976年にはロッキード事件（航空会社による旅客機の購入をめぐる収賄）が発覚，当時の三木首相の許諾で田中は逮捕された。国会の証人喚問での証言がテレビ中継され，一審で実刑判決が出るなど，政界を揺るがせた。しかし，ロッキード事件後も，自民党最大派閥・田中派の指導者として，大平正芳，鈴木善幸，中曽根康弘の首相指名に影響力を発揮し，「闇将軍」とよばれた。田中派のメンバーだった竹下登，橋本龍太郎，小渕恵三が首相になったほか，自民党を離党後，首相になった細川護熙，羽田孜も田中派のメンバーだった。

↑5 つぶされる農地（山形県，1972年）
『日本列島改造論』の発表は，工業団地造成を後押しした。

55年体制の終焉と1990年代の政治

自民党		

74 竹下登 たけしたのぼる　1987.11〜89.6（在任576日）

選挙の神様

1988.	6	日米牛肉・オレンジ交渉決着
	7	リクルート事件が問題化
1989.	1	昭和天皇逝去，平成に改元
	4	消費税実施（税率3％）
➡	6	消費税導入とリクルート事件への批判が高まり，総辞職

75 宇野宗佑 うのそうすけ　1989.6〜89.8（在任69日）

1989.	6	中国で天安門事件起こる
		宇野首相の女性スキャンダル発覚
➡	8	参議院選挙で与野党の議席が逆転し，総辞職

76・77 海部俊樹①・② かいふとしき　1989.8〜91.11（在任818日）

①1989.8〜90.2
②1990.2〜91.11

1989.	9	日米構造協議開始
	12	米ソ，マルタ会談。冷戦終結を宣言
1990.	10	統一ドイツ誕生（首都ベルリン）
1991.	1	湾岸戦争勃発
		自衛隊掃海艇，ペルシャ湾へ派遣
※		バブル経済崩壊
➡	11	政治改革の失敗などで総辞職

78 宮澤喜一 みやざわきいち　1991.11〜93.8（在任644日）

自民党の徳川慶喜

1991.	12	ソ連崩壊
1992.	6	地球サミット開催（ブラジル）
		PKO協力法成立
➡93.	8	内閣不信任案可決後，衆院解散。自民党過半数割れにより総辞職

非自民8会派		

79 細川護熙 ほそかわもりひろ　1993.8〜94.4（在任263日）

お殿様

■与党：非自民8会派 ➡ 55年体制崩壊
（社会党・新生党・公明党・日本新党・さきがけ・民社党・社会民主連合・民主改革連合）

1993.	11	EU（欧州連合）発足
		環境基本法公布
	12	ウルグアイ・ラウンド妥結（日本のコメの部分開放決定）
1994.	1	政治改革関連4法成立
	2	日米包括経済協議物別れ
➡	4	佐川急便グループからの不正資金提供疑惑のなかで総辞職

非自民5党		

80 羽田孜 はたつとむ　1994.4〜94.6（在任64日）

■与党：非自民5党
（新生党・日本新党・民社党・公明党・自由党）

| 1994. | 6 | はじめて1ドル＝100円を突破 |
| ➡ | 6 | 内閣不信任案成立前に退陣を表明，総辞職 |

社会党など		

81 村山富市 むらやまとみいち　1994.6〜96.1（在任561日）

■与党：社会党・自民党・さきがけ

1995.	1	阪神・淡路大震災発生
	3	地下鉄サリン事件
➡96.	1	首相が突然退陣を表明，総辞職

自民党など3党		

82・83 橋本龍太郎①・② はしもとりゅうたろう　1996.1〜98.7（在任932日）

①1996.1〜96.11
②1996.11〜98.7

■与党：①自民党・社民党・さきがけ　②自民党

1996.	4	「日米安保共同宣言」発表
	9	国連総会，CTBT採択
1997.	4	消費税5％に　6 臓器移植法成立
	9	日米間で新ガイドライン合意
➡	98. 7	参議院選挙で自民党敗北，総辞職

自民党など		

84 小渕恵三 おぶちけいぞう　1998.7〜2000.4（在任616日）

■与党：自民党・公明党ほか

1999.	1	EUの単一通貨「ユーロ」誕生
	7	中央省庁等改革関連法成立
➡2000.	4	首相の病気入院により，総辞職

❶55年体制の崩壊

　自民党の長期政権は，政・官・財の癒着（➡p.151）といわれる利権政治の面ももっていた。特定分野の政策決定に影響力をもつ族議員による利益誘導政治や，自民党内における派閥抗争によって多額の政治資金が動く金権腐敗政治もおこなわれた。リクルート事件（1989年）などの汚職事件が起こり，自民党への国民の批判が強まった。このなかで，自民党から新生党や新党さきがけが分裂するなど，多くの新党が誕生した。そして，1993年の衆院選の結果，非自民非共産8会派（社会党・新生党・公明党・日本新党・新党さきがけ・民社党・社会民主連合・民主改革連合）による細川連立政権が誕生し，55年体制は崩壊した。

↑❻連立政権の誕生（1993年）

❷自民党連立政権への回帰

　非自民非共産連立政権では，連立政権から離脱する政党が相次いだため，少数与党となり，政権運営に行き詰まった。1994年には，社会党・新党さきがけとの連立で，自民党が政権に復帰した。社会党は，政権に参加するにあたり，自衛隊や日米安保条約への党の姿勢を大転換し，1996年には党名も社民党（社会民主党）と変更した。一方，日本新党や新生党などの野党は大連合し，自民党に次ぐ保守の大政党である新進党となった。

　1990年代後半以降も，保守系の自民党を中心とする連立政権が続いた。1996年には，初の小選挙区比例代表並立制（➡p.126）での衆議院総選挙が実施され，55年体制の一翼を担った革新系の社民党が惨敗し，少数政党に転落した。社民党の衰退の背景には，冷戦の終結（➡p.201）による社会主義勢力の世界的な後退がある。しかし，社民党内の左右両派が対立し，自民・非自民のいずれの連立政権時にも，連立のための政策合意の追認としてしか政策の転換ができなかったことも一因としてあげられるだろう。また，新進党などの新党は離合集散をくり返し，社民党からも多数の議員が合流した民主党が新たな勢力として台頭してきた。

総理大臣　お殿様首相〜細川護熙

　江戸時代は熊本藩主として栄えた細川家の子孫である。新聞記者，参議院議員，熊本県知事を経て，1992年に日本新党党首として国政に復帰し，55年体制を終わらせた連立政権で，55歳の若さで首相となった。細川内閣では，小選挙区比例代表並立制（➡p.126）を含む選挙制度の大改革がおこなわれた（政治改革関連4法の成立）。小選挙区制は，自民党の悲願で何度も提案されてきたが，鳩山一郎のときには「ハトマンダー」，田中角栄のときには「カクマンダー」とマスメディアに批判され，実現にはいたらなかった。しかし，細川内閣が小選挙区制を提案した際には，マスメディアは「小選挙区制が政治改革を進める」と後押しした。非自民政権で生まれた小選挙区制は，その後，皮肉にも自民党一強政治と自民党内で強大な党首（総裁）の権力を生み出すこととなった。

↑❼政治改革4法の成立を報じる新聞記事（「朝日新聞」1994年1月30日）

2000年代以降の政治

自民党など3党

85・86 森喜朗①・②	2000.4～01.4 (在任387日)

■与党：自民党・公明党・保守党
2000. 6　朝鮮半島で南北首脳会談
➡01. 4　失言などによる低支持率のため，総辞職
①2000.4～00.7　②2000.7～01.4

自民党・公明党(・保守党)

87～89 小泉純一郎①～③	2001.4～06.9 (在任1,980日)

■与党：①自民党・公明党・保守党(保守新党)
　　　②・③自民党・公明党
2001. 9　アメリカ同時多発テロ事件発生
　　 10　テロ対策特別措置法成立
2002. 9　日朝首脳会談

小泉劇場
①2001.4～03.11
②2003.11～05.9
③2005.9～06.9

2003. 3　イラク戦争勃発
　　 6　有事関連3法成立
2004. 6　自衛隊，多国籍軍参加
2005. 2　京都議定書発効　　10　郵政民営化法成立
➡06. 9　後継に安倍晋三を指名後，総辞職

自民党・公明党

90 安倍晋三①	2006.9～07.9 (在任366日)

2006.12　教育基本法改正
2007. 1　防衛省発足　　5　国民投票法成立
　　 8　アメリカでサブプライム・ローン
　　　　問題が表面化
➡　 9　首相が突然退陣を表明，総辞職

91 福田康夫	2007.9～08.9 (在任365日)

2007.10　日本郵政グループ発足
2008. 1　補給支援特別措置法，衆議院で再可決
　　 4　後期高齢者医療制度スタート
➡　 9　首相が突然退陣を表明，総辞職

92 麻生太郎	2008.9～09.9 (在任358日)

2008.11　第1回G20金融サミット開催
2009. 5　裁判員制度開始
　　 6　臓器移植法改正　　9　消費者庁設置
➡　 9　8月の衆議院解散・総選挙で，与
　　　　野党逆転。総辞職━━政権交代

民主党など

93 鳩山由紀夫	2009.9～10.6 (在任266日)

■与党：民主党，社民党(のち離脱)・国民新党
2009.11　「事業仕分け」開始
➡10. 6　普天間飛行場移設問題の行きづま
　　　　りなどにより，総辞職

民主党・国民新党

94 菅直人	2010.6～11.9 (在任452日)

2010.12　ジャスミン革命━━「アラブの春」へ
2011. 3　東日本大震災発生
➡　 9　震災対応に批判が集まるなか，一
　　　　定の目処がついたとして総辞職

95 野田佳彦	2011.9～12.12 (在任482日)

2011.10　1ドル＝75円台の戦後最高値に
2012. 8　社会保障・税一体改革関連法成立
➡　 12　衆議院解散・総選挙で，与野党逆
　　　　転。総辞職━━政権交代

自民党・公明党

96～98 安倍晋三②③④	2012.12～20.9 (在任2,822日)

2013. 4　量的・質的金融緩和政策を導入
2014. 4　消費税8％に
2015. 6　選挙権年齢を18歳以上とする公
　　　　職選挙法の改正法が成立

アベノミクス
②2012.12～14.12
③2014.12～17.11
④2017.11～20.9

　　 9　安全保障関連法成立
2018. 6　成年(成人)年齢を18歳に引き下げ
　　　　る民法の改正法が成立
2019. 5　令和に改元　　10　消費税10％に
2020. 3　WHOは新型コロナウイルスの「パンデミック」を宣言
➡　 9　体調不良を理由に首相辞任，総辞職

自民党・公明党

99 菅義偉	2020.9～21.10 (在任384日)

2021. 7～9　東京五輪・パラリンピック開催
　　 9　デジタル庁発足
➡　 10　自民党総裁任期満了了，総辞職

自民党・公明党

100・101 岸田文雄①・②	2021.10～

2022. 2　ロシアがウクライナに侵攻
　　 7　参院選の選挙応援演説中に安倍元
　　　　首相が銃撃され死亡
2023. 4　こども家庭庁発足
　　 5　広島サミット開催
①2021.10～21.11
②2021.11～

●自公政権と民主党

　2000年代に入ると，連立政権の枠組みは自民党と公明党で定着し，2001年からは小泉首相の下，**構造改革**が進められた。2005年の衆院選では，郵政民営化(➡p.152)が争点とされ，自民党が圧勝した。しかし，その後の自民党政権は，規制緩和や不況に対する経済政策などへの批判に対応できず，次第に国民の支持を失った。2007年の参院選で自民党は敗北し，参院では野党が多数を占めるねじれ国会(➡p.146)となり，政権運営は困難を極めた。2009年の衆院選では，自民党・公明党が惨敗し，民主党が大勝し，政権交代が起こった。しかし，民主党政権は，公約を実現できずに国民の支持を失い，2012年の衆院選で惨敗し，再び自民党・公明党の連立政権に移行した。2013年の参院選でも，自民党が大勝し，ねじれ国会は解消された。
　そして，2014年には，安倍首相の経済政策アベノミクス(➡p.276)への信を問う形で衆院の解散総選挙がおこなわれ，自民党・公明党の連立与党が衆院の定数の3分の2以上を占める大勝を収めた。これにより，安倍首相は憲法改正(➡p.142)への議論を推進する考えも示した。現在，保守対革新の対立は薄れているが，自民党のような保守系が憲法改正という「革新」を進めようとし，社民党と共産党の革新系が現行憲法を守ろうとしていることを考えると，「保守」「革新」の意味がわかりにくくなっている。

戦後のアメリカ歴代大統領

㉜1933～45　F.ローズベルト	㊷1993～2001　クリントン
㉝1945～53　トルーマン	
㉞1953～61　アイゼンハウアー	㊸2001～09　G.W.ブッシュ
㉟1961～63　ケネディ	
㊱1963～69　L.ジョンソン	㊹2009～17　オバマ
㊲1969～74　ニクソン	
㊳1974～77　フォード	㊺2017～21　トランプ
㊴1977～81　カーター	
㊵1981～89　レーガン	㊻2021～　バイデン
㊶1989～93　G.ブッシュ	

🫏：民主党　🐘：共和党

衆議院の政党別獲得議席数の推移

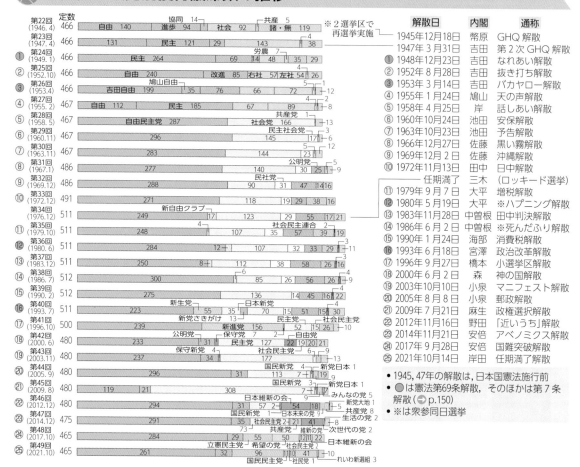

解散日	内閣	通称
1945年12月18日	幣原	GHQ 解散
1947年3月31日	吉田	第2次 GHQ 解散
① 1948年12月23日	吉田	なれあい解散
② 1952年8月28日	吉田	抜き打ち解散
③ 1953年3月14日	吉田	バカヤロー解散
④ 1955年1月24日	鳩山	天の声解散
⑤ 1958年4月25日	岸	話しあい解散
⑥ 1960年10月24日	池田	安保解散
⑦ 1963年10月23日	池田	予告解散
⑧ 1966年12月27日	佐藤	黒い霧解散
⑨ 1969年12月2日	佐藤	沖縄解散
⑩ 1972年11月13日	田中	日中解散
任期満了	三木	（ロッキード選挙）
⑪ 1979年9月7日	大平	増税解散
⑫ 1980年5月19日	大平	※ハプニング解散
⑬ 1983年11月28日	中曽根	田中判決解散
⑭ 1986年6月2日	中曽根	※死んだふり解散
⑮ 1990年1月24日	海部	消費税解散
⑯ 1993年6月18日	宮澤	政治改革解散
⑰ 1996年9月27日	橋本	小選挙区解散
⑱ 2000年6月2日	森	神の国解散
⑲ 2003年10月10日	小泉	マニフェスト解散
⑳ 2005年8月8日	小泉	郵政解散
㉑ 2009年7月21日	麻生	政権選択解散
㉒ 2012年11月16日	野田	「近いうち」解散
㉓ 2014年11月21日	安倍	アベノミクス解散
㉔ 2017年9月28日	安倍	国難突破解散
㉕ 2021年10月14日	岸田	任期満了解散

- 1945, 47年の解散は, 日本国憲法施行前
- ●は憲法第69条解散, そのほかは第7条解散（→ p.150）
- ※は衆参同日選挙

得票率と議席数の関係

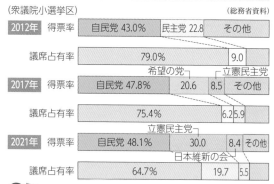

（衆議院小選挙区）　　　　　　　　　　　　　　（総務省資料）

それぞれの選挙の投票率（→p.127）と投票数を総務省の
ウェブサイトなどで調べよう。そして, 投票数に投票率をか
け, 投票率が選挙結果におよぼす影響を考えよう。

解説 **安定多数** 与党の安定した国会運営を実現する議席数
を安定多数という。具体的には, すべての委員会（→
p.145）で法案を通過させることができる議席数（すべての委員
会で委員長を独占した上で, 委員の半数の議席を確保できる
数）である。近年は, 与党が安定多数を得ることが多い。政権は
安定するが, よいことなのだろうか。

TOPIC　君は総理大臣になりたいか？

　「なぜ君は総理大臣になれないのか」というドキュメ
ンタリー映画がある。「政治家になりたいのではない。
しかし, 政治家を批判しているだけではダメだ。自分
で政治家になるしかない」と, 32歳の官僚が総務省を
退職し, 当時の民主党から衆議院議員に立候補した。
「普通の家に生まれた普通の人」が政治家にならなけれ
ばならない, と彼は言う。元官僚が「普通の人」かどう
か異論はあるだろうが, 彼の選挙区のライバルは3世
議員で地元有力企業のオーナー家族, 典型的な世襲議
員である。地盤も看板も資金もない彼の初出馬は落選
に終わる。しかし, 次の選挙では選挙区で惜敗。比例
代表で復活当選した。2009年に民主党が政権交代に成
功した選挙では選挙区で当選を果たし, 「5年後に総
理大臣になりたい」と夢を語った。しかし, 政権を失っ
た民主党は迷走, 離合集散が始まる。「普通の人」であ
るために党利党益に貢献できず, 選挙区でなかなか当
選できない彼は, 党内で発言力がない。映画のラスト
で「総理になりたいか？」と聞かれた彼の答えは……。

日本のおもな政党の変遷

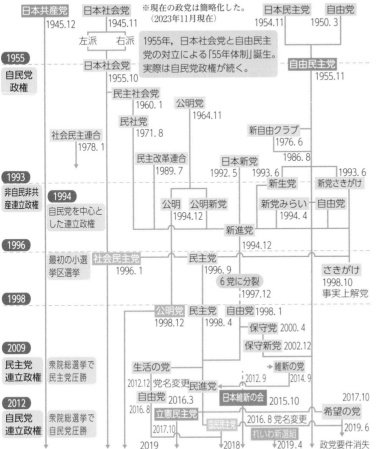

※現在の政党は簡略化した。
（2023年11月現在）

1955年，日本社会党と自由民主党の対立による「55年体制」誕生。実際は自民党政権が続く。

- 日本共産党 1945.12
- 日本社会党 1945.11（左派・右派）
- 日本社会党 1955.10
- 民主社会党 1960.1 → 民社党 1971.8
- 公明党 1964.11
- 社会民主連合 1978.1
- 民主改革連合 1989.7
- 日本民主党 1954.11 / 自由党 1950.3
- 自由民主党 1955.11
- 新自由クラブ 1976.6 → 1986.8
- 日本新党 1992.5
- 新生党 1993.6 / 新党さきがけ 1993.6
- 公明・公明新党 1994.12
- 新党みらい 1994.4 / 自由党
- 新進党 1994.12
- 社会民主党 1996.1
- 民主党 1996.9（6党に分裂 1997.12）
- さきがけ 1998.10 事実上解党
- 公明党 1998.12 / 民主党 1998.4 / 自由党 1998.1
- 保守党 2000.4
- 保守新党 2002.12
- 生活の党 2012.12 党名変更 → 維新の党 2014.9 / 2012.9
- 民進党
- 自由党 2016.3 / 2016.8
- 日本維新の会 2015.10 / 2017.10
- 立憲民主党 2017.10 / 国民民主党 2016.8 党名変更 / れいわ新選組 2019.4 / 希望の党 2019.6
- 2019 / 2018 / 政党要件消失

1955 自民党政権
1993 非自民非共産連立政権
1994 自民党を中心とした連立政権
1996 最初の小選挙区選挙
1998
2009 民主党連立政権 衆院総選挙で民主党圧勝
2012 自民党連立政権 衆院総選挙で自民党圧勝

保守と革新

政治的志向を表わす分類

- 革新：最新の理論などの知見を生かし，制度などを変革しようとする態度
- 保守：伝統や慣習を重くみて，制度などを急速に変えない態度
- 左翼：人民のより平等を求める勢力
- 右翼：旧秩序の維持を支持する勢力

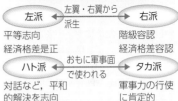

それぞれの勢力内の小分類

- 左派 ←左翼・右翼から派生→ 右派
  - 左派：平等志向・経済格差是正
  - 右派：階級容認・経済格差容認
- ハト派 ←おもに軍事面で使われる→ タカ派
  - ハト派：対話など，平和的解決を志向
  - タカ派：軍事力の行使に肯定的

（「朝日新聞」2015年9月27日などを参照）

解説 保守と革新 保守とは既存の制度・慣習などを守ることで，革新とはそれを新しいものに変えることをいう。1955年以降の保守の自民党と革新の社会党という二大政党を中心に展開された政治を55年体制という。1990年代に政党の離合集散が相次ぎ，1993年に55年体制が崩壊した後，「保守」「革新」のことばの意味がわかりにくくなっている。

Let's Think! 成功といえる政治改革とは？

　政治改革は，いつの時代にもある。しかし，実際に改革が成功したと実感できるものは，どれほどあるだろうか。ここでは，2000年代以降の政治改革をふり返ってみよう。

　2001年，小泉内閣は構造改革を掲げた。国民の高い支持を背景に，利権政治と官僚を標的として財政構造改革（→p.236）を進めた。また，市町村合併（→p.157）と三位一体の改革（→p.157）によって地方分権を進め，国の負担となっていた地方への交付金を減らした。

　2009年の選挙で圧勝したのは，民主党であった。本格的な政権交代に，国民の期待は高まった。民主党政権は，「政治主導」を前面に掲げ，官僚を排除し，各省の政務三役によるリーダーシップを強めた。さらに，2012年に発足した自民党の安倍政権は政治主導を一層進め，2014年に内閣人事局を設置し，官僚の人事を内閣がおこなうこととした。これにより，民主党政権の看板だった「政治主導」の改革は安倍政権により実現，「官僚主導の政治」を終わらせた。

　これらの改革は，日本の姿を変えた。小泉内閣の財政構造改革や金融改革，規制緩和は，株価の上昇と長期の好景気をもたらした。しかし一方で，小泉内閣の改革は，地方の疲弊と格差社会をもたらしていないだろうか。そして，格差社会は，人々の政府への不信を生み出していないだろうか。

　民主党政権ではじまった政治主導は，自民党の安倍内閣の改革によって「官僚主導」を終わらせ，官僚を内閣のコントロール下においたが，官僚の政治的中立性を失わせた。官僚が政治家に忖度し，公文書の改竄をおこなったという不祥事も発覚した。

　選挙での投票率の低下，近年続く出生率の低下は何を物語るのだろうか。立ち止まって考えてみる必要はないだろうか。

↑⑨財務省の公文書改竄問題を報じる新聞記事（「朝日新聞」2018年3月13日）

このほかの政治改革についても，結果の検証をしてみよう。

2 政治参加と世論形成

要点 の整理

＊＊＊＊は共通テスト重要用語，■は資料番号を示す。この節の「共通テスト○×」などに挑戦しよう🖐

1 政党政治と圧力団体

❶政党とは ■……国民的利益の実現をめざす政治団体，目的は政権獲得。政権担当政党を**与党**，それ以外は**野党**
綱領・政策，マニフェストの発表→広範な支持者の結集→政権獲得→公約の実現

❷政党政治の形態 ■……二大政党制：英，米など　　一党制：中，北朝鮮など　　多党制：仏，伊，独，日など

❸日本の政党政治 （→p.130〜135）
　1955年……左右社会党の統一，保守合同による自由民主党の誕生（保守優位の二大政党制）→**55年体制**
　1960年代……野党の多党化（民社党，公明党など）
　1970年代後半……与野党伯仲時代
　1980年代……保守回帰の時代，ただし，1989年の参議院で与野党逆転
　1990年代……**非自民連立政権**誕生（1993年，**55年体制崩壊**），連立政権の時代へ
　2000年以降……2009年の衆院選で民主党政権が誕生→2012年，自民党政権に

❹政治資金 ■■……政治資金規正法に規定→総量規制と公開の原則

❺圧力団体 ■……政府や議会にはたらきかけ，集団固有の利益の追求・実現をめざす

2 民主政治と世論

❶世論とは ■……社会問題に対して，多数の意見や要求が集約してあらわれたもの→現代民主政治≒世論による政治

❷世論形成のために ■……知る権利と情報公開の保障，言論・表現の自由の保障

❸マスコミ……世論形成に大きな影響力，「第四の権力」

❹マスコミの問題点……商業主義，営利主義，世論操作。ＳＮＳによる誤った情報→メディア・リテラシーが重要

❺政治的無関心や無党派層の増加 ■

---

1 政党政治と圧力団体　政党や圧力団体は，どのような役割を果たしているのだろうか。

1 政党の成立

📖 **政党の定義 〜Ｅ.バーク**
（『現代不満の原因に関する考察』1770年刊）

政党とは，ある特定の主義または原則において一致している人々が，その主義または原則にもとづいて，国民的利益を増進せんがために協力すべく結合した団体である。

●政党の成立（イギリス）

17世紀，チャールズ２世時代のイギリス議会で，王権支持派と王権制限派が生まれ，それぞれトーリー党，ホイッグ党とよばれたのが，最初の政党である。両党は，それぞれ**保守党，自由党**とよばれるようになった。バーク（ホイッグ党）は，この二大政党が全盛期を迎えようとしている時期の政治家である。

🔴Ｅ.バーク
（英，1729〜97）

19世紀になって，選挙権が拡大され，その間に力を伸ばした労働者は，1906年に労働党を結成した。その後，選挙の方法が変わり，有権者の範囲が労働者に広がるに連れて，**労働党**が存在感を増し，一方で自由党は衰え，労働党と保守党が二大政党として政権を争うようになった。

解説 **無党派層の増加** 政党は，時代によって，名望家による国民的利益を実現する団体であったり，社会的環境や考え方の似た人々の要求をまとめ，利益を実現する団体であったりした。しかし，国民の置かれた社会的環境が多様化，複雑化している現在の日本では，国民の政党離れが進み，**無党派層**（→p.138）が増加している。

2 政党政治の形態

	代表的な国	長　所	短　所
二大政党制	イギリス（保守党/労働党）アメリカ（民主党/共和党）	①政権が安定しやすい②政権交代が容易③選挙の際，選択が簡単容易④批判勢力の存在	①多数党の独裁になりやすい②国民の多様な政治的意見を吸収しにくく，少数者の意見が反映されにくい
多党制	フランスイタリアドイツスウェーデン日　本	①国民の多様な政治意見を，比較的忠実に政治に反映できる②連立内閣となるため，政策に弾力性がある	①連立内閣となるため，政権が不安定（重要政策の協定が必要）②政治上の責任が不明確になりやすい③少数党が政治の主導権を握ることがある
単独政党制	旧ソ連中　国北朝鮮	①政権が安定し，長期化する②強力な政治の実現が可能である	①民主的な政権の交代が不可能で，議会政治の本質が失われる②少数幹部の独裁になりやすい

解説 **各国の政党政治** 一般に連立政権は不安定といわれる。しかし，ヨーロッパではほとんどの国が連立政権であるが，政権は安定傾向にある。特に，ドイツは連立政権が中心であるが，政権は安定している。また，二大政党制が続くイギリスでも，1980年代以降，自由民主党が得票で存在感を示し（2010〜14年は保守党・自民党の連立政権），2017年には，北アイルランドの地域政党・民主統一党が保守党と閣外協力を結んだ。

政党と政権のあり方については，実際には政党の数の多寡ではなく，各国の議会・政府・裁判所の関係で決まる部分が多い。

---

136 見方・考え方 民主主義 圧力団体は利益集団の側面が強いが，圧力団体があることのメリットはどのような点にあるだろうか。特定の圧力団体だけが利益を受ける事態とならないためのしくみもふまえて，「民主主義」の観点から考えよう。

3 政治資金の流れ

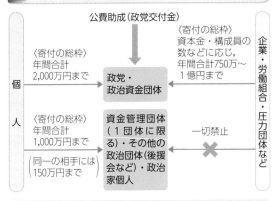

- ●**政治資金団体** 政党のために資金を援助することを目的とし，政党が指定した団体
- ●**資金管理団体** 政治家が自分のために政治資金を受け取るための団体

解説 **政治献金** 政治献金には，企業・団体献金と個人献金がある。リクルート事件(1989年)で「政治と金」について，世間の厳しい批判が起こったため，**政治資金規正法**が改正され，政治家個人・政治家個人の資金管理団体への企業・団体献金は禁止された。しかし，政党・政治資金団体への企業・団体献金は，1年間の上限最大1億円まで認められている。また，特定の会社の役員がこぞって個人献金している例が問題となっている。一方，政治家個人での企業・団体献金が受けられなくなったため，**政治資金パーティー**による資金集めが増加している。

4 政党別にみる政治資金

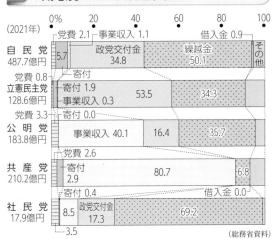

(総務省資料)

解説 **政党交付金** 政党交付金は，金権腐敗をなくす目的で生まれたが，批判も多い制度である。**政党助成制度**により，国民1人あたり250円の交付金を，国会議員数と直近の国政選挙での得票率に基づき，政党に配分する。しかし，①未成年者や外国人を含めて総額を算出している点，②民意を正確に反映している訳ではない選挙制度の選挙結果を基準にして，その総額が各政党に配分されている点，③共産党のように政党交付金を受けとる資格をもつ政党でありながら，一切の手続きをおこなわないため，当該政党の分がそのほかの政党によって山分けされている点などに批判がある。政党交付金は，政党への助成金で国会議員に直接渡るお金ではないが，総額は317.7億円(2021年)にのぼり，国会議員の人数で割ると1人あたり約4,500万円が支出されていることになる。

5 圧力団体

日本のおもな圧力団体

分　野	団　体　名
企業分野	日本経済団体連合会(日本経団連)，経済同友会，日本商工会議所(日商)
労働分野	日本労働組合総連合会(連合)，全国労働組合総連合(全労連)，全国労働組合連絡協議会(全労協)
農林分野	全国農業協同組合中央会(全中)，全日本農民組合連合会(全日農)，全国森林組合連合会(全森連)
その他	主婦連合会(主婦連)，日本医師会，日本遺族会，全国地域婦人団体連絡協議会(地婦連)

圧力団体と他機関との関係

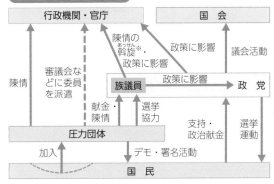

※議員が公務員に対して斡旋(口利き)し，その見返りとして報酬を得ることは，斡旋利得処罰法により禁止されている。

解説 **圧力団体** 多種多様な利益団体が，みずからの利益の実現をはかるために，議会や政党，政府にはたらきかけるようになると**圧力団体**といわれる。政治的圧力をかけることで政策決定をはかるが，みずから政治権力をもとうとしないところが政党との違いである。経営者団体や労働団体，農業団体，宗教団体，環境団体などの市民運動団体もあるが，有力な圧力団体のなかには，政権側がはたらきかけてつくったものもある。

TOPIC 圧力団体の政治への影響力

　新型コロナウイルス感染症の感染拡大の影響に翻弄された2020年，ある政策の賛否が拮抗した。Go to キャンペーンである。感染症の影響に苦しむ観光業界や飲食業界を救済するための政策で，これによって経済を活性化しようというものであった。この政策が，なかば強引に実施されたのは，与党の有力者が観光業界団体と結びつきがあるためといわれた。この政策に反対したのが医師会である。医療機関が逼迫し，医療崩壊の恐れがあるとして，強い行動規制を求め続けた。医師会もまた，伝統的に自民党と強い結びつきがある。たとえば，ＴＰＰ(→p.313)加入交渉の際は，関税撤廃を求める自動車業界に代表される経団連と，農産物輸入の自由化に反対する農協が自民党を揺さぶった。このとき，医師会は健康保険制度が危うくなると強く反対した。このように，政策決定に強い影響力を行使するのが圧力団体である。圧力団体は，政治献金をおこない，選挙の際には票をまとめ，運動に協力するなどして政治家と強く結びついている。

　また，労働組合や消費者団体，近年では環境保護団体なども圧力団体としての活動もおこなっている。

2 民主政治と世論
世論は，政治とどのようにかかわっているのだろうか。

1 世論の形成

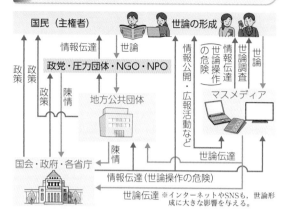

国民（主権者）
世論の形成
政党・圧力団体・NGO・NPO
地方公共団体
マスメディア
国会・政府・各省庁
世論伝達 ※インターネットやSNSも，世論形成に大きな影響を与える。

解説 **世論形成** 世論は，マスメディアの調査などで示される。国民がみずから世論を形成し，発表する方法にデモ・集会などがあるが，マスメディアの報道のしかたに効果が左右される。マスメディアが**第4の権力**とよばれる所以である。

2 目的別利用メディア

いち早く世のなかのできごとや動きを知るために利用するメディア

年代	%
全年代	40.3% … 57.1
10代	34.8% … 63.8
20代	21.9% … 75.8
30代	26.3% … 72.9
40代	32.7% … 63.9
50代	51.5% … 47.5
60代	67.0% … 27.5

世のなかのできごとや動きについて信頼できる情報を得るために利用するメディア

年代	%
全年代	54.8% … 26.3
10代	63.1% … 27.0
20代	47.0% … 37.7
30代	53.0% … 35.2
40代	49.7% … 31.5
50代	57.9% … 19.2
60代	60.9% … 10.9

▨：テレビ　▨：ラジオ　□：新聞　▨：雑誌
▨：書籍　▨：インターネット　▨：その他
2021年調査　　　　　　　　　　（総務省資料）

解説 **メディアとのつきあい方** 人々の情報源は，新聞からテレビへ，テレビからインターネットへと変化している。インターネットの情報の危うさが問題とされているが，かつてはテレビ・ラジオ，新聞も信用できないといわれていた時代があった。いずれのメディアであっても，視聴者や読者の意向に左右されて，誤った方向に利用されたこともある。戦争中に新聞に戦争をあおる記事を書かせたのは，政府，そしてそれを求めた読者であったことを考えると，インターネットでの情報についても受け手の態度が問われている。

3 無党派層の増加

支持政党の推移

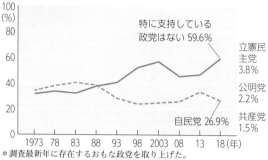

特に支持している政党はない 59.6%
立憲民主党 3.8%
公明党 2.2%
自民党 26.9%
共産党 1.5%

＊調査最新年に存在するおもな政党を取り上げた。
（NHK「日本人の意識」調査 2018年）

解説 **見えない有権者** 特定の支持政党をもたない**無党派層**が増えている。非正規労働者が増え，労働組合（→p.222）が弱体化し，これまでの産業の枠組みが変わることによって，人々の集団が崩れてくる。そうなると，ある程度まとまった集団の利益を代弁してきた政党の意味が薄れてくるのは当然である。政党は，これまでのように，党員や支持団体のような目に見える支持者ではなく，見えない有権者に向けて，彼らが喜びそうな公約を並べる。まとまりのない個人は特定の支持政党をもたず，選挙のたびに買い物をするように投票する候補者を選ぶ。そうなると，マスメディアをうまく利用できる候補者が有利になる可能性がある。ポピュリズムが広まっているのは，無党派層が増えている先進国の傾向といえないだろうか。

TOPIC 報道の自由の重要性

　民主主義が健全であるためには，国政に関する情報が国民に正しく伝わらなければならない。そのためには，**報道の自由**が確保される必要がある。国際的なジャーナリストのNGO「国境なき記者団」（本部・パリ）は，世界180か国・地域の「世界報道の自由度ランキング」を発表している。日本は2023年のランキングで，「ジャーナリストは政府に説明責任を負わせるという役割を十分に発揮できていない」として，G7（→p.340）で最下位の第68位となった。
　日本の報道の自由について，一時期は世界第11位（2010年）という高評価を得たこともあったが，基本的には高いとはいえない。報道する側に問題があるのか，報道を受けとる読者や視聴者に問題があるのか，政権に問題があるのか，いずれにせよ，先進国としては恥ずかしい状況であるといえよう。

順位・国名	指数		順位・国名	指数
1 ノルウェー	95.18		21 ドイツ	81.91
2 アイルランド	89.91		45 アメリカ	71.22
3 デンマーク	89.48		68 日本	63.95
4 スウェーデン	88.15		179 中国	22.97
5 フィンランド	87.94		180 北朝鮮	21.72

↑**1世界報道の自由度ランキング2023**（国境なき記者団資料）
意見の多様性，政治・企業・宗教からの独立性，報道に関する法制度などから，報道の自由を指数化している。指数が小さい程，報道の自由が少ない（報道の自由に対する侵害が多い）。

世論形成において，SNSの情報にはどのような傾向があるのだろうか。

ネットニュースの信頼性

　公正な世論を形成するためには，さまざまな情報のなかから，必要な情報を主体的に選択し，活用するメディア・リテラシーを身につけることが求められている。それでは，私たちにとって身近なインターネットやSNS上の情報を，どのように取捨選択すればよいのだろうか。ネットニュースとの向きあい方を考えよう。

フェイクニュースの事例 〜地震直後の動物園からライオン脱走!?

　2016年の熊本地震直後に，「動物園からライオンが放たれた」とSNSにデマを投稿し，熊本市の動物園職員の業務を妨げたとして，神奈川県内の男性（20歳）が偽計業務妨害の疑いで逮捕された。男性は，はじめの地震発生から約25分後に，インターネットで入手した街中を歩くライオンの画像とともに「地震のせいでうちの近くの動物園からライオン放たれたんだが熊本」とSNSに投稿した。投稿は1時間で少なくとも2万件の転載があるなど，拡散された。これにより，動物園職員は多数の電話応対を余儀なくされた。逮捕時，男性は容疑を認め，「見た人をびっくりさせたかった」と話したという。災害に便乗したインターネット上のデマ情報に対し，偽計業務妨害が適用された日本初の事例となった。

第一太郎　@daiichi＊＊＊

地震のせいでうちの近くの動物園からライオン放たれたんだが熊本

💬 16,786　🔁 22,268　♡ 7,536

フィルターバブルのイメージ

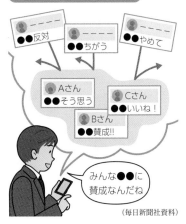

（毎日新聞社資料）

▶▶▶ フェイクニュース

先生：インターネットの情報の信頼性については，いろいろと問題になっているね。たとえば，2016年や2020年のアメリカ大統領選挙のときには，たくさんのフェイクニュースが出て，しかも信じる人も多くいて，世界中で重大な問題と認識された。

優太：選挙結果が左右されたのですか？

先生：そこまではわからない。でも，2017年のフランス大統領選挙では，選挙結果に影響が出ないようにフランスで大手メディアが協力してファクトチェックに取り組んだんだ。

結衣：「ファクトチェック」ですか？

先生：ファクトチェックの手法としては，流されている情報源に直接取材したり，写真が偽造ではないか確かめたりするなどがある。そして，間違いが確認されたら，それを「間違いだ」と報道するんだ。今は，それを専門にしている人たちもいるんだよ。

▶▶▶ フィルターバブル

先生：フェイクニュースの問題点は，SNSで拡散されることにある。たとえ，フェイクニュースが発信されても，拡散されなければ，フェイクニュースを削除すれば済む。でも，多くの場合，何万人もの人に拡散されて，そのまま残る。ときには，発信元が削除された後も，拡散される。これが新聞やテレビといった一方通行のメディアとの最大の違いだ。

優太：でも，そんなおかしいニュースを誰が信じるんだろう？

先生：フィルターバブルということばを知っているかな？最初は流れてくる情報を受けとっているんだけど，自分が嫌いな情報はブロックするようになる。たとえば，選挙で自分が支持する候補に有利な情報だけを見るなどだ。こうして，大きなフィルターにつつまれた泡のなかにいるように，自分の好みの情報だけの世界に住むことをいうんだ。その人の好

みの情報だけをSNSに送ることもできるので，さらに危険なんだ。

▶▶▶ 無責任な拡散

優太：上の2016年の熊本地震でのライオン脱走のフェイクニュースでも，フェイクニュースを流した人は「見た人をびっくりさせたかった」と言っていましたね。

結衣：ほかにも，2019年のあおり運転の犯人の同乗者だという偽の情報を流された女性が，拡散した人に損害賠償請求をしていたけれど，拡散した人のなかには市議会議員までいたと聞きました。市議会議員は「犯人が早く逮捕されたらいいと思って拡散した」と後で謝罪をしたそうです。善意や正義感で拡散していることも多いような気がするな。

先生：そうだね。人間は「自分が正しい」と思いこむときがあるけど，そういうときこそ，冷静な判断が必要となるね。

結衣：最近は，SNSのプラットフォームにも，責任のある対応が求められていますね。

優太：そして，僕たちも，ファクトチェックに努めないといけないね。

上の熊本地震でのライオン脱走のSNSの投稿について，ファクトチェックをしよう。おかしいと思った点について，どのように情報源を確かめればよいのだろうか。

選挙権を得たら

選挙権年齢が18歳以上に引き下げられ，高校生であっても，18歳以上であれば有権者となる。選挙権をもつことによって，どのようなことが認められ，どのような点に注意しなければならないのだろうか。実際に投票をおこなうことを見据え，考えてみよう。

感染症の感染拡大で気づかされた「自由」

2019年の年明け，世界で多くの政治デモがおこなわれていた。フランスのパリでは，黄色いベスト運動にはじまったゼネラルストライキが長期にわたって続き，香港では逃亡犯罪人条例等改正案に反対する大学生を中心としたデモが市民を巻きこみ長期化していた。しかし，2020年以降の新型コロナウイルス感染症の感染拡大は，これらを一気に収束させてしまった。特に，感染症が猛威をふるい，犠牲者の多かったヨーロッパでは，外出禁止が続いたためである。ヨーロッパに比べ，感染者・死者ともに少ないアジアでも，外出禁止や自粛などが続き，集会が禁止された。

自由か，感染防止か。この難しい問題に世界が向きあった。そのなかで，2020年3月にドイツのメルケル首相が，国民に対して隣国との行き来を制限すると発表した際の演説は，世界で称賛された。演説のなかでメルケル首相は，「旅行や移動の自由が苦労の末に勝ちとられた権利だという経験をしてきた私にとって，このような制限は絶対に必要なときでしか正当化されない」と述べた。このことばには，自由の少ない東ドイツで育ったメルケル首相の想いがこめられている。

↑❶逃亡犯罪人条例等改正案に反対する若者のデモ
（2019年，香港）

誕生日と選挙の関係 ＊7月21日が投票日の参院選の場合

- 7月4日（木）　公示日
  ↕ 選挙運動可能期間
- 7月20日（土）　投票日前日
- 7月21日（日）　投票日

18歳の誕生日	選挙権	選挙運動
7月5日以前	○	○
7月6日〜21日（投票日）	○	誕生日前日〜7月20日までは可能
7月22日	○	×
7月23日以降	×	×

● 18歳になれば，選挙運動としてできること
- 友人・知人への直接投票や応援の依頼
- 電話による投票や応援の依頼
- 自分で選挙運動メッセージをWEB上の掲示板・ブログなどに書き込む
- 選挙運動メッセージを「Facebook」や「LINE」などのSNSなどで広める
- 選挙運動のようすを動画サイトに投稿

政治活動と選挙運動

結衣：写真❶のように，日本でも，学生団体によるデモがおこなわれていますね。大学生が中心メンバーのようですが，高校生も参加できるんですか？

先生：できるよ。デモや集会などへの参加を政治活動とよび，高校生にも，校外での政治活動が一部認められている。2015年に選挙権年齢が18歳に引き下げられたときに，それまで禁止されていた高校生の政治活動は解禁されたんだ。でも，「①違法もしくは暴力的になる恐れが高い場合，②学業の妨げになる場合などは，学校が指導する」という通達が出た。都道府県や学校によっては，政治活動が届け出制になっているところもあるんだ。

優太：政治活動と選挙運動は違うものですか？

先生：一般的に選挙運動は，政治活動の一部に含まれる。選挙運動は，選挙期間中に特定の候補者を応援する運動だ。選挙運動の権利は重要な公民権だから，18歳以上の有権者に対して，「高校生だから」という理由で制限はできないんだ。

選挙運動や投票をする際の注意点

優太：応援したい候補者のための運動なら何でもできるんですか？

先生：選挙運動については，公職選挙法で多くの規制がある。たとえば，選挙運動期間は，公示日から投票日の前日までとなっている。

結衣：ほかにも，SNSでの候補者の応援はできるけど，電子メールで投票を依頼するのはダメなんですよね？

先生：そうだね。あと，応援したい候補者への投票をお願いするときに，食事をご馳走したり，物をあげたり

することも禁止されている。買収になるんだ。このほか，以下も確認しよう。

Q❶ 投票日の翌日が18歳の誕生日。選挙には行けるのだろうか？

A❶ 行ける。誕生日の前日に満18歳になるため，投票日の翌日が誕生日の人まで選挙権がある。

Q❷ 18歳未満の高校生は選挙運動ができるのだろうか？

A❷ できない。同じ学年でも選挙運動ができる人とできない人がいるので注意が必要。また，Q❶の場合も，選挙の前日までは17歳であるため，今回は選挙運動ができない。

Q❸ インターネットを使った選挙運動として，何ができるのだろうか？

A❸ ブログやSNS（facebook，LINEなど）での発信はできるが，投票日前日の20時までなので注意が必要。電子メールでの投票依頼はできない。

> 投票のしかたなどについては「Focus 選挙に行こう」（p.122〜123）も確認しよう

140

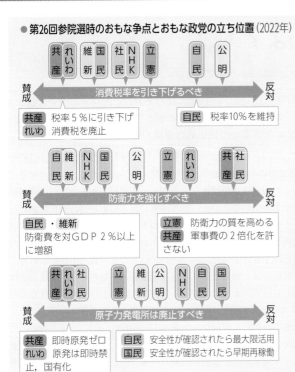

● 第26回参院選時のおもな争点とおもな政党の立ち位置 (2022年)

消費税率を引き下げるべき
賛成 ← 共産 れいわ 維新 国民 社民 NHK 立憲 ／ 自民 ／ 公明 → 反対

共産・れいわ：税率5％に引き下げ 消費税を廃止
自民：税率10％を維持

防衛力を強化すべき
賛成 ← 自民 維新 NHK 国民 ／ 公明 ／ 立憲 れいわ ／ 共産 社民 → 反対

自民・維新：防衛費を対GDP2％以上に増額
立憲・共産：防衛力の質を高める 軍事費の2倍化を許さない

原子力発電所は廃止すべき
賛成 ← 共産 れいわ 社民 ／ 立憲 維新 公明 NHK ／ 自民 国民 → 反対

共産・れいわ：即時原発ゼロ 原発は即時禁止，国有化
自民：安全性が確認されたら最大限活用
国民：安全性が確認されたら早期再稼働

憲法を改正すべき (→p.143)
賛成 ← 維新 自民 国民 公明 NHK 立憲 ／ 共産 れいわ 社民 → 反対

自民：必要な改正をおこなうことで，国民の手で新しい「国のかたち」をつくる
共産：全条項を守り，平和的民主的諸条項の完全実施をめざす

＊図中「維新」は「日本維新の会」，「立憲」は「立憲民主党」，「国民」は「国民民主党」，「NHK」はNHK党をさす。（「朝日新聞」2022年7月12日などを参照）

● 奨学金に関するおもな政党の公約 (2016年参院選時)

自民党	大学生などへの給付型奨学金制度を創設。高校生への奨学給付金も充実
公明党	給付型奨学金を創設。希望するすべての学生などへ無利子奨学金を貸与
民進党	返済不要の給付型奨学金を創設。同時に，奨学金の利子をなくす
共産党	月額3万円の給付制奨学金を70万人規模で創設。奨学金を無利子に
おおさか維新の会	憲法を改正し，幼稚園から大学まで教育を無償化する ＊現在の日本維新の会
社民党	奨学金は無利子を原則とし，返還義務のない給付型奨学金制度を創設

（「読売新聞」2016年6月23日参照）

18歳選挙権の実施

先生：これで選挙に行けるね。

結衣：はい。でも，18歳選挙権が実現した2016年の参議院選挙では46％だった10代の投票率が，2017年の衆議院選挙では40％，2019年の参議院選挙では32％，2022年の参議院選挙では35％に下がってしまったと聞きました。

優太：あまり投票に行ってないんだ。

先生：そうなんだ。2019年の参議院選挙では全体の投票率も大幅に下がって48％だったんだけど，10代が32％，20台が30％となってしまった。

結衣：19世紀の人たちが命がけで選挙権を獲得してきたのに。今の人は，どうして選挙に行かないんだろう？

優太：選挙に行っても，行かなくても，「政治は変わらない」と思う人が多いからかな。

先生：でも，2016年の選挙では，18歳の有権者を意識した公約があったのを知ってるかな？

身近なことから

結衣：返済不要の給付型奨学金と，大学授業料の減免制度ですね。

先生：そうだね。2016年の参議院選挙から，多くの政党が給付型奨学金を公約にするようになった。明らかに，18歳の有権者を意識した政策だね。

結衣：でも，対象者が本当に少ないです。国立大学でも入学金と4年間の授業料だけで240万円。貸与型奨学金は低金利とはいえ，私は何百万円もお金を借りるのは不安です。大学が無料の国もありますよね？

先生：ドイツは授業料が無料。フランスは年間3万円くらい。イギリスは高額だけど，奨学金の返済のしかたが工夫されている。

結衣：日本でも導入してほしい政策です。でも，そのためには10代の投票率を上げないといけませんね。

先生：そうだね。外国の若者は選挙にも行くし，立候補もする。政治への関心が政策を左右しているんだ。

優太：でも，大学の学費のことだけで政治家を決めてもいいのかな？

結衣：自分にかかわるところ，わかるところから政策の比較をはじめて，徐々に視野を広げていくのはどうかな？若者は人数が少ないからこそ，投票に行って意見を表明しないといけないんじゃないかな。

先生：そうだね。小数意見の尊重はとても大切だ。20世紀に現れたファシズムを知っているかな？

結衣：世界恐慌（→p.255）に苦しんだ戦前のドイツで，経済を立て直したヒトラーが国民の支持を集め，全権委任法を制定した結果，言論の自由がなくなり，戦争と大量虐殺が起こったということですね。

先生：すごい，その通り！民主主義の失敗の歴史を学んで，本当の民主主義の大切さに気づいてほしいな。

優太：難しいな～。

結衣：優太，がんばろうよ！私たちのことなんだから！

?
❶選挙運動と政治活動の違いをまとめ，選挙運動をおこなう際の注意点をあげてみよう。
❷主権者として政治参加するために，どのようなことが必要なのだろうか。
❸自分の関心のあることをあげ，各政党の政策を調べてみよう。

憲法改正とは？ 出題

　憲法改正の具体的な手続きを定めた国民投票法が2007年に成立し，2010年に施行された。2014年の改正では，投票年齢が18歳以上となり，18歳であれば高校生も憲法改正の是非を投票することとなった。憲法改正は，さまざまな意見がある大きな問題だけに，国民の意見もふまえた慎重かつ民主的な議論が望まれている。

硬性憲法

優太：憲法改正のための国民投票の投票年齢も18歳以上なので，高校生も投票するんですね。

先生：そうなんだ。憲法改正は，憲法の所定の手続きに従って，憲法の個別の条項を削除，修正，追加したり，新しい条項をつけ加えたりすることだ。日本国憲法の場合は，第96条で定められている。

結衣：第96条は「憲法の改正は，各議院の総議員の３分の２以上の賛成で発議され，国民投票で過半数の賛成を得なければならない」ですね。

先生：その通り。憲法は，通常の法律より，改正に厳しい要件がつけられているので**硬性憲法**（→p.83）という

憲法改正の手続き

国会 　憲法改正案の国会提出
衆院で100人以上，参院で50人以上の賛成が必要

↓

憲法審査会（衆参両院の審査機関）で審議。可決されれば本会議でも審議

↓

衆参それぞれ総議員の３分の２以上の賛成があれば国民に発議

↓

国民投票

国民投票法：2007年公布，2010年施行
・投票テーマ：憲法改正に限定
・投票年齢：18歳以上
・周知期間：憲法改正案の国会発議から60日以降180日以内に投票を実施
・広報：国会に「国民投票広報協議会」を設置

国民の → 過半数の賛成

成立，天皇が国民の名で公布

われているんだ。

優太：これは，日本独特のものですか？

先生：いいや，多くの国が憲法の改正に特別な手続きを求めているよ。たとえば，アメリカでは，すべての州の４分の３が賛成しないと合衆国法を改正することはできないんだ。

結衣：硬性憲法でないのは，成文憲法のないイギリスくらいですよね？

先生：ただ，イギリスは不文憲法で，なかでも統治や人権にかかわる重要な慣習法などは国民の生活に浸透しているから，事実上変更することはできないとされているよ。

なぜ，硬性憲法なのか？

先生：一時期，憲法第９条の改正について３分の２の賛成を得ることが難しいため，改正のための手続き条項である第96条を改正しようとする政治的な動きが強まった。でも，憲法改正のための手続きも基本的には改正できないというのが通説で，この動きは弱まっている。

優太：そもそも憲法の目的って，何ですか？

先生：憲法の目的は，国民の権利や自由を守るために国家権力を制限するという**立憲主義**（→p.72）にある。憲法は，国家権力によって，生命や自由を奪われてきた人々が，長い時間をかけて勝ちとってきたものなんだ。だから，人権を守るための憲法の基本原則は変えられないし，憲法改正には厳格な手続きが求められているんだ。

結衣：アメリカやドイツでは，よく憲法が改正されると聞きますが？

先生：アメリカの合衆国憲法は1787年制定の古い憲法典で，ドイツ憲法は細かい規定が多くあるという事情がある。どちらも社会の変化にあわせつつも，大変厳格な手続きを経て改正されている。半数を少しこえただけで改正だと，賛否が逆転したら，また改正となるからね。硬性憲法は，憲法の安定性を守りつつ，社会の変化に対応するしくみなんだ。

憲法改正の限界

優太：憲法改正の手続きを経ても，改正できないことはあるのですか？

先生：すべての条項が改正可能という説もあるけど，通説では憲法には変更できない条項があるとされている。それは憲法の基本原則だ。海外でも，国民主権，基本的人権の尊重などの条項を変えることはできないとされているんだよ。

結衣：日本国憲法の三大基本原則は，国民主権，基本的人権の尊重，平和主義ですね。この３つは改正できないということですか？

先生：国民主権と基本的人権の尊重が改正できないことには争いはない。でも，平和主義の条文である第９条（→p.178）については，議論のわかれるところだ。平和主義の基本的内容を示した第９条第１項は改正できないとされているけど，その手段を示した第９条第２項は改正の対象とすることができるというのが通説だ。もちろん，改正の対象にならないという反対論もある。p.143の最近の動向も参考に，考えを深めよう。

? ❶日本国憲法は，どのような点で硬性憲法といえるのだろうか。改正手続きをもとに考えよう。
❷日本国憲法は，なぜ硬性憲法とされているのだろうか。
❸憲法改正の手続きでも，変えられないことはどのようなことだろうか。日本国憲法をもとに答えよう。

● 憲法に関する世論調査

憲法改正に賛成・反対の世論の推移

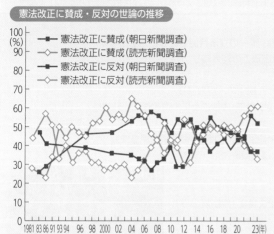

凡例:
- 憲法改正に賛成(朝日新聞調査)
- 憲法改正に賛成(読売新聞調査)
- 憲法改正に反対(朝日新聞調査)
- 憲法改正に反対(読売新聞調査)

（縦軸: %, 横軸: 1981 83 86 91 93 94　96　98 2000 02　04　06　08　10　12　14　16　18　20　23（年））

憲法第9条について

変えない方がよい　55%	変える方がよい 37%

（「朝日新聞」2023年2～4月調査）

憲法で特に関心をもっていること(上位10項目)

項目	%
戦争放棄,自衛隊の問題	57%
教育の問題	34
環境問題	33
緊急事態への対応の問題	28
憲法改正の問題	26
平等と差別の問題	26
天皇や皇室の問題	25
生存権，社会福祉の問題	23
プライバシー保護の問題	20
論，出版，映像などの表現の自由の問題	20

複数回答。（「読売新聞」2023年3～4月調査）

新聞社の世論調査では，「憲法改正に賛成」が約5割を占めるものもある。しかし，憲法第9条の改正には慎重な意見が多い。また，新しい人権（→p.102）については，憲法に明記する必要があると考える人も多くいる。憲法改正を党是とする自民党であるが，かつては党内の経済優先の改憲消極派が長期政権を維持した。1990年代に冷戦が終結し，日本経済が停滞すると，自民党内の改憲派が浮上した。2000年に憲法問題を議論する憲法調査会が国会に設置され，2007年には国民投票法が制定されるなど，改憲論が高まった。

● 今後考えられるおもな憲法改正の論点

	改憲に賛成の意見	改憲に反対の意見
前　文	日本の伝統文化の尊重を明記	歴史・伝統は多様であり，特定の価値観の明記は慎むべき
天　皇	天皇を国家元首として明記	象徴天皇には元首との明記はふさわしくない
新しい人権	新しい人権を憲法に明記。環境権は人権として明記する以外にも，環境に対する国や国民の責務についての条文を設けるべき	憲法第13条（幸福追求権）などを根拠に，すでに認められている。第13条は将来生まれうる人権にも対応可能
首相公選制	首相公選制を導入することで，首相のリーダーシップを強め，国民の政治的関心を高める	選出された首相は共和制の大統領に当たり，天皇制と矛盾する
緊急事態条項	緊急事態には首相に権限を集中する必要がある	基本的には法律で対応可能。市町村が対応すべき
改　正	改正の発議は過半数の議員で可能にすべき	3分の2の要件は，他国と比べても厳しい条件ではない。慎重であるべき
道州制	道州制を憲法に明記	現行憲法でも可能
財政規律	健全な財政運営をするために，財政規律条項を設ける	財政政策を縛るので，現実的ではない。破られることが前提となる

（「憲法調査会報告書」（2005年）をもとに作成）

上の表は，憲法調査会の報告書（2005年）にあげられていたおもな論点をまとめたものである。特に，第9条と自衛隊との関係については，最近の動向もふまえ，上表とは別に右のようにまとめた。2022年7月の参議院選挙で，自民党が憲法改正について掲げた公約は以下の4点である。

①自衛隊の明記　②緊急事態対応　③参院選の合区解消　④教育充実

連立与党の公明党に配慮しつつ，憲法改正に積極的な日本維新の会の主張を一部取り入れているが，2017年に掲げていた「高等教育無償化」が2021年の衆院選から「教育充実」に変わるなど，変化も見られる。

■第9条と自衛隊

［第9条の改正に賛成］
①自衛隊の存在を明記する。集団的自衛権を認める。
②自衛隊の存在を明記する。集団的自衛権は認めない。

［第9条の改正に反対］
③現状の自衛隊は憲法違反ではなく，改憲の必要はない。自衛隊を明記することで，必要最小限度の実力組織という現状をこえる可能性が高い。
④自衛隊は第9条違反なので，災害対策などを目的とする別組織にすべきである。

①と②は集団的自衛権を認めるかどうかで大きく異なり，④は自衛隊の軍事的な活動を認めない点で③とは大きく異なる。一方，②と③は現状の自衛隊を維持し，集団的自衛権に否定的な点で似ているが，改憲によって自衛隊そのものが変化すると考えると③，変化しないと考えると②となる点で異なる。憲法改正については，政党の憲法全体に対する基本的な考え方を理解した上で，条文の文言の改正で「この国のかたち」がどのように変わるのかを考えていかなければならない。

■おもな政党の憲法改正に対する立場（→p.141）

積極的↑↓否定的	党名	立場
	日本維新の会	教育の無償化，道州制，憲法裁判所の設置を提案。第9条改正，緊急事態条項を積極的に議論
	自民党	自衛隊の明記，緊急事態対応，参院の合区解消，教育充実を提示。憲法改正原案を国会で提案・発議，憲法改正をめざす
	国民民主党	人権保障，統治分野の議論。緊急事態条項を創設。第9条について具体的に議論を進める
	公明党	憲法の不備に新条文を加える「加憲」による改正
	立憲民主党	内閣の解散権の制約などについて議論。現在の自民党の自衛隊明記案は専守防衛に反するので反対
	社民党	第9条改正に反対。憲法違反の安保法制などは廃止
	共産党	第9条改正に反対。平和主義，人権保障を実現

（「読売新聞」2022年6月22日などを参照）

自民党は自主憲法の制定を主張し，日本維新の会は憲法改正での自民党への協力を表明している。公明党は，現行憲法に新しい規定を加える「加憲」という考え方で改憲を支持している。護憲を鮮明にしているのは，社民党，共産党である。立憲民主党は，第9条の改正には反対している。

3 国会と立法

政治

1 国会の地位と構成

❶国会の地位 1 ……「国会は，**国権の最高機関** であつて，**国の唯一の立法機関である**」(憲法第41条)
　　　　　　　　　ただし，最高裁判所の規則制定権などの憲法上の例外あり

❷国会の構成 1 ……**二院制**
　● 衆議院……定数465名(小選挙区289名，比例代表176名)，任期4年，解散あり
　● 参議院……定数248名(選挙区148名，比例代表100名)，任期6年(3年ごとに半数改選)，解散なし

2 国会の運営と権限

❶国会の種類 1 ……**常会(通常国会)，臨時会(臨時国会)，特別会(特別国会)，参議院の緊急集会**
❷委員会中心主義 2 ……委員会で実質審査をおこない，本会議で最終決定
❸国会・各議院のおもな権限 3 5 ～ 7 9
　● 立法に関する権限……法律の制定，憲法改正の発議
　● 行政に対する権限……内閣総理大臣の指名，**内閣不信任決議権**(衆議院のみ)，
　　予算の議決，条約の承認，国政調査権(各議院)
　● 司法に対する権限……**弾劾裁判所**の設置
❹衆議院の優越 4 ……内閣総理大臣の指名，内閣不信任決議権，予算先議権，予算
の議決，条約の承認，法律案の議決
❺国会議員の特権 8 ……歳費特権，不逮捕特権，免責特権
❻国会審議活性化法 10
　● **政府委員制度の廃止**，副大臣・大臣政務官のポスト新設，**党首討論(クエスチョン・タイム)の導入**

↑**1**国会議事堂周辺

---

1 国会の地位と構成 　衆議院と参議院の違いは何だろうか。

1 国会の組織 　頻出

　参議院の役割は何だろうか。

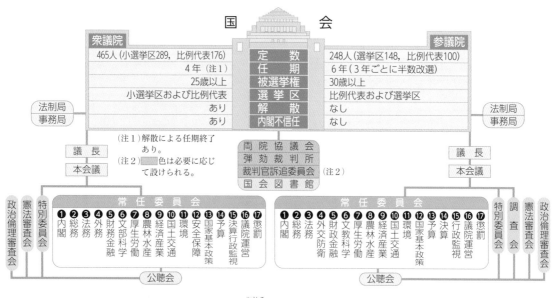

	衆議院		参議院
定　数	465人(小選挙区289，比例代表176)		248人(選挙区148，比例代表100)
任　期	4年(注1)		6年(3年ごとに半数改選)
被選挙権	25歳以上		30歳以上
選挙区	小選挙区および比例代表		比例代表および選挙区
解　散	あり		なし
内閣不信任	あり		なし

法制局／事務局

(注1)解散による任期終了あり。
(注2) ▨色は必要に応じて設けられる。

両院協議会
弾劾裁判所
裁判官訴追委員会 (注2)
国会図書館

議長／本会議

常任委員会
❶内閣 ❷総務 ❸法務 ❹外務 ❺財政金融 ❻文部科学 ❼厚生労働 ❽農林水産 ❾経済産業 ❿国土交通 ⓫環境 ⓬安全保障 ⓭国家基本政策 ⓮予算 ⓯決算行政監視 ⓰議院運営 ⓱懲罰

政治倫理審査会／憲法審査会／特別委員会

公聴会

常任委員会
❶内閣 ❷総務 ❸法務 ❹外交防衛 ❺財政金融 ❻文教科学 ❼厚生労働 ❽農林水産 ❾経済産業 ❿国土交通 ⓫環境 ⓬国家基本政策 ⓭予算 ⓮決算 ⓯行政監視 ⓰議院運営 ⓱懲罰

政治倫理審査会／憲法審査会／調査会／特別委員会

公聴会

↑**2**衆議院本会議

解説 **良識の府** 　衆議院と参議院の二院制を採用している理由の1つに，衆議院の暴走を防ぐ機能を参議院にもたせるという側面がある。衆議院は参議院に比べ，任期も短く解散もあるため，民意をより反映しやすいという点で**衆議院の優越**が認められている。一方で，参議院には，解散がなく，任期も6年と長いため，長期的な視点から政策を審議できる利点がある。また，一院制であれば，政権交代が起こったときに大幅な政策転換がおこなわれ，混乱をきたす可能性もあるが，二院制を採用することにより，それを防ぐこともできる。ただし，参議院がその機能を本当に果たしているのかという懐疑的な意見もあり，衆議院のカーボンコピーと揶揄されることもある。

国会の最大の権限は，何だろうか。また，国会議員は国民にとって，どのような存在だろうか。

2 国会の運営と権限
国会では，どのように審議が進められているのだろうか。

1 国会の種類

種　類	会　期	開　会	おもな審議
常会 （通常国会）	150日	毎年1回，1月中に召集	予算など
臨時会 （臨時国会）	両議院一致の議決	内閣または衆議院・参議院のいずれかの総議員の4分の1以上	緊急議題
特別会 （特別国会）	同上	衆議院解散総選挙から30日以内	内閣総理大臣の指名
参議院の緊急集会	不定	衆議院の解散中に緊急の必要がある場合，内閣が求める	緊急議題

？ 国会は，いつ開かれているのだろうか。

解説 **会期制** 国会は1月に通常国会が召集され，会期150日なので6月に閉会することが多い。ただし，通常国会は1回だけ会期を延長することが可能であり，7月まで延長されることもある。過去には9月8日まで延長されたこともあった（2012年第180回通常国会）。臨時国会は秋頃に召集がかかり，その都度，会期が設定され，2回まで延長が認められる。それぞれの会期は独立しており，その会期中に成立しなかった案件は，次の国会に継続されることなく廃案となる。これを**会期不継続の原則**という。ただし，これには例外があり，常任委員会と特別委員会は，各議院の議決で，特に付託された案件については，閉会中も審議でき，この案件は次の国会で継続して審議される。参議院の緊急集会は過去2回だけ開かれたことがあるが，ここでの議決の効力は一時的なものであり，次の国会開会後10日以内に，衆議院の同意を得なければその効力を失う。

2 委員会中心主義

役割	議案を本会議で審議する前に，予備的・専門的に審査・調査する。国会閉会中でも，議院の議決によって特に付託された案件は審査・調査できる
常任委員会 →p.144 ■	衆参それぞれに17の委員会が設置されており，国会議員はいずれかの委員会に所属する
特別委員会	各議院が特に必要と認めた案件や常任委員会の所管に属さない特定の案件を審査する。会期ごとに必要に応じて設けられる委員会 【おもな特別委員会】 東日本大震災復興特別委員会 原子力問題調査特別委員会
公聴会	重要な案件について，利害関係者や有識者などから意見を聞くために，必要に応じて開かれる。総予算および重要な歳入法案については，開催が義務づけられている

？ なぜ，委員会が設けられているのだろうか。

解説 **より深い審議へ** 全議員が集まる本会議では人数が多く，専門的な議論ができないため，少数の委員が集まり，より具体的な審査ができるよう委員会制度が設けられている。また，総予算や重要な歳入法案に関しては，学識経験者や利害関係者などの意見を聴く**公聴会**の開催が義務づけられている。ただし，公聴会での意見に法的拘束力はない。委員会で法案審議がおこなわれ，採決された後に本会議で採決される。

3 国会の権限

国会の権限	●法律案の議決（第59条） ●憲法改正の発議（第96条）
行政への権限	●予算の議決（第60条） ●条約の承認（第61条） ●内閣総理大臣の指名（第67条） ●内閣不信任決議（衆議院のみ）（第69条） ●財政に関する権限（第83・84条）
司法への権限	●弾劾裁判所の設置（第64条）
両議院の権限	●法律案の提出（国会法第56条） ●役員の選任（第58条） ●議院規則の制定（第58条） ●議員の懲罰（第58条） ●国政調査権の行使（第62条） ●議員の資格争訟の裁判（第55条） ●特別委員会の設置（国会法第45条）
衆議院のみ	●内閣不信任決議（第69条） ●参議院の緊急集会に対する同意（第54条） ●予算の先議（第60条） ●衆議院の優越について 　法律案の議決（第59条） 　予算の議決（第60条） 　条約の承認（第61条） 　内閣総理大臣の指名（第67条）
参議院のみ	●緊急集会（第54条）

？ 国会の権限と各議院の権限の違いは，何だろうか。

解説 **国会と議院** 国会の権限とは，衆・参両議院の議決の一致のもと行使できるものである。たとえば，憲法改正の発議では，衆議院と参議院の双方で総議員の3分の2以上の賛成をもって発議することができる。また，三権分立の観点から，行政に対して内閣総理大臣の指名などの権限や，裁判所に対して弾劾裁判所の設置の権限を有する。ただし，**衆議院の優越**が認められている事項については例外である。各議院の権限とは，衆・参それぞれが単独で行使できる権限である。たとえば，議員を除名する懲罰動議に対しては，両議院それぞれ一定の賛成によって提出することができ，その議員が所属する議院の出席議員の3分の2以上の多数で除名できる。各議院はそれぞれ独立しており，それぞれの議院で**規則制定権**を有して，自律的，自主的に活動している。

TOPIC 政党と会派

政党とは同じ政治的意見をもつ人々が，その実現をめざしてつくる団体であり，**会派**とは議院内で活動をともにしようとするグループをさす。無所属議員同士で会派を組んだり，複数の政党で会派を構成したりすることもある。委員会における委員の数や質疑時間の割当は，会派の所属議員数に応じておこなわれる。

◆衆議院で活動しているおもな会派
①自由民主党・無所属の会
②立憲民主党・無所属
③日本維新の会
④公明党
⑤国民民主党・無所属クラブ
⑥日本共産党
⑦有志の会
⑧れいわ新選組
（2023年10月24日現在）

政治

4 衆議院の優越

衆議院のみ認められている権限

- 予算先議権(第60条①)
- 内閣不信任決議権(第69条)

衆議院の議決が優先

- 法律案の議決(第59条)

- 衆議院と参議院で異なった議決をしたとき
- 衆議院が可決した法律案を参議院が60日以内に議決しないとき

↓

衆議院で出席議員の3分の2以上の多数の賛成で再可決,成立

- 予算の議決(第60条②)
- 条約の承認(第61条)
- 内閣総理大臣の指名(第67条②)

- 衆議院と参議院で異なった議決をし,両院協議会でも意見が一致しないとき
- 衆議院が可決した議案を参議院が30日以内(内閣総理大臣の指名は10日以内)に議決しないとき

↓

衆議院の議決を国会の議決とする

? なぜ,参議院の議決に日数制限を設けているのだろうか。

解説 **議事の停滞を防ぐ** 衆議院と参議院の多数勢力が与野党で逆転する状態を「**ねじれ国会**」という。この状態では衆参で議決が逆転することが多く,議事の停滞を招いてしまう。そのため,一定期間内に参議院が議決しない場合には反対したものとする「**みなし否決**」として扱う。

5 両院協議会

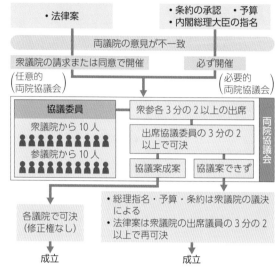

・法律案

・条約の承認 ・予算
・内閣総理大臣の指名

両議院の意見が不一致

衆議院の請求または同意で開催 → (任意的 両院協議会)
必ず開催 → (必要的 両院協議会)

協議委員
衆議院から10人
参議院から10人

衆参各3分の2以上の出席
↓
出席協議委員の3分の2以上で可決
協議案成案 / 協議案できず

各議院で可決(修正権なし)
↓
成立

・総理指名・予算・条約は衆議院の議決による
・法律案は衆議院の出席議員の3分の2以上で再可決
↓
成立

解説 **成案はほとんど得られず** 衆参両議院が異なった議決をした場合は,**両院協議会**が開かれ(法律案の場合は任意),妥協案を見つけるための協議がおこなわれる。両院の議決が異なるのは,おもに衆参の多数派が異なる「ねじれ国会」のときである。これまでに,両院協議会は内閣総理大臣の指名について複数回開かれたことがあるが,成案は得られなかった。両院協議会で成案を見た直近の法律案は,1994年の政治改革関連法案(➡p.132)である。

6 立法手続きの流れ～衆議院先議の場合

? 法案成立のための必要条件は何だろうか。

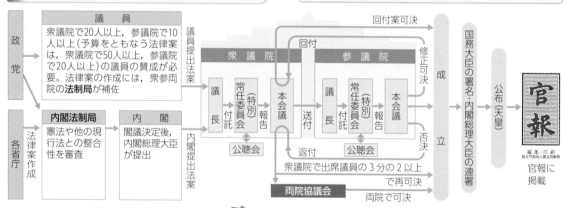

政党 衆議院で20人以上,参議院で10人以上(予算をともなう法律案は,衆議院で50人以上,参議院で20人以上)の議員の賛成が必要。法律案の作成には,衆参両院の**法制局**が補佐

各省庁 法律案作成

内閣法制局 憲法や他の現行法との整合性を審査

内閣 閣議決定後,内閣総理大臣が提出

議員提出法案 / 内閣提出法案

衆議院:議長→常任委員会(特別)付託→本会議 報告 / 公聴会
回付案可決 / 回付
参議院:議長→常任委員会(特別)付託→本会議 報告 / 公聴会
送付 / 返付
修正可決 / 否決
成立

衆議院で出席議員の3分の2以上で再可決
両院協議会 両院で可決

国務大臣の署名・内閣総理大臣の連署 → 公布(天皇) → 官報 官報に掲載

審議状況	内閣提出法案		衆議院議員提出法案		参議院議員提出法案	
国会	提出件数	成立件数	提出件数	成立件数	提出件数	成立件数
2017年	66	63	26	9	110	1
2018年	65	60	46	16	25	4
2019年	57	54	36	10	34	4
2020年	59	55	27	8	30	0
2021年	63	61	45	19	37	2
2022年	61	61	61	15	35	2
2023年	60	58	52	13	15	0

内閣法制局
内閣提出法案について,法案の合憲性,他の法律との整合性について審査し,法秩序を安定させることを役割とする。「行政内の最高裁判所」といわれることもある。内閣法制局長官は,国会で法案の合憲性についての説明をおこなう。

←3 **通常国会での法案の成立状況**(内閣法制局資料) 国会で成立する法律には,国会議員が提案する**議員立法**と内閣が提案する**内閣提出立法**がある。行政府の職員である官僚が関与する内閣提出法案の方が成立率は高い。なお,議員提出法案は,提案議員が所属する議院に先に提案され,内閣提出法案は,そのほとんどが衆議院に先に提案される。

解説 **定足数** 憲法第56条では,「両議院は,各々その総議員の3分の1以上の出席がなければ,議事を開き議決することができない」と規定されている。また,委員会を開会するには委員の2分の1以上の出席が必要とされる。議決は基本的に過半数の賛成により可決されるが,秘密会の開会や法律案の再議決には出席議員の3分の2以上,憲法改正の発議には総議員の3分の2以上の賛成が必要となる。また,一度,議院で議決をおこなった法案については,同一会期中に再度議決をおこなわない**一事不再議の原則**がある。

? 議員立法を活発にするためには,国会の制度のどのような点を改善すればよいのだろうか。

7 国政調査権 出題

↑4証人喚問のようす

? 国政調査権がおよぶ範囲はどこまでだろうか。

解説 **司法権や個人のプライバシーまではおよばず** 憲法第62条により，両議院にはそれぞれ**国政調査権**が認められており，「証人の出頭及び証言並びに記録の提出を要求する」という強い権限が与えられている。調査対象は国政全般とされているが，司法権の独立の侵害にあたるため，裁判の判決などに対する国政調査権の行使は認められていない。また，個人のプライバシーを侵害してまで調査することも認められていない。国政調査権は政治汚職事件などの際に行使される例が多いが，耐震偽装問題や年金資産の詐欺事件について企業の代表者が証人喚問によばれる例もあった。

8 国会議員の特権と待遇

歳費特権	49条	一般職の国家公務員の最高額以上の歳費(給料)
不逮捕特権	50条	●国会の会期中は逮捕されない〔例外〕①議会以外で現行犯の場合②議院が許諾した場合(国会法33条)●会期前に逮捕されていた議員は，議院の要求があれば釈放される
免責特権	51条	●議院内での発言，表決について，議院外で責任(刑罰，損害賠償など)を問われない。ただし，議院内で懲罰を受けることがある

●**国会議員の歳費**(月額)
・**衆参議長**：217万円　　**衆参副議長**：158万4,000円
・**国会議員**：129万4,000円
＋JR全線パス＋調査研究広報滞在費(日割支給)：100万円
＋公設秘書への給与(3名分)：2,000万円程度　など
●**特別職の俸給**(月額)
・**首相**：201万円　　**国務大臣**：146万6,000円

? 国会議員に特権が認められるのは，なぜだろうか。

解説 **職務遂行の保障** 国会議員は国民の代表であり，自主的かつ十分な活動が期待されている。そのため，憲法は国会議員に特権を認めている。たとえば，**不逮捕特権**は，逮捕権の濫用から議員の身体的自由や議員活動の自由を保障するために認められている。また，**免責特権**は，検察権力からの不当な圧力や民事上・刑事上の責任が問われず，国会内での自由な言論を保障するために認められている。そして，政治活動をおこなうために「相当額の歳費」が保障されており，国会法では「一般職公務員の最高額以上の額」を支給することを定めている。議員宿舎の提供，調査研究広報滞在費として月100万円(在職日数に応じた日割支給)，公設秘書3人の給与も支給されている。しかし，調査研究広報滞在費について，使途の公開や領収書も不要であることが問題視されている。

9 弾劾裁判 (→p.115)

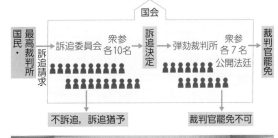

? 今までに罷免された裁判官はいるのだろうか。

解説 **7件の罷免** 国会内に設けられた**弾劾裁判所**では職務上の義務違反や，裁判官としての信用を失墜させるような行為をした裁判官を裁判する。訴追委員会や弾劾裁判所は衆参の国会議員で構成される。訴追委員会で訴追を受けた裁判官は弾劾裁判にかけられ，3分の2以上の多数が罷免に賛成すれば罷免される。これまで9件の弾劾裁判がおこなわれ，罷免判決7件，不罷免判決2件となっている(2023年11月現在)。なお，罷免を受けた裁判官は，罷免判決から5年が経過すれば資格回復請求ができ，罷免判決を受けた7名の裁判官のうち4名の資格回復が認められている。

10 国会審議活性化法

	以　前	2001年以降
政治家	大臣 — 政務次官政策決定に関与しない	大臣 — 副大臣大臣の職務も代行大臣政務官特定政策に関与
官僚	事務次官政府委員大臣の代わりに答弁	事務次官政府参考人技術的・専門的質問について委員会で答弁

解説 **政治家主導をめざして** 官僚主導の政治から政治家主導の政治の実現をめざして，1999年に**国会審議活性化法**が制定された。それまでは官僚が大臣に代わって答弁する**政府委員制度**が設けられており，実質的な国会答弁を官僚が担っていた。政治家の役割を明確化させ，国会議員同士の議論を活発化させるため，政府委員制度を廃止し，新たに**副大臣**と**大臣政務官**のポストが設けられ，原則，国会議員がそのポストを担うこととなった。また，衆参の常任委員会に国家基本政策委員会が設けられ，内閣総理大臣と野党党首による**党首討論**が導入された。

↑5党首討論

政治

政治

要点 の整理

＊____は共通テスト重要用語，■ は資料番号を示す。この節の「共通テスト○×」などに挑戦しよう☝

1 内閣の構成と権限

❶**内閣** ■……行政権は，内閣に属する（憲法第65条）

❷**議院内閣制** ②……内閣の存立は国会の信任に基づき，内閣は国会に対して連帯して責任を負う

❸**内閣の権限** ③……法律の執行と国務の総理，外交関係の処理，条約の締結，予算の作成，政令の制定
天皇の国事行為に関する助言と承認，臨時国会召集の決定，参議院の緊急集会の要求，最高裁判所長官の指名，最高裁判所裁判官および下級裁判所の裁判官の任命

❹**首長たる内閣総理大臣** ④……国会議員のなかから，国会が指名，天皇が任命，文民規定あり
──→**内閣代表権**（内閣を代表して議案提出，一般国務および外交関係を報告）
行政各部の指揮監督権，国務大臣の任免，国務大臣の訴追同意権，自衛隊の最高指揮監督権，**閣議の主宰**など

❺**国務大臣**……14人以内（特別な場合には17人以内），過半数は国会議員，文民規定あり
ただし，復興庁の新設などにともない，現在は16人以内（最大19人以内）

❻**行政委員会** ⑤……人事院，公正取引委員会など。中立性，専門的判断が必要な事項について設置

2 衆議院の解散と内閣総辞職

❶**衆議院で内閣不信任案可決または信任案否決**──→10日以内に衆議院を解散するか総辞職か選択 ■（憲法第69条）

❷**内閣総理大臣が欠けたとき**（憲法第70条）

❸**衆議院の解散**──→（40日以内）──→総選挙──→（30日以内）──→はじめての国会召集後，**内閣総辞職**（憲法第54，70条）

3 行政機能の拡大

❶**夜警国家から福祉国家へ**──→委任立法の増加，許認可権，補助金，行政指導など行政機能の拡大

❷**行政権の強大化** ③，**官僚制** ■──→**天下り** ②などに見られる政・官・財の癒着 ④←──公務員制度改革関連法（2007年）

4 行政の民主化

❶**行政改革** ■……行政機関のスリム化←──**中央省庁再編**，地方分権の推進，許認可行政の見直し──→**規制緩和**
行政運営の公正や透明化を目的に，**行政手続法** ②制定（1993年），パブリック・コメントの導入

❷**情報公開制度の確立**…… **情報公開法** の制定

❸**オンブズマン制度** ④の採用……地方公共団体で導入。国家レベルではまだ導入されていない

---

1 内閣の構成と権限　内閣の権限と内閣総理大臣の権限の違いは何だろうか。

1 日本の行政機構

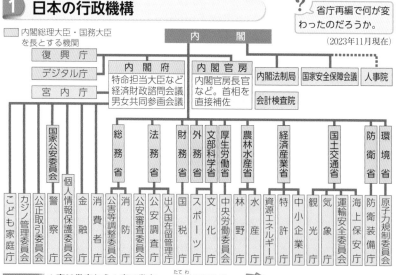

? 省庁再編で何が変わったのだろうか。
（2023年11月現在）

□ 内閣総理大臣・国務大臣を長とする機関

解説 1府22省庁から1府12省庁へ　縦割り行政の是正や行政の効率化をめざし，1999年に**中央省庁等改革関連法**が制定され，2001年に1府22省庁体制から1府12省庁体制に再編された。従来の総理府を**内閣府**に移行し，内閣機能や内閣総理大臣の権限を強化した。なお，1996年から内閣官房に，内閣の重要政策について，首相に直接助言することができる**首相補佐官**が設置されている。

こども家庭庁の設置
2023年に内閣府の外局として，**こども家庭庁**が設置された。子どもに関する福祉行政を担っている。2022年には**こども基本法**も成立した。

● **内閣府** 内閣総理大臣が担当することがふさわしい事務や特定の省庁が担当することが難しい事務を集約し，内閣の重要政策に関する事務を支援する組織。分野ごとに特命担当大臣を設置し，行政運営をおこなう

● **内閣官房** 内閣の補助機関として，内閣の首長である内閣総理大臣を直接，補助・支援する機関で，官房長官をトップとし，官房副長官3名がおかれる

● **特命担当大臣** 内閣の重要政策に関する企画立案・総合調整を強力かつ迅速におこない，内閣総理大臣の補佐をおこなう大臣で内閣府に限って設置が認められている。沖縄および北方対策，少子化対策，経済財政政策など分野ごとに担当大臣が任命されるが，他の省庁の大臣と兼任するケースが多い

● **会計検査院** 憲法第90条および会計検査院法によって，内閣から独立し，国の収入支出の決算を検査する憲法上の機関

2 議院内閣制 出題

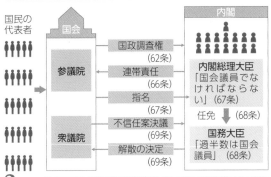

国民の代表者

議院内閣制のしくみは，どのようになっているのだろうか。

解説 緩やかな権力分立 議院内閣制とは，イギリスで発達した政治制度であり，日本では内閣の存在は国会の信任に基づき，内閣は国会に対して連帯して責任を負う政治体制のことである。議会と内閣の協力関係を重視する緩やかな権力分立（→p.71）である。両者の協力関係が破綻した場合，それを修復するために衆議院による内閣不信任決議を可決したり，衆議院を解散させたりする方法がとられる。内閣総理大臣は国会議員のなかから国会の指名により選出され，国務大臣を任命するが，その過半数は国会議員でなければならない。また，国務大臣はいつでも議院に出席し，発言する権利と義務を有する。

3 内閣の権限

行政権に関する権限（第73条）	●法律の執行 ●外交関係の処理 ●人事行政事務 ●政令の制定	●国務の総理 ●条約の締結 ●予算の作成 ●恩赦の決定

●行政権の行使についての連帯責任（第66条）
●衆議院の解散（第69条）
●参議院の緊急集会の要求（第54条）

●国事行為の助言と承認（第3条）

●最高裁長官の指名（第6条）
●裁判官の任命（第79・80条）

天皇

内閣の意思決定は，どのようにおこなわれるのだろうか。

←1閣議

解説 閣議 閣議は内閣総理大臣が主宰し，国務大臣が出席する。閣議は非公開でおこなわれ，全会一致での議決を原則とする。定例閣議（火曜日・金曜日の週2回）と臨時閣議は国務大臣の全員出席が求められるが，緊急時にはもち回り閣議といわれる閣議書を各大臣にもちまわり，署名をとる方法もとられる。合議体としての内閣の意思統一をはかり，閣議決定をもとに行政権を行使する。

4 内閣総理大臣の権限

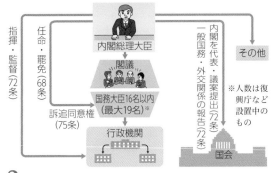

内閣総理大臣の地位は，明治憲法時代と比べて，どのように変わったのだろうか。

解説 広範な権限が付与された 明治憲法には内閣の規定はなく，「天皇の行政権を輔弼する」という役割であった。また，内閣総理大臣も「同輩中の首席」とされ，国務大臣を罷免する権限もなかった。しかし，現在では，日本国憲法や各種の法律によって，内閣総理大臣には行政権の長として広範かつ重大な権限が付与されている。国務大臣の任免権や閣議の主宰など，幅広くリーダーシップを発揮することが求められている。

政治

5 行政委員会

	職務内容	委員数	任期	任命権者
人事院	公務員の給与などの勧告。国家公務員試験の実施と任免	3人	4年	内閣（衆参両院の同意が必要）
公正取引委員会	独占禁止法の運用。不当競争の排除，課徴金の命令	5人	5年	内閣総理大臣（衆参両院の同意が必要）
運輸安全委員会	航空・鉄道・船舶事故の原因究明と再発防止の勧告	13人	3年	国土交通大臣（衆参両院の同意が必要）
中央労働委員会	2都道府県以上にまたがる労働争議の調停・仲裁，不当労働行為の審査など	45人	2年	内閣総理大臣（衆参両院の同意が必要）
原子力規制委員会	原子力利用における安全の確保をはかる	5人	5年	内閣総理大臣（衆参両院の同意が必要）

●**地方公共団体における行政委員会**
・**都道府県**……教育委員会，人事委員会，選挙管理委員会，公安委員会，収用委員会など
・**市町村**……教育委員会，人事（公平）委員会，選挙管理委員会，農業委員会など

解説 高い独立性 行政委員会は，政治的中立性や専門的・技術的な内容が要求される職務を遂行する。委員会によって程度は異なるが，内閣から独立して職務をおこなう。委員会は，規則を制定するなどの**準立法的機能**や審判をおこなうなどの**準司法的機能**をもつ。
例：人事院は，人事院規則を定め，人事にかかわる争いを審査。

2 衆議院の解散と内閣総辞職

どのようなときに内閣総辞職がおこなわれるのだろうか。

1 衆議院の解散と内閣総辞職

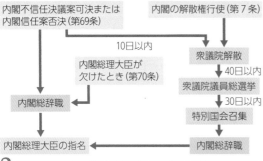

内閣不信任決議案可決または内閣信任案否決(第69条)

内閣の解散権行使(第7条)

10日以内

内閣総理大臣が欠けたとき(第70条)

衆議院解散
↓ 40日以内
衆議院議員総選挙
↓ 30日以内
特別国会召集

内閣総辞職

内閣総理大臣の指名 ← 内閣総辞職

? 衆議院を解散する根拠は、何だろうか。

解説 **第7条解散と第69条解散** 衆議院の解散について、憲法第7条(天皇の国事行為)に基づく解散と、憲法第69条に基づく解散(不信任決議の場合の解散)がある(●p.134)。憲法第7条には、天皇の国事行為の1つに衆議院を解散することが明記されている。内閣は天皇の国事行為に助言と承認をおこなう立場から、内閣(特に首相)の判断で衆議院を解散することができるとされている。内閣不信任決議の可決による対抗解散は憲法上、第69条に基づくものであるが、解散詔書には「第7条に基づく解散」と書かれるのが通例であり、運用上の解釈はわかれている。衆議院解散後、総選挙がおこなわれ、前政権と同じ人物が総理大臣に指名される場合でも、その直前に前内閣は総辞職し、新政権が発足することになる。なお、衆議院の解散が宣言され、新政権が発足されるまでの間は前政権が職務執行内閣として、内閣の職務を継続する。

TOPIC 内閣の危機管理

アメリカでは大統領が欠けた場合、副大統領が残りの任期を大統領職として務める。日本では内閣総理大臣が欠けた場合、内閣は総辞職することが憲法に規定されているが、新内閣が発足するまでの職務執行内閣は誰が指揮をとるのだろうか。内閣法第9条では、内閣総理大臣に事故のあるときや内閣総理大臣が欠けたときは、あらかじめ指定した国務大臣が臨時に内閣総理大臣の職務をおこなうことが規定されている。この規定による指定を受けた国務大臣が、内閣総理大臣が海外出張や病気などにより職務執行ができない場合の職務代行者となる。

内閣が発足するとき、職務代行者を5人指定し、特に1番目の指定を受けた国務大臣は、俗称として「副総理」とよばれる。この方法が採用されたのは、2000年、小渕恵三首相が在職中に入院し、臨時代理を指定していなかったため、権力の空白期間が生じたことがきっかけとされている。

◆岸田内閣の臨時代理指定者(2023年12月、第2次岸田第2次改造内閣)
1位:林芳正内閣官房長官
2位:高市早苗経済安全保障担当大臣
3位:鈴木俊一財務大臣
4位:河野太郎デジタル大臣
5位:新藤義孝経済再生担当大臣

3 行政機能の拡大

行政の肥大化は、どのような問題を招くのだろうか。

1 官僚制の問題点

縦割り行政	権限が明確に配分されているため、権限外のことに関与しない。省庁間のように横の連携が不十分。セクショナリズムともいう
秘密主義	官僚のもつ情報が国民に知らされない
法律万能主義	マニュアルが重視され、規則にないことはできない
権威主義	上からの命令にただ従うだけで、責任を回避しようとする
文書主義	本来は記録を残し、後に検証できるように文書を作成するはずが、文書の作成が目的となり、形骸化している

解説 **官僚制とは?** 官僚制(ビューロクラシー)とは、規模の大きな組織や集団を合理的に運営するシステムのことで、行政機関における公務員制度としても形成されている。ドイツの政治学者ウェーバーは、近代以降の官僚制の特徴として、組織内での明確な権限配分や上意下達のピラミッド構造、職務の専門的遂行など、合理的な組織運営をあげた。しかし、現代では表のように非効率で形式的な官僚制の弊害が指摘されている。

↑ウェーバー(1864〜1920)

2 天下り

天下りのイメージ

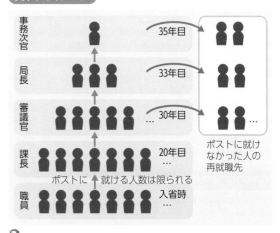

事務次官　35年目
局長　33年目
審議官　30年目
課長　20年目
職員　入省時

ポストに就ける人数は限られる

ポストに就けなかった人の再就職先

? なぜ、天下りが生まれるのだろうか。

解説 **出世競争の果てに** キャリア官僚とよばれる国家公務員は、事務次官(一般職公務員の最高位)をめざして出世競争をくり広げる。このなかで昇進が途絶えた官僚は退職勧奨を受け、退官する慣習がある。その際、それまでの職務と関連の深い民間企業や特殊法人などに再就職することを天下りという。天下りは、官公庁と企業との癒着を招き、政治汚職の原因となるばかりか、天下りをくり返す「渡り」をすることで多額の退職金を受けとるなど、批判が多い。現在では、離職前5年間の職務に関して、離職後2年間の天下りを原則禁止しているが、人事院の承認があれば再就職でき、天下り自体はなくなっていない。

見方・考え方 **民主主義** 衆議院の解散について、現在、憲法第69条による解散は少なく、憲法第7条による解散がほとんどである。この現状に問題はないのだろうか。「民主主義」の観点から考えよう。

3 行政国家化 出題

17〜18世紀

小さな政府 (夜警国家)	→	大きな政府 (福祉国家)
●国防 ●治安維持 ──→行政の役割は限定的		●官僚制の発達 ●許認可権限の増加 ●委任立法の増加 ──→行政の機能の拡大 　　　(行政国家化)

●委任立法とは？

　社会生活が複雑化・多様化し，さまざまな分野の専門知識が求められるなかで国会が機動的に対応することが難しくなっている。そこで国会が法律の骨子となる部分を制定し，詳細については**政令**(内閣が制定)，**省令**(省庁が制定)などで別途定める**委任立法**がとられることがある。

●委任立法の事例〜生活保護

【生活保護法第8条1項】 保護は，厚生労働大臣の定める基準より測定した要保護者の需要を基とし，そのうち，その者の金銭又は物品で満たすことのできない不足分を補う程度において行うものとする。

> 生活保護法をもとに，省令によって生活保護の基準が定められている

生活保護基準

？ なぜ，行政国家化が進むのだろうか。

解説 **大きな政府への転換** 第二次世界大戦後，社会保障制度の拡充によって政府の役割が拡大し，福祉国家となった。そのため，行政の仕事は多岐にわたり，行政機能が拡大することとなった。その一例として，国会が法律の大枠を制定し，細部については行政府に任せる**委任立法**や行政機関に与えられた各種の許可や認可(**許認可権**)が増加してきた。行政機能の拡大によって，官僚制が威力を発揮し，膨大な行政事務を効率よく進めた一方で，利権を生み出し，政治汚職につながることにもなった。

4 政官財のトライアングル

汚職事件	概　要
ロッキード事件 (1976年)	アメリカのロッキード社が航空機の売りこみの際に約5億円の資金を国会議員らに提供した贈賄事件。田中角栄元首相(➡p.131)らが起訴された
リクルート事件 (1988年)	リクルート社が値上がり確実な子会社の株を竹下登ら政治家に譲渡(インサイダー取引)した事件。竹下内閣(➡p.132)は総辞職に追いこまれた
佐川急便事件 (1992年)	佐川急便が自民党副総裁など複数の政治家に多額の政治献金をおこなった事件。宮澤内閣に対する不信任決議案の可決と55年体制の崩壊(➡p.132)につながった

政・官・財の関係

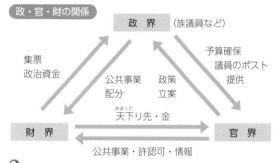

？ 政治汚職が起こる原因は何だろうか。

解説 **鉄のトライアングル** 許認可権をもつ官僚，政策決定過程で影響力をもつ国会議員，許認可や公共事業の見返りに選挙での組織票や政治資金を提供する財界の密接なつながりを**鉄のトライアングル**といい，政治汚職の原因とされている。特に，特定の分野に大きな影響力をおよぼす国会議員のことを**族議員**という。

政治

Let's Think! **本当は少ない？日本の公務員**

　日本の公務員の数は，ほかの先進国と比較すると少ないと指摘されている。経済が発展すると，財政支出が増え，政府の役割は大きくなる。しかし，日本では，高度経済成長期に労働力人口が増加しても，国家公務員の数は一定のままで，結果的に世界でも稀に見る「小さな政府」となった。

　1990年代には官僚の不祥事が報道され，公務員が退職後，民間企業や政府関係機関などの要職に再就職する天下りが問題となるなど，公務員に対する風当たりが強まった。2005年には**行政改革推進法**が制定され，公務員の削減が進められた。しかし，これらの削減は外部の独立行政法人などへの異動によるところが多く，異動先の独立行政法人での人件費も基本的に政府の交付金から支出されているため，財政支出の面では本当の意味での削減につながっていない。

　一方で，行政国家化が進み，高齢化の進展，貧困，教育格差，劣悪な労働環境など，現代社会にはさまざまな課題が山積し，以前よりも行政の業務量が増えている。このようななか，公務員数を削減しながら行政サービスの質を保つのは現実的には不可能といえる。ICT化を推進し，業務の効率化をめざし，無駄を削減していく努力は不可欠であるが，これには限界もある。低成長社会となった現在，経済成長による大幅な税収増加は見込めない。公務員は全体の奉仕者といわれるが，彼らも一人の生活者であり，人件費の削減にも限界がある。公務員数の削減には，行政サービスの量・質の低下を受け入れる私たちの覚悟も求められている。

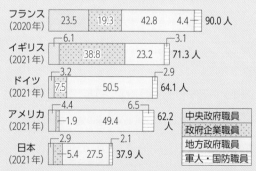

	中央政府職員
	政府企業職員
	地方政府職員
	軍人・国防職員

↑2人口1,000人あたりの公的部門における職員数の国際比較
(内閣官房資料)

？ 日本の公務員が海外に比べて少ない要因の1つに，行政サービスの民間委託がある。どのような分野で，民間委託がなされているのだろうか。

政治

1 行政改革の歴史

年	できごと
1981	第二次臨時行政調査会 (第二次臨調) の設置 ➡「増税なき財政再建」がスローガン。**三公社** (国鉄，電電公社，専売公社) の**民営化**を提言
1985	日本電信電話公社を民営化 ➡日本電信電話株式会社 (ＮＴＴ) 発足 日本専売公社を民営化 ➡日本たばこ産業株式会社 (ＪＴ) 発足
1987	日本国有鉄道を分割・民営化 ➡ 6 つの旅客鉄道会社および貨物鉄道会社 (ＪＲ各社) と国鉄清算事業団が発足
2001	**中央省庁再編** (1 府22省庁を 1 府12省庁に再編) **独立行政法人**が発足 (民営化になじまない，研究機関などの公共的事業を国から切り離して効率的に運営)
2004	国立大学を国立大学法人化し，独立採算制に移行
2005	道路関係 4 公団の民営化➡日本道路公団を 3 分割し，首都高速道路公団，阪神高速道路公団，本州四国連絡橋公団とともに民営化
2007	日本郵政グループ発足。**郵政民営化**開始 (2012年の郵政民営化法の改正により，4 社体制に再編)
2008	政府系金融機関 8 機関 (国民生活金融公庫，日本政策投資銀行，国際協力銀行など) を統廃合

？ 何のための行政改革だろうか。

解説　**小さな政府へ**　行政改革は，「増税なき財政再建」をスローガンとする1981年の第二次臨調にはじまった。そのなかで「三公社の民営化」が提言され，1985年に日本電信電話公社と日本専売公社が民営化され，1987年には日本国有鉄道が分割・民営化された。1996年には行政改革会議が，省庁再編や公務員改革などを提案し，2001年，1 府12省庁体制に再編された (➡p.148)。その後の小泉政権下では「聖域なき構造改革」を掲げ，道路公団や郵政事業の民営化などが進められた。

2 行政手続法

行政手続法の概要

？ 行政手続法が制定された背景には何があったのだろうか。

解説　**透明性を高めるため**　行政機能の拡大にともない，許認可権や行政指導など，行政権のもつ力が大きくなった。その権限の大きさが不正の温床となったり，不透明性を高めたりしていた。そこで，1993年に**行政手続法**が制定され，許認可や行政指導などの透明性と公正さを確保することが行政側に求められるようになった。また，2006年からは行政機関が政令や省令などを制定・改廃する際に事前に案を国民に提示し，**意見公募 (パブリックコメント)** をおこなうことが義務づけられている。

3 特殊法人と独立行政法人

特殊法人	設置基準	対象事業……政府の事業のうち，民間経営になじむもので，行政機関では効率的な運営をしにくいもの ●特殊法人ごとに特別の法律によって設置される。政府の監督下で，なるべく自主性が認められる
	特徴	●事業計画に国の承認が必要 ●役職員の地位は原則的に民間に準じる。ただし，公務員と同じ法的規則を加えられる場合もある
	【例】	日本放送協会 (ＮＨＫ)，日本電信電話 (ＮＴＴ)，日本年金機構，東京地下鉄 (東京メトロ) など33法人
独立行政法人	設置基準	対象事業……業務の質や効率性の向上などのため，各府省から一定の事務・事業を分離したもの ●独立行政法人ごとに個別の法律によって設置されるが，このほかに，独立行政法人通則法によって運営方法が共通化されている
	特徴	●主務大臣が，3 ～ 5 年ごとに中期目標を策定し，各法人は目標達成のために中期計画を策定する ●職員の地位は原則的に民間に準じる。ただし，公的性格が特に強い特定独立行政法人は公務員扱い
	【例】	国立印刷局，造幣局，大学入試センター，日本学生支援機構，国民生活センター，ＪＩＣＡ (国際協力機構)，日本原子力研究開発機構など87法人

？ なぜ，特殊法人改革がおこなわれたのだろうか。

解説　**非効率な経営の改善へ**　特殊法人は，特別法によって設置される公共性の高い法人で，業務の性質が民間の経営になじむものをさす。特殊法人については，非効率な経営や赤字が問題となり，2000年代に特殊法人の統廃合などの**特殊法人改革**がおこなわれた。2001年には，これまで国がおこなってきた事業で，公共性の高い事務・事業のうち，国が直接実施する必要はないが，民間に委ねると実施されない恐れのあるものを分離した**独立行政法人**が設立された。特殊法人から独立行政法人に改組して，業務の効率化・透明化をめざしたものも多い。現在でも日本放送協会 (ＮＨＫ) や日本年金機構など，特殊法人は一部残るものの，日本道路公団の民営化や日本郵政公社の民営化など，特殊法人改革が推進された事例も見られる。

4 オンブズマン

オンブズマン制度の例(東京都清瀬市)　(清瀬市資料参照)

解説　**国家レベルでは未導入**　オンブズマン制度 (**行政監察官制度**) は，1809年にスウェーデンではじまり，現在では多くの国で採用されている。日本では，1990年に神奈川県川崎市がはじめて導入し，各地方公共団体に広がった。市民の苦情処理，行政の監視，行政の改善などをおこなう。国政レベルでも導入が検討されてきたが，実現していない。

5 地方自治と住民の福祉

＊ ◯◯◯ は共通テスト重要用語，■ は資料番号を示す。この節の「共通テスト◯×」などに挑戦しよう

要点 の整理

1 地方自治

❶地方自治の意義 ■……「地方自治は民主主義の最良の学校である」(イギリスの政治学者ブライス)

❷地方自治 ■……日本国憲法第8章で規定，大日本帝国憲法には規定なし
- 地方自治の**本旨**(第92条)の2つの意味……**住民自治**(第93条)と**団体自治**(第94条)
  - → 地方自治法による具現化

2 地方公共団体の組織と権限

❶地方公共団体の種類 ■……普通地方公共団体(都道府県と市町村)，特別地方公共団体(東京23区など)

政令による指定を受けた政令指定都市は，都道府県に近い財政上の権限をもつ

❷議会と首長の権限 ■
- **議会**……一院制の議決機関(都道府県議会，市町村議会，特別区議会)
  - 権限：条例の制定・改廃，予算の議決，首長の不信任の議決など
- **首長**……執行機関，都道府県知事(副知事)，市町村長(副市町村長)
  - 権限：地方税の徴収，条例の執行，議案や予算の作成など

❸首長と議会の関係 ■

予算の議決・条例制定についての拒否権 →
議会解散権 →
← 不信任決議権
議会出席権・議案提案権 →
首長 議会

↑■大阪都構想の是非を問う住民投票の投票所(大阪市，2020年)

❹直接請求権 ② ③……住民自治を実現する手段の1つ
- **リコール**(解散・解職請求)……議会の解散，首長・議員・主要公務員の解職請求
- **イニシアティブ**(国民発案)……条例の制定・改廃請求権
- **レファレンダム**(住民投票)……地方特別法についての住民投票など
- **監査請求**……地方公共団体の事業の管理，出納や事務の監査請求

❺地方公共団体の仕事 ④ ⑤……**地方分権一括法**(2000年施行)により，**自治事務**と**法定受託事務**に整理
法定外目的税(独自課税)も認められる

3 地方自治の現状と課題

❶日本の地方自治の課題 ■……一般的に「三割自治」または「四割自治」といわれた → **三位一体の改革**

❷地方財政の悪化 ■
- 自主財源の不足，独自課税の増加 ②，ふるさと納税の活用 ②

❸地方行政の効率化 ② → **市町村合併**の促進(平成の大合併)，**道州制**の導入議論

---

1 地方自治　地方自治の意義とは何だろうか。

1 地方自治の原則　[出題]

トクヴィル (仏)『アメリカの民主主義』(1835年)	地方自治の自由に対する関係は，小学校の学問に対する関係と同じである。それは自由を民衆の手の届くところに引き渡す
ブライス (英)『近代民主政治』(1921年)	**地方自治は民主主義の最良の学校**，その成功の最良の保証人なりという格言の正しいことを示すものである

? 日本国憲法が定める地方自治は，どのようなものだろうか。

解説　**地方自治の本旨**　地方自治とは，一定の地域に住む人々が必要とする共通の行政サービス，たとえば学校，道路，上下水道やゴミ処理施設などの整備に，地域的共同意識をもって取り組むことである。日本国憲法は，地方公共団体の運営について，「地方自治の本旨に基いて，法律でこれを定める」としている(第92条)。これは，住民の意志に基づいて地方行政はおこなわれ，地方公共団体は自律権をもって，これに取り組むということである。

日本国憲法にみる地方自治の考え方

憲法第92条　地方自治の基本原則	
地方自治の本旨	
住民自治	**団体自治**
住民が直接・間接に自分が住んでいる地方公共団体の政治に参加していること	都道府県および市町村が中央政府から一応独立した統治組織として設置されていること

	住民による政治		地方の独立
第93条	議会の設置，首長・議員その他吏員の選挙	第94条	財産管理 事務処理 行政執行 条例制定

直接請求(地方自治法)

	特別法の住民投票	
第95条	1つの地方公共団体のみに適用される特別法は，住民投票において過半数の賛成が必要	国会

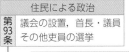
住民投票 →
← 特別法

1 日本の地方制度

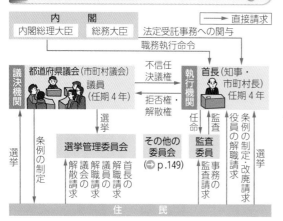

解説　**地方自治のしくみ**　地方自治の規定は大日本帝国憲法にはなく，日本国憲法で規定されるようになった。日本の地方自治では，議員と首長はそれぞれ住民から直接選挙で選出され，議会の条例制定権，首長の行政執行権がわけられている。このように，日本の地方自治は，大統領制を基本としながらも，議会の首長に対する不信任決議を認め，その際には首長は議会を解散できるとする議院内閣制の要素も取り入れている。ただし，首長の解散権は，議会が不信任決議を可決した場合に限定しており，議会の不信任決議には3分の2以上が出席し，4分の3以上の賛成を要する。首長が解散権を行使した場合でも，新しく選挙された議会で再び不信任決議が可決された場合は自動的に失職となる。また，首長には議会の議決に対する再議権（いわゆる拒否権）も認められているが，議会が3分の2以上の多数で再議決した場合は，その議案は成立する。

2 住民の直接請求権 頻出

請求の種類		必要署名数	請求先	請求後の取り扱い
条例の制定・改廃の請求		有権者の50分の1以上	首長	首長が議会にかけ，結果を公表
事務の監査の請求			監査委員	監査結果を議会・首長に報告し，公表
議会の解散の請求		原則として有権者の3分の1以上*	選挙管理委員会	住民の投票に付し，過半数の同意で解散・失職
解職の請求	議員・首長		選挙管理委員会	住民の投票に付し，過半数の同意で解散・失職
	副知事・副市町村長・監査委員など		首長	議会にかけ，3分の2以上の出席，その4分の3以上の同意で失職

＊解散・解職請求権について，総数が40万人をこえる場合の署名数は，40〜80万人の部分については6分の1以上，80万人をこえる部分については8分の1以上。

? 住民の自治に対する参加のあり方とは，どのようなものだろうか。

解説　**住民の直接参加**　条例の制定・改廃請求権，監査請求は**イニシアティブ**（発案），議会の解散請求，首長，議員，主要公務員の解職請求は**リコール**（解散・解職請求），地方特別法の可否についての住民投票は**レファレンダム**（直接投票）とよばれる。

● 地方公共団体の種類

種類		内容
普通地方公共団体	都道府県	全国に47（1都1道2府43県）。広域自治体として市町村を包括し，広域的な事務や事業，市町村に関する連絡調整，警察行政などをおこなう
	市町村	市の要件は人口5万人以上。人口50万人以上の要件を満たせば，政令指定都市となり，都道府県に準ずる権限をもち，行政区の設置が可能となる。基礎自治体として，住民に身近な行政をおこなう
特別地方公共団体	特別区	東京23区。消防，水道など都が一体的に処理するものをのぞき，市と同等の権限をもつ。区長は選挙で選出される

3 住民投票

● 住民投票の種類

	内容	根拠法	法的拘束力
特別法の制定	1つの自治体のみに適用される特別法への賛否	憲法第95条	あり
解散・解職請求	議会の解散や議員・首長の解職への賛否	地方自治法第76〜85条	あり
政策の重要事項	重要な政策の実施に対する賛否	各地方公共団体の条例	なし

このほか，大都市地域特別区設置法第7〜8条に基づく，特別区の設置に関する住民投票もある。法的拘束力があり，事例としては大阪都構想の是非を問う住民投票（2015，20年）がある。

政策の重要事項にかかわるおもな住民投票（数字は実施年月日）

新潟県巻町（現新潟市）96.8.4（原子力発電所）
三重県海山町（現紀北町）2001.11.18（原発誘致）
岡山県吉永町（現備前市）98.2.8（産廃処分場）
新潟県刈羽村2001.5.27（プルサーマル）
宮城県白石市98.6.14（産廃処分場）
長崎県小長井町（現諫早市）99.7.4（採石場新設）
岐阜県御嵩町97.6.22（産廃処分場）
沖縄県96.9.8（在日米軍基地）
滋賀県米原町（現米原市）2002.3.31（合併）
徳島県2000.1.23（可動堰建設）
沖縄県名護市97.12.21（海上航空基地）

? 住民投票の種類には，どのようなものがあるのだろうか。

解説　**住民の意思を問う**　国政選挙ではさまざまな政策がパッケージ化されたものに投票をおこなう。これに対し，政策の重要事項を問う**住民投票**は，各地方公共団体で制定された条例を基に特定の問題についての賛否を問うものであり，投票結果に法的拘束力はない。また，投票資格者を自由に設定することができ，未成年者や永住外国人が投票した事例もある。一方，地方特別法の制定や議会の解散，首長・議員の解職といったリコール時の住民投票は，憲法や地方自治法で法的に定められた住民投票であり，選挙権をもつ者しか投票できず，投票結果に法的拘束力がある。住民投票は，為政者が自身の統治を正当化するためにおこなわれることもあり（プレビシット），住民たちの自治能力が問われる。

? 地域社会の課題に自分の意思を反映させるためには，どのような制度があるのだろうか。また，それらの制度は住民の意思を反映しやすいものとなっているか，検証しよう。

政治

④ 地方公共団体の仕事

公共事務
行政事務
団体委任事務

→ **自治事務** 法律の範囲内なら自治体の判断で仕事ができる事務のことをいう
〈具体例〉●介護保険サービス ●都市計画の決定
●国民健康保険の給付 ●飲食店の営業許可
●公共施設の管理 ●病院・薬局の開設許可

存続する事務

法定受託事務 国が本来果たすべき役割にかかわる事務であって、国民の利便性または事務処理の効率性の観点から都道府県または市町村が処理するものとして、法律または政令に定めるもの
〈具体例〉●国政選挙 ●パスポート（旅券）の交付
●戸籍事務 ●国道の管理

機関委任事務
都道府県知事や市町村長を国の機関として国の事務を処理させる制度のこと

国の直接執行事務
〈具体例〉●国立公園の管理，信用共同組合の認可など

事務自体の廃止
〈具体例〉●国民年金の印紙検認事務
●外国人登録原票の写票の送付等にかかわる都道府県の経由事務 など
（内閣府資料ほか）

？ 地方の事務は，どのように変化してきたのだろうか。

解説 **地方分権一括法の制定**
1999年，地方分権の推進をはかるため，関係法律を整備する**地方分権一括法**が成立した。これにより**機関委任事務**が廃止され，地方の事務は**自治事務**と**法定受託事務**に整理され，**法定外目的税（独自課税）**が認められた。また，国と地方の間で国の関与や法令の解釈をめぐる紛争などが生じた場合に，審査申立ができる機関として国地方係争処理委員会が設置された。

政治

📰 **特区制度の変遷**

2002年に**構造改革特区法**が制定され，限定した地域で，教育，物流，研究開発，農業などの分野で申請のあった事業に関して規制緩和が認められるようになった。その後，2011年に総合特区，2013年には**国家戦略特区**の制度が整備され，省庁や業界団体の抵抗による「岩盤規制」を崩し，民泊，農業分野での外国人受け入れ，企業による農地取得，獣医学部の新設など，さまざまな規制改革がおこなわれている。

⑤ ユニークな条例

名寄の冬を楽しく暮らす条例（北海道・名寄市）
快適に楽しく冬を暮らすための工夫に優れていた場合，「ホワイト・マスター」の称号を贈る

青森ねぶた保存伝承条例（青森県・青森市）
国の重要無形民俗文化財の「青森ねぶた」を次の世代に正しく伝える

金沢市こまちなみ保存条例（石川県・金沢市）
城下町保存

川西市子どもの人権オンブズパーソン条例（兵庫県・川西市）
子どもの相談にのってくれる人や制度の条例

香川県ネット・ゲーム依存対策条例（香川県）
子どものゲームの時間などを規制

しじみ育成保護条例（福岡県・大任町）
彦山川のほとんどを保護指定地域として天然しじみを保護，育成

千代田区生活環境条例（東京都・千代田区）
歩きたばこ，吸いがらのポイ捨てをした人に2万円以下の罰金

ウミガメ保護条例（徳島県・美波町）
ウミガメをつかまえたり卵をとることを禁止
（『月刊Newsがわかる』などを参照）

解説 **地方の特色** 憲法第94条では，「法律の範囲内」において条例を制定できるとしている。法律の範囲内かどうかは，その法律と条例の「趣旨，目的，内容及び効果を比較し，両者の間に矛盾抵触があるかどうか」によって決められる。2年以下の懲役もしくは100万円以下の罰金など，罰則規定を設けることもできる。また，条例は，国の法制化に先立っておこなわれることもある。たとえば情報公開制度については，1982年に山形県金山町がはじめて条例で制定して各地方公共団体に広まり，国が1999年に情報公開法を制定した。

TOPIC 地方議会の傍聴のしかた

地方議会は，大きく定例会と臨時会にわけられる。通年会期を採用する地方公共団体もあれば，定例会は年1回とする地方公共団体や年4回の定例会を設ける地方公共団体もあり，それぞれの地方公共団体によって議会の開会時期や日数などは異なる。原則として秘密会以外は自由に傍聴ができる。また，委員会も傍聴することが可能である。それぞれの地方公共団体で傍聴席の席数は異なり，基本的には事前申し込み不要（手話通訳などの対応を求める場合は事前申し込みが必要）であり，傍聴希望者が多数になる場合は，先着順となる。傍聴中は，拍手などで支持・不支持を表明しないことや写真・ビデオなどの撮影や録音をしないこと，みだりに席を離れたりして会議を妨害しないことなど，一定のルールが設けられている。地方公共団体によっては，インターネットで会議の様子を配信するところもある。自分の住んでいる地方公共団体の議会を傍聴してみよう。

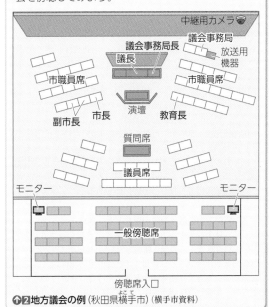

↑②地方議会の例（秋田県横手市）（横手市資料）

155

📖 **用語解説** 条例，自治事務，法定受託事務 ➡p.362

1 地方財政の現状

(1)歳入・歳出の状況

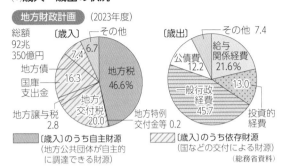

地方財政計画（2023年度）

総額92兆350億円

〔歳入〕
- その他 6.7
- 地方税 46.6%
- 地方交付税 20.0
- 地方特例交付金等 0.2
- 地方債 16.3
- 国庫支出金 7.4
- 地方譲与税 2.8

〔歳出〕
- その他 7.4
- 給与関係経費 21.6%
- 投資的経費 13.0
- 一般行政経費 45.7
- 公債費 12.2

□〔歳入〕のうち自主財源（地方公共団体が自主的に調達できる財源）
▨〔歳入〕のうち依存財源（国などの交付による財源）
（総務省資料）

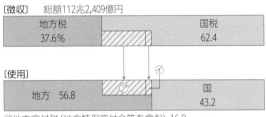

国・地方公共団体の租税収入の配分（2022年度見込）

〔徴収〕総額112兆2,409億円
- 地方税 37.6%
- 国税 62.4

〔使用〕
- 地方 56.8
- 国 43.2

⑦地方交付税（地方特例交付金等を含む）16.9
⑦地方譲与税 2.3
（財務省資料）

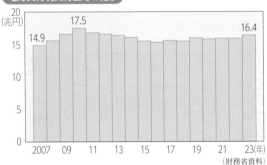

地方交付税交付金等の推移

14.9（2007）〜17.5〜16.4（23年）
（財務省資料）

- ●**地方交付税交付金**：地方公共団体間での収入格差を是正するため，国税（所得税，法人税，酒税，消費税）の一部を不足の程度に応じて国が配分する地方交付税による交付金。使途は定められていない
- ●**地方譲与税**：地方公共団体の徴税の便宜をはかるため，国税として徴収する自動車重量税・道路税・消費税などの一部を，地方公共団体に譲与する税
- ●**国庫支出金**：地方公共団体の財政収入のうち，国によって使途が特定されている特定財源の1つ。補助金ともいう。おもな使途には，義務教育にかかわる経費や生活保護などがある。しかし，交付は国の裁量によるところが多いため，地方行政の自立を損なうとの指摘もある

(2)地方財政の赤字の状況

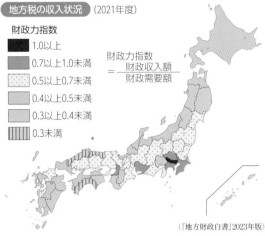

地方税の収入状況（2021年度）

財政力指数
- ■ 1.0以上
- ▨ 0.7以上1.0未満
- ▦ 0.5以上0.7未満
- ▦ 0.4以上0.5未満
- ▦ 0.3以上0.4未満
- ▥ 0.3未満

$$財政力指数 = \frac{財政収入額}{財政需要額}$$

（『地方財政白書』2023年版）

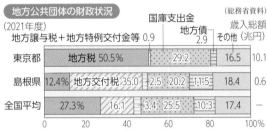

地方公共団体の財政状況（2021年度） （総務省資料）

	地方税	地方交付税	地方譲与税＋地方特例交付金等	国庫支出金	地方債	その他	歳入総額（兆円）
東京都	50.5%		0.9	29.2	2.9	16.5	10.1
島根県	12.4%	35.0	2.5	20.2	11.5	18.4	0.6
全国平均	27.3%	16.1	3.4	25.5	10.3	17.4	—

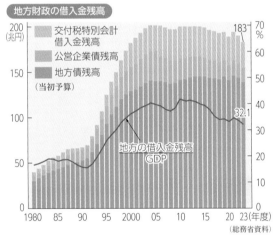

地方財政の借入金残高

- □ 交付税特別会計借入金残高
- ▨ 公営企業債残高
- ▦ 地方債残高

（当初予算）

200→183（2023年度）
地方の借入金残高／GDP 32.1

（総務省資料）

- ●**地方債**：地方公共団体が収入不足を補い，特定の事業をおこなうための借入金で，独自に発行することができる。年度をこえて返済される長期の債務である。発行に際して，かつては国の許可制であったが，2006年から国との事前協議制となり，国の関与が縮小された。

解説　**財政力指数**　財政力指数とは，基準となる財政収入額を財政需要額で割ると求められ，これが1をこえれば，その地方公共団体の収入のみで支出が賄えている状態をさす。2021年度において，1をこえた都道府県は東京都のみであり，最低値は島根県の0.23である。このような地方公共団体間の財政格差を是正するために**地方交付税交付金**が交付されている。東京都には交付されず，財政力指数が低い地方公共団体ほど交付金の額は増える。そのほか，使途を特定された形で**国庫支出金**も交付されるが，それでも収入を賄えない地方公共団体は**地方債**を発行し，補塡している。地方債の発行には2006年，それまでの許可制から事前協議制（同意制）に変更され，都道府県は総務大臣と，市町村は都道府県知事との事前協議のうえ，発行できるようになった。そのため，地方公共団体の借入金残高は高止まりしている。

政治

2 地方分権と地方財政のこれから

(1)市町村合併

戦後の市町村数
市町村数
市の数：790
町の数：745
村の数：183
町村合併促進法施行
(1953年10月，人口8,000人標準に町村合併)
昭和の大合併
(1953～61年までに市町村数は約3分の1に)
市町村合併特例法施行
(1965年3月，以降数回改正，交付税の一定期間保障や特例債創設など)
市合併特例法施行
(1962年5月，市同士の合併促進)
平成の大合併
(2004年5月，合併関連3法公布，市町村合併に十分な成果をめざす)
10,520
9,868
4,812
3,472
3,453
3,392
3,257
3,253
3,234
2,395
1,718
10,000
8,000
6,000
4,000
2,000
0
1945
55
65
75
85
95
2000
15年

解説 **平成の大合併**　平成の大合併（1999～2010年）は，国が地方に対する支出を減らす行政改革の一環で，国が返済負担の7割を肩代わりする合併特例債を発行するなど強力に進められた。市町村合併は，利用可能な公共施設の増加や広域的な町づくり，長期的に見れば公務員数や議員数の削減につながり，財政負担の軽減などの利点がある。しかし一方で，住民の声が行政に届きにくくなる，地域の伝統文化が衰退してしまうなどの欠点も指摘されている。市町村合併の是非をめぐる住民投票が各地でおこなわれ，結果がわかれる事例も多くあった。また，地方分権体制の構築や多様で活力のある地方経済圏を創出し，地域間格差を是正することなどを目的に**道州制**の導入も議論されているが，実現には至っていない。

(2)三位一体の改革

画一的な行政
住民
地方
所得税
住民税
国庫支出金
地方交付税
国
改革後
地域の実情に応じた行政
住民
地方
所得税
(－3兆円)
住民税
(＋3兆円)
見直し
地方交付税
国

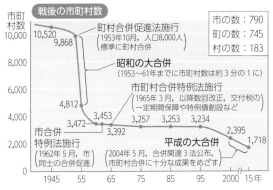

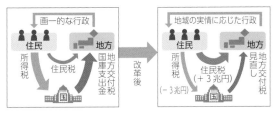

- **国庫支出金（補助金）の削減**：国が地方公共団体に使い道を指定している国庫支出金を削減する
- **地方への税源移譲**：地方公共団体が地域の実情にあわせて税金の使い道を決める自由度を増やす。所得税などの国税を減らし，住民税などの地方税を増やす
- **地方交付税の見直し**：地方公共団体の税収の格差を調整し，歳出と歳入の差を補填するための地方交付税のしくみを見直す

？ 三位一体の改革で，地方財政はどうなったのだろうか。

解説 **過疎地域の財政状況の悪化**　かつて地方財政は自主財源が収入の3～4割程度しかないことから「**三割自治（四割自治）**」といわれた。国と地方全体の歳出比を見ると4：6と，地方の歳出の方が多いものの，国税と地方税の割合は6：4と逆転していた。これらを解消し，地方分権を進めるために，国庫支出金や地方交付税交付金を削減し，国から地方への税源移譲をおこなう**三位一体の改革**が2002年に示された。この改革で国庫支出金4.7兆円，地方交付税交付金等5.1兆円が削減され，3兆円分の税源移譲がおこなわれた。しかし，地方交付税交付金や国庫支出金が歳入の多くを占めていた地方公共団体では，収入の減少につながった。たとえば，2006年に北海道夕張市が財政破綻するなど，過疎地域を中心に財政を逼迫させることにつながってしまった。

(3)地方公共団体の独自課税

地方公共団体のおもな独自課税
北海道
循環資源利用促進税
三重県
産業廃棄物税
大阪府
■泉佐野市
空港連絡橋利用税
岩手県
産業廃棄物税
広島県
■廿日市市
宮島訪問税
(2023年10月より)
東京都
宿泊税
■豊島区
狭小住戸集合住宅税
静岡県
■熱海市
別荘等所有税
福岡県
■北九州市
環境未来税
山梨県
■富士河口湖町
遊漁税
鹿児島県
■薩摩川内市
使用済核燃料税
(2023年4月現在，総務省資料)

？ 独自課税をおこなうのは，なぜだろうか。

解説 **赤字を補うため**　地方分権一括法は，地方の法定外普通税の課税を，国の許可制から，総務大臣の同意を要する協議制に緩和し，**法定外目的税**を新設した。これにより，地方公共団体は独自に課税がしやすくなった。三位一体の改革により，国庫支出金や地方交付税交付金が削減されたため，ほとんどの地方公共団体で収入減となった。これを補うため，さまざまな独自課税が模索されている。

(4)ふるさと納税

受入額上位10位（2021年度）

	市町村名	受入額（億円）
1	北海道紋別市	153.0
2	宮崎県都城市	146.2
3	北海道根室市	146.1
4	北海道白糠町	125.2
5	大阪府泉佐野市	113.5
6	宮崎県都農町	109.5
7	兵庫県洲本市	78.4
8	福井県敦賀市	77.2
9	山梨県富士吉田市	72.1
10	福岡県飯塚市	65.6

住民税控除額上位10位（2022年度）

	市町村名	控除額（億円）
1	神奈川県横浜市	230.1
2	愛知県名古屋市	143.2
3	大阪府大阪市	123.6
4	神奈川県川崎市	102.9
5	東京都世田谷区	84.0
6	埼玉県さいたま市	73.9
7	兵庫県神戸市	70.0
8	北海道札幌市	66.4
9	京都府京都市	64.4
10	福岡県福岡市	62.6

（総務省資料）

？ ふるさと納税の目的は何だろうか。

解説 **故郷の応援**　**ふるさと納税**は，進学や就職を機に故郷を離れて生活をするようになった人が，自分の生まれ育った地方公共団体に貢献ができるしくみを整えることを目的として導入された。「納税」とつくが実際は寄附であり，自分の出身地だけでなく，好きな地方公共団体に寄附することもできる。寄附額に応じて，自分の居住する地方公共団体の住民税が控除される。そのため，ふるさと納税の利用者が多い都市部を中心に，住民税収が減少する事態も起こっている。また，ふるさと納税をしてもらおうと過度な返礼品を用意して寄附を促す地方公共団体もあらわれたため，総務省は返礼品は地場産品かつ寄附額の3割以下という条件をつけた。ふるさと納税は，都市と地方の財政格差を是正する側面もあるが，みずからの居住する地方公共団体への納税額が控除されるため，受益者負担の原則に反することや寄附でありながらも返礼品という対価を受けとっているではないか，と疑問も示されている。

用語解説　自主財源，依存財源，一般財源，特定財源　➡p.362

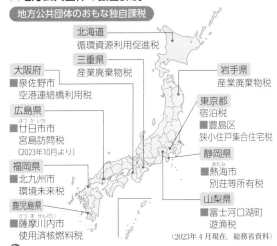

持続可能な地方公共団体の運営をめざして 出題

経済成長が進むなか，地方から都市への人口流出が止まらず，地方では過疎化が進んでいる。その結果，過疎地域の小規模な地方公共団体では，地方議員のなり手不足が深刻化している。また，地方公共団体の衰退は，そこで暮らす人々の未来にもかかわることである。地方公共団体が存続をかけて，どのような取り組みをおこなっているのか，いくつかの事例をみてみよう。

	1,000人未満	1,000〜9,999人	10,000〜29,999人	30,000〜99,999人
2015年統一地方選での無投票当選団体の割合	64.71%	27.31%	17.14%	5.29%
議員定数	7.07人	10.43人	14.54人	19.64人
女性議員割合	2.86%	7.56%	10.14%	13.17%
専業議員割合	9.53%	17.71%	24.20%	33.34%
議員報酬	15万2,510円	19万4,229円	24万6,898円	35万5,851円
平均年齢	62.23歳	63.59歳	62.66歳	60.57歳

↑❶人口段階別による無投票当選と議員の状況（総務省資料）

● 平均議員報酬月額（2016年4月現在）
都道府県：81万2,781円　政令指定都市：79万2,325円
市：40万5,743円　特別区：60万8,387円
町村：21万3,153円

（総務省資料）

平均議員報酬と表❶の小規模地方公共団体の議員報酬を比較してみよう。

↑❷移住者の若者たちが主催した村政勉強会（2019年，高知県大川村）

議員のなり手がいない

選挙は民主主義の根幹をなすものである。多様な候補者がおり，選挙を通じて多様な民意を政治に反映する。そのため，選挙がおこなわれなければ，民意を反映する機会が失われるとともに，議会の存在感も弱まり，首長や行政に対する監視機能も低下してしまう。しかし，これは地方議会において現実のものとなりつつある。総務省「町村議会のあり方に関する研究会」の報告書をもとにした表❶から，2015年の統一地方選挙の結果，無投票当選の割合が人口1,000人未満の地方公共団体では約65％にのぼることがわかる。また，2023年の統一地方選挙では20町村で立候補者が定員に満たず，定員割れの状態も起きている。

そもそも，小規模な地方公共団体で議員のなり手が不足しているのは，なぜだろうか。表❶からは，小規模な地方公共団体になるほど，議員報酬の額が低く，専業議員の割合も少なくなることがわかる。都道府県議会議員の平均報酬月額は約81万円であるが，人口1,000人未満の地方公共団体では約15万円である。大学卒業の新卒社員の平均月収が約20万円であることを考えても，約15万円の議員報酬は少なく，養う家族がいれば十分な生活が送れる水準ではない。このため，農業や自営業など，ほかの職業と兼業する議員が多くなり，専業議員の割合も少なくなってしまうのである。人口減少社会となり，地域社会の課題について，民主的に合意形成を進めていく上でも，地方議会の役割は重要である。議会制度のあり方や運営方法について再考する必要がある。

地方議会を廃止！？〜高知県大川村

持続可能な地方公共団体の運営をめざし，実際に地方議会の制度や運営方法を検討する地方公共団体も出てきている。「日本一小さな村」とよばれる高知県大川村もその1つである。

2017年，高知県大川村は，地方議会を廃止して「町村総会」の設置を検討する意向を表明した。大川村は高知県の北部に位置する人口400人にも満たない村である。2015年の選挙は無投票当選で同じ顔ぶれが再選し，議員の平均年齢も70歳をこえていた。議会の存続に危機感をいだいた村長が，「大前提は議会を残すことであるが，もしものために消極的な選択肢を用意する必要がある」と「町村総会」の設置を検討するにいたったのである。

地方自治法第94条には「町村は，条例で，第89条の規定にかかわらず，議会を置かず，選挙権を有する者の総会を設けることができる」との規定があり，町村については「町村総会」を設けることができる。これまでの町村総会の事例は，1951年の東京都宇津木村の町村総会設置の一例だけがある。

大川村の町村総会検討の影響で，総務省は「町村議会のあり方に関する研究会」を立ち上げた。これにより，大川村も町村総会の設置検討を中断した。大川村では2019年の選挙で定数6人に対して7人が立候補し，無投票当選は回避することができた。しかし，他の地方公共団体でも大川村と同じような課題をかかえるところは多く，今後，同じような状況が起こることは避けられないという見方もある。

TOPIC　島根県海士町の挑戦

島根県海士町は，日本海の隠岐諸島に位置する周囲89.1km，人口2,300人あまりの小さな島である。2022年現在，高齢化率39.8%，15歳未満の年少人口割合が11.3%であり，過疎化と少子高齢化が深刻な問題となっている。海士町は，財政状況が緊迫化した1999年以降，新たな取り組みをはじめた。町長をはじめとする職員の人件費カットなど行財政改革を皮切りに，産業振興に打って出た。島の資源を活用し，「島まるごとブランド化」を推し進め，本土の人々に島の商品を買ってもらうことをめざした。たとえば，海士町ではカレーライスには肉ではなく「さざえ」を入れる文化があった。これを商品化したのが「島じゃ常識　さざえカレー」である。また，新たな冷凍技術を取り入れ，海士町の新鮮な海産物を本土に届け

↑3 島じゃ常識　さざえカレー
海士町にあるものを使った商品を開発してくれる人を全国から募集し，町民とともに開発された特産品。

↑4 特産品の岩ガキの水揚げのようす（島根県海士町）

たり，牡蠣の養殖や隠岐牛とよばれるブランドを次々と立ち上げたりした。これらの商品化には町の努力に加え，日本国内からの移住者の協力もあった。これらの商品化の成功と移住者への町の手厚い支援も加わり，海士町への移住者が転出者を上回る時期もあった。近年，人口は減少傾向が見られるものの，海士町は産業振興と観光振興を展開し，離島を「ハンディキャップ」ではなく強みに変えて，これからも挑戦していく。

▶▶▶ 消滅可能性都市

「消滅可能性都市」とは，2010〜40年にかけて，20〜39歳の若年女性人口が5割以下に減少する市区町村のことである。2040年には全国896の市区町村が消滅可能性都市に該当し，そのうち523市区町村は人口1万人未満となり，消滅の可能性が高いといわれている。この背景には，①20〜39歳の若年女性人口が減少していること，②東京一極集中といわれる地方から大都市圏への若者の流出があるとされている。少子化と人口流出を同時に解決しなければ，

町が衰退し，町自体が失われてしまうことが近い将来，起こるかもしれない。

▶▶▶ 東京一極集中の打破へ

新型コロナウイルス感染症の拡大は，リモートワークなど働き方の変化を促進し，東京一極集中とよばれた人の流れを変えようとしている。地方公共団体のなかには，これを機に企業誘致などをおこなう動きもみられる。

たとえば，新潟県長岡市は「長岡市サテライトオフィス等開設促進事業補助金」を設け，新型コロナウイルスの感染防止の目的で本社機能の一部を同市に移す企業を対象に最大500万円を補助することを打ち出した。同市のようにサテライトオフィスを設置する

企業に補助金を支給する地方公共団体は他にも見られる。

また，新型コロナウイルスの感染拡大前から，企業誘致に積極的に取り組む地方公共団体もある。たとえば，広島県では県と市が一体となり，本社機能を広島県内に移す企業に対し，従業員の移転費用の補助やオフィス賃料を最大5年間実質無料にするなど，最大で2億円規模の補助をおこなう取り組みをしている。

このように東京一極集中の人の流れを変え，地方に働き世代をよびこむことにより，人口増加，地域経済の活性化など，さまざまな波及効果がある。そして，これは地方公共団体の存続にもつながるのである。地方にとって，人口流出は存続の危機につながる。今，地方公共団体は生き残りをかけ，さまざまな取り組みをおこなっている。

全国の「消滅可能性都市」の分布（2040年）

■ 消滅可能性都市のうち，2040年に人口が1万人未満の市区町村（523）

■ 消滅可能性都市のうち，2040年に人口が1万人以上の市区町村（373）

※福島県は調査対象外

（日本創成会議資料）

←5 ヨットハーバーでのワーケーションのようす（栃木県日光市）　観光地などでリモートワークをおこないつつ，休暇を楽しむワーケーションの誘致に積極的な地方公共団体もある。

❓ ❶地方議会を廃止し，地方自治法に規定されている町村総会とすることに問題はないのだろうか。
❷東京一極集中の打破は，大都市の衰退にはつながらないだろうか。
❸持続可能な地方公共団体の運営をめざして，日本全体でどのような取り組みをすべきだろうか。

1 国家と国際法

要点 の整理
*   は共通テスト重要用語，■ は資料番号を示す。この節の「共通テスト○×」などに挑戦しよう☜

1 国際社会の成立と展開
三十戦争 (1618〜48)……**ウェストファリア条約**＝中世キリスト教的世界の**崩壊**
　↓　①**国際社会の成立** ■……独立した対等な**主権国家**で構成される国際社会の成立（←「近代国際社会」）
18〜19世紀……西欧諸国の世界支配（ヨーロッパ中心の世界）
　↓　②**近代国際社会の成立・発展**……資本主義の発達
19世紀末〜20世紀はじめ……帝国主義による植民地支配
　↓　③**新興諸国の国際社会への参加**……アメリカ，日本などの非ヨーロッパ諸国の国際社会への参加
20世紀……ロシア革命→社会主義国家＝ソ連の誕生（1922年）
　↓　　　　国際連盟……国家をこえた機構を通しての国際協力
〈第二次世界大戦〉　　〈失敗を教訓として〉
　　　　　　　　　国際連合……普遍的な国際機構→「国際社会の組織化」
　　　　　　　　　アジア・アフリカ諸国の独立（**第三世界**），社会主義の広がりと崩壊
21世紀……**ボーダーレス化**と地域的経済統合の活発化，**NGO**などの活動の活発化

↑グロティウス
（1583〜1645）
オランダの法学者。
「国際法の父」とよばれる。主著『戦争と平和の法』

2 国際法の成立と発展
❶**国際法の成立** ■■……国際社会に法の支配が確立
　形式┬**条約**　　＝国家間での文書による合意（規約・憲章・協定・議定書など）
　　　└**国際慣習法**＝長年の慣行から国家間で法的確信をもつようになったもの
　　　　　（**慣習国際法**）（内政不干渉・公海自由の原則・主権平等の原則など）
　内容┬**平時国際法**＝戦争時でない通常状態に適用（例：世界人権宣言・国連海洋法条約・気候変動枠組み条約など）
　　　└**戦時国際法**＝戦争時における国際間の取り決め，戦争の手続・方法・捕虜の扱いなど（例：ジュネーブ諸条約など）
❷**国際司法裁判所**（**ICJ**，1945年設立）■……国際連盟時代の常設国際司法裁判所を継承。所在地はオランダのハーグ。
　国際法に基づき，国際紛争を裁判。裁判外に交渉・周旋・仲介・調停をおこなう
❸ **国際刑事裁判所**（**ICC**，1998年7月17日条約採択→2002年7月発効）■……集団殺害や戦争犯罪などをおこなった個人を**裁く**ために設置された常設機関

1 国際社会の成立と展開 ▶ 国際社会を構成する主権国家とはどのようなものだろうか。

1 国際社会と主権国家

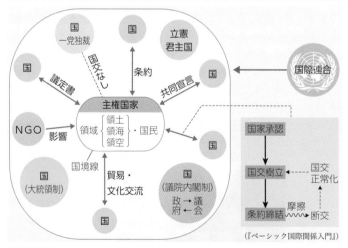

『ベーシック国際関係入門』

解説 　**主権国家とは**　主権は，国家の対内的最高性・対外的独立性などを意味する（J.ボーダン）。三十年戦争を終結させた**ウェストファリア条約**（1648年）により，教皇の権威が失墜し，神聖ローマ帝国が事実上解体したことで，ヨーロッパに**主権国家**が成立した。国際社会は相互・対等の地位にある主権国家で構成され，国家相互間には政治・経済・社会的関係が発生する。近年，この関係がグローバル化し，「国際社会」に代えて「地球共同体」という概念も用いられている。また，NGO（非政府組織）のような非国家的組織が，国際社会のなかで影響力を与えるようになっている。

❓ 主権国家同士は，どのように条約を結ぶのだろうか。

● **日本での条約の批准にいたるまでの過程**
　条約とは，国家間の合意事項を成文化したものである。「合意は拘束する」の原則に基づき，条約を締結した当事国にのみ効力がおよぶ。条約の締結は，一般に国家元首または代表者によって調印され，日本の場合，国会で承認し，内閣が批准して成立する。なお，協定や宣言なども広い意味で条約に含まれる。

条約締結をしようとする当事国の協議
　↓
署名（記名・調印）　内閣の任命した全権委員
　↓
国会の承認（原則）　緊急の場合は批准書の交換後
　↓
内閣による批准
　　　　批准：署名した条約を国家として
　　　　　　　最終的に承認すること
　↓
批准書の交換により，国際的な効力発生

国際社会の特質と，国内社会との違いは，どのような点にあるのだろうか。

1 国際社会と国際法

現在の国際社会には，「グローバル化」と「ブロック化」という２つの流れが見られる。それにともない，環境や資源・人権などの問題が，ますます重要性を増してきた。そこで，国際法は，人類全体に関する地球的問題に対処する必要に迫られている。国際社会は，国際法の今日的あり方を模索している。

	国際法	国内法
法の種類	国際慣習法・条約（慣習国際法）	憲法，法律，条例など
法の主体	国家など	個人など
立法機関	なし。ただし，国家間での合意や，国連での条約の採択などがある	議会
司法機関	当事国が合意した場合に限り，国際司法裁判所が任意的に管轄する	裁判所が強制的に管轄する。当事者の付託によって裁判がはじまる
行政機関	なし。ただし，国連が一部補完	政府
法の執行機関	なし。ただし，安全保障理事会が一部補完	警察・検察・裁判所など

解説 「国際法の父」 グロティウスは，三十年戦争の悲惨さを体験し，正当な理由のない戦争を禁止し，仮に許される戦争であっても，遵守すべき規則があることを著書『戦争と平和の法』で主張した。自然法に基づく彼の理論は，その後の国際法体系の成立に貢献した。しかし，国際法には，①統一的な立法機関がない，②国際法の適用にあたっては，当事国の同意がなければ裁判を開始できない，③法を犯した国家に対し，処罰する強制力がない，といった弱点がある。

TOPIC 国際司法裁判所の裁判官の席は？

国際司法裁判所の裁判官の席を数えてみると，17席あることに気がつく。国際司法裁判所は15人の裁判官からなるはずなのに，なぜ，17席あるのだろうか。

これは，特定の事件で，事件の当事国の国籍保持裁判官がいない場合，当事国は「アドホック裁判官」とよばれる裁判官を任命することができるためである。つまり，当事国は自国籍の裁判官がいない場合，裁判官を指名できるので，最大17人で審理することもある。なお，いかなる国も自国民を裁判官にする権限はないものの，裁判官には常に国連安全保障理事会の５常任理事国の裁判官が含まれている。

©UN Photo/Andrea Brizzi
↑**1**国際司法裁判所の法廷のようす

2 国際紛争と国際裁判

(1)常設仲裁裁判所（ＰＣＡ，1901年）

加盟国が，任命した４名以内の裁判官や裁判手続き・裁判の準則などに合意して，裁判をおこなう。常設とはいっても，ハーグ事務局に裁判官名簿が常備されるに過ぎず，事件ごとに裁判部を構成しなければならない。

(2)国際司法裁判所（ＩＣＪ，1945年，→p.170）

↑**2**国際司法裁判所（オランダ・ハーグ） 国際司法裁判所は，オランダ・ハーグの「平和宮」とよばれる宮殿にある。平和宮は，実業家アンドリュー＝カーネギー（1835〜1919）などの寄付により，1913年に完成した。常設仲裁裁判所も平和宮に設置されている。内部見学ツアーがあり，日本の高校生も見学できる。

国際司法裁判所（ＩＣＪ）の裁判の流れ

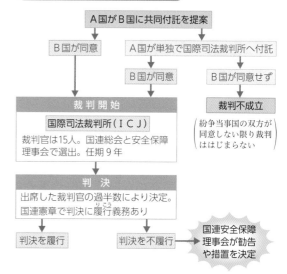

A国がB国に共同付託を提案
→ B国が同意
→ A国が単独で国際司法裁判所へ付託
→ B国が同意
→ B国が同意せず → **裁判不成立**（紛争当事国の双方が同意しない限り裁判ははじまらない）

裁判開始
国際司法裁判所（ＩＣＪ）
裁判官は15人。国連総会と安全保障理事会で選出。任期９年

判決
出席した裁判官の過半数により決定。国連憲章で判決に履行義務あり
→ 判決を履行
→ 判決を不履行 → 国連安全保障理事会が勧告や措置を決定

解説 国連の司法機関 国際司法裁判所は，国際連合の主要機関の１つで，国際連盟の常設国際司法裁判所を引き継いだものである。国連総会および国連安全保障理事会において，地理的・政治的配分を考慮の上，選挙される15名の裁判官で構成される（開廷の定足数は９名）。訴訟当事者は，国家に限られる。強制的管轄権はなく，当事国が紛争を付託するか否かは，任意である。この点で，国際司法裁判所は，国際紛争の解決に一定の制約を受けることになる。

判決は，当事国を拘束する。裁判は，一審限りで，上訴は認められない。なお，係争事件以外にも，国際機関からの要請に応じて，法的拘束力のない勧告的意見を与えることもできる。

用語解説 主権，国家，ウェストファリア条約，国際法，国際司法裁判所 →p.360，362

政治

(3)国際刑事裁判所（ＩＣＣ，2002年）

国際刑事裁判所（ＩＣＣ）の訴追の流れ

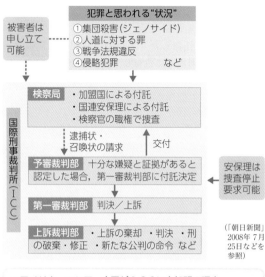

犯罪と思われる"状況"
① 集団殺害（ジェノサイド）
② 人道に対する罪
③ 戦争法規違反
④ 侵略犯罪　　　　など

被害者は申し立て可能

検察局
・加盟国による付託
・国連安保理による付託
・検察官の職権で捜査

逮捕状・召喚状の請求　　交付

予審裁判部　十分な嫌疑と証拠があると認定した場合，第一審裁判部に付託決定

安保理は捜査停止要求可能

第一審裁判部　判決／上訴

上訴裁判部　・上訴の棄却　・判決・刑の破棄・修正　・新たな公判の命令　など

（「朝日新聞」2008年7月25日などを参照）

国際刑事裁判所（ＩＣＣ）

●アメリカ，ロシア，中国がＩＣＣに未加盟の理由

ＩＣＣ加盟によって管轄権がおよぶと，アメリカ・ロシア・中国にとって，以下の問題が現実化するため，未加盟である。
・アメリカ……海外に派遣した自国兵が政治的理由から被告人とされてしまう。
・ロシア，中国……自国内に民族紛争をかかえており，人権問題の内実が明らかになってしまう。

解説 個人を裁く国際刑事裁判所　国際司法裁判所は，国家間の紛争のみを対象とする。そのため，個人の犯罪行為については裁くことができなかった。しかし，近年，国際社会では，人権侵害や国際的経済活動をめぐって，個人を当事者とする紛争が増加してきている。そこで，国際裁判においても，個人の責任を問える制度が求められるようになった。1998年，ローマ外交会議で160か国と250のＮＧＯ（非政府組織）の参加の下，国際刑事裁判所規程が採択された（2002年発効。日本は2007年加盟）。これにより，集団殺害・侵略犯罪などについて，責任のある個人を裁くことができる国際刑事裁判所（ＩＣＣ）が設立された。しかし，国連安全保障理事会の常任理事国であるアメリカ・ロシア・中国が未加盟であり，国際刑事裁判所が実効的に機能するには多くの国の協力が必須となっている。

3 人道的介入と「保護する責任」

●内政不干渉
国内統治のあり方
＝国民が決めること

他国の干渉は受けない

●人道的介入
人道危機
＝生命や人権の危機

他国が武力介入

両立

●保護する責任
人々を保護する責任は第一義的には国家にあるが，それが果たされないとき，国際社会が「保護する責任」を負う。集団殺害（ジェノサイド）・戦争犯罪・民族浄化・人道に対する罪に限定。国連安全保障理事会の容認が必要。

解説　「保護する責任」　ある国で大量殺害や民族浄化，難民の大量発生など大規模な人道危機が発生し，当該国が国民の安全を確保できないような事態が発生したときに，内政不干渉の原則を重視するか，生命や人権の保護を重視するか，悩ましい。2005年の国連首脳会合の成果文書は，「保護する責任」を「個々の国家がジェノサイド，戦争犯罪，民族浄化，人道に対する罪から住民を保護する責任を負うが，もし，その国家がこの責任を果たすことができない場合，国際社会にとっての行動の選択肢には国連安全保障理事会を通じた強制行動も含まれる」とした。2009年に公表された「保護する責任の実施に関する国連事務総長報告書」でも「保護する責任」という考え方は国連憲章に抵触するものではないことを確認している。

ニュース　日本人拉致問題

1970年代から1980年代にかけて，多くの日本人が不自然な形で行方不明となった。日本の捜査や，亡命した元北朝鮮工作員の証言から，北朝鮮による拉致であることが判明した。当初，北朝鮮は拉致を否定し続けたが，2002年の日朝首脳会談ではじめて認めて謝罪し，再発防止を約束した。同年，5人の拉致被害者が日本に帰国した（右写真）。北朝鮮による拉致は，韓国，タイ，ルーマニア，レバノンでも問題となっている。拉致問題は，基本的人権の侵害という国際社会の問題である。

Let's Think!

日本と国交のない北朝鮮の著作権は保護されるのか？

日本のテレビ局がニュース番組で北朝鮮のようすを報道するために，北朝鮮映画の一部を合計約2分間放送した。国際社会では，ベルヌ条約によって，締約国の著作物を相互に保護することが義務づけられており，日本と北朝鮮はベルヌ条約の締約国になっている。文化庁は「北朝鮮を国家として承認していないことから，条約上の権利義務関係は生じない」との見解を出しており，テレビ局は著作権管理を担当する北朝鮮の管理会社の承諾を得ていなかった。

日本では，ベルヌ条約によって日本が保護する義務を負う著作物は，日本の著作権法によって保護されると規定されている。北朝鮮の行政機関は，ベルヌ条約や日本の著作権法に違反するとして，著作権侵害への損害賠償と放送差し止めを日本のテレビ局に求めた。北朝鮮は，国交のないフランスの配給会社が北朝鮮作品の海外上映権を購入した例などをあげ，「条約加盟国間では互いに著作権を尊重するのが暗黙の前提だ」と主張した。

日本のテレビ局は，北朝鮮の行政機関に賠償金を支払わなければならないのだろうか。

↑3アニメーション映画の撮影所を視察する金正恩委員長　北朝鮮は映画制作に力を入れている。

政治

見方・考え方　法の支配　国際司法裁判所や国際刑事裁判所には，どのような課題があるのだろうか。「法の支配」の観点から考えよう。

* □□□□□ は共通テスト重要用語，**1** は資料番号を示す。この節の「共通テスト○×」などに挑戦しよう👆

要点 の整理

1 国境と領土をめぐる問題

❶**領域** **1** ……国家主権の下にある陸地およびそれに隣接する空間＝国家領域ともいう

領土にともなって決定┬陸地 (狭義の**領土**という)
　　　　　　　　　├海洋 (**領海**)
　　　　　　　　　└空域 (**領空**) ……どの高さまでがそれにあたるか確定されていない

主権のおよぶ範囲を確定することは，国際法上重要

　国境 ……国家の直接管轄権のおよぶ範囲ですべての境界をいう (通常は，領土 (＝地上) の境界を示す)

❷**領土紛争** **2**〜**5** ……何らかの理由で隣接国家間の国境線があいまいであるときに発生する国際紛争

　　　　　国際情勢の影響を受けやすい──→ 2 国間の歴史や法律論では解決が困難

解決策┬関係国間交渉──→戦争にいたることもある
　　　└国際司法裁判所 (➡p.161) の判断により解決

政治

1 国境と領土をめぐる問題

国境や領土をめぐる問題には，どのようなものがあるのだろうか。

1 主権のおよぶ範囲

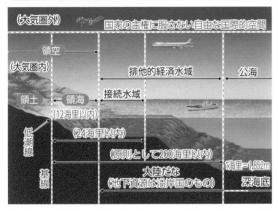

- ●**領海**：基線から12海里に設定。その国の主権がおよぶ水域。
- ●**排他的経済水域 (ＥＥＺ)**：基線より200海里以内に設定 (領海を含まず)。沿岸国に漁業資源や鉱物資源などについての探査・開発の権利が認められている水域。
- ●**接続水域**：基線より24海里以内に設定。自国の通関，出入国管理などに関して一定の規制が認められる水域。
- ●**公海**：すべての国に**公海の自由** (航行，上空飛行，漁獲，海洋調査の自由) が認められている。
- ●**大陸だな**：基線から200海里まで。一定の条件を満たす場合には200海里こえて延長できる。沿岸国には，天然資源の開発などの権利が認められている。

解説 **主権の範囲の根拠** **国連海洋法条約** (1994年発効，日本は1996年批准) は，海洋における各国の権利と義務を規定することを目的に，1982年の第 3 回国連海洋法会議で採択された。国連海洋法条約は，領海，接続水域，排他的経済水域，大陸だな，公海，深海底などの海洋に関する諸問題について包括的に定めている。国連海洋法条約によって，領海は12海里，排他的経済水域は200海里と明文化された。日本では，海洋基本法が2007年に成立し，海底資源の開発や利用，海上の安全，環境保全など，海洋政策を総合的に推進している。

TOPIC 朝鮮半島の非武装地帯

非武装地帯 (DMZ) とは，韓国と北朝鮮の軍事境界線から南北 2 kmずつに設けられた軍事的な緩衝地帯である。DMZには約207万個の地雷があると推定されている。このうち北朝鮮側に80万個，韓国側に127万個 (計画地雷97万個，未確認地雷30万個) あるとされる。韓国と北朝鮮は，対人地雷全面禁止条約 (オタワ条約，➡p.194) に加盟しておらず，地雷を製造する権利をもち続けている。人が立ち入れないため，DMZは希少な野生動物のすみかとなっている。軍事境界線上の南北双方が共同で管理する板門店はDMZ内にある。

⬆**1**朝鮮半島の非武装地帯での地雷原撤去のようす

➡**2**板門店の休戦ライン 　第二次世界大戦後，南北に分断された朝鮮は，朝鮮戦争 (1950〜53年，➡p.199) 休戦協定調印後も，北緯38度線の休戦ライン (軍事境界線) をはさんで対立してきた。

2 竹島問題

日本海に浮かぶ日本固有の領土である竹島は，島根県隠岐島北西157kmに位置し，2つの小島（東島・西島）と数十の岩礁からなる。総面積0.23km²で東京日比谷公園とほぼ同じ大きさである。この竹島をめぐる日本と韓国の領有権争いは，近年，日韓両国の新たな外交問題として再燃している。

1952年1月，韓国の李承晩大統領が，海洋主権宣言で一方的に李承晩ラインのなかに竹島をとりこんだ。そこで日本は，1954年，竹島問題を国際司法裁判所（→p.161）へ付託することを韓国に提案した。しかし，韓国は拒否し，かえって同島に武装警備隊員を常駐させ，その後も接岸施設・有人灯台などを建設するなど，不法占拠を続けている。日本は，その後，1962年と2012年にも，国際司法裁判所での竹島問題の解決を韓国側に提案したが，韓国側はいずれも拒否した。歴史的・法的に「日本は竹島を正当に領する」ことを，今後も強く国際社会に訴えていく必要がある。

←4 日韓中間線と韓国が主張する中間線

←3 竹島（島根県）
東島には，韓国の不法占拠を示すレーダーなどの施設がある。

竹島問題のおもな争点

		日　本	韓　国
歴史的事実		古くから「松島」として知られ，江戸時代（18世紀）の地図（『改正日本輿地路程全図』）に描かれている	15世紀に編纂の文献『東国輿地勝覧』で「于山島」「三峰島」の名で記述がある
1905年の日本編入		日本の竹島の領土編入を閣議決定および島根県告示で領有意思示す	日本の領有意思は，地方庁により秘密裡になされ，無効である
戦後処理の問題	カイロ宣言	もとより竹島は日本の領土なので，カイロ宣言の「略奪した地域」に竹島はあたらない	1943年のカイロ宣言＝「暴力により略取した地域より日本は駆逐さる」の文言に，竹島は該当する
	GHQ指令	GHQ指令は，あくまで行政権の範囲を規定しただけで，領土を最終決定したのではない	GHQ覚書により，日本の竹島への行政権停止が指令され，日本から分離された
	対日講和条約	1951年の対日講和条約（サンフランシスコ平和条約）で日本が放棄する地域を明示するが，竹島は含まれていない	対日講和条約では，竹島がどちらの国に属するかまでは言及していない

解説　司法的解決を　これほどまで領有権問題がこじれ，韓国側が敏感に反応するのは，竹島の島根県編入の閣議決定が，日本による植民地化の過程でおこなわれたと考えられているためである。「竹島」は，韓国にとっては「歴史認識の問題」にあたるのである。紛争当事国による的確な解決が不可能であるならば，国際法に基づき，国際司法裁判所に付託し，司法的解決に委ねることが望ましい。

3 尖閣諸島

尖閣諸島とは，沖縄県八重山列島西表島北方160kmの小島群で魚釣島など5島からなり，現在いずれも無人島である。1895年，日本政府は尖閣諸島の「無主」を確認すると，沖縄県の所属とする閣議決定をおこない，日本領に編入した。第二次世界大戦後のサンフランシスコ平和条約で，尖閣諸島は南西諸島の一部として沖縄とともにアメリカの管理下におかれた。1968年，国連アジア極東委員会の学術調査で，この海域に石油資源があると指摘されると，1971年に中国，続いて台湾も領有を主張しはじめた。中国は，「尖閣諸島は，（自国領たる）台湾の附属島嶼」と主張し，1992年には石油資源の確保と地理的戦略から，中国領海法に「尖閣諸島は自国の領土」と明記した。しかし，日本は尖閣諸島をめぐる領有権の問題は存在しないとしている。

魚釣島　南小島　北小島

断面図にするとき

解説　石油資源をめぐる対立　石油埋蔵の可能性が明らかとなってから，尖閣諸島をめぐる日中両国間の対立は激しくなった。日本の抗議にもかかわらず，中国はガス田開発を単独で進めている。日本は，2007年にこれに対応するために，海洋政策の基本政策を定めた海洋基本法を制定した。2008年には，日中両政府は境界を棚上げする形で，東シナ海の一部のガス田を共同開発することで合意した。しかし，2010年の中国漁船による日本の巡視船への衝突事件をきっかけに，尖閣諸島をめぐり，日中関係が悪化した。2012年には，日本が尖閣諸島を地権者から購入する形で国有化を宣言した。これに中国は反発し，反日デモや日系企業襲撃など，日中関係が再び悪化した。

　なぜ，世界には多くの領土問題が存在するのだろうか。

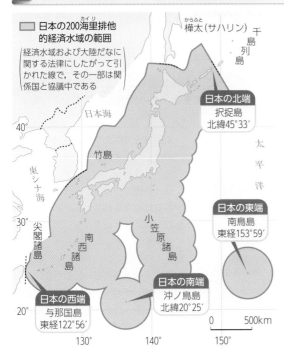

日本の200海里排他的経済水域の範囲

経済水域および大陸だなに関する法律にしたがって引かれた線で，その一部は関係国と協議中である

樺太（サハリン）

千島列島

日本の北端
択捉島
北緯45°33′

竹島

小笠原諸島

日本の東端
南鳥島
東経153°59′

日本の南端
沖ノ鳥島
北緯20°25′

日本の西端
与那国島
東経122°56′

0 500km

● 沖ノ鳥島

　東京都小笠原諸島の沖ノ鳥島は，東京の南方約1,700kmにある，日本最南端の島である。満潮時には，人が立てるくらいの２つの島が，約70cm海面上に出る。波による侵食で，高潮時には海面下に沈む恐れがある。この岩礁が水没すると，日本の総面積（38万km²）より広大な40万km²の排他的経済水域（ＥＥＺ）を失うことになるため，日本政府は1987年から約300億円かけて，領土保全工事をおこなった（維持費は年間２億円）。

➡ 5 保全工事がおこなわれた部分（北小島）

国連海洋法条約第121条【島の制度】　①　島とは，自然に形成された陸地であって，水に囲まれ，高潮時においても水面上にあるものをいう。
③　人間の居住又は独自の経済的生活を維持することのできない岩は，排他的経済水域又は大陸棚を有しない。

解説 　沖ノ鳥島は「島」　日本は，国連海洋法条約の「島」の定義を根拠に「島」と主張している。一方，中国は「岩」と異論をとなえる。2012年の国連大陸だな限界委員会は，沖ノ鳥島を事実上「島」と認めた。沖ノ鳥島周辺の排他的経済水域を今後も維持していくため，島の管理保全と，経済活動が重要となっている。

5 南シナ海領海問題

　スプラトリー諸島（南沙諸島）は，フィリピン・ルソン島の南，カリマンタン島（ボルネオ島）の北の南シナ海の島々で，大小96の小島と岩礁からなる。中国，台湾，ベトナム，フィリピン，マレーシア，ブルネイの間で，領有をめぐって係争中で，現在，分割占領状態にある。この海域には，豊富な石油・天然ガスが埋蔵されているとみられる。1995年に中国が，1998年にはマレーシアが，2004年には台湾が，それぞれ島に建造物をつくり，緊張が高まっている。

中国
（台湾）
フィリピン
西沙諸島
ベトナム
中沙諸島
南沙諸島
ブルネイ
マレーシア

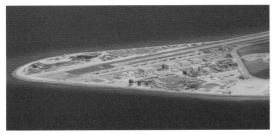

↑ 6 南沙諸島の環礁に中国が建設した施設

解説 　海洋進出を進める中国　南シナ海の領有権問題をめぐり，2016年に仲裁裁判所は中国の主張する境界線や海洋権益の法的根拠を否定する判決を下した。これは，国連海洋法条約に中国の主張は違反するとしたフィリピンの提訴を受けたもので，法的拘束力をもつ。しかし，中国は判決内容を受け入れず，南シナ海の実効支配を続けている。

TOPIC　国境紛争を終わらせた首相

　2019年，エチオピアのアビー首相にノーベル平和賞が贈られた。エリトリアとの国境紛争を終わらせたことが受賞の大きな理由だった。エリトリアは1993年にエチオピアから武装闘争を経て独立したが，国境のバドメの領有権がどちらの国に属するかは確定していな

↑ アビー首相
（1976〜）

かった。1998年にバドメで衝突があって紛争がはじまり，2000年の停戦までに約10万人が犠牲になったとされる。オランダ・ハーグに設置された国境画定委員会が2002年に，バドメはエリトリアに属すると認めたが，エチオピアが受け入れず，エリトリアとの国境を封鎖し，対立が続いていた。2018年にアビーが首相になると，エリトリアの首都を訪問し，エリトリアの大統領と歴史的な会談を実現した。エチオピアがバドメのエリトリア帰属を認め，国境紛争を終わらせることで合意した。会談後，アビー首相は「私たちの間にあった壁を壊すことに同意した。この先，両国の人々にとって戦争は選択肢にはならない。私たちが必要としているのは愛だ」と訴えた。この雪どけは両国の人々に歓迎された。しかし，2020年にエチオピア国内で軍事衝突があり，多数の死傷者や難民が出た。そのなかでアビー首相は，少数民族勢力への掃討作戦を命じたとされ，批判を浴びた。

政治

北方領土問題とは？

　北方領土はいつ，どの国家の主権に帰属するようになったのだろうか。日ロ間において，北方領土問題が，あまりにも激しい政治紛争の種になり，国境をめぐり両国間で激しく対立してきた。その問題点を探ることにしよう。

ニュース 北方領土の今

　現在，北方四島には，約1万8,000人のロシア人が暮らしている。豊かな自然に加え，近年は新しい空港や工場，観光施設などが相次いでつくられている。

　たとえば，色丹島には，2018年，魚を加工する大規模な工場が完成した。工場ではドイツ製など最新の加工設備が整えられ，メンタイ，タラ，サバなどの加工をおこない，1日800トンの製品を生産する能力がある。

　択捉島には，ロシア最大級の水産会社があり，漁業から観光まで多くの事業を手がけている。また，択捉島の紗那地区には日本人墓地とロシア人墓地が隣接する形で存在している。もともとあった日本人墓地の場所に，ソ連軍による占領後，移り住んだロシア人の墓地も併設する形でつくられたのである。一方，北方四島にある52か所の日本人墓地のなかには，草に覆われてしまったものもある。こうした墓地の調査と復興を日本人の元島民は求めている。

　しかし，北方四島にロシア人が住むようになって70年以上が経つ。北方四島で生まれ，学校に通い，働くロシア人にとっても，島は「故郷」となりつつある。北方四島は，日本人の元島民の故郷であることを忘れてはならない。

⬆①択捉島の水産加工工場のようす

北方領土問題とは？

先生：今日は，まずクイズをしよう。2月7日は何の日だろうか？

優太：う〜ん，わかりません。

先生：実は，「北方領土の日」なんだ。

優太：えっ，そんな日があるんですか。

先生：1855年2月7日，日露和親条約（日露通好条約）で，択捉以南を日本領土と正式に認めたことを記念して，1981年に鈴木内閣が設けたんだ。ところで「北方領土」ってどこのことかわかるかな？

結衣：北海道沖合の歯舞，色丹，国後，択捉の4つの島をいいます。

先生：そうだね。北方領土問題というのは，この4島の領有をめぐる日ロ間の対立のことなんだ。

変化し続けた日ロ間の国境

優太：日露間の条約があるんだから，日本の領土なんじゃないんですか？

先生：そうだね。政府は，北方領土を「日本固有の領土」と主張している。

結衣：でも，ロシアがそこを占拠したままなのは，どうしてなんですか？

先生：第二次世界大戦末期，ソ連が対日参戦して，南樺太・千島列島・北方4島を占領し，自国の領土に編入したからなんだ。

優太：えっ，そんなことを好き勝手にできるんですか？

先生：実は，ソ連が米・英とヤルタ協定（⬅p.198）という秘密協定を結んでいたんだ。そこで，ソ連は対日参戦の見返りに，南樺太の返還と千島の引き渡しを受ける約束をしていたんだ。

優太：それ以降，ずっと4島は占拠されたままってことか。

先生：ソ連は，このヤルタ協定を根拠に，北方領土はソ連の領土だと主張している。

結衣：でも，日本が参加していない秘密の協定で領土が決められるって，おかしいですね。

先生：そうだね。ところで，第二次世界大戦後，日本は，連合国と平和条約を結んだよね？

結衣：はい。サンフランシスコ平和条約ですね。

先生：その通り。この条約で，日本は南樺太と千島列島の放棄を受け入れたんだ。でも，ソ連はこの条約に調印しなかったから，ソ連とは別に平和条約を結ばなければならなかった。それで，日ソ交渉の結果，1956年に日ソ共同宣言が結ばれて，「平和条約締結後，歯舞・色丹を日本に引き渡す」と取り決めた。

なかなか進まない交渉

優太：それじゃ，早く平和条約を結べば2島が返ってくるんですね。

先生：そんなに簡単じゃないんだ。ソ連は態度を急に変えて，「日ソ間に領土問題など存在しない」っていっていたんだ。

優太：どうしてですか？領土を手放すのが惜しくなったのかな？

先生：それには，1960年代の世界の政治状況が関係しています。

結衣：冷戦（⬅p.198）ですね！

先生：正解！1960年に入り，日本は日米安全保障条約を改定（⬅p.184）し，アメリカの軍事同盟のなかに組みこまれた。これじゃソ連は，北方領土を「はい，どうぞ」と返せないよね。だって，北方領土は戦略上，重要な拠点だからね。

優太：それで，「領土問題はない」と強気の態度に出てきたというわけ！

先生：冷戦構造が直接，北方領土問題に影響したんだね。日本は，歴史的に見て，北方領土は「日本固有の領土」と主張した。でもソ連は，ヤルタ協定を引き出して，樺太と千島列

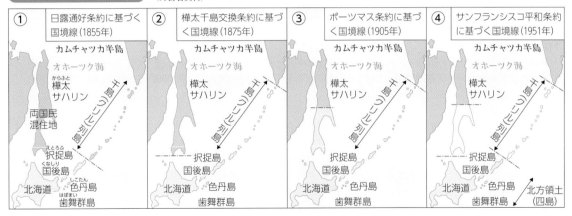

| ① 日露通好条約に基づく国境線（1855年） | ② 樺太千島交換条約に基づく国境線（1875年） | ③ ポーツマス条約に基づく国境線（1905年） | ④ サンフランシスコ平和条約に基づく国境線（1951年） |

島は自分たちのものと主張している。それから，サンフランシスコ平和条約のこともあるね。

優太：日本が「千島列島を放棄」したんですよね。これは，日本にとっては不利だなぁ。

先生：でも，「千島列島を放棄」とあるけど，どの島をさすか決めてあるかな？それに，放棄後の帰属先はソ連と決まっていたのかな？

結衣：なるほど，「放棄した千島列島に北方領土は含まれない」という日本の反論は成り立ちますね。

先生：その通り！こうして北方領土問題は，両国間で平行線をたどって，解決の糸口が見いだせなくなってしまったんだ。

日・ロ新時代の到来

先生：でも，1980年代のゴルバチョフの登場で，強硬なソ連の姿勢にも変化があらわれた。

結衣：ゴルバチョフの来日時，北方領土が返還されるかもしれないと騒がれたって，聞いたことがあります。

先生：そうなんだ。でも，結局，返還されなかったけど，「日ソ間に領土問題は存在する」と公式に認めた。これは目立った進展だね。そして，ゴルバチョフの後を受けたロシアのエリツィンも，この問題を引き継いだ。彼は，1993年に来日して細川首

相と会談し，「平和条約締結に向けて努力する」という内容を盛り込んだ「東京宣言」を出したんだ。

優太：ずいぶん柔軟な態度ですね。

先生：1997年には，橋本首相と「クラスノヤルスク会談」で，「2000年までに平和条約を締結努力」すると合意している。

優太：平和条約？もう結んだっけ?!

結衣：まだだよ！でも，どうして結ばれなかったのかな？

先生：ロシア経済危機とチェチェン紛争（→p.210）の時期が重なったからなんだ。その後は，メドベージェフ大統領が国後島を訪れ，プーチン大統領になって国後島のインフラ整備などが着々と進められている。ロシアは「北方領土は自国領土」という強い姿勢をとり続けているんだ。

結衣：これでは，日ロ関係は完全に冷え切ってしまいますよね。

先生：そうだね。でも，2018年には，プーチン大統領が「平和条約を年内に締結したい」と提案し，日ロ首脳会談がもたれた。そして，「日ソ共同宣言を基礎に協議していく」との合意がなされたんだ。これを受けて，安倍政権は「2島先行返還」で交渉に臨むと決定した。北方領土交渉は，大きな変化を見せたといえるね。

優太：じゃぁ，歯舞・色丹2島が返還されそうですね。

北方領土問題関連年表

1855	日露和親（通好）条約：図① 得撫以北が露領・択捉以南が日本領
1875	樺太千島交換条約：図② 千島全島が日本領・樺太が露領
1905	ポーツマス条約：図③ 北緯50度以南の南樺太が日本領
1945	ヤルタ協定，ソ連対日参戦 ソ連が北方領土占領
1951	サンフランシスコ平和条約：図④
1956	日ソ共同宣言
1991	日ソ共同声明…北方4島が領土問題の対象であることを文書化
1993	東京宣言…北方4島の帰属問題を解決して平和条約を締結することを確認
2001	イルクーツク声明…日ソ共同宣言の有効性と，東京宣言に基づく領土問題の解決・平和条約の締結を確認
2013	日露パートナーシップの発展に関する共同声明
2016	日露首脳会談…北方4島における共同経済活動，元島民のための人道的措置を協議

先生：でも，そう簡単にはいきそうにないんだ。北方領土の帰属・主権問題について，日ロ間の見解には大きな隔たりがある。今後の交渉を注視していかないといけないよ。そして，日本は，アイヌの人々を含め，新しい世代のために，北方領土問題の解決に向けた取り組みをしなくてはいけないね。

? ❶北方領土をめぐって，日本とロシアは，それぞれのように主張しているのだろうか。
❷北方領土をめぐる日本とロシアの最大の対立点は，何だろうか。
❸北方領土の解決に向けて，どのようなことが必要だろうか。

3 国際連合の役割と課題

要点 の整理　＊□□□は共通テスト重要用語，**1**は資料番号を示す。この節の「共通テスト○×」などに挑戦しよう🖐

1 国際平和機構の成立

❶集団安全保障体制の成立
- **勢力均衡** **1**……力のバランスによる平和━━同盟の結束と拡大━━武力衝突━━破綻　例：第一次世界大戦など
- **集団安全保障** **1**……国際組織の下で武力不行使などの約定━━違反国には集団で制裁━━安全と平和の確保
  例：国際連盟や国際連合

❷国際連盟と国際連合
- **国際連盟** **2 3**（1920年発足）……ウィルソン米大統領の「平和原則14か条」に基づき，設立された史上初の国際平和機構
- **国際連盟の欠陥**……全会一致制の議決方式（迅速な議事運営が困難）
  制裁措置の不十分さ（経済制裁のみ）
  大国の不参加（アメリカ不参加，ソ連の加盟遅延，日独伊の脱退）
- **国際連合** **2**～**5** **9**（1945年発足）……第二次世界大戦を教訓に，新しい国際平和機構を設立◀━━**国際連合憲章**
- **大西洋憲章発表（1941年）**━━ダンバートン・オークス会議（1944年）━━サンフランシスコ会議（1945年）

国際連合（UN）
- 加盟国………原加盟51か国→193か国（2023年11月現在）＝普遍主義の原則
- おもな目的……世界平和および安全の維持（＝国際平和の維持）
  経済的・社会的・人道的な国際協力の達成（＝国際協力の推進）
- おもな組織……**総会**……全加盟国で構成，一国一票の投票権
  - **安全保障理事会**……米英中仏ロの5常任理事国と10非常任理事国
    大国一致制＝拒否権行使 **6** ━━冷戦時多発，機能マヒ
    ━━「平和のための結集」決議 **7**（1950年）
  - 経済社会理事会……経済的社会的国際協力推進（＝社会的不平等・貧困を取り除く）
  - 事務局……国連運営に関するすべての事務
  - 信託統治理事会……1994年のパラオ独立により任務終了
  - 国際司法裁判所……国際法に従って裁判をおこなう。勧告的意見を下す

2 国際連合のかかえる問題

❶安保理改革 **1**……創立から75年以上が経ち，新たな国際関係を反映する必要
  日・独・印・ブラジル（G4）の常任理事国入りの問題など
❷国連財政の逼迫 **2**……拡大する**PKO活動**への出資増大
  分担金を滞納する国の増加━━累積赤字
❸国連職員数の問題 **3**……国連における日本人職員数の少なさ
❹NGO（非政府組織） **4**やNPO（非営利組織）との連帯……多様化・複雑化する諸課題への対応

---

1 国際平和機構の成立 世界の安全保障体制は，どのように変遷してきたのだろうか。

1 勢力均衡と集団安全保障

❓集団安全保障と集団的自衛権の違いは何だろうか。

(1)勢力均衡

(2)集団安全保障

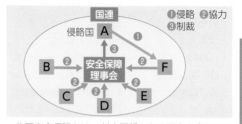

解説 集団安全保障と集団的自衛権　集団的自衛権（➡p.182）は，対立する国家を前提にし，利害を一にする同盟国同士で，一方の国に対する侵略行為を自国に対するものとみなし，反撃する権利をいう。原理的には，勢力均衡の範囲をこえるものではなく，集団安全保障とは異なる。

　勢力均衡とは，自国の安全保障が十分でないと判断した場合，自国の軍事増強や他国との軍事同盟により，力関係の均衡を保ち，相手が攻撃しないようにして安全を守ろうとする考え方。第一次世界大戦における三国同盟と三国協商がその典型である。しかし，「力（パワー）」を測る客観的基準がないことと，「不信」が根底にあることにより，相手より優位に立ってはじめて「均衡がとれた」と感じられることなどから，この方式は無限の軍拡を招くという欠点がある。

　集団安全保障とは，対立関係にある国家を含む国際社会全体のための国際組織をつくり，あらかじめ戦争の禁止または武力不行使のルールを決めておき，それに違反して他国を侵略すれば，残りの国すべてで強制的制裁にあたる。「勢力均衡」に代わり，集団の構成国全体の安全をはかる方式である。この方式は国際連盟で採用され，国際連合も基本的にこの方式を踏襲している。

❓国際連盟や国際連合は，集団安全保障の考え方に基づくものであるが，勢力均衡の問題点を克服するものとなっているのだろうか。

2 国際連盟から国際連合へ

第一次世界大戦（1914.7～1918.11）への反省

「平和14か条の原則」（1918.1，ウィルソン米大統領が提唱）
　↓この原則に基づいて講和会議開催
パリ講和会議（1919.1）
　……特別委員会（議長ウィルソン）で，国際連盟規約起草
ヴェルサイユ条約（1919.6）……第1編は国際連盟規約
国際連盟（League of Nations）成立（1920.1）
　ヴェルサイユ条約の効力が発生し，1920年国際連盟発足

←1国際連盟の総会

世界恐慌（1929.10）（→p.255）

ファシズムの台頭
●日本，ドイツ，国際連盟脱退（1933）
●イタリア，国際連盟脱退（1937）

●**モンロー主義**
　アメリカ5代大統領モンローが教書演説で表明した外交政策。孤立主義ともいわれ，他国への干渉および他国からの干渉を認めない。ウィルソン大統領はこの方針を転換し，第一次世界大戦に参戦し，国際連盟の構想を打ち出した。しかし，第一次世界大戦後，議会でモンロー主義の勢力が強まったことにより，アメリカの国際連盟への参加を議会は承認しなかった。

第二次世界大戦（1939.9～1945.8）の勃発

大西洋憲章（1941.8）
　F.ローズベルト，チャーチルによる，第二次世界大戦後の平和構想についての共同宣言。国際連合憲章の基礎となる
ダンバートン・オークス会議（1944.8～10）
　アメリカ，イギリス，中国，ソ連が，国連憲章の原案とされる「一般的国際機構設立のための提案（ダンバートン・オークス提案）」を発表
　→拒否権の範囲，ソ連の総会代表権問題など，未解決問題が残る
ヤルタ会談（1945.2）
　アメリカ，イギリス，ソ連の首脳が，常任理事国の拒否権問題などの未解決問題に決着
サンフランシスコ会議（1945.4～6）
　すべての連合国が集まり，国連憲章を参加50か国が採択
国際連合（United Nations）成立（1945.10）

？ なぜ，国際連盟は設立されたのだろうか。

解説 　**世界初の国際平和機構** 　19世紀の安全保障は，勢力均衡による協調と大国の外交会議によって成り立っていた。20世紀に入り，第一次世界大戦への反省から，史上初となる常設の国際的平和機構の設立が試みられた。これが**国際連盟**である。しかし，国際連盟は，第二次世界大戦を防げず，十分な目的を達成することはなかった。そのため，第二次世界大戦中に，**国際連合**の設立が議論され，大戦終結後に創設された。

↑**ウィルソン**
（1856～1924）

3 国際連盟と国際連合の比較

	国際連盟		国際連合
成立	1919年のパリ講和会議で規約がつくられ，1920年発足 ●本部：ジュネーブ（スイス）		1944年のダンバートン・オークス会議で憲章案がつくられ，1945年のサンフランシスコ会議で採択 ●本部：ニューヨーク（アメリカ）
加盟国	原加盟国42か国，最大加盟国59か国（1934年）。米不参加・ソ連の加盟遅延，日独伊脱退，ソ連除名		原加盟国51か国（現在193か国）。米英ソ（現ロシア）仏中の5大国（常任理事国）が最初から参加
主要機関	統合理事会（常任理事国〈英・仏・日・伊〉と任期3年の非常任理事国）〈当初8理事国，1926年に15理事国に〉，事務局（付属機関＝常設国際司法裁判所・国際労働機関，専門機関は少ない），総会		総会・安全保障理事会（拒否権をもつ5常任理事国と任期2年の10非常任理事国）・経済社会理事会・信託統治理事会・国際司法裁判所・事務局
制裁措置	加盟国に紛争が生じた場合には仲裁裁判にかけなければならない。これを怠る国に対しては**経済制裁**を実施		安全保障理事会は，平和の破壊または威嚇に対し，加盟国に法的拘束力のある強制行動（非軍事的・**軍事的措置**）をとる
表決手段	全加盟国の同意が必要（＝総会・理事会とも**全会一致制**）		総会は多数決制。安全保障理事会では，実質事項は5常任理事国の同意を含む9理事国の賛成で採択。手続き事項は9理事国の賛成で決定。常任理事国には**拒否権**がある
問題点	アメリカの不参加 侵略国への制裁措置が**経済制裁のみ**で不十分 全会一致の議決方法により議会運営が難航		安全保障理事会の拒否権行使による機能効率の低下 加盟国の分担金滞納による財政逼迫（→p.174） 安保理改革

？ 国際連盟が機能しなかったのは，なぜだろうか。

←2国連本部ビル（アメリカ・ニューヨーク）

解説 　**国際連盟の弱点** 　国際連盟の弱点として，①提唱国アメリカが，議会での批准を得られず参加していない，②戦争は禁止するが，侵略国への制裁が**経済制裁中心**にとどまる，③**表決が全会一致制**で機能的でない，の3点があげられる。しかし，根本的には，国際連盟が講和条約の一環として成立したという点に留意すべきであろう。これにより，講和条約のもつ矛盾や欠陥がストレートに国際連盟に反映された。その反省に立ち，国際連合は，講和条約とは違ったルートで成立に至った。また，戦後の国際社会を組織化し，平和の礎を築くにはアメリカを国際社会に留めておく必要を諸外国は痛感し，国際連合の本部をアメリカに置いたのである。

用語解説 　国際連合，NGO，NPO　→p.362～363

政治

安全保障理事会(THE SECURITY COUNCIL)

【任務】国連憲章に基づく国際社会の平和と安全保障。安全保障理事会の決定は，全加盟国に対し，法的拘束力をもつ

【構成】15か国の理事国で構成

● 常任理事国（5か国）……アメリカ，イギリス，フランス，ロシア，中国の5か国。任期期限はない。**拒否権をもつ**

● 非常任理事国（10か国）……地理的配分を考慮に入れ，総会が2年任期で選出（2期連続は不可）。毎年半数改選

【決議】

● 手続き事項（＝非重要事項）……9理事国の賛成で決議成立

● 実質事項（＝重要事項）……常任理事国を含む，9理事国の賛成で決議成立（常任理事国が1か国でも反対すれば不成立＝「5大国一致の原則」で，これが「拒否権(veto)」とよばれる

専門機関など

国連と連携協定を結ぶ国際機関

国際原子力機関（IAEA）(→p.191)

国際労働機関（ILO）：労働条件の改善を国際的に実現

国連食糧農業機関（FAO，→p.339）：食糧増産，農民生活水準の改善

国連教育科学文化機関（UNESCO）：教育・科学・文化を通じて，世界の平和と安全を図る

世界保健機関（WHO）：世界の人々の健康の増進を図る

世界銀行グループ（→p.304）

┌国際復興開発銀行（世界銀行，IBRD）

│国際開発協会（第2世銀，IDA）

└国際金融公社（IFC）

国際通貨基金（IMF）(→p.304，305)

国際民間航空機関（ICAO）

万国郵便連合（UPU）

国際電気通信連合（ITU）

世界気象機関（WMO）

国際海事機関（IMO）

世界知的所有権機関（WIPO）：工業所有権と著作権について，国際的保護をはかる

国際農業開発基金（IFAD）

国連工業開発機関（UNIDO）

世界貿易機関（WTO）(→p.300)

総会(THE GENERAL ASSEMBLY)

【任務】

● 安全保障理事会で検討中の紛争や事態に関するものを除き，国連憲章に関連して発生する全問題を検討し，加盟国および安全保障理事会に勧告

● 総会の実際の作業は，総会の下におかれた第1～6の主要委員会とよばれる6つの委員会が分担

【構成】

全加盟国で構成される国連の最高機関

【決議】加盟国は1票の投票権もつ（**一国一票制度**）

● 一般事項……出席投票国の過半数で決議

● 重要事項……出席投票国の3分の2以上の賛成で決議

➡近年では，事前に非公式な協議を通じ，全員が合意する提案を作成し，それを投票なしで採択する方式（**コンセンサス方式**）がとられることもある

【総会】

● 通常総会……年1回（毎年9月の第3火曜日～12月）

● 特別総会……安保理の要請，または加盟国の過半数の要請で招集される

● 緊急特別総会……安保理の9理事国以上の要請か加盟国の過半数の要請により24時間以内に事務総長が招集

経済社会理事会
(THE ECONOMIC AND SOCIAL COUNCIL)

【任務】非政治分野での国際協力を目的とし，国際的な問題事項を研究し，総会や加盟国への報告・勧告をおこなう。また，民間団体とも協議できる（国連憲章第71条）。国連との協議資格を認められた**NGO（非政府組織）**がある（→p.175）

【構成】54の理事国から構成。理事国は，総会で選挙される。任期は3年で，毎年3分の1ずつ改選

【決議】各理事国は1票の投票権をもち，過半数で決定

地域経済委員会

ヨーロッパ経済委員会

アフリカ経済委員会

西アジア経済社会委員会

アジア・太平洋経済社会委員会

ラテンアメリカ・カリブ経済委員会

機能委員会

統計委員会

人口開発委員会

社会開発委員会

持続可能開発委員会

婦人の地位委員会

麻薬委員会

事務局(THE SECRETARIAT)

【任務】各種国連活動を管理する機関で，国連運営に関するすべての事務をおこなう

【構成】行政職員の長である1名の事務総長と職員（＝国際公務員）からなる。事務局は局（Department）と部・室（Office）から構成される──→法務部，軍縮局，国連安全調整官室など

【事務総長】国連事業について，総会に年次報告をおこなう。国際の平和および安全の維持に脅威となる事項について，安保理に勧告，調停者・仲介者の役割を果たす。安保理の勧告により，総会が任命。任期5年

事務総長は「Secretary General」の邦訳。本来，「事務総長」と訳すべきところ，日本の外務省担当者が，権威づけのためか，「事務総長」と訳した

国際司法裁判所 (→p.161)
(THE INTERNATIONAL COURT OF JUSTICE)

信託統治理事会
(THE TRUSTEE SHIP COUNCIL)

【任務】信託統治（第二次世界大戦時などに植民地となった地域の行政）を，国際的立場から監督する責任を負う。植民地の独立にむけた住民生活支援を目的として創設。**1994年，パラオ独立により活動を正式停止**

【構成】5大国で理事会構成

総会によって設立された委員会

宇宙空間平和利用委員会

平和維持活動特別委員会

国連軍縮委員会　　　　ほか

総会によって設立された機関

国連人権理事会（UNHRC）……2006年，経済社会理事会の下部組織であった人権委員会が格上げされて発足。人権問題への対応のさらなる強化をはかる。総会の下部機関の常設理事会として，定期会合も開けるようになった

国連環境計画（UNEP）

国連大学（UNU）

国連貿易開発会議（UNCTAD，→p.322）

国連児童基金（UNICEF）

国連難民高等弁務官事務所（UNHCR，→p.211）　　　　ほか

解説 **国際連合の主要機関** 国連の主要機関は，総会・安全保障理事会・経済社会理事会・信託統治理事会・国際司法裁判所および事務局の6つである。国際連盟は，連盟総会・連盟理事会および事務局の3つであった。

? 伝統的に国連安全保障理事会の5常任理事国から国連事務総長は選ばれないとされる。これは，なぜだろうか。歴代国連事務総長の出身国を調べ，考えよう。

5 国際連合のあゆみ

	1945・10	国際連合発足
	1946・1	第1回国連総会開催(ロンドン)，実働開始
↩リー(ノルウェー)(1946~52年)		
	1947・11	総会，パレスチナ分割案採択
	1948・1	国連インド・パキスタン問題委員会設置
	12	総会，**世界人権宣言**採択
	1949・10	中華人民共和国成立
	1950・6	朝鮮戦争起こる
	11	総会，「平和のための結集」決議
↩ハマーショルド(スウェーデン)(1953~61年)		
	1956・10	スエズ危機，ハンガリー動乱起こる
	11	緊急特別総会開催
	12	日本，国連に加盟(80番目)
	1960・7	コンゴ動乱 ← PKO派遣
	12	総会，植民地独立付与宣言採択
↩ウ=タント(ビルマ)(1962~71年)		
	1964・3	第1回国連貿易開発会議(UNCTAD)開催(ジュネーブ)
	1965・8	国連憲章改正(安保理・経済社会理の議席拡大)
	1966・12	総会，**国際人権規約**採択(76年発効)
	1971・10	中国政府，国連の代表権獲得(台湾追放)
↩ワルトハイム(オーストリア)(1972~81年)		
	1972・6	**国連人間環境会議**開催(ストックホルム)▲
	1973・9	東・西両ドイツ加盟
	10	第4次中東戦争起こる
	1974・5	国連資源特別総会 → 新国際経済秩序(NIEO)樹立宣言
	1979・12	総会，**女子差別撤廃条約**採択
↩デクエヤル(ペルー)(1982~91年)		
	1987・7	国連安保理がイラン・イラク戦争停戦決議採択
	1990・8	国連安保理，イラクに対する武力行使を容認
	1991・9	韓国・北朝鮮，国連同時加盟

↩ガリ(エジプト)(1992~96年)		
	1992・6	地球サミット(リオデジャネイロ) ガリ，「平和への課題」を安保理に提出
	12	ソマリアへ多国籍軍派遣を決定
	1996・9	総会，CTBT(包括的核実験禁止条約)採択
↩アナン(ガーナ)(1997~2006年)		
	2000・9	国連ミレニアム・サミット → ミレニアム開発目標(MDGs)を策定
	2002・8	環境・開発サミット(ヨハネスブルク)
	2006・3	総会，**国連人権理事会**設立を決定
↩潘基文(韓国)(2007~16年)		
	2009・9	国連安保理，「核兵器のない世界」をめざす決議採択
	2012・6	国連持続可能な開発会議(リオデジャネイロ)
	11	総会，パレスチナ自治政府を「オブザーバー国家」に格上げ
	2015・9	持続可能な開発目標(SDGs)を策定
↩グテーレス(ポルトガル)(2017年~)		
	2017・7	総会，**核兵器禁止条約**採択(2021年発効)
	2019・10	UN75の導入 → 国連創設75年を記念して，未来に関する対話を促す
	2022・4	ロシアのウクライナ侵攻に際し，グテーレス事務総長がロシア・ウクライナの両国を訪問

*国連事務総長の任期は5年。▲印は国連特別会議を示す。

●国連加盟国の推移

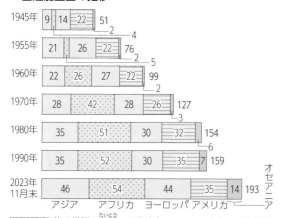

	アジア	アフリカ	ヨーロッパ	アメリカ	オセアニア	
1945年	9	14	22	51		
1955年	21	26	22	76	2,4	
1960年	22	26	27	22	99	2,5
1970年	28	42	28	26	127	2
1980年	35	51	30	32	154	3
1990年	35	52	30	35	7	159
2023年11月末	46	54	44	35	14	193

解説 **第三世界の台頭** 国際連合は，もともと51の原加盟国から出発し，193か国(2023年11月現在)まで増えた。1950年代には日本を含め，第二次世界大戦の敗戦国などが加盟し，1960年にはアフリカ17か国が独立して加盟した(**アフリカの年**)。その後，1973年には東西ドイツが加盟し，1990年代には冷戦の終結やユーゴスラビアの解体などで東欧諸国や中央アジアの国々が相次いで加盟することになった。2002年には永世中立国のスイスが加盟し，最新では2011年にスーダンから分離独立を果たした南スーダンが加盟した。

TOPIC 世界で最も不可能な仕事とは?

アメリカ・ニューヨークの国連ビルの回転ドアを入り，正面一番右端のエレベーターは，38階直通となっている。その38階にだけ，薄茶色のじゅうたんが全部に敷きつめてあり，つきあたりに事務総長室がある。部屋は広く，青色の国連旗を背にした事務総長の机のほかには，あまりモノがない。執務室の隣りが，楕円形のテーブルを中心とした会議室である。ここで，事務総長はめまぐるしい1日を送る。朝8時頃出勤し，次から次へと世界中からもちこまれる難問，解決を迫られる紛争処理などに取り組むのである。そのために作成された数千ページにもおよぶ資料のすべてに目を通し，その間隙をぬうように，要人との会談・会議・記者会見などをこなしていく。こうして，あっという間に事務総長の1日が終わってしまう。また，近年では，環境問題などのように，時代の要請を考慮に入れた活動をおこなう必要もある。事務総長の仕事は，質・量ともに想像をはるかにこえる激務といえよう。

このような事務総長の執務実態を初代総長リーは，「世界で最も不可能な仕事」と評したのである。

↩3国連事務総長の執務室

6 拒否権発動回数の推移

国連安全保障理事会の表決手続きには，**手続き事項**（会議の開催，補助機関の設置など）と**実質事項**（手続き事項以外の重要事項）の2種類があり，表決方法に違いがある。手続き事項は，15か国中9か国の賛成で成立するが，手続き事項以外の実質事項については，常任理事国（5大国）の賛成投票を含み，9か国以上の賛成がなければ決議は成立しない。つまり，**5大国のうち1国でも反対すれば決議は成立しない**。これは，大国が一致協力して，平和と安全の機能を果たすために規定されたものであり，5大国に与えられた特権が「拒否権」である。

常任理事国の拒否権行使回数

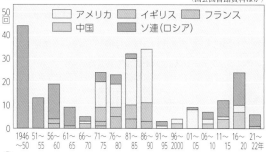
（国会図書館資料ほか）

? 拒否権の発動回数と国際社会の時代背景には，どのような関係がみられるだろうか。

解説 **冷戦と中国の台頭** 大国が一致協力して国際平和を維持しようとした拒否権の制度であるが，冷戦下において，米ソの拒否権の応酬により，安保理は機能不全に陥った。常任理事国が国益のために拒否権を行使し，平和の維持が阻害されるという弊害が目立つようになったのである。冷戦終結後は拒否権の行使回数も激減し，冷戦構造の崩壊にともなって多発した地域紛争に対して，安保理は協調できるようになった。しかし近年では，中国の台頭と大国化を志向するロシアが，アメリカの一極支配に対抗し，連携して拒否権を行使する動きを見せており，新たな対立構図が浮かび上がっている。

7 「平和のための結集」決議

緊急特別総会 [ ]は安保理で拒否権を行使した国

第1回 (1956・11)	スエズ危機 [英・仏]	スエズからの英・仏・イスラエル軍の撤退要求決議案採択
第2回 (1956・11)	ハンガリー動乱 [ソ連]	ソ連の撤退とハンガリー難民救済に関する決議案を採択
第3回 (1958・8)	米英のレバノン派兵[米・ソ]	レバノン・ヨルダンからの外国軍の撤退決議を採択
第4回 (1960・9)	コンゴ動乱 [ソ連]	国連を通さない軍事援助の停止を求める決議案を採択
第5回 (1967・6)	中東問題 [なし]	イスラエルのエルサレム併合を非難する決議案を採択
第6回 (1980・1)	アフガニスタン問題[ソ連]	ソ連軍の撤退要求決議案を採択
第7回 (1980・7)	パレスチナ問題 [アメリカ]	イスラエル軍の撤退要求の決議を採択
第8回 (1981・9)	ナミビア問題 [米・英・仏]	ナミビアを支配する南ア共和国への非難決議案を採択
第9回 (1982・1)	ゴラン高原併合問題[アメリカ]	ゴラン高原を併合したイスラエルへの制裁決議案を採択
第10回 (1997・4)	パレスチナ問題 [アメリカ]	イスラエルの入植活動に対する非難決議を採択
第11回 (2022・2)	ウクライナ情勢 [ロシア]	ロシアのウクライナ侵攻を非難，ロシア軍の撤退要求決議案を採択

解説 **苦心の産物** 「平和のための結集」決議は，朝鮮戦争（1950～53年，→p.199）時にソ連の拒否権発動により，安保理が機能不全に陥ったため，アメリカがイギリス，フランスなどとともに総会に提出し，採択されたものである。決議は，①安保理の機能不全時に，総会が武力行使を含む集団的措置を勧告できる，②24時間以内に，緊急特別総会を招集できる，③平和監視委員会を設置できる，などを骨子とする。また，**緊急特別総会**は，安保理9か国，もしくは国連加盟国の過半数によっても，招集できるようになった。一方で，安保理の決議は命令で法的拘束力をともなうものであるが，「平和のための結集」決議は総会が決議するものであり，効力は勧告にとどまる。

8 国連の紛争解決システム

? 国連はどのように紛争を解決しようとしているのだろうか。

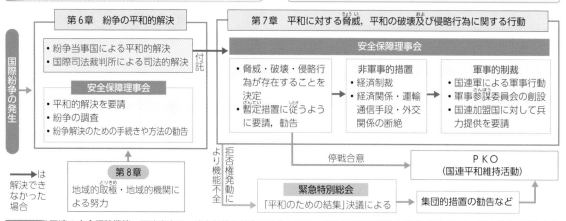

解説 **国連の安全保障機能** 国連憲章は，武力行使を禁止するとともに，紛争の平和的解決を義務づけている。武力紛争が発生した場合，解決手段として，交渉・仲介・調停などの平和的解決をはかり（第6章），解決に失敗すれば，強制措置（非軍事的措置および軍事的措置）がとられる（第7章）。非軍事的措置が不十分なときは，加盟国が提供する兵力による軍事的措置をとる。2022年のウクライナ侵攻は国際平和に責任をもつ国連安保理の常任理事国ロシアによる侵攻であり，国連の紛争解決システムは機能不全に陥った。

見方・考え方 **法の支配** 5常任理事国に与えられた拒否権に問題はないのだろうか。国連憲章をもとに，「法の支配」の観点から考えよう。

9 PKO（国連平和維持活動）

❓ PKOの法的根拠や原則はどのようなものだろうか。

(1)現在活動中のPKO

★は日本がPKO協力法に基づき，要員を派遣中のもの。

（外務省資料，2023年11月現在）

- 国連コソボ暫定行政ミッション（UNMIK）（1999年6月〜）
- 国連マリ多面的統合安定化ミッション（MINUSMA）（2013年4月〜）
- 国連西サハラ住民投票監視団（MINURSO）（1991年4月〜）
- 国連キプロス平和維持隊（UNFICYP）（1964年3月〜）
- 国連中央アフリカ多面的統合安定化ミッション（MINUSCA）（2014年4月〜）
- 国連コンゴ民主共和国安定化ミッション（MONUSCO）（2010年7月〜）
- 国連レバノン暫定隊（UNIFIL）（1978年3月〜）
- 国連インド・パキスタン軍事監視団（UNMOGIP）（1949年1月〜）
- 国連兵力引き離し監視隊（UNDOF）（1974年5月〜，ゴラン高原）
- 国連休戦監視機構（UNTSO）（1948年6月〜，中東）
- 国連アビエ暫定治安部隊（UNISFA）（2011年6月〜）
- 国連南スーダン共和国ミッション（UNMISS）（2011年7月〜）

解説 **PKO派遣の一般原則** PKO（国連平和維持活動）は，国連憲章に規定がない。国連憲章第6章の平和的解決と第7章の強制行動の中間的性格をもつということで，PKOを「6章半活動」とよぶ。法的根拠に基づかないため，派遣については，①PKO派遣先の国がPKOの受け入れに同意していること，②中立性を保つこと（当事国に対して優遇や差別をすることなく任務を遂行すること），③自衛以外の武力行使の禁止（自衛のほか，民間人の保護などの任務への攻撃に対してのみ，武力を行使することができる），といった原則により，安保理または総会の決議に基づいておこなわれている。

(2)PKOの発展

PKO 第1次中東戦争の休戦監視を目的に設立（1948年）

第1世代PKO：伝統的PKO
- PKOの基本三原則 ①当事国の同意，②中立性の保持 ③自衛以外の武力行使の禁止

↓ 冷戦終結後，国内紛争と国際紛争が複雑化。紛争の多様化

第2世代PKO：複合型（多機能型）PKO
- 伝統的任務＋武装解除，選挙監視，文民の保護，行政機構の再構築→軍事部門に加え，政治・民生面の任務が加わる
- 【事例】 国連カンボジア暫定機構

↓ PKOをより効果的にするため，ガリ事務総長は「平和への課題」を提案（1992年）

第3世代PKO：平和執行型PKO
- 【事例】 平和強制部隊として，第2次国連ソマリア活動で実践
  - ・受入国の同意なしに派遣←三原則に反する
  - ・重装備，自衛を超えた武力行使の容認←三原則に反する
  - →紛争に巻きこまれ，失敗に終わる

◆**4第2次国連ソマリア活動**
1993年にソマリアに派遣されたPKOは，人道支援だけでなく，戦闘阻止，武装解除までおこなうものであった。しかし，紛争に巻きこまれて失敗に終わった。

↓ ブラヒミ報告（2000年）……伝統的PKOへの回帰

第4世代PKO
- 紛争終結後の人道支援・復興支援の重要性の高まり
- PKOは，専門の国連機関との連携による機能
- →平和維持にとどまらず，復興および人道支援，平和構築と機能拡大（統合ミッションとよばれる）
- 【事例】 国連コソボ暫定行政ミッション，国連東ティモール支援団

(3)PKOと国連軍，多国籍軍の違い

PKO（国連平和維持活動）	**[法的根拠]** 国連憲章第6章と第7章の中間的性格→「6章半活動」とよばれ，国連憲章に規定はなし **[任務]** 紛争当事国に入り，以下の活動を実施 ● PKF（国連平和維持軍） 停戦や撤兵の実施を助け，治安維持にあたる。自衛のための軽武装が認められる ● 監視団（停戦監視団，選挙監視団） 停戦の監視や選挙の適正な実施を監視する。非武装
国連軍	**[法的根拠]** 国連憲章第7章 **[任務]** 平和破壊国に対し，非軍事的制裁措置が不十分な場合，軍事的強制措置をおこなう（国連憲章第42条）
多国籍軍	**[法的根拠]** 規定なし 複数の国の部隊から構成される有志連合軍。基本的に，安保理決議に基づいて派遣されるが，指揮権は国連ではなく，派遣国にある **[事例]** 湾岸戦争（➡p.201）

解説 **正規の国連軍は結成されたことがない** 1950年の朝鮮戦争（➡p.199）は，北朝鮮の韓国に対する侵攻からはじまった。北朝鮮による行動を国連安保理は侵略行為と認定し，北朝鮮に対抗するために国連軍が結成された。なお，このとき，ソ連は中国代表権問題で抗議欠席していたため，拒否権は行使されなかった。アメリカ軍を最大の兵力とするこの国連軍は，国連憲章第43条の特別協定が結ばれていないため，指揮権が国連ではなく，アメリカに委ねられていたことなどから，正規の国連軍とはいえない。むしろ，「国連軍」の名を冠した多国籍軍といえる。ただし，多国籍軍は，国際的に明確な定義があるわけではなく，国連安保理の承認がなくても複数国にまたがる連合国軍を多国籍軍と呼称することもあり，曖昧な部分も多い。この例として，イラク戦争（➡p.203）時の米英を中心とした有志連合軍を多国籍軍とよぶこともある。

● 国連改革とは？

国際組織は，一般的に創設時の国際社会の理念や力関係を反映している。そのため，国際社会の変化にあわせて組織改革をおこなわない限り，現実世界と乖離してしまい，有効に機能できなくなる。国連も，例外ではなく，以下の観点から，改革に取り組もうとしている。

❶政治・安全保障での活動が，真に有効性をもつにはどうすればよいか
❷政治・経済活動を支える財政基盤をどう固めるか
❸時代に即応した新しい開発の理念をいかに打ち出すか

これらを，国連は改革の重要課題と捉え，それに対応できる組織・体制の構築を模索している。

政治

1 安全保障理事会改革問題

(1)安保理改革の背景

国連加盟国は，創立時の約4倍に膨れ上がり，加えて冷戦終結により，政治・経済の勢力図も大きく変容を遂げた。しかし，安保理の構成は，創立時のままで，5大国による安保理の独占という不信感が，発展途上国はじめ，ほかの加盟国の間でつのっている。さらに，近年では，テロや内戦といった平和と安全に対する新たな脅威・危険が，世界で頻発している。

安保理は，これらの今日的問題に効果的に対処していく必要があり，安保理の構成や意思決定方法について，現実をふまえた形で改革が急務であるとの声が，国際社会で高まった。こうして，国連の場で，安保理の改革について議論がおこなわれるようになった。

(2)安保理改革案

2005年，日本はブラジル，ドイツ，インドと連携し，4か国（G4）で常任理事国入りをめざし，安保理改革案をまとめた。これに対抗する形で，イタリアや韓国などのコンセンサスグループは，非常任理事国の拡大のみを求める独自の安保理改革案をまとめた。また，アフリカ連合（AU）も独自の改革案を作成した。これらの改革案は2005年の国連総会に提出されたが，いずれの案も投票に付されることなく，廃案となった。

2005年に提出されたおもな改革

	G4案	コンセンサスグループ案	AU案
常任理事国	11か国	5か国	11か国
非常任理事国	14か国	20か国	15か国
拒否権	新常任理事国は当面行使しない	全常任理事国が行使を抑制	新常任理事国にも付与

解説 合意形成は極めて困難　国連安保理改革に対して常任理事国の5大国は，常任理事国が増えることで相対的に自国の影響力が低下することを懸念し，反対している。また，同様に近隣諸国が常任理事国入りすると，自国の影響力が低下するため，G4の改革案に対して，G4の近隣諸国などで構成されるコンセンサスグループが，反対を示している。さらに，安保理改革の実現には，最終的に国連憲章の改正を必要とするため，合意形成は極めて困難な状況となっている。

2 国連の財政問題

国連の通常予算の推移

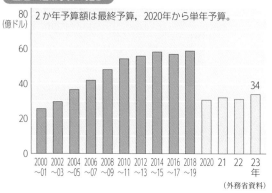

2か年予算額は最終予算，2020年から単年予算。

（外務省資料）

国連分担金

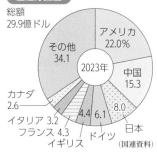

総額
29.9億ドル
その他 34.1
アメリカ 22.0%
中国 15.3
日本 8.0
ドイツ 6.1
イギリス 4.4
フランス 4.3
イタリア 3.2
カナダ 2.6
2023年
（国連資料）

● 国連分担金とは？

加盟国の分担率は，各国の国民総所得（GNI）や人口などを基礎として分担金委員会が算出し，国連総会が決定する。日本は，長年アメリカに次ぐ第2位の分担率であったが，2019年からは中国が第2位となった。

国連の予算は，おもに通常予算とPKO予算にわけられる。そして，その収入は加盟国の分担金によって賄われる。2023年の国連の通常予算は約34億ドル（円換算で約4,590億円程度）であるが，2023年度の東京都の一般会計予算が8兆410億円であることを考えても，国連の予算額がいかに少ないかがわかる。

一方，国連は，加盟国の分担金滞納問題をかかえる。分担率第1位のアメリカが分担金の多くを滞納している。2019年，グテーレス事務総長は以下の書簡を国連職員に送った。同様の書簡は2018年にも職員に送られていたが，深刻な財政難に陥っていることがうかがえる。この分担金未払い問題を早急に解決しない限り，国連の財政難は解消しないといえる。

2019年の通常予算に基づく活動に必要となる総額のうち，加盟諸国は70％しか納付していない。これにより，国連は9月末に2億3,000万ドル（約250億円）の現金不足に陥り，このままでは流動性準備金も今月末までに使い果たす恐れがある
（2019年10月現在）

❓ 国連分担金の未払い国に罰則はないのだろうか。

解説 国連総会での投票権を失う恐れ　国連憲章第19条では，分担金の滞納金額が支払うべき分担金の2年分になったとき，その加盟国は総会における投票権を失うとある。ただし，総会がやむを得ない事情によるものと認めた場合は，「投票が許される」と規定されている。アメリカは安全保障理事会の常任理事国でもあり，この規定では安全保障理事会の投票権については触れられていないことから，滞納額が多くなりすぎても安全保障理事会での拒否権を失うことはないとされる。

3 国連職員数の問題

現在，国連職員は約4万4,000人。一方，東京都庁の一般行政職員は約2万2,000人である。国連業務の内容や全地球規模の活動から考えて，国連職員数は多いとはいえない。給与を含めた待遇条件に，魅力を見いだせないことが，国連職員の継続勤務を困難にする要因の1つともなっている。国連は，国連職員を物的・質的に確保できる改革にも，取り組まねばならない。

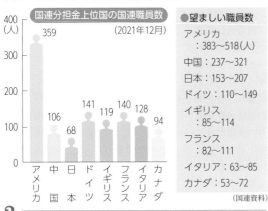

国連分担金上位国の国連職員数 (2021年12月)

●望ましい職員数
アメリカ：383～518(人)
中国：237～321
日本：153～207
ドイツ：110～149
イギリス：85～114
フランス：82～111
イタリア：63～85
カナダ：53～72
(国連資料)

? なぜ，日本人の国連職員は少ないのだろうか。

解説 求む！日本人職員　国連人事担当トップが，国連の日本人職員が少ないため，来日し，「今後130人採用したい」と述べた。それほど，国連の日本人職員は少ないのだろうか。2021年末現在，国連の日本人職員は68人で，国別順位では第9位にあたるものの，「望ましい職員数153～207人」と最も大きく乖離している国となっている。この理由の1つには，リクルートの情報不足が確かにあるが，国連が給与・勤務条件について，魅力的な条件を提示できていないからであろう。国連職員の給与は，各国公務員の給与を下回り，決して恵まれている訳ではない。加えて勤務地も，多くは貧困や内戦などで荒廃した地である。これらから考えれば，日本人が国連で働くことの魅力が小さくなってきていることも否めない。

TOPIC 国連で働くには？

[国連で働くための方法]

▶**空席公告への応募**：定期採用ではなく，国際機関の必要なポストに欠員が生じるたびに，採用がおこなわれる。外務省の国際機関人事センターに登録（ロースター制度）しておくと，空席情報，ミッション来日情報が提供される。

▶**ＹＰＰ試験**：国連事務局ヤングプロフェッショナルプログラム試験。国連事務局の若手職員採用試験である。

▶**ＪＰＯ派遣制度（アソシエート・エキスパート）**：外務省がおこなっている，国際機関に日本人を派遣する制度。試験に合格すると，公費で2年間，国際機関に派遣される。

▶**採用ミッション**：国際機関が，日本人職員を増やすために，人事担当者を日本へ送り，面接・書面審査を実施する。

国連職員になるためには，英語・フランス語で職務遂行できる語学力，執務する分野での修士号以上（大学院卒業以上）の学位の取得などが，最低限として求められている。かなり厳しいハードルではあるが，君たちのやりがいと自己実現を満たしてくれる仕事である。挑戦してみよう。

4 ＮＧＯとの協力

ＮＧＯ（非政府組織）とは，民間人や民間団体により構成される組織である。経済社会理事会は，営利組織や政党を除き，社会的公共性のある目的を追求する組織をＮＧＯと定義している。国連憲章第71条に，国連と協議するために取り決めをおこなうことができるＮＧＯの協議資格が定められている。これによると，オブザーバーとして会議に出席し，発言することができるが，議決権は有しない。

1997年にはＩＣＢＬ（地雷廃絶国際キャンペーン），1999年には国境なき医師団がノーベル平和賞を受賞した。また，2021年に発効した核兵器禁止条約（→p.191）の採択に尽力したＩＣＡＮ（核兵器廃絶国際キャンペーン）もＮＧＯであり，2017年にノーベル平和賞を受賞している。このように，ＮＧＯは世界のより多くの市民の声を国際社会に反映する役割を担っている。

国際的に活動するおもなＮＧＯ

アムネスティ・インターナショナル	政治犯や思想犯などの「良心の囚人」を救援することを目的に1961年，イギリスで発足。1977年にノーベル平和賞受賞。拷問や死刑廃止なども求めている
国際赤十字（ＩＲＣ）	紛争や災害時における傷病者の救護活動をおこなうことを目的に1863年，スイスで発足。1963年にノーベル平和賞受賞
国境なき医師団（ＭＳＦ）	紛争や災害，貧困などで医療サービスを満足に受けられない人々に対し，国境を越えて医療を提供することを目的に1971年，フランス人医師らにより設立。1999年ノーベル平和賞受賞

日本生まれのＮＧＯ

AAR Japan	1979年設立された国連登録のNGO。1997年，ＩＣＢＬ（地雷廃絶国際キャンペーン）のメンバーとしてノーベル平和賞受賞に貢献。1998年，国連経済社会理事会の特殊協議資格を取得
ジャパンハート	2004年設立。「医療の届かないところに医療を届ける」を理念に，国内の僻地や離島，途上国，災害被災地などで医療支援活動をおこなう

●**国連と協議するためのＮＧＯの協議資格**

①**総合協議資格**：経済・社会・文化・教育・人種など，経済社会理事会の権限事項の大半にかかわる活動をおこなう。国際赤十字など

②**特殊協議資格**：人権・女性・環境など，特定の分野で活動する。アムネスティ・インターナショナル，国境なき医師団など

③**ロースター**：世論の啓発と情報の流布に有用。数が多い

解説 ＮＧＯの課題　ＮＧＯは非営利活動をおこなう組織であり，活動資金の多くを寄付で賄っているため，財政基盤は脆弱である。また，国連との協議に参加できても，議決権はもたない。しかし，ＮＧＯの活動が時に国家を動かし，国家や国際機関では対応しきれない問題領域をカバーしていることは紛れもない事実である。今後，国際社会の発展にＮＧＯの活動は必要不可欠であり，安定した運営をおこなえるかどうかが課題となる。

「人間の安全保障」を求めて 日本の役割 出題

　従来の国家中心の安全保障では，対処しきれない内戦・圧政・貧困・環境破壊・感染症などが絡みあい，人々の生存を脅かしている。そこで現在，個々の人間に焦点をあて，生存・安全を守る「人間の安全保障」の考え方が求められている。国連の取り組み，そして日本の取り組みとその役割を考えよう。

国家の安全保障

　従来の戦争といえば，国家対国家の武力衝突が一般的であった。敵対国の武力行使から，自国の領土の保全，国家の対外的独立，国民の生命・財産を軍事的手段によって守ることを「国家の安全保障」とよぶ。そのため，国家は軍事費を支出し，防衛力を向上させる。自国を他国の侵略から防衛することは，主権国家として今もなお最も重要な原則とされている。

　しかし，2001年のアメリカ同時多発テロ事件（→p.203）以降，国家と非国家主体との対立という新たな武力衝突の構造が生まれた。また，2021年のミャンマー（→p.204）の軍事クーデターの際には，軍が市民に向けて発砲し，多数の死傷者が発生した。本来，国民を守るはずの軍や政府機関が，自国民を抑圧する事態も生まれている。さらには，2020年からの新型コロナウイルス感染症のパンデミック（世界的流行）のように，先進国・発展途上国にかかわらず，人々の生活が脅かされる事態もある。このように，現代社会では「国家の安全保障」という観点だけでは，人間の生活が必ずしも守りきれなくなっているのである。

「人間の安全保障」

　このようななか，人間個々人にスポットを当てて，人間個人としての生活・人権を守っていくことを重視する「人間の安全保障」という概念が誕生した。「人間の安全保障」は，1994年，UNDP（国連開発計画）が『人間開発報告』のなかで提唱した。世界には，内戦・犯罪・飢餓・地雷・環境破壊・感染症などによって生存が脅かされ，貧困や差別などで経済・社会・政治的に苦境に立たされている人々が多数存在する。これらは，単に国家レベルの安全保障だけではなく，人間個々人のレベルで，このような問題から解放され，安全が確保されない限り，真の意味の安全保障とはいえない。つまり，主権国家という国家単位で安全保障という枠組みを捉えるのではなく，人々が安心・安全に生活を営むことができるようにするという点が「人間の安全保障」という考え方なのである。

国連の取り組み

　国連は，人間の安全保障を実現するために，1999年，「人間の安全保障基金」を日本の支援の下で設立した。2001年には，緒方貞子元国連難民高等弁務官とノーベル経済学賞受賞のセン（→p.45）を共同議長とする「人間の安全保障委員会」が設立され，この理念を浸透させ，それに立脚する施策を講じようとしている。

　紛争やテロなどの要因には，貧困や差別などがある。2015年に採択された

●「人間の安全保障委員会」の報告書の提言

(1)紛争の危険からの人々の保護
(2)武器拡散からの人々の保護
(3)移動する人々の安全保障の推進
(4)戦争から平和への移行期のための基金の創設
(5)極貧者が恩恵を受けられる公正な貿易と市場の強化
(6)最低限の生活水準の保護
(7)基礎保健サービスの完全普及
(8)効率的かつ公平な特許制度の創設
(9)普遍的な基礎教育の完全実施
(10)グローバルなアイデンティティの促進

SDGs（持続可能な開発目標，→p.177）の取り組みは，こういった要因を少しでも減らそうとする取り組みであるといえる。国連がNGO（非政府組織，→p.175）などと協働して，貧困などを解決していくことも，一人ひとりの人間にスポットをあてた取り組みである。政治の民主化，教育の機会拡充，生活水準の向上など，国連主導の下，国際社会が協力しながら「人間の安全保障」の理念の実現に取り組むことが求められる。

日本の取り組み

　日本は，みずからが主導した「人間の安全保障基金」に積極的に資金を拠出するとともに，2015年に策定した開発協力大綱（→p.323）でも，「人間の安全保障」の考え方を「開発協力の根本にある指導理念」と位置づけて，ODA（政府開発援助，→p.323）を実施している。これらの活動を通し，「人間の安全保障」の概念の普及と実践を推し進め，人々が紛争やテロといった恐怖，貧困などの欠乏から解放され，人間としての尊厳をまっとうできるよう取り組んでいる。

↑1 「人間の安全保障委員会」の初会合（アメリカ・ニューヨーク）

見方・考え方　人間の尊厳と平等
❶「国家の安全保障」は，どのような点が問題となったのだろうか。「人間の尊厳と平等」の観点から考えよう。
❷「人間の安全保障」の理念に，「人間の尊厳と平等」の考え方は，どのように生かされているのだろうか。

Let's Think!

持続可能な開発をめざして

SDGs（持続可能な開発目標，→p.2）が，2000年に策定されたMDGs（ミレニアム開発目標）の後継として2015年の国連サミットで「持続可能な開発のための2030アジェンダ」として採択された。17のゴールと169のターゲットから構成され，地球上の「誰一人取り残さない」ことを誓った。この目標に向かって，私たちには何ができるのだろうか。

国連の取り組み

目標2「飢餓をゼロに」について，世界の飢餓は，2021年時点で世界人口の9.8％で，その数は約8億2,800万人にのぼるといわれる。WFP（世界食糧計画）は，貧困や飢餓の地域への食料提供や学校給食提供などの活動を50年以上おこなっており，2019年には59か国，およそ1,730万人の生徒に学校給食を提供した。貧困地域では，学校給食が1日に受けとることのできる子どもの唯一の食事であるケースも多く，親にとっても学校給食があることを理由に子どもを学校に通学させる動機にもなる。また，食料は現地国の農家から調達することで，当該国の経済成長にも寄与している。このように，それぞれの目標の達成のため，国連機関や各国が支援の取り組みを進めている。

↑**1** WFP（国連世界食糧計画）の学校での食料支援（ザンビア）
Photo:WFP/Gabriela Vivacqua

日本での取り組み

日本でも2016年に首相を本部長，官房長官および外務大臣を副本部長とする「SDGs推進本部」を設置し，2017年から「ジャパンSDGsアワード」として，SDGs達成に向けたすぐれた取り組みをおこなう企業・団体を表彰している。

たとえば，大手健康食品企業ヤクルトグループは，2018年の「ジャパンSDGsアワード」で特別賞を受賞した。研究・開発や生産・物流，そして対面販売を通して，SDGsの理念を達成しようとする活動が受賞理由となった。特に，「ヤクルトレディ」による宅配販売は，健康情報を提供しながら商品を届けるという日本発のモデルとして，

↑**3** 海外のヤクルトレディ（インドネシア）　ヤクルトレディは，アジアや中南米を中心に，日本と同様の形式で導入され，活躍している。

海外でも展開し，健康意識を向上させ，女性の活躍の場を増やすなどの取り組みにつながっている。

また，2018年からは「SDGs未来都市」を選定し，地方公共団体におけるモデル事例の形成をめざしている。たとえば，兵庫県明石市では，目標14「海の豊かさを守ろう」で海岸への漂流・漂着ごみの対策やプラスチックごみの対策を，目標3「すべての人に保健と福祉を」や目標8「働きがいも経済成長も」では，待機児童対策のための保育士の確保や中学3年生までの医療費無償化，第2子以降の保育料無償化，「こども食堂」の充実などの取り組みをおこなっている。

これらのように，SDGsの理念は先進国である日本でも，解消できていない課題に対し，どのような取り組みができるのか，私たち一人ひとりに考えることを求めている。SDGsの目標達成のために，取り組めることを考えよう。

↑**2** SDGs（持続可能な開発目標）（国連広報センター資料）

見方・考え方　人間の尊厳と平等

❶SDGsの理念に，「人間の尊厳と平等」の考え方は，どのように生かされているのだろうか。
❷新しい感染症の流行が懸念される場合，SDGsのどの目標の観点から，対策を考えるべきだろうか。

1 平和主義と安全保障

要点 の整理

*___は共通テスト重要用語，■は資料番号を示す。この節の「共通テスト○×」などに挑戦しよう

1 恒久平和主義

❶**日本国憲法の平和主義** ■……過去の軍国主義や侵略戦争を反省→徹底した**戦争放棄**の規定

❷**憲法前文**……恒久平和主義の宣言，平和的生存権の確認

❸**第9条** ❷❸……戦争放棄(1項)・戦力不保持(2項)・交戦権の否認(2項)

2 日本の防衛政策

❶**憲法と自衛隊**

- 連合国による非軍事化……徹底した平和主義
- 朝鮮戦争の勃発(1950年)→占領政策の変更……**警察予備隊**の創設
- **サンフランシスコ平和条約，日米安全保障条約** ❼ の締結(1951年)→米軍の駐留，警察予備隊を**保安隊**に改組(1952年)
- 日米相互防衛援助(ＭＳＡ)協定の締結(1954年)……日本の防衛力増強義務→**自衛隊**の発足(1954年)

❷**日本の防衛政策の基本** ■〜■

- シビリアン・コントロール(**文民統制**)の原則→文民が自衛隊を統制する

  憲法第66条 「内閣総理大臣その他の国務大臣は，文民でなければならない」

  自衛隊法第7条「内閣総理大臣は，内閣を代表して自衛隊の最高の指揮監督権を有する」

- 防衛の基本政策……**専守防衛，非核三原則，非軍事大国化**

↑1 長崎原爆犠牲者慰霊平和祈念式典(長崎市)

3 日本の安全保障政策 ■〜■

1951年	日米安全保障条約締結(旧安保条約)
1960年	日米安全保障条約改定(新安保条約)
1978年	日米防衛協力のための指針(**ガイドライン**)策定(1997，2015年改定)
1999年	ガイドライン関連法成立(**周辺事態法**など)
2014年	**集団的自衛権**の限定的な行使を可能にする閣議決定
2015年	安全保障関連法成立
2022年	新しい安全保障関連3文書を閣議決定

日米安全保障体制の問題点

- **思いやり予算**……駐留経費の一部負担
- 沖縄の米軍基地問題……基地の集中と移転問題
- 日米地位協定問題……アメリカ軍人の犯罪をめぐる対応
- 日米安全保障の再定義……**有事法制**の整備(2003，2004年)
- 自衛隊の海外派遣……ＰＫＯ協力法，テロ対策特別措置法，イラク復興支援特別措置法，補給支援特別措置法，安全保障関連法など

1 恒久平和主義 日本国憲法で平和主義は，どのように規定されているのだろうか。

1 平和主義の構造

❓ 自衛のための武力行使は，憲法上，認められるのだろうか。

● 前文

日本国民は，恒久の平和を念願し，人間相互の関係を支配する崇高な理想を深く自覚するのであつて，平和を愛する諸国民の公正と信義に信頼して，われらの安全と生存を保持しようと決意した。

→ 絶対的平和主義の宣言

← 諸国民の公正と信義に信頼

われらは，平和を維持し，専制と隷従，圧迫と偏狭を地上から永遠に除去しようと努めてゐる国際社会において，名誉ある地位を占めたいと思ふ。われらは，全世界の国民が，ひとしく恐怖と欠乏から免かれ，平和のうちに生存する権利を有することを確認する。

← 平和的生存権

● 第9条【戦争の放棄，戦力及び交戦権の否認】

① 日本国民は，正義と秩序を基調とする国際平和を誠実に希求し，**国権の発動たる戦争**と，**武力による威嚇**又は**武力の行使**は，国際紛争を解決する手段としては，**永久にこれを放棄する。**

- 戦争の放棄
- 武力による威嚇の放棄
- 武力の行使の放棄

② 前項の目的を達するため，陸海空軍その他の**戦力**は，これを**保持しない。**国の交戦権は，これを認めない。

- 陸海空軍の不保持
- その他の戦力の不保持
- 交戦権の否認

解説 **恒久的平和主義の決意** 第二次世界大戦で，甚大な被害を与えた側，甚大な被害を受けた側，両方の立場に立った日本は，日本国憲法において**恒久平和主義**を掲げた。憲法前文で，日本国民の恒久平和の願望と平和を守る決意が語られ，平和的生存権を確認している。そして，憲法第9条では，①**戦争放棄**，②**戦力の不保持**，③**交戦権の否認**を規定し，平和主義の考え方を徹底している。このなかで，政府は，自衛権を行使するための実力は，戦力ではないとしているが，自衛隊(→p.180)は，戦争遂行能力をもつ戦力であり，違憲であるとする説が学問的な通説となっている。

● 第9条における戦争放棄の解釈の3つの類型

限定放棄説	侵略戦争は放棄されているが，自衛戦争は放棄されておらず，自衛戦争に必要な戦力の保持は認められている
1・2項全面放棄説(学説の多数説)	1項では，侵略戦争が放棄されているが，自衛戦争は禁止されていない。しかし，2項の戦力および交戦権の否認によって，すべての戦争が放棄されたとみなす
1項全面放棄説	1項ですべての戦争が放棄されているとされ，2項は1項を具体化したものである

❓ 日本国憲法の平和主義の条項と他国のものを比較してみよう。

ゼミナール

ヒロシマ・ナガサキの体験の伝承

ヒロシマ・ナガサキに原子爆弾が投下されてから，75年以上の月日が経過した。被爆者の高齢化が進むなか，原爆の悲惨さや二度と原爆を使用させてはならないという想いなど，実体験を交えた伝承が困難になってきている。原爆の体験を語り継ぎ，「核兵器のない世界」の実現に近づくには，どうしたらよいのだろうか。

被爆建物，解体から保存へ〜旧広島被服支廠をめぐって

被爆建物の旧広島陸軍被服支廠の安全対策などの対応をめぐり，広島県が揺れた。広島県は，旧被服支廠に倒壊の危険があることから，県が所有する3棟のうち2棟を解体する方針を示した。2019〜20年にかけて，パブリックコメントを実施したところ，「3棟全棟を残してほしい」という意見と「一部の解体はやむを得ない」という意見は拮抗していた。被爆の惨状を伝える価値と保存経費で判断は揺れたが，被爆者が高齢化するなか，建物の歴史的価値が評価され，異例の全棟保存という方針転換がおこなわれた。今後，耐震化を施し，その歴史的・文化的価値の保存が進められる予定である。

広島県民からの回答　回答数1,932

- 一部解体はやむを得ない　36.9
- 2.9
- 6.5
- 3棟全棟残して欲しい　53.5%
- 0.3

| 3棟保存 | 2棟保存 | 1棟保存 |
| 全棟解体 | その他 | （2019年12月〜2020年1月） |

↑**1**旧広島被服支廠の保存について（広島県資料）

➡**2**旧広島陸軍被服支廠（広島市）　被服支廠は軍服や軍帽などの小物を生産・修理する施設で，被爆直後は臨時救護所として多くの被爆者を受け入れた。西側の3棟の鉄扉のいくつかは，被爆時の爆風で変形したままとなっている。

広島・長崎への原爆投下

1945年8月6日，午前8時15分，アメリカのB29爆撃機から投下された一発の原子爆弾が，広島市上空で炸裂した。同年8月9日午前11時2分には，長崎市に二発目の原子爆弾が投下され，炸裂した。民間人が暮らす都市への爆撃，世界ではじめて利用された原子爆弾は，その熱線と爆風によって，一瞬にして，多くの人命を奪い，街を瓦礫の山にした。

1945年12月までに，広島市で約14万人，長崎市で約7万人が亡くなったと推計されている。

高齢化する被爆者

原爆投下後，爆弾によって発せられた大量の放射線による健康被害に多くの人が苦しめられた。救護活動や親戚を探すために，広島・長崎を訪れた人々が残留放射線によって被爆し，長期にわたって苦しめられることもあった。

その後，多くの被爆者は，自分が体験したことを語り，「核兵器のない世界」の実現に向けて尽力してきた。しかし，原爆投下から75年以上がたち，被爆者の高齢化が進むにつれ，その体験を直接聞く機会は減ってきている。数年後には，その機会がなくなることは確実である。一方で，世界には多くの核兵器が存在し，「核兵器のない世界」の実現は遠い。そのため，被爆体験を次世代にどのように語り継いでいくかが課題となっている。

ICTを活用した被爆体験の伝承

2020年，NHK広島放送局が，広島の原爆を体験した人々の当時の日記をもとに，twitter（現在のX）で1945年の日記の日付とあわせて，日々のつぶやきとして公開する「1945ひろしまタ

イムライン」という企画をおこなった。若者にも浸透しているSNSを用いて，原爆投下当時の人々の想いを追体験してもらおうという試みは，デジタルネイティブ世代に，原爆の体験を語りかける新たな取り組みとして注目された。

長崎では，「Nagasaki Archive」という長崎原爆の体験を伝えるサイトをインターネット上で公開している。アプリも用意しており，長崎市内でアプリを起動すると，GPS機能とAR（拡張現実）機能を用いて，「1945年当時のこの場所はどのような状況だったのか」，「被爆者は，ここでどのような体験をしたのか」を，現在の長崎の町に重ねあわせて，より深く知ることができるようになっている。

このような新たな技術を用いて，より身近に，より現実に近い形で，原爆の体験を語り継ぐ工夫がなされている。

❶被爆体験を語り継いでいくために問題になっていることは何だろうか。
❷被爆体験を後世に伝えていくために，どのような工夫がなされているのだろうか。
❸被爆の実態を語り継ぐために，私たちには何ができるのだろうか。

② 戦後日本の防衛年表と自衛隊をめぐる憲法解釈の推移

年	事　項	内閣
1945	ポツダム宣言受諾 (◯p.81)	幣原
1946	日本国憲法公布 (戦争放棄規定)	
1950	マッカーサー指令により**警察予備隊**創設	
1951	サンフランシスコ平和条約・**日米安全保障条約**調印	吉田
1952	**保安隊**発足 (警察予備隊を改組)	
1954	ＭＳＡ協定調印。防衛庁設置，**自衛隊**発足	
1956	日ソ共同宣言。日本，国連に加盟	鳩山
1957	政府，「**国防の基本方針**」決定	
1959	砂川事件最高裁判決	岸
1960	**日米新安保条約** (日米相互協力および安全保障条約)調印	
1967	政府，「武器輸出三原則」発表	
1968	政府，「**非核三原則**」確認 (◯p.183)	佐藤
1970	日米安保条約，自動延長	
1971	国会で「非核三原則」決議	
1972	沖縄，日本復帰	
1973	長沼ナイキ基地訴訟一審判決	田中
1974	ラロック証言 (日本に核もちこみの疑惑)	
1976	政府，「防衛計画の大綱」決定	三木
	防衛費の対ＧＮＰ比１％以内を閣議決定	
1978	「日米防衛協力のための指針」決定 (◯p.185)	福田
1981	ライシャワー発言 (日本に核もちこみの疑惑)	鈴木
	シーレーン (海上交通路)防衛を約束	
1983	中曽根首相の「不沈空母」発言	
1986	安全保障会議設置 (国防会議は廃止)	中曽根
1987	ＳＤＩ (アメリカの戦略防衛構想)参加，政府が正式決定	
	防衛関係費，対ＧＮＰ比１％枠突破	
1991	**自衛隊掃海艇，初の海外派遣**	海部
1992	ＰＫＯ協力法成立。カンボジアのＰＫＯに自衛隊派遣	宮澤
1996	「日米安全保障共同宣言」発表	橋本
1997	「日米防衛協力のための指針」(ガイドライン)改定	
1999	ガイドライン関連法成立	小渕
2001	テロ対策特別措置法成立 (2007年失効)	森
2003	有事関連３法成立 (◯p.187)	
	イラク復興支援特別措置法成立 (2009年失効)	小泉
2004	有事関連７法成立 (◯p.187)	
2007	防衛庁が防衛省に移行，防衛施設庁廃止	安倍
2008	補給支援特別措置法成立 (2010年失効)	福田
2009	海賊対処法成立	麻生
2010	日米間での核をめぐる密約の存在が明るみに	
2013	国家安全保障会議 (日本版ＮＳＣ)を設置 (◯p.182)	
2014	政府，「防衛装備移転三原則」発表 (◯p.183)	安倍
	集団的自衛権の限定的な行使を可能にする閣議決定	
2015	ガイドライン改定。**安全保障関連法**成立 (◯p.187)	
2022	新しい安全保障関連３文書を閣議決定	岸田
2023	政府，2023年度から５年間の防衛予算の増額を閣議決定	

自衛権と憲法解釈をめぐる議論の経緯

● **自衛権を否定する憲法解釈** (1946年６月，吉田首相)
正当防衛による戦争も認めない。

● **警察予備隊発足** (1950年)
1950年の朝鮮戦争の勃発によって，日本に駐留していたアメリカ軍が朝鮮半島に出動することになった。そこで，日本国内の防衛・治安維持のための兵力を維持するために，警察予備隊令によって**警察予備隊**が創設された。警察力を補うための機関とされたが，戦車や小銃など，軍隊に近い装備を有していた。

● **自衛権を容認する憲法解釈** (1950年７月，吉田首相)
警察予備隊は治安維持を目的とし，客観的にも戦力ではない。

● **警察予備隊を改組，保安隊発足** (1952年)
1952年に警察予備隊令に代わって制定された保安庁法により，警察予備隊は**保安隊**に改組された。「警察力の不足を補う」という文言はなくなり，準軍事組織としての性格がより明確化された。

● **保安隊創設直後の「戦力」に関する政府統一見解** (1952年11月，吉田内閣)
「戦力」とは，近代戦争遂行能力を備えるものであり，保安隊はこれにあたらない。

● **自衛隊発足** (1954年)
1954年に日米相互防衛援助協定 (ＭＳＡ協定)が結ばれ，日本は防衛力の増強を義務づけられた。これを受けて，自衛隊法と防衛庁設置法が制定された。自衛隊は，「我が国の平和と独立を守り，国の安全を保つため，直接侵略及び間接侵略に対し我が国を防衛することを主たる任務とし，必要に応じ，公共の秩序の維持に当たるもの」とされた。

● **自衛隊創設直後の政府統一見解** (1954年12月，鳩山内閣)
自衛隊のような国土保全を任務とし，しかもそのために必要な限度においてもつところの自衛力は戦力にあたらない。

● **日中国交回復直後の政府統一見解**
　(1972年11月，田中内閣)
①**憲法の下**，自衛権を有する
②**自衛権は必要最小限度の範囲に限定**
③**集団的自衛権の行使は許されない**

● **自衛隊の海外派遣** (1991年) (◯p.186)
1991年，湾岸戦争 (◯p.201)後のペルシャ湾に自衛隊法の枠内の任務として掃海艇を派遣。1992年には，**ＰＫＯ協力法** (国際平和協力法)が制定され，海外派遣が自衛隊の任務として明確に位置づけられた。

● **集団的自衛権を容認する憲法解釈** (2014年７月，安倍内閣)
＊田中内閣の政府統一見解 (1972年)の①②は継承
③**安全保障環境の変化で，限定的な集団的自衛権の行使は許される** (◯p.182・**②** 武力行使の三要件)

解説 **国際情勢に翻弄される憲法第９条**　日本の恒久平和主義は，国際情勢の変化により，政府解釈が変更され，運用されてきた。冷戦が激化していた1950年，朝鮮戦争を機に**警察予備隊**を発足させ，事実上，再軍備をおこなった。その後，**保安隊，自衛隊**と改組されるたびに装備は充実していったが，政府は，「自衛のための必要最小限度の実力」として，解釈を変更し，自衛隊と憲法第９条の整合性をとった (**解釈改憲**)。2014年には，それまで行使できないとされていた**集団的自衛権**を，「限定的な行使が可能」と解釈を変えた。これにも，国際情勢の不安定化と日米同盟の深化が背景としてある。

? 国際情勢の変化と日本政府の自衛に対する考え方の変化や日本の防衛政策の転換には，どのような関係があるのだろうか。

政
治

政治

		事件の内容と争点	判決の内容
安保条約に関して	砂川事件	1957年7月8日，東京都砂川町にある米軍基地立川飛行場の拡張に反対する学生・労働者が，測量を阻止するため境界柵を破壊し，基地内に入った。これが，安保条約に基づく刑事特別法2条に違反するとして起訴された ●争点　①在日米軍が第9条の戦力にあたるかどうか。②裁判所が条約などの違憲審査をできるかどうか	●一審東京地裁（伊達判決）　1959年3月30日　無罪 憲法第9条は，自衛のための戦力保持も禁じている。したがって，在日米軍は戦力にあたり，安保条約に基づく米軍の駐留は違憲である。刑事特別法2条も違憲無効，無罪と判決した ●跳躍上告・最高裁　1959年12月16日　破棄差し戻し→その後有罪 憲法第9条が禁止する戦力とは，日本が指揮・管理できる戦力のことであるから，外国の軍隊は戦力にあたらない。安保条約については，統治行為論により憲法判断を回避した
自衛隊に関して	恵庭事件	北海道恵庭町の酪農民が，陸上自衛隊演習場での実弾射撃のために乳牛に被害を受けた。そのため自衛隊と協定を結んだが破られたため，1962年12月11日，演習場内の通信線を切断し，自衛隊法第121条違反として起訴された ●争点　自衛隊法第121条は合憲か	●一審札幌地裁　1967年3月29日　無罪確定 切断された電話線は，自衛隊法第121条の「その他の防衛の用に供する物」にあたらない。よって被告人は無罪。自衛隊については，憲法判断をしなかった **自衛隊法第121条**　自衛隊の所有し，又は使用する武器，弾薬，航空機その他の防衛の用に供する物を損壊し，又は傷害した者は，5年以下の懲役又は5万円以下の罰金に処する
	長沼ナイキ基地訴訟	北海道長沼町の馬追山に，洪水防止・水源涵養のための保安林があった。1969年，防衛庁はそこにナイキ・ミサイル基地を建設するため，保安林の指定解除を求め，農林大臣に認められた。これに対して，地元住民が指定解除の取り消しを求めて訴えを起こした ●争点　①自衛隊の基地の設置が保安林を解除する「公益上の理由」になるか。②自衛隊の合憲性	●一審札幌地裁（福島判決）　1973年9月7日　原告勝訴 憲法第9条2項で，無条件に一切の戦力の保持が禁じられており，自衛隊は戦力であるから違憲である。保安林解除は平和的生存権の侵害であり無効 ●二審札幌高裁　1976年8月5日　原告敗訴 保安林の代わりとなるダムなどの建設により，住民が指定解除の取り消しを求める利益（訴えの利益）は消滅したとして，原告の訴えを却下した。自衛隊については，統治行為論により審査しなかった ●上告審・最高裁　1982年9月9日　上告棄却，原告敗訴 原告の住民に訴えの利益がないとして，上告を棄却（憲法判断は回避）
	百里基地訴訟	茨城県小川町の航空自衛隊百里基地建設予定地の所有権をめぐり，そこの土地を所有していた住民と国（原告）が反対住民（被告）と争い，1958年に提訴した ●争点　自衛隊は憲法違反かどうか	●一審水戸地裁　1977年2月17日　原告（国側）勝訴 憲法第9条は，自衛のために必要な防衛措置を禁じていない。自衛隊については，統治行為論により審査せず ●二審東京高裁　1981年7月7日　控訴棄却，原告勝訴 憲法第9条の解釈についての国民的合意はない。また，本件は私法上の売買契約で，憲法判断の必要はない ●上告審・最高裁　1989年6月20日　上告棄却，原告勝訴 本件は私法上の行為であり，第9条は適用されない。自衛隊への基地用地の売却は，民法の公序良俗に反するとはいえない
	自衛隊イラク派遣違憲訴訟	イラク復興支援特別措置法に基づいて，自衛隊の部隊がイラク南部サマワへ派遣されたことに対して，自衛隊のイラク派遣の差し止めを求める訴訟が2004年4月に提訴された。その後，同様の集団訴訟が全国10地裁でおこなわれた。 ●争点　①イラク復興支援特別措置法は憲法違反かどうか。②自衛隊のイラク派遣は，憲法第9条に違反するかどうか。③イラク派遣は平和的生存権を侵害しているかどうか	●一審名古屋地裁　2006年4月14日　原告敗訴 派遣によって，具体的な権利や法的保護に値する利益が侵害されたとは認められないとして，原告の訴えを棄却 ●二審名古屋高裁　2008年4月17日　控訴棄却，原告敗訴確定 自衛隊の海外派遣は，政府の権限であり，原告に差し止めを求める資格はない。また，イラク復興支援特別措置法や自衛隊の派遣自体の違憲性の確認を求める資格は，現在の裁判制度では認められない。自衛隊の派遣による損害賠償が必要な程，被害を被った者がいるとはいえないとして，原告の訴えを棄却。しかし，自衛隊がイラクでおこなった活動は，武力行使を禁止したイラク復興支援特別措置法第2条2項，活動地域を非戦闘地域に限定した同条3項に違反し，憲法第9条1項にも違反する。さらに，平和的生存権には具体的な権利性があり，国が憲法第9条に違反した場合には，裁判所に対して差し止め請求や損害賠償などを求めることができる

解説

高度な政治問題は司法判断の範疇外　憲法第9条と在日米軍，自衛隊に関する問題は，政治の場ばかりではなく，法廷でも議論されてきた。憲法第9条と在日米軍に関して争われた砂川事件において，最高裁は，「高度な政治性を有する問題は，司法審査の対象にすべきではない」という統治行為論を展開し，憲法判断を回避した。これ以降，憲法第9条と自衛隊をめぐる裁判においても，裁判所は統治行為論を展開し，憲法判断を避けている。このような消極的な姿勢は，重要な問題ほど憲法判断回避の傾向が強くなり，違憲審査がおよばなくなるという問題もはらんでいる。

?　統治行為論が展開された裁判に共通することは，どのようなことだろうか。

1 日本の防衛政策

●防衛の基本政策

①**専守防衛**……相手から武力攻撃を受けたときにはじめて，防衛力を行使する姿勢。その行使は，自衛のための必要最小限にとどめ，保持する防衛力も自衛のための必要最小限のものに限る。集団的自衛権は一部容認（ →p.182 TOPIC ）

②**非軍事大国化**……自衛のための必要最小限を超えて，他国に脅威を与えるような強大な軍事力を保持しない

③**非核三原則**……核兵器を「もたず，つくらず，もちこませず」という原則。日本の国是として堅持

④**シビリアン・コントロール（文民統制）の確保**……軍の最高指揮権が文民（職業軍人でない人）に属すること。軍事力に対する民主主義的な政治による統制

●防衛に関する施策

①**海外派遣が可能に**……1954年，参議院での「自衛隊の海外出動を為さざることに関する決議」で，自衛隊の海外出動をおこなわないことを確認。その後の国際情勢の変化とともに，武力行使を目的としないことを前提に，国際緊急援助隊，国連停戦監視団や在外邦人救出のため，自衛隊を海外に派遣している。自衛隊法やPKO協力法（ →p.186）などで規定

②**安全保障関連3文書**（ →p.183）……①外交や防衛など安全保障政策の基本方針となる国家安全保障戦略，②防衛目標と手段を示した国家防衛戦略，③防衛費の総額や装備品の整備規模を定めた防衛力整備計画。反撃能力の保有も明記。

③**防衛装備移転三原則**（ →p.183）……武器輸出三原則に代わり，2014年に安倍内閣で閣議決定。武器輸出の原則禁止が撤廃され，一定の条件を満たせば，武器輸出が可能に

解説 **変化する国際社会のなかで** 2022年に新たな安全保障関連3文書が閣議決定された。「国家安全保障戦略」では，基本理念に「積極的平和主義」を掲げる一方で，中国の対外姿勢や軍事動向を「国際社会の懸念事項」と明記した。「国家防衛戦略」では，専守防衛，文民統制，非核三原則を堅持する一方で，敵の弾道ミサイル攻撃などに対処するため，ミサイル発射基地などをたたく「反撃能力」の保有が明記された。「防衛力整備計画」では，防衛力強化に向けた大幅な予算増額が盛りこまれた。

2 武力行使の三要件

●従来の自衛権発動の三要件
①日本に対する急迫不正の侵害があること
②①の場合に，これを排除するためにほかに適当な手段がないこと
③必要最小限度の実力行使にとどめること

▼

●武力行使の三要件（2014年7月，安倍内閣閣議決定）
①日本もしくは密接な関係にある他国に対する武力攻撃によって，日本の存立が脅かされ，国民の生命，自由，幸福追求の権利が根底から覆される明白な危険があること
②①の場合に，これを排除するためにほかに適当な手段がないこと
③必要最小限度の実力行使にとどめること

解説 **専守防衛** 日本は防衛政策の基本方針として，専守防衛を掲げてきた。そのため，外国での武力行使はできないとされてきた。しかし2014年，政府は自衛権発動の要件を改め，**武力行使の三要件**を示した。日本の「存立が脅かされ，国民の生命，自由，幸福追求の権利が根底から覆される明白な危険」がある場合，他国への攻撃であっても，武力行使は可能とされ，集団的自衛権の限定的な行使ができるようになった。

3 シビリアン・コントロール

※内閣総理大臣は，自衛隊の最高の指揮監督権をもっている。
※2013年に安全保障会議を改組し，国家安全保障会議（日本版NSC）を設置。

解説 **文民による統治** **シビリアン・コントロール（文民統制）**とは，軍部による暴走により，市民生活が脅かされるのを防ぐための制度のことである。自衛隊の最高指揮権は，自衛官ではなく，内閣総理大臣がもつ。国家の安全保障上の問題が起きると，内閣総理大臣と国務大臣をメンバーとする**国家安全保障会議（日本版NSC）**が開かれ，対応が協議される。自衛官は，必要があれば，この会議に出席し，意見を述べることはできる。

TOPIC 個別的自衛権と集団的自衛権

　国連加盟国は，国連憲章において，自分の国が攻撃されたら，反撃する権利としての「**個別的自衛権**」，同盟国が攻撃された場合，自国の攻撃とみなして反撃できる権利としての「**集団的自衛権**」が認められている。日本は，長らく両方の権利は有しているが，憲法上，集団的自衛権の行使はできないとしてきた。

　しかし，政府は，2014年に解釈を変更し，集団的自衛権の行使を限定的に可能にする閣議決定をおこなった。背景には，中国の軍事的台頭，北朝鮮のミサイル開発の進展など，日本をとりまく安全保障環境の変化がある。これに基づいて，新しい**安全保障関連法**（ →p.187）が成立し，アメリカ軍や他国軍と自衛隊の連携もはかりやすくなった。今後，日本の同盟国が攻撃され，集団的自衛権の限定的な行使がおこなわれた場合に，日本が紛争にまきこまれ，市民生活が脅かされる恐れも指摘されている。

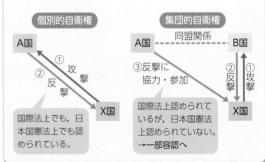

見方・考え方 **法の支配** 日本の防衛政策について，シビリアン・コントロールははたらいているといえるだろうか。「法の支配」の観点から考えよう。

政治

4 非核三原則

● **1967年12月　衆議院予算委員会**

「核は保有しない，核は製造もしない，核をもちこまない」という基本政策を，当時の佐藤首相が表明

● **1971年11月　衆議院本会議**

「政府は，核兵器をもたず，つくらず，もちこませずの非核三原則を遵守するとともに，沖縄返還時に核が沖縄に存在しないこと，返還後も核をもちこませないことを明らかにする措置をとるべきである」との決議をおこなった

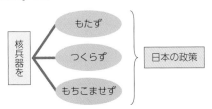

```
                    もたず
核兵器を  ───→      つくらず      →  日本の政策
                    もちこませず
```

解説　核兵器はNO！　1971年，国会で核兵器に関して「もたず，つくらず，もちこませず」という**非核三原則**が決議された。憲法上，最低限度の実力であれば，核兵器はもつことができるが，非核三原則があるため，保有はできないと考えられている。2010年，アメリカとの核のもちこみに関する密約が明らかになった。日米安全保障条約（→p.184）において，重大な装備変更などがある場合，事前協議をおこなうことが明記されている。しかし，事前協議がおこなわれたことはなく，事実上，核のもちこみが黙認されていたことになる。

5 防衛装備移転三原則

武器輸出三原則	防衛装備移転三原則
輸出禁止	**輸出禁止**
❶共産圏諸国向け ❷国連決議により，武器輸出を禁止されている国向け ❸国際紛争の当事国またはそのおそれのある国 →❶～❸以外にも，事実上禁止に （1976年，三木内閣）	**原則1** ・条約に違反する国向け ・国連決議に違反する国向け ・紛争当事国向け
輸出を認める条件	**輸出を認める条件**
平和・人道目的や国際共同開発・生産への参加であれば例外的に輸出を容認	**原則2** ・平和貢献・国際協力の積極的な推進に資する場合 ・国際共同開発など，日本の安全保障に資する場合 **原則3** ・目的外使用，第三国移転は原則として相手国に事前同意をとる

解説　武器の輸出は原則自由に　日本は，平和国家としての立場から，武器の輸出について，原則禁止の立場をとってきた。しかし，武器が共同開発されるなか，他国への武器技術の供与などを個別に認めることが多くなった。2014年，政府は，**防衛装備移転三原則**を発表し，事実上，武器の輸出解禁に踏み切った。これにより，武器輸出の原則禁止が撤廃され，一定の条件を満たせば，武器輸出が認められることとなった。

政治

6 防衛関係費と日本の装備

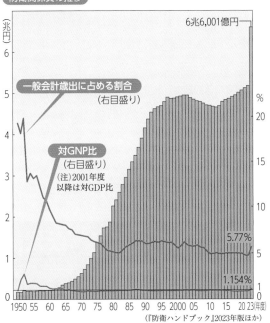

防衛関係費の推移

（兆円）　6兆6,001億円

一般会計歳出に占める割合（右目盛り）

対GNP比（右目盛り）（注）2001年度以降は対GDP比

5.77%

1.154%

1950 55 60 65 70 75 80 85 90 95 2000 05 10 15 20 23（年度）

（『防衛ハンドブック』2023年版ほか）

❓ 日本は軍隊をもっていないが，日本の防衛力は戦力に値しない，適正な防衛力であるといえるのだろうか。

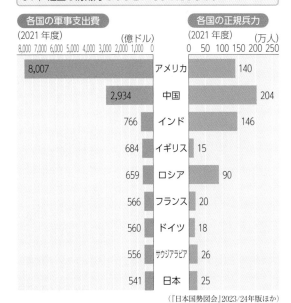

各国の軍事支出費（2021年度）（億ドル）

国	軍事支出費（億ドル）
アメリカ	8,007
中国	2,934
インド	766
イギリス	684
ロシア	659
フランス	566
ドイツ	560
サウジアラビア	556
日本	541

各国の正規兵力（2021年度）（万人）

国	正規兵力（万人）
アメリカ	140
中国	204
インド	146
イギリス	15
ロシア	90
フランス	20
ドイツ	18
サウジアラビア	26
日本	25

（『日本国勢図会』2023/24年版ほか）

解説　防衛費の増額を予定　日本の防衛費は，拡大防止のためにGNP比1％をこえないようにする枠を設定していた時期があった。1987年の中曽根内閣時にGNP比1％枠は撤廃され，一定期間の防衛費総額をあらかじめ明示して単年度の予算を編成する**防衛費総額明示方式**となったが，防衛費拡大の歯止めとされてきた。しかし，2022年に閣議決定された防衛力整備計画では，敵の射程圏外から攻撃できる「スタンド・オフ防衛能力」の分野への約5兆円の経費など，防衛力強化に向けた予算増額が盛りこまれた。2023年には，防衛費増額に向けた財源確保法が成立し，税金以外の収入を積み立てて複数年度かけて使う「防衛力強化資金」が創設された。

政治

7 日米安全保障条約

資料　日米安全保障条約

●署名：1960年1月19日　●発効：1960年6月23日

第3条【自助及び相互援助】 締約国は，個別的に及び相互に協力して，継続的かつ効果的な自助及び相互援助により，武力攻撃に抵抗するそれぞれの能力を，憲法上の規定に従うことを条件として，維持し発展させる。

第5条【共同防衛】 各締約国は，日本国の施政の下にある領域における，いずれか一方に対する武力攻撃が，自国の平和及び安全を危うくするものであることを認め，自国の憲法上の規定及び手続に従つて共通の危険に対処するように行動することを宣言する。

第6条【基地許与】 日本国の安全に寄与し，並びに極東における国際の平和及び安全の維持に寄与するため，アメリカ合衆国は，その陸軍，空軍及び海軍が日本国において施設及び区域を使用することを許される。

第10条【効力終了】 この条約は，日本区域における国際の平和及び安全の維持のため十分な定めをする国際連合の措置が効力を生じたと日本国政府及びアメリカ合衆国政府が認める時まで効力を有する。

もっとも，この条約が10年間効力を存続した後は，いずれの締約国も，他方の締約国に対しこの条約を終了させる意思を通告することができ，その場合には，この条約は，そのような通告が行なわれた後1年で終了する。

旧安全保障条約（1951年）	新安全保障条約（1960年）
●全5条，期限なし	●全10条，10年期限（自動更新）
●日本への米軍の駐留を認めたが，米軍の日本防衛義務が不明確	●日米による共同防衛を明記
●内乱に対しても，駐留する米軍が出動できる	●米軍による基地使用と地位協定を定めることを明記→日米地位協定の制定

●日米安保条約を読むポイント

①片務性

第5条の「日本国の施政の下にある領域における」共同防衛義務ということは，日本が攻撃を受けた場合，アメリカは日本を守る義務があるが，アメリカ本国が攻撃を受けても日本はアメリカを守る義務がない。これを「片務性」という。「思いやり予算」は，片務性に対する配慮といえる。

1960年の政府統一見解による日米安保条約の「極東」の範囲

北朝鮮／日本海／韓国／東シナ海／太平洋／沖縄／中国／台湾／フィリピン／南シナ海

②基地の使用と極東の安全

第6条は，米軍の駐留目的を定めた条項である。在日米軍は日本および極東の安全を維持するために日本の基地を使うことができ，極東への出動ができると明記されている。

解説　日本の領域をアメリカに守ってもらうため 1951年，日本はサンフランシスコ平和条約において，独立を回復し，国際社会への復帰を果たした。同日，**日米安全保障条約**も結ばれ，アメリカ軍への基地供与を認めることになった。しかし，日米安全保障条約は，①アメリカ軍の日本の防衛義務が不明瞭，②日本国内の騒動（内乱）に対してアメリカ軍が介入できる，など問題も多くあった。1960年，岸内閣は日米安全保障条約の改定をおこなった。改定後の条約では，日本の領域内での共同防衛義務が明記され，条約の期限も設けられた。

8 日米地位協定

資料　日米地位協定

●署名：1960年締結

第2条1（a） 合衆国は，相互協力及び安全保障条約第6条の規定に基づき，日本国内の施設及び区域の使用を許される。……

第4条1 合衆国は，……日本国に施設及び区域を返還するに当たつて，当該施設及び区域をそれらが合衆国軍隊に提供された時の状態に回復し，又はその回復の代りに日本国に補償する義務を負わない。

第17条5（c） 日本国が裁判権を行使すべき合衆国軍隊の構成員又は軍属たる被疑者の拘禁は，その者の身柄が合衆国の手中にあるときは，日本国により公訴が提起されるまでの間，合衆国が引き続き行なうものとする。

解説　不平等な協定 日米地位協定は，日本に駐留するアメリカ軍が円滑に行動するために，アメリカ軍の日本における施設・区域の使用と日本国内でのアメリカ軍の地位について規定したものである。この協定で大きな問題とされているのは，アメリカ軍関係者が日本国内で犯罪を起こした場合の対応である。たとえば，事故や犯罪の加害者がアメリカ軍関係者で，公務中に起きた事件・犯罪の場合には，アメリカ側が一次裁判権をもつことになっている。基地の多い沖縄（●p.188）では，アメリカ軍関係者の日本国内での犯罪が大きな問題となり，協定の改定が叫ばれている。この点で，日米政府は，運用改善には合意したものの，地位協定を改定するところまでにはいたっていない。

TOPIC　新たな脅威への対応

2018年に策定された「国家防衛戦略」では，宇宙・サイバー・電磁波という新たな脅威に対抗するための防衛力強化がうたわれた。宇宙空間では，各国が船舶や航空機の位置の捕捉，武器システムの精度向上をおこなうために人工衛星を打ち上げるなど，軍事的優位性を確保しようと開発を競いあっている。情報技術の発達により，軍事作戦の展開のための通信，武器の発射などが情報通信ネットワークを通じて，頻繁におこなわれるようになったため，情報が飛び交うサイバー空間が攻撃のターゲットになった。戦いは，実際に砲火を交える前からはじまることになり，そこでの防衛にも注力することが課題となっている。軍事的に劣勢な小国でも，サイバー攻撃によって軍事大国にも抵抗できる術ができた。防衛分野において，レーダーやGPS，ステルス兵器の利用，ミサイル誘導装置など電磁波領域を利用する機会が増えた。そのため，強力な電磁波を利用した攻撃に備えたりするなど，電磁波領域での防衛も重要な課題となってる。このほかにも，AI兵器（●p.193），迎撃困難な極超音速兵器，高出力エネルギー技術など，軍事技術の発達による脅威に対応しなくてはならない。

●3サイバー攻撃でパイプラインが停止し，ガソリンの買い占めが起きてガソリンスタンドに並ぶ車の列（2021年，アメリカ）

9 在日米軍基地

在日米軍専用施設の内訳

その他 29.7
沖縄 70.3%

（2022年3月現在）

本土のおもな米軍基地

三沢 ✈
矢臼別（北海道）
王城寺原（宮城県）
横田 ✈
厚木 ✈
北富士（山梨県）
横須賀 ⚓
東富士（静岡県）
岩国 ✈
佐世保 ⚓
日出生台（大分県）

⚓ 軍港
✈ 飛行場

□沖縄県道越え実弾射撃訓練の移転先演習場

沖縄のおもな米軍基地
（→p.188）

北部訓練場
キャンプ・ハンセン
嘉手納飛行場
普天間飛行場

在日米軍と自衛隊の兵力

■在日米軍兵力 5.40万人（2022年9月）
■自衛隊兵力（現員※）23.08万人（2021年度末）

在日米軍
空軍 1.29（万人）
海兵隊 1.80
海軍 2.06
陸軍 0.25

自衛隊兵力
航空自衛隊 4.37
海上自衛隊 4.34
陸上自衛隊 13.96（万人）

『防衛ハンドブック』2023年版，『日本国勢図会』2023/24年版

※統合幕僚監部等を含む。

解説 極東の平和のために　1960年の日米安全保障条約の改定以降，在日米軍基地は，極東地域の平和と安全を守るために日本国内に置かれることになり，極東有事で在日米軍が作戦を展開することが認められた。しかし，市街地に隣接する基地も多く，騒音問題など近隣住民との軋轢が，長年問題となっている。2006年に岩国基地への艦載機（写真）移転の是非をめぐる住民投票をおこなった岩国市では，反対多数となり，市長が移転の反対を表明した。その後，国が基地関連の補助金を凍結するなど，岩国市との対立が深刻化した。2018年，住民の反対にも関わらず，艦載機の移駐は完了した。

10 思いやり予算

提供施設整備費など
労務費
光熱水料など

328
1,550
234

1978（年度）85　90　95　2000　05　10　15　20 23

（防衛省資料ほか）

米軍駐留国

日本，イギリス，イタリア，オランダ，スペイン，ドイツ，アイスランド，トルコ，韓国，オーストラリア，フィリピン，パラオ，アフガニスタン，イラク，キューバ，サウジアラビアなど

資料 日米地位協定
●署名：1960年締結

第24条【経費の負担】　1　日本国に合衆国軍隊を維持することに伴うすべての経費は，2に規定するところにより日本国が負担すべきもの（注：施設及び区域並びに路線権）を除くほか，この協定の存続期間中日本国に負担をかけないで合衆国が負担することが合意される。
2　日本国は，第2条及び第3条に定めるすべての施設及び区域並びに路線権（飛行場及び港における施設及び区域のように共同に使用される施設及び区域を含む。）をこの協定の存続期間中合衆国に負担をかけないで提供し，かつ，相当の場合には，施設及び区域並びに路線権の所有者及び提供者に補償を行なうことが合意される。

? アメリカ軍が駐留している国々の経費負担額を調べ，日本の経費負担額と比較してみよう。

解説 2,000億円の思いやり　日米地位協定では，駐留経費は，原則アメリカ側が負担することになっている。しかし，1978年に当時の防衛庁長官が，「円高ドル安の事態を考えておこなう思いやりだ」と答弁し，政府は基地従業員の基本給や光熱費など，法的根拠のない負担をおこなうことを決めた。このことから，このような負担は「思いやり予算」とよばれるようになった。世界中にアメリカ軍基地が存在するが，年間の駐留米軍経費負担総額は最大となっている。

11 日米防衛協力のための指針（ガイドライン）の変遷

冷戦の終結　日米安保再定義
安全保障環境の変化　集団的自衛権の一部容認

1978年策定	1997年改定	2015年改定
❶侵略を未然に防止するための体制 ❷日本に対する武力攻撃への対処行動	❶平素から行う協力 ❷周辺事態における協力 ❸日本に対する武力攻撃への対処行動	❶平時から有事までの切れ目のない対応 ❷日本と日本以外の国に対する武力攻撃への対処行動
日本有事への対応 自衛隊の活動範囲 →日本領域のみ 自衛権の行使 →個別的自衛権のみ	**周辺事態への対応** 自衛隊の活動範囲 →日本周辺 自衛権の行使 →個別的自衛権のみ	**地球規模の協力へ** 自衛隊の活動範囲 →地理的制限なし 自衛権の行使 →個別的自衛権と集団的自衛権

解説 日米の防衛協力のあり方　日米安全保障条約で，日米の共同防衛義務が定められたが，具体的な協力の方針は曖昧であった。1978年，日米防衛協力のための指針（ガイドライン）が定められ，日米の防衛協力のあり方が明確になった。しかし，国際情勢の変化とともに，想定される軍事行動に変化が見られるようになったため，1997，2015年と二度の見直しがおこなわれた。最新のガイドラインでは，平時から有事までの切れ目ない対応を定め，日本および日本以外の国に対する武力攻撃への対処も含めて，アメリカ軍と自衛隊の協力が地球的におこなわれることが決まった。これにより，自衛隊の活動範囲の地理的制約はなくなった。

政治

1 自衛隊の海外派遣

1991年　湾岸戦争（➡p.201）……国連の武力行使容認決議に
　　　　ともない，多国籍軍がイラクを攻撃
　　　　⬇　日本も国際貢献を求められる
湾岸戦争終結後，ペルシャ湾に自衛隊の掃海艇を派遣

　⬇日本の国際貢献に対する海外からの批判

1992年　PKO協力法（国際平和協力法）成立
　　　➡カンボジアに自衛隊を派遣（UNTAC）
1992年　国際緊急援助隊法の改正
　　　➡海外で大規模な災害が発生した場合におこなわれる国
　　　　際緊急援助活動への自衛隊の参加が可能となる

　⬇アメリカ同時多発テロ事件（2001年，➡p.203）

2001年　**テロ対策特別措置法**成立 ┐期限つきの
2003年　**イラク復興支援特別措置法**成立 ┤「時限立法」
2004年　自衛隊，多国籍軍への人員派遣，物資輸送 │
2008年　**補給支援特別措置法**成立 ┘
2009年　**海賊対処法**成立……アフリカ・ソマリア沖での自衛
　　　　隊の海賊対策の根拠となる

　⬇安全保障関連法の制定（2015年，➡p.187）

2015年　**国際平和支援法**成立
　　　➡国連決議に基づいて派遣された米軍や多国籍軍などに
　　　　対する後方支援を随時可能とする「恒久法」

⬅**4** PKO活動で道路整備のため，ゴミを拾う自衛隊（南スーダン）陸上自衛隊HPより引用

？ 自衛隊が海外に派遣されることによって，日本の防衛政策にどのような影響が出てきたのだろうか。

解説 　**国際貢献の名の下に**　1991年，湾岸戦争（➡p.201）が起こり，多国籍軍が結成された。日本は，憲法第9条の制約から自衛隊の派遣をおこなうことができなかったため，総額130億ドル以上の支援をおこなった。しかし，国際社会では，「血を流さない」日本の行動は評価されず，自衛隊の国際貢献のあり方が問題となった。湾岸戦争終結後，海上自衛隊が掃海作業のためにペルシャ湾に派遣された。史上初の自衛隊の海外派遣を機に，国会でも恒久的な国際貢献のあり方が議論された。1992年，自衛隊が国連平和維持活動への参加を可能とするPKO協力法が成立した。2001年のアメリカ同時多発テロ事件（➡p.203）以降は，対テロ戦争をくり広げたアメリカ軍の後方支援や戦場になった国の復興支援活動をおこなうための時限立法がくり返された。2015年，国際平和支援法の成立により，国連決議に基づく他国軍への支援が随時可能となった。

2 PKO協力法（➡p.173）

PKO協力法（国際平和協力法）	
目　的	国連を中心とした国際平和のための活動への日本の積極的な寄与
概　要	①PKO（国連平和維持活動，➡p.173），②人道的な国際救援活動，③国際的な選挙監視活動に協力することができるように国内体制を整備。これらの活動にあたり，要員・部隊の派遣による人的協力のほか，物品の譲渡がおこなえるよう物資協力の制度も規定
日本のPKO参加5原則	以下の5原則が満たされた場合に限り，PKOのための自衛隊の海外派遣を認める ①紛争当事者間の停戦合意 ②紛争当事者の受け入れ同意 ③中立的立場の厳守 ④①～③が満たされなくなった場合の独自判断による撤収が可能 ⑤武器使用は隊員の生命・身体の防護に限定 →2015年の改正で，武装集団からの襲撃など，危険にさらされた他国のPKO要員や民間人などを防護するための武器使用（**駆けつけ警護**）も認められた

PKO ┬ **PKF（平和維持軍）**……停戦監視，武装解除監視，
　　 │　　兵力引き離し，緩衝地帯設置など
　　 ├ 監視団──停戦監視団，選挙監視団
　　 └ 文民警察活動，行政支援活動
＊2001年に，日本のPKF本隊への参加の凍結が解除された。

？ なぜ，PKO協力法がつくられたのだろうか。どのような反対意見がだされ，その心配は，現在あるのだろうか。

●PKO協力法での日本のおもな派遣先

活動名	派遣先	派遣期間	業務内容など
国連カンボジア暫定機構［PKO］	カンボジア	1992.9～93.9	施設部隊600人ほか
国連モザンビーク活動［PKO］	モザンビーク	1993.5～95.1	輸送調整部隊48人ほか
ルワンダ難民救援活動［人道］	ザイール，ケニア	1994.9～12	難民救援隊283人ほか
国連兵力引き離し監視隊［PKO］	イスラエル，シリア，レバノン	1996.2～2013.1	輸送部隊43人ほか
国連コソボ暫定行政ミッション［選挙］	ユーゴスラビア（当時）	2001.11	選挙監視要員6人ほか
国連東ティモール支援団［PKO］	東ティモール	2002.5～04.6	施設部隊680人ほか
イラク被災民救援［人道］	イタリア，ヨルダン	2003.7～8	空輸隊104人
国連ネパール政治ミッション［PKO］	ネパール	2007.3～11.1	軍事監視要員6人ほか
国連スーダン・ミッション［PKO］	スーダン	2008.10～11.9	司令部要員2人

（外務省資料ほか）

解説 　**紛争を再発させないために**　国連は，地域紛争の再発防止，復興とその援助のために，PKO（国連平和維持活動）を展開してきた。1992年，PKO協力法が成立し，自衛隊を派遣できるようになった日本は，同年，カンボジアのPKOにはじめて参加した。日本のPKOには，参加5原則が定められ，それを満たす場合にのみ派遣できることになっている。2015年に他国のPKO要員やNGO職員などの民間人が武装集団に襲撃された際に武器使用を認める「**駆けつけ警護**」がおこなえるようになった。

見方・考え方　**幸福，正義，公正**　日本の平和主義を実現することが，国際社会の平和と安全にどのように寄与していくのだろうか。また，そこで私たちは，何ができるのだろうか。「幸福，正義，公正」の観点から考えよう。

③ 有事関連法

有事関連法の相互の関係 （「朝日新聞」2004年6月15日をもとに作成）

武力攻撃事態対処法
日本への武力攻撃の際などに取る手続きや、関連法整備の方針を明示

「武力攻撃事態」「武力攻撃予測事態」と認定し、対処基本方針を閣議決定。以下の法に沿って攻撃の排除、国民の安全確保などの対処措置を実施

改正安全保障会議設置法※
安全保障会議の役割の明確化・強化
安全保障会議に対処基本方針などを諮問・答申

有事関連3法（2003年6月）

有事関連7法（2004年6月）

米軍行動関連措置法	自衛隊法の改正	自衛隊法の改正	海上輸送規制法	特定公共施設利用法	国民保護法	国際人道法違反処罰法	捕虜等取扱い法
を動物を国民に円滑提供。米軍への役務の提供で米軍の行動情報の報行供の米軍との物品・役務の相互提	ど私有有地や家屋の強制使用や、私自衛隊の緊急事態の行動を円滑化める	阻止などのため武器使用するか私有私有有地への武器などの強制使用や、どちらが優先か自衛隊や米軍が敵国の	用する港湾、空港などを自衛隊や米軍のどちらが優先か調整	国民の避難、救援・救護のあり方を規定	国際人道法違反の行為への罰則を規定	きや捕虜の拘束や抑留などの手続の拘束や抑留などの手続	

武力攻撃排除のため ／ 国民保護のため ／ 国際人道法実施のため

※安全保障会議設置法は2013年に国家安全保障会議設置法に改正。米軍行動関連措置法は2015年に米軍等行動関連措置法に改正。

有事への対処の手続き （防衛省資料参照）

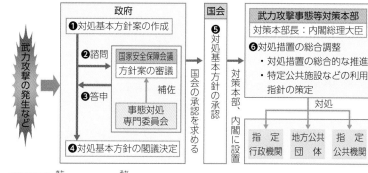

政府
❶対処基本方針案の作成
❷諮問 → 国家安全保障会議 方針案の審議 ← 補佐 ← 事態対処専門委員会
❸答申
❹対処基本方針の閣議決定

国会
❺対処基本方針の承認　国会の承認を求める

武力攻撃事態等対策本部
対策本部長：内閣総理大臣
❻対処措置の総合調整
・対処措置の総合的な推進
・特定公共施設などの利用指針の策定
対処 → 指定行政機関 ／ 地方公共団体 ／ 指定公共機関

武力攻撃の発生など

対策本部、内閣に設置

◆有事に関するさまざまな「事態」
【2003年の武力攻撃事態対処法で定義】
●**武力攻撃事態**：武力攻撃が発生した事態、または、武力攻撃が発生する明白な危険が切迫しているに至った事態
→個別的自衛権の行使で対処
●**武力攻撃予測事態**：武力攻撃には至っていないが、事態が緊迫し、武力攻撃が予測されるに至った事態
→自衛隊は出動待機（武力行使は不可）

【2015年の新しい安全保障関連法で定義】
●**存立危機事態**：日本と密接な関係にある他国に対する武力攻撃が発生し、これにより日本の存立が脅かされ、国民の生命、自由、幸福追求の権利が根底から覆される明白な危険がある事態
→集団的自衛権の行使が可能に
●**重要影響事態**：そのまま放置すれば日本に対する直接の武力攻撃に至る恐れのある事態など、日本の平和や安全に重要な影響を与える事態（周辺事態法の「周辺事態」の定義を拡大し、地球規模に適用）
→アメリカ軍などを後方支援（武力行使は不可）

◆国民保護法のポイント
■**国の責任**：国民の保護に関する基本方針を策定、避難警報を発令、原子力施設の安全確保、国民への情報提供
■**地方公共団体の役割**：対策本部の設置、住民に対する避難の指示・救援・収容
■**指定公共機関**（放送・電気・ガス・運送事業者など）**の役割**：避難放送の実施、電気・ガスの提供、物資の輸送、医療・救援協力
■**国民の協力…**：被災者の救援、消火活動、衛生の確保

解説 来るべき有事に備えて　1954年に成立した自衛隊法では、日本が他国から攻撃された場合、自衛隊がどのように対処するかを具体的に決めた条項がなかった。2003年に有事関連3法、2004年に有事関連7法が成立し、有事の定義やその対処や手続きが定められた。有事法制の中核である武力攻撃事態対処法（2015年に事態対処法に改正）は、有事の定義、国・地方公共団体などの責務、国民の協力など基本的な事項が定められている。また、有事の際、国民の保護も重要となるが、その具体的内容を定めたのが、国民保護法である。国民保護法では、武力攻撃から国民の生命、自由、財産を保護し、国民生活への影響を最小限に抑えるための方策が定められている。同法は、国民の基本的人権の尊重を掲げているが、その制限が加えられる場合も想定しているため、批判もある。

④ 新しい安全保障関連法

●平和安全法制整備法：以下の10の既存法を一括改正	
自衛隊法	在外邦人救出で武器使用基準を緩和。グレーゾーン事態で外国軍防護を可能に
PKO協力法	治安維持や駆けつけ警護（●p.186）など、任務を拡大。武器使用基準を緩和
重要影響事態法	周辺事態法を改正、名称変更。他国軍への後方支援に地理的制限がないことを明確化
事態対処法	集団的自衛権を行使する「存立危機事態」の定義や手続きを規定
その他の改正……船舶検査活動法、米軍等行動関連措置法、特定公共施設利用法、海上輸送規制法、捕虜等取扱い法、国家安全保障会議（NSC）設置法	
●国際平和支援法：新規制定法 国際平和のために活動する他国軍を後方支援する恒久法	

解説 集団的自衛権の限定的行使が可能に　2001年のアメリカ同時多発テロ事件以降、世界各地でテロが頻発するとともに、核の脅威の拡散が国際社会で見られるなか、日本の安全保障環境は大きく変化した。2015年に既存の10の法律改正（武力攻撃事態対処法を事態対処法に改正など）と、国際平和支援法の制定からなる新しい安全保障関連法が成立した。これまでの有事の定義に加え、存立危機事態や重要影響事態が追加され、集団的自衛権が限定的ではあるが可能になった。この動きに対して、学生をはじめとした大規模な反対運動が起こった。研究者のなかからも、憲法の枠組みをこえたもので憲法違反であるとの意見があがった。

沖縄の米軍基地問題

沖縄では，第二次世界大戦中に民間人を含めて20万人以上の人がアメリカ軍との戦闘で犠牲となった。終戦後も，沖縄は長らくアメリカの施政下に置かれていた。1972年の返還後も，沖縄には米軍基地が置かれ，在日米軍の専有施設の約70％が沖縄県に存在している。なぜ，沖縄は「基地の島」であり続けているのだろうか。

沖縄米軍基地をめぐる意識～沖縄と他県の温度差

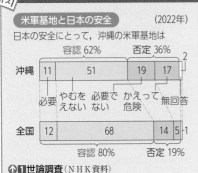

米軍基地と日本の安全 （2022年）
日本の安全にとって，沖縄の米軍基地は

|容認 62%| |否定 36%|
沖縄｜11｜51｜19｜17｜2
必要　やむを　必要で　かえって　無回答
　　　えない　ない　危険

全国｜12｜68｜14｜5｜1
容認 80%　否定 19%

↑1世論調査（ＮＨＫ資料）

　ＮＨＫが沖縄復帰50年を迎えた2022年に，沖縄の米軍基地をどう考えているかなどについての意識調査を沖縄と全国でおこない，その意識の違いを調べた。この調査において，沖縄と全国の沖縄の米軍基地に対する考え方の違いが明らかとなっている。沖縄でも全国でも，米軍基地が沖縄に集中していることについて80％以上の人が「おかしい」と考えている。一方で，日本の安全保障上，沖縄の米軍基地が必要かどうかについては，必要でありやむを得ないとする「容認派」と必要ではなく，かえって危険であるという「否定派」が，沖縄県では6：4であったが，全国では容認派が80％を占めた。また，「本土の人は沖縄の人を理解しているか」という質問に対し，沖縄でも全国でも，半数以上が「理解していない」と答えている。

　このように，沖縄県以外の都道府県の人々は，沖縄の基地問題を「おかしい」と思い，沖縄の人のことを「理解していない」と感じながらも，日本の安全のために沖縄の米軍基地を容認している。沖縄の基地問題に向きあう姿勢として適切なのだろうか。

「基地の島」沖縄

　沖縄には在日米軍の専用施設の約70％が存在している。沖縄は，極東における「キーストーン」とよばれ，朝鮮半島や台湾海峡の有事，中東の対テロ政策において，重要な拠点となっている。在日米軍基地が沖縄に集中しているのは，地政学的な理由からであり，アジア太平洋地域の平和と安定の維持に絶好の位置に沖縄が存在しているということである。

　心情的に沖縄の米軍基地の移転を訴えてみても，米軍には沖縄に基地が存在する利点が大きいことから，相手が歩み寄るような条件を出さない限り，基地問題を解決するのは困難といえる。

沖縄の基地問題

　「基地の島」となった沖縄で，住民は，さまざまな負担に耐えながら生活を続けてきた。演習での軍用機の騒音や墜落事故など住環境を脅かす問題や，米兵による度重なる事故や犯罪がその例である。一方で，基地が沖縄経済に貢献している面もある。沖縄の県民所得の平均は全国最下位で，経済状況は非常に苦しい。こうしたなかで，米軍基地に土地を貸している地主には，地代が支払われ，国からは多額の補助金が出ている。また，米軍の施設で9,000人が雇用されているほか，米軍が周辺地域の商業施設で，消費をおこない，経済効果をもたらしている。

沖縄の基地負担軽減に向けて

　1995年に起こった米兵による少女暴行事件をきっかけに，沖縄では，基地の整理・縮小，日米地位協定の見直しが求められた。その後，米軍普天間飛行場の辺野古沿岸部への移設と，海兵隊のグアム移転が日米政府間で合意された。しかし，建設が進む現在でも，地元住民を中心に反対運動が続く。

　沖縄の人々が置かれている現状は，大きな動きがない限り，日本の全国民が知る術が少ない。沖縄の人々と私たちの意識の格差を乗り越えるためにも，沖縄の人々の置かれている状況を知り，日本やアジアの安全保障のあり方を私たち自身の問題として考えていくことが，沖縄の基地問題を解決していく上で，重要である。

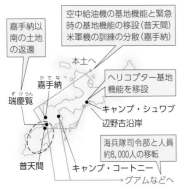

嘉手納以南の土地の返還
空中給油機の基地機能と緊急時の基地機能の移設（普天間）
米軍機の訓練の分散（嘉手納）
本土へ
嘉手納
瑞慶覧
ヘリコプター基地機能を移設
キャンプ・シュワブ
辺野古沿岸
海兵隊司令部と人員約8,000人の移転
普天間
キャンプ・コートニー
→グアムなどへ

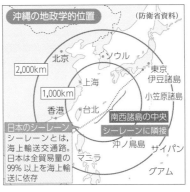

沖縄の地政学的位置 （防衛省資料）
北京
2,000km
1,000km
上海
香港
台北
ソウル
東京
伊豆諸島
小笠原諸島
南西諸島の中央
シーレーンに隣接
沖ノ鳥島
サイパン
マニラ
グアム
日本のシーレーン
シーレーンとは，海上輸送交通路。日本は全貿易量の99％以上を海上輸送に依存

? ❶なぜ，沖縄に米軍基地が集中しているのだろうか。
❷沖縄に基地が集中していることで，沖縄県民の生活にどのような影響があるのだろうか。
❸沖縄の基地問題の解決のために，私たちは何をすべきだろうか。

2 核兵器の廃絶と国際平和

要点 の整理

＊ □□□ は共通テスト重要用語，**1** は資料番号を示す。この節の「共通テスト○×」などに挑戦しよう👉

1 核軍縮に向けて

❶核兵器……大量破壊および大量殺戮可能な兵器 ─→ 核兵器は政治そのものを動かす（＝**戦略兵器**）

❷核兵器開発 **2**～**4** ……冷戦激化とともに「**核抑止論**」に基づく核開発競争 ─→ 米ソのシーソーゲーム

❸核兵器の運搬手段……ＩＣＢＭ（大陸間弾道ミサイル），ＳＬＢＭ（潜水艦発射弾道ミサイル）

❹核兵器の量および質の向上……ＭＩＲＶ（複数個別誘導再突入弾）化，ＣＥＰ（命中精度）の向上など
↓核兵器開発による莫大な軍事費，高まる核への恐怖

❺核軍縮の動きへ **5**～**7** ─→ 軍備管理と核兵器制限 ─┬─ **ＰＴＢＴ**（部分的核実験禁止条約）
├─ **ＮＰＴ**（核兵器拡散防止条約）
├─ **ＳＡＬＴ** ─→ さらに核廃絶へ：新ＳＴＡＲＴ
├─ **ＣＴＢＴ**（包括的核実験禁止条約）
└─ **核兵器禁止条約（ＴＰＮＷ）**

2 通常兵器の規制

❶武器輸出 **1** ……先進国 ─→ 武器流出 ─→ 発展途上国（冷戦終結後も変わらず）

輸出の利益 ｝のため　軍備拡充により政権保持（もしくは奪取）｝のため
影響力保持 ｝　　　　民族問題などの地域紛争　　　　　　　｝
↓
新たな国際紛争の火種となる

❷規制の必要 **2** ……国連軍備登録制度（1992年発足）＝通常兵器の移転の透明性を高める目的
ワッセナー協約（1996年）＝通常兵器および汎用材・技術の輸出管理
対人地雷全面禁止条約（1997年）＝対人地雷（「悪魔の兵器」）の非人道性から全面禁止
クラスター爆弾禁止条約（2008年）＝広大な範囲に，子爆弾をまき散らし，無差別に犠牲を強いる

---

1 核軍縮に向けて　国際社会における核軍縮は，どのように進んできたのだろうか。

1 軍拡・軍縮のあゆみ

❓ 核軍縮が進むきっかけとなったできごとは，何だろうか。

年	事　項
1945	アメリカ，世界初の原爆実験に成功
	広島，長崎に原爆投下
1946	国連総会，軍縮大憲章採択
1949	ＮＡＴＯ（北大西洋条約機構）結成。ソ連，原爆実験に成功
1950	**ストックホルム・アピール**
1952	国連総会，軍縮委員会創設
	アメリカ水爆実験に成功，イギリス最初の原爆実験
1953	ソ連，水爆実験に成功
1954	アメリカ，ビキニ水爆実験（第五福竜丸被曝）
1955	ワルシャワ条約機構（ＷＴＯ）発足
	ラッセル・アインシュタイン宣言
	第1回原水爆禁止世界大会開催（広島）
1957	**パグウォッシュ会議**
	スプートニク1号打ち上げ成功
1960	フランス最初の原爆実験
1962	米ソ，**キューバ危機**
1963	**ＰＴＢＴ**（部分的核実験禁止条約）に米，ソ，英が合意
1964	中国，最初の原爆実験
1968	**ＮＰＴ**（核兵器拡散防止条約）に米，ソ，英が同時調印
1972	第1次ＳＡＬＴ（戦略兵器制限条約）調印
1974	インドが地下核実験
1976	日本，ＮＰＴに加盟
1979	第2次ＳＡＬＴ調印（米議会の批准手続きは未了）
	ソ連，アフガニスタンに侵攻（～1989年）
1982	ＳＴＡＲＴ（戦略兵器削減交渉）開始

年	事　項
1983	レーガン米大統領がＳＤＩ（戦略防衛構想）発表
1987	米ソ，**ＩＮＦ全廃条約**に調印（1988年発効）
1989	**マルタ会談→冷戦終結**
1990	欧州通常戦力（ＣＦＥ）条約に調印（2007年，ロシア一時停止）
1991	米ソ，**第1次ＳＴＡＲＴ**（戦略兵器削減条約）調印
1992	中国，フランス，ＮＰＴに加盟
1993	米ロ，**第2次ＳＴＡＲＴ**調印。化学兵器禁止条約に130か国が調印。北朝鮮，ＮＰＴ脱退を表明（その後留保）
1995	ＮＰＴの無期限延長を決定
1996	国連総会，**ＣＴＢＴ（包括的核実験禁止条約）**を採択
1997	**対人地雷全面禁止条約**を採択（12月に121か国が調印）
1998	インド，パキスタン，核実験実施
2002	米ロ，戦略核兵器削減条約（モスクワ条約）に合意
2004	米，カットオフ条約の交渉開始表明
2006	北朝鮮，地下核実験
2008	クラスター爆弾禁止条約を採択（2009年，日本締結）
2009	国連安保理，「**核兵器のない世界**」をめざす**決議**採択
2010	クラスター爆弾禁止条約発効
	米ロ，**新ＳＴＡＲＴ**に調印（2011年発効）
2013	武器貿易条約採択（2014年発効）
2017	**核兵器禁止条約**採択（2021年発効）

解説 | **軍備管理と軍縮**　アメリカが日本に原子爆弾を投下して以降，冷戦期にはアメリカとソ連（現在のロシア）を中心に核軍拡競争がくり広げられた。しかし，核戦争勃発の恐れから，軍事バランスを保った上で軍備を規制する軍備管理がおこなわれるようになった。冷戦期には，軍備の保有そのものが戦争の原因となるとの考えから，兵器数を削減する軍縮の動きも見られるようになった。

用語解説　核抑止論　➡p.363

189

2 核拡散の現状

凡例:
- 核兵器国
- 高度危険国
- 核開発自粛国
- NPT未加入核兵器国
- 核開発断念国
- 非核兵器地帯

> **?** 核兵器の保有国の分布には，どのような特徴があるのだろうか。このような特徴になる理由も考えよう。

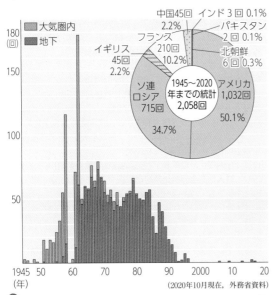

核爆発実施回数

中央アジア非核兵器地帯条約（2009年発効，5か国）
バンコク条約（東南アジア非核兵器地帯条約）（1997年発効，10か国）
トラテロルコ条約（1968年発効，33か国）
ペリンダバ条約（2009年発効，36か国）〈55か国中〉
ラロトンガ条約（1986年発効，13か国）〈16か国中〉
南極条約（1961年発効，53か国）

ベラルーシ／ウクライナ／ルーマニア／イギリス 45／フランス 210／ロシア 715／カザフスタン／中国 45／北朝鮮 6／アメリカ 1,032／リビア／アルジェリア／南アフリカ／イラン／パキスタン／イスラエル／ブラジル／アルゼンチン

（注）2005年2月，北朝鮮が核兵器保有を公式に宣言。

（2020年10月現在）
（カーネギー国際平和財団資料ほか）

解説 核拡散の恐れ　NPT（核兵器拡散防止条約）の発効以降，核兵器国として核保有を認められているのは，アメリカ，イギリス，フランス，ロシア，中国の5か国である。しかし，NPT体制への批判から，インド，パキスタンが核兵器を保有するにいたった。自国の防衛力強化の観点から，イスラエル，北朝鮮が核兵器を保有していると見られている。イランには，核開発の疑惑もある。核兵器の拡散が懸念されるなかで，非核地帯条約の締結も広がりを見せている。今後もこうした地域が広がっていることが望まれる。

3 核実験の回数

- 大気圏内
- 地下

中国45回 2.2%／インド3回 0.1%／パキスタン2回 0.1%／フランス 210回 10.2%／イギリス 45回 2.2%／北朝鮮 6回 0.3%／ソ連ロシア 715回 34.7%／アメリカ 1,032回 50.1%

1945～2020年までの統計 2,058回

1945 50 60 70 80 90 2000 10 20（年）
（2020年10月現在，外務省資料）

> **?** 冷戦が終結して以降，核実験が少なくなった理由を考えよう。その際，核実験のやり方や核兵器の管理のしかたに注目しよう。

解説 高度化する核実験　冷戦期には，米ソが頻繁に各開発のために核実験をおこなっていた。条約によって制限がされるなかで，回数そのものは減っている。しかし，実験のやり方は高度化しており，たとえば，アメリカではZマシンとよばれる強力な磁場を発生する装置を使った爆発をともなわない核実験がおこなわれている。

4 核開発の理論

	戦略核	戦域核（中距離核）	戦術核
射程距離	5,500km以上	500～5,500km	500km以下

戦略核は次の三本柱から成っている

戦略核	特徴
大陸間弾道ミサイル（ICBM）	米ロが直接相手の首都への使用を考える。命中精度は高いが，破壊されやすい
潜水艦発射弾道ミサイル（SLBM）	命中精度は劣るが，捕捉しにくい
戦略爆撃機	命中精度は劣る。また，撃墜されやすいが，よび戻せるため，常時警戒態勢に活用

●核抑止論

攻撃されれば核兵器を使用するという意思を示すことで，他国からの攻撃を防げるようになるという理論。核兵器の開発は核抑止論を背景におこなわれてきた。また，「相互確証破壊（MAD）」とよばれる核戦略理論は，相手国に第一撃をかけても，相手国が核報復能力を確実にもつ場合，お互いに核兵器を使用せず，戦争を防止できるという考えであり，1960年代後半に提唱された。

解説 やられたらやり返されるので　核開発競争が簡単になくならない背景には，核抑止論の存在がある。この理論の根底には，お互いの国の不信感がある。冷戦期は，アメリカとソ連の二大国での各軍拡競争が問題になっていたが，両国の話しあいで一定程度の核軍縮は進めることはできていた。しかし，冷戦が終わり，北朝鮮やイランなど，これまで核兵器を保有してこなかった国が開発をはじめる姿勢を見せている。核抑止の理論が，核拡散の現状を招いている状況もあり，新たな国際社会の核兵器の管理・削減のあり方が求められる。

見方・考え方　**幸福，正義，公正**　核抑止論による平和構築と，信頼醸成による平和構築では，どのような面で利点があり，どのような面で課題があるのだろうか。また，私たちは，そのどちらを選択すべきだろうか。「幸福，正義，公正」の観点から考えよう。

	PTBT（部分的核実験禁止条約）	NPT（核兵器拡散防止条約）	CTBT（包括的核実験禁止条約）	核兵器禁止条約（TPNW）
内容	核兵器を規制しようとした最初の国際条約。正式名称は「大気圏内・宇宙空間・水中における核実験禁止条約」。地下核実験を認めているため、「部分的」とされる	アメリカ，ロシア（旧ソ連），イギリス，フランス，中国の5か国を「核兵器国」とし，「核兵器国」以外への核兵器の拡散を防止する。加盟する非核保有国は，IAEA（国際原子力機関）による核査察を受ける義務を負う	宇宙空間，大気圏内，水中，地下を含む，あらゆる空間における核爆発をともなう核実験を禁止する。この条約の目的を達成するために，包括的核実験禁止条約機関（CTBTO）を設立する。	前文で「ヒバクシャ」について触れた上で，核兵器の開発，実験，製造，保有，使用など，核兵器に関連するいかなる活動も禁止する。核保有国も，定められた期限までに核兵器を廃棄することを前提に，加盟可能
成立年・参加国	1963年，アメリカ・イギリス・ソ連で調印。日本も1963年に調印，同年発効。フランスや中国といった核保有国は，米英ソの核における優位性を容認するものと批判し，未加盟	1968年，アメリカ・イギリス・ソ連の核保有国3か国と非核保有国53か国の計56か国が調印，1970年発効。191か国・地域が参加（2021年5月現在）。日本は1970年調印，1976年批准。当初，フランスや中国は参加しなかったが，冷戦後の1992年に加盟。北朝鮮は2003年に脱退を表明	1996年，国連総会で採択。186か国が署名，177か国が批准。日本は1996年署名，1997年批准。発効には，研究用や発電用の動力用原子炉がある44か国すべての批准が必要なため，条約は未発効。発効要件国44か国のうち，41か国が署名，36か国が批准（2023年2月現在）	2017年，国連加盟国の6割をこえる122か国の賛成により，国連総会で採択。採択に向けては，NGOのICAN（核兵器廃絶国際キャンペーン）が大きな役割を果たした。2021年，発効。核保有国や核保有国の「核の傘」に守られている日本などの国は未加盟
条約をめぐる動き	当初，フランスや中国は地下核実験をおこなっていなかったため，条約の締結を拒んだ（のちに仏中も核実験の場を地下に移行）。1980年の中国を最後に，地上での核実験は実施されていない	新規核保有国の出現（水平的拡散）を防ぐには効果的。しかし，核保有国の核の質的向上および量的増大（垂直的拡散）の防止には効果が薄い。1996年度中にCTBTをまとめるという条件つきで，1995年に無期限・無条件延長が決定	2009年には，アメリカのオバマ大統領による「核兵器のない世界」の声明を受けて，国連安保理でもCTBTの早期発効がめざされた。しかし，核爆発が生じない未臨界実験までは禁止していないとして，アメリカなどは実験を継続	「核兵器のない世界」の実現に向けた大きな一歩と期待される。しかし，核兵器保有国の加盟がないこと，また，日本をはじめとするいわゆる「核の傘」で核保有国に守られている国が参加していないなど，問題は山積みとなっている

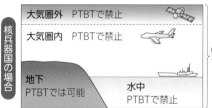

核兵器国の場合

大気圏外　PTBTで禁止
大気圏内　PTBTで禁止
地下　PTBTでは可能
水中　PTBTで禁止
CTBTではすべて禁止

CTBTは核爆発をともなわない未臨界実験を禁止していない

非核兵器国の場合　NPTにより，核兵器の製造・保有が禁止されている

未臨界実験（臨界前核実験）	新型核実験
プルトニウムが核分裂連鎖反応を起こす「臨界」の直前で止め，それ以降の反応をコンピュータ・シミュレーションでおこなうもの。1997年にアメリカではじめて実施された	火薬を使わず，強力なX線を発生させる装置を使用する。超高温・超高圧の状態をつくり，プルトニウムの反応を調べる。未臨界実験を補完するものとされ，アメリカで2010年以降実施されている

↑**1** CTBT対象外の核実験

解説　**条約の実効性は未知数**　キューバ危機以降，核戦争勃発の恐れから核実験や核保有に対する制限が進んだ。しかし，**CTBT**（包括的核実験禁止条約）以降，各国の思惑から，実効性の高い核兵器を制限する条約を結ぶことが困難になっている。たとえば，**核兵器禁止条約**では，唯一の被爆国である日本に対し，「**核兵器のない世界**」に向けて指導的な立場を果たしていないとの批判が被爆者を中心になされている。CTBTの早期発効による核実験の禁止と核兵器禁止条約の加盟国拡大による核兵器廃絶，**カットオフ条約**（核兵器製造に不可欠なプルトニウムなどの生産禁止）の早期締結によって，核軍縮の進展と「**核兵器のない世界**」の実現に向けてあゆみを進めていく必要がある。

TOPIC　核の番人～IAEA

第二次世界大戦終結以降，原子力は各国のエネルギー政策の柱となってきた。その一方で，核兵器の拡散に対する懸念が強まり，原子力の管理の必要性が叫ばれるようになった。1953年の国連総会におけるアイゼンハワー米大統領による演説（Atoms for Peace 演説）を契機として，1957年にIAEA（国際原子力機関）が発足した。IAEAの目的は，原子力の平和的利用を促進するとともに，原子力が平和的利用から軍事的利用に転用されることを防止することである。NPTの成立過程において，原子力の軍事転用をおこなわせないために，非核保有国に対する核査察がIAEAによって実施されることになった。

	IAEA（国際原子力機関）（1957年設立，本部・ウィーン）
目的	原子力の平和利用の促進および原子力活動が軍事転用されていないことを検認するための保障措置の実施
事業	●原子力の平和利用　国際的な安全基準・指針の作成・普及，技術協力，情報交換　●原子力が軍事転用されないための保障措置　核物質などが軍事利用されないことを確保するために保障措置（計量管理，監視，査察）を実施
課題	●NPT未加盟国や，各国が報告した施設以外には査察（通常査察）できない　→特別査察　ただし，査察拒否も可能　査察を受けても核開発は可能

政治

6 米ロ（米ソ）二国間の軍備管理・軍縮の動き

<table>
<tr><td rowspan="4">核兵器の上限を設定</td><td colspan="2">❶第1次ＳＡＬＴ（第1次戦略兵器制限条約）　1972年</td></tr>
<tr><td colspan="2">ＩＣＢＭ（大陸間弾道ミサイル），ＳＬＢＭ（潜水艦弾道ミサイル）などの運搬手段・発射基の数を，現状を上限として5年間凍結
【問題点】　ＭＩＲＶ（個別誘導多弾頭）の開発を促進させる結果に</td></tr>
<tr><td colspan="2">❷第2次ＳＡＬＴ（第2次戦略兵器制限条約）　1979年</td></tr>
<tr><td colspan="2">ＩＣＢＭ，ＳＬＢＭ，戦略爆撃機の規制上限を，米ソともに総数2,250に
【問題点】　条約は調印されたものの，1979年，ソ連のアフガニスタン侵攻によって，アメリカが批准せず，発効にはいたらなかった</td></tr>
</table>

核兵器を削減

❸ＩＮＦ（中距離核戦力）全廃条約　1987年→2019年失効

史上初の**中距離核戦力の全廃**を合意した点で，核軍縮上，画期的な意義
【問題点】　米ソは，核弾頭を運搬機から外し，保管する手段を講じる
➡弾頭数は減らず。**アメリカがロシアに対し，条約破棄通告**（2019年）

❹第1次ＳＴＡＲＴ（第1次戦略兵器削減条約）　1991年→2009年失効

史上初の**核弾頭の削減（＝廃棄）に合意**
➡核弾頭の数を，米ソともに1万発以上から，6,000発に削減

❺第2次ＳＴＡＲＴ（第2次戦略兵器削減条約）　1993年→未発効，死文化

アメリカおよびロシアが配備する戦略核弾頭数を3,000〜3,500発に削減
ＩＣＢＭを単弾頭にする（ＭＩＲＶを全廃）
➡アメリカがＡＢＭ条約から脱退（2001年），規定によりＡＢＭ条約は失効
➡ロシアが無効声明（2002年）

❻戦略核兵器削減条約（モスクワ条約）　2002年→2011年失効

米ロの戦略核弾頭を1,700〜2,200発に削減
【問題点】　配備核弾頭数の削減を定めたもので，核弾頭自体，運搬手段の廃棄は義務づけられていない（→米ロとも削減した弾頭は保管できる）

❼新ＳＴＡＲＴ（新戦略兵器削減条約）　2010年→2011年発効→2023年停止

戦略核弾頭を1,550発以下まで削減。核弾頭の運搬手段を800基（うち配備済700基）に削減。米ロは7年以内に削減実施。条約の有効期限は10年
➡ロシアが履行停止を決定（2023年）

↑2アメリカの水爆実験（1954年，マーシャル諸島・ビキニ環礁）　アメリカの水爆実験の際，危険区域外で操業していた日本の第五福竜丸に「死の灰」が降り，船員が死亡した。

解説　**暗雲立ち込める核兵器の削減**　冷戦期，核兵器の削減が進んできたのは米ソ間の二国間協定の進展にあった。当初は核兵器の保有制限という限定的なものであったが，1987年のＩＮＦ全廃条約が発効して以降，核兵器の削減は進んでいった。21世紀に入り，中国の軍事的台頭，核の拡散の懸念が広がるなかで，2019年にＩＮＦ全廃条約が失効することになった。2022年にはロシアがウクライナに侵攻（➡p.206）し，ロシアのプーチン大統領は核兵器の使用も辞さない姿勢を示した。これを受け，世界の核弾頭数は減っているものの，核兵器が使用されるリスクは冷戦後で最大とする見方もある。

7 反核運動

ストックホルム・アピール（1950年3月）	米ソの核軍拡競争で緊張状態が高まるなか，スウェーデンのストックホルムで開催された平和擁護世界大会での声明。原子兵器の絶対禁止と厳重な国際管理，最初に核兵器を使用した政府を戦争犯罪人と規定した。世界中から5億人を超える署名を集めた
ラッセル・アインシュタイン宣言（1955年7月）	哲学者ラッセルと科学者アインシュタインを中心に，11名によって発表された。科学者が核廃絶と科学技術の平和利用を訴えた宣言であり，日本の湯川秀樹も署名した
原水爆禁止世界大会（1955年8月）	1954年3月，西太平洋のビキニ環礁でおこなわれたアメリカの水爆実験で，第五福竜丸が被曝した。これをきっかけに，原水爆禁止を求める世界大会が広島で開催された
パグウォッシュ会議（1957年7月）	ラッセル・アインシュタイン宣言に賛同した世界の22名の科学者がカナダのパグウォッシュに集まり，平和に対する国際会議として第1回が開催された。その後，会議は現在も開催されている

解説　**核兵器削減のために立ち上がる人々**　核の脅威が世界で増大するなか，市民レベルでの反核運動も広がりを見せてきた。唯一の被爆国である日本では，被爆者を中心に反核運動が展開されてきた。また，核兵器の開発を進めてきた科学者たちも声を上げ，**パグウォッシュ会議**として現在でも科学の平和的利用について話しあいを続け，提言をおこなっている。

TOPIC チャイルド・ソルジャー

地域紛争が頻発する発展途上国では，**子ども兵士（チャイルド・ソルジャー）**が数多く動員され，国際問題になっている。

子どもは，スパイ活動で見つかりにくい，兵士として調達がしやすいなどの理由から，武装勢力に兵士として重宝されていった。子どもたちも，衣食住を与えてくれるセーフティ・ネットとして，武装勢力が登場し，兵士となったという者も少なくなかった。

このような状況下で，子ども兵士は25万人をこえるといわれる。子ども兵士は，その非人道性から，子どもの権利条約（➡p.64）や「武力紛争への子どもの関与に関する選択議定書」などで規制され，国連を中心に解放プログラムが進められている。しかし，従軍していた子どもたちは，暴力行為により心身ともに深刻な影響を受けており，社会復帰も容易ではない。

➡3子ども兵士（チャイルド・ソルジャー）（スーダン）

アメリカとソ連（ロシア）の核軍縮に関する二国間協定が，国際社会での核軍縮の機運に与えた影響には，どのようなものがあるのだろうか。

2 通常兵器の規制
通常兵器に関する規制は，どのようになっているのだろうか。

1 通常兵器の規制と削減

条約名 【 】は締約国数	内　容
生物兵器禁止 条約　【183】 1971年採択 1975年発効	生物兵器（細菌や毒素を使用した兵器や装置など）の開発・生産・貯蔵・取得・保有を禁止し，その廃棄や平和的目的への転用と不拡散を定めている
未批准国：シリア・エジプト・ソマリアなど 未署名国：イスラエル・南スーダンなど	
化学兵器禁止 条約　【193】 1992年採択 1997年発効	化学兵器の開発・生産・貯蔵・使用を全面的に禁止し，化学兵器・化学兵器生産施設を10年以内にすべて廃棄する。一定の設備をもつ化学産業施設に対する検証もおこなう
未批准国：イスラエル 未署名国：北朝鮮・エジプト・南スーダン	
対人地雷全面禁 止条約（オタワ 条約）　【164】 1997年採択 1999年発効	対人地雷の開発・生産・貯蔵・保有・使用を全面的に禁止する条約。地雷禁止国際キャンペーン（→p.194）などのNGOの運動によって採択された。日本は1998年に批准し，自衛隊が保有する地雷100万個を2003年までに廃棄した
未批准国：マーシャル諸島 未署名国：アメリカ・ロシア・インド・中国・韓国・北朝鮮・ イスラエル・イラン・ミャンマーなど	
クラスター爆弾 禁止条約 （オスロ条約） 【111】 2008年採択 2010年発効	クラスター爆弾（→p.194）は親爆弾のなかに大量の子爆弾を含み，空中で爆発して拡散する。そして，子爆弾の不発弾率が高いため，市民の犠牲者が多数発生している。こうしたクラスター爆弾の使用・開発・生産を禁止している。NGOの主導により制定された
未批准国：インドネシア・ケニアなど 未署名国：アメリカ・ロシア・インド・中国・韓国・北朝鮮・ イスラエル・イラン・ミャンマーなど	
武器貿易条約 【113】 2013年採択 2014年発効	通常兵器の輸出入や移譲を規制し，人道犯罪につながる不正な取り引きを防止する。国連軍備登録制度の対象外の小型武器や弾薬なども対象となる
未批准国：イスラエル・トルコ・タイ・アメリカなど 未署名国：北朝鮮・エジプト・インド・インドネシア・イラン・ イラク・ロシア・パキスタンなど	

通常兵器の移動（2018～22年の合計）

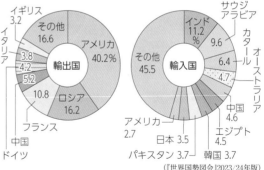

輸出国
アメリカ 40.2%
ロシア 16.2
フランス 10.8
中国 5.2
ドイツ 4.2
イタリア 3.8
イギリス 3.2
その他 16.6

輸入国
インド 11.2%
サウジアラビア 9.6
カタール 6.4
オーストラリア 4.7
中国 4.6
エジプト 4.5
韓国 3.7
パキスタン 3.7
日本 3.5
アメリカ 2.7
その他 45.5

（『世界国勢図会』2023/24年版）

? 通常兵器の輸出国と輸入国の特徴は何だろうか。この傾向は，国際社会の平和にどのような影響を与えるのだろうか。

解説 **進まぬ通常兵器の規制**　これまで，いくつかの**通常兵器**について，非人道性の観点から，個別に禁止条約が採択されてきた。また，1991年には**国連軍備登録制度（国連通常兵器移転登録制度）**が設立されている。これは，攻撃用兵器の国際移転を毎年国連に報告することで，通常兵器移転の透明性を高め，加盟国の**信頼醸成**と安全に貢献することを目的としている。しかし，通常兵器を規制する国際的な規則はいまだ存在しない。武器輸出の7割は，国連の安全保障理事会の常任理事国で占められ，特にアメリカとロシアの多さが際立っている。これは軍事産業と国家が結びつく「**軍産複合体**」の影響がある。武器輸入国は，発展途上国が中心であり，紛争地域をかかえている国もある。先進国の武器が，紛争の激化を招いている恐れもある。通常兵器の国際取り引きを規制する**武器貿易条約**に，米ロのように参加していない武器輸出国も多く，国際社会の平和実現のために，通常兵器の実効性ある移動制限のためのルールの構築が急がれている。

↑④自動飛行する無人攻撃機

TOPIC　AI兵器（→p.194）

　AI兵器は，**自律型致死兵器システム（LAWS）**ともよばれ，人間が介在せず，自動的に目標を特定し攻撃する。自動飛行するドローン（小型無人機）などは実戦で使われているが，攻撃などの判断には人間が関与している。
　機械に人間の命を委ねるシステムに対し，倫理的な警鐘を鳴らす人もいる。この倫理的問題から，2018年に，コスタリカなどがAI兵器を全面禁止する条約の締結を主張した。しかし，軍事力の強大な米ロをはじめとする国々は，異を唱える。AI兵器は，兵士や市民の死傷者数の削減につながり，人的被害を減らすことができると主張しているのである。しかし，被害を減らせることや戦費の軽減といったメリットにより，武力行使の決断の敷居が低くなり，戦争への政治決断が容易になりやすい。AI兵器の投入が，紛争の常態化を招く恐れもある。
　AI兵器は，火薬，核兵器に続く「第三の軍事革命」ともよばれ，各国が開発競争をくり広げている。ルールづくりが必要なのかどうか，それは人間の判断に委ねられている。

2 NGOが主導した通常兵器の禁止条約

(1)対人地雷全面禁止条約

↑5 空から撒かれる地雷（上）と地雷探査のようす（カンボジア）

解説 **無差別な殺傷兵器はNO！** 対人地雷は，安価で，殺傷能力が高い兵器で，陸上戦を有利に進めるために，多くの紛争で利用されてきた。しかし，紛争中，そして，紛争後も一般市民を巻きこむ爆発が多発し，その非人道性が問題になっていた。1997年に，「地雷禁止国際キャンペーン」などのNGO（⇒p.175）が主導し，**対人地雷全面禁止条約（オタワ条約）** が締結された。NGOが主導してつくられた史上初のこの条約では，基本的に対人地雷の使用，貯蔵，生産，移譲などを全面的に禁止し，貯蔵地雷の4年以内の廃棄，埋設地雷の10年以内の除去などを義務づけるとともに，地雷除去，被害者支援についての国際協力・援助等が規定された。

(2)クラスター爆弾禁止条約

クラスター爆弾のしくみ　投下　子爆弾が拡散　爆発　不発弾が残る　子爆弾

解説 **残存爆弾の非人道性** クラスター爆弾は，たくさんの小さな爆弾を集めた集束弾を上空で爆発させて，小爆弾を広範囲にばらまき，地表に到達するとそれが一斉に爆発するしくみの爆弾である。目標が広範囲であり，一般市民も巻き添えをくらう可能性があること，不発弾が一般市民の生活を脅かすことなどから，非人道性の高い兵器といわれていた。世界のNGOが，対人地雷と同じように，禁止条約づくりを訴え，2008年に**クラスター爆弾禁止条約（オスロ条約）** が成立した。条約を批准した国には，クラスター爆弾を爆破する処理をおこなう義務が生じる。2023年3月現在，加盟国は，111か国にのぼるが，アメリカ，ロシア，中国など，軍事大国は加盟していない。

Let's Think! ゲーム理論で読み解くAI兵器の活用

経済学で注目されている分野にゲーム理論がある。そのうちの「囚人のジレンマ」ゲームは，国際社会での各国の行動を説明する上で，有用である。

● 「囚人のジレンマ」ゲームとは？

2人の容疑者AとBが，ある罪を犯して，別々の部屋で取り調べを受けている。お互い，コミュニケーションを交わすことは不可能である。ここで取り調べ官が，1つの提案をする。「自白をするならば，共犯者は懲役15年とし，お前の罪は許してやろう。2人が黙秘を続けた場合は，仲よく懲役5年だ。そして，ともに自白した場合は，懲役10年だ。ただ，お前が黙秘を続け，相手が自白をした場合，お前の罪は懲役15年になることを忘れるな」。

容疑者B / 容疑者A	黙秘（協調）	自白（裏切り）
黙秘（協調）	懲役5年 / 懲役5年	懲役0年 / 懲役15年
自白（裏切り）	懲役15年 / 懲役0年	懲役10年 / 懲役10年

この場合，自白すべきだろうか，黙秘すべきだろうか。

左表が，容疑者A・Bが取りうる選択肢と，その結果のすべてを示したものになる。容疑者AにとってもBにとっても，自分の最高の結果は無罪で，相手が黙秘し，自分が自白するケースである。次によいのは，お互いが協力して黙秘した場合（懲役5年）である。ただし，自分が黙秘しても，相手が自白してしまえば，最悪のケースとなる。そうで

あれば，AもBもとりうる策は自白しかない。相手のことが信じられない以上，自白して，最悪の自体は避けたいと思うためである。

このように「囚人のジレンマ」という考え方は，各人が自分にとって一番魅力的な選択肢を選んだ結果，協力したときよりも悪い結果を招いてしまうことを示唆している。

「囚人のジレンマ」をモデルに，AI兵器開発を禁止する条約づくりの可能性を探ってみよう。

● 国家間のAI兵器開発を「囚人のジレンマ」から考える

国家A・B間で，お互いに軍事的な方針を相談できない状況にあったとしよう。この状況でAI兵器の開発を禁止することは可能だろうか。

		B国の戦略	
		AI兵器を製造しない	AI兵器を製造する
A国の戦略	AI兵器を製造しない	A：（　　　） B：（　　　）	A：（　　　） B：（　　　）
	AI兵器を製造する	A：（　　　） B：（　　　）	A：（　　　） B：（　　　）

表の戦略をA・B国がとる場合，A・B国それぞれにとって，最もよいものには「◎（非常によい）」，次によいと考えられるものには順に「○（よい）」，「△（普通）」，「×（悪い）」をカッコ内に入れよう。どうすれば，AI兵器の開発を国際社会で抑制することができるのだろうか。

「囚人のジレンマ」ゲームやその他のゲーム理論の考え方を使って，説明できる課題にはどのようなものがあるだろうか。なお，その課題を解決するためには，どのようなことが必要となるのだろうか。

「核兵器のない世界」をめざして

冷戦が終結し，世界各国が保有する核兵器の総数は減った。しかし，ＮＰＴに規定された核保有国以外への核兵器の拡散やテロ組織への核兵器製造技術の流出の恐れなど，新たな脅威も出てきている。「核兵器のない世界」を実現するために，私たちは，どのような行動をとればよいのだろうか。

世界の核開発と核兵器の拡散

冷戦終結後の国際社会において，核兵器の拡散が大きな問題となっている。1998年のインドとパキスタンの核実験，北朝鮮の核実験や弾道ミサイル開発，イランのウラン濃縮疑惑など核拡散の事例が多数報告されている。また，2004年にパキスタンの核開発者が，「核の闇市場」を通じて，核技術を北朝鮮やイランなどに流出させたことを認め，世界に衝撃を与えた。このような闇のネットワークがテロリストに利用され，核の技術や核物質がテロリストに渡る恐れも出てきている。

また，核兵器の管理における大国の足並みの乱れも顕著になってきている。米ロの核兵器の削減に寄与してきた二国間条約（➡p.192）が，近年，中国の軍事的台頭を背景に，失効するケースが増えている。

このように，「核兵器のない世界」の実現に向けて，現在の国際社会の状況は極めて厳しいものとなっている。

↑❶原爆ドームの前で演説するオバマ米大統領（2016年，広島市）　現職のアメリカ大統領としてはじめての被爆地訪問となった。

「核兵器のない世界」に向けた動き

核兵器の拡散が懸念されるなかで，核兵器禁止条約（➡p.191）をはじめとして，核兵器の廃絶に向けた動きも広がりを見せている。国連では，1994年に総会から「いかなる状況においても核兵器による威嚇または核兵器の使用は国際法上許されるか」という諮問が国際司法裁判所（ＩＣＪ，➡p.161）になされた。1996年，国際司法裁判所は「**核兵器の使用と威嚇は，国際法上，一般的に違法である**」という勧告的意見を示した。法的拘束力はないものの，国際司法裁判所がこのような意見を出した意味は大きい。また，2009年，アメリカのオバマ大統領がチェコのプラハで演説をおこない，「**核兵器のない世界**」をめざすことを述べた。これを受けて，同年，国連安保理では「**核兵器のない世界**」**をめざす決議**が採択されている。

アメリカは，オバマ政権の後のトランプ政権（2017〜21年）で，「使える核」による防衛力の強化をはかる方針に転換し，「核兵器のない世界」へのあゆみは後退した。しかし，オバマ大統領の下で副大統領だったバイデンが，2021年に大統領になったことで，アメリカが中心となって「核兵器のない世界」の実現に向けて再びあゆみを進めていくことが期待されている。

「核兵器のない世界」の実現に向けて

核兵器の開発競争は，「囚人のジレンマ」ゲーム（➡p.194）にたとえられる。お互いの疑心暗鬼により，核開発は止められないのである。実際，2022年に起こったロシアによるウクライナ侵攻（➡p.206）では，ロシアのプーチン大統領が核兵器の使用をもちらつかせた。このような状況では，「囚人のジレンマ」ゲームに陥り，当事国双方の核軍拡競争は避けられない。

国際社会においては，これまで核の問題は信頼醸成措置を講ずることで乗りこえようとしてきた。今回も時間はかかるが，お互いの信頼関係の構築からはじめていく必要がある。

国家だけでなく市民の連帯も求められる。2019年，ローマ教皇フランシスコが，被爆地長崎で訴えたように，核兵器の脅威に対しては，一致団結して応じなくてはならない。「核兵器のない世界」の実現に向けて，私たちには，核拡散の現状に無関心になることなく，国際社会の動向を見極め，行動していくことが求められている。

核兵器禁止条約をめぐる各国の姿勢 ＊核兵器禁止条約の採択時の各国の発言をまとめた。

賛成国	反対国
●**メキシコ**　「核兵器のない世界」の夢は夢想ではない。総合的かつ完全な核兵器の廃絶に向けた努力は私たち全員のためだ ●**オーストリア**　核開発のリスクを減らすための唯一の方法は，法的措置による核兵器の禁止しかない	●**アメリカ**　自国民の利益を考えているのか，自問しなければならない ●**日本**　条約が，北朝鮮の脅威といった現実の安全保障問題の解決に結びつくとは思えない

❶「核兵器のない世界」の実現に向けて，障害となっていることには，どのようなことがあるのだろうか。
❷「核兵器のない世界」に向けた取り組みのために，重要なことは何だろうか。
❸「核兵器のない世界」の実現に向けて，日本に何ができるのだろうか。

第二次世界大戦後の国際政治のあゆみ

	年	米	資本主義陣営	社会主義陣営	ソ	年	第三世界
東西対立・冷戦	1945		アメリカ、原爆保有	国際連合成立	スターリン		
	1946		チャーチル「鉄のカーテン」演説	中国、国共内戦		1946	インドシナ戦争（〜1954）
	1947		トルーマン・ドクトリン			1947	インド・パキスタン戦争
			マーシャル・プラン	コミンフォルム結成→1956年解散			
	1948	トルーマン	南北朝鮮分裂			1948	イスラエル成立 →第1次中東戦争（〜1949）
			ベルリン封鎖（〜49）				
	1949		北大西洋条約機構（NATO）成立	コメコン（経済相互援助会議）設立		1949	インドネシア成立
			東西ドイツ分裂				
				ソ連、原爆保有宣言			
				中華人民共和国成立			
	1950		朝鮮戦争（〜1953）				
	1951		サンフランシスコ平和条約 →日米安全保障条約	中ソ友好同盟相互援助条約		1952	エジプト革命
	1954	アイゼンハワー	東南アジア条約機構（SEATO）	ジュネーブ休戦協定	フルシチョフ (1953〜64)	1954	周・ネルー会談＝「平和5原則」
	1955		西ドイツ再軍備 ジュネーブ4巨頭 →NATO加盟 会談(米・英・仏・ソ)	ワルシャワ条約機構（WTO）結成		1955	アジア・アフリカ会議（A・A会議）→「平和10原則」
	1956			ポーランド、ハンガリー動乱		1956	ナセル（エジプト）、スエズ運河国有化 →第2次中東戦争（〜1957）
デタント（緊張緩和）	1961	ケネディ		「ベルリンの壁」構築		1959	キューバ革命(1961年、社会主義宣言)
	1962		キューバ危機	中ソ対立（〜1987）		1960	アフリカの年(アフリカ17か国独立) →国連総会、植民地独立付与宣言
	1963		PTBT（部分的核実験禁止条約）（米英ソ）			1961	非同盟諸国首脳会議（ベオグラード）
	1964	ジョンソン	フランス、中国承認	中国、核実験	ブレジネフ (1964〜82)	1963	アフリカ統一機構（OAU）
	1965		アメリカ、北爆開始	ベトナム戦争（〜1975）		1964	第1回国連貿易開発会議（UNCTAD）
	1966		フランス、NATO脱退	中国、文化大革命（〜1976）		1967	第3次中東戦争（15日間戦争）
	1967		EC（欧州共同体）発足				ASEAN（東南アジア諸国連合）成立
	1968		NPT（核兵器拡散防止条約）	チェコの民主化に、ソ連軍事介入			
	1969			中ソ武力衝突（ダマンスキー島事件）			
	1971	ニクソン	ニクソン・ショック	中国、国連加盟（台湾追放）	アンドロポフ (1982〜84)		
多極化	1972		第1次SALT（第1次戦略兵器制限交渉）（米ソ）				
			日中共同声明			1973	第4次中東戦争（→石油戦略） ベトナム和平協定（パリ）
	1973		第1次石油危機	東西ドイツ、国連加盟			
	1975	フォード	第1回先進国首脳会議（サミット）	全欧安全保障協力会議（CSCE）	チェルネンコ (1984〜85)	1975	ベトナム戦争終結（サイゴン陥落）
	1978	カーター	日中平和友好条約			1976	ベトナム社会主義共和国成立
	1979	レーガン	第2次石油危機 米中国交樹立	ソ連、アフガニスタン侵攻		1978	エジプト・イスラエル和平会談 →キャンプ・デービッド合意
			第2次SALT（第2次戦略兵器制限交渉）（米ソ）			1979	イラン革命、中越戦争
新冷戦	1986		米ソ首脳会談（レイキャビク）	ソ連、ペレストロイカ開始（〜1991）	ゴルバチョフ	1980	イラン・イラク戦争（〜1988）
	1987		INF（中距離核戦力）全廃条約	中ソ和解			
	1989	G・ブッシュ	マルタ会談＝米ソ首脳会談	中国、天安門事件		1982	イスラエル、レバノン侵攻
			→冷戦終結宣言	東欧民主化→「ベルリンの壁」崩壊		1988	ビルマ、軍によるクーデター →ミャンマーに国名変更（1989）
ポスト冷戦	1990		東西ドイツの統一				
	1991		湾岸戦争（冷戦終結後、初の国連安保理5大国の協調）		(1985〜91)		
				ユーゴ紛争			
				コメコン、ワルシャワ条約機構（WTO）解体		1991	南ア、アパルトヘイト廃止 ユーゴ分裂→完全解体（2006）
			STARTⅠ調印（米ソ）				
			ソ連解体→独立国家共同体（CIS）成立		(ロ) エリツィン		
	1993	クリントン	EU（欧州連合）成立	STARTⅡ調印（米ロ）		1993	イスラエル、PLO暫定自治協定調印
	1995		フランス、核実験	NPT無期限延長			
	1996		CTBT（包括的核実験禁止条約）採択			1998	インド、パキスタン核実験実施
	1999		NATO、ユーゴ空爆	東欧3国、NATO加盟	プーチン		
	2000		南北朝鮮、初の首脳会談			2001	アフガニスタン暫定政府発足
	2001	G.W.ブッシュ	アメリカ同時多発テロ事件 →アメリカ、アフガニスタン攻撃			2002	AU（アフリカ連合）成立（53か国） 東ティモール独立
	2003		イラク戦争→フセイン政権崩壊				
	2009	オバマ	新START調印（米ロ）		メドベージェフ (2008〜12)	2004	北朝鮮、NPT脱退表明
	2010					2006	北朝鮮、初の核実験実施 パレスチナ自治政府ハマス政権成立 イラク正式政府発足
	2014		ウクライナ動乱			2011	北アフリカ・中東政変（アラブの春） 南スーダン独立
	2017	トランプ		プーチン (2012〜)			
	2018		米朝首脳会談				
	2019		INF（中距離核戦力）全廃条約廃棄（米ロ）				
	2020		イギリス、EU離脱				
	2022		バイデン（2021〜）	ロシア、ウクライナ侵攻		2021	ミャンマーで軍事クーデター

第二次世界大戦後，世界は強大国によって二分され，約40年間，冷戦体制が続いた。冷戦期に，どのような対立があったのか，そして両陣営に属さない第三世界の台頭，日本と世界とのかかわりを見ていこう。また，冷戦終結後は地域紛争やテロとの戦いなど，新たな課題も山積している。その変遷もふり返ろう。

日本と世界のかかわり

年	できごと
1945	
1946	日本国憲法公布
1947	**日本国憲法施行**
1949	ドッジ・ライン実施

↑ベルリン封鎖（1948～49年）

年	できごと
1950	警察予備隊発足
1951	サンフランシスコ平和条約，**日米安全保障条約**
1952	警察予備隊を保安隊に改組
1954	自衛隊発足
1956	日ソ共同宣言→日本の国連加盟
1957	**外交三原則として，国連中心主義を表明**
1958	初の国連安全保障理事会非常任理事国に選出
1960	日米安全保障条約改定，経済社会理事会の理事国に選出
1961	国際司法裁判所の裁判官に日本人初就任
1965	日韓基本条約

《高度経済成長期》

年	できごと
1972	日中共同声明，沖縄返還
1974	第1次石油危機の影響で，戦後初のマイナス成長
1975	国連大学を東京に設立
1978	日中平和友好条約
1979	国際人権規約批准

↑第1回先進国首脳会議（1975年）

《安定成長期》

年	できごと
1981	難民の地位に関する条約加入
1985	女子差別撤廃条約批准

《バブル期》

年	できごと
1991	湾岸戦争停戦後，自衛隊初の海外派遣
1992	PKO協力法制定→カンボジアに自衛隊派遣

→**国連平和維持活動（PKO）**

年	できごと
1995	人種差別撤廃条約加入
1997	京都議定書の採択
2002	日朝平壌宣言
2005	国連安全保障理事会の改革のためのG4案提出
2007	国際刑事裁判所加盟
2009	国際司法裁判所所長に日本人選出
2013	水銀に関する水俣条約
2014	障害者権利条約批准

📷 東西両陣営の集団安全保障体制

— アメリカの対ソ連包囲網
▮ アメリカおよび同盟関係国
▮ ソ連および同盟関係国

太平洋安全保障条約（ANZUS）1951
アメリカ・オーストラリア・ニュージーランド

米台相互防衛条約 1954～79

中ソ友好同盟相互援助条約 1950～80

日本　フィリピン　中国　タイ　アメリカ　カナダ　キューバ　ソ連　パキスタン　トルコ

日米安全保障条約 1951

米韓相互防衛条約 1953

米比相互防衛条約 1951

北大西洋条約機構（NATO）1949（→ p.206）
イギリス・イタリア・ベルギー・オランダ・ルクセンブルク・アメリカ・カナダ・ノルウェー・デンマーク・アイスランド・ポルトガル・フランス（1966年に軍事機構脱退，2009年復帰）・のちギリシャ・トルコ・西ドイツ・スペインが加盟　　　　　　　　　　※加盟国は冷戦終結前まで

米州機構（OAS）1948
アメリカ・中南米の21か国で結成。現在35か国

東南アジア条約機構（SEATO）1954～77
アメリカ・フランス・イギリス・オーストラリア・ニュージーランド・タイ・フィリピン・パキスタン

中央条約機構（CENTO）1959～79
中東条約機構（METO）からイラクが脱退。イラン・トルコ・パキスタン・イギリス　　　　〔イラン革命で解体〕

ワルシャワ条約機構 1955～91
ソ連・ブルガリア・ハンガリー・ポーランド・東ドイツ・チェコスロバキア・ルーマニア・アルバニア（1968年脱退）

解説 **東西の集団安全保障** 第二次世界大戦では，全体主義打倒のため，米ソ両国は，戦争を遂行する協調関係を築きあげた。しかし，戦後，米ソの本来の相違が顕在化し，再び対立しはじめた。1949年には西側の軍事機構である**北大西洋条約機構（NATO）**が結成されたが，これに対して，東側は**ワルシャワ条約機構（WTO）**を1955年に発足させた。このように，米ソ両国は，経済的・軍事的援助など，あらゆる手段で相互に陣営をつくり，「資本主義陣営 vs 社会主義陣営」の対立状況を生み出した。米ソの動きから，伝統的な勢力均衡の原理が，形を変えて現存しているといえる。

1 冷戦終結までの国際政治のあゆみ

要点 の整理

＊＿＿＿は共通テスト重要用語，**1**は資料番号を示す。この節の「共通テスト○×」などに挑戦しよう 👆

1 冷戦体制の確立

❶冷戦 **1**〜**4**……第二次世界大戦後の軍事力をともなった戦争に至らない米ソの対立

アメリカを中心とする資本主義諸国		← 対立 →	ソ連を中心とする社会主義諸国	
1946年	チャーチル「鉄のカーテン」演説		1947年	コミンフォルム結成
1947年	トルーマン・ドクトリン	1948年 ベルリン封鎖	1949年	コメコン(経済相互援助会議)結成
	マーシャル・プラン	南北朝鮮分断	1950年	中ソ友好同盟相互援助条約
1949年	北大西洋条約機構(NATO)結成	1950年 朝鮮戦争	1955年	ワルシャワ条約機構(WTO)結成
1955年	西ドイツ再軍備，NATO加盟			

2 緊張緩和と多極化・第三世界の台頭

❶緊張緩和(デタント) **1 2**……米ソ間で平和友好を模索

キューバ危機(1962年)＝核戦争の危機→デタントへ
↓
PTBT(部分的核実験禁止条約，1963年)
NPT(核兵器拡散防止条約，1968年)

❷多極化 **4**……東西両陣営で国力を強めた諸国が自立傾向

資本主義諸国(西側)	社会主義諸国(東側)
フランスの独自外交・NATO軍事機構脱退	中ソ対立
西独・日のアメリカとの市場競争	東欧の独自性

●第三世界(第三勢力)の台頭 **3**
……アジア，アフリカ，ラテンアメリカの国家群の国際社会での発言力アップ
平和5原則(領土保全と主権尊重・相互不可侵・内政不干渉・平等互恵・平和共存，1954年)
アジア・アフリカ会議(AA29か国，1955年)
→**平和10原則**(反帝国主義・反植民地主義など)
「アフリカの年」＝アフリカ諸国の独立(1960年)
→国連加盟国増加
→「植民地独立付与宣言」(＝植民地主義の終焉)
第1回非同盟諸国首脳会議
(ベオグラード，1961年)

3 新冷戦から冷戦終結へ

❶第2次冷戦(新冷戦)と 冷戦終結 **1 2**

ソ連のアフガニスタン侵攻(1979年)＝デタントの終結
── ソ連経済の行き詰まり ── ソ連のペレストロイカの推進
マルタ会談(1989年)＝「冷戦終結」宣言(ゴルバチョフ，G.ブッシュ)
↓
東欧の民主化，「ベルリンの壁」崩壊(1989年) ── 東西ドイツの統一(1990年)

❷湾岸戦争 **3**(1991年)……国連が軍事的措置を認める(＝多国籍軍)

❸ソ連解体──独立国家共同体(CIS)成立

---

1 冷戦体制の確立 東西対立は，いつからはじまったのだろうか。

1 ヤルタ会談(1945年)

←1ヤルタ会談(1945年)
この会談で結ばれたヤルタ協定では，千島列島のソ連への引き渡しについても定められていた。北方領土問題(→p.166)の原因は，ここにある。

解説 **戦後国際政治の原点** 1945年2月，米英ソ3首脳が，ソ連のクリミア半島・ヤルタで会談し，戦後のヨーロッパおよび極東地域の処分(ドイツの分割占領をはじめ，東欧，千島・樺太などの戦後経営)のあり方や国際連合の設立，大国の拒否権などをとり決めた。また，ドイツ降伏後3か月以内にソ連が対日参戦する密約も交わされた。戦後の国際政治はこの会談によって秩序づけられ，これを**ヤルタ体制**(1945〜89年)とよんだ。

2 「鉄のカーテン」演説

資料 **チャーチル前英首相の「鉄のカーテン」演説**
(歴史学研究会『世界史史料11 20世紀の世界Ⅱ』岩波書店)

バルト海のシュテティンからアドリア海のトリエステまで，ヨーロッパ大陸をまたぐ鉄のカーテンが降りてしまった。その線の向こう側に，中・東欧の古き諸国の首都が並んでいる。……これらすべての有名な諸都市，そしてその周辺の人々は，私がソヴィエトの圏域と呼ばねばならないものの中に位置し，それらすべては何らかのかたちで，ソヴィエトの影響力に従属しているばかりか，とても強固で，多くの場合においてますます強まるモスクワのコントロールの下にあるのだ。

解説 **冷戦の象徴的表現** 1946年3月，アメリカのミズーリ州フルトン市のウェストミンスター大学でのチャーチル英前首相のことば。「鉄のカーテン」演説で，ソ連の脅威を強調し，アメリカ国民にソ連に対する脅威の認識をもたせ，米英が協調して共産主義に対抗すべきことを説いた。以降，ソ連および共産圏の閉鎖性を「鉄のカーテン」とよぶようになった。

💭 冷戦は，どのような対立だったのだろうか。

政治

3 ベルリン封鎖とベルリンの壁の構築

第二次世界大戦後，ドイツとその首都ベルリンは，アメリカ・イギリス・フランス・ソ連の4か国によって分断占領された。そのため，米英仏管理下の西ベルリンは，ソ連占領地域に浮かぶ「陸の孤島」であった。1948年，西ベルリンにおける通貨改革に反発したソ連が，西ベルリンの陸路を封鎖した。これを**ベルリン封鎖**とよぶ。アメリカを中心とする西側諸国はこれに対抗して，空路を利用し大量の生活物資を空輸した。11か月におよぶ封鎖中，延べ27万回以上の空輸で200万トンをこえる物資を空輸し続けた。

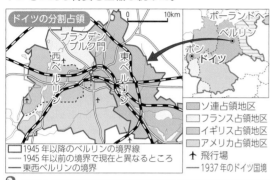

ドイツの分割占領

0　　　10km

ポーランドへ

ブランデンブルク門

ベルリン

西ベルリン
東ベルリン

ボン
西ドイツ

□ ソ連占領地区
□ フランス占領地区
□ イギリス占領地区
□ アメリカ占領地区

□ 1945年以降のベルリンの境界線
--- 1945年以前の境界で現在と異なるところ
── 東西ベルリンの境界
↑ 飛行場
── 1937年のドイツ国境

❓ ベルリン封鎖後，ベルリンはどうなったのだろうか。

解説 **壁の建設** 1949年にベルリン封鎖が解除されると，東西ベルリンにおける経済格差が徐々に顕在化し，東ベルリン市民が大量に西ベルリンに流出した。これにたまりかねた東ドイツは，ソ連の了解の下，1961年，西ベルリンの周囲に全長160km・高さ3mの壁を構築した。これが「ベルリンの壁」である。壁は東西ベルリンに住む多数の家族を引き裂き，壁を乗りこえて西ベルリンに脱出を試みた東ベルリン市民の命を奪った。「ベルリンの壁」は，1989年に崩壊するまで，冷戦と分断の悲劇の象徴として存在した。

4 朝鮮戦争（1950～53年）

1950年8月	1950年11月	1951年4月

北朝鮮 ピョンヤン ソウル 韓国 38度線	ピョンヤン ソウル 38度線	ピョンヤン ソウル 休戦ライン 38度線
北朝鮮軍は38度線を越えて南下し，韓国は南東部に後退した	国連軍（米軍主体）と韓国軍の北上で北朝鮮は最北部に	中国が義勇軍を派遣。1953年7月，「休戦協定」を調印した

解説 **代理戦争** 1950年6月，ソ連が支援する北朝鮮の金日成が「朝鮮統一」を唱え，韓国に武力侵攻した。これに対し，アメリカが韓国を支援して内戦となった。米ソ両国が後ろ盾となり，直接衝突しない「代理戦争」の形となった。北朝鮮優勢で展開されたが，アメリカがソ連欠席の国連安全保障理事会で「国連軍」（国連憲章に基づく国連軍ではない）を結成し，直接介入したことで形勢は逆転した。しかし，中国義勇軍の参戦で「国連軍」は後退し，以後，戦局は北緯38度線を境に膠着した。1953年7月，北緯38度線を軍事境界線とする休戦協定が調印された（休戦協定であり，国際法上は戦争状態）。

2 緊張緩和と多極化・第三世界の台頭

緊張と譲歩，第三世界は世界にどのような影響を与えたのだろうか。

1 雪解け～ジュネーブ四巨頭会談

1953年に米ソは指導者が交代し（アメリカはアイゼンハワー，ソ連はフルシチョフ），外交政策が転換された。国際的平和機運が高まりつつあったこともあり，1955年，米英仏ソ4か国の首脳によるジュネーブ四巨頭会談がおこなわれた。

アイゼンハワー（米）
ブルガーニン（ソ連）
フォール（仏）
イーデン（英）

解説 **平和共存政策** ジュネーブ四巨頭会談で，米ソ首脳は，ポツダム会談から10年ぶりに直接会談した。具体的な成果はないものの，懸案事項を話しあいで解決をはかる**平和共存**の理念を確認したことに意義がある。こうして，米ソの「冷たい時代」は，「雪解け」の時代を迎えた。しかし，雪解けの動きに終止符を打ったのが，1962年のキューバ危機であった。

2 キューバ危機からデタントへ

1962年，ソ連がキューバにミサイル基地を建設していることが発覚し，アメリカはこれを阻止すべく海上封鎖をおこなった。大西洋上では米ソ艦船が接触するなどし，両国は臨戦態勢に入り，13日間にわたって核戦争寸前まで緊張が高まった（**キューバ危機**）。緊張が続くなかで，アメリカの「キューバに侵攻しない」との公約と引き換えに，ソ連がミサイル基地を撤去する形で決着した。その後，米ソ間のホットラインの設置，**PTBT**（部分的核実験禁止条約，→p.191）の締結など，両国の緊張緩和（**デタント**）に向けて急速に動き出すきっかけとなった。しかし，1979年，ソ連のアフガニスタン侵攻によってデタントの時代は終了し，新冷戦に突入することとなった。

↑**2**アメリカの軍用機が監視するなか，ソ連がミサイルをキューバから撤去するようす（1962年）

解説 **多極化へ** デタントを実現した米ソの2人の指導者は，この後，表舞台から姿を消すことになる。核戦争の危機を回避したアメリカのケネディ大統領は，1963年に暗殺された。ソ連のフルシチョフ書記長は，キューバ危機でアメリカに譲歩したこと，平和共存路線を掲げて中国と対立したこと（**中ソ対立**）などを理由に1964年に失脚した。中ソの対立など，社会主義圏では**多極化**の兆候が見られるようになった。

政治

③ 第三世界の台頭

　冷戦の高揚のなかで，アジア・アフリカの新興独立国の間では非同盟・中立の立場をとり，東西両陣営に組み込まれない第三の勢力として「第三世界」を形成した。1954年にインドのネルー首相と中国の周恩来首相が会談（ネルー・周恩来会談）し，外交の基調として「平和5原則」を発表した。さらに1955年には，日本を含むアジア・アフリカ29か国がインドネシアのバンドンに集まり，アジア・アフリカ会議（バンドン会議）を開催した。ここで「平和5原則」を土台とした「平和10原則」が打ち出された。また，1961年には，ベオグラードで25か国が参加した非同盟諸国首脳会議が開催された。非同盟諸国首脳会議はその後も定期的に開催され，現在，加盟国は120か国におよび，国連に次ぐ大きな勢力となり，国際政治に大きな影響力をおよぼす存在となっている。

平和5原則（1954年） ネルー・周恩来会談	平和10原則（1955年） アジア・アフリカ会議（バンドン会議）
①領土・主権の相互の尊重	①基本的人権と国連憲章の尊重
②相互の不可侵	②すべての国の主権と領土保全の尊重
③相互の内政不干渉	③人種とすべての国の平等
④平等と互恵	④すべての国の内政不干渉
⑤平和共存	⑤単独または集団的自衛権の尊重
	⑥他国への圧力の排除
	⑦他国の政治的独立の尊重
	⑧国際紛争の平和的手段による解決
	⑨相互の利益と協力の促進
	⑩正義と国際義務の尊重

↑③アジア・アフリカ会議（1955年，インドネシア・バンドン）

？ 第三世界が国際政治におよぼした影響とは，何だろうか。

解説　**国連での影響力**　バンドン会議で示された平和10原則は，その後のアフリカ諸国の独立に大きな影響を与えた。1960年にはアフリカで17か国が独立し，国連に加盟した。一国一票制を採用する国連において，第三世界の存在は冷戦の対立構造を牽制する役割を担った。

④ ベトナム戦争

　第1次インドシナ戦争の結果，1954年のジュネーブ休戦協定により，ベトナムは北緯17度線で南北に分断された。その後，ベトナム統一の主導権をめぐり，南北が対立するなかで，インドシナ全土が共産化すること（ドミノ理論）を恐れたアメリカは，南ベトナムを支援し，1965年，北ベトナムに直接攻撃（北爆）を開始し，ベトナム戦争に発展した。

　アメリカは，南ベトナムに傀儡政権を樹立し，経済的・軍事的支援を続けるものの，北ベトナムの指導下で結成された南ベトナム民族解放戦線は，激しく抵抗し，優勢に戦闘をくり広げた。これに対し，アメリカは枯れ葉剤を含む熾烈な攻撃を加えたものの，これが要因で，国際的非難が高まり，国内外で反戦運動が起こった。

　1973年，アメリカはパリ和平協定を締結し，ベトナムから撤退した。その後，1975年には，北ベトナム軍の攻撃で南ベトナムの首都サイゴンが陥落し，ベトナム戦争は終結した。

1954年　ジュネーブ休戦協定
↓
北緯17度線で南北に分断
1965年　アメリカ，北爆開始
1973年　パリ和平協定
　　　　アメリカ，撤退

前半　中国が支援
後半　ソ連が支援

1976年ベトナム社会主義共和国成立

第一次インドシナ戦争
植民地化をはかるフランス
ベトナム戦争（第二次インドシナ戦争）
アメリカが支援

17度線を境に対立
南ベトナム政府 VS 南ベトナム解放戦線

？ ベトナム戦争が世界におよぼした影響とは，何だろうか。

解説　**国際経済体制に影響も**　ベトナム戦争に膨大な軍事支出を余儀なくされたアメリカは，財政的に圧迫され，1971年に金・ドル交換停止，ドルの切り下げにふみ切り，基軸通貨ドルの信用不安をもたらした。これが，為替体制が固定相場から変動相場に変化する遠因となった（→p.304）。また，ソ連・中国も多大な負担を負い，冷戦構造を揺さぶった。米中接近も一例であり，ベトナム戦争は国際社会の転換点となった。

TOPIC　中国の国連代表権問題

　第二次世界大戦後，中国本土での政府であった中国国民党と反政府派の中国共産党との間で内戦が勃発し，1949年に中国共産党が中国本土・北京で中華人民共和国を建国した。これにともない，中国国民党の政府は台湾に遷った。国連において，当初，「中国」は「台湾の国民政府」をさしていた。しかし，1960年以降，国連加盟国が増加すると，中国の国連代表権について台湾政府支持が劣勢となっていった。国連の代表権の変更は，総会での重要事項に指定され，3分の2以上の特別多数決を要する。1971年の総会で北京政府支持がその要件を満たし，中国の代表権が台湾政府から北京政府へと移行した。

→④「チャイニーズ・タイペイ」の呼称で東京五輪に参加する台湾選手団（2021年，東京）

？ 冷戦は，国際社会にどのような影響を与えたのだろうか。

3 新冷戦から冷戦終結へ　冷戦終結のきっかけは何だったのだろうか。

1 新冷戦

　1979年，ソ連のアフガニスタン侵攻により，デタントに終止符が打たれた。1981年には，アメリカのレーガン大統領が「強いアメリカの復活」を訴え，ソ連を「悪の帝国」とよび，強硬路線をとった。米ソがともに再び軍拡競争を展開し，米ソ間の緊張が高まったことで「新冷戦」とよばれた。しかし，米ソ両国とも，軍事費の増大によって財政が圧迫された。アメリカは「双子の赤字」（➡p.309）をかかえ，その是正のため，プラザ合意（➡p.235）に至った。

? アメリカがとった軍備増強政策は何だろうか。

解説 **スターウォーズ計画**　1983年，レーガン大統領は「戦略防衛構想（ＳＤＩ）」を掲げ，宇宙空間で敵の戦略ミサイルを迎撃するシステムの開発をめざした。しかし，莫大な費用を要するとともに，技術的な課題もあった。これに加え，その後の緊張緩和と冷戦終結もあり，1993年にスターウォーズ計画は放棄された。

2 冷戦終結

　1985年，ソ連にゴルバチョフ政権が誕生し，ペレストロイカ（改革）やグラスノスチ（情報公開）が進められ，米ソ間の緊張緩和が進んだ。1989年には東欧の民主化・自由化も進み，同年12月，アメリカのブッシュ大統領とソ連のゴルバチョフ議長が地中海のマルタ島で会談し，公式に冷戦の終結を確認した（マルタ会談）。冷戦終結は米ソの協調を生み，1991年には第1次ＳＴＡＲＴ（戦略兵器削減条約，➡p.192）が調印された。そのほか，東西ドイツの統一（1990年），ワルシャワ条約機構の解体（1991年，➡p.196）が実現された。一方，ゴルバチョフの改革は，ソ連内の各共和国の独立の動きを加速させた。1991年には，ロシア連邦を中心に11か国がＣＩＳ（独立国家共同体）を結成し，ソ連は消滅した。

G.ブッシュ（米）
ゴルバチョフ（ソ）
↑5マルタ会談
（1989年）

←6撤去される「ベルリンの壁」（1989年）

? 冷戦の終結に至った背景には，何があったのだろうか。

解説 **平和の配当**　冷戦終結は，米ソ両国が軍事費を大幅削減し，国内経済の再建にいかされるという両国に共通した利害関係もあって実現した。

3 湾岸戦争

　イラクは，長年にわたるイランとの戦争（イラン・イラク戦争）で経済的に疲弊していた。そこで，イラクのフセイン大統領は石油資源をねらい，1990年，クウェートに突如侵攻した（クウェート侵攻）。この行動に国際社会は反発し，国連安全保障理事会がイラクに即時撤退を勧告したが，フセイン政権は応じなかったため，国連は多国籍軍（➡p.173）の派遣を決定した。アメリカ軍中心の多国籍軍が，1991年1月，イラク軍への空爆を実施したことにより，湾岸戦争ははじまった。同年2月には数十万人規模の兵力で地上戦を展開した。地上戦はわずか100時間で終結し，イラク軍はクウェートから無条件で撤退した。

　冷戦終結後，世界が1つにまとまり，米ソが共同歩調をとるなど，湾岸戦争への対応では，国連安保理が拒否権に妨げられることなく，1950年以来の軍事的措置の決定を下すことができた。冷戦の終結を象徴的に示すことにもなった。

←7湾岸戦争での多国籍軍の攻撃のようす（1991年）　ミサイルが標的に次々と命中する映像が伝えられ，テレビゲームメーカーになぞらえて，「ニンテンドー・ウォー」と表現された。

? 湾岸戦争は，その後の国際社会にどのような影響をもたらしたのだろうか。

解説 **アメリカ同時多発テロ事件への伏線**　アメリカ軍中心の多国籍軍で展開された湾岸戦争において，イスラーム社会とアメリカとの関係は悪化した。1998年にはケニアとタンザニアのアメリカ大使館付近で同時爆弾テロが発生し，多数の死傷者を出した。アメリカは，イスラーム原理主義テロ組織アルカイダが関与していると断定し，報復攻撃を展開した。互いの憎悪の応酬は，2001年のアメリカ同時多発テロ事件（➡p.203）へと発展していくことになった。

TOPIC 冷戦終結が世界にもたらしたもの

　冷戦終結とともに，世界はグローバル化が進んだ。アメリカでは，軍事支出の削減などもあり，1990年代，好景気が続いた。中国では，1989年に民主化を求める**天安門事件**が発生したが，共産党政権は軍を出動し，民主化運動を鎮圧した。このようすはマスコミを通じて世界で報道され，鄧小平ら共産党指導部は非難を浴び，中国には経済制裁も課された。これ以降，中国の人権問題が国際社会で問題とされるようになった。また，中東地域をはじめ，冷戦の東西対立のなかで抑圧されていた民族紛争やテロリズムが表面化するなど，世界は新たな課題をかかえることとなった。

政治

要点 の整理　＊　　　は共通テスト重要用語，🔟は資料番号を示す。この節の「共通テスト○×」などに挑戦しよう👉

政治

1 冷戦後の国際関係

❶グローバル社会へ 🔟
- 唯一の超大国……アメリカ←→中国の台頭，ロシア
- テロ活動の活発化，イスラーム国（ＩＳ）の出現
- 相次ぐ民主化運動……「アラブの春」，香港など

2 相次ぐテロ

❶アメリカ同時多発テロ事件 🔟（2001年）……「国家vsテロ組織」という「テロとの戦争」が登場→アフガニスタン攻撃
❷イラク戦争（2003年）🔁……イラクのフセイン政権の崩壊
❸頻発するテロ……「**イスラーム国（ＩＳ）**」の台頭，シリア情勢の悪化

3 民主化運動

❶「アラブの春」 🔟……チュニジア（ジャスミン革命）を皮切りに，エジプト，リビアなどに波及
❷香港 🔁……中国の「**香港国家安全維持法**」制定（2020年）→**一国二制度の崩壊へ**
❸ミャンマー 🔢……軍事クーデターによる民主政権の崩壊（2021年）

4 対立と分断

❶ポピュリズムの台頭 🔟……情緒的，感情的な訴えをおこなって大衆から支持を集める**ポピュリズム**政党の台頭
→アメリカのトランプ政権（2017〜21年），ヨーロッパでの極右政党の台頭
❷ウクライナ問題 🔢……ロシアのクリミア半島併合（2014年）。ロシアのウクライナ侵攻（2022年〜）
❸北朝鮮問題 🔢……核開発問題，米朝首脳会談の開催（2018年），日本人拉致問題（→p.162）

↑🔟国連本部前にある銃身が曲がった像（アメリカ・ニューヨーク）

---

1 冷戦後の国際関係　冷戦後の国際社会は，どのように移り変わったのだろうか。

1 冷戦後の国際社会

近年では，特に米中の国際社会での主導権争いが熾烈化している。

イスラーム圏	ヨーロッパ
●「アラブの春」（2010〜11年） ●「イスラーム国（ＩＳ）」の台頭 ●スンニ派とシーア派の宗派対立	●西側：ＥＵ結成 ↓ＥＵ拡大：東側合流 ●イギリスのＥＵ離脱（2020年）

同盟関係

アメリカ同時多発テロ事件（2001年）　**対立**　イラク戦争（2003年）　**対立**　ウクライナ問題

中国	アメリカ	ロシア
	対立 米中ロの主導権争い **対立**	
●ＧＤＰ世界第2位→世界の工場 ●習近平体制の強化	●唯一の超大国 ●**単独行動主義（ユニラテラリズム）** 　G.W.ブッシュ政権（2001〜09年） ●**アメリカ第一主義** 　トランプ政権（2017〜21年）	●ロシア通貨危機（1998年）→経済衰退 ●クリミア半島併合（2014年） ●ウクライナ侵攻（2022年〜） 　→強いロシアの復活へ

日中も対立　　　　　　　　　　　　　　　　　　　　　　　　　　　　　**対立** 北方領土問題

北朝鮮		日本
●度重なる核実験→6か国協議 ●米朝首脳会談（2018，19年）	**対立** ●**国際協調路線** 　オバマ政権（2009〜17年） 　バイデン政権（2021年〜）	同盟関係 ●ＯＤＡ大綱→開発協力大綱 ●ＮＧＯとの協力 ●中国・北朝鮮に対する安全保障問題

日朝も対立

解説　**グローバル化の進展と課題**　冷戦終結（→p.201）により，東西対立が緩和したヨーロッパでは，1993年にＥＵ（欧州連合，→p.314）が発足した。東欧諸国もＥＵに相次いで加盟し，ヨーロッパ全体の連帯感が高まった。このように，冷戦の終結は世界のグローバル化を推し進めた。また，アメリカでは，1990年代，冷戦終結にともなう軍事関係予算の縮小によって国内経済が活性化し，ＩＴバブルが到来した。しかし，2001年のアメリカの経済と軍事の中枢への航空機衝突というテロ（アメリカ同時多発テロ事件）は，世界を震撼させ，「テロとの戦い」という新たな構図を世界にもたらした。2000年代に爆発的な勢いで経済成長を遂げた中国は，2010年にはＧＤＰで世界第2位になるなど，経済大国へと変貌した。また，2000年代には，北朝鮮が核実験やミサイル発射実験をくり返すなど，東アジア地域の安全を脅かす事態が顕在化した。

冷戦終結後，急速に進んだグローバル化をさらに推し進めているのがＩＣＴ（情報通信技術）の発達である。2010年代に入ると，「アラブの春」とよばれる民主化運動が，北アフリカを中心にＳＮＳによって広がった。中東や北アフリカ地域では，民主化運動後の混乱に加え，イスラーム国（ＩＳ）の台頭によって，2020年代に入ってもなお，シリアを中心に情勢は混迷を極めている。また，近年では，香港での民主化デモ（2020年），ミャンマーにおける軍事クーデター（2021年），ロシアのウクライナ侵攻（2022年〜）など，世界各地で新たな問題が噴出している。国際社会は，分断と対立の時代を迎えている。

2 相次ぐテロ　テロ組織が生み出されるのは, なぜだろうか。

1 アメリカ同時多発テロ事件(2001年)

2001年9月11日, 4機の旅客機がハイジャックされ, ニューヨークの世界貿易センタービル2棟と国防省(ペンタゴン)に突入した。実行犯による乗員・乗客を巻き込んだ自爆テロで, 死者約3,000人, 負傷者2万5,000人以上という被害を出した。

このアメリカ同時多発テロ事件に対し, G.W.ブッシュ米大統領は, ウサマ＝ビンラディン(2011年殺害)

率いる国際テロ組織アルカイダの犯行と特定した。アフガニスタンのタリバン政権に対し, 潜伏するビンラディンを引き渡すように要求したが, タリバン政権が応じないため, アメリカは「テロ撲滅のため」と, 国連安全保障理事会の容認を受け, イギリスやフランスなどと多国籍軍を結成し, アフガニスタン攻撃にふみ切った。

❓ アメリカ同時多発テロ事件は, アメリカにどのような影響を与えたのだろうか。

解説　新たな敵との戦い　従来の軍事的抑止力はテロ組織には通用せず, テロを防ぐことはできなかった。アメリカは「テロとの戦い」を宣言し, 自衛権の拡張, 先制攻撃と**単独行動主義(ユニラテラリズム)**を加速させていった。この延長線上に, アフガニスタン攻撃(2001年, ➡p.211), イラク戦争(2003年)が位置づけられる。

2 イラク戦争(2003年)

2001年のアメリカ同時多発テロ事件後, 「テロとの戦い」を宣言したG.W.ブッシュ米大統領は, イラン・北朝鮮・イラクの3か国を「悪の枢軸」と非難した。特に, イラクに対しては, 大量破壊兵器を所有し, 国際テロ組織アルカイダと関係しているとして, 2003年, **イラク戦争**にふみきった。しかし, 国連安全保障理事会の決議のない, イギリスなどの有志連合の形での戦争であった。

この戦争により, イラクのフセイン政権は崩壊したが, 大量破壊兵器は見つからず, アルカイダとの関係も確証を得られなかった。そのため, イラク戦争は「大義なき戦争」と国際的非難を浴びた。

⬆️**2 倒されるフセイン像**(2003年, イラク・バグダッド)

解説　2011年まで米軍駐留　イラク戦争は, 1か月間で首都バグダッドが陥落し, 正規軍同士の戦闘は比較的早く収束した。しかし, アメリカ軍は治安維持を目的に2011年までイラクに駐留した。この間, イラクの民主化・国家再建は進まず, むしろ治安は悪化し, テロが頻発した。

3 頻発するテロ

アメリカ同時多発テロ事件事件以降のおもなテロ事件

年	事件名	実行犯
2004	マドリード列車爆破テロ	アルカイダ
2005	ロンドン同時爆破テロ	アルカイダ
2013	ボストンマラソン爆破テロ	イスラーム過激派
2015	パリ同時多発テロ	IS
2016	ベルギー連続テロ事件	IS
2019	スリランカ連続爆破テロ事件	ISの直接関与不明

アメリカ同時多発テロ事件以降, 世界各地でテロ事件が相次いでいる。国際テロ組織アルカイダによるものから独立運動過激派によるものまで, テロの背景は多様である。2014年以降, 目立つのが「**イスラーム国(IS)**」によるテロである。ISは, イラク戦争後の政情不安のなか, イスラーム(イスラム教)スンナ派(➡p.39)の過激派組織が勢力を拡大して結成された。そして2014年に, 宗教「国家」の樹立を一方的に宣言した。その後, 中東, ヨーロッパ, アジアの各地域で数多くのテロ事件を起こしている。

ISが従来の過激派組織と異なるのが, ①誘拐などによる身代金や制圧した油田からの石油密売による潤沢な資金力があること, ②ICT技術や映像技術を駆使し, 広報戦略で多くの若者を募集し, 世界中でネットワークを構築したこと, ③領土所有目標をもち, 支配地域に統治機構をつくり, 国家モデルを築き上げること, などである。最盛期にはイラクとシリアにまたがる地域を支配下に置いたが, アメリカをはじめとする国際社会の軍事介入でISが首都と宣言していたシリア北部のラッカが陥落した。しかし, 世界各地に広げたネットワークを基に, テロ活動を継続している。

⬅️**3「イスラーム国」の戦闘員**(2014年, シリアとイラクの国境付近)

❓ 「イスラーム国」は, 国家なのだろうか。

解説　「イスラーム国」は国家ではない　1933年に結ばれたモンテビデオ条約(➡p.67)に, 国家の成立に関する規定がある。国家成立には, ①恒久的住民の存在, ②固有の領土を有すること, ③統治組織(政府)が存在すること, ④他国との外交能力を保有することの4要件が規定されている。さらに, 他国からの承認がなければならないとする学説や国際法違反をともなわず, 国家樹立されなければならないとする学説など, さまざまな学説が提唱されている。いずれの学説に立とうとも, 「イスラーム国」は, モンテビデオ条約の①と④の要件を満たさないことが明らかであり, 国家とはいえないのである。

用語解説 イスラーム国 ➡p.363

政治

政治

1 アラブの春

2010年，チュニジアで失業中の青年が当局の厳しい取り締まりに抗議し，焼身自殺した。これが発端となり，大規模な反政府デモが広がり，チュニジアの長期独裁政権が崩壊した（ジャスミン革命）。このようすはＳＮＳを通じて拡散され，2011年，リビアでは41年間も独裁体制を強いたカダフィに対し，退陣要求デモが発生し，カダフィ殺害という形で独裁政権が崩壊した。同年，エジプトでは30年間にわたる独裁政権のムバラク政権が同じく崩壊した。シリアでは，ロシアや中国が支持するアサド政権と，欧米が支持する反政府勢力との内戦状態に陥り，そこに「イスラーム国（ＩＳ）」が勢力を拡大させ，三つ巴の様相を見せ混迷を極めた。

このような民主化を求めるデモは，中東・北アフリカ諸国に広がり，大規模なデモ，政権崩壊につながった。この一連の動きを「アラブの春」とよぶ。

2 香港

1842年，アヘン戦争の結果，香港はイギリスの植民地となった。1984年，イギリスから香港が返還される際に，香港に一国二制度（→p.78）が導入されることとなった。1997年，香港特別行政区を設置し，2047年まで返還前の資本主義経済を維持するとともに，言論や報道の自由を認める体制がとられた。こうして，香港は「高度な自治」が保障されたのである。

しかし，2013年に習近平が中国国家主席に就任すると，2014年に香港への「完全な管轄権」を盛り込んだ白書を発表した。これに抵抗する形で香港市民は，完全な普通選挙制度の実現を求める抗議デモ（雨傘運動）をおこなった。2019年，香港当局は，香港で捕まった容疑者を中国本土で裁くことができるようにする「逃亡犯条例」の改正案を発表した。しかし，大規模な抗議デモが展開され，香港当局は改正案を撤回した。中国政府は，香港への抑圧を加速させ，2020年に香港の反体制的な言動を取り締まる「香港国家安全維持法」を制定した。

←4 ショッピングモールでのデモに対し，「香港国家安全維持法」に対応して，警告旗を掲げる香港の警察（2020年，香港）

解説 事実上の「一国二制度」の終わり　2020年に「香港国家安全維持法」が施行されると，香港の民主化運動を指導してきた活動家が次々と逮捕された。また，同法は，中国政府が香港市民の身柄を拘束できたり，裁判所の令状なしに家宅捜索がおこなえることなども規定し，2047年まで保障されているはずの「一国二制度」は事実上，終わりを告げた。

? なぜ，「アラブの春」は，急速に広まったのだろうか。

凡例：
- 「アラブの春」後のおもなデモ発生国
- 「アラブの春」後に政権が打倒された国
- 「アラブの春」後に憲法が改正された国

解説 ＳＮＳの活躍　チュニジアでの青年の焼身自殺のようすはＳＮＳを通じて拡散された。また，大規模な反政府デモのようすや政権が崩壊する様子も，ＳＮＳで世界に拡散された。これに触発される形で，北アフリカや中東などでも民主化運動が活発化し，相次いで長期政権が倒された。しかし，今もなお政情不安は残っており，安定した国家運営には程遠い状況が続いている。エジプトでは，2013年に軍事クーデターが起き，強権的な政権に逆戻りした。

3 ミャンマー

ミャンマーの民主化運動の流れ

1948	イギリスから独立
1962	クーデターで国軍が政治を支配
1988	アウンサンスーチーらが国民民主連盟（ＮＬＤ）を結成
1989	国名をビルマからミャンマーに変更
1990	総選挙でＮＬＤが勝利するも軍政は政権の移譲を拒否
2011	民政移管の完了
2016	ＮＬＤ政権発足
2017	国軍による掃討作戦でロヒンギャ（→p.211）約70万人がバングラデシュへ逃れる
2020	憲法改正案が軍人議員らの反対により否決
2021	国軍がクーデターで権力掌握

第二次世界大戦中，日本軍とともにイギリス軍と戦った将軍の父をもつアウンサンスーチーは，1988年から民主化運動に身を投じた。1989年以降，３度にわたり計15年間の自宅軟禁生活を送るも，2015年の総選挙で勝利し，2016年からは国家顧問兼外相に就任した。しかし，憲法改正をめぐって軍部と対立し，2021年に国軍はスーチーら政権幹部を拘束し，クーデターを起こした。その後，国軍のクーデターへの市民の抗議デモに対しても武力行使し，多数の死傷者を出した。ミャンマーの民主化運動は混迷を極めている。

↑アウンサンスーチー（1945〜）

解説 国際社会は一枚岩とはならず　2021年のミャンマーの軍事クーデターを受け，欧米諸国は軍関係企業に経済制裁を科した。一方，中国・ロシアは内政不干渉を理由に，経済制裁に反対した。ＡＳＥＡＮは仲介外交を展開し，ミャンマーの軍部指導者を含んだ首脳級会議を開催し，暴力の即時停止，ＡＳＥＡＮによる人道支援や仲介などの合意をとりつけた。なお，ミャンマーに対するＯＤＡ（→p.323）の最大支出国である日本は，新規のＯＤＡ（円借款）を停止した。

見方・考え方　民主主義　「アラブの春」の当事国で，その後の民主化が進まないのはなぜだろうか。「民主主義」の観点から欠けているものを考えよう。

1 ポピュリズム政党の台頭

ニュース ポピュリズム

ポピュリズムに明確な定義はないが，日本では「大衆迎合主義」などと訳されることがある。人々の感情などに訴えかけ，大衆からの支持を集め，みずからの選挙での当選や政策実行につなげようとする運動をさす。人々の不満や不安をかき立て，みずからの支持を高めようとする手法がとられるなど，ポピュリズム的な手法は，人々の分断にもつながる。

ヨーロッパでは21世紀以降，ポピュリズムの動きが顕著に見られる事例が多くなった。たとえば，フランスでは2017年と2022年の大統領選挙で極右政党（➡p.135）の候補者が決選投票まで残った。2017年の大統領選時には，シリアなどからの大量の難民の受け入れ（➡p.315）にともない，失業者の増加や治安の悪化が問題になるなど，人々のなかで反移民の考えが広まるようになった。また，2022年の大統領選時には，ロシアのウクライナ侵攻（➡p.206）への対応で燃料価格などの物価が高騰して生活苦に陥る人々が増えるなかで，反EUや生活支援を重視する人々の間で支持を得ていった。ポピュリズム政党は，人々の不満や不安を扇動することで支持を広めていった。

? ポピュリズムの何が問題なのだろうか。

解説 アメリカではトランプ大統領の手法　ポピュリズムは，人々の不安や不満を扇動することで支持を集める手法である。アメリカ社会の分断をまねき，国際社会では「アメリカ第一主義」を掲げたトランプ大統領（在任2017〜21年）の政策にもみられた。ポピュリズムには，ファシズム的な政治体制をまねく危険性もある。ファシズムを経験した日本やヨーロッパでは，ポピュリズムは否定的な意味で捉えられることが多い。

↑トランプ（1946〜）

2 米中の覇権争い（➡p.301）

米中の覇権争いが激しくなったきっかけは，アメリカのトランプ政権（2017〜21年）が「**アメリカ第一主義**」を掲げ，保護貿易政策を導入したことにある。バイデン政権（2021年〜）でも，アメリカ，日本，インド，オーストラリアによる4か国協議（Quad）を開催し，「自由で開かれたインド太平洋」の実現をめざし，中国の海洋進出を牽制している。一方，世界第2位の経済大国となった中国は，習近平国家主席（➡p.78）の下，軍事力を増強させ，世界のなかで存在感を高めている。

解説 中国の姿勢　トランプ政権でアメリカが国連に非協調的な政策を進めるなか，中国は国連を舞台に政治外交を展開し，支援と引き換えに中東やアフリカ諸国と関係を築き，複数の国連機関の主要ポストを獲得した。中国は「**一帯一路**」構想（➡p.310）を掲げ，欧米の資本主義・自由主義勢力に負けない，社会主義国家としての地位の確立をめざそうとしている。

3 ウクライナ問題（➡p.206）

ロシアとヨーロッパに挟まれるウクライナは，ソ連崩壊後も親ロシア派の東部と親EU派の西部との間で対立が続いていた。2014年に親EU政権が発足すると，ロシア系住民の多いクリミアで独立を求めるデモが起こり，ロシアが軍事介入するとともにクリミアを併合した。これ以降，ウクライナの東部地域では親ロシア派と親EU派との対立が激化し，武力衝突に発展した。2022年，ロシアのプーチン大統領は，ウクライナの東部地域を解放することを理由に，ウクライナへの武力侵攻を開始し，事実上の戦争状態となった。

ポーランド　ロシア　スロバキア　ウクライナ　ハンガリー　モルドバ　ルーマニア　ヤルタ　黒海　クリミア自治共和国

■ 親EU，ウクライナ語中心の地域
■ 親ロシア，ロシア語中心の地域

? ロシアのクリミア併合は，何をもたらしたのだろうか。

解説 ロシアのサミットへの参加停止　ロシアの武力を背景とする強硬手段に，アメリカとEUは反発を強め，G8サミット（➡p.340）からロシアの参加を停止した。2014年以降，サミットはG7として開催されるようになった。

4 北朝鮮問題

2000年以降の北朝鮮の動向

年	動向
2000	金大中（韓）・金正日の南北首脳会談開催
2002	日朝首脳会談。日朝平壌宣言。拉致被害者5人が帰国
2003	6か国協議開始
2004	日朝首脳会談開催。拉致被害者の家族が帰国
2005	北朝鮮，核保有を公式に宣言
2006	弾道ミサイルの発射実験。初の核実験実施
2010	北朝鮮の魚雷攻撃により韓国海軍の哨戒艦が沈没 韓国の延坪島を砲撃
2011	金正日総書記死去
2012	金正恩が国防第一委員長に就任
2018	金正恩が初の外国訪問として訪中し，習近平と会談。年間をとおして3度の南北首脳会談を開催 シンガポールでトランプと史上初の米朝首脳会談開催
2019	ベトナムで2度目の米朝首脳会談開催

? 日本と北朝鮮はどのような関係を築いているのだろうか。

解説 国交は回復せず　2002年の小泉首相の北朝鮮への電撃訪問は，国交正常化交渉に向けた取り組みを進めるとともに，日本人拉致被害者（➡p.162）の一部帰国を果たした。しかし，北朝鮮は2005年に核保有を宣言するなど，日朝平壌宣言とは反する行動を続け，日本・北朝鮮・韓国・中国・ロシア・アメリカで構成される6か国協議も，2008年以来，開催されることはなく，日朝関係は停滞している。

政治

用語解説 アラブの春　➡p.363

ロシアのウクライナ侵攻の背景 （⇒p.205）

2022年2月，ロシアはウクライナに対し，ロシア系住民の保護という名目で軍事侵攻をはじめた。当初，短期間で終了するとみられていた軍事侵攻は，ウクライナの徹底抗戦とNATO加盟国など西側諸国からの軍事支援もあり，長期戦の様相を呈している。ロシアのウクライナへの軍事侵攻の背景を探ろう。

きっかけはロシアの「特別軍事作戦」

2022年2月，ロシアのプーチン大統領は「特別軍事作戦」を発動するとして，ウクライナに侵攻した。ロシア軍は，一時，ウクライナの首都キーウ（キエフ）の目前にまで迫ったが，ウクライナの徹底抗戦の前に撤退，その後は東部・南部地域の占領・支配に集中する作戦に移行し，同年10月，東南部地域の4州を一方的に併合した。ロシア軍は原子力発電所の占拠，ダムなどのインフラ破壊，子どもの誘拐といった非人道的行為をくり返しており，国際刑事裁判所はプーチン大統領に逮捕状を発布した。ロシアのウクライナ侵攻の目的とは何だろうか。

ポーランドなどの隣接国は難民の支援活動を展開した。ウクライナへの軍事侵攻で，警戒感を高めたのが北欧のスウェーデンとフィンランドである。ロシアのウクライナ侵攻では，ウクライナがNATO加盟国ではなかったため，「軍事支援はしても共同防衛はしない」というNATOの姿勢が明確になった。そのため，ロシアからの侵略に自国を防衛するためにはNATOへの加盟が必要との国内世論が高まり，スウェーデンとフィンランドは2022年5月にNATOへの加盟申請をおこない，フィンランドは2023年4月にNATOに加盟した。

ロシアは，NATO加盟国の東方拡大への危機感からウクライナのNATO加盟を阻止するために軍事侵攻をおこなった側面がある。しかし，結果的にロシアと国境を接するフィンランドのNATO加盟をまねき，NATOのさらなる拡大へとつながることになった。 （2023年11月現在）

NATOの東方拡大

ロシアのウクライナ侵攻の背景には，NATO（北大西洋条約機構，⇒p.197）の加盟国の東方拡大がある。NATOは，冷戦期の1949年に組織された西側諸国の軍事機構である。冷戦終結後，NATOにはバルト三国などが加盟したが，ロシアはNATOの東方拡大を脅威とみなした。そのため，ロシアにとって国境を接するウクライナは，NATOの東方拡大の緩衝地帯であった。しかし，2014年，ウクライナで親EU政権が発足すると，NATO加盟をめざす動きが強まった。警戒感を示したロシアのプーチン大統領は，クリミア半島を併合した（⇒p.205）。ウクライナ東部ではその後も武力衝突が続いたが，2022年，ロシアは一方的に独立を承認したウクライナ東部2州のロシア系住民の保護を名目にウクライナへの軍事侵攻をはじめたのである。

北欧2か国のNATO加盟申請

ロシアのウクライナ侵攻を受け，NATOをはじめとする西側諸国は，ロシアへの経済制裁とウクライナへの軍事支援を本格化させた。アメリカやイギリスは積極的な軍事支援をおこない，

NATOの加盟国拡大 （加盟国31か国）

1949年の原加盟国（12か国）
1952〜90年の加盟国（4か国）
1999年の加盟国（3か国）
2004年の加盟国（7か国）
2009年の加盟国（2か国）
2017年の加盟国（1か国）
2020年の加盟国（1か国）
2023年の加盟国（1か国）
※スウェーデンが加盟申請中
（2023年11月現在）

❶ロシアが「戦争」ということばを使わず，「特別軍事作戦」と呼称するのはなぜだろうか。
❷西側諸国がロシアに科した経済制裁は，国際社会にどのような影響を与えたのだろうか。

人種・民族問題と地域紛争

要点 の整理

＊ ■■■ は共通テスト重要用語，**1** は資料番号を示す。この節の「共通テスト○×」などに挑戦しよう🖐

1 人種・民族問題と地域紛争

❶地域紛争 **1** ……一つの国，あるいは複数の国家にまたがった特定の地域で起こる紛争（＝局地紛争）

●**紛争の原因**……政治的・経済的対立のほか，人種・民族・宗教・領土などを要因として起こる

●**消えぬ戦火**……冷戦時代：米ソの代理戦争（例：朝鮮戦争，ベトナム戦争など）

  冷戦後 ：民族対立・宗教的対立などの原因がめだつ（例：ルワンダ内戦 **3**，チェチェン紛争 **9** など）

❷人種・民族問題……多民族国家において，複数の人種・民族が存在することから生じる問題

●**人種**……遺伝的身体の形質（皮膚色・毛髪色など）に基づく人の集団の分類

●**民族** **2** ……おもに文化的要素（言語・習俗・宗教など）に基づく分類

  「同じ仲間」という帰属意識（アイデンティティ）をもつに至る←歴史的・政治的過程で形成される

  →民族対立による紛争を生むことがある

●**国家と人種・民族の不一致**……ユーゴスラビア問題 **6**，アフガニスタン問題 **11**，クルド民族独立問題 **7**

●**人種・民族による差別** **5**～**11**──黒人差別（アメリカ・公民権運動）

  ──**アパルトヘイト**（南ア共和国・現在は法的に撤廃）

  ──**ホロコースト**（ナチス・ドイツによる人種差別主義）

❸新しい民族問題……**移民**：所得や教育などの経済的要因から，みずからの意思で祖国を離れた人々（例：出稼ぎ）

  難民 **12**：紛争などにより，政治的な自由を求めて祖国から逃れざるをえなかった人々

  →難民問題解決のため，「難民の地位に関する条約」（1951年），**ＵＮＨＣＲ（国連難民高等弁務官事務所）**設置

  冷戦終結後に，人種・民族問題が顕著←既存の紛争とは異なり，国家の解決能力が作動しにくいため

---

1 人種・民族問題と地域紛争　人種・民族問題や地域紛争には，どのようなものがあるのだろうか。

1 紛糾する国・地域

❓ テロや地域紛争には，どのような背景があるのだろうか。

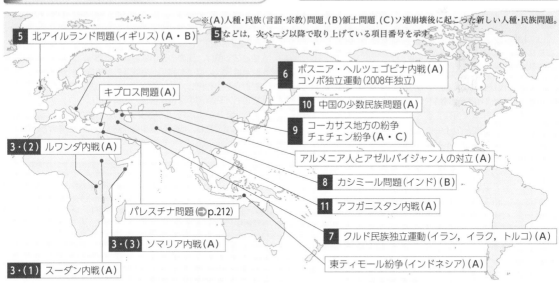

※(A)人種・民族（言語・宗教）問題，(B)領土問題，(C)ソ連崩壊後に起こった新しい人種・民族問題。
5 などは，次ページ以降で取り上げている項目番号を示す。

5 北アイルランド問題（イギリス）(A・B)

6 ボスニア・ヘルツェゴビナ内戦(A)
コソボ独立運動（2008年独立）

キプロス問題(A)

10 中国の少数民族問題(A)

9 コーカサス地方の紛争
チェチェン紛争(A・C)

アルメニア人とアゼルバイジャン人の対立(A)

3・(2) ルワンダ内戦(A)

8 カシミール問題（インド）(B)

11 アフガニスタン内戦(A)

パレスチナ問題（→p.212）

7 クルド民族独立運動（イラン，イラク，トルコ）(A)

3・(3) ソマリア内戦(A)

東ティモール紛争（インドネシア）(A)

3・(1) スーダン内戦(A)

●**キプロス問題** ギリシャ系住民とトルコ系住民の間の対立。1974年，キプロス北部をトルコ軍が実効支配し，1983年に「北キプロス・トルコ共和国」を名乗り，南北に分裂。再統一をめざした国連案は，2004年にギリシャ系住民側が拒否した。2008年以降，国連やイギリスを交えた再統一に向けた話しあいがおこなわれている。

トルコ
北キプロス共和国（トルコ系）
ニコシア
停戦ライン
シリア
キプロス共和国
地中海　レバノン

●**東ティモール問題** 1974年，ポルトガルは東ティモールの植民地支配を放棄した。翌年，東ティモールは独立を宣言したが，インドネシアが軍事侵攻し，1976年に併合された。この後，東ティモールではインドネシアからの独立を望む独立派と併合派の間で激しい内戦となった。インドネシアが独立を容認後，1999年にＰＫＯ活動が展開されるなか，徐々に平和を回復した。2002年の大統領選挙で，グスマン大統領が当選，独立を宣言した。2012年には，国連警察（ＵＮＰＯＬ）が任務を終了した。

解説 **複雑多様な民族紛争** 21世紀のテロの頻発は宗教対立と受け止められることも多いが，それは一面的である。実際には，砂漠化が進む地域で農業ができなくなり，テロ組織に「リクルート」されて「就職」する若者も多い。環境問題と貧困問題が，紛争に大きな影響を与えているといえる。

2 民族とは何か？

　トルコでは，褐色の肌に黒髪，黒い目に彫の深い中近東に多い顔つきの人，日本人にそっくりな人，金髪に青い目の白い肌の人，さまざまな肌の色の人々が同じパスポートをもって入国審査の列にならんでいる。彼らは，トルコ語を話し，多くはムスリム（イスラームの信徒）のトルコ人である。同民族は，必ずしも同人種とは限らない。同じように，同じ言語を話すからといって，同じ民族とはいえないし，同じ宗教だから，同じ民族ともいえない。民族を定義することは，大変困難な作業であることは間違いない。民族とは，異民族との違いを前にしたときに意識されるという考えに同意する人は多いだろう。民族意識が紛争を生むのではなく，紛争が民族意識を生みだすということがいえるのかもしれない。

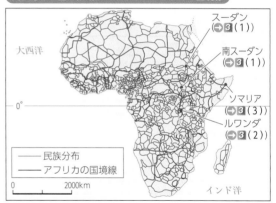

民族分布と国の領域が一致しないアフリカの国境線

スーダン（➡3(1)）
南スーダン（➡3(1)）
ソマリア（➡3(3)）
ルワンダ（➡3(2)）

大西洋
0°
インド洋

—— 民族分布
—— アフリカの国境線
0　2000km

解説　人種と民族　人種はヒトの身体的特長による分類，民族は文化的特長による分類と定義されてきたが，人種という概念は徐々に使われなくなってきた。身体的特長や遺伝子での違いは，はっきり分類できるものではないためである。

3 アフリカでの民族紛争

(1)スーダン内戦

スーダン（北部）
面積：188万km²
人口：4,281万人
おもな民族：アラブ系
おもな宗教：イスラーム

南スーダン
面積：188万km²
人口：1,106万人
おもな民族：アフリカ系
おもな宗教：キリスト教
※人口は2019年　　（外務省資料）

スーダン
ダルフール地方
アビエイ（石油）
南スーダン　エチオピア
ウガンダ　ケニア
アフリカ

解説　古代から栄えた国　南北スーダンには，北部はイスラーム（イスラム教）を信仰するアラブ系，南部はキリスト教や土着の宗教を信仰するアフリカ系など，多くの民族が生活していた。19世紀のイギリス統治時代に南北の交流が制限されたことなどもあり，イギリスからスーダンが独立する直前の1955年に内戦が勃発した。その後，1983年から内戦は長期化し，特に西部のダルフール地方では，2003年にアラブ系民兵（政府側）によるアフリカ系住民（反政府勢力）の大量虐殺がおこなわれた。2005年に南北の停戦合意が成立し，2011年には南部が南スーダンとして独立した。南北スーダンの関係は改善傾向にあるが，南北の国内での紛争が続き，2023年にはスーダンで国軍と準軍事組織ＲＳＦが衝突し，深刻な人道危機が起こった。

(2)ルワンダ・ブルンジ内戦

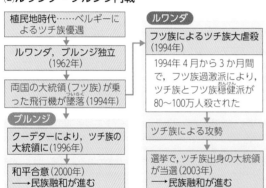

植民地時代……ベルギーによるツチ族優遇
↓
ルワンダ，ブルンジ独立（1962年）
↓
両国の大統領（フツ族）が乗った飛行機が墜落（1994年）

ブルンジ
クーデターにより，ツチ族の大統領に（1996年）
↓
和平合意（2000年）
→民族融和が進む

ルワンダ
フツ族によるツチ族大虐殺（1994年）
1994年4月から3か月間で，フツ族過激派により，ツチ族とフツ族穏健派が80〜100万人殺された
↓
ツチ族による攻勢
↓
選挙で，ツチ族出身の大統領が当選（2003年）
→民族融和が進む

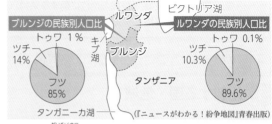

ビクトリア湖
ルワンダ
ブルンジの民族別人口比
トゥワ 1%
ツチ 14%
フツ 85%
タンガニーカ湖

キブ湖
ブルンジ
タンザニア

ルワンダの民族別人口比
トゥワ 0.1%
ツチ 10.3%
フツ 89.6%
（『ニュースがわかる！紛争地図』青春出版）

解説　大虐殺をこえて　多数派のフツ族と少数派のツチ族は，同じことばを話し，同じ宗教をもち，ベルギーの植民地となる前は，民族の違いは緩やかであった。しかし，植民地政府は民族の違いを強調，少数派のツチ族を優遇することで民族対立を生み出し，植民地支配に利用した。ベルギーからの独立後も，民族紛争は長年続き，1994年にはルワンダでフツ族によるツチ族の大虐殺（ルワンダ大虐殺）がおこった。両国とも和平合意が成立し，両国の現政権は民族の融和に努めている。

(3)ソマリア内戦

バレ政権……クーデターにより，政権掌握（1969年）
↓
反政府勢力により，バレ政権崩壊（1991年）
↓内戦状態に
・実効支配政府の不在で，劣悪な治安状況に
・干ばつの深刻化で，飢餓状態に

国連ソマリア活動（ＵＮＯＳＯＭ，1992年）
・停戦監視，被災民援助を目的とし，秩序回復のために武力行使を認める「平和執行型ＰＫＯ」
→武装勢力の抵抗により，多数の犠牲者を出し，失敗
↓
暫定政府成立（2005年）
統一政府成立（2012年）

解説　政府なき国家　ソマリアは，ソマリ族の単一民族国家であるが，ソマリ族は6つの氏族にわかれている。1970年代のバレ政権は自族を優遇する一方，隣国エチオピアに軍事侵攻した。そのため，氏族間対立と隣国との対立がソマリアの不安定の原因となった。1991年のバレ政権崩壊後は内戦状態になり，1993年に国連はＰＫＯ（国連ソマリア活動，➡p.173）で介入したが失敗に終わった。1990年代以降，ソマリア沖・アデン湾で海賊が多数発生し，国際社会を揺るがせた。2012年には国連などの後押しで，21年ぶりに統一政府が成立した。2017年には，ソマリアの治安維持枠組み・ソマリアのための新たなパートナーシップ（ＮＰＳ）が採択された。

p.208「民族分布と国の領域が一致しないアフリカの国境線」について，なぜ，このようなことが起きているのだろうか。p.163〜165「国境と領土問題」，p.198〜201「冷戦終結までの国際政治のあゆみ」で学んだこともふまえて考えよう。

4 アパルトヘイト

南ア共和国での少数の白人が多数の非白人を支配した政策を**アパルトヘイト**という。1991年にアパルトヘイトは廃止され，1994年にマンデラは黒人初の大統領に選出された。

➡**1**前任の南ア大統領デクラークと握手するマンデラ

解説 名誉白人 国連は，1965 年に**人種差別撤廃条約**（➡p.62）を採択した。**アパルトヘイト**に対する国際的な批判が強まり，1980 年代後半には多くの国が南ア共和国を経済制裁の対象とした。しかし，日本は南ア共和国との貿易を続け，日本人は「名誉白人」として白人扱いを受けていた。このため，日本が人種差別撤廃条約を批准したのは，南ア共和国のアパルトヘイト撤廃後の1995年のことであった。

5 北アイルランド紛争

北アイルランドの宗教構成

カトリック系住民（ケルト系）約64万人 40%　60% プロテスタント系住民（アングロ＝サクソン系）約96万人

北アイルランド（イギリスに帰属）
ベルファスト
ダブリン
アイルランド（1949年独立）
ロンドン

● 多数を占めるプロテスタント系住民が，カトリック系住民に対して政治・職業上の差別政策をとる

──→ カトリック系住民がイギリスからの独立を要望，紛争へ

⬅**2**イギリスのウィリアム王子の北アイルランド訪問（2011年3月，北アイルランド・ベルファスト）右は当時，婚約者で現夫人のキャサリン妃。

北アイルランドの一部のカトリック系住民にはイギリス統治への反発が依然根強く，ウィリアム王子の訪問にはイギリス王室としてイギリス本土との一体化を強調するねらいもある。

解説 歴史的和解 イギリスは，イングランド，スコットランド，ウェールズ，北アイルランドの４つの地域からなり，ＵＫ（United Kingdom）とよばれる。北アイルランドはアイルランド島の北東部をさし，イギリスに属する。北アイルランドでは，イギリスからの独立を望むカトリック系住民と反対するプロテスタント系住民の間で対立が続き，紛争やテロも起こった。しかし，1998年にカトリック系とプロテスタント系が歴史的な和平合意に達し，イギリスにとどまりながらも両者からなる自治政府が成立した。その後，2020年にイギリスはＥＵから離脱（➡p.316）したが，北アイルランドはＥＵの関税同盟と単一市場に部分的に残ることとなった。北アイルランドとイギリスの関係の難しさを印象づけた。

6 ユーゴスラビア問題

オーストリア　ハンガリー　ルーマニア
ボイボディナ自治州
スロベニア共和国（1991年独立）
その他　ハンガリー人 18%　セルビア人 66%
クロアチア共和国（1991年独立）
ボイボディナ自治州
セルビア共和国
その他　セルビア人 85%
モンテネグロ共和国
ボスニア・ヘルツェゴビナ共和国（1992年独立）
セルビア共和国
アルバニア人他 20%　モンテネグロ人 69%
モンテネグロ共和国（2006年独立）
コソボ共和国（2008年独立）
ブルガリア
コソボ共和国
セルビア人他 13%　アルバニア人 77%
マケドニア・旧ユーゴスラビア共和国（1991年独立）
アルバニア
ギリシャ

☐ セルビア人　☐ スロベニア人　☐ モンテネグロ人
☐ クロアチア人　☐ アルバニア人　☐ ハンガリー人
☐ ムスリム人　☐ マケドニア人　☐ ブルガリア人

解説 悲劇の歴史 「７つの隣国，６つの共和国，５つの民族，４つの言語，３つの宗教，２つの文字をもつ，１つの国家」といわれたユーゴスラビアは，それまで国をまとめてきたチトー大統領の死（1980年）をきっかけに，2006年までに６つの国に解体された。この過程で，内戦，虐殺，民族浄化の嵐が吹き荒れ，1990年代には世界で最も治安が悪い国といわれた。セルビア南部のコソボは紛争を経て，2008年に独立宣言をしたものの，セルビアが独立を認めず，紛争となった。コソボ共和国の住民はアルバニア人（多くがイスラームの信徒）が中心であり，セルビアからの独立を望んでいる。しかし，セルビアにとって，コソボはセルビア民族発祥の地，かつての首都である。コソボは，ＥＵ加盟をめざして国内整備を進めているが，国際社会は，コソボ独立を認めるＥＵ，アメリカ，日本と，承認を拒否するロシア，中国などにわかれ，解決策は見えない。

7 クルド民族独立運動

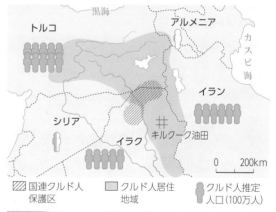

黒海　アルメニア　カスピ海
トルコ
シリア
イラク
イラン
キルクーク油田
0　200km

▨ 国連クルド人保護区　☐ クルド人居住地域　👥 クルド人推定人口（100万人）

解説 国をもたない最大の民族 クルド人は，ペルシャ語系クルド語を話し，トルコ・イラク・シリアのクルディスタンとよばれる地域に住む。総人口は2,000〜3,000万人ともいわれ，国家をもたない最大の民族である。クルド人は，国境に分断されながらも，民族としての連帯意識をもち，クルド人の国家をもつことを望んでいる。しかし，クルド人の居住地域であるクルディスタンには，キルクーク油田があるため，各国の思惑が絡んでおり，クルド人の分離・独立の道は険しい。いずれの国も，クルド人の独立を認めていないが，イラクではクルド人自治区が認められ，一定の存在感を示している。

8 カシミール問題

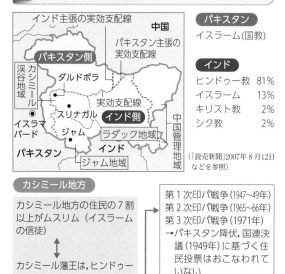

パキスタン主張の実効支配線
インド主張の実効支配線
中国

パキスタン側
カシミール渓谷地域
ダルドポラ
実効支配線
インド側
中国管理地域
スリナガル
ジャム
ラダック地域
イスラマバード
パキスタン
インド
ジャム地域

パキスタン
イスラーム(国教)

インド
ヒンドゥー教	81%
イスラーム	13%
キリスト教	2%
シク教	2%

(「読売新聞」2007年8月12日などを参照)

カシミール地方

カシミール地方の住民の7割以上がムスリム(イスラームの信徒)
↕
カシミール藩王は,ヒンドゥー教徒
↓
インドに帰属を決定
→
第1次印パ戦争(1947~49年)
第2次印パ戦争(1965~66年)
第3次印パ戦争(1971年)
→パキスタン降伏,国連決議(1949年)に基づく住民投票はおこなわれていない
↓
イスラーム過激派の活動が活発に

解説 カシミール地方をめぐる2つの国境問題 インドのカシミール地方と,パキスタン,中国との国境は画定していない。インドとパキスタンがイギリスから独立する際,ヒンドゥー教徒を藩王とするカシミール地方は,インドに帰属した。しかし,カシミール地方の住民の多くがムスリム(イスラームの信徒)であったことからパキスタンが異を唱え,3次にわたるインド・パキスタン戦争となった。いまだに帰属は決まらず,緊張状態が続く。また,北東の中国との国境も決まっておらず,実効支配線付近でインド,中国両軍が互いを警戒している。2020年には,両軍の衝突が起き,20人の死者が出たと報道された。国境画定や地域の安定の見通しは立っていない。

9 コーカサス地方の紛争 (→p.67)

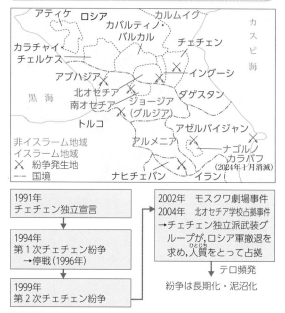

アティケ ロシア カルムイク カスピ海
カバルティノ・バルカル チェチェン
カラチャイ・チェルケス イングーシ
アブハジア 北オセチア ダゲスタン
黒海 南オセチア ジョージア(グルジア)
トルコ アゼルバイジャン
アルメニア ナゴルノカラバフ(2024年十月消滅)
非イスラーム地域
イスラーム地域
✕ 紛争発生地
-- 国境
ナヒチェバン イラン

1991年 チェチェン独立宣言
↓
1994年 第1次チェチェン紛争 →停戦(1996年)
↓
1999年 第2次チェチェン紛争
→
2002年 モスクワ劇場事件
2004年 北オセチア学校占拠事件
→チェチェン独立派武装グループが,ロシア軍撤退を求め,人質をとって占拠
↓
テロ頻発
紛争は長期化・泥沼化

解説 地政学上の重要地域 黒海とカスピ海の間に広がるコーカサス地方は,コーカサス山脈で南北に隔てられる。南部は旧ソ連から独立し,アゼルバイジャン,アルメニア,ジョージアとなった。北部では,ムスリムのチェチェン人がロシアからの独立を熱望し,2度の独立戦争に敗北しても,激しいテロ活動を続けたが独立できていない。コーカサス地方には,さまざま民族が存在し,地政学的にも重要な上,カスピ海の石油資源など紛争の種に事欠かない。ジョージアではオセット人地域の南オセチアが独立を求めて戦い,ロシアが後押しをし,国家承認もしている。トルコやロシアといった大国の思惑もあり,今後も不安定な状況は続くとみられる。

10 中国の少数民族問題

(1)チベット自治区

↑③1959年以降,主のいないダライ=ラマの居城,ポタラ宮殿

解説 次のダライ=ラマは? チベットは住民の90%がチベット仏教徒で,ダライ=ラマを指導者としている。20世紀に清が滅亡したときに,チベットは独立を宣言したが,中華民国はこれを認めず,1949年に成立した中華人民共和国もこれを認めなかった。ダライ=ラマ14世は1959年にインドに亡命し,独立運動を続けたが,中国の自治区となったチベットの独立は難しいと考え,「高度な自治を求める」方針に転換した。しかし,中国政府はチベット仏教の思想を警戒しており,チベット仏教内部にも介入している。ダライ=ラマの後継者をめぐり,ダライ=ラマ側と中国側の2人が正当性を争うという事態になっているため,近年,独立運動が激化している。

(2)新疆ウイグル自治区

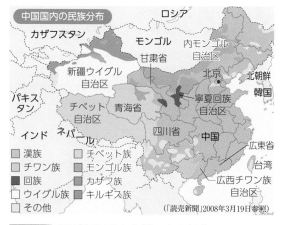

中国国内の民族分布
ロシア カザフスタン モンゴル 内モンゴル自治区 甘粛省 新疆ウイグル自治区 北京 北朝鮮 韓国 パキスタン チベット自治区 青海省 寧夏回族自治区 四川省 中国 広東省 インド ネパール 台湾 広西チワン族自治区

□漢族 □チベット族
□チワン族 □モンゴル族
■回族 □カザフ族
□ウイグル族 ■キルギス族
□その他

(「読売新聞」2008年3月19日参照)

解説 世界が注視するウイグル ウイグル族は,イスラームを信仰し,独自の文化をもつ。新疆ウイグル自治区では,漢民族が支配的な立場にあるため,ウイグル族の不満をもっている。2009年には新疆ウイグル自治区で大規模な暴動が起き,その後も「ウイグル独立派によるテロ」が数回起きている。2018年には国連で新疆ウイグル自治区の収容施設に100万人が収容されていると指摘され,人権侵害が疑われている。

難民は,なぜ発生するのだろうか。難民問題について,日本にできる対応策はないのだろうか。

政治

11 アフガニスタン問題 (→p.203)

アフガニスタンの民族分布と宗教構成 (外務省資料ほか)

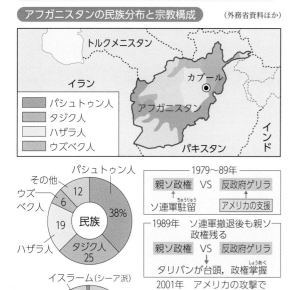

凡例：
- パシュトゥーン人
- タジク人
- ハザラ人
- ウズベク人

トルクメニスタン / イラン / カブール / アフガニスタン / パキスタン / インド

民族 38%
- パシュトゥーン人 38%
- タジク人 25
- ハザラ人 19
- ウズベク人 6
- その他 12

宗教 84%
- イスラーム（スンニ派）84%
- イスラーム（シーア派）15
- その他 1

1979〜89年
親ソ政権 VS 反政府ゲリラ
ソ連軍駐留 ← アメリカの支援

1989年 ソ連軍撤退後も親ソ政権残る
親ソ政権 VS 反政府ゲリラ
タリバンが台頭，政権掌握

2001年 アメリカの攻撃でタリバン政権崩壊

2004〜21年
民主化政権 VS タリバン，反政府ゲリラ
アメリカ軍駐留

2021年 アメリカ軍撤退
タリバン政権へ

解説 **冷戦の遺産** 1970年代のソ連占領下のアフガニスタンで，イスラーム過激派テロ組織アルカイダが設立され，アメリカの支援を受けて反政府活動をおこなった。文明の十字路にあり，多種多様な人々が住む豊かな美しい国は，冷戦の影響で戦場となった。ソ連軍が撤退した後も，複雑な民族問題などが原因で内戦となり，そのなかでイスラーム原理主義組織タリバンが台頭した。2001年にアルカイダがアメリカ同時多発テロ事件をおこした際，タリバンが犯人を匿っているとしてアメリカがアフガニスタンを攻撃した。タリバン政権は崩壊したが，タリバン勢力はゲリラ戦を続け，アメリカ軍・NATO軍の駐留が続いていた。2021年，アメリカとタリバンの和平合意を受けて駐留軍が撤退すると，再びタリバンが政権を握った。国際社会は，タリバン政権が人権を無視した支配をしていると非難している。

12 難民問題

世界の難民等の推移
（注）国内避難民などを含む。

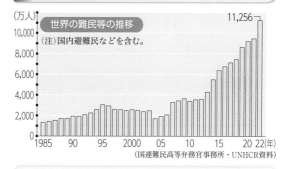

（万人）縦軸：0〜10,000〜11,256
横軸：1985, 90, 95, 2000, 05, 10, 15, 20, 22（年）
（国連難民高等弁務官事務所・UNHCR資料）

● **難民の地位に関する条約**
第1条【難民の定義】 この条約の適用上，「難民」とは次の者をいう。……人種，宗教，国籍もしくは特定の社会的集団の構成員であることまたは政治的意見を理由に迫害を受けるおそれがあるという十分に理由のある恐怖を有するために，国籍国の外にいる者であって，その国籍国の保護を受けることができない者またはそのような恐怖を有するためにその国籍国の保護を受けることを望まない者……

● **UNHCR（国連難民高等弁務官事務所）**
国連総会決議によって，1950年に設立された。人道的見地から，紛争や迫害によって，祖国を追われた世界の難民の保護と難民問題の解決へ向けた国際的な活動を先導，調整する。具体的には，難民の保護と，自主的な帰国または第三国への定住を援助する。

● **ノン・ルフールマンの原則**
いかなる理由があっても生命や自由を脅かされかねない地域に追放あるいは送還されることを禁止する。

解説 **求められる政治的取り組み** 難民とは，戦争や紛争，政治的な理由などから外国に逃れ，祖国の保護を受けられない人々をいう。亡命者も含まれるが，国内にとどまる**国内避難民**とは区別される。なお，難民の保護のために，国連では，1951年に「難民の地位に関する条約」，1967年に「難民の地位に関する議定書」を採択した。通常，これら2つをあわせて**難民条約**とよぶ。
地域紛争の多発と長期化によって難民が増大し，大量の難民を受け入れてきたヨーロッパで，難民の受け入れに反対する極右政党が支持を伸ばし，EU（欧州連合）懐疑論にもつながっている。難民問題は，EUの今後にも影響を与えるかもしれない。

政治

TOPIC ロヒンギャ問題とは？ (→p.204)

ミャンマーは，7割のビルマ人と複数の少数民族からなる国で，仏教徒が9割を占める。現在，国際社会では，ミャンマーのベンガル系ムスリム（イスラームの信徒）の**ロヒンギャ**をめぐる問題が注目されている。

ミャンマーのラカイン州は，バングラデシュ（国民の9割がムスリム）のベンガル地方に隣接し，ベンガル地方からムスリムが移住してきた。インド・パキスタン戦争で難民として逃れてきたムスリムもあわせて，彼らはロヒンギャとよばれる。1948年にミャンマーがイギリスから独立した際はロヒンギャを保護する姿勢も見られたが，1962年の軍事クーデタ後，軍事政権は社会主義経済体制の下で民族中心主義を打ち出し，ロヒンギャを不法移民として迫害しはじめた。1982年には国籍法を改正し，ロヒンギャのミャンマー国籍を剥奪して，以後，ロヒンギャは不法入国者として扱われている。ロヒンギャの多くはバングラデシュに難民として流出したが，なかには武装闘争をおこなう者も現れた。2017年には，ラカイン州でロヒンギャの武装集団とミャンマー国軍が衝突し，70万人以上のロヒンギャがバングラデシュに避難した。ミャンマー国軍が集団殺害をおこなった疑いもあり，国際刑事裁判所（→p.162）が捜査を開始し，国際司法裁判所（→p.161）にも提訴されている。国際司法裁判所は，2020年にミャンマー政府にロヒンギャ迫害の防止策をとる暫定命令をしたが，2021年以降，ミャンマーで軍事クーデタが起こって情勢が不安定化し，先行きは見通せない。

↑4 武力衝突を受け，バングラデシュに避難するロヒンギャ難民（2017年）

用語解説 UNHCR →p.363

ゼミナール

パレスチナ問題とは？ (⊃p.41)

「ユダヤ人はパレスチナの土地を盗んだ泥棒だ」と主張するパレスチナ（アラブ）人。これに対して，「パレスチナは神から与えられた土地であり，もともとの所有者は私たちだ」と主張するユダヤ人。両者の和解は果たして可能なのだろうか。

本質は「領土問題」

優太：パレスチナ問題について調べてみました。イスラエルは1948年にパレスチナの土地にアメリカの支援でできたユダヤ人の国で，そこにいたパレスチナ人（アラブ人）は追い出されてしまいました。パレスチナ人は，現在も難民となっていて，パレスチナの土地に自分たちの国家を設立することを望んでいます。つまり，パレスチナ問題は，ヨルダン川西岸から地中海沿岸までのパレスチナの土地をめぐる争いなんだ。

結衣：なるほど。パレスチナの土地にはエルサレム（⊃p.41）があり，エルサレムはユダヤ教，イスラーム（イスラム教），キリスト教の聖地だしね。ユダヤ教徒が中心のイスラエルとイスラームが中心のパレスチナの聖地をめぐる領土問題ということなんだね。

先生：2人とも，よく勉強しているね。

ユダヤ人がパレスチナの土地に移住をはじめたのは，19世紀の終わりだ。世界に民族主義が高まり，一部のユダヤ人は聖書で神から与えられた土地であるパレスチナの土地に帰るシオニズム運動をはじめたんだ。

優太：そして，第一次世界大戦中のイギリスは，1915年にパレスチナ人とフサイン・マクマホン協定を，1917年にユダヤ人とバルフォア宣言を結び，両者に国家建設を約束してしまいました。そうですよね？

イスラエルの建国

先生：その通り！祖国をもたないユダヤ人は，おもにヨーロッパ各国に住んでいて，ユダヤ教とキリスト教の対立などを背景に差別されることが多かった。しかし，ユダヤ人は商業で成功し，恵まれた生活の人も多くいた。だから，シオニズム運動に応えてパレスチナに移住するユダヤ人は当初少なかったんだ。でも，ある

できごとが起こり，1930年代以降，ユダヤ人がパレスチナに大挙して移住することになった。

結衣：第二次世界大戦中にナチスが600万人のユダヤ人を殺害したホロコーストですね。

先生：そうだね。第二次世界大戦後は，ユダヤ人への同情が高まり，1947年に国連はパレスチナ分割案を提示した。ユダヤ人は受け入れたが，自分たちの住んでいる土地をとられることになるパレスチナ人は，当然，受け入れなかった。1948年にユダヤ人がイスラエルの建国宣言をすると，周辺のアラブ諸国は同じアラブ人であるパレスチナ人を助けるために，イスラエルに軍事侵攻し，4回の中東戦争に発展した。しかし，この過程でイスラエルは占領地を拡大したんだ（第1・3次中東戦争）。

進まない和平策

優太：中東戦争後，パレスチナ人には

パレスチナ問題関連年表

19C末	シオニズム運動はじまる
1915	フサイン・マクマホン協定：英，パレスチナ人の国家建設を約束
1917	バルフォア宣言：英，ユダヤ人の国家建設を約束
1920	イギリスの委任統治（～1948年）
1939	第二次世界大戦（～1945年）→約600万人のユダヤ人が虐殺
1947	国連，パレスチナ分割案採択
1948	イスラエル建国宣言←アメリカの支援 第1次中東戦争（～1949年）
1956	第2次中東戦争（スエズ戦争）
1964	PLO（パレスチナ解放機構）結成
1967	第3次中東戦争（占領地拡大）
1973	第4次中東戦争
1979	イスラエル・エジプト平和条約→イスラエル，シナイ半島をエジプトに返還（1982年）

1993	オスロ合意→パレスチナ暫定自治協定に調印
1995	ラビン首相（イスラエル）暗殺
2003	中東和平3者会談（ヨルダン）
2004	PLOのアラファト議長死去
2005	イスラエル，ガザとヨルダン川西岸（一部）のユダヤ人入植地を退去
2006	イスラエルにハマス政権成立 イスラエル，ガザ空爆
2007	ハマス，ガザ地区占領制圧。ハマスとファタハ対立
2011	ファタハとハマス，和解合意 ユネスコがパレスチナを「国家」として加盟承認
2012	国連は，パレスチナを「オブザーバー国家」とする決議を採択
2017	アメリカのトランプ政権がイスラエルの首都としてエルサレムを承認

地図凡例:
- イギリス領
- フランス領

トルコ
シリア
仏委任統治領
イラク 1932年独立
パレスチナ 英委任統治領
トランス=ヨルダン
エジプト 1922年独立
サウジアラビア 1932年成立

第二次世界大戦前の
パレスチナ（1925年）

レバノン
シリア
ハイファ
地中海
テルアビブ
エルサレム
ガザ
ヘブロン
死海
ヨルダン
シナイ半島
エジプト
アカバ湾
国際管理地域
ユダヤ人地域
アラブ人地域

国連分割決議
（1947年）

レバノン
シリア
ゴラン高原
ハイファ
地中海
テルアビブ
アンマン
エルサレム
ガザ ヘブロン
死海
ガザ地区
シナイ半島（1982年返還）
エジプト
アカバ湾
ヨルダン
第二次中東戦争での拡大 一九四八
第三次中東戦争の拡大 一九六七

中東戦争による占領地
（1948年，1967年）

パレスチナ自治区
「ガザ地区と，ヨルダン川西岸地域の4割の地域」
レバノン
シリア
ゴラン高原
地中海
イスラエル
テルアビブ
アンマン
西岸地区
ラマラ エリコ
ヨルダン川
エルサレム
死海
ガザ地区
ヘブロン
ベツレヘム
イスラエル占領地
ヨルダン
※ガザ地区からのイスラエル撤退は2005年

自治政府成立以降
（1995年～）

第1次中東戦争（1948～49）
パレスチナ分割に抗議するアラブ諸国がイスラエルを攻撃
第2次中東戦争（1956）
エジプトのスエズ運河国有化に対して，イギリス・フランス・イスラエルがエジプトを攻撃（スエズ動乱）
第3次中東戦争（1967）
イスラエルによる周辺アラブ諸国への奇襲攻撃
第4次中東戦争（1973）
領土問題の解決を迫るエジプト・シリアがイスラエルを攻撃。石油危機に発展

? ①右の地図の①～⑩の国名を答えてみよう。
②非アラブ諸国（アラビア語を使わない国，①⑥⑨⑩）を赤色でぬってみよう。

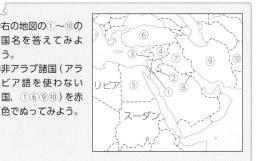

リビア
スーダン

→**1** **パレスチナ自治区に建設された分離壁** 2004年，国際司法裁判所（→p.161）は，分離壁について国際法上違法との勧告的意見を出した。同年，国連総会で，建設中止と撤去を求める決議案が採択された。

ガザ地区とヨルダン川西岸が残されたんですね。この他の土地に住んでいた人々はどうなったんですか？

先生：土地を追われ，隣国のレバノンやヨルダンに逃れて難民（→p.211）となり，現在に至っています。

結衣：パレスチナ人も，1964年にPLO（パレスチナ解放機構）を結成し，アラファト議長を中心にイスラエルと戦ったんですよね？

先生：そうだね。PLO以外にも，パレスチナ人の**インティファーダ**とよばれる民衆蜂起も起きた。でも，1993年にPLOのアラファト議長とイスラエルのラビン首相の間で，PLOはイスラエルを承認し，イスラエルはパレスチナの自治を認める**オスロ合意**が成立したんだ。これに基づいて1994年に，ガザ地区とヨルダン川西岸地区で**パレスチナ暫定自治政府**が樹立された。イスラエルとパレスチナは解決にふみ出したけど……。

優太：失敗してしまったんですか？

先生：そうなんだ。イスラエルとパレスチナ双方に和平反対派がいて，オスロ合意後もテロ活動は継続したんだ。イスラエルは「テロリストが流入しないように」とヨルダン川西岸地区に「分離壁」を設置した。また，パレスチナでは穏健路線をとるようになったPLOの主流派のファタハ政権に反対するイスラーム組織のハマスが民衆の支持を集め，強硬路線をとりはじめた。ガザ地区はハマスが実効支配し，ヨルダン川西岸地区をファタハ政権の自治政府が統治する状態となってしまった。

結衣：アメリカの政策にも翻弄されていると聞きます。2017年にアメリカのトランプ政権がエルサレムをイスラエルの首都と認めました。

先生：国際上，占領が認められていないエルサレムをイスラエルの首都と認めたアメリカには，露骨なイスラエル寄りの政策との批判が相次いだんだ。

今後の見通しは？

優太：今後，イスラエルとパレスチナの和平は可能でしょうか？

先生：パレスチナ自治政府は，2012年に国連総会で**オブザーバー国家**として承認された。和平解決のはずみとしたいけど，以下の課題がある。

① **領土問題**……イスラエルは，ヨルダン川西岸地区に次々と入植地をつくり，支配地域を拡張している

② **聖地エルサレムの統治**……現在，イスラエルが支配しているが，国際社会は承認していない。パレスチナも，東エルサレムは譲れないとしている

③ **パレスチナ難民**……500万人以上存在するパレスチナ難民が，パレスチナに戻ることをイスラエルはおそれている

結衣：解決に向け，課題山積ですね。

先生：2023年には，パレスチナのガザに拠点を置くハマスがイスラエルに越境侵入し，イスラエルも軍事報復するなど，和平への道筋は見えない。

? ❶パレスチナ問題は，どのような問題なのだろうか。
❷パレスチナ問題の平和的な解決に向け，国連や日本にはどのようなことができるのだろうか。

4 国際社会における日本の役割

政治

要点 の整理

*＿＿＿は共通テスト重要用語，**1**は資料番号を示す。この節の「共通テスト○×」などに挑戦しよう👆

1 戦後の日本の外交

❶日本の外交の三原則 (1957年『外交青書』)

● **国連中心主義**──世界有数の国連分担金の負担率，安全保障理事会の常任理事国入り問題
　　　　　　　　└人的貢献の不十分性……日本人の国連職員数の少なさ

● **自由主義諸国との協調**……アメリカを中心とする体制

● **アジアの一員としての立場堅持**……アジア諸国との協力 (戦後補償問題の解決，領土問題の解決，安全保障問題)

❷日本外交の流れ **1**

1951年　**サンフランシスコ平和条約**──┬日本の主権回復，占領の終了 (朝鮮・台湾・千島・南樺太を放棄)
　　　　　(吉田内閣)　　　　　　　　└西側諸国との片面講和 (ソ連などの社会主義国とは調印せず，中国は招聘されず)

　　　　日米安全保障条約──日米協調を外交の中心に。米軍の駐留──➡日米安全保障条約の改定 (1960年)
　　　　　(吉田内閣，改定時：岸内閣)

1956年　**日ソ共同宣言**──ソ連との国交回復──➡日本の国連加盟
　　　　　(鳩山内閣)　　　(ただし，北方領土問題が残り，平和条約は未締結)

1965年　**日韓基本条約**──大韓民国と国交回復，北朝鮮とは国交なし
　　　　　　　　　　　　──➡1991年　北朝鮮と国交正常化交渉開始
　　　　　　　　　　　　　　　2002年　**日朝平壌宣言** (小泉内閣)──➡国交正常化に向けて協議を継続

1972年　**日中共同声明**──中国と国交正常化 (台湾とは断交)──➡1978年　**日中平和友好条約** (福田内閣)

❸日本の国際社会における役割

● 戦争への反省──➡ **恒久平和主義** ・ **国際協調主義**
　　　　　　　　　　↓かつての侵略国・唯一の被爆国
　　　　　　非軍事大国化，**非核三原則**：「(核兵器を)もたず，つくらず，もちこませず」

● 集団的自衛権を認める閣議決定，防衛装備移転三原則

● 国際社会への貢献……経済援助・環境問題 (SDGsの重視)・テロ対策・災害援助

---

1 戦後の日本の外交　国際社会のなかで，日本はどのような役割を果たしてきたのだろうか。

1 戦後日本の外交

年	内容
1951	サンフランシスコ平和条約に調印。ソ連など共産圏の3か国は拒否。同日，**日米安全保障条約** (旧安保条約) に調印，米軍の日本駐留継続
1954	防衛庁と**自衛隊**が発足
1960	アメリカの日本防衛義務を明確にした**新日米安保条約**に調印。条約発効後，岸首相が退陣
1972	沖縄返還
1978	**日米防衛協力のための指針** (旧ガイドライン) 決定。日本への直接攻撃に対する共同対処が中心
1979	ソ連軍がアフガニスタンに侵攻。デタント (緊張緩和) は終わり「新冷戦」に
1983	中曽根首相が3海峡封鎖や日本列島不沈空母論を唱えるレーガン大統領の対ソ強硬姿勢を支持
1989	「ベルリンの壁」崩壊。冷戦終結
1991	湾岸戦争──➡日本は人的貢献はおこなわずに批判を受け，戦争終結後，ペルシャ湾に海上自衛隊の掃海艇を派遣　ソ連崩壊
1992	**PKO協力法** (国際平和協力法) が成立。カンボジアPKOに自衛隊を派遣
1994	北朝鮮，IAEA脱退を宣言 (その後復帰，2003年に脱退を表明)

年	内容
1995 1996	沖縄で米兵による少女暴行事件。基地反対運動が高まる　米軍，普天間飛行場の返還に合意。**日米安保共同宣言**を発表
1997	**新ガイドライン**に合意
1999	周辺事態法成立
2001	アメリカ同時多発テロ事件。**テロ対策特別措置法**が成立
2002	テロ対策特別措置法に基づきイージス艦をインド洋に派遣。日朝平壌宣言，拉致被害者5人帰国
2003	イラク戦争。有事関連3法成立。イラク復興支援特別措置法成立。第1回6か国協議開催
2004	第2回日朝首脳会談，拉致被害者の家族が帰国。有事関連7法成立。イラク復興支援をおこなうために，自衛隊をイラクに派遣
2006	北朝鮮，地下核実験 (2009，13，16年にも実施)
2014	集団的自衛権の限定的な行使を可能にする閣議決定
2015	新しい安全保障関連法成立

● **日本の外交の三原則**
①国連中心主義
②自由主義諸国との協調
③アジアの一員としての立場堅持

解説 **近隣諸国との関係改善を**　冷戦終結は日本外交にも変化をもたらした。専守防衛 (➡p.182)，領域内での個別的自衛権 (➡p.182) の発動のみとされてきた自衛隊の活動が，1992年にPKO (➡p.186) に限るという条件で海外に拡大された。2015年には集団的自衛権 (➡p.182) の行使容認により，国家としてのあり方が大きく変わった。アジアの近隣諸国との間に歴史問題，領土問題も未解決である。平和国家としてアジアの一員としての外交と，国際貢献をしていかなければならない。

🔖 国際平和の実現に向け，日本にはどのような役割が求められているのだろうか。

本当の国際貢献とは？

今日の国際社会は，これまでにない困難に直面している。気候変動，内戦，難民，自然災害など，これらの課題に苦しむ人々に，国際社会はさまざまな「援助」をしている。しかし，それは本当に人々を幸せにできる援助なのだろうか。本当の支援とは何かを問い続け，行動し続けた日本人がいた。

農村の回復なくして，アフガニスタンの再生なし～日本人医師・中村哲さんの国際貢献

→中村哲さん（1946～2019）

2019年，アフガニスタンのジャララバードで，日本人医師の中村哲さんが武装勢力によって襲撃され，運転手など5人のアフガニスタン人とともに殺害された。アフガニスタンから名誉市民権を与えられていた中村さんの死に，現地の人々は悲嘆にくれた。現地での追悼式典では，アフガニスタンのガニ大統領が哀悼のことばを述べ，ガニ大統領みずから棺を担いだ。アフガニスタンの人々に愛された中村さんは，どのような活動をしていたのだろうか。

中村さんは，医師として1984年にパキスタンに赴任し，その地で戦乱を逃れてきた隣国アフガニスタンの難民に出会う。アフガニスタンの山間部の無医地区の苦境を知り，1991年，アフガニスタンに診療所をつくって医療にあたった。そんな中村さんに転機が訪れる。2000年，アフガニスタンで大規模な干ばつが起こったのである。水の不足からくる飢餓や農地の砂漠化が進み，住民たちが村を離れるなか，「医療の前に水が必要」と中村さんは井戸を掘りはじめた。しかし，井戸を掘るなかで地下水の枯渇に直面する。中村さんは地下水に頼る灌漑の限界を知り，2003年，用水路建設に着手した。みずから土木工学を一から学び，図面を引いた。難民たちが駆けつけ，工事現場で土を掘った。彼らに支払われた日当は日本からの送金，心ある人々からの募金だった。酷暑のなか，中村さんも土を運び，重機を運転した。2010年，マルワリード用水路が完成，干ばつで荒れ果てた土地に緑がよみがえり，もともと砂漠だったところまでも農地となった。難民や傭兵が農民に戻り，平和な日々を取り戻したのである。中村さんがアフガニスタンでつくった用水路で潤った土地は，約1万6,500haにのぼる。しかし，干ばつと戦乱に苦しむアフガニスタン全体の2％に過ぎない。後継者を育成し，灌漑事業をアフガニスタン全土に広げようと活動していた矢先，中村さんは帰らぬ人となった。

↑1 用水路の最終地点への通水に歓声をあげる人々（アフガニスタン）　NGO「ペシャワール会」の支援により，中村哲さん率いるPMSによってつくられた。写真から，鉄線で編んだ籠に石を詰める蛇籠が用いられていることがわかる。蛇籠とは，日本の古来の護岸工法である。

中村医師の活動から国際貢献を考える

優太：アフガニスタンに尽くした中村哲さんは，なぜ，殺されたんだろう？

結衣：特定された犯人が亡くなっていて，詳細はわからないみたい。アフガニスタンでは，国づくりを手伝う国際機関やNGOをねらう誘拐や殺人が起きていて，中村さんも標的とされたという見方もあるようだね。

優太：アフガニスタンとアメリカとの戦争（→p.211）のせいかな？

先生：アフガニスタンの情勢は複雑だ。しかも気候変動のために洪水や干ばつに襲われて，農民は貧困化し，食べて行くために政府側や反政府側の傭兵に雇われる人も多いんだ。

結衣：中村さんは，「灌漑に成功した地域ではテロが少なく，これは彼らが農業に従事することで家族を食べさせることができるからだ」とおっしゃっています。

優太：なるほど。アフガニスタンの人々が飢えてテロリストにならなくても済むように農業ができるようにすることは，「テロとの戦い」よりも平和に貢献できるということだね。

先生：そして，これは「人の命を救う医療とも共通することだ」と中村さんはおっしゃっている。また，中村さんは，勢力争いの激しいアフガニスタンで，多くの勢力と良好な関係をつくっていた。中村さん殺害直後，当時は反政府勢力だったタリバン（→p.211）が中村さんとは「良好な関係で，犯人ではない」と声明を出すくらいだからね。それでも，思いが伝わらないこともあったようだね。

結衣：中村さんは，どんなときも「人を信じ，愛し，理解しようとしていた」と一緒に活動していた人が語るのを聞きました。

優太：相手を理解し，本当に必要なこととは何なのかをとことん考え，それを実行していたのですね。

結衣：もう1つ，すばらしいことがあるよ。アフガニスタンでの用水路建設では，日本古来の工法が使われたそうです。本当にすぐれた技術が再評価され，国をこえていかされるということも国際貢献の重要な点じゃないかな。

優太：今，アフガニスタンは混乱しているけれど，中村さんが生きていたら，どんな行動をとられただろうね。

中村さんは，「一隅を照らす」ということばを好んだ。これには「自分が今いる場所で，自分にできることを懸命にする」という意味があるが，国際貢献において，大切なことはどのようなことだろうか。

経済を学ぶ目的は？

希少性があるからこそ

↑**1東京都渋谷区に設けられた若者向けの新型コロナウイルス感染症のワクチン接種会場に並ぶ若者**(2021年8月)　予約なしでワクチン接種ができたことから，希望者の行列ができた。

私たちは，さまざまなものを消費して生活している。しかし，私たちの身の回りにあるもののほとんどは，私たちのすべての欲望を満たすほどには存在しない。このような「足りない」という性質を「**希少性**」という。たとえば，新型コロナウイルスの感染拡大では，ワクチンは希少な財であったといえる。希少な財・サービスの生産を，希少な労働力や土地などを組みあわせておこない，誰に行きわたらせるかを考えることは，経済学とって重要な問題といえる。

トレード・オフと選択

お昼ご飯にラーメンを選択すれば，カツ丼をあきらめなければならない……

これを選択すれば，「あれも」「これも」あきらめなければならない

私たちは，日常生活で限りあるお金を何に使うか考えているはずである。この使えるお金の限界のことを予算制約という。予算制約の範囲内で，私たちは優太のように，今日の昼食は「ラーメンにしようか」，「カツ丼にしようか」などを考えている。ラーメンを食べれば，カツ丼を買うお金はなくなるし，カツ丼を食べれば，ラーメンは食べられない。こうした「一方を実現させれば，他方は実現できない」という関係を**トレード・オフ**という。また，消費者だけではなく生産者も，限りある資本を用いて何をつくるかを考える。パン屋ならば，あんパンをつくるか，メロンパンをつくるか，両方つくるだけの材料費や時間がなければ，どちらをつくるか選択しなければならない。

費用と機会費用

ラーメンとカツ丼の「どちらを食べるか」という選択は，見方を変えれば，「どちらをあきらめるか」という問題でもある。この「あきらめることの重み」を，経済学では「**費用**」という。経済を意味するeconomyには，「費用がかからない」という意味がある。**経済学**とは，より小さな費用でより大きな満足度(**効用**)を得るための「効率的な」選択を考える学問である。

ここで優太が，昼食に800円のラーメンを食べたとしよう。これは優太にとって，ラーメンを食べることの効用が，800円で買える他の選択肢を選んで得られる効用よりも大きかったということである。それでは，もし，ラーメンは800円で待ち時間がなく，カツ丼は600円で待ち時間が30分だった場合を考えよう。優太は，ラーメンにもカツ丼にも800円を払う価値があると考えている。この場合，優太はどのような選択をするのが合理的だろうか。優太は，カツ丼を選べば，30分間，行列に並ぶことになり，その時間にできたこと(読書や昼寝など)ができないことになる。この「もし，○○をしていたら得られたであろう利益のうち，最大のもの」を「**機会費用**」という。つまり，優太にとって，行列に並ばずに空いた時間で何かをして得られる満足は，ラーメンを選択しなかったとしたら使えた200円で得られる満足度よりも大きかったということである。「機会費用」という考え方を使えば，さまざまな場面で経済的に合理的な行動を考えることができる。次の場合を考えよう。

? あなたは，会社の経営者である。従業員の一人が自動車で取引先に営業に行く。今までは混雑した一般道しかなかったので，片道40分かかっていた。しかし，新たに有料道路ができて片道20分で行けるようになった。有料道路の料金は1,000円である。あなたは，従業員に対して有料道路を使うように命じるべきだろうか。

機会費用という考え方を用いて考えよう。話を単純化するために，ガソリン代その他の自動車にかかる費用は無視して考える。

もし，今まで通り一般道を使用すれば，有料道路を利用した場合に比べて，20分×2＝40分，往復の運転時間が増える。会社からすれば，40分で生み出せた価値をあきらめたことになる。これが有料道路を使わないことの機会費用である。従業員が働けたであろう40分で得られた収益(機会費用)と，往復2,000円の有料道路代を比較して，あなたは経営者として，より儲かる方を命じればよいのである。

私たちは，他者が生産した財やサービスを，貨幣を用いて購入して生活をしている。こうした生産・分配・支出にかかわる活動の総体が経済活動である。経済といえば，「お金」や「投資」がイメージされるかもしれない。私たちは，何のために「経済」について学ぶのだろうか。「私」の生活をよりよくするための「お金儲け」の方法を考えるのが経済学なのだろうか。

経済学とは「経世済民」の学

❶効率と公正

> よく見る買い物の風景だね。海鮮類も食べたいし，洋服も買いたいし。魚何匹で服一着が買えるのかな？

現在，私たちの経済活動は「分業」と「交換」によって成り立っている。つまり，それぞれが自身の得意な財・サービスの生産に特化し，自分の生産物と他人の生産物を交換することによって経済活動がおこなわれているのである。現在では，この交換に貨幣が使われている。

そして，それぞれが自由な交換をおこなえば，価格の変動を通じて，結果として無駄なく全体の満足度が高まるというしくみを市場機構（➡p.258）という。しかし，ここで実現する結果が，たとえ無駄なく「効率的」であったとしても，みんなが納得するような「公正」なものであるとは限らない。たとえば，一部の人だけが大きな利益を得て，全体として大きな格差を生み出してしまう場合も考えられる。

公正な競争か？

❓魚群探知機つきの漁船をもつ結衣さんは，漁船をもたない優太さんよりも多くの魚を釣り，よりよい暮らしができる。これは公正だろうか。結衣さんの漁船について，自分で買った場合，親が裕福で漁船を買い与えられた場合の両方を考えよう。

また，能力の高い人が，より多くのモノを手に入れることは起こりうる。その能力が，個人の努力の結果であれば，それは努力の報酬であると考えられるだろう。しかし，その能力が，遺伝であればどうだろう。さらに，それが親から受け継がれた資産によるものであればどうだろうか。資本主義経済（➡p.254）において，貧富の差は，次世代の貧富の差に結びつくと考えられている。より「公正」な分配のために，政府の役割を考えるのも経済学の目的である。

❷希少性を解消する

インセンティブとは

> 手伝いをしたらお小遣いをあげる──お手伝いをする

> 石油に税をかける──消費量を減らす

希少性が高く，多くの人がほしいと思っているものは，価格が高くなり，低コストで生産できれば多くの利益を得ることができる。それは希少な資本を，生産量を増やすための新たな技術開発に振り向ける原動力となる。こうした人々の選択に影響を与える経済的な誘因をインセンティブという。市場価格の上下は重要なインセンティブであるが，政府も，補助金や税金，場合によっては罰則というインセンティブを与えて，社会にとって望ましい財やサービスの供給を増やし，公害のような望ましくない状態を抑制しようとする。そのようなインセンティブのはたらき（効率性）を考えるのも，経済学の目的である。経済学の究極の目的は，すべての人の希少性の問題が解消され，経済学そのものが必要ではなくなることかもしれない。

❸社会科学と自然科学の違い ～実験できないからこそ

経済学は，社会科学という分野に属する。科学という名がつけられているのは，客観的な証拠（エビデンス）に基づいて社会のしくみやあるべき政策を考えなければならないからである。しかし，物理や化学などの科学と，社会科学は根本的に異なるところがある。それは，社会科学は実験室で実験して結果を確かめられないということである。現実社会では，さまざまなことが複雑に絡みあっているので，1人の経済学者が「△△という結果を得るために，○○をおこなうべきである」と主張しても，「○○をおこなえば，××という結果が生じるので，□□をおこなわなければならない」という異論が出てくることがある。しかし，実際におこなうことができる政策は1つであるため，究極のところ，どちらが正しいのかは知りようがない。だからこそ，多くの人が納得する政策をおこなうには，多様な考え方が示され，十分に議論を尽くすことが重要なのである。そのために，経済を学ぶうえで大切なことは，経済学者や評論家の説を鵜呑みにするのではなく，自分で考えることである。

用語解説 希少性，トレード・オフ，機会費用 ➡p.363

私たちと経済

要点 の整理

＊　　　は共通テスト重要用語，**1**は資料番号を示す。この節の「共通テスト○×」などに挑戦しよう

1 経済とは何か
❶経済活動 **1**……人間が生活する上で必要な 財・サービス を生産・分配・消費する一連の活動
❷経済学……経済活動における人間の行動や選択の問題を対象とする学問

2 経済主体
❶家計 **1**〜**3**……企業に労働力・資本などを提供し，賃金や配当を得て，消費や貯蓄をおこなう経済主体
❷企業……生産手段や労働力などを用意して，財・サービスを生産・販売することで利潤の最大化をめざす経済主体
❸政府……家計や企業から税を徴収したり，公債を発行することで財政活動をおこなう経済主体

1 経済とは何か

経済は，私たちの生活にどのようにかかわっているのだろうか。

1 経済とは何か

　私たちは，家族を一つの単位（家計）として，毎日の生活を送っている。働いて収入を得，そのなかから税金を払い，日用品を買い，残ったお金を銀行に預金する。一方，企業は，銀行からお金を借りて工場を建て，人々に働く場所を提供すると同時に，たくさんの製品をつくっている。また，政府は，集めた税金で，道路，学校，図書館，公園，警察，消防など，さまざまな財やサービスを提供している。経済とは，このように家計・企業・政府という3つの経済主体によって営まれる活動をいう。

　一般に，私たちは，物質的にたくさんのものをもてばもつほど，幸せだと感じる。しかし，製品をつくり出すために必要な生産の三要素，すなわち土地（天然資源を含む），労働力，資本は有限である。このことから，限られた資源からいかに効率的にたくさんのものを生産するかが経済学の主要課題となる。

↑**1**青果物のせりのようす　市場は，希少な資源を交換する場となっている。

解説 **経済学とは人々の「選択」を対象とする学問**　昼ご飯のメニューから就職先など，私たちの人生には多数の選択の場面が用意されている。私たちは，限られた選択肢のなかから最も満足度が高まるものを選び，よりよい人生を送ろうとする。経済学は，直接お金にかかわる問題だけでなく，このような人間の選択を対象とする学問である。経済学とは，人々が希少な資源の配分をどのように選択するのか，その選択が社会にどのような影響をおよぼすかを研究するものである。

2 経済主体

家計・企業・政府は，どのように経済活動をおこなうのだろうか。

1 経済主体

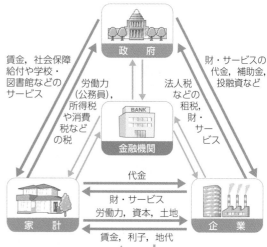

政　府

賃金，社会保障
給付や学校・
図書館などの
サービス

労働力
（公務員），
所得税
や消費
税など
の税

法人税
などの
租税，
財・
サー
ビス

財・サービスの
代金，補助金，
投融資など

金融機関

代金

財・サービス
労働力，資本，土地

家　計　　　　　企　業

賃金，利子，地代

財・サービスの取り引き　　　財・サービスの取り引き

外　国

? 家計は，どのように企業や政府とかかわって資金を得ているのだろうか。

解説 **3つの経済主体**　経済主体とは，選択をおこなう個人もしくは集団をさす。特に，経済を大きな視点で捉えた場合には，家計・企業・政府の3つの経済主体があるとされている。家計は，企業や政府に労働力を提供することによって賃金を得て，これらをもとに財・サービスを消費する。家計の資金は，すべて消費にまわされるわけではなく，一部は貯蓄となる。貯蓄は，金融機関を通じて企業に提供される。企業は，提供された資金などで工場などを建設し，労働者を雇用して，財・サービスを生産する。生産したものは，他の企業や消費者へと販売され，企業の利益となる。政府は，家計や企業から租税や公債（国債・地方債）などの形で資金を調達し，道路や公園などの公共財（➡p.264）を提供する。このような政府のはたらきを財政活動という。近年の日本は，集めた資金以上の支出をおこなっているため，公債発行残高が増大（➡p.285）しており，問題となっている。

? 私たちの多くは，学校卒業後に労働者として働くことを選択するが，働くことでどのように経済活動に参加するのだろうか。また，起業した場合，経営者となるが，その場合はどのように経済活動に参加するのだろうか。

2 家計の収支

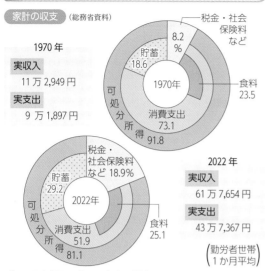

家計の収支 （総務省資料）

1970年

実収入
11万 2,949円

実支出
9万 1,897円

1970年
- 可処分所得 91.8
- 消費支出 73.1
- 貯蓄 18.6
- 税金・社会保険料など 8.2％
- 食料 23.5

2022年

実収入
61万 7,654円

実支出
43万 7,367円

2022年
- 可処分所得 81.1
- 消費支出 51.9
- 貯蓄 29.2
- 税金・社会保険料など 18.9％
- 食料 25.1

（勤労者世帯 1か月平均）

税金・社会保険料など

貯蓄

食料

グラフは実収入に占める支出の割合を示している。
実支出＝実収入から貯蓄を引いた支出の合計

? 所得が増加すると，エンゲル係数はどのように変化するのだろうか。

解説 **上昇するエンゲル係数** エンゲル係数とは，消費支出に占める食料費のことである。一般的に所得が増えるにつれて，エンゲル係数は小さくなる傾向にある。日本では，高度経済成長期（➡p.233）にエンゲル係数が年々低下していった。近年では，高齢化や単身化による世帯収入の減少，共働き世帯の増加による外食や中食（店舗で調理済みの弁当や総菜を購入して家で食べること）の頻度の上昇などにより，エンゲル係数は上昇傾向にある。

3 家計と労働

次のグラフは，賃金と労働時間の関係を示している。賃金が上昇すると働きたいという人は増え，提供される労働時間は一般的に長くなる。しかし，賃金の額が上昇を続けると，ある時点から労働者は労働時間を減少させると考えられている。

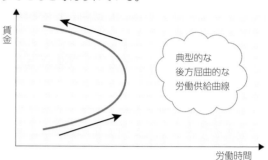

賃金

労働時間

典型的な後方屈曲的な労働供給曲線

? 人は，賃金が上がるほど，働く時間を増やすのだろうか。

解説 **労働を選ぶか？余暇を選ぶか？** 労働と余暇はトレード・オフの関係にある。トレード・オフとは，一方を追求すれば，他方をあきらめなければならないというように，同時に両立しえない関係のことをさす。余暇を過ごすということは，その時間を働いていたら得られたであろう賃金をあきらめることを意味する。経済学では，このような本来得られたであろう利益（この場合は賃金）をコストととらえ，**機会費用**とよぶ。賃金が上昇するほど，余暇を過ごすことによる機会費用は増加する。そのため，余暇を削って働くことを選ぶ人が多くなると考えられる。しかし，ある程度長時間働き，経済的余裕が出てくると，余暇に魅力を感じるようになるのが人間である。このような場合には，賃金が上昇するという好条件の下で，労働時間を減らす人が出てくるとも考えられている。

経済

Let's Think! 住まい選びを経済学から考える（➡p.216〜217）

近年では，大学が都市の中心部に移転する傾向にある。仮に，あなたが都市の中心部の大学に通うことになり，一人暮らしをするために物件を探しているとする。中心部に住めば，通学にかかる時間は20分で済むが，郊外に住めば1時間かかる。機会費用，トレード・オフ，希少性という概念を考慮に入れた場合，あなたは，どこに住むことを選ぶべきだろうか。

第一に，大前提として多くの人が通勤・通学時間の短い中心部に住みたいと考えているはずである。しかし，住みたい人全員の欲求を満たすほど，中心部の物件は用意されていない。そのため，この場合の中心部の物件には希少性があり，その分だけ郊外よりも家賃が高いと考えられる。

第二に，トレード・オフの関係を捉える必要がある。この場合には，通学時間を短くしたければ，高い家賃を支払う必要がある。一方，安い家賃で住もうと思えば，通学時間は長くしなければならない。つまり，家賃と通学時間はトレード・オフの関係が成立している。

↑2物件を探す若者

第三に，トレード・オフの関係を理解した上で，機会費用を考える必要がある。通勤・通学にかかる時間が長くなると，どれだけの収入をあきらめることになるかを考える必要がある。学生であれば，もし通学にかかる時間をアルバイトの時間にまわせば，どれくらいの収入を得られたかを考えればよい。もちろん，大学生よりも，専門的なスキルを身につけた会社員の方が通勤時間の機会費用が大きくなる可能性は高い。

このような物件選択の結果は，必ずしも公正なものとはならないかもしれない。しかし，価格による資源配分のメカニズムは，高い金額を支払う意思のある人が，それに見あった対価を得られるように保証していることは確かである。

? 機会費用，トレード・オフ，希少性といった経済の考え方を活用すると，大学生と会社員では，住む場所の選び方は，どのように異なるだろうか。

2 労働者の権利と労働問題

1 労働に関する法制度

❶労働者……使用者との交渉において弱い立場──→契約自由の原則を修正して，労働者を保護

❷労働基本権の確立
- 日本国憲法第27条……すべての国民に働く権利（勤労権）を保障
- 日本国憲法第28条……**労働三権**（団結権・団体交渉権・団体行動権＜争議権＞）■■を保障

❸労働基本権の具体化
- 最低限の労働基準……**労働基準法**■，最低賃金法，労働契約法などで規定
- 労働組合の公認……**労働組合法**■■，労働関係調整法■などで規定

団結権
（労働組合の結成）

団結交渉権
（団体交渉の確立）

団結行動権
（争議権）
ストライキ決行中
（団体行動の保障）

2 日本の労働環境の特徴

❶雇用をめぐる情勢
- 労働力人口■の減少……少子高齢化の影響──→誰もが働きやすい労働環境の整備が課題
- **非正規労働者**■〜■の増加……規制緩和（かんわ）による多様な働き方──→労働契約法などの整備

❷日本的雇用慣行とその変化■■■
- **終身雇用制**──→非正規労働者や派遣社員など働き方の多様化──→労働市場の流動化
- **年功序列型賃金**──→成果や能力に応じた賃金制度を導入

3 労働条件の改善に向けた課題

❶全般的な問題■■■■……長時間労働による過労死などの課題
　──→ **ワーク・ライフ・バランス**■の実現のために**働き方改革関連法**■が成立（2018年）

❷女性労働者の環境整備■……男女間の賃金格差──→**男女雇用機会均等法**の改正など

❸高齢者の雇用■……**高年齢雇用安定法**が，定年の引き上げなどを規定

❹障害者の雇用■……**障害者雇用促進法**により，障害者の法定雇用率を規定

---

1 労働に関する法制度 　労働契約において，さまざまな制約が加えられているのはなぜだろうか。

1 憲法と労働に関する法律と労働三権

		関連する労働法　　＊赤字は労働三法
憲法第27条	1項 勤労権	● 職業安定法（1947）：公共職業安定所（ハローワーク）を設置 ● 障害者雇用促進法（1960）（⇒p.227） ● 雇用保険法（1974）：失業者への失業給付を規定 ● 男女雇用機会均等法（1985）（⇒p.227）
	2項 労働条件の基準	● **労働基準法**（1947）（⇒p.221） ● 最低賃金法（1959）：都道府県（業種）ごとに賃金の最低額を規定 ● 労働者派遣法（1985）（⇒p.224） ● 育児・介護休業法（1991）（⇒p.226） ● 労働契約法（2007）（⇒p.223）
	3項 児童の保護	● 労働基準法（1947）：児童の深夜労働を禁止 ● 児童扶養（ふよう）手当法（1961）
憲法第28条	労働三権	

団結権 労働組合の結成	団体交渉権 団体交渉の確立	団体行動権（争議権） 団体行動の保障
● **労働組合法**（1945）（⇒p.222） ● **労働関係調整法**（1946）（⇒p.222）		

解説 **労働者の権利を憲法で保障**　日本国憲法では，社会権の理念を具体化するものとして，憲法27条で勤労権，第28条で団結権，団体交渉権，団体行動権（争議権）の労働三権を保障した。これら4つの権利を**労働基本権**という。団結権とは労働組合を結成する権利，団体交渉権とは労働条件の改善のために使用者と交渉する権利，団体行動権（争議権）とは争議行為をおこなう権利である。

2 公務員の労働三権の制限 出題

		団結権	団体交渉権	団体行動権（争議権）
民間企業の労働者		○	○	○
国家公務員	自衛隊員，警察・刑事施設・海上保安庁職員	×	×	×
	一般の行政職員	○	△	×
	現業公務員＊	○	○	×
地方公務員	警察・消防職員	×	×	×
	一般の行政職員 公立学校教員	○	△	×
	現業公務員＊ 公営企業職員（水道など）	○	▲	×

○：あり，×：なし，△：労働協約（使用者と労働組合の取り決め）の締結権なし，▲：管理運営事項（個別の人事，予算，政策など）は団体交渉の対象外
＊現業公務員…現場作業に従事する職員（国有林野に従事する職員・清掃職員・用務員・給食調理員など）

? 日本で，公務員の労働三権が制限されているのは，なぜだろうか。業種による制限の違いを参考に考えよう。

解説 **労働三権の制約**　日本の公務員には，団体行動権（争議権）は一切認められていない。その代償（だいしょう）措置として，**人事院（人事委員会）**による給与改定などの勧告制度が設けられている。人事院は国の行政委員会であり，人事委員会は都道府県と政令指定都市に設けられる行政委員会である。諸外国では，一部の職種を除き労働三権をすべて認めている国もある。

経済

3 労働基準法のおもな内容

項目	条項		おもな内容
総則	第1条	労働条件の原則	この法律の定める労働条件は，人たるに値する生活を営むために必要な最低基準であり，その向上に努めなければならない
	第2条	労働条件の決定	労働条件は，労働者と使用者が，対等の立場で決定する
	第3条	均等待遇	国籍・信条・社会的身分を理由として，労働条件の差別的取り扱いをしてはならない
	第4条	男女同一賃金の原則	女性であることを理由とする賃金の差別的取り扱いの禁止
	第5条	強制労働の禁止	暴行・脅迫・監禁などの手段で労働を強制させることの禁止
労働契約	第13条	労基法違反の契約	労基法の基準に達しない労働条件を定める労働契約は無効であり，本法を適用
	第15条	労働条件の明示	労働契約の締結の際に，労働者に賃金・労働時間その他の労働条件を明示しなければならない
	第19条	解雇制限	業務上の負傷・疾病および女性の産前産後の休業期間とその後30日間は，解雇を禁止
	第20条	解雇の予告	解雇の30日前までに予告する。予告をしない時は30日分以上の賃金を支払う
賃金	第24条	賃金の支払い	通貨で，直接（口座払いも可）労働者に，全額を，毎月1回以上，一定期日に支払わなければならない
	第26条	休業手当	使用者の責任による休業の場合，賃金の60％を支払う
労働時間など	第32条	労働時間	1週間につき40時間以内，1日につき8時間以内
	第34条	休憩	労働時間が6時間をこえる場合は45分，8時間をこえる場合は1時間の休憩時間を付与
	第35条	休日	毎週少なくとも1回，または4週間で4日以上の休日を付与
	第36条	時間外・休日労働	時間外・休日労働には，労働組合または労働者の過半数の代表者との書面協定（三六協定）が必要
	第37条	割増賃金	時間外・休日・深夜の労働に対し25〜50％の割増賃金を支払う
	第39条	年次有給休暇	6か月継続勤務し，全労働日の8割以上出勤した者には10日の有給休暇。その後，1年ごとに加算し最高20日。年5日以上は消化させる義務あり
年少者	第56条	最低年齢	満15歳未満の児童の使用禁止（例外あり）
	第61条	深夜業	満18歳未満の者の午後10時から午前5時までの使用禁止
妊産婦など	第65条	産前産後休暇	産前は最低6週間，産後8週間の就業禁止
	第68条	生理休暇	休暇請求の場合，就業禁止

解説 **労働条件の最低基準** 使用者（会社）と比べて弱い立場にある労働者の保護をはかるため，労働条件の最低基準を定めたのが**労働基準法**である。労働基準法の労働条件は最低基準であり，これを下回る条件の労働契約は無効となる（第13条）。労働基準法の規定を遵守させるために，厚生労働省の出先機関として全国各地に**労働基準監督署**が設置されている。なお，**男女雇用機会均等法**の改正（1997年，➡p.227）により，女性の時間外労働の制限，休日労働の禁止，深夜業の禁止といった**女性保護規定は撤廃**された。

4 法定労働時間の例外

変形労働時間制（第32条の2，第32条の4，第32条の5）

一定条件を満たしていれば，1日8時間をこえて労働させる日を設けることができる

変形労働時間制の例（1か月）

1週目	50時間
2週目	50時間
3週目	30時間
4週目	30時間

所定労働時間160
＋
残業時間0

フレックスタイム制（第32条の3）

一定期間内に働くべき総労働時間を決めた上で，各日の出勤・退勤時刻を個々の労働者の決定に任せる制度である。割増賃金は，精算期間の総労働時間がその期間の法定労働時間をこえた部分に支払われる

フレックスタイム制の例 ➡ 9時出社，18時退社の場合：8時間勤務

会社の所定労働時間

7：00　8：30　10：30　12：00　13：00　15：00　17：00　22：00

いつ出社してもいい｜必ず勤務｜いつ出社してもいい

☐ フレキシブルタイム　■ コアタイム　※12：00〜13：00休憩

裁量労働制（第38条の3，4）

労働者を対象となる業務に就かせた場合に，実際の労働時間にかかわらず，労使であらかじめ定めた時間働いたものとみなす制度のこと。次の業務の労働者のみ適用

● **専門業務型裁量労働制**……デザイナー，システムエンジニアなど，専門的な業務に就く者が対象

● **企画業務型裁量労働制**……ホワイトカラー労働者（企画，立案，調査及び分析の業務）が対象

高度プロフェッショナル制度（第41条の2）

年収1,075万円以上の高度の専門職で，本人の同意などの要件を満たした労働者に対し，労働時間・休憩・割増賃金の規定について適用を除外できる制度のこと

解説 **さまざまな働き方** 労働基準法の改正によって，**変形労働時間制**と**フレックスタイム制**は1987年に，**裁量労働制**は1993年にそれぞれ導入された。順次，その対象業務内容などが拡大している。

5 労働組合の組合員数と組織率の推移

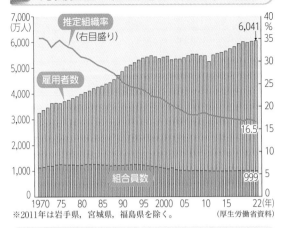

※2011年は岩手県，宮城県，福島県を除く。　　（厚生労働省資料）

●労働組合の種類
・**職業別組合**：熟練労働者が同一職種・職業で組織
・**産業別組合**：同一産業で働く労働者で1つの組合を組織
・**企業別組合**：同一企業内の労働者で組織
➡日本では，多くの労働組合が企業別組合として組織

解説　**非正規労働者の組織化が課題**　日本の労働組合組織率は，長い間低下傾向にある。非正規労働者も労働組合に加入できるが，企業別組合が多い日本の労働組合は正規労働者中心であることが多かった。働き方の多様化によって非正規労働者が増加するなか，非正規労働者にも，労働組合に加入してもらうことが労働組合の課題といえる。近年では，パートタイム労働者が多い企業において，パートタイム労働者を積極的に組織化する企業別組合も出てきている。

6 労働組合法のおもな内容

労働組合とは （第2条）	労働者が主体となり，労働条件の維持改善，経済的地位の向上をめざして組織される団体	
労働組合法上の労働組合となるための条件	①団体である	2人以上なら団体
	②メンバーの大部分が労働者	労働者とは，賃金，給料などの収入によって生活する者（パートなどを含む）（第3条）
	③自主性をもつ	労働者が自主的につくったこと（第2条）
	④経済的地位向上が目的	政治運動・社会運動が主目的ではない（第2条）
	⑤管理職などの不参加	役員，人事権をもつ者，使用者の利益を代表する者が参加していないこと（第2条）
	⑥会社から組合運営費の援助を受けない	ただし，最小限の組合事務所の提供，組合の福利厚生資金への会社の寄付は認められている（第2条）
	⑦必要事項を定めた規約をつくる	労働委員会に規約を提出（第5条）
労働組合保護の内容	●不当労働行為からの保護 ●ストによる民事・刑事上の責任を免除（第1，7，8条）	
労働協約	●労働条件について労働組合と使用者で労働協約を作成 ●労働協約の基準に違反する就業規則・労働契約は無効（第14〜18条）	

解説　**労働三権の具体化**　**労働組合法**（1945年制定，1949年全面改正）は，団結権，団体交渉権，団体行動権（争議権）の労働三権を具体的に保障したものである。

7 不当労働行為

1号	不利益な取扱い	①労働組合の組合員であること ②労働組合に加入しようとしたこと ③労働組合を結成しようとしたこと ④労働組合の正当な行為をしたこと	①〜④を理由に解雇したり，その他の不利益な取扱いをすること
	黄犬契約	①労働者が労働組合に加入しないこと ②労働組合から脱退すること	①②を雇用条件とすること
2号	団体交渉の拒否	正当な理由なしに団体交渉を拒否すること	
3号	支配・介入	①労働組合の結成 ②労働組合の運営	①②について支配したり，介入したりすること
	経費補助	労働組合の運営に要する費用を援助すること	
4号	救済申請等を理由とする不利益な取扱い	①不当労働行為の申立てをしたこと ②再審査の申立てをしたこと ③申立ての調査や審問，労働争議の調整の場合に証拠を提示したり，発言したこと	①〜③を理由に解雇したり，その他の不利益な取扱いをすること

解説　**不当労働行為とは**　不当労働行為とは，使用者による労働組合運動に対する妨害行為である。憲法に保障された労働三権を実現するために，労働組合法第7条の各号では，使用者による表のような行為を禁止している。使用者による不当労働行為とみなされる行為があった場合は，労働委員会（公益委員，労働者委員，使用者委員からなる）に救済の申立てをすることができる。審査の結果，不当労働行為と認定されると，使用者に対してその行為の是正が命じられる。

8 労働関係調整法のおもな内容

誠意をもって自主的に解決するよう努力　➡　解決

交渉決裂

労働委員会		
斡旋員の指名	調停委員会設置	仲裁委員会設置
斡旋	調停	仲裁
斡旋員が双方の主張の要点を確認し，事件解決に向けて助言を与える	当事者の意見を聴取して調停案の受諾を勧告する	労使による意見陳述を経て，書面による仲裁裁定を示す。裁定には従わなければならない

解説　**労働争議の解決**　労働組合と使用者との間でストライキなどの労働争議が発生した場合は，自主的解決が望ましい。しかし，交渉がうまくいかない場合に備えて，**労働関係調整法**が定められている。**労働委員会**が斡旋・調停・仲裁をおこなって，労働争議の解決をめざす。

p.223「(3)有効求人倍率の推移」で，パートとパート以外の有効求人倍率はどちらが多いだろうか。これから，雇用をめぐるどのような状況が読みとれるだろうか。p.223「1 雇用をめぐる情勢」をもとに考えよう。

1 雇用をめぐる情勢

(1)労働力人口の推移

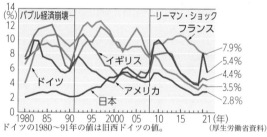

(年)	労働力人口	非労働力人口	(総務省資料ほか) 就業者は非農林業
1970	├59 4,251	2,723	
1980	├114 5,004	3,249	
1990	├134 5,839	3,657	
2000	├320 6,150	4,057	
2010	├334 6,062	4,473	
2020	├192 6,510	4,197	
2022	├完全失業者 179 就業者 6,531	4,128	

2,000 4,000 6,000 8,000 10,000 12,000(万人)

- **労働力人口**：15歳以上の就業者と完全失業者（求職活動中の者）の合計
- **非労働力人口**：働く意志のない者（学生・おもに家事をおこなう人・高齢者など）の合計
- **労働力人口比率**＝労働力人口÷満15歳以上人口×100

解説 **すべての人が労働市場に参加できる社会へ** 高校や大学などへの進学率の上昇と高齢化により，非労働力人口は増加傾向にあった。しかし，近年は政府の「1億総活躍社会」への取り組みの影響もあり，非労働力人口が減少し，労働力人口比率は上昇傾向にある。

(2)各国の失業率の推移

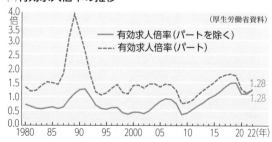

ドイツの1980～91年の値は旧西ドイツの値。 (厚生労働省資料)

解説 **日本と諸外国の比較** 日本の失業率は，従来2％前後で推移しており，諸外国と比べて低い状況であった。しかし，バブル経済崩壊後，徐々に上昇した。2010年頃からは，人手不足の業種もみられ，失業率は低下傾向にある。なお，仕事を求める求職者と求人する企業のニーズが一致しない雇用のミスマッチがみられる場合，失業率が高止まりすることもある。

(3)有効求人倍率の推移

(厚生労働省資料)

― 有効求人倍率（パートを除く）
--- 有効求人倍率（パート）

1.28
1.28

1980 85 90 95 2000 05 10 15 20 22(年)

- **有効求人倍率**＝有効求人数÷有効求職者数

解説 **雇用環境の実情は？** 有効求人倍率とは，求職者1人に対して，どのくらい求人があるかを示した数値である。1倍を上回る場合は人材の募集が多く，1倍を下回る場合は人材の募集が少ないことを示す。しかし，1倍を上回る場合であっても，求人内容が正規労働者とは限らない点に注意したい。

2 非正規雇用とは

正社員・非正社員労働者の推移

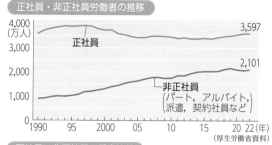

3,597
正社員
2,101
非正社員
（パート，アルバイト，派遣，契約社員など）

1990 95 2000 05 10 15 20 22(年)
(厚生労働省資料)

正社員・非正社員の賃金比較

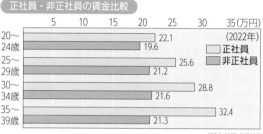

5 10 15 20 25 30 35(万円)

	正社員	非正社員	(2022年)
20～24歳	22.1	19.6	
25～29歳	25.6	21.2	
30～34歳	28.8	21.6	
35～39歳	32.4	21.3	

(厚生労働省資料)

- **パートタイム労働者**……正社員よりも労働時間が短い社員
- **アルバイト**……臨時的に雇用されている社員
- **派遣社員**……契約した派遣会社から仕事の紹介を受け，他社に派遣されて就労する社員
- **契約社員**……雇用期間が有期である社員

解説 **広がる格差** 一般的に，正規労働者とは，期間の定めなく（無期），フルタイム，直接雇用で働く労働者のことである。非正規労働者は，それ以外の雇用形態で働く労働者のことである。両者の間の年収の差（所得格差）が問題となっており，働いているのに貧しい「ワーキング・プア（働く貧困層）」とよばれる人たちも現れている。

3 労働契約法

労働協約・就業規則・労働契約の法的効力

①～⑤の順に強く，優先される

- ①憲法（労働基本権）
- ②法律（労働基準法など）
- ③労働協約 労働組合と使用者の間で結ぶ
- ④就業規則 使用者が定める（従業員が常時10人以上の事業所では必ず作成する）
- ⑤労働契約 労働者が使用者と個別に結ぶ

就業規則と労働契約は労働基準法で，労働協約は労働組合法で規定されている。また，労働契約法で，労働契約のルールが明確化されている。

労働契約法とは？

就業形態の多様化，労働関係紛争の増加などに対応するため，労働契約の締結・変更・終了，有期労働のルールを整備。

解説 **労働者と使用者の「個別の合意」** 近年は就業形態が多様化し，労働条件が個人ごとに個別に決定されることが増加している。そのため，労働契約の基本ルールが2007年に**労働契約法**で定められた。①労使対等の原則，②労働契約の変更は双方の合意による，③企業は合理的な理由なく契約の更新を拒否できない，④有期雇用がくり返し更新されて通算5年をこえた場合，労働者は無期雇用への転換を申し込むことができ，会社はそれを拒否できない，などが定められている。

経済

4 パートタイム・有期雇用労働法

2020年の改正内容

①不合理な待遇差の禁止～「同一労働同一賃金」に向けて
同じ会社の正規労働者と非正規労働者との間で，給料などのあらゆる待遇について，不合理な待遇差を設けることを禁止

②労働者に対する待遇に関する説明義務の強化
非正規労働者は，「正規労働者との待遇差の内容や理由」などについて，会社に説明を求めることができる

③行政による事業主への助言・指導などや裁判外紛争解決手続き（ＡＤＲ，➡p.119）の整備
都道府県労働局において，無料・非公開の紛争解決手続きをおこなう

解説 **不利な条件の改善に向けて** パートタイム労働者の待遇は，働きや貢献にみあったものとならず，正規労働者と比較して低くなりがちな状況にある。そこで，「公正な待遇の実現」を目的として**パートタイム労働法**が1993年に制定された。2018年には働き方改革関連法（➡p.226）の成立にともない，有期雇用労働者も対象に含むことになり，**パートタイム・有期雇用労働法**となった。

5 雇用形態別雇用者数

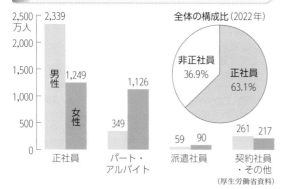

（厚生労働省資料）

解説 **派遣労働者の急増** 派遣社員・契約社員ともに，2000年代に急増した。2008年のリーマン・ショック（➡p.236）時には，派遣切りが社会問題化した。

TOPIC 非正規労働者の増加が社会に与える影響

　非正規労働者の増加は，企業側にとっては，①賃金が低くてすむ，②必ずしも社会保険料を負担しなくてもよい，③忙しい時期・時間にだけ働いてもらえる，④比較的簡単に解雇できる，などのメリットがある。一方，非正規労働者として働く側にも，自分の働きたい時間に比較的自由に働くことができるといった柔軟な働き方が可能になるといったメリットもある。

　しかし，収入が低く，不安定な非正規労働者の増加は，未婚率の上昇や出生率の低下の要因となり，個人消費の低迷，税収の減少，年金保険料の未納にもつながる。また，非正規労働者に対する研修は不十分なことが多く，労働生産性の向上に寄与できないといった問題もある。

　業種によっては，人手不足感から契約社員を正規労働者として登用する動きがある。正規労働者と非正規労働者の間の不合理な待遇差を禁止する「同一労働同一賃金」に対応する観点からも注目される。

6 労働者派遣法

労働者派遣のしくみ （厚生労働省資料）

賃金は派遣会社から支払われる
指揮命令は派遣先から受ける

×派遣会社から受け入れた労働者を，さらに別の会社に派遣して指揮・命令 → 二重派遣（職業安定法違反）
×請負にもかかわらず指揮・命令 → 偽装請負（労働者派遣法違反）

労働者派遣法（1985年制定）のおもな改正

1996年	派遣業務を13業種から，通訳など26業務に拡大
1999年	派遣業務を原則自由化（製造業など以外）。26業務は派遣期間3年，それ以外の一般業務は1年
2004年	製造業への派遣が可能に。26業務の派遣期間は無制限，それ以外の一般業務は3年に
2012年	日雇い派遣を原則禁止
2015年	派遣期間がすべての業務で3年に

解説 **規制緩和の流れに変化の兆し** **派遣労働者**とは，人材派遣会社（派遣元企業）と雇用契約を結び，派遣先企業に派遣されて，派遣先の指揮・命令を受け，業務をおこなう労働者のことである。これまで**労働者派遣法**では，派遣業務・派遣期間の制限が順次撤廃されてきた。しかし，法改正による規制緩和は，ワーキング・プアや派遣切りの問題を生んだ。そのため，2012年には日雇い派遣を原則禁止し，規制強化の改正がおこなわれた。2015年の改正では，同一企業の同じ業務に3年間以上派遣されている派遣労働者に対して，派遣元企業が雇用安定措置（派遣先企業へ直接雇用を依頼するなど）をとることが義務づけられた。

7 日本型雇用慣行とその変化

日本的雇用慣行

終身雇用制	企業が新規学卒者を定期採用して，定年まで雇用する制度
年功序列型賃金	学歴や勤続年数に応じて賃金が上昇する制度
企業別組合	企業ごとに組織された労働組合。企業の事情に応じた協議をしやすい

成果主義・能力主義

● **成果主義・能力主義とは？**
年齢や勤続年数などに関係なく，成果や能力に応じて賃金や役職が決まること
● **おもな成果主義賃金制度**
・役割給……各人に与えられた権限と責任の遂行度を評価
・業績給……各人・各部署ごとに目標を設定し，その成果を評価

解説 **日本的雇用慣行の見直し** **日本型雇用慣行**は，戦後の日本経済の発展に貢献した。しかし，バブル経済崩壊後は，年齢や勤続年数に関係なく，能力や成果に応じた賃金制度に変更する企業や有期雇用労働者の割合を増やす企業が増加している。ただし，成果・能力に応じた賃金制度についても，どのようにして成果を公平に評価するのかが難しいといった課題がある。

派遣労働者数は2000年代に急増したが，この背景には，どのようなことがあるのだろうか。p.224「⑥労働者派遣法」とあわせて考えよう。

③ 労働条件の改善に向けた課題　現在の労働問題について，どのような取り組みがなされているのだろうか。

① 年間総労働時間の国際比較

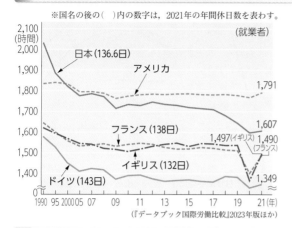

※国名の後の（　）内の数字は，2021年の年間休日数を表わす。

- 日本（136.6日）
- アメリカ
- フランス（138日）
- イギリス（132日）
- ドイツ（143日）

1,791
1,607
1,497（イギリス）
1,490（フランス）
1,349

『データブック国際労働比較』2023年版ほか

② 過労死

↑❶過重労働について無料の電話相談に対応する弁護士たち

解説 **長時間労働がもたらすもの**　過労死とは，過重な労働による死亡のことをいう。近年は，精神障害を起因とする過労死・過労自殺が増加傾向にある。2014年には**過労死等防止対策推進法**が制定された。総労働時間の削減とともに，メンタルヘルスケアの充実や勤務間インターバル制度（勤務終了時刻から次の勤務開始時刻までの時間の確保，●p.226）の推進などが求められている。

TOPIC　さまざまなハラスメント

現在では，セクハラは男女雇用機会均等法で，マタハラは男女雇用機会均等法と育児・介護休業法で，パワハラは労働施策総合推進法（パワハラ防止法）で，その防止が企業などに義務づけられている。ただし，法規制だけに頼るのではなく，一人ひとりの意識の変容が求められていることは言うまでもない。

セクシュアル・ハラスメント（セクハラ）
性的な嫌がらせをさす。背景には，男性中心の企業風土や，異性を対等とみなさない意識がある
マタニティ・ハラスメント（マタハラ）
妊娠や出産を理由として，女性が解雇や降格などの不利益をこうむること
パワー・ハラスメント（パワハラ）
職場での優位性を利用した嫌がらせ
アルコール・ハラスメント（アルハラ）
「イッキ飲み」などの飲酒の強要

解説 **労働時間は減ったけれど**　1987年の労働基準法改正（週48時間→40時間）以降，日本の総労働時間は減少している。働き方改革関連法で「残業時間の上限規制」（原則月45時間，1年360時間）が導入され，より一層の総労働時間の短縮が求められている。また，同じ労働時間でより成果を上げる労働生産性の向上の考え方への転換が求められている。

③ ワーク・ライフ・バランス

ニュース　ワーク・ライフ・バランスとは？

仕事と生活の調和がとれた社会をめざすことをさす。内閣府が2007年に提唱した**ワーク・ライフ・バランス憲章**では，具体的に以下の3点をめざすべきであるとされた
①就労による経済的自立が可能な社会
②健康で豊かな生活のための時間が確保できる社会
③多様な働き方・生き方が選択できる社会

ワーク・ライフ・バランスを実現するために

ワークシェアリング	従業員1人あたりの労働時間を短縮し，または，短時間勤務を導入するなど勤務のしかたを多様化することで，より多くの雇用を維持する
テレワーク	ICTを活用して労働者を自宅などで勤務させる

? 1人あたり1日8時間労働を70人でおこなっていた仕事を，ワークシェアリングによって1人あたり1日7時間労働にすると，新たに雇用される労働者は何人になるだろうか。

解説 **仕事と私生活のバランスを**　ワーク・ライフ・バランスは，多様な働き方・生き方を選択できるようにすることで，より充実した人生を送ることができるようになるためにも重要な考え方である。また，少子化対策においても子育てしやすい働き方の実現は必要なことである。

Let's Think!

労働時間と法規制

	法定労働時間	法定の年次有給休暇付与日数
日本	週40時間　1日8時間	最高20日
イギリス	時間外労働を含む上限のみの規制（17週間平均で週48時間）	最高28日
ドイツ	1日8時間	24日（週5日制の場合は20日）
フランス	週35時間（または年間1,607時間）	30日
アメリカ	週40時間	連邦法上の規定なし

（厚生労働省資料ほか）

日本の法定労働時間の規制は，週40時間・1日8時間であり，先進諸国と大きな差はない。しかし，年間労働時間が短い国は，日本と比べて年次有給休暇の付与日数が多かったり，時間外労働の上限規制が厳しかったりする。たとえば，フランスでは年間30日もの年次有給休暇が与えられる。また，イギリスでは時間外労働を含む上限を週48時間と制限している。

? 日本で年間総労働時間を短縮するには，どのような政策や規制が必要だろうか。

経済

4 働き方改革関連法 出題

❶労働基準法などの改正		
長時間労働の是正	時間外労働時間の規制	●月45時間，年360時間までを原則とする ●臨時的で特別な事情がある場合でも，年720時間，1か月で最大100時間未満（平均80時間）を限度とする ●自動車運転業務，建設事業，医師などは法施行5年後に上限規制を適用 ●新技術・新商品などの研究開発業務については，上限規制を適用しない
	有給休暇の取得	10日以上の年次有給休暇が付与される労働者には，年5日以上は取得させなければならない
多様で柔軟な働き方の実現		●フレックスタイム制（➡p.221）の見直し 　フレックスタイム制で総労働時間を定める際の基準となる「清算期間」の上限を，1か月から3か月に延長 ●高度プロフェッショナル制度（➡p.221）の創設 ●勤務間インターバル制度の促進 　事業主は，前日の終業時刻と翌日の始業時刻の間に一定時間の休息の確保に努めなければならない
❷パートタイム労働法・労働契約法・労働者派遣法の改正		
公正な待遇の確保		●同一企業内における正規労働者と非正規労働者との不合理な待遇を禁止 ●有期雇用労働者については，正規労働者と①職務内容，②配置転換の範囲，が同一である場合，正規労働者と待遇を均等にしなければならない ●派遣労働者については，①派遣先の労働者との均等待遇，②一定の要件を満たす労使協定による待遇，のいずれかを確保することを義務化

解説 **多様な働き方に対応** 2018年，政府は働き方改革関連法として8つの法律の法改正をおこなった。この法改正は，長時間労働の是正や多様で柔軟な働き方を選択できる社会の実現などを目的としている。ただし，高度プロフェッショナル制度やフレックスタイム制を拡大する規定については，さらなる長時間労働につながる恐れも指摘されており，慎重な制度の運用が望まれる。

5 育児・介護休業法

対象		男女労働者。パート・契約社員などの正社員以外の者も取得できる
休業期間	育児	●子が1歳になるまでの1年間 ●夫婦がともに育児休業を取得する場合は，子が1歳2か月になるまでの1年間（パパママ育休プラス）
	介護	●要介護状態にある家族の介護のために1人につき通算93日間（3回を上限に分割取得可）
事業主の責務		●育児・介護休業の申し出を拒否できない ●育児・介護休業を理由とする解雇・不利益な取り扱いの禁止 ●育休取得の意思確認を直接おこなうことを義務化 ●違反行為に対する勧告に従わないときは，企業名を公表 ●出産直後の柔軟な育児休業の枠組み創設，育児休業の分割取得 ●育児休業の取得状況の公表（2023年4月施行。従業者数1,000名以上の大企業のみ）

解説 **制度は充実したが** 1991年に制定された育児休業法は，1995年の改正で介護休業も加えられ，**育児・介護休業法**となった。法の整備は進んだが，依然として男性の育児・介護休業の取得は進んでいない。そのため，2021年の改正で，男性の育児休業取得を促進する対策がとられた。

6 女性をとりまく労働環境

(1)女性の年齢別労働力率の推移 出題

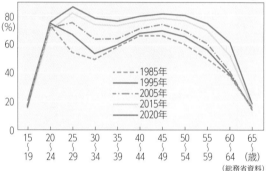

（総務省資料）

解説 **なぜM字型に？** 結婚・出産・育児を機に一時的に離職する女性が多く，育児が一段落してから再び働くM字型雇用になる。近年は育児支援制度が充実し，カーブが浅くなる傾向にある。

(2)男女間の賃金格差

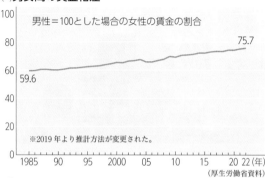

（厚生労働省資料）

 男女間の賃金格差が依然として残っている理由にはどのようなことが考えられるだろうか。「(1)女性の年齢別労働力の推移」と終身雇用制とをあわせて考えよう。

解説 **依然として差がある男女の賃金格差** 男女間の賃金格差は長期的に縮小傾向にあるが，現在も男性の70％程度の賃金にとどまる。

TOPIC 「同一労働同一賃金」に向けて 出題

　同一労働同一賃金とは，「同じ仕事に同じ賃金を」という意味である。

　日本では，同じ仕事をしているのに非正規労働者の賃金が正規労働者よりも低い状況を改善するため，2013年に労働契約法が「不合理な格差を禁止する」と規定した。そして働き方改革関連法の成立により，この規定はパートタイム・有期雇用労働法に引き継がれ，賃金の総額ではなく，項目ごとに格差が不合理かどうかを判断することを明確にした。

　たとえば，子どもの養育など家族のためにお金がかかることに，正規労働者と非正規労働者の違いはない。手当の趣旨や目的が非正規労働者にもあてはまるならば支払われるべきである，との判断から，非正規労働者にも扶養手当の支給をすべきとの司法判断が示された（日本郵便訴訟，2020年）。

　企業には，待遇の差を設けるのであれば，その理由について，納得できる説明が求められている。

(3)男女雇用機会均等法 出題

募集・採用・配置・昇進 定年・退職・解雇 教育訓練	性別による差別を禁止する規定 （努力義務から規制を強化）
	間接差別の禁止
	例：募集採用で一定の身長・体重・体力などを要件とすることを禁止
セクシュアル・ハラスメント	相談窓口の設置など防止措置を講じることを企業に義務づけ 相談した者への不利益な取り扱いの禁止（2020年法改正）
マタニティ・ハラスメント	相談窓口の設置など防止措置を講じることを企業に義務づけ
ポジティブ・アクション	職場に事実上生じている男女間の格差解消のために，女性のみを有利に取り扱うことを認める
違反企業への制裁措置	是正勧告に従わない場合，企業名を公表 虚偽の報告をした企業には過料（罰金）を課す

解説 **男女ともに働きやすい職場をめざして** 男女雇用機会均等法は，日本が女子差別撤廃条約（→p.64）を批准するにあたり，国内法を整備する必要もあり，1985年に制定された。その後，法改正がくり返されてきた。とりわけ，1997年の改正では雇用機会の均等を企業への努力義務から禁止規定に強化，2006年の改正では男女双方への性別禁止に転換したことで，幅広く実効性のある法となってきた。**ポジティブ・アクション**（→p.59）に加えて，諸外国のなかには，国会議員や企業役員などの一定割合を女性に割りあてる**クオータ制**を取り入れている国もある。

7 高齢者の雇用

高年齢者雇用安定法の概要

	60歳未満の定年禁止	
60歳	①65歳までの定年引き上げ ②定年制の廃止 ③65歳までの継続雇用制度	いずれかの導入 ［義務］
65歳 70歳	①70歳までの定年引き上げ ②定年制の廃止 ③70歳までの継続雇用制度 ④70歳まで継続的な業務委託契約 ⑤70歳まで継続的に社会貢献活動へ従事できる制度	いずれかの導入 ［努力義務］

←❷働く高齢者

解説 **年齢に関係なく働ける環境へ** 高年齢者雇用安定法は，高齢者が安定して働くことができるように，60歳未満の定年を禁止するとともに，65歳までの安定した雇用を確保するため，①65歳までの定年引き上げ，②定年制度の廃止，③65歳までの継続雇用制度の導入のいずれかの制度を企業が導入することを義務づけた。さらに2020年の法改正では，①〜③を70歳まで実施，または，④業務委託契約を結ぶ，⑤社会貢献活動に従事できる制度を導入する，これら5つのいずれか1つを実施することが企業の努力義務となった。若年層の労働力が不足するなか，働く高齢者を後押しする制度が求められる。

8 外国人の雇用

外国人労働者数の推移と産業別割合

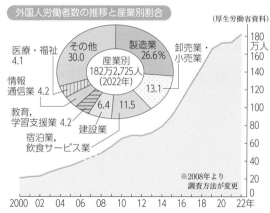
（厚生労働省資料）

解説 **多様な産業分野で貢献** 外国労働者は増加傾向にあり，その職種も多様化している。外国人労働者の2割弱は**外国人技能実習制度**を利用して来日している。この制度は，外国人が日本で働きながら技術を学び，将来母国の発展に生かしてもらう趣旨で1993年にはじまった。しかし，実態は「出稼ぎ」に近いものになっていること，就労先を変更することが難しく過酷な就労環境に置かれる事例が社会問題化したこともあり，2023年から新制度の創設を含めて政府が議論を進めている。

9 障害者の雇用 出題

民間企業における法定雇用率，実雇用率の推移

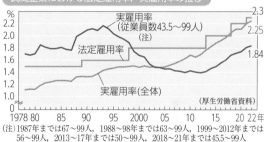
（厚生労働省資料）

（注）1987年までは67〜99人，1988〜98年までは63〜99人，1999〜2012年までは56〜99人，2013〜17年までは50〜99人，2018〜21年までは45.5〜99人

解説 **障害者雇用の促進** 障害者雇用促進法は，企業に雇用する障害者の数を一定の法定雇用率相当数以上にすることを求めている（民間企業の法定雇用率は2024年より2.5％以上）。今後は，本人の障害の状況に応じた多様な働き方を企業が認めていくことが求められている。

TOPIC みんなが働ける職場

毎日の授業で使用される，私たちにとって身近なチョーク。そのチョークの国内トップメーカーである日本理化学工業株式会社は，社員の70％以上に知的障害がある。ここでは，一人ひとりの理解力にあわせて最適な作業方法の工夫・改善をおこない，高い品質管理がおこなわれている。重度の障害者が企業の貴重な労働力となることを実証し，日本における障害者雇用のモデルケースとなった。

用語解説 働き方改革関連法，男女雇用機会均等法 →p.364

経済

ゼミナール

労働トラブルにまきこまれたら

あなたが最初に働きはじめるのはアルバイトとしてだろう。アルバイトも立派な労働者の一人である。最近は，アルバイトでもさまざまな労働トラブルが起こっている。アルバイトをはじめるにあたって最低限知っておくべきルールを学んでおこう。

●大学生になり，同じコンビニでアルバイトをはじめた2人の近況報告

先生：2人とも久しぶり。大学生活はどう？

優太：大学は楽しいです！でも……，結衣と同じコンビニでアルバイトをしているんですが，店長の対応に腹が立ってて。

先生：なるほど，たとえば？

結衣：私は，友だちとライブに行きたくて「休みをもらいます」って言ったら，そんな権利はバイトにはないって言われて。

優太：僕は，クリスマスケーキの販売ノルマが達成できなかったから，給料からその分を天引きされました。

先生：ちなみに，2人はいつから働いているの？

結衣：4月からなので今月で7か月目になります。

先生：法律では，アルバイトでも，①6か月以上継続勤務し，②全労働日の8割以上出勤している場合は，年次有給休暇と

いって，給料をもらいながら，原則希望する日に休みをもらうことができるんだ。

結衣：そうなんですね。じゃあ，優太のケースも法律で何とかならないんですか？

先生：このケースも法律違反の恐れが高い。給料は，直接労働者に全額を支払うのが法律の定めるルールなんだ。だから，天引きは違法になる。

優太：やっぱり何かヘンだなと思っていたんです。店長と話しあってみます！

労働者の権利

労働基準法（●p.221）をはじめとする法律によって，労働者の権利は保障されている。アルバイト，パートなどの非正規労働者に対しても，労働基準法は適用される。また，非正規労働者の労働組合（●p.222）への加入も，正規労働者と同様に可能である。しかし，これらのルールが守られず，トラブルになることもある。労働者個人と使用者との間で，①解雇・雇止め，労働条件の不利益変更などの労働条件に関する紛争，②いじめ・嫌がらせなどの職場環境に関する紛争などが発生した場合には，図1・2のような解決方法がある。

これまで個人と使用者の労働紛争を解決する手段は民事訴訟に限られており，費用がかかることや，解決までの時間がかかることが課題であった。そのため，費用や時間が節約できる解決方法が求められてきた。図1の個別労働紛争解決促進法による紛争調整委員会は都道府県労働局，図2の労働審判法による労働審判委員会は地方裁判所に設けられる。

まずは相談を

少しでもおかしいと思ったら，調べたり，相談したりすることが重要である。以下の窓口を参考にしよう。

相談したいときは

①**総合労働相談コーナー**

労働問題に関するあらゆる分野の相談を受けつけている。各都道府県労働局，全国の労働基準監督署内に設置されている。

②**日本司法支援センター（法テラス）**（●p.119）

無料で法律相談をおこない，必要な場合，弁護士・司法書士の費用などの立て替えをおこなう「民事法律扶助業務」をおこなっている。

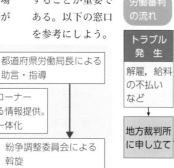

↑1個別労働紛争解決促進法による解決（2001年施行）　　↑2労働審判制度による解決（2006年導入）

❶2人の事例は，労働基準法のどの条文に関係する問題だろうか。また，その内容を調べよう。

❷2人のようなトラブルを防ぐためには，事前に雇用主から「労働条件通知書」の交付を受けることも大切である。どのような内容をあらかじめ教えてもらっておく必要があるのだろうか。

多様な働き方が与える変化

現在の日本経済の課題として，少子高齢化にともなう労働力不足への対応があげられる。政府による「働き方改革」の推進にともなって，多様な働き方が実現しつつあるが，多様な働き方は，社会にどのような変化をもたらすのだろうか。

新入社員は安定志向？

2024年3月に大学卒業予定の大学生を対象におこなわれた大手民間企業の就職意識調査では，大手企業を志向する者が約半数となった。また，新型コロナウイルス感染症の感染拡大の影響もあり，企業選択のポイントの第1位は「安定している会社」となり，2000年以降で過去最高の48.8%を占めた。一方，終身雇用制や年功序列型賃金といった日本型雇用慣行（⇒p.224）は崩れつつあり，「大企業に就職すれば一生安泰」とは必ずしもいえない。自分にとって望ましい働き方とは何か，それぞれが考える必要がある。

→❶企業選択のポイント（2024年卒大学生就職意識調査，マイナビ資料）

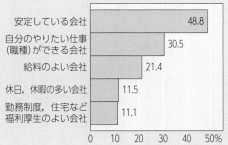

安定している会社	48.8
自分のやりたい仕事（職種）ができる会社	30.5
給料のよい会社	21.4
休日，休暇の多い会社	11.5
勤務制度，住宅など福利厚生のよい会社	11.1

正規雇用労働者の副業解禁

テレワークの広がりや非正規雇用労働者の増加とともに，日本的雇用慣行が崩れつつある今日，大企業をはじめとして，正規雇用労働者による副業が認められるようになってきている。これは，2018年に厚生労働省が「副業・兼業の促進に関するガイドライン」を制定したことが影響している。

副業は労働者にとって，①離職せずに別の仕事に就くことができ，主体的なキャリアの形成がはかられる，②所得が増加する，③将来の起業などにつながる，といったメリットがある一方で，長時間労働となる危険性もある。

テレワークとは？

副業を多様な形で実現するのがテレワークである。テレワークとは，情報通信技術（ICT）を活用した，場所や時間にとらわれない柔軟な働き方のことである。テレワークを活用すれば，普段は都心部で働きながら，週末は地方の企業のプロジェクトに副業として参加することなども可能となる。

テレワークは，これまで妊娠・育児・介護や，身体障害・ケガなどの理由で通勤が困難であった人も，在宅勤務の形態をとることで働くことができるとして注目されている。また，仕事（Work）と休暇（Vacation）を組みあわせる「ワーケーション」という，多様で柔軟な働き方も可能となる。

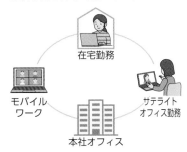

在宅勤務
モバイルワーク
サテライトオフィス勤務
本社オフィス

ギグワークとは？

ギグワークとは，一時的に働くことで，継続した雇用関係のない働き方のことである。仕事の合間や終了後の少しの時間でも働くことができる自由度の高い働き方である。フードデリバリーの配達員が代表的な例である。

ただし，これらの働き方については法整備が追いついていない面がある。たとえば，業務委託契約などの労働契約とは異なる形での契約がなされている場合は，労働基準法（⇒p.221）などの労働関係の法律が適用されない。仕事中の事故の補償の有無などを契約時に確認する必要がある。

ワーク・ライフ・バランスの実現

ワーク・ライフ・バランス（⇒p.225）とは，仕事と生活の調和のとれた社会のことであり，日本でも内閣府が「ワーク・ライフ・バランス憲章」を策定している。ワーク・ライフ・バランスとは，「仕事をとるのか，生活をとるのか」という選択を求める考え方ではない。充実した生活を通して，仕事で成果を上げるための成長やスキルを身につけ，それによって，仕事をより効率的にすることができるようになり，生活も充実するといった相乗効果をねらったものである。

日本はこれまで，「フルタイム・無期雇用で働くか，パート・アルバイトなどの短時間・有期雇用で働くか」という両極端な働き方に二分されてきた。多様な働き方が現実のものとなりつつある現在，どのような働き方を選ぶのか，一人ひとりが主体的に考える必要がある。

❶副業を認めた企業の事例を調べよう。
❷現在，ギグワークには，どのような仕事があるのだろうか。
❸テレワークの普及以外に，多様な人が働きやすい環境を整備するために必要なことは何だろうか。内閣府のワーク・ライフ・バランス憲章も参考に考えよう。

第二次世界大戦後の日本経済のあゆみ

戦後の経済成長率と経済のあゆみ

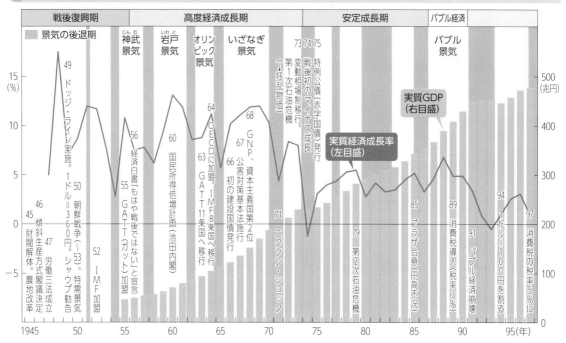

| 戦後復興期 | 高度経済成長期 | 安定成長期 | バブル経済 |

景気の後退期

神武景気　岩戸景気　オリンピック景気　いざなぎ景気　バブル景気

実質GDP（右目盛）

実質経済成長率（左目盛）

- 45　財閥解体。農地改革
- 46　傾斜生産方式閣議決定
- 47　労働三法成立
- 49　ドッジ・ライン実施。1ドル＝360円。
- 50　朝鮮戦争（〜53）。特需景気
- 52　IMF加盟
- 55　GATT（ガット）加盟
- 56　経済白書「もはや戦後ではない」と宣言
- 60　国民所得倍増計画（池田内閣）
- 63　GATT11条国へ移行
- 64　OECDに加盟。IMF8条国へ移行
- 66　初の建設国債発行
- 67　GNP、資本主義国第2位
- 68　公害対策基本法施行
- 71　ニクソン・ショック
- 73　第1次石油危機（→狂乱物価）
- 74　変動相場制移行。
- 75　戦後初のマイナス成長。特例公債（赤字国債）発行
- 79　第2次石油危機
- 85　プラザ合意（円高不況）
- 89　消費税導入（税率3％）
- 91　バブル経済崩壊
- 94　1ドル＝100円を割る
- 97　消費税の税率5％に

1945　50　55　60　65　70　75　80　85　90　95(年)

戦後復興期

←1 戦後直後の食糧難で，国会議事堂前の芋畑を手入れする職員（1946年）　太平洋戦争での日本の死亡者は，一般市民と軍人をあわせて約300万人とされている。さらに，空襲で家を焼かれるなどの被害を受けた人は約875万人にもおよぶ。この戦争で日本の国富の4分の1が失われた。日本経済は壊滅的な状況から再出発することになった。

→2 闇市　焼け跡となった都市には，バラックとよばれる仮設の建築物が立ち並び，闇市が出現した。物資の配給が機能しないなか，人々は闇市での非合法的な取引で生活必需品を得ていた。また，食料が不足している都市部の人々は，食料を求めて農村まで買い出しに行くようになった。

高度経済成長期

←3 集団就職　地方の若者が都市部の人手不足の産業へ集団で就職するようになった。なかでも中学卒業生たちは「金の卵」といわれ重宝された。人々の所得が上昇し，家庭用電化製品が普及するようになった。

→4 東海道新幹線の開通（1964年）　東京オリンピックに先立ち，東名高速道路や東海道新幹線が建設された。翌1965年にはオリンピック不況に陥り，戦後初の国債が発行された。また，公害が各地で発生し，高度経済成長の負の面として注目された。

←5 買いだめパニック（1973年）　第1次石油危機（1973年）によって，日本の高度経済成長は終焉を迎えた。当時の物価上昇は狂乱物価といわれ，人々の生活を大きく混乱させた。

戦後日本経済は，戦後復興期（1945〜54年），高度経済成長期（1955〜73年），安定成長期（1974〜85年），バブル経済（1986〜91年），バブル経済崩壊後（1990年代）と大きくわけることができる。2000年以降は，世界金融危機（2008年）や新型コロナウイルス感染症の拡大（2020〜22年）の影響で経済の減速も経験した。私たちは，日本経済のあゆみから，何を学ぶことができるのだろうか。

出題

※実質GDPは1945〜54年のデータなし。

バブル経済崩壊〜現在

実質経済成長率（左目盛）

実質GDP（右目盛）

15（%）
10
5
0
−5

99 ゼロ金利政策開始
01 公定歩合，史上最低の0．1%
08 サブプライム・ローン問題による世界金融不安
11 東日本大震災発生
14 消費税の税率8%に
19 消費税の税率10%に
20 新型コロナウイルス感染症の拡大

500（兆円）
400
300
200
100
0

2000　05　10　15　20　22（年）

戦後日本の好景気

名称・期間	特徴・できごと
神武景気 1954〜57年 （31か月）	戦前の所得水準を回復 →「もはや戦後ではない」（1956年） 国際収支の天井（経常赤字対策として景気引き締め）→なべ底不況
岩戸景気 1958〜61年 （42か月）	「投資が投資をよぶ」 「国民所得倍増計画」発表（1960年） 「三種の神器」（テレビ・洗濯機・冷蔵庫）の普及
オリンピック景気 1962〜64年 （24か月）	東京五輪に向けて建設投資ブーム OECDに加盟（1964年） GATT11条国・IMF8条国へ移行
いざなぎ景気 1965〜70年 （57か月）	GNP総額が世界第2位に（1968年） 「3C」（自動車・カラーテレビ・クーラー）の普及 資本の自由化が進む
バブル景気 1986〜91年 （51か月）	超低金利政策（公定歩合2.5%） 資産インフレ（地価・株価の高騰），「財テク」「リゾート開発」ブーム
2002〜08年 （73か月）	非正規雇用の増加，所得格差の拡大 「いざなみ景気」ともいわれる 実感をともなわず，世界金融危機で終了

安定成長期〜バブル経済

←⑥建設の進む高速道路（岡山県）　田中内閣での日本列島改造ブームのなか，交通網や港湾などの整備，宅地開発が進んだ。一方，無秩序に都市開発が進むスプロール化現象や中心部の過密化，地方の過疎化が社会問題となった。

←⑦輸出される自動車
1980年，日本の自動車生産台数がアメリカを抜いて世界第1位となった。自動車以外にも電化製品やハイテク製品の輸出が急増し，日米貿易摩擦が激化した。

←⑧東京証券取引所での取り引きのようす（1989年）
バブル景気の時期には株価や地価が大きく上昇した。1989年には日経平均株価が最高値3万8,915円を記録した。現在でも，日経平均株価がこの数字を上回ったことはない。

バブル経済崩壊〜現在

←⑨証券会社の倒産（1997年）
バブル経済崩壊後，多くの企業は経営の拡大や多角化が裏目に出て，経営状況が悪化した。このような企業に融資をしていた金融機関は不良債権をかかえることになり，1990年代後半には大手金融機関も破綻するようになった。日本経済は長期の景気低迷を経験することになった。

→⑩年越し派遣村（2008年）　世界金融危機後，大量の派遣社員などの解雇（派遣切り）がおこなわれた。生活に困窮する人たちが年を越せるように避難所（年越し派遣村）が開設された。非正規雇用の問題がさらに注目されるきっかけとなった。

←⑪緊急事態宣言を受け，営業を自粛する百貨店（2020年）
政府は，新型コロナウイルス感染症の拡大を食い止めるために，緊急事態宣言を出した。在宅勤務の活用など，新たな生活様式の導入が人々に求められた。

用語解説　バブル経済　→p.364

1 日本経済のこれまでとこれから

要点 の整理
＊□□□は共通テスト重要用語，❶は資料番号を示す。この節の「共通テスト○×」などに挑戦しよう

1 敗戦と経済復興(1945〜54)
❶経済の民主化 ❶……財閥解体，農地改革，労働の民主化
❷敗戦直後の経済 ❷❸……傾斜生産方式による基幹産業の復興，ドッジ・ラインの実施
❸朝鮮戦争の勃発 ❹……特需による経済復興へ

2 高度経済成長期(1955〜73)
●四つの景気拡大期 ❶〜❸……神武景気，岩戸景気，オリンピック景気，いざなぎ景気
　→年平均10％の経済成長。1968年にはGNPが西側諸国第2位に

3 石油危機と安定成長期(1974〜85)
❶石油危機……石油価格の高騰，スタグフレーション→1974年に戦後初のマイナス成長
❷産業構造の転換 ❷❸……「重厚長大」産業(素材型)→「軽薄短小」産業(省資源・知識集約型)

4 円高の進展とバブル経済(1986〜91)
❶プラザ合意 ❶(1985年)……円高・ドル安誘導へ協調介入することに合意→輸出減少，円高不況，産業の空洞化
❷日本銀行による低金利政策→株価・地価が実体経済を離れて高騰する(バブル経済)❷❸

5 バブル経済の崩壊後(1991〜現在)
❶日本銀行による金融引き締め→株価・地価の下落→バブル経済の崩壊❶
❷不良債権問題 ❷❸など，長引く不況→銀行の貸し渋り(1988年，バーゼル合意(BIS規制)設定)
❸日本銀行は，景気が大幅に悪化して物価下落も進んだため，量的緩和政策を導入(2001年3月〜06年3月)
❹企業の設備投資が上向き，日本経済は上昇(2002年1月〜08年2月)→賃金上昇に結びつかず，所得格差が拡大
❺アメリカでサブプライム・ローン問題(2007年)が表面化→リーマン・ショック(2008年)発生❹
　→世界金融危機(2008年)に発展し，日本経済も減速
❻新型コロナウイルス感染症の拡大(2020〜22年)→感染拡大予防のため，世界各地で人々の移動が制限→経済は減速

1 敗戦と経済復興　戦後の経済復興は，どのようになされたのだろうか。

1 経済の民主化

	内容	効果
財閥解体	●持株会社整理委員会の発足(1946年) →持株会社解体，株式所有の分散 ●独占禁止法の公布(1947年，→p.263) ●過度経済力集中排除法の公布(1947年) →巨大企業の分割。325社が指定されたが，GHQの占領政策の転換により，11社の分割にとどまった(財閥系銀行は解体を免除)	財閥の支配力が失われ，個々の企業をしばっていた資本的支配力が後退した
農地改革	寄生地主制を解体させ，地主の田畑をごく安い価格で小作農民に売り渡し，自作農を促進(1947〜50年) ●自作地と小作地(%) 改革前 1938年(昭和13) 自作地 53.2 ／ 小作地 46.8 改革後 1950年(昭和25) 91.3 ／ 8.7	自作農の創設が農家の所得水準を高め，国内市場を拡大させた
労働の民主化	●労働三法を制定(→p.220) 　労働組合法(1945年，→p.222) 　労働関係調整法(1946年，→p.222) 　労働基準法(1947年，→p.221) →労働者の権利確保と労働組合の育成を目的	労働組合数・組合員数が増加。労働条件が改善され，賃金が上昇した

解説 GHQによる経済の民主化　GHQ(連合国軍総司令部)は，日本が再び軍国主義に走ることのないように経済の民主化政策をおこなった。この経済の民主化政策の内容は，財閥の解体，農地改革，労働の民主化を柱とするものであった。財閥解体については，三井や三菱などが対象とされるとともに，独占禁止法(→p.263)が制定され，自由競争の基礎が形成されることとなった。農地改革では，政府が地主所有の土地を買いとり，それを小作農に売ることによって，多くの自作農が創出された。労働の民主化については，労働三法(→p.220)が制定され，労働者の地位と所得が向上するきっかけとなった。

2 傾斜生産方式

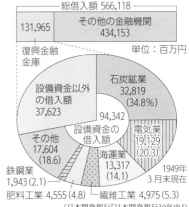

総借入額 566,118
その他の金融機関 434,153
131,965
復興金融金庫
単位：百万円

設備資金以外の借入額 37,623
設備資金の借入額 94,342
その他 17,604(18.6)
石炭鉱業 32,819(34.8%)
電気業 19,129(20.3)
海運業 13,317(14.1)
鉄鋼業 1,943(2.1)
肥料工業 4,555(4.8)
繊維工業 4,975(5.3)
1949年3月末現在
(日本開発銀行『日本開発銀行10年史』)

解説 石炭・鉄鋼を中心に　傾斜生産方式は，1946年に閣議決定された経済政策で，資金や労働力などを石炭・鉄鋼・電力などの基幹産業に重点的に投入する政策である。この政策の資金源となったのが，全額政府出資の復興金融金庫による融資であった。しかし，融資のための資金調達の際に発行した債券(復金債)の多くは，日銀引き受けによる債券で賄われたものであった。そのため，大量のお金が世のなかに出回ることになり，激しいインフレ(復金インフレ)をまねくこととなった。

経済

3 激しいインフレーション

戦後の急激なインフレ

(注)小売物価指数は
1934〜36年平均＝100とした場合。

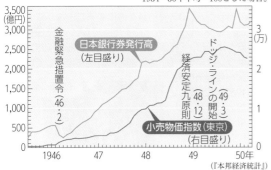

金融緊急措置令(46・2)
日本銀行券発行高(左目盛り)
経済安定九原則(48・12)
ドッジ・ラインの開始(49・3)
小売物価指数(東京)(右目盛り)

1946　47　48　49　50年

『本邦経済統計』

経済安定九原則とドッジ・ライン

● 経済安定九原則(1948年12月)：ＧＨＱによる指示
【目的】日本経済の自立化。悪性インフレの抑制
【内容】①予算の均衡，②徴税の強化，③融資の制限，④賃金の安定，⑤物価統制の強化，⑥外国貿易の統制と為替管理の強化，⑦輸出産業の振興，⑧国産原材料と工業製品の増産，⑨食料供出の能率向上

↓ 具体化：インフレ抑制と均衡予算の実現

● ドッジ・ライン(1949年3月)：ＧＨＱ経済顧問ドッジの指導
→インフレ抑制には，外国の援助と政府の補助金の廃止が必要
【内容】①超均衡財政の確立，②価格差調整補給金の廃止，③低米価・重税・低賃金政策の採用，④単一為替相場(1ドル＝360円)の設定，⑤復興金融金庫の廃止

解説 超均衡財政 激しいインフレを収束させるためにＧＨＱは，1948年に経済安定九原則をまとめた。翌年にはＧＨＱの財政顧問ドッジが来日し，経済安定九原則を具体化したドッジ・ラインという経済政策を実施した。ドッジ・ラインは，超緊縮財政を推進するものであり，財政支出の削減と増税がおこなわれた。これにより，インフレは収束した。しかし，安定恐慌という不況が発生し，失業や倒産が増大することになった。なお，ドッジ来日の同年にはシャウプ勧告により，直接税中心の税制改革がおこなわれた。

4 朝鮮特需

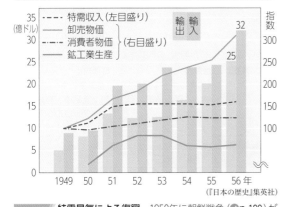

特需収入(左目盛り)
卸売物価
消費者物価(右目盛り)
鉱工業生産
輸出　輸入

1949　50　51　52　53　54　55　56年

『日本の歴史』集英社

解説 特需景気による復興 1950年に朝鮮戦争(→p.199)が勃発した。アメリカ軍が軍需物資を大量に日本企業に注文したため，特需景気が発生した。これにより，日本経済は安定恐慌を脱し，1951年には鉱工業生産指数は戦前の水準へと回復した。

2 高度経済成長期

高度経済成長は，どのように実現したのだろうか。

1 高度経済成長の要因

活発な民間設備投資	外国からの先進的な技術を導入し，特に重化学工業が発展
高い貯蓄率	企業の豊富な資金需要を，家計の高い貯蓄率が支えた
良質で豊富な労働力	農村部から都市部へ，労働力が供給され，国民の高学歴化も進んだ
旺盛な消費意欲	農地改革・労働組合の育成などによって，国民の購買力が上昇。1960年代には三種の神器(白黒テレビ，洗濯機，冷蔵庫)が登場し，普及していった
そのほかの要因	割安な為替レート(1ドル＝360円)，安価な石油，防衛関係費予算が小さかったこと，政府の産業政策の成功など

解説 年平均10％の経済成長 高度経済成長期とは，1955〜73年までの時期をさす。高度経済成長期に，日本の実質経済成長率は年平均10％を記録した。この時期には，神武景気(1954〜57年)，岩戸景気(1958〜61年)，オリンピック景気(1962〜64年)，いざなぎ景気(1965〜70年)の4つの景気拡張期があった。高度経済成長を経験し，日本社会は大きな変貌をとげることになった。

2 耐久消費財の普及

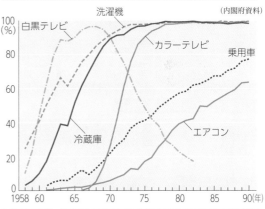

洗濯機
白黒テレビ
カラーテレビ
乗用車
冷蔵庫
エアコン

(内閣府資料)

1958　60　65　70　75　80　85　90(年)

↑1 洗濯機など便利な家電が並ぶ商店街の電器店(1956年，東京都)

解説 三種の神器の登場 1960年代には「白黒テレビ，洗濯機，冷蔵庫」が登場し，三種の神器とよばれた。1970年代になると新三種の神器として「自動車，カラーテレビ，クーラー」が3Ｃとよばれ，消費者の購買意欲をかきたてた。

3 民間設備投資の推移

民間企業設備投資の推移 （経済企画庁資料）

増加率（左目盛り）　民間企業設備投資額（右目盛り）

解説　**投資が投資をよぶ**　高度経済成長の時期には，民間企業は工場の建設など設備投資を拡大させた。他の企業から発注を受けた企業がさらに設備投資を進めるなど投資の好循環が発生し，「投資が投資をよぶ」といわれるようになった。

TOPIC 国民所得倍増計画 出題

1960年，池田内閣は，**国民所得倍増計画**を打ち出した。これは，10年間で国民所得を2倍にするというものであった。「10年で給料を倍にすることなんてできない。インフレを引き起こすだけだ」といった国民の不安をよそに，「経済のことは池田にお任せください。私はウソは申しません」と答え，計画を推進していった。高度経済成長は1960年代も続いたため，計画よりも早く1967年には目標を達成した。

所得を2倍に

➡池田勇人（1899～1965）

3 石油危機と安定成長期　安定成長期はどのようにして生まれ，どのような特徴があったのだろうか。

1 石油危機（オイル・ショック）

原油価格の推移 （「日本経済新聞」1989年12月13日）

低価格時代　（1973年）高価格時代　（1983年）低価格時代

（右目盛り）　自由世界の石油需要

原油価格（左目盛り）

（注）原油価格はアラビアン・ライト原油の実質価格（1987年，ドル）

石油危機前後の各国の経済成長率

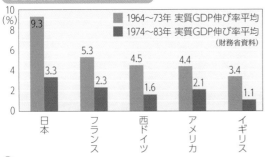

■ 1964～73年 実質GDP伸び率平均
■ 1974～83年 実質GDP伸び率平均 （財務省資料）

日本 9.3 / 3.3　フランス 5.3 / 2.3　西ドイツ 4.5 / 1.6　アメリカ 4.4 / 2.1　イギリス 3.4 / 1.1

❓ 石油危機がまねいたスタグフレーションとは，どのような状態だろうか。

解説　**狂乱物価の発生**　1973年，原油価格が4倍に跳ね上がる**第1次石油危機（第1次オイル・ショック）**が発生した。きっかけは第4次中東戦争において，ＯＰＥＣ（石油輸出国機構）が原油価格を大幅に引き上げたためであった。翌1974年，日本では消費者物価指数が23％上昇した。このときのインフレは「**狂乱物価**」といわれた。石油危機は，景気の停滞（スタグネーション）と物価の上昇（インフレーション）が同時に起こる**スタグフレーション**をまねいた。日本経済は大きな打撃を受け，高度経済成長は終焉を迎えた。

2 重厚長大から軽薄短小

工業の産業別生産高の変化

	金属	機械	化学	食料品	繊維	その他
1950年	16.0	13.9	14.3	13.4	23.7	18.7
1960年	18.8	25.8	11.8	12.4	12.3	18.9
1970年	19.3	32.3	10.6	10.4	7.7	19.7
1980年	17.1	31.8	15.5	10.5	5.2	19.9

□ 重化学工業　▨ 軽工業　（『日本国勢図会』）

解説　**主役交代**　石油危機を乗り切るために，日本経済は石油依存の経済構造を改めた。産業の柱がそれまでの資源多消費型の**重化学工業**から，省資源・知識集約型の電子産業などへと移行した。このような取り組みによって，日本経済は世界のなかでもいち早く石油危機から立ち直ることができた。

3 石油危機後の日本経済

	石油危機前	石油危機後
時代区分	高度経済成長期（1955～73年）	安定成長期（1974～85年）
経済の目標	生産重視，量的拡大型	生活重視，環境保全型
産業の特徴	**重厚長大**（エネルギー多消費型）例：鉄鋼，造船，石油化学など	**軽薄短小**（省エネルギー型）例：自動車，機械，エレクトロニクス産業など
国際通貨制度	固定相場制1ドル＝360円	変動相場制（1973年～）

解説　**産業構造の高度化**　**産業構造の高度化**とは，経済成長にともなって産業構造の中心が，第1次産業から第2次産業，第3次産業へと移行することをさす。また，日本では高度経済成長期には重化学工業が中心であったが，石油危機後にはモノの生産よりも「サービス」の生産が重要なものとなっていった。このような現象を**経済のサービス化・ソフト化**（➡p.238）という。

経済

234 ❓ 産業の空洞化は，日本経済にどのような影響をもたらしたのだろうか。

4 円高の進展とバブル経済　バブル経済はどのように発生し，どのような特徴があったのだろうか。

1 プラザ合意と円高

日本の海外投資額の推移 (JETRO資料)

? プラザ合意は，日本経済にどのような影響を与えたのだろうか。

解説 **プラザ合意**　1985年に**プラザ合意**がおこなわれ，円高が急速に進行した。プラザ合意とは，財政赤字と経常収支の赤字をかかえるアメリカを救うためにG5によってなされたものであった。それまで1ドル＝240円前後であった為替レートが，1988年には120円前後となった。日本の輸出産業は不調となり，**円高不況**に襲われることになった。円高を背景に，企業は外国への進出を進め，国内の産業の空洞化がみられた。

> 円高によって，日本の輸出品価格が上昇
> ↓
> 日本の輸出産業の不振
> ↓
> 日本国内で円高不況が発生

TOPIC プラザ合意は，なぜ，なされたのか？

1980年代前半，アメリカは「強いドル」を掲げ，高金利政策をとっていた。また，当時のレーガン大統領は軍事費を増大させていた。こうしたことから，アメリカは，財政赤字と経常収支の赤字という「**双子の赤字**（➡p.309）」をかかえることとなった。そのため，1985年，ニューヨークのプラザホテルで会議が開かれ，日・米・英・西独・仏の5か国（**G5**）によってプラザ合意がなされた。**プラザ合意**は，ドル高の是正をめざして各国が協調介入することを決めたものである。さらなる貿易摩擦の回避，基軸通貨ドルの安定のため，日本はプラザ合意を受け入れた。プラザ合意以降，ドル安円高が一気に進んだ。ドル安円高は1987年のルーブル合意によるドル安是正まで続いた。

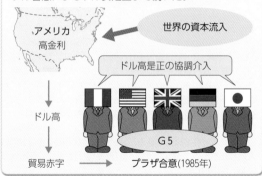

2 バブル経済発生のメカニズム

解説 **「バブル」とは？**　プラザ合意による円高不況を乗り切るために，政府が財政支出を拡大すると同時に，日本銀行は公定歩合（➡p.275）を大幅に引き下げた。その結果，資金需要以上に市場に資金が出回り，「カネ余り現象」が生じた。余剰資金は，土地や株式の購入へと向かい，資産価格が急激に上昇した。**バブル**とは，実態以上に地価や株価が高騰する現象のことである。所有する株や土地の価格が上昇したため，人々の消費が拡大した。このような現象を「資産効果」という。

3 金利と株価の関係

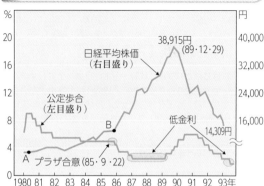

↑ 株価の変動と公定歩合（『経済統計年鑑』1994年版ほか）

? 株価と公定歩合には，どのような関係があるのだろうか。

解説 **後にならないとわからない**　金利とは，お金の貸し借りをする際のレンタル料のようなものである。金利が上昇した場合，企業は銀行から資金を借りにくくなり，景気が収束し，株価も下落しやすい。逆に，金利が下落した場合，企業は借り入れを増やして設備投資をおこない，好景気となり，株価も上昇しやすい。

1980年代後半の公定歩合の引き下げは，日本銀行の円高不況対策であった。この公定歩合の引き下げ以上に，株価が上昇し，**バブル経済**が発生していることを，現在では統計データから確認することが可能である。しかし，当時の多くの人たちは，地価や株価は実態経済を反映しているものであると認識していた。このように経済状況について，後から批判することは簡単であるが，「今」がどのような状況であるかを判断することは難しいのである。

● **日米貿易摩擦**
1950年代以降の繊維製品，1960年代後半以降の鉄鋼，1970年代以降のカラーテレビや自動車，1980年代の半導体など特定商品が集中的に輸出され，そのたびに深刻な経済摩擦が問題となった。1988年にアメリカは，通商法スーパー301条を制定し，不公正な貿易慣行や輸入障壁に対して改善を要求し，改善されない場合には報復として関税引き上げをおこなうこととした。1989～1990年の**日米構造協議**，1993年の**日米包括経済協議**により，両国間の経済摩擦問題を協議してきた。

経済

用語解説　プラザ合意，バブル経済　➡p.364

235

1 バブル経済の崩壊 〔出題〕

金融引き締め政策

（公定歩合の引き上げ，不動産融資規制など）

↓

バブル経済の崩壊
土地・株などの値下がり

市街地価格指数の推移　　　　　　　　（総務省資料ほか）

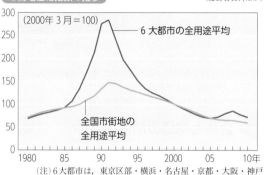

（注）6大都市は，東京区部・横浜・名古屋・京都・大阪・神戸

？ なぜ，「バブル」は，はじけたのだろうか。

解説 はじけたバブル　政府・日本銀行は，上昇しすぎる株価や地価を抑えるために，1989年に公定歩合を引き上げ，地価税の導入などをおこなった。その結果，1989年末に3万8,915円の最高値を記録していた株価が急激に下落した。

2 不良債権の発生 〔出題〕

全国銀行の不良債権の推移　　　　　　（金融庁資料）

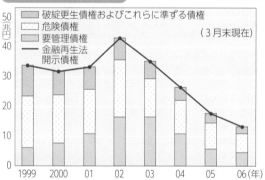

解説 不良債権の処理　債権とは，特定の人に対して，借金などを請求する権利のことである。不良債権とは，貸し付けた資金のうち，回収困難か，困難になる可能性の高い債権のことである。バブル経済期，銀行は貸付先が資金を返済できない場合に土地を回収することを前提に多額の融資をおこなってきた。そのため，バブル経済崩壊後には，貸付先企業の倒産や地価の大幅な値下がりによって，銀行は多額の不良債権をかかえることとなった。また，銀行は，財務上の健全性を確保するためのＢＩＳ規制（→p.278）を義務づけられていた。そのため，ＢＩＳ規制を達成するため，自己資金を増やしたり，融資を減らしたりしなければならず，「貸し渋り」や「貸しはがし」をおこなうものも現れ，さらに景気が悪化した。1990年代後半には金融機関の大型倒産がおこり，金融不安が発生した。長引く不況に，政府は金融再生法を施行し（1998年），日銀はゼロ金利政策（1999年，→p.277）を実施して景気の浮揚をはかった。

3 構造改革の推進

　2001年，小泉内閣は「改革なくして成長なし」をスローガンに掲げ，「小さな政府」への回帰をめざす構造改革をすすめた。構造改革とは，「労働力や資本を，生産性の低い分野から高い分野に移動させること」を意味する。具体的には次のようなことがおこなわれた。

不良債権問題の処理	2002年に金融再生プログラムを実施し，2003年には産業再生機構を設立し，銀行のもつ不良債権問題の早期清算をはかった（2007年清算完了）
郵政民営化（→p.152）	「民間にできることは民間に」のキャッチフレーズのもと，郵政三事業（郵便・簡易保険・郵便貯金）の完全民営化をはかった（2007年実現）
特殊法人改革（→p.152）	郵政民営化が財政投融資改革の入口改革であったのに対して，特殊法人改革は財政投融資の出口改革である。日本道路公団，本州四国連絡橋公団などを民営化したのをはじめ，政府関係金融機関の改組・統廃合をおこなった

解説 格差が広がった？　小泉内閣の下では，さまざまな規制緩和がおこなわれ，民間企業の競争が促進された。しかし，その一方で非正規雇用労働者の増加など，格差社会をもたらしたとの批判もなされた。なお，2002～08年までは好景気が続き，戦後最長の好景気といわれるようになった。ただし，賃金の上昇などが見られず「実感なき好景気」といわれた。

4 リーマン・ショックと日本経済

アメリカの金利と地価の推移

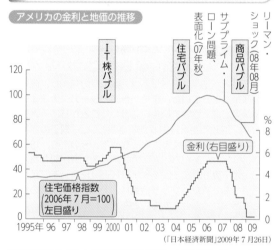

（「日本経済新聞」2009年7月26日）

解説 アメリカの住宅バブル崩壊　サブプライム・ローン（→p.309）とは，信用度が低く，住宅購入貸し出しの対象になりにくい低所得者向けのアメリカの住宅ローンのことである。2007年，アメリカで住宅バブルが崩壊し，サブプライム・ローンの返済不能者が続出し，信用不安が一気に高まった。2008年には，アメリカの大手証券会社リーマンブラザーズが倒産したことから金融不安が高まった。これをリーマン・ショック（→p.309）といい，100年に一度といわれる不況に陥った（世界同時不況）。世界的な金融不安から安全資産として円が買われたために円高ドル安になった。このような急激な円高は日本の輸出企業に大きな打撃を与えた。リーマン・ショックにより，日本の経済成長率は落ち込み，派遣労働者などの非正規雇用の人たちが雇止めにあう，いわゆる「派遣切り」が社会問題となり，失業者が増加した。

新型コロナウイルス感染症の経済への影響を読み解く（⇒p.311）

　2020〜22年の新型コロナウイルス感染症の拡大は日本経済に大きな打撃を与えた。2021年以降，その影響は多少緩やかになったものの，サービス業や観光業などを中心に厳しい状況が続いた。さらに2022年のロシアによるウクライナ侵攻（⇒p.206）は，世界規模での原油や穀物の価格高騰をまねいた。日本は原材料や穀物などを輸入に頼っており，国際価格の上昇と円安の下で，国内物価の上昇に直面することになった。2023年には，新型コロナウイルス感染症の法的位置づけが変わり，行動規制が緩和されたこともあり，消費水準は新型コロナウイルス感染症の発生前に戻ったが，マスク生活を続ける人もまだまだ多い。

新型コロナウイルス感染症の経済への影響

国境封鎖，外出制限などによる人の移動の制限

供給ショック	需要ショック
サプライチェーン（供給網）の寸断　サービスの提供停止	対面サービスの需要急減　耐久財の需要蒸発

所得・雇用ショック

所得・雇用の急減による経済悪化のさらなる連鎖拡大

（経済産業省資料）

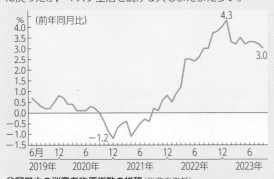
↑❶日本の消費者物価指数の推移（総務省資料）

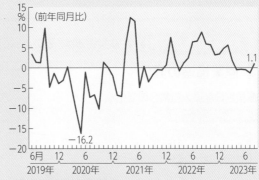
↑❷日本の消費支出の推移（総務省資料）

❓ 新型コロナウイルス感染症の拡大によって，私たちの経済活動はどのように変化したのだろうか。

歴史はくり返すのか？それとも，私たちは歴史から学ぶのか？

　1973年の石油危機（オイル・ショック）と2020年の新型コロナウイルス感染症（コロナ・ショック）による影響の象徴的な共通点は，人々がトイレットペーパーを買いに走ったことである。2020年にも，ＳＮＳなどを通じて，「マスクがなくなったから，今度はトイレットペーパーもなくなる」，「原材料を中国から輸入できなくなるので，トイレットペーパーの品不足となる」などの事実と異なるデマが広がった。多くの人々は，このようなデマを信じなかった。しかし，デマの誤りを指摘する投稿がＳＮＳ上に多数出現し，デマの存在が広く知れ渡ることとなった。その結果，「他人がデマを信じるから」という理由でトイレットペーパーの買い占めがおこなわれ，本当に品不足が発生し，社会問題へと発展した。実際にはトイレットペーパーの在庫は十分にあり，状況はすぐに改善された。半世紀前のオイル・ショックのできごとから，私たちは何を学び，何を学ばなかったのだろうか。

> うちの近所のドラッグストア，トイレットペーパーが品薄になってた…特売とかじゃないやつまさかマスクと同じことにならんよな？！
> 2020/2/22　0リツイート　1いいね

> #マスクの次はこれが品薄に
> 日本は中国に生産依存している面があるから次はトイレットペーパーがなくなりそう。今からストック買っておくわ
> 2020/2/24　1リツイート　0いいね

この時点で噂，勘違い，デマいずれもほとんどなかった。
※拡散されていないツイートの影響力は低いと考えられる

> 嘘を拡散する人がいるので，警告　トイレットペーパーの原料のパルプは，中国から輸入されていません。また，ほとんど国産であり，輸送コストの問題から輸出しても意味がない
> 2020/2/27　5751リツイート　6190いいね

> なんかウチの店で「トイレットペーパーが不足するらしい」って噂になってる」とお客さんの声が。そんな馬鹿なと軽く調べて見たら案の定デマ。オイルショックの頃から何も学んでいないのか(;´Д`)
> 2020/2/27　49リツイート　85いいね

「国産が多い」という話は確かに拡散していたが，「品薄になる」というデマはほとんどなかった。しかし，デマ注意喚起ツイートが拡散されたことで，多くの人が「品薄の原因はデマ」と思いこむことになった。

↑❹トイレットペーパーをめぐるツイート（東京大学新聞社資料）

↑❸トイレットペーパーの買い占めを禁じる貼り紙を出す店舗（東京都，2020年3月）

❓ オイル・ショックの際のトイレットペーパーの品切れ（⇒p.230）と，コロナ・ショックの際のトイレットペーパーの品切れの共通点と相違点を，メディア環境や経済的側面から考察しよう。

経済

要点 の整理　＊□□□は共通テスト重要用語，■は資料番号を示す。この節の「共通テスト○×」などに挑戦しよう🖐

1 産業構造の変化

❶ **産業構造の高度化** ■……経済が発展するにつれて，**第1次産業**(農林漁業)→**第2次産業**(鉱工業・製造業)→**第3次産業**(小売業・卸売業・情報通信業・金融業など)へと比重が移る＝**ペティ・クラークの法則**

❷**経済のサービス化・ソフト化** ■……第3次産業の比率が増加。日本では高度経済成長期以降，急速に進展

2 高度情報社会

❶**Society5.0** ■……サイバー空間(仮想空間)とフィジカル空間(現実空間)とを高度に融合させ，経済発展と社会的課題の解決を両立する，人間中心の社会

❷**ビッグデータ** ■……**AI(人工知能)**の活用により，膨大なデータの解析が可能になり活用の可能性が広がっている →プライバシーの保護との両立が課題

1 産業構造の変化　産業構造は，どのように変化してきたのだろうか。

1 産業構造の変化

(1)産業別の就業人口割合の変化

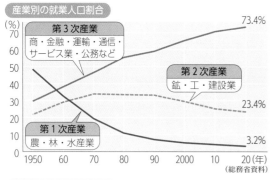

産業別の就業人口割合

産業別就業者割合の推移

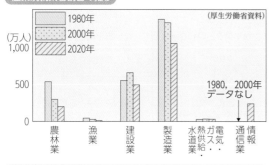

●**技術革新(イノベーション)**
シュンペーター(1883〜1950)が示した概念で，新しい技術や生産方法を導入すること。技術革新が古い技術を破壊すること(**創造的破壊**)によって経済は刺激されるとした。

解説 **産業構造の高度化**　経済が発展するにつれて，産業の中心が第1次産業から第2次産業，第3次産業へと移っていくことを**産業構造の高度化**という。これに関連して，「一人あたりの所得は，農業よりも製造業において，製造業よりも商業において，より高い」とペティ(英，1623〜87)が述べ，クラーク(英，1905〜89)は「経済発展にともない，一人あたり国民所得が増大するにつれて，第1次産業から第2次産業，第2次産業から第3次産業へと労働の比重が移動する」と述べた。この経済発展につれて，産業構造が高度化していく法則を「**ペティ・クラークの法則**」という。戦後日本の産業構造の変化は，この法則によくあてはまる。

(2)経済活動別GDP構成比　(『日本国勢図会』2022/23年版ほか)

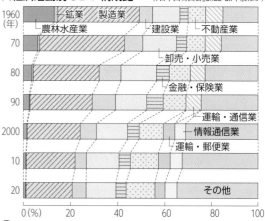

? 1960年から現在で，名目GDPに占める割合が最も増加した業種は何だろうか。

解説 **経済のサービス化・ソフト化**　経済成長の過程において，経済全体の生産額や就業者数に占めるサービス産業(第3次産業)の比重が大きくなっていくことを**経済のサービス化**という。また，モノ(ハードウェア)づくりよりも，情報・サービス(ソフトウェア)の重要性が高まることを**経済のソフト化**という。たとえば，パソコンの本体が「ハード」であり，そのなかに組み込まれている機能が「ソフト」である。

(3)耐久消費財の普及率　(3月末現在)

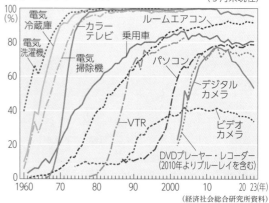

(経済社会総合研究所資料)

1 Society5.0時代の生活

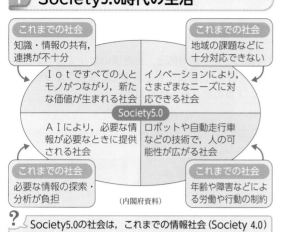

これまでの社会
知識・情報の共有，連携が不十分

これまでの社会
地域の課題などに十分対応できない

Iotですべての人とモノがつながり，新たな価値が生まれる社会

イノベーションにより，さまざまなニーズに対応できる社会

Society5.0

AIにより，必要な情報が必要なときに提供される社会

ロボットや自動走行車などの技術で，人の可能性が広がる社会

これまでの社会
必要な情報の探索・分析が負担

これまでの社会
年齢や障害などによる労働や行動の制約

(内閣府資料)

? Society5.0の社会は，これまでの情報社会 (Society 4.0) とどのように違うのだろうか。

解説 **未来の社会の姿** Society5.0とは，サイバー空間 (仮想空間) とフィジカル空間 (現実空間) を高度に融合させたシステムにより，経済発展と社会的課題の解決を両立させる，人間中心の社会のことである。Society5.0は，狩猟社会(1.0)，農耕社会(2.0)，工業社会(3.0)，情報社会(4.0)に続く新たな社会をさす。

TOPIC モビリティ革命〜 MaaS

MaaS (Mobility as a Service) とは，ICT (情報通信技術) を活用して，自家用車以外での交通機関による移動を，途切れることなくつなぐという概念である。これが進むと，たとえばライブを観るために自宅からライブハウスに行きたいとき，スマートフォンの1つのアプリ上で，ライブハウスまでの経路，最適な交通機関，料金，所要時間を検索でき，さらにタクシーやシェアサイクルなどの予約・決済まで完結できるようになる。これまで，地図アプリ，乗換案内アプリ，タクシーの配車アプリなど，バラバラに提供されていたサービスを一括して，1つのアプリで提供することで，公共交通機関などの利便性を高めることが期待される。

MaaSの考えは，自家用車での移動に依存しすぎてきた社会を見直すことにもつながる。これは，渋滞に悩む都市部だけでなく，買い物難民の問題をかかえる過疎地域においても重要なものであり，各地で実証実験がおこなわれている。

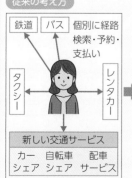

従来の考え方

鉄道 | バス 個別に経路検索・予約・支払い
タクシー
レンタカー
新しい交通サービス
カーシェア 自転車シェア 配車サービス

MaaS の考え方

鉄道 | バス
タクシー | レンタカー
MaaS アプリで一括で経路検索・予約・支払い
新しい交通サービス
カーシェア 自転車シェア 配車サービス

2 ビッグデータの活用

吸い上げられる個人情報

非接触型ICカード (Suicaなど)
乗降駅と乗降時間 →自宅や学校・勤務先，よく行く場所も類推可能

SNS
趣味・関心事，居住地，出身地→学校・勤務先など，データから個人を特定しやすい

ビッグデータ

ポイントカード
年齢・性別，購買履歴→自宅や学校・勤務先の場所，生活状況も類推可能

ネット通販
購入履歴→所得，生活水準，生活状況，趣味や関心事なども類推可能

(「週刊ダイヤモンド」2015年4月25日号などを参照)

解説 **ビッグデータとプライバシー** ビッグデータとは，データ量が膨大でかつ構造が複雑であるが，そのデータ間の関係性などを分析することで新たな価値を生み出す可能性のあるデータ群のことである。今後は，AI (人工知能) を活用することで，一層膨大なデータを解析できるようになると予想される。しかし，ビッグデータの活用には，プライバシーの保護が課題となってくる。過去には，首都圏を中心に利用されているICカード乗車券の乗降履歴が市場データとして販売され，問題となった。ビッグデータの活用の有用性とプライバシーの保護のバランスをとるために，個人情報保護法 (→p.105) が改正されるなど，新たな時代にあわせた対応がはかられている。

TOPIC 身の回りにある著作権

高度情報社会では，形のない財産権 (知的財産権，知的所有権) が重要な意味をもつ。なかでも，著作権は，身近な知的財産権である。著作権に関する以下の問題について考えよう。

?
❶美術の授業で製作した風景画が，とてもよくできだったので，ぜひ著作権をとりたい。プロではない私でも著作権をとることはできる？
❷吹奏楽部が，体育祭の入場行進の際に行進曲を演奏することは著作権の侵害にあたる？
❸人気漫画を真似て描いた絵を，自分のSNSに載せることは著作権の侵害にあたる？

Answer

①著作権は自然と発生する
著作権は，著作物を創作した時点で自動的に発生する。そのため，登録の手続きなどは不要で，著作権の発生にプロ・アマチュアの違いはない。

②著作権の侵害にはあたらない
著作権法では，著作権が存続している曲でも，営利目的がなく，観衆から料金をとらないなどの場合は，権利者の許可なく演奏ができる。ただし，楽譜のコピーには許諾が必要。

③著作権の侵害にあたる
自分が描いた絵でも，漫画を真似ているのであれば，一般的には漫画の複製または翻案にあたる。そのため，著作権者の了解が必要。

経済

ＡＩとともに働く

現在の日本経済の課題として，少子高齢化にともなう労働力不足への対応と，先進国のなかでは低い生産性の向上をはかることがあげられる。このようななか，ＡＩ（人工知能）の普及が労働市場に影響を与えつつある。ＡＩの導入に，私たちはどのように向きあえばよいのだろうか。2つの視点から考えよう。

ＡＩと私たちの未来〜雇用への影響

ＡＩが普及し，多くの仕事が自動化されることは，これからの雇用にどのような影響を与えるのだろうか。2013年にイギリスのオックスフォード大学の若手研究者から，「アメリカにおいて10〜20年間に労働人口の47%が機械に代替されるリスクが70%以上」という内容の論文が発表された。日本でも，銀行が単純な作業をコンピュータに処理させて自動化を進めたり，融資審査の一部にＡＩを導入したりするなどして，人員・業務量を削減すると発表し，注目を浴びた。ＡＩは，人口減少社会のなかで人間の幸福に役立つのだろうか。それとも，大量失業時代をもたらすのだろうか。

視点 Ⓐ	ＡＩの導入により，業務の生産性向上や新たな商品・サービスの誕生などの効果が期待でき，社会全体の利益を増進する

視点 Ⓑ	ＡＩの導入により，雇用が失われる人への社会全体での手当てを充実させる公正なしくみが必要である

↑❶17世紀のオランダの画家レンブラントの作品（左）と，レンブラントの画風を学習したＡＩが３Ｄプリンタを使って描いた作品（右）　ＡＩの描いた作品は，有名画家の技術を模倣した「新作」として注目された。

ＡＩが示す未来の姿

優太：ＡＩの導入は，これまでにない新たな商品が誕生する効果が予想されるから，視点Ⓐのように，社会全体の利益をもたらすと思うよ。たとえば，ホンダは世界ではじめて自動運転「レベル３」を搭載した乗用車を，2021年から販売しているよ。

結衣：「レベル３」ってどういうこと？

優太：運転する主体が「人」から「システム」に代わるんだ。一定の条件下では運転手は別のことをしていても構わないから，長時間の運転が辛い高齢者にもやさしい車といえるね。

結衣：そういえば，この前，ＡＩを活用した無人コンビニのニュースを見たよ。天井に設置したカメラや赤外線，商品棚の重量計のデータから，誰が何を買ったかをＡＩが判断して，客がレジの前に立つと自動で合計金額を算出してくれるんだって。

優太：すごい！そこまでではなくても，セルフレジはスーパーなどでよく見かけるようになったね。

結衣：便利だよね。でも，人と人とのふれあいも大切にしたいな。

人の役割の変化

先生：ＡＩの導入は，雇用にどのような影響があると考えられているんだろう？図❷を見てみよう。

結衣：あれ？「接客，対人サービス」と「事務系専門職」は，増える見込みの仕事と減る見込みの仕事のどちらにも入っているよ。

優太：さっき，結衣が言っていた無人コンビニのように，レジで支払いをするだけの接客ならＡＩでも可能だ

けど，その日の天候やお客さんのようすを見て応対のしかたを変えるといった臨機応変な対応は，やっぱり人間が得意とするところだからじゃないかな。

結衣：これからは，ＡＩとともに働くという新たなスキルが求められていくんだね。視点Ⓑの考えも必要だね。

先生：そうだね。技術の進歩とともに仕事に求められるスキルは変化していく。そのため，大学などの教育機関や企業には，学び直しの機会を設けるなどの変化が求められているんだよ。

増える見込みの仕事 （複数回答）

職種	%
技術系専門職	56.7
営業・販売	22.8
事務系専門職	22.0
接客，対人サービス	13.4
管理・監督	12.7

減る見込みの仕事 （複数回答）

職種	%
一般事務・受付・秘書	43.7
総務・人事・経理等	32.8
製造・生産工程・管理	29.9
事務系専門職	16.4
接客，対人サービス	14.6

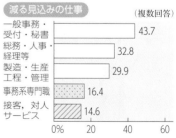

↑❷ＡＩの進展によって増える見込みの仕事・減る見込みの仕事（『経済財政白書』2018年版）

❶2人の議論を読んで，あなたは視点Ａ・Ｂのどちらの意見だろうか。
❷ＡＩの社会への浸透は，私たちの働き方をどのように変えるのだろうか。働き方改革の視点から考えよう。

3 企業の活動

1 企業のしくみ

❶**資本** ■……事業をするのに必要な元手(自分のお金＝**自己資本**，他人のお金＝**他人資本**)

❷生産活動のしくみ ■……企業は資本をもとに生産手段・労働力を購入→商品を生産・販売→資本の回収と利潤の発生→新たな投資をおこない，より多くの生産が可能に(**拡大再生産**)

2 企業の形態

❶企業の種類 ■……ほとんどの企業は民間資本からなる私企業

❷ **株式会社** ■～■……資本金を多数の **株式** に分割して，多数の人々から多くの資本を集めることができる

● **有限責任制**……株主の責任は，出資額までに限られる(資本を提供しやすい)

● **所有(資本)と経営の分離**……資本を提供する者(**株主**)と会社を経営する者(経営者)が異なること

→規模の大きな株式会社では経営を専門家に任せる

● **株主総会** ……意思決定の最高機関であり，株主が取締役などの経営者を選出する

❸持株会社 ■……さまざまな会社の株式を保有し，経営を支配する会社

→国際競争力を強化する観点から独占禁止法が改正(1997年)され，設立が解禁

3 現代の企業の変容

❶M＆A(合併・買収) ■■の増加……競争力の強化，経営の多角化→中小企業も後継者不在を解消するために活用

❷ **企業の社会的責任(CSR)**……利益追求だけでなく，社会に対して責任ある経営が求められる

→**コンプライアンス(法令遵守)**，**コーポレート・ガバナンス(企業統治)**，フィランソロピー，メセナ

4 中小企業

❶地位 ■■■……日本の企業数の約99％，従業者数の約70％を占める

❷経済の二重構造 ■……大企業に比べて設備投資率が劣るため，生産性・賃金で大企業との格差が発生 ─┐

❸下請け企業 ■……景気の調整弁となり，景気変動の影響が大　 中小企業基本法で保護 ■

❹ベンチャー企業 ■……独自の技術やアイデアをもって経営をおこない，新しい市場の開拓をはかる ─┘

---

1 企業のしくみ　企業は，どのようなしくみで生産活動をおこなっているのだろうか。

1 生産活動のしくみ

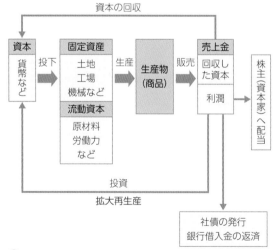

? 生産物の販売が思ったように上手くいかず，売上金が最初に投入した資本よりも少なくなってしまった場合，その後の生産活動はどうなるのだろうか。

解説 **利潤を次の生産へ** 企業は資本をもとに生産手段や労働力を購入し，生産物(商品)を生産・販売する。最初に投入した資本以上の売上金がある場合は，利潤(利益)が発生する。利潤の一部は資本家へ配当されたり，借入金の返済にあてられたりする。さらに，利潤を使って新たな投資をおこない，より多くの生産が可能となることを**拡大再生産**という。

2 自己資本と他人資本

自己資本		他人資本
出資者	会社側から見た資金提供者	債権者(→p.108)
なし	返済の義務	あり
資本金利益剰余金	具体例	借入金社債

● **直接金融と間接金融** (→p.272)

　企業は，必要な資本を自己資本で賄えない場合，他人資本に頼ることになる。つまり，お金に余裕のある者から一時的にお金を融通してもらう(金融)。資金の貸し手から直接融通を受けることを**直接金融**といい，資金に余裕のある預金者からお金を集めている銀行などの金融機関をとおして間接的に資金の融通を受けることを**間接金融**という。

? ①銀行からの借入金は他人資本に分類される。これは，なぜだろうか。
②銀行からの借入金と社債は，それぞれ直接金融・間接金融のどちらにあたるのだろうか。

解説 **自己資本と他人資本** 資本とは，事業をするのに必要な元手のことである。資本は，**自己資本**と**他人資本**にわけることができる。自己資本は「自分」のお金であり，返済の義務はない。他人資本は「他人」のお金であり，返済の義務がある。たとえば，株式会社が出資者を募り，株式を発行して集めた資本金は，返済義務のない自己資本である。

2 企業の形態　企業の形態には，どのようなものがあるのだろうか。

1 企業の種類　出題

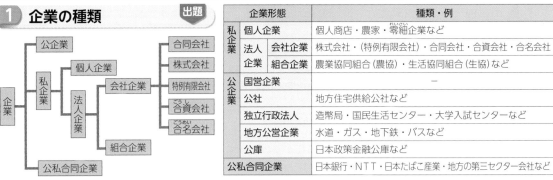

企業形態			種類・例
私企業	個人企業		個人商店・農家・零細企業など
	法人企業	会社企業	株式会社・（特例有限会社）・合同会社・合資会社・合名会社
		組合企業	農業協同組合（農協）・生活協同組合（生協）など
公企業	国営企業		－
	公社		地方住宅供給公社など
	独立行政法人		造幣局・国民生活センター・大学入試センターなど
	地方公営企業		水道・ガス・地下鉄・バスなど
	公庫		日本政策金融公庫など
公私合同企業			日本銀行・ＮＴＴ・日本たばこ産業・地方の第三セクター会社など

解説　企業の種類　企業は民間資本からなる**私企業**，国や地方公共団体の公共資本からなる**公企業**，民間資本と公共資本の両方からなる**公私合同企業**にわけられる。資本主義経済では，大半が私企業である。

2 会社企業の種類

	株式会社			合同会社 *3	合資会社	合名会社
	公開会社	株式譲渡制限会社 *1	特例有限会社 *2			
出資者	有限責任				無限責任	
	株主			社員 *4		
経営者	取締役3人以上。監査役1人以上	取締役1人も可。監査役なしも可	取締役1人以上	業務を執行する社員		
その他	多額の資本を集めやすく大企業に多い	従来の有限会社のしくみを移行	中小企業に多い。新設不可	出資者への自由度の高い利益配分が可能	小規模な会社に多い	親族経営など小規模な会社に多い

＊1：株式を他の人に譲渡するには株主総会の承認が必要
＊2：有限会社は2006年施行の会社法で新設できなくなった。従来の有限会社は存続可能なため，現在も存在する
＊3：2006年施行の会社法で新設。出資額に関係なく利益配分をすることも可能なため，出資額にかかわらず，優秀な社員に多く利益を配分することも可能になる
＊4：ここでの社員とは，構成員（出資者）のことであり，会社に雇用された従業員ではない

● **有限責任**　経営上の損失に対して，自分の出資額を限度に責任を負う。もし，会社が倒産しても，出資額を失うだけで，それ以上の責任はない。そのため，さまざまな人から，幅広く出資を集めることができる
● **無限責任**　経営上の損失に対して，出資額をこえて無限に責任を負う。出資には高いリスクをともなう

解説　さまざまな企業の形態　2006年（一部は2007年）に施行された**会社法**によって，おもに次の2点で起業をしやすい法制度となった。①最低資本金制度の撤廃。株式会社設立に必要な資本金の最低額を1円とした。②合同会社の新設。社員が有限責任であり，経営の自由度が比較的高い形態をとる合同会社が新設された。ベンチャー企業に適している。Amazon，Googleなどの外国企業の日本現地法人も株式会社ではなく合同会社である。現在，合同会社の設立数は，順調に増加している。

3 株式公開のしくみ〜公開会社の場合　出題

　「所有と経営の分離」とは，どういうことだろうか。

株主（持株数に応じて配当を得る）

↓出席

株主総会
経営の基本的な方針を決める（一株一票）

↓選任・解任　　↓選任・解任

取締役会
経営の具体的な方針を決め，その責任を負う。社外取締役をおくこともある。取締役3人以上で構成

監査役
取締役の職務遂行について，独立した立場から監査する。監査には，業務監査（法令や定款を遵守しているかについての監査）と会計監査（会社の会計についての監査）がある

監査 →　← 監査

↓監督　　↓監査

経営者
取締役（社長・専務・常務など）

↓

製造部　営業部　経理部　総務部

（左：経営方針の決定／業務の執行）（右：所有／経営）

業務執行をおこなう取締役が取締役会のメンバーとして代表取締役を監督するが，実質的な監督機能をもたないとの批判があった。そのため，直接利害関係のない社外取締役をおくことがある。

● **社外取締役**　社内の常勤の取締役に対し，外部の視点から会社経営全般について監督をおこなうことが期待される取締役。有識者や他企業の社長経験者，弁護士などがつくことが多い
● **ＣＥＯ（最高経営責任者）**　アメリカの企業からはじまった呼称。企業の経営戦略の策定や実際の経営などについて，最終的な責任を負う。ＣＥＯ，社長，専務といった呼称はよく聞くが，会社法上は規定がない。社内の役職名の一つである
● **議決権**　株主総会で会社の経営方針などについて決議する権利。株主は，原則1株につき，1票の議決権をもつ
● **株主代表訴訟**　会社の経営者である取締役などが会社に損害を与えたにもかかわらず，会社が経営者の責任を追及しない場合には，株主が会社に代わって経営者の責任を追及することができる。なお，株主が勝訴しても，賠償金を得るのは株主ではなく会社である。

解説　所有（資本）と経営の分離　株式会社では，出資者（会社の所有者）は**株主**である。一方で，会社の経営は**株主総会**で選任された取締役をはじめとする経営者が担当する。これを**所有（資本）と経営の分離**という。株主は，会社の経営に直接的にはかかわらず，責任も有限責任であるため，出資しやすい。そのため，株式会社制度は不特定多数の出資者から多額の資金を集めやすい。

コーポレート・ガバナンス（企業統治，→p.245）を実現するために存在する，株式会社における制度には，どのようなものがあるのだろうか。

株式のしくみ 出題

「株式会社」ということばを聞いたことはあるだろう。あるいは,「株で儲けた」という話を聞いたことがあるかもしれない。経済において重要な役割を果たす,株式のしくみについて理解を深めよう。

お金をどう集めるか?

優太:将来,僕は自分で会社をつくってみたいと考えています。そのために,アルバイトをがんばって,お金を貯めようと思っています。

先生:それは,すごい。もちろん,自分でお金を貯めて,会社を設立する最初のお金(資本金)にしてもいいんだけど,他にも方法があるんだよ。

結衣:たとえば,銀行から借りるとか,ですか?

先生:そうだね。でも,銀行から借りるとなると,なかなか貸してもらえなかったり,利子を支払わないといけなかったりと大変だ。そこで,株式会社を設立して,多くの人に**株式**を買ってもらい,**株主**,つまり出資者になってもらうという方法もあるよ。この場合,銀行からお金を借りる場合とは違って,返済したり,利子を払ったりする必要がないんだ。日本でも90%以上の企業がこの株式会社の形態をとっているよ。

株主のメリットとは?

結衣:でも,都合よくお金を出資して

●株式会社の起源

株式会社は,17世紀はじめにオランダで設立された**東インド会社**がその起源といわれている。当時のヨーロッパでは,胡椒などの香辛料が高額で取り引きされていた。香辛料を求めたインドや東南アジアへの航海は,成功した場合の利益は莫大になるが,一方で当時の航海は高い危険性をともなうもので,ハイリスク・ハイリターンであった。株式の発行による資金の調達は,そのリスクを下げるための工夫である。

くれる人っているんですか?

先生:株主には,会社に関するさまざまな権利が与えられ,会社によっては株主優待といって,株主に企業の商品や優待券を配るところもあるよ。しかも株主は,会社が倒産しても,出資額の範囲内で責任を負うだけでいいんだよ。

優太:なるほど。それなら,出資してくれる人も見つかりそうですね。

●株主の権利

①会社の利益の一部を配当として受け取ることができる
②持株数に応じて,取締役の選出など重要なことを決める株主総会で議決権を行使できる
③会社が解散するときには,残った財産を分配してもらえる

株式を上場するとは?

結衣:ところで,私たちも株主になることってできるんですか?

先生:もちろん。ただし,日本には250万社以上の株式会社があるけど,**証券取引所**という株の取り引きをする所で株が売買されている上場企業は4,000社程度しかないんだ。**上場**すると,よりたくさんの人から出資をしてもらいやすくなる一方で,上場するには証券取引所の厳しい審査基準をクリアする必要があるし,事業の状況や財務内容の情報を広く一般に開示する**ディスクロージャー(情報開示)**が求められるよ。

優太:僕も,上場できるような企業をつくりたいです!

先生:期待しているよ。ただし,上場

すると誰でもその会社の株式を購入でき,「敵対的買収」の標的になりやすいことには注意が必要だよ。

●株価公開による会社のメリット

①企業の社会的信用が増大し,優秀な人材を確保しやすくなる
②資金調達力が増大する
③ディスクロージャーにより,社内の管理体制がより強固なものになる

景気と株価の関係

結衣:たまに,「株で儲けた」って聞きますが,どういうことですか?

先生:それは「一株あたりの価格(株価)が買ったときよりも,値上がりした」ってことだろうね。

優太:株価って,どんな理由で変化するのですか?

先生:株式市場全体に関することと,個別の企業に関係することにわけて考えると次のようになる。

●株価の変動要因

①株式市場全体に関すること
金利,為替,国際情勢など
②個別の企業に関係すること
業績,新製品・新技術の開発,業界の先行き予想など

たとえば,余裕資金があって銀行の預金金利が高いときは,株式に投資せず,銀行に預金するよね。逆に,預金金利が低いときは,株を買う人が増えるだろう。このように,さまざまな要因から株価は変化する。なお,株価は現在だけでなく,その先の経済の情勢を敏感に織りこんで変化すると考えられているよ。

結衣:私も株の話に興味が出てきたな。証券取引所に行けば,私たちも株式を買うことができるんですか?

先生:証券取引所で直接株式を売買するのではなく,証券会社を通じて取引をするんだよ。インターネットで売買注文ができる証券会社も多いね。

---

❶株式会社を設立してビジネスをはじめる利点は,何だろうか。
❷株式会社が上場することの利点と注意点は,何だろうか。
❸「為替」が円高・ドル安に変動したとき,輸出企業や輸入企業では,どのような株価の変動が予想されるのだろうか。

用語解説 所有と経営の分離 ●p.364

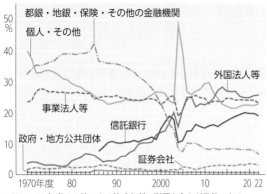

※2004，05年度は1社による株式分割の影響を含んだ数値である

（日本取引所グループ資料）

解説 **外国法人等の株主の増加** 戦後の日本では，企業集団の枠組みを基本に銀行や保険会社などの金融機関が中心となり，企業同士の**株式の持ちあい**がみられた。しかし，バブル経済が崩壊した1990年代以降，銀行は不良債権をかかえるようになり，保有する株式を売却する動きが加速した。一方，バブル経済崩壊以降は経済のグローバル化が進み，外国法人などの株主の比率が急増している。また，信託銀行の比率が増加しているが，これは**GPIF**（年金積立金管理運用独立行政法人）が信託銀行を通して日本株の運用を拡大していることや個人投資家の投資信託での資産運用の増加が影響している。

TOPIC 企業の貸借対照表を見る

貸借対照表（バランスシート） （単位：100万円）

資産の部		負債の部	
流動資産	89,916	負債合計	39,704
現金・預金，受取手形，有価証券，製品など		（借入金など）	
		純資産の部	
固定資産	118,310	純資産合計	168,522
建物，機械装置，土地，営業権，工業所有権など		株主資本	167,790
		その他	732
資産合計	208,226	負債・純資産合計	208,226

企業のお金の集め方，使い方がわかる決算書の1つに**貸借対照表**がある（→p.248）。貸借対照表の右側（負債，純資産）には「どのようにお金を集めたか」，左側（資産）には「集めたお金がどのような形で保有されているか」が示されている。右側と左側は同じ額になることから，貸借対照表は**バランスシート**ともよばれる。

負債のおもなものは借入金や社債である。これは返済義務があり，**他人資本**（→p.241）とよばれる。純資産のおもなものは，株主が出資した資金（株主資本）である。これは返済義務がなく，**自己資本**（→p.241）とよばれる。したがって，純資産が多い会社ほど財務基盤は安定している。

左側の資産の合計額と右側の負債と純資産の合計額は等しく，会社が負債と株主からの出資金などを流動資産・固定資産に変え，経営していることを示している。数式で書くと，「資産＝負債＋純資産」となる。いい換えると，「純資産＝資産－負債」である。

貸借対照表から，企業がどのように資産を集め，利用したかがわかるのである。

5 持株会社

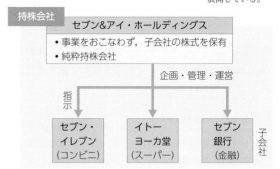

持株会社

※この他にも事業を展開している。

身近な企業で持株会社の形態をとる企業を調べよう。

解説 **増加する持株会社** 持株会社とは，さまざまな業種の子会社の株式を保有することにより，経営を支配する会社のことである。純粋な持株会社は，みずからは事業をおこなわない。日本では戦前に存在した財閥の復活を防ぐために1947年から独占禁止法で持株会社の設立を禁止してきた。しかし，グローバル化する経済に対応するために企業の国際競争力を強化する目的で1997年に独占禁止法が改正され，持株会社の設立が解禁された。持株会社には，①経営戦略を持株会社が，事業を子会社が担当することで素早い意思決定ができる，②事業の整理・統合やM&Aが容易になる，といった利点がある。

3 現代の企業の変容

企業は，競争の激化に，どのように対応しようとしているのだろうか。

1 多国籍企業の収益と各国のGDP 出題

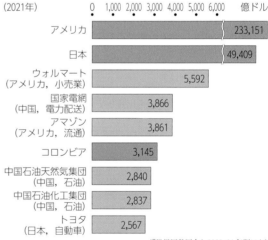

（2021年）

（『世界国勢図会』2023/24年版ほか）

解説 **国家をこえる規模の企業も** 多国籍企業とは，自国のみで生産や営業をするだけでなく，他国にも生産拠点や営業拠点を置いて事業活動をしている企業である。多国籍企業のなかには，一国のGDP（国内総生産）をこえる売上高をあげている企業もある。受入国にとっては，雇用創出や技術移転などのメリットがある一方で，自国企業の衰退や環境汚染などのデメリットがある。人口減少社会を迎える日本では，国内市場が縮小していく可能性があり，日本の企業にとって，海外市場を開拓することは重要課題の1つとなっている。

企業の社会的責任（CSR） 出題

　企業にとって利潤を追求することは重要な目的であるが，企業も社会を構成する一員であるという前提を忘れてはならない。日本でも，2000年頃から「企業の社会的責任（CSR）」を意識した経営がなされるようになってきた。これからの時代に求められる企業経営の姿を探ってみよう。

相次ぐ企業の不祥事

　企業も，法令を守り，日々の企業活動をおこなうことは当然のことである。企業には法令を守るだけでなく，社会規範や**企業倫理**を遵守することも求められる。このように幅広いルールを遵守することを**コンプライアンス（法令遵守）**とよぶ。コンプライアンスの意識をより高めた企業運営をおこなうために，2006年には，労働者が企業の違法行為を通報した場合，不利益な取り扱いを受けないように保護する**公益通報者保護制度**が創設された。また，経営陣による会社の私物化防止のため，**社外取締役**の役割が大きくなっている。経営の監視機能の強化のため，従来の監査役に加え，取締役会のなかに監査・報酬・指名の三委員会を置く**指名委員会等設置会社**の導入も可能になった。多くの**ステークホルダー（利害関係者）**の意思や利益を反映した透明で公正な意思決定のしくみを**コーポレート・ガバナンス（企業統治）**という。

おもな企業の不祥事

年	内容
2000	雪印乳業食中毒事件，三菱自動車リコール隠し
2002	雪印食品・日本ハム牛肉偽装
2005	ＪＲ西日本列車脱線事故，耐震強度偽装事件
2006	ライブドア証券取引法違反事件 → 社長逮捕
2007	船場吉兆，料理の使い回し問題
2014	タカタ製エアバッグ日米で大量リコール
	日本マクドナルド異物混入事件
2015	東洋ゴム工業免震ゴムデータ偽装事件
	東芝不正会計処理問題（利益の水増し・損失隠し）
2017	神戸製鋼品質検査データの改ざん発覚
2018	日産自動車有価証券報告書虚偽記載 → 会長逮捕
2019	レオパレス21建築基準法違反事件

CSRが重視される背景

　企業の社会的責任（CSR）とは，自然環境や社会環境への負担を少なくし，社会から信頼される会社をつくるための持続可能な経営の手法である。自然環境に負担を与えたり，労働者の長時間労働を前提にしたビジネスは，一時的に企業に利潤をもたらしても，「持続可能な」ビジネスとはいえない。企業には，金銭的な利益の追求だけでなく，株主，消費者，従業員，取引先，地域住民までを含めた幅広いステークホルダーの利益となる行動が求められる。

●企業の社会的責任（CSR：Corporate Social Responsibility）

　ＩＳＯ26000は，2010年に発行されたあらゆる組織の「社会的責任」に関する国際規格である。そこに定められた以下の７点をみるとCSRの具体像がみえてくる。

全体的なアプローチ

コミュニティ参画／人権／消費者課題／組織統治／労働慣行／公正な事業慣行／環境

❶**組織統治**：組織の意思決定が公正性をもつように，民主的で有効な統制のしくみをもつ（**コーポレート・ガバナンス**）

❷**人権**：組織には，従業員の年齢，性別，人種，国籍，障害の有無などの違いによって差別することなく，人権を尊重し，保護し，実現する義務がある

❸**労働慣行**：労働者の採用，昇格，懲戒，異動，解雇，労働条件（労働時間や報酬）に影響をおよぼす組織の方針や慣行が，自由で公平，安全，人間の尊厳が保障されている

❹**環境**：組織の活動には自然環境への悪影響を軽減する取り組みをおこなう責任がある

❺**公正な事業慣行**：他の組織や個人との取り引きのなかで，倫理に反する汚職や贈収賄などを防止する責任がある

❻**消費者課題**：消費者に対して，安全衛生の確保，持続可能な消費，プライバシーの保護，公正なマーケティングを保証する責任をもつ

❼**コミュニティへの参画**：公共の利益の向上のために，企業の所在地に近接するコミュニティと連携して，文化的，社会的な事業に参画する責任がある。たとえば，コンサート・美術展などの文化事業や芸術活動を主催したり，資金を提供したりする**メセナ**や，ＮＰＯなどの社会貢献活動をおこなう団体へ資金提供をしたり，ボランティア活動としての従業員の参加を後押ししたりする**フィランソロピー**などがある

これからの時代のCSR

　これまでのCSRは，本業と離れた形でおこなわれる企業の社会貢献活動の側面が強かった。しかし，現在は，本業自体がCSR活動という発想の企業経営が求められている。たとえば，「無印良品」を展開する良品計画は，豪華な商品や過剰な包装があふれる社会に対して，1980年の創業当時から木目むきだしの鉛筆や茶色っぽい再生紙のノートを発売している。これは，本業そのものがCSR活動となっている事例であり，ＳＤＧｓ（→p.2）の目標12「つくる責任，つかう責任」にもつながる先進的な取り組みといえる。

　このようなCSRを重視した企業に積極的に投資する**社会的責任投資（ＳＲＩ：Socially Responsible Investment）**をとおして，企業の健全化を後押しする流れも生まれている。

❶企業の社会的責任とは，どのような企業経営のことをいうのだろうか。
❷メセナやフィランソロピーに取り組む企業とその内容を調べよう。
❸本業そのものがCSR活動になっている企業を調べよう。

2 合併・買収（M＆A）

M&Aのおもな種類

合併 (Merger)		買収 (Acquisition)	
新設合併	吸収合併	株式譲渡	事業譲渡
A社 B社 → 合併 → C社	A社 B社 → 吸収 → B社	A社 ⇄（代金/株式）B社	A社 ⇄（代金/事業）B社
A社，B社の法人格消滅	A社法人格消滅。B社存続	A社がB社の経営権取得も	一部譲渡または全部譲渡

- **合併 (Merger)**
  - **新設合併**：現在の会社をどちらも解散し，新たな会社を設立する。
  - **吸収合併**：一方の会社が解散し，存続する会社がその資産を引き継ぐ。
- **買収 (Acquisition)**
  - **株式譲渡**：株式を買いとり，経営権を取得。一部門のみの買収はできない。
  - **事業譲渡**：事業の一部を譲渡する。

解説 **さまざまな要因でおこなわれるM＆A　M＆A** (Merger and Acquisition，合併・買収) とは，企業全体や特定の事業部門を合併，買収する経営手法をさす。広義には，特定の分野で協力関係を結ぶ業務提携・資本提携も含まれる。近年は，競争力の強化や経営の多角化のためのM＆Aだけではなく，後継者のいない企業で従業員や顧客を守るためにM＆Aを選択するケースも出てきている。なお，M＆Aなどを通して複数の業務をおこなう複合企業のことを**コングロマリット**とよぶ。

日本におけるM&A件数の推移

（件）／最大 4,304
1992 94 96 98 2000 02 04 06 08 10 12 14 16 18 20 22（年）
（経済産業省資料）

近年のおもなM&A

2005	ライブドアがニッポン放送の買収をはかる →最終的にニッポン放送はフジテレビの完全子会社に
2016	トヨタ自動車がダイハツ工業の株式を100％取得し完全子会社化 台湾の鴻海精密工業がシャープを買収 ファミリーマートがユニーグループHDを吸収合併
2018	伊藤忠商事がユニー・ファミマをTOBにより完全子会社化
2019	ヤフーがファッション通販会社ZOZOをTOBにより買収
2020	外食大手コロワイドによる和食レストラン大戸屋への敵対的TOBが成功
2023	TBSHDが学習塾大手やる気スイッチHDを連結子会社化

- **TOB (Take Over Bid，株式公開買いつけ)**
  買いつける株数や価格，買付期間などを公表し，株式市場外で不特定多数の株主から株式を買い集める制度のこと。企業を買収したり，経営の実権を握ったりするために大量の株を買いつける際に利用される。相手側の同意を得ておこなわれる友好的TOBと，合意を得ずにおこなわれる敵対的TOBとがある。

---

4 中小企業　中小企業の現状と，これからのあり方はどのようなものだろうか。

1 中小企業の定義

業種	資本金規模	従業員規模
製造業・その他	3億円以下	300人以下
卸売業	1億円以下	100人以下
小売業	5,000万円以下	50人以下
サービス業	5,000万円以下	100人以下

解説 **中小企業とは**　中小企業の範囲は，**中小企業基本法**（第2条）に定められている。資本金規模と従業員規模のどちらか一方があてはまれば，中小企業に分類される。

2 日本企業に占める中小企業

● 企業数（非1次産業計）：358万9,333（2016年）　大企業0.3
| 中小企業　99.7% |

● 従業者数（非1次産業計）：4,678万9,995人（2016年）
| 68.8 | 31.2 |

● 売上高（非1次産業計）：1,427兆6,218億円（2015年）
| 中小企業　44.1 | 大企業　55.9 |

（『中小企業白書』2023年版）

解説 **中小企業が支える日本経済**　日本における企業数の99％は中小企業であり，従業者数でも約70％を占める。中小企業は，日本経済を支える重要な存在である。

3 賃金・生産性・設備投資率の比較

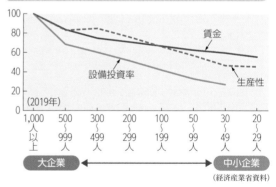

賃金／設備投資率／生産性
（2019年）
1,000人以上／500〜999人／300〜499人／200〜299人／100〜199人／50〜99人／30〜49人／20〜29人
大企業 ←→ 中小企業
（経済産業省資料）

＊従業者1,000人以上の企業を100とした指数を用いた比較。
＊賃金は従業者1人あたりの現金給与総額（年間），生産性は従業者1人あたりの付加価値額（年間），設備投資率は従業者1人あたりの有形固定資産額（年末現在）である。

解説 **経済の二重構造**　従業者数1,000人以上の企業の賃金を100とした場合，20〜29人の中小企業の賃金は約半分となっている。この要因には，設備投資率が低いため，従業者1人あたりの労働生産性の低さにつながり，結果として賃金の格差につながっていることがある。日本経済のなかに，このような格差がありながら大企業と中小企業が社会に並存していることを「**経済の二重構造**」という。

ベンチャー企業をはじめとした中小企業が活躍するためには，どのようなことが求められているのだろうか。

4 下請け・系列企業の構造

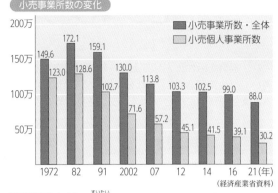

親会社　**組み立て会社**(親会社＝大企業)

発注，資金，役員派遣↓　↑部品

子会社　**部品会社**(中規模の企業)

↓　↑

孫会社　**部品会社**(小企業)

解説 **下請け企業は景気の調節弁**　大企業である親会社からの注文を受け，その生産工程の一部を分担する企業を**下請け企業**とよぶ。また，下請け企業のなかには，大企業からの資金面や人事面での支援を受けている**系列企業**もあることが日本経済の特徴である。下請け企業には，仕事量が安定しているといった長所がある反面，不況になると大企業からの発注量が減らされたり，単価の引き下げを求められたりしやすく，景気の影響を受けやすいという短所もある。

5 中小企業をめぐる法整備

中小企業基本法

	1963年制定時	1999年の改正時
中小企業のとらえ方	弱者	日本経済のダイナミズムの源泉
基本理念	大企業と中小企業との格差の是正	ベンチャー企業などの多様で活力ある中小企業の育成・発展

おもな個別政策

下請代金支払遅延等防止法(1956年制定)	親会社が，支払期日までに代金を支払わないことや，下請け会社に責任ない場合の下請代金の減額や返品などを禁止する
中小企業分野調整法(1977年制定)	中小企業が中心の事業分野への大企業の進出を抑制するために，主務大臣(現在は経済産業大臣)が事業縮小などを勧告できる。ラムネ，豆腐が例

解説 **中小企業基本法の改正**　1999年に**中小企業基本法**は大きく改正された。改正法では，中小企業を日本経済のダイナミズムの源泉とみなし，ベンチャー企業などの多様で活力ある中小企業の育成・発展をめざすこととなった。各企業の自助努力の支援を中心に中小企業政策を再構築しようとするものである。

6 小規模小売店舗の苦境

小売事業所数の変化

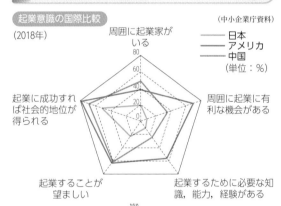

凡例：
- 小売事業所数・全体
- 小売個人事業所数

年	全体	個人
1972	149.6	123.0
82	172.1	128.6
91	159.1	102.7
2002	130.0	71.6
07	113.8	57.2
12	103.3	45.1
14	102.5	41.5
16	99.0	39.1
21	88.0	30.2

(経済産業省資料)

解説 **商店街の衰退**　地元の中小小売店を保護するため，大型スーパーなどの出店や営業時間などを規制した**大規模小売店舗法**が制定されていたが，2000年に廃止された。これにより，郊外のショッピングセンターや大型スーパーの出店，営業時間の延長が進んだ。地方では車中心のライフスタイルへの変化もあり，昔からの市街地の商店街は衰退の一途をたどっている。2006年には都市計画法が改正され，ショッピングセンターなど大規模な集客施設の出店場所が制限された。

7 ベンチャー企業　出題

起業意識の国際比較
(2018年)　(中小企業庁資料)

凡例：
- 日本
- アメリカ
- 中国
(単位：%)

レーダーチャート項目：
- 周囲に起業家がいる
- 周囲に起業に有利な機会がある
- 起業するために必要な知識，能力，経験がある
- 起業することが望ましい
- 起業に成功すれば社会的地位が得られる

解説 **日本の経済成長の要**　ベンチャー企業とは，成長意欲の強い起業家に率いられたリスクを恐れない若い会社で，製品や商品の独創性，事業の独立性，社会性，さらに国際性をもった何らかの新規性のある企業と定義できる。日本は，起業への意欲，機会などが諸外国に比べて低い傾向にある。また，ベンチャー起業を資金面で支えることも重要である。たとえば，**ベンチャーキャピタル**はベンチャー企業向けにハイリターンをねらって資金を投資する会社のことである。また，日本でもベンチャー企業が上場しやすい**新興株式市場**が登場している。

TOPIC　大学発ベンチャー

　イノベーションの担い手として期待される企業に，大学や学生の研究成果に基づく新たな技術やアイデアを事業化した，大学発ベンチャーがある。CYBERDYNE株式会社は，筑波大学発のベンチャー企業として2004年に設立され，大学の研究室で開発した装着型サイボーグを「HAL」として実用化した。装着者の「いすから立ち上がりたい」「前に歩きたい」といった動作の意思を反映した生体電位信号を読みとり，それに従って「HAL」が身体の動きをサポートしてくれる。くり返し使用することで，治療効果が期待でき，事故や病気などの影響で身体が動かしにくくなった人も，「HAL」の援助を得ることで「自由に歩きたい」という思いを叶えることができるのである。

↑1 介護の現場でも活躍する「HAL」

ビジネスプランを見極めよう

経済を活性化させる上で，起業が促されることは重要である。起業にあたっては，社会を変えたいという高い志（企業理念）や，それを具体化するための戦略の策定，さらに，それを支えるためのお金の管理が求められる。A社を事例に，ビジネスプランを見極める手法を身につけよう。

<table>
<tr><th colspan="2">A社の基本情報</th></tr>
</table>

- 2000年設立，2013年上場
- 売上高：640億円
- 経常利益：23.0億円
- 事業内容：安全でおいしい有機野菜や加工食品をインターネットを通じて販売
- キャッシュフロー
  営業……＋31.1億円
  投資……－22.1億円
  財務……＋0.6億円

企業理念の大切さ

「会社をつくりたい」と考える根本には，「こんな商品やサービスを提供して困っている人を喜ばせたい」といった企業理念があるはずである。事業を継続していくためには，利益を上げることも大切であるが，社会に共感を生む，これまでにない価値を創造することも大切である。そして，これらは起業の際の重要な目的となるのである。

事業分析〜ＳＷＯＴ分析

企業理念を実現するためには，事業をおこし，ビジネスプランをつくる必要がある。その際，事業の「強み」「弱み」「機会」「脅威」を評価・分析するのに役立つのがＳＷＯＴ分析である。

	プラス要因	マイナス要因
内部環境 社内の状況	Strength いかせる強みは？	Weakness 克服すべき弱みは？
外部環境 社外の状況	Opportunity 市場での機会はある？ 社会の変化のうち有利なこと	Threat 回避すべき脅威は？ 社会の変化のうち不利なこと

有機野菜のネット通販をおこなうA社についてＳＷＯＴ分析をしてみよう。たとえば，有機栽培をする契約農家を多く発掘できているという「強み」をいかして，より安全な食品を食べたいという人々のニーズの高まりという「機会」を捉えることができる，などと事業を分析することができる。

決算書から見える会社の成長段階

会社の業績は，貸借対照表（→ p.244），損益計算書，キャッシュフロー計算書などであらわされ，おもに以下のことがわかる。

- 貸借対照表……会社のもっているお金やモノ，逆にどのくらい借金があるかなどがわかる
- 損益計算書……会社が儲かっている（黒字）のか，損している（赤字）のかがわかる
- キャッシュフロー計算書……会社にどのようにお金が入ってきて，何にお金を使っているのかがわかる

このうち，キャッシュフロー計算書を活用すると，図１のように企業の一連の成長段階のなかで，現在がどの段階にあるのかが把握できる。たとえば，スタートアップ期は，まだ商品があまり売れないため，営業キャッシュフローはマイナスに，投資は必要なため，投資キャッシュフローはマイナスに，そして財務キャッシュフローは投資のためのお金を調達する必要があるため，プラスになる。この段階が長く続きすぎると資金不足に陥り，倒産することもある。スタートアップ期を乗りこえた急成長期の企業は，売上高が急速に伸びて営業キャッシュフローはプラスになる。そして，急成長のために店舗などの資産を購入するため，投資キャッシュフローはマイナスになり，その資金は外部からお金を借りるなどして調達するため財務キャッシュフローはプラスになる。安定成長期になると，より売り上げが伸び，これまで借りていたお金を返済することができるようになり，財務キャッシュフローはマイナスに変化していく。

- 営業活動によるキャッシュフロー
  本来の営業活動によって獲得されたお金の出入り
- 投資活動によるキャッシュフロー
  おもに固定資産の取得や売却によるお金の出入り
- 財務活動によるキャッシュフロー
  資金の調達と返済によるお金の出入り

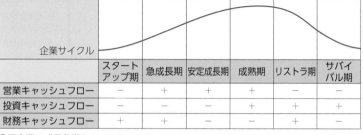

企業サイクル	スタート アップ期	急成長期	安定成長期	成熟期	リストラ期	サバイ バル期
営業キャッシュフロー	－	＋	＋	＋	－	－
投資キャッシュフロー	－	－	－	＋	＋	＋
財務キャッシュフロー	＋	＋	－	－	＋	－

↑１企業の成長段階とキャッシュフロー

❶ キャッシュフロー計算書から見れば，A社の成長段階はどの時期にあたるのだろうか。
❷ 気になる会社について，事業のＳＷＯＴ分析や会社の成長段階を調べてみよう。
❸ ビジネスプランを考えてみよう。その際は，アイデアを出すだけではなくＳＷＯＴ分析などの手法も用いて，そのビジネスプランの強みと弱みを分析しよう。

4 農林水産業の現状とこれから

要点 の整理　　＊ [　] は共通テスト重要用語，[　] は資料番号を示す。この節の「共通テスト○×」などに挑戦しよう

1 日本の農業の現状と課題

❶日本の農業の現状 [1]～[4][5]……農業人口・農家数の減少，法人経営は増加，日本の農業は労働生産性が低い

❷ 食料自給率 [5]　　供給熱量ベース：カロリーを基準にした自給率　　生産量ベース：生産額を基準にした自給率

2 日本の農業政策の変遷

❶食料自給率の低下……食生活の欧米化(コメ消費の減，肉・油脂の需要増)

❷食料・農業・農村基本法 [1][2]……①食料の安定的供給の確保，②農業のもつ多面的機能の発揮，③農業の持続的発展，④農村の振興を目的とする

❸農地法の改正(2000年) [4]……一定の条件をもとに株式会社が農業に参入可能

❹食糧法の制定(1994年) [3]……政府の規制を緩和し，コメ取り引きの自由化。食糧管理法廃止

3 林業・水産業の現状と課題

❶日本の林業 [1][2]……林業従事者が激減，植林・間伐などが管理不十分←森林整備のための森林環境税の導入(2019年)

❷国際的な漁業規制 [3][4]……漁業資源の枯渇危機に対応するため国際的な規制をかける動きがある

---

1 日本の農業の現状と課題　日本の農業には，どのような課題があるのだろうか。

1 農業就業人口の年齢別構成

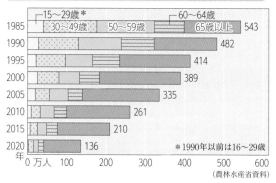

（農林水産省資料）

解説　高齢化と減少する農業人口　農業就業人口は減り続け，2020年には136万人となった。高齢化も進み，農業就業人口全体の７割が65歳以上である。日本の農業は「三ちゃん農業(じいちゃん，ばあちゃん，かあちゃん)」とよばれるように，農業の担い手不足や高齢化が進み，耕作放棄地(➡p.250)が増えるなどの問題が出ている。

2 農業総産出額

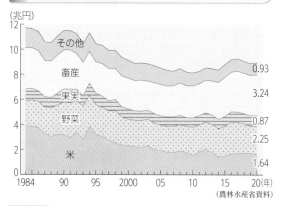

（農林水産省資料）

解説　農業総産出額が増加傾向に　農業総産出額は，1984年の11.7兆円をピークに減少が続いていた。しかし，食生活の変化に応じたコメ，野菜，肉用牛などの生産の取り組みにより，2015年以降は増加傾向にある。

3 農家数と農家区分の推移

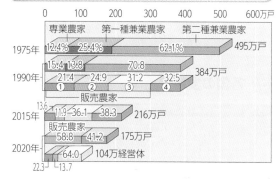

専業農家	兼業従事者が１人もいない農家
第一種兼業農家	兼業従事者が１人以上おり，かつ農業所得の方が兼業所得よりも多い農家
第二種兼業農家	兼業従事者が１人以上おり，かつ兼業所得の方が農業所得よりも多い農家

①主業農家…農業所得が主(農業所得が50％以上)
②準主業農家…農業外所得が主
　(注)①②は65歳未満の農業従事60日以上の者がいる農家
③副業的農家…65歳未満の農業従事60日以上の者がいない農家
④自給的農家…それ以外の小規模な農家

（注）2020年に専業・兼業別の分類が廃止され，主業・準主業・副業別の分類は個人経営体(非法人の世帯経営)を対象としたものに変更された。

（農林水産省資料）

？ 副業的農家と自給的農家が多いのは，なぜだろうか。

解説　主業農家が少ない理由　高度経済成長期の都市への人口移動や産業構造の高度化によって，国民経済に占める農業の割合は低下している(➡p.238)。所得の中心を農業が占める主業農家が少ない理由の１つに，戦後の農地改革(➡p.232)による農地化所有面積の制限があげられる。これにより，海外に比べて農家の平均経営面積は小規模となった。農業の機械化などで生産性は向上したが，農地が小規模のため，海外に比べて日本の農業の生産コストは高く，価格競争でも不利となった(➡p.250)。日本国内での製造業など他産業と農業の生産性の格差は拡大し，農業人口の他産業への流出と農業の副業化が進んだ。魅力ある農業を創造し，後継者を育成することが，日本の農業に求められている。

4 耕作放棄地

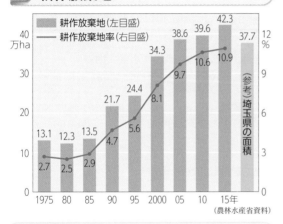

凡例:
- 耕作放棄地（左目盛）
- 耕作放棄地率（右目盛）

年	耕作放棄地(万ha)	耕作放棄地率(%)
1975	13.1	2.7
80	12.3	2.5
85	13.5	2.9
90	21.7	4.7
95	24.4	5.6
2000	34.3	8.1
05	38.6	9.7
10	39.6	10.6
15年	42.3	10.9
（参考）埼玉県の面積	37.7	

（農林水産省資料）

●耕作放棄地
　以前耕地であった土地で，過去1年以上作物を耕作せず，しかもこの数年の間に再び耕作する考えのない土地

解説 **簡単には回復できない農地**　耕作者の高齢化や後継者不在により，販売農家戸数が減少し続け，**耕作放棄地**も増え続けている。耕作放棄地は，一度荒れてしまうと数年は農地として戻すのが難しいといわれ，①野生動物の行動圏となる，②地域によっては洪水などの災害が起こる危険性が高まるなどの問題がある。

5 各国の食料自給率

各国の食料自給率（カロリーベース）の推移

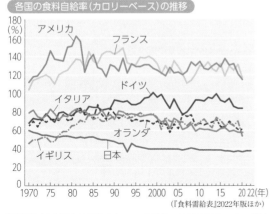

（『食料需給表』2022年版ほか）

解説 **食料安全保障としての自給率**　食料自給率には，供給熱量ベースと生産量ベースの2種類がある。グラフのおもな国の食料自給率は供給熱量ベースのもので，供給カロリーに占める国産農産物のカロリーの割合を示している。アメリカ，フランスは食料自給率が100％をこえ，特に，フランスは補助金を出すことで農業を保護し，生産量を確保している。一方，日本の食料自給率は，2022年現在で38％まで低下している。原因は，コメ中心の食生活から，畜産物をはじめ，さまざまな食材を消費する食生活へと変化したことなどがあげられる。また，家畜の飼料となるトウモロコシなどを輸入に依存しており，輸入飼料がなければ，国内の畜産のほとんどが成り立たない。このように，食料自給率の低さは，輸入が途絶えれば食料の確保が難しくなる**食料安全保障**の問題に発展するおそれがある。また，輸入品には輸送中にカビや腐敗を防ぐために収穫後に殺菌剤などを使用するポストハーベスト農薬の問題，食料を輸送する際に生じる環境負荷への影響を考慮する**フードマイレージ**の問題も指摘されている。

6 日本の農業の国際競争力

おもな国の農作物輸出入額

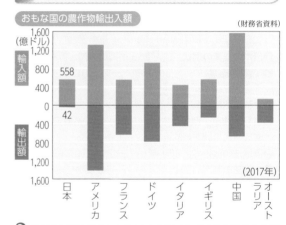

（財務省資料）

日本　輸入額 558，輸出額 42

（2017年）

国：日本，アメリカ，フランス，ドイツ，イタリア，イギリス，中国，オーストラリア

? 日本の農産物の海外輸出額は，なぜ他国に比べて低く，伸びないのだろうか。

解説 **日本の農業の生産性は低い**　海外と比べ，日本の農作物の輸出入額が低い背景には，日本の農業における生産性の低さがある。大規模な農業経営をおこなう海外に比べ，日本の農家の平均経営面積は小さく，出荷するまでのコストがかかる。そのため，海外に比べて生産性が低くなるのである。しかし，日本の土地自体は肥沃で，水資源も豊かである。豊かな土地をいかした作物を海外に輸出できないか，さまざまな人が動いている。政府は，農業経営の規模拡大をめざし，農地法の改正（→p.251）などの取り組みをおこない，農業の法人経営体を増やす目標を立てている。また，農業人口の減少と高齢化に対して，農業へのAI（人工知能）やロボット技術など先端技術を活用した取り組みもおこなわれている。

TOPIC　農業の6次産業化

　和歌山県田辺市の農作物直売所「きてら」には，加工場がある。加工場では，表面に傷があるなど規格外となったみかんをジュースにして販売している。加工場ができるまでは他県の工場に加工を依頼していたが，集荷費や輸送費などがかさみ，農家にとってメリットは少なかった。加工場ができたことで生産，加工，流通という**農業の6次産業化**に成功し，農家の利益につながった。このように，第1次産業としての農業と第2次産業としての製造業，第3次産業としての小売業を融合させ，生産から加工，流通までを一体的に捉える6次産業化への取り組みが多くの地域で見られる。6次産業化は，生産者の所得向上や地域の雇用の創出，地域活性化などの効果をもたらす。

　また，「きてら」周辺には，都市と農村の交流をめざすグリーンツーリズム施設「秋津野ガルテン」がある。小学校の跡地に地域住民が出資して誕生した施設で，農家レストランや宿泊施設，地域のみかんづくりの資料館などがある。このように，生産だけでなく，地域活性化，地域づくりに取り組んでいるところもある。

→**1**「きてら」の加工場（和歌山県田辺市）

? 農家の経営効率を高めるには，どのような農家を育成すればよいのだろうか。

経済

1 日本の農業政策

日本の農業政策

1942年	●食糧管理法制定 食料の安定確保のため，国が食料の生産・流通を管理
	↓ 1945年 第二次世界大戦終結 　　 農地改革→自作農増加
1961年	●農業基本法制定 農業と他産業の間の所得格差を縮小させることが目的。 農家の経営規模の拡大，機械化の促進などを奨励 →十分な成果は上がらず
	┤ 高度経済成長期，国民のコメ離れが進む 1970年〜2018年　コメの生産調整（減反）
	┤ 1993年　コメ市場の部分開放決定 　　↓　　　 （ウルグアイ・ラウンド） 1995年　コメの最低輸入量（ミニマム・アクセス）の設定
1994年	●食糧法制定→食糧管理法廃止（1995年） 生産・流通の規制が緩和
1999年	●食料・農業・農村基本法制定→農業基本法廃止 農業での市場原理のさらなる活用をめざす
2009年	●農地法改正 農業に株式会社の参入を認め，農地の貸借規制も緩和
2010年	●戸別所得補償制度実施（経営所得安定対策に） 農家の保護を目的に，政府が補助金を支給
2018年	減反政策を廃止

解説　**格差是正から生産の自由化へ**　戦後の農業政策は，食糧管理法や農業基本法などでの保護政策からはじまった。しかし，自立経営農家は育たず，農業人口の他産業への流出と後継者不足をかかえた。また，グローバル化の進展により，海外から日本の農業の市場開放も求められた。これらの問題に，政府は，農業の活性化を目的に株式会社の農業参入や農家の自主的生産など，自由競争へと舵を切ることになった。

2 食料・農業・農村基本法

農業基本法（1961年）	食料・農業・農村基本法（1999年）
[目的] 農業の発展と農業従事者の地位向上	[目的] 国民生活の安定向上，国民経済の健全な発展
[内容] ①農業生産の選択的拡大 ②生産性の向上→規模拡大，機械化 [結果] ●規模の拡大は進まず ●食糧管理制度による米作農家の保護→コメ以外への転作を阻害	[内容] ①食料の安定供給の確保 ②農業の多面的機能の発揮 　国土の保全，水源の涵養， 　自然環境の保全， 　良好な景観の形成， 　文化の伝承　　　　など ③農業の持続的な発展 ④農村の振興

解説　**農家目線から国民目線へ**　**農業基本法**は，農家と他産業との所得格差の是正を目的とし，農業者のための法律であった。しかし，農業基本法による補助金が農業経営の合理化を阻害し，格差の是正に失敗した。これに代わる**食料・農業・農村基本法**は，国民生活の向上と経済発展を目的とし，農業生産者だけでなく，国民全体のための法律へと転換された。これにより，食料の安定供給や農村振興，そして国土保全や自然環境の保全といった農業の多面的機能という視点が加わった。

3 食糧管理法から食糧法へ

●**食糧管理法**（1942年制定）──→ 食糧管理制度
・政府が，生産されたコメを全量買い上げることが原則
【流通経路】

農家 → 農協 → 政府 → 卸 → 小売 → 消費者

高度経済成長期

コメの増産，消費量の減少
↓
食糧管理特別会計の赤字

1969年〜　自主流通米の容認
1970年〜　減反政策（生産抑制）……2018年度廃止

●**食糧法**（1994年制定，1995年施行）
・自主流通米を基本
・価格形成に市場原理の導入（コメ価格センターでの入札）
【流通経路】

農家 → 農協 → （コメ価格センター）→ 卸 → 小売
消費者

・農家から流通業者や消費者への直接販売を合法化

解説　**変化したコメの流通**　**食糧管理法**に基づく食糧政策は，農家の経営を安定させたが，農家の米作依存を定着させ，耕作品目の拡大を阻害する原因の1つとなった。高度経済成長期以降，コメの生産過剰と，政府の買入価格が売渡価格を上回る「逆ざや」が生じた。その結果，食糧管理特別会計は多額の赤字をかかえるようになり，1970年からはコメの作付制限（減反政策）がはじまった（2018年度に減反政策は廃止）。1995年に食糧管理法に代わって**食糧法**が施行されると，コメの流通や価格が自由化され，コメも市場の需給で価格が決まるようになった。2004年に食糧法の改正法が施行され，米穀販売が届出制になり，コメの販売が自由化された。

4 農地法の改正

1970年	借地主義の導入（小作地の制限緩和）
1993年	農業生産法人に農業外者（企業など）の出資を容認
2000年	農業生産法人に株式会社の形態を容認（2001年より）
2005年	農業生産法人以外の法人（株式会社など）による農地の賃借の容認（農業経営基盤強化促進法）
2009年	農地の賃借期間の上限を20年から50年に延長
2016年	法人が6次産業化に取り組めるよう農作業従業者の役員要件を緩和

→②企業が技術支援するハイテク農場　写真のようにレタスを栽培している。

解説　**所有から利用へ**　1952年に制定された**農地法**は，農地改革で創設された自作農を保護するため，農地の売買や賃借に制限を課した。しかし，これが農家の規模拡大を妨げ，貿易の自由化が進むなかで，農業の経営規模拡大，新規農業従事者の獲得が必要となった。2000年の農地法の改正法で，リース方式による株式会社の農業参入がなされた。その後も規制が緩和され，株式会社による農業の参入障壁は低くなっている。しかし，投機的な農地取得などを懸念する声もある。

経済

5 コメのミニマム・アクセスと関税

ミニマム・アクセス米の輸入数量

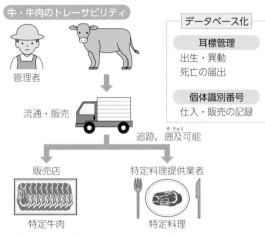

(縦軸左)万トン 80・60・40・20・0
(縦軸右)% 8.0・6.0・4.0・2.0・0

国内消費量(1986〜88年平均)に占める割合(右目盛り)

76.7
7.2

輸入数量(左目盛り)　関税後

1995年　97　99　2000〜
(農林水産省資料)

解説　義務づけられた輸入　1993年のウルグアイ・ラウンド(→p.300)によって，コメの市場開放が決定した。2000年まで関税化は猶予されたが，代わりに1995年から最低輸入量(ミニマム・アクセス)が義務づけられ，2000年までに国内消費量の8%まで引き上げられることになった。しかし，1999年にコメは関税化され，関税さえ払えば自由に輸入できるようになった。ミニマム・アクセスは，関税率の引き下げとともに引き下げられることになっているが，国産米を守るために高い関税率(778%，341円/kg)を維持している。そのため，現在も国内消費量の7.2%のミニマム・アクセスが実施されている。ミニマム・アクセス米の輸入は，国産米への影響を考慮し，政府が一元的に輸入・販売している。2018年に発効したCPTPP(→p.313)では，コメの税率は維持されたが，オーストラリアに対する輸入枠が新たに設定されており，輸入量は増加することが予想される。

Let's Think!　農業の担い手は？

　日本の農業は，就業人口の減少と就業者の高齢化により，深刻な担い手不足にある。この状況の改善策として，どのような取り組みがあるのだろうか。

　近年，AI(人工知能)を利用した「スマート農業」が注目を集めている。たとえば，害虫の被害を受けた葉などの画像をAIに学習させ，これとIoT(Internet of Things，モノのインターネット)でつながったドローンを自動飛行させて農薬を散布することで，害虫被害の早期対応と農薬使用の減少を実現することもできる。このように，担い手不足に悩む農業分野は，ロボットやICT技術の活用が期待される分野でもある。

　また，外国人労働者に頼る農家も多い。外国人労働者がいなければ，労働力が足りず，生産ができないという農家もある。このほか，株式会社が農業経営に参入したり，農作物に付加価値をつけてブランド化し，海外へ輸出する農家もある。政府は，農家の経営安定や食料自給率の維持向上を目的として**経営所得安定対策**を導入し，農作物を生産・販売する農家に交付金を交付して支援している。

←3ドローンを活用し，作物の状況を撮影するようす

スマート農業や外国人労働者に頼る方法に問題はないのだろうか。よりよい農業の担い手対策を考えよう。

6 トレーサビリティ

牛・牛肉のトレーサビリティ

管理者

流通・販売

追跡，遡及可能

販売店　　　特定料理提供業者

特定牛肉　　　特定料理

データベース化

耳標管理
出生・異動
死亡の届出

個体識別番号
仕入・販売の記録

? トレーサビリティの可視化のコストとは，どのようなものだろうか。

←4個体識別番号が印字された耳標をつけた牛

解説　食の安全を守る　近年，鳥インフルエンザやBSE(牛海綿状脳症)に加え，商品の虚偽表示，残留農薬など食品への安全性，信頼がゆらいでいる。**トレーサビリティ**は，誰が・いつ・どのように生産し，誰がかかわっているのか，生産から流通，販売まで追えるしくみである。現在は，コメや牛肉に実施義務が課されている。今後，広がっていくと考えられるが可視化のコストも問題視されている。

TOPIC　種苗法

　日本のいちごやシャインマスカットは，甘みや大きさなどで海外で人気が高まり，贈答品として送られるようになっている。しかし，無断で栽培された中国産や韓国産のシャインマスカットがタイや香港に輸出され，日本のシャインマスカットの脅威になっている。これまで苗木を海外にもち出すことに対して規制がなかったため，国に登録された品種を守る**種苗法**を2020年に改正し，これを禁止した。種や苗が流出するリスクが減るとともに，産地やブランドの向上にもつながると考えられている。一方で，品種登録までに時間がかかること，品種の育成者の権利保護のために専門の人材が必要となることなどの課題も指摘されている。

↑5海外で店頭に並ぶ日本のくだもの(タイ・バンコク)

? 林業や水産業について，担い手を増やし，利益を出すためには，どのような対策が考えられるだろうか。

経済

1 木材供給量と自給率の推移

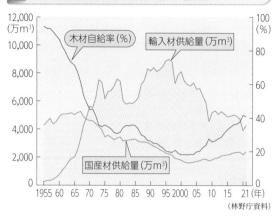

（林野庁資料）

解説　**日本は木材輸入国**　日本の国土面積の約7割が森林で，森林面積の約4割を人工林が占める。しかし，山がちな地形のため，木材伐採・搬出などにコストがかかる。そのため，1964年の木材輸入自由化によって，安価な外国産木材を大量に輸入するようになった。木材の大量輸入は，国内林業の衰退と，地球上の熱帯雨林などの天然林破壊の一因となった。

2 森林の重要性

森林は，木材の生産だけでなく，二酸化炭素の吸収・貯蔵，治水，生物多様性の保全など，多くの機能がある。林業活動の停滞による山林の荒廃は，治水機能の低下や木の発育が遅くなるなどの悪影響をもたらす。林業の担い手も高齢化が進んでおり，新たな担い手の育成，国産材や間伐材の需要拡大などの対策が急務となっている。

→6 下層植生の生育などにより，水土保全機能の良好な発揮が期待される森林

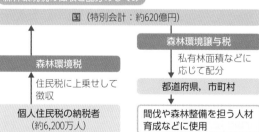

森林環境税の徴収と配分のしくみ

国（特別会計：約620億円）

森林環境税 ← 住民税に上乗せして徴収 ← 個人住民税の納税者（約6,200万人）

森林環境譲与税 → 私有林面積などに応じて配分 → 都道府県，市町村 → 間伐や森林整備を担う人材育成などに使用

解説　**森林環境税の導入**　自然災害から私たちの暮らしを守り，健全な森林を次世代につなぐため，手入れの行き届いていない森林を整備するための**森林環境税**の導入が2019年に決まった。地球温暖化防止，間伐や再造林などの森林整備などの森林吸収源対策を目的に2024年度から個人住民税に上乗せして1,000円が徴収される。年間約620億円の税収が集まるといわれ，私有林の面積や林業就業者などに応じて市町村に分配され，間伐による林道整備や放置された森林の整備にあてられる。

3 漁業種類別生産量の推移

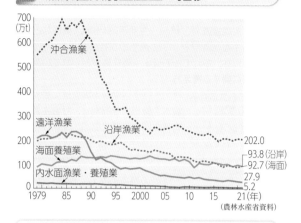

（農林水産省資料）

● 栽培漁業と養殖漁業
　栽培漁業とは，卵から稚魚になるまでの期間を人間が育て，その魚介類が成長するのに適した海に放流し，自然の海で成長したものを漁獲することである。養殖漁業は，出荷サイズになるまでを水槽やいけすで育てる。栽培漁業による大量の種苗放流は，海域の生態系を破壊し，生物多様性に影響をおよぼすなどの懸念もある。

? 沖合漁業が，1990年代以降，減少したのはなぜだろうか。

↑7 クロマグロの完全養殖に成功した近畿大学の「近大マグロ」を使った料理

解説　**漁獲量は減少**　各国が200海里経済水域を設定したため，1990年代以降，日本の水産業は縮小を余儀なくされた。それにともなって，食用魚介類の自給率も，1964年度の113％をピークに減少傾向が続き，2021年度は57％である。養殖・栽培漁業を除いて，漁業生産高は減少し続けており，適切な資源管理が重要となっている。

4 国際的な漁業規制

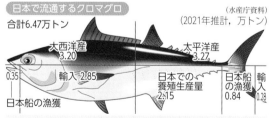

日本で流通するクロマグロ　　　　（水産庁資料）
（2021年推計，万トン）
合計6.47万トン

大西洋産 3.20　　太平洋産 3.27
0.35　　輸入 2.85　　日本での養殖生産量 2.15　　日本船の漁獲 0.84　　輸入 0.28
日本船の漁獲

● クロマグロとは？
　地中海を含む大西洋と，太平洋の北半球に分布。おもに刺身に利用され，マグロ類のなかでも最高級品とされる。クロマグロを，絶滅危惧種として国際取引の禁止を求める動きがある。

解説　**マグロの規制強化**　グローバル化が進むなかで，魚の食における位置も変化してきた。近年，世界的な健康食ブームや和食ブームが起き，魚介類の需要が急増している。需要増加により，乱獲が進み，資源の枯渇が危惧されている。このため，マグロ類の種類・回遊地域ごとに5つの漁業管理機関が設立され，漁獲隻数や漁獲量，操業期間などの資源管理措置が実施されている。

経済

1 市場経済と経済運営

要点 の整理 ＊□□は共通テスト重要用語，**1**は資料番号を示す。この節の「共通テスト○×」などに挑戦しよう☞

1 経済体制

❶**資本主義経済** **1**〜**4** ……生産手段(土地，機械など)の所有が認められ，市場経済のもとで自由競争がおこなわれる

❷**社会主義経済** **15** ……生産手段が社会全体で所有され，国家が経済活動をコントロールする**計画経済**がとられる
　──→現在，多くの国で資本主義経済がとられている

❸**経済に関する考え方**
- **アダム＝スミス** **3** ……経済活動を市場原理に委ね，**自由放任主義(レッセ・フェール)**を説く
- **マルクス** **5** ……資本主義経済を批判し，**社会主義経済**への移行の必然性を説く
- **ケインズ** **6** ……有効需要の原理を提唱。国家が積極的に市場に介入する「**大きな政府**」を主張
- **フリードマン** **7** ……財政赤字や市場機能の低下から，「**小さな政府**」への回帰を主張(**新自由主義**)

1 経済体制 経済の基本的なしくみは，どのようなものだろうか。

1 2つの経済体制

経済体制の流れ

| 18世紀 | 19世紀 | 20世紀 | 21世紀 |

産業革命 1760年頃〜　**恐慌の発生** ------ 1929年 **世界恐慌**　　　　2008年 **世界同時不況**

資本主義
- 「小さな政府」の主張
- 自由放任主義(レッセ・フェール)
- 国家からの自由

→ **資本主義の弊害**
- 恐慌の発生→失業問題
- 貧富の差の拡大
- インフレの発生

→ **修正資本主義**
- 「大きな政府」の主張
- 政府の介入
- 福祉国家
- 国家による自由

→ **大きな政府の弊害**
- 行政機構の肥大化
- 財政赤字の拡大

→ **新自由主義**
- 小さな政府への回帰
- 規制緩和
→サッチャリズム(英)レーガノミクス(米)

→ ・経済格差の拡大 ・小さな政府に基づく政策への批判

社会主義
- 生産手段の国有化
- 計画経済
- 利潤追求の否定
- 究極の「大きな政府」

↑ **アダム＝スミス(英)**
主著『国富論』
(英，1723〜90)

↱ **マルクス(独)**
主著『資本論』
(独，1818〜83)

◖ **ケインズ(英)**
主著『雇用・利子および貨幣の一般理論』
(英，1883〜1946)

◖ **フリードマン**
(米，1912〜2006)
主著『貨幣の安定をめざして』

→ **社会主義国家樹立**
1917年 ロシア革命
1922年 ソ連誕生

→ **社会主義の弊害**
- 労働意欲の低下
- 生産の非効率性

→ **ソ連消滅** 1991年

→ **市場経済への移行**

資本主義経済体制と社会主義経済体制の違い

資本主義経済体制		社会主義経済体制
18世紀後半の**産業革命**以降成立。18，19世紀は「**自由放任主義(レッセ・フェール)**」が理想とされた	成 立	資本主義が生み出した貧富の差の拡大，労働問題，恐慌，失業などを克服するため，**マルクスやエンゲルス**が提唱。1917年のロシア革命によってはじめて社会主義国家が誕生した
土地(含む資源)，労働力，資本という**生産の三要素**が私有され，利潤追求を目的とした生産がなされる。市場での価格変動によって需要と供給が調整される	特 徴	**生産手段の国有化**。**計画経済**。市場はなく，価格は国家が統制
自由な経済活動を通じて社会が発展する	長 所	貧富の差が小さくなり，失業問題も解消
貧富の差の拡大，恐慌，失業，労働問題が発生し，**市場の失敗**が起きる	短 所	市場がないため，国民の消費ニーズにこたえられない。労働意欲の停滞
1930年代の**世界恐慌**をきっかけに**修正資本主義**が登場し，政府が経済活動に積極的に介入することによって福祉国家をめざすようになった	現 状	1991年にソ連は崩壊し，中国も1978年以降，改革開放政策を進め，**社会主義市場経済**を導入

解説 **資本主義経済と社会主義経済** 資本主義経済の下では，価格や生産量は市場における需要と供給の関係で決定される**市場経済**のしくみが取り入れられている。これにより，人々は，利潤の獲得や満足度を高めるために，自由な市場での交換をおこなうことができる。一方，**社会主義経済**の下では，**計画経済**が取り入れられている。計画経済では，個人の利潤追求が排除され，社会的利益のために，国家が生産量や価格を計画する。このように，社会主義経済では，国家が経済活動をコントロールすることによって，格差や失業などの問題を解消しようとした。現在は多くの国で，資本主義経済がとられている。

イギリスにおける産業革命の進展

```
技術革新(綿工業)        ┌インド綿布の需要増大┐
                        └→国産化(輸入代替)の努力に┘
紡績機・織機の発達
蒸気機関の        →  鉄・石炭の    →  重工業の発達
発明・改良            生産急増
動力革命    蒸気機関車・蒸気船    交通革命
```

〔結果〕

- 資本主義の確立
- 自由貿易主義の高まり
- 工業都市の発展

→ ・労働問題・社会問題の発生 (低賃金・長時間労働 女性・子どもの労働)

→ ・労働運動の高まりと社会主義思想の成立
・各国に産業革命が波及

```
    1750      1800      1850      1900 (年)
イギリス ●──────────●
    フランス ●──────────●
    アメリカ ●──────────●
        ドイツ ●──────────●
                        日本 ●──────●
```

各国の産業革命

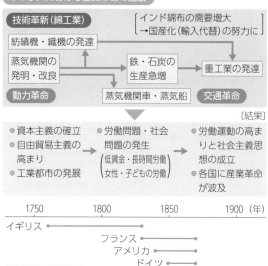

←1 イギリスの繊維工場の内部 (1834年)

解説 **産業革命** 18世紀のイギリスの**産業革命**は，綿工業の技術革新が中心となって起こったものである。その後，製鉄業，炭鉱業の発展を牽引し，それらが**工場制手工業(マニファクチュア)** から工場制機械工業への変化へと結びついた。イギリスの生産性は大幅に向上し，「世界の工場」とよばれるようになった。こうして，工場などの設備をもち，生産をおこなう産業資本が成立するなど，経営者による自由競争を原則とする資本主義経済が確立した。

4 資本主義の生み出した諸問題

↑2 世界恐慌の影響で配給に並ぶ人々 (アメリカ・ニューヨーク，1929年)　アメリカでは約25%の人々が失業した。

解説 **恐慌の発生** 資本主義経済の特徴の1つは，自由競争にある。しかし，人間が自由に競争すれば，必然的に勝者と敗者が出る。その結果，19世紀には**貧富の差，恐慌，失業，労働問題**などが深刻な社会問題となった。このうち，恐慌とは，景気が急速に後退し，経済活動全体が一時的に麻痺状態に陥る現象をいう。1929年，アメリカのニューヨークの証券取引所で株価が暴落したことをきっかけに**世界恐慌**が発生した。恐慌対策としてアメリカでは**ニューディール政策**がとられた。

3 アダム＝スミスの経済学 出題

資料

アダム＝スミスの「見えざる手」
(山岡洋一訳『国富論一下』日本経済新聞出版社)

　生産物の価値がもっとも高くなるように労働を振り向けるのは，自分の利益を増やすことを意図しているからにすぎない。だがそれによって，その他の多くの場合と同じように，**見えざる手**に導かれて，自分がまったく意図していなかった目的を達成する動きを促進することになる。そして，この目的を各人がまったく意図していないのは，社会にとって悪いことだとはかぎらない。**自分の利益を追求する方が，実際にそう意図している場合よりも効率的に，社会の利益を高められることが多いからだ。**

> 個人の利己的な利益追求が意図せざる形で社会全体の利益につながる

↑アダム＝スミス (1723〜90)

● **『国富論』の主張**
① 富とは貴金属ではなく，国民が消費するすべての生活必需品や便益品であり，それは，国民の労働に由来するとした。
② 分業と交換によって市場経済が発達し，ピンの製造を例に，分業が生産性を向上させるとした。
③ 政府の活動は国防・司法・公共事業に限るべきであり，市場での経済活動を各人の利己心に任せることで，「見えざる手」によって，社会に調和のとれた状態がもたらされるとした。

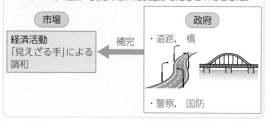

市場		政府
経済活動 「見えざる手」による調和	←補完→	・道路，橋 / ・警察，国防

解説 **見えざる手** 産業革命以降の資本主義の発展を理論的に支えたのが，イギリスの経済学者**アダム＝スミス**である。スミスは，1776年に『国富論(諸国民の富)』を著し，各人が利己的に行動し，自由に経済活動をおこなったとしても，結果として社会全体の満足度が向上すると考えた。このように，経済活動を市場原理に委ねるべきとの考え方は，後に**自由放任主義(レッセ・フェール)** といわれた。一方，政治学者ラッサール(独，1825〜64)は，自由放任主義的な国家を**夜警国家**と批判的によんだ。

TOPIC　産業革命期の労働問題

　産業革命初期には労働力が不足したこともあって，子どもや女性らが劣悪な労働環境の下で大量に雇われた。なかでも，炭坑や鉱山は最も危険で，条件の悪い働き場所であった。少女たちは朝の3時には工場に行き，仕事を終えて戻ってくるのは夜10時か10時半近くだったという証言がある。労働時間は19時間である。

↑3 児童の炭坑労働 (1842年)

経済

5 社会主義国家がめざしたもの

資本主義	→	社会主義
土地や資源，労働力，資本といった**生産の三要素**を用いた利潤追求 ×貧富の差，恐慌，失業などの欠点	（革命など）（生産手段の国有化）	平等な社会 **計画経済** など ○貧富の差が縮小，失業問題も解消 ×労働意欲の停滞

万国の労働者よ，団結せよ

↑**マルクス**
（1818〜83）

社会主義の諸派

「空想的社会主義」	サン＝シモン，オーウェン，フーリエ

↑批判

「科学的社会主義」	マルクス，エンゲルス

人類の歴史＝階級闘争，労働者階級の団結の必要性

社会民主主義	共産主義
労働組合や議会主義を通して資本主義内部を改革，もしくは社会主義への平和的移行を重視。プロレタリア革命を否定 ◆おもに西欧	私有財産を否定。プロレタリア革命を通じて，共有財産に基づく社会・政治体制の実現をめざす ◆ソ連，中国

解説 **ソ連の誕生と崩壊** マルクスは，恐慌や貧富の差といった資本主義の問題を指摘し，**社会主義国家**を実現すべきであると考えた。マルクス主義の**レーニン**は，1917年にロシア革命を起こし，世界初の社会主義国家ソビエト連邦を成立させた。ソ連では失業も格差もない，平等な社会の実現がめざされた。しかし，**計画経済**による非効率な経済運営によって，経済成長率は低下し，1991年にソ連は崩壊してしまった。現在では，議会を通して平和的に社会主義を実現しようとする社会民主主義という考え方が西洋諸国で一定の支持を得ている。

TOPIC 混合経済

　資本主義経済の下では，失業や貧困，インフレ（→p.271）などの問題が生じる可能性がある。そのため，民間の企業などによる自由競争に任せるだけでなく，政府が社会的利益の追求のために介入することも必要であると考えられている。このような公的経済部門と私的経済部門が併存した経済体制を，**混合経済**という。公的経済部門を重視すれば「大きな政府」となり，私的経済部門を重視すれば「小さな政府」となる。「小さな政府」の問題点が貧富の差や独占などであるのに対して，「大きな政府」の問題点は，インフレや財政赤字をまねきやすい点である。

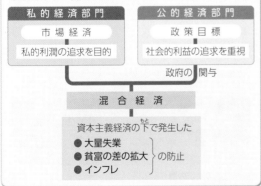

私的経済部門	公的経済部門
市場経済	政策目標
私的利潤の追求を目的	社会的利益の追求を重視

政府の関与

混合経済

資本主義経済の下で発生した
- 大量失業
- 貧富の差の拡大　〉の防止
- インフレ

6 ケインズの大きな政府 出題

ケインズ理論に基づく景気回復策

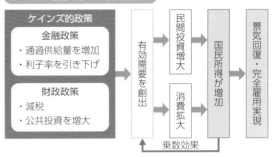

ケインズ的政策		
金融政策 ・通貨供給量を増加 ・利子率を引き下げ	有効需要を創出	民間投資増大
財政政策 ・減税 ・公共投資を増大		消費拡大

→ 国民所得が増加 → 景気回復・完全雇用実現

乗数効果

●有効需要
　単なる「買いたい」という欲望ではなく，貨幣の支出をともなう購買力に裏づけられた需要のこと。ケインズは，不況下で失業が起こるのは，有効需要が不足しているためであると考えた。そして，政府が政府支出を増加させることによって，有効需要をつくり出すべきであるとしたのである（**有効需要の原理**）。ケインズは，政府支出の増加は生産者の所得の増加や消費の増加へと波及していき，支出額の何倍もの効果を生むと主張した。支出額より多くの国民所得が拡大する現象を乗数効果とよぶ。

有効需要の原理

↑**ケインズ**
（1883〜1946）

解説 **小さな政府から大きな政府へ** アダム＝スミスの自由放任政策では，貧富の差の拡大や周期的な恐慌など，さまざまな社会問題が生じてしまった。これに対し，**ケインズ**の提唱した経済政策は，アダム＝スミスの自由放任主義政策を転換するものであった。ケインズの唱える「**大きな政府**」とは，政府が公共事業をおこなうなど経済活動に積極的に介入し，有効需要をつくりだすべきであるという考え方である（**修正資本主義**）。第二次世界大戦後，資本主義諸国で広く採用された。

7 フリードマンのケインズ批判

●政府の事業のなかでフリードマンが不要としたおもなもの
- 家賃統制
- 最低賃金制度
- 社会保障制度
- 事業や職業に関する免許制度

不況や失業の解決は市場機構に任せるべき

→**フリードマン**
（1912〜2006）

解説 **小さな政府への回帰** 1973年の石油危機（→p.234）をきっかけに，各国でスタグフレーション（不況下の物価高）が生じ，ケインズの経済政策の有効性に疑問が投げかけられるようになった。**フリードマン**は，アダム＝スミス同様に政府の役割を限定的に捉え，ケインズの唱える「大きな政府」を批判し，「小さな政府」への回帰を主張した。フリードマンは，社会保障制度などは必要なく，規制緩和や民営化を積極的におこなうべきだとした。フリードマンのように，政府の役割を金融政策などに限定しておこなうべきだとする考えを**新自由主義**や**マネタリズム**という。フリードマンの考え方は1980年代のアメリカのレーガン政権，イギリスのサッチャー政権，日本の中曽根政権などに大きな影響を与えた。

「大きな政府」と「小さな政府」について，経済面だけでなく，政治面での影響も考えてみよう。

経済

最適な経済運営とは？

人々の経済活動に，国家はどの程度介入（かいにゅう）すべきなのだろうか。これは，古くて新しい問題である。歴史的な反省をふまえ，現在では完全な「自由放任」を最良と考える人は少ない。また，国家が完全に経済活動をコントロールしてしまうことを肯定的に捉（とら）える人も少ない。最適な国家による経済運営とは，どのようなものなのだろうか。3つの視点のレポートを読んで考えよう。

3人の主張

視点A
・小さな政府
・自由放任政策
・自己責任

↑アダム＝スミス

視点B
・大きな政府
・不況対策

↑ケインズ

視点C
・社会主義
・計画経済

↑マルクス

これまでに学んだ3人の経済学者について，それぞれの主張を以下の順でレポートにまとめよう。
視点A アダム＝スミスの考え方
視点B ケインズの考え方
視点C マルクスの考え方
主張を肯定的にレポートにまとめ，その課題を質問し，その質問を受ける形で別の主張のレポートをまとめよう。

小 ← 政府の役割 → 大

視点A　自由放任の立場から
～結衣のレポート

　私は、国家は経済活動にできるだけ介入するべきではないと考える。歴史的には、経済学の父といわれたアダム＝スミスが自由な経済活動によって社会に調和がもたらされるとした。このような自由な市場のはたらきを、彼は「見えざる手」と表現した。彼の考えを受け継ぎ、多くの人々は自由な市場での取り引きが社会全体の満足度を高めるという「小さな政府」の考え方を重視した。
　このような「小さな政府」に基づく政策は、イギリスの産業革命の時期だけでなく、20世紀にも再び脚光を浴びた。アメリカのレーガン政権、イギリスのサッチャー政権、日本では中曽根内閣、小泉内閣らが採用した。このような政策は、新自由主義とよばれた。

視点B　大きな政府の立場から
～優太のレポート

　「小さな政府」に基づく政策は、失業や貧富の差などを解決できないという点で課題がある。そのため、私は、国家は公共事業などをおこない、積極的に経済活動に介入していくべきと考える。たとえば、世界恐慌時、アメリカで自由放任政策が効果的に機能しなかった。そのため、ローズベルト米大統領は、「大きな政府」の考え方に基づき、国家が積極的に経済活動に介入するニューディール政策をおこなった。
　第二次世界大戦後は、多くの先進資本主義諸国が福祉国家をめざし、「大きな政府」の政策を採用した。現在、スウェーデンなどの北欧諸国では、税負担を重くする代わりに福祉を充実させる政策がとられ、資本主義の枠組みの下、国家が経済活動に比較的大きく介入している。

視点C　社会主義の立場から
～結衣のレポート

　資本主義は、どのような場合でも成長し続けなければならないとする経済のしくみである。これが原因で、長時間労働、地球環境問題などの社会問題が生じているのではないだろうか。これらの問題解決のためには資本主義から脱却する必要がある。経済成長と技術革新を続けていけば、みんなが豊かになるという考え方は捨てるべきである。そして、すべての労働者の地位を対等に扱い、国民の間で格差が生じないように、国家が経済活動をコントロールしていく必要がある。歴史的に、このような経済運営はソ連などで採用された。現在では、中央集権的に国家が経済活動をコントロールすることには批判的な側面がある。しかし、資本主義という経済のしくみに欠点があるという視点をもつべきである。

● 視点Aのレポートを読んで

国家ができるだけ経済活動に介入しない「小さな政府」の政策には、デメリットはないのかな？

● 視点Bのレポートを読んで

国家の経済活動への介入が大きくなりすぎた場合には、どのような弊害（へいがい）があるのかな？

● 視点Cのレポートを読んで

資本主義に代わる経済のしくみが、本当にうまく機能するのかな？

❶ 3つの視点のうち，どの視点が最適な経済運営といえるだろうか。
❷ 3つの視点をふまえ，どのように経済運営をおこなうべきだろうか。

2 市場経済のしくみ

要点 の整理　＊   は共通テスト重要用語，■は資料番号を示す。この節の「共通テスト○×」などに挑戦しよう

1 市場のはたらき

❶市場 ■

財・サービスの買い手（需要）と売り手（供給）が出会い，「交換」がなされる場

❷市場機構（➡p.259〜261）

需要＞供給 ── 価格上昇
需要＜供給 ── 価格下落 ── **均衡価格**に収束・需要と供給が一致
価格の自動調節機能（アダム＝スミスの「**見えざる手**」）

❸資源の最適配分

すべての市場で需給が一致 ── 生産資源（土地・労働・資本）の効率的配分を決定

2 市場における政府の役割

❶市場の失敗 ■〜■ ……市場機構がうまくはたらかずに，効率的な資源の配分がおこなわれない（＝市場機構の限界）

- ●**公共財**……道路や公園などは，社会にとって必要であるが，市場に任せても供給されにくい
- ●**外部効果**……第三者へ市場を通さずに影響を与えること。よい影響を**外部経済**，悪い影響を**外部不経済**
- ●**情報の非対称性**……売り手と買い手との間にある，商品に対する情報量の格差
  ── 逆選択やモラルハザードが起こる
- ●**独占・寡占** ■〜■ ……市場での競争原理がはたらかず，買い手が不利益を被る
- ●**その他**……不況，失業，貧富の差，景気変動など

❷政府の役割 ■■

- ●**公共財の供給**……国民から税金を徴収し，それを元手に道路，公園などを供給する
- ●**規制・課税**……有毒物質の排出に対して総量規制をかけたり，排出に応じて課税をする
- ●**競争政策**……**独占禁止法**を制定し，競争原理を維持する。**公正取引委員会** がその監視をおこなう

↑**1** 卸売市場でのせりのようす

1 市場のはたらき 　市場で，価格はどのように決まるのだろうか。

1 市場の種類

需要　市場　供給

消費者 ── **財・サービス市場** 生産物・サービス ── 生産者

企業 ── **労働市場** 労働力 ── 労働者

企業・金融機関 ── **金融市場** 貨幣・株式・債券 ── 企業・投資家

企業・投資家 ── **外国為替市場** 外国為替 ── 企業・金融機関

種類	説明
財・サービス市場	日常生活でものを買ったり，売ったりする場をいう
労働市場	働きたい人（供給）と雇いたい人（需要）が，賃金を媒介として調整される。好景気では，労働需要が増え，賃金は上昇する。反対に，不景気では，労働需要が減少し，賃金は下落する傾向がある
金融市場	お金を借りたい人（需要）とお金を貸したい人（供給）が，金利（利子率）を通して調整される。好景気では，お金を借りたい人が増加し，利子率は上昇する。反対に，不景気ではお金を借りたい人が減少し，利子率は下落する
外国為替市場	円とドルなど，異なる通貨が為替レートを媒介として調整される。ドルを円に交換したいという圧力が市場で強まれば円高ドル安となる。反対に，ドルが日本から流出すると，円を売ってドルが買われるため，円安となる

解説 **価格による調整**　市場とは，買い手（需要）と売り手（供給）が出会い，交換がなされる場のことをさす。「市場」は取り引きがなされる特定の場所のことではなく，あくまで抽象的な概念にすぎない。今日では，市場での取り引きには現金通貨だけでなく，預金通貨や電子マネーなども利用されている。それぞれの市場では，商品価格，賃金，利子率，為替レートの変動によって，需要と供給が調整される。資本主義経済では，価格を通じた自由な無数の人々の交換によって，必要とされるものが必要とされるところへ配分されるようになっている。なお，このような考え方は，市場が**完全競争市場**であることを前提としている。完全競争市場とは，①市場参加者が多数で，単独で価格支配力をもたない，②市場への参入や撤退が自由，③売り手も買い手も商品に対しての情報を完全に把握している，などの条件を満たす市場のことである。このような市場は，現実にはほとんど存在しない。しかし，理論上の市場でどのようなことが起こるかを知ることで（➡p.259〜261），現実の市場で起こっていることの意味や改善点などを考察することが可能となる。

完全競争市場が，現実にはほとんど存在しないのはなぜだろうか。また，現実にはほとんど存在しない完全競争市場を前提に，市場機構を考えるのはなぜだろうか。

価格の決まり方

アダム＝スミス（→p.255）は，資本主義経済には「市場」というすぐれた制度が組みこまれており，すべての商品の需要と供給は「見えざる手」によって調整されると主張した。このような需要と供給が価格に導かれて一致するしくみを価格の自動調節機能とよぶが，これを需要・供給曲線をもとに見てみよう。

需要曲線

先生：同じ商品を，高い価格と安い価格のどちらで購入したいかな？

優太：もちろん，できるだけ安い価格で購入したいと思います。

先生：そうだね。このような買う側の「買いたい気持ち」を表現したものが需要曲線だ。人々が何をどれだけ欲しがるかは，商品に対する満足度，予算，価格によって決まる。一般的に，価格が安いと買いたい人が増え，価格が高いと買いたい人が減る。そのため，価格以外の要因が変化しない場合，縦軸を価格，横軸を需要量とすると需要曲線は右下がりとなる。

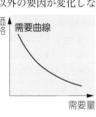

結衣：需要曲線の傾きは，どのようなことをあらわすのですか？

先生：コメやパンなどの生活必需品の価格が変化した場合とダイヤモンドなどのぜいたく品の価格が変化した場合とで考えよう。それぞれの需要はどのように変化するかな？

優太：生活必需品は結局購入しないといけないから，少しくらい価格が変化したとしても，購入量を大きく減らすことはできないですね。

結衣：ダイヤモンドは安くなればほしいけど……。ぜいたく品の価格が変化した場合，需要量が大きく変化し

そうですね。

先生：2人とも，その通り！ だから，生活必需品の需要曲線の傾きは急になる。これを価格弾力性が小さいとも表現するんだ。一方，ぜいたく品の需要曲線は緩やかで，価格弾力性が大きいと表現する。

供給曲線

優太：では，供給曲線は「売る側の気持ち」を表現したものだと考えたらいいですか？

先生：そうだね。売り手の目的は，利潤を最大化することだ。だから，供給曲線は生産にかかる費用や価格によって決まる。一般的に，売り手は利潤を増やすために価格が安いと供給量を減らし，価格が高いと供給量を増やす。そのため，価格以外の要因が変化しない場合，供給曲線は右上がりとなる。

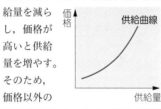

結衣：供給曲線の傾きも，価格弾力性の考え方を活用すればいいですか？

先生：そうだね。たとえば，農産物の価格が大きく変化したとしても，売り手は供給量を調整するのが難しく，供給量は変化しにくい。つまり，供給曲線の傾きは急で，価格弾力性が小さい。一方，工業製品の場合は，価格が変化した際に供給量を調整しやすいので，価格の変化に供給量が

反応しやすい。つまり，供給曲線の傾きが緩やかで価格弾力性が大きい。

価格の自動調節機能

先生：それでは，価格の決まり方を考えよう。ただし，これはあくまで理論であり，現実は単純ではないことも知っておいてほしい。そもそも，需要と供給の理論は完全競争市場を前提としている。完全競争市場とは，売り手と買い手が多数いて，市場参加者は商品の情報を完全に把握しているといった架空の市場なんだ。

優太：でも，現実離れした前提の理論を学ぶ意味はあるんですか？

先生：理論を学ぶことで，理論上起こることと現実が異なる理由を考察できるようになるんだ。需要と供給による価格決定理論を学ぶことには，大変意義があるんだよ。

結衣：なるほど。では，どのように，需要と供給は調整されるのですか？

先生：図3を見てみよう。いま，価格がP₁としよう。このときは売れ残りが出るため，価格は下がる。一方，価格がP₂の場合には，品不足となるため価格は上がる。こうして，価格がP₀となったとき，需要と供給が一致し，均衡する。このように価格には，需要と供給の不均衡を調整するはたらきがある。これを価格の自動調節機能とよぶんだ。

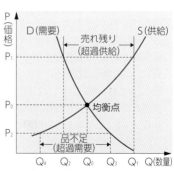

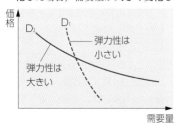

↑❶需要の価格弾力性

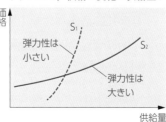

↑❷供給の価格弾力性

↑❸需要・供給と価格の決定

Let's Think!

需要曲線・供給曲線の動き 出題

価格の変動に導かれて，需要と供給が一致する価格の自動調節機能のしくみをp.259「ゼミナール　価格の決まり方」で学んだ。価格の自動調節機能は市場機構ともよばれ，社会全体の資源の配分を最適にするはたらきをしている。完全競争市場を前提に，需要・供給曲線の動きから資源の最適配分を考えよう。

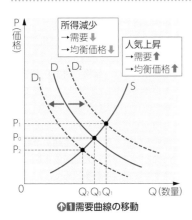

↑**1**需要曲線の移動

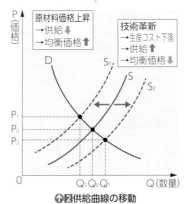

↑**2**供給曲線の移動

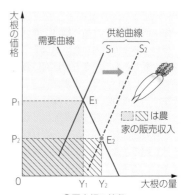

↑**3**大根の値段

需要曲線の移動

結衣：需要曲線は，どのような場合に動くのですか？

先生：その商品への人気が上がった場合や人々の所得が増えた場合に，需要曲線は右側に移動する。逆に不景気になって人々の所得が減った場合などには，需要曲線は左側に移動する。まとめると，図**1**のようになる。

優太：新型コロナウイルス感染症の拡大で，マスクがかなり値上がりしたことがありましたね。

先生：そうだね。あれは，マスクが人気となって，需要曲線が右側へ移動し，価格が引き上げられたと説明することができるんだ。

供給曲線の移動

結衣：では，供給曲線は，どのような場合に動くのですか？

先生：一般的に生産量が増えたり，技術革新によって生産費が下がった場合に，供給曲線は右側へと移動する。逆に，間接税や原材料費などの生産費が上昇した場合，供給曲線は左側に移動する。まとめると，図**2**のようになる。

優太：技術革新によって，ゲーム機が大量に生産されて値段が下がった場

合とかは，供給曲線が右側に移動したと，説明できるんですか？

先生：その通り。供給曲線のおもしろい事例を紹介しよう。「豊作貧乏」って知っているかな？

結衣：ニュースで見たことがあります。農作物が獲れすぎた場合に，農家の収入が減ってしまうことですね。

先生：そうだね。では，大根の市場を考えよう。ある年に大根が豊作となった場合，大根の供給曲線は右側へと移動する。この場合，図**3**のように均衡点がE_1からE_2に移る。この結果，大根の価格が半値に暴落したとする。この場合，農家の収入はどうなるかな？

結衣：収入総額は，価格と販売量の積だから，図**3**の斜線部分の四角形の面積ですね。

先生：そうだね。均衡点が移動して，赤の四角形より小さくなっている。これが「豊作貧乏」の正体なんだ。

資源の最適配分

先生：価格の自動調節機能は**市場機構**ともよばれ，資源の最適配分を実現するとされている。たとえば，最新ゲーム機を売れば，たくさん儲かるとわかっていたら，企業はどのようなことをするかな？

結衣：これまで他のゲームソフトの生産に回していた工場や従業員を，最新ゲーム機の生産にふりわけて，最新ゲーム機の生産に集中するかな。あと，従業員の給料も上げて，優秀な人材を集めるとか……。

優太：そうすると，他の会社で働いていた人も，最新ゲーム機を製造する仕事に転職するかもしれないね。

先生：つまり，賃金などの価格がシグナルとなって，労働者や工場などが，社会で必要とされているものの生産にまわされていくんだね。

結衣：仮に企業が自分たちの利潤を増やすことしか考えていなくても，たくさん生産してくれれば，次第に私たちも買いやすくなっていきますね。

先生：そうだね。市場機構が資源の最適配分を実現するとは，こうしたことだと理解してもらったらいいよ。

結衣：アダム＝スミスが，「各人が自分自身の利益を追求していたら，結局社会全体の利益が増加する」と主張したと習ったけど，そういうことなんでしょうか？

先生：そうだね。アダム＝スミスは，この状況を「**見えざる手**」と表現した。資本主義経済では，自由な取り引きや価格のはたらきが，私たちの生活を豊かにしているんだね。

需要・供給曲線から経済政策を分析してみよう

需要曲線，供給曲線に影響を与えることによって，さまざまな経済政策を実行することができる。実際の政策を，需要・供給曲線から考えよう。

❶消費税率の引き上げの効果

2019年に消費税が8％から10％に引き上げられた。消費税のような間接税が引き上げられた場合には，売り手はその分だけ高めに価格を設定する必要があり，販売価格の上昇にともなって販売しようとする数量が減少する。この関係をグラフであらわすと，供給曲線が上方に移動することになる。さらに，消費税の場合は，課税前の価格が高ければ高いほど税額も高くなるので，税率が高いほど供給曲線の傾きは急となる。

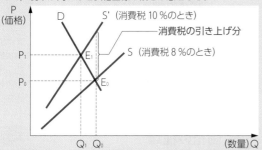

間接税が引き上げられた場合，売り手と買い手は，どのような行動をとるようになるだろうか。上の需要・供給曲線をもとに説明しよう。

❷環境税

地球温暖化の原因となる温室効果ガスの排出量を減らす方法の1つとして，2012年に化石燃料に対して地球温暖化対策税が課されることになった。地球温暖化対策税は，化石燃料に課される間接税であり，消費税率の引き上げと同様に，供給曲線を上方に移動させる。

環境税の導入は環境問題への対策として効果があるのだろうか。右の需要・供給曲線を参考に説明しよう。

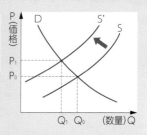

❸最低賃金

2016～19年まで日本の最低賃金は，政策的に引き上げられてきた。たとえば，労働市場において E_0 で均衡している状況で，政府が最低賃金を P_1 に設定したとする。この場合，企業は最低賃金法を守り，賃金を P_1 に設定することなる。ただし，企業側が P_1 の賃金で雇用することができる労働者数は Q_1 にとどまる。

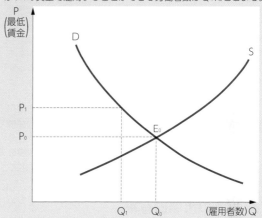

最低賃金の引き上げは，労働者の生活をより豊かにするのだろうか。上の需要・供給曲線を参考に説明しよう。

共通テストに challenge！ 生徒Ⓐ・Ⓑは，国際的な課題となっている地球温暖化防止について議論している。次の会話文の X に入る経済的な手法に関する発言として**誤っているもの**を，下の①～④のうちから一つ選べ。 共通「現代社会」プレ2017

生徒Ⓐ：社会にとって重要な財やサービスについては，政府が直接提供したり，市場に介入したりするらしいね。でも，市場は万能ではないからといって，自由な取引が原則の市場に政府が介入するというのは矛盾しているように思えるな。

生徒Ⓑ：そうだけど，地球温暖化防止のような，世界中の国々が取り組まなければならない課題については，何らかの工夫が必要なんじゃないか。

生徒Ⓐ：そういえば，地球温暖化防止については，市場の仕組みを積極的に活用しようという動きもあるらしい。例えば，X。

生徒Ⓑ：つまり，市場の働きをうまく使って企業などを誘導し，問題解決につなげようというわけだね。

①温室効果ガスの排出権を取り引きする市場をつくり，企業などがその権利を売買することは，地球全体で排出量の増大を抑制することにつながる

②炭素税（環境税）を導入すれば，化石燃料の使用量を減らすための技術開発など経済活動への波及効果が期待できる

③2015年の気候変動枠組条約締約国会議（COP21）で採択されたパリ協定には，市場メカニズムの国際的な活用が明記されている

④炭素税（環境税）の導入は，温室効果ガスを製造過程で発生させる財のコストを引き下げ，それを通じて経済成長を促すことができる

考えるポイント 生徒Ⓐの発言にあるように，「市場の仕組みを積極的に活用する方法」としては，課税，補助金，権利の売買のしくみの導入などが考えられる。それぞれの方法の意味をしっかりと捉えられるようにしよう。

①正しい。排出権の権利売買をおこなうことによって，全体としての排出量の抑制が期待される。

②正しい。炭素税（環境税）の導入によって，化石燃料の使用量を減らすための技術開発が期待できるようになる。

③正しい。COP21で採択されたパリ協定では，市場機構の活用が明記されている。ただし，2019年のCOP25では，市場機構に関して明記した第6条が合意に至らなかった。

④誤り。炭素税（環境税）の導入は，化石燃料などの取り引きにかかるコストの引き上げを意味する。

1 総費用の考え方

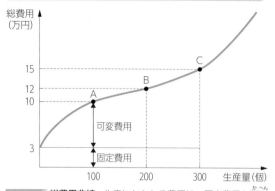

総費用（万円）／生産量（個）

グラフ：A点（100個, 10）、B点（200個, 12）、C点（300個, 15）、可変費用、固定費用、基準3

解説 **総費用曲線** 生産にかかわる費用は，固定費用と可変費用の2つにわけられる。固定費用とは，生産規模にかかわらず一定のもので，所有している工場の維持費用などである。可変費用とは，生産規模によって増減するもので，原材料費や労働者の賃金などである。一般的に多くの産業では，生産をはじめた段階からグラフ上のB地点くらいまでは効率よく生産をおこなうことができる。一方で，ある時点を過ぎると生産効率が悪くなり，生産の拡大に対して，費用が多くかかるようになっていく。

例外として，初期投資が莫大な電力や鉄道などの産業では，生産規模を拡大すればするほど，生産効率がよくなり，生産物1つあたりの費用が低下していく場面が多い。そのため，このような産業では売り手の独占状態が発生しやすい。生産規模の拡大によって，製品1単位あたりの生産コストが低下し，利益が増えることを「**規模の経済（スケールメリット）**」という。

2 日本の市場占有率

日本の品目別シェア （『日本マーケットシェア事典』2022年版など）

0　20　40　60　80　100%

ビール（2020年度）
①アサヒ 46.4%／②キリン ③サッポロ 87.4／④サントリー ⑤オリオン 99.4

カップ即席麺類（2020年度）
①日清食品 44.5%／②東洋水産 ③明星食品 75.9／④サンヨー食品 81.4

携帯電話（2021年度）
①NTTドコモ 42.3%／②KDDI ③ソフトバンク 97.5／④楽天モバイル 100.0

宅配便（2021年度）
①ヤマト運輸 46.6%／②佐川急便 ③日本郵便 94.9／④福山通運 ⑤西濃運輸 99.9

乗用車（2021年）
①トヨタ 35.0%／②ホンダ ③スズキ 63.1／④ダイハツ ⑤日産 84.6

凡例：上位1位／上位3位／上位5位

? 大手企業でほとんどのシェアを占めている市場には，どのような特徴があるだろうか。

解説 **寡占市場と非価格競争** **市場占有率**とは，ある財・サービスについて，特定の企業が市場で占める割合を示したものである。現代の多くの財・サービスは少数の大企業によって供給されている。こうした寡占市場では，広告や宣伝などの**非価格競争**が展開されやすい。

3 市場の分類と価格変化

売り手 買い手	1社	少数	多数
多数	独占	寡占	完全競争
例	水道 ※電力，ガスは小売自由化	ビール 自動車 携帯電話	魚，野菜 株式市場 外国為替市場

価格はどうなる？

独占市場→独占価格になり，つりあげられる可能性があるので政府が規制

寡占→価格変化は緩慢

完全競争→価格変化が激しい

解説 **市場の形成** 株価や為替レートなどは刻一刻と変動する。他方で，カメラやテレビなどのように，すぐには変動しない商品もある。このような違いは，市場の競争状態が異なることによって生じる部分が大きい。売り手が1社の場合を独占市場，少数の場合を寡占市場，売り手も買い手も多数いて，どの市場参加者も価格に影響をおよぼすことができない市場を**完全競争市場**という。

4 価格の種類 出題

市場価格	市場で実際に取り引きされる価格
均衡価格	需要と供給がつりあったときの価格。このとき，市場価格と均衡価格は等しくなり，生産者と消費者の双方が満足する取り引きが成立する
独占価格	1社で自由に決めることができる価格。寡占市場で企業の価格支配力が強い場合を含むこともある
管理価格	プライス・リーダーが価格設定をし，他社がこれに追随する場合の価格
統制価格	電気・ガス・水道などの公共料金や，戦時中に国家統制された場合などの価格がこれにあたる

解説 **管理価格の形成** 寡占市場においては，大企業が**価格先導者（プライス・リーダー）**になって価格設定をおこない，他の企業がその価格に追随するといった現象がみられる。このようにして形成された価格を**管理価格**という。また，鉄道，バス，都市ガスなどの産業は**独占・寡占**状態になりやすい。そのような産業については，政府が独占・寡占を認める代わりに料金の上限を認可するといったしくみがとられている。

TOPIC 動画投稿サイトと収益

現在，インターネット広告費がテレビ広告費を上回り（→p.263），なかでも動画投稿サイトにおける広告費が増加している。代表的な動画投稿サイトであるYouTubeでは，投稿者がGoogleからもらった広告動画を自身の動画に掲載することによって，再生数などに応じて収入を得ることができる。

広告・0.05 zidousha.jp／動画開始まであと5秒／0:00/0:05

? 独占・寡占に対して，特定の企業の市場占有率が高くても，悪影響がなければ，政府の介入は最小限にすべきではないか，という意見もある。考えてみよう。

経済

5 マスメディアと広告

日本の広告費

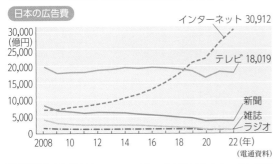

（電通資料）

解説 **非価格競争としての広告** 非価格競争の1つである広告は，消費者に不利益をもたらすという考え方と，利益をもたらすという考え方がある。前者は，広告費は最終的に消費者に転嫁されるという考え方である。さらに，広告宣伝によって，消費者は本来ほしくないものをほしくなってしまい，不必要に購入してしまうことも指摘されている。経済学者ガルブレイス（1908～2006）は，このような広告の効果を**依存効果**といっている。一方で，後者は企業と消費者の間には**情報の非対称性**（→p.264）があり，広告はその解消に役立っているという考え方である。2010年代後半には，インターネット広告費がテレビ広告費を上回るようになった。

6 独占の形成

カルテル（企業連合）	A社 B社―C社 協定	価格などについて，企業間で協定を結び，価格競争をしない
トラスト（企業合同）	A社 B社⇔C社 合併	同業種の大企業が合併し，さらなる規模の利益を追求する
コンツェルン（企業連携）	【親会社】持株会社 支配 支配 支配 【子会社】A企業種 B企業種 C企業種 【孫会社】a a b b c c	戦前の財閥系企業のように，持株会社を中心に異種産業をグループ化し，独占的地位を得る

解説 **独占の弊害** 売り手が競争を回避するために**カルテル**などをおこなうと，価格が下がりにくくなり（**価格の下方硬直性**），消費者にとって不利益となる。また，企業側が技術革新をおこなおうとするインセンティブを低下させることにもなり，社会全体にとっても不利益となる可能性がある。

7 独占禁止法

出題

条文	内容
私的独占の禁止（第3条）	不当に安い価格で販売し，競争相手を市場から排除したり，新規参入を妨害したりすることで，市場を独占しようとする行為を禁止する
不当な取引制限の禁止（第3条）	不当な取り引きとしては，**カルテル**や**入札談合**などがある。入札談合は，国や地方公共団体がおこなう公共工事や物品の入札に際して，事前に受注事業者や受注金額などを決めてしまう行為をいう。たとえば，2020年に愛知県の学校制服販売業者同士が販売価格の情報交換をおこない，価格を共同して引き上げることに合意していたとして，公正取引委員会は排除措置命令をおこなった
独占的状態の規制（第8条の4）	たとえ公正な競争の結果であったとしても，50％を超えるシェアをもつ事業者があらわれ，需要やコストが減少したにもかかわらず，価格が下がらない（**価格の下方硬直性**）など，独占的状態の弊害が生じた場合には，競争を回復するための措置として，企業分割を命じることができる
企業結合の制限（第9条，第15条）	株式保有や合併などの企業結合により，市場における価格，供給量などをある程度，自由に左右することができるようになる場合，当該企業の結合を禁止できる
不公正な取引の禁止（第19条）	不公正な取引方法の例としては，人気商品と不人気商品をセットにして販売する「だきあわせ販売」や圧倒的シェアを背景に取引相手に対して優越的地位を利用するといったものがある。たとえば，大手芸能事務所が優越的地位を利用し，元所属タレントをテレビに出演させないように圧力をかけた疑いがあるとして，公正取引委員会は同事務所を注意したことがある。ただし，独占禁止法に違反する行為自体は認められなかった
適用除外制度（第23条）	独占禁止法が，適用されないケースをいう。メーカーが決定した価格を，卸売業者や小売業者に守らせることを認める再販売価格維持制度も，その1つである。書籍，新聞，CDなどが，これに該当する。新聞は，全国どこで買っても，同じ価格であり，売れ残っても値下げされず，全部返品され，断裁処分される

独占禁止法違反事件に対する法的措置件数

凡例：入札談合／価格カルテル／不公正な取引方法／私的独占／その他

1999（年度）	18　1・1　3　4　26
	10　1・1　6　18　1
	33　3　2　38
02	30　2　3　2　37
	14　3　7　25　1
04	22　2・1　8　2・1　35　1
	13　4　2　19
06	6　3　4　13
	14　6　3・1　24
08	2・1　8　5　1・1　17　1
	17　5　4　26
10	4　6　2　12
	12　5　5　22
12	19　1・1　20
	9　8　1　18
14	2・1　5　1・1　2　10　1
	4　2　3　9
16	5　1・2　3　11
	5　1・1　6　13
18	3・1　3　8　1　11
	3　6　3　13
20	6　6　1・1　15
	3　2・1　5
22	4・1　3・1　3　11

（公正取引委員会資料）

解説 **公正取引委員会の機能** 資本主義経済では，基本的に「競争は善」であると考えられる。企業同士が競争することによって，製品の質や消費者へのサービスが向上すると考えられるためである。そのため，健全な競争がおこなわれるように**独占禁止法**が制定されており，行政委員会の1つである**公正取引委員会**がその運用をおこなっている。カルテルや入札談合をおこなった企業であっても，公正取引委員会に自主申告した場合には，課徴金が減免される制度（**リニエンシー**）も導入されている。なお，経済のグローバル化に対応するため，1997年に独占禁止法が一部改正され，それまで禁止されていた**持株会社**（→p.244）の設立が解禁されている。

用語解説 管理価格，価格の下方硬直性 →p.365

263

公共財の供給	道路，公園，国防など，社会的には必要であるが，民間企業では利益が出ないので，市場経済だけに任せておくと供給されない。これらは，政府が税金を使って供給する
独占・寡占の形成	独占や寡占が進むと，市場の競争原理は阻害され，価格が高く設定されるなどの弊害が出る。独占禁止法により，こうした弊害が出るのを防止している
外部不経済，外部経済	公害や環境問題など，ある経済主体の活動が，市場を介さずに別の経済主体に不利益を与える場合を外部不経済という。利益を与える場合は外部経済とよばれるが，これは社会的には問題にならない。大気汚染防止法などの法律によって，外部不経済の発生を防いでいる

同じメーカーのペンばっかりで，かわいいのがない

うちの丸もうけだ

遊園地　オープン！

外部経済
人が集まるので，周囲の商店街の売り上げが上がる

外部不経済
自動車通行量が増え，周辺の住民が渋滞や騒音・排出ガスに悩まされる

情報の非対称性	取り引きの両者で商品の内容などに情報の格差があること。たとえば，医薬品の販売においては，売り手はその商品の効能をよく知っているが，買い手はよくわからないといったことが起こりうる。この場合，買い手は副作用に苦しんだり，それを回避するために必要な医薬品を購入できなくなってしまう。政府は，このような弊害が生じないように，法律などで成分表示義務を売り手に課すことで取り引きに介入する

解説 **市場機構は万能ではない** 市場の失敗とは，市場機構がうまくはたらかず，必要なところに必要なものがいきわたらない，つまり資源の最適な配分ができないことをさす。たとえば，道路や公園などの公共財は社会全体にとって必要なものである。しかし，公共財は対価を払わずとも誰でも使えるという性質（非排除性）と多くの人が同時に利用できるという性質（非競合性）をもっており，市場に任せていても，利潤獲得をめざす民間企業はそれらを供給しようとしない。また，企業の生産活動が原因となる大気汚染は，社会全体にとって深刻な問題を引き起こす。このような市場の失敗の問題を解決することが政府の役割であるとされている。

TOPIC 外部不経済の解決方法

外部不経済の解決のしかたは大きく3つあるとされている。第一に，経済的手法を使うことである。たとえば，公害を引き起こす企業に対しては罰則を課すといったやり方である。他にも，温室効果ガスの権利を取り引きするしくみを導入することによって，外部不経済を解決するといったやり方もある。第二に，直接規制である。国家が法を制定し，有害物質を排出する企業に対して操業停止を命じるといったやり方である。第三に，当事者同士の話しあいである。たとえば，周辺の海洋汚染を引き起こす企業と，そこで漁業をしたい漁民が話しあうことによって，当事者同士で費用負担の割合を決めるというやりかたである。

Let's Think! ダイナミックプライシング

ダイナミックプライシングとは，AI（人工知能，→p.240）などの技術を活用することで，需要と供給に応じて価格を変動させるしくみのことである。近年では，天候，周辺イベントなどの膨大なビッグデータ（→p.239）の活用によって，最適な価格を決めることが可能となってきている。たとえば，ユニバーサル・スタジオ・ジャパン（USJ）は，2019年からダイナミックプライシングを導入し，入場者数の変動を予測して曜日単位などで入場チケットの価格が変動するようにしている。ダイナミックプライシングは，顧客満足度と企業利益を最大化すると期待されている一方で，需要の高まる時期に消費者が「思っていたよりも高い値段の支払いを求められた」との不満も一部であがってきている点が指摘されている。

ダイナミックプライシングを導入した遊園地の8月のチケット例

日	月	火	水	木	金	土
				1	2	3
				8,200	8,200	8,900
4	5	6	7	8	9	10
8,900	8,900	8,900	8,900	8,900	8,900	8,900
11	12	13	14	15	16	17
8,900	8,900	8,900	8,900	8,900	8,900	8,900
18	19	20	21	22	23	24
8,900	8,900	8,200	8,200	8,200	8,200	8,900
25	26	27	28	29	30	31
8,900	7,400	7,400	7,400	7,400	8,200	8,900

ダイナミックプライシング導入による混雑緩和策

	9時～12時	12時～14時	14時～17時

導入前　1,000円　1,000円　1,000円

導入後　700円　1,500円　1,000円

右のダイナミックプライシングの導入事例で安くなっているところは，どのようなときだろうか。ダイナミックプライシングを導入すれば効果がありそうな業界をあげてみよう。

市場の失敗に対して，政府はどのような取り組みをすべきだろうか。

経済

経済発展と環境保全

要点 の整理
＊　　　は共通テスト重要用語，■ は資料番号を示す。この節の「共通テスト○×」などに挑戦しよう👆

1 経済発展と公害問題
❶ 公害 ■〜■……企業の生産活動や日常生活で生じる廃棄物や排出物，生態系を無視した自然への過度の干渉などが原因
❷ 典型７大公害 ■……大気汚染，水質汚濁，土壌汚染，地盤沈下，騒音，振動，悪臭
❸ 四大公害訴訟 ■……熊本水俣病，四日市ぜんそく，イタイイタイ病，新潟水俣病→いずれも原告側勝訴が確定

2 公害の防止と環境保全
❶ 公害対策基本法（1967年）……環境保全のための基準を規定→ 都市・生活型公害への対応 →環境基本法 ■（1993年）
❷ 環境庁設置（1971年）……公害対策行政を一元化，公害防止体制を強める法律の整備→環境省に（2001年）
❸ 環境影響評価法（環境アセスメント法）（1997年制定）■……地域開発の影響を事前に予測・評価
❹ 無過失責任制……企業には公害防止の義務があり，防除施設の設置・被害者への賠償費用を故意や過失がなくても負担
　→汚染者負担の原則（ＰＰＰ）にも合致 ■
❺ 大気汚染や水質汚濁に対する規制方法 ■……総量規制，濃度規制
❻ ナショナル・トラスト運動 ■……市民から資金を募り，土地を買いとるなどの方法で，環境を保全する運動

1 経済発展と公害問題　公害には，どのようなものがあるのだろうか。

1 日本の公害史と四大公害訴訟

四大公害訴訟

❓ 四大公害訴訟の被害は，なぜ拡大したのだろうか。

		新潟水俣病	四日市ぜんそく	イタイイタイ病	熊本水俣病
被害発生地域		1964年頃から発生　阿賀野川流域	1960年頃から発生　四日市市周辺	1922年頃から発生　神通川流域	1953年頃から発生　水俣湾沿岸
症状		知覚・運動障害などの神経障害や血管・すい臓など内臓障害	ぜんそく発作や呼吸器障害	多発性の病的骨折。「イタイイタイ」と絶叫し，死亡する例多数	新潟水俣病に同じ。胎児性水俣病も多数発生
発生の原因		工場廃液中の有機水銀	工場排出の亜硫酸ガス	亜鉛精錬副産物のカドミウム	工場廃液中の有機水銀
訴訟	提訴日	1967年6月12日	1967年9月1日	1968年3月9日	1969年6月14日
	原告数	77人	12人	33人	104人
	被告	昭和電工	四日市石油コンビナート6社	三井金属鉱業	チッソ
	判決	原告側全面勝訴（1971年9月29日）疫学的因果関係を認め，企業責任を認める	原告側全面勝訴（1972年7月24日）コンビナートを形成する企業は共同して責任を負わねばならない（共同不法行為）	原告側全面勝訴（1972年8月9日）疫学的方法で因果関係が立証できれば賠償請求ができる	原告側全面勝訴（1973年3月20日）チッソの工場廃水の有機水銀と水俣病発生の因果関係は肯定できる
	賠償額	約2億7,000万円	約8,000万円	約1億5,000万円	約9億4,000万円

日本の公害史

公害問題の原点	
1890	足尾銅山（栃木）鉱毒事件
1922	神通川（富山）流域で奇病発生

高度経済成長と公害の深刻化	
1955〜65	イタイイタイ病，水俣病，四日市ぜんそく，新潟水俣病が社会問題化
1967	公害対策基本法制定（1970年改正）
1968	大気汚染防止法，騒音規制法制定

公害の防止を求める世論の高まりと諸立法	
1971	環境庁設置（2001年，環境省に）
1972	ＯＥＣＤ，汚染者負担の原則（ＰＰＰ）採択　無過失賠償責任法制定
1973	公害健康被害補償法制定

安定成長と大規模な地域開発，環境権の主張	
1976	川崎市（神奈川）で全国初の環境アセスメント条例制定
1987	アスベスト汚染，社会問題化
1993	環境基本法制定・施行（公害対策基本法廃止）

1997	環境影響評価法（環境アセスメント法）制定（1999年施行）
1999	ダイオキシン類対策特別措置法制定（2000年施行）
2005	アスベスト（石綿）による健康被害が深刻化（2006年全面禁止）
2009	水俣病被害者救済法制定
2013	水銀に関する水俣条約採択
2019	バーゼル条約の改正で，汚れたプラスチックごみが輸出規制の対象に

解説　公害は終わらない　四大公害訴訟は，いずれも発生原因は企業にあり，被害者が多数におよぶ大型訴訟で，住民の健康を無視した企業活動の責任を明確化した点で画期的であった。しかし，責任の明確化と賠償の問題から，事前の差し止めによる公害の防止へと前進するのは，大阪国際空港公害訴訟以降のことである。なお，四大公害訴訟の判決では行政の責任は直接問われなかったが，2004年の水俣病関西訴訟・最高裁判決で，水俣病の発生と拡大を防止しなかったことについて，国と熊本県の責任を認めた。生命や健康は，失われてからでは取り返しがつかない。公害問題の教訓を，決して過去のものにしてはならない。

経済

2 公害の苦情件数の推移

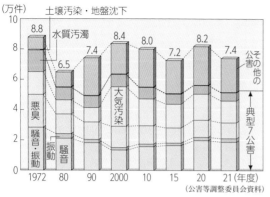

（万件）
（公害等調整委員会資料）

- 土壌汚染・地盤沈下
- 水質汚濁
- 大気汚染
- 悪臭
- 騒音・振動
- 振動
- 騒音
- 公害のその他の
- 典型7公害

8.8 / 6.5 / 7.4 / 8.4 / 8.0 / 7.2 / 8.2 / 7.4

1972　80　90　2000　10　15　20　21（年度）

解説 **公害への処理** 近年，苦情件数は減少傾向にある。環境基本法で定める7種類の公害（**典型7公害**）のうち，騒音，大気汚染がそれぞれ約3割を占めている。公害への対処は，民事裁判で争うとかなりの時間と費用がかかる。そこで，公害紛争の解決をはかることをおもな目的として，**公害等調整委員会**が設置された。

3 アスベスト問題

←**1小学校でのアスベスト除去作業** 輸入されたアスベストの8～9割が建材として使われ，多くが今も建物に残る。

解説 **国の責任を認める** **アスベスト**（石綿）とは，岩石から採取される天然鉱物で，耐火性や耐熱性にすぐれている。そのため，耐火被覆材や壁材などとして輸入され，多くの建物などで使われてきた。しかし，アスベストは吸いこんで肺に取りこまれると10年以上の潜伏期間の後に肺ガンなどを発症するといった問題がある。しかし，アスベストは安価で代替物がなかったため，規制が遅れ，被害が拡大した。2006年にはアスベストは全面禁止され，同年，**石綿健康被害救済法**も制定された。2014年，最高裁は，国が速やかにアスベストを規制しなかったのは合理性を欠き違法であるとして，アスベストによる健康被害について国の責任をはじめて認めた。

4 産業廃棄物処理問題

最終処分場の残余容量と残余年数

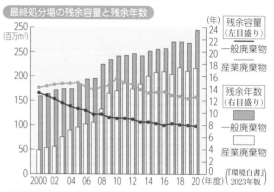

（百万m³）　（年）
『環境白書』2023年版

- 残余容量（左目盛り）
  - 一般廃棄物
  - 産業廃棄物
- 残余年数（右目盛り）
  - 一般廃棄物
  - 産業廃棄物

2000　02　04　06　08　10　12　14　16　18　20（年度）

汚れた廃プラスチックとは？

飲み残しやタバコの吸い殻など異物が入ったペットボトル

食べ残しや油汚れがついたままの食品トレーやカップ麺容器

他のゴミが混じったプラスチック

→ 汚れがひどいと再生利用できないバーゼル条約の改正で，輸出も規制

焼却処分，二酸化炭素が発生

解説 **急がれる処理体制** 廃棄物を自国で処理するよりも安い方法として，海外への廃棄物の輸出がある。しかし，廃棄物の輸出過程で不要な部分を海に捨てたり，輸出国での不適切な処理によって輸入国の環境が悪化するといった問題も起きている。そのため，有害廃棄物の国境をこえた移動を規制する**バーゼル条約**が2019年に改正され，汚れた廃プラスチックは輸入国の同意がなければ輸出できなくなった。廃プラスチックをリサイクル資源として受け入れてきた中国も，2017年に輸入を原則禁止しており，処理体制の構築が求められている。

ニュース **ハイテク汚染の原因**

ＩＣ（半導体）産業などで使用されるトリクロロエチレン，テトラクロロエチレンなどの有機塩素系溶剤が原因で，土壌や地下水が汚染されることを**ハイテク汚染**という。これらの物質は発ガン性を疑われており，1989年に化学物質審査規制法のなかで第二種特定化学物質として規制されることになった。なお，**ダイオキシン**は，急性致死毒性，発ガン性などをもつとされ，おもな発生源はゴミ焼却による燃焼である。1999年，ダイオキシン類対策特別措置法が制定され，環境基準や必要な規制などが規定された。

Let's Think! サーキュラーエコノミー

これまで大量生産・大量消費・大量廃棄の経済発展のモデルは，世界の多くの人々を豊かにしてきた。しかし，これには環境破壊，資源の枯渇などの問題があり，経済発展と環境保全を両立する別のモデルが模索されている。なかでも，**サーキュラーエコノミー**という考え方が注目されている。サーキュラーエコノミーとは，「製品のまま，あるいは修理して他人が再び利用する」，「廃棄物を部品や資源に分解して再び製品にする」などの経済のモデルである。私たちの暮らしでも，何を基準にお金を出すのかが問われているのではないだろうか。

？ 身の回りで，工夫をすればサーキュラーエコノミーにつながりそうなことや無駄を減らせそうなことはないだろうか。

↑**3捨てられるプルタブを再利用したアップサイクルのプルタブバッグ** **アップサイクル**とは，廃棄予定の物に新たな付加価値をつけ，別の新しい製品に生まれ変わらせることである。プルタブの回収から手作業での洗浄，手編みなどの全工程をブラジルの貧困地域の女性がおこなっており，消費者は貧困支援の目的でも購入することができる。地球環境，製作者，購入者にもよいサーキュラーエコノミーの事例である。

？ 公害は外部不経済の事例とされるが，経済が発展するなかで，公害を防止するために，どのような対策が効果的だろうか。

経済

2 公害の防止と環境保全　日本での公害防止の法整備は，どのようになっているのだろうか。

1 環境基本法

```
自然環境保全法の一部    公害対策基本法
        ↓              ↓
        環境基本法
```

【目的】
現在および将来の国民の健康で文化的な生活の確保に寄与するとともに人類の福祉に貢献する。

【理念（第3～5条）】
①環境の保全は，人類の基盤である環境が将来にわたって維持されるようにおこなわれるべきこと。
②環境の保全は，環境への負荷の少ない持続的発展が可能な社会の構築などを旨としておこなわれるべきこと。
③地球環境保全は，国際的協調の下で積極的に推進されるべきこと。

解説 **未来も考慮した法律**　1992年，ブラジルのリオデジャネイロで国連環境開発会議（地球サミット，→p.328）が開かれ，環境と開発に関するリオ宣言が採択された。それを受けて日本でも，1993年に**環境基本法**が制定された。環境基本法は，都市型・生活型公害を含む公害対策，自然保護，地球環境保全の3つの分野を対象にし，将来の国民のことをふまえ，環境負荷を減らすことを目標とした法律である。

2 ナショナル・トラスト運動

鎌倉風致保存会 （神奈川県）	1964年，鎌倉市鶴岡八幡宮の裏山の宅地開発に対して，市民と市が資金を出しあってこの土地の一部を買い取った。日本のナショナル・トラスト運動第1号
トトロのふるさと基金 （東京都，埼玉県）	映画「となりのトトロ」のモデルになったといわれる狭山丘陵は，キツネやタヌキなどが生息する豊かな場所だが，都市化の波が押し寄せたため，1990年，「トトロのふるさと基金」の名前で寄付のよびかけがはじまった
知床100平方メートル運動 （北海道）	北海道知床半島で，原生林復元のために，斜里町が全国に100平方メートル1口8,000円で募金をよびかける「知床100平方メートル運動」を展開した
天神崎の自然を大切にする会 （和歌山県）	別荘開発が計画されていた天神崎の自然を買い取る運動で，1987年に国から自然環境保全法人の第1号に認定された

3 環境アセスメント（環境影響評価）

環境アセスメントの手続きの流れ　（環境省資料参照）

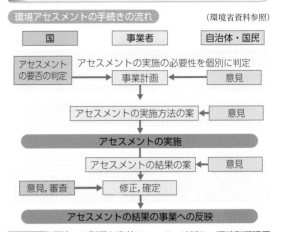

```
国        事業者      自治体・国民

アセスメント    アセスメントの実施の必要性を個別に判定
の要否の判定 →    事業計画        ← 意見
                    ↓
        アセスメントの実施方法の案    ← 意見
                    ↓
        アセスメントの実施
                    ↓
        アセスメントの結果の案    ← 意見
                    ↓
意見，審査  →    修正，確定
                    ↓
        アセスメントの結果の事業への反映
```

解説 **環境への影響を事前チェック**　1997年，**環境影響評価法（環境アセスメント法）**が制定され，事業の推進と環境の保全の両立がはかられるようになった。この法律では，道路，ダム，鉄道，発電所など，規模が大きく，環境への影響が著しくなる恐れがある事業について，事業者みずからが環境に対する影響を調査，予測し，評価する。結果は公表し，地方公共団体や住民などの意見を聞いた上で，環境保全の観点から事業案の修正などをおこなう。

↑② 天神崎（和歌山県）

解説 **自分たちで環境を守る**　**ナショナル・トラスト**は，イギリスではじまった市民による運動である。市民同士が資金を出しあって，自然環境の保全，歴史的景観や文化財の保護などに取り組む運動である。

経済

4 公害防止のための制度・原則

❶公害健康被害補償制度
公害の原因となる事業活動を営む事業者から徴収した賦課金を財源として，行政機関が簡易な手続きで公害患者を認定し，迅速・確実に被害者の救済をおこなう制度。
この制度は，民事責任をふまえた損害賠償であり，医療費だけでなく被害者の逸失利益や慰謝料の要素も補償においては考慮されている。

❷汚染者負担の原則（PPP）
環境汚染の原因物質を排出する企業が，公害防止費用を負担する（外部不経済を内部化する）原則。日本では，環境復元費用，被害者救済費用についても適用される。この原則の法的根拠として，環境基本法第8条1項，第37条があげられる。

❸濃度規制と総量規制
排出物中の汚染物質の濃度を規制の尺度とする濃度規制は，希釈すれば総排出量が多くなる恐れがある。総量規制は，一定の地域において排出される汚染物質の総排出量を規制の尺度とする規制方法。大気汚染については，大気汚染防止法の改正によって，1974年に導入された。

❹無過失責任制度
公害によって周辺地域の住民などに健康被害を与えた場合，公害を発生させた企業に故意や過失がなくても，その損害について賠償する責任を負わせるという制度。民法では，加害者に故意や過失があった場合に賠償責任が生じるとされるが，大気汚染防止法や水質汚濁防止法などでその考え方を転換させた。

4 経済成長と国民福祉

要点 の整理

＊〔　　〕は共通テスト重要用語，❶は資料番号を示す。この節の「共通テスト○×」などに挑戦しよう🖐

1 国の経済規模をはかる方法

- ❶**ストック** ❶……ある一時点での貯蓄された資産。代表例として，国富があげられる
- ●**国富** ❷……実物資産（土地，建物，機械，製品など）＋対外資産（外貨準備，援助，融資，対外直接投資など）
  金融資産（現金，預金，有価証券，貸出金など）は国富に含まれない
- ❷**フロー** ❶……ある一定期間内の経済活動で生み出されたもの。代表例として，国民所得があげられる
- ❸**国民所得** ❸……その国の経済的豊かさを測る代表的指標の１つ
- ●国内総生産（GDP）＝国内の総生産額ー中間生産物＝付加価値の総計
- ●国民総所得（GNI）＝GDP＋海外からの純所得
- ●国民純生産（NNP）＝GNIー固定資本減耗
- ●国民所得（NI）＝NNPー（間接税ー補助金）
- ❹**三面等価の原則** ❹……国民所得（NI）は，生産・分配・支出のどの段階で捉えても金額は等しくなることをいう

2 景気変動とその要因

- ❶**経済成長率** ❶……GDPの年間の増加率を経済成長率とよぶ

  経済成長率の求め方＝$\dfrac{\text{本年のGDPー前年のGDP}}{\text{前年のGDP}}\times 100$

- ❷**実質経済成長率**……経済成長率のうち，物価上昇分を差し引いたもの
- ❸**名目経済成長率**……物価上昇分を考慮しないもの
  ⟶ 実質経済成長率＝名目経済成長率ー物価上昇率
- ❹**景気変動の周期性** ❷・❸……景気変動には，次のような周期性が見られる
  ⟶ **キチンの波**（約40か月），**ジュグラーの波**（約10年），**クズネッツの波**（約20年），**コンドラチェフの波**（約60年）
  Kitchin cycle　　　　Juglar cycle　　　　Kuznets cycle　　　　Kondratieff cycle

> ●**GDPデフレーター**
> GDPデフレーターとは，名目GDPを実質GDPに評価し直すための指標で，物価指数の一種と考えてよい。
>
> 実質GDP＝$\dfrac{\text{名目GDP}}{\text{GDPデフレーター}}\times 100$

---

1 国の経済規模をはかる方法　経済的な豊かさをはかる指標には，何があるのだろうか。

1 ストックとフロー　頻出

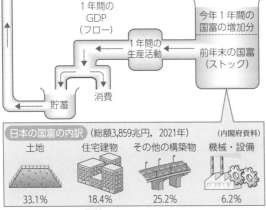

日本の国富の内訳（総額3,859兆円，2021年）（内閣府資料）

土地	住宅建物	その他の構築物	機械・設備
33.1%	18.4%	25.2%	6.2%

解説 **フローの累積がストック** フローとは，一定期間内の経済活動を貨幣の流れで捉えた量である。**ストック**とは，ある一時点における資産・負債の合計を捉えた量である。たとえば，お風呂の水を入れるときに，水道の蛇口から出る一定期間の水量がフローであり，溜まる水の量がストックと思えばよい。年収といった従業員の所得，企業の売り上げなどがフローにあたり，住宅などの有形固定資産，土地，金融資産などがストックにあたる。一国全体でいえば，国民所得がフローの概念であり，国富は，国民所得が蓄積されたストックである。なお，企業が作成する決算書のうち，損益計算書（➡p.248）は一年間でどれだけの収入や支出を出したかというフローを示し，貸借対照表（➡p.244）は企業がある特定の時点での資産残高がいくらであるかというストックを示したものである。

2 日本の国富

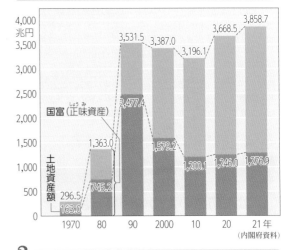

？ 私たちの所得の一部は，また新たなストックとして，国富に組みこまれる。それは，どのような方法によってなのだろうか。

解説 **土地資産額の割合が高い** 国富とは，一国内の土地（有形非生産資産）や住宅（有形固定資産）などの**実物資産**と，海外に保有する**対外純資産**の合計額を示したものである。国内の金融資産（現金，預金，株式など）は，国富には含まれない。たとえば，国内の銀行預金は，どこかの企業への貸付金となっており，国内全体として相殺されるためである。日本の国富の特徴は，他の先進国に比べて土地資産額の割合が高いことにある。バブル経済の崩壊後，国富が減少しているのは，土地の値下がり（土地資産額の減少）によるところが大きい。

❓ 以下のものは，GDPに含まれないとされるが，なぜだろうか。「市場経済の機能と限界」という主題タイトルも参考に考えよう。
❶専業主婦が家事をした　❷不動産を売却して所得を得た　❸株を売って利益を上げた

経済

国民所得とは，１年間で国民が得た所得の合計額である。このような経済統計は，過去と比べて国の経済規模がどのように変化したのか，他国と自国の経済規模はどちらが大きいのかを分析するのに役立つ。広義の国民所得のなかには，ＧＤＰ（国内総生産），ＧＮＩ（国民総所得），ＮＮＰ（国民純生産），ＮＩ（狭義の国民所得）などがある。

| 国内の総生産額 | 国内総生産 | ── 中間生産物 |

| 国内総生産 (GDP) | 国内の総生産額 － 中間生産物 | ◆国内総生産 (GDP) ＝国内の総生産額 －中間生産物 |

| 国民総所得 (GNI) | 国民純生産 | ◆国民総所得 (GNI) ＝GDP＋海外からの純所得 |
| | └海外からの純所得　固定資本減耗 | |

| 国民純生産 (NNP) | 国民所得 | ◆国民純生産 (NNP) ＝GNI－固定資本減耗 |
| | （間接税－補助金） | |

| 国民所得 (NI) | | ◆国民所得 (NI) ＝NNP－（間接税－補助金） |

| 国民総支出 (GNE) | 総固定資本形成─在庫増 | ──（輸出－輸入など） |
| | 民間最終消費支出 | ── 政府最終消費支出 |

● 国民所得の相互関係

ＧＤＰは１年間に国内で生み出された付加価値の総計である。１年間の国内の総生産額とそのために使われた原材料などの中間生産額を差し引くことによって求めることができる。

パンの生産からGDPを計算してみると

 小麦農家：小麦を20億円で販売
　　　　付加価値（新たに生み出した額）：20億円
　　　　製粉業者：20億円で購入した小麦で小麦粉を製造。
　　　　　27億円の小麦粉を販売（付加価値は 7 億円）
　　20億円　－ 7 億円
中間生産物（原材料費）
　　パン屋：27億円で購入した小麦粉でパンを生産。
　　　　40億円のパンを販売（付加価値は13億円）
　　27億円　－13億円
　　付加価値の合計 40億円＝パンの総額＝GDP ◀

一方，ＧＮＩは，「国内」ではなく「国民」の生み出す付加価値や所得に着目したものである。ＧＮＩは，ＧＤＰに海外からの純所得を加えることによって求めることができる。さらに，ＧＮＩには，固定資本減耗が含まれている。固定資本減耗とは，機械や設備などを１年間使用することによって，それらの価値の目減りする分のコストのことである。ＮＮＰは，ＧＮＩから固定資本減耗を差し引いたものである。以上の指標はすべて間接税や補助金といった政府の活動を含んだ価格をもとにしたものである。ＮＩは，間接税や補助金といった政府の活動を取り除いたものである。企業は商品を販売する際に，間接税の分だけ販売価格を高くする。また，補助金の分だけ販売価格を安くする。そのため，ＮＩは，間接税分を差し引き，補助金分を加えることで求められる。

解説 **ＧＤＰは経済規模の指標**　かつては「国民」の生み出す付加価値を示したＧＮＰ（国民総生産）が，おもに用いられていた。しかし，グローバル化が進む今日では，一国内の経済状況を分析するという観点から，経済指標の中心はＧＮＰからＧＤＰへと変化している。また，現在ではＧＮＰに代わり，ＧＮＩが用いられている。

---

4 三面等価の原則

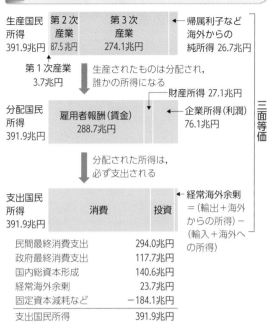

| 生産国民所得 391.9兆円 | 第２次産業 87.5兆円 | 第３次産業 274.1兆円 | ◀── 帰属利子など海外からの純所得 26.7兆円 |

第１次産業 3.7兆円　　生産されたものは分配され，誰かの所得になる

　　　　　　　　　　　　　　　　　　財産所得 27.1兆円
| 分配国民所得 391.9兆円 | 雇用者報酬（賃金） 288.7兆円 | ◀── 企業所得（利潤） 76.1兆円 |

分配された所得は，必ず支出される

| 支出国民所得 391.9兆円 | 消費 | 投資 | ── 経常海外余剰 ＝（輸出＋海外からの所得）－（輸入＋海外への所得） |

三面等価

民間最終消費支出	294.0兆円
政府最終消費支出	117.7兆円
国内総資本形成	140.6兆円
経常海外余剰	23.7兆円
固定資本減耗など	－184.1兆円
支出国民所得	391.9兆円

赤字は2021年数値　　　　　　　　（内閣府資料などを参照）

? 経済統計を読みとる際に，三面等価の原則が重視されるのは，なぜだろうか。

解説 **国民所得の三面　三面等価の原則**とは，一国内の生産総額，分配総額（所得総額），支出総額は等しくなるという原則のことである。生産面から国民所得を見れば，一国内の産業構造や産業別の景気動向がわかる。分配面から見れば，一国の雇用者報酬，企業の利潤，財産所得の割合がわかる。支出面から見れば，一国の消費や投資の動向などを知ることができる。三面等価の原則から，必要とされる経済政策の手がかりを得ることができる。

---

5 名目ＧＤＰと実質ＧＤＰ

- **名目ＧＤＰ**＝その期間中に生産された財・サービスの数量 ×その期間中の市場価格
- **実質ＧＤＰ**＝その期間中に生産された財・サービスの数量 ×基準年の市場価格

基準年
１年間でパンを100個生産。パン１個の価格は100円。
●名目GDP
100個×100円＝10,000円
●実質GDP
100個×100円＝10,000円

比較年
１年間でパンが200個生産。パン１個の価格は200円。
●名目GDP
200個×200円＝40,000円
●実質GDP
200個×100円＝20,000円

? 基準年と比較年の実質ＧＤＰの違いの背景には，どのようなことがあるのだろうか。

解説 **物価の変動を考慮するかどうか**　名目ＧＤＰとは，物価変動を考慮しないＧＤＰの値である。一方，実質ＧＤＰは，物価変動を考慮したＧＤＰの値である。このような２つの計算方法が用いられているのは，経済の規模が拡大しているのか，それとも単に物価が上昇しているだけなのかを判断するためである。物価が上昇しているインフレ（●p.271）局面では，実質ＧＤＰよりも名目ＧＤＰの方が大きくなる。

1 経済成長率の求め方

- 名目経済成長率（%）

$$= \frac{(\text{本年のGDP} - \text{前年のGDP})}{\text{前年のGDP}} \times 100$$

- 実質経済成長率（%）

$$= \frac{(\text{本年の実質GDP} - \text{前年の実質GDP})}{\text{前年の実質GDP}} \times 100$$

＊実質GDPは，名目GDPをGDPデフレーターで除することによって求めることができる。

解説 **実質経済成長率を重視**　経済成長率とは，前年と比較してGDPの変化を示すものである。実質経済成長率は，前年度と本年度の物価（→p.271）を同じとして計算したものである。つまり，実質経済成長率の増加は，生産規模の拡大を意味する。そのため，実質経済成長率は名目経済成長率よりも統計として重視される。なお，実質経済成長率は，近似的には名目経済成長率から物価上昇率を差し引くことで求められる。

2 景気循環の周期性 出題

区　分	周　期	原　因
キチンの波	約40か月	最も基本的な景気循環。企業の在庫投資によって引き起こされる
ジュグラーの波	約10年	主循環ともよばれ，企業の設備投資の変動によって引き起こされる
クズネッツの波	約20年	建物の建て替えによる建設投資に起因するとされる
コンドラチェフの波	約50〜60年	技術革新に起因されるとされるが，まだ不明な点が多い

解説 **景気循環の理由**　景気循環は，需要と供給のバランスが崩れることで起こる。国家が企業の生産量を管理する計画経済（→p.256）では，理論上，景気循環は起こらない。一方，自由な経済活動を保障する資本主義経済では，景気循環は避けられない。景気循環の捉え方の違いにより，周期も異なるが，実際にはいくつかの波の合成であると考えられる。

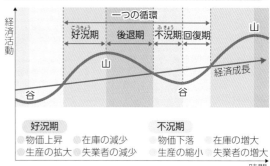

? ①ある年のGDPは500兆円であった。次の年に520兆円であったとすれば，名目経済成長率は何%になるだろうか。
②①のとき，物価上昇率が1.5%であったとすると，実質経済成長率は何%になるだろうか。

3 景気の4局面

解説 **好況→後退→不況→回復**　景気変動のうち，好況期には企業が生産を拡大する。また，好況期には失業者が減少し，物価も上昇する。しかし，やがて企業の生産は過剰となり，後退期を迎える。後退期には，企業は在庫（売れ残り）を多くかかえ，生産を調整するようになる。そして，企業倒産や失業率が最高水準に達する不況期を迎えることとなる。その後，在庫がある程度減少すると，再び生産を拡大して回復期となる。なお，急激な不景気のことを**恐慌**という。

Let's Think! 経済指標の見方

GDP，経済成長率，失業率，物価指数などの経済統計を見れば，日本経済全体の状況がおおよそわかる。たとえば，GDPの大きさはその国の経済規模を示している。日本は世界第3位の経済大国であり，国際社会でもそれなりに発言力があることがわかる。他方で，その国の国民の生活水準を知るためには1人あたりのGDPを見る必要がある。図1からGDPの大きさに比べ，日本の1人あたりのGDPはそれほど上位でないことが読みとれる。

また，経済成長率や失業率からは景気の状態もわかる。経済成長率について，現在の日本では2%前後であれば，好景気と判断されることが多い。また，失業率が高ければ，その国が不況であると判断できる。日本は，先進国のなかでは失業率があまり高くない方である（→p.223）。

? ①GDPが大きいことが，必ずしも国民の幸福にはつながらないことがある。それはどのような場合だろうか。
②失業率が低かったとしても，国民の幸福につながらないことがある。それはどのような場合だろうか。

GDP総額	(2021年)	1人あたりGDP
23兆3,151億ドル	アメリカ	69,185ドル
17兆7,341億	中　国	12,437
4兆9,409億	日　本	39,650
4兆2,599億	ドイツ	51,073
3兆2,015億	インド	2,274
3兆1,314億	イギリス	46,542
2兆9,579億	フランス	44,229
2兆1,077億	イタリア	35,579
1兆9,883億	カナダ	52,112
1兆8,110億	韓　国	34,940
1兆7,788億	ロシア	12,259
1兆6,090億	ブラジル	7,507
1兆2,728億	メキシコ	10,046
8,129億	スイス	93,525
4,822億	ノルウェー	89,242
1,796億	カタール	66,799

↑1 各国のGDPと1人あたりのGDP（『世界国勢図会』2023/24年版）

見方・考え方 **人間の尊厳と平等**　国民の福祉を向上させるためには，景気変動や物価変動に，どのように対処すべきだろうか。「人間の尊厳と平等」の観点から考えよう。

インフレ，デフレとは？

　1991年のバブル経済崩壊以降，日本経済は物価が下落し続けるデフレに苦しみ続けてきた。そもそも，物価の変動とは何を意味し，どのような弊害があるのだろうか。なぜ，日本銀行は物価の安定のために金融政策（➡p.275）をおこなおうとするのだろうか。

物価とは？

　物価とは，特定商品の価格ではなく，商品全体を対象とした価格のことである。インフレとはインフレーションの略で，物価が継続的に上昇することをさす。一方，デフレとはデフレーションの略で，物価が継続的に下落することである。ここで重要なのが，物価の変動とは，財・サービスの価値が変動したわけでなく，貨幣の価値が変動したと捉えることである。たとえば，10％のインフレが起こり，5,000円のゲームが5,500円になったとする。これはゲームソフトの価値が10％高くなったというよりは，追加で500円払わないといけない程度に貨幣価値が下がったことを意味する。このような物価の急激な変動は，私たちの生活にさまざまな弊害をもたらす。そのため，日本銀行は物価の安定を通じて，私たちの生活の健全な発展のために金融政策をおこなうのである。

物価変動の弊害

　急激な物価変動の弊害の1つとして，予期せぬ不平等が生じることがあげら

れる。たとえば，100万円の借金のある人がいて，物価上昇率が10％となった場合を考えよう。この人の所得は物価上昇率に連動して増えていき，借金の利子も一定と仮定した場合，物価が上昇するほど，借金額100万円を返済することが容易になる。つまり，物価上昇で所得が増える分，借金を返済しやすくなるのである。一方，退職して収入のない状態で100万円を貯金している人の場合，貯金額は変わらないのに財・サービスの値段は10％上昇してしまい，買い物がしにくくなる。つまり，これは貯金の価値が目減りしていることを意味している。他にも，支給される年金額が変わらない高齢者は，インフレの場合には実質的に生活が苦しくなってしまうことになる。

　一方，デフレ下では逆の現象が起こる。物価が下落している局面では，借金をしている人は所得が減るなかで借金を返していく必要があり，実質的な負担が重くなる。一方で，貯金をしている人は，購入できるものが増加し，実質的に生活が豊かになる。これらをふまえれば，予想外に起こる急激な物価の変動は，資金の借り手と貸し手の間での予期せぬ不平等を起こすことを意味している。つまり，双方にとって，

将来の不確実性を高めてしまうといえる。急激な予期せぬ物価変動は，人々が安定した生活を送る阻害要因となるため，是正していく必要がある。

デフレからの脱却

　一般的に，景気拡大局面で人々の需要が増すことによって，緩やかにインフレが起こることには問題がない。一方で，不況下で人々の需要が落ちこむなかでのデフレは問題がある。なぜなら，デフレは経済の規模を縮小させるためである。モノの価格が下がると，企業全体の売り上げが落ちる。儲からなくなった企業は，従業員を解雇するか，賃金を引き下げるかのどちらかをする。すると，人々の所得が下落し，さらにモノの価格が下がるといった悪循環を生み出してしまう。これをデフレスパイラル（デフレの悪循環）という。

　2000年代はじめから，日本経済はデフレに直面している。デフレからの脱却のために，日本銀行は，2016年から，社会に出回る通貨の「量」，日銀が保有する資産の「質」，そして短期・長期の「金利」の三次元から大胆な金融緩和（➡p.276）をおこなっている。このような金融緩和について，日銀は，2％の物価上昇率が持続的に持続できるようになるまで継続していくと表明している。

インフレとデフレの違い

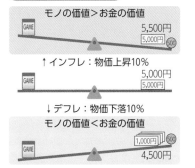

モノの価値＞お金の価値

GAME　5,500円
5,000円　500

↑インフレ：物価上昇10％

GAME　5,000円
5,000円

↓デフレ：物価下落10％

モノの価値＜お金の価値

GAME　1,000円 500
4,500円

物価変動で生じる予期せぬ不平等

借金の負担感減　貯金の価値減

↑インフレ：物価上昇10％

収入あり＋借金100万円　収入なし＋貯金100万円

↓デフレ：物価下落10％

借金の負担感増　貯金の価値増

デフレスパイラル（デフレの悪循環）

物価下落

所得下落，消費減少　経済規模縮小　企業の売上利益減少

従業員削減，従業員給料削減

?
❶予期しない物価変動には，どのような問題があるのだろうか。
❷なぜ，デフレーションがインフレーションよりも深刻なのだろうか。
❸日本銀行は，デフレーションを克服するために，どのような政策をおこなっているのだろうか。

1 金融の意義や役割

要点 の整理

*_____は共通テスト重要用語，■は資料番号を示す。この節の「共通テスト○×」などに挑戦しよう

1 金融のしくみ

❶金融 ■〜⑤……資金の余剰主体(貸し手)から，不足主体(借り手)への資金の融通

❷金融市場

●直接金融……株式や債券によって，貸し手が，借り手に直接資金を融通する→証券会社

●間接金融……貸し手と借り手の間に，金融機関が仲立ちをする→銀行・保険会社

❸銀行の業務 ❸……預金業務・貸出業務・為替業務

❹通貨の量(マネーストック) ❼……現金通貨，預金通貨(普通預金や当座預金)，準通貨(定期性預金)を加えたM₃

❺信用創造 ⑥……銀行が預金の受け入れと貸し出しをくり返すことで，最初の現金通貨の何倍もの預金通貨を生み出す

2 日本銀行の役割と金融政策

❶中央銀行(日本銀行)の機能……発券銀行・銀行の銀行・政府の銀行

❷金融政策 ❷……物価の安定・景気の安定が目的

●手段——公開市場操作(オープン・マーケット・オペレーション)
　　　　　売りオペ(景気過熱時)，買いオペ(景気後退時)により，通貨量を調節
　　　　　銀行間の短期金融市場での金利(コールレート)を政策金利として誘導
　　　　└預金準備率操作(1991年以降は変更されていない)

❸金融政策の変化 ❸……ゼロ金利政策，量的緩和政策の実施→量的・質的金融緩和政策，マイナス金利政策の導入

3 金融の自由化・国際化

金融の自由化(金融ビッグバン) ■・❷ ……金利の自由化，業務の自由化

→金融機関の競争が激化・さまざまなサービスの登場
　国民は，自分の資産に対して自己責任が求められるように

経済

1 金融のしくみ
金融は，どのようなはたらきをしているのだろうか。

1 金融のしくみ

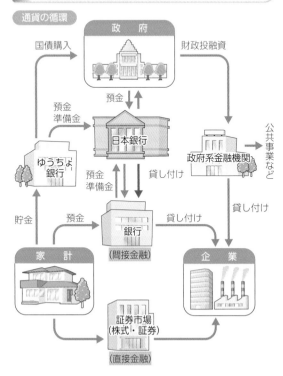

通貨の循環

金融とは，お金があまっているところから必要としているところへと，お金を融通することである。住宅ローンや奨学金のように，金融のおかげで私たちは将来の所得も含めて意思決定ができる。金融には，大きく間接金融と直接金融の2つの方法があり，これらの資金の融通がおこなわれる場を金融市場とよぶ。

間接金融	お金を必要とする個人や企業が，銀行などの金融機関からお金を借りるしくみ。銀行などの金融機関が貸し出すお金は，預金などとして集められたものである
直接金融	お金を必要とする企業などが株式や社債を発行し，お金があまっている家計や企業にそれらを購入してもらうことでお金が融通されるしくみ。証券会社は，取り引きが円滑に進むように手助けをする役割を果たす

日本とアメリカの家計における金融資産構成

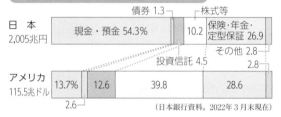

	現金・預金	債券	株式等	保険・年金・定型保証	その他
日　本 2,005兆円	現金・預金 54.3%	1.3	10.2	保険・年金・定型保証 26.9	2.8
アメリカ 115.5兆ドル	13.7%	2.6	12.6 投資信託 4.5 / 39.8	28.6	2.8

(日本銀行資料。2022年3月末現在)

解説 **日本の家計における金融資産構成** 高度経済成長期には，証券市場が未発達であったことなどから，企業の資金調達の中心は銀行借り入れであった。また，家計の金融資産の中心も銀行預金であった。1990年代以降，金融の自由化(→p.278)などにより，個人による株式や投資信託などの運用機会が増加した。しかし，アメリカに比べると，日本の家計における金融資産構成は現金・預金の割合が高い。

資金の余剰主体　　　間接金融　　資金の不足主体
家計(貯蓄)　　　　　　　　　　　家計(住宅購入資金など)
企業(内部留保)　　　　銀行　　　企業(設備投資資金など)
　　　　　　　　　直接金融　　　政府(国債発行)

p.272「日本とアメリカの家計における金融資産構成」とp.273「⑤ おもな預金の種類」をもとに，日本の家計の金融資産構成はアメリカと比べてどのような特徴があるか，読みとろう。

2 通貨制度

	金本位制度	管理通貨制度
長所	通貨の価値が金の保有によって裏づけられており，通貨価値が安定する	景気の状況に応じて通貨量を増減させることが可能であり，柔軟に金融政策をおこなえる
短所	中央銀行の金の保有する範囲内でしか通貨を発行できず，柔軟に金融政策をおこなうことができない	通貨量を増やしすぎることによって，インフレ（➡p.271）をまねく恐れがある

➡11899（明治32）年の兌換紙幣（10円券）

解説 **現在は管理通貨制度** **金本位制度**とは，金との交換が保証される兌換紙幣を発行・流通させるしくみである。一方，**管理通貨制度**とは，金との交換ができない不換紙幣を発行・流通させるしくみである。現在では多くの国で，管理通貨制度が採用されている。管理通貨制度は，国家による信用に基づくことで成り立っている。日本銀行法第46条第2項には「日本銀行が発行する銀行券は，法貨として無制限に通用する」と記されており，私たちが普段使ういわゆる「お札」は，法律上どのような場合でも保証されていることになる。もし，管理通貨制度の下で，多くの人が紙幣を信用しなくなった場合，貨幣価値が下がり，急激なインフレをまねく危険性がある。

3 3つの銀行業務

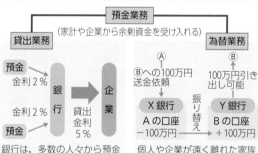

銀行は，多数の人々から預金としてお金を大量に集めることができる。しかも，銀行の集めた預金の多くは，すぐに引き出して利用されるわけではない。そこで，銀行は預金の一部を自身がもつ日本銀行当座預金口座に預けて，残りは預かった際の金利よりも高い金利で企業に貸し付ける。これにより，金利差分の利息を収入とする。

個人や企業が遠く離れた家族や取引先の企業に現金を直接渡すには危険がともない，時間もかかるため，非効率である。そこで，銀行は，直接，現金を移動させることなく，資金の出し手と受け手の銀行口座の数字を増減させることによって取り引きを完了させる。このような銀行の業務を為替業務という。

解説 **経済の命綱「為替業務」** 銀行の**為替業務**は，同一銀行間だけでなく，異なる銀行同士でもおこなわれる。国内の銀行は，振り込み，送金，クレジットカードの口座振替，約束手形による支払い情報などを互いに伝えあい，取り引きを完了させる。このしくみを**内国為替制度**という。それぞれの銀行が日本銀行にもっている当座預金口座を増減させることによって，このしくみは成り立っている。

4 おもな金融機関

			おもな種類	おもな貸出先
中央銀行			日本銀行	市中銀行
民間金融機関	預金取扱機関	普通銀行	都市銀行，地方銀行，ネット専業銀行	個人，企業
		長期金融機関	信託銀行	企業
		協同組合金融機関	信用金庫，信用組合，労働金庫，農業協同組合など	中小企業，個人
	保険会社		加入者から保険料を受け取り，多額の資金が必要な人に保険金として支払う。支払いに備えて蓄えている保険料を株式や国債などで運用する「機関投資家」でもある	
			生命保険会社，損害保険会社	個人，企業
	証券会社		株式や社債などの売買の仲介をおこない，手数料を得る。投資家から出された売買注文を証券取引所などに取り次ぐ	
	ノンバンク		預金を受け入れずに，自己資金や社債などを発行して集めた資金を融資する	
			消費者金融会社，信用販売会社	個人，企業
政府系金融機関（出資金の多くを政府が支出）			日本政策投資銀行，日本政策金融公庫，国際協力銀行など	個人，企業，地方公共団体など

解説 **さまざまな種類の金融機関** 金融機関には，必要としているところへお金を行きわたらせ，経済成長を促進するという重要な役割がある。**ノンバンク**を含め，さまざまな種類の金融機関が存在する。

5 おもな預金の種類

流動性預金	普通預金	出し入れ自由。口座振替などに利用できる。金利は低いが，日常生活に必要なお金を預けるための口座
	当座預金	企業や個人事業主などが業務用に用いる。預金を引き出すには，手形や小切手が必要。手形や小切手とは，支払いを約束した用紙で，受けとった側は，銀行などの窓口で現金と交換できる
	貯蓄預金	引き出し回数に制限があり，口座振替などには利用できない。預かっている金額に応じた金利が適用される
定期性預金	定期預金	期間を決めて預ける。期間内の引き出しはできないが，普通預金よりも金利が高く，将来必要なお金を貯めておくための口座
	積立定期預金	一定額のお金を定期的に積み立てていく。「いつまでにいくら貯めたい」といった目標があるときに便利
外貨預金		ドルやユーロなど，外貨建ての預金。為替相場の動向によっては，円で払い出すときの金額が預けた金額より多くなることもあれば，少なくなることもある。外貨普通預金と外貨定期預金がある。預金保険の対象外

解説 **普通預金と定期預金** **定期預金**とは原則として，一定期間引き出すことのできない預金のことである。銀行にとっては，引き出される心配がないため，その分だけ普通預金の場合よりも高い預金金利を設定することができる。預金者にとっては利息が多くなるというメリットがある。しかし，現在の預金金利は0％近くであり，利息によって資産を増やしたい人にとって，銀行預金はあまり魅力のないものとなっている。

6 信用創造 出題

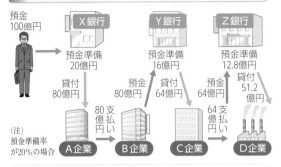

預金
100億円

X銀行　Y銀行　Z銀行

預金準備　　預金準備　　預金準備
20億円　　16億円　　12.8億円

貸付　　預金　貸付　　預金　貸付
80億円　80億円　64億円　64億円　51.2
億円

80支　　64支
億払　　億払
円い　　円い

（注）
預金準備率
が20%の場合

A企業　B企業　C企業　D企業

X銀行が当初100億円の預金をもち、預金準備率が20%の場合を考えよう。X銀行は20億円を日本銀行に預けておいて、残りの80億円をA企業に貸し出す。A企業は80億円をB企業との取り引きに使うとする。この際、実際は現金ではなく、A企業はB企業がもつY銀行の口座に80億円を振り込むことになる。これはB企業にとって、80億円の預金が増えたことを意味する。Y銀行は80億円の20%の16億円を日本銀行に預けて、残りの64億円をC企業に貸し出す。このようなことを続けていけば、銀行部門のもつ預金の総額は100億円＋80億円＋64億円＋……＝500億円となる。当初の預金額が100億円だったので、信用創造額は400億円となる。

$$\text{新たに生み出された総預金額} = \frac{\text{最初の預金額}}{\text{預金準備率}} - \text{最初の預金額} = 400億円$$

？ 当初の預金額が1,000万円で預金準備率が10%の場合の信用創造額はいくらになるだろうか。

解説 **信用創造のしくみ**　銀行は預かったお金のうち、一部を預金準備金として日本銀行当座預金に残す義務がある。そして、残りを銀行は貸し出しにまわす。現実には、現金で貸し出されることはほとんどなく、貸し出されたお金はそのまま銀行の預金となる。つまり、銀行は預金の残高を増やすという形で貸し出しをおこなうため、手持ちの現金の何倍もの貸し出しをおこなうことができる。銀行の貸し出しを通じて預金額を増やすはたらきを**信用創造機能**という。

7 通貨の量はどれくらい？

(1)マネーストック

マネーストックとは、金融部門（日本銀行や銀行など）以外の個人や企業などが保有する現金通貨と預金通貨の総量のことで、流通している通貨の総量である。

広義流動性	M_3	M_1	現金通貨 114.4兆円
2,058.4兆円	1,555.8兆円	1,023.4兆円	預金通貨 908.9兆円
(2022年)		定期性預金（準通貨） ＋CD（譲渡性預金）	
	金銭信託、投資信託、政府短期証券など		

M_2：M_3－ゆうちょ銀行、農協、信用組合などの預金＝1,201.2兆円

解説 **通貨とは**　通貨というと、お札（日本銀行券）や硬貨（補助貨幣）といった現金を思い浮かべるかもしれない。現金はすぐに使うことができ、最も流動性が高い通貨である。しかし、振り込みなどに使われるという意味では、預金も通貨である。流動性が高いのが、普通預金や当座預金など、預金者の請求に応じて、すぐに払い戻される預金である。また、定期預金などの場合によっては使用可能な準通貨も流動性が高い。この他、企業が預金口座をそのまま取り引き相手に渡せるCD（譲渡性預金）も比較的流動性が高い。

(2)マネタリーベース

マネタリーベースとは、現金通貨と日銀当座預金残高のことである。日本銀行は、マネタリーベースをコントロールすることによって、それぞれの金融機関の貸し出しを間接的にコントロールしようとする。金融機関が貸し出しを増やせば、理論上は信用創造機能によって、預金量が増加し、マネーストックが増加することになる。

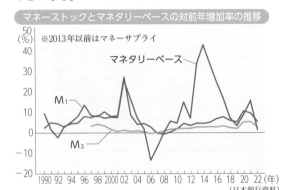

マネーストックとマネタリーベースの対前年増加率の推移

※2013年以前はマネーサプライ

マネタリーベース

M_1

M_3

（日本銀行資料）

解説 **変化するマネタリーベース**　2013年に日本銀行は、デフレ（→p.271）脱却のために量的・質的金融緩和を実施した。この政策の目標として物価を2％とすること、マネタリーベースを2倍にすることなどが掲げられた。そのため、2013年以降、マネタリーベースが急激に増加した。

TOPIC　金融の情報化

現在、**フィンティック**（Fin Tech）という用語がよく見られる。フィンティックとは、金融（Finance）と技術（Technology）をあわせた造語で、ICT（情報通信技術）を駆使した金融サービスを意味する。IT企業がフィンティックを提供する中心となっており、インターネットを活用することで人件費などの経費を安くおさえ、その分だけ手数料などを下げることを可能としている。現在では、既存の金融機関とフィンテック企業との間で競争がおこなわれるだけでなく、業務提携も広がっている。

フィンティックは、資金調達の方法も変化させた。これまで企業の資金調達方法は、金融機関からの借り入れや地方公共団体からの融資などが中心であったが、近年では**クラウドファンディング**（crowd funding）が注目されている。クラウドファンディングは、群衆（crowd）と資金調達（funding）をあわせた造語で、インターネットを通じて不特定多数の人に資金提供をよびかけ、企画の趣旨に賛同した人から資金を集める方法である。小口の資金調達からできるため、市場開拓や新規事業の見極めを目的に活用されている。

→2クラウドファンディングで制作費などが集められた映画

２ 日本銀行の役割と金融政策　日本銀行は，どのようなはたらきを果たしているのだろうか。

１ 中央銀行（日本銀行）の機能

(1)発券銀行

　日本の紙幣である日本銀行券を発行する。なお，硬貨は政府が発行する。日本銀行券は，金融機関が日本銀行当座預金から引き出し，預金者に渡すことによって，はじめて世のなかに流通することになる。

● 日銀券発行流通高 （2022年末現在）
・１万円札……116.5兆円
・５千円札……3.7兆円
・２千円札……0.2兆円
・千円札……4.5兆円
（『日本国勢図会』2023/24年版）

? 枚数で一番多いのは，何円札だろうか。

(2)銀行の銀行

　市中銀行は日本銀行に当座預金口座をもつ（**日本銀行当座預金**）。一方で，個人や一般企業が日本銀行に口座をもつことはできない。市中銀行同士のお金のやりとりは，直接現金を受け渡しせずに，日本銀行当座預金を利用しておこなう。それぞれの銀行は，預金の一定割合を日本銀行に預けることを法律で義務づけられている（**法定準備預金制度**）。また，日本銀行は市中銀行が資金不足に陥ったときに「最後の貸し手」として融資をおこなうことができる。

(3)政府の銀行

　日本政府も日本銀行に当座預金口座をもっている。日本銀行は，国のお金のすべてを取り扱うことが法律で義務づけられている。私たちは市中銀行を窓口として，年金を受けとったり，税金を支払う。それは市中銀行が，政府の銀行である日本銀行の代理店として機能しているためである。

解説 **日本銀行の役割**　日本銀行は，国民経済の健全な発展という最終目標を果たすために，物価の安定を図ろうとする。そのために，金利や通貨量の調節といった**金融政策**を実施する。このような金融政策の決定は，政府から独立した形で，日本銀行の政策委員会がおこなう。

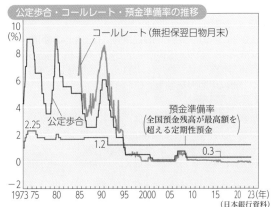

公定歩合・コールレート・預金準備率の推移
＊公定歩合の統計の名称は，2006年に「基準割引率および基準貸付利率」に改められた。

２ 日本銀行の金融政策

	不況時・デフレ	好況時・インフレ
公開市場操作	国債・手形の買い上げ（買いオペレーション）	国債・手形の売却（売りオペレーション）
預金準備率操作	準備率引き下げ	準備率引き上げ
結果	市場金利低下　マネーストック増加→景気拡大・物価上昇	市場金利上昇　マネーストック減少→景気・物価抑制

(1)公開市場操作（オープン・マーケット・オペレーション）

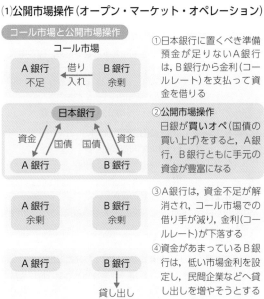

コール市場と公開市場操作

①日本銀行に置くべき準備預金が足りないA銀行は，B銀行から金利（コールレート）を支払って資金を借りる

②公開市場操作
日銀が買いオペ（国債の買い上げ）をすると，A銀行，B銀行ともに手元の資金が豊富になる

③A銀行は，資金不足が解消され，コール市場での借り手が減り，金利（コールレート）が下落する

④資金があまっているB銀行は，低い市場金利を設定し，民間企業などへ貸し出しを増やそうとする

　市中銀行は，日々の預金額に応じて日本銀行に預金準備金を置いておかなければならない。その際に資金の不足している銀行は，資金のあまっている銀行から１日単位で資金を調達する。このような短期間で資金を融通しあう市場を**コール市場**という。日本銀行は，コール市場の金利である**コールレート**（無担保コールレート翌日物）を政策金利と位置づけている。コールレートを，政策金利として一定の水準に誘導するのが**公開市場操作**である。

(2)預金準備率操作（支払い準備率操作）

　市中銀行は，受け入れている預金の一定割合を日本銀行に預けなければならない。その法定割合を操作することを**預金準備率操作**という。多くの金融機関が準備預金以上のお金を日本銀行当座預金口座に置くことが常態化するなかで，現在は政策的意味を失っている。

解説 **金融政策の中心は公開市場操作**　日本銀行は，国債の売買による**公開市場操作**によって，物価の安定をはかり，国民経済の健全な発展を実現しようとする。公開市場操作による通貨量の調整によって，景気が過熱気味，あるいはインフレ気味のときには通貨量を抑制し，不況期には通貨量を増加させようとするのである。なお，かつて日本銀行が直接，市中銀行に貸し出す際の金利を公定歩合（現在の基準割引率および基準貸付利率）といった。金融の自由化（●p.278）が完了した現在では，市場金利は需要と供給によって決まるようになり，公定歩合は政策的意味を失っている。

経済

 用語解説 マネーストック，マネタリーベース，公開市場操作，コールレート ●p.365

3 量的・質的金融緩和

長期の景気停滞　欧米の量的緩和政策

↓

日本銀行の金融政策への批判

アベノミクスの「3本の矢」
①大胆な金融緩和　②機動的な財政政策
③民間投資を喚起する成長戦略

2％のインフレターゲット（物価上昇率の目標値）の設定

2013年4月	「量的・質的緩和」の導入＝「異次元の金融緩和」

【量的】①マネタリーベースを年間60〜70兆円増加させる
　　　　②長期国債の保有残高が年間50兆円増加するペース
　　　　　で買い入れる
【質的】①あらゆる期間の金利を低下させるため，残存期間
　　　　　の長い国債も買い入れる
　　　　②国債以外の資産（上場投資信託や不動産投資信託
　　　　　など）の買い入れを増やす

← 2014年の消費税8％への引き上げ後の景気後退

2014年10月	「量的・質的緩和の拡大」

①マネタリーベースの増加を年間80兆円に
②長期国債の保有残高の増加を年間80兆円に

2016年2月	マイナス金利の導入

市中銀行が日銀に預ける当座預金の新たな積み増し分に−0.1%
の金利をかける

2016年9月	長短金利操作つき量的・質的金融緩和

①マイナス金利は維持。一方，長期金利を概ね0％程度に維持
②物価上昇率が安定的に2％をこえるまでマネタリーベースの
　拡大を続けると明示

2023年10月	長期金利の操作を柔軟化

マイナス金利は維持。一方，長期金利の上限のめどを1.0%と
し，1％超も容認

量的緩和政策とは？

これまでの金融政策

お金貸して下さい　金利3％ね

金融機関同士の貸し借りがおこなわれる

金融機関同士の貸し借りの金利（コールレート）を操作することを目標としていた。

量的緩和政策（2001〜06年）

貸して下さい

買いオペをくり返し，銀行の資金を増やす

買いオペをくり返し，銀行の資金を増やすことを目標としていた。

	長期金利操作	マイナス金利（短期）
効果・ねらい	個人や企業がお金を借りやすくする	金融機関による企業や個人への融資を促す
副作用	上限を超えたら日銀による国債買い入れが必要に	金融機関の収益が悪くなる

消費者物価指数対前年増減率

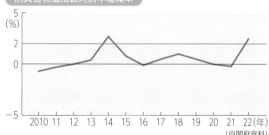

（内閣府資料）

> **解説**　**金融政策の操作目標の変化**　日本銀行の金融政策では，伝統的に短期金利の操作が用いられてきた。しかし，超低金利を実現しているにもかかわらず，物価上昇が起きなかったため，**量的緩和政策**や**マイナス金利政策**といった非伝統的金融政策がとられた。量的緩和政策とは，日銀当座預金残高やマネタリーベースといった量に着目した金融政策である。マイナス金利政策とは，市中銀行が日銀に預けている当座預金の一部に対する利子をマイナスにする（−0.1％）ことである。市中銀行が利息をとられることを嫌がり，貸し出しを増やすことをねらいとしている。また，日本銀行は長期金利も操作目標とし，2016年に国債の利回りが0％程度で推移するように長期国債を買い入れることを示した。2023年には物価上昇がわずかに見られたことから，長期金利の上限を1.0％程度とした。

TOPIC　金利と利回り

　ＤＶＤのレンタル料のように，お金を一定期間借りれば，その期間に応じてレンタル料が発生する。これが**利子（利息）**とよばれるものである。借りたお金（**元本**）に対する利子の割合を**金利**という。一般的に景気がよくなるとお金を借りたい人が増えるため，お金のレンタル料である金利は上昇する傾向にある。

　金利とよく似たことばに，**利回り**がある。利回りとは，投資した元本に対して「どれだけ増えたか（利子を含む）」を示す割合のことである。たとえば，額面100万円で金利1％の国債の場合，一定の時期を過ぎれば101万円がもらえることになる。しかし，ここで重要なのは国債の価格は額面どおりではなく，需要と供給によって決まる点である。もし，国債への需要が高まり，国債が100万

9,800円になった場合でも，最終的にもらえるのは101万円である。つまり，国債価格が上昇するほど，利回りは低下するのである。銀行は，貸し出し金利を設定する際に，国債の利回りを参考にしている。

利回りの計算例

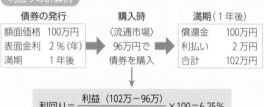

債券の発行	購入時	満期（1年後）
額面価格 100万円	〈流通市場〉	償還金 100万円
表面金利 2％（年）	96万円で	利払い 2万円
満期 1年後	債券を購入	合計 102万円

$$利回り = \frac{利益（102万−96万）}{投資額（96万）} \times 100 = 6.25\%$$

なぜ，日本銀行の政策目標が変化したのだろうか。

大胆な金融政策
ゼロ金利，量的・質的緩和，マイナス金利

日本経済がデフレ（→p.271）に陥った1998年，日本銀行はゼロ金利政策という大胆な金融政策をとった。2013年には量的・質的金融緩和，2016年にはマイナス金利政策の導入や長期金利も操作目標とするようになった。デフレ脱却のために，日本銀行はどのような取り組みをおこなってきたのだろうか。

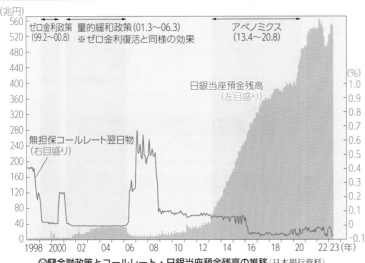

↑**1**金融政策とコールレート・日銀当座預金残高の推移（日本銀行資料）

ゼロ金利政策とは?

優太：**図1**から，2000年代前半に無担保コールレート翌日物が0％近くで推移しています。無担保コールレート翌日物って，何でしたっけ？

先生：銀行同士で資金をやりとりしあうときの金利だよ。日本銀行がコントロールしたい政策金利でもある。これをゼロにするのがゼロ金利政策なんだ。では，コールレートをどうやって下げるか，わかるかな？

結衣：買いオペレーションによって，銀行にたくさんお金をもたせることで，コールレートを引き下げます。

先生：その通り。それぞれの銀行がたくさんお金をもつと，他の銀行からお金を調達する必要がなくなる。だから，銀行間の貸し借りの金利が

0％になるんだ。これが波及して，企業が銀行からお金を借りる際の金利も下がる。こうすることで，企業はお金を使いやすくなる。結果として，景気がよくなり，物価を上昇させることをねらったんだね。

量的緩和政策とは?

優太：**図1**からは2001年頃から日本銀行当座預金残高が増加していることが読みとれるね。

結衣：これが量的緩和政策ってことだろうけど，どうして金利じゃなくて，「量」の話になったんだろう？

先生：いい質問だね。政策金利が0％水準となり，金利を引き下げる余地が少なくなってしまったんだ。でも，物価は思うように上昇しない。だから，日本銀行は，操作目標を政策金利から日銀当座預金残高といった「量」に変えたんだ。買いオペレーションをおこなうことで，日銀当座

ゼロ金利政策（1999〜2000年）

コールレートを下げるぞ
借りてくれないの〜
日銀
BANK
手形
BANK
¥

買いオペでコールレートをゼロにする

預金残高を増やしていったんだね。
さらに2013年以降の量的・質的金融緩和では，「量」の操作目標を日銀当座預金残高からマネタリーベースに変更し，さらに大胆に増やすことにしたんだ。また，これまでよりもリスクの高い長期国債や株式などを大規模に購入することで，「質」の部分でも政策を転換した。

結衣：かなり大胆な金融緩和をおこなおうとしたのですね。

マイナス金利とは?

優太：2016年以降，コールレートがマイナスになっていますね。そもそも金利がマイナスになることなんてあるんですか？僕も，銀行にお金を預けたら，利息をとられるのかな？

先生：それは違うよ。金利のマイナスは，個人ではなく，日銀と市中銀行，もしくは金融機関同士で適用されているものだ。2016年のマイナス金利政策の導入によって，市中銀行が日本銀行に預けている当座預金口座の一部にマイナスの金利をつける，つまり，お金を預けた銀行が利子を支払うようにしたんだ。こうすることで，民間企業への貸し付けが増えると考えたんだね。

結衣：資金を調達する金利がマイナスになれば，私たちに貸し出す際の金利もさらに下がることをねらったものなんですね。

先生：そうだね。日本銀行は「量」，「質」，「金利」の3つをコントロールして，出回るお金を増やして，物価を上昇させようとしているんだね。

?
❶ゼロ金利政策とマイナス金利政策の違いは何だろうか。
❷量的緩和政策と量的・質的緩和政策の操作目標と目的は，どのようなものだろうか。

1 金融の自由化

護送船団方式

第二次世界大戦前のような金融恐慌を引き起こさないため，大蔵省(現財務省)が銀行を保護

金融機関に競争原理導入
→赤字の金融機関は倒産

金融ビッグバン

最もスピードの遅い船に合わせて航行

- 利息はどこも同じ
- 都市銀行・地方銀行で役割分担
- 銀行と証券を分ける

金融の自由化
- 金利の自由化
- 業務の自由化
- 株式手数料などの自由化
- ペイオフ解禁

解説 **日本版金融ビックバン** かつて日本の金融行政は**護送船団方式**といわれた。護送船団方式とは，海軍の船団が最も遅いスピードの船にあわせて進むことになぞらえたもので，最も経営体力の弱い金融機関にあわせて金利や手数料が決められていたことをさす。「銀行を潰さない」という政府方針は，銀行預金への信頼性を高め，高度経済成長期には銀行預金が企業の設備投資へとまわされ，日本経済の成長の一因となった。しかし，護送船団方式は日本の金融機関の国際競争力を弱め，金融業界と大蔵省(現在の財務省)との癒着構造をつくり上げた。国際化が進み，国内の金融規制の改革をおこなう必要に迫られるなかで，1996年に政府は**金融ビックバン**を発表し，free(自由)，fair(透明・公正)，global(国際的)の三原則を掲げ，金利の自由化，金融持株会社の解禁などを進めた。

2 ペイオフ

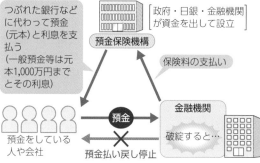

つぶれた銀行などに代わって預金(元本)と利息を支払う
(一般預金等は元本1,000万円までとその利息)

預金保険機構

政府・日銀・金融機関が資金を出して設立

保険料の支払い

預金をしている人や会社

預金

金融機関

破綻すると…

預金払い戻し停止

※外貨預金や外国の銀行の日本国内の支店に預けていたお金は，対象外であり戻ってこない。

解説 **ペイオフのしくみ** ペイオフとは，金融機関が破綻した場合の一定額までの預金の払い戻しを意味する。日本では，預金保険機構が預金者1人につき1,000万円の元本とその利息まで保証するしくみがとられている。預金の全額保護は，銀行の経営状態などを気にせず，高金利の金融機関に多額の預金をするといった**モラルハザード**(倫理観の喪失)を生む。ペイオフには，預金者が自己責任で預金先を選ぶことによって，金融機関の健全経営を促し，金融システムを安定化するねらいがある。2005年にはペイオフ解禁の措置がとられ，2010年の日本振興銀行の経営破綻の際にはじめてペイオフが発動された。

金融自由化の動き

1979年	ＣＤ(譲渡性預金)の解禁
1983年	長期国債の銀行窓口での販売開始
1985年	大口定期預金の金利自由化
1993年	子会社化方式による銀行と証券会社の相互参入の解禁
	定期性預金金利の完全自由化
1994年	普通預金の金利自由化，住宅ローン金利の自由化
1997年	銀行窓口での投資信託の販売解禁
1998年	金融持株会社の解禁
	保険会社の保険料率の自由化
	外国為替取引(外貨両替や外貨預金など)の全面自由化
1999年	株式売買委託手数料の自由化
2004年	銀行による証券仲介業の解禁
2007年	証券取引法から改正された金融商品取引法施行
	銀行窓口での保険販売解禁

ニュース **ＢＩＳ規制(バーゼル合意)**

ＢＩＳとは**国際決済銀行**(本部はバーゼル)の略である。ＢＩＳは，各国の中央銀行の銀行として存在する。**ＢＩＳ規制**とは，銀行に対して一定以上の自己資本(→p.241)を維持することを定めた規制のことである。ＢＩＳ規制で定める自己資本比率とは，貸し出しなどのリスクのある資産に対する自己資本の割合をさす。国際的な業務をおこなう上では8％以上，国内専業銀行は4％以上を維持しなければならない。特定の銀行が経営破綻して決済不能に陥ると，資金の受払いが連鎖的に滞り，金融システム全体が破綻してしまう可能性がある。ＢＩＳ規制は，このようなリスクを防ぐ目的で導入されている。

自己資本比率＝自己資本÷リスクのある資産の大きさ×100

ただし，ＢＩＳ規制は，自己資本比率を高めるために不況時に「貸し渋り」を発生させ，さらに景気を悪化させてしまうといった弊害がある。このような弊害を防ぎつつ，市場の安定化を図るため，何度か新たなルールが追加されている。

TOPIC **浸透するキャッシュレス決済**

金融での技術革新が進むなか，スマートフォンのアプリで簡単に家計簿の管理ができるなど，私たちの生活の利便性が高まっている。なかでも注目されているのが，**キャッシュレス決済**である。たとえば，QRコードによるキャッシュレス決済は，あらかじめ銀行口座などからお金をチャージしておいて，使うと残高が減るしくみなどとなっている。QRコードによるキャッシュレス決済を提供している企業は，日本でも増加している。しかし，諸外国に比べて日本でキャッシュレス決済が進まない理由としては，偽造紙幣が少なく，現金を強く信頼していることなどがあげられる。

→4スマートフォンでのキャッシュレス決済を利用する消費者 会計時の現金の受け渡しを減らし，インターネットでの振り込みなどで外出の機会も減らす，キャッシュレス決済が感染症の予防策としても注目されている。

さまざまな金融商品

金融商品とは，銀行，証券会社，保険会社などの金融機関が提供する預金，投資信託，株式，保険などをさす。金融商品には「収益性」，「安全性」，「流動性」という3つの特性がある。ただし，これら3つをすべて完全に満たす金融商品は存在しない。18歳以上は成年（成人）として，自分の責任で金融商品を購入することができるようになる。金融商品とのつきあい方を，大学進学の際の金融商品の活用例をもとに考えよう。

進学の際の金融商品の活用

優太：投資や金融商品って聞くと怖いイメージがあるな。これらとかかわることがないのが最善なのかな？

結衣：人の価値観にもよると思うけど，うまく金融商品の特徴をおさえることが大事じゃないかな。たとえば，株式投資は，投資した会社が大きく成長した場合には，多くの収益を上げることができるよ。逆の場合には，大きな損をするけどね。

優太：やっぱり，金融商品はハイリスク・ハイリターンじゃないか!?

先生：ハイリスク・ハイリターンを少しでも避けるために，投資の専門家に任せる投資信託という金融商品もあるよ。もちろん，それでも投資したお金が大きく減ることはあるけどね。

結衣：たとえば，将来の学費を用意するには，どんな金融商品が適しているんですか？

先生：銀行の定期預金口座をつくって毎月定額を積み立てれば，普通預金よりも高い利息をもらうことができるよ。また，学資保険といって，毎月定額の保険料を納めれば，保護者が亡くなったときに経済的保障をしてもらえたり，ある時期になると進

学準備金をもらえる金融商品もある。他にも，長期間にわたって少しずつ株式や投資信託などの金融商品を購入していく方法もある。株式や投資信託で得た利益には，本来約20%の税金がかかるけど，ＮＩＳＡ（少額投資非課税制度）を利用して口座開設すれば，一定額まで課税されず，資産を増やしやすいとされているよ。

進学の際にお金を借りる場合

優太：進学にあたり，前もって資金を用意するほど，経済的な余裕のない場合には，どうすればいいのかな？

結衣：奨学金という方法もあるけど，結局借金になるし……。お金を借りる際のポイントってあるのですか？

先生：お金を借りる場合には，もちろん金利が低い方がいい。たとえば，同じ1,000万円を借りる場合の金利5%と1%では，数十万円も利子の差が生じることになるんだ。

優太：金利によって，返済額が大きく

変わるのですね。金利はお金を借りる際に決定されるのですか？

先生：住宅ローンや奨学金の場合には，お金を借りる際に返済期間中の金利を一定にするか，定期的に金利が見直されるものにするかを選択することができる。たとえば，日本学生支援機構の第二種奨学金（利子がつくタイプ）では，「利率固定方式」か「利率見直し方式」のいずれかを申し込み時に選択することができるよ。

優太：どちらがいいのかな？

先生：利率固定方式は，金利が変動しないため，将来の計画が立てやすいというメリットがある。デメリットとしては，変動金利型と比べて金利が高めに設定されることだ。このように，1つの金融商品にメリット・デメリットがあるので，「おいしい話には必ず裏がある」と思って慎重に考えるようにしよう。また，しくみがよくわからない金融商品には，手を出さないように気をつけよう。

収益性が高ければ，安全性は低い。安全性が高ければ，収益性は低い

収益性が高ければ，流動性は低い。流動性が高ければ，収益性は低い

収益性

より高い収益が期待できるか

安全性 **流動性**

資金が減ることはないか

自由に現金にかえることができるか

↑**1** 収益性と安全性，流動性の関係（金融庁資料）

種類	概要	安全性	流動性	収益性
普通預金	銀行などにお金を預け，利息を得る	★★★	★★★	★
定期預金	一定期間預金をし，満期になったら，普通預金より高い利息を得る	★★★	★★	★★★
外貨預金	円を外国のお金に交換し，外国の金利で預金する	★	★★	★★〜★★★
国債	国が発行した債券を買い，定期的に利息を，満期になったら，額面金額を受けとる	★★	★	★★
社債	企業が発行した債券を買い，定期的に利息を，満期に額面金額を受けとる	★★	★〜★★	★〜★★
株式投資	株式会社の株式を買い，配当を受けとるほか，値上がりしたときに売却益を得る	★	★★	★〜★★★
投資信託	資金を投資の専門家に委ね，株式や債券で運用してもらい，分配金を得る	★	★★	★〜★★★

↑**2** おもな金融商品（全国銀行協会資料ほか）　★が多いほど，安全性・流動性・収益性が高い。

❶ 進学にあたり，どのような金融商品を活用するのがよいだろうか。
❷ 金融商品を選ぶ際に，どのような点を重視すべきだろうか。

1

政府の経済的役割と租税の意義

要点 の整理
＊　　　は共通テスト重要用語，■は資料番号を示す。この節の「共通テスト○×」などに挑戦しよう👆

1 財政の目的
❶財政とは……国や地方公共団体のおこなう経済活動
❷財政の3つの機能 ■
●資源配分の機能……公共財・公共サービスの供給
●所得の再分配……所得税の累進課税，社会保障をとおして貧富の差を縮小すること
●景気調整の機能……ビルトイン・スタビライザーとフィスカル・ポリシー

2 財政のしくみと租税
❶財政のしくみ ■～■……前年度に予算として立案され，議会の審議と議決を経て決定・執行

```
         ┌ 国家財政 ┬─ 一般会計予算
         │         ├─ 特別会計予算 (年金や社会資本整備など，特定の事業をおこなうための予算)
         │         └─ 政府関係機関予算 (日本政策金融公庫やNHKなどの会計)
         └ 地方財政 ─── 財政投融資計画 (「第二の予算」ともよばれ，社会資本の整備などをおこなう)
```

❷租税 ■～■……公平性 (垂直的公平・水平的公平) をはかることが重要。日本は直接税中心
●直接税……所得税，法人税，相続税など，納税者と担税者が同じ
●間接税……消費税，酒税など，納税者と担税者が異なる

3 公債発行と財政赤字
❶公債 ■・■……税収不足を補うために発行される債券。国が発行する国債と地方公共団体が発行する地方債がある
●国債……建設公債 (建設国債) と特例公債 (赤字国債)。特例公債は財政特例法を制定して発行
　　　国債を日本銀行が引き受けることは禁止 (市中消化の原則)
❷財政赤字……日本は世界最悪の水準。財政の硬直化・現在世代と将来世代の不公平などの問題
──→財政の健全化に向けて，政府は基礎的財政収支 (プライマリー・バランス) ■ の均衡をめざす

1 財政の目的　政府の経済活動の目的は何だろうか。

1 財政の3つの機能 頻出

(1)資源配分の機能

火事が起きたら消防署に連絡…

消火活動
消火活動に対する費用は不要
市民
税金
消防署 ━ 地方公共団体

解説 **公共財はタダ？** 消防，警察，道路などの公共財 (➡p.264) は，利潤を求める企業からは供給されない。そのため，政府が供給することで，社会にとっての望ましい資源配分を実現する。また，公共財はその性質上，代金を徴収されないが，そのコストは税金で賄われており，「タダ」ではない。

(3)景気調整の機能

	不況期	好況期
ビルトイン・スタビライザー (景気の自動安定化装置)	累進課税による税負担減　失業保険給付の増加	累進課税による税負担増　失業保険給付の減少
フィスカル・ポリシー (裁量的財政政策)	公共事業の増加　減税	公共事業の抑制　増税

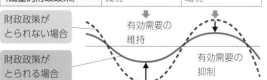
財政政策がとられない場合
財政政策がとられる場合
有効需要の維持
有効需要の抑制

(2)所得再分配の機能

日本のジニ係数の推移 (厚生労働省資料)

※累進課税と社会保障給付を考慮した後の所得
当初所得　0.56
再分配所得※　0.37
ジニ係数は数値が1に近づくほど，所得の格差が大きいことを示している。
大 格差 小
0.6 0.5 0.4 0.3
1981 84 87 90 93 96 99 2002 05 08 11 14 17年

解説 **市場の失敗を修正** 市場に委ねた所得分配では，貧富の差が大きくなる。そこで，政府が所得の多い人から税や保険料を徴収し，社会保障政策を通じて所得の少ない人に配分することで，貧富の差を解消する。この政策が所得の再分配で，所得の多い人に高い税率を課す累進課税によって，再分配の効果は高まる。また，所得格差を示す指標にジニ係数がある。2017年の日本のジニ係数は，所得再分配前が約0.56であるのに対し，所得再分配後は約0.37と小さくなっている。

解説 **裁量と自動** 財政の景気調整には，国会や内閣が景気に応じてその都度政策を決定する (フィスカル・ポリシー) ほかに，財政自体に景気を安定させる機能が備わっている (ビルトイン・スタビライザー)。たとえば，不況期に所得が減少しても，累進課税制度によって，より低率の所得税率が適用されることで，所得の減少分ほど手元に残るお金は減らない。また，失業して所得がなくなれば，雇用保険を受給することができる，その結果，有効需要 (➡p.256) の極端な減少による恐慌は避けられる。好況期はその逆で，有効需要の極端な増加による景気の過熱が抑制される。

❓ 不況時に政府は国債を発行 (借金) してでも，公共事業費を増やして有効需要の増加をはかる。その意義は何だろうか。また，景気以外に重視すべきことはあるだろうか。「将来世代」をキーワードに考えよう。

② 財政のしくみと租税　日本の財政や租税の現状は，どのようになっているのだろうか。

① 歳入　出題

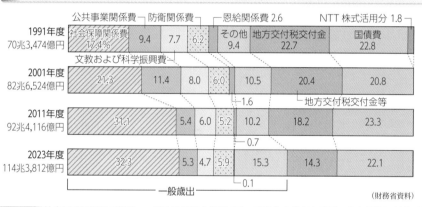

公債金　その他

1991年度
70兆3,474億円
租税および印紙収入 87.8%　　公債金 7.6　その他 4.6
所得税 36.6　法人税 27.4　7.0　消費税　その他 16.8　建設公債 7.6

2001年度
82兆6,524億円
61.4　　34.3　4.4
22.5　14.3　12.3　12.3　特例公債 23.7　10.6

2011年度
92兆4,116億円
44.3　　47.9　7.8
14.6　8.4　11.0　10.2　41.3　6.6

2023年度
114兆3,812億円
60.7　　31.1　8.1
18.4　12.8　20.4　9.1　25.4　5.7

（財務省資料）

 歳入面での30年間の変化の特徴は，どのようなものだろうか。

解説 公債金の割合が増加　一般会計予算における歳入は，租税で賄うのが原則である。しかし，バブル経済崩壊後（➡p.236），家計や企業の所得の減少に加え，景気対策のための所得税の減税，企業の競争力強化をねらった法人税の減税などで税収は減少した。消費税率の引き上げによる増税もおこなわれたが，相次ぐ景気対策や災害復興のための財政出動，年々増加する社会保障関係費に加え，子ども手当（現在は児童手当）や高校無償化などの新たな政策により，財政支出がふくらむなか，国債に依存する財政が続いている。2020年度は，新型コロナウイルス感染症対策のための大型補正予算が組まれたため，税収よりもはるかに多い約90兆円もの国債を発行した。2023年度も，経済活動の停滞による税収減に加え，景気対策のための財政出動が予定されており，当初予算において約36兆円の国債発行が予定されている。

② 歳出　出題

公共事業関係費　防衛関係費　恩給関係費 2.6　NTT株式活用分 1.8

1991年度
70兆3,474億円
社会保障関係費 17.4%　文教および科学振興費 9.4　7.7　6.2　その他 9.4　地方交付税交付金 22.7　国債費 22.8

2001年度
82兆6,524億円
21.3　11.4　8.0　6.0　10.5　20.4　20.8

2011年度
92兆4,116億円
31.1　5.4　6.0　5.2　1.6　地方交付税交付金等　10.2　18.2　23.3

2023年度
114兆3,812億円
32.3　5.3　4.7　5.9　0.7　15.3　14.3　22.1
0.1

一般歳出

（財務省資料）

 歳出面で増加している項目は何だろうか。その理由として，どのようなことが考えられるだろうか。

＊2023年度の「その他」には，防衛力強化資金繰入れ（3.0%），新型コロナおよび原油価格・物価高騰対策予備費（3.5%），ウクライナ情勢経済緊急対応予備費（0.9%）を含む。

解説 社会保障関係費の増加　一般会計予算の歳出では，高齢化の進展を背景に社会保障関係費が毎年増加を続け，一般会計予算の3分の1を占めている。社会保障関係費は，現行制度が続けば，毎年1兆円以上増加していくと見込まれている。国債費の割合は大きく増えていないが，これは多額の「借り換え」をおこなっている結果であり，国債残高は年々増加している。その結果，国債費のなかで利払い費が半分近くになっている。社会保障関係費と国債費という「固定費」がこれ以上増えると，ほかの政策的な支出ができなくなり，**財政の硬直化**が進行するおそれがあるという見方がある。

TOPIC　社会資本（インフラ）の整備　出題

社会資本とは，道路や上下水道のような公共的性格の強い固定設備の総称で，**インフラ（インフラストラクチャー）**ともよばれる。日本では，産業基盤としての**生産関連社会資本**に比べ，上下水道や公園といった生活基盤としての**生活関連社会資本**の整備が遅れているといわれている。

近年は，事業の効率化やサービスの向上をはかるために，運営を民間に委託する指定管理者制度の利用が増えている。また，財政収入の足しにするために，スポーツ施設の命名権を企業に販売する事例なども見られる。

↑**1 ZOZOマリンスタジアム**（千葉県）　衣料品通販サイト「ZOZOTOWN」の運営会社が千葉市や千葉ロッテと命名権契約を交わした例。2016年から10年間で，契約金は年間3億1,000万円となっている。

3 財政投融資

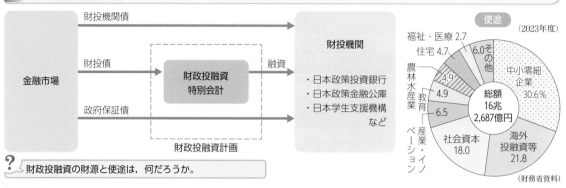

財投機関債 → 財投機関

財投債 → 財政投融資特別会計 → 融資 → 財投機関
・日本政策投資銀行
・日本政策金融公庫
・日本学生支援機構
など

金融市場

政府保証債

財政投融資計画

使途（2023年度）

福祉・医療 2.7
住宅 4.7
6.0 その他
農林水産業 4.9
教育 4.9
産業・イノベーション 6.5
社会資本 18.0
海外投融資等 21.8
中小零細企業 30.6%

総額 16兆2,687億円

（財務省資料）

? 財政投融資の財源と使途は，何だろうか。

解説 **第二の予算** **財政投融資**とは，社会資本（→p.281）の整備などのためにおこなわれる政府の活動で，「第二の予算」とよばれてきた。2000年度までは，郵便貯金や年金積立金が財源となっていた。これらは，自動的に大蔵省（現在の財務省）に全額預託されて財源となっていたため，その資金を使い切るために，政府は無駄な公共事業をおこなっていると批判されてきた。そこで，2001年度に制度が改められ，郵便貯金や年金積立金は金融市場での自主運用となり，**財投機関**はみずから市場で資金を調達することとなった（**財投機関債**）。しかし，収益性や規模の点から市場を通じた資金調達が難しいことも多く，補完的に政府が**財投債**（国債の一種）を発行して財投機関に融資したり，財投債が発行する債券に政府保証をつけたりしている。財投債や財投機関債は原則として税金で償還するものではないが，財投機関が返済不能に陥ると，それらも国民の税金で償還することになる。

4 租税の性質

● **租税の基本原則**

①**公平**……税を負担するための経済力に応じて税負担額が増減する**垂直的公平**と，所得または消費支出が同じなら税負担額も同じであるとする**水平的公平**がある

②**中立**……課税が個人や企業の経済活動に対して中立であり，経済における資源の最適配分の実現を阻害しないこと

③**簡素**……納税の手続きがわかりやすく，徴税コストがあまりかからないこと

	直接税（所得税など）	間接税（消費税など）
長所	●**累進課税制度**を用いることで，所得の再分配効果が得られる	●景気の変動を受けにくい ●「広く，薄く」課税することができる
短所	●景気の変動による税収の変化が大きい ●高い最高税率は，勤労意欲を失わせる	●低所得者ほど，収入に対する負担が重くなる**逆進性**が生じる

解説 **優れた税とは？** 上の表を見ればわかるとおり，1つの税だけで完全に公正さを満たすことはできない。そのため，現実の社会では複数の税が組みあわされて運用されている。税について考える場合は，公平，中立，簡素などの条件を満たしているかどうかに注目しよう。

6 税収構成比の国際比較

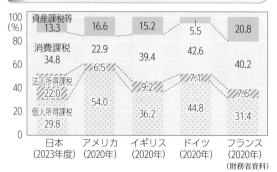

	日本（2023年度）	アメリカ（2020年）	イギリス（2020年）	ドイツ（2020年）	フランス（2020年）
資産課税等	13.3	16.6	15.2	5.5	20.8
消費課税	34.8	22.9	39.4	42.6	40.2
法人所得課税	22.0	6.5	9.2	7.1	7.6
個人所得課税	29.8	54.0	36.2	44.8	31.4

（財務省資料）

5 日本の租税体系

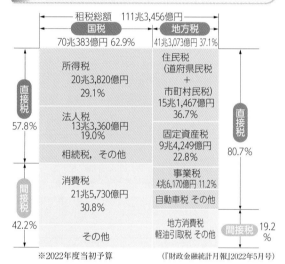

租税総額 111兆3,456億円

国税	地方税
70兆383億円 62.9%	41兆3,073億円 37.1%

直接税 57.8%
所得税 20兆3,820億円 29.1%
法人税 13兆3,360億円 19.0%
相続税，その他

間接税 42.2%
消費税 21兆5,730億円 30.8%
その他

直接税 80.7%
住民税（道府県民税＋市町村民税）15兆1,467億円 36.7%
固定資産税 9兆4,249億円 22.8%
事業税 4兆6,170億円 11.2%
自動車税 その他

間接税 19.2%
地方消費税 軽油引取税 その他

※2022年度当初予算 （『財政金融統計月報』2022年5月号）

解説 **日本は直接税中心** 租税の国税と地方税の割合は，おおむね6対4であるが，直接税と間接税の割合（**直間比率**）は，国・地方ともに直接税が中心となっている。第二次世界大戦前の日本の税収は間接税が中心であったが，1949年のシャウプ勧告（→p.233）によって，直接税中心の税制がつくられた。現在では，消費税導入とその後の税率引き上げにより，間接税の割合が高められてきている。

? 日本の直間比率には，他国と比べてどのような特徴があるだろうか。

解説 **所得税中心の税体系から** 所得・資産・消費のどれに多くの税をかけるかは，国民性や歴史の違いを背景に，国ごとに異なる。ヨーロッパ諸国は消費税率が20％程度の国が多く，税収に占める消費税の割合が大きくなっている。日本では，消費税の導入とその後の税率の引き上げによって，間接税の割合が高められてきた。また，高齢化にともなって，生産年齢人口（15～64歳）の割合が減っているなかで，所得税中心の税体系の見直しがはかられている。

? 税金を納めることは国民の義務である。そのため，公平な課税は税を考える上で重要となる。現在の日本において，公平な課税のあり方はどのような形だろうか。所得税・法人税・消費税の長所と短所をふまえて考えよう。

経済

7 所得税のしくみ

課税所得	税率
195万円以下	5%
195万円超，330万円以下	10%
330万円超，695万円以下	20%
695万円超，900万円以下	23%
900万円超，1,800万円以下	33%
1,800万円超，4,000万円以下	40%
4,000万円超	45%

？ ①課税所得が500万円の場合，所得税はいくらになるだろうか。②所得税の納税は，どのようにおこなわれるのだろうか。

課税所得とは，総収入から必要経費を差し引き，さらに基礎控除や配偶者控除，扶養控除などを差し引いた残りの額で，総所得に対して課税されるわけではない。

解説 **原則は申告課税** 所得税の課税方式には，所得が高くなるほど税率が上がる**累進課税制度**が採用されている。そのため，負担能力が高い人ほど多くの税を負担する**垂直的公平**を実現する税制である。所得税は，税負担者が自分で税額を計算し，税務署に税額を申告（確定申告）して納税するのが原則である。しかし，給与所得者の場合は，給与から天引きされて，事業所が本人に代わって納税する（源泉徴収）。このことから，税務当局の捕捉率は，給与所得者で9〜10割，自営業者で5〜6割，農業者で3〜4割といわれ，「トーゴーサン」や「クロヨン」とよばれる税負担の不公平が生じている。このことは，同程度の所得がある人は同程度の税を負担する**水平的公平**が実現されていないことを意味する。

8 消費税のしくみ

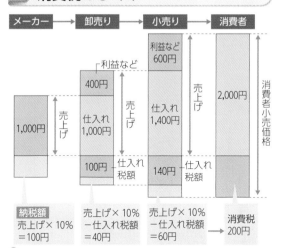

？ 事業者は，消費税の全額を国に納付するのだろうか。

解説 **消費税は付加価値税** 私たちにとってなじみ深い**消費税**は，間接税の一種で，消費者が最終的に税を負担し，事業者が納税する。事業者は，仕入れ時に消費税を課せられるため，販売時に受けとった消費税額から，すでに支払った消費税額を控除して国に納付する。そのため，各事業者が生み出した付加価値に対して，税が課せられていることになる。結果，消費者が負担する消費税は，最終財の価格の10%ということになる。すべての商品に幅広く課税する付加価値税は，税の捕捉率の違いのような不公平は生じないが，**逆進性**をともなうため，低所得者にとっては税負担が厳しくなる。諸外国では，生活必需品について税率を低くする例もある。日本でも，2019年に消費税率が10%に引き上げられたが，外食や酒類を除く飲食料品などの税率を8％に据え置く軽減税率が導入された。

9 税収の推移

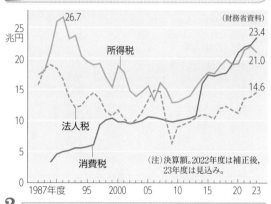

（財務省資料）

（注）決算額。2022年度は補正後，23年度は見込み。

？ それぞれの税収の変化の特徴は，何だろうか。

解説 **安定した財源を求めて** 日本ではシャウプ勧告（1949年，➡p.233）以降，直接税中心の税体系がとられていたが，1989年の消費税導入とその後の税率引き上げごとに，段階的に間接税の割合が高められてきた。所得税や法人税，とりわけ，企業の利益に対して課せられる法人税による収入が景気変動の影響を強く受けるのに対し，すべての人に課税される消費税は景気変動の影響を受けにくい。高齢化にともなって社会保障費という「固定費」が増加するなかで，安定した税源の確保が重要な課題となり，消費税の割合が高められたのである。

TOPIC マイナンバー制度

マイナンバー制度（社会保障・税番号制度）とは，税と社会保障制度の共通番号として，日本に住民票のあるすべての人に12ケタの番号を割り当てるものであり，2016年1月から運用がはじまった。

目的は，大きく3つある。第一に，所得や行政サービスの需給状態を把握しやすくし，負担を不当に免れたり，給付を不正に受けることを防止して公平・公正な社会の実現をめざすことである。第二に，複数の機関が保有する個人の情報を照合しやすくすることで行政の効率化を進めることである。第三に，子育てや介護をはじめとする行政手続きがワンストップでできるようになるなど，国民の利便性を向上させることである。2021年10月からは，マイナンバーカードが健康保険証としても使えるようになった。番号の利用は，社会保障・税・災害対策に限られているが，情報漏洩によるプライバシー侵害や，政府による個人情報管理の強化につながるとの懸念もある。2023年には，個人情報の誤入力により，他人の情報が登録されていた問題が明るみに出た。

（総務省資料）

↑2マイナンバーカード ICチップに電子証明書の機能を搭載し，コンビニのコピー機で住民票の写しが取得できたり，スマホで確定申告ができたりするなど，役所を訪れなくても行政手続きを済ませることができる。

⑩ 国民負担率の国際比較

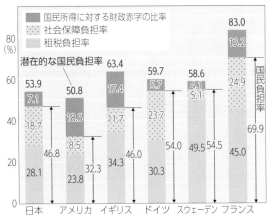

凡例:
- 国民所得に対する財政赤字の比率
- 社会保障負担率
- 租税負担率

	日本	アメリカ	イギリス	ドイツ	スウェーデン	フランス
合計	53.9	50.8	63.4	59.7	58.6	83.0
財政赤字の比率	7.1	—	17.4	5.7	4.1	13.2
社会保障負担率	18.7	18.5	11.7	23.7	5.1	24.9
租税負担率	28.1	23.8	34.3	30.3	49.5	45.0

潜在的な国民負担率 / 国民負担率
46.8 / 32.3 / 46.0 / 54.0 / 54.5 / 69.9

（アメリカ 8.5）

（注）1. 日本は2023年度見込み。諸外国は2020年実績。
2. 国民負担率＝租税負担率＋社会保障負担率
3. 潜在的な国民負担率＝国民負担率＋国民所得に対する財政赤字の比率
（財務省資料）

? 国民負担率とは，所得に占める税と何の割合だろうか。日本の国民負担率は高いのだろうか。

解説　潜在負担率はもっと高い　**国民負担率**とは，所得に占める租税負担率と社会保障負担率の合計である。社会保障政策の財源は税だけではないので，税の大きさだけでは，公的な負担をどれだけ負っているかを正確に示すことはできない。「高福祉・高負担」といわれる北欧諸国は，国民負担率も高い。日本の国民負担率はヨーロッパ諸国に比べると低いが，大量の国債発行により，国債発行高も将来の税負担分として計算に入れると，現在の負担率よりさらに高くなる。

TOPIC　1枚の給与明細から

基本給	時間外手当	調整手当	皆勤手当	通勤手当	支給額合計
180,400	7,350	9,020	10,000	9,000	215,770

健康保険	厚生年金	雇用保険	介護保険	所得税	
9,020	16,106	1,294	0	3,970	

住民税	共催会費	控除計			差引支給額
6,900	1,804	39,094			176,676

（金融庁資料）

? 「支給額合計」と「差引支給額（手取り）」の金額が異なるのはなぜだろうか。どのようなお金が控除されているのだろうか。

　上の給与明細を見てみよう。この人（20歳代）の支給総額は，21万5,770円だが，健康保険，厚生年金，雇用保険，所得税，住民税，共済会費（社内の互助組織の掛け金）の合計金額 3万9,094円が給与支払いの段階で控除されている。つまり，雇用主が給与所得者に代わって税や社会保険料を納め，社会保険料や税を差し引いた額を給与として支払う。このような徴収方法を源泉徴収とよぶ。税は，国税と地方税あわせて 1万870円だが，社会保険料は 2万6,420円である。高齢化がさらに進み，年金財源が不足したとき，増税せずに，年金保険料を引き上げたとしても，負担の増加は同じである。公的負担の大きさを捉えるとき，税だけではなく，社会保険料も含めて考える必要がある。

Let's Think!　税負担の公平性をめぐって

　図❸を見てみよう。多くの国で1980年代から1990年代にかけて所得税の最高税率が低下している。「小さな政府」を志向する新自由主義（➡p.256）の台頭と，レーガノミクスなど新自由主義に基づく経済政策がおこなわれた結果である。そこでは，「高い累進税率は勤労意欲を失わせる」，「優秀な人材が海外に流出して国の経済力が低下する」などの問題点が指摘された。その一方で，大多数の国民に課せられる社会保険料や付加価値税（消費税）は増額されてきた。その結果，所得や資産の格差は拡大し，現在では，世界の労働所得の半分が所得上位10％の人に集中している。フランスの経済学者**トマ＝ピケティ**は，著書『21世紀の資本』において，土地や株式などの資産から得られる所得の割合は経済成長率を上回っているとし，「金持ちは，ますます金持ちになって経済格差が拡大する」と指摘している。さらに，多国籍企業や富裕層は，所得税や法人税が著しく少ない国や地域（**タックスヘイブン**）に資産や利益を移し，合法的に課税を免れているという批判がなされている。現在，こうした「課税逃れ」を防ぐしくみが検討され，2021年には法人税の最低税率を15％とする国際合意が成立した。

⁇ 所得税の減税（増税）と消費税の増税（減税）は，社会にどのような効果をもたらすのだろうか。

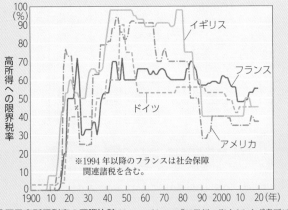

↑❸最高所得税率の国際比較（トマ＝ピケティ『21世紀の資本』みすず書房ほか）　所得税の最高限界税率（最高の所得に適用されるもの）は，アメリカでは1980年に70％であったが，1988年には28％にまで下がった。

※1994年以降のフランスは社会保障関連諸税を含む。

➡❹節税のため，1万8,000社以上が所在地にしていたビル（イギリス領ケイマン諸島）　ケイマン諸島は小さな島であるが，タックスヘイブンとして有名で，多くの企業がこの島に拠点を置いている。

見方・考え方　幸福，正義，公正　法人税の減税によって企業を誘致すれば，労働人口や所得が増え，結果として税収も増加する。この考え方に基づいて，世界的な法人税の「減税競争」がおこなわれた。グローバル化をふまえて，この考え方の是非を考えよう。

3 公債発行と財政赤字　政府が公債を発行する目的とは何だろうか。

1 公債の発行

出題

公債発行額と公債依存度

ここでの「公債」は「国債」を示す。

*1990年度は臨時特別公債，2011年度は東日本大震災からの復興のため，復興債を発行

- 建設公債（建設国債）発行額（左目盛り）
- 特例公債（赤字国債）発行額（左目盛り）

公債依存度（右目盛り）

31.1%
73.5%
35.6兆円

1975(年度)80　85　90　95　2000　05　10　15　20　23

2021年度までは決算，2022年度は補正後予算。2023年度は当初予算。（財務省資料）

●財政法

第4条　①　国の歳出は，公債又は借入金以外の歳入を以て，その財源としなければならない。但し，公共事業費・出資金及び貸付金の財源については，国会の議決を経た金額の範囲内で，公債を発行し又は借入金をなすことができる。

第5条　すべて，公債の発行については，日本銀行にこれを引き受けさせ，又，借入金の借入については，日本銀行からこれを借り入れてはならない。但し，特別の事由がある場合において，国会の議決を経た金額の範囲内では，この限りでない。

? 法律では赤字国債を認めていないが，建設国債は認められている。それはなぜだろうか。

解説 **財政法では赤字国債は禁止**　国や地方公共団体，政府関係機関などが借金をする際に発行するものを**公債**といい，国が発行するものを国債，地方公共団体が発行するものを地方債という。国債は，**建設公債（建設国債）** と**特例公債（赤字国債）** に大別される。財政法では，建設公債の発行を国会の議決の範囲内で認めている。これは，受益者負担の考え方に基づき，建設公債の発行による公共事業は，将来世代に利益をもたらすと考えられるためである。そのため，現役世代の利益を将来世代の税金で補う赤字国債は財政法では認められていない。しかし，第1次石油危機後の1975年度予算より，歳入不足を補うため，財政特例法を制定して特例公債（赤字国債）が発行されている。1990〜93年度は，バブル景気や消費税導入（1989年）による税収増によって，赤字国債の新規発行はなかったが，その後の不況のなかで，国債発行高は急増した。2020年度は，新型コロナウイルス感染症対策として特別給付金などの支給をおこなった影響で，巨額の国債が発行された。

2 国債の累積

公債残高の推移（財務省資料。年度末実績。2022年度末は補正後予算。2023年度末は見込みによる）

■は東日本大震災のための復興債を示す。
ここでの「公債」は「国債」を示す。

2023年度末公債残高約1,068兆円（見込み）
→一般会計税収の約15年分に相当
国民1人あたり約858万円となる

約1,068

- 特例公債（赤字国債）残高
- 建設公債（建設国債）残高

1966　70　75　80　85　90　95　2000　05　10　15　20　23年度

? 国債残高が膨むと，どのような問題が生じるのだろうか。

解説 **国債の残高はGDPの1.9倍**　1990年代後半から，国債発行の急増により，国債残高も急増した。国債（建設国債と赤字国債）の2023年度末の残高は約1,068兆円に達する見込みである。これに，政府短期証券や財投債などもあわせると1,441兆円に達する。国債の大量発行は，①**財政の硬直化**（歳出に占める国債費（借金返済）の割合が高くなり，機動的な財政政策ができなくなること），②世代間の不公平（今の世代は負担以上に給付を受け，将来世代が給付以上の負担をすること），③国債の信用が低下し，金利の上昇や円安（輸入品の物価上昇）をまねく可能性があり，国債残高の急増は警戒すべき問題である。

3 プライマリー・バランス

基礎的財政収支赤字

歳入	歳出
公債金収入	利払い費　債務償還費
	赤字
税収など	一般歳出など

↓

基礎的財政収支均衡

歳入	歳出
公債金収入〔新たな債務の増加〕	債務償還費（過去の債務の減少）→国債費
	利払い費→債務残高の純増
税収など	一般歳出など

（財務省資料）

? プライマリー・バランスの均衡と財政収支の均衡は，何が異なるのだろうか。

解説 **2025年に均衡をめざす**　**プライマリー・バランス（基礎的財政収支）** の均衡は，その年の政策的経費（借金返済をのぞいた歳出）が，その年の税収で賄えることを意味する。ただし，プライマリー・バランスが均衡しても，利息の支払い分だけ，債務残高は増加する。2010年，政府は2020年度までにプライマリー・バランスを黒字化する目標を閣議決定したが，2018年には2025年度までの黒字化に目標を後退させた。

経済

用語解説 財政の硬直化，市中消化の原則，プライマリー・バランス p.365〜366

持続可能な財政にするためには？

日本の債務残高はGDPの2倍をこえて，非常に高い水準にある。また，今後も大幅な財政赤字が継続し，日本の債務残高はさらに膨らむと考えられている。このような状況で，日本政府が財政破綻をすることはないのだろうか。現状をよく理解した上で，持続可能な財政にするためにはどうすればよいかを考えよう。

世界最悪の政府債務

日本の債務残高は増え続け，他の先進国だけでなく，IMF加盟190か国（2022年10月現在）のなかでも最悪の水準にある。この原因は，高齢化による社会保障費の増加などにより，歳出が伸び続けているのに対し，税収はバブル経済が崩壊した1990年度を境に伸び悩み，その差を借金で穴埋めしてきたことにある。この先も，2042年まで65歳以上の人口は増え続け，労働力人口は減少を続けることが予想されている。こうした社会の変化のなかで，日本の財政は持続可能なのだろうか。私たちの将来にもかかわる問題として考える必要がある。

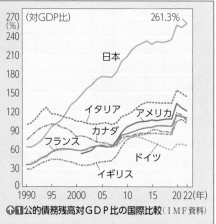

↑1 公的債務残高対GDP比の国際比較（IMF資料）

日本はギリシャとは異なる？

2010年に債務危機を起こしたギリシャ（●p.315）は，国債の70％程度を外国人が保有しており，対外的に債務国であった。しかし，日本は対外的に債権国であり，外国人投資家による国債保有割合は約14％（2022年12月現在）である。そのため，国債が国内で消化されている限りは問題ないという考え方がある。

しかし，国債の残高が1,000兆円をこえる現在では，10％といっても100兆円をこえる規模である。外国人投資家が日本の国債を信用しなくなったとき，円の価値が暴落することはないのだろうか。

MMT（現代貨幣理論）とは？

近年，「国債発行と同時に同額の預金が生まれるため，国債発行には限界がない」，「自国通貨建てで国債を発行している限り，自国の通貨を渡せば国債償還が可能なため，債務不履行はありえない」といった主張をするMMT（現代貨幣理論）が注目されている。現在，日本は大量の国債を発行しているにもかかわらず，財政破綻はしていないことから，日本がMMTの成功例であるという人もいる。しかし，今のまま，国債の大量買い入れが続いても，永遠にインフレーション（●p.271）は起きないといえるだろうか。もちろん，物価が1万倍になっても，100万円の国債は100万円であることに変わりはない。そのため，債務不履行に陥ることはないとしても，実質的な償還額や私たちの貯蓄の実質的な価値は目減りすることになる。インフレで，最終的に困るのは国民なのである。

国債の買い手は無限にあるのか

現在，日本の国債の大部分は国内で消化されている。これが可能なのは，預貯金残高が多いためである。日本では，家計だけでなく，企業でも貯蓄超過が続いている。これを国債が吸収しているため，バランスがとれているが，将来的にも貯蓄超過は続くのだろうか。貯蓄の多くを保有する高齢者が貯蓄を切り崩すようになったときや，景気が回復し，企業が設備投資を増やすようになったときに（資金需要者になる），国債の買い手が減少し，金利が急上昇するという可能性はないのだろうか。超低金利時代の現在でも9兆円もの利払いをおこなっている。金利の上昇によって，さらに利払い負担が増えたとき，日本の財政は耐えられるのだろうか。

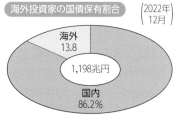

↑2 海外投資家の日本の国債保有状況（財務省資料）

海外投資家の国債保有割合 2022年12月

海外 13.8
1,198兆円
国内 86.2%

↑3 一般政府債務と家計金融資産の推移（日本銀行資料ほか）

家計金融純資産（住宅ローンなどの負債を引いたもの）

❶「均衡財政をめざすと景気はさらに悪化して，将来の国民に苦しみをもたらす」という考え方もある。財政赤字を許容することと，財政赤字を減らすことのどちらが将来の国民にとって望ましいのだろうか。

❷国債の大量発行は，持続可能な政策といえるだろうか。

❸❶❷で考えたことをふまえて，持続可能な財政のためにどのような歳入・歳出が望ましいか考えよう。

2 社会保障と国民福祉

要点 の整理

＊ は共通テスト重要用語，■は資料番号を示す。この節の「共通テスト○×」などに挑戦しよう👆

1 社会保障の考え方

❶社会保障の類型 ■……市場重視型（アメリカ），社会保険中心型（ドイツ・フランス），租税中心型（北欧・イギリス）

❷世界のあゆみ ■

1601年	（英）エリザベス救貧法……公的扶助のはじまり
1883年	（独）疾病保険法（ビスマルク）……社会保険のはじまり
1935年	（米）社会保障法……ニューディール政策の一環
1942年	（英）**ベバリッジ報告**……「ゆりかごから墓場まで」
1944年	（ＩＬＯ）フィラデルフィア宣言

2 日本の社会保障

❶日本の社会保障制度の柱 ■・■・■……**社会保険，公的扶助，社会福祉，保健医療・公衆衛生**（憲法第25条の生存権に基づく）

❷高齢化にともなう社会保障関係費の増大 ■・■……年金，医療の給付が急増──国の財政を圧迫

3 年金制度

❶国民皆年金を実現（1961年）■・■・■
● **国民年金（基礎年金）**……20歳以上の全国民が加入。賦課方式
●厚生年金……民間サラリーマンや公務員などが加入（国民年金に上乗せする形で，報酬比例部分として）

❷年金制度改革 ■……負担増（保険料の引上げなど），給付減（支給開始年齢の引上げなど）

4 医療・介護保険制度

❶医療保険 ■〜■……**国民皆保険を実現（1961年）**

被用者保険：会社員・公務員など，国民健康保険：自営業者など，**後期高齢者医療制度**：おもに75歳以上

❷**介護保険** ■……2000年開始（運営主体は市町村）。背景には高齢化の進展や核家族化の進行

5 セーフティネットとしての社会保障

❶雇用保険 ■……失業者への給付（保険料は事業主と労働者で負担）

❷労災保険 ■……業務中や通勤中に発生した病気やケガを保障（保険料は全額事業主が負担）

❸社会福祉 ■……社会的に援助が必要な者（高齢者，障害者など）に福祉サービスを提供

❹公的扶助…… **生活保護制度** ■〜■＝生活困窮者に「健康で文化的な最低限度の生活」を保障

6 日本の社会保障制度の課題

❶少子高齢化 ■〜■……日本の高齢化率は25％をこえ，少子化も進行──**人口減少社会**へ

❷家族構成の変化 ■……高齢者単独世帯の増加──孤独死のおそれ，核家族化──老老介護

---

1 社会保障の考え方 社会保障は，どのような考え方に基づいた制度なのだろうか。

1 社会保障のモデル

社会保障の類型

市場重視型	●民間の保険中心 ●国家の介入を最低限にする 例：アメリカ
社会保険中心型	●保険料を徴収して互いに支えあう（社会保険中心） ●所得に比例した給付 例：ドイツ，フランス
租税中心型	●税金が中心で平等志向が強い ●所得再分配の機能がはたらきやすい 例：北欧，イギリス

❓ アメリカについて，社会保障費の対国民所得比は低い一方で，公費負担の割合が大きいのはなぜだろうか。

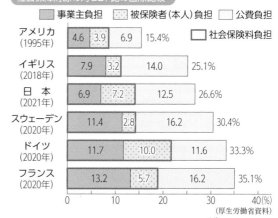

社会保障財源の対GDP比の国際比較

凡例：事業主負担　被保険者（本人）負担　公費負担　社会保険料負担

	事業主負担	被保険者（本人）負担	公費負担	計
アメリカ（1995年）	4.6	3.9	6.9	15.4%
イギリス（2018年）	7.9	3.2	14.0	25.1%
日本（2021年）	6.9	7.2	12.5	26.6%
スウェーデン（2020年）	11.4	2.8	16.2	30.4%
ドイツ（2020年）	11.7	10.0	11.6	33.3%
フランス（2020年）	13.2	5.7	16.2	35.1%

（厚生労働省資料）

解説 **社会保障の機能** 社会保障には，①すべての者に最低限度の生活を保障する生活保障の機能，②所得の格差を縮める所得再分配の機能（➡p.280，288）の2つがある。社会保障の機能を，「どの程度実現するのか」，そして「どのように実現するのか」は，国によって異なる。「どの程度実現するのか」については，「高福祉・高負担をめざすのか」，もしくは「低福祉・低負担をめざすのか」という軸で整理することができる。「どのように実現するのか」は，「社会保障の財源を保険料に求めるのか」，もしくは「租税に求めるのか」という軸で整理することができる。

年	できごと
1601	(英) エリザベス救貧法
	産業革命
1883	(独) 疾病保険法
1911	(独) ドイツ国社会保険法……各種の社会保険制度の統一
	(英) 国民保険法……失業保険制度のはじまり
1919	(独) ワイマール憲法……生存権をはじめて保障
	世界恐慌 (1929年)
1935	(米) 社会保障法……「社会保障」という用語をはじめて使用
1942	(英) ベバリッジ報告
1944	(ILO) フィラデルフィア宣言
1948	(国連) 世界人権宣言
1952	(ILO) 社会保障の最低基準に関する条約 (102号条約)
1964	(ヨーロッパ8か国) ヨーロッパ社会保障法典
	……加盟国の社会保障が改善

● エリザベス救貧法：世界最初の公的扶助制度
国家がはじめて生活困窮者に対する救済策を定めた法律。富裕層から救貧税を徴収し，労働できない貧困者を救済した。一方で，働く能力のある貧困者に労働を強制した

● ビスマルクの社会保険：世界最初の社会保険制度
ドイツの宰相ビスマルクは，医療・労災・年金の各種の社会保険制度を成立させた。これらの制度は，その後の社会保険制度の源流となった。一方で，ビスマルクは労働運動・社会主義運動を弾圧した (アメとムチの政策)

● ベバリッジ報告：「ゆりかごから墓場まで」
社会権としての社会保障が明確となり，国家がすべての国民に最低限度の生活 (ナショナル・ミニマム) を保障した

● フィラデルフィア宣言：ILOの目的に関する基本原則
社会保障の国際的基準を定めた。完全雇用と生活水準の向上，教育と職業における機会均等の保障などを促進することをILO (国際労働機関) の義務とした

解説 貧困救済から社会保障へ エリザベス救貧法は，資本主義の発展により生まれた貧困救済の制度であったが，権力者による恩恵的なものであった。その後のイギリスのベバリッジ報告は，社会保障は権利であり，国家が労働者に人間らしい生活を保障しなければならないという考え方に基づいていた。

経済

TOPIC 所得再分配の機能がもつ意味

社会保障は，財政の3つの機能 (→p.280) の1つである「所得再分配の機能」を実現する役割をもつ。「所得再分配の機能」による所得格差を縮めるはたらきは，所得の低い人には有利であるが，所得の高い人には不利になる。それでは，社会全体で捉えた場合には，どのような意味をもつのだろうか。

所得再分配前
50万円の貯金があるAさんと，10万円の貯金があるBさんがいる

 Aさん

 Bさん

貯金50万円　　貯金10万円

所得再分配

所得再分配後①
2人にそれぞれ5万円を与えた場合，どちらがたくさん喜ぶだろうか？

 Aさん　　 Bさん

50万円＋5万円　　10万円＋5万円

うれしさの度あい　A＜B

表情やうれしさ度あいを表した棒グラフからもわかるように，金銭事情が厳しいBさんの方が，より喜ぶと予想できるだろう。

所得再分配後②
2人とも5万円を失った場合，より困るのはどちらだろうか？

 Aさん　　 Bさん

50万円－5万円　　10万円－5万円

困る度あい　A＜B

表情や困る度あいを表した棒グラフからもわかるように，金銭事情が厳しいBさんの方が困るのは明らかだろう。

もし，あまり困らないAさんから5万円の税をとり，Bさんにその5万円をあげた場合，Aさんの困る度あいはそれほどではないが，Bさんはかなりの喜びを感じる。

Aさんの5万円を失った困り度あいよりも，Bさんが得た満足度の方が大きいなら，社会全体の満足度は何もしないときよりも高まるだろう。つまり，所得再分配によって社会全体の満足度は高くなるのである。

このように考えると，所得再分配の機能は所得の低い人にとって望ましいだけではなく，社会全体にとっても望ましい機能であるといえる。

以下の❶～❹のときに，役に立つ社会保障制度は何だろうか。　❶病気になって，多額の医療費がかかる。　❷年をとって働けず，生活が苦しい。　❸寝たきりになり，介護サービスに多額の費用が必要。　❹年金も失業給付ももらえず，生活に困っている。

1 日本の社会保障制度

社会保険	医療保険	病気やケガのときに，安く治療が受けられる	保険料と税金が財源
	年金保険	高齢になったときや障害があるときなどに年金を受けとることができる	
	雇用保険	雇われて働く人が失業したときに，一定期間保険金を受けとることができる	
	労災保険	仕事でケガをしたときや病気になったときに，保険金を受けとることができる	
	介護保険	介護が必要となったときに必要度に応じた介護サービスを受けることができる	
公的扶助		貧困に陥った者に対して国が最低限度の生活を保障する	税金が財源
社会福祉		障害者や児童，高齢者，子育て世帯など社会的に援助が必要な者に公共サービスを提供する	
保健医療・公衆衛生	保健医療	国民の健康の維持・増進をはかる	
	環境政策	生活環境の整備や公害対策，自然保護をおこなう	

自助・共助・公助とは，社会保障に対する次のような考え方である。社会保障制度は，自助・共助・公助が組みあわさって形成されている。
- **自助**……みずからが働いて，みずからの生活を支え，みずからの健康は，みずからで維持する
- **共助**……高齢や病気・介護などの生活上のリスクに対して，社会連帯の精神に基づき，共同してリスクに備える（おもに社会保険）
- **公助**……自助・共助では対応できない困窮状況に対して，必要な生活保障をおこなう（おもに公的扶助，社会福祉）
*2013年の政府の報告書は，日本の社会保障は自助を基本としながらも，自分だけで対応できないリスクに対しては共助で支え，さらに自助・共助を補完する役割として公助がある，としている。

解説 **社会保障の4つの柱**　社会保障制度は，憲法第25条が保障する生存権を具体化したものである。日本では，①社会保険，②公的扶助，③社会福祉，④保健医療・公衆衛生の4つの柱からなる。①社会保険は，日本の社会保障制度の中心的な存在で，共助の精神に基づき，加入者が保険料として財源の一部を負担して将来に備えるものである。一方，②公的扶助は生活困窮者を対象とし，③社会福祉は社会的に援助を必要とする者を対象としており，ともに公助の精神に基づき，原則全額を税金（公費）で負担されている。特に，②公的扶助は「最後のセーフティーネット」の役割を果たしている。④保健医療・公衆衛生は，国民の健康増進や生活環境の整備をおこなうもので，予防的な社会保障といえる。

2 日本の社会保障制度のあゆみ

1874	恤救規則制定：日本で最初の救貧政策
1922	健康保険法制定：日本で最初の社会保険。1927年から実施
1946	日本国憲法公布：生存権を規定（第25条）**生活保護法**制定→1950年に全面改正
1947	労働者災害補償保険法，**失業保険法**，**児童福祉法**制定
1949	**身体障害者福祉法**制定
1954	厚生年金保険法改正：定額部分の導入，支給開始年齢を60歳に
1958	国民健康保険法全面改正→**国民皆保険**実現（1961年）へ
1959	**国民年金法**制定→**国民皆年金**実現（1961年）へ
1960	精神薄弱者福祉法制定→1999年，**知的障害者福祉法**に改正
1963	**老人福祉法**制定
1964	母子福祉法制定→2014年，**母子及び父子並びに寡婦福祉法**に改正
1971	児童手当法制定：社会保障全部門が出そろう
1973	**福祉元年**　70歳以上の**老人医療費無料化**，年金の物価スライド制が導入される
1974	雇用保険法制定：失業保険法は廃止
1982	老人保健法制定：**老人医療費が再び有料化**
1984	健康保険法改正：**被保険者本人が1割負担に**
1985	国民年金法改正：**基礎年金制度の導入**
1987	障害者雇用促進法（1960年制定，1987年名称変更）
1989	年金制度改正：**完全自動物価スライド制の導入，国民年金基金の設立，20歳以上の学生の年金強制加入**
1995	育児・介護休業法制定：育児休業法を改正。1999年施行
1997	健康保険法改正：**被保険者本人負担2割に**　**介護保険法**制定：2000年施行
2002	健康保険法改正：**被保険者本人負担3割に**
2004	**年金制度改革関連法成立**：保険料の段階的引き上げなど
2008	**後期高齢者医療制度開始**
2010	社会保険庁廃止，日本年金機構発足
2012	社会保障・税一体改革関連法制定
2015	共済年金を厚生年金に統一

*　□□□ は福祉六法

第二次世界大戦前
恤救規則は恩恵を施すという慈恵的なものであった。健康保険法も，第一次世界大戦後の戦後恐慌（1920年）で多発した労働争議を抑えるためという，労働者懐柔の目的があった

1945～54年（昭和20年代）
時代背景：戦後の混乱，栄養改善，感染症予防と生活援護
日本国憲法第25条で生存権が規定され，生活保護法などの福祉六法が順次制定。戦後の混乱期であり，貧困に苦しむ人を助ける「救貧」の機能が重視された

1955～74年（昭和30～40年代）
時代背景：高度経済成長，生活水準の向上
1961年に**国民皆保険・皆年金**が実現。その後，高度経済成長にともない社会保障制度の充実がはかられ，1973年には70歳以上の老人医療費無料化などが実現し，**福祉元年**とよばれた

1975～88年（昭和50～60年代）
時代背景：高度経済成長の終焉，行財政改革
安定成長期となり，政府は行財政改革が求められるようになった。社会保障についても費用の適正化・効率化が求められるようになり，老人医療費を再び有料化するなどした

1989年～（平成以降）
時代背景：少子高齢化，バブル経済崩壊と経済の長期低迷
少子高齢化への対応として，育児・介護制度が充実。一方，年金などの社会保険は負担増・給付減の見直しが進められた

経済

3 社会保障関係費の推移

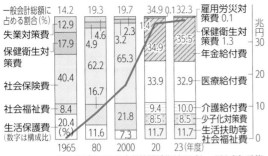

一般会計総額に占める割合(%)	14.2	19.3	19.7	34.9	0.1 32.3	
	12.9		2.3	1.4	35.5	雇用労災対策費 0.1
失業対策費	17.9	4.6 4.9	3.2	34.9		保健衛生対策費 1.3
保健衛生対策費	40.4	62.2	65.3			年金給付費
社会保険費		16.7		33.9	32.9	医療給付費
社会福祉費	8.4		21.8	9.4	10.0	介護給付費
	20.4			8.5	8.5	少子化対策費
生活保護費 (数字は構成比)	(%)	11.6	7.3	11.7	11.7	生活扶助等 社会福祉費
	1965	80	2000	20	23(年度)	

折れ線グラフは社会保障関係費(右目盛)
(注)当初予算。
※2009, 16年度に区分が見直された。 (厚生労働省資料)

● **社会保障関係費**……国の歳出のうち社会保障に使われた費用

解説 **国の予算の3分の1以上** 国の予算(➡p.281)に占める社会保障関係費は、年々増加傾向にある。なかでも、年金や医療・介護に関する費用は、高齢化を背景に増大が著しい。

4 社会保障給付費の推移

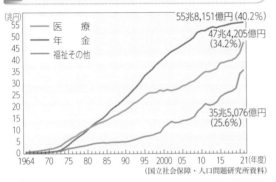

(兆円)
医療 … 55兆8,151億円 (40.2%)
年金
福祉その他
47兆4,205億円 (34.2%)
35兆5,076億円 (25.6%)
1964 70 75 80 85 90 95 2000 05 10 15 21(年度)
(国立社会保障・人口問題研究所資料)

● **社会保障給付費**……税金や保険料を財源として国民に給付されたお金・サービスの総額

解説 **高齢化の影響** 社会保障給付費は、近年増加傾向にある。給付費の大半は、医療と年金として給付されており、給付費全体の増加のおもな要因である。

5 日本の保健医療・公衆衛生

←①インフルエンザの予防接種

解説 **予防的な社会保障** 感染症予防、予防接種の実施、精神衛生など、国民の健康の維持・増進をはかるサービスを提供するのが**保健医療**であり、保健所がその中核を担っている。また、上下水道の整備や公害対策などの環境を整備する**環境政策**も重要である。このような施策を通して、住民が健康になれば、社会保障費の抑制にもつながる。保健医療・公衆衛生は、予防的な社会保障といえる。

---

3 年金制度

日本の年金制度は、どのようなしくみだろうか。

1 社会保険とは～民間保険との違い

(1)保険者と被保険者

保険者とは、保険事業を運営するための保険料を徴収したり、保険給付をおこなったりする運営主体のことである。被保険者とは、保険に加入して保険料を支払う代わりに、必要に応じて保険者から給付を受けることができる人のことである。

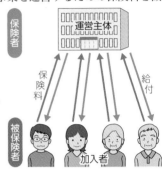

(2)社会保険と民間保険

	社会保険	民間保険
保険者	国や地方公共団体、公的な団体	民間企業など
加入者	加入対象者は強制加入	各個人が任意に加入
財源	保険料+税金	保険料

解説 **共助の考え方を制度化** 社会保険は、国や地方公共団体、公的な団体が保険者となり、運営するものである。民間保険は、個人の希望にそって保険を選択して加入する方式をとる。ただし、民間保険の場合は、健康不安などリスクが高い人などは加入を拒否されることもある。そのため、すべての国民に等しく保障を提供する必要がある内容については、全国民を加入対象とする社会保険が制度化され、運営されている。

2 公的年金制度のしくみ 出題

(1)公的年金の財源の調達方法～積立方式と賦課方式

	積立方式	賦課方式
しくみ	現役時代の保険料を積み立て、老後にその積立金から年金給付を受ける。貯蓄に近い	現在納められた保険料は、現在の高齢者の年金給付に使用される。世代間の助けあい
長所	若年世代の人口が減っても世代間の不公平は発生しない	インフレ(➡p.271)が起こっても、給付の実質額が減少しない
短所	予想できないインフレが起きると、給付は実質的に減額となる	高齢化が進むと、現役世代の負担が重くなる

? 少子高齢化が進むことで、賦課方式の年金制度を維持することは困難であるといわれているが、なぜだろうか。

解説 **現在は賦課方式** 日本における公的年金制度は、当初、積立方式ではじまった。しかし、石油危機(➡p.234)による急激なインフレに対応するため、給付額を大幅に増額改定した。その影響で、積立方式で賄いきれない給付を現役世代の保険料で賄うようになり、修正積立方式となった。日本は現在、**世代間扶養**の考え方に基づく**賦課方式**により、公的年金制度の財源を調達している。賦課方式は、現役世代から高齢者への所得再分配の機能を果たしているともいえる。

経済

(2)公的年金制度の体系

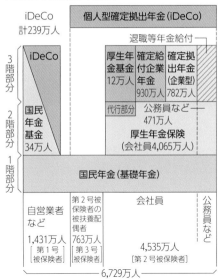

※1階・2階は公的年金。3階は企業や団体が運営する企業年金や公務員独自の年金。 （2022年3月末現在）

制度	被保険者	財源		支給開始年齢*2	老齢(退職)基礎年金等月額平均(2023年4月末)
		保険料*1(2023年4月)	国庫負担		
国民年金	20歳以上60歳未満の自営業者・学生など	1万6,520円(月額)	基礎年金にかかる費用の2分の1	65歳	6万6,250円
	会社員・公務員など	―			
	会社員・公務員などの配偶者	―			
厚生年金	70歳未満の会社員・船員など	18.3%		男性：64歳女性：62歳	22万4,482円平均的なサラリーマン夫婦
	公務員など				

*1：％は月収に対する比率。労使で半分ずつを負担。会社員・公務員などは厚生年金の保険料に国民年金（基礎年金）の保険料も含む。
*2：厚生年金は段階的に65歳まで引き上げられる。 （厚生労働省資料）

解説 **国民共通の国民年金（基礎年金）と厚生年金が中心** 日本の公的年金制度は，おおまかに20〜59歳のすべての人が加入する**国民年金（基礎年金）**と，会社員や公務員などが上乗せして加入する**厚生年金**が中心となっている。また，これとは別に希望する人については，毎月一定の金額を積み立て，金融商品をみずから運用し，60歳以降に年金または一時金で受けとることができる個人型確定拠出年金（iDeCo）もある。

3 年金制度改革

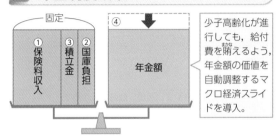

少子高齢化が進行しても，給付費を賄えるよう，年金額の価値を自動調整するマクロ経済スライドを導入。

	負担	給付
方向性	より多くの負担を求めるが，上限を定める	給付水準を下げるか，下限を定める
改革の内容	①保険料の引上げ 上限を設定 ・厚生年金：18.3%（労使で半分ずつ） ・国民年金：16,900円（2004年度価格） ②基礎年金の国庫負担引上げ 2009年以降 1/3→1/2へ 財源として消費税率を引上げ ③積立金の活用 足りない部分は積立金を100年間かけて取り崩して対応する	④マクロ経済スライドの導入 賃金（物価）の上昇 抑制 スライド調整率 年金額の改定率 これまでは，賃金（物価）の上昇にあわせて年金給付額も増加させてきた。今後は賃金（物価）上昇ほどには年金給付額を増加させない。つまり年金の給付水準を引下げることになる。ただし所得代替率50%は維持する。*1

*1：所得代替率とは，厚生年金について，年金を受け取り始める時点における年金額が，現役世代の手取り収入額（ボーナス込み）と比較してどのくらいの割合かを示すもの。 （厚生労働省資料）

解説 **負担の増加と給付の減少** 少子高齢化の進む日本で，今後も年金制度を安定して継続するためには，負担と給付のバランスをとっていく必要がある。老齢年金の支給開始年齢は，これまで国民年金は65歳，厚生年金は60歳であったが，2025年度からは厚生年金の支給開始年齢も65歳となる。

4 年金制度がもつ意味

(1)国民年金納付率の推移

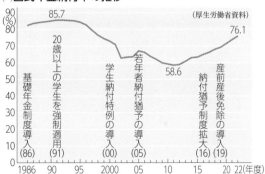

（厚生労働省資料）

解説 **保険料を支払わないとどうなる？** 老齢年金を受けとるためには，保険料の納付期間が10年以上必要である（2017年に25年以上から短縮）。保険料の納付率が低下すれば，年金制度を維持することが難しくなる。また，保険料の納付をおこなっていない者は，将来年金を受けとることができないため，生活に困窮する可能性が高くなるという問題がある。

(2)国民年金の免除と猶予，未納の違い

	老齢基礎年金		障害者基礎年金遺族基礎年金
	受給資格期間への算入	年金額への反映	受給資格期間への算入
免除	あり	あり	あり
納付猶予 学生納付特例	あり	なし	あり
未納	なし	なし	なし

解説 **手続きを忘れずに** 経済的な理由で国民年金保険料の支払いが困難な場合には，保険料免除制度がある。学生については，在学中の保険料の納付が猶予される**学生納付特例制度**がある。これらの制度を利用する際には，手続きが必要である。手続きを怠ると，年をとったときに老齢年金が支給されない，交通事故で障害を負ったときに障害年金が支給されないなど，困ることがある。

用語解説 公的年金制度 ➡p.366

291

4 医療・介護保険制度　日本の医療・介護保険制度は，どのようなしくみだろうか。

1 医療保険制度のしくみ

医療保険の概要（加入者数は2022年3月末現在，厚生労働省資料）

制度名		おもな対象者	加入者数
被用者保険	健康保険 協会けんぽ	中小企業の従業員	4,026.5万人
	組合	大企業の従業員	2,838.1万人
	健康保険法第3条2項被保険者	日雇などの臨時労働者	1.6万人
	船員保険	船員	11.3万人
	各種共済 国家公務員	国家公務員	869.0万人
	地方公務員等	地方公務員等	
	私学教職員	私立学校の教職員	
国民健康保険		自営業者，農業従事者，非正規労働者など	2,805.1万人
		被用者保険の退職者	
後期高齢者医療制度		75歳以上。65〜74歳で一定の障害がある者	1,843.4万人

高齢者医療制度

後期高齢者医療制度

保険料 1割	後期高齢者支援金（現役世代の保険料）約4割	公費 約5割

―――――75歳

前期高齢者医療制度
制度間の医療費負担の不均衡の調整

―――――65歳

国民健康保険	被用者保険（健康保険組合など）

一般の医療保険制度（0〜74歳が加入）　財源は保険料＋公費

①日本の医療保険制度は，「一般の医療保険制度（0〜74歳が加入）」と「後期高齢者医療制度（75歳以上が加入）」の2つの制度から成り立っている。
②「一般の医療保険制度」は加入者の保険料と公費で財源が賄われているが，「後期高齢者医療制度」では保険料と公費だけでは財源が不足するため，現役世代からの支援金を加えて制度を維持している。
→①②から，医療保険についても年金保険と同様，現役世代が高齢世代を支えている。少子高齢社会の日本では，現役世代の負担が，今後，より増えることが予想される。

? ほかの医療保険から後期高齢者医療制度に多額の支援がおこなわれる現状を続けていると，そのほかの医療保険制度にはどのような影響があると考えられるだろうか。

解説 **公費負担と医療保険間の財政調整**　日本の医療保険制度は，歴史的な成立経緯から職域や地域，年齢によって分立しており，それぞれの保険加入者の属性には偏りがある。①**被用者保険**は，加入者の平均年齢が若く，平均所得も比較的高い。そのため，公費の負担は少なく，ほかの医療保険に対して財政移転（支援）をおこなっている。②**国民健康保険**は，非正規労働者や，退職をして無職になった前期高齢者（65〜74歳）などの比率が高い。そのため，加入者の平均年齢は高く，平均所得は低い。そこで，公費負担の割合が高く，被用者保険から財政移転も受けている。2008年にはじまった③**後期高齢者医療制度**は，よりいっそう公費負担を受けるとともに，ほかの医療保険からも多くの財政移転を受けている。

2 医療費の推移

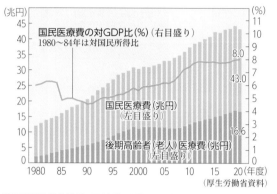

（厚生労働省資料）

解説 **増え続ける医療費**　近年，医療費の総額は増加を続けている。医療費の増加の要因として，高齢化や医療の高度化などがあげられる。

3 医療費の自己負担

年齢	医療費の自己負担率
義務教育就学前（6歳未満）	2割
義務教育就学後〜69歳	3割
70〜74歳	2割（現役並み所得者は3割）
75歳以上	1割（一定以上所得者は2割，現役並み所得者は3割）

解説 **誰もが受けやすい医療**　**国民皆保険制度**が実現している日本では，低い自己負担割合で誰もが医療を受けやすい制度となっている。また，窓口負担が一定額以上になった場合には，自己負担限度額をこえる額は支給（返金）が受けられる**高額療養費制度**も整備されている。

4 公的医療保険の意義

①リスク分散

誰が病気になるかはわからない。もし，病気になれば多額の治療費がかかる。みんなで少額の保険料を出しあっておけば，もしものときに保険から保障を受けることができる

②逆選択

保険の売り手と買い手の間には**情報の非対称性**がある。保険の買い手は自分の健康状態がわかるが，売り手にはわからない。この場合，保険を購入するのは，その保険を購入すれば得だと思う者である。つまり，健康でない者ばかりが保険を購入することになるので，保険を維持することが難しくなる

③リスク選択

民間の保険会社は逆選択を防ぐために，加入前の健康診断の受診，既往歴などの告知義務を課している。この場合，健康でない人はなかなか保険に加入できない

④外部経済

公的医療保険があれば，低い自己負担ですぐに医療機関にかかることができる。たとえば，早期に風邪の治療をする人が増えれば，周りに風邪をうつすことも減り，結果として医療費の節約などにつながる

解説 **公的医療保険はなぜ必要か？**　民間保険の限界として，逆選択やリスク選択があげられる。そのため，公的医療保険が整備され，国民皆保険制度が構築されてきたのである。

? 持続可能な医療保険制度とするためには，どのような取り組みが必要だろうか。p.292「**1** 医療保険制度のしくみ」，「**3** 医療費の自己負担」をあわせて考えよう。

経済

⑴介護保険制度導入の背景と基本的な考え方

【導入の背景】
- 高齢化の進展→介護ニーズが増大
- 核家族化の進行→これまで要介護高齢者を支えてきた家族をめぐる状況が変化

従来の老人福祉・老人医療の制度による対応は限界

高齢者の介護を社会全体で支え合うしくみ（介護保険）を創設
【基本的な考え方】
- 自立支援……高齢者の自立を支援することを理念とする
- 利用者本位……利用者が主体的にサービスを選択できる
- 社会保険方式……給付と負担の関係を明確にする

解説 **高齢化，核家族化へ対応** 従来の老人福祉制度には，①利用者がサービスを選択できない，②所得調査が必要なため，利用に心理的抵抗がともなう，③サービス内容が画一的といった問題点があった。また，老人医療制度には，介護を理由とする病院への長期入院（いわゆる社会的入院）の発生が，医療費増加の要因となるなどの問題点があった。従来の制度では，介護ニーズの高まりに対応できなかったことから，1997年に**介護保険法**が成立し，2000年に施行された。

⑵介護保険のしくみ

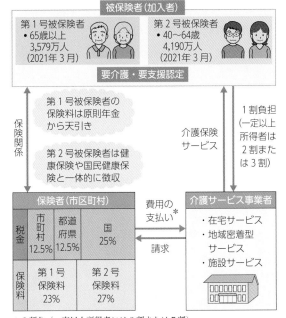

＊9割分（一定以上所得者には8割または7割）

解説 **介護保険の費用負担** 少子高齢社会の日本では，認知症の高齢者の増加，介護の長期化，核家族化と老老介護など，介護をとりまく，さまざまな問題がある。そこで，2000年に**介護保険制度**がはじまった。保険料は40歳以上によって支払われ，サービスの対象者は65歳以上か40〜64歳で老化が原因の病気で介護が必要となった人である。介護保険の費用の1割は利用者が負担することが原則である（所得に応じて2割，3割負担の場合もある）。残りの9割程度の費用は，40歳以上が支払う保険料と国・地方公共団体が負担する公費で賄われ（図中「保険者」），保険者である市区町村が運営主体となっている。

⑶介護保険のおもなサービス

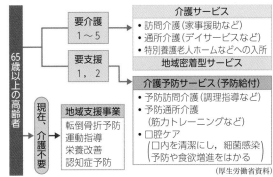

（厚生労働省資料）

解説 **予防を重視** 介護保険の利用が広がる一方で，費用は増加している。2005年には健康寿命を延ばすために介護予防を重視したサービス体系へと，介護保険法が改正された。

これにより，「要介護」の人だけではなく，「要支援」の人へのサービスもおこなわれている。「要支援」は状態が悪化しないように，自分でできることを増やすためのサービスである。訪問看護や訪問入浴介護，通所リハビリテーション，認知症対応通所介護などがおこなわれている。2014年には，**医療介護総合確保推進法**が制定され，身近な地域で医療，介護，住居，生活支援サービスが包括的におこなわれている。

⑥ 高齢社会への対応

ゴールドプラン (1989) 新ゴールドプラン (1994) ゴールドプラン21 (1999)	高齢社会に備えて策定された高齢者保健福祉計画。ゴールドプラン21では，高齢者の自立支援や2000年の介護保険制度導入をふまえて，介護サービスの充実に重点が置かれた
高年齢者雇用安定法 (1971 制定→2004改正・名称変更)	急速な高齢化の進行に対応し，高年齢者の安定した雇用確保をはかる
高齢社会対策基本法 (1995)	高齢社会対策の基本理念，国と地方公共団体の責務，国民の努力，施策の大綱の策定
育児・介護休業法 (1995)	家族の介護のために休業できる。対象家族1人につき通算93日まで取得可能
高齢者虐待防止法 (2005)	高齢者への身体的虐待や介護・世話の放棄・放任，心理的虐待を防ぐために制定
オレンジプラン (2012) **新オレンジプラン** (2015)	認知症患者が住み慣れた地域で暮らし続けられるための計画。医療と介護の連携，認知症への理解推進，認知症の人の介護者への支援などからなる

解説 **介護を担う家族への支援も課題** 日本の総人口に占める高齢者の割合は高まっている。自分の親や配偶者など，家族の介護のためにやむをえず離職する**介護離職**の問題や，高齢者どうしの**老老介護**の問題など，解決すべき問題は山積している。また，高齢者が安定した雇用を得られることも求められており，高年齢者雇用安定法（→p.227）が定められている。

用語解説 介護保険 →p.366

経済

1 雇用保険のしくみ

雇用保険の概要

目的と内容	①労働者が職を失ってしまった場合の所得を保障 　→失業等給付 ②失業の予防，労働者の能力の開発・向上 　→雇用安定事業・能力開発事業
保険料	事業主と労働者が負担。賃金の1.55％＝事業主0.95％＋労働者0.6％（一部国庫補助）　　　（2023年度）

求職者給付（基本手当）

項目	おもな内容
失業の定義	①離職し，②労働の意思および能力を有するにもかかわらず，③職業に就くことができない状態
受給資格	●**通常の場合**：離職前2年間に通算12か月以上働いている ●**倒産・解雇などの場合**：離職前1年間に通算6か月以上働いている
失業の認定	ハローワークの所長から受給資格の決定を受け，その後は4週間に1度，失業状態の認定を受ける
給付額	離職前6か月の賃金日額（ボーナスを除く）の約50〜80％
支給日数	90〜360日

? 雇用保険は失業した場合以外にも給付を受けることができるが，それはどのような場合だろうか。

解説　**失業時のセーフティネット**　多くの労働者は，企業などに雇われて仕事をし，賃金を得て生活をしている。そのため，解雇などにより，職を失った場合は，生活が立ち行かなくなることがある。このような事態に備えるのが，社会保険の一つの**雇用保険**である。**失業等給付**には，①**求職者給付**だけでなく，②育児休業時に支給される**育児休業給付**や③介護休業時に支給される**介護休業給付**も含まれる。

2 労災保険のしくみ

項目	おもな内容
概要	労働災害の被害にあった労働者やその遺族に対して保険給付をおこなう制度
保険料	全額事業主が負担（一部国庫補助）
受給対象者	労働基準法上の労働者（アルバイト，パート，派遣労働者なども対象）
給付の対象	●業務災害：労働者の業務上の病気やケガ ●通勤災害：労働者の通勤による病気やケガ 　※病気には過労死や過労自殺を含む ●二次健康診断等給付

解説　**使用者による補償を確実に**　労働者が仕事によって病気になったりケガを負ったりすることがある。この場合，事業主には，これを補償する責任があると労働基準法（● p.221）で定められている。しかし，事業主に補償の金銭的な余裕がない場合には，補償が実現しない。金銭的な補償を確実にするために，1人以上の従業員を雇う事業主は**労働者災害補償保険（労災保険）**に加入して，日ごろから保険料を支払うことが義務づけられている。労災保険には，事業主による労働者への補償の意味あいがあることから，その保険料は全額事業主が負担する。

3 社会福祉制度

社会福祉	身体上，精神上，家庭上の理由により，日常生活に支障がある人たちに，さまざまなサービスを提供（自立支援と社会参加の促進が目的）
高齢者福祉	多くの高齢者福祉サービスは介護保険へ移行 ●介護保険でカバーできないサービスの提供 ●やむを得ない理由がある者（介護保険未加入者など）へのサービスの提供
障害者福祉	①自立した日常生活を送るための支援 ②経済的な自立を獲得するための支援 ③孤独や引きこもりにならないための支援
児童福祉	幼稚園，保育園，認定こども園の利用

解説　**社会保険と公的扶助の中間**　社会福祉は，①事前の金銭負担がない点では公的扶助に近く，②給付にあたっての経済状況などの条件がない点では社会保険に近いという特徴をもつ。そのため，社会保険と公的扶助の中間に位置する制度といえる。原則的にサービスの提供をおこなうが，**児童手当**などは金銭的な支援をおこなうものであり，これは**社会手当**とよばれる。

TOPIC 仕事をやめたときは……

(1) 雇用保険（求職者給付）Q＆A

? アルバイトで，週10時間だけ，仕事をしていた。求職者給付は受けられるだろうか。

Answer　**求職者給付を受けられない**
求職者給付の対象となるのは，所定労働時間が原則週20時間以上の者である。

? 自己都合で会社を辞めた。すぐに求職者給付を受けられるだろうか。

Answer　**すぐには求職者給付を受けられない**
自己都合退職の場合，最初の2か月は原則支給されない。

支給される時期

●会社の都合（倒産，解雇など），定年，契約満了などによる退職（定年退職）
待期期間が終了した日の翌日から支給対象

●自己の都合などによる退職（転職）
給付制限2か月間（支給の対象とならない期間）→給付制限の期間が終了した日の翌日から支給対象

(2)第2のセーフティネット
　(1)のように，日本の雇用保険制度は，非正規労働者への支援が不十分な状況にある。この問題点が明らかになったのは，2008年のリーマン・ショックを契機に発生した非正規労働者を中心とした解雇・雇い止めであった。そこで，2011年には，雇用保険の対象とならない人向けの**求職者支援制度**が誕生した。求職者のための**職業訓練**や，職業訓練期間中の所得を補助するための**職業訓練受講給付金**の支給などをおこなっている。

? 日本の社会保障制度は，多重的なセーフティネットが張りめぐらされている。最後のセーフティネットともよばれる生活保護制度までに，どのようなセーフティネットが順番に存在するのかまとめてみよう。

4 生活保護のしくみ

最低生活費	
収入	支給される保護費

＊収入には，就労による収入のほか，年金や親族による援助などが含まれる。

生活扶助基準額の例（2020年 4 月現在）

	東京都区部など	地方郡部など
3人世帯 （33歳，29歳，4歳）	15万8,760円	13万9,630円
高齢者単身世帯 （68歳）	7万7,980円	6万6,300円
高齢者夫婦世帯 （68歳，65歳）	12万1,480円	10万6,350円
母子世帯 （30歳，4歳，2歳）	19万550円	16万8,360円

＊児童養育加算などを含む。 （厚生労働省資料）

？ 生活保護が「補足性の原理」に基づいて支給されているのは，なぜだろうか。

解説 **最後のセーフティネット** 憲法第25条の「健康で文化的な最低限度の生活」を営むために支給されるのが**生活保護**である。生活扶助，教育扶助，住宅扶助，医療扶助など 8 種類がある。保護を必要とする人が福祉事務所に申請すると，収入などの実態が調査され，「最低生活費」に不足する分を扶助額として支給される（補足性の原理）。

5 生活保護世帯数と生活保護費の推移

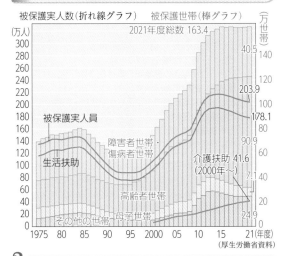

被保護実人数（折れ線グラフ）　被保護世帯（棒グラフ）

2021年度総数 163.4

被保護実人員

生活扶助

障害者世帯・傷病者世帯

介護扶助 41.6（2000年〜）

高齢者世帯

その他の世帯　母子世帯

（厚生労働省資料）

？ 近年，受給が増えているのはどの世帯だろうか。

解説 **増加する被保護世帯** 1996年度後半から都市部を中心に被保護実人員・世帯数ともに増加しており，なかでも高齢者世帯の割合が増加している。「その他の世帯」の増加は，41〜59歳の働く貧困層（**ワーキング・プア**）の増加を意味している。また，生活保護の不正受給が問題となっている一方で，生活保護を利用できる生活水準であるにもかかわらず，実際には生活保護制度を利用していない人も一定数存在する。これは，生活保護が本人や同居の親族からの申請を原則としている（申請保護の原則）ためで，申請がない人を助けることは難しい。セーフティネットの観点からみたときの課題といえる。

6 日本の社会保障制度の課題

日本の社会保障制度には，どのような課題があるのだろうか。

1 日本の人口ピラミッド

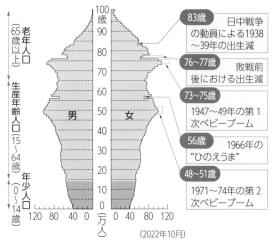

年齢	できごと
83歳	日中戦争の動員による1938〜39年の出生減
76〜77歳	敗戦前後における出生減
73〜75歳	1947〜49年の第 1 次ベビーブーム
56歳	1966年の"ひのえうま"
48〜51歳	1971〜74年の第 2 次ベビーブーム

老年人口（65歳以上）
生産年齢人口（15〜64歳）
年少人口（0〜14歳）

男　女

（万人）（2022年10月）

（注）100歳以上人口は，まとめて「100歳以上」とした。

解説 **いちだんと進む少子高齢化** 2022年10月 1 日現在，65歳以上の高齢者人口は3,624万人と過去最高を記録し，総人口に占める割合（高齢化率）も29.0％となった。15歳未満の子どもの数は1,450万人となり，42年連続で減少し，総人口に占める割合は11.6％となった。現在は，働く人 2 人で 1 人の高齢者を支える時代になっている。現在の社会保障のしくみのままでは，負担と給付のバランスが崩れ，制度を維持できない可能性がある。

TOPIC ベーシックインカムをめぐる議論

年齢・所得・資産・就労の有無に関係なく，すべての国民に対して，最低限の生活を送るのに必要な現金を一律に支給する制度を**ベーシックインカム**（Basic Income：B I）という。この制度は，フィンランドやオランダの一部地域で，試験的に導入されている。

ベーシックインカム

政府
・子どもを含むすべての人が対象
・定期的に給付
・給付額は，収入や資産にかかわらず一律
・仕事の有無は問わない

すべての人

現行の制度

生活保護	失業保険	年金

制度ごとに，それぞれの経済力などに応じて給付

生活困窮者　失業者　高齢者

期待される効果	導入に向けた課題
●社会福祉制度が一元化されてわかりやすい ●受給漏れがなくなる ●行政事務が効率化される ●ボランティア活動などに参加しやすくなるなど，暮らしの自由度が高まる	●巨額な財源が必要となる ●最低限の所得を得るために働く必要がなくなり，労働意欲の低下につながるおそれがある

2 出生数・合計特殊出生率の推移

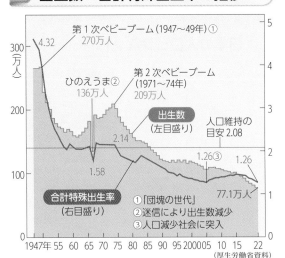

（厚生労働省資料）

第1次ベビーブーム（1947〜49年）① 270万人 4.32

ひのえうま② 136万人

第2次ベビーブーム（1971〜74年）209万人

2.14

出生数（左目盛り）

人口維持の目安2.08

1.26③ 1.26

77.1万人

1.58

合計特殊出生率（右目盛り）

①「団塊の世代」
②迷信により出生数減少
③人口減少社会に突入

解説 少子化の進展　合計特殊出生率とは，女性が生涯に産む子どもの数の平均のことである。2005年の1.26から増加傾向にあったが，2022年には再び1.26となった。出生数は2016年には100万人を割り込み，2022年には過去最少の77.1万人となった。

3 世界の高齢化率の推移

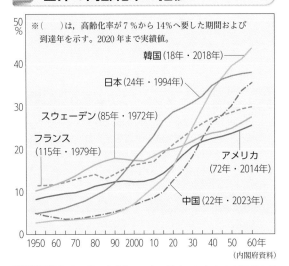

※（　）は，高齢化率が7％から14％へ要した期間および到達年を示す。2020年まで実績値。

韓国（18年・2018年）

日本（24年・1994年）

スウェーデン（85年・1972年）

フランス（115年・1979年）

アメリカ（72年・2014年）

中国（22年・2023年）

（内閣府資料）

解説 急速に進む高齢化　日本の総人口に占める高齢者の割合は，急速に高まっている。一般に総人口に占める65歳以上人口の割合が7％以上の社会を**高齢化社会**，14％以上の社会を**高齢社会**という。諸外国と比較しても急速に高齢化が進んだ日本では，早急な社会保障制度の見直しが必要である。

4 高齢者のいる世帯構造の変化

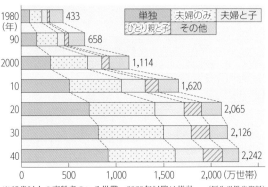

	単独	夫婦のみ	夫婦と子
ひとり親と子	その他		

1980（年） 433
90 658
2000 1,114
10 1,620
20 2,065
30 2,126
40 2,242

※65歳以上の高齢者のいる世帯。2020年以降は推計。　（厚生労働省資料）

解説 老老介護・孤独死　世帯主が高齢者（65歳以上）の単独世帯（1人暮らし）は増加を続けている。高齢者の1人暮らしは，誰にも看とられずに死亡する孤独死をむかえる可能性をはらむ。また，核家族化の進行にともない，高齢者の夫婦のみで生活する世帯も増加が予想されている。この場合，高齢者が高齢者を介護する老老介護が生じることになる。地域社会全体でこのような課題に取り組む必要がある。

5 子ども・子育て支援

年	政府の少子化対策
1994	**エンゼルプラン策定**→保育所の量的拡大，保育サービスの充実
2003	少子化社会対策基本法成立，次世代育成支援対策推進法成立
2004	**子ども・子育て応援プラン（新新エンゼルプラン）策定**→保育事業中心の対策から，子育て世代の働き方の見直しなど対策を拡大
2010	**子ども・子育てビジョン策定**→子ども手当創設・高校の実質無償化
2012	**子ども・子育て関連3法成立**→保育所と幼稚園の機能をあわせもつ「認定こども園」の普及，待機児童の解消など
2019	**子ども・子育て支援法の改正**→幼児教育・保育の無償化
2023	**こども家庭庁発足****こども未来戦略方針策定**→児童手当の所得制限を撤廃，対象を高校生まで拡大

解説 社会全体で子育てを　日本の少子化対策は，当初は保育サービスの拡充を中心とした政策をとったが，少子化には歯止めがかからなかった。政府は2030年代に入るまでに少子化傾向を反転できるかが重要としている。岸田内閣は，①若い世代の所得の増加，②すべての子育て世帯への切れ目ない支援，③家庭内において育児負担が女性に集中している「ワンオペ」の実態を変えるなど，社会全体の構造も見据え議論している。

TOPIC　子ども食堂

子どもたちに無償もしくは安価で食事を提供する「**子ども食堂**」が，全国に広がっている。社会保障を充実させるのは政府（行政）の責任であるが，行政の手が十分に届かない部分を，ＮＰＯや飲食店などの地域住民がボランティアとして補う形で運営している。日本の子どもの**相対的貧困率**は11.5％（17歳以下，2021年現在）であり，子どもの貧困は深刻な社会問題となっている。貧困に悩まされる子どもや保護者と食を入り口につながることで，さまざまな問題の発見やフォローにもつながる取り組みとして注目されている。さらに，高齢者がボランティアとして活動することで，高齢者にとっても生きがいをもって活躍できる場となっている。

↑②「子ども食堂」で食事をする子どもたち

経済

296 少子高齢化と人口の減少は，今後の日本社会の社会保障にどのような影響をおよぼすのだろうか。p.296「④　家族構成の変化」とp.295「①　日本の人口ピラミッド」をもとに考えよう。

Let's Think!

社会保障制度を考える視点

日本の社会保障制度は，少子高齢化の影響を受けて，現状の維持が難しくなっている。持続的な社会保障制度とするには，どのような改革が必要だろうか。今後の日本の社会保障制度のあるべき姿を考えよう。

今後の給付と負担のバランスは？

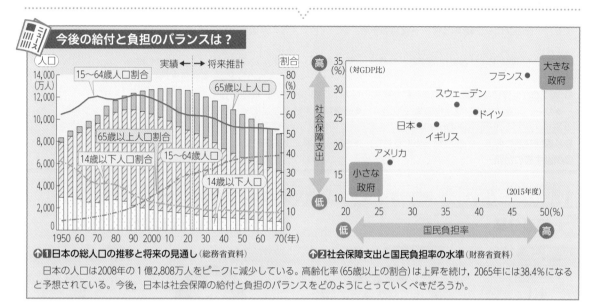

↑■日本の総人口の推移と将来の見通し（総務省資料）　↑2社会保障支出と国民負担率の水準（財務省資料）

日本の人口は2008年の1億2,808万人をピークに減少している。高齢化率（65歳以上の割合）は上昇を続け，2065年には38.4％になると予想されている。今後，日本は社会保障の給付と負担のバランスをどのようにとっていくべきだろうか。

給付と負担のバランス〜自助か，共助・公助か

図3のように，社会保障に対するさまざまな考え方があり，各国は独自の社会保障制度を整備してきた。高福祉・高負担の社会保障制度は，個人では対応できない病気や加齢，貧困に対する支援を，政府の責任でおこなう考え方である。社会保障の共助・公助の考え方を重視している。

低福祉・低負担の社会保障制度は，健康でみずから働くことができる場合，自分の生活は自分の力で維持すべきとする自助の考え方が強い。たとえば，アメリカの公的医療保険制度は，すべての国民を対象にしたものではない。多くの国民は，事業主などが提供する民間保険に加入し，高齢者や低所得者といった民間保険に加入できない者がメディケアやメディケイドといった公的医療保険に加入している。しかし，いずれの医療保険にも加入していない無保険者が一定数いたことは，社会問題の1つであった。これを解消するために，2010年にオバマ政権は医療保険改革法を制定し，「オバマケア」を

実現した。一方で，伝統的にアメリカでは多くのNPOが社会的弱者のために活動している。政府の役割を必要最小限とし，できる限り民間に委ねるという社会保障の考え方もある。

今後充実させるべき社会保障の分野

図4から，日本は，諸外国に比べて高齢分野に関する支出の割合が高く，家族分野に関する支出が少ないことが分かる。少子高齢社会において，社会保障政策のどの分野にどれだけの給付をおこなうかも重要な課題である。

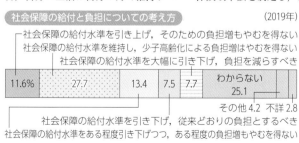

↑3社会保障を支える世代に関する意識調査（厚生労働省資料）

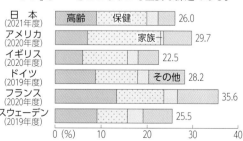

↑4各国の社会支出の対GDP比（国立社会保障・人口問題研究所資料）

❶日本の社会保障の給付と負担のバランスは，どのようにあるべきだろうか。
❷社会保障の支出（給付）構成を変化させるには，高齢者を含めたすべての世代からの同意を得る必要がある。痛みをともなう世代からも同意を得るには，どのような視点が必要だろうか。

297

1 国際分業と国際貿易体制

要点 の整理
＊＿＿＿は共通テスト重要用語，■は資料番号を示す。この節の「共通テスト○×」などに挑戦しよう☞

1 国際分業と貿易
❶国際分業 ■……垂直的分業（原材料と工業製品）──→水平的分業（工業製品と工業製品）
❷自由貿易と保護貿易 ■
- ●リカード（英）…… 比較生産費説 により，国際分業と貿易によって相互の利益が増進すると述べ，自由貿易を主張
- ●リスト（独）……自由貿易は先進工業国に有利であるとして，発展途上国の立場から保護貿易を主張

2 国際貿易体制の展開
世界恐慌後のブロック経済化 ■──→貿易の停滞，第二次世界大戦の原因の一つに
↓
❶GATT（関税および貿易に関する一般協定，1948年）■……関税引き下げによる自由貿易の推進
　　　　　　　　　　　　　　　　　　　──→ラウンド（多角的貿易）交渉
❷WTO（世界貿易機関，1995年）■〜■……GATTを引き継ぎ，機能を強化
- ●サービス貿易，知的財産権のルール化　●紛争解決手続きの強化──→セーフガード，アンチダンピング措置

3 国際貿易体制の課題 ➡p.301
❶多国間交渉の停滞……農産物をめぐる対立，先進国と発展途上国の対立
❷保護主義の台頭

1 国際分業と貿易
国際分業は，どのような考え方に基づいているのだろうか。

1 国際分業

垂直的分業
先進工業国
原材料　工業製品
発展途上国

水平的分業
先進工業国　工業製品　先進工業国
工業製品

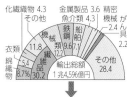

輸出品目（1960年）
化繊織物 4.3　金属製品 3.6　精密機械 2.4
その他　魚介類 4.3　がん具 2.2
鉄鋼 船舶
機械 9.67 12.2
衣類 11.8
綿織物 8.7%　繊維品 30.2　5.4
輸出総額 1兆4,596億円　その他 28.4

輸入品目（1960年）
鉄鉱石 4.8　木材 3.8
鉄くず 5.1　小麦 3.9　石炭 3.1
石油製品 3.0　原油 7.0　生ゴム 2.8
その他 2.3　10.4　砂糖 2.5
羊毛 5.9　5.9
綿花 9.4 17.6　機械類
繊維原料　輸入総額 1兆6,168億円　その他 36.0

輸出品目（2021年）
プラスチック 3.6
自動車部品 4.3　精密機械 2.9
鉄鋼 4.6　12.9 自動車
機械類 38.1%　輸出総額 83兆914億円　その他 33.6

輸入品目（2021年）
医薬品 5.0　衣類 3.3　石炭 3.3
液化ガス 5.9　精密機械 2.6
石油製品 2.5　8.2
原油 10.7　その他 44.1
石炭
機械類 25.1%　輸入総額 84兆8,750億円

（『日本国勢図会』2023/24年版）

❓ 日本の貿易は，水平的・垂直的のどちらだろうか。

解説　2つの貿易形態　自然条件や技術水準などの違いで，自国では生産できないものを他国から購入するといった国際的な分業は，昔からおこなわれてきた。国際分業には，①原材料を生産する国と，それを用いて工業製品を生産する国とでおこなう垂直的分業と，②異なる工業製品を互いに生産する水平的分業がある。垂直的分業は，おもに発展途上国と先進国との間でおこなわれてきた貿易形態である。しかし近年では，企業の多国籍化が進み，発展途上国にも生産拠点が置かれるようになっているため，互いに工業製品同士の貿易をおこなう水平的分業が拡大している。

2 自由貿易と保護貿易

リカード（1772〜1823）
●出身 イギリス

マルサス（1766〜1834）
●出身 イギリス

比較生産費説によって貿易がすべての国に利益をもたらすことを説明。貿易の拡大は自由貿易によって実現される

←→対立→

穀物まで自由貿易にすると，イギリスは食糧を外国に依存することになる。食糧は輸入を制限すべきである

↕対立

リスト（1789〜1846）
●出身 ドイツ

自由貿易に任せていれば，工業製品はイギリスが生産することになる。ドイツの工業力を高めるためには，イギリスの工業製品に関税をかけ，国内産業を保護しなければならない

解説　国の利害がからむ貿易体制　貿易のやり方には2つある。1つは輸出入に制限をかけない自由貿易で，もう1つは輸入に制限を加える保護貿易である。自由貿易は，国際分業を進め，互いに得意な産業に特化することで世界の富の増加に寄与するとして，現在でも推進されている。しかし，自由貿易が進むと，国内の弱い産業はつぶれて，失業が発生することがある。そのため，いつの時代にも，どの国にも，関税や輸入制限などによる国内産業の保護を求める声があがってきた。リカードとマルサスの論争は，「穀物論争」として知られるが，現在の日本でも同様の論争があることに注目してほしい。一方で，ドイツのリストは，先進国であるイギリスにドイツが対抗するためには，幼稚産業の保護が重要であると考え，自由貿易に反対した。もし，リストがイギリス人だったならば，保護貿易を主張しただろうか。

見方・考え方　幸福，正義，公正　自由貿易を推進すれば，どのような問題が生じるのだろうか。問題を解決しつつ自由貿易を進める方法を，「幸福・正義・公正」の観点から考えよう。

比較生産費説とは？ 出題

今日まで，世界経済は，自由貿易を拡大しようと努めてきた。自由貿易がお互いの利益となるからである。このことをはじめて説明したのがリカードの比較生産費説である。彼の理論は，現代でも自由貿易を推進する理論的根拠となっている。比較生産費説は，なぜ発展途上国も含めたすべての国に利益があるとするのだろうか。

絶対優位と比較優位

リカードは，【表1】のように，イギリスとポルトガルで，毛織物とぶどう酒の2つの製品のみが生産され，貿易がおこなわれない社会を仮定した。毛織物もぶどう酒も，ポルトガルの方が少ない人数で生産できる。この状況を，「ポルトガルは，毛織物の生産にも，ぶどう酒の生産にも絶対優位がある」という。「絶対優位にある方が，その財を生産して貿易をする」という考えは，アダム＝スミス（→p.255）が提唱していたが，これではイギリス人のすることがなくなってしまう。

そこで，リカードは比較生産費説を生み出した。各国が比較的得意とする生産物を考えるというものである。たとえば，ぶどう酒1単位を生産する人数の何倍の人数で毛織物1単位を生産できるかを考えるのである。イギリスは $100 \div 120 = 0.83$ 倍の人数で毛織物が生産できる。ポルトガルは，$90 \div 80 = 1.125$ 倍となる。$0.83 < 1.125$ なので，

「イギリスは毛織物の生産がポルトガルよりも比較的得意だ」ということがいえる。この「比較的得意」というのを，比較優位という。

相互に利益をもたらす

そこで，イギリスとポルトガルのそれぞれが比較優位をもつ製品の生産に特化することを考えよう。イギリスのすべての労働者220人が毛織物の生産を，ポルトガルのすべての労働者170人がぶどう酒の生産をおこなうとする。【表2】のように，毛織物は2.2単位，ぶどう酒は2.125単位生産できることになる。こうしてリカードは，比較優位にある製品に特化することは発展途上国（この場合はイギリス）にも利益があることを説いた。

それでは，両国とも毛織物の方が少ない人数で1単位を生産できる以下の場合はどうなるのだろうか。

	ぶどう酒1単位		毛織物1単位
ポルトガル	100人	＞	90人
イギリス	200人	＞	100人

【表1】と同様に，ぶどう酒1単位の生産に比べ，何倍の人数で毛織物1単位を生産できるかを考えると，

イギリスは $100 \div 200 = 0.5$ 倍
ポルトガルは $90 \div 100 = 0.9$ 倍

となり，毛織物の生産はイギリスに比較優位がある。逆にぶどう酒については，ポルトガルの方に比較優位がある。つまり，「両財の生産に比較優位がある」，「両方の国に比較優位がある」はありえないのである。

比較生産費説の応用

それでは，次のような例を考えよう。

	犯罪捜査	書類整理
ホームズ	1時間	2時間
ワトソン	4時間	3時間

探偵のホームズと助手のワトソンの仕事を終わらせるまでの時間を示している。書類整理も犯罪捜査も，個々の業務ではホームズがおこなった方が早く終わるが，それぞれが比較優位にある方，すなわち，ホームズが犯罪捜査，ワトソンが書類整理をおこなえば，より多くの仕事をおこなうことができる。比較生産費説は，その人のすぐれたところを活かすための考え方でもある。

国際分業による利益

	【表1】	ぶどう酒1単位の生産に要する労働量	毛織物1単位の生産に要する労働量
特化前	ポルトガル	80人 ＜	90人
	イギリス	120人 ＞	100人

イギリスとポルトガルが貿易をおこない，比較優位をもつ製品だけをつくる（特化）と……

	【表2】	ぶどう酒の生産	毛織物の生産
特化後	ポルトガル	170人の労働者で2.125単位	—
	イギリス	—	220人の労働者で2.2単位

貿易がない場合（特化前）
● ぶどう酒を基準とした労働量の比較
ポルトガル $90 \div 80 = 1.125$
イギリス $100 \div 120 = 0.833$
● 毛織物を基準とした労働量の比較
ポルトガル $80 \div 90 = 0.888$
イギリス $120 \div 100 = 1.2$
➡ ポルトガルはぶどう酒に比較優位
イギリスは毛織物に比較優位

貿易をした場合（特化後）
➡ 特化前に比べ，
ぶどう酒は0.125単位，
毛織物は0.2単位，
増産できた

特化前の2か国の総生産量
毛織物2単位　ぶどう酒2単位

特化後の2か国の総生産量
毛織物2.2単位　ぶどう酒2.125単位

❶他国よりも生産能力がすぐれている産業でも，比較優位の考え方に従えば，生産を外国に委ねた方がよい場合がある。それはどのような場合だろうか。
❷「比較優位がない」，すなわち「貿易の利益がない」場合はあるのだろうか。

 用語解説 比較生産費説 →p.366

299

2 国際貿易体制の展開　国際貿易体制の下，どのような取り組みがおこなわれているのだろうか。

1 世界経済のブロック化

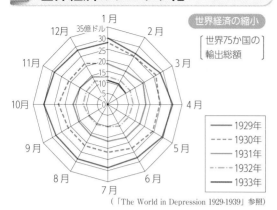

世界経済の縮小

[世界75か国の輸出総額]

——— 1929年
------- 1930年
——— 1931年
——— 1932年
——— 1933年

（「The World in Depression 1929-1939」参照）

ブロック経済…自国製品を保護する目的で，植民地や自国の影響下にある地域などを1つの経済圏とし，圏内に対する輸入に高い関税を課すことで外国製品を締め出すこと。

？ なぜ，世界の貿易量は縮小したのだろうか。

解説 **自国優先主義の結果**　世界恐慌（→p.255）に直面した列強諸国は，他国の製品に高関税を課し，植民地との結びつきを強めた。こうした**ブロック経済化**は世界貿易を縮小させ，日本や，第一次世界大戦後に植民地を失ったドイツ経済を苦況に陥れ，日本やドイツの対外侵略につながった。この反省から，第二次世界大戦後，GATT（関税および貿易に関する一般協定）が設立され，自由貿易が推進されることになった。

2 GATT　出題

GATTの三原則

自由	非関税障壁の撤廃・関税の引き下げ ●非関税障壁……数量制限，煩雑な輸入手続きなど →非関税障壁は関税に置き換え，関税の引き下げを進める
無差別	**最恵国待遇**……関税の引き下げなど，ある国に与えた最も有利な貿易条件を，すべてのGATT加盟国に適用すること **内国民待遇**……輸入品に高い内国税を課す，厳しい品質基準を適用するなどして，輸入品を国内産品より不利に扱うことを禁止
多角主義	貿易自由化は，2か国間ではなく多国間での交渉で進めること

？ 最恵国待遇とは，どのような措置だろうか。

解説 **貿易の制限は関税のみ**　1930年代の保護主義の反省から，1948年にGATT（関税および貿易に関する一般協定）が締結され，「**自由・無差別・多角**」を原則に，貿易自由化を推進した。GATTは，自由貿易の障害となる関税の引き下げの推進と，非関税障壁の撤廃をめざした。ただし，国内産業に重大な障害が生じる場合には，**セーフガード**（緊急輸入制限措置）を認めているほか，**ダンピング**（輸出量を増やすために不当に安く輸出すること）に対しては**アンチダンピング措置**（相殺関税の導入）を認めている。最恵国待遇とは，ある国に与えた最も有利な条件を対象国にも適用することであるが，それをすべてのGATT加盟国に対しておこなうという意味で，**一般最恵国待遇**ともいう。

3 ラウンド交渉

回	交渉名	交渉年	交渉の内容・成果
6	ケネディ・ラウンド	1964〜67	鉱工業品関税を平均35%引き下げ
7	東京ラウンド	1973〜79	鉱工業品関税を平均33%引き下げ 非関税障壁の軽減
8	ウルグアイ・ラウンド	1986〜94	農産物貿易の自由化 **サービス貿易・知的財産権の分野でのルール設定** **WTOの設立**
9	ドーハ・ラウンド	2001〜	貿易円滑化・開発・環境分野が交渉対象に加わる

？ ラウンド交渉で話しあわれる内容は，どのように変化しているのだろうか。

解説 **交渉内容が拡大**　GATT加盟国による他国間交渉（多角的貿易交渉）である**ラウンド**は，関税の引き下げや非関税障壁の軽減など，戦後の自由貿易の拡大に大きく貢献した。第6回のケネディ・ラウンドでは，鉱工業製品について，個別品目ごとではなく他品目にわたる関税の一括引き下げを実現し，その後，鉱工業製品だけではなく農産物へ，そして財貿易以外にサービス貿易や知的財産権も，と交渉対象が拡大していった。「ラウンド」とよばれるのは，丸いテーブルを囲んで交渉をおこなうからとも，ボクシングのように何ラウンドも交渉を重ねることにちなんだからともいわれる。

4 WTOの発足　出題

1994年に閉幕したウルグアイ・ラウンドにおいて，「世界貿易機関を設立するマラケシュ協定」（WTO協定）が結ばれ，1995年にWTO（世界貿易機関：World Trade Organization）が発足した。

●WTO協定のおもな付属協定
・1994年のGATT：ウルグアイ・ラウンドで合意された従来のGATTにそれまでの合意事項などを加えたもの
・サービスの貿易に関する一般協定（GATS）
・知的所有権の貿易関連の側面に関する協定（TRIPS協定）
・貿易に関連する投資措置に関する協定
・補助金および相殺措置に関する協定
・セーフガードに関する協定
・紛争解決に係る規則及び手続きに関する了解

？ WTOが設立された意義とは何だろうか。

解説 **紛争処理機能の常設化**　GATTは協定文にすぎず，貿易上の紛争が生じるたびに紛争処理機関を立ち上げる必要があった。貿易量や貿易ルールの拡大にともない，紛争処理機能の強化が必要となったことが，WTO（世界貿易機関）設立の一つの要因である。WTO協定により，アンチダンピングやセーフガード発動についてのルール，紛争処理手続きが整備された。紛争処理は，小委員会（パネル）と上級委員会の二審制でおこなわれる。そこでの勧告や裁定の決定は，「全加盟国が反対でない限り採択」される**ネガティブ・コンセンサス方式**を採用し，それまでの，全参加国が反対しない場合にのみ採択されるコンセンサス方式と比べて，紛争処理が速やかにおこなわれるようになった。

経済

国際貿易体制の課題

アメリカのトランプ大統領が中国製品に高関税を課したことで，中国も対抗して関税をかける「貿易戦争」が勃発した。しかし，ＷＴＯでの紛争解決は機能不全に陥った。多角的貿易交渉が行き詰まるなか，2か国間や複数国でのＦＴＡ（自由貿易協定）が増加している。貿易をめぐり，国際社会はどうあるべきなのだろうか。

アメリカと中国の「貿易戦争」（→p.205）

↑**１**アメリカの対中貿易赤字（アメリカ商務省）

	アメリカの追加関税（対中国製品）	中国の対抗措置（対アメリカ製品）
2018年7月6日	818品目：340億ドル分	545品目：340億ドル分
8月23日	279品目：160億ドル分	333品目：160億ドル分
9月24日	5,745品目：2,000億ドル分	5,207品目：600億ドル分
2019年9月1日	2,117品目：1,120億ドル分	1,717品目：750億ドル分

↑**２**関税をめぐる米中のおもな報復（ＪＥＴＲＯ資料ほか）

対中貿易赤字の解消をアメリカ大統領選挙で公約として掲げたトランプ政権（2017～21年）は，①外国企業が中国に進出する際に技術移転を強要し，知的財産を不当に得ている，②不公正な補助金で輸出を促進していると中国を非難し，中国製品の輸入に25％の追加関税を上乗せした。中国もこれに対抗し，同規模の報復関税をかけた。4次にわたる追加関税により，米中間の貿易のほとんどすべての品目で追加関税が課せられる事態になった。また，ファーウェイなどの中国のＩＴ企業が，アメリカの機密情報を中国政府に渡していると非難し，それらの中国企業の製品の排除を進めた。

多角的貿易交渉の停滞

2001年からはじまったＷＴＯの下でのドーハ・ラウンドは，参加国間の対立が大きく，交渉の中断と再開をくり返した。2011年以降は，事実上，停止状態に陥っている。

特に対立が大きかった農業分野では，左下のような対立が続いた。

●ドーハ・ラウンドの農業をめぐる対立
- アメリカ→ＥＵ
  ＥＵの農産物の輸出補助金が市場をゆがめていると批判
- ＥＵ→アメリカ
  農家への補助金を問題視
- アメリカなど→日本など
  農産物輸入自由化を求める
- 日本など
  国内農業を守るために，一層の輸入自由化には反対
- 発展途上国
  輸出補助金などを批判しつつも，発展途上国に対する優遇措置を要求

対立の背景には，工業製品のように合意しやすい分野はすでに合意しているということに加え，ＷＴＯ加盟国が増加し，コンセンサス方式でおこなうＷＴＯの意思決定が非常に難しくなっていることがあげられる。

保護貿易の台頭

2017年のアメリカでのトランプ政権の誕生のように，世界的に保護主義が台頭している。ＷＴＯの紛争処理小委員会（パネル）は，2020年に，2018年のアメリカの対中関税に正当性はないという中国の訴えを認めたが，トランプ大統領はＷＴＯの判断を受け入れず，「第二審」をおこなう上級委員会の委員選出を阻止して，最終判断が下されない状態となった。経済大国が国際協調路線に背を向けたとき，ＷＴＯが機能不全に陥ることが示された事例である。

このように，トランプ大統領は2か国間交渉で貿易問題を解決する姿勢を示し，ＷＴＯの下での国際協調に背を向けてきた。2021年に就任したバイデン大統領は，国際協調路線を示しているが，再度政権が代われば，トランプ政権時代と同じことがくり返される可能性がある。

ＷＴＯと地域的経済統合

ＷＴＯの下での多角的貿易交渉が停滞するなかで，1990年代以降，2か国間あるいは一定の地域で自由貿易協定を締結する傾向が強くなっている。多くの協定で採用されたルールが新たな世界の標準となっていくことが期待されているが，環境や開発など従来の分野に加え，電子商取引やデータ貿易など，新たな分野での国際的なルールづくりも進めていかなければならない。ＷＴＯの果たすべき役割は大きい。

❶ドーハ・ラウンドがまとまらなかったのは，どのような対立があったからだろうか。
❷ＷＴＯが，米中間の対立に際して，紛争解決のための力を発揮できないのはなぜだろうか。
❸❶❷をふまえて，1930年代のように世界中が保護主義に陥らないようにするにはどうすべきだろうか。

2 国際収支と為替相場

要点 の整理

＊ ▨ は共通テスト重要用語，▨ は資料番号を示す。この節の「共通テスト○×」などに挑戦しよう☝

1 国際収支

❶ **国際収支** ……貿易など，一定期間内 (通常は 1 年間) における国家の対外的な収支と支出のこと

┌ 経常収支 ┬ **貿易・サービス収支** ➕輸出，➖輸入
│　　　　　├ **第一次所得収支** ➕受け取り，➖支払い
│　　　　　└ **第二次所得収支** ➕外国からの移転，➖外国への移転
├ 資本移転等収支 ➕外国からの移転，➖外国への移転
├ **金融収支**──**直接投資，証券投資**，金融派生商品，その他投資，外貨準備
└ 誤差脱漏

● **直接投資，証券投資**
➕対外純金融資産の増加
➖対外純金融資産の減少
● **外貨準備**
➕政府が保有する外貨の増加
➖政府が保有する外貨の減少

❷ **国際収支の動向** ▨▨ ……日本などアジア諸国の経常黒字←→アメリカの巨額の経常赤字

2 国際通貨制度

❶ **ブレトンウッズ協定** (1944年) ▨▨ ……**IMF (国際通貨基金)** と**IBRD (国際復興開発銀行)**
　ブレトンウッズ体制……金との交換が保証されたドルを基軸通貨とする**固定相場制**

❷ **ニクソン・ショック** (1971年) ▨ ……金とドルとの交換停止──→ドルの価値を引き下げ

❸ **変動相場制** (1973年〜) ▨ ……為替レートは市場の需給関係で決まる
　　　　　　　　　円高 ←── 経常収支の黒字 (ドルを円に換える需要が多い)
　　　　　　　　　G 5 の**プラザ合意** (1985年) 後の円高──→**産業の空洞化**

❹ **通貨危機の発生** ▨ ……中南米諸国 (1980年代)，**アジア通貨危機** (1997年) ──→ IMF の金融支援

---

1 国際収支 　外国との経済活動は，どのように記録されているのだろうか。

1 日本の国際収支の動向

経常収支の項目別推移と金融収支の推移 (財務省資料)

（グラフ）
凡例：貿易収支，サービス収支，第一次所得収支，第二次所得収支，金融収支，経常収支，貿易・サービス収支
縦軸：（兆円）35, 30, 25, 20, 15, 10, 5, 0, -5, -10, -15, -20, -25
横軸：1996 98 2000 02 04 06 08 10 12 14 16 18 20 22年

❓ 経済成長とともに，貿易収支はどのように変化するのだろうか。

解説 **日本の経済を反映する国際収支** 　終戦直後の日本は，産業基盤が弱く貿易収支は赤字で，不足する外貨を外国からの援助や借り入れで賄っていた。しかし，高度経済成長期の半ばには貿易収支が黒字に転換し，1980年頃には対外債務の返済も終わり，債権国となった。1980年代後半より活発な対外投資がおこなわれた結果，現在の日本は対外資産からの収益が大きく，第一次所得収支は大幅な黒字となっている。一方で，工場など生産拠点の海外移転が進んだことにより，貿易収支は減少傾向にある。サービス収支は赤字が続いているが，新型コロナウイルス感染症の影響による外国人旅行者の減少などによって赤字幅は増加している。

2 おもな国の国際収支の動向

	日本	アメリカ	中国	ベトナム
貿易収支	−1,174.4	−11,910.3	6,686.3	177.0
サービス収支	−412.4	2,457.1	−923.0	−157.3
第一次所得収支	2,687.0	1,773.7	−1,936.1	−161.0
金融収支	540.6	−6,770.7	3,141.8	−150.1

(2022年，億ドル。ベトナムは2021年。『世界国勢図会』2023/24年版)

貿易収支の推移

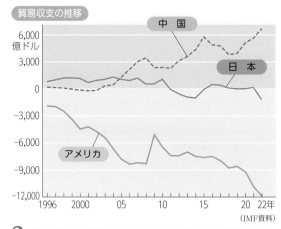

（グラフ 縦軸：6,000億ドル, 3,000, 0, -3,000, -6,000, -9,000, -12,000　横軸：1996 2000 05 10 15 20 22年　中国・日本・アメリカ）(IMF資料)

❓ 貿易収支の不均衡は，どのような構図になっているのだろうか。

解説 **アメリカは巨額の貿易赤字** 　日本や中国は，アメリカに対して巨額の貿易収支の黒字を計上している。日本や中国は，貿易で稼いだお金でアメリカの国債を買い，巨額の外貨準備を保有している。アメリカは知的財産権や多国籍企業の収益があっても，経常収支，特に貿易収支は大幅な赤字となっている。世界的な**経常収支の不均衡 (グローバル・インバランス)** は，世界経済の不安定要因となっている。

経済

❓ 日本の国際収支統計において，黒字が最も大きいのはどの項目だろうか。また，その理由は何だろうか。

国際収支とは？ 出題

国際収支とは，国の家計簿のようなものである。外国との経済活動による収入と支出を記録し，1年間の収支がプラスになったか，マイナスになったかを示すものである。「○○収支」という用語がたくさん出てくるので，それらがどのような活動の結果を示しているのか確認し，理解しよう。

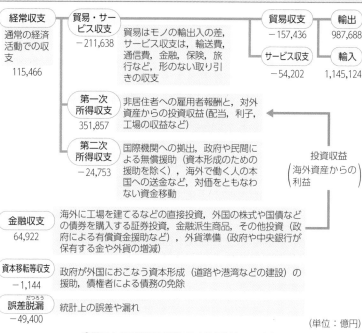

↑**1 日本の国際収支統計**（日本銀行資料，2022年）

（単位：億円）

経常収支 通常の経済活動での収支 115,466

貿易・サービス収支 貿易はモノの輸出入の差，サービス収支は，輸送費，通信費，金融，保険，旅行など，形のない取り引きの収支 −211,638

貿易収支 −157,436 ／ **輸出** 987,688 ／ **輸入** 1,145,124

サービス収支 −54,202

第一次所得収支 非居住者への雇用者報酬と，対外資産からの投資収益（配当，利子，工場の収益など） 351,857

第二次所得収支 国際機関への拠出，政府や民間による無償援助（資本形成のための援助を除く），海外で働く人の本国への送金など，対価をともなわない資金移動 −24,753

投資収益（海外資産からの利益）

金融収支 海外に工場を建てるなどの直接投資，外国の株式や国債などの債券を購入する証券投資，金融派生商品，その他投資（政府による有償資金援助など），外貨準備（政府や中央銀行が保有する金や外貨の増減） 64,922

資本移転等収支 政府が外国におこなう資本形成（道路や港湾などの建設）の援助，債権者による債務の免除 −1,144

誤差脱漏 統計上の誤差や漏れ −49,400

経常収支はお金が入ればプラス

具体的な取り引きから考えてみよう。次の行為は，どの収支の項目のプラス，またはマイナスの要因だろうか。

? **❶** 日本の自動車会社が，アメリカに車を輸出して受けとった代金
❷ 日本の船会社がアメリカの自動車販売会社から受け取った，アメリカから日本までの車の輸送代金
❸ 日本人が海外旅行に出かけて支払ったホテル宿泊費
❹ 外国人歌手が日本でコンサートをして得た出演料
❺ 日本企業が受けとった海外子会社の配当金
❻ アメリカで活躍する野球選手が，日本に住む家族に送金した生活費

❶は，モノの輸出なので**貿易収支**，お金は日本に入ってきているのでプラス。**❷**は，輸送はモノ（財）ではなくサービスなので**サービス収支**，お金は日本に入ってきているのでプラス。**❸**は，ホテルの宿泊というサービスの代金なので**サービス収支**，お金は日本から出ていっているのでマイナス，ということになる。

❹は，労働の対価なので**第一次所得収支**，お金は日本から出ていくのでマイナス。**❺**は，非居住者への雇用報酬なので**第一次所得収支**，お金は日本に入るのでプラス。**❻**は，何かの対価としてではない本国へのお金の移動だから**第二次所得収支**，お金は日本に入ってきているのでプラス，となる。

金融収支はお金が入ればマイナス

? **❼** 日本企業が，海外に工場を建設するために送金した資金
❽ アメリカ人投資家が，日本の株式を購入した資金
❾ ❽のアメリカ人投資家が得た配当金
❿ 日本銀行が，円売り・ドル買いの市場介入をおこなった

❼は**直接投資**になる。お金は日本から出ていっているが，プラスとして計上する。**❽**は**証券投資**で，お金は日本に入ってきているが，日本の国際収支統計にはマイナスで計上される。ややこしいが，これはお金の移動よりも，「日本人の資産が増加するか，減少するか」という視点で記載されているためである。また，株式を売却すれば，**証券投資**のマイナスとなる。**❾**は，株式に関することなので金融収支と思うかもしれないが，配当や利息の受け払いは投資収益に計上され，**第一次所得収支**のマイナスとなる。注意しよう。

❿は，円が出ていき，日本銀行が保有するドルが増加するので，**外貨準備**のプラスとなる。

資本移転等収支と海外援助

日本が，発展途上国に援助をおこなった。国際収支統計では，どの項目に計上されるのだろうか。

? **⓫** 発展途上国に道路を建設するため，返済を前提とした有償資金協力（円借款）をおこなった
⓬ 発展途上国に道路を建設するために，無償資金協力をおこなった
⓭ 気象災害にみまわれた国に，医薬品の援助をおこなった

⓫は，お金を貸しているので，**金融収支（その他投資）**のプラスとして計上される。**⓬**は，**資本移転等収支**に計上される。こちらはお金が出ていけばマイナスである。**⓭**は無償援助であるが，医薬品は社会資本として残るものではないので，**第二次所得収支**のマイナスとして計上される。

なお，国際収支には以下の関係がある。

経常収支＋資本移転等収支
　−金融収支＋誤差脱漏＝0

2 国際通貨制度　外国とお金の交換のしくみは，どのようにおこなわれるのだろうか。

1 ブレトンウッズ体制

出題

ブレトンウッズ協定（1945年発効）

IMF（国際通貨基金）　1947年業務開始

【目的】
❶為替相場の安定
- 金１オンス（約31g）＝35ドルでの交換が保証された米ドルを基軸通貨とし，各国の通貨は，ドルとの間で平価を決める（固定相場制）。そうすることで，戦前のような為替切り下げ競争を回避する
- 加盟国は，為替相場の変動を平価の上下１％に維持する義務を負う。一時的に平価維持（自国通貨買いの為替介入）が困難になった国には，IMFが短期融資をおこなう
❷為替制限の撤廃
- 政府が国際収支の均衡などを目的として，国際取り引きのための支払いおよび資金移動に制限を課すこと（自国通貨と外国通貨の交換を制限する）を禁止する（IMF協定第８条）。なお，戦後の「過渡的措置」として「変化および調整の期間」の為替制限を認めた（IMF協定第14条）

国際復興開発銀行（IBRD，世界銀行）　1945年設立

【目的】
❶戦後復興の支援
❷発展途上国の開発援助
- これらの目的のためにリスクの高い長期の貸し付けをおこなう
- 日本も愛知用水，黒部第四ダム，東海道新幹線，東名高速道路建設などで貸し付けを受けた

世界銀行グループとしては，このほかにも，以下の機関などがある
- 国際金融公社（IFC）……発展途上国の民間企業に対して融資。1956年設立
- 国際開発協会（IDA）……世界銀行の融資の対象とならないものに低金利で融資。1960年設立

？ IMFは，前年の反省にたって設立された。IMFのめざした国際経済とは，どのようなものだろうか。

解説 戦前の為替切り下げ競争を回避　1944年，アメリカのニューハンプシャー州の寒村ブレトンウッズで連合国通貨金融会議が開かれ，IMFとIBRDの設立が決まった。このIMF協定とIBRD協定の二つをあわせて**ブレトンウッズ協定**といい，これに基づく第二次世界大戦後の国際経済体制は**ブレトンウッズ体制**とよばれる。IMFは，戦前の為替切り下げ競争や，輸出と輸入で異なる為替レートを設定するといった行為が，世界貿易の縮小をまねいたことを反省し，各国に固定相場制を維持することと，自由な為替取り引きを義務づけた。IMFとは，固定相場制維持のための短期融資をおこなう資金が加盟国から拠出された「基金」である。1973年には変動相場制へ移行し，IMFの役割にも変化が出ているが，為替相場の安定という目的は変わらない。

2 国際通貨制度の変遷

固定相場制	ブレトンウッズ体制	

1944年　ブレトンウッズ協定調印
- アメリカは金とのドルの交換を約束
- 金１オンス（約31グラム）＝35ドル
- ドルを基軸通貨とする固定相場制の確立

1947年　IMF（国際通貨基金）業務開始
1949年　日本，１ドル＝360円を設定

1960年代　ドル危機
ベトナム戦争による軍事支出の増大や日本・ドイツの追い上げなどで貿易赤字が拡大

↓　大量の金がアメリカから流出

1971年８月　ニクソン・ショック……ニクソン米大統領が金とドルの交換停止を発表
↓　ブレトンウッズ体制崩壊
1971年12月　スミソニアン協定
- 金１オンス＝38ドル
- １ドル＝308円
金１オンスを35ドルから38ドルにドルを切り下げ，固定相場制への復帰を試みる

1973年　主要国は変動相場制に移行
1976年　キングストン合意
- 変動相場制への移行を正式承認

1985年　プラザ合意（⇒p.235）
- G５はドル高是正のための為替介入を合意

1987年　ルーブル合意
- G７はドル安進行の抑制を合意

- **SDR（Special Drawing Rights：特別引出権）とは？**
　1969年のIMF総会で国際流動性不足を補完する準備資産として創設された。IMF加盟国には，出資額に応じてSDRが配分され，外貨不足に陥った場合には，SDRを対価として外貨を取得することができる。当初は１SDR＝１米ドルとされたが，1974年７月以降は，主要国の通貨バスケット（加重平均値）で価値を示すようになった。1976年のキングストン合意では，SDRを金に代わる中心的準備資産として位置づけられて，各国通貨の価値基準の役割を果たすことになったが，一般にはあまり定着しているとはいえない。
　2016年10月に中国の人民元がSDRの構成通貨に加えられ，現在は，米ドル，日本円，イギリスポンド，ユーロ，中国人民元がSDRの通貨バスケットを構成している。

？ ブレトンウッズ体制が崩壊したのは，なぜだろうか。

解説 流動性ジレンマ　第二次世界大戦後，世界経済が順調に拡大するに従って，決済通貨としてのドルの需要が拡大した。アメリカ以外の国がドルを手に入れるためには，アメリカへの輸出を増やしたり，アメリカからドルを借り入れたりする必要がある。このことは，アメリカの経常収支の赤字を意味する。アメリカの経常収支の赤字はドルへの信認を弱め，ドルを金にかえる動きが強まった（ドル危機の発生）。しかし，アメリカが経常収支を黒字化すれば，国際通貨のドルが不足する（国際流動性不足）。このような国際通貨としてのドルの供給の増加と，ドルの信認が両立しないことを流動性ジレンマという。こうした状況に対応するため，1969年にSDR（特別引出権）が創設されたが，十分な効果を発揮できず，1971年のニクソン・ショックをむかえることとなった。

？ 変動相場制に移行した後でも，異なる通貨の交換が滞りなくおこなえることは重要である。そのためにIMFがおこなっていることは何だろうか。

3 通貨危機 出題

(1)中南米債務危機

1970年代 欧米の銀行からの借入により工業化

1980年代前半 資源価格低迷・アメリカの高金利
↓ 対外債務の膨張（ぼうちょう）

債務不履行（ふりこう）・通貨価値の下落──激しいインフレーション

インフレ率（消費者物価指数年平均値）

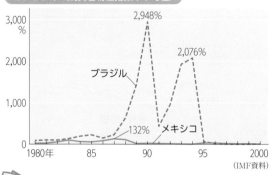

国際金融のトリレンマ

①為替レートの安定，②自由な資本移動，③金融政策の自由度の3つの政策目標は同時には達成できないことを，**国際金融のトリレンマ**という。たとえば，国際資本移動が自由化されている国が金融の引き締めをおこなえば，金利が上昇し，その国に資本が移動するため，固定相場制は崩壊する。それを防ぐ（ふせ）には，国際資本取引を規制するか，独自の金融政策を放棄（ほうき）しなければならない。ＥＵ（欧州連合，→p.314）は，各国独自の金融政策を放棄することで，資本移動の自由と固定相場（共通通貨）を維持している。

(2)アジア通貨危機（1997年）

自国通貨をドルに連動させるドル・ペッグ制を採用
──プラザ合意以降のドル安に連動した通貨安──**輸出増加**
↓ 高い経済成長
外国資本の流入
↓
1995年頃からアメリカ経済の好調を反映したドル高
──アジア通貨も割高に──**貿易赤字の拡大**
↓ ヘッジファンドが目をつける
タイ・バーツは過大評価されているとして売られ，大量の資金が海外に流出
──バーツを買い支えるための外貨準備が底をつき，変動相場制へ移行──バーツ暴落・ＩＭＦの緊急支援
──同じような国際収支の状態だったほかのアジア諸国へ波及 韓国のウォン，インドネシアのルピーが暴落

アジア各国の実質経済成長率の推移

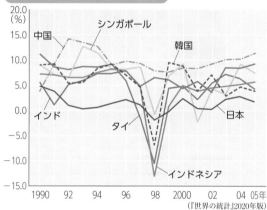

? 1980年代の中南米債務危機も1997年のアジア通貨危機も，危機が生じた国はいずれも，その直前まで高い経済成長を続けていた。それらの国で通貨価値が暴落したのは，なぜだろうか。

解説 **資本逃避が引き起こす危機** 1982年のメキシコによる利払い停止にはじまる中南米諸国の累積（るいせき）債務問題は，通貨価値の暴落による激しいインフレーション（→p.271）を引き起こした。中南米諸国の放漫（ほうまん）財政がインフレを引き起こしたという側面はあるが，1970年代の一次産品価格の上昇を背景に，資源の豊富な中南米諸国に多額の貸し付けをおこなった欧米先進国の銀行が，資金を引きあげようとしたことで危機は深刻化した。1997年の**アジア通貨危機**では，短期的な利益を求めて巨額の投資をおこなう**ヘッジファンド**がタイ・バーツ売りをしかけたことがきっかけとなり，タイに投資していた先進国の銀行やファンドが，タイから一気に資本を引き上げたことで危機が深刻化した。通貨価値の暴落によって，ドル建（だ）ての債務を現地通貨に換算すると，債務額が急増して債務返済がいっそう困難になる。通貨危機は瞬（またた）く間にアジア諸国に広がり，アジア諸国への輸出が激減した日本の経済成長率も大きくマイナスとなった。その後，東アジアにおける通貨危機を防止するために，互いに外貨を融通（ゆうづう）しあうしくみがつくられた。

Let's Think! ＩＭＦの役割とは？

ＩＭＦ設立当初の役割は固定相場制の維持であり，融資先の半分以上が先進国であった。しかし，発展途上国の加盟が増えたことに加えて，1973年に変動相場制へと移行したことにより，ＩＭＦは当初の役割を変えた。ＩＭＦの新しい役割とは，①経常収支の短期的な赤字や資本流出に対応する支援融資，②旧ソ連・東欧諸国への市場経済化への支援（1990年代）である。現在，ＩＭＦから融資を受けている国のほとんどは発展途上国または新興市場国である。これらの国への融資に対して，ＩＭＦは多くの場合，融資に際して緊縮赤字の削減や国有企業の民営化などの経済改革プログラムの実施などの条件をつける。そのことで国民生活がいっそう苦しくなり，アジア通貨危機などの際には，反ＩＭＦのデモも発生した。

↑① ＩＭＦに反対するデモ（2018年，アルゼンチン）

見方・考え方 **幸福，正義，公正** ＩＭＦの経済改革プログラムによって，国民経済はより悪化するという批判があるが，ＩＭＦからすれば，ＩＭＦの資金は一時しのぎにすぎず，財政規律を保（たも）って経常収支の均衡を実現しなければならないと考える。危機に直面した国と資金の貸し手のそれぞれの立場から，ＩＭＦの支援のあり方を考えよう。

経済

ゼミナール

円高，円安とは？

日々，外国為替市場では通貨の交換がおこなわれ，通貨の交換割合（為替レート）が変化している。為替レートは，なぜ変動するのだろうか。また，為替レートの変動は，私たちの日常生活にどのような影響を与えるのだろうか。

外国為替とは？ 出題

為替とは，現金を移動させないで，手形を用いることによって遠く離れた地域間の決済をおこなうことをいう。決済が，国際間でおこなわれる場合が外国為替である。以下の図の❷で，日本の輸出業者Ａが2万ドルの外国為替手形を何円で買いとってもらえるかが，「外国為替相場」である。

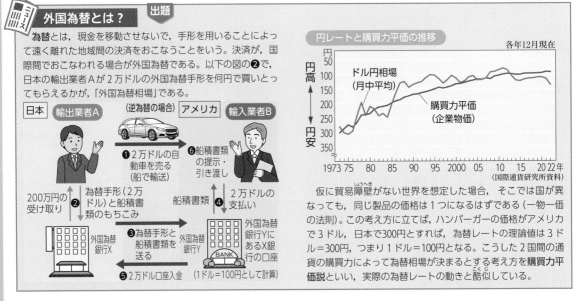

仮に貿易障壁がない世界を想定した場合，そこでは国が異なっても，同じ製品の価格は1つになるはずである（一物一価の法則）。この考え方に立てば，ハンバーガーの価格がアメリカで3ドル，日本で300円とすれば，為替レートの理論値は3ドル＝300円，つまり1ドル＝100円となる。こうした2国間の通貨の購買力によって為替相場が決まるとする考え方を**購買力平価説**といい，実際の為替レートの動きと酷似している。

外国為替市場とは？

国ごとに異なる通貨を用いている以上，外国との取り引きにおいて，受けとった外国通貨（外貨）を自国通貨にかえたり，支払いのために自国通貨を外貨にかえたりする必要が生じる。そのための，異なる通貨を交換しあう市場を**外国為替市場**（外為市場）という。外国為替市場は，銀行などが電話やインターネットを使って取り引きをおこなう目に見えない市場であり，特別な建物などがあるわけではない。ニュースで報道される1ドル＝○円○銭という**外国為替相場**（為替レート）は，銀行間市場（インターバンク）での値であり，企業や個人は銀行との間で自国通貨と外国通貨との交換をおこなう。
外国為替相場は，日々の需要と供給の関係で決まる。つまり，ドルなどの外貨を円にかえたいという大きさ（円の需要）と，円を外貨にかえたいという大きさ（円の供給）が一致した「円の価格」が，「本日の円相場」である。短期的には日々の需要と供給の関係で相場は

決まるが，長期的には**購買力平価**に一致すると考えられている。

円高？ 円安？

1ドル＝110円が，1ドル＝100円になれば，「円高」になったという。わかりにくければ，「**ドル安**」と理解しよう。1ドルであれ，大根1本であれ，110円のものが100円になれば「安くなった」というのと同じである。逆数をとれば，1円＝1/110ドルが，1円＝1/100ドルになったということなので，「ドル安」と「円高」は同じことである。反対に，1ドル＝110円が1ドル＝120円になれば，「**円安・ドル高**」になったという。

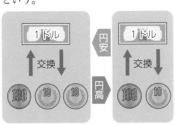

円が安い（円安）＝ドルが高い（ドル高）
ドルが安い（ドル安）＝円が高い（円高）

外国為替相場の変動要因は？

市場機構は，外国為替市場でも同じである。「円の需要」が増えれば円の価値は上昇し（円高），「円の供給」（＝外貨の需要）が増えれば円の価値は下落する（円安）。

たとえば，日本からの輸出が増加したとする。受けとった代金のドルを円にかえようとするため，円の需要（ドルの売却）が増加し，円高となる。逆に，日本の輸入が増加すれば，代金を支払うためにドルがより多く必要となるので，円が売られ，円安になる。

しかし，実際には国際間の金利差や

経常収支が黒字の場合
代金を支払うために交換する動きが増加

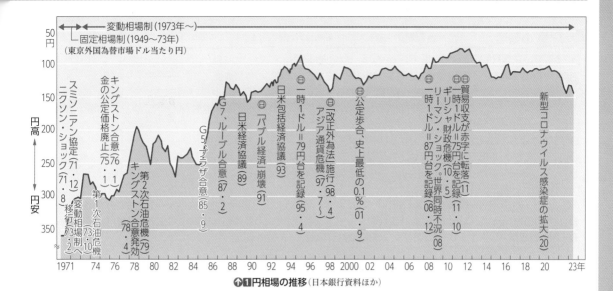

変動相場制（1973年〜）

固定相場制（1949〜73年）

（東京外国為替市場ドル当たり円）

50円
100
150
200
250
300
350

円高 ← → 円安

スミソニアン協定（71・12）
ニクソン・ショック（71・8）
変動相場制移行（73・2）
第１次石油危機（73・10）
金の公定価格廃止（75・1）
キングストン合意（76・1）
キングストン合意（78・4）
第２次石油危機発生（79）
G5・プラザ合意（85・9）
G7・ルーブル合意（87・2）
「バブル経済」崩壊（91）
日米経済協議（89）
日米包括経済協議（93）
一時１ドル＝79円台を記録（95・4）
改正外為法施行（98・4）
アジア通貨危機（97〜）
公定歩合、史上最低の0.1％（01・9）
リーマン・ショック、世界同時不況（08）
一時１ドル＝87円台を記録（08・12）
ギリシャ財政危機（10・5）
貿易収支が赤字に転落（11）
一時１ドル＝75円台を記録（11・10）
新型コロナウイルス感染症の拡大（20）

1971 74 76 78 80 82 84 86 88 90 92 94 96 98 2000 02 04 06 08 10 12 14 16 18 20 23年

↑1 円相場の推移（日本銀行資料ほか）

将来の為替レートに対する期待によって，巨額の資本が国際間を移動している。現在では，貿易額の約100倍にものぼる資本取引が，毎日，外国為替市場でおこなわれている。

海外に比べ，日本が高金利・株価が上昇する場合

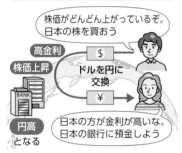

株価がどんどん上がっているぞ。日本の株を買おう

高金利
株価上昇
ドルを円に交換
円高 となる

日本の方が金利が高いな。日本の銀行に預金しよう

また，経済成長率や失業率，物価水準などの経済の基礎的条件がよい国の通貨は高くなる傾向にある。よく「有事のドル買い」といわれ，戦争など有事の際にはリスク回避のために，流動性のあるドルが買われやすい。最近では，日本円も「逃避通貨」とされている。

さらに，将来，円高・ドル安を予想する人が多ければ，多くの投資家が，今のうちに円を買って円高になったときに円を売って儲けようと考え，円高・ドル安が進む。近年はこうした巨額の「投機」資金が，外国為替相場を不安定なものにしている。

円高，もしくは円安になると？

円高，もしくは円安になると，どのような影響があるのだろうか。具体的な数字をあげて考えてみよう。「１ドル＝200円」が「１ドル＝100円」になったというような，極端でわかりやすい数字で考えるとよい。

円高になると，日本で200万円の自動車は，アメリカで何ドルになるだろうか。１ドル＝200円の場合は１万ドルだが，円高が進み，１ドル＝100円になれば２万ドルである。円高によって，日本製品はアメリカでの販売価格を引き上げることになるので，日本の輸出（アメリカの輸入）は減少する。逆に，アメリカの製品は日本での価格を引き下げることができるので，日本の輸入（アメリカの輸出）は増加する。円安になると，この反対の現象が起こる。

貿易以外の影響も考えよう。

①海外旅行に行く人は？
１泊100ドルのホテルに泊まる場合，１ドル＝200円であれば２万円で，１ドル＝100円であれば１万円で宿泊できる。円高になれば，日本人は海外旅行の費用を安く抑えることができるため，海外旅行に行く人は増加する。逆に，海外から日本に来る人は減少する。

②ドル預金をしている人は？
100万円分をドルで預金した場合，１ドル＝200円のときに預金したら預金は5,000ドル。しかし，円高になり１ドル＝100円になると，5,000ドルは50万円になる。外貨預金は，円安になれば「為替差益」を得ることができるが，円高になれば損をすることがある。

③物価は？
日本は資源を輸入している国である。円高の場合，日本は外国から安く資源を輸入することができるため，日本国内の物価は下がる。逆に，円安は物価を上昇させる

円高がよいか，円安がよいか

円高は，日本の輸出産業にとってはマイナスであり，産業の空洞化が進む要因となる。しかし，輸入品価格の下落を通じて物価が下がるため，消費者にとってはプラスとなる。また，円高になると外貨預金をしている人は損するが，海外旅行には行きやすくなる。反対に，円安になると逆のことが起こる。円高にも円安にもプラス要因とマイナス要因があり，どちらがよいとは一概にはいえない。しかし，購買力平価から大きく乖離した為替レートや，為替レートの急激な変動がよくないことは確かであり，政府や日銀が為替市場に介入する理由もここにある。

❓
❶ １ドル＝140円が１ドル＝130円になった場合，円高・円安のどちらになったのだろうか。
❷ 1970年代から円高が進んでいるが，その原因は何だろうか。
❸ 円高が進むと，私たちの生活にはどのような影響があるのだろうか。また，円安の場合はどうだろうか。

3 経済のグローバル化と日本

要点 の整理

*（グレー）は共通テスト重要用語，■は資料番号を示す。この節の「共通テスト○×」などに挑戦しよう✍

1 経済のグローバル化 ……ヒト・モノ・カネ・情報が国境を越えて活発に移動

活発な国際資本移動 ■1■2 → ①BRICS（ブリックス）や東南アジアなどの新興国の経済成長
→ ②金融危機が瞬時に世界へ波及
アジア通貨危機（1997年），アメリカ発の世界金融危機（2008年），ユーロ圏危機（2010年）

2 グローバル化とアメリカ経済

❶サブプライム・ローン問題に端を発するリーマン・ショック ■ ──→世界金融危機
❷情報のグローバル化……GAFA（ガーファ）など主要なICT（情報通信技術）企業による情報独占
❸トランプ政権（2017～21年）の保護主義──→中国との「貿易戦争」

3 グローバル化と中国経済

❶改革開放政策 ■ ……経済特区の導入（1979年）により外資を導入し，雇用と輸出を拡大──→社会主義市場経済
❷「世界の工場」として，高い経済成長を実現 ■2 ──→経済成長にともなう負の面（貧富の差の拡大，公害）も深刻化 ■4
❸一帯一路政策（いったいいちろ）・AIIB（アジアインフラ投資銀行）の設立──→対外進出

4 グローバル化と日本経済

❶垂直貿易（加工貿易）──→円高により海外への生産の移転（直接投資）──→工業製品輸入の増加 ■1■3
❷産業の空洞化 ■2 ──→経済のサービス化，製造業は高付加価値型へと転換を模索（もさく）

---

1 経済のグローバル化　グローバル化で，どのようなことが生じるのだろうか。

1 ヒト・モノ・カネの移動の活発化

世界貿易総額（2022年）
24兆5,818億ドル

4,009
USMCA 32,387/43,064
6,278
東アジア 66,864/52,854
4,397
アメリカ 20,641/32,015
EU 71,121/73,962
8,399
中国 36,045/22,857
5,711
12,495
988 1,590
4,340
2,888
3,693
ASEAN 19,551/19,475
日本 7,467/8,128
713
3,652
744
（JETRO資料）

●単位（億ドル）
●国，地域名の下の数字は輸出／輸入
●「東アジア」は，ASEAN＋中国，韓国，台湾

解説 世界が一つの経済圏に　ICT（情報通信技術）や輸送技術の進化に加え，各国の規制緩和が進んだこともあり，ヒト・モノ・カネ・情報の国境をこえた移動が活発になってきた。企業はよりコストの低い国や地域での生産を進め，世界中から優秀な人材を選び，雇用するようになっている。個人や企業も，世界中から安い製品を探してモノやサービスを購入できるようになった。便利になった反面，グローバルな競争下に置かれている。

2 新興国の成長

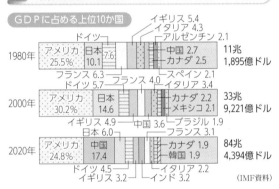

GDPに占める上位10か国

1980年	アメリカ 25.5%	日本 10.1	7.6			イギリス 5.4 / イタリア 4.3 / アルゼンチン 2.1 / 中国 2.7 / カナダ 2.5			フランス 6.3 / スペイン 2.1	11兆1,895億ドル
2000年	アメリカ 30.2%	日本 14.6	ドイツ 5.7 / フランス 4.0 / イタリア 3.4			カナダ 2.2 / メキシコ 2.1 / ブラジル 1.9			イギリス 4.9 / 中国 3.6	33兆9,221億ドル
2020年	アメリカ 24.8%	中国 17.4	日本 6.0 / フランス 3.1			カナダ 1.9 / 韓国 1.9 / イタリア 2.2 / インド 3.2			ドイツ 4.5 / イギリス 3.2	84兆4,394億ドル

（IMF資料）

解説 より大きな成長を求めて　より低い賃金コストを求め，製造業は発展途上国に生産を移転した。比較的治安がよく，教育水準が高く，労働力が豊富なアジア諸国には先進国の製造業企業が多く進出し，経済は成長した。これらの経済成長が著しい国を新興国とよぶ。先進国の経済が成熟し，人口も増加しないなかで，小売り企業も成長を求めて発展途上国に進出している。新興国の経済成長は，先進国や産油国の余剰資金（よじょう）による国際資本移動の結果もたらされたものである。

TOPIC　BRICS諸国の成長

　BRICSとは，ブラジル・ロシア・インド・中国・南ア共和国の頭文字をとってつくられたことばである。2000年代以降，めざましい発展をとげてきたこれらの国々に共通する特徴として，人口が多く，資源が豊富であることがあげられる。これらの国々の経済成長によって，G20サミット（●p.340）が開かれるようになった。BRICSは，新興国・発展途上国の枠組みとしても存在感を高めており，2024年よりサウジアラビアやイランなどが加わることになった。

1人あたりGDPの伸び率

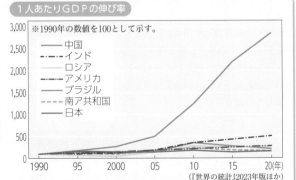

※1990年の数値を100として示す。
── 中国
─・─ インド
── ロシア
─・─ アメリカ
── ブラジル
---- 南ア共和国
── 日本

（『世界の統計』2023年版ほか）

❓グローバル化は，ときにアメリカン・スタンダードの押しつけととらえられることがある。その原因を，1980年代以降の経済環境や経済学説と関連させて説明しよう。

2 グローバル化とアメリカ経済　アメリカ経済は，世界にどのような影響を与えているのだろうか。

1 リーマン・ショックと世界同時不況

サブプライム・ローン証券化のしくみ

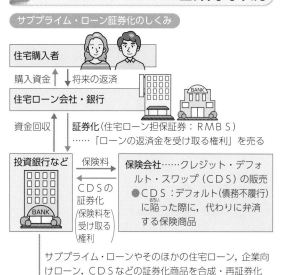

住宅購入者

購入資金↑↓将来の返済

住宅ローン会社・銀行

資金回収　証券化（住宅ローン担保証券：ＲＭＢＳ）
……「ローンの返済金を受け取る権利」を売る

投資銀行など　保険料→　保険会社……クレジット・デフォルト・スワップ（ＣＤＳ）の販売
●ＣＤＳ：デフォルト（債務不履行）に陥った際に，代わりに弁済する保険商品

ＣＤＳの証券化（保険料を受け取る権利）

サブプライム・ローンやそのほかの住宅ローン，企業向けローン，ＣＤＳなどの証券化商品を合成・再証券化（債務担保証券：ＣＤＯ）

世界中の金融機関，ヘッジファンド，投資家

世界の不況が日本に与えた影響

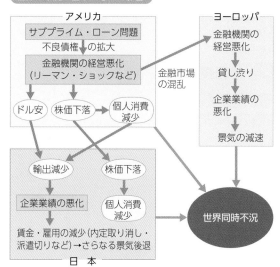

アメリカ
サブプライム・ローン問題
不良債権の拡大
金融機関の経営悪化（リーマン・ショックなど）
ドル安／株価下落／個人消費減少

ヨーロッパ
金融機関の経営悪化
貸し渋り
企業業績の悪化
景気の減速

金融市場の混乱

輸出減少／株価下落
企業業績の悪化／個人消費減少
賃金・雇用の減少（内定取り消し・派遣切りなど）→さらなる景気後退
日本

世界同時不況

? アメリカの住宅バブルの崩壊が，瞬く間に世界に波及したのはなぜだろうか。

解説 **住宅バブルの果てに**　2000年頃からはじまったアメリカの住宅価格の上昇は，**サブプライム・ローン**（低所得者など返済能力の低い個人向けの住宅ローン）の拡大をもたらした。サブプライム・ローンは，**証券化**とよばれる手法を通じて，世界中の金融機関や投資家に「貸し手」が移転され，多くの資金を集めた。しかし，2006年頃に住宅価格の上昇が止まると，ローンの返済不能が続出するようになり，サブプライム・ローン関連の証券価格が下落した。証券を保有していた金融機関にも損失が発生し，2008年秋にはアメリカの大手証券会社**リーマン・ブラザーズ**が経営破綻した（**リーマン・ショック**）。証券化されたローンや保険が複雑に絡んでいたため，どの金融機関がどれだけの損失をかかえているかがわからず，金融市場は世界規模で麻痺状態に陥り，**世界同時不況**となった。

2 双子の赤字

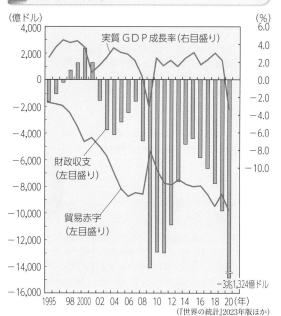

（『世界の統計』2023年版ほか）

実質ＧＤＰ成長率（右目盛り）
財政収支（左目盛り）
貿易赤字（左目盛り）
−3兆1,324億ドル

? アメリカの「双子の赤字」とは，何と何の赤字だろうか。

解説 **拡大する「双子の赤字」**　アメリカの経常収支赤字と財政収支赤字が併存する状態を「**双子の赤字**」という。石油危機後，アメリカの貿易赤字が拡大し，製造業の衰退と景気後退が生じた。景気後退に対応した財政支出の拡大は財政赤字の拡大をもたらし，国債の大量発行→高金利→ドル高→貿易赤字の拡大→経済停滞という悪循環を生じ，1980年代の激しい日米貿易摩擦を生み出した。1990年代後半以降は，対中貿易赤字が拡大した。1990年代後半には，ＩＴ革命を契機とする好景気によって財政赤字は一時的に解消したが，その後，ＩＴバブルの崩壊，アメリカ同時多発テロ事件後の軍事支出，リーマン・ショック後の財政出動などにより，財政赤字が拡大した。日本や中国は，多額の外貨準備の多くをアメリカ国債で保有している。アメリカの「双子の赤字」は，他人事ではない問題である。

TOPIC　グローバル化とＧＡＦＡ

ＧＡＦＡとは，Google，Apple，Facebook（Meta），Amazon の４つの巨大ＩＴ企業の頭文字をとったものである。これらの企業は2000年代に急成長し，それぞれの市場で独占的な地位を占めるようになった。ＧＡＦＡは，それぞれの専門領域において，サービスをおこなうための基盤（プラットフォーム）を利用者に提供し，検索や購入履歴などの膨大な個人情報を収集して，マーケティングなどに活用している。ＧＡＦＡに対しては，取引企業との間で不公正な取引制限（他社との取引制限や自社ソフトの使用の強要など）がおこなわれている疑いで，アメリカやＥＵの機関の捜査を受けたほか，集めた個人情報の扱いについても新たな規制を設ける動きがある。また，利用者の居住国と，データを扱うサーバーが置かれている国が異なることがほとんどであり，法人税や消費税の課税をどのようにおこなうかという問題も発生している。

3 グローバル化と中国経済
中国経済は，世界にどのような影響を与えているのだろうか。

1 改革開放政策 出題

1949年	中華人民共和国成立
1958年	人民公社の設立（農業の集団化）
1966年	「文化大革命」（～1977年）による混乱
1978年	改革開放政策はじまる（鄧小平が推進）
1979年	経済特区の設定
1983年	農業生産の請負制，郷鎮企業の成立（人民公社の解体）
1984年	経済開発区の設定
1989年	天安門事件（→p.201）
1992年	南巡講話（鄧小平「改革開放を加速せよ」）
1993年	憲法に「社会主義市場経済」を明記
2001年	中国，WTO（世界貿易機関）加盟
2008年	北京オリンピック開催

改革開放を加速せよ

→鄧小平
（1904～97）

？ 経済特区とは，何をねらったものだったのだろうか。

解説 **社会主義市場経済** 中国の経済発展の出発点は，1970年代末からはじまった**改革開放政策**である。具体的には，税制面での優遇措置を設けた**経済特区**を設定し，海外資本や技術の導入による工業化と，製品の輸出による外貨の獲得をめざした。経済特区の成功を受けて，1984年には**経済開発区**が設定された。経済特区が，金網でしきられ隔離された地域であったのに対し，経済開発区は域外に開放され，内陸部への投資の拡大が意図された。**社会主義市場経済**とは，「政治は社会主義（→p.256）で，経済は資本主義（→p.255）でおこなうこと」と理解すればわかりやすい。近年は，企業に対する国家（共産党）の管理が強化され，欧米の資本主義とは一線を画すようになっている。

2 「世界の工場」から「世界の市場」へ

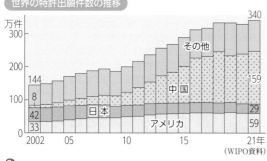

世界の特許出願件数の推移

（WIPO資料）

？ グローバル化のなかで，中国経済はどのような位置づけにあるのだろうか。

解説 **組み立て型の工業からの脱却をめざして** 改革開放政策以降，賃金が安く豊富な労働力をいかせる繊維などの軽工業や，家電や自動車などの組み立て工場などが中国に進出した。その結果，部品を輸入して完成品を世界中に輸出する「**世界の工場**」として，中国経済は急成長した。また，拡大する巨大な中国市場をめざして，多くの先進国の企業が中国に進出した。今や，中国市場はどの国も企業も無視できない「稼ぎどころ」である。近年，沿岸部の大都市では賃金が先進国並みに上昇し，より付加価値の高い工業へと転換することが課題となっている。そのため，先端技術の開発に多額の補助金を投入したり，先進国の企業を買収したりする動きが活発になっている。政府と企業が一体化したこのような動きは，アメリカなどとの経済対立の原因にもなっている。

3 中国の海外進出 出題

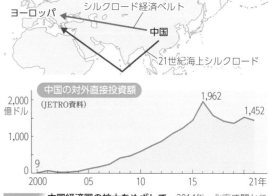

ヨーロッパ　シルクロード経済ベルト　中国　21世紀海上シルクロード

中国の対外直接投資額（JETRO資料）

解説 **中国経済圏の拡大をめざして** 2014年，北京で開かれたAPEC（アジア太平洋経済協力）で，中国は**一帯一路**（新シルクロード）を提唱した。これは，中国とヨーロッパを結ぶ陸路（一帯）と海路（一路）の2つの地域でインフラを整備し，貿易を拡大するという計画である。2015年には，中国主導でAIIB（アジアインフラ投資銀行）を設立し，資金面での支援体制づくりもすすめた。中国は，一帯一路にある発展途上国の港湾や鉄道などのインフラ整備に多額の資金を貸し与えている。しかし，インフラの建設は中国企業が受注し，中国に利益が環流していること，多額の負債をかかえた国が債務返済不能に陥れば，中国が債務返済の代わりにそのインフラを取得する「債務のワナ」に陥る危険性があることなどが問題として指摘されている。

4 中国経済の課題

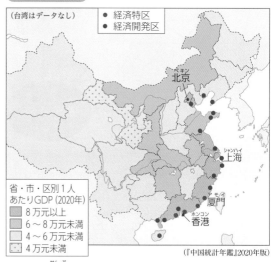

中国の経済格差

（台湾はデータなし）
● 経済特区
● 経済開発区

省・市・区別1人あたりGDP（2020年）
8万元以上
6～8万元未満
4～6万元未満
4万元未満

（『中国統計年鑑』2020年版）

解説 **先富論がもたらした格差** 先富論とは，「先に豊かになれるところから豊かになる」ことで，内陸部へと豊かさが広がっていくことを期待したものである。しかし，中国では沿岸部と内陸部の経済格差は拡大を続け，都市部と農村，都市部における富裕層と，出稼ぎ農民などの貧困層といった経済格差も存在する。そのほかに，急速な経済成長にともなって，大気汚染や水質汚濁などの公害問題も深刻化した。一人っ子政策が続いた影響で，今後，急速な少子高齢化が進み，社会保障制度の整備と国民負担の拡大が重要な課題となってくる。

？ 身の回りにある「Made in China」を探してみよう。日本と中国との経済的なかかわりは，どのように変化してきたのだろうか。また，今後はどのような関係になっていくのだろうか。

4 グローバル化と日本経済　日本の貿易は、どのように変化しているのだろうか。

1 貿易相手国の変化

日本の貿易相手国の推移
（輸出入総額に占める割合）

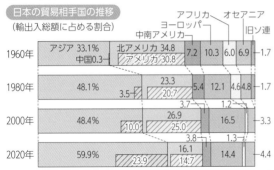

年								
1960年	アジア 33.1%　中国0.3	北アメリカ 34.8　アメリカ30.8	中南アメリカ 7.2	ヨーロッパ 10.3	アフリカ 6.0	オセアニア 6.9	旧ソ連 1.7
1980年	48.1%　3.5	23.3　20.7	5.4	12.1	4.6	4.8	1.7
2000年	48.4%　10.0	3.7　26.9　25.0	3.8	16.5	1.2	1.3	3.3
2020年	59.9%　23.9	16.1　14.7		14.4			4.4

（『数字でみる日本の100年』ほか）

解説　**垂直貿易から水平貿易へ**　高度経済成長期（●p.233）以降、資源を輸入し、工業製品を輸出する加工貿易が日本の貿易のスタイルとなっていた。アジア諸国との関係では、資源と工業製品との交易（**垂直貿易**）であったのが、1980年代後半以降、アジア諸国からの工業製品の輸入が増加し、工業製品同士の交易（**水平貿易**）への移行が進んでいる。

2 直接投資の増加と産業の空洞化

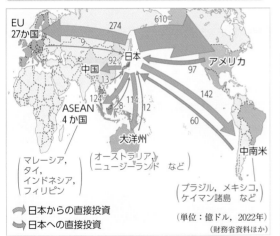

（単位：億ドル、2022年）
（財務省資料ほか）

➨ 日本からの直接投資
➨ 日本への直接投資

3 サービス貿易の拡大

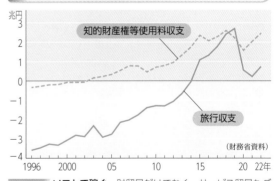

（財務省資料）

解説　**ソフトで稼ぐ**　財貿易だけでなく、サービス貿易もグローバル化によって変化している。日本のサービス収支（●p.303）の赤字幅が縮小している背景には、①海外からの旅行客の増加によって旅行収支が2015年に黒字化したこと、②知的財産権等使用料収支が2003年に黒字化して以来、黒字幅が拡大していることがある。知的財産権等使用料収支の黒字は、企業の海外進出を背景に、現地法人が支払うロイヤリティ（商標権）収入が大部分を占めている。また、日本のアニメなどの人気によって、著作権使用料の受けとりが増加している。一方で、企業業務のアウトソーシング（外部委託）の増加により、業務サービス部門は大きく赤字となっている。

❓ 日本は、対外直接投資をおこなう方が投資の受け入れよりも大きいが、それはなぜだろうか。

解説　**海外への進出**　日本からの直接投資（●p.302）は、1980年代後半以降、急増した。背景として、①プラザ合意（●p.235）で円高が進み、安い賃金を求めてアジア諸国に生産を移したこと、②貿易摩擦を避けるために欧米諸国での現地生産が進められたことがある。この結果、対アジア諸国とは、工業製品同士を貿易しあう水平貿易へと変化したが、日本国内では**産業の空洞化**が問題となった。対中国との貿易では、日本は貿易赤字である。近年の直接投資は、「規模の経済（●p.262）」を求めて海外企業のM＆A（買収と合併）をおこなうものが多い。日本からの直接投資の増大により、中国の国際収支は第一次所得収支が大きな黒字を計上するようになった。

Let's Think! **感染症とグローバル経済**（●p.237）

新型コロナウイルス感染症の拡大により、各地でサプライチェーン（供給網）の寸断がみられた。グローバル化が進み、多くの企業が世界規模で生産体制を構築するなかで、1つの国や地域で物流や人の移動が停止すると、その影響が他国にもおよぶようになっている。このようなサプライチェーンの寸断は、タイの洪水（2011年）や東日本大震災（2011年）のときにも発生したが、新型コロナウイルス感染症は全世界に広がり、サプライチェーンの寸断も大規模に発生した。世界的な分業体制をつくるグローバル経済の脆弱な一面を示すことになった。

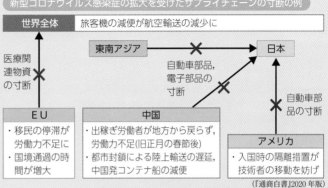

新型コロナウイルス感染症の拡大を受けたサプライチェーンの寸断の例

世界全体　旅客機の減便が航空輸送の減少に

東南アジア → 日本：自動車部品、電子部品の寸断

医療関連物資の寸断

EU
・移民の停滞が労働力不足に
・国境通過の時間が増大

中国
・出稼ぎ労働者が地方から戻らず、労働力不足(旧正月の春節後)
・都市封鎖による陸上輸送の遅延、中国発コンテナ船の減便

アメリカ
・入国時の隔離措置が技術者の移動を妨げ

自動車部品の寸断

（『通商白書』2020年版）

❓ 平時には、比較生産費説の考え方からも、特定の国に特定の部品の生産や組み立てを集中させることは効率的であり、消費者も低価格を享受できる。効率性と、サプライチェーンの分断という危機対応をどのように両立させればよいのだろうか。

経済

用語解説　改革開放政策、産業の空洞化　●p.366

4 地域的経済統合の動き

要点 の整理

＊▢▢▢は共通テスト重要用語，❶は資料番号を示す。この節の「共通テスト○×」などに挑戦しよう☞

1 経済統合が進む世界

❶経済統合の増加 **❶〜❸**……2000年代に**ＦＴＡ（自由貿易協定）**や**ＥＰＡ（経済連携協定）**が増加
- ●背景……**ＷＴＯ（世界貿易機関）**の下での合意形成が難航
- ●ＦＴＡ➡ＥＰＡ➡関税同盟➡共同市場➡経済同盟➡完全な経済統合の順に統合が深化

❷地域的経済統合 **❸**（ＥＵやＡＳＥＡＮなど）……複数国間での経済統合◀━**地域主義（リージョナリズム）**

❸日本とＦＴＡ・ＥＰＡ **❷**……21のＦＴＡ・ＥＰＡを発効・署名済み（2023年11月現在）➡ＴＰＰ，ＲＣＥＰに加盟

2 欧州統合の成果と課題

ＥＵ（欧州連合）の発足 **❶**……ＥＣ（欧州共同体）➡**マーストリヒト条約**の発効による（1993年）

❶共同市場 **❸**……人，モノ，資本，サービスの域内移動の自由化，共通政策

❷共通通貨**ユーロ**の導入 **❷**＝**ＥＣＢ（欧州中央銀行）**の設立……金融政策の統合

❸政治的統合 **❹**……リスボン条約（2009年発効）

❹ＥＵの課題 **❺❻**……ユーロ危機（2010年），移民・難民の流入，**イギリスのＥＵ離脱**（2020年）

3 広がる地域統合

❶**ＡＳＥＡＮ（東南アジア諸国連合）❶**……ＡＦＴＡ（ＡＳＥＡＮ自由貿易地域）➡ＡＥＣ（ＡＳＥＡＮ経済共同体）（2015年）

❷**ＵＳＭＣＡ（アメリカ・メキシコ・カナダ協定）❷**……ＮＡＦＴＡ（北米自由貿易協定）に代わり発足（2020年）

❸**ＴＰＰ（環太平洋パートナーシップ）協定**（2016年調印）➡アメリカ離脱➡**ＣＰＴＰＰ発効**（2018年）

❹**ＲＣＥＰ（地域的な包括的経済連携）協定**（2020年署名，2022年発効）……日中韓など15か国が参加

---

1 経済統合が進む世界 ▶地域統合には，どのような形態があるのだろうか。

1 地域統合の形態

統合度が深化 ⬇

自由貿易地域	域内関税撤廃 ➡ＡＦＴＡ（ＡＳＥＡＮ自由貿易地域）など
関税同盟	域内関税撤廃＋域外共通関税 ➡ＭＥＲＣＯＳＵＲ（南米共同市場）など
共同市場	関税同盟＋労働力・資本移動自由化
経済同盟	共同市場＋共通の通貨・金融政策 ➡ＥＵ（欧州連合）

自由貿易地域

A・B国間では，関税が撤廃される。そのため，A国はB国の製品であれば，関税をかけない。しかし，B国を経由するC国の製品には差額分の関税をかけるため，国境で生産地のチェックをおこなう。

関税同盟

A・B国間では，関税が撤廃される。関税同盟を結んでいないC国に対しては，A・B国とも，共通の関税をかけるので，A国とB国の国境での生産地のチェックが不要になる。

解説 **統合の深化によって** 地域統合の度合いが高まるほど，域内の経済活動は活発になる。一方，関税同盟では関税自主権を失うことになり，経済同盟まで進むと，独自の金融政策を手放すことになる。経済統合が深まるほど，より多くの共通のルールや経済政策を決めなければならない。

2 ＦＴＡとＥＰＡ　出題

- ●ＷＴＯ（世界貿易機関）での多角貿易交渉の難航

⬇

利害が一致した国同士で，
ＦＴＡ（自由貿易協定），**ＥＰＡ（経済連携協定）**を締結

物品の関税を削減・撤廃	━	**ＦＴＡ（自由貿易協定）** 2か国以上の国や地域の間で，関税などの規定を削減・撤廃する協定
サービス貿易の障壁などを削減・撤廃		

人的交流の拡大	投資規制撤廃	**ＥＰＡ（経済連携協定）** ＦＴＡを柱に，ヒト，モノ，カネの移動の自由化，円滑化をはかり，幅広い経済関係の強化をはかる協定
知的財産制度，競争政策の調和	各分野の協力	

●**日本のＦＴＡ・ＥＰＡの現状**（2023年11月現在）
発効済み（20） シンガポール，メキシコ，マレーシア，チリ，タイ，インドネシア，ブルネイ，ＡＳＥＡＮ，フィリピン，スイス，ベトナム，インド，ペルー，オーストラリア，モンゴル，ＣＰＴＰＰ，ＥＵ，アメリカ，イギリス，ＲＣＥＰ
署名済み（1） ＴＰＰ

？ ＦＴＡとＥＰＡは，何が異なるのだろうか。

解説 **拡大するＦＴＡ** 世界中でＦＴＡ（自由貿易協定）による貿易自由化が進展している。日本は農業団体の反発もあり，世界的に見れば遅い方であるが，2002年にシンガポールとの間でＥＰＡ（経済連携協定）を締結したのを皮切りに，2023年11月現在，21のＦＴＡ・ＥＰＡを結んでいる。フィリピンやインドネシアとの協定では，看護師など労働市場の一部開放をおこなった。ＥＰＡの方がＦＴＡよりも幅広い協力関係をつくるものであるが，世界の多くのＦＴＡもモノ以外の内容を含んでいるので，それほど大きな違いはない。

❓ ＦＴＡや地域的経済統合の締結は，ＧＡＴＴ（関税および貿易に関する一般協定）の無差別原則（➡p.300）に反することはないのだろうか。ＧＡＴＴの条文を調べよう。

❓ 地域的経済統合のなかで，世界に与える影響の大きいものはどれだろうか。

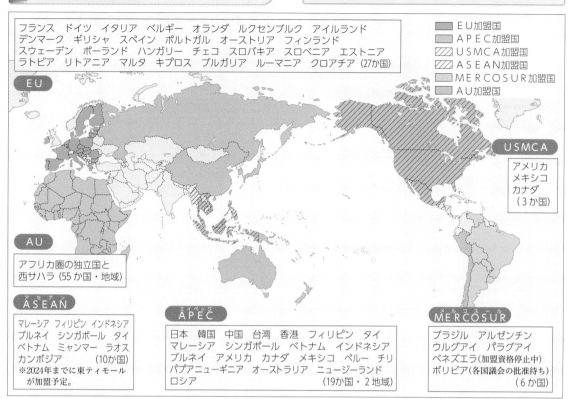

フランス　ドイツ　イタリア　ベルギー　オランダ　ルクセンブルク　アイルランド
デンマーク　ギリシャ　スペイン　ポルトガル　オーストリア　フィンランド
スウェーデン　ポーランド　ハンガリー　チェコ　スロバキア　スロベニア　エストニア
ラトビア　リトアニア　マルタ　キプロス　ブルガリア　ルーマニア　クロアチア（27か国）

EU

- □ EU加盟国
- ⬚ APEC加盟国
- ⬚ USMCA加盟国
- ⬚ ASEAN加盟国
- □ MERCOSUR加盟国
- □ AU加盟国

USMCA
アメリカ
メキシコ
カナダ
（3か国）

AU
アフリカ圏の独立国と
西サハラ（55か国・地域）

ASEAN
マレーシア　フィリピン　インドネシア
ブルネイ　シンガポール　タイ
ベトナム　ミャンマー　ラオス
カンボジア　　　　　（10か国）
※2024年までに東ティモール
が加盟予定。

APEC
日本　韓国　中国　台湾　香港　フィリピン　タイ
マレーシア　シンガポール　ベトナム　インドネシア
ブルネイ　アメリカ　カナダ　メキシコ　ペルー　チリ
パプアニューギニア　オーストラリア　ニュージーランド
ロシア　　　　　　　　　　　　　　（19か国・2地域）

MERCOSUR
ブラジル　アルゼンチン
ウルグアイ　パラグアイ
ベネズエラ（加盟資格停止中）
ボリビア（各国議会の批准待ち）
　　　　　　　　（6か国）

経済

● **おもな地域的経済統合**（外務省資料ほか）

地域的経済統合	概　要
EU（欧州連合）（➡p.314）	発足：1993年，域内人口（2020年）：4億4,732万人，域内GDP（2022年）：16兆6,426億ドル
AEC（ASEAN経済共同体）	発足：2015年，域内人口（2021年）：6億7,400万人，域内名目GDP（2021年）：3兆3,403億ドル
	ASEAN（東南アジア諸国連合）による共同市場。ASEANでは，1993年にAFTA（ASEAN自由貿易地域）が発足し，関税撤廃を進めてきた
APEC（アジア太平洋経済協力）	発足：1989年，域内人口（2012年）：27億6,316万人，域内GDP（2012年）：38兆9,980億ドル
	オーストラリアのホーク首相の提唱によって発足。「開かれた地域統合」をめざす。1994年には，2020年までに域内の自由貿易化を達成するという宣言を採択した
USMCA（アメリカ・メキシコ・カナダ協定）（➡p.316）	発足：2020年，域内人口（2021年）：5億200万人，域内名目GDP（2021年）：26兆5,763億ドル
	アメリカ，メキシコ，カナダ間のみの自由貿易協定。1994年に発足したNAFTA（北米自由貿易協定）の見直し交渉がトランプ米政権下でおこなわれ，締結された
MERCOSUR（南米共同市場）	発足：1995年，域内人口（2021年）：3億1,000万人，域内名目GDP（2021年）：2兆3,482億ドル
	南米4か国の関税同盟として発足。2003年にアンデス共同体と自由貿易協定を締結し，南米全体での自由貿易圏が成立した。なお，ベネズエラは加盟資格停止中，ボリビアは各国議会の批准待ち
AU（アフリカ連合）	発足：2002年，域内人口（2011年）：10億人
	アフリカ統一機構（OAU）を引き継ぎ，EUをモデルとして，政治・経済統合の実現をめざす。加盟国数において，世界最大の地域統合。アフリカでの紛争解決へのはたらきかけを，積極的におこなっている
TPP（環太平洋パートナーシップ）協定（➡p.317）	発足：2006年
	ブルネイ，チリ，ニュージーランド，シンガポールの4か国によるFTAとして発足。2010年より，拡大交渉がおこなわれ（日本は2013年3月より参加），2018年12月，アメリカ抜きのCPTPPが発効
RCEP（地域的な包括的経済連携）協定（➡p.317）	署名：2020年，域内人口（2019年）：22億7,000万人，域内GDP（2019年）：25兆8,000億ドル
	ASEAN10か国に，日本，中国，韓国，オーストラリア，ニュージーランドを加えた15か国によるEPA。人口，GDP，輸出額のいずれも世界全体の約3割を占める。インドは当初からの交渉参加国であったが，2019年に交渉を離脱

解説　**地域統合の光と影**　同一地域に属する国々がまとまって一つの経済圏をつくる**地域的経済統合**は，2か国間のFTA（自由貿易協定）やEPA（経済連携協定）と並んで，近年の自由貿易を進める主要な形態となっている。TPPやRCEPのように加盟国や域内GDPが巨大なFTAも誕生し，これらはメガFTAとよばれている。地域統合は，域内の貿易や投資を活発にする一方で，域外に対して排他的になれば，第二次世界大戦の原因の一つとなったブロック経済（➡p.300）の再来となる危険性もある。

1 EUのあゆみ 出題

1950年	シューマン・プラン
1952年	ECSC（欧州石炭鉄鋼共同体）発足
1958年	EEC（欧州経済共同体）発足
	EURATOM（欧州原子力共同体）発足
1967年	3共同体を統合し，EC（欧州共同体）発足
1968年	関税同盟完成
1979年	EMS（欧州通貨制度）発足
	→域内固定相場，欧州通貨単位（ECU）創設
1987年	単一欧州議定書（市場統合プログラム）発効
1990年	シェンゲン協定調印→人の移動の自由化
1992年	マーストリヒト条約（欧州連合条約）調印
	→政治・経済・通貨統合をめざす
1993年	市場統合（単一市場）が発足
	→ヒト・モノ・サービスの移動の自由化
	マーストリヒト条約発効，EU（欧州連合）発足
1994年	EEA（欧州経済地域）発足
	（EU非加盟国との自由貿易協定）
1997年	アムステルダム条約（新欧州連合条約）調印（1999年発効）
1999年	共通単一通貨ユーロ（EURO）導入
2000年	ニース条約採択
2002年	ユーロ紙幣，硬貨流通開始
2004年	欧州憲法制定条約署名→発効せず
2007年	リスボン条約調印（2009年発効）
	→「EU大統領」「EU外相」新設
2016年	イギリス，EU離脱の是非を問う国民投票で賛成多数
	→2020年，イギリスはEU離脱（→p.316）

EU加盟国
（2023年11月現在）

赤字はユーロ導入国（20か国）

2003年までの加盟国（15か国）
●原加盟国
フランス，西ドイツ，イタリア，ベルギー，オランダ，ルクセンブルク

2004年の加盟国（10か国）

2007年の加盟国（2か国）

2013年の加盟国（1か国）

? 欧州統合の理念は何だろうか。

解説 ECSCからEUへ　ヨーロッパから戦争をなくすには，ドイツとフランスを仲よくさせることが必要であるとの認識から，1950年，フランスの外相シューマンは，石炭と鉄鋼のヨーロッパでの共同管理を提唱した。それを実現したのが，ECSC（欧州石炭鉄鋼共同体）である。その後，EEC，ECを経て，EU（欧州連合）へと発展した。ヒト・モノ・カネ・サービスの移動が自由になり，貿易や投資活動が活発になった。EUのもう一つの目標は，政治統合であり，共通外交・安全保障政策，司法・内務協力などを実現している。

2 共通単一通貨ユーロの導入

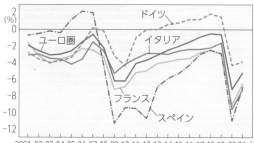

●ユーロの導入基準
①年間の財政赤字がGDPの3％以内
②政府債務残高がGDPの60％以内　など

財政収支の対GDP比の推移

（『世界の統計』2023年版）

? 共通通貨を導入するメリットとデメリットは何だろうか。

解説 壮大な社会実験？　EUの共通単一通貨ユーロの導入国は，自国通貨を廃止した。そして，ECB（欧州中央銀行）がユーロの発券銀行となり，ユーロの価値の安定に責任を負うことになった。ユーロの価値を安定させるため，ユーロ導入国は，財政収支やインフレ率など厳しい基準を満たす必要があるが，リーマン・ショック（→p.309）や新型コロナウイルス感染症の流行時には基準を守れない国が続出した。ユーロ導入により，通貨の両替にともなう手間やコストが削減され，域内経済の一体化は進んだが，2010年のギリシャ危機では，独自の金融政策ができなくなるという問題を露呈した。

3 EUの深化

アムステルダム条約（新欧州連合条約，1997年採択）
●共通外交・安全保障政策での多数決方式の導入
●先行統合の導入

↓

ニース条約（2000年採択）……先行統合の条件緩和
↓ 東方拡大（2004年，旧社会主義国を含む10か国が加盟）

欧州憲法制定条約（2004年調印→発効せず）
●二重多数決方式（加盟国数の55％以上の賛成かつ賛成国の人口がEU全体の65％以上で決定）の導入
●EU大統領，EU外相の新設
●国歌（ベートーベンの「第九・歓喜の歌」），国旗を規定
↓ フランス，オランダが国民投票で批准を否決

リスボン条約（2009年発効）
●欧州憲法の内容をベースに，「憲法」の名称と「国家」「国旗」の規定を削除など，「国家」の色彩を弱めた

解説 EU基本条約の改正　将来的な加盟国の拡大によってEUの意思決定ができなくなる可能性を解消するため，マーストリヒト条約を改正して結ばれたのがアムステルダム条約である。欧州憲法はEUの統合をより深化させ，「国家」に近づけようとするものであったが，発効できなかった。この背景には，加盟国の拡大と統合の深化によって，加盟国の利害が一致しにくくなっていること，特に政治統合については，小国を中心に「国家主権」が制約されることに対して国民の反発が強くあることがあげられる。国家主権とEU共通ルールとのせめぎあいは，イギリスのEU離脱（→p.316）でも問題となった。

バルト三国（エストニア・ラトビア・リトアニア）は，2011年から2015年にかけてユーロを導入した。ユーロ危機のさなかにもかかわらず，ユーロを導入したのはなぜだろうか。国際政治と関連させて考えよう。

4 EUの機構

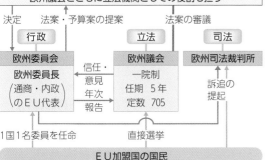

欧州理事会（首脳会議）
EU加盟国の首脳で構成される最高協議機関。
常任議長（EU大統領）は任期2年半，再任1回

閣僚理事会（閣僚会議）
加盟国の閣僚により構成，主要な政策決定機関。
欧州議会とともに立法機関としての役割も担う

決定　法案・予算案の提案　法案の審議

行政　　**立法**　　**司法**

欧州委員会
欧州委員長
（通商・内政
のEU代表）

信任・
意見
年次
報告

欧州議会
一院制
任期　5年
定数　705

欧州司法裁判所

訴追の
提起

1国1名委員を任命　直接選挙

EU加盟国の国民

❓ EUには市民から選ばれた欧州議会がある。国家の議会と異なるところは何だろうか。

解説 **政治レベルの政策決定機関は閣僚理事会**　EUの最高意思決定機関は欧州理事会（首脳会議）であるが，主要な政策決定は各加盟国の閣僚（大臣）で構成される閣僚理事会（閣僚会議）でおこなわれる。欧州議会は，特定分野の立法について閣僚理事会との共同決定権，EU予算の承認権，新任欧州委員の承認権などをもつ。直接選挙で選ばれる欧州議会の権威は小さくなく，統合の深化にともなって存在感は大きくなっている。欧州委員会はEUの執行機関にあたり，加盟国がそれぞれ1名ずつ委員を任命してEUに派遣する。欧州理事会の議長は，EU発足以来，加盟国が順番におこなってきたが，リスボン条約で常設の議長が置かれた。この欧州理事会常任議長がEU大統領である。また，リスボン条約では，外務・安全保障政策上級代表（EU外相）も置かれた。

EU加盟国の国民は，欧州議会への参政権，地域内での移動・居住の自由，出身国以外の居住地での地方参政権をもつ。

---

5 経済格差と移民問題

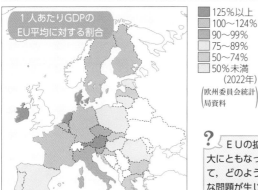

1人あたりGDPの
EU平均に対する割合

- 125%以上
- 100〜124%
- 90〜99%
- 75〜89%
- 50〜74%
- 50%未満

（2022年）
（欧州委員会統計局資料）

❓ EUの拡大にともなって，どのような問題が生じたのだろうか。

↑❶ヨーロッパに逃れるシリア難民（2015年）　ハンガリー国境に設置されたフェンスをくぐり抜け，ドイツをめざすようす。

解説 **一様ではないEU加盟国**　2004年と2007年にEUに加盟した中・東欧諸国は，従来の加盟国に比べ，GDPの規模が小さい。そのため，EU加盟国のうち，高所得国では産業の空洞化や移民の増加による失業率の増加が懸念された。イギリスのEU離脱の是非を問う国民投票では，移民の制限（国境管理の復活）が離脱派の主張となった。シリア（→p.204）などからの難民の急増は，治安の悪化や財政負担の増大に対する不安を増幅させ，EU離脱に拍車をかけた。このようななか，反EUや反移民を唱える政党が，加盟国議会やEU議会で議席を増やし，存在力を増している（→p.205）。

---

6 ギリシャ債務危機とユーロ危機

ギリシャ債務危機の発生（2009年）
ギリシャの財政統計操作が明らかになり，財政赤字の対GDP比を上方修正
→ 国債価格の暴落（金利の上昇）→ 財政破綻寸前
→ 財政赤字の削減を条件に，EU・ECB・IMFによる金融支援→国民の反発・景気停滞

↓ 危機の波及

財政赤字の対GDP比の大きい南欧諸国（ポルトガル・スペイン・イタリア）の国債価格下落

銀行に多額の損失発生　→　銀行救済の公的資金投入　→　財政赤字の拡大

財政赤字削減のための緊縮財政

大規模な景気後退・ユーロ価格の下落

ギリシャ危機から見えた問題

● **財政は各国で独立しておこなう**
＝所得の高い地域から低い地域への所得の移転がおこなわれず，低所得国は財政赤字が膨らみやすい
↓
● **ユーロ圏内の金融政策は統一されている**
＝金利はドイツもギリシャも同じ
↓産業の弱い国が低い金利でお金を借りられる
貿易赤字・対外債務が増大しやすい
● **単一通貨**→通貨安を通じた貿易赤字解消はできない

❓ ギリシャ1国の債務問題が，EU全体に波及したのはなぜだろうか。

解説 **ユーロの危機**　ギリシャの債務危機は，EU加盟国において，財政規律を重視するドイツなどの北部諸国と，EUによる財政支援を求める南部諸国との対立をもたらした。本来は，財政危機によって通貨が売られると，交易条件が好転して貿易収支が改善，国内産業が活性化して税収が増加し，財政収支が改善するという市場機構がはたらく。しかし，ユーロ導入国では，金融政策はECB（欧州中央銀行）によって統一されているため，市場機構がはたらかず，危機に発展した。

1 ASEANの深化 頻出

●ASEAN加盟国

原加盟国 (1967年〜)	インドネシア，シンガポール，タイ，マレーシア，フィリピン
1984年加盟	ブルネイ
1995年加盟	ベトナム
1997年加盟	ラオス，ミャンマー
1999年加盟	カンボジア

●ASEANの経済統合の進展

1993年 AFTA（ASEAN自由貿易地域）発足
→原加盟6か国（1993年当時のASEAN加盟国）については，2010年に99％の品目で関税を撤廃

2003年 ASEAN共同体の創設に合意
→2015年末，AEC（ASEAN経済共同体）発足

解説 東南アジアの国が参加　ASEAN（東南アジア諸国連合）は，1967年，ベトナム戦争を背景に，東南アジアの政治的安定と経済成長の促進を目的に設立された。冷戦終結後，ベトナムなどが加盟し，現在は東南アジア10か国が参加する地域統合である。2015年末にAEC（ASEAN経済共同体）が発足したが，加盟国の経済力に大きな差があるため（1人あたりのGDPは最大のシンガポールが5万2,239ドル，最小のミャンマーが1,161ドル。2015年），統一通貨は設けない，域内での労働者の移動は熟練労働者に限定する，などの制約を設けながら，域内関税撤廃，投資の自由化，知的財産権の保護などについて共通の枠組みをつくることにしている。

2 USMCAによる貿易拡大

USMCA（アメリカ・メキシコ・カナダ協定）は，北米3か国間の自由貿易協定である。1994年に発効したNAFTA（北米自由貿易協定）に代わって，2020年に発足した。域内の関税はほぼゼロとなっているが，域外には共通関税をもたない。

メキシコの輸出額の推移　（『世界国勢図会』2023/24版）

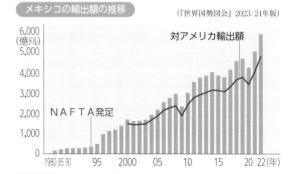

解説 NAFTAがもたらしたもの　NAFTAの発足後，メキシコはアメリカに向けた製品の生産拠点という位置づけが強まった。また，NAFTAの締結は2か国間のFTAを増加させる契機となった。しかし，自国産業の保護を掲げるトランプ米大統領がNAFTAの見直しと再交渉を表明した結果，2018年に新たな協定としてUSMCAが結ばれた（2020年発効）。USMCAには，自動車の部品の域内調達の割合を増やすことなどが盛りこまれ，メキシコに進出する日本企業も戦略の見直しを迫られた。

TOPIC　イギリスのEU離脱

(1)イギリスがEUを離脱するまでの流れ

2016年	6月	国民投票で過半数（51.9%）が離脱に賛成
2017年	3月	EUに離脱を正式に通告 →原則として通告から2年以内に離脱
2019年	1〜3月	英下院，離脱協定案を3度否決
	3月	離脱期限を延長（10月末まで）
	7月	メイ首相辞任，離脱強硬派のジョンソン政権発足
	10月	離脱期限を再延長（2020年1月末まで）
2020年	1月	**イギリスEU離脱**（2020年末まではイギリスはEUの関税同盟にとどまる「移行期間」）
	12月	移行期間終了 →**イギリスEUから完全に離脱**

(2)なぜ，イギリスはEU離脱を選んだのか ～移民問題

イギリスで，多くの人がEU離脱派を支持した理由の1つに移民問題がある。移民問題について，離脱派・残留派は，それぞれ以下のように主張した。

●EU離脱派の主張	●EU残留派の主張
移民が仕事を奪っている。治安が悪くなる	移民が低賃金の仕事を担っているため，労働力不足に陥る

移民問題のほかに，EUの共通ルールやEUへの巨額の拠出金がイギリス経済の足かせとなっていたことなども，EU離脱派が力をつける要因となった。

(3)離脱交渉が難航したのはなぜか ～アイルランド問題

北アイルランド紛争（→p.209）後，イギリス領北アイルランドとアイルランド共和国との間は自由に往来できるようになった。しかし，イギリスがEUを離脱すれば，ここに「国境」が復活し，紛争が再燃するのではないかという懸念から離脱交渉は難航した。最終的に，通関

業務はグレートブリテン島とアイルランド島の間でおこなわれることとなり，北アイルランドはイギリスの一部でありながら，実質的にはEUの関税同盟に残留することとなった。

(4)EU離脱後の状況 ～社会の分断

EU残留への賛成が多かったスコットランドでは，独立への動きが再燃している。イギリスは，離脱派と残留派で分断された社会の修復という重い課題をかかえることになった。また，「移行期間」終了後，イギリスとEUとの間の貿易は，関税はかからないが，原産地証明などの通関手続きが発生することとなった。また，金融の面においては，ロンドンのヨーロッパにおける金融の中心地としての地位が低下することが懸念されている。一方で，イギリスはCPTPPに加盟を予定（2023年7月合意）するなど，域外での関係強化をはかっている。

メガＦＴＡ・ＥＰＡのゆくえ

2018年にはアメリカをのぞく11か国によるＣＰＴＰＰが，2020年にはＡＳＥＡＮや中国が参加するＲＣＥＰ協定が発足（2022年発効）した。これらの巨大なＦＴＡのねらいとは何だろうか。

世界経済に占めるＴＰＰとＲＣＥＰ

ＴＰＰは，当初，アメリカと日本という２つの経済大国が加盟するＦＴＡ（自由貿易協定）として注目された。また，ＲＣＥＰも，当初，中国とインドという人口が世界第１位・第２位の国が加盟するＦＴＡとして注目された。ともに，その市場規模の大きさから，停滞するＷＴＯ（世界貿易機関）の多国間交渉にも一定の影響を与えるものとして，その交渉のゆくえが注目されてきた。しかし，それぞれの参加国は左の図のようになっている。何があったのだろうか。

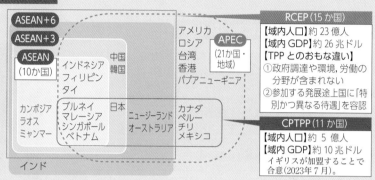

RCEP（15か国）
【域内人口】約23億人
【域内GDP】約26兆ドル
【TPPとのおもな違い】
①政府調達や環境，労働の分野が含まれない
②参加する発展途上国に「特別かつ異なる待遇」を容認

CPTPP（11か国）
【域内人口】約5億人
【域内GDP】約10兆ドル
イギリスが加盟することで合意（2023年7月）。

ＴＰＰ，ＲＣＥＰとは？

ＴＰＰ（環太平洋パートナーシップ）協定は，高い水準の包括的な協定をめざして交渉がおこなわれたＥＰＡ（経済連携協定，●p.312）である。「例外品目なしの100％自由化」をめざしたものであることから，日本の農業団体は猛反発した。しかし，最終的にコメ，牛・豚肉，乳製品などの5品目は例外として関税を残すものの，それ以外の農産物は，ほぼすべて関税が撤廃されることとなった。工業製品も含めた関税の撤廃率は95％と，日本が結んでいるＥＰＡのなかで，最も自由化率が高いものである。ＴＰＰは，物品の貿易のほかに，投資や知的財産権の保護，デジタル貿易や政府調達のルール，環境保護，強制労働や児童労働の禁止など，幅広い分野にわたる包括的な協定となっている。

ＲＣＥＰ（地域的な包括的経済連携）協定も，物品の貿易のほかに，投資や知的財産，電子商取引などの幅広い分野のルールを整備するものである。しかし，関税の撤廃率は平均91％とＴＰＰよりも低く，中国やベトナムの反発もあって，政府調達の自由化や国有企業への優遇の制限についてはＴＰＰよりも緩やかなものにとどまっている。また，環境や労働分野についてもＴＰＰよりも軽い扱いとなっている。ＲＣＥＰが日本で注目されるのは，その内容よりも，域内人口が世界人口のおよそ3割を占める巨大な経済圏であることや，中国，韓国との間でＦＴＡが結ばれたことなどによる。

アメリカのＴＰＰ戦略

2017年1月，アメリカのトランプ大統領は就任早々，ＴＰＰ離脱の大統領令に署名した。アメリカの離脱の背景には，グローバル化が進展し，世界の単一市場化が進むと，雇用を賃金の低い外国に奪われるという労働者層の反発があった。2021年には民主党のバイデン大統領が就任したが，民主党を支持する労働組合はＴＰＰ反対の立場であることから，早急なＴＰＰ復帰は難しいと見込まれている。ＴＰＰ自体は，アメリカ抜きの11か国でＣＰＴＰＰが2018年に発効した。

なお，日米間では，2019年にコメの除外など一部の修正はあるものの，ほぼＴＰＰと同じ内容の日米貿易協定と日米デジタル貿易協定が結ばれ，2020年に発効した（●p.319）。

ＲＣＥＰと中国の影響

ＲＣＥＰ交渉は2012年に開始された。ＲＣＥＰは，東アジアにおける貿易秩序の主導権を握りたい中国が，ＴＰＰに対抗して推進したという見方もある。もう1つの大国インドは，2019年11月以降，交渉の参加をとりやめた。インドが離脱するのは，対中貿易赤字が大きく，ＲＣＥＰによってさらに貿易赤字が拡大することを嫌ったことがある。ＲＣＥＰは，インドがいつでも加入できることを規定した上で，2020年に15か国で署名された。

中国は，ＲＣＥＰに署名し，ＴＰＰへの加盟の意向を示すなど，東アジアにおける存在感をいっそう高めている。また，2023年にはイギリスがＣＰＴＰＰに加盟することで合意した。このようななかで，アメリカがＴＰＰに復帰するという可能性は小さくはない。

❶ＣＰＴＰＰとＲＣＥＰのどちらが，日本経済に与える影響は大きいのだろうか。
❷ＴＰＰやＲＣＥＰの加盟国のなかには，加盟国間で個別に2か国間のＥＰＡを結んでいる国もある。メガＦＴＡは，2か国間のＦＴＡにとって代わるのだろうか，それとも共存するのだろうか。

 用語解説　ＦＴＡ，ＥＰＡ　●p.366

持続可能な貿易のためには

　ＴＰＰやＲＣＥＰといったメガＦＴＡ (→p.317) が注目されているが，2015年以降，オーストラリア，ＥＵ，アメリカなど貿易額の大きい国と日本との間で，個別のＥＰＡが発効した。一方，世界では，「アメリカ第一主義」を掲げるアメリカのトランプ政権が保護主義に傾き，中国との間で「貿易戦争」が勃発した (→p.205, 301)。デジタル貿易も拡大するなかで，ＦＴＡ・ＥＰＡはさらに拡大していくのだろうか。

ニュース 新たな協定とともに進む自由化

　オーストラリアやＥＵと日本とのＥＰＡ (経済連携協定，→p.312) では，工業製品の関税は撤廃されることになった。その一方で，オーストラリアやＥＵの関心の高い農産物・畜産物に関しては，ほとんどの品目で関税が撤廃されたが，コメ，麦，畜産物などの「重要５品目」では関税や数量制限が認められた。また，税率の削減や新たな輸入枠も設定された。オーストラリアからのブルーチーズの輸入については，ＣＰＴＰＰの発効により，個別のＥＰＡよりもさらに税率が下がった。今後も，安価な農産物の輸入拡大が進むことが予想され，畜産農家のさらなる減少が懸念されている。

視点 Ａ 貿易の自由化は全面的に，いっそう推進すべきである。

視点 Ｂ 貿易の自由化は農産物を除外するなど，慎重に進めるべきである。

↑１日本で売られるヨーロッパ産のチーズ (2019年，千葉県)

同じ品目でも協定によって異なる関税率 (プロセスチーズの場合)

基本税率	日本・オーストラリア ＥＰＡ	日本・ＥＵ ＥＰＡ	ＴＰＰ
40%	●2015年１月発効 関税割当 (低率の関税で輸入できる輸入枠の設定) 初年度：50トン → 10年目：100トン 枠内税率は10年後に枠外税率の半分に削減	●2019年２月発効 ほかの種類のチーズも含めた横断的な関税割当 初年度：２万トン → 16年目：3.1万トン 関税は16年目に撤廃	●2018年12月発効 現状維持，オーストラリア・ニュージーランドに関税割当 当初：各100トン → 11年目：各150トン 枠内税率は11年目に撤廃

自由貿易と保護貿易

優太：日本がオーストラリアとＥＰＡを締結したときは，牛肉が安くなるって言われたね。ＥＵとの間ではチーズが安くなるのか。商品を安く購入できるというのは，消費者の生活にとってよいことだと思うから，僕は視点Ａに賛成だよ。

結衣：私は，貿易の自由化は慎重に進めるべきという視点Ｂに賛成だな。牛肉にしてもチーズにしても，国内の生産者は大変だと思うよ。

優太：リカードの比較生産費説 (→p.299) のとおり，日本も比較優位にある産業にもっと生産を集中させればいいんじゃないかな？労働人口が減少していくなかで，産業の選択と

集中も必要だと思うんだ。

結衣：でも，だからといって農業を切り捨てるのは無謀だと思うな。治水など農業には多面的機能 (→p.253) もあるし，ほかにも，もし海外で紛争が起きて食料の輸入が途絶えたりしたら大変だよ！

優太：だからこそ，いろいろな国と仲よくすることが大事なんだ。ＥＵのヨーロッパ統合の理念も，ヨーロッパで再び戦争が起こらないようにすることだったよね。

結衣：でも，何でもかんでも「自由化」というのはダメだと思うよ。特に農業は，国ごとに地形や気候が異なるから，技術の向上によって競争力も向上する工業とは別物だし，ＦＴＡでも配慮されるべきだと思うな。

貿易自由化の影響は？

優太：貿易の自由化が進めば，国内の生産はなくなるのかな？1988年に日本とアメリカとの間で，牛肉とオレンジの自由化が合意された。でも，今でも日本には，みかん農家も牛の畜産農家もあるよ。貿易自由化によ

ニュース ＴＰＰで懸念されている課題

①訴訟大国であるアメリカの企業に訴訟を乱発され，多国籍企業を規制する政策ができなくなるのではないか？
　ＩＳＤ条項……外国企業が進出先の法制度の変更 (例：産業の国有化による接収) などで損をした場合などに，その国を相手に，世界銀行傘下の投資紛争解決国際センターなどに訴訟を起こせる制度。日本が締結しているＥＰＡの多くでも導入。
②公的医療保険制度が，民間の医療保険の参入規制とみなされ，国民皆保険制度が崩壊するのではないか？
③遺伝子組換え作物や残留農薬の規制が輸入障壁とされ，食の安全が脅かされるのではないか？
④地域振興のために地方公共団体が地元の産品を優先的に使用することが，参入障壁とされるのではないか？

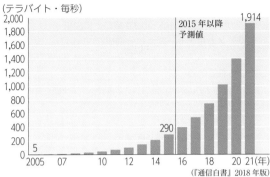

世界の越境データ通信量およびその将来推計

(テラバイト・毎秒)

2015年以降
予測値

1,914

290

5

2005 07 10 12 14 16 18 20 21(年)

『通信白書』2018年版

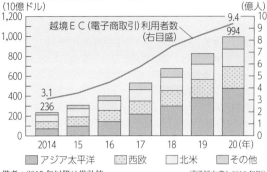

世界の越境電子商取引市場規模計

(10億ドル) (億人)

越境EC(電子商取引)利用者数
(右目盛) 9.4

994

3.1

236

2014 15 16 17 18 19 20(年)

■ アジア太平洋　▨ 西欧　▢ 北米　▨ その他

備考：2015年以降は推計値。　　　　『通信白書』2018年版

る競争の激化は，新たな品種を育てたり，**農業の6次産業化**（→p.250）を進めたりする契機になったと思うな。

結衣：私は，生産コストにみあった価格が保証されないと農地も維持されないから，新たな品種の開発も6次産業化もできないと思うよ。それに，TPPで懸念されている課題 にあるように，政府や地方公共団体が補助金を出したら，それが競争をゆがめるものとして，外国や企業から訴えられるおそれもあるんだよ。

優太：なるほど。でも，工業製品には自由化を進めて問題ないよね。日本の結んでいるEPAでも，工業製品はほとんど関税を撤廃しているし。

結衣：でも，発展途上国が工業化を進めるためには，補助金や関税といった産業の保護は必要だと思うな。先進国だって，急激な自由化は比較優位にない分野での雇用を一気に失うことになるよ。アメリカでトランプ大統領が誕生したのは，そうした古くからの産業に従事する労働者たちの危機感があったからでしょう？

優太：世界が保護主義に傾くのは避けないといけないけど，自由貿易を推進するにしても，時間をかけて進めることが必要だね。

デジタル貿易の課題

結衣：ところで，**デジタル貿易**って聞いたことがある？

優太：日本とアメリカは，**日米貿易協定**（→p.317）とあわせて**日米デジタル貿易協定**（→p.317）を結んだよね。デジタル貿易って，データの貿易ってことかな？音楽やアプリのダウンロードとか？

結衣：もちろん，それもあるけど，Amazonのようなインターネットでの商品購入なんかも含まれるんだ。Amazonでの私たちの検索や購買履歴は，Amazonのアメリカ本社がもつわけだからね。インターネットの利用者が増えるに従って，国境をこえるデータ通信や電子商取引も増加しているから，**FTA（自由貿易協定**，→p.312）でも重要なテーマになっているみたいだよ。

優太：デジタル貿易にも，物品の貿易のように問題になっていることがありそうだね。先生に聞きに行こう！

先生：デジタル貿易の課題の1つは，個人情報や企業秘密の漏洩など，サイバーセキュリティに対する懸念だね。こうした問題に対して，中国やベトナムなど一部の国では，データの国内保存義務を課したり，情報の国外移転を禁止したりしているんだ。日本やEUも，本人の同意のない個人データの越境移転を禁じているよ。ほかには，ソフトウェアの設計図にあたるソースコードの開示要求があ

る。中国やブラジルなどでは，国家機密や個人情報の不正な取得がないことを確認するという名目でソースコードの開示規定があるけど，TPPや日本とEUとのEPAでは，それを禁止する条文が盛りこまれているよ。ソースコードの開示は，それを開発した企業にとっては機密情報を知られることになるからね。

優太：やっぱり，僕はデジタル貿易でも制限はない方がいいと思うな。情報を利用した新しいビジネスの誕生が阻害されたら社会の発展にとってマイナスになるよね。

結衣：中国のように政府が個人を管理するために情報を握るのも嫌だけど，私の情報が外国の大企業に自由に利用されるのも嫌だよ。情報の移動には制限が必要だと思うな。

優太：トランプ政権は，中国の通信機器企業がアメリカの企業や政府の情報を盗んでいるという疑いをかけて，その企業との取り引きを禁止したりしたよね。そうしたこともデジタル貿易の課題といえるのかな？

結衣：国ごとに規制が異なって対立や混乱をまねかないように，世界共通のルールが必要なのかもしれないね。

優太：今こそ，WTOが真価を発揮するときなんだろうね。

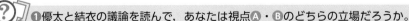

❶優太と結衣の議論を読んで，あなたは視点Ⓐ・Ⓑのどちらの立場だろうか。

❷日本とオーストラリアやEUとのEPAが発効した後，牛肉やチーズの生産にどのような影響が見られたのだろうか。

❸デジタル貿易について，データの越境移動は規制されるべきだろうか。個人と企業と国家，それぞれの立場から考えよう。

用語
解説　FTA，EPA　→p.366

5 国際社会における貧困や格差

要点 の整理

＊□□□□は共通テスト重要用語，■は資料番号を示す。この節の「共通テスト○×」などに挑戦しよう

1 南北問題

❶**南北問題** ■……先進国と発展途上国の経済格差。発展途上国の多くが先進国の南側に位置することに由来

【原因】●発展途上国の多くは植民地時代からの一次産品を生産する**モノカルチャー経済**から脱却できない

●発展途上国は原料となる一次産品を安い価格で輸出し，先進国が加工・生産した工業製品を高い価格で輸入する垂直的分業であるために，構造的に貿易赤字を押しつけられている

❷**HDI（人間開発指数）** ■……UNDP（国連開発計画）の平均余命・教育・所得の側面から人間開発の達成度を示す

❸**絶対的貧困** ■………食料や衣類など人間らしい生活の必要最低条件の基準が満たされていない状態のこと

──→世界銀行は1日2.15ドル未満で生活する人々と定義

❹**資源ナショナリズム** ■……天然資源の採掘・開発・利用権は資源保有国にあり，先進国による監査採掘を制限

●**天然資源に対する恒久主権**（1962年）……国連総会で宣言

●**新国際経済秩序（NIEO）樹立宣言**（1974年）……国連資源特別総会で採択

❺**累積債務問題** ■……発展途上国が工業化のために先進国から受けた融資が返済不能となる問題

2 経済的自立に向けて

❶**UNCTAD（国連貿易開発会議，1964年設立）** ■……南北問題を討議する国連総会直属の専門機関

❷**DAC（開発援助委員会）**……**OECD（経済協力開発機構）**の下部組織。開発援助について意見調整をおこなう

❸**新興国市場**……**BRICS**のように発展途上国のなかでめざましい経済発展を遂げている，遂げようとしている国

❹**後発発展途上国**……発展途上国のなかで最も経済発展が遅れている諸国の総称

──→発展途上国間での経済格差→**南南問題**に

3 日本の発展途上国への支援

❶**先進国としての日本** ──→発展途上国への援助

❷**資金的には世界有数の援助国**……**ODA（政府開発援助）** ■ ■，実績は世界第4位（2022年暫定実績）

❸**JICA（国際協力機構）**……日本の〇ODAを一元的におこなう実施機関

❹**開発協力大綱**……日本の開発協力の方向性をまとめる。2014年に〇ODA大綱から名称変更，国益確保への貢献を明記

経済

---

1 南北問題　南北問題の背景には，何があるのだろうか。

1 人間開発指数から見た南北問題

人間開発指数から見た世界の状況

■ 最高位国	□ 高位国
■ 中位国	■ 低位国

（2019年）

（『人間開発報告書』2020年版）

●**HDI（人間開発指数）とは？**
UNDP（国連開発計画）の世界の人々の生活の質や発展度あいを示す指数。平均余命，教育水準（識字率や就学率），所得（1人あたりGNI）を加味して産出される。
低位国はアフリカに集中しており，中位国までの国のほとんどがアフリカとアジアの国となっている。

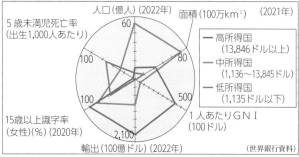

5歳未満児死亡率（出生1,000人あたり）
人口（億人）（2022年）
面積（100万km²）（2021年）
100
100
15歳以上識字率（女性）(%)（2020年）
100
2,100
1人あたりGNI（100ドル）
輸出（100億ドル）（2022年）

──高所得国（13,846ドル以上）
──中所得国（1,136〜13,845ドル）
──低所得国（1,135ドル以下）

（世界銀行資料）

解説 南北問題の要因 北半球側に先進国が多く，南半球に発展途上国が多いことから，経済格差による諸問題のことを**南北問題**という。この格差を示す指標の1つに，**HDI（人間開発指数）**がある。発展途上国では，付加価値が低く，価格変動が大きい農産物や鉱産物などの一次産品に依存する**モノカルチャー経済**を強いられる状態が続いている。また，アフリカでは天然資源は豊富にあるが，資源から得た資金を他の産業に投資し，国内のインフラ開発に積極的でなかったために国内産業が未発達な場合がある。このようなことを「資源の呪い」といい，アフリカを長年苦しめている要因の1つとされている。

2 貧困とは

絶対的貧困人口と絶対的貧困率

(世界銀行資料)

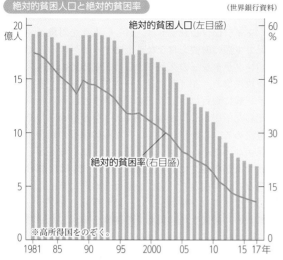

絶対的貧困人口(左目盛)

絶対的貧困率(右目盛)

※高所得国をのぞく。

ニュース 貧困を示す指数

- **絶対的貧困**

　必要最低限の生活水準を維持するために必要となる食糧や生活必需品を購入することができる所得に達していない状態の層のこと。2022年に世界銀行が1日2.15ドル未満の層をさすと定義した。

- **相対的貧困**

　ある国の全世帯の年間所得の中央値にあたる所得額の50%に満たない所得水準の層のこと。先進国の国内での格差問題といえる。相対的貧困の問題はアマルティア=センの「ケイパビリティ(潜在性)」の問題、つまり人生において選択肢が限定されてしまうことの問題である。日本でも15.4%(2018年)が相対的貧困にあたる。

- **多次元貧困指数**(Multidimensional Poverty Index)

　健康、教育、生活水準の面における貧困の程度と発生頻度を明らかにする。2010年に、UNDP(国連開発計画)によって導入された。

?　貧困とは、どのような状態をさすのだろうか。

解説 **南北問題では絶体的貧困を重視**　貧困に関する指標として、絶対的貧困、相対的貧困、多次元貧困指数の3つが注目されている。このうち、絶対的貧困は人間として必要最低限の生活を維持することが困難な状態を示すのに対し、相対的貧困はその国の文化水準、生活水準と比較して困窮した状態を示す。また、多次元貧困指数は、健康、教育、生活水準といった特定の分野での貧困の程度を示すものである。南北問題においては、国単位の貧困の比較が必要なため、絶対的貧困が重視される。現在、世界の約10%が絶対的貧困層にあるとされている。なお、相対的貧困は日本でも社会問題化しており、特に子どもの貧困への対処が必要とされている。

3 資源ナショナリズム

1950年代

多くの植民地が独立。多くの発展途上国は政治的独立を達成

↓　しかし、経済的自立の可能性は閉ざされていた
↓　新興独立国間の連携を求める声が高まる

アジア・アフリカ会議　(1955年)　(→p.200)

インドネシアのバンドンで開催。植民地時代の終わりを宣言し、**第三世界**(→p.200)が結束した点で歴史的意義をもつ

↓この会議に刺激され、この後、次々と植民地が独立

1960年代

第三世界の発言力向上

「アフリカの年」　(1960年):17か国が独立
非同盟諸国首脳会議　(1961年)　(→p.200)

ユーゴスラビアのベオグラードで開催。この後、東西両陣営にも属さない第三世界が強い発言力をもつようになった

UNCTAD(国連貿易開発会議)の創設　(1964年)

プレビッシュ報告をもとに、先進国に対して一般特恵関税、一次産品の輸入拡大、GNP1%の経済援助などを要求

資源ナショナリズムのめざめ

OPEC(石油輸出国機構)結成　(1960年)
OAPEC(アラブ石油輸出国機構)結成　(1968年)

産油国を中心に発展途上国が**資源ナショナリズム**にめざめる

1970年代

第1次石油危機(オイル・ショック)　(1973年)

OAPECは、資源ナショナリズムの立場から、先進国中心の国際経済体制の改善を求める

「新国際経済秩序(NIEO)樹立宣言」採択　(1974年)

国連の資源特別総会で採択

解説 **第三世界の発言力**　東西冷戦のなか、中立主義によって緊張緩和をめざす**第三世界**の国々は、1961年に**非同盟諸国首脳会議**を開催した。その後も会議は不定期に開催され、非同盟諸国の「経済協力行動綱領」が採択された。しかし、1974年の**新国際経済秩序(NIEO)樹立宣言**をピークに発言力は低下している。また、発展途上国のなかでも、産油国と非産油国、輸入代替工業化政策に成功した国と失敗した国、工業化できた国とできなかった国との間で経済格差が生じた(**南南問題**)。

4 累積債務問題

債務残高 / 債務残高の対GNI比

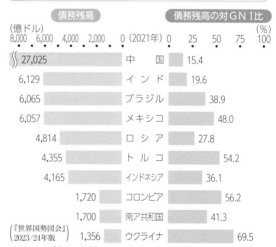

(億ドル)		(2021年)	(%)
27,025	中　国		15.4
6,129	イ　ン　ド		19.6
6,065	ブラジル		38.9
6,057	メキシコ		48.0
4,814	ロ　シ　ア		27.8
4,355	ト　ル　コ		54.2
4,165	インドネシア		36.1
1,720	コロンビア		56.2
1,700	南ア共和国		41.3
1,356	ウクライナ		69.5

『世界国勢図会』2023/24年版

解説 **膨らむ累積債務**　累積債務問題とは、経済発展をめざし、資金調達をおこなったがうまくいかず、債務が累積されて返済が困難になった状態をいう。たとえば、ブラジル、メキシコでは工業化をはかるために、先進国から大規模な借り入れをおこなったが、世界経済の停滞、一次産品の価格低下によって**デフォルト**(債務不履行)に陥った。IMF(→p.304)やアメリカの介入で、**リスケジューリング**(返済の猶予)などの措置がとられ、沈静化した。

---

② 経済的自立に向けて　南北問題を克服する取り組みには，どのようなものがあるのだろうか。

❶ UNCTAD（国連貿易開発会議）

目 的	発展途上国の貿易，投資，開発の機会を最大化し，南北問題を解決すること
参加国	194か国（国連加盟国＋バチカン）（2013年10月現在）
組 織	①総会……4年に1回開催 ②貿易開発理事会（TDB）……毎年1回開催 ③本部所在地……ジュネーブ（スイス）
活 動 内 容	**第1回総会（1964年）　開催地：ジュネーブ** 初代事務局長プレビッシュが報告書を提出し，GATTによる自由貿易体制への不満を表明。このプレビッシュ報告に基づき，貿易や援助に関する目標を設定 ──→国民所得比1％の援助目標の設定 ──→UNCTADの常設機関化を決定 **第2回総会（1968年）　開催地：ニューデリー** ①発展途上国の製品に対する一般特恵関税の設定 ②一次産品のための価格安定 ③先進国のGNP比1％を援助目標とする **第3回総会（1972年）　開催地：サンティアゴ** 先進国のGNP（現在はGNI）比0.7％をODA（政府開発援助，●p.323）にあてる目標を決議

解説　**格差是正のために貿易を**　南北間で相互に関連する問題を協議し，発展途上国への支援をおこなう国連の中心機関として，1964年にUNCTAD（国連貿易開発会議）が設立された。1960年代には，**プレビッシュ報告**を提出し，発展途上国からの輸入品に対して，一方的に低関税とする**特恵関税制度**の導入を実現した。1970～80年代には，活動範囲を開発金融，国際通貨，累積債務，サービス貿易，発展途上国間経済協力などへと拡張した。また，21世紀に入ると国連も，貧困の人口比率を半減させるなどの**MDGs（ミレニアム開発目標）**やその後継の**SDGs（持続可能な開発目標）**を策定し，貧困や経済格差の是正に向けた取り組みを強化している。

❷ マイクロクレジット

マイクロクレジットは，貧しい人々を対象に，無担保で少額の融資をおこなう金融サービスのことである。バングラデシュのグラミン銀行と創設者のユヌス氏が普及に努め，2006年にはノーベル平和賞を受賞した。

一般に銀行は，借り手の「所得はどれくらいか，安定した所得か」，「担保はあるか」などを判断して融資を決める。しかし，貧しい人々への融資の場合，①担保がないため，ハイリスクである，②借り手がどのような人かが見えにくく，情報の非対称性（●p.264）があるなどの理由から，融資を避ける傾向にあった。そこで，マイクロクレジットは，借り手同士をグループにまとめ，共同責任を負わせる制度を導入した。

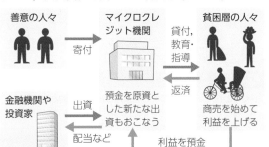

解説　**成功の要因と課題**　マイクロクレジットの成功の要因に，借り手同士をグループにまとめ，お互いを助けあう制度があげられる。仮に，グループの1人が返済できなくなると，他の人も借りられなくなるため，互いにチェックしあい，安全な投資をおこなうようになる。そのため，借り手は責任をもって対応することが多く，返済率も高水準を保っている。しかし，マイクロクレジットは貧困層への金融サービスの提供という画期的な制度であるが，貧困から抜け出せるほどではないとの指摘もある。

Let's Think!　ケニアの経済成長を支える日本

ケニアは，1963年にイギリスから独立し，紅茶やコーヒー，切り花などの農業，観光業，そして最近では製造業や金融業で発展している。また，現在，0～14歳に人口が集中する人口ボーナス期であることに加え，アフリカの西部・南部のハブ都市として，堅調な経済成長を実現し，今後も成長が続く国として注目をされている。ケニアの成長の陰には，携帯電話の普及とそれにともなうモバイル送金・決済サービスの普及がある。モバイル送金・決済サービスは，銀行の店舗の少ないケニアで，少額の決済を可能にし，現金を強盗などにねらわれないなどの利点が多く普及した。ケニアでは，日本よりもキャッシュレス化が進んでいるといえる。

また，ケニアの経済成長には，日本の技術貢献が関係している。アフリカは，交通網が未発達で，モノを輸出入するのに港が担う役割が大きい。ケニアのモンバサ港には，荷捌き能力をこえる荷物が届き，荷物が道をふさいで渋滞の原因となっていた。そこで，日本の円借款事業として，モンバサ港のコンテナターミナルを大幅に拡充する工事が実施された。また，ケニアは，総発電量の8割を地熱発電と水力発電で賄う再生可能エネルギー大国であるが，地熱発電所の建設と運転に貢献しているのが，日本のJICA（国際協力機構）と複数の日本企業である。資金は円借款で調達された。

❓ ケニアの事例のように，発展途上国の経済成長に貢献できる日本の技術を考えよう。

ケニアの経済成長率の推移と首都ナイロビのようす
（世界銀行資料）
ケニア
サハラ以南アフリカ平均

3 日本の発展途上国への支援　日本は，ODAを通じて，どのような支援をおこなっているのだろうか。

1 ODA（政府開発援助）

ODAのしくみと現状 ※（ ）内は2021年の日本のODA実績（億円）。

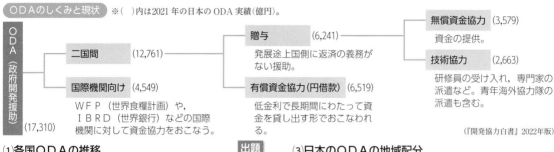

```
ODA（政府開発援助）（17,310）
├─ 二国間（12,761）
│    ├─ 贈与（6,241）発展途上国側に返済の義務がない援助。
│    │    ├─ 無償資金協力（3,579）資金の提供。
│    │    └─ 技術協力（2,663）研修員の受け入れ，専門家の派遣など。青年海外協力隊の派遣も含む。
│    └─ 有償資金協力（円借款）（6,519）低金利で長期間にわたって資金を貸し出す形でおこなわれる。
└─ 国際機関向け（4,549）WFP（世界食糧計画）や，IBRD（世界銀行）などの国際機関に対して資金協力をおこなう。
```

（『開発協力白書』2022年版）

(1)各国ODAの推移　出題

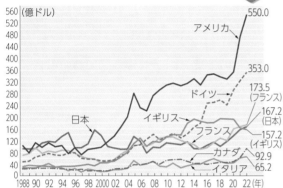

（注）軍事債務救済および輸出債務救済をのぞく。2022年は暫定値。（外務省資料）

解説 **日本のODA**　経済協力のうち，政府が発展途上国に対して，資金や技術の協力をおこなうことを**ODA（政府開発援助）**という。日本のODAは，**JICA（国際協力機構）**が実施機関となっておこなう。かつて世界一の援助国であった日本は，厳しい経済・財政状況のため，ODA予算を削減していった。一方，欧米諸国は，アメリカ同時多発テロ事件（2001年，➡p.203）を契機に，貧困にあえぐ統治の行き届かない国がテロの温床ともなり得るとして，ODAを増額している。

(2)ODAの条件比較

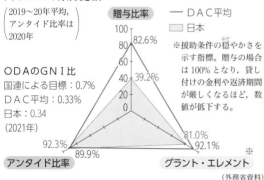

（2019～20年平均，アンタイド比率は2020年）

ODAのGNI比
国連による目標：0.7％
DAC平均：0.33％
日本：0.34
（2021年）

— DAC平均　▨ 日本

※援助条件の穏やかさを示す指標。贈与の場合は100％となり，貸し付けの金利や返済期間が厳しくなるほど，数値が低下する。

贈与比率　82.6％／39.2％
グラント・エレメント　81.0％／92.1％
アンタイド比率　92.3％／89.9％

解説 **日本のODAの質**　日本のODAには，「援助額は多いが，質的には不十分」との批判がある。対GNI比率でも国連の目標比率に達していない。**贈与比率**が高いほど，発展途上国の負担は軽くなるが，日本はDAC平均よりも低い。日本の**アンタイド比率**（融資や援助の用途などが制限されていないことを示す比率）は，DAC平均より高い。日本は，かつて「**タイド援助**（ひもつき援助。必要となる資材などの調達を，援助供与国に限定することを条件とする援助）が多い」との批判を受けてきた。援助対象国が望む援助をめざし，日本のODAの質の向上が期待されている。

(3)日本のODAの地域配分

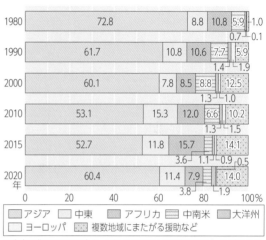

年	アジア	中東	アフリカ	中南米	大洋州	ヨーロッパ	複数地域にまたがる援助など
1980	72.8	8.8	10.8	5.9	1.0	0.7	0.1
1990	61.7	10.8	10.6	7.7	1.4	1.9	5.9
2000	60.1	7.8	8.5	8.8	1.3	1.0	12.5
2010	53.1	15.3	12.0	6.6	1.3	1.5	10.2
2015	52.7	11.8	15.7	3.6	1.1	0.9／0.5	14.1
2020	60.4	11.4	7.9	3.8	1.9		14.0

＊中東は北アフリカを含み，アフリカはサハラ以南に限る。（外務省資料）

2 日本のODA政策の変遷

ODA大綱（1992年閣議決定，2003年改定）	
目的	国際社会の平和と発展に貢献することを通じて，日本の安全と繁栄を確保すること

↓ODA大綱の見直し，名称変更

開発協力大綱（2015年閣議決定，2023年改定）	
目的	●国際社会の平和と安定，繁栄により積極的に貢献 ●日本の平和と安全の確保，経済的繁栄の実現など，国益の実現に貢献
基本方針	①非軍事的協力による平和と繁栄への貢献 ②「人間の安全保障」の推進。さまざまな主体の連帯を強化 ③対話・協働による社会的価値の創出（共創） ④包摂性，透明性，公正性に基づく国際的ルールの普及・実践
重点課題	①「質の高い成長」と貧困撲滅 ②「法の支配」に基づく自由で開かれた国際秩序の維持・強化 ③複雑化・深刻化する地球規模課題への国際的取り組み

解説 **ODAは外交の最重要ツール**　日本は，湾岸戦争で巨額の資金援助をおこなったが，国際社会から評価を得られなかった。そこで，日本の援助政策の基本原則をまとめた**ODA大綱**を1992年に決め，2015年には戦略的な援助を重視する**開発協力大綱**に改めた。開発協力大綱では，ODAの軍事的用途は禁止する一方，軍関係への支援が非軍事目的であれば可能となった。2023年の改定では，日本の強みをいかした協力を積極的に提案する「オファー型協力」の強化が盛りこまれた。また，ODAでは対象外だった同志国の軍に装備品などを提供する**OSA**（政府安全保障能力強化支援）も新設された。

適正な貿易のために
私たちにできること

普段，私たちが何気なく買っている商品は，もしかしたら，児童労働によって製造された商品，あるいは「スウェットショップ（sweatshop：搾取工場）」といわれる労働者を低賃金かつ劣悪な労働条件で働かせてできた商品かもしれない。このようなことに，私たちはどのように向きあい，行動をとればよいのだろうか。

■ニュース コーヒー豆生産地への支援

コーヒーは，世界で1日に20億杯も飲まれているが，コーヒー豆生産者のなかには価格交渉すらできずに，生産を続けている生産者もいる。このような生産者は，貧しい生活を強いられており，子どもを学校にも通わせることのできない事例もある。これに対し，さまざまな企業が支援をおこなうようになってきた。たとえば，アメリカのスターバックス社は，2013年度に世界最大の国際フェアトレード認証コーヒーの購買者になった。その他にも，技術支援センター「ファーマーサポートセンター」を中南米のコスタリカ，アフリカのルワンダ，中国の雲南省などに設立し，品質や生産性，生産者の生活向上のためのサポートをおこなっている。また，日本のスターバックスは毎月20日を「エシカルなコーヒーの日」とし，生産地とのつながりを感じる取り組みを実施している。なお，エシカル消費とは，消費者が各自の社会的課題の解決を考慮したり，そうした課題に取り組む事業者を応援しながら，消費活動をおこなうことで，現在注目を集めている。

↑**1** スターバックスの「エシカルパーティ」のようす
コーヒー豆の栽培や生産地での取り組み，フェアトレードなどについて，クイズを通して学ぶことができる。

≫ 不当な搾取への取り組み

企業や地主から不当な搾取を受けている人々は世界中にたくさんいる。しかも，私たちは，不当な搾取の上にできた商品を，知らず知らずのうちに購入し，消費している可能性があるのである。この状況を改善する取り組みとして**フェアトレード**がある。フェアトレード（Fair Trade：公正な貿易）とは，発展途上国でつくられた作物や製品を，適正な価格で継続的に取り引きすることによって，生産者の持続的な生活向

フェアトレードとは？

フェアトレード団体
（輸入業者）

技術支援　製品の　　フェアトレード
など　　　売買　　　商品の売買

生産者　　　　　　**消費者**

適正な収入を得る　　よりよい製品を，
ことができ，生活　　適正な価格で，継
を向上することが　　続的に買うことが
できる　　　　　　　できる

上を支え，自立を促すことである。

≫ 負の再生産をどう防ぐか？

グローバル化が進むなかで競争が激化し，競争によって安くてよい商品が生まれている。しかし，その陰では潜在能力（ケイパビリティ，→p.45）を奪われた人々が存在している。このような人々が人権を配慮され，安全で安心な環境で労働でき，その子どもたちが教育を受けられるようにするためには，商品がつくられる過程を可視化し，公平な貿易をしていることがひと目でわかるフェアトレード商品などを，私たちが積極的に選択する必要がある。

≫ さまざまな取り組み

これまで貧困者への支援といえば，募金が筆頭であったが，現在ではさまざまな方法がある。この一例として，「TABLE FOR TWO」という取り組みがある。「TABLE FOR TWO」は，カフェなどでヘルシーメニューを購入すると，代金のうち20円が東アフリカや

東南アジアなどの給食などの支援に使われる取り組みである。自分にとって健康的な選択をすることで，遠くの子どもたちを支援できるユニークな取り組みとなっている。支援の20円は，発展途上国の給食が1食20円であることからきている。企業や大学の食堂でも採用されている。このように，私たちが日常の食事などの選択を少し変えるだけで困っている人たちを助けることができるのである。

↑**2** 「TABLE FOR TWO」を導入した企業の社員食堂（トヨタ自動車株式会社提供）

❶不当な搾取を受けている人々に対して，私たちにできることはフェアトレード認証の商品を買う以外にどのようなことが考えられるだろうか。
❷支援の方法として，ケイパビリティを高めるためには，どのような支援が必要だろうか。

  プラネタリー・バウンダリーの考え方は，SDGsの採択時にも参考にされた。プラネタリー・バウンダリーとSDGsの目標の共通点を考えよう。

6 地球環境問題

要点 の整理

1 さまざまな地球環境問題

❶プラネタリー・バウンダリー（地球の限界） **1**……人間の活動が地球におよぼす影響を客観的に評価する方法の1つ。9種類の変化から，地球の限界を評価する

❷さまざまな地球環境問題 **1**〜**D**……**地球温暖化，酸性雨，オゾン層の破壊，砂漠化，森林の減少・森林破壊，野生生物の種の減少，海洋汚染**など

2 地球環境問題への取り組み

❶国際的な取り組み **1**〜**5**

1972年	**国連人間環境会議**（ストックホルム）
	●「かけがえのない地球」（Only one Earth）のスローガン
	●人間環境宣言を採択→**UNEP**（国連環境計画）発足（1973年）
1985年	ウィーン条約……オゾン層の保護
1987年	モントリオール議定書採択……オゾン層の破壊物質の生産削減などの規制
	→特定フロンの生産および消費の全廃，代替フロンへの転換をはかる
1992年	**国連環境開発会議（地球サミット）**（ブラジル・リオデジャネイロ）
	●基本理念は「持続可能な開発」
	●リオ宣言，アジェンダ21，気候変動枠組み条約，生物多様性条約など採択
1994年	砂漠化対処条約
1997年	地球温暖化防止京都会議
	●二酸化炭素削減目標などを定めた **京都議定書** を採択（2005年発効）
	●アメリカが京都議定書からの離脱を表明（2001年）
2002年	環境・開発サミット（南ア共和国・ヨハネスブルク）→「ヨハネスブルク宣言」採択
2010年	名古屋議定書採択……遺伝資源の利用と利益配分を定める
2015年	**SDGs（持続可能な開発目標）**採択……地球環境問題などに関する2030年までの国際目標
	パリ協定……先進国だけでなく，新興国や発展途上国も参加する地球温暖化対策の国際的枠組み

↑1 地球温暖化防止京都会議（1997年）

❷環境保全 **1**

- ●**ラムサール条約**（1971年採択）……水鳥の生息地である湿地を保護
- ●**世界遺産条約**（1972年採択）……ユネスコ総会で採択，世界の文化遺産や自然遺産を保護する
- ●**ワシントン条約**（1973年採択）……絶滅のおそれのある野生動植物の種の保護
- ●**バーゼル条約**（1989年採択）……有害廃棄物の国境をこえる移動およびその処分の規制
- ●**ナショナル・トラスト運動**……市民から資金を募り，土地を買いとるなどの方法で，環境を保全する運動

---

1 さまざまな地球環境問題
地球環境問題は，どのような背景から起きているのだろうか。

1 プラネタリー・バウンダリー（地球の限界）

プラネタリーバウンダリーの考え方で示された地球の状況

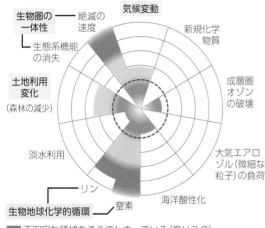

不安定な領域をこえてしまっている（高リスク）
不安定な領域（リスク増大）
地球の限界の領域内（安全）

（環境省資料）

解説 **「地球の限界」という考え方** 経済発展や技術革新などにより，私たちの生活は物質的には豊かで便利なものとなった。しかし，人類が豊かに生存し続けるための基盤となる地球環境は限界に達しつつある。人類の活動が地球におよぼす影響を客観的に評価する方法の1つに，ストックホルムの研究所が提案した**プラネタリー・バウンダリー**という考え方がある。プラネタリー・バウンダリーとは，①生物圏の一体化（生態系と生物多様性の破壊），②気候変動，③海洋酸性化，④土地利用変化，⑤持続可能でない淡水利用，⑥生物地球化学的循環の妨げ（窒素とリンの生物圏への流入），⑦大気エアロゾルの変化，⑧新規化学物質による汚染，⑨成層圏オゾンの破壊という9つの項目から，「地球の限界」を示すものである。図中の赤い線の円内は，地球の「安全な機能空間」を表しており，ここをこえると危険域に入る。気候変動，生物圏の一体性，土地利用変化，生物地球化学的循環については，人類が安全に活動できる境界をこえるレベルに達していると分析されている。

2 地球温暖化

温室効果ガスの総排出量に占めるガスの種類

化石燃料由来のCO_2 65.2%　メタン 15.8　CO_2(森林減少や土地利用変化など) 10.8
2010年
一酸化二窒素 6.2
フロン類等 2.0

A図　B図
赤外線　温室効果ガス　地表
赤外線　温室効果ガス　地表

(IPCC：気候変動に関する政府間パネル資料)

解説　**地球温暖化のメカニズム**　太陽から降り注ぐ光のエネルギーは，地球の表面に吸収され，地表を温める。生じた熱は，赤外線となって陸地と海から放出され，再び宇宙に出ていく。二酸化炭素，フロン，メタンなどのガス(**温室効果ガス**)は，熱が宇宙に逃げるのを防ぐ。これらの温室効果ガスの濃度が高くなりすぎると，地球の気温が上昇する。これが地球温暖化のメカニズムである。

3 酸性雨

←2酸性雨の被害を受けた像(イギリス)

(硫黄酸化物)(硫酸イオン)(硫酸)
SO_X → SO_4^{2-}・H_2SO_4
NO_X → NO_3^-・HNO_3 ⇒ 酸性雨の生成
(窒素酸化物)(硝酸イオン)(硝酸)

NO_X
(窒素酸化物)

SO_X
(硫黄酸化物)

酸性雨

解説　**国境をこえた影響**　工場や火力発電所などで，石油や石炭などの化石燃料を燃焼させると大量の硫黄酸化物や窒素酸化物が大気中に排出される。これが複雑な化学反応を起こして，やがて**酸性雨**として地上に降ってくる。酸性雨の原因物質は，国境を越境して被害を与えるため，近隣国との連携が重要視される。1979年に採択されたウィーン条約(長距離越境大気汚染条約)では，酸性雨の影響研究の推進についても盛りこまれた。火力発電所などの排ガスから硫黄酸化物を除去する日本の技術は世界一といわれており，活躍が期待されている。

4 オゾン層の破壊

オゾンホールの出現

1979年10月　　2022年10月

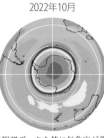
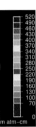

m atm-cm

米国航空宇宙局(NASA)の衛星観測データを基に気象庁が作成

オゾン層保護への取り組み

1974年	オゾン層の破壊がフロンガスによると発表(カリフォルニア大学ローランド教授らによる)
1985年	オゾン層保護のための**ウィーン条約**採択 1984～86年にかけて南極でオゾンホールを確認
1987年	モントリオール議定書採択 →フロンなど，オゾン層を破壊する物質に対する規制を定める
1988年	日本でオゾン層保護法成立(特定フロンを規制)

解説　**オゾン層を保護する取り組み**　写真は，南極上空のオゾン層で，数字が小さくなるほどオゾン層が薄いことを示す。1980年代に，南極上空のオゾン層が極度に薄くなっていること(オゾンホールの出現)が確認された。オゾン層破壊の原因として，エアコン，冷蔵庫，スプレー，洗浄剤などに広く使われる毒性のないフロンが特定されている。オゾン層が破壊され，紫外線が増加すると皮膚ガンや白内障の増加につながる。1987年に**モントリオール議定書**が採択され，フロンなどのオゾン層破壊物質に対する規制が定められた。

TOPIC　迫りくる砂資源の「共有地の悲劇」

砂漠化が国際的な問題となる一方で，天然資源としての砂不足も問題となっている。砂には鉱物が含まれ，ガラスやコンクリート，建設資材などに使用され，身近なところではスマートフォンの画面のガラス部分にも使われている。砂の消費量は増え続けており，UNEP(国連環境計画，→p.329)はこのままの消費量が続けば，砂の採取によって河川や海岸線を破壊し，小さな島々を消滅させる可能性があると警告している。各国が利益を自由に追い求めると，国際社会全体の利益を失ってしまう「**共有地(コモンズ)の悲劇**」に陥る可能性が懸念されている。

共有地(コモンズ)の悲劇の例

共同牧草地(共有地)
Aさん 100頭
Bさん 100頭
Cさん 100頭

それぞれの羊に食べさせる牧草も維持。共有地としても持続可能。

利益を求め，3人が羊を増やすと…

Aさん 300頭
Bさん 300頭
Cさん 300頭

3人が利益を自由に追い求めると牧草が失われ，3人とも利益を失う。

共有地の悲劇

p.326～327で取り上げた酸性雨，オゾン層の破壊，砂漠化，海洋汚染，森林の破壊と野生生物の種の減少について，国際的な取り組みの成果を調べてみよう。

経済

⑤ 森林破壊と野生生物の種の減少 （出題）

(1)熱帯林の減少・森林破壊

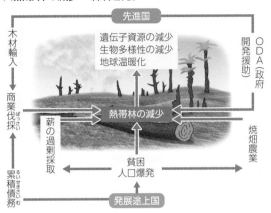

先進国

木材輸入　商業伐採　累積債務

ＯＤＡ（政府開発援助）　焼畑農業

遺伝子資源の減少
生物多様性の減少
地球温暖化

熱帯林の減少

薪の過剰採取　貧困　人口爆発

発展途上国

解説 **森林の維持，育成**　森林は，二酸化炭素を吸収し，生物多様性を保全する上でも重要である。しかし，近年，農地の開墾や木材の輸出などで森林面積が減ってきている。アマゾンでは，湿気が多く，自然発火することがなかったが，焼畑農業が広がり，大火事になるケースが出てきている。

(2)野生生物の種をめぐる取り組み

ワシントン条約 (1973年採択)	正式名称は「絶滅のおそれのある野生動植物の種の国際取引に関する条約」。しかし，野生生物の密輸入は後を絶たない
生物多様性条約 (1992年採択)	地球上のあらゆる生物種の多様性の保全とその持続的利用，その遺伝資源からの利益の公平な利用などを目的にした条約
名古屋議定書 (2010年採択)	遺伝資源がもたらす利益を国際的に公平に分配することを規定

解説 **遺伝資源も対象に**　医療品や食品などの開発では，動植物や微生物に由来する遺伝資源が活用されている。先進国は遺伝資源を自由に採取してきたが，遺伝資源保有国の権利を守るため，**名古屋議定書**が設けられた。

⑥ 海洋汚染

(1)海洋汚染の原因

陸上からの汚染	沿岸域の開発や，工場・家庭から排出される汚染物質が，河川などを通じて海に流入する
投棄による汚染	陸上で発生する投棄物を，海に捨てることによる
船舶，海底油田などからの汚染	船舶の運航によって生じる油膜，有害物質の廃棄，深海底の油田事故などによる
大気を通じての汚染	大気汚染物質が，雨などとともに，海に落下して生じる

解説 **国連海洋法条約の分類**　国連海洋法条約 (1982年採択) は，海洋に関する包括的な法秩序を定めている。このなかで，海洋汚染の原因を，上記のように分類し，すべての加盟国に汚染を防止するために必要な措置をとることを定めている（第207～212条）。

(2)バーゼル条約

● **バーゼル条約の概要**
①この条約に特定する有害廃棄物及びその他の廃棄物 (以下，「廃棄物」) の輸出には，輸入国の書面による同意を要する（第6条1～3）。
②締約国は，国内における廃棄物の発生を最小限に抑え，廃棄物の環境上適正な処分のため，可能な限り国内の処分施設が利用できるようにすることを確保する (第4条2 (a) 及び(b))。
③廃棄物の不法取引を犯罪性のあるものと認め，この条約に違反する行為を防止し，処罰するための措置をとる (第4条3及び4)。
④非締約国との廃棄物の輸出入を原則禁止とする (第4条5)。
(外務省資料)

解説 **有害廃棄物の国境をこえる移動や処分を規制**　バーゼル条約 (→p.266) は，ＵＮＥＰ (国連環境計画) で1989年に採択された。バーゼル条約では，廃棄物を輸出する際の輸入国の事前了解，不適切な処理がおこなわれた場合の回収措置，国際協力などが規定されている。

経済

Let's Think! ## マイクロプラスチック問題

　プラスチックは，製造コストが安く，簡単につくれるため，私たちの生活に定着している。しかし，プラスチックを使った製品が廃棄されると，大半は埋め立て処分されたり，海洋に流れ出たりしている。プラスチックが自然環境に廃棄されると，長い年月にわたって環境中に残り，生態系に深刻な影響を与える。特に問題となっているのが，直径が5mm以下の**マイクロプラスチック**で，海洋のプラスチックゴミの大多数を占める。これが動物プランクトンや小魚などにとりこまれ，食物連鎖を通して私たちの体内に蓄積されるなど，生態系を脅かしている。このような状況から，プラスチックの使用見直しやリサイクルが世界で求められている。

　国連は，ＳＤＧｓ (持続可能な開発目標) の下，プラスチックゴミ削減のための国際協調を求めている。日本でも，2020年にレジ袋の有料化を義務づけたり，**プラスチック資源循環促進法** (→p.337) の下，飲食店などでの使い捨てのプラスチック製品の廃止が進められたりといったプラスチックの使用を見直す取り組みが見られる。また，2019年のバーゼル条約の改正によって，汚れた廃プラスチックの輸出が規制 (→p.266) され，これまで輸出してきた廃プラスチックの国内での処理も問題となっている。

❓ プラスチックの使用見直しやリサイクルにおいて，私たちに身近なところでできることはなんだろうか。

↑④海岸に打ち上げられたゴミ

↑⑤脱プラスチックの取り組み　2019年のG20大阪サミットでは，脱プラスチックについても議論された。

1 地球環境問題の国際的な取り組み

年	事　項
1971	ラムサール条約採択
	→水鳥とその生息地の湿地保護が目的
1972	ローマクラブ，『成長の限界』を発表
	→人口，環境，食糧，資源問題を指摘
	国連人間環境会議開催 (ストックホルム)
	→「かけがえのない地球」(Only One Earth) をスローガンに「人間環境宣言」採択
	世界遺産条約採択
1973	ＵＮＥＰ (国連環境計画) 発足 (→p.329)
	ワシントン条約採択 (→p.327)
	→絶滅のおそれのある野生動物の保護が目的
1974	世界人口会議 (ブカレスト)
1977	国連砂漠化防止会議 (ナイロビ)
1982	国連海洋法条約採択 (→p.327)
	ナイロビ国連環境会議→「ナイロビ宣言」採択
1985	オゾン層保護のためのウィーン条約採択 (→p.326)
1987	モントリオール議定書採択 (→p.326)
	→フロンなどのオゾン層を破壊する物質に関する取り決め
1988	ＩＰＣＣ (気候変動に関する政府間パネル) 設立
1989	バーゼル条約採択 (→p.327)
1992	国連環境開発会議 (地球サミット) 開催 (リオデジャネイロ)
	→「持続可能な開発」について議論
	リオ宣言，アジェンダ21，気候変動枠組み条約，生物多様性条約，森林原則声明などを採択
	モントリオール議定書第4回締約国会議
	→1996年からの特定フロン全廃を決定
1994	砂漠化対処条約採択
	→砂漠化を防止するための行動計画を規定。先進国の支援を盛りこむ
1997	地球温暖化防止京都会議 (→p.330)
	→温室効果ガス排出量の削減目標などを定めた京都議定書採択 (2005年発効)
2000	ＭＤＧｓ (ミレニアム開発目標) 採択 (→p.2)
	→発展途上国向けの開発目標として，極度の貧困と飢餓の撲滅など，2015年までに達成すべき8つの目標を掲げる
2002	持続可能な開発に関する世界首脳会議 (環境・開発サミット) 開催 (ヨハネスブルク)
	→ヨハネスブルク宣言採択
2010	生物多様性条約第10回締約国会議 (名古屋)
	→名古屋議定書採択 (→p.327)
2012	国連持続可能な開発会議 (リオ+20) 開催
2015	ＳＤＧｓ (持続可能な開発目標) 採択 (→p.2)
	→「人間の安全保障」(→p.176) の理念を反映した「誰一人取り残さない」を基本理念とし，2030年までに達成すべき17の目標と169のターゲットを掲げる
	パリ協定採択 (2016年発効) (→p.331)
	→国連気候変動枠組み条約の全加盟国が参加する2020年以降の地球温暖化対策の法的枠組み。全加盟国は自主的な削減目標を設定

解説 　**国際的な取り組みの難しさ**　具体的な制限や規制になると，各国の思惑が絡み，なかなかまとまらない。「地球の限界 (→p.325)」をこえないためにも，国際社会での共通認識に基づいた取り組みが求められている。

1972年　国連人間環境会議

【概要】
スウェーデンのストックホルムで開催された国連として地球環境問題を協議したはじめての会議。スローガンは「かけがえのない地球」(Only One Earth)」。
【成果】
①人間環境宣言 (ストックホルム宣言) の採択……環境保護を人類の主要な課題として確認し，環境問題に取り組む際の原則を明示
②ＵＮＥＰ (国連環境計画) の設置を決定……地球環境問題に取り組む国連の中核機関

1992年　国連環境開発会議 (地球サミット)　出題

【概要】
ブラジルのリオデジャネイロで開催。ほぼすべての国連加盟国に加え，国連の招集を受けた産業団体や市民団体などのNGO (非政府組織，→p.175) も参加。基本理念は「持続可能な開発」。
【成果】　以下の5つの文書に合意。

宣言・条約	おもな内容
環境と開発に関するリオ宣言	27原則からなる宣言。1972年の人間環境会議で採択された人間環境宣言を再確認し，「持続可能な開発」を基本理念に，環境保全を考慮した節度ある開発をめざす
アジェンダ21	「持続可能な開発」を実現するために，各国および関係国際機関が実行すべき行動計画を定めた綱領。条約のような拘束力はない
気候変動枠組み条約 (地球温暖化防止条約)	地球温暖化の原因とされる大気中の温室効果ガス (二酸化炭素，メタンなど) の濃度を安定化させ，現在および将来の気候を保護することを目的とする
生物多様性条約	生物の多様性の保全と遺伝資源利用によって生み出される利益の公平分配をめざす
森林原則声明	世界のすべての森林の持続可能な経営のための原則を示したもので，森林に関するはじめての世界的な合意。法的拘束力はない

2002年　持続可能な開発に関する世界首脳会議 (環境・開発サミット)
【概要】　南ア共和国のヨハネスブルクで開催。アジェンダ21の成果を検証，ＭＤＧｓ (ミレニアム開発目標) を再確認
【成果】　ヨハネスブルク宣言の採択……貧困の撲滅やグローバル化に言及
【課題】　従来の先進国と発展途上国の対立だけでなく，環境規制を進めようとするＥＵとそれに反対するアメリカや日本など，先進国間の対立も表面化

2012年　国連持続可能な開発会議 (リオ+20)
【概要】　ブラジルのリオデジャネイロで開催。地球サミット20周年で開催されたが，具体的な成果はあがらなかった

2 UNEP（国連環境計画）

1972年にUNEP（国連環境計画）が設立された。目的は、国連人間環境会議で採択された「人間環境宣言」および「環境国際行動計画」を実施に移すことである。本部は、ケニアのナイロビにあり、発展途上国に本部をおく最初の国連機関となった。

UNEPが取り扱う分野は、オゾン層保護、有害廃棄物、海洋環境保護、生物多様性の保護など多岐にわたる。これまで多くの国際環境条約の策定を促し、成立させてきた。モントリオール議定書（→p.326）やワシントン条約（→p.327）、バーゼル条約（→p.327）、生物多様性条約（→p.328）などの事務局に指定され、条約の管理をおこなっている。

解説 **地球環境問題の中心機関** UNEPは、世界的な環境問題の取り組みに、中心的な役割を果たす国連機関である。日本はUNEP創設以来、一貫して管理理事国に選出されている。

3 地球温暖化の防止に向けて

(1)世界の平均気温とCO₂（二酸化炭素）排出量

地球全体の平均気温の変化 （気象庁資料）

グラフ：緑の線は各年と基準年(1981〜2010年)の平均値との差を示す。青い線は各年の値の5年移動平均を、赤い線は長期傾向を示す。
縦軸：気温平年差 (℃) +1.0 〜 −1.0
横軸：1890〜2020(年)

化石燃料などからのCO₂排出量と大気中のCO₂濃度の変化

グラフ：
凡例：その他（セメント製造＋焼却排気ガス）、天然ガス、石油、石炭、薪など
CO₂濃度（左目盛り）389ppm、336.12
世界のCO₂排出量（右目盛り）
産業革命、第二次世界大戦
※1750〜2000年までは10年単位。2000年以降は各年のデータ。(2001年はデータ不明)
縦軸（左）：二酸化炭素濃度(ppm) 0〜400
縦軸（右）：二酸化炭素排出量(億トン) 0〜400
横軸：1750〜10(年)
（電気事業連合会資料）

解説 **CO₂排出量の急増** 世界の平均気温の変化とCO₂排出量の変化のグラフを見比べると、1960年代以降、同じ上昇傾向を示していることがわかる。ここから、地球温暖化のおもな原因は、大気中のCO₂排出量が高くなったためと考えられている。2021年には、IPCC（気候変動に関する政府間パネル）が、「温室効果ガスを多く排出し続けると世界の平均気温は産業革命前と比べて2021〜40年の間に1.5度以上上昇する可能性が非常に高く、排出量を低く抑えても1.5度をこえる可能性がある」とする報告書をまとめた。

(2)地球環境問題に対する3つの手段

環境問題に対する基本的な対策は、大きく次の3つに分類できる。

環境教育	国民が、さまざまな機会を通じて環境問題について学習し、積極的に環境保全活動に取り組むようにはかる。特に、学校教育を基礎とする環境教育は極めて重要な意義をもっている
法的規制	国内における法的規制だけではなく、環境問題に対する国家間の合意を、法的拘束力をもつ条約や議定書という形で取りまとめ、直接的に規制する【例】ラムサール条約、気候変動枠組み条約、京都議定書など
経済的手段	市場機構を利用して環境を守ろうとする政策で、課税、課徴金の徴収、補助金の支出などの方法がある。CO₂（二酸化炭素）の排出に対して課税する炭素税のほか、デポジット制なども経済的手段の1つといえる

解説 **Think Globally Act Locally** 「世界視野で考えてローカルに行動する」というこのことばは、1960〜70年代のアメリカの市民運動で盛んに使われるようになり、その後、環境に関する行動指針として広く使われるようになった。一般的に、環境対策について考えるとき、最初に強調されるのは、環境教育である。しかし、環境教育だけでは十分な成果をあげることは難しい。そのため、より強力な法的規制や経済的手法もあわせて実施することが必要となっている。

(3)炭素税の導入〜経済的手段の一例

地球温暖化の原因とされるCO₂の排出を抑制するための効果的な方法の1つに、炭素税（カーボンプライシング）の導入がある。これは、企業や家庭にCO₂排出量に応じて費用の負担を求める制度である。日本では、この一環として2012年に地球温暖化対策税が導入され、原油・石油製品、天然ガス、石炭などすべての化石燃料の利用に対して課税されている。課税された分は価格に反映されるため、消費量が抑制されることとなる。税率は段階的に引き上げられ、2016年4月以降、原油・石油製品は760円（1kℓあたり）、石炭は670円（1tあたり）などとなっている。

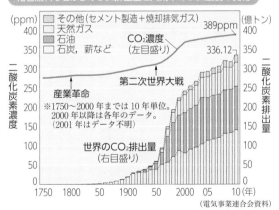
●炭素税導入国
オランダ、デンマーク、スウェーデン、ノルウェー、フィンランド、ドイツ、イタリア、イギリス、フランスなど

解説 **日本でもさらなる炭素税の導入を検討** 日本は、2020年に温室効果ガスの排出を2050年までに「実質ゼロ」にする目標を掲げたが、この目標を達成するため、温室効果ガスの排出に対して炭素税を課税することも検討されている。なお、炭素税には、温室効果ガス排出削減の効果がある一方で、①低所得者ほど収入に対する税負担が重くなる逆進性（→p.282）をともなう、②経済発展を阻害する恐れがある、③自国の温室効果ガスを削減するため、温室効果ガスの排出規制が緩やかな海外に生産活動を移転し、この結果、地球全体の温室効果ガス排出量が増えるカーボンリーケージが起こる、といった課題も指摘されている。

用語解説 パリ協定 →p.366

1997年に，国連気候変動枠組み条約第3回締約国会議（ＣＯＰ３）が京都で開かれた（地球温暖化防止京都会議）。この会議で地球温暖化を防止するために，ＣＯ₂（二酸化炭素）などの温室効果ガスの排出量を削減する京都議定書が採択された。これは，法的拘束力のある削減目標を決めたもので，先進国全体で2008〜12年までの間に，削減基準年（1990年）と比較して，排出量を5.2%削減することを約束する取り決めであった。

京都議定書の概要

採択年	1997年
削減対象国	先進国のみ。アメリカが2001年に離脱
全体の目標	2008〜12年の間に，先進国全体で1990年比5.2%の温室効果ガスを削減
各国の目標	EU8%減，アメリカ7%減，日本6%減など。先進国以外には義務規定なし

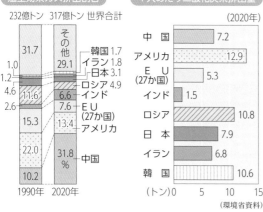

温室効果ガス排出割合　　**1人あたり二酸化炭素排出量**

（2020年）

国	トン
中国	7.2
アメリカ	12.9
EU（27か国）	5.3
インド	1.5
ロシア	10.8
日本	7.9
イラン	6.8
韓国	10.6

（環境省資料）

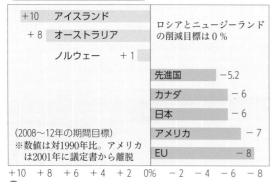

京都議定書でのおもな削減目標

+10	アイスランド
+8	オーストラリア
ノルウェー	+1

ロシアとニュージーランドの削減目標は0%

先進国	−5.2
カナダ	−6
日本	−6
アメリカ	−7
EU	−8

（2008〜12年の期間目標）
※数値は対1990年比。アメリカは2001年に議定書から離脱

? ＣＯ₂排出割合について，1990年と2020年の上位国の比較から，どのようなことがわかるだろうか。また，それらの国の京都議定書での削減目標もあわせて考えよう。

解説 **京都議定書からのアメリカの離脱**　京都議定書では，中国やインドなどの新興国や発展途上国は批准こそしたものの，そもそも削減義務が課されていなかった。また，アメリカは経済的事情から2001年，一方的に京都議定書から離脱してしまった。そうしたこともあって，京都議定書の発効は大幅に遅れた。2004年にロシアが批准し，2005年になってようやく発効した。

京都議定書では，削減目標の達成は，国や企業による自助努力が大前提とされた。しかし，自助努力だけでは達成が困難な場合に備えて，京都議定書では自助努力の補完的手段として，京都メカニズムとよばれる以下の3つのシステムが設けられた。なお，京都メカニズムは，パリ協定（→p.331）でもいかされる予定である（パリ協定第6条）。

共同実施　（京都議定書第6条）：先進国同士のやり取り

●先進国が，ほかの先進国の温室効果ガス削減事業に投資，削減分を目標達成に利用

排出枠獲得により，排出枠の総量が増加　　プロジェクトにより，温室効果ガス排出量が削減

クリーン開発メカニズム　（京都議定書第12条）

：先進国と発展途上国とのやり取り

●先進国が発展途上国で温室効果ガス削減事業に投資，削減分を目標達成に利用

排出枠獲得により，排出枠の総量が増加　　プロジェクトにより，温室効果ガス排出量が削減

排出量取引　（京都議定書第17条）

：先進国同士のやり取り。目標が明確でよいが，国際競争が激しい産業の企業が排出権取引などの温室効果ガスの排出規制が緩い国へ脱出・移転するカーボンリーケージ（→p.329）が発生する恐れがある

●先進国同士が削減目標のために排出量を売買

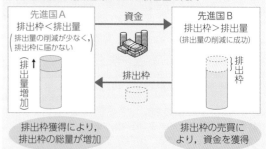

排出枠獲得により，排出枠の総量が増加　　排出枠の売買により，資金を獲得

解説 **排出枠のやり取り**　京都メカニズムとは，自国内での削減努力を前提としながらも，目標達成に不足する分については，ほかの国から排出権を買い取ったり，外国で実施した温室効果ガス削減を自国の削減とみなしたりすることができるしくみである。

? 排出量取引について，市場機構を活用したしくみといわれることがあるが，それはなぜだろうか。「市場経済のしくみ」（p.258〜264）も参考にして考えよう。

Let's Think!

パリ協定のゆくえ

地球温暖化防止に向けた国際的な取り組みとして，パリ協定が2015年に採択され，2016年に発効した。しかし，パリ協定にすべての国が満足したわけではない。各国は，どのような課題をかかえているのだろうか。それらを解消しつつ，地球温暖化の防止に取り組むには，どのような方法があるのかを考えよう。

ニュース パリ協定とは？

パリ協定とは，2015年のCOP21（国連気候変動枠組み条約第21回締約国会議）で採択された，すべての締約国（196か国・地域）が参加する2020年以降の地球温暖化対策の法的な枠組みである。京都議定書とは異なり，先進国だけでなく，発展途上国も対象となる。現在，地球全体の温室効果ガスの排出量は増えており，経済成長の著しい新興国や発展途上国も含めた温室効果ガスの削減方法が，近年，COPで検討されてきた。パリ協定では，京都議定書のように削減目標を課す方法ではなく，各国が削減目標を自主的に決めて国連に提出し，達成に向けた国内対策をおこなうこととされた。こうすることで，経済成長を重視したい中国などの新興国や，産業界や議会に根強い反対のあるアメリカをつなぎとめるねらいがあったのである。パリ協定では，世界の平均気温の上昇を産業革命前から1.5度に抑える目標を掲げている。この目標に向け，2023年から5年ごとに世界全体で対策の進捗状況を点検する制度も盛りこまれた。

地球温暖化対策をめぐる国際交渉の流れ

1992 (年)	気候変動枠組み条約採択（→p.328）
1997	COP3 京都議定書採択（2005年発効,→p.330）→アメリカ離脱（2001年）
2012	COP18 ドーハ合意　京都議定書の延長期間が決定（2013〜20年）。参加はEUなど一部の国。日本，カナダ，ロシアは不参加，自主目標を掲げての削減対策
2015	COP21 パリ協定採択（2016年発効）2020年より実施開始

京都議定書
削減期間（2008〜12）
延長期間（2013〜20）

パリ協定の概要

採択年	2015年
削減対象国	気候変動枠組み条約に加盟する196か国・地域
全体の目標	産業革命からの気温上昇を1.5度に抑える努力を追求する（2021年合意）
各国の目標	削減計画の作成・報告，5年ごとの見直しを義務化。ただし，削減義務規定はない
発展途上国支援	先進国に対して，発展途上国への資金拠出を義務化

・・・> パリ協定をめぐる各国の動向

①日本の削減比率達成に向けて

日本は，2030年までに温室効果ガスを2013年比で46％削減する目標を掲げている。しかし，日本は再生可能エネルギーに適した地形が少なく，太陽光発電や風力発電には限界がある。また，世界からはCO₂を多く排出する石炭火力発電の削減を求められているが，技術を活かしたクリーンな発電ができると主張し，批判を浴びている。原子力発電に注目が集まるが，東日本大震災（2011年）以降，原子力発電所を一部停止し，現在も本格稼働している数は少ない。政府は再稼働の方針を示しているが，国民の理解を得られるかがポイントとなっている。

②新興国の対応～中国とインド

中国とインドの温室効果ガス削減目標は，GDPあたりの削減で他の先進国のCO₂排出量削減とは異なる。中国では年間6％ずつ経済成長を続ければ，2030年のGDPは2005年の6倍になり，GDP比のCO₂排出量を60％を削減しても，CO₂排出量は2倍でもよいことになる。同様にインドも，CO₂排出量が増えることが予想され，他国から批判の声がある。

③アメリカの復帰

トランプ政権では，アメリカの産業発展や雇用創出を優先し，また，中国の目標への不満など理由に，2017年にパリ協定を離脱した。しかし，バイデン政権の誕生によって，アメリカは2021年にパリ協定に復帰した。バイデン政権は，再生可能エネルギーへの投資を増やして雇用を創出する方針を打ち出している。

・・・> 今後の課題

パリ協定は，発展途上国も参加する画期的なものであるが，削減目標に強制力がないなどの問題点が指摘されて

	2030年目標	温室効果ガスの排出実質ゼロ
日本	2013年比−46％ 50％に向け，挑戦	2050年までの達成を表明
アメリカ	2005年比−50〜−52％	2050年までの達成を表明
EU	1990年比−55％以上	2050年までの達成を表明
ロシア	1990年排出量の70％	−
中国	2005年比GDPあたりCO₂排出量を−65％以上	2060年までにCO₂排出ゼロに
インド	2005年比GDPあたり排出量を−33〜−35％	−

↑1 **パリ協定での各国・地域の排出削減目標**（外務省資料）　日本やアメリカ，EUは，2050年までに温室効果ガスの排出を全体としてゼロとする**カーボンニュートラル**の実現を宣言している。

いる。また，運用についても実施細則の合意に積み残しがあり，今後も各国の協力が必須となる。世界各地で，市民団体がパリ協定への取り組みに対する不満の声をあげており，各国がどのような行動を示すか注目される。

❓ **パリ協定を達成するためには，各国はどのような取り組みを強化していくべきだろうか。**

用語解説　パリ協定　→p.366

資源・エネルギー問題

1 枯渇性資源とエネルギー資源の利用

❶化石エネルギー **■2**……石油，石炭，天然ガスなど。世界の一次エネルギーの約90%を占める

→地球温暖化，酸性雨の原因……**二酸化炭素（CO_2）**，硫黄酸化物の排出削減が課題

❷資源の偏在性 **■2**……世界の石油埋蔵量の約50%が政情不安定な中東に集中

石炭：アメリカ，ロシア，オーストラリアなど　　天然ガス：ロシア，イラン　　シェールガス：アメリカ

❸資源の有限性 **■2**……可採年数＝確認埋蔵量÷年間生産量

❹資源ナショナリズム **■3■4**……資源の主権をめぐり，発展途上国がその領有を主張

→ＯＰＥＣ，ＯＡＰＥＣの創設，「天然資源に対する恒久主権」宣言（1962年），ＮＩＥＯの樹立宣言（1974年）

❺原子力発電 **■5～7**……発電過程で二酸化炭素（CO_2）を排出しない利点があるが，東日本大震災での４基の損傷により，安全性が問題視され，世界でも原発をどうするか対応がわかれている

2 期待される新エネルギー

❶新エネルギー **■1**……太陽光・太陽熱・風力・**バイオマス**などのクリーンエネルギー，再生可能エネルギー

→パリ協定やＳＤＧｓにより，近年注目が集まっている

❷固定価格買取制度 **■1～3**……再生可能エネルギーで発電した電気を，電力会社が一定価格で一定期間買い取ることを国が約束する制度

3 循環型社会に向けて

❶大量廃棄型の社会→ **循環型社会** の確立 **■1■2**

（ **3R** ：Reduce〈発生量の抑制〉，Reuse〈再使用化〉，Recycle〈再資源化〉の実践）

❷ 循環型社会形成推進基本法（2000年施行）**■1■2**→家電リサイクル法など，個別のリサイクル法を整備

経済

---

1 枯渇性資源とエネルギー資源の利用　エネルギー資源には，どのようなものがあるのだろうか。

1 資源別エネルギー消費量の推移

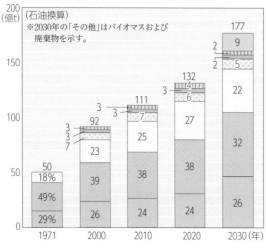

（資源エネルギー庁資料）

解説　**経済活動とエネルギー資源**　人類は，長い間，薪炭や風力，水力などの自然エネルギーのみで生活してきた。18世紀後半からはじまった**産業革命**以降，蒸気機関などの発明により，石炭がエネルギー資源の中心となった。20世紀に入ると，自動車や航空機が登場し，石油の需要が増した。1950年代には，エネルギー源が石炭から石油に転換する**エネルギー革命**が起こった。1973年の**石油危機（オイル・ショック）**以降，石油消費を抑制するため，省エネルギー技術や代替エネルギーの開発がおこなわれている。最近では，地球環境問題や原子力政策の転換などの観点から，再生可能エネルギーである**新エネルギー**（→p.335）が注目を集めている。

2 エネルギー資源の埋蔵量と可採年数

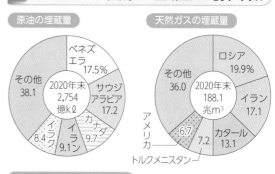

エネルギー資源の可採年数

亜 鉛 鉱　18年（2018年）
鉛 　 鉱　19年（2017年）
す ず 鉱　15年（2018年）
銅 　 鉱　40年（2017年）
原 　 油　54年（2020年）
ウ ラ ン　87年（2019年）
ニッケル鉱　34年（2017年）
石 　 　 炭　139年（2020年）
鉄 鉱 石　55年（2018年）

（『世界国勢図会』2023/24年版ほか）

解説　**実は延びる可採年数**　エネルギー資源は，石油であれば中東，天然ガスであればロシアといったように，地域的な偏在性が見られる。そして，エネルギー資源には有限性，つまり**可採年数**がある。可採年数は，評価する時点での**確認埋蔵量**（技術的・経済的に採掘ができる量）を，その年の年間生産量で割った値である。数値上の可採年数は短いが，探鉱技術や掘削技術の進化，原油回収技術の向上などによって，確認埋蔵量は増加するため，可採年数も大きく変化することがある。

エネルギー消費と日本のエネルギー政策には，どのような関係があるのだろうか。p.333「■日本のエネルギー供給量」をもとに考えよう。

3 主要国の一次エネルギー

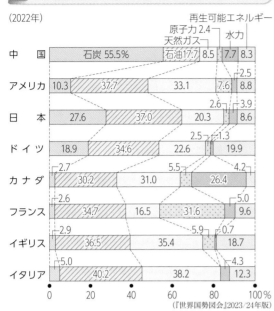

(2022年)

中　国	石炭 55.5% 石油17.7 8.5 7.7 8.3	

再生可能エネルギー
原子力2.4 水力
天然ガス

- 中　国: 石炭 55.5%　石油17.7　8.5　7.7　8.3
- アメリカ: 10.3　37.7　33.1　7.6　8.8　─2.5
- 日　本: 27.6　37.0　20.3　8.6　2.6─3.9
- ドイツ: 18.9　34.6　22.6　19.9　2.5─1.3
- カナダ: 2.7─30.2　31.0　26.4　5.5　4.2
- フランス: 2.6─34.7　16.5　31.6　9.6　5.0
- イギリス: 2.9─36.5　35.4　18.7　5.9─0.7
- イタリア: 5.0─40.2　38.2　12.3　4.3

0　20　40　60　80　100%
『世界国勢図会』2023/24年版）

一次エネルギーの1人あたり供給量と自給率

1人あたりの供給量 （2022年）　　自給率

- 283.5GJ　アメリカ　105.9%
- 199.7GJ　ロシア　190.9%
- 147.5GJ　ドイツ　34.6%
- 143.9GJ　日　本　11.2%
- 129.8GJ　フランス　54.6%
- 111.8GJ　中　国　79.7%
- 108.4GJ　イギリス　76.0%
- 25.7GJ　インド　61.8%

(1GJ＝23.9万kcal)　『世界国勢図会』2023/24年版）

種　類	長　所	短　所
化石燃料 石油・石炭・天然ガスなど	比較的簡単に採掘でき，取り扱いやすい。電力需要にあわせて発電量を調整可能	石油や石炭は，地球温暖化に影響。原料価格が不安定。いつかは枯渇する
原子力発電 ウラン，プルトニウム	少ない燃料で大きなエネルギーを得られる。発電時に二酸化炭素を発生しない	安全性の確保，放射性廃棄物の保管や処理などの課題がある。ウランも，いつかは枯渇する
新エネルギー 太陽光・太陽熱・風力・地熱・バイオマスなど	環境への負荷が小さい。枯渇することがない。日本にも豊富に存在	割高な発電コスト，発電効率が低いなど，実用化に向けての課題がある

解説　**化石エネルギーが中心**　一次エネルギーは，自然から直接得られるエネルギーで，一次エネルギーを基に，電気などの**二次エネルギー**がつくられる。一次エネルギーは，太陽光，風力，地熱などの自然の力を利用した**再生可能エネルギー**と，石油や石炭などの**枯渇性エネルギー**とにわけられる。日本は，東日本大震災(2011年)の際の福島第一原子力発電所の事故以降，原子力発電の利用を減らしている。一方で，フランスは，原子力発電を推進する国策をとっている。

4 日本のエネルギー供給量

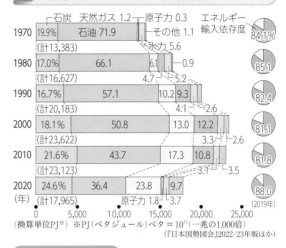

石炭　天然ガス 1.2　原子力 0.3　エネルギー
輸入依存度
- 1970: 19.9%　石油 71.9　その他 1.1　84.1%
  水力 5.6
  (計13,383)
- 1980: 17.0%　66.1　6.1─0.9　85.1
  4.7─5.2
  (計16,627)
- 1990: 16.7%　57.1　10.2　9.3　82.4
  4.1─2.6
  (計20,183)
- 2000: 18.1%　50.8　13.0　12.2　81.1
  3.3─2.6
  (計23,622)
- 2010: 21.6%　43.7　17.3　10.8　81.8
  3.1─3.5
  (計23,123)
- 2020: 24.6%　36.4　23.8　9.7　88.0
  原子力 1.8─3.7　　(2019年)
(年)　(計17,965)

0　5,000　10,000　15,000　20,000　25,000
（換算単位PJ※）　※PJ(ペタジュール）ペタ＝10^{15}(一兆の1,000倍)
『日本国勢図会』2022/23年版ほか）

日本のエネルギー政策

高度経済成長期 エネルギーの主体が石炭から石油に	
1955	**原子力基本法**成立 →原子力の研究・開発・利用を平和目的に限定し，公開・自主・民主の原則を明記
1966	日本初の原子力発電所の営業運転開始(茨城県・東海発電所)
1973	**第1次石油危機(オイル・ショック)**

1970〜80年代 石油危機への対応 省エネルギーの推進，脱石油依存へ 安定供給 + 経済性 →実際は原子力政策を推進	
1974	**サンシャイン計画**→新エネルギーの供給技術の開発 **電源3法**(電源開発促進税法など3法)成立 →原子力発電所の建設促進
1979	**第2次石油危機(オイル・ショック)** **省エネルギー法**成立→省エネルギー政策の推進
1986	旧ソ連(現在のウクライナ)・チョルノービリ(チェルノブイリ)で原子力発電所の爆発事故発生

1990年代 地球温暖化への対応 新エネルギー政策に乗り出す→原子力政策の推進は維持 安定供給 + 経済性 + 環境	
1993	**ニューサンシャイン計画**(2000年終了) →太陽光発電や燃料電池など，重点的な研究開発
1997	**新エネルギー法**成立(●p.335) →新エネルギー開発への援助や利用を促進 京都議定書採択(2005年発効，●p.330)

2000年代 エネルギー資源の確保を強化 福島第一原子力発電所の事故後は，従来の原子力推進政策を見直し，新エネルギーを本格導入へ 安定供給 + 経済性 + 環境 + 資源確保の強化	
2002	**エネルギー政策基本法**成立 →化石燃料以外のエネルギー開発を促進し，エネルギー政策の基本計画の策定を義務づけ
2003	第1次エネルギー基本計画策定 →2007年，2010年，2014年に第2〜4次基本計画策定
2011	**東日本大震災**→福島第一原子力発電所で事故発生 **再生可能エネルギー特別措置法**成立 →再生可能エネルギーの固定価格買取制度を導入
2023	**GX(グリーントランスフォーメーション)脱炭素電源法**成立 →原子力発電所の運転期間の60年超が可能に。原子力基本法も改正し，原子力発電所を活用して電力の安定供給や脱炭素社会の実現につなげることを「国の責務」に

5 原子力発電のしくみ

　原子力発電はクリーンエネルギーである。しかし，一度事故が起きてしまうと被害は広範囲，長期間におよぶ恐れがある。2011年の東日本大震災では，**福島第一原子力発電所**が炉心溶融（メルトダウン）と水素爆発を起こした。これがきっかけとなり，ドイツ，スイス，韓国，台湾，ベトナムなどが脱原発を表明した。一方，中国のように世界の原子力発電の市場で存在感をあらわす国や，フランスのように原子力発電の活用継続を表明し，海外への原発輸出に積極的な国もある。

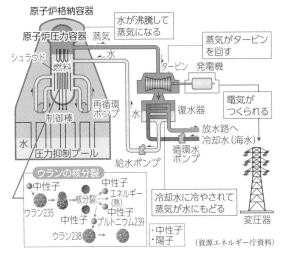

（資源エネルギー庁資料）

解説 **原理は火力発電と同じ**　原子力発電とは，ウランを核分裂させて熱エネルギーを得，それをもとに水を沸騰させ，蒸気の力でタービンを回して発電するというしくみである。これは，化石燃料を燃やして水を沸騰させ，蒸気の力でタービンを回して発電する火力発電と，「蒸気の力で発電する」という原理は同じである。ただ，原子力発電は，化石燃料を使わない点や，発電段階において二酸化炭素（CO_2）を排出しない点などを，メリットとしてあげることができる。
　しかし，原子力発電は，ウランが核分裂する際に出るエネルギーを使っているため，**放射線**が発生することが問題となっている。そのため，原子力発電には，放射能漏れの問題や**放射性廃棄物**の管理・処分の問題など，安全面での問題がある。

6 放射性廃棄物とは

　放射性廃棄物とは，原子力発電所から出る放射性物質を含んだゴミのことである。2種類に分類される。

● **低レベル放射性廃棄物**
　使用済みのタオルや手袋，作業着，床を洗った水などのこと。これらは燃やしたり，水分を取り除いたりして容積を減らした後，セメントなどで固め，ドラム缶に密閉する。その後，原子力発電所内で保管し，最終的には青森県六ヶ所村で埋設処分される。

● **高レベル放射性廃棄物**
　使用済み燃料の再処理過程で，再び使えるウランとプルトニウムを回収後，再利用できずに残った放射能の高い廃液のこと。低レベル放射性廃棄物に比べ，発生量は少ないものの，放射性物質の濃度が高い。現在，ガラス固化体にして，青森県六ヶ所村に一時貯蔵されているが，最終的な処分方法はまだ確立していない。

7 放射性廃棄物の処理問題

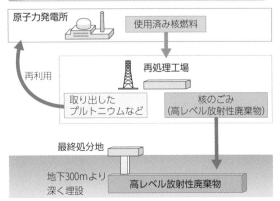

解説 **「トイレのないマンション」**　**核燃料サイクル**とは，原子力発電所から回収した使用済み燃料を，再処理工場でウランとプルトニウム，高レベル放射性廃棄物に分け，このうち，ウランとプルトニウムを再び核燃料として使用することである。そして，残った高レベル放射性廃棄物は，最終処分場で地下300mほど深くに埋め，10万年隔離しなければならない。日本では，青森県六ヶ所村に再処理工場を建設しているが，まだ完成しておらず，使用済み燃料をこれ以上，受け入れることができない状態となっている。2000年に設立された原子力発電環境整備機構（**NUMO**）が，最終処分事業を担っているが，最終処分場をどこにするか，住民の反対もあり，決まっていない。このように，最終処分場を決めずに，原子力政策を進めてきた国の政策について，「トイレのないマンション」と批判する声もある。

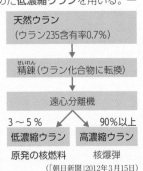

⬆**1**高レベル放射性廃棄物貯蔵管理センター（青森県六ヶ所村）

TOPIC 原子力の平和的利用とは？

　核兵器を開発している疑いのある国が，「原子力発電など，原子力の平和的利用が目的だ」と弁明することがある。原子力の平和的利用と，核兵器との違いには，何があるのだろうか。
　そのカギとなるのが，原子力発電の核燃料になる**ウラン**である。このウランは，核爆弾の材料にもなる。しかし，原子力発電と核兵器では，ウランに含まれる核分裂を起こす物質（ウラン235）の含有率に差がある。天然のウラン鉱石には，ウラン235が0.7％含まれている。原子力発電では，遠心分離器などでウラン235の含有率を3〜5％に高めた**低濃縮ウラン**を用いる。一方，核爆弾では，ウラン235の含有率を90％以上に高めた**高濃縮ウラン**を用いる。このため，核兵器の開発が疑われた国は，その疑惑をはらすため，高濃縮ウランではなく，原子力発電用の低濃縮ウランを作成しているなどと説明するのである。

```
天然ウラン
（ウラン235含有率0.7％）
        ↓
精錬（ウラン化合物に転換）
        ↓
遠心分離機
   ↙        ↘
3〜5％      90％以上
低濃縮ウラン   高濃縮ウラン
原発の核燃料    核爆弾
```

（「朝日新聞」2012年3月15日）

経済

1 新エネルギー

↑2 太陽光発電 (鳥取県倉吉市)

太陽光を太陽電池によって，直接電気エネルギーに変換する。発電量が日照時間に左右されて不安定であるが，近年は安価な太陽電池の開発にも成功している

↑3 風力発電 (愛媛県伊方町)

風のよく吹く地点に風車を設置し，その回転力で電気を起こす。風力はクリーンで無限にあるが，安定してエネルギーを得られない。また，騒音もあり，都心には向かない

↑4 地熱発電 (大分県九重町)

地下のマグマによる高温の熱エネルギーを蒸気に変えて利用し，タービンを回して発電する。出力が安定しており，火山の多い日本に適したクリーンエネルギー。開発に費用と期間がかかる

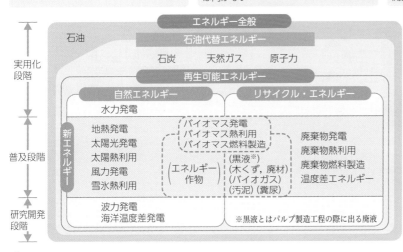

(新エネルギー財団資料など)

● **自然エネルギー**
今まであまり使われていなかった太陽の光や熱，風の力など自然界のエネルギーを利用

● **リサイクル・エネルギー**
今まで捨てていた資源 (家庭などから出るゴミ) や大気と河川水の温度差などを有効に利用

● **従来型エネルギーの新利用形態**
従来から使用していた化石燃料などを，新しいアイデアや技術によりクリーンで効率よく利用
・クリーンエネルギー自動車
・天然ガス　・燃料電池
・コージェネレーション

経済

コージェネレーション

「熱電併給システム」ともよばれ，発電装置を使って電気をつくり，発電時に排出される熱を回収して，給湯や暖房などに利用する。一次エネルギーの削減につながり，送電のロスがないことで環境負荷も少ない。しかし，導入時には多数の熱交換器を設置するため，コスト面が課題となっている。

家庭用コージェネレーションの例　(日本ガス協会資料参照)

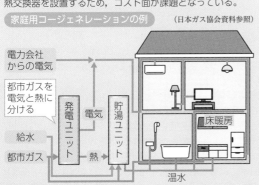

● **バイオマス発電**
植物をエネルギー源とし，木くずや家畜の排泄物を燃やすなどの方法がある。サトウキビやトウモロコシを原料とするバイオエタノールが注目されている。しかし，人間の食料を利用することで，食料価格の高騰に拍車をかけるとの批判がある

バイオマスエネルギーの種類

○ 製材廃材　建築廃材　林地残材など
木質燃料

○ サトウキビ　トウモロコシなど
バイオ燃料
(バイオエタノール)

○ 生ゴミ　家畜の糞尿など
バイオガス

● **太陽熱発電**
太陽熱で高温を得て，水を蒸気に変え，タービンを回して発電する。太陽熱は家庭用給湯器にも使われているが，産業用としては効率が悪い

解説　**さまざまな代替エネルギー**　世界各国では，省エネルギー技術と**新エネルギー**の開発が進められてきた。日本では，1997年に**新エネルギー法**が制定され，新エネルギーの開発援助や利用の推進がおこなわれている。2012年には，電力会社が新エネルギーからつくった電気を政府の定めた価格で一定期間買いとることを義務づけた**固定価格買取制度**が導入された。新エネルギーは，**再生可能エネルギー**であり，風力発電，太陽光発電など実用段階にあるものもある。しかし，①設備にコストがかかる，②発電状況が自然状況に左右されるなど，解決すべき課題は多い。

2 電力の自由化と発送電分離

　これまで，家庭や商店向けの電気は，電気事業法に基づき，居住地域ごとの電力会社（全国10社）が販売していた。しかし，10社による独占では，電気料金が下がらないなど，サービス面での不満が消費者から指摘されてきた。そこで，2016年から，電気の小売業への参入が全面自由化され，競争が活性化された。また，2020年から送配電会社を電力10社とは別にすることで，送電網を公平に利用できるようになった。これにより，業者間の競争の促進が期待されている。

日本の電力供給の流れ

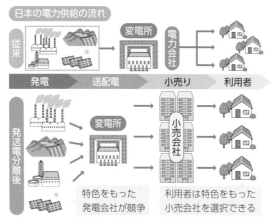

解説　広がる消費者の選択肢　電力の小売り全面自由化により，消費者は大手の電力会社だけでなく，新規参入した企業の電力を選べるようになった。さまざまな企業が電力の小売りに参入し，電気とガス，電気と携帯電話などの組みあわせによるセット割引など，消費者のライフスタイルにあった料金プランが提案された。しかし，電力の小売り自由化によって，大手の電力会社の電力供給義務がなくなり，電力の安定供給に不安が生じるなどの懸念もある。

3 スマートシティ

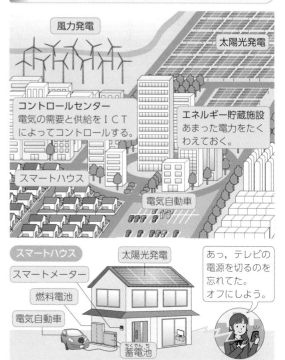

解説　持続可能な社会と未来都市の実現　スマートシティとは，再生可能エネルギーを最大限活用する一方で，エネルギーを効率的に使い，その消費を最小限に抑える次世代の都市のことである。省エネルギーだけでなく，交通，自然との共生，安全面などの都市のかかえる課題に対して，ＩＣＴなどを活用し，最適で持続可能な都市をつくり出すことをめざしている。スマートシティは，世界中でプロジェクトが進められており，持続可能な社会の実現と未来都市を実現する重要な政策の１つとなっている。

Let's Think! シェールガス革命と資源外交

　2011年の福島第一原子力発電所の事故以降，日本では化石エネルギーへの依存が高まりつつある。化石エネルギーには，石炭や石油，天然ガスなどがあり，鉱物資源同様，再生できない枯渇性資源である。しかし，化石エネルギーの有限性を示す指標の１つである確認埋蔵量（⮕p.332）は，評価時点での技術で経済的に利用できる量を示すため，採掘技術の向上などによって増加することがある。このような採掘技術の向上によって，注目されているのがシェールガスである。

シェールガス採掘のイメージ

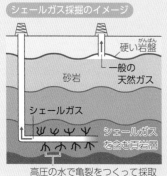

高圧の水で亀裂をつくって採取

　シェールガスとは，地中の頁岩（シェール層）にある天然ガスのことである。比較的浅い地層にある一般的な天然ガス田に比べ，これまで採掘が難しく，生産コストもかかった。しかし，2000年代以降，採掘技術の

国別の採掘可能なシェールガスの資源量

中国	31.6兆m³
アルゼンチン	22.7兆
アルジェリア	20.0兆
アメリカ	17.6兆
カナダ	16.2兆
メキシコ	15.4兆
世界の天然ガス総生産量	3.6兆（2015年）

2013～15年
調査対象は46か国
（『世界国勢図会』2022/23年版ほか）

向上によって生産コストが低下し，アメリカでは大量生産が進展した。

　シェールガスは，北米，南米，中国，ヨーロッパなどで，天然ガス総生産量に比べて膨大な埋蔵量が確認されている。天然ガス価格の大幅な低下も実現しており，世界のエネルギーの供給構造を変化させる可能性がある。また，石油や天然ガスの大半を中東諸国に依存してきた日本にとっても，シェールガスによってエネルギー資源の調達先を多元化できれば，資源国に対する価格交渉力をもつことができ，安全保障上も有益となる。

?　エネルギーの安定的で安価な供給の確保に向け，日本はどのような取り組みをすべきだろうか。

? 環境の負荷を減らす社会をつくるためには，どのようなエネルギーを，どのように消費すればよいのだろうか。

③ 循環型社会に向けて　循環型社会とは，どのような社会だろうか。

① リサイクル　頻出

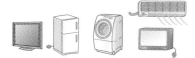

（環境省資料）

環境基本法（1994年完全施行）
↓
循環型社会形成推進基本法（基本的枠組み法）（2001年完全施行）

廃棄物処理法　　　資源有効利用促進法

個別物品の特性に応じた規制

容器包装リサイクル法
（2000年完全施行）
市町村に容器包装の分別収集を義務づけ，容器の製造・利用業者に再商品化を義務づける。消費者は市町村の分別方法に応じた分別をおこなう。2006年の改正で，レジ袋の削減を促進

家電リサイクル法
（2001年完全施行）
小売店などによる廃家電の引き取り・製造業者などによる再商品化を義務づけ，リサイクル費用は消費者が廃棄時に負担。対象品目は，テレビ（液晶式，プラズマ式含む），冷蔵庫・冷凍庫，洗濯機，衣類乾燥機，エアコン

食品リサイクル法
（2001年完全施行）
食品の製造・加工・販売業者に食品廃棄物などの再生利用を義務づける。2007年の改正で，食品小売業や外食産業の事業者に対する指導監督の強化と取り組みの円滑化をはかる

建設リサイクル法
（2002年完全施行）
工事の受注者に建設物の分別解体・建設廃材などの再資源化を義務づけ

小型家電リサイクル法
（2013年施行）
使用済みの小型電子機器などに使われている金属などのリサイクルが目的。市町村が回収

自動車リサイクル法
（2005年完全施行）
関係業者に使用済自動車の引き取り・フロンの回収・再資源化などを義務づけ，リサイクル費用は販売時に消費者から徴収

プラスチック資源循環促進法
（2022年施行予定）
プラスチックの廃棄削減を求める

グリーン購入法
（2001年完全施行）
国や地方公共団体が，再生品など環境負荷の少ない製品の調達を推進。国の基本方針に基づき，国の機関や地方公共団体などは，調達方針を作成・公表する義務がある

解説　さまざまなR　よりよい環境を維持するために，資源の節約と新エネルギーの開発・利用に加え，資源のリサイクルが推進されている。身近には，使用済みペットボトルの繊維製品や文房具などへのリサイクルがある。政府は，3R（Reduce＝発生量の抑制，Reuse＝再使用化，Recycle＝原材料として再利用）をめざした**循環型社会形成推進基本法**（2000年施行）や，家電・食品・建材・自動車などの個別のリサイクル法を制定した。循環型社会形成推進基本法により，排出者の責任が明確化されている。また，3Rに，Refuse＝不要なものを買わない，Repair＝修理して使うを加えて，5Rともいう。大量生産・大量消費・大量廃棄型の生活からの脱却がめざされている。

循環型社会と3R

TOPIC　スマートエコアイランド

　日本には，たくさんの島がある。しかし，現在，多くの島は，人口減少，高齢化，産業衰退，生態系の破壊など，さまざまな課題をかかえている。このうち，鹿児島県の種子島は，地域の資源を活用し，持続的な社会システムの構築をめざす**スマートエコアイランド**に取り組んでいる。その核となるのが，島の経済を支える基幹作物のサトウキビと基幹産業の製糖業である。種子島は離島のため，輸送コストが上乗せされた高い化石燃料に頼って，電力や自動車を稼働せざるを得ない。そこで，大学や企業などと行政・地域が連携し，製糖工場で製造過程に発生する搾りかすなどをバイオ燃料として活用し，熱と電気を発生させて砂糖製造をおこなっている。今後は，余剰熱を輸送し，焼酎工場やでんぷん工場，福祉施設でも使用するなど，地域資源由来のエネルギーによる循環型システムの構築をめざしている。

←⑤種子島（鹿児島県西之表市）

② 循環型社会をめざして

●グリーン・コンシューマー10原則
①必要なものを必要な量だけ買う
②使い捨て商品ではなく，長く使えるものを選ぶ
③包装はないものを最優先し，次に最小限のもの，容器は再利用できるものを選ぶ
④作るとき，使うとき，捨てるとき，資源とエネルギー消費の少ないものを選ぶ
⑤化学物質による環境汚染と健康への影響の少ないものを選ぶ
⑥自然と生物多様性を損なわないものを選ぶ
⑦近くで生産・製造されたものを選ぶ
⑧作る人に公正な分配が保証されるものを選ぶ
⑨リサイクルされたもの，リサイクルシステムのあるものを選ぶ
⑩環境問題に熱心に取り組み，環境情報を公開しているメーカーや店を選ぶ
（グリーンコンシューマー全国ネットワーク著『グリーンコンシューマーになる買い物ガイド』）

解説　環境に配慮する消費者　日々の消費活動のなかで，環境に配慮し，地球環境を大切にする態度が消費者にも求められており，このような消費者のことを**グリーン・コンシューマー**とよぶ。また，循環型社会を構築するために，広域の行政区域など社会全体で取り組まれているのが，**ゼロ・エミッション**である。ゼロ・エミッションは，生産活動の結果，排出される廃棄物を全体としてゼロにするために，排出される廃棄物を別の産業の原料に使うなど，廃棄物の発生を当然としてきた従来の社会・産業構造を転換するものである。

国際社会のこれから

要点 の整理　＊　　　は共通テスト重要用語，■は資料番号を示す。この節の「共通テスト○×」などに挑戦しよう

1 人口問題への取り組み

❶人口爆発 ■……世界人口の加速度的な増加。おもに発展途上国での人口増加が影響←→先進国では少子高齢化が進行

❷ＵＮＦＰＡ（国連人口基金）……国際的な資金によって発展途上国や経済移行諸国に人口関連の支援をおこなう機関

❸国際人口開発会議（1994年，カイロ）■……女性の自己決定権を保障する行動計画

❹リプロダクティブ・ヘルス／ライツ（性と生殖における健康・権利）■→女性の決定権の尊重と促進

2 食料問題への取り組み

❶食料価格の高騰 ■→ＦＡＯ（国連食糧農業機関）は，食料サミットを開催（2008，09年）

❷バーチャルウォーター ■……輸入食料を生産するとしたら，どの程度の水が必要かを推定したもの

3 国際協調の広がり

❶経済のグローバル化→先進国による協調の必要性の増大

　●ＯＥＣＤ（経済協力開発機構）……先進国クラブ

　　→下部組織ＤＡＣ（開発援助委員会）による経済援助の実施

❷主要国首脳会議（サミット）■の開催，Ｇ７（先進7か国財務相・中央銀行総裁会議）……先進国の協調の場

❸Ｇ20サミット ■（2008年〜）……新興国を含む主要20か国・地域（Ｇ20）の首脳による協調の場

❹国連の取り組み……ＳＤＧｓ（持続可能な開発目標）や「人間の安全保障」に基づく実践

経済

1 人口問題への取り組み　人口爆発に，どのように対応したらよいのだろうか。

1 世界人口の推移

世界人口の増加と先進国・発展途上国の人口の推移

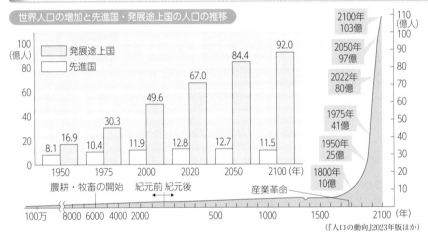

（『人口の動向』2023年版ほか）

解説　**年間で8,000万人増加**
世界の人口は，1年間に約8,000万人のペースで増加し続けている。このような世界人口の急速な増加を**人口爆発**という。世界人口は2050年には97億人になると予想されており，1950年から100年の間に人口が約72億人増加する見込みである。世界の人口爆発はおもに発展途上国で起こっており，先進国では少子高齢化が問題となっている。人口爆発は，世界の食料不足や環境問題などを引き起こすと指摘されている。

2 人口問題と女性　[出題]

●リプロダクティブ・ヘルス／ライツ（reproductive health/rights）
（性と生殖に関する健康と権利）

1994年，エジプトで開催された国連の国際人口開発会議で採択されたカイロ行動計画において提唱された。人口問題の解決には，女性の地位向上が不可欠だとして，人口抑制の方策が協議され，「子どもをもつか，何人にするか，出産間隔をどうするか，いつ出産するかを自由に決定できる」権利として提唱された。個人の権利として，女性一人ひとりが妊娠・出産などを自由に責任をもって決定することが求められている。

解説　**女性の権利を守るために**　発展途上国の人口増加に対し，先進国はＵＮＦＰＡ（国連人口基金）などを通じて，家族計画プログラムを支援するなど，人口の抑制に努めている。一方，先進国でも，少子高齢化の背景として，女性の社会進出の増加にともなう晩婚化や少子化が指摘されている。人口問題には，女性の権利をいかに守るかという問題も絡んでいるのである。

TOPIC　WHO（世界保健機関）

WHO（世界保健機関）は，1948年に設立された国連の専門機関である。保健サービスの整備など，よりよい医療の普及をめざし，「すべての人々が可能な最高の健康水準に到達すること」（WHO憲章第1条）を目的に活動している。新型コロナウイルス感染症の感染拡大では，2020年3月にパンデミック（世界的大流行）を宣言し，国際社会に対策強化をよびかけた。また，WHOは，2012年にユニバーサル・ヘルス・カバレッジ（UHC）の推進を議決した。これは，「すべての人が適切な予防，治療，リハビリなどの保健医療サービスを，支払い可能な費用で受けられる状態になる」ことを目的としている。世界には基礎的な医療を受けられない人が4億人以上いるといわれ，WHOは改善に取り組んでいる。

人口問題や食料問題を考える際に，ＳＤＧｓの観点は欠かせない。「Focus　ＳＤＧｓとは」（p.2〜3）にある17の目標をもとに，人口問題や食料問題の解決策を考えよう。

1 ハンガーマップ

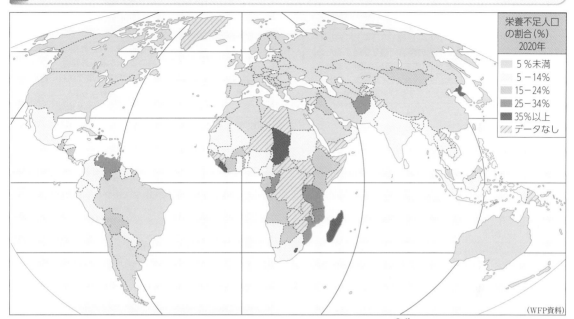

	栄養不足人口の割合(%) 2020年
	5％未満
	5－14%
	15－24%
	25－34%
	35%以上
	データなし

(WFP資料)

解説 **食料問題における南北格差**　ＦＡＯ（国連食糧農業機関）の統計に基づいて，世界の飢餓状況を，栄養不足人口の割合から5段階に色分けしたものが上の「ハンガーマップ」である。栄養不足人口の割合が高い国はアフリカなど南半球の国に多く，栄養不足人口の割合が低い国は欧米など北半球の国に多い。このように，食料をめぐっても，南北格差が見られる。飢餓に苦しむサハラ以南のアフリカやアジア・太平洋地域では，食物を戦争や自然災害などでつくれなかったり，経済的に余裕がなくて買えなかったり，また，支援物資が届かなかったりしている。これらに加え，①中国やインドなどの新興国の経済成長や人口増加による消費増，②気候変動，③食料作物を利用するバイオ燃料の需要増などにより，食料高騰問題も深刻化した。ＦＡＯは，1996年に**世界食料サミット**を開催し，2015年までに栄養不足人口を半減させることなどをめざして**ローマ宣言**を採択した。2008，09年には，**食料サミット**を開催し，世界の食料安全保障に向けた議論をおこなった。

2 バーチャルウォーター

食べ物のバーチャルウォーター量

 ハンバーガー
999ℓ

 塩ラーメン
970ℓ

 カレーライス
1,095ℓ

 うどん
120ℓ

 牛丼
1,889ℓ

 ハンバーグ定食
2,296ℓ

 カルボナーラ
910ℓ

 コーヒー
210ℓ

※食材の生産に必要なバーチャルウォーター量　　　（環境省資料）

? 食材ごとのバーチャルウォーター量は，環境省のウェブサイトに掲載されている「仮想水計算機」を利用して計算することができる。どれくらいの水を使っているのか，調べてみよう。

解説 **日本は水輸入国**　バーチャルウォーター（仮想水）とは，輸入食料を自国で生産する場合に必要な水の量のことをいう。日本は水資源が豊富といわれているが，年間バーチャルウォーター使用量は約831億㎥（2005年）となり，大量の水を海外に依存している計算になる。日本の大量の食料輸入が，世界的な水不足の一因になっているともいえる。

TOPIC 携帯アプリで農家を支援

ＷＦＰ（**国連世界食糧計画**）は，1961年に設立され，飢えに苦しむ地域の農村に食料を支援したり，学校に給食を提供したりするなどの活動をおこなっている。特にアフリカでは，旱魃による被害や人口増加によって慢性的な食料不足になっている。そこで，ＷＦＰは，ザンビアで試験事業として小規模農家と販売業者が仮想空間で農作物を取り引きし，決済できる「バーチャル・ファーマーズ・マーケット（仮想農作物市場）」の携帯アプリを立ち上げた。「どこの市場では，農作物にどの程度の価値があるのか」といった情報をリアルタイムで農家に提供することで，農家がよい条件で農作物を売ることができるようにする。これにより，情報が可視化され，不当に農産物が安く買われることが減り，農家，販売業者がともに力をつけることができるのである。ＷＦＰは，食料支援活動などが評価され，2020年にノーベル平和賞を受賞した。

Photo:WFP/Andy Higgins

1 主要国首脳会議（サミット）

年	開催地	内　容
1975 （第1回）	ランブイエ （フランス）	第1次石油危機（1973年）に対して，先進諸国の経済問題を協議するため，**サミット（先進国首脳会議）** を開催　日本，アメリカ，イギリス，西ドイツ，フランス，イタリアの6か国が参加
1976 （第2回）	プエルトリコ （アメリカ）	カナダが参加。**G7** となる
1977 （第3回）	ロンドン （イギリス）	G7にEC（欧州共同体）の欧州委員長が参加
1980 （第6回）	ベネチア （イタリア）	ソ連のアフガニスタン侵攻（1979年）を受けて，対ソ問題などの**政治問題**も公式協議の対象となる
1986 （第12回）	東京 （日本）	**G7（先進7か国財務相・中央銀行総裁会議）** の創設
1997 （第23回）	デンバー （アメリカ）	ロシアが正式参加。**G8** となり，サミットの名称も，**主要国首脳会議**となる
2014 （第40回）	ブリュッセル （ベルギー）	ウクライナ情勢を受けたロシアのG8参加停止により，G7サミットとして開催。ウクライナ情勢，中国の領海権問題を協議
2021 （第47回）	コーンウォール （イギリス）	新型コロナウイルス感染症対策や中国の海洋進出などを協議。東京五輪開催への支持を表明
2022 （第48回）	エルマウ （ドイツ）	ウクライナ侵攻を続けるロシアへの経済制裁強化を表明。物価対策や世界的な食糧危機，気候クラブの設立などを協議
2023 （第49回）	広島 （日本）	ウクライナ情勢や核軍縮，AI（人工知能）やジェンダー平等などを協議。ウクライナのゼレンスキー大統領も来日

＊2014年以降，ロシアの参加停止でG7として開催。

＊2020年の第46回サミットは，アメリカ・キャンプデービッドで開催予定であったが，新型コロナウイルス感染症の感染拡大にともない，史上初の中止。

サミットの議題の変遷

対ソ対策
西側の経済政策協調
↓
地球環境問題
↓
アフリカ支援
テロ対策　中東支援
地球環境問題
など

↑**1** 第49回サミット（日本・広島，2023年）

解説　**先進諸国の協調の場**　**主要国首脳会議（サミット）** は，第1次石油危機（1973年）後の世界経済を立て直すために，1975年，フランスのジスカールデスタン大統領が提唱し，開催された。当初の参加国は6か国であったが，カナダが参加してG7となり，1997年にはロシアが正式に参加してG8となった（現在，ロシアは参加停止中）。議題は，為替相場の安定などの経済に関する事項から地球環境問題やテロ対策まで，多岐にわたる。拒否権のある国連と違い，制度上の問題点がなく，決断力・実行力に優位性があるといわれる。しかし，近年，サミットの影響力は低下し，形骸化しているという指摘がある。

2 G20サミット

1999年	G20（20か国・地域）の財務相・中央銀行総裁による初会合 →アジア通貨危機（1997年）などを受け，新興国も加えた国際金融の議論の場の必要性。1999年のG7財務相・中央銀行総裁会議で創設に合意
2008年	G20首脳による初会合（**金融サミット**） →世界金融危機（2008年）への対応を協議
2009年	第2・3回金融サミット →G20を国際経済協力の第一のフォーラムとすることで合意。以降，**G20サミット**は定例化

G20　アルゼンチン・オーストラリア・インドネシア・韓国・メキシコ・サウジアラビア・南ア共和国・トルコ・EU・ブラジル・インド・中国

	G8
G7 日本・アメリカ・イギリス・ドイツ・フランス・イタリア・カナダ	ロシア

※ブラジル，ロシア，インド，中国，南ア共和国は，BRICSとよばれる。

↑**2** G20サミット（インド・ニューデリー，2023年）

解説　**国際経済協力の第一フォーラム**　G20サミットは，主要20か国・地域（G20）の首脳が出席して開催される金融サミットのことである。2008年の金融危機（→p.309）に対応するために開催され，2009年以降，定例化された。グローバル化が進むなか，G8だけでは世界的な課題に対応できないため，G20が世界経済を議論する中心的な場となっている。

TOPIC　世界はよくなっているのだろうか？

世界にはまだまだ課題があり，私たちは，その課題に取り組まなければならない。スウェーデンの医師で公衆衛生学者のハンス＝ロスリングは，著書『ファクトフルネス』で「極度の貧困は，20年前に比べ，実は半減している」とするデータの見方を提示している。現在も，多くの人が貧困や飢餓で苦しんではいるが，歴史的に見るとその数は減少していることにも注目しなければならない。減少したなかで，「まだ，どのような人々が問題をかかえているのか」，「どのような対策が効果的なのか」などと考えていくことが，重要となっている。

↑ハンス＝ロスリング（1948〜2017）

経済

Let's Think!

貧困や格差への向きあい方

絶対的貧困者（→p.321）の数は，2022年で世界全体の約8.5％の約6億8,500万人と試算されている。ＳＤＧｓ（→p.2）に，目標1「貧困をなくそう」，目標2「飢餓をゼロに」，目標6「安全な水とトイレを世界中に」などとあるように，日本の果たすべき役割は大きい。そのなかで，どのような援助がよい援助といえるのだろうか。

マラリアから世界の人々を守る日本の防虫蚊帳

マラリアは，マラリア原虫をもつ蚊に刺されることによって感染する病気で，発熱や嘔吐，頭痛などをともない，重症の場合には死に至ることがある。現在も亜熱帯・熱帯地域の世界100か国以上で見られ，死者の多くは5歳以下の子どもである。マラリアは感染を防ぐワクチンがないため，蚊に刺されないようにするのが最も有効な予防方法とされている。そこで，マラリアの予防策として，日本で夏の間に蚊などの小さな虫の侵入を防ぐために利用されてきた蚊帳が注目されている。ＷＨＯ（世界保健機関）やＵＮＩＣＥＦ（国連教育科学文化機関）などが中心となり，殺虫効果のある特殊な蚊帳の使用を広める運動が世界中で広まっている。この殺虫効果のある特殊な蚊帳は，日本の住友化学株式会社が開発したもので，5年以上効果が持続でき，手入れもかからないという特長がある。世界的に，2人に1帳の割合で蚊帳が使えれば，マラリアによる子どもの死亡は20％削減できるとされている。

マラリアに苦しめられている地域にとって，マラリア対策は子どもの命を守るだけでなく，医療や経済面でもさまざまな恩恵があるとされる。たとえば，マラリアの削減によって，妊婦の健康が改善され，生まれてくる子どもの健康につながる。健康に生まれた子どもは，学業や仕事でよい結果をおさめる可能性が高まり，社会への貢献が期待される。また，マラリアの削減は，各地の保健センターがかかえる過度な負担も軽減することができる。アフリカでは，マラリア対策にかけた1ドルは40倍の投資効果があるとされている。

写真提供/JICA

⬆❶マラリア対策として配布された殺虫効果のある特殊な蚊帳の使い方を練習する人々（ニジェール）

効果の高い支援とは？

日本は，ＧＤＰ（国内総生産）で世界第3位の経済大国であり，ＳＤＧｓ（持続可能な開発目標）の目標達成でも世界から活躍が期待されている。しかし，支援をおこなうにも，無限に予算があるわけではない。そのため，限りある予算のなかで効果的な支援ができるかが重視される。そして支援を考える際には，「困っている人々の援助を重視した支援をおこなうのか」，それとも「困っている人々の自立を重視した支援をおこなうのか」，という2つの考え方がぶつかることがある。これについて，マラリア対策として有効な殺虫効果のある特殊な蚊帳の配布をめぐって，ケニアでおこなわれた実験をもとに考えよう。この実験では，2つの考え方から，蚊帳の配布をめぐり，❷のように意見がわかれた。

蚊帳の配布をめぐるケニアでの実験結果

優太：僕は，援助を前提に支援することが重要だと考えるよ。だから，マラリアの撲滅には，蚊帳を無償で配るべきだよ。それに，蚊帳を使えば，マラリア対策などの効果に気づいてもらえると思うよ。

結衣：私は，ケニアの人が自立できるための支援をすべきと考えるな。だから，蚊帳を無償配布してしまうと蚊帳の価値が理解されずに，結局，使われなくなってしまうと思うよ。

先生：なるほど，2人の考えはよくわかった。では，ケニアでは，どのような結果となったのだろうか？ケニアでは，蚊帳の配布をめぐり，無償

と4つの価格のいずれかを無作為に提示し，購入と使用状況を検証する実験がおこなわれた。この結果，価格の上昇に従って蚊帳の購入・所有は減少することが，確認された。そして，蚊帳の所有者の間では，無償でも有償でも，正しく使用されることがわかった。つまり，価格が高くなると蚊帳が売れなくなる一方で，無償でも蚊帳は正しく使われることがわかったんだ。

結衣：でも，蚊帳が無償配布から有償に変わったら使われなくなるんじゃないですか？

先生：実験では，蚊帳の買い替えについても調査された。すると，無償配布されたグループでは，蚊帳の効果を認識し，有償での買い替えにも応じる結果が出たんだ。こうして，蚊帳の無償配布は有効な施策であるとされたんだ。

優太：なるほど，施策の継続性も考えないといけないんですね。

先生：そうなんだ，そこが支援の難しいところだ。援助か自立のどちらを求めているのかを知るために，まずは相手国の状況をよく知ることが大切だね。

❓ 効果の高い支援をおこなうには，どちらの考えを優先すればよいのだろうか。

援助を重視 困っている人々の援助を重視した支援をおこなうべき	自立を重視 困っている人々の自立を重視した支援をおこなうべき
➡マラリアで苦しむ人を減らし，マラリアを撲滅するため，とにかく蚊帳を無償配布すべき	➡無償配布では，蚊帳の価値が理解されず，結局，使われなくなってしまう。有償販売した方が正しく使われる

用語解説 G20サミット →p.366

341

小論文 を書いてみよう

1 小論文とは？

作文	自分の感じたことや想像したことを書く 例 感想文，エッセー
小論文	「主張」を客観的な「根拠」を明示しながら書く

　小論文は，作文とは別物であることを意識しよう。しかし，上の表だけでは「小論文はレポート（➡p.15）と同じ？」と思うかもしれない。小論文もレポートも，「〜（根拠）だから，〜（主張）」という形をとること，「起承転結」ではなく，「序論・本論・結論」の構成をとるという点は同じである。しかし，レポートが実験や調査という課題探究活動を経た上で書かれるものであるのに対し，小論文は課題探究活動がなく，与えられた資料文やデータなどから読みとれることを書いたり，自分の経験や知識に基づいて書いたりするものである。レポートの「実験や調査」の部分が，小論文では「今までの学習活動」に置き換わったと考えてもよいだろう。このように，大学入試の小論文が，総合的な学力を問うものであることを理解しよう。

2 大学入試での小論文の出題形式

　大学入試の小論文で一番多いのは，1問の指定字数が600〜800字のタイプである。また，出題形式は，以下の3つに大別することができる。

テーマ型 「〜について述べよ」という出題形式	大学入試・小論文の一番基本的な出題形式。推薦入試の提出書類には，「志望動機について述べよ」など，このタイプのものが多い
課題文型 「次の文章を読み，筆者の主張を要約し，それに対するあなたの考えを述べよ」という出題形式	大学入試・小論文で，最も多い出題形式。課題文を与え，問1で要約をさせ，問2で自分の意見をまとめさせるといった出題である。要約には正解が存在し，得点差がつきやすい。また，自分の意見をまとめる問題では，「課題文によれば〜」などのように根拠を示す必要がある。特に，課題文が筆者の主張をともなうものであれば，「著者の主張は〜であるが，私は〜と考える」と，著者と自分の主張を明確に区別して示す必要がある
データ型 「データから読みとれることを考察せよ」という出題形式	さまざまな統計資料や実験データが用いられる。表やグラフを正確に読みとる力はもちろんのこと，データを分析し，推理する能力が求められる

3 基本的な構成

　基本的な構成は，小論文とレポートで同じである。異なるのは，小論文では字数も少なく，レポートのように章や節にわけることはせず，段落で内容をわけることである。

レポートと小論文の「書き方」の流れ （➡p.15）

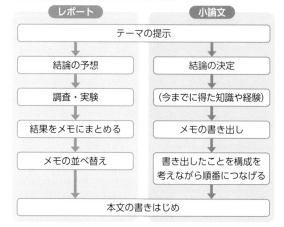

小論文の基本構成

❶序論	● テーマをめぐる現状，問題提起などを書く ● 課題文型の小論文の場合，「課題文の著者は〜と主張している」など，内容を簡潔に要約する ● 全体の10〜20％の分量
❷本論	● 自分の主張とその根拠・理由を示す ● 理由や根拠は，以下のようにわかりやすく示す 　第一に，……。 　第二に，……。 　第三に，……。 ● 全体の70〜80％の分量
❸結論	● 「以上の理由によって，私は〜と考える」などのように，結論を簡潔に述べる。課題探究学習のレポートと違い，感想や今後の展望はいらない ● 全体の10％の分量

　序論で問題を提示し，結論はその答えになっているのが，小論文の基本的な構成である。序論は「〜だろうか」などのように疑問文の形で提示すれば書きやすい。

　しかし，大学入試の小論文の場合，採点者が短時間で多くの解答を読むことが多い。そこで，序論の最初で結論を示すことによって，採点者に「何を問うているかを理解している」という第一印象を与えることも有効である。ただし，この場合でも，最後に改めて結論を簡潔に述べてまとめる必要がある。

●例 問いが「著者の見解について，あなたの意見を述べよ」
　→ 最初に「課題文の著者は〜と主張しているが，私はそれに賛成／反対である」と書きはじめる
●例 問いが「〜についてあなたの意見を述べよ」
　→ 最初に「私は，この問題について〜すべきであると考える」と書きはじめる

大学入試では，推薦入試や国公立大学の二次試験などで，小論文を課している大学が多くある。そして，その多くが「公共」で学ぶことと大きく関わっている。一方で，多くの高校生が文章を書くことを苦手としている。どうすれば，小論文がスラスラ書けるようになるのだろうか。

4 小論文を書く手順

 第1段階 出題意図を見抜き，結論を決める
- 問いに対して，一言で答えてみる
  例 賛成である／反対である
  　〜をおこなうべきだ／やめるべきだ　など
→これが結論になる

 第2段階 思いつくままメモをとる
- 身近な事例，体験，新聞やテレビで見た事例，歴史，外国の事例，対立する意見，将来どうするべきか，などといった視点から，思いついたものをすべて書き出す
→ここで必要な文字数に達するか判断する。十分にネタがあると確信がもてるまでネタを出していく

 第3段階 全体の構成を考える
- 全体のフローチャートをつくる。時間に余裕がなければ，書き出したメモを矢印でつなぎながら書く順番を決める
- あれもこれも盛りこもうとすれば内容が浅くなる。テーマを絞って，なるべく深く書くことを意識する
- 自分が入れたい根拠であっても，客観性がなく，個人的な感覚や感情でしかない場合は書かない勇気をもつ
- 自分の経験を入れるのは悪いことではないが，あくまでも「1つの例」にすぎないことを忘れない
- この部分は，建物でいえば全体の設計図にあたる。小論文のよし悪しは，ここで決まる。ここの作業が不十分だと，書き出してから筆が止まることになる

　　ここまでで制限時間の半分を使う

第4段階 書きはじめる
- 書きはじめたら，最後まで一気に書く。途中で筆が止まると，論理展開に断絶が起きる
- 最後に誤字・脱字がないか見直す

5 小論文を書く際の注意点

❶ていねいな字で書く。
❷主語・述語の関係を意識する。なるべく主語のない文章は書かない。

●悪い例
私の考える「やさしさ」とは，相手への思いやりや気配りのほかに，相手の心情を理解しなければならない。
×主語と述語だけを取り出すと，「やさしさとは」，「理解しなければならない」となっている
○「やさしさとは」，「理解することである」が正しい

❸一文の長さは50字以内が原則。長い文章は，主語と述語の関係がわかりにくくなり，読み手が主張を読みとりにくい。短く，きびきびした文章を書きたい。
❹語尾の文体は，「〜である」調が基本。強調したい部分は「〜だ」と強く断言してもよい。「〜と思う」「〜と感じる」といった表現は，自信のなさのあらわれであり，使ってはならない。根拠を示し，断定的に論じること。

6 小論文にチャレンジ 〜練習問題

「読書の効用」というテーマで，あなたの考えを600字程度で述べなさい。

第1段階 問いから答え方を読みとる

「読書の効用とは○○である」，「読書の効用はある／ない」などが答えの形である。どの形で書くかを決める。

もし，問いが「読書の効用はあるか」なら，YESかNOで答えられるので，どちらで書くか決めやすい。どの形で書くか判断が難しい場合は，**第2段階**の後に決めればよい。

第2段階 思いつくままにメモをする
　　　連想したことは矢印でつないでおく

[例]
　読書の効用？
- 知識が増える←─反論：好きなものしか選ばない
- 日本語表現力の向上←─反論：会話の方が大事？
- 感動する：小説など←─反論：映画でもできる
- じっくり考える

　読書の現状
- 活字離れが進んでいる
- 書籍が売れていない
- 電車のなかではスマホばかり見ている
　　→ SNS？ 電子書籍を読んでいるのでは？

第3段階 全体の構成を考える
　　　メモを矢印で結んでいくだけでもよい
❶序論
　活字離れ ─→ スマホ，動画
　学校では読書週間がある
　なぜ？どのような効用がある？
❷本論
　私は，読書には以下のような大きな効用があると考える。
　　第一に，…………… ─→ その理由は，………………
　　第二に，…………… ─→ その理由は，………………
　　第三に，…………… ─→ その理由は，………………
❸結論
　以上，述べたように，読書には，…………といった効用が期待できる。是非とも，良書に親しむ習慣を身につけたい。

第4段階 **第3段階**の「設計図」をもとに，一気に答案を書く

小論文対策は，たくさん書き，書くことに慣れること。書いた後は，先生に添削してもらおう。

「地球環境問題」に関する小論文にチャレンジ！

【課題】

次の文章を読んで，下記の設問に答えよ。

　ゴミの有料化やデポジット制や環境税の導入は，大気という資源の利用に対して料金を取ることを意味する。ゴミをたくさん捨てる者ほど，大気中により多くの二酸化炭素を排出することを通じて大気という資源をより多く利用する。そこでそのような人に対しては環境税という料金を多く負担してもらうというのが，環境税の目的である。

　このようにして，より多く大気という資源を利用する者に対してより多くの負担が課せられる。これは大気という資源に価格がつき，その大気の利用にかんして市場が形成されるということに他ならない。この意味で，環境税などの経済的な手段による環境の保全とは，神の見えざる手を環境税という形で導入し，その働きによって環境を保全しようとするものである。

　それに対して，環境規制や行政指導によって地球環境などの環境を保全しようという考え方がある。この場合には，政府は二酸化炭素排出の削減量を各経済主体に割り当てたり，削減方法などを指定したりする。こうした規制や行政指導が成功するためには，政府はどうすれば最も安い費用で二酸化炭素の排出量を削減できるかという情報を持っている必要がある。それに対して，環境税は神の見えざる手を環境税分だけ修正するだけで，後は全てその修正された見えざる手，すなわち，修正された価格メカニズムに委ねて，環境を保全しようとするものである。この修正された見えざる手の下では，修正された見えざる手のメカニズムが，最も安い費用で地球環境を保全するという膨大なコンピューターを使っても解けないような問題を自動的に解いてしまうのである。

（岩田規久男『経済学を学ぶ』ちくま新書）

問1 課題文を200字以内で要約せよ。

問2 課題文で述べられている環境税は日本では2012年から段階的に導入された。環境税に対するあなたの考えを400字以内で述べよ。

▶ 課題へのアプローチ

　課題文は，環境税の有用性を経済学の視点から述べている。ここでのキーワードは「外部不経済の内部化」（➡p.264）である。知識がなくても，課題文を丹念に読めば概要を理解できるが，「公共」の授業などで学習した知識を活かすと正確に概要を理解することができる。

[問1の要約問題へのアプローチ]

　課題文の趣旨を箇条書きにして，まとめる。

❶経済的手段による環境保全のうち，環境税などを導入することは価格機構によって環境問題を改善しようとすることを意味する。

❷一方，政府が環境規制や行政指導によって，環境の保全をはかる考え方もある。

❸ただし，❷の手法を用いるには，政府が完全に情報をもっておく必要がある。

[問2に対する課題へのアプローチ]

　環境問題の解決へのアプローチとして，行政指導などの「直接規制的手法」，排出目標を定めるなどの「経済的手法」がある。以下のように，利点と課題を整理した上で，賛成・反対を決めると考えを述べやすい。

	直接規制的手法	経済的手法
利点	●確実な効果が期待できる ●効果の予測がしやすい	●費用対効果が規制的手法より高い
課題	●一定の基準以上に環境保全に努力する誘因がはたらきにくい	●賦課が消費者に転嫁される場合は，特に経済的弱者には重い負担となる

▶ 解答例文

問1

　環境保全の手法には、環境税の導入など経済的な手段を用いる考え方や、二酸化炭素の削減量を各経済主体に割り当てるといった政府による規制などを実施する考え方がある。政府による規制の場合は、政府がどうすれば最も安い費用で環境の保全ができるかという情報をもつ必要がある。一方、環境税を導入すると、見えざる手に委ねることによって、自動的に最も安い費用で地球環境を保全することができる。

(186字)

問2

　私は、環境税の導入は環境を保全する有効な手段であり、今後も導入を推進すべきであると考える。環境税は、多くの二酸化炭素を排出する経済主体に対してより多くの税負担を求める。反対に排出量を削減すると税負担は軽くなる。これは、経済主体にとって排出量を削減する誘因（インセンティブ）につながり、自らの意思で排出量の削減に協力することにつながる。一方、政府による規制や行政指導といった手法では、政府が適切な削減割り当てを各経済主体にできるか疑問であるし、排出量を削減する誘因も働かない。私は、環境税を導入して市場の価格機構を修正した上で、可能な限り市場に調整を委ねることが望ましいと考える。確かに、環境税も租税であり、その税負担が消費者に転嫁された場合は経済的弱者に重い負担となる。しかし、税制や社会保障制度全体を見直すことなどで経済的弱者への配慮は可能である。

(374字)

▶ 評価のポイント

❶課題文の内容を正確に読みとることができているか。

❷自分の意見を論拠をもって明示しているか。

小論文

「資源・エネルギー問題」に関する小論文にチャレンジ！

【課題】
次の図表をもとに，下記の設問に答えよ。

資料1 一次エネルギー国内供給構成および自給率の推移

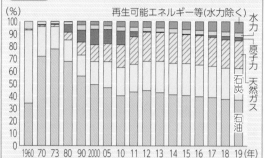

年度	1960	1970	1973	1980	1990	2000	2005	2010	2011
エネルギー自給率(%)	58.1	15.3	9.2	12.6	17.0	20.3	19.6	20.2	11.5

年度	2012	2013	2014	2015	2016	2017	2018	2019
エネルギー自給率(%)	6.7	6.5	6.3	7.3	8.1	9.4	11.7	12.1

資料2 2030年の電源別発電コスト試算

電源	発電コスト (円/kWh)
石炭 (火力)	13.6〜22.4
LNG (液化天然ガス)	10.7〜14.3
原子力	11.7〜
石油 (火力)	24.9〜27.5
陸上風力	9.9〜17.2
太陽光 (事業用)	8.2〜11.8
地熱	17.4

※2030年に，新たな発電設備を更地に建設・運転した際のkWhあたりのコストを試算（2021年8月現在）。
※表の数値は，試算値の上限と下限を表示。将来の燃料価格，CO₂ 対策費，太陽光・風力の導入拡大にともなう機器価格の低下などをどう見込むかによって幅をもたせた試算としている。
（資料1，2ともに経済産業省資料）

問1 **資料1** から読みとれるエネルギー自給率の推移の特徴を指摘し，その原因を200字以内で述べよ。

問2 **資料1** および **資料2** を参考に，今後の日本のエネルギー政策について600字以内で述べよ。

課題へのアプローチ

❶ 資料1 を読み取り，その原因を書き出す

1970年代にエネルギー自給率が大幅に低下する。その後，エネルギー自給率は若干増加する。しかし，2014年には過去最低を記録し，その後，少しずつ上昇傾向にある。

- 1960年代……石炭から石油へ（石油は輸入）
- 1980〜2000年代……原子力の比率が増加
- 2012年以降……原子力発電所の事故を契機に再生可能エネルギーが増加

❷ 資料2 を読み取る

発電方法の違いによるコストの差を確認する。

- 再生可能エネルギーは，他の発電方法に比べてコストは高い
- 再生可能エネルギーでは，太陽光＜風力＜地熱の順にコストは高くなる

❸ 解答の構成を考える

データ型小論文では，まず資料から読み取れることを簡潔にまとめ，その背景を踏まえた上で，自分の考えを論じる必要がある。

解答例文

問1

エネルギー自給率は，1960年は58％であったが，エネルギーの中心が石炭から石油にかわったことで輸入が増えたため，1970年には15％まで低下した。その後，原子力発電が増加し，1990年ごろから2010年ごろにかけては原子力発電の割合が上昇した。しかし，東日本大震災の影響で原子力発電が減少し，2012年以降，低下した。一方で，再生可能エネルギーが徐々に普及し，全体に占める割合を高めている。　　　　（184字）

問2

資料1から，日本のエネルギー自給率は低いことが読み取れる。背景には資源に恵まれないことがあるが，安全保障の観点からも一定程度のエネルギー自給率を保つ必要がある。

日本では，石油にかわるエネルギー供給源として原子力と天然ガスを，1980〜2010年にかけて増加させてきた。原子力と天然ガスの特徴として，ともに他の発電に比べてコストが安価な点をあげることができるが，いずれも課題を抱えている。原子力は，安全性への問題に加え，「トイレのないマンション」と評されることがあるように廃棄物の安全な処理方法や廃棄場所の確保ができていない。天然ガスは，ほぼ全てを海外からの輸入に頼っていることや燃焼時に温室効果ガスを発生させることなど，環境問題の面からの課題を抱えている。

そこで，コストは高いが再生可能エネルギーをより一層普及させることが求められる。日本の再生可能エネルギーは太陽光を中心に普及が進んできた。今後，太陽光の発電コストは抑えられることが，資料2から読み取れる。ほかにも，風力や地熱といった多様な発電方法を組み入れていくべきである。地熱は，火山帯に位置する日本では今後比率を増加させる可能性がある発電方法であると考える。特定の発電方法に依存しすぎないエネルギーミックスの視点をもち，エネルギー政策を議論していくことが必要である。　　　　（557字）

評価のポイント

❶資料を正しく読み取り，利用できているか。

❷自分の考えを明確に示せているか。

📖本文関連ページ ➡p.332〜341

小論文

「生命倫理」に関する小論文にチャレンジ！

【課題】

次の文章を読んで，下記の設問に答えよ。

　心臓移植をした場合と，心臓移植をしなかった場合とで，当事者やその関係者の感じる幸福の量について比較してみよう。心臓移植が行われようと行われまいと，心臓を提供できる可能性のある者が亡くなって，その関係者が嘆き悲しむことに変わりはない。だが，心臓移植がなされれば，心臓提供を受けた患者は，そのために命が救われ，本人も患者の関係者も幸福だろう。心臓を提供した者の遺族も，心臓病の患者を救ってあげることができたという充実感と，提供した心臓が他人の身体の中で生き続けているという安堵感により，幾分救われた気持ちになるかもしれない。反対に，心臓移植をしなければ，移植を待っていた患者は，移植を受けられないままに亡くなり，患者の関係者は大きな悲しみに包まれることだろう。また，心臓を提供できる可能性のあった者の関係者も，心臓を提供することによって得られるある種の満足感は得られない。

　このように想定すると，はたして心臓移植をした場合としなかった場合とで，どちらが関係者の幸福の総量は多いだろうか。結果として，関係者の幸福の総量の多い方の行為こそ，道徳的になすべき行為である，と考えるのが功利主義である。……

　だが，脳死状態の患者については，心臓が動いている以上まだ生きていると考えて，脳死を人の死とすることに反対する人びともいる。かれらにとっての脳死は人の死ではないので，脳死状態の人から臓器を摘出して死なせてはならない，とかれらが考えるのは当然だろう。というのは，社会に暮らす私たちには，他人に危害を加えてはならないという社会的責務があり，医師にも，患者に危害を加えてはならないという職業上の義務があるからには，生きている人から臓器を摘出することによって危害を加えてはならないからである。他人に危害を加えてはならないという義務が私たちの社会にある以上，その義務に従って脳死状態の人から臓器を摘出してはならない，と考えるとすれば，それは義務論的な考え方である。

（小出泰士「人間の尊厳とはなんだろうか」『高校倫理からの哲学1』岩波書店）

問1　課題文で著者が述べたいことを100字以内で要約せよ。

問2　課題文をふまえて，臓器移植についてのあなたの考えを600字以内で述べよ。

▶ 課題へのアプローチ

　要約から文章が「読めるか」を問い，自分の意見を記述させて「書けるか」を問う形式である。

[問1の要約問題へのアプローチ]

　「筆者が述べたいこと」は，筆者の主張を明示して要約することを意味している。「100字以内」は，文中の1か所を取

り上げてまとめるのではなく，全体を簡潔に示すことを意味している。具体的には，心臓移植における功利主義と義務論について述べることになる。

[問2に対する課題へのアプローチ]

　「課題文をふまえて」とは，功利主義と義務論の考え方をそれぞれ検討することを意味する。また，「あなたの考えを述べる」とは，論理的に記述することを意味する。論理的な記述とは，主張（〜すべき），根拠（〜だから）が明示されている文章である。

▶ 解答例文

問1

　関係者の幸福の総量が多くなるならば心臓移植をすべき、というのは功利主義的な考え方である。これに対し、他人に危害を加えてはならないのだから心臓移植をすべきではない、というのは義務論的な考え方である。

(97字)

問2

　臓器移植法の改正法は、本人の意思が不明でも家族の承諾で臓器提供ができ、15歳未満も家族の同意で臓器提供ができる。心臓移植は科学技術の成果であるが、人間の尊厳に関わる問題をはらんでおり、賛否両論がある。

　心臓移植を考える視点には、功利主義と義務論がある。功利主義は、関係者の幸福の総量が多ければ移植すべきという結果に着目した考え方である。義務論は、他人に危害を加えてはならないため、移植すべきではないという義務に着目した考え方である。

　私は、心臓移植をすべきではないと考える。その理由は三点ある。第一に、心臓移植の結果、幸福の総量が多くなるか不明だからである。心臓移植では、心臓が動いている身体から心臓が摘出される。一旦同意したとはいえ、手術後に遺族は後悔する可能性がある。一部の人に深い苦しみを与えるため、幸福の総量が多くなるか疑問である。第二に、立場を入れ替えると考えが変化する可能性が高いからである。自分の家族がドナーとなるのと、自分の家族がレシピエントになるのとでは心臓移植に対する考え方に変化があるであろう。このような矛盾がある行為をすべきではない。第三に、脳死は人の死ではないと考えるからである。心臓が動き、呼吸をしているのであれば、人間の尊厳がある。

　このように、義務論的な考え方に基づいて、私は心臓移植をすべきではないと考える。

(565字)

▶ 評価のポイント

❶ 心臓移植と，功利主義，義務論の関係を読みとれているか。

❷ 功利主義，義務論に対する自分の考えを論理的に述べることができているか。

小論文

「高度情報社会」に関する小論文にチャレンジ！

【課題】

次の文章は，『情報通信白書』(2019年版)の「インターネットの利用は世論を二極化するのか」という項目の文章である。これを読み，「インターネットの利用は世論を二極化するのか」どうか，あなたの考えを600字以内で述べよ。

　メディアとしてのインターネットを振り返ると，ポータルサイトのように情報を一つの場所に集める「集約化」，ブログ・SNSのように誰もが情報の発信者となり利用者となる「双方向化」を経て，一人ひとりにカスタマイズされた情報が取得できる「最適化」に進んできたとの指摘がある。

　インターネットは，基本的にあらゆる人が情報や知識を共有可能とする仕組みであり，暮らしやビジネスにおいて世界規模で利用が拡大した理由の一つは，このようなポジティブな側面であったと考えられる。他方，「最適化」が進む中で，インターネットの利用が世論を二極化し，社会の分断を招いているのではないかという議論が出てきている。二極化（分極化）とは，例えば国民の政治傾向が保守とリベラルのどちらかに偏り，中庸が少なくなることである。

　米国の法学者サンスティーンはネット上の情報収集において，インターネットの持つ，同じ思考や主義を持つ者同士をつなげやすいという特徴から，「集団極性化」を引き起こしやすくなる「サイバーカスケード」という現象があると指摘した。

　集団極性化とは，例えば集団で討議を行うと討議後に人々の意見が特定方向に先鋭化するような事象を指す。……

　「カスケード」とは，階段状に水が流れ落ちていく滝のことであり，人々がインターネット上のある一つの意見に流されていき，それが最終的には大きな流れとなることを「サイバーカスケード」と称している。

（『情報通信白書』2019年版）

課題へのアプローチ

❶出題者は何を求めているのか？

　問いについて，的確に答えよう。どんなによく書けていても，見当違いの解答では評価されない。

　ここでの問いは，「インターネットの利用は世論を二極化するのか」であるので，解答の基本は「二極化させる」か「二極化させないか」のどちらかである。解答がブレないように，まずは自分の立場を書いておこう。

❷理由を書き出す

　作業は，思いつくものをどんどん書き出す。自分の立場だけでなく，反対側の立場にも立ってみることも大切である。ある程度，書き出せたら，重要なものに○をつけておこう。また，個人的な感覚や経験のみで，客観的な根拠をあげることができないものは用いてはならない。

　課題文型の小論文で陥りやすい失敗は，課題文の内容の反復で小論文が終わることである。設問は，「集団極性化」や「サイバーカスケード」の意味を問うているわけではない。それが「生じるか」「生じないか」の理由をしっかり答えなければならない。要約をする出題でない限り，課題文にはない具体的な事例や知識をもちあわせているかが問われているのである。

❸小論文の構成を考える

　結論を見通せないまま書きはじめると，文字数が不足して同じことのくり返しや散漫な文章になったり，逆に文字数がオーバーしそうになって強引にまとめてしまったりすることになりやすい。書き出したメモを矢印でつなぎながら，何をどういう順番で書いていくか，流れをつくろう。その際に，重要なものとして○印をつけたものを優先し，文字数が不足しそうなら，そのほかのものを加えていくとよい。

解答例文

　インターネットの利用は、世論を二極化させているということを耳にするが、私は必ずしも二極化はしないと考える。

　インターネット上のSNSには極端な意見も多い。インターネットは双方向のメディアであり、SNSなどを通じて同じ意見を持つ人を見つけやすい。そのため、集団極性化が発生すると考えられている。しかし、インターネット上の投稿の多くは、利用者の数％の人が行ったものであるという。そのため、ネット上で「サイバーカスケード」が生じたとしても、それは一部の人たちの中で生じていることと考えるべきである。もちろん、インターネットがないときに比べて、極端な意見を持ったり、極端な意見に流されたりする人は多いかもしれないし、検索サイトを利用すれば「最適化」によって、特定の主義主張ばかり目に入るようになるのは、インターネットを利用していればよくわかる。しかし、新聞やテレビといった既存のメディアからの情報がなくなったというわけではないから、異なる立場にふれる機会はある。そのため、大部分の人は、現実的な中庸をとろうとするのではないだろうか。

　したがって、インターネットは「世論を二極化させる」というよりも、多くの人々は極端なインターネット上のコメントを避けようとして、政治的な話題を避けるようになるので、その結果、インターネットは「世論を二極化させるように見せている」のだと、私は考える。

(582字)

評価のポイント

❶問いに対する答えは明確か。

❷課題文から広がりのある解答になっているか。

「国際理解」に関する小論文にチャレンジ！

【課題】
グローバル化の進展にともなって，異文化とどのように向きあえばよいか，あなたの考えを600字以内で述べよ。

課題へのアプローチ

課題は，「グローバル化の進展」，「異文化とどのように向きあえばよいか」，「あなたの考え」に分解できる。第一に，「グローバル化」の定義について述べる必要がある。第二に，「異文化とどのように向きあえばよいか」について，教科書や資料集で学んだ思想や考え方を思い出そう。第三に，「あなたの考え」の結論，根拠を明記しよう。

❶「グローバル化」の定義，プラス面・マイナス面

［定義］ 情報通信技術や交通手段の発達，冷戦終結と自由貿易の進展により，国際的な市場が拡大したことで，ヒト・モノ・カネ・情報が国境をこえて自由に行きかうようになっている。これをグローバル化という。

●グローバル化のプラス面

異文化間の接触や交流が多くなり，異文化への理解の姿勢や，文化の違いに対する洞察の深さが生まれ，文化の相互理解が進むと期待される。また，経済的な繁栄も期待される。

●グローバル化のマイナス面

異なる宗教を信仰する人々同士の対立の激化や，他の人種・民族に対するステレオタイプによる差別などの増大が懸念される。また，文化の多様性が失われるのではないかという意見もある。

❷異文化と向きあう

●文化

文化とは，ある人間の集団にとって常識とされて従っている行動の仕方，考え方，価値観をいう。

●エスノセントリズム

自国の文化こそがすぐれているという考え方をエスノセントリズムという。異文化に接したときの反応として，自国の文化への過度な礼賛がなされることがある。自国の文化がすぐれていて相手の文化が劣っているという考え方であり，文化に対する理解や知識のなさが，このように考えてしまう原因の1つである。

たとえば，失業率が高くなると移民に仕事を奪われるという不安から移民を排斥するという動きがみられる。また，ヘイトスピーチの増加もこうした考え方が背景にあるとされる。

ただし，文化相対主義には，みずからの文化に対する外部からの批判や影響を排除する独善性・閉鎖性の擁護につながる危険性のあることが指摘されることもある。

●文化相対主義

文化には優劣がないという立場に立つのが文化相対主義という考え方である。世界のさまざまな文化や社会のなかでは，それぞれの文化や慣習をもつにいたった理由がある。文化の優劣，善悪，上下といった判断はできない。自文化とは異なる価値観をもつ人々がいること，その背景となる価値観を理解し，自文化を相対的に考察する視点が必要になる。

❸「あなたの考え」をまとめる

●共生

多様な文化や価値観をもつ人々と共生するために，異なる文化と接する経験をより多くすることが必要である。

●多文化主義

多文化主義とは，互いの文化の違いを認めあい，社会のなかで複数の文化がそれぞれ対等に共存することをめざす考え方である。グローバル化のなかで，さまざまな文化が共生できる多文化主義の社会の模索もおこなわれている。フランスなどでは厳格な政教分離がなされ，公共空間では非宗教的であることが求められている。

●私的自治

自分たちのことは自分たちで解決するという原則。異なる文化的背景をもつ人々との間でトラブルが起きたときには，私的自治の原則に基づいて当事者間での話しあいをすることで解決をはかることが重要と考える。

解答例文

　グローバル化とは、情報通信技術や交通手段の発達、冷戦の終結、自由貿易の進展により、ヒト・モノ・カネ・情報が国境を越えて自由に行きかうようになった現象である。グローバル化の進展にともない、経済的利益の増大だけでなく、文化の相互理解が進むと期待される。しかし、異なる文化的背景をもつ人々同士の紛争の増大や、ステレオタイプによる差別も懸念される。私は、グローバル化の進展にともなって、異文化と向き合うときには、文化相対主義の立場に立ち、異なる文化的背景をもつ人たちと接する機会を多くすることが重要と考える。

　文化相対主義とは、それぞれの文化には独自の価値があり、一つの文化の認識の基準を別の文化に当てはめることはできない、すなわち文化には優劣がないという考え方である。世界の様々な文化や社会の中では、それぞれの文化や慣習を持つに至った理由がある。文化の優劣、善悪、上下といった判断はできない。自文化とは異なる価値を持つ人々がいること、その背景となる価値を理解し、自文化を相対的に考察する視点が必要である。

　そのために、異なる文化的背景をもつ人たちとの接触の経験を積み重ねることが重要である。この経験により、自文化とは異なる文化があることを意識することができる。もし、異なる文化的背景をもつ人々との間でトラブルが起こった場合には、私的自治の原則に基づいて当事者間での話し合いで解決をはかることが重要である。

（594字）

評価のポイント

❶課題を分析し，教科書や資料集の知識を活用できたか。
❷自分の考えを主張，根拠という形で記述できたか。

「国際経済の動向」に関する小論文にチャレンジ！

【課題】

次の資料は、『児童労働白書』(2020年版)の一部である。児童労働の現状を簡単にまとめ、児童労働をなくすために、あなたができることを600字以内で述べよ。

　児童労働が発生する背景には、子どもを働かせてしまう家庭や地域(供給側)の課題と、児童労働を直接・間接的に助長してしまう企業(需要側)の双方に課題が存在する。開発途上国などの貧困家庭では、不足する家計収入を補うためにやむを得ず子どもを労働へと送り出す実態が存在する。また差別・紛争・災害などは貧困を深刻化させ児童労働を助長しており、さらに地域の教育環境の未整備や教育の重要性への意識の低さ、行政による労働監査・取り締まり体制の不備なども、児童労働撤廃が遅れる要因となっており、政府・行政の果たすべき役割も大きい。

　一方で企業側は、消費者の「安さ」へのニーズの高さを理由として取引先に対する生産コスト削減圧力を強め、サプライチェーンの中で直接・間接的に児童労働を助長している場合がある。

　2015年に国連で採択された「持続可能な開発目標(SDGs：Sustainable Development Goals)」では、2025年までにあらゆる形態の児童労働を撤廃することが掲げられている。

（『児童労働白書』2020年版）

資料1　世界で児童労働に従事する子どもの数

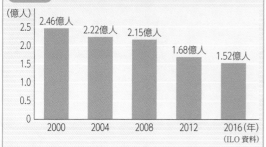

（ILO資料）

資料2　各地域の児童労働者数および子ども全体に占める児童労働者の割合

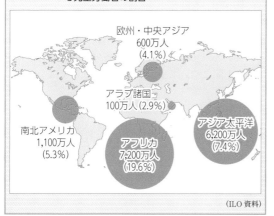

欧州・中央アジア　600万人 (4.1%)
アラブ諸国　100万人 (2.9%)
南北アメリカ　1,100万人 (5.3%)
アフリカ　7,200万人 (19.6%)
アジア太平洋　6,200万人 (7.4%)

（ILO資料）

課題へのアプローチ

❶出題者は何を求めているのか？

　問いに対して、的確に答えよう。メインの問いは「あなたができること」である。政府や企業が何をすべきかではない。自分が直接できることが思い浮かばない場合、政府や企業の行動を促すために自分ができることを考えよう。

❷資料から読みとれることを書き出す

　課題文には、児童労働の原因がまとめられている。それぞれについて、自分にできることはないか、考えよう。

　資料1 から、児童労働に従事する子どもの数は減っているが、まだ1億人以上の子どもが児童労働に従事していることが読みとれる。課題文に出てくるSDGsに関連して、「誰一人取り残さない」をキーワードに考えよう。

❸小論文の構成を考える

　「児童労働の現状」のまとめに字数を使いすぎないように注意しよう。しっかりと「自分のできること」を答えよう。その際、その理由も含めて答えよう。

解答例文

　児童労働の最大の原因は家庭の貧困であり、アフリカなどの発展途上国に多い。児童労働の数自体は、2000年以降、減少を続けているが、2016年においても1億5,200万人の子どもが学校にも行けずに労働に従事している。そうしたことから、「誰一人取り残さない」ことを理念として掲げるSDGsでも児童労働の撲滅を掲げ、政府や企業の取り組みを促している。

　私は、児童労働に対して、企業の取り組みが大事であると考える。そのため、ホームページなどで児童労働によって生み出された原材料を用いないなどの取り組みを進めている企業の製品を積極的に買うようにすることが、私のできることの中で最も大切なことであると考える。しかし、企業が児童労働を行っている農場などから原材料の調達をやめたとしても、家計の貧困がなくならない限り、その地域の子どもたちは別のところで働くことになるだろう。そのため、政府のODAが重要になるが、ここでも企業のはたらきに期待したい。企業が、大人の労働者に適切な賃金を支払えば、子どもを働かせずに学校に行かせることができる。私たち消費者は、そうした適正な賃金を支払って生産されたものを購入する、フェアトレード製品を積極的に購入することで企業の行動を促すことができる。さらに、政府に対しては、企業が児童労働を助長していないか、企業自ら検証して公表する法整備を行うよう訴えかけたい。

（580字）

評価のポイント

❶課題文の問いに的確に答えられているか。
❷児童労働に関する知識・理解は十分か。

小論文

共通テスト

解き方 ナビゲーション

共通テストでは，知識が身についているか，文章を正確に読みとる力があるか，いくつかの資料から問いが求めている情報を正確に選択できるか，といった力が求められる。2025年度入試からは，「公共」の問題も出題される。ここでは，知識・技能・思考力を要する問題について，解法を解説する。

4 択問題の解き方

教科書や資料集の用語や事項を理解しよう。ある程度，理解できたら，問題演習に取り組み知識の定着度をはかろう。問題文や資料を正確に読めているか，確認しよう！

❶ リード文は，落ち着いて読む。

❷ 設問文を丁寧に読む。問いを明確にする。

❸ 選択肢の文章は，基本的に 2 〜 3 つの要素ででている。「適当なもの＝正しいもの」の部分には下線を引き〇，「適当でないもの＝誤っているもの」の部分には下線を引き✕をつける。

❹ 選択肢ごとの正誤を判断する。選択肢番号の左に，「正しい」なら〇，「誤り」なら✕をつける。正誤が判断できない場合は，？をつける。

❺ 正誤が判断できない選択肢（？をつけたもの）があっても，とりあえず答えを 1 つに絞り，マークシートにマークする。

❻ 右の例題の場合，「適当なもの＝（正しいもの）。」を選ぶので，〇をつけた②をマークする。設問文につけた〇✕と，同じ〇をつけた選択肢をマークするように注意する。特に，「適当でないもの（＝誤っているもの）」を選ぶ場合，正しい選択肢＝正答と間違えないように注意しよう。

青年期の発達に関する記述として最も適当なもの。を，次の①〜④のうちから一つ選べ。

共通「現代社会」2021本試

✕① ルソーは，「ライフサイクル」という語を用いて，乳児期から青年期を経て成熟期（老年期）に至る八つの期からなる人間の発達について論じた。

〇② 青年期に，親をはじめとする大人の保護や監督から離れ，精神的に自立していくことは，「心理的離乳」と呼ばれる。

✕③ ユングは，子どもから大人への過渡期にあり，子どもの集団にも大人の集団にも安定した帰属意識をもてない青年を「境界人」と呼んだ。

✕④ エリクソンによる「心理・社会的モラトリアム」とは，アイデンティティを確立できず，自分がどのような人間なのかを見失った状態を指す。

正誤がわからない問題でも，マークシートを空欄のままにするのはミスのもと！途中から 1 問ずつ，解答がずれて，思わぬ減点につながることもあるんだ。

［大学入試対策・高得点獲得のための 2 つの解法］

●消去法……どれが正答か確信がもてない場合，正答ではない選択肢を排除しながら正答にたどりつく解法。選択肢の間違っている部分に印をつけながら正誤判断をするので，時間はかかるがミスを防ぎやすくなる。

●比較・整理解法……図，グラフ，ポジショニングマップなど，複数の資料を読み解き，設問文の問いに対して正確な選択肢を選ぶ問題は，比較と整理が重要である。設問文の問いが求めているものを明らかにする必要がある。数値や条文などに印をつけ，設問文の問いに対して，最も近いものを選択しよう。

ポジショニングマップの例

共通テストの出題パターン

4 択問題を基本に，資料読みとり問題，組み合わせ問題などが出題！
「知識」「技能（資料読みとり）」「思考力」を問う！

共通テストでは，4 択問題を基本に，複数選択問題，会話文や授業での発表場面などに提示された図，グラフ，ポジショニングマップなど複数の資料を正確に読みとる問題などの出題が見られる。これらの出題をとおして共通テストでは，以下の「知識」「技能（資料読みとり）」「思考力」が問われている。p.351〜357では，各分野の特徴的な問題を取り上げて解説し，どの能力を問う問題かもアイコンで示した。1 問について 1 つの能力を問うのではなく，これらの 3 つの能力が融合されて問われることが多い。

共通テストで問われる能力

知識 教科書や資料集での学習事項への理解を問う問題。たとえば，4 択問題などが出題されている。

技能 教科書や資料集で習得した知識の活用力を問う問題。たとえば，資料の読みとり問題などが出題されている。

思考力 教科書や資料集での学習事項を基に，事象の因果関係や推論，課題の真偽を考える能力を問う問題。「知識」「技能」に比べ，発展的な能力が問われる。

「公共」の共通テストは2025年度入試からであるが，大学入試センターは2021，22年に「公共」の共通テスト試作問題を公開した。p.350〜357では，「公共」の試作問題と「現代社会」の共通テストの過去問を取り上げた。

青年期・倫理

 POINT! 青年期は，共通テストの前身のセンター試験の頃からの頻出分野で，青年期の特質，マズロー，葛藤，防衛機制などが出題されている。問題も基本的なものが多く，しっかりと学習して得点源としたい。倫理分野では，近年，西洋近現代思想の出題が多い傾向にある。思想家の特徴を押さえることが重要である。

知識|技能
思考力　行為の善さは行為の結果にあるのではなく，多様な人々に共通している人格を尊重しようとする意志の自由にあるという思想が挙げられる。この思想を唱える哲学者の考えとして最も適当なもの。を，後の①～④のうちから一つ選べ。

共通「公共，政経」試作問題2022

ア　人間は自分で自分のあり方を選択していく自由な存在であると同時に，自分の選択の結果に対して責任を負う存在でもある。個人の選択は社会全体のあり方にも影響を与える×ので，社会への参加，すなわち「アンガジュマン」を通して個人は社会に対して責任を負う，という考え

イ　人間はこの世界では不完全で有限だが，この世界に生まれる以前，魂は，完全で永遠な「イデア」の世界にあったので，この世界においても，魂は，イデアへの憧れをもっている。その憧れが哲学の精神であり，統治者がこの精神をもつことによって，理想的ですぐれた国家が実現できる×，という考え

ウ　人間は各々個別の共同体で育ち，共同体内で認められることで自己を形成する。それゆえ，個人にとっての善と共同体にとっての善とは切り離すことができず，各共同体内で共有される「共通善(公共善)」とのつながりによって，個人の幸福で充実した生は実現する×，という考え

エ　人間は自己を目的として生きており，どんな相手をも手段としてのみ利用してはならない。この道徳法則に従うことを義務として自らを律する人々が形成する社会を普遍的な理念とするべきであり，「永遠平和」を実現するためには，この理念を国際社会にも拡大すべき○，という考え

×① ア　　×② イ　　×③ ウ　　○④ エ

ア～エには「アンガジュマン」や「イデア」など，先哲のキーワードが書かれているね。これがヒントになりそうだね。

そうだね。問題文には「行為の善さは～意志の自由にある」という思想と指摘されているね。ここをヒントにして選択肢を読んでみよう。

手順❶ ：アはサルトルの思想で，自分自身と社会に責任を負いつつ自分が考える社会のあるべき姿を実現するために社会とかかわるとした。「共通している人格を尊重」とは異なる。イはプラトンの哲学政治の内容で，「意志の自由」とは異なる。

手順❷ ：ウは下線部が「多様な人々に共通している人格を尊重」しているとまではいえない。エはカントの思想で，自律と永遠平和を記述している。下線部が問われている「行為の善さは～意志の自由にある」と対応している。正答はエの④。

知識|技能
思考力　生徒Xたちは，人口減少の要因やその対策を考察するための資料を収集・分析する中で，人口減少の主要因は少子化だと考え，出産・子育て支援策について検討した。次の生徒Xたちのメモ中の　A　・　B　に当てはまるものの組合せとして最も適当なもの。を，後の①～⑥のうちから一つ選べ。

共通「公共，政経」試作問題2022(改題)

生徒Xたちのメモ

　出産や子育ては，社会状況の変化などにより，保護者となる世代に個人的な負担が重くのしかかってきた。

　日本においては，1972年に児童手当法が施行され，保護者に対し，児童手当が支給されている。児童手当法はその後の改定の過程で，出生順位の規定が撤廃され，支給対象年齢が拡大され，現在は子どもの年齢や出生順位によって金額に重みがつけられている。また，児童手当の支給には保護者の所得制限があった。一般的に給与などは，各人の能力や功績に比例して決められる，すなわちアリストテレスが言う　A　的正義に基づいていることが少なくない。一方，児童手当の所得制限では，収入が高ければ逆に支給が抑えられていた。

　児童手当などの日本の出産・子育て支援策としての社会給付は，社会が子育てに責任をもち，子育てを支えるという考え方を反映していると考えられる。アリストテレスは，法を守り，共同体の善を実現する　B　的正義を提唱している。

　これからの日本では，どのような出産・子育て支援策が考えられるだろうか。

×① A－配分　B－調整　　○② A－配分　B－全体　　×③ A－全体　B－配分
×④ A－全体　B－調整　　×⑤ A－調整　B－全体　　×⑥ A－調整　B－配分

手順❶ ：アリストテレスは正義を，ポリスの法を守る全体的正義と地域や能力など異なる部分を公平さで実現する部分的正義にわけた。部分的正義には，能力などに応じて公平に配分する配分的正義と利害損失を調整する調整的正義がある。

手順❷ ：　A　の直前に「各人の能力や功績に比例して決められる」とあり配分的正義と合致することがわかる。そのため，①か②に絞ることができる。　B　には「調整」か「全体」が入る。

手順❸ ：　B　の直前に「法を守り，共同体の善を実現する」とあることから，　B　には全体的正義が入る。正答は②。

大学入試対策

政治・国際政治

 POINT! 政治分野では，共通テストの前身のセンター試験の頃からの傾向として全範囲から方遍なく出題されている。国会や選挙についてはもちろん，法制度，判例などについてもしっかり押さえておこう。国際政治分野についても，国際法や国際連合，地域紛争について学習し，弱点をつくらないようにしよう。

知識・技能／思考力 現行の民法の内容に関する記述として正しいものを次のア〜ウからすべて選んだとき，その組合せとして最も適当なもの を，後の①〜⑧のうちから一つ選べ。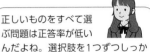

ア 現行の民法では，成年年齢に達するということには，親権に服さなくなるという意味がある。

イ 現行の民法では，当事者の一方が未成年である場合に，未成年が単独で相手方とした契約は，原則として後になって取り消すことができることが定められている。

ウ 現行の民法では，当事者の一方が公序良俗に反する内容の契約を申し出た場合に，相手方がそれに合意する限りにおいて，その契約は有効となり，後になって取り消すことができない ことが定められている。

×① アとイとウ　○② アとイ　×③ アとウ　×④ イとウ
×⑤ ア　　　　×⑥ イ　　　×⑦ ウ　　　×⑧ 正しいものはない

> 正しいものをすべて選ぶ問題は正答率が低いんだよね。選択肢を1つずつしっかり検討することが重要だね。

手順❶：アの「成年年齢に達する」と「親権に服さなくなる」は，保護者の保護がなくなる民法の考え方で正しい。

手順❷：イは未成年者取消権を意味するので正しい。ウは契約の無効にある公序良俗違反にあたり，契約を「取り消すことができない」が誤り。正答は②。

知識・技能／思考力 生徒Aは，政治参加の歴史について調べ，日本の国政選挙における有権者の割合の推移を次の図のようにまとめた。図中の X 〜 Z は有権者の資格要件（一部）の種類を示し，ア〜キには X 〜 Z について設定された資格要件を示す語句が入る。また，図下の西暦年は，有権者の資格要件が制定または改正された年を示している。図中の X 〜 Z に入るものの組合せとして最も適当なもの を，後の①〜⑥のうちから一つ選べ。

共通「公共」サンプル2021

X	ア		イ	
Y	ウ		エ	
Z	オ		カ	キ
全人口に対する有権者の割合（%）	1.1 （1890年）	2.2 （1902年）	5.5 （1920年）	20.0 （1928年）	48.7 （1946年）	83.6 （2016年）

(注)図中の「全人口に対する有権者の割合（%）」は，資格要件が制定または改正された後，直近の国政選挙（括弧内の年に執行された衆議院議員総選挙または参議院議員通常選挙）のものであり，小数点第二位を四捨五入している。なお，人口の計測方法は時代によって異なる。

(出所)総務省「総務省 MIC MONTHLY MAGAZINE No.179」，総務省「目で見る投票率」，総務省統計局「人口推計」（総務省・総務省統計局 Web ページ）により作成。

過去 1889年　1900年　1919年　1925年　1945年　2015年 現在

 有権者の割合の推移についての図だね。空欄だらけで，どう考えていいいかわからないよ。

×① X－納税額（直接国税）　Y－性別　　　　Z－年齢
×② X－納税額（直接国税）　Y－年齢　　　　Z－性別
○③ X－性別　　　　　　　Y－納税額（直接国税）　Z－年齢
×④ X－性別　　　　　　　Y－年齢　Z－納税額（直接国税）
×⑤ X－年齢　　　　　　　Y－納税額（直接国税）　Z－性別
×⑥ X－年齢　　　　　　　Y－性別　Z－納税額（直接国税）

> 選択肢をよく読むと，納税額，性別，年齢と図下の西暦年を条件に整理していけばよさそうだね。

手順❶：まず，有権者の資格要件を整理しよう（→p.124）。納税額，性別，年齢が， X ， Y ， Z のいずれかに入る。 X は，1945年に制定または改正されている。 Y は1925年に制定または改正されている。 Z は1945年と2015年に制定または改正されていることがわかる。

手順❷： **手順❶** を基に，有権者の資格が変化した時期をまとめていく。まず，一番最近の変化として Z が2015年に制定または改正されていることがわかる。近年，有権者の資格が変化したできごととして，選挙権年齢の18歳以上への引き下げをあげることができる。ただし， Z には1945年にも変更点がある。1945年の変更点は X にもある。これらをふまえて，1945年に制定または改正されたことを考えると，満20歳以上の男女が選挙権をもつ男女普通選挙に変更されたことがわかる。このことから， Z には「年齢」， X には「性別」が入ることがわかる。 Y には，1925年に納税資格要件が撤廃されたことから，「納税額」が入ることがわかる。正答は③。

生徒Yは，人権条約と現在の日本の批准状況について調べ，次の表を作成した。表中の空欄ア〜ウに当てはまる語句の組合せとして最も適当なもの。を，後の①〜④のうちから一つ選べ。

共通「公共，政経」試作問題2022

採択年	条約の名称	日本の批准
1953年	婦人の参政権に関する条約	あり
1965年	ア	あり
1966年	経済的，社会的および文化的権利に関する国際規約（社会権規約）	ウ
1979年	女子に対するあらゆる形態の差別の撤廃に関する条約（女子差別撤廃条約）	あり
1989年	イ	なし
1990年	すべての移民労働者及びその家族構成員の権利の保護に関する国際条約（移民労働者条約）	なし

（注）　日本の批准において，一部留保付きで批准したものもある。

×①　ア　子ども（児童）の権利条約
　　イ　アパルトヘイト犯罪の禁止及び処罰に関する国際条約
　　ウ　なし

×②　ア　死刑の廃止を目指す，市民的及び政治的権利に関する国際規約の第二選択議定書（死刑廃止条約）
　　イ　子ども（児童）の権利条約
　　ウ　なし

○③　ア　あらゆる形態の人種差別の撤廃に関する国際条約（人種差別撤廃条約）
　　イ　死刑の廃止を目指す，市民的及び政治的権利に関する国際規約の第二選択議定書（死刑廃止条約）
　　ウ　あり

×④　ア　障害者の権利に関する条約
　　イ　あらゆる形態の人種差別の撤廃に関する国際条約（人種差別撤廃条約）
　　ウ　あり

人権の国際的保障について，資料集p.62「❶　人権保障のあゆみ」で，戦後の人権保障のあゆみを確認しよう。そのうえで，資料集p.65「❻　日本が批准していないおもな人権条約」をもとに日本が批准していないものを理由とともに整理しておこう。

手順❶：空欄ウを確認する。国際人権規約の社会権規約について，日本は一部を留保して批准しているので「あり」になる。③か④に絞られる。

手順❷：1989年には，子どもの権利条約と死刑廃止条約が採択された。日本は死刑制度を認めており，日本の批准が「なし」なのは死刑廃止条約である。正答は③。

Kさんは，試験勉強を契機に，権力分立や，国民の政治参加に関心をもつようになり，今度の国政選挙では，政策をよく考えて投票しようと思った。そこで，Kさんは，政党Xと政党Yが訴えている主要政策を調べ，それぞれの政党の違いを明確化させるために，現代社会の授業で習った知識を基にして，二つの対立軸で分類した。政党Xと政党Yは，下の図のア〜エのいずれに位置すると考えられるか。その組合せとして最も適当なもの。を，下の①〜⑥のうちから一つ選べ。

共通「現代社会」2021本試

【政党Xの政策】
●二大政党制を目指した選挙制度改革を約束します。
●地域の結束と家族の統合を重視し，まとまりのある社会を維持していきます。

【政党Yの政策】
●多党制を目指した選挙制度改革を約束します。
●個々人がもつ様々なアイデンティティを尊重し，一人一人が輝ける世界を創っていきます。

政策から読み取れる政党の志向性

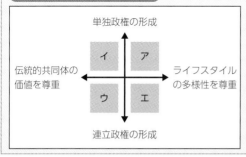

×①　政党X−ア　政党Y−ウ
○②　政党X−イ　政党Y−エ
×③　政党X−ウ　政党Y−ア
×④　政党X−エ　政党Y−イ
×⑤　政党X−ア　政党Y−イ
×⑥　政党X−イ　政党Y−ア

ポジショニングマップの問題は，2つの軸が何を表しているか，しっかり理解することが重要だね。

手順❶：文章を読み，政党に関する知識が必要であることを理解する。ポジショニングマップの縦軸は「単独政権の形成」と「連立政権の形成」，横軸は「伝統的共同体の価値を尊重」と「ライフスタイルの多様性を尊重」であることを把握しよう。その上で，政党Xと政党Yのそれぞれの政策を読んで，キーワードに波線を引こう。

手順❷：政党Xの政策は，「二大政党」というキーワードから単独政権をめざしていることがわかる。また，「地域の結束と家族の統合を重視し，まとまりのある社会」から，伝統的共同体の価値を重視していることがわかり，イに該当することがわかる。一方で，Y党の政策は，「多党制」というキーワードから連立政権をめざしていること，「個々人がもつ様々なアイデンティティ」からライフスタイルの多様性を重視していることがわかる。政党Yはエになり，正答は②。

大学入試対策

経済・国際経済

【知識】【技能】【思考力】 ホシノさんは，不況が長期化した原因として講義中に何度も指摘されていた，回収が困難となった金融機関の貸付金などの，いわゆる「不良債権」に対する理解が不十分なままだと感じていた。そこでテレビドラマで見た次の事例が不良債権に該当するか，「平成十年金融再生委員会規則第二号」を基にして講義中に作成した後のメモを読み直して考えてみることにした。次の事例が後のメモにある分類のいずれに当てはまるかを考えたとき，その答えとして最も適当なもの。を，後の①〜④のうちから一つ選べ。　　共通「現代社会」2022本試

事例：延滞はしていないが今期の業績が赤字に転落し，このままでは今月の返済が遅れるかもしれないため，銀行がリスケジューリング（リスケジュール）を行った会社に対する債権。

> **メモ**　金融機関の有する不良債権の分類（返済可能性の低い順）
> Ⅰ　「破産更生債権及びこれらに準ずる債権」……破産手続や更生手続，再生手続を開始しているなど経営が破綻している×と判断される人や会社に対する債権。
> Ⅱ　「危険債権」……経営破綻の状態とまではいえないが，財政状態や経営成績が悪化し，（延滞が長期にわたる×などして）元金または利息が回収できない見込みが高い人や会社に対する債権。
> Ⅲ　「要管理債権」……期日を３か月過ぎても元金または利息の返済が滞っているか，経済的困難に陥った借り手への支援や元金及び利息の回収促進などを目的に金利減免や債務返済の繰延べなどの，"救済措置"が与えられた○人や会社に対する債権。（Ⅰ，Ⅱに該当する債権を除く）

×① 「破産更生債権及びこれらに準ずる債権」　　×② 「危険債権」
○③ 「要管理債権」　　×④ いずれにも当てはまらない（不良債権ではない）

手順①：「事例」をよく読み，状況を把握する。「事例」では，❶延滞はしていない，❷赤字に転落し返済が滞るかもしれない債権であることがわかる。

手順②：**手順①**の❶と❷の状況を基にメモⅠ〜Ⅲに該当するものがあるか検討する。Ⅰは「経営が破綻している」が，Ⅱは「延滞が長期にわたる」が，それぞれ該当しない。Ⅲの「救済措置が与えられた」が「事例」に該当する。正答は③。

【知識】【技能】【思考力】 生徒Ｘは，第二次世界大戦後の日本経済の歩みを調べ，次のア〜ウのグラフを作成した。これらは，それぞれ1970年代，1990年代，2010年代のいずれかの消費者物価指数の変化率（対前年比）と完全失業率との推移を示したものである。グラフの横軸は「年」を表し，10年間について１年ごとの目盛り間隔となっている。このとき，これらを年代の古いものから順に並べたものとして正しいものを，後の①〜⑥のうちから一つ選べ。　　共通「公共，政経」試作問題2022

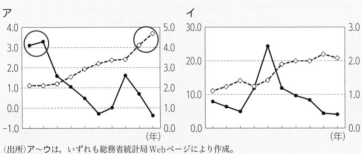

（出所）ア〜ウは，いずれも総務省統計局Webページにより作成。

×① ア→イ→ウ　　×② ア→ウ→イ　　○③ イ→ア→ウ
×④ イ→ウ→ア　　×⑤ ウ→ア→イ　　×⑥ ウ→イ→ア

凡例：
- ● 消費者物価指数の変化率（対前年比：％）：左目盛
- ◇ 完全失業率（％）：右目盛

 戦後の日本経済のあゆみとその特徴を理解しておく必要があるね。そうすると景気状況がよかった時期と悪かった時期がわかるはずだね。

そうだね。大まかな経済の動きがわかれば，景気状況と完全失業率，消費者物価指数がどのように動いたかが推測できるね。

手順①：1970年代，1990年代，2010年代の社会情勢を思い出そう。1970年代は石油危機，スタグフレーション，1990年代はバブル経済の崩壊とその後の不況，2010年代は東日本大震災，アベノミクスによる失業率改善があった。

手順②：1991年のバブル経済崩壊とその後の不況を考えれば，失業率が高くなるため，アが1990年代とわかる。2010年代はアベノミクスで失業率は下がるが，景気は実感できるほどに上がらなかったことを考えればウになる。正答は③。

生徒Bは模擬政府の財務大臣として，次年度の国の財政について次の表のような予算案を作成し，模擬国会に提出して審議してもらうことにした。生徒Cは議員として，この予算案について質問した。このとき，法や制度，予算や税の仕組み，社会状況などについては，最近の日本を例とすることにした。生徒Cの質問と生徒Bの答弁との組合せのうち，質問もしくは答弁のいずれか，または両方が，誤った理解に基づいてなされているもの_×はどれか。後の①〜④のうちから一つ選べ。

共通「公共」サンプル2021

（単位：億円）

○①**質問** 歳入に占める公債の割合が3割を超えている。この金額は決して小さくはない。この公債の償還（返済）や利子の支払いは，将来の世代に負担を求めることになるという意見があるが，そうした将来の負担について，政府はどのようにみているのか。

答弁 確かにそういう意見はありますが，現在の歳出が公債の償還や利払いについての将来の負担を軽減する可能性もあるという見解もありますので，現時点ではそうした負担の増減について断定することはできません。政府としては，次年度に必要と判断される歳出のために，公債を利用する歳入案を作成しました。

歳 入					歳 出	
租税・印紙収入	所得税	195,290	19.0%		皇室費	116
	法人税	120,650	11.8%		国会	1,285
	相続税	23,410	2.3%		裁判所	3,266
	消費税	217,190	21.2%		会計検査院	171
	関税	9,460	0.9%		内閣および内閣府	42,369
	その他の税	58,700	5.7%		総務省	167,692
	印紙収入	10,430	1.0%		法務省	8,206
その他の諸収入		60,613	5.9%		外務省	7,120
公債	公債金	71,100	6.9%		財務省	251,579
	特例公債金	254,462	24.8%		文部科学省	54,152
前年度剰余金		5,274	0.5%		厚生労働省	330,366
歳入合計		1,026,580	100.0%		農林水産省	22,170

今年度末の公債残高（見込み）：約1,038兆円

経済産業省	12,435
国土交通省	68,983
環境省	3,537
防衛省	53,133
歳出合計	1,026,580

○②**質問** 歳入に占める関税の割合が極めて小さい。しかし，多くの輸入品が国民生活のあらゆるところで使われていることを踏まえると，関税の割合はもっと大きくなるとみることができるのではないか。

※四捨五入により，合計は全項目の統計と一致しない。

（出所）財務省Webページ掲載の令和2年度当初予算を参考に作成。

答弁 現在，農産物など一部の品目を除き，多くの輸入品に関税は課されていません。これは，自由貿易を推進するという国際的な合意を我が国も受け入れているからです。したがって，関税を新たに課したり関税率を引き上げたりして，歳入に占める関税の割合を増やすのは難しいと判断されます。

○③**質問** 歳出のうち，厚生労働省の予算配分額が歳出全体の3割超になっているが，その主な要因は何か。

答弁 厚生労働省は年金や医療を所管していますが，高齢化が進んでいることや医療の高度化などによって，政府が負担しなければならない年金給付や医療費が増えています。また，関連する社会保障支出も多額に上っているために，このような予算額となりました。

×④**質問** 内閣が作成し国会に提出したこの予算案には，裁判所の予算が組み込まれている。ということは，予算を通じて行政が司法をコントロールしていることになる。「三権分立」に基づき，裁判所の予算については，裁判所自身が作成して国会に提出するべきではないか。

答弁 日本国憲法には予算の作成について定めはありません_×が，内閣が作成したものだとしても，裁判所の予算の執行については「三権分立」が前提となります。裁判所自身が予算を作成し国会に提出するとなると，迅速な裁判が妨げられて国民生活にさまざまな影響がもたらされるとの懸念から，裁判所の予算も内閣が作成し国会に提出することになっています。

 表の数字やパーセントが重要になりそうだね。「質問」と「答弁」で表のどこを聞いているのかをチェックしよう。

 「質問」と「答弁」のどこがあっているか？誤っているか？を明確にする必要があるね。そのためにも，文章を正確に読む必要があるね。

手順❶：表と選択肢の質問と答弁を正確に読みとろう。その上で選択肢の質問と答弁のなかで表の数値にあたる部分に波線を引こう。それぞれ質問の①「歳入に占める公債の割合が3割を超えている」，②「歳入に占める関税の割合が極めて小さい」，③「厚生労働省の予算配分額が歳出全体の3割超になっている」，④「内閣が作成し国会に提出したこの予算案には，裁判所の予算が組み込まれている」がこれにあたる。下線を引いた部分を表の数値と比較しよう。①公債金と特例公債金の合計は31.7％，②関税は0.9％と低い，③歳出合計1,026,580億円に対し，厚生労働省は330,366億円で3割超である。④予算案の歳出には，裁判所の予算も含まれる。①〜④の質問は正しい。

手順❷：次に，答弁を基に，財政の法や制度について確認しよう。①現在の歳出が将来の負担を軽減する可能性もあると指摘している。これは，今必要な支出をしなければ，不況に拍車をかけ，将来世代に逆に大きな負担を与える可能性を指摘しているため，正しい。②関税について，「自由貿易を推進するという国際的合意」を受け入れていることも正しい。③厚生労働省の歳出が「高齢化が進んでいることや医療の高度化」などにより，増えていることは事実であり，正しい。④「日本国憲法には予算の作成について定めはありません」が誤りである。したがって，正答は④。

資料読みとり問題

POINT! 資料読みとり問題では，複数の資料を比較・分類し，関連づけることが求められている。また，資料を正確に読みとり，課題を見いだしたり，事実を多面的に考察し，妥当性や効果など論拠を基に選択・判断したりする力が求められている。それぞれ資料が何を表しているのか，正確に読み，整理するように努めよう。

次の会話は，グループの生徒 B〜D による，資料 1〜5 の分析についての議論の一部である。会話文中の □a□・□b□ に入るものの組合せとして最も適当なものを，後の ①〜⑨ のうちから一つ選べ。

共通「公共」サンプル 2021

資料 1 読解力，数学，科学分野において基礎的習熟度に達している子ども（15歳）の割合（2015年）

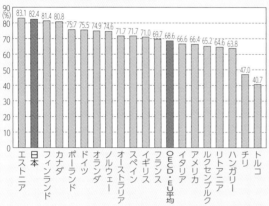

（出所）ユニセフ・イノチェンティ研究所『イノチェンティ レポートカード 14 未来を築く：先進国の子どもたちと持続可能な開発目標（SDGs）』により作成。

[資料 1 の説明]

2000年より OECD が 3 年ごとに実施している生徒（15歳）の学習到達度調査（PISA）結果のうち，読解力，数学，科学分野において少なくとも基礎的習熟度（レベル 2 以上）に到達している生徒の割合について2015年の数値をグラフで表している。
「OECD・EU平均」は，加盟国のうち38か国の平均である。

資料 2 児童・生徒，学生一人当たりの年間教育支出（2017年）

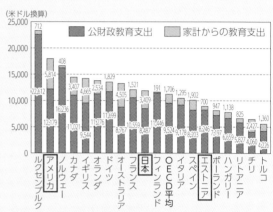

（出所）OECD『図表で見る教育 OECD インディケータ（2020年版）』より作成。

[資料 2 の説明]

児童・生徒，学生一人当たりの年間教育支出の額を米ドル換算で示したもの。公財政教育支出と家計からの教育支出とを分けて示している。「OECD平均」は，現加盟国（リトアニアは2018年に加盟）のうち35か国の平均である。

資料 3 子どもがいる世帯における相対的所得ギャップ（2014年）

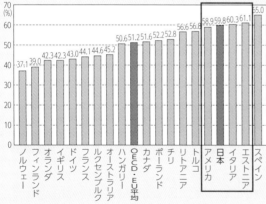

（出所）ユニセフ・イノチェンティ研究所『イノチェンティ レポートカード 14 未来を築く：先進国の子どもたちと持続可能な開発目標（SDGs）』により作成。

[資料 3 の説明]

最貧困層の子どもたちが社会の「平均的」な水準からどれだけ取り残されているかを測るために，子どもがいる世帯について，所得分布の下から10%目の世帯の所得と中央値の世帯の所得とのギャップを，中央値に対する割合で表したもの。「相対的所得ギャップ」と呼ばれる。数値が小さいほど，相対的所得ギャップが小さい。
「OECD・EU平均」は，加盟国のうち41か国の平均である。

資料 4 公財政教育支出対GDP比（2017年）

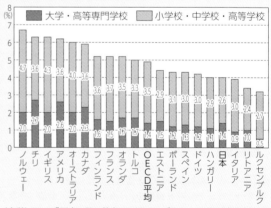

（出所）OECD『図表で見る教育 OECD インディケータ（2020年版）』より作成。

[資料 4 の説明]

国内総生産（GDP）に占める初等教育から高等教育までの公財政教育支出の割合を示したもの。大学・高等専門学校と小学校・中学校・高等学校とを分けて示している。「OECD平均」は，現加盟国（リトアニアは2018年に加盟）の37か国の平均である。

大学入試対策

356

資料5　ＥＳＣＳ指数１単位上昇による，読解力，数学，科学分野のＰＩＳＡテストのスコアの差（2012年）

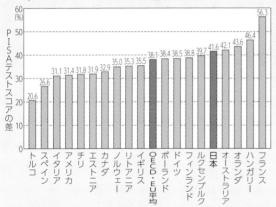

[資料5の説明]

　ＰＩＳＡにおける「社会経済文化的背景（ＥＳＣＳ）指数」と学習成果との関係を示したもの。ＥＳＣＳ指数は，親の学歴，親の職業，家庭の財産，文化的所有物（美術品及び古典文学作品），教育資源という５つの指標に基づき算出されるものであり，数値が高いほど，社会経済文化的背景が子どもの学習成果に及ぼす影響が大きいことを示している。「ＯＥＣＤ・ＥＵ平均」は，加盟国のうち39か国の平均である。

(出所) ユニセフ・イノチェンティ研究所『イノチェンティ レポートカード14　未来を築く：先進国の子どもたちと持続可能な開発目標(SDGs)』により作成。

生徒B：これまでのところ，日本は高い教育成果をあげているといってよいのかな。

生徒C：資料から見る限り，他のＯＥＣＤ諸国に比べて，多くの子どもの基礎学力を保障しているといってよいと思うよ。

生徒D：私もそう思う。きっと，それは日本の経済的格差が小さいからだよ。

生徒B：そうかな。子どもがいる世帯における所得格差を見ると，日本はＯＥＣＤ諸国の平均より上で，　a　と同じくらいだよね。

生徒D：いわれてみると，確かにそうだね。

生徒C：それに，日本は，　a　と同様に，　b　もＯＥＣＤ諸国の平均より大きいから，家庭の経済的格差が子どもの教育に及ぼす影響は大きくなっているといえるかもね。

a　に入るもの	b　に入るもの
ア　エストニア	エ　児童・生徒，学生一人当たりの年間教育支出の総額
イ　フィンランド	オ　児童・生徒，学生一人当たりの年間教育支出に占める家計からの教育支出の割合
ウ　アメリカ	カ　ＧＤＰに占める公財政教育支出の割合

	a	b
×①	ア	エ
×②	ア	オ
×③	ア	カ
×④	イ	エ
×⑤	イ	オ
×⑥	イ	カ
×⑦	ウ	エ
〇⑧	ウ	オ
×⑨	ウ	カ

資料が５つもあるから，それぞれが何を表したものかを正確に読み取った上で，問題文を読むことが重要そうだね。

そうだね。それに加えて，資料と会話文がどこにあたるかを丁寧に読み解くことで，正答に近づけそうだね。

手順❶：まず，資料１〜５の特徴をしっかりと捉えよう。資料には説明文もあるのでヒントになる。その上で，会話文を読んでみる。会話文では，生徒Bが生徒Dの「日本の経済的格差が小さい」に反論して，「子どもがいる世帯における所得格差を見ると，日本はＯＥＣＤ諸国の平均より上で，　a　と同じくらい」と指摘している。「所得格差」というキーワードを基に，所得格差を表す資料を探す。資料３の「子どもがいる世帯における相対的所得ギャップ」が，これにあたることがわかる。資料３から，日本と同じくらいの国はアメリカ，イタリア，エストニアであるが，選択肢をふまえると「アメリカ」と「エストニア」に絞ることができる。ただし，　a　は，この後の文中にも出てくるので確定ではない。

手順❷：続けて生徒Cの「　b　もＯＥＣＤ諸国の平均より大きいから，家庭の経済的格差が子どもの教育に及ぼす影響は大きくなっている」をヒントに資料を探してみる。すると，資料３を除いて資料２しか該当するものはない。資料２は「児童・生徒，学生一人当たりの年間教育支出」のグラフであることから，　b　に入る選択肢はオと確定できる。さらにくわしく資料２を見ると，グラフは「公財政教育支出」と「家計からの教育支出」にわかれている。生徒Cの「家庭の経済的格差が子どもの教育に及ぼす影響は大きくなっている」という発言から，グラフの「家計からの教育支出」に注目すればよいことがわかる。すると，「家計からの教育支出」が日本と同様の国を，手順❶　で絞った「アメリカ」と「エストニア」から選べばよいことになる。よって，　a　にはウの「アメリカ」が入る。正答は⑧。

第1編
公共の扉

★**心理的離乳**(➡p.16)　アメリカの心理学者ホリングワースのことば。生後1年前後で見られる生理的離乳に対して、青年期に見られる、親の保護や監督、さらにはその価値観などから、精神的・心理的に独立することをいう。

●**マージナルマン(境界人、周辺人)**(➡p.16)　ドイツの心理学者レヴィンが、子どもの集団とおとなの集団のどちらにも属しきれない青年をマージナルマンとよんだ。

★**第二の誕生**(➡p.16)　フランスの思想家ルソー(1712〜78)が、『エミール』のなかで、青年期をさしたことば。単なる生存のための「第一の誕生」に対して、青年期は精神的自我が芽生える「第二の誕生」であるとする。

★**アイデンティティ**(➡p.17)　アメリカの社会心理学者エリクソンは、自分が自分であることの自信を形成する基盤となるものをアイデンティティとよんだ。そして、この自信は、過去の自分と現在の自分との時間的な一貫性と、社会(仲間)のなかで自分の存在が認められているという感覚によって形成されていくと考えた。

★**モラトリアム**(➡p.17)　アメリカの社会心理学者エリクソンの用語。役割猶予という意味であるが、青年はおとなとしての責任や役割を猶予されており、その間に自己のアイデンティティを確立するという課題を負うということである。

★**発達課題**(➡p.18)　アメリカの教育心理学者ハヴィガーストが示した、人生のライフサイクルの各段階で達成すべき課題のこと。この課題が達成されないと、発達の次の段階で問題を生じることが多いともいわれる。

●**第二反抗期**(➡p.18)　2〜4歳頃の第一反抗期に対し、青年期の第二反抗期は、親やおとなの権威からの精神的自立をめざす反抗である。

●**欲求**(➡p.19)　人間の行動を誘発する要因となるもの。食欲・性欲・睡眠欲など生命を維持するために必要な欲求を一次的欲求、地位・名誉・金銭などの社会生活にともなう欲求を二次的欲求という。

★**欲求階層説**(➡p.19)　アメリカの心理学者マズローが主張した、欲求に階層があるという考え方。呼吸や食欲といった生理的欲求から、安全、所属・愛情、承認、そして自己実現の欲求という階層構造があるとし、下位の欲求が満たされてはじめて、上位の欲求があらわれるとした。

●**欲求不満(フラストレーション)**(➡p.19)　欲求の充足が内的・外的原因により、阻止された状態。

★**葛藤(コンフリクト)**(➡p.19)　2つ以上の相反する欲求が衝突して、精神が不安定になっている状態。

★**防衛機制**(➡p.19)　欲求不満が生じたと

き、そのまま放置しておくと自我が脅かされるため、無意識のうちにそうした欲求不満を解消しようとする心のメカニズムがはたらくこと。

●**適応**(➡p.19)　人間が環境(社会環境・自然環境)との間に調和的な関係をつくり、自分の欲求が充足されている状態。ただし、現実には欲求がいつも充足されるとは限らず、欲求不満の状態になることが多い。したがって、狭い意味では、欲求不満を解消する過程や努力を適応という。

●**パーソナリティ(個性)**(➡p.20)　能力・気質・性格などを含む全体的な人間像をいう。また、性格と人格を同じ意味として使うこともあるが、一般に性格は、人格の内で意志の側面をさす場合に用いる。

●**ソーシャルインクルージョン(社会的包摂)**(➡p.23)　人種・年齢・性別・障害などにかかわりなく、すべての人々が健康で文化的な生活を実現できるように、社会の構成員としてつつみ支えあう姿勢。

★**ノーマライゼーション**(➡p.23)　あらゆる人が、年齢の違いや障害の有無などを越えて、地域や職場、家庭で、ともに普通の生活ができるようにすること。

●**文化相対主義**(➡p.24)　自文化などの特定の文化を唯一絶対のものとせず、それぞれの文化には固有の意味があり、文化に優劣はないとする考え方。国際交流や内なる国際化において重要な考え方である。

★**エスノセントリズム**(➡p.24)　それぞれの集団が、自集団の習俗のみが唯一正しいものと考え、異なった習俗をもつ他集団にさげすみの感情をもつこと。国際理解の妨げとなるだけでなく、しばしば民族紛争の原因にもなっている。

●**アニミズム**(➡p.31)　人間だけではなく、すべての動植物や無生物、雷などの現象に至るまで万物に霊魂、精霊などの霊的存在が宿ると考える信仰。日本の民間信仰にも、こうした要素が色濃く見出される。

●**法華一乗思想**(➡p.32)　大乗仏教の基本理念である「一切衆生悉有仏性」の『法華経』での展開において説かれたもので、仏に至る道はいくつかあるが、それらはすべて大乗菩薩乗に帰一するとする考え方。

●**念仏**(➡p.33)　本来、念仏は心に仏を念じる(観想念仏)の意味であった。その後、中国浄土教の流れのなかで、善導らが『無量寿経』における法蔵菩薩(阿弥陀仏の前身)による48誓願を根拠に、念仏をより平易な「口に称える念仏」と解釈した。法然は、この善導の解釈に拠っている。

●**本願**(➡p.33)　阿弥陀仏の前身である法蔵菩薩時代に立てた48の誓願をさす。それらの誓願は、迷える衆生が救済されるまでは、菩薩に甘んじて仏にはならないとするもので、特に第18番(私の名を10度でも称えた者が救われるまでは仏にはならない)が、重視されている。

●**朱子学**(➡p.34, 50)　中国宋代に朱子によって集大成された新儒学。中国では、仏教や道教が興隆して以来、儒教は劣勢にあったが、宋代にそれらの世界観を吸収した新しい儒学が登場し、朱子が集大成した。その世界観は、「理気二元論」といわれる万物を貫く法則(理)と物質的要素(気)によって世界を説明しようとするものである。

●**古義学**(➡p.34)　孔子、孟子の原典を重視して、原典に記されたことばの意味を、時代に即して理解しようとする伊藤仁斎の立場。彼は、『論語』を「宇宙第一の書」として称揚し、『論語』のなかに人倫の基本としての「仁愛＝誠」を見出した。

●**古文辞学**(➡p.34)　荻生徂徠の立場。彼は、伊藤仁斎の古義学をさらに発展させて、孔子が重視した古代の「礼」を「先王の道(安天下の道)」と位置づけて、儒学の本質を道徳にではなく、政治制度の確立に見出そうとした。

●**世界宗教**(➡p.38)　人類や民族を問わず、また、国家の壁を越えて、その信仰に帰依することを誓えば、誰でも信者となれる開かれた宗教。キリスト教・イスラーム(イスラム教)・仏教が代表的なものであり、三大世界宗教ともいわれる。ただし、信者の数の上では、仏教はインドの民族宗教であるヒンドゥー教と比べると少数派である。

●**民族宗教**(➡p.38)　民族の成立に由来し、民族的な団結や共同体的一体感を維持し、高める役割を果たす宗教。ヒンドゥー教・儒教・道教・ユダヤ教・日本の神道などが該当し、神(または神々)と民族との関わりを記した神話や、神々への祭祀は、その国の民族文化の根底に強く流れている。

●**ヒンドゥー教**(➡p.38)　アーリア人の信仰(バラモン教)とインド土着のさまざまな習俗・信仰が融合して生まれた宗教。カースト制度をはじめとするインドの社会生活全般と複雑に絡みあっており、単なる宗教として捉えることはできない。

●**ユダヤ教**(➡p.38)　ユダヤ人は、ヤハウェに選ばれた民だと考える選民思想を特徴とする民族宗教。律法(トーラー)とタルムードを聖典とする。ユダヤ人が多く居住するところには、信者が集まるシナゴーグが建てられている。

●**聖書**(➡p.38)　キリスト教の聖典、『旧約聖書』『新約聖書』をさす。ただし、『旧約聖書』は、もともとはユダヤ教の聖典で、ユダヤ教では一般に律法(トーラー)とよぶ。ここには、唯一神ヤハウェとユダヤ人との契約、それに基づくユダヤ人の生き方の規範などが書かれている。これに対し、『新約聖書』は、イエスを通じた神との新しい契約＝新約について述べられている。

★**キリスト教**(➡p.39)　ユダヤ教を母胎として生まれた、イエスをキリスト(メシア)＝救世主と考える宗教。現在、カトリック・プロテスタント・ギリシャ正教会の3つに

用語解説

大きく分かれているが、「神とイエスと聖霊が実は１つの実体である」とする三位一体説を教義としている点では共通している。

●アガペー（→p.39） キリスト教でいう神の愛、完全な神が不完全なものに注ぐ無条件・無差別・無償の愛。

●イスラーム（イスラム教）（→p.39） 「（神の意志や命令に）絶対帰依すること」を意味する。ユダヤ教やキリスト教を底流として、７世紀前半、ムハンマドによってはじめられた。

●アッラー（→p.39） イスラームの唯一・絶対の神。本来、アラビア語で神を意味する普通名詞に定冠詞をつけたもの。ユダヤ教やキリスト教のヤハウェと同一の神だが、ユダヤ教ではヤハウェをみだりに口にしてはならないのに対し、ムスリム（イスラームの信者）は「アッラー・アクバル（神は偉大なり）」などと始終声に出して唱えている。

●クルアーン（コーラン）（→p.39） イスラーム法の第一の根拠。ムハンマドのことばではなく、アッラーの命で天使がムハンマドに読み聞かせたもの。アッラーのことばそのものなので、本来は、アラビア語以外に翻訳できないことになっている。

●六信・五行（→p.39） イスラームの教えは、神への信仰とそれに基づく実践とからなる。信仰の最も基本となるのが、６つの存在（神・天使・啓典・預言者・来世・天命）を信じる六信であり、実践の基本が、信仰告白・礼拝・断食・喜捨・巡礼の五行である。

●仏教（→p.40） 紀元前500年頃、北インドで、ゴータマ＝シッダッタによってはじめられた。極端な苦行ではなく、正しい修行によって苦悩からの解放をめざす。スリランカや東南アジアでは上座仏教が、東アジアでは大乗仏教が信仰されている。

●慈悲（→p.40） 仏教的な愛。すべての生きとし生けるものたちの苦を取り除く悲しみと、楽を与える慈しみの心。

●功利主義（→p.42） 社会の最大幸福を目的とみなし、個人の行為や政策などが、この目的の増進に対して、どの程度貢献しているかを正しさの基準とする考え方。

●ベンサム（1748～1832）（→p.43） 功利主義の祖。彼は、イギリス経験論の伝統に則りながら、功利主義の立場から、個人の幸福と社会全体の幸福との調和を図ろうと「最大多数の最大幸福」を道徳、さらには政治の原理にすることを提唱した。主著『道徳および立法の諸原理』。

●Ｊ．Ｓ．ミル（1806～73）（→p.43） イギリスの功利主義哲学者、経済学者。彼は、ベンサムの功利主義を受け継ぎながら、量に代わる質の功利を主張した。また、当時のイギリスの政治、社会状況の改革をめざして『自由論』を著し、自由主義社会のあるべき姿を模索した。

★カント（1724～1804）（→p.44） ドイツの哲学者。イギリス経験論と大陸合理論を統合した批判哲学を展開し、近代哲学の発展

に大きく寄与した。主著『純粋理性批判』では「人間は何を知り得るか」に、『実践理性批判』では「人間は何をなし得るか」に答えようとしている。

●道徳法則（→p.44） カントの用語。因果律に縛られた自然法則とは対照的に、実践理性がみずから立ててみずからの行為を導くもの。そこには、因果律を越えた自由が存在する。この道徳法則は、「～すべし」という無条件の命令として課せられる。

●ソクラテス（前469頃～前399）（→p.47） 石工と助産師の間に生まれた彼は、アテネの繁栄期から没落期に至る時代を生き、スパルタとの間で戦われたペロポネソス戦争にも従軍している。彼のアテネ市民へのはたらきかけは、没落するアテネ民主制を立て直すためのものでもあった。

●無知の知（→p.47） 自分の無知を自覚すること。ソクラテスが「ソクラテス以上の知者はいない」というデルフォイの神託を確かめるため、当時の知者たちを訪ね歩いて気づいた「自分は知らないことを知っているという点で、彼らに優っている」という結論に基づくソクラテスの営みの出発点。

●プラトン（前427～前347）（→p.48） ソクラテスに学んだ彼は、師の遺志を受け継いで、「よく生きる」ことの大切さ、さらにそれを保証する「よき政治」のあり方を生涯にわたって求めた。また、彼は一切の著作を残さなかったソクラテスの言動を数々の対話編という形で残しており、アカデメイアという学園運営とともに、後世に与えた影響は絶大である。

●アリストテレス（前384～前322）（→p.48） プラトンのアカデメイアに学んだ彼は、師の理想主義的な思想に対して、現実主義的な立場に立って諸現象を説明しようとした。広範な学識は、自然学から政治学にまでわたり、万学の祖と称される。

●アリストテレスの政治論（→p.48） アリストテレスは国制を統治者の数で、一人＝君主制、少数＝貴族制、多数＝共和制に分類し、それぞれの堕落形態を僭主制、寡頭制、衆愚制とした。共和制が極端な状態にならない中庸を得たものだとした。

●儒教（儒学）（→p.49） 孔子によってはじめられ、戦国時代には諸子百家の１つの儒家として発展し、孟子や荀子があらわれた。前漢の武帝以降は、国家統治の基本原理とされた。政治思想としては、徳治政治の立場をとる。日本にも早くから伝わったが、特に江戸時代には、封建秩序の安定のために朱子学が官学として採用され、陽明学などそのほかの学派も繁栄した。

●仁（→p.50） 孔子が重視した人倫の基本。礼が行為の形式であるのに対して、仁は他者に対する思いやりの情である。

●帰納法と演繹法（→p.51） 帰納法は、個々の具体的事例から一般的な原理・法則を導き出す方法で、ベーコンが提唱した。演繹法は、一般的な原理から推論して結論を導き出す方法で、デカルトが提唱

した。

●安楽死と尊厳死（→p.55） 安楽死とは、自分にとっての「よき死」を選択することであり、「よき生」の選択の延長線上にある。人は「よき生」の選択において、不治の病に冒された場合、ときとして、みずから安楽死を選ぶことがある。しかし、安楽死には、倫理上の問題がある。それに対して尊厳死は、無用な延命治療を拒否し、人間としての尊厳を保って死を迎えることで、消極的な安楽死ということができる。

●アンガージュマン（→p.57） サルトルの概念で、状況参加、社会参加を意味する。アンガジェは動詞型。サルトルによれば、私的な行為であっても、その行為を選択することは、全人類との１つの関わりを選択することであり、それに対して責任をもたなければならないという。

★男女共同参画社会基本法（→p.59） 1999年公布・施行。男女共同参画社会とは、男女が社会の対等な構成員として、均等に政治的、経済的、社会的および文化的利益を享受することができ、かつともに責任を担うべき社会のこと。この基本法に基づき、2000年に基本計画が策定された。

●ジェンダー（→p.59） 生物学的な性（セクシュアリティ）に対し、社会的・文化的に形成された性。女性を差別する男性優位社会は、社会的・文化的につくられたものであり、生物学的性に起因するものではない。

●アファーマティブ・アクション（→p.59） 積極的格差是正措置などと訳される。社会的弱者の地位向上のため、結果としての平等を実現するため、教育や雇用において特別枠を割り当てるなどの措置をとること。ポジティブ・アクションともいわれる。

●プラグマティズム（→p.61） 19世紀後半から20世紀にかけて、イギリス経験論の伝統と未知に挑戦するアメリカ開拓者精神とが、ヨーロッパにはないアメリカ独自の哲学を生み出した。「pragma」はギリシャ語で「行為」を意味し、その思想は、実際の生活に根ざした知識や審理を探究しようとするところに特徴がある。

●フランクフルト学派（→p.61） 1930年代にフランクフルト大学社会研究所に集まったホルクハイマー（1895～1973）を中心とする人々。ヘーゲル、マルクス、フロイトの思想を軸に、近代社会が理性を失って道具化していると指摘し、批判的理論を構築した。ナチスの台頭によって、彼らは亡命を余儀なくされたが、戦後、1950年に再建された。第一世代がホルクハイマー、アドルノ（1903～69）、フロム（1900～80）、マルクーゼ（1898～1979）、第二世代がハーバーマス（1929～）らである。

●権利章典（→p.63） 1688～89年の名誉革命によって王位についたウィリアム３世とメアリ２世が、議会の議決した「権利の宣言」を認め、法律として公布した文書。「王は君臨すれども統治せず」というイギリスの立憲君主制の基本的原則を確立した。

用語解説

●**バージニア権利章典**（➡p.63） アメリカ独立戦争に際し、バージニアがほかの植民地に先駆けて憲法起草委員会を組織し、採択した権利章典。自然法思想を成文化したもので、人権宣言の先駆けといわれる。

●**アメリカ独立宣言**（➡p.63） アメリカの植民地政府が、イギリスから独立することを宣言した文書。ロックの思想が色濃く反映されており、国家レベルで自然権や抵抗権など民主主義の基本思想が、明確に規定された世界最初の文書である。

●**フランス人権宣言**（➡p.63） フランス革命の根本精神である、「自由・平等・友愛」の精神が明らかにされた文書。国民主権、人権の不可侵、所有権の保障、権力分立などが規定されている。

★**ワイマール憲法**（➡p.63） 第一次世界大戦の敗戦国であるドイツが、共和国として再生するにあたって、最初の国民会議で採択した憲法。財産権の限界や生存権、団結権の保障など、社会権的基本権を明記した最初の憲法であり、20世紀的憲法の典型とされる。

★**世界人権宣言**（➡p.64） 1948年12月10日、第3回国連総会で採択されたすべての人民と国が達成すべき基本的人権の共通の基準。ただし、法的拘束力はもたない。

★**国際人権規約**（➡p.64） 1966年に国連総会で採択された人権保障について法的拘束力をもつ規約。A規約（社会権的規約）、B規約（自由権的規約）および死刑廃止条約を含む3つの選択議定書からなる。

★**女子差別撤廃条約**（➡p.64） 1979年、国連総会で採択された「女子に対するあらゆる形態の差別の撤廃に関する条約」の略称。日本は、男女雇用機会均等法の施行、家庭科における男女共修などの教育課程の改善、国籍法における父系優先主義の是正などの国内法の整備をおこない、1985年批准。

★**子どもの権利条約**（➡p.64） 1989年、国連総会で採択された子どもの人権を包括的に規定した条約。18歳未満のすべての子どもに、おとな同様の基本的人権を保障し、意見表明権などの子ども特有の権利も数多く規定している。日本は1994年批准。

●**死刑廃止条約**（➡p.65） 1989年、国連総会は「死刑廃止を目指す国際人権B規約第2選択議定書（死刑廃止条約）」を採択。日本は、「死刑廃止は各国の国民感情や犯罪様態を考慮して検討すべき」とし、条約には未加入。

●**主権**（➡p.67, 160, 163） 国内的には統治権、最高意思決定権を意味し、対外的には国家権力の独立性を意味する。フランスの思想家ボーダン（1530～96）が『国家論』で定式化した。

●**国家**（➡p.67, 160） 国家が成立するための要素は、領域（領土・領空・領海）、国民、主権、他国からの承認（外交能力）といわれる。ドイツのイェリネック（1851～1911）は領域、国民、主権をもって国家の三要素とした。

★**社会契約説**（➡p.68） 近代の自然法思想に基づいて、人間には生命・自由・財産などを維持する権利（＝自然権）があり、その自然権を守るために、人々が自由な意思で契約して国家をつくったとする政治思想。

●**万人の万人に対する闘争**（➡p.68） イギリスのホッブズ（1588～1679）の社会が成立する以前の自然状態を表現したことば。ホッブズは、資源は有限であるので、自然状態では各人は必ず対立しあうと考えた。

●**抵抗権（革命権）**（➡p.68） イギリスのロック（1632～1704）が、自然権を侵害するような権力の濫用に対して認めた、人民が抵抗する権利。この考えは、アメリカ独立宣言にもとり入れられている。

●**一般意思**（➡p.68） 社会共通の幸福を求める全人民の意思。フランスのルソー（1712～78）は、各人がすべての権利を共同体に譲渡し、一般意思による社会契約を結び、国家をつくると主張した。

●**多数者の専制**（➡p.69） 民主主義において多数者が少数者の意見を抑圧することをいう。トクヴィルがアメリカの民主主義を観察して唱えた。その後、Ｊ．Ｓ．ミルが『自由論』などで洗練させ、その予防策を提案している。

●**自然法**（➡p.70, 86） あらゆる時代のあらゆる社会を通じて、拘束力をもつと考えられる普遍的な性質をもつ法。これに対して、人為的に定めた法を実定法という。

●**自然権**（➡p.70） 人間が生きていくために根源的に備わっている権利のこと。社会契約説を展開する上で、非常に重要な概念となった。ホッブズは自己保存権を、ロックは財産権を、ルソーは自由権・平等権を強調している。

★**法の支配**（➡p.70） 権力者による支配（人の支配）を排除して、権力者といえども法には服さなければならないとする考え方。中世以来のイギリス法の原理である。

●**法治主義**（➡p.70） 国家権力の行使は、議会で定められた法律に従わなければならないとする考え方。ドイツで発達した考え方で、法の妥当性が必ずしも「法の支配」に比べて厳密ではない。

●**権力分立**（➡p.71） 権力を異なる機関に分けて、均衡と抑制の関係を構築することで権力の濫用を抑制するしくみ。ハリントン（1611～77）が著書『オセアナ』において、はじめて唱えた。

●**立憲主義**（➡p.72） 国民の自由や権利を保障することを目的として、国のあり方を決める憲法をつくり、憲法に基づいて政治権力が行使されるべきであるとする考え方や政治制度のことをいう。近代立憲主義は、フランス革命などの市民革命によって確立した。立憲主義に基づく憲法には、基本的人権の保障や権力分立の規定がある。

●**議院内閣制**（➡p.77） 議会（下院）の信任に基づいて、内閣が政治をおこなう制度。内閣は議会に対して連帯して責任を負う。内閣には議会解散権が、議会には内閣不信

任決議権が認められている。内閣総理大臣は、一般に下院の第一党の党首が議会によって選ばれる。

●**大統領制**（➡p.77） 行政府の首長としての大統領が、国民によって選ばれ、議会に対して強い独立性をもつ政治制度のこと。

●**大統領選挙人**（➡p.77, 79） アメリカ大統領選挙は、一般有権者が大統領選挙人を選ぶ一般投票をおこない、選ばれた選挙人が12月に大統領候補に投票する間接選挙でおこなわれる。慣例的に各党の選挙人は、自分の党の大統領候補に投票する。

●**権力集中制（民主集中制）**（➡p.78） 中国など、社会主義国に見られる制度で、権力分立を否定し、1つの機関にすべての権力を集中するしくみ。

●**全国人民代表大会**（➡p.78） 中国の国家権力の最高機関である一院制の議会。省、自治区、直轄市、軍隊から選出される代表によって構成される。憲法改正、法律制定、国家主席や国務院総理などの任免、予算と決算の承認などをおこなう。

●**開発独裁**（➡p.78） 発展途上国が、経済的発展を遂げる手段として、政治的な安定を確保するため、国民の権利や政治参加を制限し、軍事独裁を正当化させる政治体制。

●**天皇大権**（➡p.80） 大日本帝国憲法に規定されていた天皇の政治上の権限。統治権のほかに、国務大権、軍の最高指揮権である統帥大権、皇室大権（憲法によらず皇室典範で規定）に分類される。

●**臣民の権利**（➡p.80） 大日本帝国憲法の下で、臣民（国民）に認められていた諸権利。臣民の権利は、主権者としての天皇の「臣民」として、恩恵的に与えられた権利で、「法律ノ範囲内」で保障されていたため、きわめて不十分なものであった。

●**法律の留保**（➡p.80） 法律に基づく限り、自由や権利に対して必要な制限を加えることができること。

●**欽定憲法と民定憲法**（➡p.80） 欽定憲法は、君主主権の思想の下、君主が自分の自由な意思の発動に基づいて制定した憲法で、大日本帝国憲法やプロイセン憲法がその代表例。民定憲法は、国民主権の思想に基づいて、国民が制定した憲法のことをいい、日本国憲法がこれにあたる。

●**ポツダム宣言**（➡p.81） 1945年7月26日、連合国側が、米・英・中の名で日本に無条件降伏を促した文書。軍国主義勢力の除去、日本の占領、戦争犯罪人の処罰、日本の民主化などの諸原則が含まれていた。日本は、ポツダム宣言は天皇制の変更を含まないという判断の下で、同年8月14日に受諾した。

●**マッカーサー三原則**（➡p.81） ＧＨＱ民政局に憲法の草案作成を指示した際、マッカーサーが示した三原則。天皇は国の最上位、戦争の放棄、封建制度の廃止をその内容とする。

★**日本国憲法の改正手続き**（➡p.83, 142） 憲法第96条で「各議院の総議員の3分の2以上の賛成で、国会が、これを発議し、国

民に提案してその承認を経なければならない」と規定されており，硬性憲法の立場をとっている。2007年には，憲法改正のための国民投票の手続きを定めた国民投票法が成立した（2010年施行）。

第2編第1章
法的な主体となる私たち

●自由権（→p.88, 92）　国家権力の不当な介入や干渉を排除し，各人の自由を保障する権利。18世紀的人権ともいわれ，国家権力からの自由を意味する。精神的自由，人身の自由，経済的自由に大別される。

●社会権（→p.88, 97）　すべての国民が「人間たるに値する」生活を営む権利。20世紀的人権ともいわれ，日本国憲法では，生存権，教育を受ける権利，労働基本権として保障されている。

●参政権（→p.88, 99）　国民が政治に参加する権利。日本国憲法は，選挙権・被選挙権，憲法改正に関する国民投票，最高裁判官の国民審査権，地方特別法に関する住民投票権などを規定している。

●請求権（→p.88, 99）　基本的人権を確保するための権利であり，権利や自由の侵害を救済するための権利である。日本国憲法は，請願権，裁判を受ける権利，国家賠償請求権，刑事補償請求権などを規定している。

★新しい人権（→p.88, 102）　日本国憲法に明文の規定はないが，社会の変化にともない，新たに保障されるべきであると考えられるようになった権利。その多くが憲法第13条の幸福追求権を法的根拠としている。新しい人権として主張されたものには，プライバシーの権利，知る権利，環境権，アクセス権，平和的生存権，自己決定権などがある。

★公共の福祉（→p.88, 106）　社会全体の幸福や利益のこと。憲法第12, 13, 22, 29条に規定されており，各人の人権が衝突した場合の調整，あるいは人権の制約のための原理である。しかし，何が公共の福祉かを判断するのは難しく，公共の福祉による人権の制約には十分な配慮が必要とされる。

●目的効果基準（→p.93）　ある公権力の行為が，憲法第20条3項で禁止される「宗教的活動」にあたるのかどうかを判定する際の基準。その行為の目的が宗教的意義をもち，その効果が特定宗教に対する援助・助長・促進または圧迫・干渉になる行為は，憲法第20条が禁止する宗教的活動にあたるとする。

●罪刑法定主義（→p.95）　どのような行為が犯罪となり，その行為に対してどのような刑罰が科せられるかは，あらかじめ成文法によって明確に規定されていなければならないという原則。憲法第31条の法定手続の保障は，罪刑法定主義の規定であるといわれている。

●冤罪（→p.96）　無実の罪を着せられること。冤罪救済の手段に再審制がある。

●再審（→p.96, 116）　刑が確定した後も，判決に合理的な疑いがもたれる証拠が発見された場合，裁判のやり直しをおこなう制度。おもな再審冤罪には免田事件，財田川事件，松山事件，足利事件などがある。

●プログラム規定説（→p.97）　憲法第25条は，国民の健康で文化的な最低限度の生活を確保すべき政治的・道義的義務を国に課したにとどまり，個々の国民に対して具体的権利を賦与したものではないとする見解。

●出入国管理法（→p.100）　日本への出入国のルールを定めた法律。外国人の滞在時の条件など（就労できるかどうかなど），在留資格も定めている。在留資格をもつ外国人には，在留カードの所持が義務づけられる。難民認定の条件も定められているが，日本の認定条件は厳しく，批判も多い。

★環境権（→p.102）　日常生活にかかわる大気，水，日照，静穏などに関して，良好な環境を享受する権利。高度経済成長期の公害や環境破壊をきっかけに主張されるようになった新しい人権で，憲法第13, 25条を法的根拠としている。

★知る権利（→p.102）　憲法第21条の表現の自由を受け手の側から捉えたもので，国民が必要とする情報を自由に入手できる権利。

★情報公開制度（→p.103）　公の情報を公開する制度。1982年以降，地方で次々と情報公開条例が制定され，国が後を追う形となった。1999年には，国の機関がもつ情報を公開するための手続きを定めた，情報公開法が制定された。

●アクセス権（→p.103）　情報の受け手である国民が，情報の送り手であるマス・メディアに対して，自己の意見の発表の場を提供することを要求する権利。

★プライバシーの権利（→p.104）　当初は「私生活をみだりに公開されない権利」と解釈されていたが，最近では「自己に関する情報をコントロールする権利」と捉えられている，新しい人権。憲法第13条を法的根拠とする。

●自己決定権（→p.104）　個人の重要な事項について，公権力から介入・干渉されることなく，みずから決定することができる権利。憲法第13条の幸福追求権を法的根拠とし，広義にはプライバシーの権利に含まれる。

★個人情報保護法（→p.105）　個人情報を「生存する個人に関する情報であって，特定の個人を識別できるもの」と規定し，個人情報の漏えいを防ぎ，個人の権利利益を保護することを目的とする。

●二重の基準（→p.106）　精神的自由を規制する法律の違憲審査にあたっては，経済的自由よりも，厳格な基準によって審査されなければならないとする理論。これは，精神的自由が民主政治の過程にとって不可欠な権利であるため，経済的自由よりも優越的地位を占めるという考え方を根拠とする。

●契約（→p.108, 112）　法的拘束力をもつ両当事者の意思表示の合致のこと。申込みと承諾によって成立し，契約が成立すると権利義務関係が発生する。

★消費者基本法（→p.109）　2004年に施行された法律で，消費者保護基本法（1968年施行）を改正したもの。改正にともなって，法律の目的は，消費者保護から消費者の自立支援に変わった。

●消費者契約法（→p.109）　事業者の不適切な行為（不実告知，断定的判断などや不退去，監禁）によって，消費者の自由な意思決定が妨げられた場合，結んだ契約は取り消すことができることなどが規定されている。

★クーリング・オフ（→p.110）　訪問販売などで，冷静に判断できない状態で契約をしてしまった後，頭を冷やして（Cooling Off），考え直す時間を消費者に与え，一定期間内であれば無条件で契約を解除できる制度。特定商取引法などに規定されている。

●消費者市民社会（→p.111）　消費者が現在だけでなく，将来の地球環境や経済を考慮して消費活動をおこなう社会。また，そのような持続可能な社会を形成するために社会に参画する市民が形成する社会をさす。

●弾劾裁判所（→p.115, 147）　憲法は特別裁判所の設置を禁止しているが，弾劾裁判所は憲法の認めた例外で，国会議員で構成する裁判所を国会内に設け，罷免の訴追を受けた裁判官の裁判をおこなう。罷免の訴追は，国会議員で組織された訴追委員会がおこなう。

●検察審査会（→p.116）　有権者のなかから抽選で選ばれた11名によって構成され，各地方裁判所の管轄地域に1か所以上おかれている。検察官の不起訴の適否について意見を述べ，2度目の「起訴相当」の議決から，法的拘束力をもつ。

★裁判員制度（→p.118, 120）　有権者から無作為に選ばれた国民が，一定の重大な犯罪の刑事裁判において，裁判員として，裁判官とともに有罪・無罪の判断や刑の決定に関与する制度。2009年5月導入。類似の制度として，陪審制と参審制があり，陪審制はアメリカ，イギリスなど，参審制はフランス，ドイツ，イタリアなどでおこなわれている。

●犯罪被害者等基本法（→p.119）　犯罪被害者の権利・利益の保護を図ることを目的として，2004年に制定された法律。国や地方公共団体が講ずべき基本的施策としては，相談および情報の提供，損害賠償の請求についての援助，刑事に関する手続きへの参加の機会を拡充するための制度の整備などが規定されている。

第2編第2章
政治的な主体となる私たち

★公職選挙法（→p.125）　国会議員ならびに地方公共団体の議会議員と首長の選挙について，その選挙権・被選挙権，選挙区の区割り・定数，投票・開票の手続き，選挙運動，争訟および罰則を定めた法律。選挙事務の管理は中央選挙管理会や地方公共団

用語解説

体の選挙管理委員会がおこない，戸別訪問や18歳未満の選挙運動の禁止・選挙ビラの配布制限など，選挙運動を制限している。

★連座制（➡p.125）　秘書や親族など，選挙の候補者と一定の関係をもつ者が買収など選挙違反をした場合，候補者がかかわっていなくても，当選が無効となること。

●拘束名簿式比例代表制（➡p.126）　政党が順位をつけた候補者名簿を提示し，有権者は名簿を届け出た政党に投票する。各政党の得票に基づいて，当選人数が比例分配され，各党の当選人の数に相当する名簿順位までの候補者が当選人となる制度。有権者の選択を認めないので，拘束名簿式といわれ，衆議院の比例代表で用いられている。参議院は，原則，非拘束名簿式比例代表制であり，投票用紙に候補者名と政党名のどちらを書いてもよい。

●特定枠（➡p.127）　参議院比例代表は非拘束名簿式であるが，一部，政党が名簿上位に記載した特定の人物を先に当選させる。

★一票の価値の不平等（議員定数の不均衡）（➡p.128）　議員定数に対する有権者数の割合の格差が選挙区によって著しく，有権者が行使する一票の価値に軽重がある状態をいう。最高裁は，衆議院議員の定数について，1976年と1985年の2回，違憲判決を出したが，選挙そのものは有効とした。また，参議院については，その独自性が認められ，合憲判決が出されている。なお，国会の裁量の範囲であるという「違憲状態」判決は，衆参両院で出ている。

●55年体制（➡p.130, 132）　1955年に左右社会党の再統一と，保守合同で結成された自由民主党の両党の二大政党制のこと。しかし，現実には自民党の一党優位に野党第1党の社会党などの野党勢力が対立する，1.5大政党制ともいわれる状況であった。自民党の長期単独政権が続いたが，1993年の日本新党をはじめとする細川連立政権の成立で，55年体制は崩壊した。

●政治資金規正法（➡p.137）　政党に，政治団体（政党が指定する政治資金団体，公職の候補者が指定する資金管理団体）の届け出を義務づけるとともに，政治資金の収支を公開させ，さらに政治献金を制限することによって，政治活動の透明性と公正性を確保することを目的とする。

●圧力団体（➡p.137）　政府・国会・行政官庁・政党などに政治的圧力をかけて，政策決定に影響を与え，みずからの特殊な利益を追求する団体のこと。

●世論（➡p.138）　世間の多数の意見をいう。しかし，世間の意見といっても，マスメディアによって集約されることが多く，メディアの影響があるといわれる。

●無党派層（➡p.138）　一般に支持する政党をもたない人のことをいうが，その中身は，政治的関心をもつ人々ともたない人々に分類される。政治的関心度が比較的高く，支持する政党がないため，無党派にたつ人々を「新無党派」とよぶこともある。

●委員会制度（➡p.145）　国会議員が委員会に所属し，ある程度の専門性をもって審議するための制度。国家のはたらきが大きくなり，法律案数も増大した上，専門的になったことに対応するため，国会法は，国会審議において，本会議の前に委員会で審査をおこなうことを定めている。これは，アメリカの制度を取り入れたものである。

●証人喚問（➡p.147）　憲法は国会の国政調査権（第62条）を定めているが，両議院はこの調査のために証人を喚問することができる。また，委員会も，証人をよぶことができる。証人は，参考人と異なり，出席を強制され，偽証した場合は罰せられる。

●行政委員会（➡p.149）　政治的中立性や，専門性が求められるため，内閣から独立して職務をおこなう行政機関。国レベルでは人事院や公正取引委員会，地方レベルでは教育委員会や選挙管理委員会などがある。

●委任立法（➡p.151）　行政機関が，法律に委任された範囲内で，政令，規則などを制定すること。行政府の仕事の増大にともない，委任立法も増大している。

●行政指導（➡p.152）　行政機関が，行政目的を達成するため，公的な強制力によらずに，助言・指導・勧告などの形で，特定の個人，団体にはたらきかける日本独特の行政方法。許認可のように法的なものではないが，強い拘束力をもつといわれる。

●特殊法人（➡p.152）　行政機関ではないが，行政の強い影響下にあり，国の公共目的を実現するために活動する機関。戦後，公社，公団，事業団などが設置された。しかし，所轄官庁の監督を受けるという立場から，官僚の天下り機関となるものや，公費で民間企業を圧迫するとともに，市場原理を無視した非効率的な経営で赤字経営に陥るものもある。

★独立行政法人（➡p.152）　1999年の行政改革関連法の1つ「独立行政法人通則法」に基づき，行政機関の一部の組織を独立させ，独自に管理運営させるもの。中央省庁の事務のうち，国立病院や大学，自動車検査，試験研究機関など，実施部門を切り離した方が効率的に運営できるものを独立した法人に委ね，行政組織のスリム化をはかる。

★条例（➡p.155）　憲法が規定する地方公共団体の自治立法権に基づいて，法律の範囲内で地方公共団体が制定する法規のこと。条例には，2年以下の懲役・禁錮，10万円以下の罰金，科料，没収の刑罰を科す規定を設けることができる。

★自治事務（➡p.155）　都市計画の決定や飲食店営業の許可，病院・薬局の開設許可など，法律の範囲内なら地方公共団体の判断で仕事ができるもの。

●法定受託事務（➡p.155）　国が，本来果たすべき役割であるが，国民の利便性または事務処理の効率性の観点から，都道府県または市町村が処理するものとして法律や政令に定められたもの。

●自主財源（➡p.156）　住民税や固定資産税など，地方税により地方公共団体が自主的に徴税した財源のこと。

●依存財源（➡p.156）　都道府県が国から，市町村が国と都道府県から交付される財源。地方交付税，国庫支出金，地方譲与税のほか，都道府県の場合は総務大臣，市町村の場合は都道府県知事の同意のもとで発行する地方債が相当する。地方公共団体の歳入における依存財源の割合が高まると，地方の自主性が小さくなり，国などによる地方への影響力が大きくなるという欠点がある。

●一般財源（➡p.156）　地方公共団体が，自治活動のために自由に使途を決められる財源のことであり，地方税，地方譲与税，地方交付税交付金などがこれにあたる。

●特定財源（➡p.156）　地方公共団体の歳入のうち，使途が特定されているものをさす。国庫支出金や地方債などがあたる。

●ウェストファリア条約（➡p.160）　1648年，宗教戦争である三十年戦争を終結させた条約。これまでのキリスト教の精神的権威を統一原理とする支配に代わって，主権国家による現世的利益の考え方に支えられたヨーロッパ国際秩序が成立した。

●国際法（➡p.161）　国家間の合意に基づいて，国家間の関係を規定する法と定義される。しかし，今日では，国家間の関係以外に，国際組織間または国家と国際組織との関係の規律をも含むとも理解されている。したがって，「国際社会の法」といえる。国家間で締結される条約と，一定期間にわたって反復される行為の結果，「義務的」なものと認められるようになった国際慣習法とがある。

★国際司法裁判所（ICJ）（➡p.161）　国連憲章に基づき，1945年にオランダのハーグに設置された国連の主要機関の1つ。国連総会および安全保障理事会で選挙された15名の裁判官で構成される。当事者となれるのは国家のみで，当事国が付託した場合に裁判をおこなうことができる。また，総会や安保理が要請する問題について勧告的意見を与える。

★国際刑事裁判所（ICC）（➡p.162）　1998年，ICC設立条約（ローマ条約）に基づき，集団殺害（ジェノサイド）犯罪・人道上の犯罪・戦争犯罪・侵略犯罪を犯した個人を裁く目的で，オランダのハーグに設置された常設国際裁判所。18名の裁判官で構成され，該当犯罪がおこなわれた場合，管轄権を行使する。個人を訴追する点において国際司法裁判所と異なり，地域的・時期的に制限を受けない点で戦争犯罪法廷とも異なる。米中ロが未加盟。

★国際連合（➡p.168）　第二次世界大戦の勃発を防止できなかった国際連盟の反省に立ち，「国際平和と安全を維持し，社会経済発展のため協力する」との連合国の合意がなされた。そして，1945年6月，サンフランシスコ会議で，平和と安全を維持する機構として国際連合の設立が決定された。同年10月，国連憲章が発効し，国際連合が設

立した（原加盟国51か国）。

★**ＮＧＯ（非政府組織）**（➡p.168，175，194） 一般的には国際協力をおこなう市民組織をさす。対象地域に密着した草の根援助が特色で，大型プロジェクト中心のＯＤＡ（政府開発援助）の欠点を補うものとして重要な役割を果たしている。開発問題・人権問題・環境問題などの解決に取り組む。

★**ＮＰＯ（非営利組織）**（➡p.168） 広義では非営利団体，狭義では非営利で慈善活動や社会貢献をおこなう市民団体。ＮＰＯ法（特定非営利活動促進法）によって，一定の要件を満たす非営利団体がＮＰＯ法人として法人格を取得できるようになった。

●**拒否権**（➡p.172） 国連安保理において，5常任理事国が1か国でも反対すれば，議案が否決される制度。安保理の表決に関し，5常任理事国と10非常任理事国は，各国それぞれ1票ずつの投票権をもつ。手続事項（非重要事項）については9理事国の賛成で，実質事項（重要事項）については常任理事国すべての同意票を含む9理事国の賛成で決定される。

●**国連軍**（➡p.173） 国連憲章の定める集団安全保障制度の下で，侵略の防止・鎮圧など軍事的強制措置のために使用される国際的常備軍隊。これを組織するには，安全保障理事会と国連加盟国との間で，あらかじめ特別協定が締結される必要がある。また，常任理事国の代表者で構成される軍事参謀委員会の指揮にのみ従う。1950年の朝鮮戦争時の「国連軍」は変則的で，実際は現在まで一度も結成されていない。

★**ＰＫＦ（国連平和維持軍）**（➡p.173） ＰＫＯ（国連平和維持活動）の一形態で，紛争当事国の間に入って停戦させたり，その国の治安回復に努めたりする。武器の使用は自衛の場合のみに限られ，軽武装が認められる。国連事務総長が任命した単一指揮官が全部隊を統制し，国連が派遣費用を負担する。

★**人間の安全保障**（➡p.176） インド出身の経済学者センの影響を受け，ＵＮＤＰ（国連開発計画）が，1994年の『人間開発報告』で提起した考え方。外国からの軍事的脅威に対して，国家や国民を守るという伝統的な概念だけでなく，人間の安全にかかわる諸課題（内戦，テロ，飢餓，貧困など）に対処しようとする政策概念である。

●**集団的自衛権**（➡p.180，182） 同盟国への武力攻撃を自国への攻撃とみなして，自国が攻撃を受けていなくても実力で阻止することができる「集団で防衛する」権利。国連憲章第51条に個別的自衛権と並んで，加盟国の固有の権利として掲げられている。ＮＡＴＯや日米安全保障条約などは，集団的自衛権を法的根拠として同盟を形成している。日本は，集団的自衛権の行使は認められないとする立場をとってきたが，2014年の安倍内閣による閣議決定で集団的自衛権の限定的な行使は可能であるとした。

●**統治行為論**（➡p.181） 政府・国会の行

為のうち，法的判断が可能であっても，その高度の政治性のため，「一見極めて明白に違憲無効」とされない限り，司法審査の対象とされない行為。外交関係，政府内部の関係，政府と国会の相互関係などが統治行為とされる。

●**非核三原則**（➡p.183） 1967年に佐藤栄作首相が，「核兵器をもたず，つくらず，もちこませず」という政府の基本方針を表明，1971年に国会で国是として決議した。

●**日米地位協定**（➡p.184） 日米安全保障条約に基づき，在日米軍の基地使用条件や日本における米軍の地位について定めた協定。米軍の施設外で米軍人が犯罪を起こした場合，原則的に容疑者の身柄の受け渡しは起訴後となり，日本が捜査権を行使できない。このように，沖縄での米兵の犯罪をめぐっては，日米地位協定に基づく米軍との裁判管轄などが問題となり，不平等性が指摘されている。

●**核抑止論**（➡p.189） つねに相手と同等，もしくはそれ以上の核軍事力をもつことによって，相手が攻撃してくれば，ただちにそれに報復攻撃をおこない，相手にかなりのダメージを与えることができるということを認識させ，そのことで攻撃を思いとどまらせるという理論。

★**ＣＴＢＴ（包括的核実験禁止条約）**（➡p.191） 宇宙空間・大気圏内・水中・地下を含む，あらゆる空間での爆発をともなうすべての核実験を禁止した条約。1996年9月の国連総会で採択。ＰＴＢＴで禁止されていなかった地下核実験も禁止対象とした。しかし，発効要件国44か国すべての批准が必要であるが，インド，パキスタン，北朝鮮などが批准しておらず，未発効。

★**ＩＡＥＡ（国際原子力機関）**（➡p.191） アイゼンハワーの「平和のための原子力」という考えに基づき，原子力の平和利用促進と健康に貢献する目的で，1957年に設立。原子力の平和利用および原子力の軍事目的への転用防止と，原発事故の原因究明・事故再発防止などの任務にあたる。ＮＰＴは，非核兵器国に現地査察を含む保障措置を受けることを義務づけている。

●**冷戦（Cold War）**（➡p.198） 米ソの大国を頂点とする世界規模の二極対立を示すことば。資本主義と社会主義というイデオロギーを異にする米ソ両国が，それぞれのイデオロギーと政治・経済システムの優越を競い，激しく軍事的に対立するとともに，同盟国を引き込み自陣営の拡大に努めた。そして，両者は実際の交戦（熱戦）はしないが，にらみあうといった状態であったため，冷戦といわれた。

●**非同盟諸国首脳会議**（➡p.200） 1961年，ユーゴのチトー，エジプトのナセル，インドネシアのスカルノらのよびかけにより，ユーゴの首都ベオグラードに東西両陣営に属さない28か国の首脳が集まって，第1回非同盟諸国首脳会議が開かれた。平和共存と反植民地主義で協調し，緊張緩和をめざ

す宣言が採択された。しかし，冷戦終結後，非同盟の意義が薄らいできている。

●**イスラーム国（ＩＳ）**（➡p.203） イラク戦争の駐留米軍への抵抗組織として誕生したイスラーム（イスラム教）・スンナ派の過激派武装集団である。シリア内戦に介入して急速に勢力を拡大し，2014年には「国家」樹立を宣言した。イラク，シリア両国でのテロ活動から，近年，世界各地にテロを拡散させる傾向がみられる。

●**アラブの春**（➡p.204） 2010〜11年に中東・北アフリカにおいて発生した大規模な民主化運動の総称。1968年，チェコスロバキアで起きた民主化改革「プラハの春」になぞらえたよび方。2010年のチュニジアでのジャスミン革命に端を発し，北アフリカ諸国に影響が波及し，チュニジア，エジプト，リビアでは長期独裁政権が崩壊した。

●**ＵＮＨＣＲ（国連難民高等弁務官事務所）**（➡p.211） おもな任務は，難民の地位に関する条約にそって，対象となる難民に国際的保護を与え，難民の安全かつ自発的帰還の援助をすることである。1950年の国連総会で設立，翌年から活動開始。

●**パレスチナ難民**（➡p.213） 第1次中東戦争（1948年）の結果，イスラエルによって居住地を追われ，70〜100万人のパレスチナ人が難民となって，周辺のアラブ諸国に逃れた。また，第3次中東戦争（六日戦争，1967年）でも，100〜200万人の新たな難民が発生した。イスラエルに奪われた土地と権利を回復するために，1964年，ＰＬＯ（パレスチナ解放機構）が組織され，1969〜2004年までアラファトが議長を務めた。

第2編第3章
経済的な主体となる私たち

●**希少性**（➡p.216，219） 欲望に対して，利用されるには限りがある状態のこと。空気や海水などは私たちの欲望を満たすには十分に存在するため，希少性がないといえる。一方，金やダイヤモンドなどは，皆が欲しがるが採掘量に限りがあるため，希少性が高いといえる。

●**トレード・オフ**（➡p.216，219） 一方を追求しようとすると他方が犠牲になってしまうような両立しえない関係のこと。たとえば，余暇を過ごそうと思えば，賃金を得ることをあきらめなければならない，失業率を低下させようとすれば物価の上昇を招いてしまうといった状況のこと。

●**機会費用**（➡p.216，219） ある複数の選択を迫られた場合に，選択しなかったものから得られたであろう収入や満足度のうち，最大のものをさす。たとえば，余暇を1時間楽しむ場合には，1時間労働することによって得られた賃金が機会費用となる。

●**労働基本権**（➡p.220） 勤労権と労働三権（団結権，団体交渉権，団体行動権）をあわせたもので，労働者の最も基本的な権利。憲法第27条で勤労権，第28条で労働三権の保障を明記している。労働基本権を具体的に保障するために，労働三法やそのほかの

労働関係法が定められた。

●**不当労働行為**（➡p.222）　使用者が，労働組合の活動に対しておこなう不当な妨害行為や干渉のこと。労働組合法には，不当労働行為にあたる行為として，黄犬契約（組合に入らないことや脱退することを条件にして，労働者を雇用すること）や団体交渉の拒否，組合への経費援助などが規定されている。

●**労働契約**（➡p.223）　労働者が使用者から賃金や給料などの対価をもらうことを条件に，使用者に労働の提供を約束する契約のこと。一般的に労働者は使用者よりも不利な立場におかれることが多いため，労働基準法などにより労働条件の最低基準が定められている。2007年には労働契約に関する基本的な事項を定めた労働契約法が制定された。解雇ルールについても労働契約法に明文の規定が定められた。

★**パートタイム・有期雇用労働法**（➡p.224）　正規労働者と比較して，待遇が低くなりがちなパートタイム・有期雇用労働者の適正な労働条件の確保や教育訓練の実施，福利厚生の充実などを規定している。2020年の改正では，正規労働者との不合理な待遇差を禁止し，同一労働同一賃金を求める規定も導入された。

●**ワーク・ライフ・バランス**（➡p.225）　仕事と生活の調和をめざすこと。具体的には，就労による経済的自立が可能になり，健康で豊かな生活のための時間が確保でき，多様な働き方・生き方が選択できることが求められている。

●**働き方改革関連法**（➡p.226）　長時間労働の是正や多様で柔軟な働き方を選択できる社会の実現などを目的に改正された8つの改正法の総称のこと。残業の上限規制や有給休暇取得の義務化などが実現された。ただし，柔軟な働き方の選択を可能とするとして導入された高度プロフェッショナル制度の創設などは，長時間労働につながるおそれも指摘されている。

★**男女雇用機会均等法**（➡p.227）　雇用における男女の機会均等と待遇の平等をはかるための法律。女子差別撤廃条約を批准するための国内法整備の一環として，1985年に制定された。募集・採用，配置・昇進，定年・解雇などにおける男女差別を禁止している。現在では，間接差別の禁止，妊娠・出産などを理由とする退職強要や配置転換の禁止，男女労働者に対するセクハラ防止対策の義務化なども規定されている。

●**労働審判制度**（➡p.228）　解雇や賃金の不払いなど，個々の労働者と使用者との間に発生した紛争について，原則として3回以内の期日で迅速な解決をはかる制度。労働審判に対する異議申し立てがあれば，訴訟に移行する。

●**プラザ合意**（➡p.235）　1985年にニューヨークプラザホテルにおいて，日米英独仏（G5）の財務担当大臣と中央銀行総裁が集まり，ドル高の是正にむけてなされた合

意のこと。

●**バブル経済**（➡p.231，235）　株式や土地などの資産価格が実体経済以上に長期間上昇する状態のこと。日本では1980年代後半から1990年代前半に発生した。地価の上昇は都心だけでなく，リゾート開発による需要などによって地方へと波及的に拡大した。

●**貸し渋り**（➡p.236）　銀行が自己の経営の安定化を優先して，企業に対しての融資を控えること。特に，バブル経済崩壊後の不況下で見られた。融資をほとんど強制的に回収する「貸しはがし」と並んで用いられることが多い。

★**産業構造の高度化**（➡p.238）　経済が発展するに従って，産業の中心が，農業などの第1次産業から，工業などの第2次産業へ，次いで商業やサービス業などの第3次産業に移っていくこと。これを発見・紹介したイギリスの経済学者の名をとり，ペティ・クラークの法則ともよばれる。

●**経済のサービス化・ソフト化**（➡p.238）　産業のなかで第3次産業の生産額や就業者の割合が増加し，他の産業においても知識や情報などの目に見えないものの重要性が高まること。製造業などの産業においても，企画や研究開発といったソフト部門が重視される。

●**技術革新（イノベーション）**（➡p.238）　これまでにない新たな技術や生産方法を考案し導入すること。シュンペーター（1883〜1950）は，技術革新（イノベーション）こそが経済発展の原動力であるとした。

●**ビッグデータ**（➡p.239）　従来のデータベース管理システムなどでは記録や保管，管理が難しいような巨大なデータ群のこと。今までは管理しきれないため見過ごされてきたこのようなデータ群を記録・保管して解析することで，ビジネスや社会に有用な知見を得たり，これまでにないような新たなしくみやシステムを産み出したりする可能性があるとされている。

●**所有と経営の分離**（➡p.242）　会社の経営が，資本の所有者（株主など）ではなく，専門の経営者（取締役など）によっておこなわれること。現在の多くの個人株主は，配当や株価の値上がり益による利益獲得がおもな関心であり，経営参加を目的としない。そのため，所有者と経営者の分離が進展した。「資本と経営の分離」ともいう。

●**コーポレート・ガバナンス（企業統治）**（➡p.245）　企業が利害関係者（ステークホルダー）の利益に反する行動をとらないように，株主などが経営を監視すること。具体的な手段には，社外取締役制度の導入や情報公開（ディスクロージャー）体制の確立などがある。

★**企業の社会的責任（CSR）**（➡p.245）　企業は，環境保護や地域活動に対しても社会的責任を果たすべきであるという考え方。現代では，企業は利潤を追求する経営を進めるだけでなく，社会的責任を果たす経営を進めることも求められている。

●**中小企業基本法**（➡p.246）　大企業と中小企業の格差是正を目的に1963年に制定。この法律に基づいて，中小企業の保護・振興をはかってきたが，1999年，中小企業の自助努力を支援する内容に改正された。

●**ベンチャー企業**（➡p.247）　独創的な技術や高度な知識を背景に，新たな市場を開拓し，成長する冒険的な経営を展開している中小企業のこと。

●**食料・農業・農村基本法**（➡p.251）　1999年，農業基本法（1961年制定）に代わって制定された農業政策の基本法。食料の安定供給の確保，多面的機能の適切かつ十分な発揮，農業の持続的な発展，農村の振興などを規定する。多面的機能とは，国土の保全，水源の涵養，自然環境の保全，良好な景観の形成，農村文化の伝承など，農業生産のもつ食料生産以外の機能のことである。

●**食糧管理法**（➡p.251）　コメや麦などの配給を実施するために，1942年に制定された。戦後も，食糧供給安定のために，コメや麦の政府による全量買い入れを実施してきた。高度経済成長期以後，日本人の食生活の変化やコメの増産によってコメ余りが生じ，食糧管理特別会計に多額の赤字が発生した。1995年に食糧法に改められ，コメの流通は原則自由化された。なお，現在も小麦については政府が全量を管理している。

●**恐慌**（➡p.255）　不景気の程度のはなはだしいもの。恐慌によって，企業倒産が増加し，大量の失業者が生まれ，価格は急激に下落し，デフレ状態となる。マルクスは過剰生産を恐慌の原因としたが，ケインズは有効需要の不足に恐慌の原因を求めた。

●**自由放任政策（レッセ・フェール）**（➡p.255）　政府は，民間企業の活動に介入すべきではないとするアダム＝スミスの主張。スミスは，国家権力と結びついたそれまでの重商主義政策を批判し，個人の「利己心」に委ねておけば，「見えざる手」がはたらき，予定調和が保たれるとした。こうした考え方は，のちに「夜警国家」とよばれた。

●**修正資本主義**（➡p.256）　20世紀になると，資本主義が生み出した弊害（恐慌・失業，貧富の差の拡大など）に対し，国家が積極的に介入するようになった。このため，それまでの民間部門中心の資本主義は変質し，民間部門とともに公共部門が併存する新しい資本主義体制が生まれた。これを修正資本主義とよぶ。また，私的経済部門と公的経済部門が混在することから混合経済ともいわれる。

★**小さな政府**（➡p.256）　政府の役割は，小さくあるべきだとする考え方。19世紀までの支配的考え方で，経済活動は基本的には市場機構に委ねておけばよく，政府の活動は道路・国防・警察など最低限のことに限定すべきであるとされる。

★**大きな政府**（➡p.256）　政府の役割は，大きくあるべきだとする考え方。政府が経済活動に積極的に介入することで，恐慌や失業が発生しないようにし，福祉国家をめ

ざす。大恐慌以降, 特に第二次世界大戦後, 多くの支持を集めるようになった。しかし, 政府の財政赤字などから, 大きな政府に対する批判が強まっている。

●価格の自動調節機能（➡p.259） 需要量より供給量が多いと「売れ残り」が生じ, 価格は下がる。反対に, 供給量より需要量が多いと「品不足」となり, 価格は上がる。このように, 需要量と供給量に応じて, 価格が上がったり, 下がったりすることにより, 最終的に需要と供給は一致する。価格のこうしたはたらきを, 価格の自動調節機能という。

●管理価格（➡p.262） 価格が, 市場機構によってではなく, 企業の独占力によって, 人為的に設定される価格をいう。一般的には, 業界トップの企業がプライス・リーダーとなり, 価格を決定し, ほかの企業がその価格に追随して価格を形成する。

●価格の下方硬直性（➡p.263） 価格が一度設定されると, その水準以下に下がりにくい性質をいう。一般的に, 寡占市場においては, 大企業がプライス・リーダーとなって市場機構が機能しにくくなり, 生産費が下がっても, 価格が下がりにくい状態が見られる。

●公共財（➡p.264） 国防, 灯台の光, 無料で使える公園などのこと。民間企業が提供しないため, 政府が供給するべきだとされている。公共財は, 企業が提供する私的財とは異なり, 使用料などの対価を支払わずとも利用できる。このような性質を非排除性という。また, 公共財は, 同時に多数の人々が利用できる非競合性をもつ。たとえば, 灯台の光は料金を支払わずとも利用できる。また, 同時に多数の人が利用できる。このような2つの性質をあわせもつ公共財を純粋公共財という。

●外部経済（➡p.264） 「近くに駅ができたために, 住民の生活が便利になった」という例に見られるように, ある経済主体の行為が, 取り引きとは関係のない第三者にプラスの影響を与える場合, これを外部経済という。

●外部不経済（➡p.264） 公害や環境破壊などのように, ほかの経済主体にマイナスの影響を与えるものをいう。こうした問題は, 市場機構では解決できないため, 法規制など政府の役割が重要になる。

★汚染者負担の原則（ＰＰＰ）（➡p.266） 1972年にＯＥＣＤ（経済協力開発機構）の環境委員会が定めた原則で, 公害を発生させた企業が公害防止のための費用を負担すべきだとする。日本もこの原則を採用。

●無過失責任（➡p.266） 過失や故意がなくても, 損害を与えた場合は, 加害者に賠償責任があるという考え方。民法では, 加害者に故意や過失があった場合, 賠償責任が生じるとされるが, 大気汚染防止法や水質汚濁防止法などで, その考え方を転換させ, 無過失責任を規定した。

●ストックとフロー（➡p.268） ストックがある時点での資産であるのに対して, フローは一定期間内の財貨の流れをいう。ストックの例としては, 国債発行残高, 国富などがある。また, フローの例としては, 企業の売り上げ, 国民所得があげられる。

★国富（➡p.268） 国全体の正味資産の合計額で, 土地, 住宅, 工場や機械設備, 道路, 港湾, 森林, 資源などをさす。ただし, 金融機関への預金や株式は, 国富には含まれない。国富は, 代表的なストックの概念である。

●固定資本減耗（➡p.269） 減価償却費のこと。工場や機械の使用による価値の減少分をいう。

●三面等価の原則（➡p.269） 狭義の国民所得（ＮＩ）では, 生産・分配・支出のどの側面から見ても, 金額が等しくなるという原則。生産国民所得からはその国の産業構造が, 分配国民所得からはその国の労働分配率が, また, 支出国民所得からはその国の消費・投資の割合がわかる。

★インフレ（インフレーション）（➡p.271） 物価が継続的に上昇し, 貨幣価値が次第に減少していく状態。物価上昇のスピードによってクリーピング・インフレ, ギャロッピング・インフレ, ハイパー・インフレに分類される。原因としては, 需要が供給を上回るディマンド・プル型と生産コストの上昇によるコスト・プッシュ型がある。

★デフレ（デフレーション）（➡p.271） 物価が継続的に下落する現象。インフレの反対。一般的には, 有効需要が不足し, 不況にともなって起きることが多い。

★マネーストック（➡p.274） 市中に出回っている通貨の量。現金通貨と預金通貨（M₁）に, 定期性預金とＣＤ（譲渡性預金）を加えた額（M₃）である。

●マネタリーベース（➡p.274） 現金通貨（紙幣・硬貨）と市中銀行が中央銀行に預けている当座預金残高の合計。中央銀行が直接コントロールできるもので, ハイパワードマネーともよばれる。日本では, 「異次元の金融緩和」によって急増した。

●公開市場操作（➡p.275） 中央銀行が国債などの債券を公開市場で売買することによってマネーストックを調節する金融政策。不況期には買いオペレーション, 景気過熱期には売りオペレーションを実施する。金融自由化後は, 金融政策の中心となった。

●コールレート（➡p.275, 277） 銀行間の資金貸借における金利。市中銀行は, 日本銀行に預金口座をもち, 銀行間の資金移動に用いているが, 資金が不足したときには, 資金の余裕がある銀行から資金を調達する。この銀行間の金融市場をコール市場といい, そこでの金利がコールレートである。最も用いられているのが, 無担保コール翌日物（無担保で融資し, 翌日には返済を受ける）であり, その金利は中央銀行が公開市場操作によって調整する政策金利となっている。

●ゼロ金利政策（➡p.277） 銀行同士がお金を貸し借りするコール市場に, 日本銀行が大量の資金を供給し, コール市場の金利（コールレート）をほぼゼロに近づける金融政策。銀行は, 手数料を除けば金利なしで資金が調達できるため, 企業への融資がしやすくなり, 景気が刺激される。日銀は1999年にゼロ金利政策を導入し, 2000年に解除したが, 同年末からは量的緩和政策をはじめ, 2006年までゼロ金利が続いた。リーマン・ショック後は, 先進各国でゼロ金利政策がとられ, 日本でも2010年に実質上のゼロ金利を復活させた。

●量的緩和政策（➡p.277） 日銀当座預金（民間金融機関が日本銀行に預けている当座預金）の残高を, 買いオペなどにより増額し, 金融機関が潤沢な資金をもつことで景気刺激をはかる政策。2001年からとられ, 2006年, デフレが払拭されたとして解除された。

●フィスカル・ポリシー（➡p.280） 景気の状況に応じて, 国会や内閣が政策を決定しておこなう裁量的な財政政策。景気の過熱時には増税や公共事業の縮小によって有効需要の抑制を図り, 景気後退期には減税や公共事業の拡大によって有効需要の拡大をはかる。

●ビルトイン・スタビライザー（➡p.280） 財政の機能に組み込まれている景気の自動調節機能。所得が増加する好況期は, 累進課税制度によって, より高率の所得税が課せられ, 消費の過熱が抑制される。また, 所得の減少する景気後退期は, 所得税率が低下したり, 失業者に失業保険が給付されたりすることで, 収入の減少が抑制され, 一定の消費が維持される。こうしたメカニズムによって景気の変動が緩和される。

●財政の硬直化（➡p.281, 285） 国債の増発にともなって, その利払いや元本返済のための経費が国の予算の大きな割合を占めるようになることで, 弾力的な財政活動ができなくなる現象のこと。

●財政投融資（➡p.282） 社会資本整備のために, 特殊法人や地方公共団体に対して国がおこなう投融資で「第二の予算」とよばれる。2000年までは, 原資として郵便貯金や年金積立金があてられてきたが, 財投改革により, 財投機関債や財投債を発行して資金を調達するようになった。

★累進課税（➡p.283） 所得税などの課税において, 所得が増えるにしたがって, 高い税率を課すしくみ。日本では, 1983年に最高税率が75％となったが, 徐々に引き下げられ, 一時40％となった。その後, 再び最高税率は引き上げられ, 2015年より45％となっている。

●市中消化の原則（➡p.285） 国債を発行する際に, 日本銀行に引き受けさせることを禁止し, 金融市場を通じて資金を調達しなければならないという原則。戦後のインフレは, 国債の日銀引き受けによって, 通貨供給量が急増したため生じた。その反省にたって, 財政法第5条に定められた。

●プライマリー・バランス（➡p.285） 基

礎的財政収支。公債費を除いた歳出と公債発行額を除いた歳入のバランス。赤字であれば，公共投資や社会保障などの経常支出を税収で賄うことができていないということを意味し，公債発行残高が増加することになる。日本は，2025年度までにプライマリー・バランスを黒字化する目標を立てているが，実現は厳しい。

●社会保障制度（➡p.289）病気・老齢・貧困などの生活不安に対して，国が国民に最低限度の生活を保障するための制度。日本では，社会保険，公的扶助，社会福祉，保健医療・公衆衛生の4つで構成されている。

●自助・共助・公助（➡p.289）自助とは自分の生活や健康は自分で維持すること，共助とは生活上のリスクに対して共同して備えること，公助とは自助・共助では対応できない困窮状況に対して必要な生活保障をおこなうこと。これらを適切に組みあわせて社会保障制度は形成されている。

●国民皆保険・国民皆年金（➡p.289）国民皆保険とは，すべての国民が健康保険制度に加入すること。国民皆年金とは，すべての国民が公的年金制度に加入すること。日本では，いずれも1961年に実現した。

★公的年金制度（➡p.290）国が運営する年金制度。保険料を支払うことにより，老齢・障害・死亡などの場合に，年金や一時金を受けとることができる。現在の公的年金は2階建ての構造になっている。1階部分は全国民が加入する国民年金（基礎年金），2階部分は会社員や公務員などが上乗せして加入する厚生年金となっている。

★介護保険（➡p.293）介護を必要とする人に対し，在宅または施設で介護サービスを提供する保険制度で社会保険の1つである。日本では2000年から制度が開始された。保険料は40歳以上の全国民が支払い，サービスの対象者は65歳以上か40〜64歳で老化が原因の病気で介護が必要となった人である。

●比較生産費説（➡p.299）経済学者リカードが提唱した自由貿易を基礎づける考え方。2国間で，それぞれの国が相対的に低い生産費で生産できる財（比較優位をもつ財）の生産に特化し，ほかの財を相手国から輸入することで，それぞれより多くの財を消費でき，相互に国際分業の利益を得ることができるとする。

★GATT（関税および貿易に関する一般協定）（➡p.300）1930年代の世界恐慌と，それにともなう保護貿易主義が第二次世界大戦の一因となったとの反省をふまえ，戦後，自由貿易を促進するために結ばれた協定。自由・無差別・多角交渉を原則とする。GATTは，1995年にWTO（世界貿易機関）に引き継がれた。

★WTO（世界貿易機関）（➡p.300）ウルグアイ・ラウンドでの合意によって，1995年にGATTを発展・解消させて成立した。GATTが協定に留まったのに対し，WTOは機関である点に根本的な違いがある。

協議対象を物品貿易だけでなく，知的財産権やサービス貿易も含め，さらに紛争処理能力を強化した点に特色がある。

★ブレトンウッズ体制（➡p.304）各国の為替相場切り下げ競争が，第二次世界大戦の遠因になったとの反省から，戦後，IMF（国際通貨基金）と世界銀行がつくられた。この2つを柱とする戦後の国際経済体制をブレトンウッズ体制という。各国は固定相場制をとったが，1971年のアメリカの金・ドル交換停止により，ブレトンウッズ体制は崩壊した。

★IMF（国際通貨基金）（➡p.304）1944年のブレトンウッズ協定によって，為替相場の安定をはかることなどを目的に創設された。世界銀行とともに，ブレトンウッズ体制の根幹をなす。変動相場制に移行した現在，IMFは経常収支の短期的な赤字を是正するための支援融資や，発展途上国への融資に取り組んでいる。

★国際復興開発銀行（IBRD，世界銀行）（➡p.304）1944年のブレトンウッズ協定によって設立が決まり，1946年に業務を開始した。第二次世界大戦によって荒廃した国に復興資金を援助するために設立されたが，戦後復興を果たした現在では，おもに発展途上国を対象に融資をおこなっている。

●リーマン・ショック（➡p.309）アメリカの投資銀行大手リーマン・ブラザーズが，2008年に経営破綻したことをきっかけに生じた金融危機。アメリカの住宅バブル崩壊によって，莫大なサブプライム・ローン関連の損失が発生したことが原因であるが，世界中の金融機関が互いに疑心暗鬼に陥り，金融機関同士の資金融通がストップしたことで混乱に拍車がかかり，世界的な金融危機に発展した。

●改革開放政策（➡p.310）1978年，鄧小平によって決定された，市場主義の導入と外資導入をおもな内容とする経済政策。具体的には，人民公社の解体，生産請負制の導入，郷鎮企業の育成，経済特区の設置などの政策が実施された。その後も市場経済化が進められ，中国は2001年にWTOに加盟を果たし，「世界の工場」へと躍進した。

★産業の空洞化（➡p.311）円高や貿易摩擦などのために，輸出産業の海外での現地生産が進んだ結果，それに対応して，国内における生産や雇用が減少すること。背景には，国内労働者の賃金が相対的に高いのに対して，海外，特にアジア地域の労働者の賃金が相対的に低いという事情がある。また，最近は，日本の国際的に見ても高い法人税やさまざまな規制の存在も原因になっているともいわれている。

●地域的経済統合（➡p.312）複数の加盟国が，関税や貿易障壁の撤廃などにより，市場を統合すること。①加盟国間の関税や数量制限の撤廃，②域外国への統一的な関税を設ける関税同盟，③労働力や資本の移動まで自由化した共同市場，④共通の経済・通貨政策の実施までふみこんだ経済同盟，

⑤政治的統合も達成した「完全な経済統合」の段階がある。

★FTA（自由貿易協定）（➡p.312，317，318）2か国間での貿易において，関税や貿易障壁の撤廃を定める協定。多国間交渉が停滞するなかで，1990年代以降増加している。

★EPA（経済連携協定）（➡p.312，317，318）FTA（自由貿易協定）に加え，労働力の移動や投資の自由化，技術協力などを含めた協定。貿易以外の内容も含めた幅広い内容の協定であることを示すために，日本はEPAの呼称を用いている。

●南北問題（➡p.321）1959年，イギリスのフランクス卿が「富める北の国々と貧しい南の国々との格差を放置すれば，いずれ世界経済は深刻な南北対立に巻き込まれる」と指摘したことが，南北問題の最初とされる。

●南南問題（➡p.321）1973年の石油危機以後，発展途上国において，産油国などの資源をもつ国と資源をもたない国との経済格差が拡大し，新たな課題となった。

●資源ナショナリズム（➡p.321）自国の天然資源の所有・開発・利用について，恒久権が存在するという考え方。発展途上国は，長年，先進国の多国籍企業などに自国の資源の生産や販売の権利を支配されてきた。しかし，1962年の国連総会で「天然資源の恒久主権」が発展途上国にあることが確認され，資源を自国の利益のために利用しようとする動きが強まった。資源国の組織として，OPEC（石油輸出国機構）などが結成された。

●ODA（政府開発援助）（➡p.323）発展途上国の経済や社会の発展，国民の福祉向上，民生の安定に協力するためにおこなわれる政府ベースの経済協力のことで，①政府ないし政府の実施機構によって供与されること，②発展途上国の経済開発や福祉の向上を目的とすること，③資金協力については，供与条件が発展途上国にとって負担とならないこと，といった要件を満たすものをさす。

●パリ協定（➡p.328，331）2015年に合意された地球温暖化対策の新しい枠組み。中国とインドをはじめ，世界196か国・地域が参加する。産業革命からの気温上昇を1.5℃に抑えるため（2021年合意），削減計画の作成と報告，5年ごとの見直しを義務化したほか，発展途上国に対する先進国の資金援助を義務化した。

●G20サミット（➡p.340）正式には「金融世界経済に関する首脳会合」。G8に新興国やEUを交えた首脳会合。2008年のリーマン・ショック後の金融危機に対応するために開催され，2009年より，国際経済協力の第一の協議体として毎年開催されることになった。BRICSなどの新興国の台頭により，それまでのG8参加国だけでは国際的な課題に対応できなくなっていることが背景としてあげられる。

用語解説

日本国憲法

・**公布** 1946(昭和21)年11月3日 ・**施行** 1947(昭和22)年5月3日

朕は，日本国民の総意に基いて，新日本建設の礎が，定まるに至つたことを，深くよろこび，枢密顧問の諮詢及び帝国憲法第73条による帝国議会の議決を経た帝国憲法の改正を裁可し，ここにこれを公布せしめる。

御名御璽

昭和21年11月3日

内閣総理大臣兼外務大臣		吉田　茂
国務大臣	男爵	幣原喜重郎
司法大臣		木村篤太郎
内務大臣		大村　清一
文部大臣		田中耕太郎
農林大臣		和田　博雄
国務大臣		斎藤　隆夫
逓信大臣		一松　定吉
商工大臣		星島　二郎
厚生大臣		河合　良成
国務大臣		植原悦二郎
運輸大臣		平塚常次郎
大蔵大臣		石橋　湛山
国務大臣		金森徳次郎
国務大臣		膳　桂之助

日本国憲法

日本国民は，正当に選挙された国会における代表者を通じて行動し，われらとわれらの子孫のために，諸国民との協和による成果と，わが国全土にわたつて自由のもたらす恵沢を確保し，政府の行為によつて再び戦争の惨禍が起ることのないやうにすることを決意し，ここに主権が国民に存することを宣言し，この憲法を確定する。そもそも国政は，国民の厳粛な信託によるものであつて，その権威は国民に由来し，その権力は国民の代表者がこれを行使し，その福利は国民がこれを享受する。これは人類普遍の原理であり，この憲法は，かかる原理に基くものである。われらは，これに反する一切の憲法，法令及び詔勅を排除する。

日本国民は，恒久の平和を念願し，人間相互の関係を支配する崇高な理想を深く自覚するのであつて，平和を愛する諸国民の公正と信義に信頼して，われらの安全と生存を保持しようと決意した。われらは，平和を維持し，専制と隷従，圧迫と偏狭を地上から永遠に除去しようと努めてゐる国際社会において，名誉ある地位を占めたいと思ふ。われらは，全世界の国民が，ひとしく恐怖と欠乏から免かれ，平和のうちに生存する権利を有することを確認する。

われらは，いづれの国家も，自国のことのみに専念して他国を無視してはならないのであつて，政治道徳の法則は，普遍的なものであり，この法則に従ふことは，自国の主権を維持し，他国と対等関係に立たうとする各国の責務であると信ずる。

日本国民は，国家の名誉にかけ，全力をあげてこの崇高な理想と目的を達成することを誓ふ。

語句解説

〔上諭〕

◆**朕** 天皇が自分をさしていうことば。日本国憲法になってからは「私」と自称するようになった。

◆**枢密顧問** 明治憲法下で，重要な国務について天皇の諮詢に応える機関である，枢密院の構成員。天皇によって任命された。

◆**諮詢** 意見を聞くこと。

◆**裁可** 明治憲法下で，天皇が帝国議会の議決した法律案や予算を成立させること。

◆**御名御璽** 天皇の名前と印。

朕は、日本國民の總意に基いて、新日本建設の礎が、定まるに至つたことを、深くよろこび、枢密顧問の諮詢及び帝國憲法第七十三條による帝國議會の議決を經た帝國憲法の改正を裁可し、こゝにこれを公布せしめる。

〔前文〕

◆**恵沢** 恩恵を受けること。

◆**主権** 国家の政治のあり方を最終的に決める権利。

◆**信託** 信用して任せること。

◆**権威** 他人に強制し，服従させる威力。

◆**権力** 支配者は被支配者に服従を強要する力。

◆**福利** 幸福と利益。

◆**人類普遍の原理** 全人類にあてはまる根本的な原則のこと。

◆**法令** 法律・命令・規則などの総称。

◆**詔勅** 天皇が意思を表示する文書。

◆**隷従** 部下として従うこと。

◆**偏狭** 度量の狭いこと。

THE CONSTITUTION OF JAPAN──日本国憲法前文の英文

We, the Japanese people, acting through our duly elected representatives in the National Diet, determined that we shall secure for ourselves and our posterity the fruits of peaceful cooperation with all nations and the blessings of liberty throughout this land, and resolved that never again shall we be visited with the horrors of war through the action of government, do proclaim that sovereign power resides with the people and do firmly establish this Constitution. Government is a sacred trust of the people, the authority for which is derived from the people, the powers of which are exercised by the representatives of the people, and the benefits of which are enjoyed by the people. This is a universal principle of mankind upon which this Constitution is founded. We reject and revoke all constitutions, laws, ordinances, and rescripts in conflict herewith.

We, the Japanese people, desire peace for all time and are deeply conscious of the high ideals controlling human relationship, and we have determined to preserve our security and existence, trusting in the justice and faith of the peace-loving peoples of the world. We desire to occupy an honored place in an international society striving for the preservation of peace, and the banishment of tyranny and slavery, oppression and intolerance for all time from the earth. We recognize that all peoples of the world have the right to live in the peace, free from fear and want.

We believe that no nation is responsible to itself alone, but that laws of political morality are universal; and that obedience to such laws is incumbent upon all nations who would sustain their own sovereignty and justify their sovereign relationship with other nations.

We, the Japanese people, pledge our national honor to accomplish these high ideals and purposes with all our resources.

第1章　天　皇

第1条　〔天皇の地位・国民主権〕　天皇は，日本国の象徴であり日本国民統合の象徴であつて，この地位は，主権の存する日本国民の総意に基く。

第2条　〔皇位の継承〕　皇位は，世襲のものであつて，国会の議決した皇室典範の定めるところにより，これを継承する。

第3条　〔天皇の国事行為に対する内閣の助言と承認〕　天皇の国事に関するすべての行為には，内閣の助言と承認を必要とし，内閣が，その責任を負ふ。

第4条　〔天皇の権能の限界，天皇の国事行為の委任〕　①　天皇は，この憲法の定める国事に関する行為のみを行ひ，国政に関する権能を有しない。
②　天皇は，法律の定めるところにより，その国事に関する行為を委任することができる。

第5条　〔摂政〕　皇室典範の定めるところにより摂政を置くときは，摂政は，天皇の名でその国事に関する行為を行ふ。この場合には，前条第1項の規定を準用する。

第6条　〔天皇の任命権〕　①　天皇は，国会の指名に基いて，内閣総理大臣を任命する。
②　天皇は，内閣の指名に基いて，最高裁判所の長たる裁判官を任命する。

第7条　〔天皇の国事行為〕　天皇は，内閣の助言と承認により，国民のために，左の国事に関する行為を行ふ。
1　憲法改正，法律，政令及び条約を公布すること。
2　国会を召集すること。
3　衆議院を解散すること。
4　国会議員の総選挙の施行を公示すること。
5　国務大臣及び法律の定めるその他の官吏の任免並びに全権委任状及び大使及び公使の信任状を認証すること。
6　大赦，特赦，減刑，刑の執行の免除及び復権を認証すること。
7　栄典を授与すること。

〔第1条〕
◆**象徴**　シンボル。抽象的な目に見えないものを，目に見えるもので表すもの。（例）平和→鳩

〔第2条〕
◆**世襲**　地位・財産・職業などを子孫が代々受け継ぐこと。
◆**皇室典範**　皇位継承・皇族・摂政・皇室会議など，皇室に関係ある事項を定めた法律。

〔第3条〕
◆**国事行為**　天皇が国の仕事としておこなう一定の行為。

〔第4条〕
◆**権能**　ある事柄を行使できる能力。権限。

〔第5条〕
◆**摂政**　天皇に代わって国事行為をおこなう職。

〔第6条〕
◆**任命**　職務を命ずること。

〔第7条〕
◆**政令**　内閣の制定する命令。憲法や法律の規定を実施するためのものと，法律の委任した事項を定めるためのものがある。
◆**公布**　成立した法律・命令・条約を発表し，国民に広く知らせること。
◆**全権委任状**　国際会議などで特定事項に関して外交交渉をおこなう全面的な権限を与えることを記して，元首が外交使節に交付する公文書。
◆**信任状**　大使・行使などの外交使節が正当な資格をもつことを示した公文書。

8 批准書及び法律の定めるその他の外交文書を認証すること。

9 外国の大使及び公使を接受すること。

10 儀式を行ふこと。

第8条〔皇室の財産授受〕 皇室に財産を譲り渡し，又は皇室が，財産を譲り受け，若しくは賜与することは，国会の議決に基かなければならない。

第2章　戦争の放棄

第9条〔戦争の放棄，戦力及び交戦権の否認〕 ① 日本国民は，正義と秩序を基調とする国際平和を誠実に希求し，国権の発動たる戦争と，武力による威嚇又は武力の行使は，国際紛争を解決する手段としては，永久にこれを放棄する。

② 前項の目的を達するため，陸海空軍その他の戦力は，これを保持しない。国の交戦権は，これを認めない。

> ### CHAPTER Ⅱ RENUNCIATION OF WAR
> Article 9. Aspiring sincerely to an international peace based on justice and order, the Japanese people forever renounce war as a sovereign right of the nation and the threat or use of force as means of settling international disputes.
>
> In order to accomplish the aim of the preceding paragraph, land, sea, and air forces, as well as other war potential, will never be maintained. The right of belligerency of the state will not be recognized.

第3章　国民の権利及び義務

第10条〔国民の要件〕 日本国民たる要件は，法律でこれを定める。

第11条〔基本的人権の享有〕 国民は，すべての基本的人権の享有を妨げられない。この憲法が国民に保障する基本的人権は，侵すことのできない永久の権利として，現在及び将来の国民に与へられる。

第12条〔自由・権利の保持の責任とその濫用の禁止〕 この憲法が国民に保障する自由及び権利は，国民の不断の努力によつて，これを保持しなければならない。又，国民は，これを濫用してはならないのであつて，常に公共の福祉のためにこれを利用する責任を負ふ。

第13条〔個人の尊重と公共の福祉〕 すべて国民は，個人として尊重される。生命，自由及び幸福追求に対する国民の権利については，公共の福祉に反しない限り，立法その他の国政の上で，最大の尊重を必要とする。

第14条〔法の下の平等，貴族の禁止，栄典〕 ① すべて国民は，法の下に平等であつて，人種，信条，性別，社会的身分又は門地により，政治的，経済的又は社会的関係において，差別されない。

② 華族その他の貴族の制度は，これを認めない。

③ 栄誉，勲章その他の栄典の授与は，いかなる特権も伴はない。栄典の授与は，現にこれを有し，又は将来これを受ける者の一代に限り，その効力を有する。

第15条〔公務員の選定及び罷免権，公務員の本質，普通選挙の保障，秘密投票の保障〕 ① 公務員を選定し，及びこれを罷免することは，国民固有の権利である。

② すべて公務員は，全体の奉仕者であつて，一部の奉仕者ではない。

③ 公務員の選挙については，成年者による普通選挙を保障する。

④ すべて選挙における投票の秘密は，これを侵してはならない。選挙人は，その選択に関し公的にも私的にも責任を問はれない。

◆認証　ある行為や文書の作成が，正当な手続き，方式でおこなわれたことを公の機関が証明すること。

◆大赦　恩赦の一種。政令で定めた罪に対して，刑罰の執行を赦免すること。

◆特赦　恩赦の一種。特定の犯人に対して刑の執行を免除すること。

◆栄典　栄誉を表すために与えられる地位や勲章など。

◆批准　国家間で結ばれた条約を確認し，それに同意すること。

◆接受　受け入れること。

〔第8条〕
◆賜与　与えること。

〔第9条〕
◆基調　根底にある基本的傾向。
◆希求　願い求めること。
◆国権　国家の権力。
◆戦争　武力による国家間の闘争。
◆威嚇　おどかし。
◆武力の行使　正式の戦争以前の段階での戦闘行為。
◆戦力　戦争を遂行できる力。
◆交戦権　国家が戦争をなしうる権利。

↑平和への祈りをこめた峠三吉の詩碑（広島市）

〔第10条〕
◆要件　必要な条件。

〔第11条〕
◆享有　生まれながらに身に受けてもっていること。

〔第12条〕
◆公共の福祉　社会全体の共同の幸福。

〔第14条〕
◆信条　かたく信じることがら。宗教的信仰，政治的信念，世界観などのこと。
◆社会的身分　人が社会において占めている地位でそれについて事実上社会的評価をもっているもの。
◆門地　家柄。
◆華族　明治憲法下で，公・侯・伯・子・男の爵位を授けられた者とその家族。

〔第15条〕
◆罷免　その職をやめさせること。
◆普通選挙　身分・性別・教育・信仰・財産・納税などで差をつけることなく，一般の成年者に選挙権を認める選挙。

第16条 〔請願権〕 何人も，損害の救済，公務員の罷免，法律，命令又は規則の制定，廃止又は改正その他の事項に関し，平穏に請願する権利を有し，何人も，かかる請願をしたためにいかなる差別待遇も受けない。

第17条 〔国及び公共団体の賠償責任〕 何人も，公務員の不法行為により，損害を受けたときは，法律の定めるところにより，国又は公共団体に，その賠償を求めることができる。

第18条 〔奴隷的拘束及び苦役からの自由〕 何人も，いかなる奴隷的拘束も受けない。又，犯罪に因る処罰の場合を除いては，その意に反する苦役に服させられない。

第19条 〔思想及び良心の自由〕 思想及び良心の自由は，これを侵してはならない。

第20条 〔信教の自由〕 ① 信教の自由は，何人に対してもこれを保障する。いかなる宗教団体も，国から特権を受け，又は政治上の権力を行使してはならない。

② 何人も，宗教上の行為，祝典，儀式又は行事に参加することを強制されない。

③ 国及びその機関は，宗教教育その他いかなる宗教的活動もしてはならない。

第21条 〔集会・結社・表現の自由，通信の秘密〕 ① 集会，結社及び言論，出版その他一切の表現の自由は，これを保障する。

② 検閲は，これをしてはならない。通信の秘密は，これを侵してはならない。

第22条 〔居住・移転及び職業選択の自由，外国移住及び国籍離脱の自由〕
① 何人も，公共の福祉に反しない限り，居住，移転及び職業選択の自由を有する。

② 何人も，外国に移住し，又は国籍を離脱する自由を侵されない。

第23条 〔学問の自由〕 学問の自由は，これを保障する。

第24条 〔家族生活における個人の尊厳と両性の平等〕 ① 婚姻は，両性の合意のみに基いて成立し，夫婦が同等の権利を有することを基本として，相互の協力により，維持されなければならない。

② 配偶者の選択，財産権，相続，住居の選定，離婚並びに婚姻及び家族に関するその他の事項に関しては，法律は，個人の尊厳と両性の本質的平等に立脚して，制定されなければならない。

第25条 〔生存権，国の社会的使命〕 ① すべて国民は，健康で文化的な最低限度の生活を営む権利を有する。

② 国は，すべての生活部面について，社会福祉，社会保障及び公衆衛生の向上及び増進に努めなければならない。

第26条 〔教育を受ける権利，教育を受けさせる義務〕 ① すべて国民は，法律の定めるところにより，その能力に応じて，ひとしく教育を受ける権利を有する。

② すべて国民は，法律の定めるところにより，その保護する子女に普通教育を受けさせる義務を負ふ。義務教育は，これを無償とする。

第27条 〔勤労の権利及び義務，勤労条件の基準，児童酷使の禁止〕
① すべて国民は，勤労の権利を有し，義務を負ふ。

② 賃金，就業時間，休息その他の勤労条件に関する基準は，法律でこれを定める。

③ 児童は，これを酷使してはならない。

第28条 〔勤労者の団結権〕 勤労者の団結する権利及び団体交渉その他の団体行動をする権利は，これを保障する。

第29条 〔財産権〕 ① 財産権は，これを侵してはならない。

② 財産権の内容は，公共の福祉に適合するやうに，法律でこれを定める。

③ 私有財産は，正当な補償の下に，これを公共のために用ひることがで

〔第16条〕
◆請願 願い出ること。

〔第17条〕
◆不法行為 故意または過失によって他人の権利を侵害し，他人に損害を与えること。

〔第18条〕
◆苦役 苦しい労働。

〔第21条〕
◆結社 多数の人が特定の目的のために団体を結成すること。
◆検閲 信書・出版物・映画などの内容を事前に，強制的に検査すること。

〔第24条〕
◆婚姻 結婚すること。
◆配偶者 夫の立場から妻，妻の立場から夫のこと。
◆両性の本質的平等 男性と女性とが，人間として同じ価値をもつこと。

Article 25. All people shall have the right to maintain the minimum standards of wholesome and cultured living.

〔第25条〕
◆社会福祉 貧困者や保護を必要とする人々に対する擁護・育成・更正を図ろうとする公私の社会的努力を組織的におこなうこと。
◆公衆衛生 国民の健康を保持・増進させるため，公私の保健機関や地域組織などによっておこなわれる組織的な衛生活動。

〔第26条〕
◆普通教育 社会人として，人間として一般共通に必要な知識・教養を与える教育。

〔第28条〕
◆団体交渉 労働組合が労働条件について使用者と交渉すること。
◆団体行動 使用者と対等の立場で交渉するための行動。ストライキ・デモ行進など。

〔第29条〕
◆財産権 経済的利益を目的とする権利。

きる。

第30条〔納税の義務〕　国民は，法律の定めるところにより，納税の義務を負ふ。

第31条〔法定の手続の保障〕　何人も，法律の定める手続によらなければ，その生命若しくは自由を奪はれ，又はその他の刑罰を科せられない。

第32条〔裁判を受ける権利〕　何人も，裁判所において裁判を受ける権利を奪はれない。

第33条〔逮捕の要件〕　何人も，現行犯として逮捕される場合を除いては，権限を有する司法官憲が発し，且つ理由となつてゐる犯罪を明示する令状によらなければ，逮捕されない。

第34条〔抑留・拘禁の要件，不法拘禁に対する保障〕　何人も，理由を直ちに告げられ，且つ，直ちに弁護人に依頼する権利を与へられなければ，抑留又は拘禁されない。又，何人も，正当な理由がなければ，拘禁されず，要求があれば，その理由は，直ちに本人及びその弁護人の出席する公開の法廷で示されなければならない。

第35条〔住居の不可侵〕　①　何人も，その住居，書類及び所持品について，侵入，捜索及び押収を受けることのない権利は，第33条の場合を除いては，正当な理由に基いて発せられ，且つ捜索する場所及び押収する物を明示する令状がなければ，侵されない。

②　捜索又は押収は，権限を有する司法官憲が発する各別の令状により，これを行ふ。

第36条〔拷問及び残虐刑の禁止〕　公務員による拷問及び残虐な刑罰は，絶対にこれを禁ずる。

第37条〔刑事被告人の権利〕　①　すべて刑事事件においては，被告人は，公平な裁判所の迅速な公開裁判を受ける権利を有する。

②　刑事被告人は，すべての証人に対して審問する機会を充分に与へられ，又，公費で自己のために強制的手続により証人を求める権利を有する。

③　刑事被告人は，いかなる場合にも，資格を有する弁護人を依頼することができる。被告人が自らこれを依頼することができないときは，国でこれを附する。

第38条〔自己に不利益な供述，自白の証拠能力〕　①　何人も，自己に不利益な供述を強要されない。

②　強制，拷問若しくは脅迫による自白又は不当に長く抑留若しくは拘禁された後の自白は，これを証拠とすることができない。

③　何人も，自己に不利益な唯一の証拠が本人の自白である場合には，有罪とされ，又は刑罰を科せられない。

第39条〔遡及処罰の禁止・一事不再理〕　何人も，実行の時に適法であつた行為又は既に無罪とされた行為については，刑事上の責任を問はれない。又，同一の犯罪について，重ねて刑事上の責任を問はれない。

第40条〔刑事補償〕　何人も，抑留又は拘禁された後，無罪の裁判を受けたときは，法律の定めるところにより，国にその補償を求めることができる。

第4章　国　会

第41条〔国会の地位・立法権〕　国会は，国権の最高機関であつて，国の唯一の立法機関である。

第42条〔両院制〕　国会は，衆議院及び参議院の両議院でこれを構成する。

第43条〔両議院の組織〕　①　両議院は，全国民を代表する選挙された議員でこれを組織する。

②　両議院の議員の定数は，法律でこれを定める。

第44条〔議員及び選挙人の資格〕　両議院の議員及びその選挙人の資格

〔第33条〕
◆現行犯　行為中または行為直後に見つけられた犯罪。
◆司法官憲　司法権の行使に関与する公務員。ここでは裁判官のこと。
◆令状　強制処分の判決・決定・命令を記載した裁判所の書状。ここでは逮捕状のこと。

〔第34条〕
◆抑留　比較的短時間，身体の自由を拘束すること。
◆拘禁　留置場・刑務所などに留置し，比較的長期間，身体の自由を拘束すること。

〔第35条〕
◆捜索　裁判官・検察官・司法警察職員が，証拠物件または犯人を発見するため，強制的に家宅・身体・物件などについて探し求めること。
◆押収　裁判所が証拠品を差し押さえ，取り上げること。

〔第36条〕
◆拷問　肉体に苦痛を加えて自白を強いること。

〔第37条〕
◆刑事事件　刑罰を科すべきかどうかが問題となる事件。
◆被告人　検察官から罪を犯した疑いによって訴えられた者。
◆審問　裁判所が審理のために書面または口頭で問いただすこと。

〔第38条〕
◆供述　尋問に答えて事実や意見を述べること。
◆自白　自分の犯罪事実を認める意思表示。

〔第39条〕
◆遡及　過去にさかのぼること。
◆一事不再理　すでに判決が確定した事件について，再び訴訟できないという原則。

は，法律でこれを定める。但し，人種，信条，性別，社会的身分，門地，教育，財産又は収入によつて差別してはならない。

第45条 〔衆議院議員の任期〕 衆議院議員の任期は，4年とする。但し，衆議院解散の場合には，その期間満了前に終了する。

第46条 〔参議院議員の任期〕 参議院議員の任期は，6年とし，3年ごとに議員の半数を改選する。

第47条 〔選挙に関する事項〕 選挙区，投票の方法その他両議院の議員の選挙に関する事項は，法律でこれを定める。

第48条 〔両議院議員兼職の禁止〕 何人も，同時に両議院の議員たることはできない。

第49条 〔議員の歳費〕 両議院の議員は，法律の定めるところにより，国庫から相当額の歳費を受ける。

第50条 〔議員の不逮捕特権〕 両議院の議員は，法律の定める場合を除いては，国会の会期中逮捕されず，会期前に逮捕された議員は，その議院の要求があれば，会期中これを釈放しなければならない。

第51条 〔議員の発言・表決の無責任〕 両議院の議員は，議院で行つた演説，討論又は表決について，院外で責任を問はれない。

第52条 〔常会〕 国会の常会は，毎年1回これを召集する。

第53条 〔臨時会〕 内閣は，国会の臨時会の召集を決定することができる。いづれかの議院の総議員の4分の1以上の要求があれば，内閣は，その召集を決定しなければならない。

第54条 〔衆議院の解散・特別会，参議院の緊急集会〕 ① 衆議院が解散されたときは，解散の日から40日以内に，衆議院議員の総選挙を行ひ，その選挙の日から30日以内に，国会を召集しなければならない。

② 衆議院が解散されたときは，参議院は，同時に閉会となる。但し，内閣は，国に緊急の必要があるときは，参議院の緊急集会を求めることができる。

③ 前項但書の緊急集会において採られた措置は，臨時のものであつて，次の国会開会の後10日以内に，衆議院の同意がない場合には，その効力を失ふ。

第55条 〔資格争訟の裁判〕 両議院は，各々その議員の資格に関する争訟を裁判する。但し，議員の議席を失はせるには，出席議員の3分の2以上の多数による議決を必要とする。

第56条 〔定足数，表決〕 ① 両議院は，各々その総議員の3分の1以上の出席がなければ，議事を開き議決することができない。

② 両議院の議事は，この憲法に特別の定のある場合を除いては，出席議員の過半数でこれを決し，可否同数のときは，議長の決するところによる。

第57条 〔会議の公開，会議録，表決の記載〕 ① 両議院の会議は，公開とする。但し，出席議員の3分の2以上の多数で議決したときは，秘密会を開くことができる。

② 両議院は，各々その会議の記録を保存し，秘密会の記録の中で特に秘密を要すると認められるもの以外は，これを公表し，且つ一般に頒布しなければならない。

③ 出席議員の5分の1以上の要求があれば，各議員の表決は，これを会議録に記載しなければならない。

第58条 〔役員の選任，議院規則・懲罰〕 ① 両議院は，各々その議長その他の役員を選任する。

② 両議院は，各々その会議その他の手続及び内部の規律に関する規則を定め，又，院内の秩序をみだした議員を懲罰することができる。但し，議員を除名するには，出席議員の3分の2以上の多数による議決を必要とする。

第59条 〔法律案の議決，衆議院の優越〕 ① 法律案は，この憲法に特

〔第45条〕
◆解散 衆議院の全議員に対して，その任期が終わる前にその資格を奪う行為。

〔第49条〕
◆国庫 国家財政の収入・支出を扱うところ。主として財務省がおこなっている。
◆歳費 議員に毎年支払われる給料。

〔第51条〕
◆表決 議案に対する賛否の意思を表すこと。

〔第52条〕
◆常会 毎年定例として開かれる国会。通常国会のこと。国会法では，毎年1月中に召集され，会期は150日と定められている。

〔第54条〕
◆総選挙 衆議院議員の任期満了・解散によって，全定数についておこなわれる選挙。これに対して参議院の選挙は，通常選挙と呼ばれる。

〔第55条〕
◆争訟 訴訟を起こして争うこと。

〔第57条〕
◆頒布 広くゆきわたるように分けて配ること。

〔第58条〕
◆役員 国会法第16条によると，議長・副議長・仮議長・常任議長・事務総長をいう。
◆懲罰 不正または不当な行為に対して制裁を加えること。

別の定のある場合を除いては，両議院で可決したとき法律となる。

② 衆議院で可決し，参議院でこれと異なつた議決をした法律案は，衆議院で出席議員の3分の2以上の多数で再び可決したときは，法律となる。

③ 前項の規定は，法律の定めるところにより，衆議院が，両議院の協議会を開くことを求めることを妨げない。

④ 参議院が，衆議院の可決した法律案を受け取つた後，国会休会中の期間を除いて60日以内に，議決しないときは，衆議院は，参議院がその法律案を否決したものとみなすことができる。

第60条〔衆議院の予算先議，予算議決に関する衆議院の優越〕 ① 予算は，さきに衆議院に提出しなければならない。

② 予算について，参議院で衆議院と異なつた議決をした場合に，法律の定めるところにより，両議院の協議会を開いても意見が一致しないとき，又は参議院が，衆議院の可決した予算を受け取つた後，国会休会中の期間を除いて30日以内に，議決しないときは，衆議院の議決を国会の議決とする。

第61条〔条約の承認に関する衆議院の優越〕 条約の締結に必要な国会の承認については，前条第2項の規定を準用する。

第62条〔議院の国政調査権〕 両議院は，各々国政に関する調査を行ひ，これに関して，証人の出頭及び証言並びに記録の提出を要求することができる。

第63条〔閣僚の議院出席の権利と義務〕 内閣総理大臣その他の国務大臣は，両議院の一に議席を有すると有しないとにかかはらず，何時でも議案について発言するため議院に出席することができる。又，答弁又は説明のため出席を求められたときは，出席しなければならない。

第64条〔弾劾裁判所〕 ① 国会は，罷免の訴追を受けた裁判官を裁判するため，両議院の議員で組織する弾劾裁判所を設ける。

② 弾劾に関する事項は，法律でこれを定める。

第5章　内　閣

第65条〔行政権〕 行政権は，内閣に属する。

第66条〔内閣の組織，国会に対する連帯責任〕 ① 内閣は，法律の定めるところにより，その首長たる内閣総理大臣及びその他の国務大臣でこれを組織する。

② 内閣総理大臣その他の国務大臣は，文民でなければならない。

③ 内閣は，行政権の行使について，国会に対し連帯して責任を負ふ。

第67条〔内閣総理大臣の指名，衆議院の優越〕 ① 内閣総理大臣は，国会議員の中から国会の議決で，これを指名する。この指名は，他のすべての案件に先だつて，これを行ふ。

② 衆議院と参議院とが異なつた指名の議決をした場合に，法律の定めるところにより，両議院の協議会を開いても意見が一致しないとき，又は衆議院が指名の議決をした後，国会休会中の期間を除いて10日以内に，参議院が，指名の議決をしないときは，衆議院の議決を国会の議決とする。

第68条〔国務大臣の任命，及び罷免〕 ① 内閣総理大臣は，国務大臣を任命する。但し，その過半数は，国会議員の中から選ばれなければならない。

② 内閣総理大臣は，任意に国務大臣を罷免することができる。

第69条〔内閣不信任決議の効果〕 内閣は，衆議院で不信任の決議案を可決し，又は信任の決議案を否決したときは，10日以内に衆議院が解散されない限り，総辞職をしなければならない。

第70条〔総理の欠缺・新国会の召集と内閣の総辞職〕 内閣総理大臣が欠けたとき，又は衆議院議員総選挙の後に初めて国会の召集があつたときは，内閣は，総辞職をしなければならない。

〔第60条〕
◆予算　一会計年度（4月から翌年の3月まで）の国または地方自治体の収入・支出の計画。

〔第61条〕
◆条約　国家間の合意で，法的拘束力をもつもの。
◆締結　条約や契約を取り結ぶこと。

〔第64条〕
◆訴追　弾劾の申し立てをおこない，裁判官の罷免を求める行為。
◆弾劾　罪状を調べ，あばくこと。

〔第65条〕
◆行政　司法・立法以外で，法の下において公の目的を達するためにする作用。
〔第66条〕
◆首長　組織・団体の長のこと。
◆文民　軍人でない人。職業軍人の経験をもたない人。
◆連帯　二人以上の人が連合して事にあたり，責任を共にすること。
〔第67条〕
◆案件　議題とされることがら。

〔第69条〕
◆不信任　信用せず，物事を任せないこと。
◆総辞職　内閣総理大臣以下，全国務大臣が辞職すること。
〔第70条〕
◆欠缺　ある要因が欠けていること。

第71条〔総辞職後の内閣〕 前2条の場合には，内閣は，あらたに内閣総理大臣が任命されるまで引き続きその職務を行ふ。

第72条〔内閣総理大臣の職務〕 内閣総理大臣は，内閣を代表して議案を国会に提出し，一般**国務**及び外交関係について国会に報告し，並びに**行政各部**を指揮監督する。

第73条〔内閣の職務〕 内閣は，他の一般行政事務の外，左の事務を行ふ。
1　法律を誠実に執行し，国務を**総理**すること。
2　外交関係を処理すること。
3　条約を締結すること。但し，事前に，**時宜**によつては事後に，国会の承認を経ることを必要とする。
4　法律の定める基準に従ひ，**官吏**に関する事務を**掌理**すること。
5　予算を作成して国会に提出すること。
6　この憲法及び法律の規定を実施するために，政令を制定すること。但し，政令には，特にその法律の委任がある場合を除いては，罰則を設けることができない。
7　大赦，特赦，減刑，刑の執行の免除及び復権を決定すること。

第74条〔法律・政令の署名〕 法律及び政令には，すべて主任の国務大臣が署名し，内閣総理大臣が**連署**することを必要とする。

第75条〔国務大臣の特典〕 国務大臣は，その在任中，内閣総理大臣の同意がなければ，訴追されない。但し，これがため，訴追の権利は，害されない。

第6章　司　法

第76条〔司法権・裁判所，特別裁判所の禁止，裁判官の独立〕 ①　すべて司法権は，最高裁判所及び法律の定めるところにより設置する**下級裁判所**に属する。
②　**特別裁判所**は，これを設置することができない。行政機関は，**終審**として裁判を行ふことができない。
③　すべて裁判官は，その良心に従ひ独立してその**職権**を行ひ，この憲法及び法律にのみ拘束される。

第77条〔最高裁判所の規則制定権〕 ①　最高裁判所は，**訴訟**に関する手続，弁護士，裁判所の内部規律及び司法事務処理に関する事項について，規則を定める権限を有する。
②　**検察官**は，最高裁判所の定める規則に従はなければならない。
③　最高裁判所は，下級裁判所に関する規則を定める権限を，下級裁判所に委任することができる。

第78条〔裁判官の身分の保障〕 裁判官は，裁判により，心身の故障のために職務を執ることができないと決定された場合を除いては，公の弾劾によらなければ罷免されない。裁判官の**懲戒**処分は，行政機関がこれを行ふことはできない。

第79条〔最高裁判所の裁判官，国民審査，定年，報酬〕 ①　最高裁判所は，その長たる裁判官及び法律の定める員数のその他の裁判官でこれを構成し，その長たる裁判官以外の裁判官は，内閣でこれを任命する。
②　最高裁判所の裁判官の任命は，その任命後初めて行はれる衆議院議員総選挙の際国民の審査に付し，その後10年を経過した後初めて行はれる衆議院議員総選挙の際更に審査に付し，その後も同様とする。
③　前項の場合において，投票者の多数が裁判官の罷免を可とするときは，その裁判官は，罷免される。
④　審査に関する事項は，法律でこれを定める。
⑤　最高裁判所の裁判官は，法律の定める年齢に達した時に退官する。
⑥　最高裁判所の裁判官は，すべて定期に相当額の報酬を受ける。この報酬は，在任中，これを減額することができない。

〔第72条〕
◆**国務**　国家の仕事。
◆**行政各部**　総務省・経済産業省などの各省庁のこと。
〔第73条〕
◆**総理**　事務を統一して管理すること。
◆**時宜**　そのときの事情。
◆**官吏**　公務員のこと。
◆**掌理**　取り扱って処理すること。

〔第74条〕
◆**連署**　同一の書面に二人以上が並べて署名すること。

〔第76条〕
◆**下級裁判所**　最高裁判所（上級裁判所）以外の裁判所で，高等裁判所・地方裁判所・家庭裁判所・簡易裁判所をさす。
◆**特別裁判所**　特殊の人・事件について裁判権を行使する裁判所。家庭裁判所のように，最高裁判所の下にある下級裁判所として設置されるものは特別裁判所に入らない。明治憲法下の軍法会議などをいう。
◆**終審**　審級制度において，それ以上は上訴できない最終の裁判所の審理。
◆**職権**　職務上，もっている権利。
〔第77条〕
◆**訴訟**　法律を適用することで原告・被告間の権利義務や法律関係を確定することを，裁判所に求める手続き。
◆**検察官**　犯罪を捜査し，公訴をおこない，裁判の執行を監督する行政官。
〔第78条〕
◆**懲戒**　不正・不当な行為に対して制裁を加えること。裁判官の場合，戒告・過料にあたる。

第80条〔下級裁判所の裁判官・任期・定年，報酬〕　①　下級裁判所の裁判官は，最高裁判所の指名した者の名簿によつて，内閣でこれを任命する。その裁判官は，任期を10年とし，再任されることができる。但し，法律の定める年齢に達した時には退官する。

②　下級裁判所の裁判官は，すべて定期に相当額の報酬を受ける。この報酬は，在任中，これを減額することができない。

第81条〔法令審査権と最高裁判所〕　最高裁判所は，一切の法律，命令，規則又は処分が憲法に適合するかしないかを決定する権限を有する終審裁判所である。

第82条〔裁判の公開〕　①　裁判の対審及び判決は，公開法廷でこれを行ふ。

②　裁判所が，裁判官の全員一致で，公の秩序又は善良の風俗を害する虞があると決した場合には，**対審**は，公開しないでこれを行ふことができる。但し，政治犯罪，出版に関する犯罪又はこの憲法第3章で保障する国民の権利が問題となつてゐる事件の対審は，常にこれを公開しなければならない。

第7章　財　政

第83条〔財政処理の基本原則〕　国の財政を処理する権限は，国会の議決に基いて，これを行使しなければならない。

第84条〔課税〕　あらたに租税を課し，又は現行の租税を変更するには，法律又は法律の定める条件によることを必要とする。

第85条〔国費の支出及び国の債務負担〕　国費を支出し，又は国が債務を負担するには，国会の議決に基くことを必要とする。

第86条〔予算〕　内閣は，毎会計年度の予算を作成し，国会に提出して，その審議を受け議決を経なければならない。

第87条〔予備費〕　①　予見し難い予算の不足に充てるため，国会の議決に基いて予備費を設け，内閣の責任でこれを支出することができる。

②　すべて予備費の支出については，内閣は，事後に国会の承諾を得なければならない。

第88条〔皇室財産・皇室の費用〕　すべて皇室財産は，国に属する。すべて皇室の費用は，予算に計上して国会の議決を経なければならない。

第89条〔公の財産の支出又は利用の制限〕　公金その他の公の財産は，宗教上の組織若しくは団体の使用，**便益**若しくは維持のため，又は公の支配に属しない慈善，教育若しくは博愛の事業に対し，これを支出し，又はその利用に供してはならない。

第90条〔決算検査，会計検査院〕　①　国の収入支出の決算は，すべて毎年会計検査院がこれを検査し，内閣は，次の年度に，その検査報告とともに，これを国会に提出しなければならない。

②　会計検査院の組織及び権限は，法律でこれを定める。

第91条〔財政状況の報告〕　内閣は，国会及び国民に対し，定期に，少くとも毎年1回，国の財政状況について報告しなければならない。

第8章　地方自治

第92条〔地方自治の基本原則〕　地方公共団体の組織及び運営に関する事項は，地方自治の**本旨**に基いて，法律でこれを定める。

第93条〔地方公共団体の機関，その直接選挙〕　①　地方公共団体には，法律の定めるところにより，その議事機関として議会を設置する。

②　地方公共団体の長，その議会の議員及び法律の定めるその他の**吏員**は，その地方公共団体の住民が，直接これを選挙する。

第94条〔地方公共団体の権能〕　地方公共団体は，その財産を管理し，事務を処理し，及び行政を執行する権能を有し，法律の範囲内で**条例**を制定することができる。

〔第82条〕
◆**対審**　被告・原告など裁判に関係する人々を対立させておこなう取り調べ。民事訴訟における口頭弁論，刑事訴訟における公判手続きのこと。

〔第84条〕
◆**租税**　国家または地方公共団体が，その必要な経費をまかなうために，国民から強制的に徴収する収入。
〔第85条〕
◆**債務**　借金を返すべき義務。
〔第86条〕
◆**会計年度**　4月1日にはじまり，翌年の3月31日に終わる。
〔第87条〕
◆**予見**　まえもって知ること。

〔第88条〕
◆**皇室の費用**　内廷費（天皇や内廷皇族の日常の費用），宮廷費（内廷費以外の宮廷諸費），皇族費（皇族の日常の費用）のこと。
◆**計上**　計算に入れること。
〔第89条〕
◆**公金**　公のお金。
◆**便益**　都合がよく利益のあること。
〔第90条〕
◆**会計検査院**　国の収入・支出の決算を検査し，その他法律に定める会計の検査をおこなう機関。

〔第92条〕
◆**地方公共団体**　都道府県・市町村・特別市・特別区・地方公共団体の組合，財産区のこと。
◆**本旨**　本来の趣旨。
〔第93条〕
◆**吏員**　地方公務員。
〔第94条〕
◆**条例**　地方公共団体がその管理する事務に関し，法令の範囲内でその議会の議決によって制定する法。

巻末資料

第95条〔特別法の住民投票〕 一の地方公共団体のみに適用される**特別法**は，法律の定めるところにより，その地方公共団体の住民の投票においてその過半数の同意を得なければ，国会は，これを制定することができない。

〔第95条〕
◆**特別法** ある特定の地域・人・事項または行為に適用される法律。
（例）広島平和記念都市建設法（1949年公布），長崎国際文化都市建設法（1949年公布）など。

第9章 改　正

第96条〔改正の手続，その公布〕 ① この憲法の改正は，各議院の総議員の3分の2以上の賛成で，国会が，これを**発議**し，国民に提案してその承認を経なければならない。この承認には，特別の国民投票又は国会の定める選挙の際行はれる投票において，その過半数の賛成を必要とする。

② 憲法改正について前項の承認を経たときは，天皇は，国民の名で，この憲法と一体を成すものとして，直ちにこれを公布する。

〔第96条〕
◆**発議** 議案を提出すること。

第10章 最高法規

第97条〔基本的人権の本質〕 この憲法が日本国民に保障する基本的人権は，人類の多年にわたる自由獲得の努力の成果であつて，これらの権利は，過去幾多の試錬に堪へ，現在及び将来の国民に対し，侵すことのできない永久の権利として信託されたものである。

第98条〔最高法規，条約及び国際法規の遵守〕 ① この憲法は，国の最高法規であつて，その**条規**に反する法律，命令，詔勅及び国務に関するその他の行為の全部又は一部は，その効力を有しない。

② 日本国が締結した条約及び確立された国際法規は，これを誠実に**遵守**することを必要とする。

第99条〔憲法尊重擁護の義務〕 天皇又は摂政及び国務大臣，国会議員，裁判官その他の公務員は，この憲法を尊重し擁護する義務を負ふ。

〔第98条〕
◆**条規** 条文の規定・規則。
◆**遵守** 法律や道徳などにしたがい，それを守ること。

第11章 補　則

第100条〔憲法施行期日，準備手続〕 ① この憲法は，公布の日から起算して6箇月を経過した日から，これを施行する。

② この憲法を施行するために必要な法律の制定，参議院議員の選挙及び国会召集の手続並びにこの憲法を施行するために必要な準備手続は，前項の期日よりも前に，これを行ふことができる。

第101条〔経過規定──参議院未成立の間の国会〕 この憲法施行の際，参議院がまだ成立してゐないときは，その成立するまでの間，衆議院は，国会としての権限を行ふ。

第102条〔同前──第1期の参議院議員の任期〕 この憲法による第1期の参議院議員のうち，その半数の者の任期は，これを3年とする。その議員は，法律の定めるところにより，これを定める。

第103条〔同前──公務員の地位〕 この憲法施行の際現に在職する国務大臣，衆議院議員及び裁判官並びにその他の公務員で，その地位に相応する地位がこの憲法で認められてゐる者は，法律で特別の定をした場合を除いては，この憲法施行のため，当然にはその地位を失ふことはない。但し，この憲法によつて，後任者が選挙又は任命されたときは，当然その地位を失ふ。

〔第100条〕
◆**起算** 数え始めること。

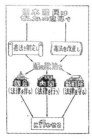

◀日本国憲法の三本柱（文部省編『あたらしい憲法の話』1947年）
左：国民主権
中：基本的人権の尊重
右：平和主義

■ 大日本帝国憲法（明治憲法）（抄）

・発布　1889(明治22)年2月11日　　・施行　1890(明治23)年11月29日

↑**憲法発布の式典**　1889(明治22)年2月11日，式典は宮中正殿の大広間でおこなわれ，天皇は「憲法発布勅語」を朗読し，憲法の原本を黒田清隆首相の手に授けた。

第1章　天　皇

第1条　大日本帝国ハ万世一系ノ天皇之ヲ統治ス

第2条　皇位ハ皇室典範ノ定ムル所ニ依リ皇男子孫之ヲ継承ス

第3条　天皇ハ神聖ニシテ侵スヘカラス

第4条　天皇ハ国ノ元首ニシテ統治権ヲ総攬シ此ノ憲法ノ条規ニ依リ之ヲ行フ

第5条　天皇ハ帝国議会ノ協賛ヲ以テ立法権ヲ行フ

第6条　天皇ハ法律ヲ裁可シ其ノ公布及執行ヲ命ス

第7条　天皇ハ帝国議会ヲ召集シ其ノ開会閉会停会及衆議院ノ解散ヲ命ス

第8条　① 天皇ハ公共ノ安全ヲ保持シ又ハ其ノ災厄ヲ避クル為緊急ノ必要ニ由リ帝国議会閉会ノ場合ニ於テ法律ニ代ルヘキ勅令ヲ発ス

② 此ノ勅令ハ次ノ会期ニ於テ帝国議会ニ提出スヘシ若議会ニ於テ承諾セサルトキハ政府ハ将来ニ向テ其ノ効力ヲ失フコトヲ公布スヘシ

第9条　天皇ハ法律ヲ執行スル為ニ又ハ公共ノ安寧秩序ヲ保持シ及臣民ノ幸福ヲ増進スル為ニ必要ナル命令ヲ発シ又ハ発セシム但シ命令ヲ以テ法律ヲ変更スルコトヲ得ス

第11条　天皇ハ陸海軍ヲ統帥ス

第12条　天皇ハ陸海軍ノ編制及常備兵額ヲ定ム

第13条　天皇ハ戦ヲ宣シ和ヲ講シ及諸般ノ条約ヲ締結ス

第14条　① 天皇ハ戒厳ヲ宣告ス

② 戒厳ノ要件及効力ハ法律ヲ以テ之ヲ定ム

第17条　① 摂政ヲ置クハ皇室典範ノ定ムル所ニ依ル

② 摂政ハ天皇ノ名ニ於テ大権ヲ行フ

第2章　臣民権利義務

第18条　日本臣民タルノ要件ハ法律ノ定ムル所ニ依ル

第19条　日本臣民ハ法律命令ノ定ムル所ノ資格ニ応シ均ク文武官ニ任セラレ及其ノ他ノ公務ニ就クコトヲ得

第20条　日本臣民ハ法律ノ定ムル所ニ従ヒ兵役ノ義務ヲ有ス

第21条　日本臣民ハ法律ノ定ムル所ニ従ヒ納税ノ義務ヲ有ス

第22条　日本臣民ハ法律ノ範囲内ニ於テ居住及移転ノ自由ヲ有ス

第23条　日本臣民ハ法律ニ依ルニ非スシテ逮捕監禁審問処罰ヲ受クルコトナシ

第24条　日本臣民ハ法律ニ定メタル裁判官ノ裁判ヲ受クルノ権ヲ奪ハルヽコトナシ

第25条　日本臣民ハ法律ニ定メタル場合ヲ除ク外其ノ許諾ナクシテ住所ニ侵入セラレ及捜索セラルヽコトナシ

第26条　日本臣民ハ法律ニ定メタル場合ヲ除ク外信書ノ秘密ヲ侵サルヽコトナシ

第27条　① 日本臣民ハ其ノ所有権ヲ侵サルヽコトナシ

② 公益ノ為必要ナル処分ハ法律ノ定ムル所ニ依ル

第28条　日本臣民ハ安寧秩序ヲ妨ケス及臣民タルノ義務ニ背カサル限ニ於テ信教ノ自由ヲ有ス

第29条　日本臣民ハ法律ノ範囲内ニ於テ言論著作印行集会及結社ノ自由ヲ有ス

第30条　日本臣民ハ相当ノ敬礼ヲ守リ別ニ定ムル所ノ規程ニ従ヒ請願ヲ為スコトヲ得

第31条　本章ニ掲ケタル条規ハ戦時又ハ国家事変ノ場合ニ於テ天皇大権ノ施行ヲ妨クルコトナシ

第32条　本章ニ掲ケタル条規ハ陸海軍ノ法令又ハ紀律ニ牴触セサルモノニ限リ軍人ニ準行ス

第3章　帝国議会

第33条　帝国議会ハ貴族院衆議院ノ両院ヲ以テ成立ス

第34条　貴族院ハ貴族院令ノ定ムル所ニ依リ皇族華族及勅任セラレタル議員ヲ以テ組織ス

第35条　衆議院ハ選挙法ノ定ムル所ニ依リ公選セラレタル議員ヲ以テ組織ス

第36条　何人モ同時ニ両議院ノ議員タルコトヲ得ス

語句解説

〔第1条〕
◆**万世一系**　永遠に同じ系統が続くこと。

〔第3条〕
◆**神聖**　荘厳でおかしがたいこと。

〔第4条〕
◆**元首**　国際法上，外部に対して国家を代表するもの。
◆**総攬**　一手に握ること。

〔第5条〕
◆**協賛**　明治憲法下で，議会が法律案及び予算を有効に成立させるために，必要な意思表示を行ったこと。

〔第6条〕
◆**裁可**　明治憲法下で，天皇が議会の協賛した法律案及び予算を裁量して，確定の力を付与すること。

〔第8条〕
◆**勅令**　帝国議会の協賛を経ずに，天皇の大権により発せられた命令。

〔第9条〕
◆**安寧秩序**　公共の安全と社会の秩序。

〔第11条〕
◆**統帥**　軍隊を指揮・統率すること。

〔第13条〕
◆**諸般**　いろいろ。

〔第14条〕
◆**戒厳**　戦争や事変のときに，軍指令官に全部または一部の地方行政権・裁判権をゆだね，兵力で全国またはある区域を警備すること。

〔第23条〕
◆**審問**　詳しく問いただすこと。

〔第29条〕
◆**印行**　印刷し発行すること。

〔第31条〕
◆**天皇大権**　天皇が国土・人民を統治する権限。帝国議会の関与を得ないで行使できる。天皇大権には，国務大権・統帥大権・皇室大権がある。

〔第32条〕
◆**牴触**　法律などにふれること。
◆**準行**　ある物事を標準として，これに従って行うこと。

〔第34条〕
◆**勅任**　勅令によって官職に任ずること。

第37条　凡テ法律ハ帝国議会ノ協賛ヲ経ルヲ要ス

第38条　両議院ハ政府ノ提出スル法律案ヲ議決シ及各々法律案ヲ提出スルコトヲ得

第39条　両議院ノ一ニ於テ否決シタル法律案ハ同会期中ニ於テ再ヒ提出スルコトヲ得ス

第40条　両議院ハ法律又ハ其ノ他ノ事件ニ付各々其ノ意見ヲ政府ニ建議スルコトヲ得但シ其ノ採納ヲ得サルモノハ同会期中ニ於テ再ヒ建議スルコトヲ得ス

第41条　帝国議会ハ毎年之ヲ召集ス

第42条　帝国議会ハ3箇月ヲ以テ会期トス必要アル場合ニ於テハ勅命ヲ以テ之ヲ延長スルコトアルヘシ

第43条　①　臨時緊急ノ必要アル場合ニ於テ常会ノ外臨時会ヲ召集スヘシ

②　臨時会ノ会期ヲ定ムルハ勅命ニ依ル

第44条　①　帝国議会ノ開会閉会会期ノ延長及停会ハ両院同時ニ之ヲ行フヘシ

②　衆議院解散ヲ命セラレタルトキハ貴族院ハ同時ニ停会セラルヘシ

第45条　衆議院解散ヲ命セラレタルトキハ勅令ヲ以テ新ニ議員ヲ選挙セシメ解散ノ日ヨリ5箇月以内ニ之ヲ召集スヘシ

第46条　両議院ハ各々其ノ総議員3分ノ1以上出席スルニ非サレハ議事ヲ開キ議決ヲ為スコトヲ得ス

第47条　両議院ノ議事ハ過半数ヲ以テ決ス可否同数ナルトキハ議長ノ決スル所ニ依ル

第48条　両議院ノ会議ハ公開ス但シ政府ノ要求又ハ其ノ院ノ決議ニ依リ秘密会ト為スコトヲ得

第49条　両議院ハ各々天皇ニ上奏スルコトヲ得

第50条　両議院ハ臣民ヨリ呈出スル請願書ヲ受クルコトヲ得

第51条　両議院ハ此ノ憲法及議院法ニ掲クルモノ、外内部ノ整理ニ必要ナル諸規則ヲ定ムルコトヲ得

第52条　両議院ノ議員ハ議院ニ於テ発言シタル意見及表決ニ付院外ニ於テ責ヲ負フコトナシ但シ議員自ラ其ノ言論ヲ演説刊行筆記又ハ其ノ他ノ方法ヲ以テ公布シタルトキハ一般ノ法律ニ依リ処分セラルヘシ

第53条　両議院ノ議員ハ現行犯罪又ハ内乱外患ニ関ル罪ヲ除ク外会期中其ノ院ノ許諾ナクシテ逮捕セラル、コトナシ

第54条　国務大臣及政府委員ハ何時タリトモ各議院ニ出席シ及発言スルコトヲ得

第4章　国務大臣及枢密顧問

第55条　①　国務各大臣ハ天皇ヲ輔弼シ其ノ責ニ任ス

②　凡テ法律勅令其ノ他国務ニ関ル詔勅ハ国務大臣ノ副署ヲ要ス

第56条　枢密顧問ハ枢密院官制ノ定ムル所ニ依リ天皇ノ諮詢ニ応ヘ重要ノ国務ヲ審議ス

第5章　司　　法

第57条　①　司法権ハ天皇ノ名ニ於テ法律ニ依リ裁判所之ヲ行フ

第60条　特別裁判所ノ管轄ニ属スヘキモノハ別ニ法律ヲ以テ之ヲ定ム

第61条　行政官庁ノ違法処分ニ由リ権利ヲ傷害セラレタリトスルノ訴訟ニシテ別ニ法律ヲ以テ定メタル行政裁判所ノ裁判ニ属スヘキモノハ司法裁判所ニ於テ受理スルノ限ニ在ラス

第6章　会　　計

第70条　①　公共ノ安全ヲ保持スル為緊急ノ需用アル場合ニ於テ内外ノ情形ニ因リ政府ハ帝国議会ヲ召集スルコト能ハサルトキハ勅令ニ依リ財政上必要ノ処分ヲ為スコトヲ得

第7章　補　　則

第73条　①　将来此ノ憲法ノ条項ヲ改正スルノ必要アルトキハ勅命ヲ以テ議案ヲ帝国議会ノ議ニ付スヘシ

第76条　①　法律規則命令又ハ何等ノ名称ヲ用ヰタルニ拘ラス此ノ憲法ニ矛盾セサル現行ノ法令ハ総テ遵由ノ効力ヲ有ス

〔第40条〕

◆建議　議院がその意思または希望を政府に申し述べること。

◆採納　とりいれること。

〔第49条〕

◆上奏　意見や事情を天皇に述べること。

〔第50条〕

◆呈出　さし出すこと。

〔第53条〕

◆外患　外国から攻められる心配。

〔第55条〕

◆輔弼　政治をおこなうのを助けること。

◆副署　天皇の名にそえて，輔弼する者が署名すること。

〔第56条〕

◆諮詢　問いはかること。

〔第61条〕

◆行政裁判所　行政官庁のおこなった行為の適法性を争い，その取り消し，変更を求める訴訟の審理及び判決のための裁判所。

〔第70条〕

◆情形　情勢。

〔第76条〕

◆遵由　よってしたがうこと。

国際連合憲章

（『国際条約集』有斐閣）

●**調印** 1945(昭和20)年6月26日
●**最終改正** 1973(昭和48)年

われら連合国の人民は，われらの一生のうちに二度まで言語に絶する悲哀を人類に与えた戦争の惨害から将来の世代を救い，基本的人権と人間の尊厳及び価値と男女及び大小各国の同権とに関する信念をあらためて確認し，正義と条約その他の国際法の源泉から生ずる義務の尊重とを維持することができる条件を確立し，一層大きな自由の中で社会的進歩と生活水準の向上とを促進すること並びに，このために，寛容を実行し，且つ，善良な隣人として互に平和に生活し，国際の平和及び安全を維持するためにわれらの力を合わせ，共同の利益の場合を除く外は武力を用いないことを原則の受諾と方法の設定によつて確保し，すべての人民の経済的及び社会的発達を促進するために国際機構を用いることを決意して，これらの目的を達成するために，われらの努力を結集することに決定した。……

第1章 目的及び原則

第1条〔目的〕 国際連合の目的は，次のとおりである。

① 国際の平和及び安全を維持すること。そのために，平和に対する脅威の防止及び除去と侵略行為その他の平和の破壊の鎮圧とのため有効な集団的措置をとること並びに平和を破壊するに至る虞のある国際的の紛争又は事態の調整又は解決を平和的手段によつて且つ正義及び国際法の原則に従つて実現すること。

② 人民の同権及び自決の原則の尊重に基礎をおく諸国間の友好関係を発展させること並びに世界平和を強化するために他の適当な措置をとること。

③ 経済的，社会的，文化的又は人道的性質を有する国際問題を解決することについて，並びに人種，性，言語又は宗教による差別なくすべての者のために人権及び基本的自由を尊重するように助長奨励することについて，国際協力を達成すること。

第4章 総会

第9条〔構成〕 ① 総会は，すべての国際連合加盟国で構成する。

第10条〔総則〕 総会は，この憲章の範囲内にある問題若しくは事項又はこの憲章に規定する機関の権限及び任務に関する問題若しくは事項を討議し，……このような問題又は事項について国際連合加盟国若しくは安全保障理事会又はこの両者に対して勧告をすることができる。

第5章 安全保障理事会

第23条〔構成〕 ① 安全保障理事会は，15の国際連合加盟国で構成する。中華民国*，フランス，ソヴィエト社会主義共和国連邦**，グレート・ブリテン及び北部アイルランド連合王国及びアメリカ合衆国は，安全保障理事会の常任理事国となる。……（注）＊現在，中華人民共和国 ＊＊現在，ロシア連邦

② 安全保障理事会の非常任理事国は，2年の任期で選挙される。……

第27条〔表決〕 ① 安全保障理事会の各理事国は，1個の投票権を有する。

② 手続事項に関する安全保障理事会の決定は，9理事国の賛成投票によつて行われる。

③ その他のすべての事項に関する安全保障理事会の決定は，常任理事国の同意投票を含む9理事国の賛成投票によつて行われる。……

第6章 紛争の平和的解決

第33条〔平和的解決の義務〕 ① いかなる紛争でもその継続が国際の平和及び安全の維持を危くする虞のあるものについては，その当事者は，まず第一に，交渉，審査，仲介，調停，仲裁裁判，司法的解決，地域的機関又は地域的取極の利用その他当事者が選ぶ平和的手段による解決を求めなければならない。

第7章 平和に対する脅威，平和の破壊及び侵略行為に関する行動

第39条〔安全保障理事会の一般的権能〕 安全保障理事会は，平和に対する脅威，平和の破壊又は侵略行為の存在を決定し，並びに，国際の平和及び安全を維持し又は回復するために，勧告をし，又は第41条及び第42条に従つていかなる措置をとるかを決定する。

第41条〔非軍事的措置〕 安全保障理事会は，その決定を実施するために，兵力の使用を伴わないいかなる措置を使用すべきかを決定することができ，且つ，この措置を適用するように国際連合加盟国に要請することができる。

第42条〔軍事的措置〕 安全保障理事会は，第41条に定める措置では不充分であろうと認め，又は不充分なことが判明したと認めるときは，国際の平和及び安全の維持又は回復に必要な空軍，海軍又は陸軍の行動をとることができる。

第43条〔特別協定〕 ① 国際の平和及び安全の維持に貢献するため，すべての国際連合加盟国は，安全保障理事会の要請に基き且つ1又は2以上の特別協定に従つて，国際の平和及び安全の維持に必要な兵力，援助及び便益を安全保障理事会に利用させることを約束する。この便益には，通過の権利が含まれる。

第47条〔軍事参謀委員会〕 ① 国際の平和及び安全の維持のための安全保障理事会の軍事的要求，理事会の自由に任された兵力の使用及び指揮，軍備規制並びに可能な軍備縮小に関するすべての問題について理事会に助言及び援助を与えるために，軍事参謀委員会を設ける。

第51条〔自衛権〕 この憲章のいかなる規定も，国際連合加盟国に対して武力攻撃が発生した場合には，安全保障理事会が国際の平和及び安全の維持に必要な措置をとるまでの間，個別的又は集団的自衛の固有の権利を害するものではない。この自衛権の行使に当つて加盟国がとつた措置は，直ちに安全保障理事会に報告しなければならない。

第8章 地域的取極

第52条〔地域的取極，地方的紛争の解決〕 ① この憲章のいかなる規定も，国際の平和及び安全の維持に関する事項で地域的行動に適当なものを処理するための地域的取極又は地域的機関が存在することを妨げるものではない。但し，この取極又は機関及びその行動が国際連合の目的及び原則と一致することを条件とする。

第53条〔敵国条項〕 ② 本条1で用いる敵国という語は，第二次世界大戦中にこの憲章のいずれかの署名国の敵国であつた国に適用される。

世界人権宣言（前文）

（『国際条約集』有斐閣）

●**採択** 1948(昭和23)年12月10日

人類社会のすべての構成員の固有の尊厳と平等で譲ることのできない権利とを承認することは，世界における自由，正義及び平和の基礎を構成するので，

人権の無視及び軽侮が人類の良心を踏みにじった野蛮行為をもたらし，また，人々が言論及び信仰の自由を有し，恐怖と欠乏から解放された世界の到来が人間の最高の願望として表明されたので，

人間が専制と圧政とに対して最後の手段として反抗に訴えざるを得ないことがないようにするためには，法の支配によって人権を保護することが肝要であるので，

諸国民間の友好関係の発展を奨励することが肝要であるので，

連合国の諸人民は，憲章において，基本的人権，人間の尊厳と価値，男女の同権に関する信念を改めて確認し，かつ，一層大きな自由の中で社会的進歩と生活水準の向上を促進することを決意したので，

加盟国は，国際連合と協力して，人権及び基本的自由の普遍的な尊重と遵守の促進を達成することを誓約したので，

これらの権利及び自由に関する共通の理解は，この誓約の完全な実現にとって最も重要であるので，

したがって，ここに，総会は，

すべての人民とすべての国民とが達成すべき共通の基準として，この世界人権宣言を公布する。……

※複数のページで扱った用語は，関連度の高いページを赤字で示しました。

さくいん

巻末資料

巻末資料

巻末資料

巻末資料

写真・資料提供者（敬称略・五十音順）

朝日新聞社，朝日新聞フォトアーカイブ，（公社）ACジャパン，アフロ，岩波書店，岡山県立美術館，荻生美智子，株式会社KADOKAWA，株式会社きたろう，株式会社トンボ，株式会社福市，株式会社ヤクルト，鎌倉宝物館，かもがわ出版，観音寺，気象庁，共同通信社，慶應義塾福澤研究センター，経済産業省ダイバーシティ経営企業100選，ゲッティイメージズ，講談社，国土交通省京浜河川事務所，国立国会図書館，国際連合，国際協力機構（JICA），ColBase，CYBERDYNE株式会社，時事通信フォト，シーピーシー・フォト，島根県，集英社，新潮社，人文書院，スターバックスコーヒージャパン株式会社，WFP日本事務所，知恩院，筑摩書房，中央公論新社，地雷廃絶日本キャンペーン（JCBL），ディスカヴァー・トゥエンティワン，TBS，天理大学附属天理図書館，東京国立博物館，東京創元社，東京大学史料編纂所，東京都，特定非営利活動法人TABLE FOR TWO International，トヨタ自動車株式会社，夏目書房，奈良国立博物館，日経BP社，日本銀行金融研究所貨幣博物館，日本経済新聞出版，日本実業出版社，日本放送出版協会，日本民藝館，日本理化学工業株式会社，白水社，PPS通信社，PIXTA，文藝春秋，平凡社，ペシャワール会，宝慶寺，法務省，三笠書房，ミネルヴァ書房，明倫會，本居宣長記念館，ユニフォトプレスインターナショナル，UN Photo，読売新聞社，陸上自衛隊

p.32・最澄：重要文化財　伝教大師坐像（滋賀県・観音寺蔵）
p.34・林羅山肖像（東京大学史料編纂所所蔵）
p.34・伊藤仁斎：『伊藤仁斎画像』（東京大学史料編纂所所蔵）
p.161・国際司法裁判所の内部：UN Photo/Andrea Brizzi
p.170・安全保障理事会：UN Photo/Devra Berkowitz
p.171・潘基文：UN Photo/Eskinder Debebe
p.170・総会：UN Photo/Devra Berkowiz
p.305・日蓮　所蔵先：妙法華寺，画像提供：東京国立博物館，Image：TNM Image Archives
ColBase　https://colbase.nich.go.jp/（p.32 聖徳太子（厩戸王），p.33 親鸞）

ヨーロッパ

西アジア・中央アジア・南アジア

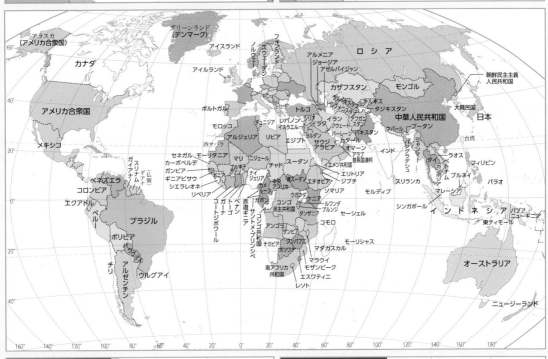

中央アメリカ

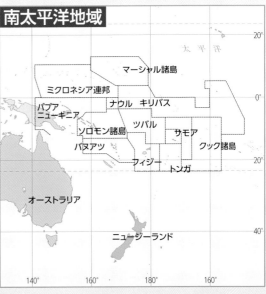

南太平洋地域

日本の世界遺産

地球の貴重な自然環境・文化財は，ユネスコの世界遺産条約によって，世界遺産として登録され，保護されている。2023年9月現在，日本では，文化遺産が20件，自然遺産が5件の合計25件が，世界遺産リストに登録されている。

凡例
- ◉ 都道府県庁所在地
- ----- 都道府県境界線

世界遺産
- ⊗：文化遺産
- 🗾：自然遺産
- ⊗ 明治日本の産業革命遺産 ❶〜❽

🗾知床

北海道

・札幌

⊗北海道・北東北の縄文遺跡群
(北海道，青森，岩手，秋田に所存する17の遺跡)

🗾白神山地

⊗平泉−仏国土(浄土)を表す建築・庭園及び考古学的遺跡群

⊗富岡製糸場と絹産業遺産群

⊗ル＝コルビュジェの建築作品−近代建築運動への顕著な貢献(国立西洋美術館)

青森
青森
秋田
盛岡
秋田
岩手 ❶
山形
宮城
山形
仙台
新潟
福島
新潟
福島

⊗石見銀山遺跡とその文化的景観

⊗白川郷・五箇山の合掌造り集落

⊗日光の社寺

⊗古都京都の文化財

⊗姫路城

石川
金沢
富山
富山
栃木 宇都宮
群馬
前橋
茨城
水戸
福井
福井
長野
長野
埼玉 さいたま
東京
東京
千葉
千葉
岐阜
岐阜
山梨
甲府
神奈川
横浜

⊗「神宿る島」宗像・沖ノ島と関連遺産群

⊗厳島神社

鳥取
松江
鳥取
島根
広島
広島
岡山
岡山
兵庫
神戸
京都
京都
滋賀
大津
大阪
大阪
愛知
名古屋
静岡
静岡
三重
奈良
奈良

⊗富士山−信仰の対象と芸術の源泉

山口
山口
香川
愛媛
高松
徳島
松山
高知
和歌山
高知
和歌山

⊗古都奈良の文化財

⊗法隆寺地域の仏教建造物

❸ ❹

福岡
佐賀
福岡
長崎
佐賀
長崎
大分
大分
熊本
宮崎
熊本
宮崎

⊗紀伊山地の霊場と参詣道

⊗百舌鳥・古市古墳群−古代日本の墳墓群

🗾小笠原諸島

❺ ❻ ❼

鹿児島
鹿児島

⊗原爆ドーム

⊗長崎と天草地方の潜伏キリシタン関連遺産

❽

🗾屋久島

⊗琉球王国のグスク及び関連遺産群

那覇
沖縄

🗾奄美大島，徳之島，沖縄島北部及び西表島

欧文の略称

A

AA会議 Asia-Africa Conference　アジア・アフリカ会議

ABM Anti-Ballistic Missile　弾道弾迎撃ミサイル

AFTA[アフタ] ASEAN Free Trade Area　アセアン自由貿易地域

AI Artificial Intelligence　人工知能

AIIB Asian Infrastructure Investment Bank　アジアインフラ投資銀行

APEC[エイペック] Asia Pacific Economic Cooperation　アジア太平洋経済協力

ASEAN[アセアン] Association of Southeast Asian Nations　東南アジア諸国連合

B

BIS[ビス] Bank for International Settlements　国際決済銀行

BRICS[ブリックス] Brazil, Russia, India, China, South Africa　ブラジル，ロシア，インド，中国，南ア共和国の頭文字

BSE Bovine Spongiform Encephalopathy　牛海綿状脳症

C

CBM Confidence Building Measures　信頼醸成措置

COCOM[ココム] Co-ordinating Committe for Export Control　対共産圏輸出統制委員会→1994年3月解体

COMECON[コメコン] Council for Mutual Economic Assistance　経済相互援助会議→1991年9月解体

CSR Corporate Social Responsibility　企業の社会的責任

CTBT Comprehensive Nuclear-Test-Ban Treaty　包括的核実験禁止条約

D

DAC[ダック] Development Assistance Committee　開発援助委員会

E

EC European Community　欧州共同体→現在のEU

ECB European Central Bank　欧州中央銀行

EEA European Economic Area　欧州経済地域

EEZ Exclusive Economic Zone　排他的経済水域

EPA Economic Partnership Agreement　経済連携協定

ES細胞 Embryonic Stem cell　胚性幹細胞

EU European Union　欧州連合

F

FAO Food and Agriculture Organization of the United Nations　国連食糧農業機関

FTA Free Trade Agreement　自由貿易協定

G

G7 Group of 7 (Seven)　先進7か国財務相・中央銀行総裁会議

G20 Group of 20 (twenty)　主要20か国・地域

GATT[ガット] General Agreement on Tariffs and Trade　関税および貿易に関する一般協定→1995年1月，WTOに移行

GDP Gross Domestic Product　国内総生産

GNI Gross National Income　国民総所得

GNP Gross National Product　国民総生産

H

HDI Human Development Index　人間開発指数

I

IAEA International Atomic Energy Agency　国際原子力機関

IBRD International Bank for Reconstruction and Development　国際復興開発銀行（世界銀行）

ICBM Intercontinental Ballistic Missile　大陸間弾道ミサイル

ICC International Criminal Court　国際刑事裁判所

ICJ International Court of Justice　国際司法裁判所

ILO International Labour Organization　国際労働機関

IMF International Monetary Fund　国際通貨基金

INF Intermediate-range Nuclear Forces　中距離核戦力

IPCC Intergovernmental Panel on Climate Change　気候変動に関する政府間パネル

iPS細胞 induced Pluripotent Stem cell　人工多能性幹細胞

L

LAWS Lethal Autonomous Weapons Systems　自律型致死兵器システム

LDC Least Developed Countries　後発発展途上国

LGBT Lesbian, Gay, Bisexual, Transgender　性的少数者

M

MDGs Millennium Development Goals　ミレニアム開発目標

M&A Merger & Acquisition　企業の合併・買収

MERCOSUR[メルコスール] Mercado Común del Sur　南米共同市場

N

NAFTA[ナフタ] North American Free Trade Agreement　北米自由貿易協定

NATO[ナトー] North Atlantic Treaty Organization　北大西洋条約機構

NGO Non-Governmental Organization　非政府組織

NIEO[ニエオ] New International Economic Order　新国際経済秩序

NIEs[ニーズ] Newly Industrializing Economies　新興工業経済地域

NPO Non-Profit Organization　非営利組織

NPT Treaty on the Non-Proliferation of Nuclear Weapons　核兵器拡散防止条約

O

ODA Official Development Assistance　政府開発援助

OECD Organisation for Economic Co-operation and Development　経済協力開発機構

OPEC[オペック] Organization of the Petroleum Exporting Countries　石油輸出国機構

P

PKF Peace Keeping Forces　国連平和維持軍

PKO Peacekeeping Operations　国連平和維持活動

PL Product Liability　製造物責任

PLO Palestine Liberation Organization　パレスチナ解放機構

PPP Polluter Pays Principle　（公害の）汚染者負担の原則

PTBT Partial Test-Ban Treaty　部分的核実験禁止条約

Q

QOL Quality of Life　人生の質，快適な生活の必須条件

R

RCEP[アールセップ] Regional Comprehensive Economic Partnership　地域的な包括的経済連携

S

SALT[ソルト] Strategic Arms Limitation Talks〔Treaty〕　戦略兵器制限交渉〔条約〕

SDGs Sustainable Development Goals　持続可能な開発目標

START[スタート] Strategic Arms Reduction Talks〔Treaty〕　戦略兵器削減交渉〔条約〕

T

TPP Trans-Pacific Partnership　環太平洋パートナーシップ

U

UN United Nations　国際連合，（第二次世界大戦中の）連合国

UNCTAD[アンクタッド] United Nations Conference on Trade and Development　国連貿易開発会議

UNDP United Nations Development Programme　国連開発計画

UNEP[ユネップ] United Nations Environment Programme　国連環境計画

UNESCO[ユネスコ] United Nations Educational, Scientific and Cultural Organization　国連教育科学文化機関

UNHCR United Nations High Commissioner for Refugees　国連難民高等弁務官事務所

UNICEF[ユニセフ] United Nations Children's Fund（United Nations International Children's Emergency Fund）　国連児童基金

W

WHO World Health Organization　世界保健機関

WTO World Trade Organization　世界貿易機関